IN-TEXTE

Considérations
sur la
Révolution
française

de

Madame de Staël

GERMAINE DE STAËL

Considérations
sur la
Révolution française

Introduction, Bibliographie,
Chronologie et notes
par
JACQUES GODECHOT

Première réédition depuis 1881.

TALLANDIER
PARIS

Collection
IN-TEXTE

dirigée par Jacques JOURQUIN

L'idée de cette réédition revient à Claude Nicolet,
à qui les Éditions Tallandier tiennent à exprimer leur gratitude.

Introduction

Mme de Staël est, sans doute, avec Chateaubriand, le plus célèbre des écrivains français de la période révolutionnaire et impériale. Pourtant une partie de son œuvre est mal connue, sa personnalité reste très discutée. C'est qu'elle a voulu à la fois être un écrivain et jouer un rôle politique. Ses œuvres romanesques, Delphine, Corinne, connurent, lors de leur publication un grand succès. Puis on les lut moins, leurs longueurs agacèrent et ennuyèrent. Avec les mouvements pour l'égalité des femmes, on reconnut de nouveau leur qualité en quelque sorte prophétique, et on les réédita. De ses œuvres politiques, c'est surtout De l'Allemagne qui retint l'attention. D'abord parce que son interdiction par la censure napoléonienne a été une démonstration de la dictature impériale. Ensuite parce qu'avec les défaites de la France, on accusa Germaine de Staël d'avoir été trop excessive dans ses éloges de l'Allemagne, on alla jusqu'à la rendre responsable de la défaite de 1870[1], jusqu'à l'accuser même de trahison[2]. Germaine de Staël est, en effet, tout autant ce que nous appellerions, d'un mot très laid, une politologue, qu'une romancière. Ses œuvres d'histoire et de sociologie politique sont plus nombreuses que ses romans. Et pourtant, elle a été étudiée, du moins en France, surtout par des critiques littéraires, des spécialistes de la littérature française, ou de la littérature comparée. Les historiens, je veux parler de ceux qui ont écrit depuis un siècle, ne se sont guère occupés d'elle : Pariset, dans l'histoire du Consulat et de

1. J. BÉDIER et P. HAZARD, Histoire de la littérature française, t. II, p. 169.
2. Simone BALAYÉ, Madame de Staël, Lumière et liberté, p. 7.

l'Empire *de la collection Lavisse, lui consacre une dizaine de lignes*[3], *Albert* Mathiez, *dans son* Directoire, *la cite une douzaine de fois*[4] *et Georges* Lefebvre, *dans* La France sous le Directoire *à peu près autant*[5]. *Plus récemment, Jean Tulard dans son* Napoléon *y fait allusion à dix reprises*[6]. *Il n'y a pas eu de polémique entre historiens proprement dits et spécialistes de la littérature. Par contre, ces derniers se sont divisés, surtout à l'époque récente, en deux clans : En 1929, une descendante de Mme de Staël, la comtesse Jean de Pange, a fondé la « Société des études staëliennes » qui, par des recherches érudites, a pour but de mieux faire connaître la fille de Necker. Elle publie des* Cahiers staëliens, *dont la première série a paru de 1930 à 1938, et qui ont recommencé à être publiés à partir de 1962. Elle a suscité de nombreuses recherches, et la publication critique de plusieurs inédits. Mais elle a aussi pour but de défendre son héroïne et ses travaux ont parfois une allure apologétique.*

Par contre, Mme de Staël a toujours eu des ennemis. Ils ont mis en doute sa sincérité et ont cherché à démontrer qu'elle eut pour mobile l'ambition ou l'amour de l'argent. En 1903, Paul Gautier dans sa thèse sur Madame de Staël et Napoléon *a estimé qu'à l'origine de la brouille entre ces deux personnages, il entrait beaucoup de dépit amoureux*[7]. *En 1958 et 1959 Henri Guillemin, en deux volumes, a publié des documents ou effectué des rapprochements démontrant l'arrivisme cynique de Benjamin Constant, l'amant de Mme de Staël sous le Directoire, et discréditant par là sa maîtresse*[8]. *Ces deux livres furent de véritables pavés dans la mare des admirateurs inconditionnels de Germaine et de Benjamin ; ils s'efforcèrent, assez vainement d'ailleurs, de les réfuter.*

Pour comprendre les Considérations, *il est toutefois indispensable de connaître les grandes étapes de la vie de Germaine de Staël, qui fut, ainsi qu'on l'a écrit, son plus beau roman. Il n'est pas question de donner ici une biographie de cet écrivain. Lady Blennerhassett, Allemande mariée à un Anglais, en a écrit une en trois volumes en 1890*[9] *; il en est depuis paru beaucoup d'autres, jusqu'à celle de Simone Balayé, secrétaire générale de la « Société des études staëliennes » et de Ghislain de Diesbach*[10]. *On se contentera donc ici de rappeler les événements les plus importants de la*

3. G. PARISET, *Le Consulat et l'Empire*, dans l'*Histoire de France contemporaine* dirigée par Ernest LAVISSE, Paris, 1921, pp. 134 et 357-361.
4. A. MATHIEZ, *Le Directoire*, publié par J. GODECHOT, Paris, 1934.
5. G. LEFEBVRE, *La France sous le Directoire*, publiée par J.-R. SURATTEAU, Paris, 1977.
6. J. TULARD, *Napoléon*, Paris, 1977
7. P. GAUTIER, *Madame de Staël et Napoléon*, thèse de lettres, Paris, 1903.
8. Henri GUILLEMIN, *Benjamin Constant muscadin, 1795-1799*, Paris, Gallimard, 1958 ; ID., *Mme de Staël, Benjamin Constant et Napoléon*, Paris, Plon, 1959. En sens contraire, voir Étienne HOFMANN, les « *Principes de politique* » *de Benjamin Constant*, Genève, 2 vol., 1980.
9. Lady BLENNERHASSET, *Madame de Staël et son temps*, traduction française, Paris, 1890.
10. Simone BALAYÉ, *Madame de Staël, Lumières et liberté*, Paris, Klincksieck, 1979. En dernier lieu Ghislain de DIESBACH, *Madame de Staël*, Paris, Perrin, 1983.

biographie de Mme de Staël, une chronologie sèche, mais assez détaillée, permettra de trouver les points de repère.

*Germaine Necker est née à Paris le 22 avril 1766. Son père y était alors, depuis dix ans, en association avec Tobie de Thellusson, directeur de la banque Thellusson, Necker et Cie. Mais Necker n'était ni français ni catholique. Il était né à Genève le 30 septembre 1732 et son père Charles-Frédéric était lui-même prussien, de par sa naissance à Kustrin, en Brandebourg, en 1686. Charles-Frédéric avait d'abord été avocat, puis précepteur du fils de Bernstorff, premier ministre hanovrien de George I*er*, roi d'Angleterre et électeur de Hanovre. George I*er* envoya Charles-Frédéric à Genève en 1725 pour y tenir une pension de jeunes étudiants anglais. Il épousa, l'année suivante Jeanne-Marie Gautier qui faisait partie de l'oligarchie genevoise. Il put être facilement naturalisé et, peu de temps après son mariage, il devint « bourgeois » de Genève. C'est ainsi que son fils Jacques, le père de Germaine, était suisse et l'est resté jusqu'à l'annexion de Genève à la France, en 1798. Mais la famille, dès l'époque de Charles-Frédéric, était cosmopolite. Jacques Necker prétendait descendre, par sa mère, de Jacques Cœur, le ministre de Charles VII, et par son père d'un Necker qui vivait en Irlande au temps de Guillaume le Conquérant, et dont il adopta les armoiries.*

A Paris, Jacques Necker acquit vite la réputation d'un habile financier et s'enrichit. Le 28 novembre 1764, âgé donc de 32 ans, il se maria avec Suzanne Curchod, qui en avait 37. Suzanne était la fille d'un pasteur, elle était née à Crassier dans le pays de Vaud, et lors de son mariage habitait Paris où elle servait, comme demoiselle de compagnie, chez une riche Genevoise, Mme de Vermenoux. La banque Necker et Thellusson avait profité de la guerre de Sept ans (1756-1763) pour faire de bonnes affaires par des fournitures aux armées et par le rachat à vil prix de papiers émis au Canada et remboursés par les Anglais à leur valeur nominale en vertu du traité de paix. Necker était devenu très riche. On ne connaît pas exactement le montant de sa fortune à cette époque, mais elle semble avoir été de 7 à 8 millions de livres — or, bien entendu [11] —. La République de Genève avait aussi profité des affaires de la banque [12] : elle désigna Jacques Necker en 1768, comme son ministre auprès du roi de France.

Germaine naissait donc dans une famille très riche et en pleine ascension. Le 10 mai 1774, Louis XV mourait. L'entourage du jeune roi Louis XVI lui conseille d'opérer des réformes pour sauver la monarchie de l'impopularité dans

---

11. Herbert LUTHY, *La Banque protestante en France, de la Révocation de l'Édit de Nantes à la Révolution*, Paris, 1961, t. II, p. 370-371.
12. Gabriel GIROD DE L'AIN, *Les Thellusson, Histoire d'une famille*, Paris, 1977, p. 116 ; et LUTHY, *Op. cit.* pp. 237-242.

laquelle elle s'enfonce. Il appelle au ministère Turgot l'intendant du Limousin, l'ami des « physiocrates ». Mais les réformes qu'il veut réaliser heurtent les courtisans dont les privilèges seraient diminués. *Ceux-ci exigent le renvoi de Turgot (12 mai 1776).* Necker avait écrit contre la politique économique libérale de Turgot deux ouvrages, un Éloge de Colbert et un livre Sur la Législation et le commerce des grains. *Comme financier adroit, et comme représentant de Genève, il était connu de la Cour et des conseillers du roi. Il paraissait l'homme de la situation. Mais deux gros obstacles s'opposaient à sa nomination à la place de Turgot : il était étranger et protestant. On pouvait, à la rigueur, s'accomoder de la première difficulté, la France avait eu des ministres étrangers, Concini, Mazarin, par exemple. Mais la seconde était plus redoutable car les mesures contre les protestants prises lors de la révocation de l'Édit de Nantes étaient toujours en vigueur. On la tourna en nommant Necker, non pas contrôleur général des Finances, comme l'avait été Turgot, mais directeur adjoint des Finances, puis dès juin 1777, directeur général. Malgré ce titre inusité, Necker fut un véritable premier ministre.*

Germaine avait alors dix ans. Elle a conscience de vivre dans une famille exceptionnelle. Son père est un des hommes les plus puissants de France. Sa mère a ouvert un salon où elle reçoit tout ce que la France compte comme beaux esprits et comme « philosophes ». Le 26 mars 1778, Mme Necker emmène sa fille rendre visite à Voltaire, qui devait mourir quelques semaines plus tard.

Cette situation hors de pair de Necker ne devait cependant pas durer. Après beaucoup d'hésitation, la France avait signé, le 6 février 1778, un traité d'alliance avec les jeunes États-Unis d'Amérique, et était entrée en guerre contre l'Angleterre. Or la guerre coûtait cher et détériorait les finances françaises, chroniquement en mauvais état. Necker, en essayant d'y remédier avait opéré quelques réformes qui lésaient les privilégiés. Ceux-ci l'attaquaient de plus en plus violemment. Pour se défendre, il publia, ce qu'on n'avait jamais fait, le budget de la France, sous le titre Compte Rendu au Roi. *Ce compte rendu avait pour but de montrer que le budget était en équilibre, mais il rendait publiques les pensions, souvent considérables, que le roi servait à ses courtisans. Ceux-ci furent furieux. D'ailleurs le compte rendu était faux, car Necker n'y avait pas inclus les dépenses de guerre. On s'en aperçut rapidement. Des libelles montrèrent qu'au lieu de l'excédent de dix millions que faisait apparaître le compte rendu, il y avait en réalité un déficit de près de vingt-cinq millions. Ce fut un tollé. Louis XVI demanda à Necker sa démission (19 mai 1781).*

Si, moralement, cette disgrâce fut un coup sérieux pour Necker, matériellement elle ne l'atteignit guère. Les Necker possédaient un hôtel Chaussée d'Antin, à Paris, une maison de campagne à Saint-Ouen, une baronnie avec château à Coppet, non loin de Genève, mais dans le pays de Vaud. Leur fortune était énorme, ils pouvaient vivre de leurs rentes. La réputation internationale de Necker n'était pas entachée par son échec. Joseph II *d'Autriche, Catherine II de Russie, les rois de Pologne et de Naples lui offrirent des postes équivalents à celui qu'il venait de quitter. Il refusa. Il fallait d'abord marier Germaine qui approchait de ses dix-sept ans, avait une grande culture, mais n'était pas très jolie. La baronne d'Oberkirch qui la vit alors écrit d'elle : « Mlle Necker me parut une toute autre personne que ses parents, bien qu'elle eût aussi son petit coin de Genevois et son grand coin de thuriféraires. Ses yeux sont admirables, à cela près elle est laide ; elle a une belle taille, une belle peau et quelque chose de parfaitement intelligent dans le regard ; c'est une flamme* [13]. *» On songea pour elle à William Pitt, le fils de lord Chatham, qui à 23 ans était déjà chancelier de l'Échiquier. On se prend à rêver à ce que serait devenu Germaine Necker si elle avait épousé celui qui devait devenir le principal adversaire de la France révolutionnaire et de Napoléon. Mais le mariage ne se fit pas. Germaine aurait refusé de quitter la France pour l'Angleterre et d'abandonner son père qu'elle admirait et adorait, et dont elle espérait bien qu'il redeviendrait ministre* [14].*

Un attaché à l'ambassade de Suède à Paris, donc protestant, condition essentielle, Éric-Magnus de Staël-Holstein, de dix-sept ans plus âgé que Germaine, avait posé sa candidature dès son arrivée à Paris, en 1779. Il était de noblesse ancienne, mais sans grande fortune. Or la dot de Germaine se montait à 650 000 livres. Bien que Mme Necker ne fût pas très favorable à ce mariage, il fut conclu et célébré le 14 janvier 1786 à la chapelle de l'ambassade de Suède. Le 31 janvier la baronne de Staël-Holstein était présentée à la Cour ; dix-huit mois plus tard, Germaine de Staël mettait au monde une fille nommée Gustavine, en l'honneur du roi de Suède Gustave III. Celle-ci d'ailleurs mourra avant d'atteindre ses deux ans, le 7 avril 1789.*

Depuis le renvoi de Necker, les finances de la France s'étaient de nouveau détériorées. Ses successeurs, l'intendant de Lille, Calonne, et l'archevêque de Toulouse, Loménie de Brienne, n'avaient pu redresser la situation. Ils sentaient qu'il fallait réaliser de profondes réformes de structure, abolir notamment les privilèges fiscaux, mais ils s'étaient heurtés à l'opposition des Parlements composés précisément de privilégiés. Calonne avait essayé de la tourner en faisant approuver ses réformes par une Assemblée de notables, mais celle-ci avait réclamé une réunion des États généraux, qui ne s'étaient pas tenus depuis 1614. Brienne avait promis cette réunion pour 1792, puis pour 1789, mais il n'avait pu trouver les ressources financières pour faire vivre la France jusqu'à cette date. Par ailleurs l'agitation augmentait et tournait à la révolte. Le 24 août 1788, Brienne démissionna et Louis XVI rappela Necker. Il lui incombait de préciser les « formes » dans lesquelles les États généraux se réuniraient. Pour qu'ils pussent réaliser les réformes indispensables, il était nécessaire que les députés du Tiers État fussent aussi nombreux que ceux des

13. Baronne d'OBERKIRCH, *Mémoires*, t. I, p. 254.
14. Comtesse Jean de PANGE, *Monsieur de Staël*, Paris, 1931, pp. 87-88.

deux ordres privilégiés, et qu'on votât « par tête » et non « par ordre ». Necker put obtenir le 27 décembre 1788 le « doublement du Tiers » mais il n'osa pas décider le « vote par tête » [15]. *C'était aller au-devant de grands conflits. Ceux-ci éclatèrent dès la réunion des États généraux, le 5 mai 1789. Le Tiers exigea le vote par tête, une chambre unique, la rédaction d'une constitution qui bouleverserait les structures traditionnelles de la France. Il menaçait d'organiser une grève de l'impôt si ces revendications n'étaient pas satisfaites. Necker conseilla de céder. Le roi, le 23 juin, présenta aux États un programme infiniment plus réduit, Necker marqua son mécontentement en n'assistant pas à la séance : sa popularité grandit. Dès lors, Louis XVI, poussé par ses frères et surtout par la reine Marie-Antoinette, décida de se débarrasser de Necker lorsqu'il aurait réuni autour de Paris, des forces suffisantes pour mater une éventuelle insurrection. Le 11 juillet, il pensa que ces conditions étaient réunies. Il chassa Necker qui prit, par Bruxelles, la route de Bâle où Mme de Staël le rejoignit. On sait que la nouvelle du renvoi de Necker déclencha l'insurrection de Paris, la prise de la Bastille le 14 juillet, la capitulation du roi devant les Parisiens triomphants le 17 juillet. Louis XVI doit rappeler Necker ; avec sa famille, il rentre sous les acclamations, à Paris le 28 juillet, le lendemain il est reçu par l'Assemblée Nationale, à Versailles, comme un souverain. Il est à l'apogée de la gloire. Germaine de Staël jouit du triomphe de son père.*

Mais la roche tarpéienne est près du Capitole. Necker, en fait, était un modéré. Les réformes radicales élaborées par la Constituante le dépassaient et lui faisaient peur. Il se montra hostile, notamment à la nationalisation des biens du clergé, à leur mise en vente, et à l'emploi des fonds qui en résulteraient, pour rembourser les dettes de l'État. Il désapprouva la publication du livre rouge, *où figuraient les pensions servies secrètement par le roi. Enfin, il s'opposa à l'abolition des titres de noblesse. Le 2 septembre 1790 il était l'objet, à Paris, d'une manifestation hostile, le 3 il donnait sa démission, le 8 il quittait Paris dans l'indifférence générale, il était même arrêté le lendemain à Arcis-sur-Aube et ne pouvait continuer son voyage que sur l'ordre formel de l'Assemblée nationale* [16].

Germaine n'était plus la fille d'un premier ministre tout-puissant et très populaire. Mais elle était devenue la maîtresse d'un fils (naturel) de Louis XV, Louis de Narbonne-Lara qui semblait promis à de hautes destinées. Elle en avait même eu un fils, Auguste, né le 31 août 1790, elle en aura un second, Albert, né le 20 novembre 1792 [17]. *Elle a commencé à écrire et à publier de petites pièces de théâtre, des* Lettres sur Jean-Jacques Rousseau, *un* Éloge de Guibert, *le célèbre tacticien français, mort en mai*

15. Jean ÉGRET, *Necker, ministre de Louis XVI*, Paris, 1975, p. 248.
16. ID., *Ibid.*, pp. 428-445.
17. Simone BALAYÉ, *Op ; cit.*, pp. 33-34.

1790. Mais c'est la politique qui l'intéresse. Elle publie son premier article le 16 avril 1791 dans un éphémère journal, Les indépendants, dirigé par le vieux gazetier Jean-Baptiste Suard. Elle y posait une question importante : « A quels signes peut-on reconnaître quelle est l'opinion de la majorité de la Nation ? » Problème qu'elle reprendra dans les Considérations. *Mais elle rêve d'avoir une influence politique plus directe. Elle pousse son amant au ministère : celui-ci est nommé, le 6 décembre 1791, ministre de la Guerre. Il n'arriva à satisfaire ni les Girondins, qui désiraient la guerre et demandaient qu'elle fût préparée avec plus d'énergie, ni les aristocrates qui souhaitaient que la France restât faible et ne pût résister à une attaque des puissances hostiles à la Révolution et des émigrés. Le 9 mars 1792, Narbonne fut renvoyé. Mme de Staël s'était compromise en faisant publier dans le* Journal de Paris *les lettres des généraux commandant les trois armées françaises, Rochambeau, La Fayette et Luckner, qui exigeaient le maintien de Narbonne au ministère ; elle espérait ainsi que les ministres aristocrates quitteraient le pouvoir tandis que les « patriotes » — dont Narbonne — resteraient au gouvernement* [18]. *Sa manœuvre, première intervention dans la politique active, avait été déjouée.*

La guerre éclate quelques semaines plus tard, le 20 avril. Narbonne part aux armées, où Germaine l'aurait rejoint pendant quelques jours. Mais elle est à Paris durant les journées cruciales du 20 juin, du 10 août et des massacres de septembre. C'est le 3 septembre, au début de ces massacres, qu'elle quitte la capitale en faisant valoir bien haut sa qualité d'ambassadrice de Suède et son immunité diplomatique. Elle gagne Coppet, alors que Narbonne a émigré dès le 16 août et s'est rendu en Angleterre. Germaine l'y rejoint le 20 janvier et reste quatre mois dans ce pays qu'elle aime : c'est son deuxième séjour en Angleterre, elle y avait été emmenée une première fois par ses parents d'avril à juin 1776, alors qu'elle avait dix ans.

En juin 1793, elle rentre à Coppet et oublie bien vite Narbonne. Elle s'éprend alors d'un Suédois, Adolphe-Louis de Ribbing, qui avait trempé dans l'assassinat du roi Gustave III, le 16 mars 1792 : Ribbing, condamné à mort, gracié, puis banni, s'était réfugié en Suisse et avait, naturellement, été rendre visite à l'ambassadrice de son pays [19]. *Cet amour ne durera guère. Quinze mois plus tard, le 18 septembre 1794, Germaine de Staël rencontrait, en effet, un jeune Suisse, Benjamin Constant, d'un an son cadet, intelligent, ambitieux, cynique. Il était né à Lausanne, d'une famille de huguenots français émigrés au début du XVIIᵉ siècle. Il avait occupé pendant sept ans le poste de chambellan à la petite Cour allemande de Brunswick, mais il estimait que ni le pays de Vaud ni le duché de Brunswick n'étaient à la mesure de sa*

---

18. Georges LEFEBVRE, et Jean POPEREN, « Études sur le ministère de Narbonne » dans les *Annales historiques de la Révolution française,* 1947, pp. 1-36, 193-217 et 289-321.
19. Simone BALAYÉ, *Lettres de Mme de Staël à Ribbing,* Paris, Gallimard, 1960.

*valeur. Il se disait républicain, et comme, en France la Terreur avait pris fin,
que l'assignat perdait chaque jour de sa valeur, qu'il pouvait revendiquer la
nationalité française en vertu d'une loi du 15 décembre 1790 qui déclarait
français tous les descendants des « Français émigrés pour cause de religion »,
il songeait à s'établir en France pour y faire fortune et y jouer un grand rôle
politique. Il a fait la connaissance de Germaine au cours d'un dîner chez les
Cazenove d'Arlens auquel ils ont été tous deux invités. Il a exposé ses idées,
tous deux décident de partir pour Paris, où Mme de Staël n'a pas renoncé à
tenir salon et influencer le monde politique*[20]. *Elle n'a d'ailleurs pas cessé
d'écrire et de publier des ouvrages traitant directement ou non de problèmes
politiques. Elle a publié, sous l'anonymat des* Réflexions sur le procès de la
reine *dans lesquelles elle défend Marie-Antoinette — qui, pourtant ne
l'aimait pas — contre les accusations dont on l'accable et fait appel à toutes les
femmes, pour la sauver. Elle a publié aussi des* Réflexions sur la paix, *qui
vient d'être signée à Bâle avec la Toscane, la Prusse, l'Espagne et à La Haye
avec la Hollande, qu'elle souhaite voir étendue rapidement à l'Angleterre et à
l'Autriche, et elle termine des* Réflexions sur la paix intérieure *(de la
France) dans lesquelles elle affirme son républicanisme et répudie la
« monarchie mixte » car on ne pourrait y arriver sans passer par le
gouvernement militaire. Elle est en train de rédiger un grand ouvrage sur*
L'influence des passions sur le bonheur des individus et des nations *qui
sera imprimé l'année suivante.*

*Germaine et son nouvel amant, Benjamin, arrivent à Paris le 25 mai
1795, deux jours après la grande insurrection populaire des 1-4 prairial
(20-23 mai) provoquée par la misère et par la faim, le lendemain du jour où
la Convention thermidorienne a ordonné le désarmement des terroristes : le
triomphe des modérés est assuré. Le 14 juin, Benjamin écrit : « Nous sommes
tranquilles. On guillotine aujourd'hui les auteurs du 1er prairial, et la
constitution va paraître*[21]. *» Pour lui, toutefois, il y a deux priorités : faire
fortune et se faire reconnaître comme citoyen français afin de pouvoir obtenir
une place. Sur le premier point, il n'y a guère de difficultés : la spéculation sur
les biens nationaux, achetés en assignats dévalués, et qu'on revendra plus tard
en monnaie métallique, est une source certaine de richesse. Il suffit d'avoir les
assignats. Durant l'été 1795, il s'efforce de persuader ses parents, encore en
Suisse, de lui prêter l'argent nécessaire. Henri Guillemin a cité des lettres
révélatrices. Bornons-nous à un seul extrait. Il écrit le 7 août à sa tante, Mme
de Nassau-Chandieu : « Si j'osais espérer de vous persuader, je vous
conseillerais de venir en France avec 15 000 francs de fonds, et vous achèteriez
un superbe domaine [...]. Cette possession rapporterait 4 800 francs de rente ;*

20. Henri GUILLEMIN, *Benjamin Constant muscadin, Op. cit.*, pp. 7-25. B. MUNTEANO, *Les
idées politiques de Mme de Staël et la constitution de l'an III*, Paris, 1931.
21. H. GUILLEMIN, *Ibid.*, p. 33.

lorsque les assignats seront annulés, ces 4 800 francs seront effectifs. » Effectivement, avec ce qu'on lui prête, Benjamin investit 64 000 livres dans des achats de biens nationaux et s'assure un revenu de 15 000 francs-or[22]. De ce côté il a réussi. Sur le second point, aussi surprenant que cela puisse paraître, il y a des difficultés. En effet les ancêtres de Benjamin ont émigré, non de France, mais de l'Artois, alors possession espagnole, en 1605, et non après la révocation de l'Édit de Nantes en 1685. Aux yeux de la loi française il reste donc un étranger. Mais le baron de Staël, toujours complaisant, bien que totalement séparé de sa femme, intervient pour leur éviter de tomber sous le coup des décrets contre les étrangers. Tout compte fait, Benjamin et Germaine estiment qu'on peut se rallier à la République bourgeoise qui est en train de naître. C'est ce qu'ils démontrent dans le livre qu'ils écrivent en collaboration à Coppet pendant l'hiver 1795-1796 et qui paraît sous la seule signature de Benjamin Constant, d'abord en articles dans le Moniteur[23], puis en un volume : De la force du gouvernement actuel de la France et de la nécessité de s'y rallier. Ils invitaient, dans cette brochure, tous les anciens royalistes constitutionnels, tous les « amis de l'ordre » qu'ils avaient rencontrés l'année précédente à se grouper autour du Directoire, qui, selon eux, était seul capable de terminer la Révolution. Ils montraient que le prétendant Louis XVIII voulait rétablir, à peu près dans sa totalité, l'Ancien Régime. Son retour signifierait donc la guerre civile. Le Directoire, ils l'espéraient du moins, ferait disparaître ce qui subsistait encore des lois révolutionnaires. Cette brochure eut du succès, elle poussa le ci-devant marquis de Lezay-Marnésia (futur préfet du Bas-Rhin) à surenchérir dans deux pamphlets. Le premier portait un titre voisin : De la faiblesse d'un gouvernement qui commence et de la nécessité de se rallier à la majorité nationale ; le second : De l'organisation constitutionnelle et de l'organisation actuelle du pouvoir exécutif en France. Tous deux constataient que la majorité des Français était lasse de la Révolution, que les modérés l'emporteraient sans doute aux prochaines élections, donc que les Directeurs, s'ils ne voulaient pas être chassés devaient faire une politique conservatrice[24]. Germaine et Benjamin ne pensaient pas autrement. Effectivement, les élections de l'an V (mars 1797) envoyèrent aux Conseils une majorité de conservateurs, royalistes avoués ou crypto-royalistes, qu'on appelait Clichyens parce qu'ils se réunissaient au club de Clichy. Germaine et Benjamin furent effrayés, ils voyaient la France déchirée de nouveau par la guerre civile, au moment où eux-mêmes paraissaient heureux de la naissance d'Albertine, peut-être fille de Benjamin. Quoi qu'il en soit, ils publiaient — sous le seul nom de Benjamin

22. ID., *Ibid.*, pp. 35-37.
23. *Le Moniteur*, 12, 13, 15, 16, 17 et 18 floréal an IV (1ᵉʳ-7 mai 1796).
24. A. MATHIEZ, *Le Directoire* (publié par J. GODECHOT) Paris, 1934, pp. 222-225 ; G. LEFEBVRE, *La France sous le Directoire* (publiée par J.-R. SURATTEAU), Paris, 1978, pp. 215-217.

— *un livre sur les* Réactions politiques *des Conseils renouvelés et notamment la liberté des cultes qui permettait aux prêtres réfractaires de revenir et de rouvrir les églises. Les Conseils, était-il dit, allaient « reconstruire le triple édifice de la royauté, de la noblesse et du sacerdoce* [25] *». Le Directoire, alarmé, laissait se rouvrir les clubs républicains sous le nom de « cercles constitutionnels ».*

Benjamin Constant et Germaine de Staël jouèrent un rôle assez important au club de Salm, ainsi nommé parce qu'il avait commencé à tenir ses séances dans l'hôtel de ce nom, aujourd'hui palais de la Légion d'honneur. Les clubs furent impuissants à contenir la poussée des royalistes qui avaient gagné à leur cause deux généraux prestigieux, Pichegru et Moreau. Le Directoire, à son tour, fit appel à l'armée. Bonaparte qui venait de conquérir la célébrité par ses retentissantes victoires d'Italie délégua à Paris un de ses divisionnaires, Augereau : ce fut le coup d'état du 18 fructidor an V (4 septembre 1797).

Coup dur pour Germaine et Benjamin. Ils croyaient la république bourgeoise établie sur des bases stables. Or voilà que les jacobins semblent revenir au pouvoir, qu'un certain nombre de leurs amis « clichyens » sont arrêtés, déportés. Ils en sauvent d'ailleurs quelques-uns. Aux élections de l'an VI (avril 1798), retour du balancier, les jacobins l'emportent. Le Directoire qui veut gouverner au centre, invalide la plupart des jacobins élus : c'est le coup d'État du 22 floréal an VI (11 mai 1798). Décidément, il est démontré que la constitution de l'an III n'est pas viable puisque la France et les républiques-sœurs qui ont adopté une constitution du même type ne peuvent vivre que par des coups d'état, réalisés en général avec l'aide de l'armée, ce qui accroît le danger d'une dictature militaire. Beaucoup de « politologues » réfléchissent à ce problème et songent à modifier la constitution. Saint-Simon, le futur socialiste, le ci-devant comte de Lauraguais, Sieyès et bien d'autres rédigent des plans de constitution [26]*, qui sont fidèlement rapportés à Londres par les agents anglais* [27]*. Germaine de Staël et Benjamin Constant jettent aussi leurs idées sur le papier, sous le titre :* Des circonstances actuelles qui peuvent terminer la Révolution et des principes qui doivent fonder la République en France.

Mme de Staël, sous le nom de laquelle devait être publié cet ouvrage, ne le fit pas paraître. Il ne vit le jour, pour la première fois, qu'en 1907, dans une édition assez fautive publiée par John Vienot. Lucia Omacını en a donné une nouvelle édition critique indiquant toutes les corrections et additions apportées

---

25. A. MATHIEZ, *Op. cit.*, p. 312.
26. ID., *Ibid.*, pp. 336-355.
27. J. GODECHOT, « Le Directoire vu de Londres » dans les *Annales historiques de la Révolution française*, 1949, pp. 310-336 et 1950, pp. 1-27, repris dans *Regards sur l'époque révolutionnaire*, Toulouse, 1980, pp. 125-158.

au texte de Germaine de Staël par Benjamin Constant[28]. *Ce pamphlet a été
écrit très certainement dans les derniers mois de 1798, donc après le coup d'État de
Floréal. Germaine de Staël développe d'abord ses idées politiques dans des
considérations générales : elle est un partisan résolu de la propriété privée, elle
souhaite la liberté, mais, en ce qui concerne la presse, n'admet la liberté que
pour les livres, les journaux doivent rester soumis à un régime de surveillance,
voire à la censure. Il n'est pas question de l'égalité. La constitution, qu'elle
propose, doit établir un pouvoir exécutif fort, mais collégial, car, écrit-elle,
« en France, tout homme qui ne serait pas roi ne serait pas souffert seul à la
tête du gouvernement, et tout homme qui y serait souffert voudrait devenir
roi ». Le pouvoir exécutif collégial sera muni d'un droit de veto suspensif. Le
pouvoir législatif sera partagé entre deux chambres, mais seule la chambre des
députés sera élue. L'autre chambre sera un « corps conservateur », dont les
membres seront nommés à vie, en partie parmi les anciens députés, en partie
parmi les membres de l'Institut, les militaires, les anciens directeurs. Germaine
reprend à Sieyès l'idée d'un « jury constitutionnaire » c'est-à-dire d'un conseil
qui jugerait de la constitutionnalité des lois. Elle écarte l'idée que certains
avaient émise, et qui sera reprise dans la constitution italienne de 1801, d'une
représentation, à la Chambre, des catégories professionnelles (les agriculteurs,
les négociants, les intellectuels). Les juges seront nommés par le pouvoir
exécutif, et non plus élus, mais les jurys d'accusation et de jugement seront
maintenus. La chambre des conservateurs jugera les ministres pour forfaiture ou
haute trahison.*

*Germaine de Staël pense — comme Voltaire — « qu'il faut une religion
pour le peuple », ses préférences vont, bien entendu au protestantisme, mais elle
admet la théophilanthropie, « l'institution la plus philosophique, c'est-à-dire
à la fois politique et morale, que la Révolution ait fondée ». En conclusion,
elle écrit : « Ce sont les philosophes qui ont fait la Révolution, ce sont eux qui
la termineront. Les généraux considérés seulement sous leurs rapports militaires
auront beaucoup moins d'influence, sur l'intérieur de la France, que les
penseurs. » Mais, estime-t-elle, la république a été créée dix ans trop tôt, rien
n'a pu justifier la Terreur. Quoi qu'il en soit, il faut maintenir la
République, puisqu'elle existe, mais une république conservatrice, en modi-
fiant au plus vite la constitution de l'an III. Germaine de Staël, on le voit,
reste prisonnière de sa classe, de sa caste même. Elle ignore les masses
paysannes, qui formaient alors 85 % de la population française. Les idées
qu'elle présente ne sont d'ailleurs pas très originales. Tous ceux qui proposaient
une modification de la constitution de l'an III suggéraient des institutions*

---

28. Mme de STAËL, *Des circonstances actuelles qui peuvent terminer la Révolution et des principes
qui doivent fonder la République en France*, édition critique par Lucia OMACINI, Paris-Genève,
1979. Voir aussi B. MUNTEANO, *Op. cit.* ; A. MATHIEZ, *Op. cit.*, pp. 336-355, G. LEFEBVRE,
Op. cit., pp. 709-711 ; H. GRANGE, « Necker, Mme de Staël et la constitution de l'an III »
dans les *Mélanges Jean Fabre : Approches des Lumières*, pp. 225-239.

analogues. Pourquoi Germaine de Staël n'a-t-elle pas publié son étude ? On ne peut que présenter à ce sujet des hypothèses. Peut-être a-t-elle redouté les foudres du gouvernement, auprès duquel, bien qu'elle ait été liée avec Barras, et surtout avec Talleyrand, elle n'était pas persona grata. *Déjà en octobre 1795 elle avait été exilée de Paris. Peut-être a-t-elle pensé qu'il était inutile de faire publier des suggestions qui étaient « dans l'air », puisque le Foreign Office était parfaitement renseigné sur ces projets. Peut-être enfin le refroidissement de ses rapports avec Benjamin Constant, qui, en août 1798, a pris pour maîtresse Julie Talma, la femme divorcée du célèbre tragédien, explique-t-il la non-publication des* Circonstances actuelles. *D'ailleurs Germaine semble pour l'instant abandonner les écrits politiques pour la littérature. Elle prépare en effet un ouvrage qui aura précisément pour titre* De la littérature, *et paraîtra à Paris en avril 1800. Sans doute revient-elle sur les idées qui lui sont chères, sur la nécessité de la liberté, mais elle met surtout en rapport la littérature avec les diverses civilisations européennes, anciennes et modernes, du Nord et du Midi.*

A l'époque où paraît De la littérature, *un grand événement avait eu lieu qui marque une étape importante non seulement dans l'histoire du monde, mais dans la vie même de Mme de Staël : le coup d'état de Bonaparte. Par une extraordinaire coïncidence, Mme de Staël arriva à Paris, venant de Coppet, le soir même du 18 brumaire (9 novembre 1799). Bonaparte, elle le connaissait. Elle l'avait rencontré pour la première fois à son retour d'Italie, chez Talleyrand, le 6 décembre 1797. Quels étaient ses sentiments à l'égard du jeune général ? C'est un point très controversé, mais capital si on veut comprendre sa vie dans les quinze années qui vont suivre.*

Selon Paul Gautier, Germaine de Staël aurait écrit à Bonaparte en 1796, alors qu'il commandait l'armée d'Italie, plusieurs lettres pour lui dire son admiration et même lui faire des propositions, tout en se moquant de Joséphine. Bonaparte qui n'appréciait pas les bas-bleus, aurait traité Germaine de folle et jeté ses lettres au feu[29]. A l'origine de la mésentente entre Mme de Staël et Napoléon, il y aurait donc une sorte de dépit amoureux. Mais on ne connaît cette correspondance que par les Mémoires, *très suspects, de Bourrienne, et par les propos tenus à Sainte-Hélène par Napoléon[30]. Il est plus certain qu'il y avait incompatibilité d'idées entre Germaine et Bonaparte. La première détestait la dictature, et surtout la dictature militaire, le second voyait en elle le meilleur instrument de gouvernement. La conduite de Benjamin Constant,*

---

29. Paul GAUTIER, *Mme de Staël et Napoléon*, Paris, 1902, pp. 2-10 ; Henri GUILLEMIN, *Mme de Staël, Benjamin Constant et Napoléon*, Paris, 1959, pp. 4-8. Voir aussi FABRE DE L'AUDE, *Histoire secrète du Directoire*, Paris, 4 vol., 1832 et G. LACOUR-GAYET, *Talleyrand*, t. I, Paris, 1928, pp. 270-273.

30. BOURRIENNE, *Mémoires*, t. VI, p. 216 ; LAS CASES, *Mémorial*, chap. VIII ; BERTRAND, *Cahiers*, pp. 313-314 et 690 de l'édition Jean TULARD, *Napoléon à Sainte-Hélène*, Paris, Laffont, 1981.

*au lendemain du 18 brumaire, avait particulièrement ulcéré Bonaparte.
Benjamin avait beaucoup intrigué pour être nommé au Tribunat, lui qui
n'avait pas réussi à se faire élire député sous le Directoire. Il fit intervenir
notamment Joseph Bonaparte. Sieyès était hostile à cette candidature.
Napoléon finit par céder. Or, à l'une des premières séances du Tribunat, le 5
janvier 1800, Benjamin prononça un violent discours contre les Consuls : il
les accusait de ne pas vouloir tenir compte de l'opinion des Tribuns, de les
considérer comme une « armée ennemie ». Il réclamait « l'indépendance
nécessaire sans laquelle il n'y a que la servitude et un silence que l'Europe
entière entendrait et jugerait ». Le soir on illumina chez Mme de Staël et on
célébra Benjamin comme un nouveau Mirabeau*[31]. *Les partisans du nouveau
gouvernement, il est vrai, s'étaient fait excuser. Napoléon ne devait le
pardonner ni à Germaine ni à Benjamin. Mais il y a plus. Au moment où
Bonaparte se préparait à franchir le Grand Saint-Bernard pour attaquer les
Autrichiens en Italie, en mai 1800, Mme de Staël faisait des vœux pour qu'il
fût battu. Elle l'a écrit dans Dix années d'exil, qui sans doute, ne furent
publié qu'après sa mort. Mais il est probable, qu'incorrigible bavarde, elle ait
fait part de ses sentiments à ses nombreux amis, et que ses propos soient
parvenus aux oreilles de Napoléon. Or qu'y a-t-il de plus grave, en France,
que de souhaiter la victoire de l'ennemi ? En tout cas dès 1802, Bonaparte lui
interdit de séjourner à Paris, la privant ainsi de son salon, et d'une partie de
son influence, en 1803 il l'exile à quarante lieues (200 km) de Paris, en
1807, il l'assignera à résidence à Coppet.*

*Que pensent alors de Mme de Staël ses contemporains ? Le témoignage de
Prosper de Barante — qui sera son amant en 1805 — semble fort équitable :
« Sous le Directoire écrit-il, elle n'avait réellement aucun crédit. Quelque
libérales et républicaines que fussent ses opinions, elle ne pouvait convenir à un
tel gouvernement. Ses habitudes et ses inclinaisons aristocratiques, son
empressement à se mêler des affaires et à les traiter indiscrètement par la
conversation, sa manière théorique et idéale de juger de toutes choses, l'affection
qu'elle conservait pour des amis fort contraires au régime, la rendaient fâcheuse
au Directoire, si bien qu'elle finit même par être à peu près exilée*[32]. » *Exil
qui se poursuivra sous le Consulat et l'Empire. A peu près à la même époque,
le 3 avril 1804, le Vaudois Laharpe écrit de Paris au tsar Alexandre I*er :
« *Madame de Staël, c'est une femme de beaucoup d'esprit, mais dévorée
d'ambition. Son ami Benjamin Constant [...] et elle jouèrent longtemps le
démocratisme en France, tandis qu'en Suisse, ils faisaient cause commune avec
nos ci-devant oppresseurs*[33]. »

31. ID., *Ibid.*, pp. 515, 627.
32. DE BARANTE, *Souvenirs*, Paris, 1890-1891, t. I, pp. 91-92, cité par S. BALAYÉ,
Madame de Staël, Op. cit., pp. 66-67.
33. *Correspondance de Frédéric-César de La Harpe et Alexandre I*er, publiée par Jean-Charles
BIAUDET et Françoise NICOD, t. II, Neuchâtel, 1979, p. 136.

Son ambition, c'était jouer un rôle politique. Non pas qu'elle ait réclamé le suffrage des femmes ou la possibilité pour elles d'occuper d'importantes fonctions publiques. On n'en avait pas alors la moindre idée. Mais elle désirait pouvoir influencer ceux qui dirigeaient le monde. Or elle ne pourra pas satisfaire cette ambition. Elle va, en quelque sorte, se replier sur la fiction. En décembre 1802, elle publie son premier roman, Delphine. C'est un éloge de la femme, libre de son corps, une apologie du divorce (que Napoléon songeait alors à supprimer, mais qu'il conserva afin de pouvoir y recourir). C'était aussi un roman à clé où on pouvait reconnaître quelques-uns des anciens amants de Germaine : Narbonne, Talleyrand, Benjamin Constant. Ce roman par lettres, qui paraît aujourd'hui prodigieusement ennuyeux, fit scandale et mécontenta le Premier Consul parce qu'il semblait dirigé contre sa politique antiféministe et se terminait par un appel à la « France silencieuse mais éclairée, à l'avenir plus qu'au présent, à l'opinion indépendante, au suffrage réfléchi des étrangers ».

Bonaparte écrivit lui-même une critique — anonyme — de Delphine *dans le* Journal des Débats. *Il dénonçait les principes « très faux, très antisociaux, très dangereux » du roman. Il encouragea les journalistes à rédiger contre l'auteur des articles blessants, brutaux, grossiers. Il empêcha la vente du livre à la foire de Francfort et déclara : « J'espère que les amis de Mme de Staël l'ont avisée de ne pas venir à Paris, je serais obligé de la faire reconduire à la frontière par la gendarmerie. »*

Germaine brava cette interdiction, mais reçut un ordre d'exil. En quelque sorte, par défi, elle quitta la France le 24 octobre 1803 pour de longs voyages en Allemagne où elle fit la connaissance d'Auguste Wilhelm von Schlegel, qui l'initia au monde germanique, et pour l'Italie où elle rencontra, à Milan, le grand poète Monti[34].

De ses voyages, terminés en juin 1805, sortit un nouveau roman, Corinne, *publié le 1ᵉʳ mai 1807. C'est l'histoire des amours d'un lord écossais pour la poétesse italienne, Corinne. Ils visitent ensemble l'Italie, dont Mme de Staël prévoit l'indépendance et la future unification, mais sans faire la moindre allusion à la présence des Français ni à l'œuvre de Napoléon. L'ouvrage connut encore un succès supérieur à celui de* Delphine. *Selon Sainte-Beuve, « avec* Corinne, *Mme de Staël est décidément entrée dans la gloire et dans l'empire [...] L'Europe entière la couronna sous ce nom. Corinne est bien l'image de l'indépendance souveraine du génie, même au temps de l'oppression la plus entière, Corinne qui se fait couronner à Rome, dans ce Capitole de la ville éternelle, où le conquérant qui l'exile ne mettra pas le pied*[35] ». *Napoléon fut mécontent, et, sans doute, jaloux de cette gloire, ses mesures de rigueur contre Germaine de Staël vont redoubler.*

---

34. Simone BALAYÉ, *Les carnets de voyage de Madame de Staël*, Genève, 1971.
35. SAINTE-BEUVE, *Madame de Staël*, Édition Maurice ALLEM, Paris, 1932, p. 74.

Elle ne fera rien pour les prévenir, au contraire, elle relève le défi en commençant à travailler à un ouvrage, auquel elle songe depuis son premier voyage outre-Rhin, et qui ne sera pas un roman, mais une étude sociopolitique : De l'Allemagne.

Après un nouveau voyage en Allemagne et en Autriche, au cours duquel elle rencontre un des ennemis les plus acharnés de Napoléon, Frédéric von Gentz, l'homme qui a traduit en allemand les Réflexions sur la Révolution de France *de Burke, elle termine son livre à Coppet en 1809, l'année même où la guerre contre l'Autriche et le soulèvement d'une partie de l'Allemagne, conjugués avec la guerrilla en Espagne ont menacé plus que jamais la domination napoléonienne. L'époque était vraiment mal choisie pour publier un livre à la gloire de l'Allemagne. Or, tel est bien le caractère de l'ouvrage de Germaine de Staël : elle veut montrer à ses lecteurs une Allemagne qu'ils ne connaissent pas, pleine de vitalité, d'enthousiasme, rénovée par le romantisme (Mme de Staël a sans doute introduit ce mot dans la langue française). Elle parle des « nouveaux philosophes », Kant, Schelling, Fichte. Elle oppose les vertus de l'Allemagne à l'appauvrissement intellectuel et moral d'une France pervertie par le despotisme et elle terminait par cet appel :* « Ô France ! terre de gloire et d'amour ! Si l'enthousiasme, un jour s'éteignait sur votre sol, si le calcul disposait de tout et que le raisonnement seul inspirât le mépris des périls, à quoi vous servirait votre beau ciel, vos esprits si brillants, votre nature si féconde ? Une intelligence active, une impétuosité savante vous rendraient les maîtres du monde ; mais vous n'y laisseriez que la trace des torrents de sable, terribles comme les flots, arides comme le désert ! »

Des transformations politiques, économiques, sociales de l'Allemagne par Napoléon, pas un mot. Le nom de l'empereur n'était pas prononcé. Mais le livre laisse prévoir la naissance d'un sentiment national en Allemagne, et sans appeler les Allemands à l'insurrection, fait entendre qu'un jour ils songeront à unifier leur pays.

Pour surveiller l'impression de ce livre, elle se rapprocha de Paris et s'installa avec ses amis dans le magnifique château de Chaumont-sur-Loire, prêté par son propriétaire, alors aux États-Unis, puis, au retour de celui-ci au château voisin de Fossé. Elle soumit le manuscrit à la censure, qui lui demanda un certain nombre de retouches, qu'elle accepta. Les épreuves étaient corrigées, l'ouvrage imprimé chez Mame, à Tours, lorsque le ministre de la police, Savary, duc de Rovigo, ordonna, le 24 septembre 1810, à Mme de Staël de quitter le Loir-et-Cher dans les 48 heures, de remettre son manuscrit et les épreuves, et fit envoyer au pilon les feuilles imprimées. En réalité, Germaine put sauver trois manuscrits de l'ouvrage et quatre exemplaires des épreuves.

« *Il ne faut point rechercher la cause de l'ordre que je vous ai signifié, écrivait Savary, dans le silence que vous avez gardé à l'égard de l'Empereur dans votre dernier ouvrage ; ce serait une erreur : il ne pouvait pas trouver de plan qui fut digne de lui, mais votre exil est une conséquence naturelle de la marche que vous suivez constamment depuis plusieurs années. Il m'a paru que l'air de ce pays-ci ne vous convenait point, et nous n'en sommes pas encore réduits à chercher des modèles dans les peuples que vous admirez. Votre dernier ouvrage n'est point français.* »

Germaine de Staël fut furieuse et on la comprend. Elle regagna Coppet le 6 octobre 1810 en maudissant Napoléon et sa dictature : il lui était interdit de s'éloigner à plus de deux lieues de son château et il était recommandé au nouveau préfet du Léman, Capelle, de la surveiller avec plus de sévérité que son prédécesseur Claude-Ignace de Barante, père de Prosper, qui avait été bienveillant pour l'écrivain. Claustrée à Coppet, elle s'ennuie malgré les visites. Elle reçoit alors Joseph de Maistre qui la juge une « impertinente femmelette », à la tête « complètement pervertie » par la philosophie moderne, mais qui, si elle avait été catholique, « eût été adorable au lieu d'être fameuse[36] ». C'est alors aussi qu'elle rencontre un jeune officier suisse de hussards, grand blessé de la guerre d'Espagne, John Rocca. Il avait 23 ans, elle, 45. Elle en fait son amant et finit par l'épouser le 10 octobre 1816 (Éric-Magnus était mort en 1802) après en avoir eu un fils, Louis-Alphonse, né le 7 avril 1812. Mais l'atmosphère de Coppet est devenue étouffante, ses lettres sont lues par la police, ses moindres démarches épiées, dénoncées. Elle veut quitter cette prison pour gagner l'Angleterre, qui, pour elle, est le pays de la liberté. Mais on est en pleine guerre, le blocus est étroit. Deux moyens seulement pour se rendre en Grande-Bretagne : par l'Amérique, ou par la Russie et la Suède. Elle songe d'abord au premier itinéraire. Mais l'hiver 1811-1812 est dur, l'océan est mauvais, et Germaine vient à peine de se remettre de son accouchement (à 46 ans). C'est donc la voie continentale qu'elle choisit. Avec mille précautions, faisant croire qu'elle est partie pour une promenade, elle quitte Coppet le 23 mai. Sans difficulté elle gagne Vienne et le 14 juillet 1812 — le 14 juillet marquera toujours pour Germaine une étape importante — elle franchit la frontière russe. Le 1ᵉʳ août elle arrive à Moscou, devançant de peu l'armée de Napoléon qui se trouve entre Vitebsk et Smolensk. Pouchkine qui la rencontra alors écrit d'elle : « C'était une grosse femme de cinquante ans, vêtue d'une manière qui convenait peu à son âge ; discours trop longs et manches trop courtes, mais elle est pleine de talent et de cœur, et elle finit par charmer. » Mais elle ne s'attarde pas dans la vieille capitale russe, le 7 août elle est à Saint-Pétersbourg où elle rencontre le 17 le tsar Alexandre. Elle poursuit sa route le 7 septembre et arrive à Stockholm le 24. Elle y rencontre Bernadotte qu'elle avait connu à Paris, sous le Directoire et qui était devenu prince royal de Suède. Elle passe tout l'hiver en Scandinavie, c'est là qu'elle apprend successivement la prise de Moscou par les Français, l'incendie de la ville, puis la retraite de Russie. Le 27 mai 1813, Mme de Staël et sa famille quittent la Suède pour l'Angleterre, ils arrivent à Londres le 18 juin 1813 et

---

36. Robert TRIOMPHE, *Joseph de Maistre*, Genève, 1968, p. 504.

Germaine s'empresse d'y rouvrir un salon [37]. *Mais elle s'occupe surtout de faire paraître De l'Allemagne qui est édité, en français, en octobre 1813, et connaît une grande faveur, puisque le premier tirage est épuisé en trois jours. Une traduction anglaise paraît quelques mois plus tard, ainsi que des traductions en italien et en allemand. Ce succès lui fait un peu oublier la profonde douleur que lui a causée l'horrible mort de son fils Albert, décapité dans un duel au sabre, en Allemagne, où il servait dans l'armée suédoise.*

De l'Allemagne publié, Germaine de Staël travaille déjà à d'autres ouvrages. Depuis la mort de son père, en 1804, alors qu'elle se trouvait à Weimar, elle songe à écrire une vie de Necker, qu'elle ne terminera jamais. Elle écrit aussi ses mémoires, qui paraîtront après sa mort sous le titre Dix années d'exil, mais qui ne concernent que sept années : 1800-1804 et 1810-1812. Enfin, depuis 1813, elle a commencé une histoire de la Révolution. C'est de l'amalgame de ces trois ouvrages que naîtront les Considérations. Mais avant qu'elle ait pu distribuer la matière entre ces trois études surviennent de grands événements : la campagne de France — durant laquelle Germaine souhaite que Napoléon soit tué, mais vainqueur —, la défaite des armées françaises et l'abdication de l'empereur. Mme de Staël renonce alors à un voyage qu'elle avait projeté en Écosse afin de connaître cet autre berceau du romantisme, elle va rentrer à Paris au plus vite. En attendant, elle se démène pour empêcher que Louis XVIII ne monte sur le trône de France. Elle préférerait Bernadotte. Elle s'imagine qu'elle a une grande influence parce qu'elle a rencontré beaucoup de souverains et d'hommes d'État. Mais ceux-ci dédaignent poliment ses avis et méprisent ses conseils. Louis XVIII rentre à Paris le 3 mai 1814, Germaine le suit le 12 mai. Sans doute, se dit-elle navrée de voir les soldats prussiens à Calais et les Cosaques à Paris, elle n'en accueille pas moins dans son salon, immédiatement ouvert, tous les chefs des coalisés. Elle ne perd pas de vue, d'ailleurs, ses intérêts matériels, et le 23 juillet 1814, demande à Louis XVIII la restitution des deux millions que son père a laissés en gage au Trésor [38]. *Elle en a besoin pour doter sa fille Albertine, fiancée au duc Victor de Broglie. A cette époque, son bonheur serait complet, si elle n'avait une inquiétude : la possibilité d'un retour de Napoléon : les alliés, estime-t-elle, ont commis une faute grave en l'exilant à l'île d'Elbe, si près des côtes de France et d'Italie.*

Or ce qu'elle redoutait va se produire : le 1ᵉʳ mars 1815, Napoléon débarquait au golfe Juan, et l'aigle « volait de clocher en clocher » jusqu'à Paris, où l'empereur arrivait le 20 mars. Germaine avait fui dix jours plus tôt pour se réfugier à Coppet.

Son ancien amant Benjamin Constant, après avoir fulminé, pendant la Restauration, contre Napoléon, et avoir écrit contre lui le plus virulent des

37. Simone BALAYÉ, *Op. cit.*, pp. 260-354.
38. Henri GUILLEMIN, *Mme de Staël, Benjamin Constant et Napoléon*, Paris, 1959, p. 154.

pamphlets, De l'esprit de conquête, *où il comparait le souverain déchu à Gengis-Khan et à Attila, s'est rapproché de l'empereur revenu à Paris. Celui-ci lui confie le soin de rédiger la nouvelle constitution, intitulée* Acte additionnel aux constitutions de l'Empire *(22 avril 1815). Napoléon sent, en effet, qu'il ne pourra se maintenir sur le trône qu'avec l'appui des « libéraux » et, par son frère Joseph, il fait savoir à Mme de Staël, qu'il regrette la destruction de la première édition de* De l'Allemagne, *qu'elle n'était d'ailleurs pas de son fait, mais de mesures prises par des sous-ordres bornés. Germaine reste insensible à ces avances, elle reste à Coppet, malgré la restitution des fameux deux millions par le gouvernement de Louis XVIII et ne regagne Paris en octobre 1816 qu'après un nouveau voyage en Italie où sa fille a épousé, à Pise, Victor de Broglie, le 20 février. Germaine de Staël travaille désormais surtout à ses* Dix années d'exil *et à ses* Considérations sur la Révolution française, *faisant passer tel chapitre ou tel paragraphe d'un ouvrage à l'autre selon les circonstances. Elle est frappée d'une attaque le 21 février 1817, à la sortie d'une réception chez le duc Decazes, alors ministre de la Police. Elle n'avait que 51 ans. A cette époque, la médecine était impuissante, Germaine resta paralysée des membres, tout en conservant sa lucidité. Elle mourut, date fatidique dans sa vie, le 14 juillet 1817.*

Mme de Staël, en mourant, laissait donc des manuscrits inachevés. C'étaient Les Considérations *qui paraissaient les plus aptes à une prompte publication. Son fils, Auguste, et son gendre Victor de Broglie, ainsi qu'ils l'expliquent dans « l'Avis des éditeurs » donnèrent à imprimer, sans rien y changer, les deux premiers volumes, et plusieurs chapitres du troisième, mais d'autres chapitres de ce troisième volume (formant les cinquième et sixième parties) n'avaient pas été revus par l'auteur, les éditeurs déclarent dans une note, au bas du chapitre premier de la cinquième partie « qu'ils ont considéré comme un devoir de publier le manuscrit dans l'état où [ils l'ont] trouvé ». En fait, il existe, selon Simone Balayé « une masse considérable de manuscrits dans diverses archives particulières ». Le manuscrit utilisé par les éditeurs est déposé à la Bibliothèque nationale (Manuscrits, nouvelles acquisitions françaises, 14606-14608) et a figuré en 1966, à l'exposition « Madame de Staël et l'Europe ». Contrairement à ce qu'écrivent les éditeurs dans leur « Avis », ils ont corrigé le texte de Mme de Staël. Ils furent, de plus dirigés, dans leur travail, par August Wilhelm von Schlegel, l'ancien précepteur d'Auguste de Staël[39]. Par ailleurs, la comparaison des divers manuscrits*

---

39. Simone BALAYÉ, « Le dossier Staël » dans *Romantisme,* 1978, n° 20, p. 107. Michel BAUDE, « Un protégé de Mme de Staël : Pierre Hyacinthe Azaïs, dans la *Revue d'Histoire littéraire de la France,* 1966, n° 1, pp. 149-152.

montre qu'une édition critique est nécessaire. Mais c'est là une œuvre de longue haleine, qui devra être réalisée par une équipe, selon le témoignage de Mme Simone Balayé, secrétaire générale de la Société des études staëliennes, et grande spécialiste de Germaine. Nous reproduisons donc ici, intégralement, et sans aucune modification, le texte de la première édition, celle de 1818.

Le *titre,* Considérations sur les principaux événements de la Révolution française, *choisi par Mme de Staël, lui a été, très probablement, suggéré par les* Considérations sur la France, *de Joseph de Maistre, publiées pour la première fois à Neuchâtel en 1796 et qui venaient d'être rééditées en 1814, lorsque Mme de Staël écrivait son livre*[40]. *Il est possible qu'elle ait songé aussi à l'ouvrage de Burke,* Réflexions sur la Révolution de France, *qu'elle avait lu et médité*[41].

Les Considérations, *dans l'édition de 1818, forment trois volumes, divisés en six parties, mais cette division ne correspond pas au plan réel de l'ouvrage. Celui-ci, en réalité, ne comporte que quatre parties, mais assez différentes les unes des autres : la première traite de ce qu'on a appelé la « prérévolution » et, essentiellement des ministères de Necker. C'est l'ébauche de la biographie de son père que Germaine de Staël désirait entreprendre, ainsi qu'elle l'avait écrit dans son « avertissement ». Elle couvre toute la « première partie ». La deuxième est formée des « considérations sur la Révolution » stricto sensu, c'est-à-dire de 1789 à 1799. Elle est formée des deuxième et troisième « parties ». C'est un mélange de souvenirs, de témoignages et de réflexions. La troisième est un pamphlet antinapoléonien, moins virulent sans doute que les* Dix années d'exil *dont plusieurs passages ont été jugés dignes de figurer dans* l'Anti-Napoléon *de Jean Tulard*[42]. *Il semble que Mme de Staël, qui avait préparé la publication immédiate des* Considérations, *ait voulu en faire un livre relativement modéré contre l'Empereur, se réservant de publier ou non les diatribes de* Dix années d'exil, *selon les circonstances. Ces « considérations » sur l'Empire occupent la quatrième et la cinquième parties ainsi que le chapitre I de la sixième. Cette sixième partie est à peu près uniquement consacrée à l'histoire de l'Angleterre et à sa situation en 1813-1814, époque où Mme de Staël y séjourna. C'est sans doute l'ébauche d'un livre qui aurait eu pour titre* De l'Angleterre *et eut fait « pendant » à* De l'Allemagne[43]. *Les* Considérations *sont donc une œuvre composite où l'étude de la Révolution,*

40. Joseph de MAISTRE, *Considérations sur la France,* voir la nouvelle édition par Jean TULARD, Paris, Garnier, 1980.

41. Jacques GODECHOT, *La Contre-Révolution,* Paris, 1961, chapitre IV, Burke, pp. 56-75 et chapitre VI, Les théocrates, pp. 93-113.

42. Jean TULARD, *L'Anti-Napoléon, la légende noire de l'Empereur,* Paris, Julliard, 1965, pp. 90-93 et 125.

43. R. ESCARPIT, *L'Angleterre dans l'œuvre de Mme de Staël,* Paris, 1954, pp. 12-15 ; Béatrice W. JASINSKY, « Mme de Staël, l'Angleterre et les Considérations sur la Révolution française » dans la *Revue d'Histoire littéraire de la France,* janvier-mars 1966, pp. 12-24.

proprement dite n'occupe que le tiers de l'ouvrage, et si on y ajoute l'Empire, les trois cinquièmes.

Les Considérations *tiennent plus du témoignage et du pamphlet que de l'histoire. C'est la raison pour laquelle j'ai écarté ce livre de mon Jury pour la Révolution* [44]*, dans lequel je n'ai voulu placer que les œuvres des historiens ayant travaillé d'après des sources authentiques. Mme de Staël ne cherche pas à être objective. Elle mène un combat, elle lutte pour la liberté. Elle a, certes, utilisé des livres, mais peu nombreux. D'abord les œuvres de son père, dans lesquels elle a largement puisé pour l'histoire de la « prérévolution » et de la première année de la Révolution. Ensuite, très probablement l'ouvrage de Toulongeon, qu'elle cite d'ailleurs une fois,* Histoire de France depuis la Révolution de 1789, écrite d'après les mémoires et manuscrits contemporains recueillis dans les dépôts civils et militaires, *Paris, 1801-1810, 4 volumes in-4°. Pour la Grande-Bretagne, elle a, semble-t-il, eu recours surtout à l'*Histoire d'Angleterre *de David Hume, publiée de 1754 à 1761, et, pour la constitution, qu'elle cite souvent avec admiration, à l'œuvre du jurisconsulte suisse, réfugié à Londres, Jean-Louis Delolme,* Constitution de l'Angleterre, *parue en 1771.*

Ce qui a causé le grand succès des Considérations *en 1818, c'est que, pour la première fois, paraissait un livre qui englobait la Révolution dans sa totalité, depuis 1750 jusqu'en 1816, en envisageant ses racines profondes et ses relations avec l'évolution générale du monde. « La révolution de France, écrit Germaine de Staël au début de son livre, est une des grandes époques de l'ordre social. Ceux qui la considèrent comme un événement accidentel n'ont porté leurs regards ni dans le passé ni dans l'avenir. Ils ont pris les acteurs pour la pièce ; et afin de satisfaire leurs passions, ils ont attribué aux hommes du moment ce que les siècles avaient préparé. » L'auteur se place d'emblée très haut. Il ne va pas écrire ce qu'on a appelé de nos jours, d'une vilaine expression, une « histoire événementielle », mais une histoire qui s'efforcera de dégager les causes profondes et de mettre en valeur les lignes directrices de l'évolution. Mme de Staël a essayé, avec raison, de lier la Révolution française aux autres révolutions, mais c'est surtout à la révolution d'Angleterre de 1640-1689 qu'elle la compare. Elle y voit une véritable répétition. Par contre, et on s'en étonnera, elle ne fait que de vagues allusions à la révolution américaine, aucune aux révolutions des Pays-Bas, de Belgique et de Suisse qui appartiennent pourtant, au même cycle que celle qui bouleversa la France.*

D'abord Mme de Staël est un témoin. Elle a été la confidente de son père lorsque celui-ci était ministre, et notamment de 1788 à 1790. Elle était présente à Paris ou à Versailles lors des grandes « journées » de la

---

44. Jacques GODECHOT, *Un Jury pour la Révolution*, Paris, Robert Laffont, 1974, pp. 11-12.

Révolution : les 4 et 5 mai 1789, à l'inauguration des États généraux, le 11 juillet lors du renvoi de Necker (elle suivra son père dans son exil provisoire et pour cette raison n'assistera pas à la prise de la Bastille), les 5 et 6 octobre lors de l'émeute parisienne qui aura pour conséquence le transport à Paris de la famille royale et de l'Assemblée nationale, le 14 juillet 1790, à la fête de la Fédération, lors des émeutes du 20 juin et du 10 août 1792, et du premier jour des massacres de septembre. Par un hasard assez extraordinaire, elle rentre de Coppet à Paris le 25 mai 1795, c'est-à-dire deux jours après l'insurrection des « derniers sans-culottes » (1-4 prairial an III — 20-23 mai 1795), elle est à Paris le 18 fructidor an V (4 septembre 1797) et encore une fois elle termine le trajet Coppet-Paris au soir du 18 brumaire an VIII (9 novembre 1799) c'est-à-dire en plein milieu du coup d'État de Napoléon Bonaparte. L'année suivante, elle est à Coppet, c'est-à-dire aux premières loges pour voir défiler « l'armée de réserve » qui après avoir traversé le col du Grand-Saint-Bernard, va remporter la victoire de Marengo. En 1812, elle quitte Moscou quelques jours avant l'entrée des troupes françaises victorieuses. Trois ans plus tard, elle assiste depuis Coppet au départ de Louis XVIII pour Gand, au retour triomphal de Bonaparte puis à la déroute de l'armée française, après Waterloo. Ainsi l'ouvrage de Germaine de Staël aurait-il pu être un livre de souvenirs, de témoignages, ce n'est pas le cas. Certes les passages consacrés aux événements qu'elle a vécus sont vivants, piquants. Mais ils n'apportent à peu près rien d'inédit aux historiens. D'ailleurs, Germaine de Staël est assez peu précise, elle donne rarement des dates et cite relativement peu de noms propres. Toutefois, les inexactitudes sont rares. Son livre est vraiment « non-événementiel », avant la lettre, c'est bien un ouvrage de « considérations ».

Quelles sont donc les grandes idées que Mme de Staël expose ? On peut les ramener à trois : d'abord l'apologie de son père, totale, inconditionnelle. Tout ce que Necker a fait ou voulu faire était parfait. Si on l'avait écouté, la France se fût transformée dans la paix, on n'aurait pas connu les horreurs de la Révolution et de la guerre. Germaine de Staël ne manifeste pas le moindre esprit critique relativement à l'œuvre de son père. Le fameux Compte rendu au Roi qui, à peine publié, a été dénoncé comme inexact, puisqu'il montrait le budget en excédent, alors qu'en réalité, il était en déficit, n'attire chez Germaine aucune espèce de commentaire. Pour elle, Necker est l'homme qui a voulu établir en France la liberté, cette liberté qui est la clé de son livre[45].

Or cette liberté, elle ne pouvait être procurée, estime Mme de Staël, que par une bonne constitution. Et une bonne constitution ne pouvait être fabriquée à partir de concepts abstraits. Il fallait appliquer à la France une constitution

---

45. Voir une interprétation freudienne de l'amour excessif de Germaine de Staël pour son père dans l'article de Jean-Claude BONNET, « Le Musée Staëlien », *Littérature*, n° 42, mai 1981, pp. 4-19.

ayant fourni les preuves de son excellence : la constitution anglaise. Germaine de Staël voue en effet à l'Angleterre une admiration passionnée. Elle y a été avec ses parents alors qu'elle était âgée de 10 ans, elle y est retournée en 1793 et y a séjourné quatre mois, enfin en 1813-1814, elle y a passé un an. Alors que Burke avait montré dans ses Réflexions *que la constitution de l'Angleterre ne pouvait être exportée, que chaque pays devait vivre avec les institutions que son passé lui avait léguées, Germaine de Staël ne cesse de répéter que la Constitution anglaise eût été, pour la France, la meilleure des constitutions. La constitution anglaise, c'est la « tarte à la crème » des* Considérations. *L'Angleterre, pour elle, est le pays de la liberté. C'est grâce à cette liberté que l'Angleterre a pu vaincre Napoléon. C'est la liberté qui a permis l'éclosion de tant d'œuvres littéraires et philosophiques qu'elle énumère dans la sixième partie de son ouvrage.*

La troisième idée directrice est l'horreur de la dictature, que ce soit la dictature civile du Comité de Salut public en l'an II ou la dictature militaire de Napoléon, après le coup d'État de brumaire.

Il y a donc un dénominateur commun à ces trois idées, l'éloge de la liberté. L'idée de liberté domine tout l'ouvrage. « C'est la liberté qui est ancienne, écrit-elle, le despotisme qui est moderne. »

Mais quelle liberté réclame Mme de Staël ? D'abord la liberté individuelle, la liberté d'aller et de venir, la liberté de vivre à sa guise, aussi bien pour la femme que pour l'homme. Et à ce point de vue Germaine de Staël peut être considérée comme une des ancêtres du mouvement d'émancipation de la femme. Non pas qu'elle ait demandé le droit pour les femmes d'accéder à toutes les fonctions publiques. Mais elle souhaitait qu'elles soient libres d'exercer leur influence sur tel ou tel homme d'État, rôle qu'elle ambitionnait de jouer au suprême degré. Liberté religieuse aussi. Germaine aurait souhaité que la Révolution ne se bornât point à diminuer la puissance de l'Église catholique, elle aurait désiré qu'elle favorisât l'expansion du protestantisme. Elle n'eût pas été désolée si elle avait imposé le protestantisme à la France. En 1798, elle voyait d'un bon œil la théophilanthropie parce que cette religion, soutenue par le Directeur La Révellière-Lépeaux, se rapprochait du protestantisme. Quant à la liberté de la presse, en 1798, dans son livre sur les Circonstances actuelles, *elle ne la concevait, on l'a vu, que pour les livres et non pour les journaux, car elle n'oubliait pas les attaques virulentes dont elle avait été l'objet en 1790, de la part des journaux royalistes et en 1795, du fait des journaux jacobins. La destruction de son livre* De l'Allemagne, *par ordre de Napoléon, lui fait abhorrer encore davantage la censure, mais en 1815 elle ne semble pas plus disposée à envisager la disparition de la censure sur les journaux. Cette liberté, on en voit vite les limites : c'est une liberté pour les classes les plus favorisées ; pour les autres c'est, comme on l'a dit, la « liberté de mourir de faim ».*

Mme de Staël ne parle pas, en effet, de l'égalité, si ce n'est de l'égalité devant la loi. Si elle admet la suppression des privilèges, elle regrette la disparition des titres de noblesse. On sait qu'une des raisons de la chute de Necker, en septembre 1790, avait été son attitude lors de la discussion, à la Constituante, sur la suppression des titres nobiliaires : il s'était opposé à leur abolition. Sa fille l'a approuvé. Elle souhaitait la reconstitution d'une sorte de noblesse. Dans les Circonstances actuelles *qu'elle écrivit en 1798, elle proposait de transformer le Conseil des Anciens en un « Corps conservateur » dont les membres seraient nommés à vie et qui comprendrait 150 députés des précédentes assemblées nationales, les anciens Directeurs, 50 membres de l'Institut et les militaires les plus brillants : c'était établir en France une chambre des pairs, vague reflet de la chambre des lords, qu'elle admirait tant. C'est d'ailleurs ce que fera Napoléon en créant le Sénat conservateur qui, on le sait, se perpétuera pendant la Restauration et la monarchie de Juillet, sous la forme de la chambre des Pairs.*

Germaine de Staël déteste la dictature de l'an II, non seulement parce qu'elle a entraîné la Terreur, et causé de nombreuses victimes innocentes, mais parce qu'elle a voulu établir une égalité plus grande des conditions sociales. Tout ce qui pourrait entraîner un transfert de richesses, des plus favorisés de la fortune vers les plus pauvres, lui fait horreur. Et d'abord, elle veut préserver sa fortune personnelle, qui pourtant était considérable. On sait avec quelle persévérance, quelle âpreté, elle réclama à tous les régimes qui se succédèrent en France, de 1795 à 1815, la restitution des deux millions que son père avait laissés en gage au Trésor, lors de sa démission, en septembre 1790. Elle finira par les obtenir de Louis XVIII, en septembre 1815. Mais en mai 1798, lorsqu'elle apprend que la République helvétique va supprimer les dîmes, — et son père était le bénéficiaire d'un certain nombre d'entre elles, en tant que baron de Coppet — elle écrit à Mme de Condorcet : « Nous sommes ruinés [46] *», ce qui était certainement très exagéré. Germaine de Staël identifie égalité et démocratie, elle est hostile à la démocratie parce qu'elle repousse l'égalité, c'est-à-dire la justice sociale. Quant à la Terreur, elle l'abomine. Elle ne la comprend pas et ne cherche pas à la comprendre. Elle n'a pas vu que la République, attaquée par l'Europe entière, et déchirée à l'intérieur par la guerre civile ne pouvait survivre qu'en réprimant avec la dernière énergie toutes les oppositions et en détruisant ce qu'on a appelé, plus tard, la « cinquième colonne ». Germaine de Staël ne l'a pas compris parce qu'elle n'était pas vraiment intégrée dans la Nation française. Née à Paris, sans doute, mais de parents suisses et de grands-parents prussiens, mariée à un Suédois, tantôt elle se dit française, tantôt elle se proclame suédoise, tantôt elle se réclame de la nationalité suisse. Elle n'a pas vu que, sans le gigantesque effort de l'an II, la*

---

46. Béatrice W. JASINSKI, *Correspondance générale de Mme de Staël*, t. IV, 1, Paris, 1976, pp. 139-140 ; Lettre à Mme de Condorcet, 20 mai 1798. Sur l'abolition des dîmes dans la République helvétique voir J. GODECHOT, *La Grande Nation*, nouvelle édition, pp. 461-462.

France se serait effondrée alors, comme plus tard en 1814, 1815, 1870, 1940, qu'il y aurait eu une terreur blanche infiniment plus sanguinaire que celle de 1815. Ce qui s'est passé en Italie pendant les « treize mois » en 1799-1800 le prouve suffisamment. En fait, Mme de Staël n'a peut-être pas bien compris les événements de l'an II parce qu'elle n'était pas tout à fait française. Savary n'avait pas entièrement tort lorsqu'il lui écrivait, en 1810 : « Votre livre n'est pas français. » Germaine de Staël était une cosmopolite, une Européenne, plus qu'une Française.

Par contre, elle a bien saisi comment la victoire militaire allait entraîner la dictature du plus prestigieux des généraux. Elle explique, mieux qu'on ne l'avait fait avant elle, comment le régime du Directoire s'est acheminé vers la dictature militaire. Elle a remarqué avec finesse, que « plus l'armée d'Italie accumulait les conquêtes, et plus la France était exposée au danger du gouvernement militaire ». Le coup d'État du 18 fructidor devait en être le préliminaire, car « sous prétexte de secourir la République, on devait la tuer tout en voulant la sauver ».

Mais Germaine de Staël était-elle vraiment républicaine ? Elle le proclama en 1795, mais en 1798, elle écrivit, dans les Circonstances actuelles : *« En France, tout homme qui ne serait pas roi ne serait pas souffert seul à la tête du gouvernement, et tout homme qui y serait souffert voudrait devenir roi. » C'est ce qui se produisit en 1804. Mais si elle poursuivit Napoléon de sa haine, ce n'est pas seulement parce qu'il était un militaire victorieux. Car qui proposait-elle de mettre à sa place ? En 1802 Bernadotte ou Moreau, en 1814 de nouveau Bernadotte c'est-à-dire encore des généraux. A son hostilité contre Napoléon, il y a d'autres causes. Peut-être, ainsi que je l'ai dit plus haut, un certain dépit amoureux. Certainement une totale incompatibilité d'humeur et de caractère. Mais surtout l'hostilité à la dictature qui est la négation de la liberté. Pour elle, Napoléon n'est pas français, c'est un étranger qui a usurpé le trône, a soumis les Français à ses lois, et qui, poussé par une ambition démesurée, les a entraînés dans une entreprise gigantesque, laquelle ne pouvait se terminer que par une catastrophe. Quant à l'œuvre positive de Napoléon — la stabilisation des « conquêtes » de la Révolution, la création d'institutions administratives qui devaient durer beaucoup plus d'un siècle —, Germaine de Staël n'en parle pas. Elle conçoit l'œuvre de Napoléon comme une contre-révolution faite à l'avantage de l'Empereur, qui a rétabli avec le trône le clergé catholique (elle fulmine contre le Concordat), la noblesse et tous les attributs du pouvoir absolu. Hors de France, il aurait pu jouer un grand rôle en rétablissant la Pologne, en donnant l'indépendance (et, sous-entendu, l'unité) à l'Italie, en libérant la Grèce. Il ne l'a pas fait, et lors de son abdication il a laissé la France plus petite qu'il ne l'avait trouvée à son avènement, il lui a fait perdre la barrière du Rhin et des Alpes que l'Europe ne lui contestait plus.*

A la disparition de la liberté en France, Germaine de Staël oppose, dans la sixième partie, l'éclat dont elle jouit en Angleterre. Du moins en ce qui concerne l'aristocratie et la haute bourgeoisie, car elle ignore les ouvriers anglais et les pauvres enfermés dans les workhouses. *Elle célèbre l'Angleterre comme le pays par excellence de la liberté. Mais « les Français sont-ils faits pour la liberté »? se demande-t-elle dans le premier chapitre de cette dernière partie, et elle répond dans le dernier chapitre de son ouvrage qu'ils peuvent être libres s'ils le veulent. Et pourtant une ombre plane sur cette affirmation. Elle avait cru, en 1814, que Louis XVIII — dont elle ne souhaitait pas la restauration — rendrait la liberté aux Français. Or, en 1815 elle a vu la Terreur blanche se développer, surtout dans le Midi, et à l'encontre des protestants, pour qui elle avait toujours une grande attention ; elle a vu le triomphe des ultras lors des élections truquées par les préfets royalistes et elle n'est plus aussi certaine du triomphe de la liberté. L'ouvrage se termine néanmoins par un cri d'espérance : « C'est dans l'âme que les principes de la liberté sont fondés ; ils font battre le cœur comme l'amour et l'amitié, ils viennent de la nature, ils ennoblissent le caractère. Tout un ordre de vertus, aussi bien que d'idées semble former cette chaîne d'or décrite par Homère, qui, en rattachant l'homme au ciel, l'affranchit de tous les fers de la tyrannie. » Magnifique conclusion qui, en 1818, enthousiasma tous les libéraux et explique, à elle seule le grand succès des* Considérations.

Le libéralisme de Germaine de Staël est, en effet, celui des libéraux de la Restauration et de la monarchie de Juillet, celui de son gendre, le duc de Broglie, qui fut président du Conseil sous Louis-Philippe, un libéralisme étroit qui met à son programme les libertés politiques, mais écarte, en France, la libération des échanges extérieurs, et surtout met sous le boisseau toute réforme des structures sociales. Il est caractéristique que, lorsqu'elle énumère les problèmes que la Grande-Bretagne devra résoudre au XIXᵉ siècle, elle indique la réforme parlementaire, l'émancipation des catholiques et la question d'Irlande (6ᵉ partie, chapitre VIII ; voir note 136). Effectivement la réforme parlementaire était indispensable, elle sera réalisée par approches successives, et définitivement accomplie seulement en 1949. L'émancipation des catholiques, par l'abolition du bill du Test interviendra à partir de 1829. Quant à la question d'Irlande, elle n'est toujours pas résolue. Mais il y avait, dès 1814, en Grande-Bretagne un autre problème capital, qui échappe complètement à Germaine de Staël : la révolution industrielle commencée, dans ce pays, dès 1770, et qui a entraîné la formation d'une classe nouvelle, le prolétariat ouvrier. C'est l'existence et le développement de ce prolétariat ouvrier anglais, ses conditions d'existence misérables qui provoqueront les œuvres de Karl Marx et d'Engels. Mme de Staël n'a pas même soupçonné ces phénomènes nouveaux qui vont peser si lourdement sur le monde contemporain [47]. *Mais qui,*

---

47. Robert ESCARPIT, *L'Angleterre dans l'œuvre de Madame de Staël*, Paris, 1954. Voir notamment p. 139.
Contrairement à cet auteur, Béatrice JASINSKI prétend que Mme de Staël avait compris « la

*en 1818, les percevait ?   Ce qui intéressait l'intelligentsia de l'époque,
c'étaient les vues d'ensemble sur une révolution politique qui étendait ses racines
profondes jusqu'au Moyen Age, qui semblait produire en France, comme elle
l'avait fait en Grande-Bretagne, une ère de libéralisme politique*[48]. *C'est ce
qui explique le grand succès des* Considérations, *dès leur publication.*

En quelques jours les 60 000 exemplaires de la première édition des
Considérations, *parue en avril 1818, furent épuisées. Une deuxième édition
eut lieu aussitôt, une troisième en 1820. Puis l'ouvrage fut réédité dans les*
Œuvres complètes, *sous la direction d'Auguste de Staël et Victor de Broglie,
la même année 1820, réimprimé en 1836 et 1838. Il y eut encore trois
éditions des* Considérations *en 1843, 1862 et 1881. Puis petit à petit elles
tombèrent dans l'oubli. Il y a donc 102 ans que les* Considérations *n'ont pas
été rééditées.*

*L'accueil, en 1818, fut en général favorable mais provoqua aussi de vives
polémiques. Louis XVIII malgré les flatteries assez basses que Germaine de
Staël lui prodiguait dans les 5e et 6e parties de son ouvrage, trouva l'ouvrage
« très républicain ». Le tsar Alexandre Ier, qui avait été averti par La Harpe
de l'impression du livre et savait qu'il serait « fort question » de lui dans le
troisième volume*[49] *l'attendait avec impatience. Il en trouva la plume
éloquente*[50], *mais, le 1er août 1818, La Harpe lui fit remarquer qu'on
reprochait à l'auteur de « trop parler de son père et de n'avoir pas toujours été
au courant des faits ». Il ajoutait : « Les nouveaux Suisses réfuteraient
aisément ce qu'elle dit en faveur du régime de leurs anciens maîtres, auxquels ce
qu'elle dit des ennemis des institutions libérales est bien plus applicable qu'aux
ultras de France ; mais ils lui pardonnent des erreurs provenant de son
ignorance des faits, en faveur de la chaleur avec laquelle elle défend les vrais
principes*[51]. *» Parmi les hommes politiques français, les libéraux approuvè-
rent. Naturellement Benjamin Constant, bien que, depuis 1802 il se fût*

---

nécessité d'importantes réformes politiques et sociales » (en Angleterre). Politiques, oui ;
sociales, non. Béatrice W. JASINSKI, « Mme de Staël, l'Angleterre de 1813-1814 et les
Considérations sur la Révolution française », *Revue d'Histoire littéraire de la France,* 1966, N° 1,
p. 19.
48. Le premier qui ait montré les liens entre Révolution politique et transformations
sociales, non seulement en Europe, mais dans tout le monde occidental, est BARNAVE, dans son
Introduction à la Révolution française. Mais cet ouvrage, écrit en prison, en 1792-1793 ne fut
publié pour la première fois qu'en 1843, par BÉRENGER DE LA DROME et ne commença à être
connu du grand public que grâce à l'*Histoire socialiste* de Jean JAURÈS (Édition A. SOBOUL, t. I,
pp. 184-185). L'*Introduction,* de Barnave a été rééditée par Fernand RUDE, Paris, « Cahiers des
Annales », 1960.
49. *Correspondance de Frédéric-César de La Harpe et Alexandre Ier,* publiée par Jean-Charles
BIAUDET et Françoise NICOD, t. III, Neuchâtel, 1980, p. 315.
50. Lady BLENNERHASSET, *Madame de Staël et son temps,* Paris, 1890, t. III, p. 680.
51. *Correspondance de Frédéric-César de La Harpe, Op. cit.,* p. 330. La Harpe à Alexandre Ier,
Lausanne 1er août 1818.

beaucoup éloigné de son ancienne maîtresse. Il écrivit dans le journal La Minerve française *des articles dithyrambiques. Pour lui les* Considérations *étaient essentiellement un livre d'histoire.* Mme de Staël, *écrivait-il « a préféré le genre de l'histoire à celui des mémoires particuliers », mais elle se place très haut au dessus des événements, car son livre ne contient « pas d'anecdotes » et présente très peu de portraits. Il approuve, entre autre, tout ce que Mme de Staël écrit des protestants*[52]. *Royer-Collard fut du même avis et Guizot lut l'ouvrage avec sympathie, il devait l'utiliser pour son Histoire de la Révolution d'Angleterre parue en 1826-1827*[53].

Charles de Rémusat dit avec chaleur combien ses convictions libérales avaient été renforcées par la lecture des Considérations[54]. *Toujours dans la presse libérale, le* Journal de Paris *des 28 et 31 mai, 5 et 9 juin 1818, adhère timidement aux idées de Mme de Staël*[55]. *Le* Journal des débats, *alors libéral, dans un article signé L, du 3 juin 1818, écrit que malgré des « idées choquantes », les* Considérations *contiennent beaucoup de choses « fortes et justes, de sentiments généreux*[56] ». *Le* Journal du Commerce, *nouvelle incarnation, depuis juillet 1817, du libéral* Constitutionnel, *approuve Germaine de Staël, et ce qui est assez exceptionnel, dans les comptes rendus de son ouvrage, justifie l'apologie de Necker*[57]. *Au contraire, les* Annales politiques, morales et littéraires, *organe des doctrinaires, estiment que les éloges de Necker sont exagérées mais dans l'ensemble, sont favorables aux* Considérations[58]. *Le* Journal général de France, *également organe des doctrinaires, et surtout de Royer-Collard, approuve, en général, les* Considérations[59]. *Toujours publiées par le même groupe, les* Archives philosophiques, politiques et littéraires *sont encore plus favorables*[60]. *Le* Publiciste moderne, *également libéral, mêle éloges et critiques*[61]. *Bien que libéral, Léon Thiessé, dans les* Lettres Normandes, *reproche à Germaine de Staël son « style bouffi et rocailleux », sa « partialité pour l'Angleterre et sa sévérité pour la France*[62] ». *Tout aussi libéral, le*

---

52. Benjamin CONSTANT, *Recueil d'articles : Le Mercure, La Minerve et La Renommée*, Genève, 2 vol., 1977, La Minerve, 20 mai 1818, pp. 407-412, 15 juin 1818, pp. 450-459, fin juillet 1818, pp. 469-478. Voir aussi Guy H. DODGE, *Benjamin Constant's philosophy of Liberation*, University of North Carolina Press, 1980, pp. 103-105.

53. Lady BLENNERHASSETT, *Op. cit.*, t. III, p. 681.

54. Charles de RÉMUSAT, « De l'influence du dernier ouvrage de Mme de Staël sur la jeune opinion publique » dans les *Archives philosophiques, politiques et littéraires*, t. V, 1818, avec une préface de GUIZOT.

55. *Journal de Paris*, 25 et 31 mai, 5 et 9 juin 1818. Voir G. GWYNNE, *Madame de Staël et la Révolution française*, Paris, 1969, pp. 199-291.

56. *Journal des Débats*, 3 juin 1818.

57. *Journal du Commerce*, 17 et 23 mai, 26 juin, 4 juillet 1818.

58. *Annales politiques, morales et littéraires*, 3 juin 1818.

59. *Journal général de France*, juin 1818.

60. *Archives philosophiques, politiques et littéraires*, tome IV, p. 80.

61. *Le Publiciste moderne*, 30 mai 1818.

62. *Lettres normandes*, 1818, n° II et VIII, p. 53.

Censeur européen *attendit la publication du livre de Bailleul, dont nous parlerons plus loin, pour étudier à la fois les Considérations et les critiques de l'ancien Conventionnel*[63].

Le Moniteur, *journal semi-officiel, consacra trois chroniques (les 8, 17 et 30 juin 1818) aux* Considérations. *Les deux premières sont signées G (Geruzez ou Golbéry?), la troisième A.D.V. (Aubert de Vitry?). Elles représentent, sans doute, à peu près, l'opinion du gouvernement composé de royalistes modérés et présidé, alors par le duc de Richelieu. L'auteur du compte rendu commence par dire qu'il est bien difficile d'écrire l'histoire de son temps. Puis il parle de Mme de Staël,« admirée par les uns comme le coriphée de la doctrine des institutions libres, haïe et décriée par les autres comme l'ennemie des privilèges de toute espèce » mais « persécutée longtemps par le dominateur de la France et de l'Europe « et qui, dans ces conditions ne pouvait être impartiale ». Il relève ensuite les quatre idées fondamentales qui dominent l'ouvrage : la justification de Necker — l'opposition à Napoléon (à qui l'auteur « se complaît d'avoir opposé pendant quinze ans une résistance indomptée », qui « jouit de la haine qu'elle inspira à ce maître irrité ») — l'anglomanie — « l'influence de la liberté sur la morale et le bonheur des peuples... la liberté [qui] seule est la source de tout bien » mais, ajoute l'auteur du compte rendu, Mme de Staël « ne conçoit pas la France libre et heureuse sans un Roi puissant, sans patriciat respectable et respecté ».*

Viennent ensuite les appréciations sur le fond : enthousiasme excessif pour Necker : Germaine de Staël n'a pas assez comparé son œuvre économique et financière à celle de Machault, qu'on oublie trop, et qui pourtant a créé un impôt sur le revenu — le vingtième —, qui devait être perçu sur tous les Français sans exception, — ni à celle de Turgot —. Le programme du 23 juin 1789 était insuffisant pour satisfaire l'Assemblée Nationale, Necker n'avait « ni le génie, ni la force de caractère nécessaires » pour effectuer des réformes qui eussent évité la Révolution. L'auteur du compte rendu est, par contre, d'accord avec Germaine de Staël, à propos des critiques qu'elle adresse à Mirabeau, et sur le bilan, qu'elle dresse de l'œuvre de la Constituante. Il regrette qu'elle n'ait pas assez montré que la liberté accordée alors à la presse avait tourné à la licence. Il approuve ce que dit de la Convention et du Directoire cette « amie sévère et passionnée de la monarchie constitutionnelle ». Il approuve encore davantage Mme de Staël lorsqu'elle blâme les Alliés d'avoir, en 1814, envoyé Napoléon à l'île d'Elbe, si proche de la France et de l'Italie. Au total, conclut Le Moniteur, « *ce n'est point une* Histoire de la Révolution, *ce sont des* Considérations ».

Le troisième article, qui est d'une plume différente, critique Mme de Staël

---

63. Le Censeur européen, t. VIII, pp. 385-386.
64. Le Moniteur, 8 juin 1818, pp. 699-700, 17 juin 1818, pp. 735-736 et 30 juin 1818, pp. 787-788.

pour n'avoir pas montré la France d'Ancien Régime « sous un jour avantageux » Mais il note qu'elle a porté « le dernier coup à des erreurs anciennes et nouvelles » et qu'elle a « saisi toutes les occasions de célébrer notre monarchie constitutionnelle, de rendre hommage aux vertus et à la sagesse du Roi [...] Malgré ses défauts, pouvait-on lire, pour terminer, son ouvrage sera classé parmi les livres utiles, qui ont une existence assurée et qui portent l'empreinte d'un talent de premier ordre ». Le Moniteur annexait donc Germaine de Staël au parti des monarchistes « constitutionnels », celui de Richelieu et de Decazes.

Dans l'autre camp, le duc Edouard de Fitz-James, ardent légitimiste, attaque avec vigueur l'ouvrage de Mme de Staël dans Le Conservateur. Il estimait que les Considérations étaient un « ouvrage de circonstance écrit avec passion » et qu'on n'y distinguait « ni saine philosophie, ni impartialité[65] ». La Quotidienne, alors ultra-royaliste, s'opposa aussi aux idées de Mme de Staël. Elle ne pensait pas notamment que la Révolution fût inévitable en 1789, et qu'elle plongeât ses origines dans les périodes lointaines de l'histoire de la France[66]. La Gazette de France, tout aussi royaliste, quoiqu'un peu moins excessive que La Quotidienne, désapprouve la plupart des idées de Germaine de Staël[67].

Mais, fait inouï, les Considérations provoquèrent la publication, non seulement de comptes rendus dans la presse périodique, mais de trois ouvrages importants de critique ou de réfutation. Le premier fut publié dès 1818 par Bailleul[68]. C'était un ancien conventionnel. Né en 1762, fils d'un cultivateur, il devint avocat et fut élu, en 1792, député de la Seine-Inférieure. A la Convention, il attaqua Hébert et Marat, et dans le procès de Louis XVI vota pour le bannissement et l'appel au peuple. On le compte au nombre des députés girondins, et il fut effectivement arrêté en octobre 1793, mais échappa au tribunal révolutionnaire. Rentré à la Convention en décembre 1794, tantôt il défendit les survivants de la Montagne, tantôt il les attaqua, mais au 13 vendémiaire an IV (5 octobre 1795), il prit énergiquement parti contre les sections royalistes insurgées. Réélu au Conseil des Cinq-Cents, il continua à se montrer l'adversaire des royalistes et de leurs amis, les Clichyens. Il approuva chaleureusement le coup d'État du 18 fructidor an V (4 septembre 1797), mais après les élections de l'an VI (1798) il se retourna contre les jacobins. Après l'avènement de Bonaparte, il fut nommé au Tribunat ; il y fit de l'opposition

---

65. *Le Conservateur*, 30 octobre 1818.

66. *La Quotidienne*, 22 et 28 mai, 3 juin 1818.

67. *Gazette de France*, 18, 20, 22 mai 1818. Sur tous ces journaux, voir Claude BELLANGER, Jacques GODECHOT, Pierre GUIRAL, Fernand TERROU, *Histoire générale de la Presse française*, t. II, pp. 29-90. Voir aussi Charles LEDRÉ, *La presse à l'assaut de la monarchie, 1815-1848*, Paris, 1960.

68. Jacques-Charles BAILLEUL, *Examen critique de l'ouvrage posthume de Mme de Staël ayant pour titre « Considérations sur les principaux événements de la Révolution française »*, Paris, 2 vol., de 396 et 484 p. in-8°, 1818.

au nouveau régime, de sorte qu'il en fut exclu dès 1802 . Il devint alors Directeur des droits réunis (impôts indirects) dans le département de la Somme. C'était donc un vétéran de la Révolution, il en avait connu toutes les vicissitudes, et sous la Restauration, il la défendit avec acharnement dans plusieurs ouvrages. Les Considérations *ne pouvaient lui plaire. Dans la préface, il estime que « les contemporains ne peuvent écrire l'histoire de ce dont ils ont été témoins, attendu qu'ils ne voient les choses ni d'assez haut, ni d'assez loin ». Ensuite, il examine l'ouvrage de Germaine de Staël chapitre par chapitre, et il réfute toutes les idées de l'auteur. Non qu'il découvre à proprement parler des inexactitudes, nous avons vu qu'il y en avait très peu. Mais ce sont les interprétations, les jugements qu'il conteste. Par exemple il blâme Mme de Staël pour avoir attaqué Voltaire, contempteur du christianisme. Naturellement, il réfute ses éloges de Necker, ses critiques de Mirabeau et de Sieyès. Il écrit que Germaine de Staël n'a vu que « la moitié » de l'histoire de la Révolution, il lui reproche de ne pas parler du « parti antinational » qui existait à la Cour et dans le pays, et qui s'est sans cesse efforcé de détruire les grandes réformes opérées par les trois premières assemblées révolutionnaires. Il défend Robespierre contre les attaques perfides de Mme de Staël, surtout à l'époque de la Constituante. Bailleul se montre un partisan résolu du monocamérisme, il ne peut donc accepter la « constitution anglaise » avec les deux chambres, qui selon Germaine, aurait assuré le bonheur des Français. Il défend les jacobins que Germaine de Staël voue aux gémonies. Il estime, contrairement à l'auteur, que les émigrés n'étaient pas hostiles aux seuls jacobins, mais à tous ceux qui avaient pris parti pour la Révolution. « Mme de Staël, écrit Bailleul, n'a, sur le fait de la Révolution, que des idées les plus superficielles. Il y a lieu de croire que c'est toujours les hommes qu'elle voit, et jamais les choses [...] c'est la source de toutes ses erreurs. »*

A propos du manifeste de Brunswick, Bailleul écrit qu'il « a concouru, pour beaucoup, à faire de la France une nation *», ce que Germaine de Staël n'a pas compris. En ce qui concerne le procès du Roi, il reproche à l'auteur de n'avoir pas parlé de sa trahison, qui mit la France en péril. La Terreur, selon Bailleul, n'a pas, comme l'écrit Mme de Staël, été voulue par quelques individus (Robespierre, Marat, etc.) mais elle est la conséquence « de circonstances inouïes jusque là ». Les Girondins (dont Bailleul, ne l'oublions pas, faisait partie) voulaient maintenir, pendant cette période un gouvernement régulier, mais les Montagnards étaient convaincus qu'on ne pourrait vaincre les ennemis de l'extérieur et de l'intérieur que par des moyens violents et exceptionnels qui ont créé les « circonstances terribles de la Terreur ».*

Bien qu'ayant été exclu du Tribunat par le Premier Consul en même temps que Benjamin Constant, Bailleul défend Bonaparte contre les attaques de Germaine de Staël. Non, les victoires de Bonaparte en Italie, en 1796 ne furent pas facilitées par les « bonnes dispositions » des Italiens, car Bonaparte avait à combattre surtout les Autrichiens ! Non, l'intervention des soldats de

Bonaparte à Paris, le 18 fructidor n'était pas inutile, car il existait contre le Directoire une formidable conjuration royaliste ayant à sa tête le général Pichegru. Bonaparte connaissait dès cette époque Mme de Staël. « On peut être assuré qu'il avait une opinion arrêtée sur son compte, longtemps avant d'arriver au Consulat. » Il savait qu'elle parlait sans cesse de morale, mais ne la respectait jamais. Au total « de tous les êtres pensants et parlants que j'ai connus, déclare Bailleul, Mme de Staël était celui qui devait donner le plus d'ombrage à Bonaparte [... C'était] la digne fille de son père ». Bailleul examine très rapidement les chapitres des cinquième et sixième parties, notamment ceux qui traitent de l'Angleterre et qu'il ne pouvait équitablement juger. Son verdict, est, dans l'ensemble négatif, mais le volume de son ouvrage (880 pages) suffit à montrer l'importance qu'il attachait aux Considérations. Le livre de Bailleul, sans aucun talent littéraire, devait avoir néanmoins une grande influence sur les premiers véritables historiens de la Révolution française. Mignet, dont l'Histoire de la Révolution française parut en 1824 lui doit beaucoup. S'il a emprunté aux Considérations l'idée que la Révolution française plongeait ses racines profondément dans l'histoire, il a tiré du livre de Bailleul la conviction de la responsabilité décisive des privilégiés dans toutes les crises révolutionnaires ; la notion d'un parti « antinational » et fondamentalement hostile à la Révolution. Autre conviction : l'importance de la guerre extérieure qui a fait courir à la France et à la République les plus grands dangers et qui explique la Terreur. Enfin Mignet a su lire, dans le livre de Bailleul, l'existence et le rôle des classes « inférieures » que Germaine de Staël ignore superbement. Thiers, Michelet, Louis Blanc sont beaucoup moins que Mignet tributaires de Mme de Staël et de Bailleul. Par contre Karl Marx a lu Bailleul[69].

Les deux autres ouvrages consacrés aux Considérations ont été écrits par des ultra-royalistes, l'un par le célèbre « théocrate » Louis de Bonald[70], l'autre par un personnage à peu près inconnu, le vicomte de Maleyssie[71]. Le livre de Bonald est intelligemment composé. Il n'a pas, comme Bailleul, pris les chapitres des Considérations, un à un, dans l'ordre où ils se présentent, mais il a dégagé les grands thèmes de l'ouvrage et les a critiqués. Pour commencer il déclare que Germaine de Staël a fait un « triste legs » à ses successeurs et que son livre n'est pas une histoire, mais « un roman sur la politique et la société ». Il estime qu'il n'y avait pas, en Europe, un écrivain moins appelé à « considérer » la Révolution que Mme de Staël, car elle a été un témoin très

69. Yvonne KNIBIEHLER, *Naissance des Sciences humaines : Mignet et l'histoire philosophique au XIXᵉ siècle*, Paris, 1973, pp. 134-135. Voir aussi J. GODECHOT, *Un jury pour la Révolution, Op. cit.*, pp. 80-81 et 100-102.

70. Louis de BONALD, *Observations sur l'ouvvrage de Mme de Staël ayant pour titre : « Considérations sur les principaux événements de la Révolution française »*, Paris, 1818, 139 p. in-8°.

71. A. de MALEISSYE, *Observations sur l'ouvrage de Mme de Staël intitulé « Considérations sur la Révolution »*, Paris, 1822, 200 p. in-8°.

partial. Puis il aborde le thème « Necker ». C'était, dit-il, un homme d'affaires et un littérateur qui s'est cru un homme d'État. Sa fille a essayé de perpétuer cette image, elle s'est trompée. Ensuite, Bonald se demande si la Révolution, comme l'écrit Germaine, était inévitable : il ne le croit pas, et tente de le prouver dans une très longue démonstration. Autre thème : la Constitution. Mme de Staël écrit qu'avant 1789, la France n'en avait point. Bonald pense le contraire. La noblesse ? Bonald n'admet pas la classification proposée dans les Considérations. *Le pouvoir absolu, contre lequel Germaine est partie en guerre : le théocrate Bonald le justifie. Bonaparte ? Bonald estime que Mme de Staël lui en a voulu, non parce qu'il a opprimé la France, mais parce qu'il a arrêté la Révolution. Toutefois, il sait gré à Germaine d'avoir critiqué les Alliés qui, en 1814, ont relégué Napoléon à l'île d'Elbe, si proche du continent. La liberté ? Bien entendu, Bonald y est hostile, et en tout premier lieu à la liberté de la presse. Il réfute « l'hymne à la liberté » de Mme de Staël. Quant à l'égalité, il n'en est pas plus question dans son livre que dans les* Considérations. *Mais tare suprême, cet ouvrage a été écrit par une protestante et « les écrivains réformés n'ont pas mieux traité de la politique que de la religion ». En conclusion, Bonald affirme que « les écrits de Mme de Staël ne sont, en général, que ses conversations, et comme ils en ont le brillant, ils en ont aussi la précipitation ». Au demeurant, Germaine de Staël « n'a souffert de malheur personnel qu'un exil dans sa patrie, sur ses terres, au milieu de sa famille, dans la jouissance d'une grande fortune, et ce malheur, que tant d'autres auraient regardé comme le comble de la félicité, elle y a été très sensible[72] ».*

Joseph de Maistre emboîte le pas à Bonald. Pour lui, les Considérations *sont « le dernier et le pire des ouvrages de Mme de Staël[73] ».*

Le vicomte de Maleyssie n'a pas laissé de traces dans l'histoire de la littérature. Il a néanmoins consacré un livre de 200 pages aux Considérations *mais ne l'a publié qu'en 1822, après avoir lu les ouvrages de Bailleul et de Bonald. C'était un capitaine de vaisseau en retraite, « sous-gouverneur » au Collège royal de la marine d'Angoulême (ancêtre de notre École Navale). Il avait émigré, pendant la Révolution, et vécu un certain temps en Russie. Son ouvrage a beaucoup moins d'intérêt que les deux précédents, car il n'a pas été un témoin proche des événements révolutionnaires comme Bailleul et il ne possède pas le talent de Bonald. D'ailleurs il a adopté le plan de Bailleul et il examine les* Considérations *chapitre par chapitre. Ses critiques, sont pour la plupart sans originalité. Il reproche à Mme de Staël d'avoir représenté les Français qui ont participé à la guerre d'indépendance des États-Unis comme, tous, enthousiastes de la liberté. Il affirme que la France possédait une*

---

72. Sur Bonald, voir J. GODECHOT, *La Contre-Révolution, Op. cit.*, pp. 106-112.

73. Lady BLENNERHASSET, *Madame de Staël et son temps, Op. cit.*, t. III, pp. 680 sq. Voir aussi Robert TRIOMPHE, *Joseph de Maistre*, Genève, Droz, 1968.

constitution avant 1789, mais non écrite. Il condamne catégoriquement la journée du 14 juillet. Il déteste Mirabeau et La Fayette. Il maudit la liberté de la presse. Il défend Louis XVI au 20 juin 1791 : Le roi, dit-il, n'a jamais voulu sortir de France, mais seulement se soustraire aux jacobins. Il défend les émigrés, restés fidèles au souverain et à la monarchie légitime. Bien entendu il condamne la Terreur, il nie qu'elle ait été la conséquence des circonstances et des périls de la France, et à l'appui de son argumentation, il cite les révolutions de Hollande et de Suisse, qui n'ont pas été marquées par la Terreur (démonstration fort discutable). Il n'écrit jamais le nom honni de Bonaparte mais se contente de le désigner par un B. Enfin à la question posée par Germaine de Staël, « Les Français sont-ils faits pour être libres ? », il répond oui, mais, à condition de définir le mot liberté. Dans sa conclusion, il désapprouve les critiques de Bailleul, mais se range, sans hésitation aux côtés de Bonald.

Il est un autre écrivain, et un « grand », qui fut mécontent des Considérations, *c'est Stendhal. Il n'en écrivit pas une critique, mais une sorte de* contre-Considérations, *la* Vie de Napoléon, *qui fut rédigée d'un premier jet dès la publication des* Considérations *mais remaniée de 1836 à 1838 et publiée seulement en 1876[74]. Au moment même où paraissait l'ouvrage de Germaine de Staël, Stendhal, qui ne l'avait pas encore lu, accusait son auteur de « manque d'idées » et de « ducomanie », c'est-à-dire d'admiration excessive pour les ducs, pour la noblesse[75]. Après l'avoir lu, en octobre 1818, il écrit : « Le livre de Mme de Staël [...] n'est que de la conversation écrite, ouvrage contradictoire et puéril, s'il en fut jamais, et à genoux devant le plus grand mal de la société actuelle, la noblesse[76]. » Mais ce qui déplut à Stendhal dans les* Considérations, *c'est surtout l'hostilité à l'égard de Napoléon, qui allait à l'encontre des idées qu'il professait, lui qui écrivait, dans les premières pages de son* Napoléon *: « Ses victoires immortelles doivent être racontées avec des détails qui en fassent comprendre tout le surnaturel... Un jeune homme de vingt-six ans se trouve avoir effacé en une année les Alexandre, les César, les Annibal, les Frédéric. » Stendhal prépara un article contre les* Considérations, *il ne le publia pas, mais il nous a été conservé et édité dans les* Mélanges de Littérature[77]. *Il déclare que le second tome des* Considérations *« contient plus de puérilités, d'absurdités, de nonsens de tout genre et [...] de calomnies qu'aucun autre livre vendu au même nombre d'exemplaires » (60 000, rappelons-le). Pour Stendhal (comme pour*

---

74. Henri MARTINEAU, *Napoléon*, Paris, 2 vol., 1930, voir la préface ; Carlo PELLEGRINI, « Stendhal contre Madame de Staël, à propos de Napoléon », dans la *Revue d'histoire littéraire de la France*, 1966, n°1, pp. 25-37.

75. STENDHAL, *Correspondance*, publiée par V. DEL LITTO, édition de la Pléiade, 1962, pp. 915-916.

76. ID., *Ibid.*, p. 941.

77. ID., *Mélanges de Littérature*, édition MARTINEAU, t. III, p. 179.

Savary !) Germaine de Staël est « une petite étrangère [...] fille d'un banquier genevois » qui n'a eu qu'une ambition, vivre « avec des duchesses ». Elle ne peut vivre sans avoir un ministre dans sa famille, sans parler de son père aux grandes dames qui l'entouraient. Elle adore la vieille noblesse avec toute la passion d'une parvenue. Stendhal oppose à Mme de Staël l'attitude d'autres femmes de son temps, Mme Bertrand, par exemple, qui suivit le général, son mari, à Sainte-Hélène, « dame vraiment noble par le cœur comme par la naissance ». Pour Stendhal, Napoléon cependant a commis une erreur en se brouillant avec Mme de Staël. Selon lui, il eût été facile de l'acheter par « une dotation annuelle de deux préfectures et cent places de juge et de chambellan ». Elle eût alors, sans doute, chanté les louanges de Napoléon... Mais cela ne s'est pas produit et Germaine exalte les ennemis de l'empereur. Stendhal est particulièrement furieux de lire, sous la plume de Germaine, que « le duc de Wellington est le plus grand général d'un siècle » où Napoléon a vécu. Il juge de mauvais goût l'éloge enthousiaste, par Mme de Staël, de la civilisation anglaise alors que Napoléon est le prisonnier des Anglais à Sainte-Hélène. Il est agacé par l'exaltation de Necker, « homme qui eut un petit talent et un orgueil immense ». Au total Stendhal trouve dans les Considérations un « acharnement bas et ridicule » contre la Révolution et contre Napoléon. Ce livre, écrit-il, est une « mauvaise action ». Le seul mérite de son auteur est « de bien peindre les hommes avec qui elle a dîné, Sieyès, par exemple ». En conclusion, Stendhal estime que « les talents nécessaires pour faire un bon roman sont un peu différents de ceux qu'il faut pour écrire l'histoire ».

Certes, la critique de Stendhal ne fut pas publiée mais par sa conversation, par ses lettres, il fit connaître ses sentiments, certains fort justes, d'autres partiaux, conséquence de l'admiration qu'il vouait au général de 1796 et à l'empereur prisonnier sur son rocher perdu au milieu de l'Atlantique.

Sainte-Beuve n'a fait connaître son appréciation que beaucoup plus tard, le 1er mai 1835. Pour lui, la publication des Considérations « fut un événement et constitua à Mme de Staël de brillantes et publiques funérailles ». Il note que l'originalité de l'ouvrage est de proposer à la Révolution française et à la Restauration « une interprétation politique destinée à un long retentissement et à une durable influence » : l'interprétation libérale. Sainte-Beuve rappelle la « bataille » qui accueillit les Considérations, les louanges des uns (surtout de Benjamin Constant), les imprécations des autres (notamment Bailleul et Bonald, mais il ignore, évidemment le jugement de Stendhal). Il estimait que le parti libéral devait beaucoup aux Considérations [78]. Plus tard, et dans un contexte politique très différent, le 12 mai 1862, Sainte-Beuve reviendra sur les Considérations : Il s'efforce de démontrer que Mme de Staël, bien qu'étant partie à Coppet dès l'annonce du retour de l'île d'Elbe, avait approuvé cet « empire constitutionnel » dont son

---

78. SAINTE-BEUVE, *Madame de Staël*, édition Maurice ALLEM, Paris, 1932, pp. 84-85.

ancien amant, Benjamin Constant, venait de rédiger la Constitution. Ce faisant, Sainte-Beuve voulait prouver que Germaine de Staël aurait accepté l'empire libéral que Napoléon III avait inauguré en 1860[79]. *Mais, même en torturant les textes, la démonstration de Sainte-Beuve n'est guère convaincante. Elle montre surtout que les* Considérations *ont exercé une influence politique jusqu'à la fin du second Empire.*

Les Considérations *sont donc, beaucoup plus qu'un livre d'histoire, un ouvrage de science politique. Elles ont contribué à donner son idéologie au parti « libéral » de la Restauration et de la monarchie de Juillet, c'est-à-dire à un parti qui se situait au centre droit, et qui a été illustré par le propre gendre de Germaine de Staël, Victor de Broglie, en même temps que par Royer-Collard, Guizot et plusieurs autres.*

Les Considérations *auraient dû répandre la haine de la dictature militaire, il faut avouer que dans ce domaine, la réussite de Mme de Staël fut moindre, c'est grâce à l'armée que Louis-Napoléon s'empara du pouvoir le 2 décembre 1851. On peut mettre aussi à l'actif de ce livre l'expansion en France de deux notions, celle de romantisme — nous avons vu que Germaine de Staël a sans doute introduit le mot dans la langue française —, et celle, moins remarquée, de « majorité silencieuse », dont elle parle à plusieurs reprises.*

Du point de vue strictement historique, les Considérations *n'augmentent pas, nous l'avons dit, nos connaissances sur l'histoire de la Révolution. Mais elles ont eu le grand mérite de situer la Révolution française dans le temps et dans l'espace. Dans le temps, en montrant qu'elle plongeait ses racines profondes dans l'histoire de la France, jusqu'au XVIe siècle. Dans l'espace, en liant la Révolution de France aux autres révolutions qui ont secoué le monde occidental, et surtout à la révolution anglaise du XVIIe siècle. Germaine de Staël, nous l'avons vu, a mal perçu les liens entre la Révolution française et les autres révolutions contemporaines, celles d'Amérique, des Pays-Bas, d'Italie et d'Allemagne. Mais c'est un grand mérite que d'avoir élargi la conception de la Révolution française. Malheureusement, Mme de Staël, dans ce domaine ne sera guère suivie, et bien timidement, que par Mignet, Louis Blanc et Tocqueville*[80]. *Il faudra attendre le milieu du XXe siècle pour voir les historiens reprendre, et étendre les conceptions de Germaine de Staël sur l'interdépendance des Révolutions de l'Occident.*

J. Godechot.

79. ID., *Ibid.*, pp. 104-107.

80. J. GODECHOT, *Un jury pour la Révolution, Op. cit.*, pp. 88-98 ; Robert ESCARPIT, *L'Angleterre dans l'œuvre de Madame de Staël*, Paris, 1954 ; Béatrice W. JASINSKI, « Mme de Staël, l'Angleterre de 1813-1814 et les Considérations sur la Révolution française » dans la *Revue d'Histoire littéraire de la France*, 1966, n° 1, pp. 12-24 (Essaye, en vain, de réfuter R. Escarpit qui a montré les œillères de Mme de Staël).

Bibliographie

I - OUVRAGES FONDAMENTEAUX SUR LA PÉRIODE RÉVOLUTIONNAIRE ET IMPÉRIALE :

J. Godechot, *Les Révolutions*, Paris, 3ᵉ édition, 1970 ; *L'Europe et l'Amérique à l'époque napoléonienne*, Paris, 1967 ; *Les institutions de la France, sous la Révolution et l'Empire*, Paris, 2ᵉ édition, 1968 ; *La Grande Nation*, Paris, 2ᵉ édition, 1983 ; *La Contre-Révolution*, Paris, 1961 ; *Un jury pour la Révolution*, Paris, 1974.

A. Soboul, *Précis d'Histoire de la Révolution française*, Paris, nouvelle édition, 1982 ; *Problèmes paysans de la Révolution*, Paris, 1976 ; *Comprendre la Révolution*, Paris, 1981.

F. Furet et D. Richet, *La Révolution française*, Paris, 2ᵉ édition, 1973 ; F. Furet, *Penser la Révolution*, Paris, 1978.

Jean Tulard, *Napoléon*, Paris, 1977 ; *L'Anti-Napoléon*, Paris, 1963 ; *Le mythe de Napoléon*, Paris, 1971.

Nouvelle histoire de la France contemporaine : *La chute de la monarchie* par Michel Vovelle, 1972 ; *La république jacobine* par Marc Bouloiseau, 1972 ; *La république bourgeoise* par Denis Woronoff, 1972 ; *L'épisode napoléonien* par Louis Bergeron, J. Lovie et A. Palluel-Guillard, 2 vol. 1972 ; *La France des notables* par A. Jardin et A. J. Tudesq, 1973 (Le Seuil, collection Points - Histoire).

Louis de Villefosse et Janine Bouissounouse, *L'opposition à Napoléon*, Paris, 1969.

Guillaume Bertier de Sauvigny, *La Restauration*, Paris, 1974.

II - SUR L'HISTOIRE DE L'ANGLETERRE :

Roland MARX, *Histoire du Royaume-Uni*, Paris, 1967 ; *L'Angleterre des Révolutions*, Paris, 1971 ; *Naissance et triomphe de la démocratie britannique*, Paris, 1973, *Lexique historique de la Grande-Bretagne*, Paris, 1976.
Steven WATSON, *The Reign of George III, 1760-1815*, t. XII de *The Oxford History of England*, Oxford, 1960.

III - SUR Mme DE STAËL :

La bibliographie de Mme de Staël est considérable. L'étude de cet écrivain est poursuivi systématiquement par la « Société des études staëliennes » fondée en 1929 par sa descendante, la comtesse Jean de Pange et dont Mme Suzanne Balayé est aujourd'hui la Secrétaire générale. Celle-ci a publié une excellente bibliographie sous le titre « Le dossier Staël » dans la revue *Romantisme*, n° 20, 1978, pp. 101-109. De cette bibliographie j'extrais les ouvrages qui me paraissent essentiels :

Lady BLENNERHASSETT, *Madame de Staël et son temps*, traduction de l'original allemand (l'auteur était allemande), Paris, 1890.
Albert SOREL, *Madame de Staël*, Paris, 1890.
Christopher HEROLD, *Mistress to an Age*, New York, 1958, traduction française sous le titre *Germaine Necker de Staël*, Paris, 1962.
Suzanne BALAYÉ, *Catalogue de l'exposition Madame de Staël et l'Europe*, Paris, Bibliothèque nationale, 1966 ; ID., *Madame de Staël, Lumières et liberté*, Paris, 1979.
La « Société des études staëliennes » publie des *Cahiers staëliens*.
Ajouter : la rapide mais intelligente biographie de Germaine de Staël par Meuccio RUINI, *Profile di storia, La signora di Staël*, Milano, 1963 (réédition de l'ouvrage paru en 1931).
Howard MUMFORD JONES, *Revolution and Romanticism*, Harvard University Press, 1974.
Ghislain de DIESBACH, *Madame de Staël*, Paris, Perrin, 1983.

IV - SUR NECKER :

Deux ouvrages récents et fondamentaux :

Henri GRANGE, *Les idées de Necker*, Paris, 1974. Jean ÉGRET, *Necker, ministre de Louis XVI*, Paris, 1975.

V - SUR BENJAMIN CONSTANT :

Des nombreux ouvrages cités dans le « Dossier Staël », de Simone BALAYÉ, on retiendra les deux livres d'Henri GUILLEMIN, *Benjamin Constant muscadin*, Paris, 1958 et *Madame de Staël, Benjamin Constant et Napoléon*, Paris, 1959. On a reproché à l'auteur sa « partialité excessive ». Son ton est sans doute agressif, ses conclusions parfois discutables, mais les documents qu'il cite, les rapprochements qu'il opère ne sont guère contestables.

Depuis ont été publiés :

Étienne HOFMANN, *Les « Principes de politique » de Benjamin Constant, La genèse d'une œuvre et l'évolution de la pensée de leur auteur (1789-1806)* Genève, Droz, 1980, 2 vol. Le tome II est une édition critique des « Principes de politique » mais le tome I est une étude sur Benjamin Constant dans laquelle l'auteur s'efforce de réfuter Henri Guillemin.

Guy H. DODGE, *Benjamin Constant's Philosophy of liberalism, A Study in Politics and Religion*, Chapel Hill, The University of North Carolina Press, 1980.

VI - SUR TALLEYRAND :

Talleyrand fut, sans doute, un des amants de Mme de Staël.

G. LACOUR-GAYET, *Talleyrand*, Paris, 4 vol., 1928-1934 ; J.-F. BERNARD, *Talleyrand, a Biography*, London, 1973 ; Michel MISSOFFE, *Le cœur secret de Talleyrand*, Paris, 1956 ; Casimir CARRÉRE, *Talleyrand amoureux*, Paris, 1975.

VII - LES *CONSIDÉRATIONS* :

Les *Considérations sur les principaux événements de la Révolution française* ont eu, nous l'avons dit, six éditions, deux en 1818, les quatre autres en 1820, 1843, 1862, 1881. Elles ont été, aussi éditées dans les *Œuvres complètes*, en 1820, 1836 et 1838. La plus récente édition est une traduction italienne par Adolfo OMODEO (Milano, 1973).

Ouvrages de Madame DE STAËL à lire pour mieux comprendre les *Considérations* :

Réflexions sur la paix, édition par François de Pange, La Neuveville (Suisse).

Réflexions sur la paix intérieure, Paris, Du Pont 1795, et dans les *Œuvres complètes*.

Des circonstances actuelles qui peuvent terminer la Révolution et des principes qui doivent fonder la République en France, ouvrage rédigé à la fin de 1798, nouvelle édition critique par Lucia OMACINI, Paris-Genève, Droz, 1979. Voir mon compte-rendu dans les *Annales historiques de la Révolution française*, 1982, n° 1.

Dix années d'exil, nouvelle édition par Simone BALAYÉ Paris, 1966.

Correspondance générale de Mme de Staël, publiée par Béatrice W. JASINSKI. Le tome IV-2 (1978) s'arrête à 1800.

Lettres à Narbonne, publiées par Georges SOLOVIEFF, Paris, 1960.

Lettres à Ribbing, publiées par Simone BALAYÉ, Paris, 1960.

Les carnets de voyage de Mme de Staël, contribution à la genèse de ses œuvres publiées par Simone BALAYÉ, et, pour le séjour en Angleterre, par Norman KING, Genève, 1971.

OUVRAGES RELATIFS AUX *CONSIDÉRATIONS* :

J.-C. BAILLEUL, *Examen critique de l'ouvrage posthume de Mme de Staël ayant pour titre « Considérations sur les principaux événements de la Révolution française »,* Paris, 1818.

L. de BONALD, *Observations sur l'ouvrage de Mme de Staël ayant pour titre « Considérations sur les principaux événements de la Révolution française »,* Paris, 1818 ;

A. de MALEYSSIE, *Observations sur l'ouvrage de Mme de Staël intitulé « Considérations sur la Révolution »,* Paris, 1822.

Griffith GWYNNE, *Madame de Staël et la Révolution française,* Paris, 1969.

B. MUNTEANO, *Les idées politiques de Madame de Staël et la constitution de l'an III,* Paris, 1931 (25e cahier d'Études françaises).

H. GRANGE, « Necker, Madame de Staël et la constitution de l'an III », dans les *Mélanges Jean Fabre,* Paris, 1974, pp. 225-239.

Paul GAUTIER, « Madame de Staël et la police du Directoire », *Revue bleue,* mars 1898.

ID., *Madame de Staël et Napoléon,* Paris, 1903, thèse de doctorat ès lettres qui a été couverte d'éloges lorsqu'elle fut publiée, dépassée aujourd'hui par la découverte de nouveaux documents.

Pierre KOHLER, *Madame de Staël et la Suisse,* Lausanne-Paris, 1916.

Carlo PELLEGRINI, « Stendhal, Mme de Staël, Napoléon » dans la *Revue d'Histoire littéraire de la France,* 1966 n° 1, pp. 25-37.

Chronologie [1]

1732. 30 septembre. Naissance de Jacques Necker, père de Mme de Staël, à Genève.

1737. 2 juin. Naissance de Suzanne Curchod, mère de Mme de Staël, à Crassier (Suisse).

1762. Necker devient co-directeur de la banque Théllusson, à Paris, qu'il dirigera seul à partir de 1765.

1764. Mariage à Paris de Jacques Necker et de Suzanne Curchod.

1766. 22 avril. Naissance d'Anne-Louise-Germaine Necker, à Paris.

1768. Necker est nommé ministre de la République de Genève auprès du roi de France, premier pas dans sa carrière politique.

1769. Il devient directeur de la Compagnie des Indes. Mme Necker tient un salon littéraire renommé.

1776. Avril-juin. Tous deux voyagent en Angleterre avec leur fille âgée de dix ans.

1776. 21 octobre. Necker est nommé directeur des finances-adjoint.

1777. Juin. Necker devient directeur général des finances.

1778. Fondation du futur Hôpital Necker. M. de Staël, attaché d'ambassade à Paris, 29 ans, commence des démarches en vue d'épouser Mlle Necker, qui a 12 ans.

1778. 26 mars. Mme et Mlle Necker font visite à Voltaire.

Printemps-été. Maladie et convalescence de Germaine Necker à Saint-Ouen. Elle compose une comédie *Les Inconvénients de la vie de Paris.*

---

1. Cette *Chronologie* reproduit celles que Simone Balayé a publiées dans le catalogue de l'exposition *Madame de Staël et l'Europe* (Bibliothèque nationale, 1966) et dans *Madame de Staël : Lumières et Liberté* (Paris, 1979), avec son aimable autorisation, dont je la remercie vivement.

1781. Necker publie son *Compte-rendu au roi.* Louis XVI lui demande sa démission le 19 mai.

1783. Mlle Necker repousse un projet d'union avec William Pitt. Été en Suisse.

1784. Mai. M. Necker achète le château de Coppet. La famille passe l'été à Beaulieu, près Lausanne et s'installe à Coppet en septembre.

1785. Septembre-octobre. Les Necker voyagent dans le midi de la France, séjournent à Avignon, Montpellier et Lyon, puis dans la région parisienne.

1786. 6 janvier. Le contrat de mariage entre M. de Staël et Mlle Necker est signé par la famille royale. Le mariage est célébré le 14, à la chapelle de l'ambassade de Suède.

31 janvier. Présentation de Mme de Staël à la Cour.

15 mars. Elle envoie sa première lettre d'information mondaine et littéraire à Gustave III, roi de Suède.

Septembre. Elle se rend à Plombières avec ses parents.

1787. 13 avril. Necker est exilé par ordre du roi, ordre révoqué deux mois plus tard. Sa fille l'accompagne à Châteaurenard, puis près de Fontainebleau.

22 juillet. Mme de Staël met au monde à Paris son premier enfant, Gustavine.

1788. 26 août. Necker est rappelé au ministère des finances.

Automne. Mme de Staël rencontre le comte Louis de Narbonne ; leur liaison s'engagera bientôt.

Fin de l'année. Publication à petit tirage des *Lettres sur les ouvrages et le caractère de J.-J. Rousseau.*

1789. 7 avril. Mort de la petite Gustavine de Staël.

4 mai. Mme de Staël assiste à la procession solennelle pour l'ouverture des États-Généraux et le 5 à la séance d'ouverture.

11 juillet. Renvoi et exil de Necker, qui part avec Mme Necker, bientôt rejoint par Mme de Staël. Quelques jours plus tard, il est rappelé de Bâle à Paris, et effectuera un triomphal voyage de retour.

30 juillet. Mme de Staël assiste à l'apothéose de Necker à l'Hôtel de Ville. 5-6 octobre. Elle voit les émeutes et le retour de la famille royale à Paris.

1790. 14 juillet. Elle assiste à la Fête de la Fédération. La presse royaliste s'acharne contre elle.

Mai-août. Mme de Staël écrit son *Éloge de Monsieur de Guibert,* mort en mai.

31 août. Naissance à Paris d'Auguste, premier fils de Mme de Staël et de Narbonne.

3 septembre. Necker donne sa démission et part le 8 pour la Suisse avec Mme Necker. Mme de Staël séjournera auprès d'eux jusqu'à la fin de novembre.

Octobre. Elle publie à petit tirage *Sophie* et *Jane Gray,* pièces de théâtre écrites en 1786 et 1787.

1791. 8 janvier-début mai. Elle séjourne à Paris. La nouvelle constitution se fait en partie dans son salon, lieu de rencontre des modérés, où fréquente Sieyès.

19 février. Fuite de Mesdames, tantes de Louis XVI, que Narbonne accompagne à Rome. Déchaînement de pamphlets contre lui et Mme de Staël.

16 avril. Elle publie sans le signer un article dans les *Indépendants*, sans doute le premier de ses articles dans les journaux.

Mai-août. Séjour à Genève et Coppet. Le 21 août, elle est de retour dans la région parisienne, le 23 elle est à Paris.

18 septembre. Elle assiste à la fête de la Constitution. La première séance de l'Assemblée législative a lieu le 1ᵉʳ octobre. Mme de Staël travaille à introduire Narbonne dans le gouvernement. Le 6 décembre, il est nommé ministre de la Guerre.

1792. 9 mars. Narbonne est renvoyé. Le ministère ne tarde pas à tomber à la suite d'une campagne menée par les Girondins et Mme de Staël.

16 mars. Assassinat de Gustave III, roi de Suède. L'un des principaux conjurés est le comte de Ribbing.

20 avril. Déclaration de guerre à l'Autriche. Narbonne rejoint La Fayette à l'armée du Nord ; Mme de Staël l'y aurait retrouvé quelques jours.

Juillet. Mme de Staël, Narbonne et Malouet offrent au roi un plan d'évasion que la reine refuse.

10 août. Mme de Staël sauve plusieurs de ses amis, qui ont été mis en accusation, notamment Narbonne, Jaucourt, Lally-Tollendal.

2 septembre. Mme de Staël, quittant Paris, manque d'être massacrée place de l'Hôtel de Ville. Elle part le 3 pour la Suisse, où elle séjourne à Coppet puis à Rolle.

2 novembre. Naissance à Rolle de son second fils, Albert, fils aussi de Narbonne.

Fin décembre. Séjour à Genève, d'où elle part pour l'Angleterre.

1793. 20 janvier-25 mai. Séjour en Angleterre, notamment à Juniper Hall en Surrey, avec quelques amis dont Narbonne, Talleyrand, Montmorency, Lally-Tollendal, etc. Elle y travaille à *De l'influence des passions*.

Juin. Retour en Suisse. Peu après elle rencontre Ribbing et commence à s'intéresser à lui.

Début septembre. Elle publie les *Réflexions sur le procès de la reine*. Elle cache des amis émigrés.

1794. Avril. Elle publie une nouvelle, *Zulma*, écrite dès 1786.

26-28 avril. Voyage avec Ribbing, obligé de quitter la Suisse pour le Danemark. Ils se séparent le 29. Mme de Staël s'installe à Mézery près de Lausanne et s'occupe de faire sortir de France plusieurs amis menacés de mort.

15 mai. Mort de Mme Necker à Beaulieu.

Fin juillet. Narbonne arrive à Mézery. La rupture suivra bientôt.

18 septembre. Mme de Staël rencontre Benjamin Constant pour la

première fois chez les Cazenove d'Arlens. Bientôt il lui fera la cour, mais longtemps sans succès.

Février. Ire édition des *Réflexions sur la paix*.

1795. Vers le mois d'avril. Publication du *Recueil de morceaux détachés*.

25 mai. Mme de Staël et Constant arrivent à Paris. Elle rouvre son salon.

3 juin. Elle publie dans les journaux une profession de foi républicaine.

Fin juillet. Impression des *Réflexions sur la paix intérieure*, qui ne seront pas publiées.

18 août. A la Convention, Legendre, son ancien boucher, l'accuse de conspiration.

Octobre. Après les journées de Vendémiaire, le Comité de salut public exile Mme de Staël. Elle fait rapporter cette mesure, mais part pour la Suisse où elle va passer toute l'année 1796.

Dans l'hiver, à Coppet et Lausanne, elle achève *De l'influence des passions*. Près d'elle, Constant rédige avec sa collaboration *De la force du gouvernement actuel*, qui paraîtra en mai.

1796. 22 avril. Le ministre de la police signe un mandat d'arrêt contre elle si elle rentre en France. Constant est de nouveau à Paris.

Septembre. Publication de *De l'influence des passions*.

Fin décembre. Autorisée à rentrer en France, sinon à Paris, elle séjourne à Hérivaux chez Constant jusqu'au mois de mai 1797. Il écrit avec sa collaboration *Des réactions politiques*, qui paraît en avril 1797.

1797. 8 juin. Naissance à Paris de sa fille Albertine.

Juin. Fondation du club de Salm par Constant et Mme de Staël entre autres.

16 juillet. Talleyrand qu'elle aide à rentrer en France est nommé ministre des relations extérieures.

4 septembre-18 fructidor. Coup d'état. Elle sauve plusieurs amis.

6 décembre. Elle rencontre Bonaparte pour la première fois.

1798. Janvier. Elle rentre en Suisse ; le 27, l'armée française envahit le Pays de Vaud.

Avril. M. de Staël est pour quelques mois ministre plénipotentiaire. Il perd définitivement ses fonctions au cours de l'été.

Passe l'été et l'automne jusqu'en novembre à Saint-Ouen.

Août. Début de la liaison de Constant avec Julie Talma.

Fin de l'année. Elle écrit *Des circonstances actuelles* qu'elle ne publie pas, passe l'hiver à Genève et Coppet, et commence *De la littérature*.

1799. Mai. Elle séjourne à Saint-Ouen, mais elle est expulsée au début de juillet, époque où Constant met fin à sa liaison avec Julie Talma.

Juillet-octobre. Elle est à Coppet.

9 novembre-soir du 18 brumaire, elle arrive à Paris.

24 décembre. Constant est nommé au Tribunat.

1800. 5 janvier. Discours de Constant au Tribunat qui excitera la fureur du Premier Consul.

Avril. Elle publie *De la littérature,* qui a une 2ᵉ édition dès octobre. Vives attaques dans la presse.

7 mai. Elle quitte Paris pour Coppet ; durant l'été, elle commence *Delphine* et apprend l'allemand.

Automne. Constant s'éprend d'Anna Lindsay.

Décembre. Mme de Staël séjourne à Paris jusqu'en mai et obtient sa séparation d'avec M. de Staël.

1801. Mai. Elle revient à Coppet ; son père écrit les *Dernières vues de politique et de finances,* en août.

Novembre. Retour à Paris.

1802. 17 janvier. Bonaparte exclut vingt membres du Tribunat, dont Benjamin Constant.

Avril. Conspiration de Moreau et Bernadotte à laquelle Mme de Staël prend part.

9 mai. M. de Staël, que sa femme ramène malade à Coppet, meurt à Poligny.

Juillet. Camille Jordan, inspiré par Mme de Staël, publie le *Vrai sens du vote national sur le Consulat à vie.*

Août. M. Necker publie les *Dernières vues de politique et de finances,* également inspiré par elle.

Décembre. Elle-même publie *Delphine.* Les trois ouvrages provoquent la colère de Bonaparte qui lui interdit Paris. Elle passe l'hiver à Genève ; elle a avec Constant des scènes continuelles, fait la connaissance de Sismondi.

1803. Printemps. Elle se lie avec l'écossais Robertson, qui accompagne en France Lord Campbell.

26 septembre. Elle arrive à Maffliers, non loin des Herbages, propriété de Constant.

15 octobre. Elle reçoit un ordre d'exil à quarante lieues de Paris.

24 octobre. Elle part pour l'Allemagne en compagnie de Constant.

Du 26 octobre au 8 novembre, ils séjournent à Metz avec Charles de Villers. Elle songe à écrire *De l'Allemagne.*

13 novembre. Arrivée à Francfort.

13 décembre. Mme de Staël arrive à Weimar et y séjourne jusqu'au 1ᵉʳ mars, reçue à la Cour et rencontrant Gœthe et Schiller.

1804. Vers le 8 mars, elle arrive à Berlin. Elle y demeure jusqu'au 18 avril, fréquente la cour et les salons et décide August Wilhelm Schlegel à la suivre à Coppet, comme précepteur de ses enfants.

9 avril. Mort de Necker, qu'elle apprend le 22 à Weimar de la bouche de Constant revenu de Suisse. Le 19 mai, elle arrive à Coppet.

Automne. Elle publie les *Manuscrits de M. Necker* précédés par *Du caractère de Monsieur Necker et de sa vie privée,* rédigé en juin. Sous son impulsion, Bonstetten publie son *Voyage sur la scène des six derniers livres de l'Énéide* et Sismondi commence son *Histoire des républiques italiennes.*

11 décembre. Après quelques jours à Lyon, elle part pour l'Italie avec

Schlegel ; le 29 décembre, elle est à Milan pour trois semaines, y voit notamment Monti.

1805. 4 février. Elle arrive à Rome pour quinze jours, part pour Naples, y passe trois semaines et revient à Rome à la mi-mars, où elle séjourne jusqu'en mai ; elle voit beaucoup le jeune don Pedro de Souza, les Humboldt, etc.

Mai. Elle passe par Florence, Venise, arrive à Milan le 4 juin, après le couronnement de Napoléon comme roi d'Italie et rentre à Coppet en juin. Constant veut l'épouser. Elle refuse.

Été. C'est le début des grands jours de Coppet. Elle rencontre Prosper de Barante, avec lequel elle noue une liaison. Elle commence *Corinne*.

21 août. Chateaubriand lui fait une visite à Coppet. Auguste de Staël part pour Paris, afin de se préparer à l'École polytechnique. Il sera reçu, mais Napoléon refusera de l'admettre.

Hiver à Genève. Elle compose un drame, *Agar dans le désert*.

1806. 19 avril. Mme de Staël part pour la France et va s'installer près d'Auxerre au château de Vincelles. Elle y reçoit beaucoup d'amis et s'ennuie dans la vie provinciale, loin de Barante et sentant lui échapper Constant.

Juillet. Grave maladie de Schlegel.

18 septembre. Elle s'installe à Rouen.

18-28 octobre. Passion subite de Constant pour Mme Du Tertre, née Charlotte de Hardenberg.

30 octobre. Constant commence « un roman », qui deviendra *Adolphe*. Barante part en mission pour l'Allemagne.

29 novembre. Elle va habiter le château d'Acosta près de Meulan où elle achèvera *Corinne* et en corrigera les épreuves.

28 décembre. Constant lit *Adolphe* à Mme de Staël qui lui fait une scène violente.

1807. Pendant les premiers mois de l'année, les avertissements de Napoléon à Fouché trop indulgent se succèdent.

27 avril. Elle part pour Coppet après quelques jours clandestinement passés à Paris.

1er mai. Publication de *Corinne,* qui connaît immédiatement un immense succès.

Été brillant à Coppet et Ouchy en compagnie de nombreux amis. Elle monte et joue plusieurs pièces de théâtre. Constant commence son *Wallstein*. Mme de Staël travaille à *De l'Allemagne*.

Automne. Elle écrit *Geneviève de Brabant*. Schlegel publie sa *Comparaison des deux Phèdre*.

4 décembre. Mme de Staël part pour Vienne où elle arrive à la fin du mois.

28 décembre. Auguste de Staël essaie d'obtenir la grâce de sa mère au cours d'une entrevue avec l'Empereur à Chambéry.

1808. Hiver très brillant à Vienne. Liaison avec Maurice O'Donnell. Elle voit beaucoup le prince de Ligne et travaille à une anthologie de textes de ce dernier.

31 mars. Début du *Cours de littérature dramatique* de Schlegel.

22 mai. Elle quitte Vienne.

28 mai. Elle rencontre Gentz à Toeplitz et encore une fois le 4 juin à Pyrna, ce qui augmentera la vindicte de Napoléon.

5 juin. Constant épouse en secret Charlotte de Hardenberg.

Début de juillet. Mme de Staël est de retour à Coppet. Sa liaison avec O'Donnell va sur sa fin. Constant reparaît à Coppet.

17 août. Elle assiste à la fête des Bergers près d'Interlaken.

Octobre-novembre. Après Mme de Krüdener, Werner séjourne à Coppet.

Fin de l'année à Genève.

1809. Publication du *Tableau de la littérature française au XVIII* siècle*, de Prosper de Barante.

Janvier. Publication de *Wallstein*, de B. Constant.

Début de février. Publication des *Lettres et pensées* du prince de Ligne, par Mme de Staël.

9 mai. Dans une dramatique entrevue à Sécheron, Charlotte de Hardenberg apprend à Mme de Staël son mariage avec Constant.

Juin. Mme de Staël va voir Talma à Lyon. Constant l'y suit ; sa femme tente de s'empoisonner.

Septembre. Werner revient à Coppet. On crée sa pièce *Le 24 février*.

Hiver. Mme de Staël s'installe à Coppet.

1810. **5 février.** Création de la Direction de l'imprimerie et de la librairie et renforcement de la censure.

Avril. Elle part pour Blois, s'installe au château de Chaumont et y reçoit de nombreux amis. L'éditeur Nicolle commence à faire imprimer *De l'Allemagne*, chez Mame, à Tours.

Mai. Mme de Staël prend de l'intérêt pour le comte de Balk et rompt en octobre.

3 juin. Fouché est remplacé par le duc de Rovigo beaucoup plus hostile. Napoléon renforce les mesures contre les opposants.

18 août. Elle quitte Chaumont pour le château de Fossé.

23 septembre. Mme de Staël achève de corriger les épreuves.

24 septembre. Rovigo, ministre de la police, ordonne de faire partir Mme de Staël dans les quarante-huit heures et de lui faire remettre manuscrits et épreuves. Les jours suivants, Mme de Staël multiplie les démarches, inutilement.

6 octobre. Elle part pour Coppet. L'Europe, pour Mme de Staël, se réduit désormais à Genève et Coppet.

11 octobre. Les planches et les formes du livre sont rompues. Le 14 et le 15, les gendarmes pilonnent l'ouvrage.

Au début de novembre, elle s'installe à Genève pour l'hiver et ne tarde pas à rencontrer John Rocca, qui s'éprend d'elle.

1811. **27 février.** Capelle remplace le baron Claude-Ignace de Barante, à la préfecture du Léman. La malveillance redouble à l'égard de Mme de Staël qui, sous l'impulsion de Schlegel, songe à s'enfuir.

Mai. Schlegel va mettre les manuscrits de *De l'Allemagne* en sûreté à

Vienne. Mme de Staël commence les *Dix années d'exil*.

Août. Excursion à la Val-Sainte avec Rocca et Montmorency qui est passé dans l'opposition catholique et accomplit une mission clandestine.

Septembre. Mme Récamier vient à Coppet ; elle est aussitôt exilée et se retire à Châlons-sur-Marne.

28 novembre. Mariage de Prosper de Barante avec Césarine d'Houdetot.

1812. Hiver. De janvier à mars, Mme de Staël vit à Genève. Elle commence les *Réflexions sur le suicide* et *Richard Cœur de Lion*.

7 avril. Naissance secrète de Louis-Alphonse Rocca, fils de Mme de Staël et de John Rocca.

23 mai. Mme de Staël s'évade de Coppet et part pour l'Angleterre par Vienne, Saint-Pétersbourg et Stockholm.

6-22 juin. Elle séjourne à Vienne.

25-29 juin. Elle est à Brno.

2 juillet. Elle arrive à Olomouc.

13 juillet. Elle est à Brody.

14 juillet. Elle franchit la frontière russe.

1er août. Elle arrive à Moscou, qu'elle quitte le 7.

13 août. Elle arrive à Pétersbourg, d'où elle part au début de septembre pour Stockholm où elle arrive le 24. Elle y passe plusieurs mois, et commence les *Considérations sur la Révolution française*.

Janvier. *Publication des Réflexions sur le suicide*.

1813. Février. Publication de la brochure de Schlegel sur le *Système continental*.

27 mai. Mme de Staël part pour Londres.

Juin. Elle arrive en Angleterre, séjourne à Londres, va chez différents amis et rouvre son salon.

12 juillet. Son fils Albert, officier dans l'armée suédoise, est tué en duel à Doberan.

De l'Allemagne paraît en français. Elle édite ou réédite plusieurs autres de ses ouvrages en 1813 et 1814. Son action politique se fait de plus en plus importante ; elle songe à Bernadotte, pour le trône de France.

1814. 6 avril. Abdication de Napoléon.

12 mai. Mme de Staël rentre à Paris, s'installe à Clichy ; elle y reçoit souverains, ministres et généraux.

19 juillet. Elle arrive à Coppet et y voit de nombreux Anglais. Elle rentre le 30 septembre à Paris.

1815. 10 mars. Elle part pour Coppet à la nouvelle du débarquement de Napoléon. Elle blâmera d'abord le ralliement de Constant à l'Empereur, mais finira par approuver l'*Acte additionnel*.

Septembre. Elle se rallie aux Bourbons après les Cent jours. Les deux millions de son père lui sont remboursés. Elle part pour l'Italie et passe l'hiver à Pise.

1816. 20 février. Mariage à Pise de sa fille avec Victor, duc de Broglie.

Mai. Publication d'*Adolphe*.

Été à Coppet. Elle voit beaucoup Lord Byron.

10 octobre. Elle épouse secrètement Rocca. Le 16, ils partent pour Paris.

1817. 21 février. Elle a une attaque qui la laisse paralysée.

14 juillet. Mort de Mme de Staël. Après l'ouverture du testament, commencent les démarches pour reconnaître officiellement le petit Louis-Alphonse Rocca.

28 juillet. Inhumation à Coppet. Le caveau est muré le 5 août.

1818. 30 janvier. Mort de John Rocca.

Publication des *Considérations sur la Révolution française*, faite par le duc de Broglie et le baron de Staël.

1820. Publication des *Dix années d'exil* et des *Œuvres complètes*.

1827. Mort d'Auguste de Staël sans postérité.

1838. Mort d'Alphonse Rocca, également sans postérité.

Mort d'Albertine, duchesse de Broglie, ancêtre d'une lignée de personnages illustres, hommes d'état, écrivains, mathématiciens, physiciens.

Avis
des éditeurs
(1818)

En remplissant la tâche que M^{de}. de STAËL a daigné nous confier, nous devons avant tout faire connoître dans quel état nous avons trouvé le manuscrit remis à nos soins.

Madame de STAËL s'étoit tracé pour toutes ses compositions une règle de travail dont elle ne s'écartoit jamais. Elle écrivoit d'un seul trait toute l'ébauche de l'ouvrage dont elle avoit conçu le plan, sans revenir sur ses pas, sans interrompre le cours de ses pensées, si ce n'est par les recherches que son sujet rendoit nécessaires. Cette première composition achevée, M^{de}. de STAËL la transcrivoit en entier de sa main ; et sans s'occuper encore de la correction du style, elle modifioit l'impression de ses idées, et les classoit souvent dans un ordre nouveau. Le second travail étoit ensuite mis au net par un secrétaire, et ce n'étoit que sur la copie, souvent même sur les épreuves imprimées que M^{de}. de STAËL perfectionnoit les détails de sa diction ; plus occupée de transmettre à ses lecteurs toutes les nuances de sa pensée, toutes les émotions de son âme, que d'atteindre une correction minutieuse qu'on peut obtenir d'un travail, pour ainsi dire méchanique [1]

---

1. Les notes infrapaginales, dont les appels sont constitués par des lettres sont dues à Mme de Staël, ou à ses éditeurs, le duc de Broglie et le baron de Staël, elles sont placées en fin de partie.

Les notes de la présente édition sont placées à la fin du volume, leur appel est constitué par des chiffres.

Madame de STAËL avoit achevé dès les premiers jours de 1816, la composition de l'ouvrage que nous publions. Elle avoit consacré une année à en revoir les deux premiers volumes, ainsi qu'une partie du troisième. Elle étoit revenue à Paris pour terminer les morceaux relatifs à des événemens récens dont elle n'avoit pas été témoin, et sur lesquels des renseignemens plus précis devoient modifier quelques-unes de ses opinions. Enfin, les *Considérations sur les principaux événemens de la Révolution Françoise* (car tel est le titre que M^de. de STAËL avoit elle-même choisi), auroient paru à la fin de l'année dernière, si celle qui faisoit notre gloire et notre bonheur nous eût été conservée.

Nous avons trouvé les deux premiers volumes, et plusieurs chapitres du troisième, dans l'état où ils auroient été livrés à l'impression ; d'autres chapitres étoient copiés, mais non revus par l'auteur ; d'autres enfin n'étoient composés que de premier jet, et des notes marginales écrites ou dictées par M^de. de STAËL, indiquoient les points qu'elle se proposoit de développer.

Le premier sentiment comme le premier devoir de ses enfans, a été un respect religieux pour les moindres indications de sa pensée, et il est presque superflu de dire que nous ne nous sommes permis ni une addition, ni même un changement, et que l'ouvrage qu'on va lire est parfaitement conforme au manuscrit de M^de. de STAËL.

Le travail des éditeurs s'est borné uniquement à la révision des épreuves, et à la correction de ces légères inexactitudes de style qui échappent à la vue dans le manuscrit le plus soigné. Ce travail s'est fait sous les yeux de M. A. W. de SCHLEGEL, dont la rare supériorité d'esprit et de savoir, justifie la confiance avec laquelle M^de. de STAËL le consultoit dans tous ses travaux littéraires, autant que son honorable caractère mérite l'estime et l'amitié qu'elle n'a pas cessé d'avoir pour lui, pendant une liaison de treize années.

M. de STAËL remplira des intentions qui doivent être sacrées pour lui, en publiant une édition complette des Œuvres de sa mère, et de celles de M. NECKER. Les Œuvres de M^de. de STAËL renfermeront quelques compositions inédites, entr'autres des fragmens d'un ouvrage commencé sous le titre de : *Dix années d'exil ;* l'une et l'autre collection sera précédée d'une notice biographique ; mais un sentiment que ceux qui ont connu M^de. de STAËL, apprécieront avec indulgence, n'a pas encore permis à ses enfans de se livrer à un travail qui touche de si près à leurs plus chers comme à leurs plus douloureux souvenirs.

Avertissement
de l'auteur

J'avois d'abord commencé cet ouvrage avec l'intention de le borner à l'examen des actes et des écrits politiques de mon père, mais en avançant dans mon travail, j'ai été conduite par le sujet même à tracer, d'une part, les principaux événemens de la Révolution Françoise, et à présenter, de l'autre, le tableau de l'Angleterre[2] ; comme une justification de l'opinion de M. NECKER, relativement aux institutions politiques de ce pays. Mon plan s'étant agrandi, il m'a semblé que je devois changer de titre, quoique je n'eusse pas changé d'objet. Il restera néanmoins dans ce livre, plus de détails relatifs à mon père, et même à moi, que je n'en aurois mis si je l'eusse d'abord conçu sous un point de vue général ; mais peut-être des circonstances particulières servent-t-elles à faire mieux connoître l'esprit et le caractère des temps qu'on veut décrire.

G. de S.

PREMIÈRE PARTIE

CHAPITRE PREMIER

Réflexions générales

La révolution de France est une des grandes époques de l'ordre social. Ceux qui la considèrent comme un événement accidentel, n'ont porté leurs regards ni dans le passé, ni dans l'avenir. Ils ont pris les acteurs pour la pièce ; et, afin de satisfaire leurs passions, ils ont attribué aux hommes du moment ce que les siècles avoient préparé. Il suffisoit cependant de jeter un coup d'œil sur les principales crises de l'histoire, pour se convaincre qu'elles ont été toutes inévitables, quand elles se rattachoient de quelque manière au développement des idées ; et qu'après une lutte et des malheurs plus ou moins prolongés, le triomphe des lumières a toujours été favorable à la grandeur et à l'amélioration de l'espèce humaine.

Mon ambition seroit de parler du temps dans lequel nous avons vécu, comme s'il étoit déjà loin de nous. Les hommes éclairés, qui sont toujours contemporains des siècles futurs par leurs pensées, jugeront si j'ai su m'élever à la hauteur d'impartialité que je voulois atteindre.

Je me bornerai, dans ce chapitre, à des considérations générales sur la marche politique de la civilisation européenne, mais seulement par rapport à la révolution de France : car c'est à ce sujet, déjà bien vaste, que cet ouvrage est consacré.

Les deux peuples anciens dont la littérature et l'histoire composent encore aujourd'hui notre principale fortune intellectuelle, n'ont dû leur étonnante supériorité qu'à la jouissance d'une patrie libre. Mais l'esclavage existoit chez eux ; et, par conséquent, les droits et les motifs d'émulation, qui doivent être communs à tous les hommes, étoient le partage exclusif d'un petit nombre de citoyens. Les nations grecque et romaine ont disparu du monde à cause de ce qu'il y avoit de barbare, c'est-à-dire, d'injuste dans leurs institutions. Les vastes contrées de l'Asie se sont perdues dans le despotisme ; et, depuis nombre de siècles, ce qu'il y reste de civilisation est stationnaire. Ainsi donc, la grande révolution historique, dont les résultats peuvent s'appliquer au sort actuel des nations modernes, date de l'invasion des peuples du Nord ; car le droit public de la plupart des états européens repose encore aujourd'hui sur le code de la conquête.

Néanmoins, le cercle des hommes auxquels il étoit permis de se considérer comme tels, s'est étendu sous le régime féodal. La condition des serfs étoit moins dure que celle des esclaves : il y avoit diverses manières d'en sortir ; et, depuis ce temps, différentes classes ont commencé par degrés à s'affranchir de la destinée des vaincus. C'est sur l'agrandissement graduel de ce cercle que la réflexion doit se porter.

Le gouvernement absolu d'un seul est la plus informe de toutes les combinaisons politiques. L'aristocratie vaut mieux : quelques-uns, au moins, y sont quelque chose, et la dignité morale de l'homme se retrouve dans les rapports des grands seigneurs avec leur chef. L'ordre social, qui admet tous nos semblables à l'égalité devant la loi, comme devant Dieu, est aussi-bien d'accord avec la religion chrétienne, qu'avec la véritable liberté : l'une et l'autre, dans des sphères différentes, doivent suivre les mêmes principes.

Depuis que les nations du Nord et de la Germanie ont renversé l'empire occidental, les lois qu'elles ont apportées se sont modifiées successivement : car le temps, comme dit Bacon, est le plus grand des novateurs. Il seroit difficile de fixer avec précision la date des divers changemens qui ont eu lieu ; car, en discutant les faits principaux, on trouve qu'ils empiètent les uns sur les autres. Mais il me semble cependant que l'attention peut s'arrêter sur quatre époques dans lesquelles ces changemens, annoncés d'avance, se sont manifestés avec éclat.

La première période politique est celle où les nobles, c'est-à-dire les conquérans, se considéroient comme les copartageans de la puissance royale de leur chef, tandis que la nation étoit divisée entre les différens seigneurs, qui disposoient d'elle à leur gré. Il n'y avoit alors ni instruction, ni industrie, ni commerce : la propriété foncière étoit presque la seule connue ; et Charlemagne lui-même s'occupe, dans ses Capitulaires, de l'économie rurale des domaines de la couronne. Les nobles alloient à la guerre en personne, amenant avec eux leurs hommes d'armes : ainsi les rois n'avoient pas besoin de lever des impôts, puisqu'ils n'entretenoient point d'armée ni d'établissement public. Tout démontre que, dans ce temps, les grands seigneurs étoient très-indépendans des rois ; ils maintenoient la liberté pour eux, si toutefois on est libre soi-même, alors qu'on impose la servitude aux autres. La Hongrie peut encore, à cet égard, donner l'idée d'un tel genre de gouvernement, qui a de la grandeur dans ceux qui en jouissent [3].

Les Champs-de-Mai, si souvent cités dans l'histoire de France, pourroient être appelés le gouvernement démocratique de la noblesse, tel qu'il a existé en Pologne. La féodalité s'établit plus tard. L'hérédité du trône, sans laquelle il n'existe point de repos dans les monarchies, n'a été régulièrement fixée que sous la troisième race ; durant la seconde, la nation, c'est-à-dire alors, les barons et le clergé, choisissoient un successeur parmi les individus de la famille régnante. La primogéniture fut heureusement reconnue avec la troisième race. Mais, jusqu'au sacre de Louis XVI inclusivement, le consentement du peuple a toujours été rappelé comme la base des droits du souverain au trône.

Il y avoit déjà, sous Charlemagne, quelque chose qui ressembloit plus à la pairie d'Angleterre que l'institution de la noblesse, telle qu'on l'a vue en France depuis deux siècles. Je fais cette observation sans y attacher beaucoup d'importance. Tant mieux, sans doute, si la raison en politique est d'antique origine ; mais, fût-elle une parvenue, encore faudroit-il l'accueillir.

Le régime féodal valoit beaucoup mieux pour les nobles que l'état de courtisans auquel le despotisme royal les a condamnés. C'est une question purement métaphysique maintenant, que de savoir si l'espèce humaine gagneroit à l'indépendance d'une classe plutôt qu'à l'oppression exercée doucement, mais également sur toutes. Il s'agit seulement de remarquer que les nobles, dans le temps de leur splendeur, avoient un genre de liberté politique, et que le pouvoir absolu des rois s'est établi contre les grands avec l'appui des peuples.

Dans la seconde période politique, celle des affranchissemens partiels, les bourgeois des villes ont réclamé quelques droits ; car, dès que les hommes se réunissent, ils y gagnent au moins autant en sagesse qu'en force. Les républiques d'Allemagne et d'Italie, les priviléges municipaux du reste de l'Europe, datent de ce temps. Les murailles de chaque ville servoient de garantie à ses habitans. On voit encore, dans l'Italie surtout, des traces singulières de toutes ces défenses individuelles contre les puissances collectives : des tours multipliées dans chaque enceinte, des palais fortifiés ; enfin, des essais mal combinés, mais dignes d'estime, puisqu'ils avoient tous pour but d'accroître l'importance et l'énergie de chaque citoyen. On ne peut se dissimuler néanmoins que ces tentatives des petits états pour s'assurer l'indépendance, n'étant point régularisées, ont souvent amené l'anarchie ; mais Venise, Gênes, la ligue lombarde, les républiques toscanes, la Suisse, les villes anséatiques, ont honorablement fondé leur liberté à cette époque. Toutefois, les institutions de ces républiques se sont ressenties des temps où elles s'étoient établies ; et les droits de la liberté individuelle, ceux qui assurent l'exercice et le développement des facultés de tous les hommes, n'y étoient point garantis. La Hollande, devenue république plus tard, se rapprocha des véritables principes de l'ordre social : elle dut cet avantage, en particulier, à la réforme religieuse. La période des affranchissements partiels, telle que je viens de l'indiquer, ne se fait plus remarquer clairement que dans les villes libres et dans les républiques qui ont subsisté jusqu'à nos jours. Aussi ne devroit-on admettre dans l'histoire des grands états modernes, que trois époques tout-à-fait distinctes : la féodalité, le despotisme, et le gouvernement représentatif.

Depuis environ cinq siècles, l'indépendance et les lumières ont agi dans tous les sens, et presqu'au hasard ; mais la puissance royale s'est constamment accrue par diverses causes et par divers moyens. Les rois, ayant souvent à redouter l'arrogance des grands, cherchèrent contre eux l'alliance des peuples. Les troupes réglées rendirent l'assistance des nobles moins nécessaire ; le besoin des impôts, au contraire, força les souverains à recourir au tiers état ; et, pour en obtenir des tributs directs, il fallut qu'ils le dégageassent plus ou moins de l'influence des seigneurs. La renaissance des lettres, l'invention de l'imprimerie, la réformation, la découverte du nouveau monde, et les progrès du commerce, apprirent aux hommes qu'il peut exister une autre puissance que celle des armes ; et depuis ils ont su que celle des armes aussi n'appartenoit pas exclusivement aux gentilshommes.

On ne connoissoit, dans le moyen âge, en fait de lumières, que celles des prêtres ; ils avoient rendu de grands services pendant les siècles de ténèbres. Mais, lorsque le clergé se vit attaqué par la réformation, il combattit les progrès de l'esprit humain au lieu de les favoriser [4]. La seconde classe de la société s'empara des sciences, des lettres, de l'étude des lois, et du commerce ; et son importance s'accrut ainsi chaque jour. D'un autre côté, les états se concentroient davantage, les moyens de gouvernement devenoient plus forts ; et les rois, en se servant du tiers état contre les barons et le haut clergé, établirent leur propre despotisme, c'est-à-dire, la réunion dans les mains d'un seul du pouvoir exécutif et du pouvoir législatif tout ensemble.

Louis XI est le premier qui fit authentiquement l'essai de ce fatal système en France, et l'inventeur est vraiment digne de l'œuvre. Henri VIII en Angleterre, Philippe II en Espagne, Christiern dans le Nord[5], travaillèrent sur le même plan, avec des circonstances différentes. Mais Henri VIII, en préparant la religion réformée, affranchit son pays sans le vouloir. Charles-Quint auroit peut-être accompli momentanément son projet de monarchie universelle, si, malgré le fanatisme de ses états du midi, il se fût appuyé sur l'esprit rénovateur du temps, en acceptant la confession d'Augsbourg. On dit qu'il en eut l'idée, mais cette lueur de son génie disparut sous le pouvoir ténébreux de son fils ; et l'empreinte du terrible règne de Philippe II pèse encore toute entière sur la nation espagnole : là l'inquisition s'est chargée de conserver l'héritage du despotisme[6].

Christiern voulut asservir la Suède et le Danemarck à la même domination absolue. L'esprit d'indépendance des Suédois s'y opposa. On voit dans leur histoire différentes périodes analogues à celles que nous avons tracées dans les autres pays. Charles XI[7] fit de grands efforts pour triompher de la noblesse par le peuple. Mais la Suède avoit une constitution en vertu de laquelle les députés des bourgeois et des paysans composoient la moitié de la diète, et la nation étoit assez éclairée pour savoir qu'il ne faut sacrifier des priviléges qu'à des droits, et que l'aristocratie, avec tous ses défauts, est encore moins avilissante que le despotisme.

Les Danois ont donné le plus scandaleux exemple politique dont l'histoire nous ait conservé le souvenir. Un jour, en 1660, fatigués du pouvoir des grands, ils ont déclaré leur roi législateur et souverain maître de leurs propriétés et de leurs vies ; ils lui ont attribué tous les pouvoirs, excepté celui de révoquer l'acte par lequel il devenoit despote ; et, quand cette donation d'eux-mêmes fut achevée, ils y ajoutèrent encore que, si les rois de quelque autre pays avoient un privilége quelconque qui ne fût pas compris dans leur acte, ils l'accordoient d'avance, et à tout hasard, à leurs monarques[8]. Cependant cette résolution inouïe ne faisoit, après tout, que manifester ouvertement ce qui se passoit dans d'autres pays avec plus de pudeur. La religion protestante, et surtout la liberté de la presse, ont depuis créé dans le Danemarck une opinion indépendante qui sert de limites morales au pouvoir absolu.

La Russie, bien qu'elle diffère des autres empires de l'Europe par ses institutions et par ses mœurs asiatiques, a subi sous Pierre Ier. la seconde crise des monarchies européennes, l'abaissement des grands par le monarque.

L'Europe devroit être citée au ban de la Pologne, pour les injustices toujours croissantes dont ce pays avoit été la victime jusqu'au règne de l'empereur Alexandre. Mais, sans nous arrêter maintenant aux troubles qui ont dû naître de la funeste réunion du servage des paysans et de l'indépendance anarchique des nobles ; d'un superbe amour de la patrie, et d'une contrée tout ouverte au pernicieux ascendant des dangers ; nous dirons seulement que la constitution rédigée par des hommes éclairés en 1792[9], celle que le général Kosciusko a si honorablement défendue, étoit aussi libérale que sagement combinée.

L'Allemagne, comme empire politique, en est encore restée sous divers rapports à la première période de l'histoire moderne, c'est-à-dire, au gouvernement féodal ; toutefois l'esprit des temps a pénétré dans ces vieilles institutions. La France, l'Espagne et l'empire britannique ont cherché constamment à faire un tout politique : l'Allemagne a maintenu sa subdivision par un esprit d'indépendance et d'aristocratie tout ensemble. Le traité de Westphalie, en reconnoissant la religion réformée dans la moitié de l'Empire, a mis en présence deux parties de la même nation, qui, par une longue lutte, avoient appris à se respecter mutuellement. Ce n'est pas ici le moment de discuter les avantages politiques et militaires d'une réunion plus compacte. L'Allemagne a bien assez de force à présent pour maintenir son indépendance, tout en conservant ses formes fédératives ; et l'intérêt des hommes éclairés ne doit jamais être la conquête audehors, mais la liberté au-dedans.

La pauvre riche Italie ayant été sans cesse en proie aux étrangers, il est difficile de suivre la marche de l'esprit humain dans son histoire, comme dans celle des autres pays de l'Europe. La seconde période, celle de l'affranchissement des villes, que nous avons désignée comme se confondant avec la troisième, est plus sensible en Italie que partout ailleurs, puisqu'elle a donné naissance à diverses républiques, admirables au moins par les hommes distingués qu'elles ont produits. Le despotisme ne s'est établi chez les Italiens que par la division ; ils sont, à cet égard, dans une situation très-différente de l'Allemagne. Le sentiment patriotique en Italie doit faire désirer la réunion[10]. Les étrangers étant attirés sans cesse par les délices de ce pays, les Italiens ont besoin de l'unité pour former enfin une nation. Le gouvernement ecclésiastique a toujours rendu cette réunion impossible ; non que les papes fussent les partisans des étrangers ; au contraire, ils auroient voulu les repousser : mais, en leur qualité de prêtres, ils étoient hors d'état de défendre le pays, et ils empêchoient cependant tout autre pouvoir de s'en charger.

L'Angleterre est le seul des grands empires de l'Europe où le dernier perfectionnement de l'ordre social, à nous connu, se soit accompli. Le tiers état, ou, pour mieux dire, la nation a, comme ailleurs, aidé le pouvoir royal sous Henri VII à comprimer les grands et le clergé, et à s'étendre à leurs dépens. Mais la noblesse angloise a été de bonne heure plus libérale que celle de tous les autres pays, et dès la grande charte on voit les barons stipuler en faveur des libertés du peuple. La révolution d'Angleterre a duré près de cinquante ans, à dater des premières guerres civiles sous Charles Ier. jusqu'à l'avénement de Guillaume III en 1688 ; et les efforts de ces cinquante années n'ont eu pour but réel et permanent que l'établissement de la constitution actuelle, c'est-à-dire, du plus beau monument de justice et de grandeur morale, existant parmi les Européens [11].

Le même mouvement dans les esprits a produit la révolution d'Angleterre et celle de France en 1789. L'une et l'autre appartiennent à la troisième époque de la marche de l'ordre social, à l'établissement du gouvernement représentatif, vers lequel l'esprit humain s'avance de toutes parts.

Examinons maintenant les circonstances particulières à cette France dont on a vu sortir les gigantesques événements qui ont fait éprouver, de nos jours, tant d'espérances et tant de craintes.

CHAPITRE II

Considérations
sur l'histoire de France

Les hommes ne savent guère que l'histoire de leur temps, et l'on diroit, en lisant les déclamations de nos jours, que les huit siècles de la monarchie qui ont précédé la révolution françoise, n'ont été que des temps tranquilles, et que ıa nation étoit alors sur des roses. On oublie les templiers brûlés sous Philippe-le-Bel ; les triomphes des Anglois sous les Valois ; la guerre de la Jacquerie [12] ; les assassinats du duc d'Orléans [13] et du duc de Bourgogne [14] ; les cruautés perfides de Louis XI ; les protestans françois condamnés à d'affreux supplices sous François Ier., pendant qu'il s'allioit lui-même aux protestans d'Allemagne ; les horreurs de la ligue surpassées toutes encore par le massacre de la Saint-Barthélemi ; les conspirations contre Henri IV, et son assassinat, œuvre effroyable des ligueurs ; les échafauds arbitraires élevés par le cardinal de Richelieu ; les dragonnades, la révocation de l'édit de Nantes, l'expulsion des protestans et la guerre des Cevennes, sous Louis XIV ; enfin les querelles plus douces mais non moins importantes des parlemens sous Louis XV.

Des troubles sans fin se sont élevés pour obtenir la liberté telle qu'on la concevoit à différentes périodes, soit féodale, soit religieuse, enfin représentative ; et, si l'on excepte les règnes où des monarques, tels que François Ier., et surtout Louis XIV, ont eu la dangereuse habileté d'occuper les esprits par la guerre, il ne s'est pas passé, pendant l'espace de huit siècles, vingt-cinq ans durant lesquels, ou les grands vassaux armés contre les rois, ou les paysans soulevés contre les seigneurs, ou les réformés se défendant contre les catholiques, ou les parlemens se prononçant contre la cour, n'aient essayé d'échapper au pouvoir arbitraire, le plus insupportable fardeau qui puisse peser sur un peuple. Les troubles civils, aussi-bien que les violences auxquelles on a eu recours pour les étouffer, attestent que les François ont lutté autant que les Anglois pour obtenir la liberté légale, qui seule peut faire jouir une nation du calme, de l'émulation et de la prospérité.

Il importe de répéter à tous les partisans des droits qui reposent sur le passé, que c'est la liberté qui est ancienne, et le despotisme qui est moderne. Dans tous les états européens, fondés au commencement du moyen âge, le pouvoir des rois a été limité par celui des nobles : les diètes en Allemagne, en Suède, en Danemark avant sa charte de servitude, les parlemens en Angleterre, les cortès en Espagne, les corps intermédiaires de tout genre en Italie, prouvent que les peuples du Nord ont apporté avec eux des institutions qui resserroient le pouvoir dans une classe, mais qui ne favorisoient en rien le despotisme. Les Francs n'ont jamais reconnu leurs chefs pour despotes. L'on ne peut nier que, sous les deux premières races, tout ce qui avoit droit de citoyen, c'est-à-dire les nobles, et les nobles étoient les Francs, participoit au gouvernement. « Tout le monde sait, dit M. de Boulainvilliers, qui certes n'est pas philosophe, que les François étoient des peuples libres qui se choisissoient des chefs sous le nom de rois, pour exécuter des lois qu'eux-mêmes avoient établies, ou pour les conduire à la guerre, et qu'ils n'avoient garde de considérer les rois comme des législateurs qui pouvoient tout ordonner selon leur bon plaisir. Il ne reste aucune ordonance des deux premières races de la monarchie qui ne soit caractérisée du consentement des assemblées générales des champs de mars ou de mai, et même aucune guerre ne se faisoit alors sans leur approbation. »

La troisième race des rois françois se fonda sur le régime féodal ; les deux précédentes tenoient de plus près à la conquête. Les premiers princes de la troisième race s'intituloient : Rois par la grâce de Dieu et par le consentement du peuple ; et la formule de leur serment ensuite contenoit la promesse de conserver les lois et les droits de la nation.

Les rois de France, depuis saint Louis jusqu'à Louis XI, ne se sont point arrogé le droit de faire des lois sans le consentement des états généraux. Mais les querelles des trois ordres, qui ne purent jamais s'accorder, les obligèrent à recourir aux rois comme médiateurs ; et les ministres se sont servis habilement de cette nécessité, ou pour ne pas convoquer les états généraux, ou pour les rendre inutiles. Lorsque les Anglois entrèrent en France, Édouard III dit, dans sa proclamation, qu'il venoit rendre aux François leurs droits qu'on leur avoit ôtés.

Les quatre meilleurs rois de France, saint Louis, Charles V, Louis XII, et surtout Henri IV, chacun suivant leur temps et les idées de leur siècle, ont voulu fonder l'empire des lois. Les croisades ont empêché saint Louis de consacrer tout son temps au bien du royaume. Les guerres contre les Anglois, et la captivité de Jean-le-Bon, ont absorbé d'avance les ressources que préparoit la sagesse de son fils Charles V. La malheureuse expédition d'Italie, mal commencée par Charles VIII, mal continuée par Louis XII, a privé la France d'une partie des biens que ce dernier lui destinoit ; et les ligueurs, les atroces ligueurs, étrangers et fanatiques, ont arraché au monde le roi, l'homme le meilleur, et le prince le plus grand et le plus éclairé que la France ait produit, Henri IV [15]. Néanmoins, malgré les obstacles singuliers qui ont arrêté la marche de ces quatre souverains, supérieurs de beaucoup à tous les autres, ils se sont occupés, pendant leur règne, à reconnoître des droits qui limitoient les leurs.

Saint Louis continua les affranchissemens des communes, commencés par Louis-le-Gros ; fit des règlemens pour assurer l'indépendance et la régularité de la justice ; et, chose remarquable, lorsqu'il fut choisi par les barons anglois pour arbitre entre eux et leur monarque Henri III, il blâma les barons rebelles, mais il fut d'avis que Henri III devoit être fidèle à la Charte qu'il avoit jurée. Celui qui resta prisonnier en Afrique pour ne pas manquer à ses sermens, pouvoit-il énoncer une autre opinion ? « J'aimerois mieux, disoit-il, qu'un étranger de l'extrémité de l'Europe, qu'un Écossois vînt gouverner la France, plutôt que mon fils, s'il ne devoit pas être sage et juste. » Charles V, pendant qu'il n'étoit que régent, convoqua les états généraux de 1355, les plus remarquables de l'histoire de France par les réclamations qu'ils firent en faveur de la nation. Ce même Charles V, devenu roi, assembla les états généraux, en 1369, afin d'en obtenir l'impôt des gabelles, alors établi pour la première fois ; il permit aux bourgeois de Paris d'acheter des fiefs ; mais, comme les étrangers occupoient alors une partie du royaume, l'on peut aisément concevoir que le premier intérêt d'un roi de France étoit de les repousser : et cette cruelle situation fut cause que Charles V se permit d'exiger quelques impôts sans le consentement de la nation. Mais, en mourant, il déclara qu'il s'en repentoit, et reconnut qu'il n'en avoit pas eu le droit. Les troubles intérieurs, combinés avec les invasions des Anglois, rendirent pendant long-temps la marche du gouvernement très-difficile. Charles VII établit le premier les troupes de ligne : funeste époque dans l'histoire des nations ! Louis XI, dont le nom suffit, comme celui de Néron ou de Tibère, essaya de s'arroger le pouvoir absolu. Il fit quelques pas dans la route que le cardinal de Richelieu a si bien suivie depuis ; mais il rencontra dans les parlemens une grande opposition. En général, ces corps ont donné de la consistance aux lois en France, et il n'est presque pas une de leurs remontrances où ils ne rappellent aux rois leurs engagemens envers la nation. Ce même Louis XI étoit encore bien loin cependant de se croire un roi sans limites ; et, dans l'instruction qu'il laissa en mourant à son fils Charles VIII, il lui dit : « Quand les rois ou les princes n'ont regard à la loi, en ce faisant, ils font leur peuple serf, et perdent le nom de roi ; car nul ne doit être appelé roi fors celui qui règne et a seigneurie sur les Francs. Les Francs de nature aiment leur seigneur ; mais les serfs naturellement haïssent comme les esclaves leurs maîtres. » Tant il est vrai que, par testament du moins, les tyrans même ne peuvent s'empêcher de blâmer le despotisme. Louis XII, surnommé le père du peuple, soumit à la décision des états généraux le mariage du comte d'Angoulême, depuis François Ier., avec sa fille Claude, et le choix de ce prince, pour successeur. La continuation de la guerre d'Italie étoit impolitique ; mais, comme Louis XII diminua les impôts par l'ordre qu'il mit dans les finances, et qu'il vendit ses propres domaines pour subvenir aux dépenses de l'état, le peuple ressentit moins sous lui, qu'il n'auroit fait sous tout autre monarque, les inconvéniens de cette expédition. Dans le concile de Tours, le clergé de France, d'après les désirs de Louis XII, déclara qu'il ne devoit point une obéissance implicite au pape. Lorsque des comédiens s'avisèrent de représenter une pièce pour se moquer de la respectable avarice du roi, il ne souffrit pas qu'on les punît, et dit ces paroles remarquables : « Ils peuvent nous apprendre des vérités utiles. Laissons-les se divertir, pourvu qu'ils respectent l'honneur des dames. Je ne suis pas fâché que l'on sache que, sous mon règne, on a pris cette liberté impunément. » La liberté de la presse n'est-elle pas toute entière dans ces paroles ? Car alors la publicité du théâtre étoit bien plus grande que celle des livres. Jamais un monarque vraiment vertueux ne s'est trouvé en possession de la puissance souveraine, sans avoir désiré de modérer sa propre autorité, au lieu d'empiéter sur les droits des peuples ; les rois éclairés veulent limiter le pouvoir de leurs ministres et de leurs successeurs. Un esprit de lumière se fait toujours sentir, suivant la nature des temps, dans tous les hommes d'état de premier rang, ou par leur raison, ou par leur âme.

Les premiers jours du seizième siècle virent naître la réforme religieuse dans les états les plus éclairés de l'Europe : en Allemagne, en Angleterre, bientôt après en France. Loin de se dissimuler que la liberté de conscience tient de près à la liberté politique, il me semble que les protestans doivent se vanter de cette analogie. Ils ont toujours été et seront toujours des amis de la liberté ; l'esprit d'examen en matière de religion, conduit nécessairement au gouvernement représentatif en fait d'institutions politiques. La proscription de la raison sert à tous les despotismes, et seconde toutes les hypocrisies.

La France fut sur le point d'adopter la réformation à la même époque où elle se consolida en Angleterre ; les plus grands seigneurs de l'état, Condé, Coligni, Rohan, Lesdiguières, professèrent la foi évangélique. Les Espagnols, guidés par l'infernal génie de Philippe II, soutinrent la ligue en France, conjointement avec Catherine de Médicis. Une femme de son caractère devoit souhaiter le pouvoir sans bornes, et Philippe II vouloit faire de sa fille une reine de France, au préjudice de Henri IV. On voit que le despotisme ne respecte pas toujours la légitimité. Les parlemens ont refusé cent édits royaux de 1562 à 1589. Néanmoins, le chancelier de l'Hôpital trouva plus d'appui pour la tolérance religieuse dans les états généraux qu'il put rassembler, que dans le parlement. Ce corps de magistrature, très-bon pour maintenir les anciennes lois, comme sont tous les corps, ne participoit pas aux lumières du temps. Des députés élus par la nation peuvent seuls s'associer à ses besoins et à ses désirs, selon chaque époque.

Henri IV fut long-temps le chef des réformés ; mais il se vit enfin forcé de céder à l'opinion dominante, bien qu'elle fût celle de ses adversaires. Toutefois il montra tant de sagesse et de magnanimité pendant son règne, que le souvenir de ce peu d'années est plus récent encore pour les cœurs françois, que celui même des deux siècles qui se sont écoulés depuis.

L'édit de Nantes, publié en 1598, fondoit la tolérance religieuse pour laquelle on n'a point encore cessé de lutter. Cet édit opposoit une barrière au despotisme ; car, quand le gouvernement est obligé de tenir la balance égale entre deux partis opposés, c'est un exercice continuel de raison et de justice. D'ailleurs, comment un homme tel que Henri IV eût-il désiré le pouvoir absolu ? C'étoit contre la tyrannie de Médicis et des Guise qu'il s'étoit armé ; il avoit combattu pour en délivrer la France, et sa généreuse nature lui inspiroit bien plus le besoin de l'admiration libre, que de l'obéissance servile. Sulli mettoit dans les finances du royaume un ordre qui auroit pu rendre l'autorité royale tout-à-fait indépendante des peuples ; mais Henri IV ne faisoit point ce coupable usage d'une vertu, l'économie : il convoqua donc l'assemblée des notables à Rouen, et voulut qu'elle fût librement élue sans que l'influence du souverain eût part au choix de ses membres. Les troubles civils étoient encore bien récens, et l'on auroit pu se servir de ce prétexte pour remettre tous les pouvoirs entre les mains du souverain ; mais c'est dans la vraie liberté que se trouve le remède le plus efficace contre l'anarchie. Chacun sait par cœur les belles paroles de Henri IV à l'ouverture de l'assemblée [16]. La conduite du roi fut d'accord avec son langage ; il se soumit aux demandes de l'assemblée, bien qu'elles fussent assez impérieuses, parce qu'il avoit promis d'obtempérer aux désirs des délégués du peuple. Enfin, le même respect pour la publication de la vérité qu'avoit montré Louis XII, se trouve dans les discours que Henri IV tint à son historien Matthieu contre la flatterie.

A l'époque où vivoit Henri IV, les esprits n'étoient tournés que vers la liberté religieuse ; il crut l'assurer par l'édit de Nantes ; mais, comme il en étoit seul l'auteur, un autre roi put défaire son ouvrage. Chose étonnante ! Grotius prédit sous Louis XIII, dans un de ses écrits, que, l'édit de Nantes étant une concession et non pas un pacte réciproque, un des successeurs de Henri IV pourroit changer ce qu'il avoit établi. Si ce grand monarque avoit vécu de nos jours, il n'auroit pas voulu que le bien qu'il faisoit à la France fût précaire comme sa vie, et il auroit donné des garanties politiques à cette même tolérance, dont après sa mort la France fut cruellement privée.

Henri IV, peu de temps avant de mourir, conçut, dit-on, la grande idée d'établir l'indépendance des divers états de l'Europe par un congrès. Mais ce qui est certain au moins, c'est que son but principal étoit de soutenir le parti des protestans en Allemagne. Le fanatisme qui le fit assassiner, ne se trompa point sur ses véritables intentions.

Ainsi périt le souverain le plus françois qui ait régné sur la France. Souvent nos rois ont tenu de leurs mères un caractère étranger ; mais Henri IV étoit en tout compatriote de ses sujets. Lorsque Louis XIII hérita de sa mère italienne une grande dissimulation, on ne reconnut plus le sang du père dans le fils. Qui pourroit croire que la maréchale d'Ancre ait été brûlée comme sorcière, et en présence de la même nation qui venoit, vingt ans auparavant, d'applaudir à l'édit de Nantes ? Il y a des époques où le sort de l'esprit humain dépend d'un homme ; celles-là sont malheureuses, car rien de durable ne peut se faire que par l'impulsion universelle.

Le cardinal de Richelieu voulut détruire l'indépendance des grands vassaux de la couronne, et dans ce but il attira les nobles à Paris, afin de changer en courtisans les seigneurs des provinces. Louis XI avoit conçu la même idée ; mais la capitale, à cette époque, ne présentoit aucune séduction de société, et la cour encore moins ; plusieurs hommes d'un rare talent et d'une grande âme, d'Ossat, Mornai [17], Sully, s'étoient développés avec Henri IV ; mais après lui l'on ne vit bientôt plus aucun de ces grands chevaliers, dont les noms sont encore comme les traditions héroïques de l'histoire de France. Le despotisme du cardinal de Richelieu détruisit en entier l'originalité du caractère françois, sa loyauté, sa candeur, son indépendance.

On a beaucoup vanté le talent du prêtre ministre, parce qu'il a maintenu la grandeur politique de la France, et sous ce rapport on ne sauroit lui refuser des talens supérieurs ; mais Henri IV atteignoit au même but, en gouvernant par les principes de Justice et de Vérité. Le génie se manifeste non-seulement dans le triomphe qu'on remporte, mais dans les moyens qu'on a pris pour l'obtenir. La dégradation morale, empreinte sur une nation qu'on accoutume au crime, tôt ou tard doit lui nuire plus que les succès ne l'ont servie.

Le cardinal de Richelieu fit brûler, comme sorcier, un pauvre innocent curé, Urbain Grandier, se prêtant ainsi bassement et perfidement aux superstitions qu'il ne partageoit pas. Il fit enfermer dans sa propre maison de campagne, à Ruelle, le maréchal de Marillac qu'il haïssoit, pour le faire condamner à mort plus sûrement sous ses yeux. M. de Thou porta sa tête sur un échafaud, pour n'avoir pas dénoncé son ami. Aucun délit politique ne fut jugé légalement sous le ministère du cardinal de Richelieu, et des commissions extraordinaires furent toujours nommées pour prononcer sur le sort des victimes. Cependant de nos jours encore on a pu vanter un tel homme ! Il est mort à la vérité dans la plénitude de sa puissance : précaution bien nécessaire aux tyrans qui veulent conserver un grand nom dans l'histoire. On peut, à quelques égards, considérer le cardinal de Richelieu comme un étranger en France ; sa qualité de prêtre et de prêtre élevé en Italie, le sépare du véritable caractère françois. Son grand pouvoir n'en est que plus facile à expliquer, car l'histoire fournit plusieurs exemples d'étrangers qui ont dominé les François. Les individus de cette nation sont trop vifs pour s'astreindre à la persévérance qu'il faut pour être despote ; mais celui qui a cette persévérance est très-redoutable dans un pays où, la loi n'ayant jamais régné, l'on ne juge de rien que par l'événement.

Le cardinal de Richelieu, en appelant les grands à Paris, les priva de leur considération dans les provinces, et créa cette influence de la capitale sur le reste de la France, qui n'a jamais cessé depuis cet instant. Une cour a nécessairement beaucoup d'ascendant sur la ville qu'elle habite, et il est commode de gouverner l'empire à l'aide d'une très-petite réunion d'hommes ; je dis commode pour le despotisme.

On prétend que Richelieu a préparé les merveilles du siècle de Louis XIV, qu'on a souvent mis en parallèle avec ceux de Périclès et d'Auguste. Mais des époques analogues à ces siècles brillans se trouvent chez plusieurs nations sous diverses formes, au moment où la littérature et les beaux arts apparoissent pour la première fois, après de longs troubles civils ou des guerres prolongées. Les grandes phases de l'esprit humain sont bien plutôt l'œuvre des temps que l'œuvre d'un homme ; car elles se ressemblent toutes entre elles, quelque différens que soient les caractères des principaux chefs contemporains.

Après Richelieu, sous la minorité de Louis XIV, quelques idées politiques un peu sérieuses se mêlèrent à la frivolité de l'esprit de la Fronde. Le parlement demanda qu'aucun François ne pût être mis en prison sans être traduit devant ses juges naturels. On voulut mettre aussi des bornes au pouvoir ministériel, et quelque liberté auroit pu s'établir par haine contre Mazarin. Mais bientôt Louis XIV développa les mœurs des cours dans toute leur dangereuse splendeur ; il flatta la fierté françoise par le succès de ses armées à la guerre, et sa gravité tout espagnole fit éloigner de lui la familiarité des jugemens ; mais il fit descendre les nobles encore plus bas que sous le règne précédent. Car au moins Richelieu les persécutoit, ce qui leur donnoit toujours quelque considération, tandis que sous Louis XIV ils ne pouvoient se distinguer du reste de la nation qu'en portant de plus près le joug du même maître.

Le roi qui a pensé que les propriétés de ses sujets lui appartenoient, et qui s'est permis tous les genres d'actes arbitraires ; enfin le roi, (ose-t-on le dire et peut-on l'oublier !) qui vint le fouet à la main interdire comme une offense le dernier reste de l'ombre d'un droit, les remontrances du parlement, ne respectoit que lui-même, et n'a jamais pu concevoir ce que c'étoit qu'une nation. Tous les torts qu'on a reprochés à Louis XIV sont une conséquence naturelle de la superstition de son pouvoir dont on l'avoit imbu dès son enfance. Comment le despotisme n'entraîneroit-il pas la flatterie, et comment la flatterie ne fausseroit-elle pas les idées de toute créature humaine qui y est exposée ? Quel est l'homme de génie qui se soit entendu dire la centième partie des éloges prodigués aux rois les plus médiocres ? Et cependant ces rois, par cela même qu'ils ne méritent pas qu'on leur adresse ces éloges, en sont plus facilement enivrés.

Si Louis XIV fût né simple particulier, on n'auroit probablement jamais parlé de lui, parce qu'il n'avoit en rien des facultés transcendantes ; mais il entendoit bien cette dignité factice qui met l'âme des autres mal à l'aise. Henri IV s'entretenoit familièrement avec tous ses sujets, depuis la première classe jusqu'à la dernière ; Louis XIV a fondé cette étiquette exagérée qui a privé les rois de sa maison, soit en France, soit en Espagne, de toute communication franche et naturelle avec les hommes : aussi ne les connut-il pas, dès que les circonstances devinrent menaçantes. Un ministre (Louvois) l'engagea dans une guerre sanglante pour avoir été tourmenté par lui sur les fenêtres d'un bâtiment ; et pendant soixante-huit années de règne, Louis XIV, bien qu'il n'eût aucun talent comme général, a pourtant fait cinquante-six ans la guerre. Le Palatinat a été ravagé ; des exécutions atroces ont eu lieu dans la Bretagne. Le bannissement de deux cent mille François protestans, les dragonnades et la guerre des Cévennes, n'égalent pas encore les horreurs réfléchies qui se trouvent dans les différentes ordonnances rendues après la révocation de l'édit de Nantes en 1685. Le code lancé alors contre les religionnaires peut tout-à-fait se comparer aux lois de la Convention contre les émigrés, et porte les mêmes caractères. L'état civil leur étoit refusé, c'est-à-dire que leurs enfants n'étoient pas considérés comme légitimes, jusqu'en 1787, que l'assemblée des notables a provoqué la justice de Louis XVI à cet égard. Non seulement leurs biens étoient confisqués, mais ils étoient attribués à ceux qui les dénonçoient ; leurs enfants leur étoient pris de force, pour être élevés dans la religion catholique. Les ministres du culte, et ce qu'on appeloit les relaps, étoient condamnés aux galères ou à la mort ; et comme enfin on avoit déclaré qu'il n'y avoit plus de protestans en France, on considéroit tous ceux qui l'étoient comme relaps, quand il convenoit de les traiter ainsi.

Des injustices de tout genre ont signalé ce règne de Louis XIV, objet de tant de madrigaux ; et personne n'a réclamé contre les abus d'une autorité qui étoit elle-même un abus continuel. Fénélon a seul osé élever sa voix [18], mais c'est assez aux yeux de la postérité. Ce roi si scrupuleux sur les dogmes religieux, ne l'étoit guère sur les bonnes mœurs, et ce n'est qu'à l'époque de ses revers qu'il a développé de véritables vertus. On ne se sent pas avec lui la moindre sympathie jusqu'au moment où il fut malheureux ; alors une grandeur native reparut dans son âme.

On vante les beaux édifices que Louis XIV a fait élever. Mais nous savons par expérience que, dans tous les pays où les députés de la nation ne défendent pas l'argent du peuple, il est aisé d'en avoir pour toute espèce de dépense. Les pyramides de Memphis ont coûté plus de travail que les embellissemens de Paris, et cependant les despotes d'Égypte disposoient facilement de leurs esclaves pour les bâtir.

Attribuera-t-on aussi à Louis XIV les grands écrivains de son temps ? Il persécuta Port-Royal dont Pascal étoit le chef ; il fit mourir de chagrin Racine ; il exila Fénélon ; il s'opposa constamment aux honneurs qu'on vouloit rendre à La Fontaine, et ne professa de l'admiration que pour Boileau. La littérature, en l'exaltant avec excès, a bien plus fait pour lui qu'il n'a fait pour elle. Quelques pensions accordées aux gens de lettres n'exerceront jamais beaucoup d'influence sur les vrais talens. Le génie n'en veut qu'à la gloire, et la gloire ne jaillit que de l'opinion publique.

La littérature n'a pas été moins brillante dans le siècle suivant, quoique sa tendance fût plus philosophique ; mais cette tendance même a commencé vers la fin du règne de Louis XIV. Comme il a régné plus de soixante ans, le siècle a pris son nom ; néanmoins les pensées de ce siècle ne relèvent point de lui, et, si l'on en excepte Bossuet qui, malheureusement pour nous et pour lui, asservit son génie au despotisme et au fanatisme, presque tous les écrivains du dix-septième siècle firent des pas très-marquans dans la route que les écrivains du dix-huitième ont depuis parcourue. Fénelon, le plus respectable des hommes, sut apprécier dans un de ses écrits la constitution angloise, peu d'années après son établissement ; et, vers la fin du règne de Louis XIV, on vit de toutes parts grandir la raison humaine.

Louis XIV accrut la France par les conquêtes de ses généraux ; et, comme un certain degré d'étendue est nécessaire à l'indépendance d'un état ; à cet égard il mérita la reconnoissance de la nation. Mais il laissa l'intérieur du pays dans un état de désorganisation, dont le régent et Louis XV n'ont cessé de souffrir pendant leur règne. A la mort de Henri IV, les finances et toutes les branches de l'administration étoient dans l'ordre le plus parfait, et la France se maintint encore pendant plusieurs années par la force qu'elle lui devoit. A la mort de Louis XIV, les finances étoient épuisées à un degré tel que jusqu'à l'avénement de Louis XVI, on n'a pu les rétablir. Le peuple insulta le convoi funèbre de Louis XIV, et le parlement cassa son testament. L'excessive superstition sous laquelle il s'étoit courbé pendant les dernières années de son règne, avoit tellement fatigué les esprits, que la licence même de la régence fut excusée, parce qu'elle les soulageoit du poids de la cour intolérante de Louis XIV. Comparez cette mort avec celle de Henri IV. Il étoit si simple bien que roi, si doux bien que guerrier, si spirituel, si gai, si sage ; il savoit si bien que se rapprocher des hommes, c'est s'agrandir à leurs yeux, quand on est véritablement grand, que chaque François crut sentir au cœur le poignard qui trancha sa belle vie.

Il ne faut jamais juger les despotes par les succès momentanés que la tension même du pouvoir leur fait obtenir. C'est l'état dans lequel ils laissent le pays à leur mort ou à leur chute, c'est ce qui reste de leur règne après eux, qui révèle ce qu'ils ont été. L'ascendant politique des nobles et du clergé a fini en France avec Louis XIV ; il ne les avoit fait servir qu'à sa puissance ; ils se sont trouvés après lui sans liens avec la nation même, dont l'importance s'accroissoit chaque jour.

Louis XV, ou plutôt ses ministres, se sont disputés sans cesse avec les parlemens qui se rendoient populaires en refusant les impôts ; et les parlemens tenoient à la classe du tiers état, du moins en grande partie. Les écrivains, qui étoient pour la plupart aussi de cette classe, conquéroient par leur talent la liberté de la presse qu'on leur refusoit légalement. L'exemple de l'Angleterre agissoit chaque jour sur les esprits, et l'on ne concevoit pas bien pourquoi sept lieues de mer séparoient un pays où la nation étoit tout, d'un pays où la nation n'étoit rien. L'opinion, et le crédit qui n'est que l'opinion appliquée aux affaires de finances, devenoient chaque jour plus essentiels. Les capitalistes ont plus d'influence à cet égard que les grands propriétaires eux-mêmes ; et les capitalistes vivent à Paris, et discutent toujours librement les intérêts publics qui touchent à leurs calculs personnels.

Le caractère débile de Louis XV, et les erreurs de tout genre que ce caractère lui fit commettre, fortifièrent nécessairement l'esprit de résistance. On voyoit d'une part lord Chatham à la tête de l'Angleterre ; environné de tous les grands orateurs du parlement qui reconnoissoient volontiers sa prééminence ; et dans le même temps les maîtresses les plus subalternes du roi de France, faisant nommer et renvoyer ses ministres. L'esprit public gouvernoit l'Angleterre ; les hasards et les intrigues les plus imprévues et les plus misérables disposoient du sort de la France. Cependant Voltaire, Montesquieu, Rousseau, Buffon, des penseurs profonds, des écrivains supérieurs, faisoient partie de cette nation ainsi gouvernée ; et comment les François n'auroient-ils pas envié l'Angleterre, puisqu'ils pouvoient se dire avec raison que c'étoit à ses institutions politiques surtout qu'elle devoit ses avantages ? Car les François comptoient parmi eux autant d'hommes de génie que leurs voisins, bien que la nature de leur gouvernement ne leur permît pas d'en tirer le même parti.

Un homme d'esprit a dit avec raison que la littérature étoit l'expression de la société ; si cela est vrai, les reproches que l'on adresse aux écrivains du dix-huitième siècle doivent être dirigés contre cette société même. A cette époque, les écrivains ne cherchoient pas à flatter le gouvernement, ainsi donc ils vouloient complaire à l'opinion, car il est impossible que le plus grand nombre des hommes de lettres ne suive pas une de ces deux routes : ils ont trop besoin d'encouragement pour fronder à la fois l'autorité et le public. La majorité des François, dans le dix-huitième siècle, vouloit la suppression du régime féodal, l'établissement des institutions angloises, et avant tout la tolérance religieuse. L'influence du clergé sur les affaires temporelles révoltoit universellement ; et, comme le vrai sentiment religieux est ce qui éloigne le plus des intrigues et du pouvoir, on n'avoit plus aucune foi dans ceux qui se servoient de la religion pour influer sur les affaires de ce monde. Quelques écrivains, et Voltaire surtout, méritent d'être blâmés pour n'avoir pas respecté le christianisme en attaquant la superstition ; mais il ne faut pas oublier les circonstances dans lesquelles Voltaire a vécu : il étoit né sur la fin du siècle de Louis XIV, et les atroces injustices qu'on a fait souffrir aux protestans, avoient frappé son imagination dès son enfance. Les vieilles superstitions du cardinal de Fleuri, les ridicules querelles du parlement et de l'archevêque de Paris sur les billets de confession, sur les convulsionnaires, sur les jansénistes et les jésuites : tous ces débats puérils, qui pouvoient néanmoins coûter du sang, devoient persuader à Voltaire que l'intolérance religieuse étoit encore à redouter en France. Le procès de Calas, ceux de Sirven, du chevalier de la Barre, etc., le confirmèrent dans cette crainte, et les lois civiles contre les protestans étoient encore dans l'état de barbarie où les avoit plongées la révocation de l'édit de Nantes.

Je ne prétends point ainsi justifier Voltaire, ni ceux des écrivains de son temps qui ont marché sur ses traces ; mais il faut avouer que les caractères irritables (et tous les hommes à talent le sont) éprouvent presque toujours le besoin d'attaquer le plus fort ; c'est à cela qu'on peut reconnoître l'impulsion naturelle du sang et de la verve. Nous n'avons senti, pendant la révolution, que le mal de l'incrédulité, et de l'atroce violence avec laquelle on vouloit la propager ; mais les mêmes sentimens généreux qui faisoient détester la proscription du clergé vers la fin du dix-huitième siècle, inspiroient, cinquante ans plus tôt, la haine de son intolérance. Il faut juger les actions et les écrits d'après leur date.

Nous traiterons ailleurs la grande question des dispositions religieuses de la nation françoise. Dans ce genre, comme en politique, ce n'est pas une nation de vingt-cinq millions d'hommes qu'on doit accuser ; car c'est, pour ainsi dire, quereller avec le genre humain. Mais il faut examiner pourquoi cette nation n'a pas été formée selon le gré de quelques-uns, par d'anciennes institutions, qui ont duré toutefois assez long-temps pour exercer leur influence ; il faut examiner aussi quelle est maintenant la nature des sentimens en harmonie avec le cœur des hommes : car le feu sacré n'est et ne sera jamais éteint ; mais c'est au grand jour de la vérité seulement qu'il peut reparoître.

CHAPITRE III

De l'opinion publique
en France
à l'avénement de Louis XVI

Il existe une lettre de Louis XV, adressée à la duchesse de Choiseul, dans laquelle il lui dit : « J'ai eu bien de la peine à me tirer d'affaire avec les parlemens pendant mon règne ; mais que mon petit-fils y prenne garde, ils pourroient bien mettre sa couronne en danger. » En effet, il est aisé de voir, en suivant l'histoire du dix-huitième siècle, que ce sont les corps aristocratiques de France qui ont attaqué les premiers le pouvoir royal ; non qu'ils voulussent renverser le trône, mais ils étoient poussés par l'opinion publique : or elle agit sur les hommes à leur insu, et souvent même contre leur intérêt. Louis XV laissa en France, pour héritage à son successeur, un esprit frondeur nécessairement excité par les fautes sans nombre qu'il avoit commises. Les finances n'avoient marché qu'à l'aide de la banqueroute. Les querelles des jésuites et des jansénistes avoient déconsidéré le clergé. Des exils, des emprisonnemens sans cesse renouvelés, n'avoient pu vaincre l'opposition du parlement, et l'on avoit été forcé de substituer à ce corps, dont la résistance étoit soutenue par l'opinion, une magistrature sans considération, présidée par un chancelier mésestimé, M. de Maupeou. Les nobles, si soumis sous Louis XIV, prenoient part au mécontentement général. Les grands seigneurs, et les princes du sang eux-mêmes, allèrent rendre hommage à un ministre, M. de Choiseul, exilé parce qu'il avoit résisté au méprisable ascendant de l'une des maîtresses du roi. Des modifications dans l'organisation politique étoient souhaitées par tous les ordres de l'état, et jamais les inconvéniens de l'arbitraire ne s'étoient fait sentir avec plus de force que sous un règne qui, sans être tyrannique, avoit été d'une inconséquence perpétuelle. Cet exemple démontroit plus qu'aucun raisonnement le malheur de dépendre d'un gouvernement qui tomboit entre les mains des maîtresses, puis des favoris et des parens des maîtresses, jusqu'au plus bas étage de la société. Le procès de l'ordre de choses qui régissoit la France, s'étoit instruit sous

Louis XV, de la façon la plus authentique, aux yeux de la nation ; et de quelque vertu que le successeur de Louis XV fût doué, il étoit difficile qu'il ôtât de l'esprit des hommes sérieux l'idée que des institutions fixes devoient mettre la France à l'abri des hasards de l'hérédité du trône. Plus cette hérédité même est nécessaire au bien-être général, plus il faut que la stabilité des lois, sous un gouvernement représentatif, préserve une nation des changemens dans le système politique, inséparables du caractère de chaque roi, et encore plus de celui de chaque ministre.

Certainement, s'il falloit dépendre sans restriction des volontés d'un souverain, Louis XVI méritoit mieux que tout autre ce que personne ne peut mériter. Mais l'on pouvoit espérer qu'un monarque d'une conscience aussi scrupuleuse seroit heureux d'associer, de quelque manière, la nation à la responsabilité des affaires publiques. Telle auroit été, sans doute, sa manière constante de penser, si, d'une part, l'opposition s'étoit montrée, dès l'origine, avec plus d'égards, et si, de l'autre, certains publicistes n'avoient pas voulu, de tout temps, faire envisager aux rois leur autorité comme une espèce d'article de foi. Les ennemis de la philosophie tâchent de représenter le despotisme royal comme un dogme religieux, afin de mettre ainsi leurs opinions politiques hors de l'atteinte du raisonnement. En effet, elles sont plus en sûreté de cette manière.

La reine de France Marie-Antoinette étoit une des personnes les plus aimables et les plus gracieuses qu'on ait vues sur le trône, et rien ne s'opposoit à ce qu'elle conservât l'amour des François, car elle n'avoit rien fait pour le perdre. Le caractère personnel de la reine et du roi étoit donc tout-à-fait digne d'attachement ; mais l'arbitraire du gouvernement françois, tel que les siècles l'avoient fait, s'accordoit si mal avec l'esprit du temps, que les vertus des princes même disparoissoient dans le vaste ensemble des abus dont ils étoient environnés. Quand les peuples sentent le besoin d'une réforme politique, les qualités privées du monarque ne suffisent point pour arrêter la force de cette impulsion. Une fatalité malheureuse plaça le règne de Louis XVI dans une époque où de grands talens et de hautes lumières étoient nécessaires pour lutter avec l'esprit du siècle, ou pour faire, ce qui valoit mieux, un pacte raisonnable avec cet esprit.

Le parti des aristocrates, c'est-à-dire, les privilégiés, sont persuadés qu'un roi d'un caractère plus ferme auroit pu prévenir la révolution. Ils oublient qu'ils ont eux-mêmes commencé les premiers, et avec courage et raison, l'attaque contre le pouvoir royal ; et quelle résistance ce pouvoir pouvoit-il leur opposer, puisque la nation étoit alors avec eux ? Doivent-ils se plaindre d'avoir été les plus forts contre le roi, et les plus foibles contre le peuple ? Cela devoit être ainsi.

Les dernières années de Louis XV, on ne sauroit trop le répéter, avoient déconsidéré le gouvernement ; et, à moins qu'un roi militaire n'eût dirigé l'imagination des François vers les conquêtes, rien ne pouvoit détourner les différentes classes de l'état des réclamations importantes que toutes se croyoient en droit de faire valoir. Les nobles étoient fatigués de n'être que courtisans ; le haut clergé désiroit plus d'influence encore dans les affaires ; les parlemens avoient trop et trop peu de force politique pour se contenter de n'être que juges, et la nation, qui renfermoit les écrivains, les capitalistes, les négocians, un grand nombre de propriétaires, et une foule d'individus employés dans l'administration ; la nation comparoît impatiemment le gouvernement d'Angleterre, où le talent conduisoit à tout, avec celui de France, où l'on n'étoit rien que par la faveur ou par la naissance. Ainsi donc, toutes les paroles et toutes les actions toutes les vertus et toutes les passions, tous les sentimens et toutes les vanités, l'esprit public et la mode, tendoient également au même but.

On a beau parler avec dédain du caractère françois : il veut énergiquement ce qu'il veut. Si Louis XVI eût été un homme de génie, disent les uns, il se fût mis à la tête de la révolution ; il l'auroit empêchée, disent les autres. Qu'importent ces suppositions ? il est impossible que le génie soit héréditaire dans aucune famille. Or, un gouvernement qui ne pourroit se défendre contre les vœux de la nation que par le génie supérieur de ses rois, seroit dans un terrible danger de succomber.

En examinant la conduite de Louis XVI, on y trouvera sûrement des fautes, soit que les uns lui reprochent de n'avoir pas assez habilement défendu son pouvoir illimité, soit que les autres l'accusent de n'avoir pas cédé sincèrement aux lumières du siècle ; mais ses fautes ont été tellement dans la nature des circonstances, qu'elles se renouvelleroient presqu'autant de fois que les mêmes combinaisons extérieures se représenteroient.

Le premier choix que fit Louis XVI pour diriger le ministère, ce fut M. de Maurepas. Certes, ce n'étoit pas un philosophe novateur que ce vieux courtisan ; il ne s'étoit occupé, durant quarante ans d'exil, que du regret de n'avoir pas su prévenir sa disgrace ; aucune action courageuse ne la lui avoit mérité, une intrigue manquée étoit le seul souvenir qu'il eût emporté dans sa retraite [19], et il en sortit tout aussi frivole que s'il ne se fût pas un instant éloigné de cette cour, l'objet unique de ses pensées. Louis XVI ne choisit M. de Maurepas que par un sentiment de respect pour la vieillesse, sentiment très-honorable dans un jeune roi.

Cet homme, cependant, pour qui les termes mêmes qui désignent le progrès des lumières et les droits des nations, étoient un langage étranger, se vit tellement entraîné par l'opinion publique, à son insu, que le premier acte qu'il proposa au roi, fut de rappeler les anciens parlemens, bannis pour s'être opposés aux abus du règne précédent.

Ces parlemens, plus convaincus de leur force par leur rappel même, résistèrent constamment aux ministres de Louis XVI, jusqu'au moment où ils aperçurent que leur propre existence politique étoit compromise par les mouvemens qu'ils avoient provoqués. Deux hommes d'état du plus rare mérite, M. Turgot et M. de Malesherbes[20], furent aussi choisis par ce même M. de Maurepas, qui, sûrement, n'avoit aucune idée en commun avec eux ; mais la rumeur publique les désignoit pour des emplois éminens, et l'opinion se fit encore une fois obéir, bien qu'elle ne fût représentée par aucune assemblée légale.

M. de Malesherbes vouloit le rétablissement de l'édit de Henri IV en faveur des protestans, l'abolition des lettres de cachet, et la suppression de la censure, qui anéantit la liberté de la presse. Il y a plus de quarante années que M. de Malesherbes soutenoit cette doctrine ; il auroit suffi de l'adopter alors, pour préparer, par les lumières, ce qu'il a fallu depuis céder à la violence.

M. Turgot, ministre non moins éclairé, non moins ami de l'humanité que M. de Malesherbes, abolit la corvée, proposa de supprimer, dans l'intérieur, les douanes qui tenoient aux priviléges particuliers des provinces, et se permit d'énoncer courageusement la nécessité de soumettre les nobles et le clergé à payer leur part des impôts dans la même proportion que le reste de la nation. Rien n'étoit plus juste et plus populaire que cette mesure ; mais elle excita le mécontentement des privilégiés : M. Turgot leur fut sacrifié. C'étoit un homme roide et systématique, tandis que M. de Malesherbes avoit un caractère doux et conciliant : mais ces deux citoyens généreux, dont les manières étoient différentes bien que leurs opinions fussent semblables, éprouvèrent le même sort ; et le roi, qui les avoit appelés, peu de temps après, renvoya l'un, et rebuta l'autre, dans le moment où la nation s'attachoit le plus fortement aux principes de leur administration.

C'étoit une grande faute que de flatter l'esprit public par de bons choix, pour l'en priver ensuite ; mais M. de Maurepas nommoit et renvoyoit les ministres, d'après ce qui se disoit à la cour. L'art de gouverner consistoit pour lui dans le talent de dominer le maître, et de contenter ceux qui l'entouroit. Les idées générales, en aucun genre, n'étoient de son ressort ; il savoit seulement, ce qu'aucun ministre ne peut ignorer, c'est qu'il faut de l'argent pour soutenir l'état, et que les parlemens devenoient tous les jours plus difficiles sur l'enregistrement des impôts.

Sans doute, ce qu'on appeloit alors en France la constitution de l'état, c'est-à-dire, l'autorité du roi, renversoit toutes les barrières, puisqu'elle faisoit taire, quand on le vouloit, les résistances du parlement par un lit de justice. Le gouvernement de France a été constamment arbitraire, et, de temps en temps, despote ; mais il étoit sage de ménager l'emploi de ce despotisme, comme toute autre ressource : car tout annonçoit que bientôt elle seroit épuisée.

Les impôts, et le crédit qui vaut en un jour une année d'impôts, étoient devenus tellement nécessaires à la France, que l'on redoutoit avant tout des obstacles à cet égard. Souvent en Angleterre les communes unissent, d'une façon inséparable, un bill relatif aux droits de la nation, avec un bill de consentement aux subsides. Les corporations judiciaires, en France, ont essayé quelque chose de semblable : quand on leur demandoit l'enregistrement de nouveaux tributs, bien que cet enregistrement pût leur être enjoint, elles accompagnoient leur acquiescement, ou leur refus, de remontrances sur l'administration, appuyées par l'opinion publique. Cette nouvelle puissance acquéroit chaque jour plus de force, et la nation s'affranchissoit, pour ainsi dire, par elle-même. Tant que les classes privilégiées avoient seules une grande existence, on pouvoit gouverner l'état comme une cour, en maniant habilement les passions ou les intérêts de quelques individus ; mais, lorsqu'une fois la seconde classe de la société, la plus nombreuse [21] et la plus agissante de toutes, avoit senti son importance, la connoissance et l'adoption d'un plus grand système de conduite devenoient indispensables.

Depuis que la guerre ne se fait plus avec les soldats conduits par les grands vassaux, et que les rois de France ont besoin d'impôts pour payer une armée, le désordre des finances a toujours été la source des troubles du royaume. Le parlement de Paris, vers la fin du règne de Louis XV, commençoit à faire entendre qu'il n'avoit pas le droit d'accorder les subsides, et la nation approuvoit toujours sa résistance à cet égard ; mais tout rentroit dans le repos et l'obéissance dont le peuple françois avoit depuis si longtemps l'habitude, quand le gouvernement marchoit sur ses roulettes accoutumées, sans rien demander à aucune corporation qui pût se croire indépendante du trône. Il étoit donc clair que, dans les circonstances d'alors, le plus grand danger pour le pouvoir du roi étoit de manquer d'argent ; et c'est d'après cette conviction que M. de Maurepas proposa de nommer M. Necker directeur général du trésor royal.

Étranger et protestant, il étoit tout-à-fait hors de la ligne des choix ordinaires ; mais il avoit montré une si grande habileté en matière de finances, soit dans la compagnie des Indes dont il étoit membre, soit dans le commerce qu'il avoit pratiqué lui-même vingt ans, soit dans

ses écrits [22], soit enfin dans les divers rapports qu'il avoit constamment entretenus avec les ministres du roi, depuis le duc de Choiseul
jusqu'en 1776, époque de sa nomination, que M. de Maurepas fit
choix de lui, seulement pour qu'il attirât de l'argent au trésor royal.
M. de Maurepas n'avoit point réfléchi sur la connexion du crédit
public avec les grandes mesures d'administration ; il croyoit donc que
M. Necker pourroit rétablir la fortune de l'état comme celle d'une
maison de banque, en faisant des spéculations heureuses. Rien n'étoit
plus superficiel qu'une telle manière de concevoir les finances d'un
grand empire. La révolution qui se manifestoit dans les esprits ne
pouvoit être écartée du foyer même des affaires, qu'en satisfaisant
l'opinion par toutes les réformes qu'elle désiroit ; il falloit aller au-
devant d'elle, de peur qu'elle ne s'avançât trop rudement. Un ministre
des finances ne sauroit être un jongleur qui fait passer et repasser de
l'argent d'une caisse à l'autre, sans avoir aucun moyen réel d'augmenter la recette, ou de diminuer la dépense. On ne pouvoit remettre
l'équilibre entre l'une et l'autre qu'à l'aide de l'économie, des impôts
ou du crédit ; et ces diverses ressources exigeoient l'appui de l'opinion
publique. Examinons maintenant de quels moyens un ministre devoit
se servir pour la captiver.

CHAPITRE IV

Du caractère de M. Necker
comme homme public

M. Necker, citoyen de la république de Genève, avoit cultivé dès
son enfance la littérature avec beaucoup de soin, et, lorsqu'il fut
appelé par sa situation à se vouer aux affaires de commerce et de
finances, son premier goût pour les lettres mêla toujours des
sentimens élevés et des considérations philosophiques aux intérêts
positifs de la vie. Madame Necker, qui étoit certainement une des
femmes les plus instruites de son temps, réunissoit constamment chez
elle tout ce que le dix-huitième siècle, si fécond en hommes
distingués, pouvoit offrir alors de talens illustres. Mais l'extrême
sévérité de ses principes la rendit inaccessible à toute doctrine

contraire à la religion éclairée dans laquelle elle avoit eu le bonheur de naître. Ceux qui l'ont connue attestent qu'elle a traversé toutes les opinions et toutes les passions de son temps, sans cesser d'être une chrétienne protestante, aussi éloignée de l'impiété que de l'intolérance ; il en étoit de même de M. Necker [23]. D'ailleurs aucun système exclusif ne plaisoit à son esprit, dont la prudence étoit l'un des traits distinctifs. Il ne trouvoit aucun plaisir dans l'innovation en elle-même ; mais il n'avoit point les préjugés d'habitude, auxquels une raison supérieure ne sauroit jamais s'asservir.

Le premier de ses écrits fut un éloge de Colbert, qui remporta le prix à l'académie françoise. Il fut blâmé par les philosophes d'alors, parce que l'auteur n'adoptoit pas en entier, relativement au commerce et aux finances, le système dont on vouloit faire un devoir à l'esprit ; déjà se manifestoit le fanatisme philosophique, l'une des maladies de la révolution. On vouloit accorder à un petit nombre de principes le pouvoir absolu que s'étoit arrogé jusque-là un petit nombre d'hommes : dans le domaine de la pensée aussi, il ne faut rien d'exclusif.

Dans le second ouvrage de M. Necker, intitulé *Sur la législation et le commerce des grains,* il reconnut de même la nécessité de quelques restrictions à la libre exportation des blés ; restrictions commandées par l'intérêt pressant et journalier de la classe indigente. M. Turgot et ses amis se brouillèrent à cette occasion avec M. Necker : une émeute causée par la cherté du pain, eut lieu dans l'année 1775 [24], où M. Necker publia son livre ; et, parce qu'il avoit signalé les fausses mesures qui provoquèrent cette émeute, quelques-uns des économistes les plus exagérés en accusèrent son ouvrage. Mais ce reproche étoit absurde ; car un écrit fondé sur des idées purement générales ne peut avoir d'influence à son début que sur les classes supérieures.

M. Necker, ayant eu toute sa vie affaire aux choses réelles, savoit se plier aux modifications qu'elles exigent : toutefois il ne rejetoit pas avec dédain les principes, car il n'y a que les gens médiocres qui mettent en opposition la théorie et la pratique. L'une doit être le résultat de l'autre, et elles se confirment mutuellement.

Peu de mois avant d'être nommé ministre, M. Necker fit un voyage en Angleterre. Il rapporta de ce pays une admiration profonde pour la plupart de ses institutions ; mais ce qu'il étudia particulièrement, c'est la grande influence de la publicité sur le crédit, et les moyens immenses que donne une assemblée représentative pour soutenir et pour renouveler les ressources financières de l'état. Néanmoins alors il n'avoit pas l'idée de proposer le moindre changement à l'organisation politique de la France. Si les circonstances n'avoient pas forcé le roi lui-même à ce changement, M. Necker ne se seroit jamais cru le droit de s'en mêler. Il considéroit, avant tout, le devoir individuel et présent auquel il se trouvoit lié ; et, quoiqu'il fût plus convaincu que personne des avantages d'un gouvernement représentatif, il ne pensoit pas qu'une telle proposition pût partir d'un ministre nommé par le roi, sans que son souverain l'y eût autorisé positivement. D'ailleurs il étoit dans la nature de son caractère et de son esprit d'attendre les circonstances, et de ne pas prendre sur lui les résolutions qu'elles peuvent amener. Bien que M. Necker fût très-prononcé contre des priviléges tels que les droits féodaux et les exemptions d'impôts, il vouloit entrer en traité avec les possesseurs de ces priviléges, afin de ne jamais sacrifier sans ménagement les droits présens aux biens futurs. Ainsi lorsque, d'après sa proposition, le roi abolit dans ses domaines les restes de la servitude personnelle, la mainmorte, etc. [25], l'autorité royale ne prononça rien sur la conduite que devoient tenir les seigneurs à cet égard. Elle se confia seulement à l'effet de son exemple.

M. Necker désapprouvoit hautement l'inégalité de la répartition des impôts : il ne pensoit pas que les privilégiés dussent supporter une moindre part des charges publiques que tous les autres citoyens de l'état ; cependant il n'engagea point le roi à rien décider à cet égard. L'établissement des administrations provinciales, comme on le verra dans un chapitre suivant, étoit, selon lui, le meilleur moyen pour obtenir du consentement volontaire des nobles et du clergé, le sacrifice de cette inégalité d'impôts qui révoltoit encore plus la masse de la nation que toute autre distinction. Ce ne fut que dans le second ministère de M. Necker, en 1788, lorsque le roi avoit déjà promis les états généraux, et que le désordre des finances, causé par le mauvais choix de ses ministres, l'avoit remis de nouveau dans la dépendance des parlemens ; ce ne fut, dis-je, qu'alors que M. Necker aborda les grandes questions de l'organisation politique de la France ; tant qu'il put s'en tenir à de sages mesures d'administration, il ne recommanda qu'elles.

Les partisans du despotisme, qui auroient voulu trouver un cardinal de Richelieu dans la personne du premier ministre du roi, ont été très-mécontens de M. Necker ; et, d'un autre côté, les amis ardens de la liberté se sont plaints de la constante persévérance avec laquelle il a défendu, non-seulement l'autorité royale, mais les propriétés même abusives des classes privilégiées, lorsqu'il croyoit possible de les racheter, au lieu de les supprimer sans compensation. M. Necker se trouva placé par les circonstances, comme le chancelier de l'Hôpital entre les catholiques et les protestans. Car les querelles politiques de la France, dans le dix-huitième siècle, peuvent être comparées aux dissensions religieuses du seizième ; et M. Necker, comme le chancelier de l'Hôpital, essaya de rallier les esprits à ce foyer de raison qui étoit au fond de son cœur. Jamais personne n'a réuni d'une façon plus remarquable la sagesse des moyens à l'ardeur pour le but.

M. Necker ne se déterminoit à aucune démarche, sans une délibération longue et réfléchie, dans laquelle il consultoit tour à tour sa conscience et son jugement, mais nullement son intérêt personnel. Méditer, pour lui, c'étoit se détacher de soi-même ; et, de quelque manière qu'on puisse juger les divers partis qu'il a pris, il faut en chercher la cause hors des mobiles ordinaires des actions des hommes : le scrupule dominoit en lui, comme la passion domine chez les autres.

L'étendue de son esprit et de son imagination lui donnoit quelquefois la maladie de l'incertitude ; il étoit de plus singulièrement susceptible de regrets, et s'accusoit souvent en toutes choses avec une injuste facilité. Ces deux nobles inconvéniens de sa nature avoient encore accru sa soumission à la morale ; il ne trouvoit qu'en elle décision pour le présent, et calme sur le passé. Tout homme juste qui examinera la conduite publique de M. Necker dans ses moindres détails, y verra toujours l'influence d'un principe de vertu. Je ne sais si cela s'appelle n'être pas un homme d'état ; mais, si l'on veut le blâmer sous ce rapport, c'est aux délicatesses de sa conscience qu'il faut s'en prendre : car il avoit l'intime conviction que la morale est encore plus nécessaire dans un homme public, que dans un particulier, parce que le gouvernement des choses grandes et durables est plus évidemment soumis que celui des circonstances passagères, aux lois de probité instituées par le Créateur.

Pendant le premier ministère de M. Necker, lorsque l'opinion n'étoit point encore pervertie par l'esprit de parti, et que les affaires marchoient d'après les règles généralement reconnues, l'admiration qu'inspira son caractère fut universelle, et toute la France considéra sa retraite comme une calamité publique. Examinons d'abord ce premier ministère, avant de passer aux cruelles circonstances qui ont amené la haine et l'ingratitude dans les jugemens des hommes.

CHAPITRE V

Des plans de M. Necker
relativement aux finances

Les principes que M. Necker avoit adoptés dans la direction des finances, sont d'une telle simplicité que leur théorie est à la portée de tout le monde, bien que l'application en soit très-difficile. On peut dire aux ministres d'état : soyez justes et fermes ; comme aux écrivains : soyez ingénieux et profonds ; ces conseils sont très-clairs, mais les qualités qui permettent de les suivre sont fort rares. M. Necker pensoit que l'économie, et la publicité[26] qui est la garantie de la fidélité dans les engagemens, sont les bases de l'ordre et du crédit dans un grand empire ; et de même que, dans sa manière de voir, la morale publique ne devoit pas différer de la morale privée, il croyoit aussi que la fortune de l'état pouvoit, à beaucoup d'égards, se conduire par les mêmes règles que celle de chaque famille. Mettre les recettes de niveau avec les dépenses, arriver à ce niveau plutôt par le retranchement des dépenses que par l'augmentation des impôts ; et lorsque la guerre devenoit malheureusement nécessaire, y suffire par des emprunts, dont l'intérêt fût assuré ou par une économie nouvelle, ou par un impôt de plus : tels sont les premiers principes dont M. Necker ne s'écartoit jamais.

Il est aisé de concevoir qu'aucun peuple ne peut faire la guerre avec son revenu habituel ; il faut donc que le crédit permette d'emprunter, c'est-à-dire, de faire partager aux générations futures le poids d'une guerre qui doit avoir leur prospérité pour objet. On pourroit encore supposer dans un état l'existence d'un trésor, comme en avoit le grand Frédéric ; mais, outre qu'il n'existoit rien de pareil en France, il n'y a que les conquérans ou ceux qui veulent le devenir, qui privent leur pays des avantages attachés à la circulation du numéraire, et à l'action du crédit. Les gouvernemens arbitraires, soit révolutionnaires, soit despotiques, ont recours, pour soutenir la guerre, à des emprunts forcés, à des contributions extraordinaires, à des papiers monnoies, car nul pays ne peut ni ne doit faire la guerre avec son revenu : le crédit est donc la véritable découverte moderne qui a lié les gouvernemens avec les peuples. C'est le besoin du crédit qui oblige les gouvernemens à ménager l'opinion publique ; et, de même que le commerce a civilisé les nations, le crédit, qui en est une conséquence, a rendu nécessaires des formes constitutionnelles quelconques, pour assurer la publicité dans les finances, et garantir les engagemens contractés. Comment le crédit pourroit-il se fonder sur les maîtresses, les favoris ou les ministres qui changent à la cour des rois du jour au lendemain ? Quel père de famille confieroit sa fortune à cette loterie ?

M. Necker cependant a su, le premier et le seul parmi les ministres, obtenir du crédit en France sans aucune institution nouvelle. Son nom inspiroit une telle confiance, que, très-imprudemment même, les capitalistes de l'Europe ont compté sur lui comme sur un gouvernement, oubliant qu'il pouvoit perdre sa place d'un instant à l'autre. Les Anglois et les François s'accordoient pour le citer, avant la révolution, comme la plus forte tête financière de l'Europe ; l'on regardoit comme un miracle d'avoir fait cinq ans la guerre sans augmenter les impôts, et seulement en assurant l'intérêt des emprunts sur des économies. Mais, quand l'esprit de parti vint tout empoisonner, on imagina de dire qu'il y avoit du charlatanisme dans le système de finances de M. Necker. Singulier charlatanisme que celui qui repose sur l'austérité du caractère, et fait renoncer au plaisir de s'attacher beaucoup de créatures, en donnant facilement l'argent levé sur le peuple ! Les juges irrécusables des talens et de l'honnêteté d'un ministre des finances, ce sont les créanciers de l'état.

Pendant l'administration de M. Necker, les fonds publics montèrent, et l'intérêt de l'argent baissa jusqu'à un taux dont on n'avoit point eu d'exemple en France. Les fonds anglois, au contraire, subirent dans le même temps une dépréciation considérable, et les capitalistes de tous les pays s'empressèrent de concourir aux emprunts ouverts à Paris, comme si les vertus d'un homme avoient pu tenir lieu de la fixité des lois.

M. Necker, a-t-on dit, a fait des emprunts, ce qui devoit ruiner les finances. Et de quel moyen l'Angleterre s'est-elle servie pour arriver au degré de richesse qui lui a permis de soutenir avec éclat vingt-cinq ans de la plus terrible guerre ? Les emprunts, dont l'intérêt n'est pas assuré, ruineroient l'état s'ils étoient long-temps praticables : mais heureusement ils ne le sont pas ; car les créanciers sont très-avisés sur ce qui les touche, et ne prêtent volontairement que sur des gages positifs. M. Necker, afin d'assurer l'intérêt et le fonds d'amortissement nécessaires à la garantie des paiemens, attachoit une réforme à chaque emprunt, et il résultoit de cette réforme une diminution de dépense plus que suffisante pour le paiement des intérêts. Mais cette méthode si simple de retrancher sur ses dépenses pour augmenter ses revenus, ne paroît pas assez ingénieuse aux écrivains qui veulent montrer des vues profondes en traitant des affaires publiques.

L'on a dit aussi que les emprunts viagers dont M. Necker a fait quelquefois usage pour attirer les capitaux, favorisoient le penchant des pères à consumer d'avance la fortune qu'ils devoient laisser à leurs enfans. Cependant il est généralement reconnu que l'intérêt viager, tel que M. Necker l'avoit combiné, est une spéculation tout comme l'intérêt perpétuel. Les meilleurs pères de famille plaçoient sur les trente têtes à Genève, dans l'intention d'augmenter leur bien après eux. Il y a des tontines viagères [27] en Irlande ; il en existoit depuis long-temps en France. Il faut se servir de différens genres de spéculations pour captiver les diverses manières de voir des capitalistes ; mais on ne sauroit mettre en doute qu'un père de famille peut, s'il veut régler sa dépense, s'assurer une grande augmentation de capital, en plaçant une partie de ce qu'il possède, à un intérêt très-haut, et en épargnant chaque année une portion de cet intérêt. Au reste, on est honteux de répéter des vérités si généralement répandues parmi tous les financiers de l'Europe. Mais, quand en France les ignorans des salons ont attrapé sur un sujet sérieux une phrase quelconque, dont la rédaction est à la portée de tout le monde, ils s'en vont la redisant à tout propos, et ce rempart de sottise est très-difficile à renverser.

Faut-il répondre aussi à ceux qui accusent M. Necker de n'avoir pas changé le système des impôts, et supprimé les gabelles, en soumettant les pays d'états qui en étoient exempts, à une contribution sur le sel ? Il ne falloit pas moins que la révolution pour détruire les priviléges particuliers des provinces. Le ministre qui auroit osé les attaquer, n'auroit produit qu'une résistance nuisible à l'autorité du roi, sans obtenir aucun résultat utile. Les privilégiés étoient tout-puissans en France, il y a quarante ans, et l'intérêt seul de la nation étoit sans force. Le gouvernement et le peuple, qui sont pourtant deux parties essentielles de l'état, ne pouvoient rien contre telle ou telle province, tel ou tel corps ; et des droits bigarrés, héritage des événemens passés, empêchoient le roi même de rien faire pour le bien général.

M. Necker, dans son ouvrage sur l'administration des finances [28], a montré tous les inconvéniens du système inégal d'impôts qui régnoit en France ; mais c'est une preuve de plus de sa sagesse, que de n'avoir entrepris à cet égard aucun changement pendant son premier ministère. Les ressources qu'exigeoit la guerre [29] ne permettoient de s'exposer à aucune lutte intérieure ; car, pour innover en matière de finances, il falloit être en paix, afin de pouvoir captiver le peuple, en diminuant la masse des impôts, alors qu'on en auroit changé la nature.

Si les uns ont blâmé M. Necker d'avoir laissé subsister l'ancien système des impôts, d'autres l'ont accusé d'avoir montré trop de hardiesse, en imprimant le Compte rendu au roi sur la situation de ses finances [30]. M. Necker étoit, comme je l'ai dit, dans des circonstances à peu près semblables à celles du chancelier de l'Hôpital. Il n'a pas fait un pas dans la carrière politique sans que les novateurs lui reprochassent sa prudence, et les partisans de tous les anciens abus sa témérité. Aussi l'étude de ses deux ministères est-elle peut-être la plus utile que puisse faire un homme d'état. On y verra la route de la raison tracée entre les factions contraires, et des efforts toujours renaissans pour amener une transaction sage entre les vieux intérêts et les nouvelles idées.

La publicité du *Compte rendu* avoit pour but de suppléer en quelque manière aux débats de la chambre des communes d'Angleterre, en faisant connoître à tous le véritable état des finances. C'étoit porter, disoit-on, atteinte à l'autorité du roi, que d'informer la nation de l'état des affaires. Si l'on n'avoit eu rien à demander à cette nation, on auroit pu lui cacher la situation du trésor royal ; mais le mouvement des esprits ne permettoit pas qu'on pût exiger la continuation de taxes très-onéreuses, sans montrer au moins l'usage qu'on en avoit fait, ou qu'on vouloit en faire. Les courtisans crioient contre les mesures de publicité en finances, les seules propres à fonder le crédit ; et néanmoins ils sollicitoient avec une égale véhémence, pour eux et les leurs, tout l'argent que ce crédit même pouvoit à peine fournir. Cette inconséquence s'explique toutefois par la juste crainte qu'ils éprouvoient de voir le jour entrer dans les dépenses qui les concernoient ; car la publicité de l'état des finances avoit aussi un avantage important, celui d'assurer au ministre l'appui de l'opinion publique dans les divers retranchemens qu'il étoit nécessaire d'effectuer. L'économie offroit de grands moyens en France à l'homme courageux qui, comme M. Necker, vouloit y avoir recours. Le roi, quoiqu'il n'eût point de luxe pour lui-même, étoit d'une telle bonté, qu'il ne savoit rien refuser à ceux qui l'entouroient ; et les grâces de tout genre excédoient sous son règne, quelque austère que fût sa conduite, les dépenses mêmes de Louis XV. M. Necker devoit donc considérer comme son premier devoir, et comme la principale ressource de l'état, la diminution des grâces ; il se faisoit ainsi beaucoup d'ennemis à la cour et parmi les employés des finances ; mais il remplissoit son devoir : car le peuple alors étoit réduit par les impôts à une détresse dont personne ne s'occupoit, et que M. Necker a proclamée et soulagée le premier. Souffrir pour ceux qu'on ne connoissoit pas, et refuser à ceux qu'on connoissoit, étoit un effort pénible, mais dont la conscience faisoit une loi à celui qui l'a toujours prise pour guide.

A l'époque du premier ministère de M. Necker, la classe la plus nombreuse de l'état étoit surchargée de dîmes et de droits féodaux, dont la révolution l'a délivrée ; les gabelles et les impôts que supportoient de certaines provinces, et dont d'autres étoient affranchies, l'inégalité de la répartition, fondée sur les exemptions des nobles et du clergé, tout concouroit à rendre la situation du peuple infiniment moins heureuse qu'elle ne l'est maintenant. Chaque année, les intendans faisoient vendre les derniers meubles de la misère, parce que plusieurs contribuables se trouvoient dans l'impossibilité d'acquitter les taxes qu'on leur demandoit : dans aucun etat de l'Europe le peuple n'étoit traité d'une manière aussi révoltante. A l'intérêt sacré de tant d'hommes se joignoit aussi celui du roi, qu'il ne falloit pas exposer aux résistances du parlement pour l'enregistrement des impôts. M. Necker rendoit donc un service signalé à la couronne, lorsqu'il soutenoit la guerre par le simple fruit des économies, et le ménagement habile du crédit : car de nouvelles charges irritoient la nation, et popularisoient le parlement en lui donnant l'occasion de s'y opposer.

Un ministre qui peut prévenir une révolution en faisant le bien, doit suivre cette route ; quelle que soit son opinion politique. M. Necker se flattoit donc de retarder, du moins encore pendant plusieurs années, par l'ordre dans les finances, la crise qui s'approchoit ; et, si l'on avoit adopté ses plans en administration, il se peut que cette crise même n'eût été qu'une réforme juste, graduelle et salutaire.

CHAPITRE VI

Des plans de M. Necker en administration

Le ministre des finances, avant la révolution, n'étoit pas seulement chargé du trésor public, ses devoirs ne se bornoient pas à mettre de niveau la recette et la dépense ; toute l'administration du royaume étoit encore dans son département ; et, sous ce rapport, le bien-être de la nation entière ressortissoit au contrôleur général [31]. Plusieurs branches de l'administration étoient singulièrement négligées. Le principe du pouvoir absolu se combinoit avec des obstacles sans cesse renaissans dans l'application de ce pouvoir. Il y avoit partout des traditions historiques dont les provinces vouloient faire des droits, et que l'autorité royale n'admettoit que comme des usages. De là vient que l'art de gouverner étoit une espèce d'escamotage, dans lequel on tâchoit d'extorquer de la nation le plus possible pour enrichir le roi, comme si la nation et le roi devoient être considérés comme des adversaires.

Les dépenses du trône et de l'armée étoient exactement acquittées ; mais la détresse du trésor royal étoit si habituelle, qu'on négligeoit, faute d'argent, les soins les plus nécessaires à l'humanité. L'on ne peut se faire une idée de l'état dans lequel M. et Mad. Necker trouvèrent les prisons et les hôpitaux de Paris. Je nomme madame Necker à cette occasion, parce qu'elle a consacré tout son temps, pendant le ministère de son époux, à l'amélioration des établissemens de bienfaisance, et qu'à cet égard les changemens les plus remarquables furent opérés par elle.

Mais M. Necker sentit plus vivement que personne combien la bienfaisance d'un ministre même est peu de chose au milieu d'un royaume aussi vaste et aussi arbitrairement gouverné que la France, et ce fut son motif pour établir des assemblées provinciales [32], c'est-à-dire, des conseils composés des principaux propriétaires de chaque province, dans lesquels on discuteroit la répartition des impôts et les intérêts locaux de l'admistràtion. M. Turgot en avoit conçu l'idée ; mais aucun ministre du roi, avant M. Necker, ne s'étoit senti le courage de s'exposer à la résistance que devoit rencontrer une institution de ce genre ; il étoit à prévoir que les parlemens et les courtisans, rarement coalisés, la combattroient également.

Les provinces réunies le plus tard à la couronne, telles que le Languedoc, la Bourgogne, la Bretagne, etc., s'appeloient *pays d'états,* parce qu'elles s'étoient réservé le droit d'être régies par une assemblée composée des trois ordres de la province. Le roi fixoit la somme totale qu'il exigeoit, mais les états en faisoient la répartition. Ces provinces se maintenoient dans le refus de certaines taxes, dont elles prétendoient être exemptes par les traités qu'elles avoient conclus avec la couronne. De là venoient les inégalités du système d'imposition, les occasions multipliées de contrebande entre une province et une autre, et l'établissement de douanes dans l'intérieur.

Les pays d'états jouissoient de grands avantages : non-seulement ils payoient moins, mais la somme exigée étoit répartie par des propriétaires qui connoissoient les intérêts locaux, et qui s'en occupoient activement. Les routes et les établissemens publics y étoient beaucoup mieux soignés, et les contribuables traités avec plus de ménagement. Le roi n'avoit jamais admis que ces états possédassent le droit de consentir l'impôt ; mais eux se conduisoient comme s'ils avoient eu ce droit réellement. Ils ne refusoient pas l'argent qu'on leur demandoit, mais ils appeloient leurs contributions *un don gratuit* ; en tout, leur administration valoit bien mieux que celle des autres provinces, dont le nombre étoit pourtant beaucoup plus grand, et qui ne méritoient pas moins l'intérêt du gouvernement.

Des intendans étoient nommés par le roi pour gouverner les trente-deux généralités [33] du royaume : ils ne rencontroient d'obstacles que dans les pays d'états, et quelquefois de la part de l'un des douze parlemens de province (le parlement de Paris étoit le treizième) [34], mais, dans la plupart des généralités conduites par un intendant, cet agent du pouvoir disposoit à lui seul des intérêts de toute une province. Il avoit sous ses ordres une armée d'employés du fisc, détestés des gens du peuple. Ces employés les tourmentoient un à un pour en arracher des impôts disproportionnés à leurs moyens, et, l'orsque l'on écrivoit au ministre des finances pour se plaindre des vexations de l'intendant ou du subdélégué[35], c'étoit à cet intendant même que le ministre renvoyoit les plaintes, puisque l'autorité suprême ne communiquoit que par eux avec les provinces.

Les jeunes gens et les étrangers qui n'ont pas connu la France avant la révolution, et qui voient aujourd'hui le peuple enrichi par la division des propriétés et la suppression des dîmes et du régime féodal, ne peuvent avoir l'idée de la situation de ce pays, lorsque la nation portoit le poids de tous les priviléges. Les partisans de l'esclavage, dans les colonies, ont souvent dit qu'un paysan de France étoit plus malheureux qu'un nègre. C'étoit un argument pour soulager les blancs, mais non pour s'endurcir contre les noirs. La misère accroît l'ignorance, l'ignorance accroît la misère ; et, quand on se demande pourquoi le peuple françois a été si cruel dans la révolution, on ne peut en trouver la cause que dans l'absence de bonheur, qui conduit à l'absence de moralité.

On a voulu vainement, pendant le cours de ces vingt-cinq années, exciter en Suisse et en Hollande des scènes semblables à celles qui se sont passées en France : le bon sens de ces peuples, formé depuis long-temps par la liberté, s'y est constamment opposé[36].

Une autre cause des malheurs de la révolution, c'est la prodigieuse influence de Paris sur la France. Or, l'établissement des administrations provinciales devoit diminuer l'ascendant de la capitale sur tous les points du royaume ; car les grands propriétaires, intéressés par les affaires dont ils se seroient mêlés chez eux, auroient eu un motif pour quitter Paris, et vivre dans leurs terres. Les grands d'Espagne ne peuvent pas s'éloigner de Madrid sans la permission du roi : c'est un puissant moyen de despotisme, et par conséquent de dégradation, que de changer les nobles en courtisans. Les assemblées provinciales devoient rendre aux grands seigneurs de France une consistance politique. Les dissensions qu'on a vues tout-à-coup éclater entre les classes privilégiées et la nation, n'auroient peut-être pas existé, si, depuis long-temps, les trois ordres se fussent rapprochés, en discutant en commun les affaires d'une même province.

M. Necker composa les administrations provinciales instituées sous son ministère, comme l'ont été depuis les états généraux, d'un quart de nobles, un quart du clergé, et moitié du tiers état, divisé en députés des villes et en députés des campagnes. Ils délibéroient ensemble, et déjà l'harmonie s'établissoit tellement entre eux[37], que les deux premiers ordres avoient parlé de renoncer volontairement à leurs priviléges en matière d'impôts. Les procès verbaux de leurs séances devoient être imprimés, afin d'encourager les travaux par l'estime publique.

Les grands seigneurs françois n'étoient pas assez instruits, parce qu'ils ne gagnoient rien à l'être. La grâce en conversation, qui conduisoit à plaire à la cour, étoit la voie la plus sûre pour arriver aux honneurs. Cette éducation superficielle a été l'une des causes de la ruine des nobles : ils ne pouvoient plus lutter contre les lumières du tiers état ; ils auroient dû tâcher de les surpasser. Les assemblées provinciales auroient, par degrés, amené les grands seigneurs à primer, par leur savoir en administration, comme jadis ils l'emportoient par leur épée, et l'esprit public en France auroit précédé l'établissement des institutions libres.

Les assemblées provinciales n'auroient point empêché qu'un jour on ne demandât la convocation des états généraux ; mais du moins, quand l'époque inévitable d'un gouvernement seroit arrivée, la première classe et la seconde, s'étant occupées ensemble depuis longtemps de l'administration de leur pays, ne se seroient point présentées aux états généraux, l'une avec l'horreur et l'autre avec la passion de l'égalité.

L'archevêque de Bourges et l'évêque de Rhodez furent choisis pour présider les deux assemblées provinciales établies par M. Necker. Ce ministre protestant montra, en toute occasion, une grande déférence pour le clergé de France, parce qu'il étoit en effet composé d'hommes très-sages dans tout ce qui ne concernait pas les préjugés de corps ; mais, depuis la révolution, les haines de parti et la nature du gouvernement doivent écarter les ecclésiastiques des emplois publics.

Les parlemens prirent de l'ombrage des assemblées provinciales, comme d'une institution qui pouvoit donner au roi une force d'opinion indépendante de la leur. M. Necker souhaitoit que les provinces ne fussent point exclusivement soumises aux autorités qui siégeoient à Paris ; mais, loin de vouloir détruire ce qu'il y avoit de vraiment utile dans les pouvoirs politiques des parlemens, c'est-à-dire, l'obstacle qu'ils pouvoient mettre à l'extension de l'impôt ce fut lui, M. Necker, qui obtint du roi que l'on soumit aussi l'augmentation de la taille, impôt arbitraire dont le ministère seul fixoit la quotité, à l'enregistrement du parlement. M. Necker cherchoit sans cesse à mettre des bornes au pouvoir ministériel, parce qu'il savoit, par sa propre expérience, qu'un homme chargé de tant d'affaires, et à une si grande distance des intérêts sur lesquels il est appelé à prononcer, finit toujours par s'en remettre, de subalterne en subalterne, aux derniers commis, les plus incapables de juger des motifs qui doivent influer sur des décisions importantes.

Oui, dira-t-on encore, M. Necker, ministre temporaire, mettoit volontiers des bornes au pouvoir ministériel ; mais c'étoit ainsi qu'il portoit atteinte à l'autorité permanente des rois. Je ne traiterai point ici la grande question de savoir si le roi d'Angleterre n'a pas autant et plus de pouvoir que n'en avoit un roi de France. La nécessité de gouverner dans le sens de l'opinion publique est imposée au souverain anglois ; mais, cette condition remplie, il réunit la force de la nation à celle du trône ; tandis qu'un monarque arbitraire, ne sachant où prendre l'opinion que ses ministres ne lui représentent pas fidèlement, rencontre à chaque instant des obstacles imprévus dont il ne peut calculer les dangers. Mais, sans anticiper sur un résultat qui, j'espère, acquerra quelque évidence nouvelle par cet ouvrage, je m'en tiens aux administrations provinciales, et je demande s'ils étoient les vrais serviteurs du roi, ceux qui vouloient lui persuader que ces administrations diminuoient son autorité ?

La quotité des impôts n'étoit point soumise à leur décision : la répartition de la somme fixée d'avance leur étoit seule accordée. Étoit-ce donc un avantage pour la couronne, que l'impôt, mal subdivisé par un mauvais intendant, fît souffrir le peuple, et le révoltât plus encore contre l'autorité qu'un tribut, quelque considérable qu'il soit, quand il est sagement partagé ? Tous les agens du pouvoir en appeloient, dans chaque détail, à la volonté du roi : les François ne sont contens que quand ils peuvent, en toute occasion, s'appuyer sur les désirs du prince. Les habitudes serviles sont chez eux invétérées ; tandis que les ministres, dans les pays libres, ne se fondent que sur le bien public. Il se passera du temps encore, avant que les habitans de la France, accoutumés depuis plusieurs siècles à l'arbitraire, apprennent à rejeter ce langage de courtisan, qui ne doit pas sortir de l'enceinte des palais où il a pris naissance.

Le roi, sous le ministère de M. Necker, n'a jamais eu la moindre discussion avec les parlemens. Cela n'est pas étonnant, dira-t-on, puisque le roi, pendant ce temps, n'exigea point de nouveaux impôts, et s'abstint de tout acte arbitraire. Mais c'est en cela que le ministre se conduisit avec prudence ; car un roi, dans le pays même où des lois constitutionnelles ne servent point de bornes à son pouvoir, auroit tort d'essayer jusqu'à quel point le peuple supporteroit ses fautes. Personne ne doit faire tout ce qu'il peut, surtout sur un terrain aussi chancelant que celui de l'autorité arbitraire dans un pays éclairé.

M. Necker, dans son premier ministère, étoit encore plus ami de la probité publique, si l'on peut s'exprimer ainsi, que de la liberté, parce que la nature du gouvernement qu'il servoit, permettoit l'une plus que l'autre ; mais il souhaitoit tout ce qui pouvoit donner quelque stabilité au bien, indépendamment du caractère personnel des rois, et de celui de leurs ministres plus incertain encore. Les deux administrations provinciales qu'il établit, dans le Berri et le Rouergue, réussirent admirablement [38]. Plusieurs autres étoient préparées ; et le mouvement nécessaire aux esprits, dans un grand empire, se tournoit vers ces améliorations partielles. Il n'y avoit alors que deux seuls moyens de satisfaire l'opinion qui s'agitoit déjà beaucoup sur les affaires en général : les administrations provinciales, et la publicité des finances. Mais, dira-t-on, pourquoi satisfaire l'opinion ? Je m'abstiendrai de toutes les réponses que feroient les amis de la liberté à cette singulière question. Je dirai simplement que, même pour éviter la demande d'un gouvernement représentatif, le mieux étoit d'accorder alors ce qu'on attendoit de ce gouvernement, c'est-à-dire, de l'ordre et de la stabilité dans l'administration. Enfin le crédit, c'est-à-dire, l'argent, dépendoit de l'opinion ; et, puisqu'on avoit besoin de cet argent, il falloit au moins ménager par intérêt le vœu national, auquel peut-être on auroit dû céder par devoir.

CHAPITRE VII

De la guerre d'Amérique

En jugeant le passé d'après la connoissance des événemens qui l'ont suivi, on peut dire, je crois, que Louis XVI eut tort de se mêler de la guerre entre l'Amérique et l'Angleterre, quoique l'indépendance des États-Unis fût désirée par toutes les âmes généreuses. Les principes de la monarchie françoise ne permettoient pas d'encourager ce qui devoit être considéré comme une révolte d'après ces mêmes principes. D'ailleurs la France n'avoit point à se plaindre alors de l'Angleterre ; et déclarer une guerre seulement d'après la rivalité toujours subsistante entre ces deux pays, c'est un genre de politique mauvais en lui-même, et plus nuisible encore à la France qu'à l'Angleterre. Car la France ayant de plus grandes sources naturelles de prospérité, et beaucoup moins de puissance et d'habileté sur mer, c'est la paix qui la fortifie, et la guerre maritime qui la ruine.

La cause de l'Amérique et les débats du parlement d'Angleterre à ce sujet, excitèrent un grand intérêt en France. Tous les François qui furent envoyés pour servir avec le général Washington, revinrent pénétrés d'un enthousiasme de liberté qui devoit leur rendre difficile de retourner tranquillement à la cour de Versailles, sans rien souhaiter de plus que l'honneur d'y être admis. Il faut donc, dira-t-on, attribuer la révolution à la faute que fit le gouvernement françois en prenant part à la guerre d'Amérique. Il faut attribuer la révolution à tout et à rien : chaque année du siècle y conduisoit par toutes les routes. Il étoit très-difficile de se refuser aux cris de Paris en faveur de l'indépendance des Américains. Déjà le marquis de la Fayette, un noble François, amoureux de la gloire et de la liberté, avoit obtenu l'approbation générale en allant se joindre aux Américains, avant même que le gouvernement françois eût pris parti pour eux[39]. La résistance à la volonté du roi, dans cette circonstance, fut encouragée par les applaudissemens du public. Or, quand l'autorité du prince est en défaveur auprès de l'opinion, le principe de la monarchie, qui place l'honneur dans l'obéissance, est attaqué par sa base.

A quoi falloit-il donc se décider ? M. Necker fit au roi des représentations très-fortes en faveur du maintien de la paix, et ce ministre, accusé de sentimens républicains, se prononça contre une guerre dont l'indépendance d'un peuple étoit l'objet. Ce n'est point, je n'ai pas besoin de le dire, qu'il ne souhaitât vivement le triomphe des Américains dans leur admirable cause ; mais d'une part il ne croyoit pas permis de déclarer la guerre sans une nécessité positive, et de l'autre il étoit convaincu qu'aucune combinaison politique ne vaudroit à la France les avantages qu'elle pouvoit retirer de ses capitaux consumés par cette guerre. Ces argumens ne prévalurent pas, et le roi se décida pour la guerre. Il faut convenir néanmoins qu'elle pouvoit être appuyée par des motifs essentiels, et, quelque parti qu'on prît, on s'exposoit à de graves inconvéniens[40]. Déjà le temps approchoit où l'on devoit appliquer à Louis XVI, ce que Hume dit de Charles Ier : *Il se trouvoit dans une situation où les fautes étoient irréparables, et cette situation ne sauroit convenir à la foible nature humaine.*

CHAPITRE VIII

De la retraite de M. Necker
en 1781

M. Necker n'avoit d'autre but, dans son premier ministère, que d'engager le roi à faire par lui-même tout le bien que la nation réclamoit, et pour lequel elle a souhaité depuis d'avoir des représentans. C'étoit l'unique manière d'empêcher une révolution pendant la vie de Louis XVI, et je n'ai point vu mon père varier depuis dans la conviction qu'alors, en 1781, il y auroit réussi. Le reproche le plus amer qu'il se soit donc fait dans sa vie, c'est de n'avoir pas tout supporté plutôt que de donner sa démission. Mais il ne prévoyoit pas à cette époque ce que les événemens ont révélé ; et bien qu'un sentiment généreux l'attachât seul à sa place, il y a dans les âmes élevées une crainte délicate de ne pas abdiquer assez facilement le pouvoir, quand la fierté le leur conseille. La seconde classe des courtisans se déclara contre M. Necker. Les grands seigneurs, n'ayant point d'inquiétude sur leur situation ni sur leur fortune, ont en général plus d'indépendance dans leur manière de voir que cet essaim obscur qui s'accroche à la faveur pour en obtenir quelques dons nouveaux à chaque occasion nouvelle. M. Necker faisoit des retranchemens dans la maison du roi, dans la somme destinée aux pensions, dans les charges de finances, dans les gratifications accordées aux gens de la cour sur ces charges. Ce système économique ne convenoit point à tous ceux qui avoient déjà pris l'habitude d'être payés par le gouvernement, et de pratiquer l'industrie des sollicitations, comme moyen de vivre. En vain, pour se donner plus de force, M. Necker avoit-il montré un désintéressement personnel inouï jusqu'alors, en refusant tous les appointemens de sa place. Qu'importoit ce désintéressement à ceux qui rejetoient bien loin d'eux un tel exemple ? Cette conduite vraiment généreuse ne désarma point la colère des hommes et des femmes, qui rencontroient dans M. Necker un obstacle à des abus tellement passés en habitude, qu'il leur sembloit injuste de vouloir les supprimer.

Les femmes d'un certain rang se mêloient de tout avant la révolution. Leurs maris ou leurs frères les employoient toujours pour aller chez les ministres ; elles pouvoient insister sans manquer de convenance, passer la mesure même, sans qu'on fût dans le cas de s'en plaindre ; et toutes les insinuations qu'elles savoient faire en parlant, exerçoient beaucoup d'empire sur la plupart des hommes en place. M. Necker les écoutoit trés-poliment ; mais il avoit trop d'esprit pour ne pas démêler ces ruses de conversation, qui ne produisent aucun effet sur les esprits éclairés et naturels. Ces dames alors avoient recours à de grands airs, rappeloient négligemment les noms illustres qu'elles portoient, et demandoient une pension comme un maréchal de France se plaindroit d'un passe-droit. M. Necker s'en tenoit toujours à la justice, et ne se permettoit point de prodiguer l'argent acquis par les sacrifices du peuple. Qu'est-ce que mille écus, pour le roi ? Disoient-elles. Mille écus, répondoit M. Necker, c'est la taille d'un village. De tels sentimens n'étoient appréciés que des personnes les plus respectables à la cour. M. Necker pouvoit aussi compter sur des amis dans le clergé, qu'il avoit toujours honoré, et parmi les grands propriétaires et les nobles, qu'il vouloit introduire, à l'aide des administrations provinciales, au maniement et à la connoissance des affaires publiques. Mais les courtisans des princes et les financiers étoient vivement contre lui. Un mémoire qu'il remit au roi sur l'établissement des assemblées provinciales, avoit été indiscrètement publié, et les parlemens y avoient vu que M. Necker donnoit comme un des motifs de cette institution, l'appui d'opinion qu'elle pourroit prêter dans la suite contre les parlemens eux-mêmes, s'ils se conduisoient comme des corporations ambitieuses et non d'après le vœu national. C'en fut assez pour que ces magistrats, jaloux d'une autorité politique contestée, nommassent hardiment M. Necker un novateur. Mais, de toutes les innovations, celle que les courtisans et les financiers détestoient le plus, c'étoit l'économie. De tels ennemis cependant n'auroient pu faire renvoyer un ministre pour lequel la nation montroit plus d'attachement qu'elle n'en avoit témoigné à personne depuis l'administration de Sully et de Colbert, si le comte de Maurepas n'avoit pas habilement saisi le moyen de le renverser.

Il en vouloit à M. Necker, d'avoir fait nommer, sans sa participation, M. le maréchal de Castries au ministère de la marine. Aucun homme cependant n'étoit plus considéré que M. de Castries, et ne méritoit davantage de l'être. Mais M. de Maurepas ne vouloit pas que M. Necker, ni personne s'avisât d'avoir un crédit direct sur le roi : il étoit jaloux de la reine elle-même, et la reine alors traitoit M. Necker avec beaucoup de bonté. M. de Maurepas assistoit toujours au travail du roi avec les ministres ; mais ce fut pendant un de ses accès de goutte que M. Necker, se trouvant seul avec le roi, en obtint la destitution de M. de Sartines, et la nomination de M. le maréchal de Castries au ministère de la marine.

M. de Sartines étoit un exemple du genre de choix qu'on fait dans les monarchies où la liberté de la presse et l'assemblée des députés n'obligent pas à recourir aux hommes de talent. Il avoit été un excellent lieutenant de police : une intrigue quelconque le fit élever au rang de ministre de la marine. M. Necker alla chez lui quelques jours après sa nomination ; il avoit fait tapisser sa chambre de cartes géographiques, et dit à M. Necker, en se promenant dans ce cabinet d'étude : « Voyez quels progrès j'ai déjà faits, je puis mettre la main sur cette carte, et vous montrer, en fermant les yeux, où sont les quatre parties du monde. » Ces belles connoissances n'auroient pas semblé suffisantes en Angleterre pour diriger la marine.

A cette ignorance, M. de Sartines joignoit une inconcevable ineptie dans la comptabilité de son département, et le ministre des finances ne pouvoit pas rester étranger aux désordres qui avoient lieu dans cette partie des dépenses publiques. Malgré l'importance de ces motifs, M. de Maurepas ne pardonna pas à M. Necker d'avoir parlé directement au roi, et, à dater de ce jour, il devint son ennemi mortel. C'est un caractère singulier qu'un vieux ministre courtisan ! La chose publique n'étoit de rien pour M. de Maurepas : il ne s'occupoit que de ce qu'il appeloit le service du roi, et ce service du roi consistoit dans la faveur qu'on pouvoit gagner ou perdre à la cour : les affaires les plus essentielles étoient toutes subordonnées au maniement de l'esprit du souverain. Il falloit bien avoir une certaine connoissance des choses pour s'en entretenir avec le roi : il falloit bien mériter jusqu'à un certain point l'estime, pour que le roi n'entendît pas dire trop de mal de vous ; mais le mobile et le but de tout, c'étoit de lui plaire. M. de Maurepas tâchoit de conserver sa faveur par une multitude de soins inaperçus, afin d'entourer, comme avec des filets, le monarque qu'il vouloit séparer de toutes relations dans lesquelles il auroit pu entendre des paroles sérieuses et sincères. Il n'osoit pas proposer au roi de renvoyer un homme aussi utile que M. Necker. Quand on n'auroit fait aucun cas de son amour pour le bien public, l'argent qu'il procuroit par son crédit au trésor royal n'étoit pas à dédaigner. Cependant le vieux ministre étoit aussi imprudent, en fait d'intérêt général, que précautionné dans ce qui le concernoit personnellement, et il ne s'embarrassoit guère de ce qui arriveroit aux finances de l'état, pourvu que M. Necker ne se hasardât pas, sans son consentement, à parler au roi. Il étoit difficile toutefois de dire à ce roi : vous devez disgracier votre ministre, parce qu'il s'est avisé de s'adresser à vous sans me consulter. Il falloit donc attendre une circonstance d'un autre genre ; et, quelque réservé que fût M. Necker, il avoit un caractère fier, une âme irritable ; il étoit un homme énergique enfin dans toute sa manière de sentir : c'étoit assez pour commettre, tôt ou tard, des fautes à la cour.

Dans une des maisons des princes, il se trouvoit une espèce d'intendant, M. de Sainte-Foix, intrigant tranquille, mais persévérant dans sa haine contre tous les sentimens exaltés : cet homme, jusqu'à son dernier jour, et, lorsque sa tête blanchie sembloit appeler des pensées plus graves, cherchoit encore, chez les ministres même de la révolution, un dîner, des secrets et de l'argent. M. de Maurepas l'employa pour faire répandre des libelles contre M. Necker. Comme il n'y avoit point en France de liberté de la presse, c'étoit une chose toute nouvelle que des écrits contre un homme en place, encouragés par le premier ministre, et par conséquent distribués publiquement à tout le monde.

Il falloit, et M. Necker se l'est bien souvent répété depuis, il falloit mépriser ces pièges tendus à son caractère ; mais madame Necker ne put supporter la douleur que lui causoit la calomnie dont son époux étoit l'objet ; elle crut devoir lui dérober la connoissance du premier libelle qui parvint entre ses mains, afin de lui épargner une peine amère. Mais elle imagina d'écrire à son insu à M. de Maurepas pour s'en plaindre, et pour lui demander de prendre les mesures nécessaires contre ces écrits anonymes : c'étoit s'adresser à celui même qui les encourageoit en secret. Quoique madame Necker eût beaucoup d'esprit, élevée dans les montagnes de la Suisse, elle ne se faisoit pas l'idée du caractère de M. de Maurepas, de cet homme qui ne voyoit dans l'expression des sentimens qu'une occasion de découvrir le côté vulnérable. Dès qu'il connut la susceptibilité de M. Necker par le chagrin que sa femme avoit fait voir, il se flatta, en l'irritant, de le pousser à donner sa démission.

Quand M. Necker sut la démarche de sa femme, il la blâma, mais il en fut très-ému. Après ses devoirs religieux, l'opinion publique étoit ce qui l'occupoit le plus ; il sacrifioit la fortune, les honneurs, tous ce que les ambitieux recherchent, à l'estime de la nation ; et cette voix du peuple, alors non encore altérée, avoit pour lui quelque chose de divin. Le moindre nuage sur sa réputation étoit la plus grande souffrance que les choses de la vie pussent lui causer. Le but mondain de ses actions, le vent de terre qui le faisoit naviguer, c'étoit l'amour de la considération. Un ministre du roi de France n'avoit pas d'ailleurs, comme les ministres anglois, une force indépendante de la cour : il ne pouvoit manifester en public, dans la chambre des communes, son caractère et sa conduite ; et, la liberté de la presse n'existant pas, les libelles clandestins en étoient d'autant plus dangereux.

M. de Maurepas faisoit répandre sourdement que c'étoit plaire au roi qu'attaquer son ministre. Si M. Necker avoit demandé un entretien particulier au roi pour l'éclairer sur M. de Maurepas, peut-être l'auroit-il fait disgracier. Mais la vieillesse de cet homme, quelque frivole qu'elle fût, méritoit toujours des égards, et d'ailleurs M. Necker se croyoit lié par la reconnoissance envers celui qui l'avoit appelé au ministère. M. Necker se contenta donc de requérir un signe quelconque de la faveur du souverain qui décourageât les libellistes ; il désiroit qu'on les éloignât de la maison de Mgr. le comte d'Artois, dans laquelle ils occupoient des emplois ; et qu'on lui accordât l'entrée au conseil d'état dont on l'avoit écarté, sous prétexte de la religion protestante qu'il professoit, bien que sa présence y eût été éminemment utile. Un ministre des finances, chargé de demander au peuple les sacrifices qu'exige la guerre, doit prendre part aux délibérations sur la possibilité de faire la paix.

M. Necker étoit convaincu que, si le roi ne témoignoit pas de quelque manière qu'il le protégeoit sincèrement contre ses ennemis tout-puissans, il n'auroit plus la force nécessaire pour conduire les finances avec la sévérité dont il se faisoit un devoir.

Il se trompoit toutefois : l'attachement de la nation pour lui étoit plus grand qu'il ne le croyoit, et, s'il avoit attendu la mort du premier ministre, qui arriva six mois après, il auroit occupé sa place. Le règne de Louis XVI eût été probablement paisible, et la nation se seroit préparée, par une bonne administration, à l'émancipation qui lui étoit due. M. Necker offrit sa démission, si les conditions qu'il demandoit n'étoient pas accordées. M. de Maurepas, qui l'avoit excité à cette démarche, en prévoyoit avec certitude le résultat ; car plus les monarques sont foibles, plus ils sont fidèles à quelques maximes de fermeté qui leur ont été données dès leur enfance, et dont l'une des premières est sans doute, qu'un roi ne doit jamais refuser une démission offerte, ni souscrire aux conditions qu'un fonctionnaire public met à la continuation de ses services [41].

La veille du jour où M. Necker se proposoit de demander au roi sa retraite, s'il n'obtenoit pas ce qu'il désiroit, il se rendit avec sa femme à l'hospice qui porte encore leur nom à Paris [42]. Il alloit souvent dans cet asile respectable reprendre du courage contre les difficultés cruelles de sa situation. Des sœurs de la Charité, la plus touchante des communautés religieuses, soignoient les malades de l'hôpital : ces sœurs ne prononcent des vœux que pour une année, et plus elles font de bien, moins elles sont intolérantes. M. et Mad. Necker, tous les deux protestans, étoient l'objet de leur amour. Ces saintes filles leur offrirent des fleurs, et leur chantèrent des vers tirés des psaumes, la seule poésie qu'elles connussent : elles les appeloient leurs bienfaiteurs, parce qu'ils venoient au secours du pauvre. Mon père, ce jour-là, fut plus attendri, je m'en souviens encore, qu'il ne l'avoit jamais été par de semblables témoignages de reconnoissance : sans doute il regrettoit le pouvoir qu'il alloit perdre, celui de servir la France. Hélas ! qui dans ce temps auroit pu croire qu'un tel homme seroit un jour accusé d'être dur, arrogant et factieux ? Ah ! jamais une âme plus pure n'a traversé la région des orages, et ses ennemis, en le calomniant, commettent une impiété ; car le cœur de l'homme vertueux est le sanctuaire de la Divinité dans ce monde.

Le lendemain M. Necker revint de Versailles, ayant cessé d'être ministre. Il entra chez ma mère, et tous les deux, après une demi-heure de conversation, donnèrent l'ordre à leurs gens de nous établir dans vingt-quatre heures à Saint-Ouen, maison de campagne de mon père à deux lieues de Paris. Ma mère se soutenoit par l'exaltation même de ses sentimens ; mon père gardoit le silence ; moi j'étois trop enfant pour n'être pas ravie d'un changement quelconque de situation ; cependant, quand je vis à dîner les secrétaires et les commis du ministère tous dans une morne tristesse, je commençai à craindre que ma joie ne fût pas trop bien fondée. Cette inquiétude fut dissipée par les hommages sans nombre que mon père reçut à Saint-Ouen. Toute la France vint le voir : les grands seigneurs, le clergé, les magistrats, les négocians, les hommes de lettres, s'attiroient chez lui les uns les autres ; il reçut près de cinq cents lettres *a* des administrations et des diverses corporations des provinces, qui exprimoient un respect et une affection dont aucun homme public en France n'avoit peut-être jamais eu l'honneur d'être l'objet. Les mémoires du temps qui ont déjà paru, attestent la vérité de ce que j'avance à cet égard *b*. La France, à cette époque, ne vouloit encore rien de plus qu'un bon ministre : elle s'étoit successivement attachée à M. Turgot, à M. de Malesherbes, et particulièrement à M. Necker, parce qu'il avoit plus de talent que les deux autres pour les choses positives. Mais lorsque les François virent que, même sous un roi aussi vertueux que Louis XVI, aucun ministre austère et capable ne pouvoit rester en place, ils comprirent que les institutions stables peuvent seules mettre l'état à l'abri des vicissitudes des cours.

Joseph II, Catherine II, la reine de Naples, écrivirent à M. Necker, pour lui offrir la direction de leurs finances : il avoit le cœur trop françois pour accepter un tel dédommagement, quelque honorable qu'il pût être. La France et l'Europe furent consternées de la retraite de M. Necker : ses vertus et ses facultés méritoient cet hommage, mais il y avoit de plus, dans cette impression universelle, la crainte confuse de la crise politique dont on étoit menacé, et que la sagesse seule du ministère françois pouvoit retarder ou prévenir.

On n'auroit, certes, pas vu sous Louis XIV un ministre disgracié comblé de preuves d'estime par toutes les classes de la société. Ce nouvel esprit d'indépendance devoit apprendre à un homme d'état la force de l'opinion ; néanmoins, loin de la ménager pendant les sept années qui se passèrent entre la retraite de M. Necker et la promesse des états généraux donnée par l'archevêque de Sens, il n'est sorte de fautes que les ministres n'aient commises ; et ils ont exaspéré chaque jour la nation, sans avoir entre leurs mains aucune force réelle pour la contenir.

CHAPITRE IX

Des circonstances
qui ont amené la convocation
des états généraux
Ministère de M. de Calonne

M. Turgot et M. Necker avoient été renversés, en grande partie, par l'influence des parlemens qui ne vouloient ni la suppression des privilèges en matière d'impôts, ni l'établissement des assemblées provinciales. Le roi crut donc qu'il se trouveroit mieux de choisir ses ministres des finances dans le parlement même, afin de n'avoir rien à craindre de l'opposition de ce corps, lorsqu'il seroit question de demander de nouveaux impôts. Il nomma successivement, à cet effet, contrôleur général, M. Joli de Fleuri et M. d'Ormesson ; mais ni l'un ni l'autre n'avoient la moindre idée de la manutention des finances, et l'on peut regarder leur ministère comme un temps d'anarchie à cet égard. Cependant les circonstances où ils se trouvoient, étoient beaucoup plus favorables que celles contre lesquelles M. Necker avoit eu à lutter. M. de Maurepas n'existoit plus, et la paix étoit signée. Que d'améliorations M. Necker n'auroit-il pas faites dans une position si avantageuse ! Mais il étoit dans l'esprit des magistrats, ou plutôt du corps dont ils faisoient partie, de n'admettre aucun progrès en aucun genre.

Les représentans du peuple, chaque année, et surtout à chaque élection, sont éclairés par les lumières qui se développent de toutes parts ; mais le parlement de Paris étoit et seroit resté constamment étranger à toute idée nouvelle. La raison en est fort simple : un corps privilégié, quel qu'il soit, ne peut tenir sa patente que de l'histoire ; il n'a de force actuelle que parce qu'il a existé autrefois. Nécessairement donc il s'attache au passé, et redoute les innovations. Il n'en est pas de même des députés, qui participent à la force renouvelée de la nation qu'ils représentent.

Le choix des parlementaires n'ayant pas réussi, il ne restoit que la classe des intendans, c'est-à-dire, des administrateurs de province, nommés par le roi. M. Senac de Meilhan, écrivain superficiel qui n'avoit de profondeur que dans l'amour-propre, ne pouvoit pardonner à M. Necker d'avoir été appelé à sa place, car il considéroit le ministère comme son droit ; mais il avoit beau haïr et calomnier, il ne parvenoit pas à faire tourner sur lui l'opinion publique. Un seul des concurrens passoit pour très-distingué par son esprit : c'étoit M. de Calonne ; on lui croyoit des talens supérieurs, parce qu'il traitoit légèrement les choses les plus sérieuses, y compris la vertu. C'est une grande erreur que l'on commet en France, de se persuader que les hommes immoraux ont des ressources merveilleuses dans l'esprit. Les fautes causées par la passion dénotent assez souvent des facultés distinguées ; mais la corruption et l'intrigue tiennent à un genre de médiocrité qui ne permet d'être utile à rien qu'à soi-même. On seroit plus près de la vérité, en considérant comme incapable des affaires publiques un homme qui a consacré sa vie au ménagement artificieux des circonstances et des personnes. Tel étoit M. de Calonne, et dans ce genre encore la frivolité de son caractère le poursuivoit, et il ne faisoit pas habilement le mal, même lorsqu'il en avoit l'intention [43].

Sa réputation, fondée par les femmes avec lesquelles il passoit sa vie, l'appeloit au ministère. Le roi résista long-temps à ce choix, parce que son instinct consciencieux le repoussoit. La reine partageoit la répugnance du roi, quoiqu'elle fût entourée de personnes d'un avis différent ; on eût dit qu'ils pressentoient l'un et l'autre dans quels malheurs un tel caractère alloit les jeter. Je le répète, aucune homme en particulier ne peut être considéré comme l'auteur de la révolution de France ; mais, si l'on vouloit s'en prendre à un individu d'un événement séculaire, ce seroient les fautes de M. de Calonne qu'il faudroit en accuser. Il vouloit plaire à la cour en répandant l'argent à pleines mains ; il encouragea le roi, la reine et les princes, à ne se gêner sur aucun de leurs goûts, assurant que le luxe étoit la source de la prospérité des états ; il appeloit la prodigalité une large économie : enfin, il vouloit être en tout un ministre facile et complaisant, pour se mettre en contraste avec l'austérité de M. Necker ; mais, si M. Necker étoit plus vertueux, il est également vrai qu'il avoit aussi beaucoup plus d'esprit. La controverse par écrit qui s'établit entre ces deux ministres sur le déficit, quelque temps après, a prouvé que, même en fait de plaisanterie, M. Necker avoit tout l'avantage [44].

La légèreté de M. de Calonne consistoit plutôt dans ses principes que dans ses manières ; il lui paroissoit brillant de se jouer avec les difficultés, et cela le seroit en effet, si l'on en triomphoit : mais quand elles sont plus fortes que celui qui veut avoir l'air d'en être le maître, sa négligente confiance n'est rien qu'un ridicule de plus.

M. de Calonne continua pendant la paix le système des emprunts qui, de l'avis de M. Necker, ne convenoit que pendant la guerre. Le crédit du ministre baissant chaque jour, il falloit qu'il haussât l'intérêt pour se procurer de l'argent, et le désordre s'accroissoit ainsi par le désordre même. M. Necker, vers ce temps, publia l'*Administration des Finances* : cet ouvrage, reconnu maintenant pour classique, produisit dès lors un effet prodigieux ; on en vendit quatre-vingt mille exemplaires [45]. Jamais aucun écrit, sur des sujets aussi sérieux, n'avoit eu un succès tellement populaire. Les François s'occupoient déjà beaucoup dans ce temps de la chose publique, sans songer encore à la part qu'ils y pourroient prendre.

L'ouvrage sur l'administration des finances renfermoit tous les plans de réforme adoptés depuis par l'assemblée constituante, dans le système des impôts ; et l'heureux effet que ces changements ont produit sur l'aisance de la nation, a fait connoître la vérité de ce que M. Necker a constamment proclamé dans ses écrits sur les richesses naturelles de la France.

M. de Calonne n'avoit de popularité que parmi les courtisans ; mais telle étoit la détresse dans laquelle ses prodigalités et son insouciance plongeoient les finances, qu'il se vit obligé de songer à la ressource proposée par l'homme d'état qui lui ressembloit le moins à tous égards, M. Turgot : la répartition égale des impôts entre toutes les classes. Quels obstacles cependant une telle innovation ne devoit-elle pas rencontrer, et quelle bizarre situation que celle d'un ministre, qui a dilapidé le trésor royal pour se faire des partisans parmi les privilégiés, et qui se voit contraint à les indisposer tous, en leur imposant des tributs en masse, pour acquitter les dons qu'il leur a faits en détail ?

M. de Calonne savoit que le parlement ne consentiroit pas à de nouveaux impôts, et il savoit aussi que le roi n'aimoit point à recourir aux lits de justice ; ce droit royal manifestoit le despotisme de la couronne, en annulant la seule résistance que permît la constitution de l'état. D'un autre côté l'opinion publique grandissoit, et l'esprit d'indépendance se manifestoit dans toutes les classes. M. de Calonne crut qu'il pourroit se faire un appui de cette opinion contre le parlement, tandis qu'elle étoit autant contre lui que le parlement même. Il proposa au roi de convoquer l'assemblée des notables, choses dont il n'y avoit pas eu d'exemple depuis Henri IV, depuis un roi qui pouvoit tout risquer en fait d'autorité, puisqu'il étoit certain de tout regagner par l'amour [46].

Ces assemblées de notables n'avoient d'autre pouvoir que de dire au roi leur avis sur les questions que les ministres jugeoient à propos de leur adresser. Rien n'est plus mal combiné, dans un temps où les esprits sont agités, que ces réunions d'hommes dont les fonctions se bornent à parler ; on excite ainsi d'autant plus l'opinion qu'on ne lui donne point d'issue. Les états généraux, convoqués pour la dernière fois, en 1614, avoient seuls le droit légal de consentir les impôts : mais comme on en avoit sans cesse établi de nouveaux depuis cent soixante-quinze ans, sans rappeler ce droit, il n'y avoit point d'habitude contractée chez les François à cet égard, et l'on entendoit beaucoup plus parler à Paris de la constitution angloise que de celle de France. Les principes politiques développés dans les livres des publicistes anglois, étoient bien mieux connus des François mêmes que d'anciennes institutions laissées en oubli depuis deux siècles.

A l'ouverture de l'assemblée des notables, en 1787, M. de Calonne, dans son Compte rendu des finances, avoua que la dépense surpassoit la recette, de 56 millions par an ; mais il prétendit que ce déficit avoit commencé long-temps avant lui, et que M. Necker n'avoit pas dit la vérité, en présentant, en 1781, un excédent de dix millions de la recette sur la dépense. A peine ce discours parvint-il à M. Necker qu'il se hâta de le réfuter dans un mémoire victorieux et accompagné de pièces justificatives, dont les notables d'alors furent à portée de connoître l'exactitude. M. Joli de Fleuri et M. d'Ormesson, successeurs de M. Necker, attestèrent la vérité de ses réclamations. Il envoya ce mémoire au roi, qui en parut satisfait, mais lui fit dire néanmoins de ne point l'imprimer [47].

Dans les gouvernements arbitraires, les rois, même les meilleurs, ont de la peine à comprendre l'importance que chaque homme doit attacher à l'estime publique. La cour leur paroît le centre de tout, et ils sont eux-mêmes à leurs yeux le centre de la cour. M. Necker fut forcé de désobéir à l'injonction du roi ; c'étoit interdire à un homme la défense de son honneur, que d'obliger un ministre retiré à supporter en silence, qu'un ministre en place l'accusât de mensonge, en présence de la nation. Il ne falloit pas autant de susceptibilité qu'en avoit M. Necker sur tout ce qui concernoit la considération, pour repousser à tout prix une telle offense. L'ambition conseilloit sans doute de se soumettre à la volonté royale ; mais comme l'ambition de M. Necker étoit la gloire, il fit publier son livre [48], bien que tout le monde lui dit qu'il s'exposoit ainsi pour le moins à ne jamais rentrer dans le ministère.

Un soir, dans l'hiver de 1787, deux jours après que la réponse aux attaques de M. de Calonne eut paru, on fit demander mon père dans le salon où nous étions tous rassemblés avec quelques amis ; il sortit et fit appeler d'abord ma mère, et puis moi quelques minutes après, et me dit que M. Le Noir, lieutenant de police, venoit de lui apporter une lettre de cachet qui l'exiloit à quarante lieues de Paris. Je ne saurois peindre l'état où je fus à cette nouvelle ; cet exil me parut un acte de despotisme sans exemple; il s'agissoit de mon père dont tous les sentimens nobles et purs m'étoient intimement connus. Je n'avois pas encore l'idée de ce que c'est qu'un gouvernement, et la conduite de celui de France me paroissoit la plus révoltante de toutes les injustices. Certes, je n'ai point changé à l'égard de l'exil imposé sans jugement; je pense, et je tâcherai de le prouver, que c'est, parmi les peines cruelles, celle dont on peut le plus facilement abuser. Mais alors les lettres de cachet, comme tant d'autres illégalités, étoient passées en habitude, et le caractère personnel du roi adoucissoit l'abus autant qu'il étoit possible.   .

L'opinion publique d'ailleurs changeoit les persécutions en triomphe. Tout Paris vint visiter M. Necker pendant les vingt-quatre heures qu'il lui fallut pour faire les préparatifs de son départ. L'archevêque de Toulouse, protégé de la reine, et qui se préparoit à remplacer M. de Calonne, se crut obligé, même par un calcul d'ambition, à se montrer chez un exilé. De toutes parts on s'empressoit d'offrir des habitations à M. Necker; tous les châteaux, à quarante lieues de Paris, furent mis à sa disposition [49]. Le malheur d'un exil qu'on savoit momentané, ne pouvoit être très-grand, et la compensation étoit superbe. Mais est-ce ainsi qu'un pays peut être gouverné? Rien n'est si agréable, pendant un certain temps, que le déclin d'un gouvernement quelconque, car sa foiblesse lui donne l'apparence de la douceur : mais la chute qui s'ensuit est terrible.

Loin que l'exil de M. Necker disposât les notables en faveur de M. de Calonne, ils s'en irritèrent, et l'assemblée fut plus opposée que jamais à tous les plans proposés par le ministre des finances. Les impôts auxquels il vouloit qu'on eût recours, avoient toujours pour base l'abolition des privilèges pécuniaires. Mais, comme ils étoient, dit-on, très-mal combinés, l'assemblée des notables les rejeta sous ce prétexte. Cette assemblée, presque en entier composée de nobles et de prélats [50], n'étoit certainement pas, à quelques exceptions près, de l'avis d'établir l'égale répartition des taxes; mais elle se garda bien d'exprimer son désir secret à cet égard; et, se mêlant à ceux dont les opinions étoient purement libérales, elle fit corps avec la nation, qui craignoit tous les impôts de quelque nature qu'ils fussent.

La défaveur publique dont M. de Calonne étoit l'objet, devenoit si vive, et la présence des notables donnoit à cette défaveur des organes si imposans, que le roi se vit contraint, non-seulement à renvoyer M. de Calonne, mais même à le punir. Quels que fussent les torts de M. de Calonne, le roi avoit déclaré aux notables, deux mois auparavant, qu'il approuvoit ses projets; il nuisoit donc presque autant à la dignité de son pouvoir en abandonnant ainsi un mauvais ministre, que lorsqu'il en avoit sacrifié de bons. Il y nuisit surtout par l'incroyable successeur qui fut nommé. La reine vouloit l'archevêque de Toulouse, mais le roi n'y étoit pas encore disposé. M. le maréchal de Castries, alors ministre de la marine, proposa M. Necker ; mais le baron de Breteuil, qui le redoutoit, excita l'amour-propre royal de Louis XVI, en lui disant qu'il ne pouvoit choisir pour ministre celui qu'il venoit d'exiler. Les souverains qui ont le moins de résolution dans le caractère, sont ceux sur lesquels on produit le plus d'effet en leur parlant de leur autorité : on diroit qu'ils se flattent qu'elle marchera d'elle-même, comme une puissance surnaturelle, tout-à-fait indépendamment des circonstances et des moyens. Le baron de Breteuil écarta donc M. Necker ; la reine n'obtint pas l'archevêque de Toulouse, et l'on se réunit pour un moment sur un terrain bien neutre, ou plutôt bien nul, la nomination de M. de Fourqueux [51].

Jamais perruque du conseil d'état n'avoit couvert une plus pauvre tête ; il se rendit d'abord justice à lui-même, et voulut refuser la place qu'il étoit incapable de remplir ; mais on insista tellement sur son acceptation, qu'à l'âge de soixante ans qu'il avoit [52], il crut que sa modestie lui avoit dérobé jusqu'alors la connoissance de son propre mérite, et que la cour venoit enfin de le découvrir. Ainsi les partisans de M. Necker et de l'archevêque de Toulouse, remplirent momentanément le fauteuil du ministère, comme on fait occuper les places dans les loges, avant que les maîtres soient arrivés. Chacun des deux partis se flatta de gagner du temps, pour assurer le ministère à l'un des deux adversaires entre lesquels les chances étoient partagées.

Il existoit peut-être encore des moyens de sauver l'état d'une révolution, ou du moins le gouvernement pouvoit tenir les rênes des événemens. Les états généraux n'étoient pas encore promis ; les anciennes traces de la routine n'étoient point franchies ; peut-être que le roi, aidé de la grande popularité de M. Necker, auroit pu encore opérer les réformes nécessaires pour rétablir l'ordre dans les finances. Or, ces finances, qui se lioient au crédit public et à l'influence des parlemens, étoient, pour ainsi dire, la clef de la voute. M. Necker, alors en exil à quarante lieues de Paris, sentoit l'importance de la crise des affaires, et pendant que le courrier qui lui apporta la nouvelle de la nomination de l'archevêque de Toulouse, étoit encore dans sa chambre, il me dit ces paroles remarquables : « Dieu veuille que ce nouveau ministre parvienne à servir l'état et le roi mieux que je n'aurois pu le faire. C'est déjà une bien grande tâche que les circonstances actuelles ; mais bientôt elles surpasseront la force d'un homme, quel qu'il puisse être. »

CHAPITRE X

Suite du précédent. Ministère de l'archevêque de Toulouse

M. de Brienne, archevêque de Toulouse, n'avoit guère plus de sérieux réel dans l'esprit que M. de Calonne ; mais sa dignité de prêtre, jointe au désir constant d'arriver au ministère, lui avoit donné l'extérieur réfléchi d'un homme d'état, et il en avoit la réputation avant d'avoir été mis à portée de la démentir. Depuis quinze ans, il travailloit, par le crédit des subalternes, à se faire estimer de la reine ; mais le roi, qui n'aimoit pas les prêtres philosophes, s'étoit refusé constamment à le nommer ministre. Enfin il céda, car Louis XVI n'avoit pas de confiance en lui-même ; il n'est point d'homme qui eût été plus heureux d'être né roi d'Angleterre, c'est-à-dire de pouvoir connoître le vœu national avec certitude, pour se décider d'après cette infaillible lumière [53].

L'archevêque de Toulouse n'étoit ni assez éclairé pour être philosophe, ni assez ferme pour être despote ; il admiroit tour à tour la conduite du cardinal de Richelieu, et les principes des encyclopédistes ; il tentoit des actes de force, mais il reculoit au premier obstacle ; et, en effet, il entreprenoit des choses beaucoup trop difficiles pour être accomplies. Il proposa des impôts, celui du timbre en particulier. Les parlemens le rejetèrent, il fit tenir un lit de justice ; les parlemens cessèrent leurs fonctions de magistrats, il les exila ; personne ne voulut prendre leur place : enfin il imagina de leur substituer une cour plénière, composée de grands seigneurs ecclésiastiques et séculiers. Cette idée pouvoit être bonne, si c'étoit la chambre des pairs d'Angleterre qu'on avoit en vue ; mais il falloit y joindre une chambre de députés élus, puisque la cour plénière étoit nommée par le roi. Les parlemens pouvoient être renversés par les députés de la nation ; mais comment l'auroient-ils été par des grands seigneurs convoqués extraordinairement par le premier ministre ? Aussi les courtisans eux-mêmes refusèrent-ils de siéger dans cette assemblée, tant l'opinion y étoit contraire [54].

Dans cet état de choses, les coups d'autorité que le gouvernement vouloit frapper ne servoient qu'à manifester sa foiblesse, et l'archevêque de Toulouse, arbitraire et constitutionnel tour à tour, étoit maladroit dans les deux systèmes qu'il essayoit alternativement. Le maréchal de Ségur avoit commis la grande faute d'exiger, au dix-huitième siècle, des preuves de noblesse pour être officier. Il falloit avoir été anobli depuis cent années pour obtenir l'honneur de défendre la patrie. Cette ordonnance irrita le tiers état, sans que les nobles, qu'elle favorisoit, fussent pour cela plus attachés à l'autorité du roi. Plusieurs officiers parmi les gentilshommes déclarèrent qu'ils n'obéiroient point aux ordres du roi, s'il s'agissoit d'arrêter les magistrats ou leurs partisans. Les castes privilégiées commencèrent l'insurrection contre l'autorité royale, et le parlement prononça le mot dont devoit dépendre le sort de la France.

Les magistrats demandoient à grands cris au ministre les états de recette et de dépense, lorsque l'abbé Sabatier, conseiller au parlement, homme très-spirituel, s'écria : *Vous demandez, messieurs, les états de recette et de dépense, et ce sont les états-généraux qu'il vous faut*[55]. Cette parole, bien que rédigée en calembour, porta la lumière dans les désirs confus de chacun : celui qui l'avoit prononcée fut envoyé en prison[56], mais, bientôt après, les parlemens déclarèrent qu'ils n'avoient pas le droit d'enregistrer les impôts, droit dont ils avoient cependant usé depuis deux siècles ; et, par ambition, c'est-à-dire, pour se mettre à la tête du mouvement des esprits, ils abdiquèrent en faveur de la nation un pouvoir qu'ils avoient défendu avec opiniâtreté contre le trône. Dès ce moment, la révolution fut faite, car il n'y eut plus qu'un vœu dans tous les partis, celui d'obtenir la convocation des états généraux.

Les mêmes magistrats qui, plus tard, ont qualifié de rebelles les amis de la liberté, demandèrent cette convocation avec tant de véhémence, que le roi se crut obligé d'envoyer saisir au milieu d'eux, par ses gardes-du-corps, deux de leurs membres, MM. D'Espréménil et de Monsabert[57]. Plusieurs des nobles, devenus depuis les ennemis ardens de la monarchie limitée, allumèrent alors le feu qui produisit l'explosion. Douze gentilshommes bretons furent envoyés à la Bastille, et le même esprit d'opposition qu'on punissoit en eux animoit le reste de la noblesse de Bretagne[58]. Le clergé lui-même demanda les états généraux. Aucune révolution, dans un grand pays, ne peut réussir que quand elle commence par la classe aristocratique[59] ; le peuple ensuite s'en empare, mais il ne sait point diriger les premiers coups. En rappelant que ce sont les parlemens, les nobles et le clergé, qui, les premiers, ont voulu limiter l'autorité royale, je ne prétends point assurément que leur dessein fût coupable. Un enthousiasme sincère et désintéressé animoit alors tous les François ; il y avoit de l'esprit public ; et, dans les hautes classes, les meilleurs étoient ceux qui désiroient le plus vivement que la volonté de la nation fût de quelque chose dans la direction de ses propres intérêts. Mais comment ces privilégiés, qui, pourtant, ont commencé la révolution, se permettent-ils d'en accuser un homme, ou une résolution de cet homme ? Nous voulions, disent les uns, que les changemens politiques s'arrêtassent à tel point ; les autres, un peu plus loin : sans doute, mais les mouvemens d'un grand peuple ne peuvent se réprimer à volonté ; et, dès qu'on commence à reconnoître ses droits, l'on est obligé d'accorder tout ce que la justice exige.

L'archevêque de Toulouse rappela les parlemens[60] ; il les trouva tout aussi rebelles à la faveur qu'à la disgrâce. De toutes parts la résistance alloit croissant, les adresses pour demander les états généraux, se multiplioient tellement, qu'enfin le ministre se vit obligé de les promettre au nom du roi : mais il renvoya la convocation à cinq ans, comme si l'opinion publique pouvoit consentir au retard de son triomphe. Le clergé réclama contre ces cinq ans, et le roi s'engagea solennellement à convoquer les états généraux pour le mois de mai de l'année suivante 1789[61].

L'archevêque de Sens, car c'étoit ainsi qu'il s'appeloit alors, n'ayant point oublié, au milieu de tous les troubles, de changer son archevêché de Toulouse contre un beaucoup plus considérable ; l'archevêque de Sens, se voyant battu comme despote, se rapprocha de ses anciens amis les philosophes, et, mécontent des castes privilégiées, il essaya de plaire à la nation, en invitant tous les écrivains à donner leur avis sur le mode d'organisation des états généraux[62]. Mais on ne tient jamais compte à un homme d'état de ce qu'il fait par nécessité. Ce qui rend l'opinion publique une si belle chose, c'est qu'elle a de la finesse et de la force tout ensemble ; elle se compose des aperçus de chacun et de l'ascendant de tous.

L'archevêque de Sens, excita le tiers état, pour s'en faire un appui contre les classes privilégiées. Le tiers état fit dès-lors connoître qu'il prendroit sa place de nation dans les états généraux ; mais il ne vouloit pas tenir cette place de la main d'un ministre qui ne revenoit aux idées libérales, qu'après avoir vainement tenté d'établir les institutions les plus despotiques.

Enfin l'archevêque de Sens acheva d'exaspérer toutes les classes, en suspendant le paiement d'un tiers de rentes de l'état[63]. Alors un cri général s'éleva contre lui ; les princes eux-mêmes allèrent demander au roi de le renvoyer, et beaucoup de gens le crurent fou, tant sa conduite parut misérable. Il ne l'étoit pas cependant, et c'étoit même un homme d'esprit dans l'acception commune de ce mot ; il avoit les talens nécessaires pour être un bon ministre dans le train ordinaire d'une cour. Mais, quand les nations commencent à être de quelque chose dans les affaires publiques, tous ces esprits de salon sont inférieurs à la circonstance : ce sont des hommes à principes qu'il faut ; ceux-là seuls suivent une marche ferme et décidée ; il n'y a que les grands traits du caractère et de l'âme qui, comme la Minerve de Phidias, peuvent agir sur les masses en étant vus à distance Ce qu'on appelle l'habileté, selon l'ancienne manière de gouverner les états du fond des cabinets ministériels, ne fait qu'inspirer de la défiance dans les gouvernemens représentatifs.

CHAPITRE XI

Y avoit-il
une constitution en France
avant la révolution ?

De toutes les monarchies modernes, la France est certainement celle dont les institutions politiques ont été les plus arbitraires et les plus variables : peut-être la réunion successive des provinces à la couronne en est-elle une des causes. Chacune de ces provinces apportoit des coutumes et des prétentions différentes ; le gouvernement se servoit habilement des anciennes contre les nouvelles, et le pays n'a fait un tout que graduellement.

Quoiqu'il en soit, il n'est aucune loi, même fondamentale, qui n'ait été disputée dans un siècle quelconque ; il n'est rien qui n'ait été l'objet d'opinions opposées. Les rois étoient-ils ou non législateurs du royaume ? Et pouvoient-ils lever ou non des impôts *de leur propre mouvement et certaine science ?* Ou bien les états généraux étoient-ils les représentans du peuple à qui seuls appartenoit ce droit de consentir les subsides ? De quelle manière ces états généraux devoient-ils être composés ? Les ordres privilégiés, qui sur trois voix en avoient deux, pouvoient-ils se considérer comme des nations distinctes qui votoient séparément les impôts et s'y soustrayoient à leur gré, en faisant porter sur le peuple le poids des taxes nécessaires ? Quels étoient les priviléges du clergé qui se disoit tantôt indépendant du roi, tantôt indépendant du pape ? Quels étoient les pouvoirs des nobles qui tantôt, jusque sous la minorité de Louis XIV, se croyoient autorisés à réclamer leurs droits à main armée, en s'alliant avec les étrangers, et qui tantôt reconnoissoient le roi pour monarque absolu ? Quelle devoit être l'existence du tiers état, affranchi par les rois, introduit dans les états généraux par Philippe-le-Bel, et cependant condamné à une minorité perpétuelle, puisqu'on ne lui attribuoit qu'une voix sur trois, et que ses doléances, présentées à genoux, n'avoient aucune force positive ?

Quelle étoit la puissance politique des parlemens qui tantôt déclaroient eux-mêmes qu'ils n'avoient rien à faire qu'à rendre la justice, et tantôt se disoient les états généraux *au petit pied*, c'est-à-dire, les représentans des représentans du peuple ? Les mêmes parlemens ne reconnoissoient pas la juridiction des intendans, administrateurs des provinces au nom du roi. Les ministres disputoient aux pays d'états le droit qu'ils prétendoient avoir à consentir les impôts. L'histoire de France nous fourniroit une foule d'autres exemples de ce manque de fixité, dans les moindres choses aussi-bien que dans les plus grandes ; mais il suffit des résultats déplorables de cette absence de principes. Les individus prévenus de crimes d'état ont été presque tous soustraits à leurs juges naturels ; plusieurs d'entre eux, sans que leur procès même ait été fait, ont passé leur vie entière dans les prisons où le gouvernement les avoit envoyés de sa propre autorité. Le code de terreur contre les protestans, les supplices cruels et la torture ont subsisté jusqu'à la révolution [64].

Les impôts qui ont pesé exclusivement sur le peuple, l'ont réduit à la pauvreté sans espoir. Un jurisconsulte françois, il y a cinquante ans, appeloit encore, selon l'usage, le tiers états, *la gent corvéable et taillable à merci et miséricorde*. Les emprisonnemens, les exils dont on avoit disputé la puissance aux rois, sont devenus leurs prérogatives, et le despotisme ministériel, habile instrument de celui du trône, a fini par faire admettre l'inconcevable maxime, *Si veut le roi, si veut la loi*, comme l'unique institution politique de la France.

Les Anglois, fiers avec raison de leur liberté, n'ont pas manqué de dire que, si les François n'étoient pas faits pour le despotisme, ils ne l'auroient pas supporté si long-temps ; et Blackstone, le premier jurisconsulte de l'Angleterre, a imprimé dans le dix-huitième siècle ces paroles : *On pourroit alors emprisonner, faire périr ou exiler tous ceux qui déplairoient au gouvernement, ainsi que cela se pratique en Turquie ou en France* [65]. Je renvoie à la fin de cet ouvrage l'examen du caractère françois trop calomnié de nos jours ; mais il me suffit de répéter ici ce que j'ai déjà affirmé, c'est que dans l'histoire de France, on peut citer autant d'efforts contre le despotisme que dans celle d'Angleterre. M. de Boulainvilliers, le grand défenseur de la féodalité, ne cesse de répéter que les rois n'avoient ni le droit de battre monnoie, ni de fixer la force de l'armée, ni de prendre à leur solde des troupes étrangères, ni surtout de lever des impôts sans le consentement des nobles. Seulement il s'afflige un peu de ce qu'on a fait un second ordre du clergé, et encore plus, un troisième du peuple ; il s'indigne de ce que les rois de France se sont arrogé le droit de donner des lettres de noblesse, qu'il appelle avec raison des affranchissemens ; car, en effet, l'anoblissement est une tache d'après les principes de la noblesse, et, d'après ceux de la liberté, ces mêmes lettres sont une offense. Enfin, M. de Boulainvilliers est un aristocrate tel qu'il faut l'être, c'est-à-dire, sans mélange de l'esprit de courtisan, le plus avilissant de tous. Il croit que la nation se réduit aux nobles, et que, sur vingt-quatre millions d'hommes et plus, il n'y a que cent mille descendans des Francs ; car il supprime avec raison, dans son système, les familles d'anoblis, et le clergé du second ordre : et ces descendans des Francs étant les vainqueurs, et les Gaulois les vaincus, ils sont les seuls qui puissent participer à la direction des affaires publiques. Les citoyens d'un état doivent avoir part à la confection des lois et à leur garantie ; mais s'il n'y a que cent mille citoyens d'un état, il n'y a qu'eux qui aient ce droit politique [66]. La question toutefois est de savoir si les vingt-trois millions neuf cent mille âmes qui composent maintenant le tiers état en France, ne sont en effet et ne veulent être que des Gaulois vaincus. Tant que l'abrutissement des serfs a permis cet ordre de choses, on a vu partout des gouvernemens où les libertés, si ce n'est la liberté, ont été parfaitement reconnues, c'est-à-dire, où les priviléges se sont fait respecter comme des droits. L'histoire et la raison naturelle démontrent également que si, sous la première race, ceux qui avoient le droit de citoyen devoient sanctionner les actes législatifs ; que si, sous Philippe-le-Bel, les hommes libres du tiers état, alors en petit nombre, puisqu'il y avoit encore beaucoup de serfs, ont été associés aux deux autres ordres : les rois n'ont pu se servir d'eux pour balancer le pouvoir, sans les reconnoître pour citoyens ; or, les citoyens doivent avoir, relativement aux impôts et aux lois, les droits politiques, exercés d'abord seulement par les nobles ; et, quand le nombre des citoyens est tel, qu'ils ne sauroient assister en personne aux délibérations sur les affaires de l'état, de là naît le gouvernement représentatif.

Les différentes provinces, à mesure qu'elles ont été réunies à la couronne, ont stipulé des priviléges et des droits, et les douze parlemens ont été successivement établis pour rendre la justice d'une part, mais surtout pour vérifier si les édits des rois, qu'ils avoient le droit d'enregistrer ou de ne pas promulguer, étoient ou non d'accord, soit avec les traités particuliers faits par les provinces, soit avec les lois fondamentales du royaume. Toutefois leur autorité, sous ce rapport, étoit fort précaire. Nous les voyons répondre, en 1484, à Louis XII, alors duc d'Orléans (qui se plaignoit à eux de ce qu'on n'avoit aucun égard aux demandes des derniers états), qu'ils étoient des gens lettrés devant s'occuper de l'état judiciaire, et non pas se mêler du gouvernement[67]. Ils montrèrent bientôt, cependant, de beaucoup plus grandes prétentions, et leur pouvoir a été tellement étendu, même en matière politique, que Charles-Quint envoya deux ambassadeurs au parlement de Toulouse, pour s'assurer s'il avoit ratifié le traité conclu avec François I[er][68]. Les parlemens sembloient donc destinés à servir de limites habituelles à l'autorité des rois, et les états généraux, qui étoient au-dessus des parlemens, devoient être considérés comme une barrière encore plus puissante. Dans le moyen âge, on a presque toujours confondu le pouvoir judiciaire et le pouvoir législatif ; et le double droit des pairs en Angleterre, comme juges dans certains cas, et comme législateurs dans tous, est un reste de cette ancienne réunion. Il est très-naturel que, dans des temps peu civilisés, les décisions particulières aient précédé les lois générales. La considération des juges étoit telle alors, qu'on les croyoit éminemment appelés à rédiger en lois leurs propres sentences. Saint Louis est le premier, à ce qu'on croit, qui ait érigé le parlement en cour de justice[69], il paroît qu'il n'étoit auparavant que le conseil du roi : mais ce monarque, éclairé par ses vertus, sentit le besoin de fortifier les institutions qui pouvoient servir de garantie à ses sujets. Les états généraux n'avoient point de rapport avec les fonctions judiciaires ; ainsi nous reconnoissons deux pouvoirs indépendans de l'autorité royale, quoique mal organisés, dans la monarchie de France : les états généraux et les parlemens. La troisième race eut pour système d'affranchir les villes et les campagnes, et d'opposer graduellement le tiers état aux grands seigneurs. Philippe-le-Bel fit entrer les députés de la nation comme troisième ordre dans les états généraux, parce qu'il avoit besoin d'argent, parce qu'il craignoit la malveillance que son caractère lui avoit attirée, et qu'il cherchoit un appui contre les nobles et contre le pape qui le persécutoit alors. A dater de ce jour, en 1302, les états généraux eurent de droit, si ce n'est de fait, le même pouvoir législatif que le parlement anglois. Les ordonnances des états de 1355 et de 1356, étoient aussi favorables à la liberté que la grande charte d'Angleterre ; mais ils n'assurèrent point le retour annuel de leurs propres assemblées ; et la séparation en trois ordres, au lieu de la division en deux chambres, rendoit bien plus facile aux rois de les opposer l'un à l'autre. La confusion de l'autorité politique des parlemens qui étoit perpétuelle, et de celle des états généraux qui tenoit de plus près à l'élection, n'a pas cessé un seul instant pendant la troisième race ; et, dans les guerres intestines qui ont eu lieu, le roi,

les états généraux et les parlemens, alléguèrent toujours des prétentions diverses ; mais, jusqu'à Louis XIV, la doctrine du pouvoir absolu
n'avoit été avouée par aucun monarque, quelques tentatives violentes
ou souterraines qu'ils fissent pour l'obtenir. Le droit d'enregistrement
faisoit toute la force des parlemens, puisque aucune loi n'étoit
promulguée, ni par conséquent exécutée, sans leur consentement.
Charles VI essaya le premier de changer le lit de justice, qui ne
signifioit jadis que la présence du roi dans les séances du parlement,
en un ordre d'enregistrer par commandement exprès, et malgré les
remontrances. Peu de temps après, on fut obligé de casser les édits
qu'on avoit fait accepter au parlement par force, et l'un des conseillers
de Charles VI, qui avoit été d'avis de ces mêmes édits, et qui proposoit
de les annuler, répondit à un membre du parlement qui l'interrogeoit
sur ce changement : « C'est notre coutume de vouloir ce que veulent
les princes. Nous nous réglons sur le temps, et nous ne trouvons pas
de meilleur expédient pour nous tenir toujours sur nos pieds parmi
toutes les révolutions des cours, que d'être toujours du côté du plus
fort. » En vérité, à cet égard, la perfectibilité de l'espèce humaine
pourroit tout-à-fait se nier. Henri III défendit que l'on mit, en tête
des édits enregistrés, *par exprès commandement*, de peur que le peuple ne
voulût pas y obéir. Lorsque Henri IV devint roi en 1589, il dit lui-
même, dans l'une de ses harangues citées par Joli, que l'enregistrement du parlement étoit nécessaire pour la validité des édits. Le
parlement de Paris, dans ses remontrances sur le ministère de
Mazarin, rappela les promesses de Henri IV, et répéta les propres
paroles que le monarque avoit prononcées à ce sujet. « L'autorité des
rois, disoit-il, se détruit en voulant trop s'établir. » Tout le système
politique du cardinal de Richelieu consistoit dans la destruction du
pouvoir des grands, avec l'appui du peuple : mais avant, et même
pendant le ministère de Richelieu, les magistrats du parlement
professoient toujours les maximes les plus libérales. Pasquier, sous
Henri III, disoit que la royauté étoit une des formes de la république ;
entendant par ce mot le gouvernement qui avoit pour but le bien du
peuple. Le célèbre magistrat Talon s'exprimoit ainsi sous Louis XIII :
« Autrefois les volontés de nos rois n'étoient point exécutées par les
peuples, qu'elles ne fussent souscrites en original par tous les grands
du royaume, les princes et les officiers de la couronne qui étoient à la
suite de la cour. A présent, cette juridiction politique est dévolue dans
les parlemens. Nous jouissons de cette puissance seconde, que la
prescription du temps autorise, que les sujets souffrent avec patience
et honorent avec respect [70]. » Tels ont été les principes des parlemens ;
ils ont admis, comme les constitutionnels d'aujourd'hui, la nécessité
du consentement du peuple, mais ils s'en sont déclarés les représen-

tans, sans pourtant pouvoir nier que les états généraux n'eussent, à cet égard, un titre supérieur au leur. Le parlement de Paris trouva mauvais que Charles IX se fût fait déclarer majeur à Rouen, et que Henri IV eût consulté les notables. Ce parlement, étant le seul dans lequel siégeassent les pairs de France, pouvoit seul, à ce titre, réclamer un droit politique, et cependant tous les parlemens du royaume y prétendoient. C'étoit une étrange idée, pour un corps de juges parvenus à leurs emplois, ou par la nomination du roi, ou par la vénalité des charges, de se prétendre les représentans de la nation. Néanmoins, quelque bizarre que fût cette prétention, elle servoit encore quelquefois de borne au despotisme.

Le parlement de Paris il est vrai, avoit constamment persécuté les protestans ; il avoit institué, chose horrible, une procession annuelle en action de grâces pour la Saint-Barthélemi : mais il étoit en cela l'instrument d'un parti ; et, quand le fanatisme fut apaisé, ce même parlement, composé d'hommes intègres et courageux, a souvent résisté aux empiétemens du trône et des ministres. Mais que signifioit cette opposition, puisqu'en définitive le lit de justice, tenu par le roi, imposoit nécessairement silence ? En quoi donc consistoit la constitution de l'état ? Dans l'hérédité du pouvoir royal uniquement. C'est une très-bonne loi, sans doute, puisqu'elle est favorable au repos des empires, mais ce n'est pas une constitution[71].

Les états généraux ont été convoqués dix-huit fois seulement depuis 1302 jusqu'à 1789, c'est-à-dire pendant près de cinq siècles, et les états généraux cependant avoient seuls le droit de consentir les impôts. Ainsi donc, ils auroient dû être rassemblés chaque fois qu'on renouveloit les taxes ; mais les rois leur ont souvent disputé cette prérogative ; et se sont passés d'eux arbitrairement Les parlemens sont intervenus par la suite entre les rois et les états généraux ; ils ne nioient pas le pouvoir absolu de la couronne, et cependant ils se disoient les gardiens des lois du royaume. Or, quelles lois y a-t-il dans un pays où l'autorité royale est sans bornes ? Les parlemens faisoient des remontrances sur les édits qu'on leur envoyoit ; le roi leur ordonnoit de les enregistrer et de se taire. S'ils n'avoient pas obéi, ils auroient été inconséquens : car reconnoissant la volonté du roi comme suprême en toutes choses, qu'étoient-ils, et que pouvoient-ils dire, à moins qu'ils n'en obtinssent la permission du monarque même dont ils étoient censés limiter les volontés ? Ce cercle de prétendues oppositions se terminoit toujours par la servitude, et la trace funeste en est restée sur le front de la nation.

La France a été gouvernée par des coutumes, souvent par des caprices, et jamais par des lois. Il n'y a pas un règne qui ressemble à l'autre sous le rapport politique ; on pouvoit tout soutenir et tout défendre dans un pays où les circonstances seules disposoient de ce que chacun appelait son droit. Dira-t-on qu'il y avoit des pays d'états qui maintenoient leurs anciens traités ? Ils pouvoient s'en servir comme d'argumens ; mais l'autorité du roi coupoit court à toutes les difficultés, et les formes encore subsistantes n'étoient, pour ainsi dire, que des étiquettes maintenues ou supprimées selon le bon plaisir des ministres. Étoit-ce les nobles qui avoient des priviléges, excepté celui de payer moins d'impôts ? Encore un roi despote pouvoit-il l'abolir. Il n'existoit pas un droit politique quelconque dont la noblesse pût ou dût se vanter : car se faisant gloire de reconnoître l'autorité du roi comme sans bornes, elle ne devoit se plaindre ni des commissions extraordinaires qui ont condamné à mort les plus grands seigneurs de France[72], ni des prisons, ni des exils qu'ils ont subis. Le roi pouvoit tout, quelle objection donc faire à rien ?

Le clergé, qui reconnoissoit la puissance du pape, d'où dérivoit selon lui celle des rois, pouvoit seul être fondé à quelque résistance. Mais c'étoit précisément le clergé qui soutenoit le droit divin sur lequel repose le despotisme, sachant bien que ce droit divin ne pouvoit s'appuyer d'une manière durable que sur les prêtres. Cette doctrine, faisant dériver tout pouvoir de Dieu, interdit aux hommes d'y mettre une limite. Certes, ce n'est pas là ce que nous enseigne la religion chrétienne, mais il s'agit ici de ce qu'en disent ceux qui s'en servent à leur avantage.

On peut affirmer, ce me semble, que l'histoire de France n'est autre chose que les tentatives continuelles de la nation et de la noblesse, l'une pour avoir des droits, et l'autre des priviléges, et les efforts continuels de la plupart des rois pour se faire reconnoître comme absolus. L'histoire d'Angleterre, à quelques égards, présente la même lutte ; mais, comme il y avoit eu de tout temps[73] deux chambres, le moyen de réclamation étoit meilleur, et les Anglois ont fait à la couronne des demandes plus sages et plus importantes que ne l'étoient celles des François. Le clergé en Angleterre n'existant pas comme un ordre politique à part, les nobles et les évêques réunis, qui ne composoient tout au plus que la moitié de la représentation nationale, ont toujours eu beaucoup plus de respect pour le peuple qu'en France. Le grand malheur de ce pays, et de tous ceux que les cours seules gouvernent, c'est d'être dominés par la vanité. Aucun principe fixe ne s'établit dans aucune tête, et l'on ne songe qu'aux moyens d'acquérir du pouvoir, puisqu'il est tout dans un état où les lois ne sont rien.

En Angleterre, le parlement renfermoit en lui seul le pouvoir législatif des états généraux et des parlemens de France. Le parlement anglois étoit censé permanent ; mais, comme il avoit peu de fonctions judiciaires habituelles, les rois le renvoyoient et retardoient sa convocation le plus qu'ils pouvoient. En France, la lutte de la nation et de l'autorité royale a pris une autre forme : ce sont les parlemens, faisant fonction de cours judiciaires, qui ont résisté au pouvoir des ministres plus constamment et plus énergiquement que les états généraux ; mais leurs privilèges étant confus, il en est résulté que tantôt les rois ont été mis en tutelle par eux, et tantôt ils ont été foulés aux pieds par les rois. Deux chambres, telles que celles d'Angleterre, auroient donné moins d'embarras au roi et plus de garanties à la nation. La révolution de 1789 n'a donc eu pour but que de régulariser les limites qui, de tout temps, ont existé en France [74]. Montesquieu considère les droits des corps intermédiaires, comme constituant la force et la liberté des monarchies. Quel est le corps intermédiaire qui représente le plus fidèlement tous les intérêts de la nation ? Les deux chambres d'Angleterre ; et, quand il ne seroit pas insensé en théorie, de remettre à des privilégiés, nobles ou magistrats, la discussion exclusive des intérêts de la nation qui n'a jamais pu leur confier légalement ses pouvoirs, les derniers siècles de l'histoire de France, qui n'ont présenté qu'une succession presque continuelle de disputes relatives à l'étendue des pouvoirs, et d'actes arbitraires, commis tour à tour par les divers partis, prouvent assez que le temps étoit venu de mieux organiser l'institution politique par laquelle la nation devoit être représentée. Quant à son droit à cet égard, depuis qu'il y a une France, ce droit a toujours été reconnu par les souverains, les ministres et les magistrats qui ont mérité l'estime de la nation. Sans doute, le pouvoir absolu des rois a toujours eu aussi des partisans ; tant d'intérêts personnels peuvent se rallier à cette opinion ! Mais quels noms en regard dans cette cause ! Il faut opposer Louis XI à Henri IV, Louis XIII à Louis XII, Richelieu à l'Hôpital, le cardinal Dubois à M. de Malesherbes ; et, si l'on vouloit citer tous les noms qui se sont conservés dans l'histoire, on pourroit parier, à peu d'exceptions près, que, là où il se trouve une âme honnête ou un esprit éclairé, dans quelque rang que ce puisse être, il y a un ami des droits des nations ; mais que l'autorité sans bornes n'a presque jamais été défendue, ni par un homme de génie, ni surtout par un homme vertueux.

Les *Maximes du droit public françois*, publiées en 1775, par un magistrat du parlement de Paris, s'accordent en entier avec celles qui ont été proclamées par l'assemblée constituante, sur la nécessité de la balance des pouvoirs, du consentement de la nation aux subsides, de sa participation aux actes législatifs, et de la responsabilité des ministres. Il n'y a pas une page où l'auteur ne rappelle le contrat existant entre le peuple et les rois, et c'est sur les faits de l'histoire qu'il se fonde.

D'autres hommes respectables dans la magistrature françoise assurent qu'il y avoit des lois constitutionnelles en France, mais qu'elles étoient tombées en désuétude. Les uns disent qu'elles ont cessé d'être en vigueur depuis Richelieu, d'autres depuis Charles V, d'autres depuis Philippe-le-Bel, d'autres enfin depuis Charlemagne. Assurément, il importeroit peu que de telles lois eussent existé, si depuis tant de siècles on les avoit mises en oubli. Mais il est facile de terminer cette discussion. S'il y a des lois fondamentales, s'il est vrai qu'elles contiennent tous les droits assurés à la nation angloise, alors les amis de la liberté sont d'accord avec les partisans de l'ancien ordre de choses ; et cependant le traité me semble encore difficile à conclure.

M. de Calonne, qui s'étoit déclaré contre la révolution, a fait un livre pour prouver que la France n'avoit pas de constitution [75]. M. de Monthion, chancelier de Mgr. le comte d'Artois, répondit à M. de Calonne, et cette réfutation est intitulée : *Rapport à Sa Majesté Louis XVIII en 1796.*

Il commence par déclarer que, s'il n'y avoit pas de constitution en France, la révolution étoit justifiée, car tout peuple a droit d'avoir une constitution politique. C'étoit un peu se hasarder d'après ses opinions ; mais enfin il affirme que, par les statuts constitutionnels de France, le roi n'avoit pas le droit de faire des lois sans le consentement des états généraux ; que les François ne pouvoient être jugés que par leurs juges naturels ; que tout tribunal extraordinaire étoit illégitime, que tout emprisonnement par ordre du roi, toute lettre de cachet, tout exil enfin étoit illégal ; que tous les François étoient admissibles à tous les emplois ; que la profession des armes anoblissoit tous ceux qui la prenoient ; que les quarante mille municipalités du royaume avoient le droit d'être régies par des administrateurs de leur choix qui répartissent la somme de l'impôt ; que le roi ne pouvoit rien ordonner sans son conseil, ce qui impliquoit la responsabilité des ministres ; que l'on devoit bien distinguer entre les ordonnances ou lois du roi, et les lois de l'état ; que les juges ne devoient pas obtempérer aux ordres du roi, s'ils étoient contraires aux lois de l'état ci-dessus mentionnées ; que la force armée ne pouvoit être employée dans l'intérieur que contre les troubles, ou d'après les mandats de justice. Il ajoute que le retour fixe des états généraux fait partie de la constitution de France, et finit par dire, en présence de Louis XVIII, que la constitution d'Angleterre est la plus parfaite de l'univers [76].

Si tous les partisans de l'ancien régime avoient énoncé de tels principes, c'est alors que la révolution n'auroit point eu d'excuse, puisqu'elle eût été tout-à-fait inutile. Mais, du propre aveu de ce même M. de Monthion [d], s'adressant solennellement au roi, voici le tableau des abus existans en France dans les temps qui ont précédé la révolution.

« D'abord le droit du citoyen le plus essentiel, le droit du suffrage sur les lois et sur les impôts, étoit tombé dans une espèce de désuétude, et la puissance royale étoit dans l'usage d'ordonner seule ce qu'elle ne pouvoit ordonner qu'avec le concours des représentans de la nation.

» Ce droit, essentiellement appartenant à la nation, semblait transporté aux tribunaux ; et encore la liberté de leurs suffrages avait été enfreinte par des lits de justice, et par des emprisonnemens arbitraires.

» Les lois, les règlemens, les décisions générales du roi, qui devoient être délibérés en conseil, et qui faisoient mention de l'avis du conseil, souvent n'y étoient point portés ; et sur plusieurs matières ce mensonge légal étoit devenu habituel. Quelques membres du clergé, par la réunion de plusieurs titres de bénéfices sur une même tête, par le défaut de résidence, et par l'emploi qu'ils faisoient des biens ecclésiastiques, contrevenoient aux lois de l'état et à l'esprit de ces lois. Une partie de la noblesse avoit une origine peu analogue à l'objet de son institution ; et les services qu'elle devoit rendre n'avoient point été exigés depuis long-temps.

» Les exemptions d'impôt accordées aux deux premiers ordres étoient sanctionnées par les lois de l'état, mais n'étoient pas le genre de récompense qui devoit payer leurs services.

» Des commissions criminelles, composées de juges arbitrairement choisis, pouvoient faire trembler l'innocence.

» Ces actes d'autorité qui, sans accusation et sans jugement, privoient de la liberté, étoient des infractions à la sûreté du droit de citoyen. Les cours de justice, dont la stabilité étoit d'autant plus importante, que dans l'absence du corps national elles étoient le seul défenseur de la nation, avoient été supprimées et remplacées par des corps de magistrats qui n'avoient pas la confiance publique ; et depuis leur rétablissement des innovations avoient été tentées sur les objets les plus essentiels de leur juridiction.

» Mais c'étoit en fait de finance que les lois avoient reçu les plus fortes infractions ; des impôts avoient été établis sans le consentement de la nation ou de ses représentans.

» Des impôts avoient été perçus après l'époque fixée par le gouvernement pour leur cessation.

» Des impôts foibles dans leur origine avoient eu un accroissement prodigieux et irrégulier ; une partie des impôts portoit plus sur la classe indigente que sur la classe riche.

» Les impôts étoient répartis entre les provinces, sans notions exactes de la force de la contribution qu'elles devoient supporter.

» Quelquefois il y avoit sujet de soupçonner que la résistance à l'établissement des impôts en avoit fait alléger le poids ; en sorte que le défaut de patriotisme étoit devenu le motif d'un traitement avantageux.

» Quelques provinces avoient obtenu des abonnemens d'impôts ; et ces abonnemens étant toujours avantageux, c'étoit une faveur partielle qui tournoit au préjudice des autres provinces.

» Ces abonnemens restant toujours au même taux, et les provinces non abonnées étant sujettes à des vérifications qui augmentoient annuellement le produit de l'impôt, c'étoit encore une autre source d'inégalité.

» Des impôts qui devoient être répartis par les contribuables, étoient répartis par les officiers du roi, ou même par ses commissaires.

» Les rois s'étoient établis juges, en leur conseil, de quelques contributions. Des commissions devoient être établies pour juger d'affaires fiscales dont la connoissance appartenoit aux tribunaux. Les dettes qui grevoient la nation avoient été contractées sans le consentement de la nation. Les emprunts auxquels les cours de justice avoient donné un consentement qu'elles n'étoient pas en droit de donner, avoient été excédés par cent infidélités qui trahissoient tout à la fois les tribunaux, dont les jugemens devenoient illusoires ; les créanciers de l'état, qui avoient des concurrens dont ils ignoroient l'existence ; et la nation, dont les charges étoient augmentées à son insu. La dépense n'étoit fixée sur aucun objet par aucune loi.

» Les fonds destinés aux dépenses personnelles du roi, aux dettes de l'état et aux dépenses du gouvernement, n'étoient distingués que par un acte particulier et secret de la volonté du roi.

» Les dépenses personnelles de nos rois avoient été portées à des sommes excessives ; quelques dettes de l'état avoient un assignat spécial qui avoit été éludé ; le roi pouvoit à son gré hâter ou retarder le paiement de diverses parties de dépense.

» Dans le traitement des gens de guerre, la somme employée à celui des officiers étoit presque aussi forte que celle employée au traitement des soldats.

» Presque tous les employés du gouvernement, à quelque titre que ce fût, avoient une solde excessive, surtout dans un pays où l'honneur devoit être la récompense ou unique, ou du moins principale des services rendus à l'état.

» Les pensions avoient été portées à une somme fort supérieure à celle admise dans les autres états de l'Europe, proportion gardée des revenus.

» Tels étoient les faits dont la nation avoit juste sujet de se plaindre ; et si l'existence de ces abus étoit un tort du gouvernement, la possibilité de leur existence étoit un tort de la constitution de l'état. »

Si telle étoit la situation de la France, et l'on ne peut récuser le témoignage d'un chancelier de Mgr. le comte d'Artois, témoignage présenté officiellement au roi ; si donc telle étoit la situation de la France, de l'avis même de ceux qui prétendoient qu'elle avoit une constitution : qui pourroit nier qu'un changement fût nécessaire, soit pour faire marcher une constitution qui n'avoit jamais été qu'enfreinte, soit pour admettre 'des garanties qui pussent donner aux lois de l'état les moyens de se maintenir et d'être obéies ?

CHAPITRE XII

Du rappel de M. Necker
en 1788

Si M. Necker, en sa qualité de ministre, avoit proposé la convocation des états généraux, on auroit pu l'accuser d'avoir trahi son devoir, puisqu'il est convenu, dans la doctrine d'un certain parti, que le pouvoir absolu des rois est une chose sacrée. Mais quand l'opinion publique força la cour à renvoyer l'archevêque de Sens et à rappeler M. Necker, les états généraux étoient solennellement promis [77] ; les nobles, le clergé et le parlement avoient sollicité cette promesse ; la nation l'avoit reçue ; et telle étoit la puissance de l'opinion universelle sur ce point, qu'aucune force militaire ni civile ne se seroit prêtée alors à la combattre. Je consigne cette assertion à l'histoire ; si elle diminue le mérite de M. Necker, en reconnoissant qu'il n'a pas donné les états généraux, elle place la responsabilité des événemens de la révolution là où elle doit être. Car se pouvoit-il qu'un homme tel que M. Necker, vînt proposer à un monarque vertueux, à Louis XVI, de rétracter sa parole ? Et de quelle utilité auroit pu lui être un ministre dont l'ascendant consistoit dans sa popularité, si le premier acte de ce ministre eût été de conseiller au roi de manquer aux engagemens qu'il avoit pris avec son peuple ?

Cette même aristocratie, qui trouve plus simple de calomnier un homme que de reconnoître la part qu'elle a prise elle-même au mouvement général ; cette aristocratie, dis-je, eût été la première indignée de la perfidie du ministre ; il n'auroit pu tirer aucun parti politique de la dégradation à laquelle il auroit consenti. Quand donc une chose n'est ni morale, ni utile, quelle est l'espèce de fou, ou de prétendu sage, qui pourroit la conseiller ? M. Necker, à l'époque où l'opinion publique le reporta au ministère, étoit plus effrayé qu'heureux de sa nomination. Il avoit amèrement regretté sa place, quand il la perdit en 1781, parce qu'il se croyoit alors certain de faire beaucoup de bien. Lorsqu'il apprit la mort de M. de Maurepas, il se reprocha comme une faute sa démission donnée six mois auparavant, et j'ai toujours présent à mon souvenir ses longues promenades à Saint-Ouen, dans lesquelles il répétoit souvent qu'il se dévoroit lui-même par ses réflexions et par ses scrupules. Tout entretien qui lui rappeloit son ministère, tout éloge sur ce sujet lui faisoit mal. Pendant les sept années qui s'écoulèrent entre son premier ministère et le second, il souffroit constamment du renversement de ses projets pour améliorer le sort de la France. Au moment où l'archevêque de Sens fut appelé au ministère, il fut encore affligé de n'avoir pas été nommé ; mais lorsque je vins lui annoncer à Saint-Ouen, en 1788, qu'il alloit être ministre : *Ah !* me dit-il, *que ne m'a-t-on donné ces quinze mois de l'archevêque de Sens ! à présent c'est trop tard !*

M. Necker venoit de publier son ouvrage sur l'importance des opinions religieuses[78]. En toute occasion il a toujours attaqué les partis dans leur force ; la fierté de son âme l'inspiroit ainsi. C'étoit la première fois qu'un écrivain, assez éclairé pour être nommé philosophe, signaloit les dangers de l'esprit irréligieux du dix-huitième siècle ; et cet ouvrage avoit rempli l'âme de son auteur de pensées plus hautes que toutes celles qui naissent des intérêts de la terre, même les plus relevés. Aussi se rendit-il aux ordres du roi avec un sentiment de tristesse que je ne partageois certes pas ; il me dit en voyant ma joie : « La fille d'un ministre n'a que du plaisir, elle jouit du reflet du pouvoir de son père ; mais le pouvoir lui-même, à présent surtout, est une responsabilité terrible. » Il n'avoit que trop raison ; mais dans la vivacité des premiers jours de la jeunesse, l'esprit, si l'on en a, peut faire parler comme une personne avancée dans la vie ; mais l'imagination n'est pas d'un jour plus âgée que nous.

En traversant le bois de Boulogne la nuit, pour me rendre à Versailles, j'avois une peur horrible d'être attaquée par des voleurs ; car il me sembloit que tout le bonheur que me causoit l'élévation de mon père, devoit être compensé par quelques accidens cruels. Les voleurs ne m'attaquèrent pas, mais la destinée ne justifia que trop mes craintes.

J'allai chez la reine, selon l'usage, le jour de la Saint-Louis ; la nièce de l'archevêque de Sens, disgracié le matin, faisoit sa cour en même temps que moi ; la reine manifesta clairement, par sa manière de nous accueillir toutes les deux, qu'elle préféroit de beaucoup le ministre renvoyé à son successeur. Les courtisans ne firent pas de même ; car jamais tant de personnes ne s'offrirent pour me reconduire jusqu'à ma voiture. Toutefois la disposition de la reine alors fut un des grands obstacles que M. Necker rencontra dans sa carrière politique ; elle l'avoit protégé pendant son premier ministère ; mais, quoi qu'il fît pour lui plaire dans le second, elle le considéra toujours comme nommé par l'opinion publique ; et les princes, dans les gouvernemens arbitraires, s'accoutument malheureusement à regarder l'opinion comme leur ennemie.

Quand M. Necker fut nommé ministre, il ne restoit que deux cent cinquante mille francs au trésor royal[79]. Le lendemain les capitalistes lui apportèrent des secours considérables. Les fonds publics remontèrent de trente pour cent dans une matinée[80]. Un tel effet, produit sur le crédit public par la confiance en un homme, n'a point d'exemple dans l'histoire. M. Necker obtint le rappel de tous les exilés, la délivrance de tous les prisonniers pour des opinions politiques, entre autres des douze gentilshommes bretons dont j'ai parlé précédemment. Enfin, il fit tout le bien de détail qui pouvoit dépendre d'un ministre ; mais déjà l'importance de la nation s'accroissoit, et celle des hommes en place diminuoit nécessairement en proportion.

CHAPITRE XIII

De la conduite des derniers états généraux tenus à Paris en 1614

Le parti des aristocrates, en 1789, ne cessoit de réclamer les anciens usages. La nuit des temps est très-favorable à ceux qui ne veulent pas admettre la discussion des vérités en elles-mêmes. Ils crioient sans cesse : Rendez-nous 1614 et nos derniers états généraux ; ce sont nos maîtres, ce sont nos modèles !

Je ne m'arrêterai point à prouver que les états généraux de Blois, en 1576, différoient presque autant, soit pour la composition, soit pour la forme, des états de Paris en 1614, que des états plus anciens sous le roi Jean et sous Louis XII ; aucune des convocations des trois ordres n'ayant été fondée sur des principes positifs, aucune n'a conduit à des résultats durables. Mais il peut être intéressant de rappeler quelques traits principaux de ces derniers états généraux, que ceux de 1789, après environ deux cents ans d'interruption, devoient, dit-on, prendre pour guides. Le tiers état proposa de déclarer qu'aucune puissance, ni spirituelle ni temporelle, ne pouvoit délier les sujets du roi de leur fidélité envers lui. Le clergé, ayant pour organe le cardinal du Perron, s'y opposa, réservant les droits du pape[81], la noblesse suivit l'exemple du clergé ; et le pape les en remercia vivement et publiquement l'un et l'autre. On traite encore aujourd'hui de jacobins ceux qui parlent d'un pacte entre la nation et le trône ; alors on établissoit que l'autorité royale étoit dans la dépendance du chef de l'église.

L'édit de Nantes avoit été publié en 1598, et le sang de Henri IV, versé par les ligueurs, couloit presque encore, quand les protestans de l'ordre de la noblesse et du tiers état demandèrent, en 1614, que l'on confirmât, dans les déclarations relatives à la religion, les articles de l'édit de Henri IV qui maintenoient la tolérance pour leur culte ; leur requête fut rejetée.

Le lieutenant civil de Mesme, s'adressant de la part du tiers état à la noblesse, dit que les trois ordres devoient se considérer comme trois frères, dont le cadet étoit le tiers état. Le baron de Senneci répondit au nom de la noblesse que le tiers état ne pouvoit s'arroger le nom de frère, *n'étant ni du même sang, ni de la même vertu*[82]. Le clergé demanda qu'il lui fût permis de lever des dîmes sur toute espèce de fruits et de grains, et qu'on défendît de lui faire payer des droits à l'entrée des villes, ou de lui imposer sa part des contributions pour les chemins ; il réclama de nouvelles entraves à la liberté de la presse. La noblesse demanda que les principaux emplois fussent tous donnés exclusivement aux gentilshommes, qu'on interdît aux roturiers les arquebuses, les pistolets, et l'usage des chiens à moins qu'ils n'eussent les jarrets coupés. Elle demanda de plus que les roturiers payassent de nouveaux droits seigneuriaux aux gentilshommes possesseurs de fiefs ; que l'on supprimât toutes les pensions accordées aux membres du tiers état, mais que les gentilshommes fussent exempts de la contrainte par corps, et de tout subside sur les denrées de leurs terres ; qu'ils pussent prendre du sel dans les greniers du roi au même prix que les marchands ; enfin que le tiers état fût obligé de porter un habit différent de celui des gentilshommes.

J'abrège cet extrait des procès-verbaux, dans lequel je pourrois relever encore bien des choses ridicules, si celles qui sont révoltantes ne réclamoient pas toute l'attention. Mais il suffit de prouver que cette séparation des trois ordres n'a donné lieu qu'aux réclamations constantes des nobles pour ne pas payer d'impôts, s'assurer de nouvelles prérogatives, et faire supporter au tiers état toutes les humiliations que l'arrogance peut inventer. Les mêmes demandes d'exemptions d'impôts étoient faites de la part du clergé, et l'on y joignoit toutes les vexations de l'intolérance. Quant aux affaires publiques, elles ne regardoient que le tiers état, puisque toutes les taxes devoient porter sur lui. Voilà pourtant l'esprit des états généraux qu'on proposoit de faire revivre en 1789 ; et ce qu'on ne cesse de reprocher à M. Necker, c'est d'avoir pu souhaiter des modifications à de telles choses.

CHAPITRE XIV

De la division par ordres
dans les états généraux

Les états généraux de France, ainsi que nous venons de le dire, étoient divisés en trois ordres, le clergé, la noblesse et le tiers état, délibérant séparément comme trois nations distinctes, et présentant leurs doléances au roi, chacune pour ses intérêts particuliers, qui avoient, selon les circonstances, plus ou moins de rapports avec les intérêts publics. Le tiers état renfermoit à peu près toute la nation, dont les deux autres ordres formoient à peine le centième. Le tiers état, qui avoit gagné considérablement en importance dans le cours des derniers siècles, demandoit en 1789 que le commerce ou les villes, séparément des campagnes, eussent dans le troisième ordre assez de députés pour que le nombre des représentans du tiers état fût égal à celui des deux autres ordres réunis ; et cette demande étoit appuyée par des motifs et des circonstances de la plus grande force.

La principale cause de la liberté de l'Angleterre, c'est qu'on y a toujours délibéré en deux chambres et non pas en trois. Dans tous les pays où les trois ordres sont restés séparés, aucune liberté ne s'est encore établie. La division en quatre ordres, telle qu'elle existe en Suède[83], et qu'elle existoit jadis en Aragon[84], ralentit aussi la marche des affaires, mais elle est beaucoup plus favorable à la liberté. L'ordre

des paysans en Suède, en Aragon l'ordre équestre, donnoient deux parts
égales aux représentans de la nation et aux privilégiés du premier
rang ; car l'ordre équestre, dont l'équivalent se trouve dans la chambre
des communes en Angleterre, soutenoit naturellement l'intérêt du
peuple. Il est donc résulté de la division en quatre ordres, que dans ces
deux pays, la Suède et l'Aragon, les principes libéraux se sont établis
de bonne heure et maintenus long-temps. Il est à désirer pour la Suède
que sa constitution soit rapprochée de celle de l'Angleterre ; mais il
faut rendre hommage au sentiment de justice qui, de tout temps, a
fait admettre l'ordre des paysans dans la diète. Aussi les paysans de
Suède sont-ils éclairés, heureux et religieux, parce qu'ils ont joui du
sentiment de repos et de dignité qui ne peut naître que des
institutions libres. En Allemagne les ecclésiastiques ont siégé dans la
chambre haute, mais ils n'ont point fait un ordre à part, et la division
naturelle en deux chambres s'est toujours maintenue. Les trois ordres
n'ont guère existé qu'en France et dans quelques états, tels que la
Sicile, qui ne formoient pas à eux seuls une monarchie. Cette funeste
institution, donnant toujours la majorité aux privilégiés contre la
nation, a porté souvent le peuple françois à préférer le despotisme
royal à la dépendance légale où le plaçoit la division en trois ordres,
vis-à-vis des castes aristocratiques.

Un autre inconvénient de la France, c'étoit cette foule de gentilshommes du second ordre anoblis de la veille, soit par les lettres de
noblesse que les rois donnoient comme faisant suite à l'affranchissement des Gaulois, soit par les charges vénales de secrétaire du roi,
etc., qui associoient de nouveaux individus aux droits et aux priviléges
des anciens gentilshommes. La nation se seroit soumise volontiers à la
prééminence des familles historiques, et je n'exagère pas en affirmant
qu'il n'y en a pas plus de deux cents en France. Mais les cent mille
nobles et les cent mille prêtres qui vouloient avoir des priviléges, à
l'égal de ceux de MM. de Montmorenci, de Grammont, de Crillon,
etc., révoltoient généralement ; car des négocians, des hommes de
lettres, des propriétaires, des capitalistes, ne pouvoient comprendre la
supériorité qu'on vouloit accorder à cette noblesse acquise à prix de
révérences ou d'argent, et à laquelle vingt-cinq ans de date suffisoient
pour siéger dans la chambre des nobles, et pour jouir des priviléges
dont les plus honorables membres du tiers état se voyoient privés.

La chambre des pairs en Angleterre est une magistrature patricienne, fondée sans doute sur les anciens souvenirs de la chevalerie,
mais tout-à-fait associée à des institutions d'une nature très-différente. Un mérite distingué dans le commerce, et surtout dans la
jurisprudence, en ouvre journellement l'entrée, et les droits représentatifs que les pairs exercent dans l'état, attestent à la nation que c'est

pour le bien public que leurs rangs sont institués. Mais quel avantage les François pouvoient-ils trouver dans ces vicomtes de la Garonne, ou dans ces marquis de la Loire, qui ne payoient pas seulement leur part des impôts de l'état, et que le roi lui-même ne recevoit pas à sa cour, puisqu'il falloit faire des preuves de plus de quatre siècles pour y être admis, et qu'ils étoient à peine anoblis depuis cinquante ans ? La vanité des gens de cette classe ne pouvoit s'exercer que sur leurs inférieurs, et ces inférieurs, c'étoient vingt-quatre millions d'hommes.

Il peut être utile à la dignité d'une religion dominante qu'il y ait des archevêques et des évêques dans la chambre haute, comme en Angleterre. Mais quelle amélioration pourroit jamais s'accomplir dans un pays où le clergé catholique, composant le tiers de la représentation, auroit une part égale à celle de la nation même dans le pouvoir législatif ? Ce clergé pourroit-il consentir à la tolérance des cultes, à l'admission des protestans à tous les emplois ? Ne s'est-il pas refusé obstinément à l'égalité des impôts, pour conserver la forme des dons gratuits qui augmentoit son importance auprès des ministres ? Lorsque Philippe-le-Long renvoya les ecclésiastiques du parlement de Paris, il dit qu'ils devoient être trop occupés de spiritualités pour avoir le temps de songer aux temporalités [85]. Que ne se sont-ils toujours soumis à cette sage maxime !

Jamais il ne s'étoit rien fait de décisif dans les états généraux, précisément parce qu'ils délibéroient séparément en trois ordres au lieu de deux ; et le chancelier de l'Hôpital n'avoit pu obtenir, même momentanément, son édit de paix que d'une convocation à Saint-Germain, en 1562, dans laquelle, par un grand hasard, le clergé ne se trouva pas [86].

Les assemblées de notables, appelées par les rois, votèrent presque toutes par tête ; et le parlement, qui avoit d'abord consenti, en 1558 [87], à faire un quatrième ordre à part, demanda, en 1626, qu'on délibérât par tête dans une assemblée de notables, parce qu'il ne vouloit pas être distingué de la noblesse [88]. Les variations infinies qu'on retrouve dans tous les usages de la monarchie françoise, se font remarquer dans la composition des états généraux, encore plus que dans toute autre institution politique. Si l'on vouloit s'acharner sur le passé pour en faire l'immuable loi du présent, bien que ce passé ait été fondé lui-même sur l'altération d'un autre passé ; si on le vouloit, dis-je, on se perdroit dans des discussions interminables. Revenons donc à ce qui ne peut se nier : les circonstances dont nous avons été les témoins.

L'archevêque de Sens, agissant au nom du roi, invita tous les écrivains de France à faire connoître leur opinion sur le mode de

convocation des états généraux. S'il avoit existé des lois constitutionnelles qui en décidassent, pourquoi le ministre du roi auroit-il
consulté la nation à cet égard par la liberté de la presse ? L'archevêque
de Sens, en établissant des assemblées provinciales, non-seulement les
avoit composées d'un nombre de députés du tiers égal à celui des deux
autres ordres réunis, mais il avoit même décidé, au nom du roi, que
l'on y voteroit par tête. Ainsi l'opinion publique étoit singulièrement
préparée, soit par les mesures de l'archevêque de Sens, soit par la force
même du tiers état, à ce qu'il obtînt, dans les états généraux de 1789,
plus d'influence que dans les assemblées précédentes. Aucune loi ne
fixoit le nombre des députés des trois ordres ; le seul principe établi
étoit que chacun de ces ordres ne devoit avoir qu'une voix. Si l'on
n'avoit pas accordé légalement une double représentation au tiers, on
savoit, à n'en pas douter, qu'irrité de n'avoir pas obtenu ce qu'il
demandoit, il auroit envoyé aux états généraux un nombre de députés
beaucoup plus considérable encore. Ainsi tous les avant-coureurs des
crises politiques, dont un homme d'état doit avoir connoissance,
annonçoient la nécessité de transiger avec l'esprit du temps.

Cependant M. Necker ne prit pas sur lui la décision qu'il croyoit la
plus sage ; et, se fiant trop, il faut l'avouer, à l'empire de la raison, il
conseilla au roi d'assembler de nouveau les notables qui avoient été
convoqués par M. de Calonne ; la majorité de ces notables, étant
composée de privilégiés, fut contre le doublement du tiers : un seul
bureau se déclara pour cette mesure ; il étoit présidé par Monsieur
(maintenant Louis XVIII) [89] ; On se complaît à penser qu'un roi, le
premier auteur d'une Charte constitutionnelle émanée du trône, étoit
alors de l'opinion populaire sur l'importante question que le parti des
aristocrates cherche encore à signaler comme la cause du renversement
de la monarchie.

On a reproché à M. Necker d'avoir consulté les notables pour ne pas
suivre leur avis ; sa faute consiste en effet dans le parti qu'il prit de les
consulter ; mais pouvoit-on imaginer que ces privilégiés, qui s'étoient
montrés la veille si violens contre les abus du pouvoir royal,
défendroient le lendemain toutes les injustices du leur, avec un
acharnement si contraire à l'opinion générale ?

Néanmoins M. Necker suspendit toute décision sur le doublement
du tiers, lorsqu'il vit dans la majorité des notables une opinion
différente de la sienne ; et il s'écoula plus de deux mois entre la fin de
leur assemblée et le résultat du conseil du 27 décembre 1788. Pendant
ce temps, M. Necker étudia constamment l'esprit public comme la
boussole à laquelle, dans cette circonstance, les décisions du roi
devoient se conformer. La correspondance des provinces étoit unanime
sur la nécessité d'accorder au tiers état ce qu'il demandoit, car le parti

des aristocrates purs étoit, comme toujours, en trè&
beaucoup de nobles et de prêtres dans la classe des curé&
l'opinion nationale. Le Dauphiné assembla à Romans ses
tombés en désuétude, et on y admit non-seulement le dou&
tiers, mais la délibération par tête[90]. Un grand nombre d'o&
l'armée se montroient favorables au désir du tiers état. Tous
toutes celles qui, dans la haute compagnie de France, influoie& sur
l'opinion, parloient vivement en faveur de la cause de la nation : la
mode étoit dans ce sens ; c'étoit le résultat de tout le dix-huitième
siècle, et les vieux préjugés, qui combattoient encore pour les
anciennes institutions, avoient beaucoup moins de force alors, qu'ils
n'en ont eu à aucune époque pendant les vingt-cinq années suivantes.
Enfin l'ascendant de l'esprit public étoit tel, qu'il entraîna le
parlement lui-même. Aucun corps ne s'est jamais montré plus
ardemment défenseur des anciens usages que le parlement de Paris ;
toute institution nouvelle lui paroissoit un acte de rébellion, parce
qu'en effet son existence ne pouvoit être fondée sur les principes de la
liberté politique. Des charges vénales, un corps judiciaire se prétendant en droit de consentir les impôts, et renonçant pourtant à ce droit
quand les rois le commandoient : toutes ces contradictions, qui ne
sauroient être que l'œuvre du hasard, n'admettoient point la
discussion ; aussi étoit-elle singulièrement suspecte aux membres de la
magistrature françoise. Tous les réquisitoires contre la liberté de la
presse partoient du parlement de Paris ; et, s'il mettoit des bornes au
pouvoir actif des rois, il encourageoit en revanche ce genre d'ignorance, en matière de gouvernement, qui, seul, favorise l'autorité
absolue. Un corps aussi fortement attaché aux vieux usages, et
néanmoins composé d'hommes qui, par leurs vertus privées, méritoient beaucoup d'estime, décidoit nécessairement la question, en
déclarant, par un arrêté des premiers jours de décembre 1788, deux
mois après l'assemblée des notables, que le nombre des députés de
chaque ordre n'étant fixé par aucun usage constant, ni par aucune loi
de l'état, c'étoit à la sagesse du roi à prononcer à cet égard[*].

Quoi ! le corps que l'on considéroit comme le représentant du passé,
cédant à l'opinion d'alors, renonçoit indirectement à maintenir les
anciennes coutumes dans cette occasion[91], et le ministre dont la seule
force consistoit dans son respect pour la nation, auroit pris sur lui de
refuser à cette nation ce qu'en sa conscience il croyoit équitable, ce que
dans son jugement il considéroit comme nécessaire !

Ce n'est pas tout encore. A cette époque, les adversaires de
l'autorité du roi, c'étoient les privilégiés ; le tiers état au contraire
désiroit se rallier à la couronne ; et si le roi ne s'étoit pas éloigné des
représentans du tiers, après l'ouverture des états généraux, il n'y a pas

doute qu'ils n'eussent soutenu son pouvoir. Mais, quand un souverain adopte un système en politique, il doit le suivre avec constance, car il ne recueille du changement que les inconvéniens de tous les partis opposés. « Une grande révolution étoit prête, dit Monsieur (Louis XVIII) à la municipalité de Paris, en 1789 ; le roi, par ses intentions, ses vertus et son rang suprême, devoit en être le chef. » Toute la sagesse de la circonstance étoit dans ces paroles. M. Necker, dans le rapport joint au résultat du conseil du 27 décembre, indiqua, au nom du roi, que le monarque accorderoit la suppression des lettres de cachet, la liberté de la presse, et le retour périodique des états généraux pour la révision des finances[92]. Il tâcha de dérober aux députés futurs le bien qu'ils vouloient faire, afin d'accaparer l'amour du peuple pour le roi. Aussi jamais résolution partie du trône ne produisit-elle un enthousiasme pareil à celui qu'excita le résultat du conseil. Il arriva des adressses de félicitation de toutes les parties du royaume ; et, parmi les lettres sans nombre que M. Necker reçut, deux des plus marquantes furent celles de l'abbé Maury, depuis cardinal, et de M. de Lamoignon. L'autorité du roi fut alors plus puissante sur les esprits que jamais ; on admiroit la force de raison et la loyauté de sentiment qui le faisoit marcher en avant des réformes demandées par la nation, tandis que l'archevêque de Sens l'avoit placé dans la situation la plus fausse, en l'engageant à refuser toujours la veille ce qu'il étoit forcé d'accorder le lendemain.

Mais, pour profiter de cet enthousiasme populaire, il falloit marcher fermement dans la même route. Un plan tout-à-fait contraire a été suivi par le roi, six mois après ; comment donc accuser M. Necker des événemens qui sont résultés de ce qu'on a rejeté ses avis pour adopter ceux du parti contraire ? Lorsqu'un général malhabile perd la campagne victorieusement commencée par un autre, dit-on que le vainqueur des premiers jours est coupable des défaites de son successeur, dont la manière de voir et d'agir diffère en tout de la sienne ? Mais, répétera-t-on encore, la conséquence naturelle du doublement du tiers n'étoit-elle pas la délibération par tête et non par ordre, et n'a-t-on pas vu les suites de la réunion en une seule assemblée ? La conséquence du doublement du tiers auroit dû être de délibérer en deux chambres ; et certes, loin de craindre un tel résultat, il falloit le désirer. Pourquoi donc, diront les adversaires de M. Necker, n'a-t-il pas fait prononcer au roi sa résolution sur ce point, lorsque le doublement du tiers fut accordé ? Il ne l'a pas fait, parce qu'il pensoit qu'un tel changement devoit être concerté avec les représentants de la nation ; mais il l'a proposé dès que ces représentants ont été rassemblés. Malheureusement le parti aristocrate s'y opposa, et perdit ainsi la France en se perdant lui-même.

Une disette de blé, telle qu'il ne s'en étoit pas fait sentir depuis long-temps en France, menaça Paris de la famine pendant l'hiver de 1788 à 1789 [93]. Les soins infinis de M. Necker, et le dévouement de sa propre fortune dont il avoit déposé la moitié au trésor royal, prévinrent à cet égard des malheurs incalculables. Rien ne dispose le peuple au mécontentement comme les craintes sur les subsistances ; cependant il avoit tant de confiance dans l'administration, que nulle part le trouble n'éclata. Les états généraux s'annonçoient sous les plus heureux auspices ; les privilégiés, par leur situation même, ne pouvoient abandonner le trône, bien qu'ils l'eussent ébranlé ; les députés du tiers état étoient reconnoissans de ce qu'on avoit écouté leurs réclamations. Sans doute, il restoit encore de grands sujets de discorde entre la nation et les privilégiés ; mais le roi étoit placé de manière à pouvoir être leur arbitre, en se réduisant de lui-même à une monarchie limitée ; si toutefois c'est se réduire que de s'imposer des barrières qui vous mettent à l'abri de vos propres erreurs, et surtout de celles de vos ministres. Une monarchie sagement limitée, n'est que l'image d'un honnête homme, dans l'âme duquel la conscience préside toujours à l'action.

Le résultat du conseil du 27 décembre fut adopté par les ministres du roi les plus éclairés, tels que MM. de Saint-Priest, de Montmorin et de la Luzerne ; et la reine elle-même voulut assister à la délibération qui eut lieu sur le doublement du tiers. C'étoit la première fois qu'elle paroissoit au conseil ; et l'approbation qu'elle donna spontanément à la mesure proposée par M. Necker, pourroit être considérée comme une sanction de plus ; mais M. Necker, en remplissant son devoir, dut en prendre la responsabilité sur lui-même. La nation entière, à l'exception peut-être de quelques milliers d'individus, partageoit alors son opinion ; depuis il n'y a que les amis de la justice et de la liberté politique, telle qu'on la concevoit à l'ouverture des états généraux, qui soient restés toujours les mêmes à travers vingt-cinq années de vicissitudes. Ils sont en petit nombre, et la mort les moissonne chaque jour ; mais la mort seule en effet pouvoit diminuer cette fidèle armée ; car ni la séduction ni la terreur n'en sauroient détacher le plus obscur champion.

CHAPITRE XV

Quelle étoit
la disposition des esprits en Europe
au moment de la convocation
des états généraux

Les lumières philosophiques, c'est-à-dire, l'appréciation des choses d'après la raison et non d'après les habitudes, avoient fait de tels progrès en Europe, que les possesseurs des priviléges, rois, nobles ou prêtres, étoient les premiers à s'excuser des avantages abusifs dont ils jouissoient. Ils vouloient bien les conserver, mais ils prétendoient à l'honneur d'y être indifférens ; et les plus adroits se flattoient d'endormir assez l'opinion pour qu'elle ne leur disputât pas ce qu'ils avoient l'air de dédaigner.

L'impératrice Catherine courtisoit Voltaire ; Frédéric II étoit presque son rival en littérature ; Joseph II étoit le philosophe le plus prononcé de ses états ; le roi de France avoit pris deux fois, en Amérique et en Hollande[94], le parti des sujets contre leur prince : sa politique le conduisit à soutenir ceux qui combattoient contre le pouvoir royal et stathoudérien. L'opinion de l'Angleterre sur tous les principes politiques étoit en harmonie avec ses institutions, et, avant la révolution de France, il y avoit certainement plus d'esprit de liberté en Angleterre qu'à présent.

M. Necker avoit donc raison, quand il disoit, dans le résultat du conseil du 27 décembre, que le bruit sourd de l'Europe invitoit le roi à consentir aux vœux de la nation[95]. La constitution angloise qu'elle souhaitoit alors, elle la réclame encore à présent. Examinons avec impartialité quels sont les orages qui l'ont éloignée de ce port, le seul où elle puisse trouver le calme.

CHAPITRE XVI

Ouverture des états généraux
le 5 mai 1789

Je n'oublierai jamais le moment où l'on vit passer les douze cents députés de la France, se rendant en procession à l'église pour entendre la messe[96], la veille de l'ouverture des états généraux. C'étoit un spectacle bien imposant et bien nouveau pour des François ; tout ce qu'il y avoit d'habitants dans la ville de Versailles, ou de curieux arrivés de Paris, se rassembloit pour le contempler. Cette nouvelle sorte d'autorité dans l'état, dont on ne connoissoit encore ni la nature, ni la force, étonnoit la plupart de ceux qui n'avoient pas réfléchi sur les droits des nations.

Le haut clergé avoit perdu une partie de sa considération, parce que beaucoup de prélats ne s'étoient pas montrés assez réguliers dans leur conduite, et qu'un plus grand nombre encore n'étoient occupés que des affaires politiques. Le peuple est sévère pour les prêtres comme pour les femmes : il veut dans les uns et dans les autres du dévouement à leurs devoirs. La gloire militaire, qui constitue la considération de la noblesse, comme la piété celle du clergé, ne pouvoit plus apparoître que dans le passé. Une longue paix n'avoit donné à aucun des nobles qui en auroient été le plus avides, l'occasion de recommencer leurs aïeux, et c'étoient d'illustres obscurs que tous les grands seigneurs de France. La noblesse du second ordre n'avoit pas eu plus d'occasions de se distinguer, puisque la nature du gouvernement ne permettoit aux gentilshommes que la carrière des armes. Les anoblis, qu'on voyoit marcher en grand nombre dans les rangs des nobles, portoient d'assez mauvaise grâce le panache et l'épée ; et l'on se demandoit pourquoi ils se plaçoient dans le premier ordre de l'état, seulement parce qu'ils avoient obtenu de ne pas payer leur part des impôts publics ; car, en effet[97], c'étoit à cet injuste privilége que se bornoient leurs droits politiques.

La noblesse se trouvant déchue de sa splendeur par l'esprit de courtisan, par l'alliage des anoblis, et par une longue paix ; le clergé ne possédant plus l'ascendant des lumières qu'il avoit eu dans les temps barbares ; l'importance des députés du tiers état en étoit augmentée.

Leurs habits et leurs manteaux noirs, leurs regards assurés, leur nombre imposant, attiroient l'attention sur eux : des hommes de lettres, des négocians, un grand nombre d'avocats composoient ce troisième ordre. Quelques nobles s'étoient fait nommer députés du tiers[98], et parmi ces nobles on remarquoit surtout le comte de Mirabeau : l'opinion qu'on avoit de son esprit étoit singulièrement augmentée par la peur que faisoit son immoralité ; et cependant c'est cette immoralité même qui a diminué l'influence que ses étonnantes facultés devoient lui valoir. Il étoit difficile de ne pas le regarder long-temps, quand on l'avoit une fois aperçu : son immense chevelure le distinguoit entre tous ; on eût dit que sa force en dépendoit comme celle de Samson ; son visage empruntoit de l'expression de sa laideur même, et toute sa personne donnoit l'idée d'une puissance irrégulière, mais enfin d'une puissance telle qu'on se la représenteroit dans un tribun du peuple.

Aucun nom propre, excepté le sien, n'étoit encore célèbre dans les six cents députés du tiers ; mais il y avoit beaucoup d'hommes honorables, et beaucoup d'hommes à craindre. L'esprit de faction commençoit à planer sur la France, et l'on ne pouvoit l'abattre que par la sagesse ou par le pouvoir. Or, si l'opinion avoit déjà miné le pouvoir, que pouvoit-on faire sans sagesse ?

J'étois placée à une fenêtre près de madame de Montmorin, femme du ministre des affaires étrangères, et je me livrois, je l'avoue, à la plus vive espérance, en voyant pour la première fois en France des représentans de la nation. Madame de Montmorin, dont l'esprit n'étoit en rien distingué, me dit avec un ton décidé, qui cependant me fit effet : « Vous avez tort de vous réjouir, il arrivera de ceci de grands désastres à la France et à nous. » Cette malheureuse femme a péri sur l'échafaud avec un de ses fils, l'autre s'est noyé, son mari a été massacré le 2 septembre[99], sa fille aînée a péri dans l'hôpital d'une prison : sa fille cadette, madame de Beaumont, une personne spirituelle et généreuse, a succombé sous le poids de ses regrets avant trente ans[100], la famille de Niobé n'a pas été plus cruellement frappée que celle de cette pauvre mère : on eût dit qu'elle le pressentoit.

L'ouverture des états généraux eut lieu le lendemain : on avoit construit à la hâte une grande salle dans l'avenue de Versailles pour y recevoir les députés[101]. Beaucoup de spectateurs furent admis à cette cérémonie. Une estrade étoit élevée pour y placer le trône du roi, le fauteuil de la reine, et des chaises pour le reste de la famille royale.

Le chancelier, M. de Barentin, s'assit sur l'avant-scène de cette espèce de théâtre. Les trois ordres étoient, pour ainsi dire, dans le parterre, le clergé et la noblesse à droite et à gauche, les députés du tiers état en face. Ils avoient déclaré d'avance qu'ils ne se mettroient pas à genoux au moment de l'arrivée du roi, suivant l'ancien usage encore pratiqué la dernière fois que les états généraux s'étoient rassemblés. Si les députés du tiers état s'étoient mis à genoux en 1789, tout le monde, y compris les aristocrates les plus purs, auroit trouvé cette action ridicule, c'est-à-dire, en désaccord avec les idées du temps.

Lorsque Mirabeau parut, un murmure se fit entendre dans l'assemblée. Il en comprit le sens ; mais, traversant la salle fièrement jusqu'à sa place, il eut l'air de se préparer à faire naître assez de trouble dans l'état, pour confondre les rangs de l'estime aussi-bien que tous les autres. M. Necker fut couvert d'applaudissemens dès qu'il entra ; sa popularité étoit alors entière, et le roi pouvoit s'en servir utilement, en restant fidèle au système dont il avoit adopté les principes fondamentaux.

Quand le roi vint se placer sur le trône au milieu de cette assemblée, j'éprouvai pour la première fois un sentiment de crainte. D'abord je remarquai que la reine étoit très-émue ; elle arriva plus tard que l'heure assignée, et les couleurs de son teint étoient altérées. Le roi prononça son discours avec sa simplicité accoutumée ; mais les physionomies des députés exprimoient plus d'énergie que celle du monarque, et ce contraste devoit inquiéter dans des circonstances où, rien n'étant encore établi, il falloit de la force des deux côtés [102].

Les discours du roi, du chancelier et de M. Necker, avoient tous les trois pour but le rétablissement des finances. Celui de M. Necker présentoit toutes les améliorations dont l'administration étoit susceptible, mais il touchoit à peine aux questions constitutionnelles, et, se bornant à prévenir l'assemblée contre la précipitation dont elle n'étoit que trop susceptible, il lui dit ce mot qui est devenu proverbe : « Ne soyez pas envieux du temps. » En sortant de la séance le parti populaire, c'est-à-dire, la majorité du tiers, la minorité de la noblesse et plusieurs membres du clergé, se plaignirent de ce que M. Necker avoit traité les états généraux comme une administration provinciale, en ne leur parlant que des mesures à prendre pour garantir la dette de l'état, et pour perfectionner le système des impôts. Le principal objet des états généraux, sans doute, étoit de faire une constitution ; mais pouvoient-ils exiger que le ministre du roi entamât le premier des questions qui ne devoient être mises en avant que par les représentans de la nation ?

D'un autre côté les aristocrates, ayant vu dans le discours de M. Necker, qu'en huit mois il avoit assez rétabli les finances pour être en état de se passer de nouveaux impôts, commencèrent à blâmer le ministre d'avoir convoqué les états généraux, puisque le besoin d'argent ne les rendoit pas indispensables. Ils oublioient apparemment

que la promesse de ces états généraux étoit donnée avant le rappel de
M. Necker. Dans cette circonstance, comme dans presque toutes, il
marchoit entre les deux extrêmes, car il ne vouloit point dire aux
représentans du peuple : ne vous occupez que de constitution ; et il ne
vouloit pas non plus retomber dans l'arbitraire, en se contentant des
ressources momentanées qui ne mettoient point en sûreté les
créanciers de l'état, et ne répondoient pas au peuple de l'emploi de ses
sacrifices.

CHAPITRE XVII

De la résistance des ordres privilégiés
aux demandes du tiers état,
en 1789

M. de la Luzerne, évêque de Langres, un des meilleurs esprits de
France, écrivit, à l'ouverture des états généraux, une brochure pour
proposer que les trois ordres se formassent en deux chambres [103], le
haut clergé se réunissant à la noblesse, et le bas clergé aux communes.
M. le marquis de Montesquiou, depuis général, en fit la motion, mais
en vain, dans la chambre de la noblesse [104]. En un mot, tous les
hommes éclairés sentoient la nécessité de détruire cette délibération en
trois ordres, avec le *veto* de l'un sur l'autre ; car, indépendamment de
son injustice radicale, elle rendoit impossible de terminer aucune
affaire.

Il y a dans l'ordre social comme dans l'ordre naturel de certains
principes, dont on ne sauroit s'écarter sans amener la confusion. Les
trois pouvoirs sont dans l'essence des choses. La monarchie, l'aristocratie et la démocratie existent dans tous les gouvernemens, comme
l'action, la conservation et le renouvellement dans la marche de la
nature. Si vous introduisez dans l'organisation politique un quatrième
pouvoir, le clergé, qui est tout ou rien, suivant la façon dont on le
considère, vous ne pouvez plus établir aucun raisonnement fixe sur les
lois nécessaires au bien de l'état, puisqu'on vous met pour entraves des
autorités mystérieuses, là où vous ne devez admettre que des intérêts
publics.

Deux grands dangers, la banqueroute et la famine, menaçoient la France au moment de la convocation des états généraux, et tous les deux exigeoient des ressources promptes. Comment pouvoit-on prendre aucune résolution rapide avec le veto de chaque ordre ? Les deux premiers ne vouloient pas consentir sans condition à l'égalité des impôts, et cependant la nation demandoit que ce moyen fût employé avant tout autre, pour rétablir les finances. Les privilégiés avoient dit qu'ils accéderoient à cette égalité, mais ils ne l'avoient point encore formellement décrétée, et ils étoient toujours les maîtres de décider ce qui les concernoit, d'après l'ancienne manière de délibérer. Ainsi la masse de la nation n'avoit point d'influence décisive, quoique la plus grande partie des sacrifices portât sur elle. Les députés du tiers réclamèrent donc le vote par tête, et la noblesse et le clergé le vote par ordre. La dispute à cet égard commença dès la vérification des pouvoirs ; et dès ce moment aussi M. Necker proposa un plan de conciliation qui, bien que très-favorable aux deux premiers ordres, pouvoit cependant alors être accepté, parce que l'on négocioit encore [105]. A toutes les entraves qu'apportoit la délibération en trois ordres, il faut ajouter ce qu'on appeloit les mandats impératifs, c'est-à-dire, des mandats rédigés par les électeurs, qui imposoient aux députés l'obligation de se conformer à la volonté de leurs commettans, sur les principaux objets dont il devoit être question dans l'assemblée. Cette forme surannée ne pouvait convenir qu'au temps où le gouvernement représentatif étoit dans son enfance. L'opinion publique n'avoit guère d'ascendant, lorsque les communications d'une province à l'autre étoient peu faciles, et surtout lorsque les journaux ne répandoient encore ni les nouvelles ni les idées. Mais vouloir contraindre de nos jours les députés à ne s'écarter en rien des cahiers rédigés dans leurs bailliages, c'étoit faire des états généraux une réunion d'hommes qui auroient eu seulement le droit de déposer des pétitions sur la table. En vain la discussion les eût-elle éclairés, puisqu'il ne leur étoit permis de rien changer aux injonctions qu'ils avoient reçues d'avance. C'est pourtant sur ces cahiers impératifs que les nobles se fondoient principalement pour refuser la délibération par tête. Les gentilshommes du Dauphiné, au contraire, avoient apporté le mandat formel de ne jamais délibérer par ordre.

La minorité de la noblesse, c'est-à-dire, plus de soixante membres de la naissance la plus illustre, mais qui participoient par leurs lumières à l'esprit du siècle, vouloient aussi qu'on délibérât par tête sur la constitution future de la France ; mais la majorité de leur ordre, d'accord avec une partie du clergé, bien que celui-ci se montrât plus modéré, mettoit une obstination inouïe à n'adopter aucun mode de conciliation. Ils assuroient qu'ils étoient prêts à renoncer à leurs exemptions d'impôts ; et néanmoins, au lieu de déclarer formellement cette résolution à l'ouverture de leurs séances, ils vouloient faire de ce que la nation regardoit comme son droit, un objet de négociation. Le temps se perdit en arguties, en refus polis, en difficultés nouvelles. Quand le tiers état élevoit le ton, et montroit sa force qui consistoit dans le vœu de la France, la noblesse de la cour fléchissoit, habituée qu'elle étoit à céder au pouvoir ; mais, dès que la crise paroissoit se calmer, elle reprenoit bientôt toute son arrogance, et se mettoit à mépriser le tiers état, comme dans le temps où les vilains sollicitoient leur affranchissement des seigneurs.

La noblesse de province étoit plus intraitable encore que les grands seigneurs. Ceux-ci étoient toujours assurés de leur existence : les souvenirs de l'histoire la leur garantissoient ; mais tous ces gentils-hommes, dont les titres n'étoient connus que d'eux-mêmes, se voyoient en danger de perdre des distinctions qui n'imposoient plus de respect à personne. Il falloit les entendre parler de leurs rangs comme si ces rangs eussent existé avant la création du monde, quoique la date en fût très-récente. Ils considéroient leurs priviléges, qui n'étoient d'aucune utilité que pour eux-mêmes, comme le droit de propriété sur lequel se fonde la sécurité de tous. Les priviléges ne sont sacrés que quand ils servent au bien de l'état ; il faut donc raisonner pour les maintenir, et ils ne peuvent être vraiment solides que quand l'utilité publique les consacre. Mais la majorité de la noblesse ne sortoit pas de ces trois mots : *c'étoit ainsi jadis*. Cependant, leur répondoit-on, ce sont des circonstances qui ont amené ce qui étoit, et ces circonstances sont entièrement changées : n'importe, rien n'arrivoit à leur conviction. Ils avoient une certaine fatuité aristocratique dont on ne peut avoir l'idée nulle part ailleurs qu'en France ; un mélange de frivolité dans les manières et de pédanterie dans les opinions ; et le tout réuni au plus complet dédain pour les lumières et pour l'esprit, à moins qu'il ne se fit bête, c'est-à-dire, qu'il ne s'employât à faire rétrograder la raison [106].

En Angleterre, le fils aîné d'un lord est d'ordinaire membre de la chambre des communes, jusqu'à ce qu'à la mort de son père, il entre dans la chambre haute ; les fils cadets restent dans le corps de la nation dont ils font partie. Un lord disoit spirituellement : « Je ne puis pas devenir aristocrate, car j'ai chez moi constamment des représentans du parti populaire ; ce sont mes fils cadets. » La réunion graduée des divers états de l'ordre social est une des admirables beautés de la constitution angloise. Mais ce que l'usage avoit introduit en France, c'étoient deux choses pour ainsi dire contradictoires : un respect tel pour l'antiquité de la noblesse, qu'il n'étoit pas même permis d'entrer dans les carrosses du roi sans des preuves vérifiées par le généalogiste de la cour, et qui remontoient au-delà de 1400, c'est-à-dire, avant l'époque où les rois ont introduit les anoblissemens ; et, d'un autre côté, la plus grande importance attachée à la faculté donnée au roi d'anoblir. Aucune puissance humaine ne peut faire un noble véritable ; ce seroit disposer du passé, ce qui paroît impossible à la divinité même ; mais rien n'étoit plus facile en France que de devenir un privilégié ; et cependant c'étoit entrer dans une caste à part, et acquérir, pour ainsi dire, le droit de nuire au reste de la nation, en augmentant le nombre de ceux qui ne supportoient pas les charges de l'état, et qui se croyoient des droits particuliers à ses faveurs. Si la noblesse françoise étoit restée purement militaire, on auroit pu long-temps encore, par le sentiment de l'admiration et de la reconnois-sance, se soumettre aux avantages dont elle jouissoit ; mais depuis un siècle un tabouret à la cour étoit demandé avec autant d'instance qu'un régiment à l'armée. Les nobles de France n'étoient ni des magistrats par la pairie comme en Angleterre, ni des seigneurs suzerains comme en Allemagne [107]. Qu'étoient-ils donc ? Ils se rapprochoient malheu-reusement de ceux d'Espagne et d'Italie, et ils n'échappoient à cette triste comparaison que par leur élégance en société, et l'instruction de quelques-uns d'entre eux ; mais ceux-là même, pour la plupart, abjuroient la doctrine de leur ordre, et l'ignorance seule restoit à la garde des préjugés.

Quels orateurs pouvoient soutenir ce parti abandonné par ses membres les plus distingués ? L'abbé Maury, qui étoit bien loin d'occuper un premier rang dans le clergé de France, défendoit ses abbayes sous le nom du bien public ; et un capitaine de cavalerie, anobli depuis vingt-cinq ans, M. de Casalès, fut le champion des priviléges de la noblesse dans l'assemblée constituante. On a vu depuis ce même homme se rattacher l'un des premiers à la dynastie de Bonaparte ; et le cardinal Maury, ce me semble, s'y est assez volontiers prêté [108]. L'on peut donc croire, dans cette occasion comme dans toute autre, que, de nos jours, les avocats des préjugés sont souvent très-disposés à transiger pour des intérêts personnels. La majorité de la noblesse, se sentant délaissée en 1789 par les talens et les lumières, proclamoit indiscrètement la nécessité d'employer la force contre le parti populaire. Nous verrons si cette force existoit alors ; mais on peut dire d'avance que, si elle n'existoit pas, il étoit bien imprudent d'en menacer.

CHAPITRE XVIII

De la conduite du tiers état pendant les deux premiers mois de la session des états généraux

Quelques individus de la noblesse et du clergé, les premiers de leur pays, inclinoient fortement, comme nous l'avons dit, pour le parti populaire ; beaucoup d'hommes éclairés se trouvoient parmi les députés du tiers état. Il ne faut juger de la France d'alors par celle d'aujourd'hui : vingt-cinq ans de périls continuels en tout genre ont malheureusement accoutumé les François à n'employer leurs facultés qu'à la protection d'eux-mêmes ; mais on comptoit en 1789 un grand nombre d'esprits supérieurs et philosophiques. Pourquoi donc, dira-t-on, ne pas s'en tenir au régime sous lequel ils s'étoient formés ainsi ? Ce n'étoit pas le gouvernement, mais les lumières du siècle qui avoient développé tous ces talens, et ceux qui se les sentoient éprouvoient le besoin de les exercer ; toutefois l'ignorance du peuple à Paris, et plus encore dans les provinces, cette ignorance, résultat d'une longue oppression et du peu de soin que l'on prenoit de l'éducation des dernières classes, menaçoit la France de tous les maux dont elle a été depuis accablée [109]. Il y avoit peut-être autant d'hommes marquans chez nous que parmi les Anglois ; mais la masse de bon sens dont une nation libre est propriétaire, n'existoit point en France. La religion fondée sur l'examen, l'instruction publique, les élections et la liberté de la presse, sont des sources de perfectionnement qui avoient agi depuis plus de cent ans en Angleterre. Le tiers état vouloit que les François fussent enrichis d'une partie de ces biens. L'esprit public appuyoit son désir avec énergie ; mais le tiers état, étant le plus fort, ne pouvoit avoir qu'un mérite, celui de la modération ; et malheureusement il ne voulut pas se le donner.

Deux partis existoient dans les députés de cet ordre ; l'un avoit pour chefs principaux, Mounier et Malouet, et l'autre Mirabeau et Sieyes : le premier vouloit une constitution en deux chambres, et conservoit l'espoir d'obtenir ce changement, de la noblesse et du roi, par les voies de la conciliation ; l'autre étoit plutôt dirigé par les passions que par les opinions, bien que l'avantage des talens pût lui être attribué.

Mounier étoit le chef de l'insurrection calme et réfléchie du Dauphiné ; c'étoit un homme passionnément raisonnable ; plus éclairé qu'éloquent, mais constant et ferme dans sa route, tant qu'il lui fut possible d'en choisir une. Malouet, dans quelque situation qu'il se soit trouvé, a toujours été guidé par sa conscience. Je n'ai pas connu d'âme plus pure ; et, si quelque chose lui a manqué pour agir efficacement, c'est qu'il avoit traversé les affaires sans se mêler avec les hommes, se fiant toujours à la démonstration de la vérité, sans réfléchir assez aux moyens de l'introduire dans la conviction des autres [110].

Mirabeau, qui savoit tout et qui prévoyoit tout, ne vouloit se servir de son éloquence foudroyante que pour se faire place au premier rang dont son immoralité l'avoit banni [111]. Sieyes étoit l'oracle mystérieux des événemens qui se préparoient ; il a, on ne sauroit le nier, un esprit de la première force et de la plus grande étendue, mais cet esprit a pour guide un caractère très-sujet à l'humeur ; et, comme on pouvoit à peine arracher de lui quelques paroles, elles comptoient, par leur rareté même, comme des ordres ou des prophéties. Pendant que les privilégiés discutoient leurs pouvoirs, leurs intérêts, leurs étiquettes, enfin tout ce qui ne concernoit qu'eux, le tiers état les invitoit à s'occuper en commun de la disette et des finances. Sur quel terrain avantageux les députés du peuple ne se plaçoient-ils pas, quand ils sollicitoient pour de semblables motifs la réunion de tous les députés ! Enfin le tiers état se lassa de ses vains efforts, et les factieux se réjouirent de ce que leur inutilité sembloit démontrer la nécessité de recourir à des moyens plus énergiques [112].

Malouet demanda que la chambre du tiers se déclarât l'assemblée des représentans de la majorité de la nation. Il n'y avoit rien à dire à ce titre incontestable. Sieyes proposa de se constituer purement et simplement l'assemblée nationale de France, et d'inviter les membres des deux ordres à se réunir à cette assemblée : ce décret passa ; et ce décret étoit la révolution elle-même. Combien n'importoit-il donc pas de le prévenir ! Mais tel fut le succès de cette démarche, qu'à l'instant les députés de la noblesse du Dauphiné, et quelques prélats, accédèrent à l'invitation de l'assemblée ; son ascendant croissoit à toute heure. Les François sentent où est la force, mieux qu'aucun peuple du monde ; et, moitié par calcul, moitié par enthousiasme, ils se précipitent vers la puissance, et l'augmentent de plus en plus en s'y ralliant [113].

Le roi, comme on le verra dans le chapitre suivant, se détermina beaucoup trop tard à intervenir dans la crise ; mais, par une maladresse ordinaire au parti des privilégiés, toujours foible sans cesser d'être confiant, le grand maître des cérémonies imagina de faire fermer la salle où se rassembloit le tiers état, pour y placer l'estrade et le tapis nécessaires à la réception du roi. Le tiers état crut, ou fit semblant de croire, qu'on lui défendoit de se rassembler ; les troupes qui s'avançoient de toutes parts autour de Versailles mettoient les députés dans la situation du monde la plus avantageuse. Le danger étoit assez apparent pour leur donner l'air du courage, et ce danger cependant n'étoit pas assez réel pour que les hommes timides y cédassent. Tout ce qui composoit l'assemblée nationale se réunit donc dans la salle du jeu de paume, pour prêter serment de maintenir ses droits ; ce serment n'étoit pas sans quelque dignité ; et, si le parti des privilégiés avoit été plus fort dans le moment où on l'attaquoit, et que le parti national se fût montré plus sage après le triomphe, l'histoire auroit consacré ce jour comme l'un des plus mémorables dans les annales de la liberté [114].

CHAPITRE XIX

Des moyens qu'avoit le roi, en 1789, pour s'opposer à la révolution

La véritable opinion publique, celle qui plane au-dessus des factions, est la même depuis vingt-sept ans en France, et toute autre direction, étant factice, ne sauroit avoir qu'une influence momentanée.

L'on ne pensoit point dans ce temps à renverser le trône, mais on ne vouloit pas que la loi fût faite par ceux qui devoient l'exécuter ; car ce n'est pas dans les mains du roi, mais dans celles de ses ministres, que l'autorité des anciens gouvernemens arbitraires est remise. Les François ne se soumettoient pas volontiers alors à la singulière humilité qu'on prétend exiger d'eux maintenant, celle de se croire indignes d'influer, comme les Anglois, sur leur propre sort. Que pouvoit-on objecter à ces vœux presque universels de la France, et jusqu'à quel point un roi consciencieux devoit-il s'y refuser ? Pourquoi se charger à lui seul de la responsabilité de l'état, et pourquoi les lumières qui lui seroient venues d'une assemblée de députés, composée comme le parlement anglois, n'auroient-elles pas valu pour lui celles qu'il tiroit de son conseil ou de sa cour ? Pourquoi mettre enfin, à la place des devoirs mutuels entre le souverain et son peuple, la théorie renouvelée des juifs sur le droit divin ? Mais, sans la discuter ici, on ne sauroit nier au moins qu'il faut de la force pour maintenir cette théorie, et que le droit divin a besoin d'une armée terrestre pour se manifester aux incrédules. Or, quels étoient alors les moyens dont l'autorité royale pouvoit se servir ?

Deux partis raisonnables seulement restoient à prendre : triompher de l'opinion, ou traiter avec elle. La force, la force, s'écrient ces hommes qui croient s'en donner, seulement en prononçant ce mot. Mais en quoi consiste la force d'un souverain, si ce n'est dans l'obéissance de ses troupes ? Or l'armée, dès 1789, partageoit en grande partie les opinions populaires contre lesquelles on vouloit l'employer [115]. Elle n'avoit presque pas fait la guerre depuis vingt-cinq ans, et c'étoit une armée de citoyens, imbue des sentimens de la nation, et qui se faisoit honneur de s'y associer. Si le roi s'étoit mis à sa tête, dira-t-on, il en auroit disposé. Le roi n'avoit pas reçu une éducation militaire, et tous les ministres du monde, y compris le cardinal de Richelieu, se sauroient suppléer à cet égard à l'action personnelle d'un monarque. On peut écrire pour lui, mais non commander une armée à sa place, surtout quand il s'agit de l'employer dans l'intérieur. La royauté ne peut être conduite comme la représentation de certains spectacles, où l'un des acteurs fait les gestes pendant que l'autre prononce les paroles. Mais quand la plus énergique volonté des temps modernes, celle de Bonaparte, se seroit trouvée sur le trône, elle se seroit brisée contre l'opinion publique au moment de l'ouverture des états généraux. La politique étoit alors un champ nouveau pour l'imagination des François ; chacun se flattoit d'y jouer un rôle, chacun voyoit un but pour soi dans les chances multipliées qui s'annonçoient de toutes parts ; cent ans d'événemens et d'écrits divers avoient préparé les esprits aux biens sans nombre que l'on se croyoit prêt à saisir. Lorsque Napoléon a établi le despotisme en France, les circonstances étoient favorables à ce dessein ; on étoit lassé des troubles, on avoit peur des maux horribles qu'on avoit soufferts, et que le retour des mêmes factions pouvoit ramener, d'ailleurs l'enthousiasme public étoit tourné vers la gloire militaire ; la guerre de la révolution avoit exalté l'orgueil national. L'opinion, au contraire, sous Louis XVI, ne s'attachoit qu'aux intérêts purement philosophiques ; elle avoit été formée par les livres qui proposoient un grand nombre d'améliorations pour l'ordre civil administratif et judiciaire ;

on vivoit depuis long-temps dans une profonde paix ; la guerre même étoit hors de mode depuis Louis XIV. Tout le mouvement des esprits consistoit dans le désir d'exercer des droits politiques, et toute l'habileté d'un homme d'état se fondoit sur l'art de ménager cette opinion.

Lorsqu'on peut gouverner un pays par la force militaire, la tâche des ministres est simple, et de grands talens ne sont pas nécessaires pour se faire obéir ; mais si par malheur, on a recours à cette force et qu'elle manque, alors l'autre ressource, celle de captiver l'opinion, n'existe plus ; car on l'a perdue pour jamais, dès qu'on a vainement tenté de la contraindre. Examinons, d'après ces principes, les plans proposés par M. Necker, et ceux qu'on fit adopter au roi en sacrifiant ce ministre.

CHAPITRE XX

De la séance royale
du 23 juin 1789

Le conseil secret du roi différoit entièrement de son ministère ostensible ; il y avoit bien quelques ministres de l'avis du conseil secret, mais le chef reconnu de l'administration, M. Necker, étoit précisément celui contre lequel les privilégiés dirigeoient leurs efforts.

En Angleterre la responsabilité des ministres met obstacle à ce double gouvernement des affidés du roi et de ses agens officiels. Aucun acte du pouvoir royal n'étant exécuté sans la signature d'un ministre, et cette signature pouvant coûter la vie à celui qui la donne à tort, quand le roi seroit entouré de chambellans qui prêcheroient le pouvoir absolu, aucun de ces chambellans même ne se risqueroit à faire, comme ministre, ce qu'il soutiendroit comme courtisan. Il n'en étoit pas ainsi de la France : on faisoit venir, à l'insu du ministre principal, des régimens allemands, parce qu'on n'étoit pas assez sûr des régimens françois, et l'on se persuadoit qu'avec cette troupe étrangère on viendroit à bout de l'opinion dans un pays tel qu'étoit alors l'illustre France [116].

Le baron de Breteuil, qui aspiroit à remplacer M. Necker, étoit incapable de comprendre autre chose que l'ancien régime, et encore dans l'ancien régime ses idées ne s'étoient jamais étendues au-delà des cours, soit en France, soit dans les pays étrangers où il avoit été envoyé comme ambassadeur. Il avoit revêtu son ambition des formes de la bonhomie ; il serroit la main à la manière angloise à tous ceux qu'il rencontroit, comme s'il eût dit à chacun : « Je voudrois être ministre ; quel mal cela vous fait-il ? » A force de répéter qu'il vouloit être ministre, on y avoit consenti, et il avoit aussi bien gouverné qu'un autre, quand il ne s'agissoit que de signer le travail ordinaire que les commis apportoient tout fait à leurs chefs. Mais dans la grande circonstance dont je vais parler, il fit par ses conseils un mal affreux à la cause du roi. Son gros son de voix ressembloit à de l'énergie ; il marchoit à grand bruit en frappant du pied, comme s'il avoit voulu faire sortir de terre une armée, et toutes ses manières décidées faisoient illusion à ceux qui avoient foi à leurs propres désirs [117].

Quand M. Necker disoit au roi et à la reine : êtes-vous assurés de l'armée ? on croyoit voir dans ce doute un sentiment factieux ; car l'un des traits qui caractérisent le parti des aristocrates en France, c'est d'avoir pour suspecte la connoissance des faits. Ces faits, qui sont opiniâtres [118], se sont en vain soulevés dix fois contre les espérances des privilégiés : toujours ils les ont attribués à ceux qui les ont prévus, mais jamais à la nature des choses. Quinze jours après l'ouverture des états généraux, avant que le tiers état se fût constitué assemblée nationale, lorsque les deux partis ignoroient encore leur force réciproque, et qu'ils s'adressoient tous les deux au gouvernement, pour requérir son appui, M. Necker présenta au roi un tableau de la situation de la monarchie. « Sire, lui dit-il, je crains qu'on ne vous trompe sur l'esprit de votre armée : la correspondance des provinces nous fait croire qu'elle ne marchera pas contre les états généraux. Ne la faites donc pas approcher de Versailles, comme si vous aviez l'intention de l'employer hostilement contre les députés. Le parti populaire ne sait point encore positivement quelle est la disposition de cette armée. Servez-vous de cette incertitude même pour maintenir votre autorité dans l'opinion, car si le fatal secret de l'insubordination des troupes étoit connu, comment seroit-il possible de contenir les esprits factieux ? Ce dont il s'agit maintenant, Sire, c'est d'accéder aux vœux raisonnables de la France ; daignez vous résigner à la constitution angloise, vous n'éprouverez personnellement aucune contrainte par le règne des lois ; car jamais elles ne vous imposeront autant le barrrières que vos propres scrupules ; et, en allant au-devant des désirs de votre nation, vous accorderez encore aujourd'hui ce que peut-être elle exigera demain. »

A la suite de ces observations, M. Necker remit le projet d'une déclaration qui devoit être donnée par le roi un mois plus tôt que le

23 juin, c'est-à-dire long-temps avant que le tiers état se fût déclaré assemblée nationale, avant le serment du jeu de paume, enfin avant que les députés eussent pris aucune mesure hostile. Les concessions du roi avoient alors plus de dignité. La déclaration, telle que l'avoit rédigée M. Necker, étoit, presque mot pour mot, semblable à celle qui fut donnée par Louis XVIII, à Saint-Ouen, le 2 mai 1814[f], vingt-cinq années après l'ouverture des états généraux. N'est-il pas permis de croire que le cercle sanglant de ces vingt-cinq années n'auroit pas été parcouru, si l'on avoit consenti dès le premier jour à ce que la nation vouloit alors, et ne cessera point de vouloir ?

Un moyen ingénieux assuroit le succès de la proposition de M. Necker. Le roi devoit ordonner le vote par tête en matière d'impôts, et ce n'étoit que sur les intérêts, sur les affaires et les priviléges de chaque ordre, qu'ils étoient appelés à délibérer séparément, avant que la constitution fût établie. Le tiers état, ne s'étant point encore assuré du vote par tête, eût été reconnoissant de l'obtenir en matière d'impôts, ce qui étoit de toute justice : car se figure-t-on des états généraux dans lesquels la majorité, c'est-à-dire, les deux ordres privilégiés qui comparativement ne payoient presque rien, auroit décidé des taxes que la minorité, le tiers état, devoit acquitter en entier ? Le roi déclaroit aussi dans le projet de M. Necker, que, relativement à l'organisation future des états généraux, il ne sanctionneroit qu'un corps législatif en deux chambres. Venoient ensuite différentes propositions populaires en finances et en législation, qui auroient achevé de concilier l'opinion en faveur de la déclaration royale. Le roi l'adopta toute entière, et dans le premier moment il est sûr qu'il l'approuvoit. M. Necker fut cette fois au comble de l'espérance ; car il se flattoit de faire accepter ce plan sagement combiné à la majorité des députés du tiers, quoique les plus exagérés fussent disposés à repousser tout ce qui viendroit de la cour[119].

Tandis que M. Necker exposoit volontiers sa popularité, en se déclarant le défenseur d'une chambre haute, les aristocrates se croyoient au contraire dépouillés par cette institution. Chaque parti, depuis vingt-cinq ans, a repoussé et regretté tour à tour la constitution angloise, suivant qu'il étoit vainqueur ou vaincu. La reine dit, en 1792, au chevalier de Coigni. « Je voudrois qu'il m'en eût coûté un bras et que la constitution angloise fût établie en France. » Les nobles n'ont cessé de l'invoquer quand on les a dépouillés de toute leur existence ; et le parti populaire, sous Bonaparte, se seroit sûrement trouvé très-heureux de l'obtenir. On diroit que la constitution angloise, ou plutôt la raison en France, est comme la belle Angélique dans la comédie du *Joueur*[120] : il l'invoque dans sa détresse, et la néglige quand il est heureux.

M. Necker attachoit la plus grande importance à ce que le roi ne perdît pas un instant pour interposer sa médiation au milieu des débats des trois ordres. Mais le roi se tranquillisoit sur la popularité de son ministre, croyant qu'il seroit toujours temps d'y avoir recours s'il le falloit. C'étoit une grande erreur : M. Necker pouvoit aller jusqu'à tel point ; il pouvoit mettre telles bornes aux prétentions des députés du tiers, en leur accordant telle chose qu'ils ne se croyaient pas encore sûr d'obtenir ; mais, s'il avoit abjuré ce qui faisoit sa force, la nature même de ses opinions, il auroit eu moins d'influence que tout autre homme.

Un parti dans les députés du tiers, celui dont Mounier [121] et Malouet étoient les chefs, se concertoit avec M. Necker ; mais l'autre vouloit une révolution, et ne se contentoit pas de recevoir ce qu'il aimoit mieux conquérir. Pendant que M. Necker luttoit avec la cour en faveur de la liberté nationale, il défendoit l'autorité royale et les nobles eux-mêmes contre le tiers état, et toutes ses heures et toutes ses facultés étoient consacrées à prémunir le roi contre les courtisans, et les députés contre les factieux.

N'importe, dira-t-on ; puisque M. Necker n'a pas réussi, c'est qu'il n'a pas été assez habile. Depuis treize années, cinq de ministère et huit de retraite, M. Necker s'étoit soutenu au plus haut point de la faveur populaire ; il en jouissoit encore à un tel degré, que la France entière fut soulevée à la nouvelle de son exil [122]. En quoi donc a-t-il jamais rien perdu par sa faute ? et comment, je ne saurois assez le répéter, peut-on rendre un homme responsable des malheurs qui sont arrivés pour n'avoir pas suivi ses conseils ? Si la monarchie a été renversée, parce que le système contraire au sien a été adopté, n'est-il pas probable qu'elle eût été sauvée, si le roi ne s'étoit pas écarté de la route dans laquelle il avoit marché depuis le retour de M. Necker au ministère ?

Un jour très-prochain étoit choisi pour la séance royale, lorsque les ennemis secrets de M. Necker déterminèrent le roi à faire un voyage à Marli, séjour où l'opinion publique se faisoit encore moins entendre qu'à Versailles. Les courtisans se placent d'ordinaire entre le prince et la nation, comme un écho trompeur qui altère ce qu'il répète. M. Necker raconte que le soir du conseil d'état dans lequel la séance royale devoit être fixée pour le lendemain, un billet de la reine engagea le roi à sortir du conseil, et la délibération fut renvoyée au jour suivant. Alors deux magistrats de plus furent admis à la discussion, ainsi que les deux princes frères du roi [123]. Ces magistrats ne connoissoient que les anciennes formes, et les princes, jeunes alors, se confioient trop dans l'armée.

Le parti qui se donnoit pour défenseur du trône, parloit avec beaucoup de dédain de l'autorité du roi d'Angleterre ; il vouloit faire considérer comme un attentat la pensée de réduire un roi de France au misérable sort du monarque britannique. Non-seulement cette manière de voir étoit erronée, mais peut-être même n'étoit-elle inspirée que par des calculs égoïstes ; car dans le fait ce n'est pas le roi mais les nobles, et surtout les nobles de seconde classe qui, selon leur manière de voir, devoient perdre à n'être que les citoyens d'un pays libre. Les institutions angloises n'auroient diminué ni les jouissances du roi, ni l'autorité dont il vouloit et pouvoit user. Ces institutions ne portoient pas atteinte non plus à la dignité des premières familles historiques de France ; au contraire, en les plaçant dans la chambre des pairs, on leur donnoit des prérogatives plus assurées, et qui les séparoient plus distinctement du reste de leur ordre. Ce n'étoient donc que les priviléges de la seconde classe de la noblesse, et la puissance politique du haut clargé, qu'il falloit sacrifier. Les parlemens aussi craignoient de perdre les pouvoirs contestés auxquels ils avoient eux-mêmes renoncé, mais qu'ils regrettoient toujours ; peut-être même prévoyoient-ils d'avance l'institution des jurés, cette sauve-garde de l'humanité dans l'exercice de la justice. Mais, encore une fois, les intérêts des corps n'étoient point unis à ceux de la prérogative royale, et, en voulant les rendre inséparables, les privilégiés ont entraîné le trône dans leur propre chute. Leur intention n'étoit sûrement pas de renverser la monarchie, mais ils ont voulu que la monarchie triomphât par eux et avec eux ; tandis que les choses en étoient venues au point qu'il falloit sacrifier sincèrement et clairement ce qui étoit impossible à défendre, pour sauver ce qui pouvoit être maintenu.

Telle étoit l'opinion de M. Necker ; mais elle n'étoit point partagée par les nouveaux membres du conseil du roi. Ils proposèrent divers changemens, tous conformes aux passions de la majorité des privilé-giés. M. Necker lutta plusieurs jours contre les nouveaux adversaires qu'on lui opposoit, avec une énergie étonnante dans un ministre qui désiroit certainement de plaire au roi et à sa famille [124]. Mais il étoit si convaincu de la vérité de ce qu'il affirmoit, qu'il montra dans cette circonstance une décision imperturbable. Il prédit la défection de l'armée, si l'on avoit besoin d'y avoir recours contre le parti populaire ; il annonça que le roi perdroit tout son ascendant sur le tiers état, par l'esprit dans lequel on vouloit rédiger la déclaration ; enfin il indiqua respectueusement qu'il ne pouvoit prêter son appui à un projet qui n'étoit pas le sien, et dont les suites, selon lui, seroient funestes.

On ne vouloit pas condescendre aux conseils de M. Necker ; mais on auroit souhaité que sa présence à la séance royale fît croire aux députés du peuple qu'il approuvoit la démarche adoptée par le conseil du roi.

M. Necker s'y refusa, en envoyant sa démission. Cependant, disoient les aristocrates, une partie du plan de M. Necker étoit conservée ; sans doute, il restoit, dans la déclaration du 23 juin, quelques-unes des concessions que la nation désiroit : la suppression de la taille, l'abolition des priviléges en matière d'impôts, l'admission de tous les citoyens aux emplois civils et militaires, etc. ; mais en un mois les choses avoient bien changé : on avoit laissé le tiers état grandir assez, pour qu'il ne fût plus reconnoissant des concessions qu'il étoit certain d'obtenir. M. Necker vouloit que le roi commençât par accorder la délibération par tête en matière d'impôts, dès les premiers mots de son discours ; alors le tiers état auroit cru que la séance royale avoit pour but de soutenir ses intérêts, et cela auroit suffi pour le captiver. Mais dans la rédaction nouvelle qu'on avoit fait accepter au roi, le premier article cassoit tous les arrêtés que le tiers état avoit pris comme assemblée nationale, et qu'il avoit consacrés par le serment du jeu de paume. Avant tous ces engagements contractés par le tiers état envers l'opinion, M. Necker avoit proposé la séance royale : étoit-il sage d'accorder beaucoup moins au parti populaire, quand il étoit devenu plus puissant encore dans l'espace de temps que la cour avoit perdu en incertitudes ?

L'à-propos est la nymphe Égérie des hommes d'état, des généraux, de tous ceux qui ont affaire à la mobile nature de l'espèce humaine. Un coup d'autorité contre le tiers état n'étoit pas possible le 23 juin 1789, et c'étoit plutôt aux nobles que le roi devoit commander : car le point d'honneur des nobles peut consister dans l'obéissance, c'est un des status de l'ancienne chevalerie que de se soumettre aux rois comme à des chefs militaires ; mais l'obéissance implicite du peuple n'est que de la sujétion, et l'esprit du siècle n'y portoit plus. Le trône ne peut être solidement appuyé de nos jours, que sur le pouvoir de la loi.

Le roi ne devoit pas sacrifier la popularité qu'il avoit acquise en accordant le doublement du tiers : elle valoit mieux pour lui que toutes les promesses de ses courtisans. Mais il la perdit par sa déclaration du 23 juin, et, quoique cette déclaration contînt de très-bonnes choses, elle manqua totalement son effet. Les premières paroles révoltèrent le tiers état, et dès ce moment il n'écouta plus tout ce qu'il auroit bien accueilli, s'il avoit pu croire que le monarque vouloit défendre la nation contre les prétentions des privilégiés, et non les privilégiés contre les intérêts de la nation [125].

CHAPITRE XXI

Des événemens
causés par la séance royale
du 23 juin 1789

Les prédictions de M. Necker ne furent que trop réalisées ; et cette séance royale, contre laquelle il s'étoit élevé avec tant de force ; eut des suites plus déplorables encore que celles qu'il avoit prévues. A peine le roi fut-il sorti de la salle, que le tiers état, resté seul en permanence, déclara qu'il continueroit ses délibérations sans avoir égard à ce qui venoit de se passer. Le mouvement étoit donné ; la séance royale, loin d'atteindre le but qu'on se proposoit, avoit augmenté l'élan du tiers état, en lui offrant l'occasion d'un nouveau triomphe.

Le bruit de la démission de M. Necker se répandit, et toutes les rues de Versailles furent remplies à l'instant par les habitans de la ville qui proclamoient son nom [126]. Le roi et la reine le firent appeler le soir même de la séance royale, et lui demandèrent tous les deux, au nom du salut de l'état, de reprendre sa place ; la reine ajouta que la sûreté de la personne du roi étoit attachée à ce qu'il restât ministre. Pouvoit-il ne pas obéir ? La reine s'engagea solennellement à ne plus suivre que ses conseils ; telle étoit alors sa résolution, parce que le mouvement populaire l'avoit émue : mais, comme elle étoit toujours convaincue que toute limite donnée à l'autorité royale étoit un malheur, elle devoit nécessairement retomber sous l'influence de ceux qui pensoient comme elle.

Le roi, l'on ne sauroit trop le dire, avoit toutes les vertus nécessaires pour être un monarque constitutionnel, car un tel monarque est plutôt le magistrat suprême que le chef militaire de son pays. Mais, quoiqu'il eût beaucoup d'instruction, et qu'il lût surtout avec intérêt les historiens anglois, le descendant de Louis XIV avoit de la peine à se départir de la doctrine du droit divin. Elle est considérée en Angleterre comme un crime de lèse-majesté, puisque c'est d'après un pacte avec la nation que la dynastie actuelle a été appelée au trône [127]. Mais bien que Louis XVI ne fût nullement porté par son caractère à désirer le pouvoir absolu, ce pouvoir étoit un préjugé funeste, auquel, malheureusement pour la France et pour lui, il n'a jamais renoncé tout-à-fait.

M. Necker, vaincu par les instances que le roi et la reine daignèrent lui faire, promit de rester ministre, et ne parla plus que de l'avenir ; il ne dissimula point les dangers de la situation ; néanmoins il dit qu'il se flattoit encore d'y remédier, pourvu qu'on ne fît pas venir les troupes autour de Paris, si l'on n'étoit pas certain de leur obéissance ; dans ce cas, il demandoit à quitter le ministère, ne pouvant plus que faire des vœux pour le roi dans sa retraite.

Il ne restoit que trois moyens pour prévenir la crise politique dont on étoit menacé : l'espoir que le tiers état fondoit encore sur les dispositions personnelles du roi ; l'inquiétude vague du parti que prendroient les troupes ; et qui pouvoit encore contenir les factieux ; enfin la popularité de M. Necker. Nous allons voir comment ces ressources furent perdues en quinze jours, par les conseils du comité auquel la cour s'abandonnoit en secret.

En retournant de chez le roi à sa maison, M. Necker fut porté en triomphe par le peuple. De si vifs transports sont encore présens à mon souvenir, et raniment en moi l'émotion qu'ils m'ont causée dans ces beaux temps de jeunesse et d'espérance. Toutes ces voix, qui répétoient le nom de mon père, me sembloient celles d'une foule d'amis qui partageoient ma respectueuse tendresse. Le peuple ne s'étoit encore souillé d'aucun crime ; il aimoit son roi ; il le croyoit trompé, et chérissoit le ministre qu'il considéroit comme son défenseur ; tout étoit bon et vrai dans son enthousiasme. Les courtisans ont tâché de faire croire que M. Necker avoit préparé cette scène. Quand on l'auroit voulu, comment auroit-on pu faire naître par de sourdes menées de semblables mouvemens dans une telle multitude ? La France entière s'y associoit, les adresses des provinces arrivoient de toutes parts, et c'étoient alors des adresses qui exprimoient le vœu général. Mais un des grands malheurs de ceux qui vivent dans les cours, c'est de ne pouvoir se faire l'idée de ce que c'est qu'une nation. Ils attribuent tout à l'intrigue, et l'intrigue cependant ne peut rien sur l'opinion publique. On a vu, durant le cours de la révolution, des factieux agiter tel ou tel parti, mais en 1789 la France étoit presque unanime ; et vouloir lutter contre ce colosse par la seule puissance des dignités aristocratiques, c'étoit se battre avec des jouets contre des armes.

La majorité du clergé, la minorité de la noblesse, tous les députés du tiers, se rendirent auprès de M. Necker à son retour de chez le roi ; sa maison pouvoit à peine contenir ceux qui s'y étoient réunis, et c'est là qu'on voyoit ce qu'il y a de vraiment aimable dans le caractère des François, la vivacité de leurs impressions, leur désir de plaire, et la facilité avec laquelle un gouvernement peut les captiver ou les révolter, selon qu'il s'adresse bien ou mal au genre d'imagination dont ils sont susceptibles. J'entendois mon père conjurer les députés du tiers de ne pas porter trop loin leurs prétentions. « Vous êtes les plus forts maintenant, disoit-il ; c'est donc à vous que convient la sagesse. » Il leur peignoit l'état de la France, et le bien qu'ils pouvoient faire ; plusieurs pleuroient et lui promettoient de se laisser guider par ses conseils ; mais ils lui demandoient aussi de leur répondre des intentions du roi. La puissance royale inspiroit encore non-seulement du respect, mais un reste de crainte ; c'étoit ces sentimens qu'il falloit ménager.

Cent cinquante ecclésiastiques, parmi lesquels se trouvoient des prélats d'un ordre supérieur, avoient déjà passé à l'assemblée nationale ; quarante-sept membres de la noblesse, placés pour la plupart au premier rang par leurs talens et leur naissance, les avoient suivis ; plus de trente autres n'attendoient que la permission de leurs commettans pour s'y joindre [128]. Le peuple demandoit à grands cris la réunion des trois ordres, et il insultoit les nobles et les ecclésiastiques qui se rendoient dans leur chambre séparée. M. Necker alors proposa au roi d'ordonner au clergé et à la noblesse de délibérer avec le tiers, afin de leur sauver l'anxiété pénible dans laquelle ils se trouvoient, et de leur ôter l'embarras d'avoir l'air de céder à la puissance du peuple. Cette injonction du roi produisit encore un effet étonnant sur l'esprit public. On sut gré à l'autorité de sa condescendance, bien qu'elle y fût presque forcée [129]. On accueillit la majorité de la chambre des nobles, quoique l'on sût qu'elle avoit signé une protestation contre la démarche même qu'elle faisoit. L'espoir du bien se ranima, et Mounier, qui étoit le rapporteur du comité de constitution, déclara qu'il proposeroit un système politique, presque en tout semblable à celui de la monarchie angloise.

En comparant donc l'état des choses et des esprits à la fermentation terrible qui s'étoit manifestée le soir du 23 juin, on ne pouvoit nier que M. Necker n'eût remis une seconde fois les rênes du gouvernement entre les mains du roi, comme après le renvoi de l'archevêque de Sens. Le trône sans doute étoit ébranlé, mais il étoit encore possible de le raffermir, en évitant avant tout une insurrection, puisque cette insurrection devoit l'emporter sur les moyens qui restoient au gouvernement pour y résister. Mais les mauvais succès du 23 juin ne découragèrent point ceux qui les avoient amenés ; et, pendant qu'on laissoit M. Necker diriger les démarches extérieures du roi, le même comité secret lui conseilloit de feindre d'acquiescer à tout, jusqu'à ce que les troupes allemandes commandées par le maréchal de Broglie fussent près de Paris. L'on se garda bien d'avouer à M. Necker qu'on leur avoit ordonné de venir pour dissoudre l'assemblée : on prit pour prétexte de cet ordre, lorsqu'il fut connu, des troubles partiels dont Paris avoit été le théâtre, et dans lesquels les gardes françoises, appelées pour rétablir l'ordre, avoient manifesté l'insubordination la plus complète [130].

M. Necker n'ignoroit pas le véritable objet pour lequel on faisoit avancer les troupes, bien qu'on voulût le lui cacher. L'intention de la cour étoit de réunir à Compiègne tous les membres des trois ordres qui n'avoient point favorisé le système des innovations, et là de leur faire consentir à la hâte les impôts et les emprunts dont elle avoit besoin, afin de les renvoyer ensuite. Comme un tel projet ne pouvoit être secondé par M. Necker, on se proposoit de le renvoyer dès que la force militaire seroit rassemblée. Cinquante avis par jour l'informoient de sa situation, et il ne lui étoit pas possible d'en douter ; mais, ayant vu l'effet violent qu'avoit produit le 23 juin la nouvelle de sa démission, il étoit décidé à ne pas exposer la chose publique à une nouvelle secousse ; car ce qu'il redoutoit le plus au monde, c'étoit d'obtenir un triomphe personnel aux dépens de l'autorité du roi. Ses partisans, effrayés des ennemis dont il étoit environné, le conjuroient de se retirer : il savoit qu'il étoit question de le mettre à la Bastille ; mais il savoit aussi que, dans les circonstances où l'on se trouvoit alors, il ne pouvoit quitter sa place sans confirmer les bruits qui se répandoient sur les mesures violentes que l'on préparoit à la cour. Le roi s'étant résolu à ces mesures, M. Necker ne voulut pas y prendre part, mais il ne vouloit pas non plus donner le signal de s'y opposer, et il restoit là comme une sentinelle qu'on laissoit encore à son poste, pour tromper les attaquans sur la manœuvre.

Le parti populaire ne comprenant que trop bien ce qu'on méditoit contre lui, et ne se résignant pas, comme M. Necker, à en être la victime, Mirabeau fit adopter à l'assemblée nationale sa fameuse adresse pour le renvoi des troupes. C'étoit la première fois que la France entendoit cette éloquence populaire, dont la puissance naturelle étoit augmentée par la grandeur des circonstances [131]. Le respect pour le caractère personnel du roi, se faisoit encore remarquer dans cette harangue tribunitienne. « Et comment s'y prend-on, Sire, disoit l'orateur de la chambre, pour vous faire douter de l'attachement et de l'amour de vos sujets ? Avez-vous prodigué leur sang ? Êtes-vous cruel, implacable ? Avez-vous abusé de la justice ? Le peuple vous impute-t-il ses malheurs ? vous nomme-t-il dans ses calamités ? . . . .

» Ne croyez pas ceux qui vous parlent légèrement de la nation, et qui ne savent que vous la représenter, selon leurs vues, tantôt insolente, rebelle, séditieuse, tantôt soumise, docile au joug, prompte à courber la tête pour le recevoir. Ces deux tableaux sont également infidèles.

» Toujours prêts à vous obéir, Sire, parce que vous commandez au nom des lois, notre fidélité est sans bornes comme sans atteinte.

» Sire, nous vous en conjurons au nom de la patrie, au nom de votre bonheur et de votre gloire ; renvoyez vos soldats aux postes d'où vos conseillers les ont tirés ; renvoyez cette artillerie, destinée à couvrir vos frontières ; renvoyez surtout les troupes étrangères, ces alliés de la nation, que nous payons pour défendre et non pour troubler nos foyers. Votre Majesté n'en a pas besoin : eh ! pourquoi un monarque adoré de vingt-cinq millions de François feroit-il accourir à grands frais autour du trône quelques milliers d'étrangers ? Sire, au milieu de vos enfans, soyez gardé par leur amour. »

Ces paroles sont la dernière lueur de l'attachement que les François devoient à leur roi pour ses vertus personnelles. Quand la force militaire fut essayée, et le fut vainement, le pouvoir et l'amour semblèrent s'éclipser ensemble.

M. Necker continua d'aller tous les jours chez le roi ; mais rien de sérieux ne lui fut jamais communiqué. Ce silence envers le ministre principal étoit bien inquiétant, quand de toutes parts on voyoit arriver des régimens étrangers qui se plaçoient autour de Paris et de Versailles. Mon père nous disoit confidentiellement chaque soir, qu'il s'attendoit à être arrêté le lendemain, mais que le danger auquel le roi s'exposoit étoit si grand à ses yeux, qu'il se faisoit une loi de rester, pour n'avoir pas l'air de soupçonner ce qui se passoit.

Le 11 juillet, à trois heures après midi, M. Necker reçut une lettre du roi qui lui ordonnoit de quitter Paris et la France, et lui recommandoit seulement de cacher à tout le monde son départ. Le baron de Breteuil avoit été d'avis dans le comité d'arrêter M. Necker, parce que son renvoi devoit causer une émeute. Je réponds, dit le roi, qu'il obéira strictement au secret que je lui demanderai. M. Necker fut touché de cette confiance dans sa probité, bien qu'elle fût accompagnée d'un ordre d'exil [132].

Il sut depuis que deux officiers des gardes du corps l'avoient suivi pour s'assurer de sa personne, s'il ne s'étoit pas soumis à l'injonction du roi ; mais à peine purent-ils arriver aussi vite à la frontière que M. Necker lui-même. Madame Necker fut sa seule confidente ; elle partit au sortir de son salon sans aucun préparatif de voyage, avec les précautions que prendroit un criminel pour échapper à sa sentence ; et cette sentence si redoutée c'étoit le triomphe que le peuple préparoit à M. Necker, s'il avoit voulu s'y prêter. Deux jours après son départ [133], dès que sa disgrâce fut connue, les spectacles furent fermés comme pour une calamité publique. Tout Paris prit les armes ; la première cocarde que l'on porta fut verte, parce que c'étoit la couleur de la livrée de M. Necker [134] ; on frappa les médailles à son effigie ; et, s'il s'étoit rendu à Paris au lieu de sortir de France par la frontière la plus rapprochée, celle de Flandre, on ne peut pas assigner de terme à l'influence qu'il auroit acquise.

Certainement le devoir lui commandoit d'obéir à l'ordre du roi : mais quel est celui qui, tout en obéissant, ne se seroit pas laissé reconnoître, ne se seroit pas laissé ramener malgré lui par la multitude ? L'histoire n'offre peut-être pas d'exemple d'un homme évitant le pouvoir avec le soin qu'on mettroit à fuir la proscription. Car il falloit être à la fois le défenseur du peuple, pour être banni de cette manière ; et le plus fidèle sujet du monarque, pour lui sacrifier si scrupuleusement les hommages d'une nation entière.

CHAPITRE XXII

Révolution du 14 juillet

On renvoya deux ministres en même temps que M. Necker, M. de Montmorin, homme attaché personnellement au roi depuis son enfance, et M. de Saint-Priest, distingué par la sagesse de son esprit [135]. Mais ce que la postérité aura de la peine à croire, c'est qu'en se déterminant à une résolution de cette importance, on ne prit aucune mesure pour garantir la sûreté de la personne du roi en cas de malheur. On se croyoit si certain du succès, qu'on ne rassembla pas de forces autour de Louis XVI pour l'accompagner à quelque distance, si la capitale se révoltoit. On fit camper les troupes dans la plaine aux portes de Paris, ce qui leur donnoit l'occasion de communiquer avec les habitans ; ils venoient en foule voir les soldats, et les engageoient à ne pas se battre contre le peuple. Ainsi donc, excepté deux régimens allemands qui n'entendoient pas le françois [136], et qui tirèrent le sabre dans le jardin des Tuileries, seulement comme s'ils avoient voulu donner un prétexte à l'insurrection, toutes les troupes sur lesquelles on comptoit partagèrent l'esprit des citoyens, et ne se prêtèrent en rien à ce qu'on attendoit d'elles.

Dès que la nouvelle du départ de M. Necker fut répandue à Paris, on barricada les rues, chacun se fit garde national, prit un costume militaire quelconque, et se saisit au hasard de la première arme, fusil, sabre, faux, n'importe. Une foule innombrable d'hommes de la même opinion s'embrassoient dans les rues comme des frères, et l'armée du peuple de Paris, composée de plus de cent mille hommes, se forma dans un instant comme par miracle [137]. La Bastille, cette citadelle du gouvernement arbitraire, fut prise le 14 juillet 1789 [138]. Le baron de Breteuil, qui s'étoit vanté de terminer la crise des affaires en trois jours, ne conserva la place de ministre que pendant ces trois jours, assez long-temps pour assister au renversement de la monarchie. Tel fut le résultat des conseils donnés par les adversaires de M. Necker. Comment des esprits de cette trempe veulent-ils prononcer encore sur les affaires d'un grand peuple ? Quelles étoient les ressources préparées contre les dangers qu'eux-mêmes avoient provoqués ? et vit-on jamais des hommes qui ne vouloient pas du raisonnement, s'entendre si mal à s'assurer de la force ?

Le roi, dans cette circonstance, ne pouvoit inspirer qu'un profond sentiment d'intérêt et de compassion. Car les princes élevés pour régner en France, n'ont jamais contemplé les choses de la vie face à face : on leur faisoit un monde factice, dans lequel ils vivoient depuis le premier jusqu'au dernier jour de l'année, et le malheur a dû les trouver sans défense en eux-mêmes.

Le roi fut conduit à Paris pour adopter à l'hôtel de ville la révolution qui venoit d'avoir lieu contre son pouvoir [139]. Son calme religieux lui conserva toujours de la dignité personnelle, dans cette circonstance comme dans toutes les suivantes, mais son autorité n'existoit plus ; et si les chars des rois ne doivent pas traîner après eux les nations, il ne faut pas non plus que les nations fassent d'un roi l'ornement de leur triomphe. Les hommages apparens qu'on rend alors au souverain détrôné, révoltent les caractères généreux, et jamais la liberté ne peut s'établir par la fausse situation du monarque ou du peuple : chacun doit être dans ses droits, pour être dans sa sincérité. La contrainte morale, imposée au chef d'un gouvernement, ne sauroit fonder l'indépendance constitutionnelle de l'état.

Cependant, quoique des assassinats sanguinaires eussent été commis par la populace [140], la journée du 14 juillet avoit de la grandeur : le mouvement étoit national ; aucune faction intérieure ni étrangère ne pouvoit exciter un tel enthousiasme. La France entière le partageoit, et l'émotion de tout un peuple tient toujours à des sentiments vrais et naturels. Les noms les plus honorables, Bailli, La Fayette, Lalli [141], étoient proclamés par l'opinion publique ; on sortoit du silence d'un pays gouverné par une cour, pour entendre le bruit des acclamations spontanées de tous les citoyens. Les esprits étoient exaltés, mais il n'y avoit encore rien que de bon dans les âmes, et les vainqueurs n'avoient pas eu le temps de contracter les passions orgueilleuses, dont le parti du plus fort ne sait presque jamais se préserver en France.

CHAPITRE XXIII

Retour de M. Necker

M. Necker, arrivé à Bruxelles, se reposa deux jours avant de se mettre en route pour se rendre en Suisse par l'Allemagne. Sa plus vive inquiétude dans ce moment, c'étoit la disette dont Paris étoit menacé. Pendant l'hiver précédent, ses soins infatigables avoient déjà préservé la capitale des malheurs de la famine. Mais la mauvaise récolte rendoit toujours plus nécessaire de recourir aux envois de l'étranger, et au crédit des principales maisons de commerce de l'Europe. En conséquence, il avoit écrit, dans les premiers jours de juillet, à MM. Hope, célèbres négocians d'Amsterdam [142], et craignant que, dans la situation des affaires, ils ne voulussent pas se charger d'un achat de grains pour la France, s'il n'en garantissoit pas lui-même le paiement, il leur avoit offert une caution d'un million sur sa fortune personnelle. Arrivé à Bruxelles, M. Necker se rappela cette caution. Il avoit lieu de craindre que, dans la crise d'une révolution, les soins de l'administration ne fussent négligés ; ou que le bruit de son départ ne nuisît au crédit de l'état. MM. Hope, en particulier, pouvoient présumer que M. Necker retireroit sa garantie dans une pareille circonstance ; il leur écrivit donc de Bruxelles même qu'il étoit banni de France, mais qu'il n'en maintenoit pas moins l'engagement personnel qu'il avoit pris.

Le baron de Breteuil, pendant le peu de jours qu'il fut ministre, reçut la réponse de MM. Hope à la première lettre de M. Necker, qui contenoit l'offre de garantir leurs envois sur sa propre fortune. M. Dufrêne de Saint-Léon [143], premier commis des finances, homme d'un esprit pénétrant et d'un caractère décidé, remit cette lettre à M. le baron de Breteuil, qui n'y vit que de la folie. « Qu'est-ce que la fortune particulière d'un ministre a de commun, dit-il, avec les intérêts publics ? » Que n'ajoutoit-il : Pourquoi cet étranger se mêle-t-il des affaires de la France !

Pendant que M. Necker traversoit l'Allemagne, la révolution s·opéroit à Paris. Madame de Polignac [144], qu'il avoit laissée à Versailles toute-puissante par la faveur de la reine, le fit demander, à son grand étonnement, dans une auberge à Bâle, et lui apprit qu'elle étoit en fuite en conséquence de ce qui venoit de se passer. M. Necker ne supposoit pas la possibilité des proscriptions, et il fut long-temps à comprendre les motifs qui avoient pu déterminer le départ de madame de Polignac. Des lettres apportées par des courriers, des ordres du roi, et des invitations de l'assemblée, le pressoient de reprendre sa place. *M. Necker,* dit Burke dans l'un de ses écrits, *fut rappelé comme Pompée pour son malheur, et comme Marius il s'assit sur des ruines*[145]. M. et Mme Necker en jugèrent ainsi eux-mêmes, et l'on peut voir, par les détails que j'ai donnés dans la Vie privée de mon père [146], combien il lui en coûta de se déterminer à revenir.

Toutes les circonstances flatteuses dont son rappel étoit accompagné, ne purent lui faire illusion sur l'état des choses. Des meurtres avoient été commis par le peuple, le 14 juillet, et dans sa manière de voir, à la fois religieuse et philosophique, M. Necker ne croyoit plus au succès d'une cause ensanglantée. Il ne pouvoit pas non plus se flatter de la confiance du roi, puisque Louis XVI ne le rappeloit que par la crainte des dangers auxquels l'avoit exposé son absence. S'il n'eût été qu'un ambitieux, rien n'étoit plus facile que de revenir triomphant, en s'appuyant sur la force de l'assemblée constituante ; mais c'étoit uniquement pour se sacrifier au roi et à la France, que M. Necker consentit à reprendre sa place, après la révolution du 14 juillet. Il se flatta de servir l'état en prodiguant sa popularité pour défendre l'autorité royale, alors trop affoiblie. Il espéroit qu'un homme banni par le parti des privilégiés, seroit entendu avec quelque faveur lorsqu'il plaideroit leur cause. Un grand citoyen, en qui vingt-sept ans de révolution ont développé chaque jour de nouvelles vertus, un admirable orateur, dont l'éloquence a défendu la cause de son père, de sa patrie, et de son roi, Lalli Tollendal, fort de raisonnement et d'émotion tout ensemble, et ne s'écartant jamais de la vérité par l'enthousiasme, s'exprimoit ainsi, au moment du renvoi de M. Necker, sur son caractère et sur sa conduite [147].

« On vient de nous dénoncer, messieurs, la surprise faite à la religion d'un roi que nous chérissons, et l'atteinte portée aux espérances de la nation que nous représentons.

» Je ne répéterai point tout ce qui vous a été dit avec autant de justesse que d'énergie ; je vous présenterai un simple tableau, et je vous demande de vous reporter avec moi à l'époque du mois d'août de l'année dernière.

» Le roi étoit trompé.

» Les lois étoient sans ministres, et vingt-cinq millions d'hommes sans juges ;

» Le trésor public sans fonds, sans crédit, sans moyens pour prévenir une banqueroute générale, dont on n'étoit plus séparé que par quelques jours ;

» L'autorité sans respect pour la liberté des particuliers, et sans force pour maintenir l'ordre public ; le peuple sans autre ressource que les états généraux, mais sans espérance de les obtenir, et sans confiance, même dans la promesse d'un roi dont il révéroit la probité, parce qu'il s'obstinoit à croire que les ministres d'alors en éluderoient toujours l'exécution.

» A ces fléaux politiques, la nature dans sa colère étoit venue joindre les siens : le ravage et la désolation étoient dans les campagnes, la famine se montroit déjà de loin, menaçant une partie du royaume [148].

» Le cri de la vérité est parvenu jusqu'aux oreilles du roi ; son œil s'est fixé sur ce tableau déchirant ; son cœur honnête et pur s'est senti ému ; il s'est rendu aux vœux de son peuple, il a rappelé un ministre que ce peuple demandoit.

» La justice a repris son cours.

» Le trésor public s'est rempli, le crédit a reparu comme dans les temps les plus prospères ; le nom infâme de banqueroute n'a plus même été prononcé.

» Les prisons se sont ouvertes, et ont rendu à la société les victimes qu'elles renfermoient.

» Les révoltes qui avoient été semées dans plusieurs provinces, et dont on avoit lieu de craindre le développement le plus terrible, se sont bornées à des troubles toujours affligeans sans doute, mais passagers, et bientôt apaisés par la sagesse et par l'indulgence.

» Les états généraux ont été annoncés de nouveau : personne n'en a plus douté quand on a vu un roi vertueux confier l'exécution de ses promesses à un vertueux ministre. Le nom du roi a été couvert de bénédictions.

» Le temps de la famine est arrivé. Des travaux immenses, les mers couvertes de vaisseaux, toutes les puissances de l'Europe sollicitées, les deux mondes mis à contribution pour notre subsistance, plus de quatorze cent mille quintaux de farine et de grains importés parmi nous, plus de vingt-cinq millions sortis du trésor royal, une sollicitude active, efficace, perpétuelle, appliquée à tous les jours, à tous les instants, à tous les lieux, ont encore écarté ce fléau ; et les inquiétudes paternelles, les sacrifices généreux du roi, publiés par son ministre, ont excité dans tous les cœurs de ses sujets de nouveaux sentimens d'amour et de reconnoissance.

» Enfin, malgré des obstacles sans nombre, les états généraux ont été ouverts. Les états généraux ont été ouverts !... Que de choses, messieurs, sont renfermées dans ce peu de mots ! que de bienfaits y sont retracés ! comme la reconnoissance des François vient s'y rattacher ! Quelques divisions ont éclaté dans les commencemens de cette mémorable assemblée ; gardons de nous les reprocher l'un à l'autre, et que personne ne prétende en être totalement innocent.

Disons plutôt, pour l'amour de la paix, que chacun de nous a pu se laisser entraîner à quelques erreurs trop excusables ; disons, qu'il en est de l'agonie des préjugés comme de celle des malheureux humains qu'ils tourmentent, qu'au moment d'expirer ils se raniment encore et jettent une dernière lueur d'existence. Convenons que, dans tout ce qui pouvoit dépendre des hommes, il n'est pas de plan de conciliation que le ministre n'ait tenté avec la plus exacte impartialité, et que le reste a été soumis à la force des choses. Mais au milieu de la diversité des opinions, le patriotisme étoit dans tous les cœurs : les efforts pacificateurs du ministre, les invitations réitérées du roi, ont enfin produit leur effet. Une réunion s'est opérée, chaque jour a fait disparoître un principe de division, chaque jour a produit une cause de rapprochement ; un projet de constitution tracé par une main exercée, conçu par un esprit sage et par un cœur droit (par Mounier), a rallié tous les esprits et tous les cœurs. Nous avons marché en avant : on nous a vus entrer dans nos travaux, et la France a commencé à respirer.

» C'est dans cet instant, après tant d'obstacles vaincus, au milieu de tant d'espérances et de besoins, que des conseillers perfides enlèvent au plus juste des rois son serviteur le plus fidèle, et à la nation le ministre citoyen en qui elle avoit mis sa confiance.

» Quels sont donc ses accusateurs auprès du trône ? Ce ne sont pas sans doute les parlemens qu'il a rappelés ; ce n'est pas sûrement le peuple qu'il a nourri ; ce ne sont pas les créanciers de l'état qu'il a payés, les bons citoyens dont il a secondé les vœux. Qui sont-ils donc ? Je l'ignore, mais il en est ; la justice, la bonté reconnue du roi, ne me permettent pas d'en douter ; quels qu'ils soient, ils sont bien coupables.

» Au défaut des accusateurs, je cherche les crimes qu'ils ont pu dénoncer. Ce ministre, que le roi avoit accordé à ses peuples, comme un don de son amour, comment est-il devenu tout à coup un objet d'animadversion ? Qu'a-t-il fait depuis un an ? Nous venons de le voir, je l'ai dit, je le répète : quand il n'y avoit point d'argent, il nous a payés ; quand il n'y avoit pas de pain, il nous a nourris ; quand il n'y avoit point d'autorité, il a calmé les révoltes. Je l'ai entendu accuser tour à tour d'ébranler le trône et de rendre le roi despote, de sacrifier le peuple à la noblesse, et de sacrifier la noblesse au peuple. J'ai reconnu dans cette accusation le partage ordinaire des hommes justes et impartiaux, et ce double reproche m'a paru un double hommage.

» Je me rappelle encore que je l'ai entendu appeler du nom de factieux ; et je me suis demandé alors quel étoit le sens de cette expression. Je me suis demandé quel autre ministre avoit jamais été plus dévoué au maître qu'il servoit, quel autre avoit été plus jaloux de publier les vertus et les bienfaits du roi, quel autre lui avoit donné et lui avoit attiré plus de bénédictions, plus de témoignages d'amour et de respect.

» Membres des communes, qu'une sensibilité si noble précipitoit au-devant de lui le jour de son dernier triomphe, ce jour où, après avoir craint de le perdre, vous crûtes qu'il vous étoit rendu pour plus long-temps, lorsque vous l'entouriez, lorsqu'au nom du peuple dont vous êtes les augustes représentans, au nom du roi dont vous êtes les sujets fidèles, vous le conjuriez de rester toujours le ministre de l'un et de l'autre, lorsque vous l'arrosiez de vos larmes vertueuses : ah ! dites si c'est avec un visage de factieux, si c'est avec l'insolence d'un chef de parti qu'il recevoit tous ces témoignages de vos bontés. Vous disoit-il, vous demandoit-il autre chose *que de vous confier au roi, que de chérir le roi, que de faire aimer au roi les états généraux ?* Membres des communes, répondez, je vous en conjure, et si ma voix ose publier un mensonge, que la vôtre s'élève pour me confondre.

» Et sa retraite, messieurs, sa retraite avant-hier a-t-elle été celle d'un factieux ? Ses serviteurs les plus intimes, ses amis les plus tendres, sa famille même, ont ignoré son départ. Il a prétexté un projet de campagne ; il a laissé en proie aux inquiétudes tout ce qui l'approchoit, tout ce qui le chérissoit ; on a passé une nuit à le chercher de tous côtés. Que cette conduite soit celle d'un prévaricateur qui veut échapper à l'indignation publique, cela se conçoit ; mais quand on songe qu'il vouloit se dérober à des hommages, à des regrets qu'il eût recueillis partout sur son passage, et qui eussent pu adoucir sa disgrâce ; qu'il a mieux aimé se priver de cette consolation, et souffrir dans la personne de tous ceux qu'il aimoit, que d'être l'occasion d'un instant de trouble ou d'émotion populaire ; qu'enfin, le dernier sentiment qu'il a éprouvé, le dernier devoir qu'il s'est prescrit en quittant la France d'où on le bannissoit, a été de donner au roi et à la nation encore cette preuve de respect et de dévouement, il faut, ou ne pas croire à la vertu, ou reconnoître une des vertus les plus pures qui aient jamais existé sur la terre. »

Les transports de tout un peuple dont je venois d'être témoin, la voiture de mon père traînée par les citoyens des villes que nous traversions, les femmes à genoux dans les campagnes quand elles le voyoient passer, rien ne me fit éprouver une émotion aussi vive qu'une telle opinion prononcée par un tel homme.

En moins de quinze jours, deux millions de gardes nationaux furent sur pied en France. On hâta sans doute l'armement de ces milices, en répandant habilement le bruit, dans chaque ville et dans chaque village, que les brigands alloient arriver[149] ; mais le sentiment unanime qui fit sortir le peuple de tutelle, ne fut inspiré par aucune adresse, ni dirigé par aucun homme ; l'ascendant des corps privilégiés et la force des troupes réglées disparurent en un instant. La nation remplaça tout, elle dit comme le Cid : *Nous nous levons alors ; et il lui suffit de se montrer pour remporter la victoire.* Mais, hélas ! en peu de temps aussi les flatteurs la dépravèrent, parce qu'elle étoit devenue une puissance.

Dans le voyage de Bâle à Paris, les nouvelles autorités constituées venoient haranguer M. Necker à son passage ; il leur recommandoit le respect des propriétés, les égards pour les prêtres et les nobles, l'amour pour le roi. Il fit donner des passe-ports à différentes personnes qui sortoient de France. Le baron de Besenval, qui avoit commandé une partie des troupes allemandes, étoit arrêté à dix lieues de Paris. La municipalité de cette ville avoit ordonné qu'il y fût conduit. M. Necker prit sur lui de suspendre l'exécution de cet ordre, dans la crainte, trop bien motivée, que la populace de Paris ne le massacrât dans sa fureur [150]. Mais M. Necker sentoit à quel danger il s'exposoit, en s'arrogeant ainsi un pouvoir fondé seulement sur sa popularité ; aussi, le lendemain de son retour à Versailles, se rendit-il à l'hôtel de ville pour expliquer sa conduite.

Qu'il me soit permis de m'arrêter encore une fois sur ce jour, le dernier de la prospérité de ma vie qui cependant s'ouvroit à peine devant moi. La population entière de Paris se pressoit en foule dans les rues, on voyoit des hommes et des femmes aux fenêtres et sur les toits, criant : Vive M. Necker ! Quand il arriva près de l'hôtel de ville, les acclamations redoublèrent, la place étoit remplie d'une multitude animée du même sentiment, et qui se précipitoit sur les pas d'un seul homme, et cet homme étoit mon père. Il monta dans la salle de l'hôtel de ville, rendit compte aux magistrats nouvellement élus, de l'ordre qu'il avoit donné pour sauver M. de Besenval ; et leur faisant sentir avec sa délicatesse accoutumée tout ce qui plaidoit en faveur de ceux qui avoient obéi à leur souverain, et qui défendoient un ordre de choses existant depuis plusieurs siècles, il demanda l'amnistie pour le passé, quel qu'il fût, et la réconciliation pour l'avenir. Les confédérés du Rutli, au commencement du quatorzième siècle, en jurant la délivrance de la Suisse, jurèrent aussi d'être justes envers leurs adversaires, et c'est sans doute à cette noble résolution qu'ils durent leur triomphe. Au moment où M. Necker prononça ce mot d'amnistie, il retentit dans tous les cœurs ; aussitôt le peuple, rassemblé sur la place publique, voulut s'y associer. M. Necker alors s'avança sur le balcon, et, proclamant à haute voix les saintes paroles de la paix entre les François de tous les partis, la multitude entière y répondit avec transport. Je ne vis rien de plus dans cet instant, car je perdis connoissance à force de joie.

Aimable et généreuse France, adieu ! Adieu, France, qui vouliez la liberté, et qui pouviez alors si facilement l'obtenir ! Je suis maintenant condamnée à retracer d'abord vos fautes, puis vos forfaits, puis vos malheurs : des lueurs de vos vertus apparoîtront encore ; mais l'éclat même qu'elles jetteront ne servira qu'à mieux faire voir la profondeur de vos misères. Toutefois, vous avez tant mérité d'être aimée, qu'on se flatte encore de vous retrouver enfin telle que vous étiez dans les premiers jours de la réunion nationale. Un ami, qui reviendroit après une longue absence, n'en seroit que plus vivement accueilli.

NOTES

a. Ces lettres sont un trésor de famille que je possède à Coppet.

b. *Correspondance littéraire, philosophique et critique, adressée à un souverain d'Allemagne, par le baron de Grimm et par Diderot.* (Tom. V, pag. 297, mai 1781.)

« Ce n'est que le dimanche matin, 20 de ce mois, que l'on fut instruit, à Paris, de la démission donnée la veille par M. Necker ; on y avoit été préparé, depuis long-temps, par les bruits de la ville et de la cour, par l'impunité des libelles les plus injurieux, et par l'espèce de protection accordée à ceux qui avoient eu le front de les avouer, par toutes les démarches ouvertes et cachées d'un parti puissant et redoutable. Cependant l'on eût dit, à voir l'étonnement universel, que jamais nouvelle n'avoit été plus imprévue : la consternation étoit peinte sur tous les visages ; ceux qui éprouvoient un sentiment contraire étoient en trop petit nombre ; ils auroient rougi de le montrer. Les promenades, les cafés, tous les lieux publics étoient remplis de monde ; mais il régnoit un silence extraordinaire. On se regardoit, on se serroit tristement la main, je dirois comme à la vue d'une calamité publique, si ces premiers momens de trouble n'eussent ressemblé davantage à la douleur d'une famille désolée, qui vient de perdre l'objet et le soutien de ses espérances.

» On donnoit ce même soir, à la Comédie Françoise, une représentation de la Partie de chasse de Henri IV. J'ai vu souvent au spectacle, à Paris, des allusions aux circonstances du moment saisies avec beaucoup de finesse ; mais je n'en ai point vu qui l'aient été avec un intérêt aussi sensible, aussi général. Chaque applaudissement (quand il s'agissoit de Sully), sembloit, pour ainsi dire, porter un caractère particulier, une nuance propre au sentiment dont on étoit pénétré ; c'étoit tour à tour celui des regrets et de la tristesse, de la reconnoissance et du respect ; et tous ces mouvemens étoient si vrais, si justes, si bien marqués, que la parole même n'auroit pu leur donner une expression plus vive et plus intéressante. Rien de ce qui pouvoit s'appliquer sans effort au sentiment du public pour M. Necker ne fut négligé ; souvent les applaudissemens venoient interrompre l'acteur, au moment où l'on prévoyoit que la suite du discours ne seroit plus susceptible d'une application aussi pure, aussi flatteuse, aussi naturelle. Enfin, nous osons croire qu'il est peu d'exemples d'un concert d'opinions plus sensible, plus délicat, et s'il est permis de s'exprimer ainsi, plus involontairement unanime. Les comédiens ont été s'excuser, auprès de M. le lieutenant de police, d'avoir donné lieu à une scène si touchante, mais dont on ne pouvoit leur savoir mauvais gré. Ils ont justifié leur innocence, en prouvant que la pièce étoit sur le répertoire depuis huit jours. On leur a pardonné, et l'on s'est contenté de défendre à cette occasion, aux journalistes, de parler à l'avenir de M. Necker, ni en bien ni en mal.

» Si jamais ministre n'emporta dans sa retraite une gloire plus pure et plus intègre que M. Necker, jamais ministre aussi n'y reçut plus de témoignages de la bienveillance et de l'admiration publiques. Il y eut, les premiers jours, sur le chemin qui conduit à sa maison de campagne, à Saint-Ouen, à deux lieues de Paris, une procession de carrosses presque continuelle. Des hommes de toutes les classes et de toutes les conditions s'empressèrent à lui porter l'hommage de leurs regrets et de leur sensibilité ; et dans ce nombre ou a pu compter les personnes les plus respectables de la ville et de la cour, les prélats les plus distingués par leur naissance et par leur piété, M. l'archevêque de Paris à la tête, les Biron, les Beauvau, les Richelieu, les Choiseul, les Noailles, les Luxembourg, enfin les noms les plus respectés de la France, sans oublier celui du successeur même de M. Necker, qui n'a pas cru pouvoir mieux rassurer les esprits sur les principes de son administration, qu'en donnant lui-même les plus grands éloges à celle de M. Necker, et en se félicitant de n'avoir qu'à suivre une route qu'il trouvoit si heureusement tracée. »

c. Liv. IV, chap. 27, § 5.

d. Édition de Londres, p. 154.

e. Extrait de *l'arrêté du parlement, du 5 décembre 1788, les pairs y séant.* Considérant la situation actuelle de la nation, etc., déclare qu'en distinguant dans les états de 1614 la convocation, la composition et le nombre :

A l'égard du premier objet, la cour a dû réclamer la forme pratiquée à cette époque, c'est-à-dire, la convocation par bailliages et sénéchaussées, non par gouvernemens ou généralités ; cette forme, consacrée de siècle en siècle par les exemples les plus nombreux et par les derniers états, étant surtout le seul moyen d'obtenir la réunion complète des électeurs, par les formes légales, devant les officiers indépendans par leur état :

A l'égard de la composition, la cour n'a pu ni dû porter la moindre atteinte au droit des électeurs, droit naturel, constitutionnel et respecté jusqu'à présent, de donner leurs pouvoirs aux citoyens qu'ils en jugent les plus dignes :

A l'égard du nombre, celui des députés respectifs n'étant déterminé par aucune loi, ni par aucun usage constant pour aucun ordre, il n'a été ni dans le pouvoir ni dans l'intention de la cour d'y suppléer, ladite cour ne pouvant, sur cet objet, que s'en rapporter à la sagesse du roi sur les mesures nécessaires à prendre pour parvenir aux modifications que la raison, la liberté, la justice et le vœu général peuvent indiquer.

Ladite cour a de plus arrêté que ledit seigneur roi seroit supplié très-humblement de ne plus permettre aucun délai pour la tenue des états généraux, et de considérer qu'il ne subsisteroit aucun prétexte d'agitation dans les esprits, ni d'inquiétude parmi les ordres, s'il lui plaisoit, en convoquant les états généraux, de déclarer et consacrer :

Le retour des états généraux ;

Leur droit d'hypothéquer aux créanciers de l'état des impôts déterminés ; leur obligation envers les peuples de n'accorder aucun autre subside qui ne soit défini pour la somme et pour le temps ; leur droit de fixer et d'assigner librement, sur les demandes dudit seigneur roi, les fonds de chaque département ;

La résolution dudit seigneur roi de concerter d'abord la suppression de tous impôts distinctifs des ordres, avec le seul qui le supporte, ensuite leur remplacement, avec les trois ordres, par des subsides communs également répartis ;

La responsabilité des ministres ;

Le droit des états généraux d'accuser et traduire devant les cours, dans tous les cas intéressant directement la nation entière, sans préjudice des droits du procureur général dans les mêmes cas ;

Les rapports des états généraux avec les cours souveraines, en telle sorte que les cours ne doivent ni ne puissent souffrir la levée d'aucun subside qui ne soit accordé, ni concourir à l'exécution d'aucune loi qui ne soit demandée ou concertée par les états généraux ; la liberté individuelle des citoyens, par l'obligation de remettre immédiatement tout homme arrêté dans une prison royale, entre les mains de ses juges naturels.

Et la liberté légitime de la presse, seule ressource prompte et certaine des gens de bien contre la licence des méchans, sauf à répondre des écrits répréhensibles après l'impression, suivant l'exigence des cas.

Au moyen de ces préliminaires, qui sont dès à présent dans la main du roi, et sans lesquels on ne peut concevoir une assemblée vraiment nationale, il semble à la cour que le roi donneroit à la magistrature la plus douce récompense de son zèle, en procurant à la nation, par le moyen d'une solide liberté, tout le bonheur dont elle est digne.

Arrêté, en conséquence, que les motifs, les principes et les vœux du présent arrêté seront mis sous les yeux du seigneur roi par la voie de très-humbles et très-respectueuses supplications.

f. C'est dans ce même lieu, Saint-Ouen, que mon père a passé sa vie. Je ne puis m'empêcher, tout puéril qu'est ce rapprochement, d'en être frappée.

DEUXIÈME PARTIE

CHAPITRE PREMIER

Mirabeau

On diroit qu'à toutes les époques de l'histoire il y a des personnages qu'on peut considérer comme les représentans du bon et du mauvais principe. Tels étoient Cicéron et Catilina dans Rome ; tels furent M. Necker et Mirabeau en France. Mirabeau, doué de l'esprit le plus énergique et le plus étendu, se crut assez fort pour renverser le gouvernement, et pour établir sur les ruines un ordre de choses quelconque qui fût l'œuvre de ses mains. Ce projet gigantesque perdit la France et le perdit lui-même ; car il se conduisit d'abord comme un factieux, bien que sa véritable manière de voir fût celle de l'homme d'état le plus réfléchi. Ayant passé toute sa vie, jusqu'à quarante ans qu'il avoit alors, dans les procès, les enlèvemens et les prisons, il étoit banni de la bonne compagnie, et son premier désir étoit d'y rentrer. Mais il falloit mettre le feu à l'édifice social, pour que les portes des salons de Paris lui fussent ouvertes. Mirabeau, comme tous les hommes sans morale, vit d'abord son intérêt personnel dans la chose publique, et sa prévoyance fut bornée par son égoïsme [1].

Un malheureux député de la commune, homme à bonne intention, mais sans aucune sorte de talent, rendit compte à l'assemblée constituante de la journée de l'hôtel de ville, dans laquelle M. Necker avoit triomphé des passions haineuses qu'on vouloit exciter parmi le peuple ; ce député hésitoit si péniblement, il s'exprimoit avec une telle froideur, et cependant il montroit un tel désir d'être éloquent, qu'il détruisit tout l'effet de l'admirable récit dont il s'étoit chargé.

Mirabeau, blessé néanmoins jusqu'au fond de son orgueil des succès de M. Necker, se promit de défaire par l'ironie dans l'assemblée, et par des soupçons auprès du peuple, ce que l'enthousiasme avoit produit. Il se rendit dès le jour même dans toutes les sections de Paris [2], et il obtint la rétractation de l'amnistie accordée la veille ; il tacha d'exaspérer les esprits contre les projets qu'avoit eus la cour, et fit naître chez les Parisiens une certaine crainte de passer pour bons jusqu'à la duperie, crainte qui agit toujours sur eux, car ils veulent avant tout qu'on les croie pénétrans et redoutables. Mirabeau, en arrachant à M. Necker la palme de la paix intérieure, porta le premier coup à sa popularité : mais ce revers devoit être suivi de beaucoup d'autres ; car du moment que l'on excitoit le parti populaire à persécuter les vaincus, M. Necker ne pouvoit plus rester avec les vainqueurs [3].

Mirabeau se hâta de proclamer les principes les plus désorganisateurs, lui dont la raison, isolée de son caractère, étoit parfaitement sage et lumineuse. M. Necker a dit de lui, dans un de ses ouvrages, qu'il étoit *tribun par calcul et aristocrate par goût*. Rien ne pouvoit mieux le peindre : non-seulement son esprit étoit trop supérieur pour ne pas connoître l'impossibilité de la démocratie en France ; mais ce gouvernement eût été praticable qu'il ne s'en seroit pas soucié. Il attachoit un grand prix de vanité à sa naissance ; en parlant de la Saint-Barthélemi on l'entendoit dire : *L'amiral Coligni, qui, par parenthèse, étoit mon cousin*, tant il cherchoit l'occasion de rappeler qu'il étoit bon gentilhomme.

Ses goûts dispendieux lui rendoient l'argent fort nécessaire, et l'on a reproché à M. Necker de ne lui en avoir pas donné à l'ouverture des états généraux. Les autres ministres s'étoient chargés de ce genre d'affaires, auquel le caractère de M. Necker n'étoit point propre. D'ailleurs Mirabeau, soit qu'il acceptât ou non l'argent de la cour, étoit bien décidé à se faire le maître et non l'instrument de cette cour, et l'on n'auroit jamais obtenu de lui qu'il renonçât à sa force démagogique, avant que cette force l'eût conduit à la tête du gouvernement. Il proclamoit la réunion de tous les pouvoirs dans une seule assemblée, bien qu'il sût parfaitement qu'une telle organisation politique étoit destructive de tout bien ; mais il se persuadoit que la France seroit dans sa main, et qu'il pourroit, après l'avoir précipitée dans la confusion, l'en retirer à sa volonté. La morale est la science des sciences, à ne la considérer que sous le rapport du calcul, et il y a toujours des limites à l'esprit de ceux qui n'ont pas senti l'harmonie de la nature des choses avec les devoirs de l'homme. *La petite morale tue la grande*, répétoit souvent Mirabeau ; mais l'occasion de la grande ne se présentoit guère, selon lui, dans tout le cours d'une vie.

Il avoit plus d'esprit que de talent, et ce n'étoit jamais qu'avec effort qu'il improvisoit à la tribune. Cette même difficulté de rédaction le fit avoir recours à ses amis, pour l'aider dans tous ses ouvrages[4], mais cependant aucun d'eux, après sa mort, n'auroit pu écrire ce qu'il savoit leur inspirer. Il disoit, en parlant de l'abbé Mauri : *Quand il a raison, nous disputons; quand il a tort, je l'écrase;* mais c'est que l'abbé Mauri défendoit souvent, même de bonnes causes, avec cette espèce de faconde qui ne vient pas de l'émotion intime de l'âme[5].

Si l'on avoit admis les ministres dans l'assemblée, M. Necker, qui plus que personne étoit capable de s'exprimer avec force et avec chaleur, auroit, je le crois, triomphé de Mirabeau. Mais il étoit réduit à envoyer des mémoires, et ne pouvoit entrer dans la discussion. Mirabeau attaquoit le ministre en son absence, tout en louant sa bonté, sa générosité, sa popularité, avec un respect trompeur singulièrement redoutable; et pourtant il admiroit sincèrement M. Necker, et ne s'en cachoit point à ses amis; mais il savoit bien qu'un caractère aussi scrupuleux ne s'allieroit jamais avec le sien, et il vouloit en détruire l'influence[6].

M. Necker étoit réduit au système défensif; l'autre attaquoit avec d'autant plus d'audace que ni les succès, ni la responsabilité de l'administration ne le regardoient. M. Necker, en défendant l'autorité royale, abdiquoit nécessairement la faveur du parti populaire. Cependant il savoit par expérience que le roi avoit des conseillers secrets et des plans particuliers, et il n'étoit pas assuré de lui faire suivre la marche qu'il croiroit la meilleure. Des obstacles de tout genre entravoient chacun de ses pas; il ne pouvoit parler ouvertement sur rien; néanmoins la ligne qu'il suivoit toujours, c'étoit celle que lui traçoit son devoir de ministre. La nation et le roi avoient changé de place : le roi étoit devenu de beaucoup, et de beaucoup trop, le plus foible. Ainsi donc M. Necker devoit défendre le trône auprès de la nation, comme il avoit défendu la nation auprès du trône. Mais tous ces sentimens généreux n'embarrasoient point Mirabeau; il se mettoit à la tête du parti qui vouloit gagner à tout prix de l'importance politique, et les principes les plus abstraits n'étoient pour lui que des moyens d'intrigue.

La nature l'avoit bien servi, en lui donnant les défauts et les avantages qui agissent sur une assemblée populaire : de l'amertume, de la plaisanterie, de la force et de l'originalité. Quand il se levoit pour parler, quand il montoit à la tribune, la curiosité de tous étoit excitée; personne ne l'estimoit mais on avoit une si haute idée de ses facultés que nul n'osoit l'attaquer, si ce n'est ceux des aristocrates qui, ne se servant point de la parole, lui envoyaient défi sur défi pour l'appeler en duel. Il s'y refusoit toujours, prenant note sur ses tablettes des propositions de ce genre qu'on lui adressoit, et promettant qu'il y répondroit à la fin de l'assemblée. Il n'est pas juste, disoit-il, en parlant d'un honnête gentilhomme de je ne sais quelle province, que j'expose un homme d'esprit comme moi contre un sot comme lui. Et, chose bizarre dans un pays tel que la France, cette conduite ne le déconsidéroit pas ; elle ne faisoit pas même suspecter son courage. Il y avoit quelque chose de si martial dans son esprit, de si hardi dans ses manières, qu'on ne pouvoit accuser un tel homme d'aucune peur.

CHAPITRE II

De l'assemblée constituante après le 14 juillet

Le tiers état et la minorité de la noblesse et du clergé, composoient la majorité de l'assemblée constituante, et cette assemblée disposoit de la France. Depuis le 14 juillet rien n'étoit plus imposant que le spectacle de douze cents députés, écoutés par de nombreux spectateurs, et s'enflammant au seul nom des grandes vérités qui ont occupé l'esprit humain depuis l'origine de la société sur la terre. Cette assemblée étoit peuple par ses passions ; mais aucune réunion ne pouvoit présenter une aussi grande masse de lumières. L'électricité des pensées s'y communiquoit en un instant, parce que l'action des hommes sur les hommes est irrésistible, et que rien ne parloit davantage à l'imagination que cette volonté sans armes, brisant d'antiques chaînes que la conquête avoit jadis forgées, et que la simple raison faisoit tout-à-coup disparoître. Il faut se transporter en 1789, lorsque les préjugés seuls avoient fait du mal au monde, et que la liberté non souillée étoit le culte de tous les esprits supérieurs. L'on concevra facilement l'enthousiasme dont on étoit saisi à l'aspect de tant d'individus appartenant à diverses classes, et venant, les uns offrir leurs sacrifices, les autres prendre possession de leurs droits. Néanmoins on pressentoit l'arrogance du pouvoir dans ces souverains d'un nouveau genre, qui se disoient les dépositaires d'une autorité sans limites, celle du peuple. Les Anglois s'étoient créé lentement une organisation politique nouvelle ; les François, la voyant solidement établie ailleurs depuis plus de cent ans, devoient s'en tirer à l'imiter.

Mounier, Lalli, Malouet, Clermont-Tonnerre [7], se montrèrent les appuis de la prérogative royale, dès que la révolution eut désarmé les partisans de l'ancien régime. Non-seulement la réflexion, mais un mouvement involontaire attache aux puissans tombés dans le malheur, surtout quand d'augustes souvenirs les environnent. Cette disposition généreuse auroit été celle des François, si le besoin d'être applaudi ne l'emportoit pas chez eux sur toute autre impulsion ; et l'esprit du temps inspiroit des maximes démagogiques à ces mêmes gens qui devoient faire ensuite l'apologie du despotisme.

Un homme d'esprit disoit jadis : « Quel que soit le ministre des finances qui doive être nommé, je suis d'avance son ami ; et même un peu son parent. » Il faudroit, au contraire, en France être toujours l'ami du parti battu, quel qu'il soit ; car la puissance déprave les François plus que les autres hommes. L'habitude de vivre à la cour, ou de désirer d'y arriver, a formé les esprits à la vanité ; et dans un gouvernement arbitraire on n'a pas l'idée d'une autre doctrine que celle du succès. Ce sont les défauts acquis et développés par la servilité, qui ont été la cause des excès de la licence.

Chaque ville, chaque village envoyoit des félicitations à l'assemblée constituante, et celui qui avoit rédigé l'une de ces quarante mille adresses, se croyoit un émule de Montesquieu.

La foule des spectateurs qu'on admettoit dans les galeries, animoit les orateurs tellement que chacun vouloit obtenir pour son compte ce bruit des applaudissemens, dont la jouissance nouvelle séduisoit les amours-propres. En Angleterre, il est interdit de lire un discours, il faut l'improviser ; ainsi le nombre des personnes capables de parler est nécessairement très-réduit ; mais lorsqu'on permet de lire ce qu'on a écrit soi-même, ou ce que les autres ont écrit pour nous, les hommes supérieurs ne sont plus les chefs permanens des assemblées, et l'on perd ainsi l'un des plus grands avantages des gouvernemens libres, celui de mettre le talent à sa place, et par conséquent d'encourager tous les hommes à perfectionner leurs facultés. Quand on peut être courtisan du peuple avec aussi peu de talens qu'il en faut pour être courtisan des princes, l'espèce humaine n'y gagne rien.

Les déclamations démocratiques avec lesquelles on réussissoit à la tribune, se transformoient en mauvaises actions dans les provinces ; on brûloit les châteaux, en exécution des épigrammes prononcées par les orateurs de l'assemblée, et c'étoit à coup de phrases que l'on désorganisoit le royaume.

L'assemblée étoit saisie par un enthousiasme philosophique, dont l'exemple de l'Amérique étoit une des causes. On voyoit un pays qui, n'ayant point encore d'histoire, n'avoit rien eu d'ancien à ménager, si ce n'est les excellentes règles de la jurisprudence angloise qui, depuis long-temps adoptées en Amérique, y avoient fondé l'esprit de justice et de raison. On se flattoit en France de pouvoir prendre pour base les principes de gouvernement qu'un peuple nouveau avoit eu raison d'adopter ; mais au milieu de l'Europe ; et avec une caste de privilégiés, dont il falloit apaiser les prétentions, un tel projet étoit impraticable ; et d'ailleurs, comment concilier les institutions d'une république avec l'existence d'une monarchie ? La constitution angloise offroit le seul exemple de ce problème résolu. Mais une manie de vanité presque littéraire inspiroit aux François le besoin d'innover à cet égard. Ils craignoient, comme un auteur, d'emprunter les caractères ou les situations d'un ouvrage déjà existant. Or, en fait de fictions, on a raison d'être original ; mais, quand il s'agit d'institutions réelles, l'on est trop heureux que l'expérience les ait garanties. Certes, j'aurois honte, dans ce temps-ci plus que dans tout autre[8], de me mêler aux déclamations contre la première assemblée représentative de France : elle renfermoit des hommes du plus rare mérite, et c'est à la réforme opérée par elle que la nation est redevable encore des richesses de raison et de liberté qu'elle veut et doit conserver à tout prix. Mais si cette assemblée avoit joint à ses rares lumières une moralité plus scrupuleuse, elle auroit trouvé le point juste entre les deux partis qui se disputoient, pour ainsi dire, la théorie politique.

CHAPITRE III

Le général de la Fayette

M. de la Fayette, ayant combattu dès sa première jeunesse pour la cause de l'Amérique, s'étoit pénétré de bonne heure des principes de liberté qui font la base du gouvernement des États-Unis ; s'il a commis des erreurs relativement à la révolution de France, elles tiennent toutes à son admiration pour les institutions américaines, et pour le héros citoyen Washington, qui a guidé les premiers pas de sa nation dans la carrière de l'indépendance[9]. M. de la Fayette, jeune, riche, noble, aimé dans sa patrie, quitta tous ces avantages, à l'âge de dix-neuf ans, pour aller servir au-delà des mers cette liberté dont l'amour a décidé de toute sa vie. S'il avoit eu le bonheur de naître aux États-Unis, sa conduite eût été celle de Washington : le même désintéressement, le même enthousiasme ; la même persévérance dans les opinions, distinguent l'un et l'autre de ces généreux amis de l'humanité. Si le général Washington avoit été, comme le marquis de la Fayette, chef de la garde nationale de Paris, peut-être aussi n'auroit-il pu triompher des circonstances ; peut-être auroit-il aussi échoué contre la difficulté d'être fidèle à ses sermens envers le roi, et d'établir cependant la liberté de la nation.

M. de la Fayette, il faut le dire, doit être considéré comme un véritable républicain ; aucune des vanités de sa classe n'est jamais entrée dans sa tête ; la puissance, dont l'effet est si grand en France, n'a point d'ascendant sur lui ; le désir de plaire dans les salons ne modifie pas la moindre de ses paroles ; il a sacrifié toute sa fortune à ses opinions avec la plus généreuse indifférence. Dans les prisons d'Olmütz [10] comme au pinacle du crédit, il a été également inébranlable dans son attachement aux mêmes principes. C'est un homme dont la façon de voir et de se conduire est parfaitement directe. Qui l'a observé peut savoir d'avance avec certitude ce qu'il fera dans toute occasion. Son esprit politique est pareil à celui des Américains des États-Unis, et sa figure même est plus angloise que françoise. Les haines dont M. de la Fayette est l'objet n'ont jamais aigri son caractère, et sa douceur d'âme est parfaite ; mais aussi rien n'a jamais modifié ses opinions, et sa confiance dans le triomphe de la liberté est la même que celle d'un homme pieux dans la vie à venir. Ces sentimens, si contraires aux calculs égoïstes de la plupart des hommes qui ont joué un rôle en France, pourroient bien paroître à quelques-uns assez dignes de pitié : il est si niais, pensent-ils, de préférer son pays à soi ; de ne pas changer de parti quand ce parti est battu ; enfin de considérer la race humaine, non comme des cartes à jouer qu'il faut faire servir à son profit, mais comme l'objet sacré d'un dévouement absolu. Néanmoins, si c'est ainsi qu'on peut encourir le reproche de niaiserie, puissent nos hommes d'esprit le mériter une fois ! C'est un phénomène singulier, qu'un caractère pareil à celui de M. de la Fayette se soit développé dans le premier rang des gentilshommes françois ; mais on ne peut l'accuser ni le justifier impartialement, sans le reconnoître pour tel que je viens de le peindre. Il est alors facile de comprendre les divers contrastes qui devoient naître entre sa situation et sa manière d'être. Soutenant la monarchie par devoir plus que par goût, il se rapprochoit involontairement des principes des démocrates qu'il étoit obligé de combattre ; et l'on pouvoit apercevoir en lui quelque foible pour les amis de la république, quoique sa raison lui défendît d'admettre leur système en France. Depuis le départ de M. de la Fayette pour l'Amérique, il y a quarante ans [11], on ne peut citer ni une action, ni une parole de lui qui n'ait été dans la même ligne, sans qu'aucun intérêt personnel se soit jamais mêlé à sa conduite. Le succès auroit mis cette manière d'être en relief ; mais elle mérite toute l'attention de l'historien, malgré les circonstances et même les fautes qui peuvent servir d'armes aux ennemis [12].

Le 11 juillet, avant que le tiers état eût triomphé ; M. de la Fayette parut à la tribune de l'assemblée constituante, pour proposer une déclaration des droits à peu près semblable à celle que les Américains mirent à la tête de leur constitution, lorsqu'ils eurent conquis leur indépendance [13]. Les Anglois aussi, quand ils appelèrent Guillaume III à la couronne après l'exclusion des Stuarts, lui firent signer un bill des droits sur lesquels la constitution actuelle de l'Angleterre est fondée [14]. Mais la déclaration des droits d'Amérique étant destinée à un peuple où nul privilége antérieur n'opposoit d'obstacle au dessein pur de la raison, on mit à la tête de cette déclaration des principes universels sur la liberté et l'égalité politiques, tout-à-fait d'accord avec les lumières déjà répandues parmi la nation américaine. En Angleterre le bill des droits ne portoit point sur des idées générales, il consacroit des lois et des institutions positives [15].

La déclaration des droits de 1789 renfermoit ce qu'il y avoit de meilleur dans celles d'Angleterre et d'Amérique ; mais peut-être auroit-il mieux valu s'en tenir à ce qui, d'une part, n'est pas contestable, et, de l'autre, ne sauroit être susceptible d'aucune interprétation dangereuse. Il n'y a pas de doute que *les distinctions sociales ne peuvent avoir d'autre but que l'utilité de tous, que tous les pouvoirs politiques émanent de l'intérêt du peuple, que les hommes naissent et demeurent libres et égaux devant la loi ; mais il y a bien de l'espace pour des sophismes [16] dans un champ aussi vaste, tandis que rien n'est plus clair et plus positif que l'application de ces vérités à la liberté individuelle, à l'établissement du juri, à la liberté de la presse, à l'élection populaire, à la division du pouvoir législatif, au consentement des subsides, etc. Philippe-le-Long a dit que *tout homme, et en particulier tout François, naissoit et demeuroit libre ;* l'on sait au reste qu'il ne s'est pas laissé gêner par les conséquences de cette maxime ; mais les nations pourroient y attacher un sens plus étendu que les rois. Quand la déclaration des droits de l'homme parut dans l'assemblée constituante, au milieu de tous ces jeunes gentilshommes naguère courtisans, ils apportèrent l'un après l'autre à la tribune leurs phrases philosophiques, se complaisant dans des débats minutieux sur la rédaction de telle ou telle maxime, dont la vérité est pourtant si évidente que les mots les plus simples de toutes les langues peuvent l'exprimer également. L'on prévit alors que rien de stable ne pourroit sortir d'un travail dont la vanité, frivole et factieuse tout ensemble, s'étoit si vite emparée.

CHAPITRE IV

Des biens opérés par l'assemblée constituante

Avant de retracer les funestes événemens qui ont dénaturé la révolution françoise, et perdu en Europe, pour long-temps peut-être, la cause de la raison et de la liberté, examinons les principes proclamés par l'assemblée constituante, et présentons le tableau des biens que leur application a produits et produit encore en France, malgré tous les malheurs qui ont pesé sur ce pays.

La torture subsistoit en 1789 ; le roi n'avoit aboli que la question préparatoire ; des supplices tels que la roue, et des tourmens pareils à ceux qui avoient été infligés pendant trois jours à Damiens, étoient encore admis dans de certains cas. L'assemblée constituante abolit jusqu'au nom de ces barbaries judiciaires [17]. Les lois sur les protestans, déjà améliorées par les avant-coureurs des états généraux en 1787, furent remplacées par la liberté des cultes la plus complète [18].

Les procès criminels n'étoient point instruits en public ; et non-seulement il se commettoit beaucoup d'erreurs irréparables, mais on en supposoit encore davantage : car tout ce qui n'est pas mis en évidence en fait d'actes des tribunaux, passe toujours pour injuste.

L'assemblée constituante introduisit en France toute la jurisprudence criminelle de l'Angleterre, et peut-être la perfectionna-t-elle encore à quelques égards, n'étant liée dans son travail par aucune coutume ancienne. M. de la Fayette, dès qu'il fut nommé chef de la force armée de Paris, déclara à la commune de cette ville, qu'il ne pouvoit se permettre d'arrêter personne, si l'on n'accordoit pas aux accusés un défenseur, la communication des pièces, la confrontation des témoins, et la publicité de la procédure. En conséquence de cette réclamation, aussi belle que rare dans un chef militaire, la commune demanda et obtint de l'assemblée constituante ces précieuses garanties, en attendant que l'établissement des jurés prévînt toute anxiété sur l'équité des jugemens [19].

Les parlemens étoient, comme l'histoire le prouve, des corps privilégiés, instrumens des passions politiques ; mais par cela seul qu'il y avoit quelque indépendance dans leur organisation, et que le respect des formes y étoit consacré, les ministres des rois ont été sans cesse en guerre avec eux ; et, comme nous l'avons dit plus haut, il n'y a presque pas eu depuis le commencement de la monarchie françoise un crime d'état, dont la connoissance n'ait été soustraite aux tribunaux ordinaires, ou dans le jugement duquel les formes voulues par la loi aient été suivies. En examinant la liste sans fin des ministres, des nobles et des citoyens, condamnés à mort pour des causes politiques, depuis plusieurs siècles, on voit, il faut le dire à l'honneur de la magistrature légale, que le gouvernement a été obligé de renvoyer les procès à des commissions extraordinaires quand il a voulu s'assurer des sentences [20]. Ces commissions étoient souvent prises, il est vrai, parmi les anciens magistrats, mais non d'après les coutumes établies ; et cependant le gouvernement ne pouvoit que trop se fier en général à l'esprit des tribunaux. La jurisprudence criminelle de France étoit toute entière vengeresse de ce qu'on appeloit l'état, et nullement protectrice des individus. Par une suite des abus aristocratiques qui dévoroient la nation, les procès civils étoient conduits avec beaucoup plus d'équité que les procès criminels, parce que les premières classes y étoient plus intéressées. On ne fait guère encore, en France, de distinction entre un accusé et un homme reconnu coupable [21] ; tandis qu'en Angleterre le juge avertit lui-même le prévenu qu'il interroge, de l'importance des questions qu'il lui fait, et du danger auquel pourroient l'exposer ses réponses. Il n'est sorte de moyens, à commencer par les commissaires de police, et à finir par la torture, qui n'aient été employés par la jurisprudence ancienne, et par les tribunaux révolutionnaires, pour faire tomber dans le piége l'homme à qui la société doit accorder d'autant plus de moyens de défense, qu'elle se croit le triste droit de le faire périr.

Si l'assemblée constituante avoit supprimé la peine de mort au moins pour les délits politiques, peut-être les assassinats judiciaires, dont nous avons été les témoins, n'auroient-ils pas eu lieu [22]. L'empereur Léopold II, comme grand-duc de Toscane, supprima la peine de mort dans ses états ; et, loin que les délits aient été augmentés par la douceur de la législation, les prisons furent vides pendant des mois entiers, ce qui n'avoit jamais eu lieu auparavant [23]. L'assemblée nationale substitua aux parlemens, composés de membres dont les charges étoient vénales, l'admirable institution des jurés, qui sera chaque jour plus vénérée, à mesure qu'on en sentira mieux les bienfaits. Quelques circonstances bien rares peuvent intimider les jurés, lorsque les autorités et le peuple se réunissent pour les effrayer. Mais néanmoins l'on a vu la plupart des factions qui se sont emparées du pouvoir, se défier de l'équité des jurés, et les suspendre pour y substituer des commissions militaires, des cours prévôtales, des cours spéciales [24], tous ces noms qui servent de déguisement aux meurtres politiques. L'assemblée constituante, au contraire, a restreint le plus qu'il étoit possible la compétence des conseils de guerre, les bornant uniquement aux délits commis par des militaires en temps de guerre, et en pays étranger ; elle a retiré aux cours prévôtales les attributions qu'on a voulu malheureusement rétablir depuis, et même étendre [25].

Les lettres de cachet permettoient au pouvoir royal, et par conséquent ministériel, d'exiler, de bannir, de déporter, d'enfermer pour sa vie entière, sans jugement, un homme quel qu'il fût. Une telle puissance, partout où elle existe, constitue le despotisme : elle devoit être anéantie du jour où il y avoit des députés de la nation réunis en France.

L'assemblée constituante, en proclamant la parfaite liberté des cultes, replaçoit la religion dans son sanctuaire, la conscience ; et douze siècles de superstition, d'hypocrisie et de massacres ne laissoient plus de vestiges, grâce à quelques momens pendant lesquels le pouvoir s'étoit trouvé entre les mains d'hommes éclairés.

Les vœux religieux n'ont plus été reconnus par la loi ; chaque individu de l'un et de l'autre sexe pouvoit encore s'imposer les privations les plus bizarres, s'il croyoit plaire ainsi à l'auteur de toutes les jouissances vertueuses et pures ; mais la société ne s'est plus chargée de forcer les moines et les religieuses à rester dans leurs couvens, quand ils se repentoient des promesses infortunées que l'exaltation leur avoit inspirées. Les cadets de famille, que l'on forçoit souvent à prendre l'état ecclésiastique, se sont trouvés libres de leurs chaînes, et plus libres encore quand les biens du clergé furent devenus la propriété de l'état [26].

Cent mille nobles étoient exempts de payer des impôts [27]. Ils ne pouvoient pas rendre raison d'une insulte à un citoyen ou à un soldat du tiers état, parce qu'ils étoient censés d'une autre race. L'on ne pouvoit choisir des officiers que parmi ces privilégiés, excepté dans l'artillerie et le génie [28] ; armes pour lesquelles il falloit plus d'instruction que les nobles de province n'en avoient d'ordinaire ; et cependant l'on donnoit des régimens à de jeunes seigneurs incapables de les conduire [29], parce qu'un gentilhomme ne pouvant faire que le métier des armes, il falloit bien que l'état se chargeât de son existence.

barbarie féodale

De là résulte, qu'à la bravoure près, l'armée françoise de l'ancien régime devenoit chaque jour moins respectable aux yeux des étrangers. Quelle émulation et quels talens militaires l'égalité des citoyens n'a-t-elle pas fait naître en France ! C'est ainsi que l'on a dû à l'assemblée constituante cette gloire de nos armes dont nous avons eu raison d'être fiers, tant qu'elle n'est pas devenue la propriété d'un seul homme [30].

L'autorité suprême du roi lui permettoit de dérober, par des lettres de cachet, un gentilhomme à l'action de la loi, quand il avoit commis un crime. Le comte de Charolois en fut un exemple frappant dans le dernier siècle [31], et beaucoup d'autres du même genre pourroient être cités. Cependant, par un singulier contraste, les parens des nobles ne perdoient rien de leur éclat quand un des leurs subissoit la peine de mort, et la famille d'un homme du tiers état étoit déshonorée, si les tribunaux le condamnoient au supplice infamant de la potence, dont les nobles seuls étoient exempts.

Tous ces préjugés disparurent en un jour. L'autorité de la raison est immense, dès qu'elle peut se montrer sans obstacles. L'on a beau faire depuis quinze ans, rien ne relèvera dans l'opinion nationale les abus que la force seule avoit maintenus.

On doit à l'assemblée constituante la suppression des castes en France, et la liberté civile pour tous ; on la lui doit au moins telle qu'elle existe dans ses décrets : car il a fallu toujours s'en écarter dès qu'on a voulu rétablir, sous des noms nouveaux ou anciens, tous les abus supprimés.

La législation en France étoit tellement bigarrée, que non-seulement des lois particulières régissoient les divers ordres de l'état, mais que chaque province, comme nous l'avons dit, avoit ses priviléges distincts. L'assemblée constituante, en divisant la France en quatre-vingt-trois départemens, effaça ces anciennes séparations ; elle supprima les impôts sur le sel et sur le tabac, taxes aussi dispendieuses que gênantes, et qui exposoient aux peines les plus graves une foule de pères de famille, que la facilité de la contrebande entraînoit à violer des lois injustes. Un système uniforme d'impôts fut établi, et ce bienfait au moins est pour jamais assuré [32].

Des distinctions de tout genre étoient inventées par les gentilshommes du second ordre, afin de se garantir de l'égalité dont ils sont, il est vrai, menacés de près. Des privilégiés de la veille aspiroient avant tout à ne pas être confondus avec la nation, dont ils faisoient naguère partie. Les droits féodaux, ainsi que les dîmes, pesoient sur la classe indigente ; des servitudes personnelles, telles que les corvées, et d'autres restes de la barbarie féodale, existoient encore partout. Les droits de chasse ruinoient les agriculteurs, et l'insolence de ces droits étoit au moins aussi révoltante que le mal positif qu'on en souffroit[33].

Si l'on s'étonne de voir que la France a tant de ressources encore[34], malgré ses revers ; si, malgré la perte des colonies, le commerce s'est ouvert de nouvelles routes ; si les progrès de l'agriculture sont inconcevables, malgré la conscription et l'invasion des troupes étrangères, c'est aux décrets de l'assemblée constituante qu'il faut l'attribuer. La France de l'ancien régime auroit succombé à la millième partie des maux que la France nouvelle a supportés.

La division des propriétés, par la vente des biens du clergé, a retiré de la misère une très-nombreuse classe de la société. C'est à la suppression des maîtrises, des jurandes[35], de toutes les gênes imposées à l'industrie, qu'il faut attribuer l'accroissement des manufactures, et l'esprit d'entreprise qui s'est montré de toutes parts. Enfin une nation, depuis long-temps attachée à la glèbe, est sortie, pour ainsi dire, de dessous terre ; et l'on s'étonne encore, malgré les fléaux de la discorde civile, de tout ce qu'il y a de talens, de richesses et d'émulation dans un pays qu'on délivre de la triple chaîne d'une église intolérante, d'une noblesse féodale, et d'une autorité royale sans limites.

Les finances, qui paroissoient un travail si compliqué, s'arrangèrent, pour ainsi dire, d'elles-mêmes, du moment qu'il fut décidé que les impôts seroient consentis par les représentants du peuple, et que la publicité seroit admise dans le compte des revenus et des dépenses. L'assemblée constituante est peut-être la seule en France qui ait véritablement représenté le vœu de la nation[36], et c'est à cause de cela que sa force étoit incalculable.

Une autre aristocratie, celle de la capitale, existoit impérieusement. Tout se faisoit à Paris, ou plutôt à Versailles, car le pouvoir étoit concentré tout entier dans les ministres et dans la cour. L'assemblée constituante accomplit facilement le projet que M. Necker avoit en vain tenté, l'établissement des assemblées provinciales. Il y en eut dans chaque département[37], et des municipalités furent instituées dans chaque ville[38]. Les intérêts locaux furent ainsi soignés par des administrateurs qui y prenoient part et qui étoient connus des administrés. De toutes parts se répandoient la vie, l'émulation, les lumières ; il y eut une France au lieu d'une capitale, une capitale au lieu d'une cour. Enfin la voix du peuple, appelée depuis si long-temps la voix de Dieu, fut consultée par le gouvernement ; et elle l'auroit bien dirigé, si, comme nous sommes condamnés à le rappeler, l'assemblée constituante n'avoit pas mis trop de précipitation dans ses réformes dès les premiers jours de sa puissance ; et si elle n'étoit pas, bientôt après, tombée dans les mains des factieux[39] qui, n'ayant plus rien à moissonner dans le champ du bien, essayèrent du mal pour s'ouvrir une nouvelle carrière.

L'établissement de la garde nationale est encore l'un des plus grands bienfaits de l'assemblée constituante ; là où les soldats seuls sont armés, et non les citoyens, il ne peut exister aucune liberté durable.

Enfin l'assemblée constituante, en proclamant le renoncement aux conquêtes, sembloit inspirée par une crainte prophétique ; elle vouloit tourner la vivacité des François vers les améliorations intérieures, et mettre l'empire de la pensée au-dessus de celui des armes[40]. Tous les hommes médiocres appellent volontiers les baïonnettes à leur secours contre les argumens de la raison, afin d'agir par quelque chose qui soit aussi machine que leur tête ; mais les esprits supérieurs, ne désirant que le développement de la pensée, savent combien la guerre y met d'obstacles. Le bien que l'assemblée constituante a fait à la France a sans doute inspiré à la nation le sentiment d'énergie qui l'a portée à défendre les droits qu'elle avoit acquis ; mais les principes de cette même assemblée, il faut lui rendre cette justice, étoient très-pacifiques[41] ; elle ne portoit envie à aucune portion de l'Europe ; et, si dans un miroir magique on lui eût présenté la France perdant sa liberté par ses victoires, elle auroit tâché de combattre cette impulsion du sang par celle des idées, qui est d'un ordre bien plus élevé.

CHAPITRE V

De la liberté de la presse, et de la police pendant l'assemblée constituante

Non-seulement l'assemblée constituante mérite la reconnoissance du peuple françois pour la réforme des abus sous lesquels il étoit accablé ; mais il faut lui rendre encore hommage de ce que, seule entre les autorités qui ont gouverné la France, avant et depuis la révolution, elle a permis franchement et sincèrement la liberté de la presse[42]. Sans doute elle l'a maintenue d'autant plus volontiers, qu'elle étoit certaine d'avoir l'opinion en sa faveur ; mais on ne peut être un gouvernement libre qu'à cette condition ; d'ailleurs, quoique la grande majorité des écrits fût dans le sens des principes de la révolution, les journaux des aristocrates attaquoient avec la plus grande amertume les individus du parti populaire, et leur amour-propre pouvoit en être irrité.

Avant 1789, la Hollande et l'Angleterre jouissoient seules en Europe d'une liberté de la presse garantie par les lois. Les journaux politiques ont commencé en même temps que les gouvernemens représentatifs ; et ces gouvernemens en sont inséparables. La gazette de la cour, dans les monarchies absolues, suffit à la publication des nouvelles officielles ; mais pour que toute une nation lise chaque jour des discussions sur les affaires publiques, il faut qu'elle considère les affaires publiques comme les siennes. La liberté de la presse est donc une question tout-à-fait différente dans les pays où il y a des assemblées dont les débats peuvent être imprimés chaque matin dans les journaux, ou sous le gouvernement silencieux du pouvoir sans limites. La censure préalable, sous un tel gouvernement, peut vous priver d'un bon ouvrage, ou vous préserver d'un mauvais écrit. Mais il n'en est pas ainsi des journaux, dont l'intérêt est éphémère ; ils dépendent nécessairement des ministres, s'ils sont soumis à une censure préalable ; et il n'existe pas de représentation nationale, dès que le pouvoir exécutif a dans sa main, par les gazettes, la fabrique journalière des raisonnemens et des faits ; par ce moyen il est autant le maître de commander à l'opinion qu'aux troupes de ligne.

Tout le monde est d'accord sur la nécessité de réprimer par les lois les abus de la liberté de la presse ; mais, si le pouvoir exécutif seul a le droit de faire parler à son gré les journaux qui rendent compte aux commettans des débats de leurs mandataires, la censure ne s'en tient point à défendre, elle ordonne ; car il faut dicter l'esprit dans lequel les feuilles publiques doivent être rédigées. Ce n'est donc pas un pouvoir négatif, mais positif, que l'on donne aux ministres d'un état, quand on leur accorde la censure, ou plutôt la composition des gazettes. Ils peuvent ainsi faire dire sur chaque individu ce qui leur plaît, et empêcher que cet individu ne publie sa justification. Du temps de la révolution en Angleterre, c'étoit par les sermons prononcés dans les églises que l'opinion se formoit. Il en est de même des journaux en France : si l'assemblée constituante eût interdit les *Actes des apôtres*[43], et permis seulement les écrits périodiques dirigés contre le parti des aristocrates, le public, soupçonnant quelque mystère, puisqu'il y auroit eu de la contrainte, ne se seroit point aussi franchement rattaché aux députés, dont il n'auroit pu ni suivre ni juger avec certitude la conduite.

Le silence complet des journaux seroit alors infiniment préférable, car au moins le peu de lettres qui pourroient arriver dans les départemens, contiendroient quelques vérités pures. L'imprimerie feroit tomber le genre humain dans les ténèbres des sophismes, si l'autorité seule pouvoit en disposer, et que les gouvernemens eussent ainsi la possibilité de contrefaire la voix publique. Chaque découverte sociale est un moyen de despotisme, si elle n'est pas un moyen de liberté[44].

Mais, dira-t-on, tous les troubles de France ont été causés par la licence de la presse. Qui ne reconnoît aujourd'hui que l'assemblée constituante auroit dû soumettre les écrits factieux, comme tout autre délit public, au jugement des tribunaux ? Mais si, pour maintenir son pouvoir, elle avoit fait taire ses adversaires, et laissé la parole imprimée seulement à ses amis, le gouvernement représentatif auroit été anéanti. Une représentation nationale imparfaite n'est qu'un instrument de plus pour la tyrannie. On a vu, dans l'histoire d'Angleterre, combien les parlemens asservis ont été plus loin que les ministres eux-mêmes dans la bassesse envers le pouvoir. La responsabilité n'est point à craindre pour les corps ; d'ailleurs plus les choses sont belles en elles-mêmes, la représentation nationale, l'art de parler, l'art d'écrire, plus elles deviennent méprisables, quand elles dévient de leur destination naturelle ; et alors ce qui est mauvais par essence vaudroit encore mieux.

Ce n'est pas une caste à part que des représentans ; le don des miracles ne leur est pas accordé ; ils ne sont quelque chose que quand ils ont la nation derrière eux ; mais, dès que cet appui leur manque, un bataillon de grenadiers est toujours plus fort qu'une assemblée de trois cents députés. C'est donc une puissance morale qui leur sert à balancer la force physique de l'autorité à laquelle les soldats obéissent ; et cette force morale consiste toute entière dans l'action de l'esprit public par la liberté de la presse. Le pouvoir qui donne les places est tout, du moment que l'opinion qui distribue la considération n'est plus rien.

Mais ne pouvoit-on pas, dira-t-on, suspendre ce droit pour un temps ? Et par quel moyen alors faire sentir la nécessité de le rétablir ? La liberté de la presse est le seul droit dont tous les autres dépendent ; les sentinelles font la sécurité de l'armée. Quand vous voulez écrire contre la suspension de cette liberté, c'est précisément ce que vous dites sur ce sujet qu'on ne vous permet pas de publier.

Une seule circonstance cependant peut obliger à soumettre les journaux à la censure, c'est-à-dire, à l'autorité du gouvernement même qu'ils doivent éclairer : c'est quand les étrangers sont maîtres d'un pays. Mais alors il n'y a rien dans ce pays, quoi qu'on fasse, qui puisse ressembler à une existence politique. Le seul intérêt de la nation opprimée est donc alors de recouvrer, s'il se peut, son indépendance ; et, comme dans les prisons le silence apaise plus les geôliers que la plainte, il faut se taire tant que les verroux sont fermés tout à la fois sur le sentiment et sur la pensée.

L'un des premiers mérites qu'on ne sauroit contester à l'assemblée constituante, c'est le respect qu'elle a toujours eu pour les principes de liberté qu'elle proclamoit. J'ai vu cent fois vendre à la porte d'une assemblée plus puissante que ne l'a jamais été aucun roi de France, les insultes les plus mordantes contre les membres de la majorité, leurs amis et leurs principes. L'assemblée s'interdisoit également toutes les ressources secrètes du pouvoir, et ne s'appuyoit que sur l'adhésion de la France presque entière. Le secret des lettres étoit respecté, et l'invention d'un ministère de la police ne paroissoit pas alors au nombre des fléaux possibles [45] : il en est de cette police comme de la censure pour les journaux ; la situation actuelle de la France, occupée par les étrangers [46], peut seule en faire concevoir la cruelle nécessité.

Lorsque l'assemblée constituante, transportée à Paris, n'étoit déjà plus maîtresse à beaucoup d'égards de ses propres délibérations, un de ses comités s'avisa de s'appeler *comité des recherches,* relativement à quelques conspirations dénoncées à l'assemblée. Il n'avoit aucune force, il ne pouvoit recourir à aucun espionnage, puisqu'il n'avoit point d'agens sous ses ordres, et que d'ailleurs la liberté de parler étoit complète. Mais ce seul nom de comité des recherches, analogue à celui des institutions inquisitoriales, que les tyrans religieux et politiques ont adoptées, inspiroit une aversion universelle ; et le pauvre homme Voydel, qui présidoit ce comité, quoiqu'il ne fît aucun mal, n'étoit reçu dans aucun parti [47].

La terrible secte des jacobins prétendit dans la suite établir la liberté par le despotisme, et de ce système sont sortis tous les forfaits. Mais l'assemblée constituante étoit bien loin de l'avoir adopté ; ses moyens étoient analogues à son but, et c'est dans la liberté même qu'elle cherchoit la force nécessaire pour établir la liberté. Si l'assemblée constituante avoit joint à cette noble indifférence pour les attaques de ses adversaires, dont l'opinion publique la vengeoit, une juste sévérité contre tous les écrits et les rassemblemens qui provoquoient au désordre ; si elle s'étoit dit, qu'au moment où un parti quelconque devient puissant, c'est d'abord les siens qu'il doit réprimer, elle auroit gouverné avec tant d'énergie et de sagesse, que l'œuvre des siècles se seroit accompli peut-être en deux années. L'on ne peut s'empêcher de croire que la fatalité, qui doit punir en tout l'orgueil de l'homme, s'y est seule opposée : car tout sembloit facile alors, tant il y avoit d'union dans les esprits, et de bonheur dans les circonstances.

CHAPITRE VI

Des divers partis
qui se faisoient remarquer
dans l'assemblée constituante

La direction générale des esprits étoit la même dans tout le parti populaire, car tous vouloient la liberté ; mais il y avoit des divisions particulières dans la majorité comme dans la minorité de l'assemblée, et la plupart de ces divisions étoient fondées sur les intérêts personnels qui commençoient à s'agiter. Quand l'influence des assemblées n'est pas renfermée dans les limites de la législation, et qu'une grande partie du pouvoir qui dispense l'argent et les emplois se trouve entre leurs mains, alors, dans tous les pays, mais surtout en France, les idées et les principes ne donnent plus lieu qu'à des sophismes qui font habilement servir les vérités générales aux calculs individuels.

Le côté des aristocrates, que l'on appeloit le côté droit, étoit composé presque en entier de nobles, de parlementaires et de prélats ; à peine trente membres du tiers état s'y étoient réunis. Ce parti, qui avoit protesté contre toutes les résolutions de l'assemblée, n'y assistoit que par prudence ; tout ce qu'on y faisoit lui paroissoit insolent, mais très-peu sérieux, tant il trouvoit ridicule cette découverte du dix-huitième siècle, *une nation,* tandis qu'on n'avoit eu jusqu'alors que des nobles, des prêtres et du peuple[48] ! Quand les députés du côté droit sortoient de l'ironie, c'étoit pour traiter d'impiété tout changement apporté aux institutions anciennes ; comme si l'ordre social devoit être seul condamné dans la nature à la double infirmité de l'enfance et de la vieillesse, et passer d'un commencement informe à une vétusté débile, sans que les lumières acquises par le temps pussent jamais lui donner une véritable force. Les privilégiés se servoient de la religion comme d'une sauve-garde pour les intérêts de leur caste ; et c'est en confondant ainsi les priviléges et les dogmes, qu'ils ont beaucoup diminué l'empire du véritable christianisme en France.

La noblesse avoit pour orateur, ainsi que je l'ai déjà dit, M. de Casalès, anobli depuis vingt-cinq ans ; car la plupart des hommes de talent, parmi les anciens gentilshommes, avoient adopté le parti

foule

populaire. L'abbé Mauri, l'orateur du clergé, soutenoit souvent la bonne cause, puisqu'il étoit du parti des vaincus, et cet avantage contribuoit plus à ses succès que son talent même[49] ; l'archevêque d'Aix[50], l'abbé de Montesquiou[51], etc., spirituels défenseur de leur ordre, cherchoient quelquefois, aussi-bien que Casalès, à captiver leurs adversaires, afin d'en obtenir, non un acquiescement à leurs opinions, mais un suffrage pour leur talent. Le reste des aristocrates n'adressoit que des injures au parti populaire ; et, ne transigeant jamais avec les circonstances, ils croyoient faire le bien en aggravant le mal ; tout occupés de justifier leur réputation de prophètes, ils désiroient leur propre malheur, pour jouir de la satisfaction d'avoir prédit juste.

Les deux partis les plus exagérés de l'assemblée se plaçoient dans la salle comme aux deux extrémités d'un amphithéâtre, et s'asseyoient de chaque côté sur les banquettes les plus élevées[52]. En descendant du côté droit, l'on trouvoit ce que l'on appeloit la plaine ou le marais, c'est-à-dire, les modérés, pour la plupart défenseurs de la constitution angloise. J'ai déjà nommé les principaux d'entre eux : Malouet, Lalli, Mounier[53] ; il n'y avoit point d'hommes plus consciencieux dans l'assemblée. Mais, quoique Lalli fût doué d'une superbe éloquence, que Mounier fût un publiciste de la plus haute sagesse, et Malouet un administrateur de première force ; quoiqu'au-dehors ils fussent soutenus par les ministres, ayant M. Necker à leur tête, et que souvent dans l'assemblée plusieurs hommes de mérite se ralliassent à leurs opinions, les deux partis extrêmes couvroient ces voix, les plus courageuses et les plus pures de toutes[54]. Elles ne cessoient pas de se faire entendre dans le désert d'une foule égarée ; mais les aristocrates exagérés ne pouvoient souffrir ces hommes qui vouloient établir une constitution sage, libre, et par conséquent durable ; et souvent on les voyoit donner plus volontiers la main aux démagogues forcenés, dont les folies menaçoient la France, ainsi qu'eux-mêmes, d'une affreuse anarchie. C'est là ce qui caractérise l'esprit de parti, ou plutôt cette exaltation d'amour-propre qui ne permet pas de supporter une autre manière de voir que la sienne.

On remontoit des impartiaux au parti populaire, qui, bien que réuni tout entier sur les questions importantes, se divisoit en quatre sections, dont on pouvoit aisément saisir les différences. M. de la Fayette, comme chef de la garde nationale, et comme l'ami le plus désintéressé et le plus ardent de la liberté, avoit une grande considération dans l'assemblée ; mais ses opinions scrupuleuses ne lui permettoient pas d'influer sur les délibérations des représentans du peuple ; et peut-être aussi lui en coûtoit-il trop de risquer sa popularité hors de l'assemblée, par les débats dans lesquels il falloit soutenir l'autorité royale contre les principes démocratiques. Il aimoit à rentrer dans le rôle passif qui convient à la force armée. Depuis, il a sacrifié courageusement cet amour de la popularité, la passion favorite de son âme ; mais, pendant la durée de l'assemblée constituante, il perdit de son crédit parmi les députés, parce qu'il s'en servit trop rarement.

Mirabeau, que l'on savoit corruptible, n'avoit guère avec lui personnellement que ceux qui vouloient partager les chances de sa fortune. Mais, bien qu'il n'eût pas précisément un parti, il exerçoit de l'ascendant sur tous, quand il faisoit usage de la force admirable de son esprit. Les hommes influens du côté populaire, un petit nombre de jacobins excepté, étoient Duport, Barnave[55], et quelques jeunes gens de la cour, devenus démocrates ; hommes très-purs sous le rapport de l'argent, mais très-avides de jouer un rôle. Duport, conseiller au parlement, avoit été toute sa vie pénétré des inconvéniens de l'institution dont il faisoit partie ; ces connoissances profondes dans la jurisprudence de tous les pays, lui méritoient à cet égard la confiance de l'assemblée.

Barnave, jeune avocat du Dauphiné, de la plus rare distinction, étoit plus fait par son talent, qu'aucun autre député, pour être orateur à la manière des Anglois. Il se perdit dans le parti des aristocrates par un mot irréfléchi. Après le 14 juillet, on s'indignoit avec raison de la mort de trois victimes assassinées pendant l'émeute. Barnave, enivré du triomphe de cette journée, souffroit impatiemment les accusations, dont le peuple entier sembloit l'objet ; et il s'écria, en parlant de ceux qu'on avoit massacrés : *Leur sang étoit-il donc si pur ?* Funeste parole, sans nul rapport avec son caractère vraiment honnête, délicat et même sensible ; mais sa destinée fut à jamais gâtée par ces expressions condamnables : tous les journaux, tous les discours du côté droit les imprimèrent sur son front, et l'on irrita sa fierté au point de lui rendre impossible de se repentir sans s'humilier.

Les meneurs du côté gauche auroient fait triompher la constitution angloise, s'ils s'étoient réunis dans ce but à M. Necker parmi les ministres, et à ses amis dans l'assemblée. Mais alors ils n'auroient été que des agens secondaires dans la marche des événemens, et ils vouloient se placer au premier rang ; ils prirent donc, très-imprudemment, leur appui au-dehors dans les rassemblemens qui commençoient à préparer un orage souterrain. Ils gagnèrent de l'ascendant dans l'assemblée, en se moquant des modérés, comme si la modération étoit de la foiblesse, et qu'eux seuls fussent des caractères forts ; on les voyoit, dans les salles et sur les bancs des députés, tourner en ridicule quiconque s'avisoit de leur représenter qu'avant eux les hommes avoient existé en société, que les écrivains avoient pensé, et que l'Angleterre étoit en possession de quelque liberté. On eût dit qu'on leur répétoit les contes de leur nourrice, tant ils écoutoient avec impatience, tant ils prononçoient avec dédain de certaines phrases bien exagérées et bien décisives, sur l'impossibilité d'admettre un sénat même à vie, un veto absolu, une condition de propriété, enfin tout ce qui, disoient-ils, attentoit à la souveraineté du peuple! Ils portoient la fatuité des cours dans la cause démocratique, et plusieurs députés du tiers étoient, tout à la fois, éblouis par leurs belles manières de gentilshommes, et captivés par leurs doctrines démocratiques.

Ces chefs élégans du parti populaire vouloient entrer dans le ministère. Ils souhaitoient de conduire les affaires jusqu'au point où l'on auroit besoin d'eux ; mais, dans cette rapide descente, le char ne s'arrêta point à leurs relais ; ils n'étoient point conspirateurs, mais ils se confioient trop en leur pouvoir sur l'assemblée, et se flattoient de relever le trône dès qu'ils l'auroient fait arriver jusqu'à leur portée : mais, quand ils voulurent de bonne foi réparer le mal déjà fait, il n'étoit plus temps. On ne sauroit compter combien de désastres auroient pu être épargnés à la France, si ce parti de jeunes gens se fût réuni avec les modérés ; car, avant les événemens du 6 octobre, lorsque le roi n'avoit point été enlevé de Versailles, et que l'armée françoise, répandue dans les provinces, conservoit encore quelque respect pour le trône, les circonstances étoient telles qu'on pouvoit établir une monarchie raisonnable en France. La philosophie commune se plaît à croire que tout ce qui est arrivé étoit inévitable : mais à quoi serviroient donc la raison et la liberté de l'homme, si sa volonté n'avoit pu prévenir ce que cette volonté a si visiblement accompli ?

Au premier rang du côté populaire, on remarquoit l'abbé Sieyes [56], isolé par son caractère, bien qu'entouré des admirateurs de son esprit. Il avoit mené jusqu'à quarante ans une vie solitaire, réfléchissant sur les questions politiques, et portant une grande force d'abstraction dans cette étude ; mais il étoit peu fait pour communiquer avec les autres hommes, tant il s'irritoit aisément de leurs travers, et tant il les blessoit par les siens. Toutefois, comme il avoit un esprit supérieur et des façons de s'exprimer laconiques et tranchantes, c'étoit la mode dans l'assemblée de lui montrer un respect superstitieux. Mirabeau ne demandoit pas mieux que d'accorder au silence de l'abbé Sieyes le pas sur sa propre éloquence, car ce genre de rivalité n'est pas redoutable. On croyoit à Sieyes, à cet homme mystérieux, des secrets sur les constitutions, dont on espéroit toujours des effets étonnans quand il les révéleroit. Quelques jeunes gens, et même des esprits d'une grande force, professoient la plus haute admiration pour lui ; et l'on s'accordoit à le louer aux dépens de tout autre, parce qu'il ne se faisoit jamais juger en entier dans aucune circonstance.

Ce qu'on savoit avec certitude, c'est qu'il détestoit les distinctions nobiliaires ; et cependant il avoit conservé de son état de prêtre un attachement au clergé, qui se manifesta le plus clairement du monde lors de la suppression des dîmes. *Ils veulent être libres et ne savent pas être justes,* disoit-il à cette occasion ; et toutes les fautes de l'assemblée étoient renfermées dans ces paroles [57]. Mais il falloit les appliquer également aux diverses classes de la société, qui avoient droit à des dédommagemens pécuniaires. L'attachement de l'abbé Sieyes pour le clergé auroit perdu tout autre homme auprès du parti populaire ; mais, en considération de sa haine contre les nobles, les montagnards lui pardonnèrent son foible pour les prêtres.

Ces montagnards formoient le quatrième parti du côté gauche. Robespierre étoit déjà dans leurs rangs [58], et le jacobinisme se préparoit par leurs clubs. Les chefs de la majorité du parti populaire se moquoient de l'exagération des jacobins, et se complaisoient dans l'air de sagesse qu'ils pouvoient se donner, par comparaison avec des factieux conspirateurs. On eût dit que les prétendus modérés se faisoient suivre des plus violens démocrates, comme le chasseur de sa meute, en se glorifiant de savoir la retenir.

L'on se demandera quel est le parti qui, dans cette assemblée, pouvoit être appelé le parti d'Orléans. Peut-être n'en existoit-il aucun, car nul ne reconnoissoit le duc d'Orléans pour chef, et lui-même ne vouloit l'être de personne. La cour, en 1788, l'avoit exilé six semaines dans une de ses terres ; elle s'étoit quelquefois opposée à ses voyages continuels en Angleterre : c'est à ces contrariétés que son irritation doit être attribuée. Il avoit plus de mécontentement que de projets, plus de velléités que d'ambition réelle. Ce qui faisoit croire à l'existence d'un parti d'Orléans, c'étoit l'idée généralement établie dans la tête des publicistes d'alors, qu'une déviation de la ligne d'hérédité, telle qu'elle avoit eu lieu en Angleterre, pouvoit être favorable à l'établissement de la liberté, en plaçant à la tête de la constitution un roi qui lui devroit le trône, au lieu d'un roi qui se croiroit dépouillé par elle. Mais le duc d'Orléans étoit, sous tous les rapports possibles, l'homme le moins propre à jouer en France le rôle de Guillaume III en Angleterre ; et, mettant même à part le respect qu'on avoit pour Louis XVI, et qu'on lui devoit, le duc d'Orléans ne pouvoit ni se soutenir lui-même, ni servir d'appui à personne. Il avoit de la grâce, des manières nobles et de l'esprit en société ; mais ses succès dans le monde ne développèrent en lui qu'une grande légèreté de principes ; et, quand les tourmentes révolutionnaires l'ont agité, il s'est trouvé sans frein comme sans force [59]. Mirabeau sonda sa valeur morale dans quelques entretiens, et se convainquit, après l'avoir examiné, qu'aucune entreprise politique ne pouvoit être fondée sur un tel caractère.

Le duc d'Orléans vota toujours avec le parti populaire de l'assemblée constituante, peut-être par l'espoir très-vague de gagner le premier lot ; mais cet espoir n'a jamais pris de consistance dans aucune tête. Il a, dit-on, soudoyé la populace. Mais, que cela soit ou non, il faut n'avoir aucune idée de la révolution pour imaginer que cet argent, s'il a été donné, ait exercé la moindre influence. Un peuple entier n'est pas mis en mouvement par des moyens de ce genre. La grande erreur des gens de la cour a toujours été de chercher dans quelques faits de détail la cause des sentimens exprimés par la nation entière.

CHAPITRE VII

Des fautes
de l'assemblée constituante
en fait d'administration

Toute la puissance du gouvernement étoit tombée entre les mains de l'assemblée qui pourtant ne devoit avoir que des fonctions législatives ; mais la division des partis amena malheureusement la confusion des pouvoirs. La défiance qu'excitoient les intentions du roi, ou plutôt celles de sa cour ; empêcha qu'on ne lui donnât les moyens nécessaires pour rétablir l'ordre ; et les chefs de l'assemblée ne combattirent point cette défiance, afin de s'en faire un prétexte pour exercer une inspection immédiate sur les ministres. M. Necker étoit naturellement l'intermédiaire entre l'autorité royale et l'assemblée nationale. L'on savoit bien qu'il ne vouloit trahir ni les droits de l'une, ni ceux de l'autre ; mais les députés qui lui restoient attachés malgré sa modération politique, croyoient que les aristocrates le trompoient, et ils le plaignoient d'être leur dupe. Il n'en étoit rien cependant : M. Necker avoit autant de finesse dans l'esprit que de droiture dans la conduite, et il savoit parfaitement que les privilégiés se réconcilieroient avec tous les partis plutôt qu'avec celui des premiers amis de la liberté. Mais il accomplissoit son devoir, en cherchant à redonner de la force au gouvernement, car une constitution libre ne peut jamais résulter du relâchement universel de tous les liens ; le despotisme en est plutôt la conséquence.

L'action du pouvoir exécutif étant arrêtée par divers décrets de l'assemblée, les ministres ne pouvoient rien faire sans y être autorisés par elle. Les impôts n'étoient plus acquittés, parce que le peuple croyoit que la révolution dont on lui faisoit tant de fête devoit lui valoir la jouissance de ne rien payer. Le crédit, plus sage encore que l'opinion, bien qu'il ait l'air d'en dépendre, s'effrayoit des fautes que commettoit l'assemblée. Elle avoit beaucoup plus de moyens qu'il n'en falloit pour arranger les finances, et pour faciliter les achats de grains que rendoit nécessaire la disette dont la France étoit une seconde fois menacée. [60]. Mais elle répondoit avec négligence aux sollicitations réitérées de M. Necker sur ce sujet, parce qu'elle ne vouloit point être considérée comme les anciens états généraux, rassemblés seulement pour s'occuper des finances ; c'étoit aux discussions constitutionnelles qu'elle mettoit le plus grand intérêt. A cet égard elle avoit raison ; mais, en négligeant les objets d'administration, elle provoquoit le désordre dans le royaume, et par le désordre tous les malheurs dont elle-même a porté le poids [61].

Pendant que la France avoit à craindre la famine et la banqueroute, les députés prononçoient des discours dans lesquels ils disoient, *que chaque homme tient de la nature le droit et le désir d'être heureux ; que la société a commencé par le père et le fils,* et d'autres vérités philosophiques faites pour être discutées dans les livres et non au milieu des assemblées. Mais, si le peuple avoit besoin de pain, les orateurs avoient besoin de succès ; et la disette, à cet égard, leur auroit paru très-difficile à supporter.

L'assemblée mit, par un arrêté solennel, la dette publique sous la sauvegarde de l'honneur et de la loyauté françoise, et néanmoins aucune mesure ne fut prise pour donner à ces belles paroles un résultat positif. M. Necker proposa un emprunt à cinq pour cent ; l'assemblée trouva, comme de raison, que quatre et demi étoit moins que cinq ; elle réduisit l'intérêt à ce taux, et l'emprunt manqua, parce qu'une assemblée ne peut pas avoir, comme un ministre, le tact qui fait connoître jusqu'où peut aller la confiance des capitalistes [62]. Le crédit, en affaires d'argent, est presque aussi délicat que le style dans les productions littéraires ; un seul mot peu dénaturer ce qu'on écrit, comme une légère circonstance les spéculations qu'on entreprend. C'est toujours la même chose, prétendra-t-on ; mais de telle manière vous captivez l'imagination des hommes, et de telle autre, elle vous échappe.

M. Necker proposa un don volontaire, et il versa le premier, pour y exciter, cent mille francs de sa propre fortune au trésor royal, lui qui avoit déjà été obligé de placer un million en rentes viagères, pour subvenir par l'accroissement de son revenu à sa dépense comme ministre ; car, durant ce second ministère comme pendant le premier, il refusa tous les appointemens de sa place. L'assemblée constituante loua M. Necker de son désintéressement, mais elle ne s'occupa pas pour cela plus sérieusement des affaires de finances. Le secret de cette conduite du parti populaire étoit peut-être l'envie de se laisser forcer, par la pénurie d'argent, à ce qu'il désiroit, c'est-à-dire, à s'emparer des biens du clergé[63]. M. Necker, au contraire, vouloit rendre l'état indépendant de cette ressource, afin qu'elle fût employée d'après la justice, et non d'après les besoins du trésor. Mirabeau, qui aspiroit à remplacer M. Necker, se servoit de la jalousie que toute assemblée a sur sa puissance, pour lui faire ombrage de l'attachement que la nation témoignoit encore au ministre des finances. Il avoit une manière perfide de louer M. Necker : *Je n'approuve pas ses plans*, disoit-il ; *mais puisque l'opinion lui décerne la dictature, il faut les accepter de confiance*. Les amis de M. Necker sentoient avec quel art Mirabeau cherchoit à lui ravir la faveur publique, en représentant cette faveur sous des couleurs exagérées ; car les nations sont comme les individus, elles aiment moins, dès qu'on leur a trop répété qu'elles aiment.

Le jour où Mirabeau fut le plus éloquent, fut celui où, défendant astucieusement un décret de finance proposé par M. Necker, il peignit les horreurs de la banqueroute. Trois fois il reparut à la tribune pour effrayer sur ce malheur ; les députés des provinces n'y étoient pas très-sensibles ; mais, comme on ne savoit pas alors ce qu'on a trop appris depuis, à quel point une nation peut supporter la banqueroute, la famine, les massacres, les échafauds, la guerre civile, la guerre étrangère et la tyrannie, l'on reculoit à l'idée des souffrances dont l'orateur présentoit le tableau[64]. J'étois à peu de distance de Mirabeau, quand il se fit entendre avec tant d'éclat dans l'assemblée ; et, quoique je ne crusse pas à ses bonnes intentions, il captiva pendant deux heures toute mon admiration. Rien n'étoit plus *impressif* que sa voix, si l'on peut s'exprimer ainsi : les gestes et les paroles mordantes dont il savoit se servir, ne venoient peut-être pas purement de l'âme, c'est-à-dire, de l'émotion intérieure ; mais on sentoit une puissance de vie dans ses discours, dont l'effet étoit prodigieux. *Que seroit-ce, si vous aviez vu le monstre ?* dit Garat dans son spirituel *Journal de Paris*. Le mot d'Eschine sur Démosthène ne pouvoit être mieux appliqué, et l'incertitude sur le sens de l'expression qui veut dire prodige en bien comme en mal, ne laissoit pas d'avoir son prix.

Toutefois il ne seroit pas juste de ne voir dans Mirabeau que des vices ; avec tant de véritable esprit, il y a toujours quelque mélange de bons sentiments. Mais il n'avoit pas de conscience en politique, et c'est le grand défaut qu'on peut souvent reprocher en France aux individus comme aux assemblées. Les uns pensent aux succès, les autres aux honneurs, plusieurs à l'argent, quelques-uns, et ce sont les meilleurs, au triomphe de leur opinion. Mais où sont ceux qui se demandent avec recueillement, quel est leur devoir, sans s'informer du sacrifice quelconque que ce devoir peut exiger d'eux ?

CHAPITRE VIII

Des fautes
de l'assemblée nationale
en fait de constitution

On peut distinguer dans le code de la liberté ce qui est fondé sur des principes invariables, et ce qui appartient a des circonstances particulières. Les droits imprescriptibles consistent dans l'égalité devant la loi, la liberté individuelle, la liberté de la presse, la liberté des cultes, l'admission à tous les emplois, les impôts consentis par les représentans du peuple. Mais la forme du gouvernement, aristocratique ou démocratique, monarchique ou républicaine, n'est qu'une organisation des pouvoirs ; et les pouvoirs ne sont eux-mêmes que la garantie de la liberté. Il n'est pas de droit naturel, que tous les gouvernemens soient composés d'une chambre des pairs, d'une chambre de députés élus, et d'un roi qui par sa sanction fasse partie du pouvoir législatif : mais la sagesse humaine n'a rien trouvé jusqu'à nos jours qui mette plus en sûreté les bienfaits de l'ordre social pour un grand état [65].

Dans la seule révolution à nous connue, qui ait eu pour principal but l'établissement d'un gouvernement représentatif, on a changé l'ordre de succession au trône, parce qu'on étoit convaincu que Jacques II ne renonceroit pas de bonne foi au pouvoir absolu, pour l'échanger contre un pouvoir légal [66]. L'assemblée constituante ne se permit pas de déposer un souverain aussi vertueux que Louis XVI, et cependant elle vouloit établir une constitution libre ; il est résulté de cette situation qu'elle a considéré le pouvoir exécutif comme un ennemi de la liberté, au lieu d'en faire l'une de ses sauvegardes. Elle a combiné une constitution comme on combineroit un plan d'attaque. Tout est venu de cette faute ; car que le roi fût, ou non, résigné dans son cœur aux limites que commandoit l'intérêt de la nation, il ne falloit pas examiner ses pensées secrètes, mais fonder le pouvoir royal indépendamment de ce qu'on pouvoit craindre ou espérer du monarque. Les institutions à la longue disposent des hommes beaucoup plus facilement que les hommes ne s'affranchissent des institutions. Conserver le roi et le dépouiller de ses prérogatives nécessaires, étoit le parti le plus absurde et le plus condamnable de tous.

Mounier, ami prononcé de la constitution angloise, se rendoit volontiers impopulaire en professant cette opinion ; mais il déclara pourtant à la tribune que les lois constitutionnelles n'avoient pas besoin de la sanction du roi, partant du principe que la constitution étoit antérieure au trône, et que le roi n'existoit que de par elle[67]. Il doit y avoir un pacte entre les rois et les peuples, et il seroit aussi contraire à la liberté qu'à la monarchie de nier l'existence de ce contrat. Mais, comme une sorte de fiction est nécessaire à la royauté, l'assemblée avoit tort d'appeler le monarque un fonctionnaire public ; il est un des pouvoirs indépendans de l'état, participant à la sanction des lois fondamentales, comme à celle de la législation journalière ; s'il n'étoit qu'un simple citoyen, il ne pourroit être roi.

Il y a dans une nation une certaine masse de sentimens qu'il faut ménager comme une force physique. La république a son enthousiasme que Montesquieu appelle son principe ; la monarchie a le sien ; le despotisme même, quand il est, comme en Asie, un dogme religieux, est maintenu par de certaines vertus ; mais une constitution qui fait entrer dans ses élémens l'humiliation du souverain ou celle du peuple, doit être nécessairement renversée par l'un ou par l'autre.

Le même empire des circonstances, qui en France décide de tant de choses, empêcha de proposer une chambre des pairs. M. de Lalli, qui la vouloit, essaya d'y suppléer en demandant au moins un sénat à vie ; mais le parti populaire étoit irrité contre les privilégiés qui se séparoient constamment de la nation, et ce parti rejeta l'institution durable, par des préventions momentanées[68]. Cette faute étoit bien grande, non-seulement parce qu'il falloit une chambre haute comme intermédiaire entre le souverain et les députés de la nation, mais parce qu'il n'existoit pas une autre manière de faire tomber dans l'oubli la noblesse du second ordre, si nombreuse en France : noblesse que l'histoire ne consacre point, qu'aucun genre d'utilité publique ne recommande, et dans laquelle se manifeste, bien plus encore que dans le premier rang, le mépris du tiers état, parce que sa vanité lui fait toujours craindre de ne pas pouvoir assez s'en distinguer.

Le côté droit de l'assemblée constituante, c'est-à-dire, les aristocrates, pouvoient faire adopter le sénat à vie, en se réunissant à M. de

Lalli et à son parti. Mais ils imaginèrent de voter pour une seule chambre au lieu de deux, dans l'espoir d'amener le bien par l'excès même du mal ; détestable calcul, quoiqu'il séduisit les esprits par un air de profondeur. Les hommes croient que tromper fait plus d'honneur à leur esprit qu'être vrais, parce que le mensonge est de leur invention : c'est un amour-propre d'auteur très-mal placé. Après que la cause des deux chambres fut perdue, on s'occupa de la sanction du roi. Le *veto* qu'on devoit lui accorder, seroit-il suspensif ou absolu ? Ce mot *absolu* retentissoit aux oreilles du vulgaire, comme s'il avoit été question du despotisme, et l'on vit commencer la funeste influence des cris du peuple sur les décisions des hommes éclairés. A peine la pensée peut-elle se recueillir assez en elle-même pour comprendre toutes les questions qui tiennent à des institutions politiques : or, qu'y a-t-il de plus funeste que de livrer de telles questions aux raisonnemens, et surtout aux plaisanteries de la multitude ? On parloit du *veto* dans les rues de Paris comme d'une espèce de monstre qui devoit dévorer les petits enfans. Il ne faut pas en conclure ce que le dédain de l'espèce humaine inspire à quelques personnes, c'est-à-dire, que les nations ne sont pas faites pour juger de ce qui les intéresse. Les gouvernemens aussi ont souvent donné de terribles preuves d'incapacité, et les freins sont nécessaires à tous les genres d'autorité[69].

Le parti populaire ne vouloit qu'un *veto* suspensif, au lieu d'un *veto* absolu ; c'est-à-dire, que le refus du roi de sanctionner une loi cessât de droit à l'assemblée suivante, si elle insistoit de nouveau sur la même loi. La discussion s'échauffa : d'une part, l'on soutenoit que le *veto* absolu du roi empêchoit toute espèce d'amélioration proposée par l'assemblée : et de l'autre, que le *veto* suspensif réduiroit le roi tôt ou tard à la nécessité d'obéir en tout aux représentans du peuple. M. Necker, dans un mémoire où il traite avec une rare sagacité toutes les questions constitutionnelles, indiqua, pour terme moyen, trois législatures au lieu de deux, c'est-à-dire que le *veto* du roi ne cédât qu'à la proposition réitérée de la troisième assemblée. Voici quels étoient les motifs énoncés par M. Necker à ce sujet.

En Angleterre, disoit-il, le roi n'use que très-rarement de son *veto*, parce que la chambre des pairs lui en épargne presque toujours la peine ; mais comme il a été malheureusement décidé qu'en France il n'y auroit qu'une chambre, le roi et son conseil se trouvent réduits à remplir, tout à la fois, les fonctions de chambre haute et de pouvoir exécutif. La nécessité de se servir habituellement du *veto*, oblige à le rendre plus flexible, comme on a besoin d'armes plus légères quand il faut les employer plus souvent. On doit être rassuré qu'à la troisième législature, c'est-à-dire, au bout de trois ou quatre ans, la vivacité des

François, sur quelque sujet que ce soit, sera toujours calmée ; et, le cas contraire arrivant, il est également certain que, si trois assemblées représentatives de suite demandoient la même chose, l'opinion seroit assez forte pour que le roi ne dût pas s'y refuser.

Dans les circonstances où l'on se trouvoit, il ne falloit pas irriter les esprits par le mot de *veto* absolu, quand, dans le fait, par tout pays, le *veto* royal plie toujours plus ou moins devant le vœu national. On pouvoit regretter la pompe du mot ; mais il falloit aussi en craindre le danger, quand on avoit placé le roi seul en présence d'une assemblée unique, et lorsqu'étant privé des gradations de rang, il sembloit, pour ainsi dire, tête à tête avec le peuple, et forcé de mettre sans cesse en balance la volonté d'un homme, et celle de vingt-quatre millions. Cependant M. Necker protestoit, pour ainsi dire, contre ce moyen de conciliation, tout en le proposant : car, en montrant comment le *veto* suspensif étoit le résultat nécessaire de l'institution d'une seule chambre, il répétoit qu'une seule chambre ne pouvoit s'accorder avec rien de bon ni de stable.

CHAPITRE IX

Des efforts que fit M. Necker auprès du parti populaire de l'assemblée constituante, pour le déterminer à établir la constitution angloise en France

Le roi n'ayant plus de force militaire depuis la révolution du 14 juillet, il ne restoit à son ministre que le pouvoir de la persuasion, soit en agissant immédiatement sur les députés, soit en trouvant assez d'appui dans l'opinion pour influer par elle sur l'assemblée. Pendant les deux mois de calme dont on put jouir encore depuis le 14 juillet 1789, jusqu'à l'affreuse insurrection du 5 octobre, on voyoit déjà reparoître l'ascendant du roi sur les esprits. M. Necker lui conseilla successivement diverses démarches qui eurent l'approbation des provinces.

La suppression du régime féodal, prononcée pendant la nuit du 4 août, fut présentée à la sanction du monarque ; il y donna son consentement, mais en adressant à la députation de l'assemblée des observations, auxquelles tous les gens sages applaudirent. Il blâma la rapidité avec laquelle des résolutions si nombreuses et si importantes avoient été prises ; il fit sentir la nécessité de dédommager équitablement les ci-devant propriétaires de plusieurs des revenus supprimés [70]. La déclaration des droits fut de même offerte à la sanction royale avec quelques-uns des décrets qu'on avoit déjà rendus sur la constitution. M. Necker fut d'avis que le roi devoit répondre qu'il ne pouvoit sanctionner que l'ensemble d'une constitution, et non une portion séparée, et que les principes généraux de la déclaration des droits, très-justes en eux-mêmes, avoient besoin d'être appliqués pour être soumis aux formes ordinaires des décrets. En effet, que signifioit l'acquiescement royal à l'énonciation abstraite des droits naturels ? Mais il existoit depuis long-temps en France une telle habitude de faire intervenir le roi en toutes choses, qu'en vérité les républicains auroient bien pu lui demander sa sanction pour la république.

L'institution d'une seule chambre, et plusieurs autres décrets constitutionnels qui s'écartoient déjà en entier du système politique de l'Angleterre, causoient une grande douleur à M. Necker, car il voyoit dans cette *démocratie royale,* comme on l'appeloit alors, le plus grand danger pour le trône et pour la liberté. L'esprit de parti n'a qu'une crainte : la sagesse en éprouve toujours deux. On peut voir dans les divers ouvrages de M. Necker le respect qu'il portoit au gouvernement anglois, et les argumens sur lesquels il se fondoit pour vouloir en adapter les principales bases à la France. Ce fut parmi les députés populaires, alors tout-puissans, qu'il rencontra cette fois d'aussi grands obstacles que ceux qu'il avoit combattus précédemment dans le conseil du roi. Comme ministre et comme écrivain, il a toujours tenu à cet égard le même langage.

L'argument que les deux partis opposés, aristocrate et démocrate, s'accordoient à faire contre l'adoption de la constitution angloise, c'étoit que l'Angleterre pouvoit se passer de troupes réglées, tandis que la France, comme état continental, devant maintenir une grande armée, la liberté ne pourroit pas résister à la prépondérance que cette armée donneroit au roi. Les aristocrates ne s'apercevoient pas que cette objection se retournoit contre eux ; car, si le roi de France a par la nature des choses plus de moyens de force que le roi d'Angleterre, quel inconvénient y a-t-il à donner à son autorité au moins les mêmes limites ?

Les argumens du parti populaire étoient plus spécieux, puisqu'il les appuyoit sur ceux même de ses adversaires. L'armée de ligne, disoit-il, assurant au roi de France plus de pouvoir qu'à celui d'Angleterre, il faut donc borner davantage sa prérogative, si l'on veut obtenir autant de liberté que les Anglois en possèdent. A cette objection, M. Necker répondoit que, dans un gouvernement représentatif, c'est-à-dire, fondé sur des élections indépendantes, et maintenu par la liberté de la presse, l'opinion a toujours tant de moyens de se former et de se montrer, qu'elle peut valoir une armée ; d'ailleurs l'établissement des gardes nationales étoit un contre-poids suffisant à l'esprit de corps des troupes de ligne, en supposant, ce qui n'est guère probable, que dans un état où les officiers seroient choisis, non dans telle classe exclusivement, mais d'après leur mérite, l'armée ne se sentiroit pas une partie de la nation, et ne feroit pas gloire d'en partager l'esprit.

La chambre des pairs, ainsi que je l'ai déjà dit, déplaisoit aussi aux deux partis : à l'un comme réduisant la noblesse à cent ou cent cinquante familles dont les noms sont historiques ; à l'autre comme renouvelant les institutions héréditaires, contre lesquelles beaucoup de gens en France sont armés, parce que les priviléges et les prétentions des gentilshommes y ont blessé profondément la nation entière. M. Necker fit de vains efforts néanmoins pour prouver aux communes que, changer la noblesse conquérante en magistrature patricienne, c'étoit le seul moyen de détruire radicalement la féodalité ; car il n'y a de vraiment détruit que ce qui est remplacé. Il essaya de démontrer aussi aux démocrates qu'il valoit beaucoup mieux procéder à l'égalité, en élevant le mérite au premier rang, qu'en cherchant inutilement à rabaisser les souvenirs historiques dont l'effet est indestructible. C'est un trésor idéal que ces souvenirs dont on peut tirer parti, en associant les hommes distingués à leur éclat. *Nous sommes ce qu'étoient vos aïeux,* disoit un brave général françois à un noble de l'ancien régime ; et c'est pour cela qu'il faut une institution où les anciennes tiges des races se mêlent aux nouveaux rejetons ; en établissant l'égalité par le mélange, on y arrive bien plus sûrement que par les tentatives de nivellement.

Cette haute sagesse, développée par un homme tel que M. Necker, parfaitement simple et vrai dans sa manière de s'exprimer, ne put cependant rien contre les passions, dont l'amour-propre irrité étoit la cause ; et les factieux, s'apercevant que le roi, bien guidé par les conseils de son ministre, regagnoit chaque jour une popularité salutaire, résolurent de lui faire perdre cette influence morale, après l'avoir privé de tout pouvoir réel. L'espoir d'une monarchie constitutionnelle fut donc de nouveau perdu pour la France, dans un temps où la nation ne s'étoit point encore souillée de grands crimes, et lorsqu'elle avoit sa propre estime aussi-bien que celle de l'Europe[71].

CHAPITRE X

Le gouvernement anglois a-t-il donné de l'argent pour fomenter les troubles en France?

Comme l'idée dominante des aristocrates françois a toujours été, que les plus grands changemens dans l'ordre social tiennent à des anecdotes particulières, ils ont accueilli pendant long-temps l'absurde bruit qui s'étoit répandu que le ministère anglois avoit soudoyé les troubles révolutionnaires. Les jacobins, de leur côté, ennemis naturels de l'Angleterre, ont assez aimé à plaire au peuple en affirmant que *tout le mal venoit de l'or anglois répandu en France*. Mais quiconque est capable d'un peu de réflexion ne sauroit croire un moment à cette absurdité mise en circulation. Un ministère soumis comme celui d'Angleterre à la surveillance des représentans du peuple, pourroit-il disposer d'une somme d'argent considérable, sans oser jamais en avouer l'emploi au parlement? Toutes les provinces de France, soulevées en même temps, n'avoient point de chefs, et ce qui se passoit à Paris étoit préparé de longue date par la marche des événemens. D'ailleurs un gouvernement quelconque, et le plus éclairé de l'Europe surtout, n'auroit-il pas senti le danger d'établir près de soi une si contagieuse anarchie? L'Angleterre, et M. Pitt en particulier, n'ont-ils pas dû craindre que l'étincelle révolutionnaire ne se communiquât sur la flotte et dans les rangs inférieurs de la société[72]?

Le ministère anglois a donné souvent des secours au parti des émigrés, mais c'étoit dans un système tout-à-fait contraire à celui qui provoqueroit le jacobinisme. Comment supposer que des individus, très-respectables dans leur caractère privé, auroient soudoyé, dans la dernière classe du peuple, des hommes qui ne pouvoient alors se mêler des affaires publiques que par le vol ou par le meurtre? Or, de quelque manière qu'on juge la diplomatie du gouvernement anglois, peut-on imaginer que des chefs de l'état qui pendant quinze ans n'ont pas attenté à la vie d'un homme, Bonaparte, dont l'existence menaçoit celle de leur pays[73], se fussent permis un bien plus grand crime en payant au hasard des assassinats? L'opinion publique en Angleterre peut être entièrement égarée sur la politique extérieure, mais jamais sur la morale chrétienne, si je puis m'exprimer ainsi, c'est-à-dire, sur les actions qui ne sont pas soumises à l'empire ou à l'excuse des circonstances. Louis XV a généreusement rejeté le feu grégeois dont le fatal secret lui fut offert[74], de même les Anglois n'auroient jamais excité la flamme dévastatrice du jacobinisme, quand il eût été en leur pouvoir de créer ce montre nouveau qui s'acharnoit sur l'ordre social.

A ces argumens, qui me semblent plus évidens encore que des faits même, j'ajouterai cependant ce que mon père m'a souvent attesté, c'est qu'entendant parler sans cesse de prétendus agens secrets de l'Angleterre, il fit l'impossible pour les découvrir ; et que toutes les recherches de la police, ordonnées et suivies pendant son ministère, servirent à prouver que l'or de l'Angleterre n'étoit pour rien dans les troubles civils de la France. Jamais on n'a pu trouver la moindre trace d'une connexion entre le parti populaire et le gouvernement anglois ; en général les plus violens, dans ce parti, n'ont point eu de rapport avec les étrangers, et d'autre part le gouvernement anglois, loin d'encourager la démocratie en France, a toujours fait tous ses efforts pour la réprimer.

CHAPITRE XI

Des événemens du 5 et du 6 octobre

Avant de retracer des jours trop funestes, il faut se rappeler qu'à l'époque de la révolution, depuis près d'un siècle, en France et dans le reste de l'Europe, on jouissoit d'une sorte de tranquillité, qui tendoit, il est vrai, au relâchement et à la corruption ; mais qui étoit en même temps la cause et l'effet des mœurs fort douces. Personne n'imaginoit, en 1789, qu'il existât des passions véhémentes sous ce repos apparent. Ainsi l'assemblée constituante s'est livrée sans crainte au généreux désir d'améliorer le sort du peuple. On ne l'avoit vu qu'asservi, et l'on ne soupçonnoit pas ce qui n'a été que trop prouvé depuis, c'est que, la violence de la révolte étant toujours en proportion de l'injustice de l'esclavage, il falloit opérer en France les changemens avec d'autant plus de prudence, que l'ancien régime avoit été plus oppresseur.

Les aristocrates diront qu'ils ont prévu tous nos malheurs ; mais les prédictions, provoquées par l'intérêt personnel, ne font effet sur qui que ce soit. Revenons au tableau de la situation de la France, à l'approche des premiers forfaits dont tous les autres sont dérivés.

La direction générale des affaires à la cour étoit la même qu'avant la révolution du 14 juillet ; mais, les moyens de l'autorité royale se trouvant singulièrement diminués, le danger de provoquer une insurrection nouvelle devoit être encore plus grand. M. Necker savoit bien qu'il n'avoit pas la confiance entière du roi, ce qui l'affoiblissoit aux yeux des représentans du peuple ; mais il n'hésita point à sacrifier par degrés toute sa popularité à la défense du trône. Il n'y a point sur cette terre de plus grandes épreuves pour la morale que les emplois politiques. Car les argumens dont on peut se servir à ce sujet, pour concilier sa conscience avec son intérêt, sont sans nombre. Cependant le principe dont on ne doit guère s'écarter, c'est de porter ses secours aux foibles ; il est rare qu'on se trompe en se dirigeant sur cette boussole.

M. Necker pensoit que la plus parfaite sincérité envers les représentans du peuple étoit le meilleur calcul pour le roi ; il lui conseilloit de se servir de son *veto* pour refuser ce qui lui paroissoit devoir être rejeté ; de n'accepter que ce qu'il approuvoit ; et de motiver ses résolutions par des considérans qui pussent graduellement influer sur l'opinion publique. Déjà ce système avoit produit quelque bien, et peut-être, s'il eût été constamment suivi, auroit-il encore évité beaucoup de malheurs. Mais il étoit si naturel que le roi fût irrité de sa situation, qu'il prêtoit l'oreille avec trop de complaisance à tous les projets qui satisfaisoient ses désirs, en lui offrant de prétendus moyens pour une contre-révolution. Il est bien difficile à un roi, héritier d'un pouvoir qui depuis Henri IV n'avoit pas été contesté, de se croire sans force au milieu de son royaume ; et le dévouement de ceux qui l'entourent doit exciter aisément ses espérances et ses illusions. La reine étoit encore plus susceptible de cette confiance ; et l'enthousiasme de ses gardes du corps et des autres personnes de sa cour lui parut suffisant pour faire reculer le flot populaire, qui s'avançoit toujours plus, à mesure qu'on lui opposoit d'impuissantes digues.

Marie-Antoinette se présenta donc, comme Marie-Thérèse, aux gardes du corps à Versailles, pour leur recommander son auguste époux et ses enfans. Ils répondirent par des acclamations à cette prière, qui devoit en effet les émouvoir jusqu'au fond de l'âme mais il n'en falloit pas davantage pour exciter les soupçons de cette foule d'hommes, exaltés par les nouvelles perspectives que leur offroit la situation des affaires [75]. L'on répétoit à Paris, dans toutes les classes, que le roi vouloit partir, qu'il vouloit essayer une seconde fois de dissoudre l'assemblée ; et le monarque se trouva dans la plus périlleuse des situations. Il avoit excité l'inquiétude comme s'il eût été fort, et néanmoins tous les moyens de se défendre lui manquoient.

Le bruit se répandit que deux cent mille hommes se préparoient à marcher sur Versailles pour amener à Paris le roi et l'assemblée nationale. *Ils sont entourés*, disoit-on,` *des ennemis de la chose publique ; il faut les conduire au milieu de bons patriotes.* Dès qu'on a trouvé, dans des temps de troubles, une phrase un peu spécieuse, les hommes de parti et surtout les François, trouvent un plaisir singulier à la répéter ; les argumens qu'on pourroit y opposer sont sans pouvoir sur leur esprit ; car ce qu'il leur faut, c'est penser et parler comme les autres, afin d'être certain d'en être applaudis.

J'appris, le matin du 5 octobre, que le peuple marchoit sur Versailles ; mon père et ma mère y étoient établis. Je partis à l'instant pour aller les rejoindre, et je passai par une route peu fréquentée, sur laquelle je ne rencontrai personne. Seulement, en approchant de Versailles, je vis les piqueurs qui avoient accompagné le roi à la chasse, et je sus en arrivant qu'on lui avoit envoyé un exprès pour le supplier de revenir. Singulier pouvoir des habitudes dans la vie des cours ! Le roi faisoit les mêmes choses, de la même manière et à la même heure que dans les tems les plus calmes ; la tranquillité d'âme que cela suppose, lui a mérité l'admiration quand les circonstances ne lui ont plus permis que les vertus des victimes. M. Necker monta très-vite au château pour se rendre au conseil ; et ma mère, toujours plus effrayée par les nouvelles menaçantes qu'on apportoit de Paris, se rendit dans la salle qui précédoit celle où se tenoit le roi, afin de partager le sort de mon père, quoi qu'il arrivât. Je la suivis et je trouvai cette salle remplie d'un grand nombre de personnes, attirées là par des sentimens bien divers.

Nous vîmes passer Mounier, qui venoit, fort à contre-cœur, exiger, comme président de l'assemblée constituante, la sanction royale pure et simple à la déclaration des droits[76]. Le roi en avoit, pour ainsi dire, littéralement admis les maximes ; mais il attendoit, avoit-il dit, leur application pour y apposer son consentement. L'assemblée s'étoit révoltée contre ce léger obstacle à ses volontés ; car il n'y a rien de si violent en France que la colère qu'on a contre ceux qui s'avisent de résister sans être les plus forts.

Chacun se demandoit dans la salle où nous étions réunis, si le roi partiroit ou non. On apprit d'abord qu'il avoit commandé ses voitures, et que le peuple de Versailles les avoit dételées ; ensuite qu'il avoit ordonné au régiment de Flandre, alors en garnison à Versailles, de prendre les armes, et que ce régiment s'y étoit refusé. Nous avons su depuis qu'on avoit délibéré dans le conseil, si le roi se retireroit dans une province; mais comme le trésor royal manquoit d'argent, que la disette de blés étoit telle qu'on ne pouvoit faire aucun rassemblement de troupes[77], et que l'on n'avoit rien préparé pour s'assurer des régiments dont on croyoit encore pouvoir disposer, le roi craignoit de s'exposer à tout en s'éloignant; il étoit d'ailleurs convaincu que, s'il partoit, l'assemblée donneroit la couronne au duc d'Orléans. Mais l'assemblée n'y songeoit pas, même à cette époque; et, lorsque le roi consentit, dix-huit mois après, au départ de Varennes, il dut voir qu'il n'avoit eu aucune raison de crainte à cet égard. M. Necker n'étoit pas d'avis que la cour s'en allât ainsi sans aucun secours qui pût assurer le succès de cette démarche décisive; mais il offrit pourtant au roi de le suivre s'il s'y décidoit, prêt à lui dévouer sa fortune et sa vie, quoiqu'il sût bien quelle seroit sa situation, en conservant ses principes au milieu de courtisans qui n'en connoissent qu'un en politique comme en religion, l'intolérance.

Le roi ayant succombé à Paris sous le glaive des factieux, il est naturel que ceux qui ont été d'avis de son départ, le 5 octobre, s'en glorifient : car on peut toujours dire ce qu'on veut des bons effets d'un conseil qui n'a pas été suivi. Mais, outre qu'il étoit peut-être déjà impossible au roi de sortir de Versailles, il ne faut point oublier que M. Necker, en admettant la nécessité de venir à Paris, proposoit en même temps que le roi marchât désormais sincèrement avec la constitution, et ne s'appuyât que sur elle : sans cela l'on s'exposoit, quoi qu'on fit, aux plus grands malheurs.

Le roi, tout en se déterminant à rester, pouvoit encore prendre le parti de se mettre à la tête de ses gardes du corps, et de repousser la force par la force. Mais Louis XVI se faisoit un scrupule religieux d'exposer la vie des François pour sa défense personnelle; et son courage, dont on ne sauroit douter quand on l'a vu périr, ne le portoit jamais à aucune résolution spontanée. D'ailleurs à cette époque un succès même ne l'auroit pas sauvé; l'esprit public étoit dans le sens de la révolution, et c'est en étudiant le cours des choses qu'on parvient à prévoir, autant que cela est donné à l'esprit humain, les événemens que les esprits vulgaires voudroient faire passer pour le résultat du hasard ou de l'action inconsidérée de quelques hommes.

Le roi se résolut donc à attendre l'armée, ou plutôt la foule parisienne qui déjà s'étoit mise en marche, et tous les regards se tournoient vers le chemin qui étoit en face des croisées. Nous pensions que les canons pourroient d'abord se diriger contre nous, et cela nous faisoit assez de peur; mais cependant aucune femme, dans une aussi grande circonstance, n'eut l'idée de s'éloigner.

Tandis que cette masse s'avançoit sur nous, on annnonçoit l'arrivée de M. de la Fayette à la tête de la garde nationale, et c'étoit sans doute un motif pour se tranquilliser. Mais il avoit résisté long-temps au désir de la garde nationale, et ce n'étoit que par un ordre exprès de la commune de Paris qu'il avoit marché, pour prévenir par sa présence les malheurs dont on étoit menacé. La nuit approchoit, et la frayeur s'accroissoit avec l'obscurité, lorsque nous vîmes entrer dans le palais M. de Chinon qui depuis, sous le nom de duc de Richelieu, a si justement acquis une grande considération[78]. Il étoit pâle, défait, vêtu presque comme un homme du peuple ; c'étoit la première fois qu'un tel costume entroit dans la demeure des rois, et qu'un aussi grand seigneur que M. de Chinon se trouvoit réduit à le porter. Il avoit marché quelque temps de Paris à Versailles, confondu dans la foule, pour entendre les propos qui s'y tenoient, et il s'en étoit séparé à moitié chemin, afin d'arriver à temps pour prévenir la famille royale de ce qui se passoit. Quel récit que le sien ! Des femmes et des enfans armés de piques et de faux se pressoient de toutes parts. Les dernières classes du peuple étoient encore plus abruties par l'ivresse que par la fureur. Au milieu de cette bande infernale, des hommes se vantoient d'avoir reçu le nom de *coupe-têtes*, et promettoient de le mériter. La garde nationale marchoit avec ordre, obéissoit à son chef, et n'exprimoit que le désir de ramener à Paris le roi et l'assemblée. Enfin M. de la Fayette entra dans le château, et traversa la salle où nous étions, pour se rendre chez le roi. Chacun l'entouroit avec ardeur, comme s'il eût été le maître des événemens, et déjà le parti populaire étoit plus fort que son chef ; les principes cédoient aux factions, ou plutôt ne leur servoient plus que de prétexte[79].

M. de la Fayette avoit l'air très-calme ; personne ne l'a jamais vu autrement : mais sa délicatesse souffroit de l'importance de son rôle ; il demanda les postes intérieurs du château, pour en garantir la sûreté. On se contenta de lui accorder ceux du dehors[80]. Ce refus étoit simple, puisque les gardes du corps ne devoient point être déplacés ; mais le plus grand des malheurs faillit en résulter. M. de la Fayette sortit de chez le roi en nous rassurant tous : chacun se retira chez soi après minuit ; il sembloit que c'étoit bien assez de la crise de la journée, et l'on se crut en parfaite sécurité, comme il arrive presque toujours quand on a long-temps éprouvé une grande crainte, et qu'elle ne s'est pas réalisée. M. de la Fayette, à cinq heures du matin, pensa que tous les dangers étoient passés, et s'en fia aux gardes du corps qui avoient répondu de l'intérieur du château. Une issue qu'ils avoient oublié de fermer, permit aux assassins de pénétrer[81]. On a vu le même hasard favoriser deux conspirations en Russie[82], dans les momens où la surveillance étoit la plus exacte et les circonstances extérieures les plus calmes ; il est donc absurde de reprocher à M. de la Fayette un événement si difficile à supposer. A peine en fut-il instruit, qu'il se précipita au secours de ceux qui étoient menacés, avec une chaleur qui fut reconnue dans le moment même, avant que la calomnie eût combiné ses poisons.

Le 6 octobre, de grand matin, une femme très-âgée, la mère du comte de Choiseul-Gouflier, auteur du charmant Voyage en Grèce[83], entra dans ma chambre ; elle venoit, dans son effroi, se réfugier chez nous, quoique nous n'eussions jamais eu l'honneur de la voir. Elle m'apprit que des assassins avoient pénétré jusqu'à l'antichambre de la reine, qu'ils avoient massacré quelques-uns de ses gardes à sa porte[84], et que, réveillée par leurs cris, elle n'avoit pu sauver sa propre vie qu'en fuyant dans l'appartement du roi par une issue dérobée. Je sus en même temps que mon père étoit déjà parti pour le château, et que ma mère se disposoit à le suivre ; je me hâtai de l'accompagner.

Un long corridor conduisoit du contrôle général où nous demeurions, jusqu'au château : en approchant nous entendîmes des coups de fusil dans les cours ; et comme nous traversions la galerie, nous vîmes sur le plancher des traces récentes de sang. Dans la salle suivante les gardes du corps embrassoient les gardes nationaux avec cette effusion qu'inspire toujours le trouble des grandes circonstances ; ils échangeoient leurs marques distinctives ; les gardes nationaux portoient la bandoulière des gardes du corps, et les gardes du corps la cocarde tricolore ; tous crioient alors avec transport : Vive la Fayette ! parce qu'il avoit sauvé la vie des gardes du corps, menacés par la populace. Nous passâmes au milieu de ces braves gens, qui venoient de voir périr leurs camarades, et s'attendoient au même sort. Leur émotion contenue, mais visible, arrachoit des larmes aux assistans. Mais, plus loin, quelle scène[85] !

Le peuple exigeoit, avec de grandes clameurs, que le roi et sa famille se transportassent à Paris ; on annonça de leur part qu'ils y consentoient et les cris, et les coups de fusil que nous entendions, étoient les signes de réjouissance de la troupe parisienne. La reine parut alors dans le salon ; ses cheveux étoient en désordre, sa figure étoit pâle, mais digne, et tout, dans sa personne, frappoit l'imagination : le peuple demanda qu'elle parût sur le balcon ; et, comme toute la cour, appelée la cour de marbre, étoit remplie d'hommes qui tenoient en main des armes à feu, on put apercevoir dans la physionomie de la reine ce qu'elle redoutoit. Néanmoins elle s'avança, sans hésiter, avec ses deux enfants qui lui servoient de sauvegarde[86].

La multitude parut attendrie, en voyant la reine comme mère, et les fureurs politiques s'apaisèrent à cet aspect ; ceux qui, la nuit même, avoient peut-être voulu l'assassiner, portèrent son nom jusqu'aux nues.

Le peuple en insurrection est inaccessible d'ordinaire au raisonnement, et l'on n'agit sur lui que par des sensations aussi rapides que les coups de l'électricité, et qui se communiquent de même. Les masses sont, suivant les circonstances, meilleures ou plus mauvaises que les individus qui les composent ; mais, dans quelque disposition qu'elles soient, on ne peut les porter au crime comme à la vertu, qu'en faisant usage d'une impulsion naturelle.

La reine, en sortant du balcon, s'approcha de ma mère, et lui dit, avec des sanglots étouffés : *Ils vont nous forcer, le roi et moi, à nous rendre à Paris, avec les têtes de nos gardes du corps portées devant nous au bout de leurs piques.* Sa prédiction faillit s'accomplir. Ainsi la reine et le roi furent amenés dans leur capitale. Nous revînmes à Paris par une autre route, qui nous éloignoit de cet affreux spectacle : c'étoit à travers le bois de Boulogne que nous passâmes, et le temps étoit d'une rare beauté, l'air agitoit à peine les arbres, et le soleil avoit assez d'éclat pour ne laisser rien de sombre dans la campagne : aucun objet extérieur ne répondoit à notre tristesse. Combien de fois ce contraste, entre la beauté de la nature et les souffrances imposées par les hommes, ne se renouvelle-t-il pas dans le cours de la vie !

Le roi se rendit à l'hôtel de ville, et la reine y montra la présence d'esprit la plus remarquable. Le roi dit au maire : *Je viens avec plaisir au milieu de ma bonne ville de Paris ;* la reine ajouta : *Et avec confiance.* Ce mot étoit heureux, bien qu'hélas, l'événement ne l'ait pas justifié[87].

Le lendemain, la reine reçut le corps diplomatique et les personnes de sa cour ; elle ne pouvoit prononcer une parole sans que les sanglots la suffoquassent, et nous étions de même dans l'impossibilité de lui répondre.

Quel spectacle en effet que cet ancien palais des Tuileries, abandonné depuis plus d'un siècle par ses augustes hôtes ! La vétusté des objets extérieurs agissoit sur l'imagination, et la faisoit errer dans les temps passés. Comme on étoit loin de prévoir l'arrivée de la famille royale, très-peu d'appartemens étoient habitables, et la reine avoit été obligée de faire dresser des lits de camp pour ses enfans, dans la chambre même ou elle recevoit ; elle nous en fit des excuses, en ajoutant : *Vous savez que je ne m'attendois pas à venir ici.* Sa physionomie étoit belle et irritée ; on ne peut l'oublier quand on l'a vue.

Madame Élisabeth, sœur du roi, sembloit tout à la fois calme, sur son propre sort, et agitée pour celui de son frère et de sa belle-sœur. Le courage se manifestoit en elle par résignation religieuse ; et cette vertu, qui ne suffit pas toujours aux hommes, est de l'héroïsme dans une femme.

CHAPITRE XII

L'assemblée constituante à Paris

L'assemblée constituante, transportée à Paris par la force armée, se trouva à quelques égards dans la situation du roi lui-même : elle ne jouit plus entièrement de sa liberté. Le 5 et 6 octobre furent, pour ainsi dire, les premiers jours de l'avènement des jacobins ; la révolution changea d'objet et de sphère ; ce n'étoit plus la liberté, mais l'égalité qui en devenoit le but, et la classe inférieure de la société commença, dès ce jour, à prendre de l'ascendant sur celle qui est appelée par ses lumières à gouverner. Mounier et Lalli quittèrent l'assemblée et la France. Une juste indignation leur fit commettre cette erreur ; il en résulta que le parti modéré fut sans force. Le vertueux Malouet, et un orateur tout à la fois brillant et sérieux, M. de Clermont-Tonnerre, essayèrent de le soutenir, mais on ne vit plus guère de débats qu'entre les opinions extrêmes.

L'assemblée constituante avoit été maîtresse du sort de la France depuis le 14 juillet jusqu'au 5 octobre 1789 ; mais, à dater de cette dernière époque, c'est la force populaire qui l'a dominée [88]. On ne sauroit trop le répéter, il n'y a pour les individus, comme pour les corps politiques, qu'un moment de bonheur et de puissance ; il faut le saisir, car l'épreuve de la prospérité ne se renouvelle guère deux fois dans le cours, d'une même destiné ; et qui n'en a pas profité, ne reçoit, par la suite, que la triste leçon des revers. La révolution devoit descendre toujours plus bas, chaque fois que les classes plus élevées laissoient échapper les rênes, soit par leur manque de sagesse, soit par leur manque d'habileté.

Le bruit se répandit que Mirabeau et quelques autres députés seroient nommés ministres. Ceux de la montagne, qui étoient bien certains que le choix ne pouvoit les regarder, proposèrent de déclarer que les fonctions de député et celles de ministre étoient incompatibles, décret absurde qui transformoit l'équilibre des pouvoirs en hostilités réciproques. Mirabeau, dans cette occasion, proposa très-spirituellement de s'en tenir à l'exclure lui seul, nominativement, de tout emploi dans le ministère, afin que l'injustice personnelle dont il étoit l'objet, disoit-il, ne fît pas prendre une mesure contraire à l'intérêt public[89]. Il demanda du moins que les ministres assistassent toujours aux délibérations de l'assemblée, si, contre son opinion, on leur interdisoit d'en être membres. Les jacobins s'écrièrent qu'il suffisoit de leur présence pour influer sur l'opinion des représentans du peuple, et de telles phrases ne manquoient jamais d'être applaudies avec transport par les galeries : on eût dit que personne en France ne pouvoit voir un homme puissant, qu'aucun membre du tiers état ne pouvoit approcher d'un homme de la cour, sans être subjugué. Triste effet du gouvernement arbitraire et des distinctions de rang trop exclusives ! L'animadversion des classes inférieures contre la classe aristocratique, ne détruit pas son ascendant sur ceux même dont elle est haïe ; les subalternes, dans la suite, tuèrent leurs anciens maîtres, comme l'unique moyen de cesser de leur obéir.

La minorité de la noblesse, c'est-à-dire, les gentilshommes du parti populaire, étoient infiniment supérieurs, par la pureté de leurs sentimens, aux hommes exagérés du tiers état. Ces nobles étoient désintéressés dans la cause qu'ils soutenoient ; et, ce qui est plus honorable encore, ils préféroient les principes généreux de la liberté aux avantages dont ils jouisseoient personnellement. Dans tous les pays où l'aristocratie est dominante, ce qui abaisse la nation place d'autant plus haut quelques individus, qui réunissent les habitudes d'un rang élevé aux lumières acquises par le travail et la réflexion. Mais il est trop cher de comprimer l'essor de tant d'hommes, pour qu'une minorité de la noblesse, telle que MM. de Clermont-Tonnerre, de Crillon, de Castellane, de la Rochefoucauld, de Toulongeon, de la Fayette, de Montmorenci, etc.[90], puisse être considérée comme l'élite de la France ; car, malgré leurs vertus et leurs talens, ils se sont trouvés sans force à cause de leur petit nombre. Depuis que l'assemblée délibéroit à Paris, le peuple exerçoit de toutes parts sa puissance tumultueuse ; déjà les clubs s'établissoient, les dénonciations des journaux, les vociférations des tribunes égaroient tous les esprits ; la peur étoit la funeste muse de la plupart des orateurs, et, chaque jour, on inventoit de nouveaux genres de raisonnemens et de nouvelles formes oratoires pour obtenir les applaudissemens de la multitude. Le duc d'Orléans fut accusé d'avoir trempé dans la conspiration du 6 octobre : le tribunal chargé d'examiner les pièces de ce procès ne trouva point de preuves contre lui[91], mais, M. de la Fayette ne supportoit pas l'idée que l'on attribuât même les violences populaires à ce qu'on pouvoit appeler une conspiration. Il exigea du duc d'aller en Angleterre ; et ce prince, dont on ne sauroit qualifier la déplorable foiblesse, accepta sans résistance une mission qui n'étoit qu'un prétexte pour l'éloigner. Depuis cette singulière condescendance, je ne crois pas que les jacobins même aient jamais eu l'idée qu'un tel homme pût influer en rien sur le sort de la France : les vertus de sa famille nous commandent de ne plus parler de lui.

Les provinces partageoient l'agitation de la capitale, et l'amour de l'égalité mettoit en mouvement la France, comme la haine du papisme excitoit les passions des Anglois dans le dix-septième siècle. L'assemblée constituante étoit battue par les flots, au milieu desquels elle sembloit diriger sa course. L'homme le plus marquant entre les députés, Mirabeau, inspiroit, pour la première fois, quelque estime ; et l'on ne pouvoit même s'empêcher d'avoir pitié de la contrainte imposée à sa supériorité naturelle. Sans cesse, dans le même discours, il faisoit la part de la popularité et celle de la raison ; il essayoit d'obtenir de l'assemblée un décret monarchique avec des phrases démagogiques, et souvent il exerçoit son amertume contre le parti des royalistes, alors même qu'il vouloit faire passer quelques-unes de leurs opinions ; enfin, on voyait manifestement qu'il se débattoit toujours entre son jugement et son besoin de succès. Il étoit payé secrètement par le ministère pour défendre les intérêts du trône[92] ; néanmoins quand il montoit à la tribune, il lui arrivoit souvent d'oublier les engagemens qu'il avoit pris, et de céder à ce bruit des applaudissemens dont le prestige est presque irrésistible. S'il eût été consciencieux, peut-être avoit-il assez de talent pour faire naître dans l'assemblée un parti indépendant du peuple et de la cour ; mais trop d'intérêts personnels entraînoient son génie pour qu'il pût s'en servir librement. Ses passions l'enveloppoient de toutes parts, comme les serpens du Laocoon, et l'on voyoit sa force dans la lutte sans pouvoir espérer son triomphe.

CHAPITRE XIII

Des décrets de l'assemblée constituante relativement au clergé

Le reproche le plus sérieux qu'on ait fait à l'assemblée constituante, c'est d'avoir été indifférente au maintien de la religion en France ; et de là viennent les déclamations contre la philosophie, qui ont remplacé toutes celles dont la superstition fut jadis l'objet. On doit justifier les intentions de l'assemblée constituante à cet égard, en examinant le motif de ses décrets. Les privilégiés ont pris en France un moyen de défense commun à la plupart des hommes, celui de rattacher une idée générale à leurs intérêts particuliers. Ainsi les nobles disoient que la valeur est l'héritage exclusif de la noblesse, et les prêtres, que la religion ne sauroit se passer des biens du clergé : ces deux assertions sont également fausses. On s'est battu admirablement en Angleterre et en France depuis qu'il n'y existe plus un corps de noblesse, et la religion rentreroit dans tous les cœurs françois si l'on ne vouloit pas sans cesse confondre les articles de foi avec les questions politiques, et la richesse du haut clergé avec l'ascendant simple et naturel des curés sur les gens du peuple.

Le clergé en France faisoit partie des quatre pouvoirs législatifs[93] ; et, du moment qu'on jugeoit nécessaire de changer cette bizarre constitution, il falloit que le tiers des propriétés du royaume[94] ne restât pas entre les mains des ecclésiastiques : car c'est comme ordre que le clergé possédoit une telle fortune, et qu'il l'administroit collectivement. Les biens des prêtres et les établissements religieux ne pouvant être soumis au genre de lois civiles qui assurent l'héritage des pères aux enfans, du moment que la constitution de l'état changeoit, il n'eût pas été sage de laisser au clergé des richesses qui pouvoient lui servir à regagner l'influence politique dont on vouloit le priver. La justice exigeoit qu'on maintînt les possesseurs dans leur jouissance viagère ; mais que devoit-on à ceux qui ne s'étoient pas fait prêtres encore, surtout quand le nombre des ecclésiastiques surpassoit de beaucoup ce que le service public peut rendre nécessaire ? Donneroit-on pour motif qu'on ne doit jamais changer ce qui étoit ? Dans quel moment le fameux *ce qui étoit* a-t-il dû s'établir pour toujours ? Quand aucune amélioration n'a-t-elle plus été possible ?

Depuis la destruction des Albigeois par le fer et le feu, depuis les supplices des protestans sous François 1er, le massacre de la Saint-Barthélemi, la révocation de l'édit de Nantes, et la guerre des Cévennes[95], le clergé françois a constamment prêché, et prêche encore l'intolérance[96] ; or la liberté des cultes ne pouvoit se concilier avec les opinions des prêtres qui protestent contre elle, si on leur laissoit une existence politique, ou si leur grande fortune les mettoit en état de reconquérir cette existence qu'ils ne cesseront jamais de regretter. L'église ne recule pas plus que les émigrés n'avancent ; il faut conformer les institutions à cette certitude.

Quoi ! dira-t-on encore : le clergé anglois n'est-il pas propriétaire ? Les ecclésiastiques anglois, étant de la religion réformée, ont été dans le sens de la réforme politique, lorsque les derniers Stuarts voulurent rétablir le catholicisme en Angleterre. Il n'en est pas de même du clergé françois, ennemi naturel des principes de la révolution[97]. Le clergé anglois n'a d'ailleurs aucune influence sur les affaires d'état ; il est beaucoup moins riche que ne l'étoit celui de France, puisqu'il n'existe en Angleterre ni couvent, ni abbaye, ni rien de semblable. Les prêtres anglois se marient, et font ainsi partie de la société. Enfin le clergé françois a longtemps hésité entre l'autorité du pape et celle du roi ; et, lorsque Bossuet a soutenu ce qu'on appelle les libertés de l'église gallicane, il a, dans sa politique sacrée, conclu l'alliance de l'autel et du trône, mais en la fondant sur les maximes de l'intolérance religieuse et du despotisme royal.

Lorsque les prêtres en France sont sortis de la vie retirée pour se mêler de la politique, ils y ont porté presque toujours un genre d'audace et de ruse très-défavorable au bien du pays. L'habileté d'esprit qui distingue des hommes obligés de bonne heure à concilier deux choses opposées, leur état et le monde, cette habileté est telle, que depuis deux cents ans ils se sont constamment insinués dans les affaires, et la France a presque toujours eu pour ministres des cardinaux et des évêques[98]. Les Anglois, malgré la libéralité de principes qui dirige leur clergé, n'admettent point les ecclésiastiques du second ordre dans la chambre des communes, et il n'y a pas d'exemple qu'un membre du haut clergé soit devenu ministre d'état depuis la réformation. Il en étoit de même à Gênes, dans un pays très-catholique ; et le gouvernement et les prêtres se sont également bien trouvés de cette prudente séparation.

Comment le système représentatif seroit-il conciliable avec la doctrine, les habitudes et les richesses du clergé françois, tel qu'il étoit autrefois ? Une analogie frappante devoit engager l'assemblée constituante à ne plus le reconnoître comme propriétaire. Les rois possédoient des domaines considérés jadis comme inaliénables ; et certes ces propriétés étoient aussi légitimes que tout autre héritage paternel. Cependant en France comme en Angleterre, et dans tous les pays où les principes constitutionnels sont établis, les rois ont une liste civile, et l'on regarderoit comme funeste à la liberté, qu'ils pussent posséder des revenus indépendans de la sanction nationale. Pourquoi donc le clergé seroit-il à cet égard mieux traité que la couronne ? Pourquoi la magistrature ne réclameroit-elle pas des propriétés à plus forte raison que le clergé, si le but du paiement, en fonds de terre, étoit d'affranchir ceux qui en jouissent de l'ascendant du gouvernement ?

Qu'importent, dira-t-on, les inconvéniens ou les avantages des propriétés du clergé ? on n'avoit pas le droit de les prendre. Cette question est épuisée par les excellens discours prononcés dans l'assemblée constituante sur ce sujet[99] ; il a été démontré que les corps ne possédoient point au même titre que les individus, et que l'état ne pouvoit maintenir l'existence de ces corps, qu'autant qu'ils n'étoient point contraires aux intérêts publics et aux lois constitutionnelles.

Lorsque la réformation s'établit en Allemagne, les princes protestans attribuèrent une partie des biens de l'église, soit aux dépenses de l'état, soit aux établissemens de bienfaisance, et plusieurs princes catholiques en diverses autres occasions ont de même disposé de ces biens. Les décrets de l'assemblée constituante, sanctionnés par le roi, devoient certainement avoir autant force de loi que la volonté des souverains dans le seizième siècle et les suivans. Les rois de France touchoient les revenus des bénéfices pendant qu'ils étoient vacans. Les ordres religieux, qu'il faut distinguer dans cette question du clergé séculier, ont souvent cessé d'exister ; et l'on ne concevroit pas, comme l'a dit l'un des plus spirituels orateurs que nous ayons entendus dans la session dernière [100], M. de Barante : « On ne concevroit pas *comment les biens des ordres qui ne sont plus, seroient dûs à ceux qui ne sont pas.* » Les trois quarts des biens des prêtres leur ont été donnés par la couronne, c'est-à-dire, par l'autorité souveraine d'alors ; non pas comme une faveur personnelle, mais pour assurer le service divin. Comment donc les états généraux, conjointement avec le roi, n'auroient-ils pas eu le droit de changer la manière de pourvoir à l'entretien du clergé ? Mais les fondateurs particuliers, dira-t-on, ayant destiné leur héritage aux ecclésiastiques étoit-il permis d'en détourner l'emploi ? Quel moyen a l'homme d'imprimer l'éternité à ses résolutions ? Peut-on aller chercher, dans la nuit des temps, les titres qui n'existent plus, pour les opposer à la raison vivante ? Quel rapport y a-t-il entre la religion et les chicanes continuelles dont la vente des biens nationaux est l'objet ? Les sectes particulières en Angleterre, et notamment celle des méthodistes, qui est très-nombreuse, fournissent avec ordre et spontanément aux dépenses de leur culte [101]. Oui, dira-t-on, mais les méthodistes sont très-religieux, et les habitans de la France ne feroient point de sacrifice d'argent pour leurs prêtres. Cette incrédulité ne s'est-elle pas introduite, précisément par le spectacle des richesses ecclésiastiques et des abus qu'elles entraînoient ? Il en est de la religion comme des gouvernemens : quand vous voulez maintenir de force, ce qui n'est plus en rapport avec le temps, vous dépravez le cœur humain au lieu de l'améliorer. Ne trompez pas les foibles, n'irritez pas non plus une autre espèce d'hommes foibles, les esprits forts, en excitant les passions politiques contre la religion ; séparez bien l'une des autres, et les sentimens solitaires ramèneront toujours aux pensées élevées.

Un grand tort, dont il semble cependant qu'il devoit être facile à l'assemblée constituante de se préserver, c'est la funeste invention d'un clergé constitutionnel [102] ; exiger des prêtres un serment contraire à leur conscience, et lorsqu'ils s'y refusent, les persécuter par la privation d'une pension, et plus tard même par la déportation, c'étoit avilir ceux qui prêtoient ce serment, auquel étoient attachés des avantages temporels.

L'assemblée constituante ne devoit point songer à se faire un clergé à sa dévotion, et donner ainsi lieu, comme on l'a fait depuis, à tourmenter les ecclésiastiques attachés à leur ancienne croyance. C'étoit mettre l'intolérance politique à la place de l'intolérance religieuse. Une seule résolution ferme et juste devoit être prise par des hommes d'état dans cette circonstance ; il falloit imposer à chaque communion le devoir d'entretenir les prêtres de son culte [103] : l'assemblée constituante s'est cru plus de profondeur de vues en divisant le clergé, en établissant le schisme, et détachant ainsi de la cour de Rome ceux qui s'enrôloient sous les bannières de la révolution. Mais à quoi servoient de tels prêtres ? Les catholiques n'en vouloient pas, et les philosophes n'en avoient pas besoin ; c'étoit une sorte de milice discréditée d'avance, qui ne pouvoit que nuire au gouvernement qu'elle soutenoit. Le clergé constitutionnel révoltoit tellement les esprits, qu'il fallut employer la violence pour le fonder : trois évêques étoient nécessaires pour sacrer les schismatiques, et leur communiquer ainsi le pouvoir d'ordonner d'autres prêtres à leur tour : sur ces trois évêques, dont la fondation du nouveau clergé dépendoit, deux au dernier moment furent prêts à renoncer à la bizarre entreprise que la religion et la philosophie condamnoient également [104].

L'on ne sauroit trop le répéter, il faut aborder sincèrement toutes les grandes idées, et se garder de mettre des combinaisons machiavéliques dans l'application de la vérité ; car les préjugés fondés par le temps, ont encore plus de force que la raison même, dès qu'on emploie de mauvais moyens pour l'établir. Il importoit aussi, dans le débat encore subsistant entre les privilégiés et le peuple, de ne jamais mettre les partisans des vieilles institutions dans une situation qui pût inspirer aucune espèce de pitié ; et l'assemblée constituante excitoit ce sentiment en faveur des prêtres, du moment qu'elle les privoit de leurs propriétés viagères, et qu'elle donnoit ainsi à la loi un effet rétroactif. Jamais on ne peut oublier ceux qui souffrent ; la nature humaine à cet égard vaut mieux qu'on ne croit.

Mais qui enseignera la religion et la morale aux enfans, dira-t-on, s'il n'y a point de prêtres dans les écoles ? Ce n'étoit certainement pas le haut clergé qui remplissoit ce devoir ; et quant aux curés, ils sont plus nécessaires aux soins des malades et des mourans qu'à l'enseignement même, excepté dans ce qui concerne la connoissance de la religion ; le temps est passé où sous le rapport de l'instruction les prêtres étoient supérieurs aux autres hommes. Il faut établir et multiplier, les écoles dans lesquelles comme en Angleterre, on apprend aux enfans pauvres à lire, écrire et compter ; il faut des colléges pour enseigner les langues anciennes, et des universités pour porter plus loin encore l'étude de ces belles langues, et celle des hautes sciences. Mais le moyen le plus efficace de fonder la morale, ce sont les institutions politiques ; elles excitent l'émulation et forment la dignité du caractère : on n'enseigne point à l'homme ce qu'il ne peut apprendre que par lui-même. On ne dit aux Anglois dans aucun catéchisme qu'il faut aimer leur constitution ; il n'y a point de maître de patriotisme dans les écoles ; le bonheur public et la vie de famille inspirent plus efficacement la religion que tout ce qu'il reste d'anciennes coutumes destinées à la maintenir.

CHAPITRE XIV

De la suppression
des titres de noblesse

Le moins impopulaire des deux ordres privilégiés en France, c'est peut-être encore le clergé ; car le principe moteur de la révolution étant l'égalité, la nation se sentoit moins blessée par les préjugés des prêtres que par les prétentions des nobles. Cependant rien n'est plus funeste, on ne sauroit trop le répéter, que l'influence politique des ecclésiastiques dans un état, tandis qu'une magistrature héréditaire, dont les souvenirs de la naissance fassent partie, est un élément indispensable de toute monarchie limitée. Mais la haine du peuple contre les gentilshommes ayant éclaté dès les premiers jours de la révolution, la minorité de la noblesse dans l'assemblée constituante auroit voulu détruire ce germe d'inimitié, et s'unir en tout à la nation. Un soir donc, dans un moment de fermentation, un membre fit la proposition d'abolir tous les titres [105]. Aucun noble du parti populaire ne pouvoit se refuser à l'appuyer, sans avoir l'air d'une vanité ridicule ; néanmoins il seroit fort à désirer que les titres tels qu'ils existoient, n'eussent été supprimés qu'en étant remplacés par la pairie et par les distinctions qui émanent d'elle. Un grand publiciste anglois a dit avec raison que *toutes les fois qu'il existe dans un pays un principe de vie quelconque, le législateur doit en tirer parti* [106]. En effet, comme rien n'est si difficile que de créer, il faut le plus souvent greffer une institution sur une autre.

L'assemblée constituante traitoit la France comme une colonie, dans laquelle il n'y auroit point eu de passé [107] ; mais, quand il y en a un, on ne peut empêcher qu'il n'ait son influence. La nation françoise étoit fatiguée de la noblesse de second ordre ; mais elle avoit, mais elle aura toujours du respect pour les noms historiques. C'étoit de ce sentiment qu'il falloit se servir pour établir une chambre haute, et tâcher de faire tomber, par degrés, en désuétude toutes ces dénominations de comtes et de marquis qui, lorsqu'elles ne s'attachent ni à des souvenirs ni à des fonctions politiques, ressemblent plutôt à des sobriquets qu'à des titres.

L'une des plus singulières propositions de ce jour fut celle de renoncer aux noms de terres que plusieurs familles portoient depuis des siècles, pour obliger à reprendre les noms patronymiques. Ainsi, les Montmorenci se seroient appelés Bouchard ; la Fayette, Mottié, Mirabeau, Riquetti. C'étoit dépouiller la France de son histoire ; et nul homme, quelque démocrate qu'il fût, ne vouloit ni ne devoit renoncer ainsi à la mémoire de ses aïeux. Le lendemain du jour où ce décret fut porté, les journalistes imprimèrent dans le récit des séances *Riquetti l'aîné,* au lieu du comte de Mirabeau ; il s'approcha furieux des écrivains qui assistoient à l'assemblée, et leur dit : *Avec votre Riquetti vous avez désorienté l'Europe pendant trois jours.* Ce mot encouragea chacun à reprendre le nom de son père ; il eût été difficile de l'empêcher sans une inquisition bien contraire aux principes de l'assemblée, car on ne doit pas cesser de rappeler qu'elle ne s'est jamais servie des moyens du despotisme pour établir la liberté.

M. Necker, seul dans le conseil d'état, proposa au roi de refuser sa sanction au décret qui anéantissoit la noblesse, sans établir le patriciat à sa place ; et, son opinion n'ayant pu prévaloir, il eut le courage de la publier [108]. Le roi avoit résolu de sanctionner indistinctement tous les décrets de l'assemblée ; son système étoit de se faire considérer, à dater du 6 octobre, comme en état de captivité, et ce fut seulement pour obéir à ses scrupules religieux qu'il ne voulut pas dans la suite apposer son nom aux décrets qui proscrivoient les prêtres soumis à la puissance du pape.

M. Necker, au contraire, désiroit que le roi fît un usage sincère et constant de sa prérogative ; il lui représentoit que, s'il reprenoit un jour toute sa puissance, il seroit toujours le maître de déclarer qu'il avoit été prisonnier depuis son arrivée à Paris ; mais que, s'il ne la reprenoit pas, il perdroit de sa considération, et surtout de sa force dans la nation, en ne faisant pas usage de son veto pour arrêter les décrets inconsidérés de l'assemblée, décrets dont elle se repentoit souvent dès que la fièvre de la popularité étoit apaisée. L'objet important pour la nation françoise comme pour toutes les nations du monde, c'est que le mérite, les talens, et les services puissent élever aux premiers rangs de l'état. Mais vouloir organiser la France d'après les principes de l'égalité abstraite, c'étoit se priver d'un ressort d'émulation si analogue au caractère des François, que Napoléon, qui s'en est saisi à sa manière, les a dominés surtout par là. Le mémoire que M. Necker fit publier à l'époque de la suppression des titres, dans l'été de 1790, étoit terminé par les réflexions suivantes :

« En poursuivant dans les plus petits détails tous les signes de distinction, on court peut-être le risque d'égarer le peuple sur le véritable sens de ce mot *égalité*, qui ne peut jamais signifier, chez une nation civilisée et dans une société déjà subsistante, égalité de rang ou de propriété. La diversité des travaux et des fonctions, les différences de fortune et d'éducation, l'émulation, l'industrie, la gradation des talens et des connoissances, toutes ces disparités productrices du mouvement social, entraînent inévitablement des inégalités extérieures ; et le seul but du législateur est, en imitation de la nature, de les réunir toutes vers un bonheur égal, quoique différent dans ses formes et dans ses développemens.

» Tout s'unit, tout s'enchaîne dans la vaste étendue des combinaisons sociales ; et souvent les genres de supériorité qui paroissent un abus aux premiers regards de la philosophie, sont essentiellement utiles pour servir de protection aux différentes lois de subordination, à ces lois qu'il est si nécessaire de défendre, et qu'on attaqueroit avec tant de moyens, si l'habitude et l'imagination cessoient jamais de leur servir d'appui. »

J'aurai par la suite l'occasion de faire remarquer que, dans les divers ouvrages publiés par M. Necker pendant l'espace de vingt ans, il a toujours annoncé d'avance les événemens qui ont eu lieu depuis ; tant la sagacité de son esprit étoit pénétrante. Le règne du jacobinisme a eu pour cause principale l'enivrement sauvage d'un certain genre d'égalité ; il me semble que M. Necker signaloit ce danger, lorsqu'il écrivoit les observations que je viens de citer.

CHAPITRE XV

De l'autorité royale, telle qu'elle fut établie par l'assemblée constituante

C'étoit déjà un grand danger pour le repos social, que de briser tout à coup la force qui résidoit dans les deux ordres privilégiés de l'état. Néanmoins, si les moyens donnés au pouvoir exécutif eussent été suffisans, on auroit pu suppléer par des institutions réelles à des institutions fictives, si je puis m'exprimer ainsi. Mais l'assemblée, se défiant toujours des intentions des courtisans, organisa l'autorité royale contre le roi, au lieu de la combiner pour le bien public. Le gouvernement étoit entravé de telle sorte, que ses agens, qui répondoient de tout, ne pouvoient agir sur rien. Le ministère avoit à peine un huissier à sa nomination ; et, dans son examen de la constitution de 1791, M. Necker a montré que le pouvoir exécutif d'aucune république, y compris les petits cantons suisses, n'étoit aussi limité dans son action constitutionnelle que le roi de France [109]. L'éclat apparent de la couronne et son impuissance réelle jetoient les ministres et le monarque lui-même dans une anxiété toujours croissante : il ne faut certes pas que vingt-cinq millions d'hommes existent pour un seul ; mais il ne faut pas non plus qu'un seul soit malheureux, même sous le prétexte du bonheur de vingt-cinq millions ; car une injustice quelconque, soit qu'elle atteigne le trône ou la cabane, rend impossible un gouvernement libre, c'est-à-dire, équitable.

Un prince qui ne se contenteroit pas du pouvoir accordé au roi d'Angleterre, ne seroit pas digne de régner ; mais, dans la constitution françoise, la position du roi et de ses ministres étoit insupportable. L'état en souffroit plus encore que son chef ; et cependant l'assemblée ne vouloit ni éloigner le roi du trône, ni faire abnégation de ses défiances passagères, quand il s'agissoit d'une œuvre durable.

Les hommes éminens du parti populaire, ne sachant pas se tirer de cette incertitude, mirent toujours dans leurs décrets le mal à côté du bien. L'établissement des assemblées provinciales étoit depuis long-temps désiré : mais l'assemblée constituante les combina de manière à placer les ministres tout-à-fait en dehors de l'administration [110]. La crainte salutaire de toutes ces guerres, entreprises si souvent pour des querelles de rois, avoit dirigé l'assemblée constituante dans l'organisation de l'état militaire; mais elle avoit mis tant d'entraves à l'influence de l'autorité sous ce rapport, que l'armée n'auroit pas été en état de servir au-dehors ; tant on craignoit qu'elle ne pût opprimer au-dedans ! La réforme de la jurisprudence criminelle et l'établissement des jurés faisoient bénir le nom de l'assemblée constituante ; mais elle décréta que les juges seroient à la nomination du peuple et non à celle du roi, et qu'ils seroient réélus tous les trois ans. Cependant l'exemple de l'Angleterre et une réflexion éclairée concourent à démontrer que les juges, sous quelque gouvernement que ce soit, doivent être inamovibles [111], et que, dans un gouvernement monarchique, il convient que leur nomination appartienne à la couronne. Le peuple est beaucoup moins en état de connoître les qualités nécessaires pour être homme de loi, que celles qu'il faut pour être député : un mérite ostensible et des lumières universelles doivent désigner à tous les yeux un représentant du peuple, mais de longues études rendent seules capable des fonctions de magistrat. Il importe, avant tout, que les juges ne puissent être ni destitués par le roi, ni renommés ou rejetés par le peuple. Si, dès les premiers jours de la révolution, tous les partis s'étoient accordés à respecter invariablement les formes judiciaires, de combien de maux on auroit préservé la France ! Car c'est surtout pour les cas extraordinaires que les tribunaux ordinaires sont établis.

On diroit que chez nous la justice est comme une bonne femme, dont on peut se servir dans le ménage les jours ouvriers, mais qui ne doit pas paroître dans les occasions solennelles ; et c'est dans ces occasions cependant que, les passions étant le plus agitées, l'impassibilité des lois devient plus nécessaire que jamais.

Le 4 février 1790 le roi s'étoit rendu à l'assemblée pour accepter dans un discours très-bien fait, auquel M. Necker avoit travaillé, les principales lois déjà décrétées par l'assemblée. Mais le roi dans ce même discours montroit avec force le malheureux état du royaume, la nécessité d'améliorer et d'achever la constitution. Cette démarche étoit indispensable, parce que, les conseillers secrets du roi le représentant toujours comme captif, on excitoit la défiance du parti populaire sur ses intentions. Rien ne convenoit moins à un homme de la moralité de Louis XVI, qu'un état présumé de fausseté continuelle ; les prétendus avantages tirés d'un semblable système détruisoient la force réelle de la vertu.

CHAPITRE XVI

De la fédération du 14 juillet 1790

Malgré les fautes que nous venons d'indiquer, l'assemblée constituante avoit opéré tant de biens, et triomphé de tant de maux, qu'elle étoit adorée de la France presque entière. Il falloit une grande connoissance des principes de la législation politique pour s'apercevoir de tout ce qui manquoit à l'œuvre de la constitution, et l'on jouissoit de la liberté, quoique les précautions prises pour sa durée ne fussent pas bien combinées. La carrière ouverte à tous les talens excitoit l'émulation générale ; les discussions d'une assemblée éminemment spirituelle, le mouvement varié de la liberté de la presse, la publicité sous tous les rapports essentiels, délivroient de ses chaînes l'esprit françois, le patriotisme françois, enfin toutes les qualités énergiques dont on a vu depuis des résultats quelquefois cruels, mais toujours gigantesques. On respiroit plus librement, il y avoit plus d'air dans la poitrine, et l'espoir indéfini d'un bonheur sans entraves s'étoit emparé de la nation dans sa force, comme il s'empare des hommes dans leur jeunesse, avec illusion et sans prévoyance.

La principale inquiétude de l'assemblée constituante, ayant pour objet les dangers que les troupes de ligne pouvoient faire courir un jour à la liberté, il étoit naturel qu'elle cherchât de toutes les manières à captiver les milices nationales, puisqu'elle les regardoit avec raison comme la force armée des citoyens : d'ailleurs elle étoit si sûre de l'opinion publique en 1790, qu'elle aimoit à s'entourer des soldats de la patrie. Les troupes de ligne sont une invention tout-à-fait moderne, et dont le véritable but est de mettre entre les mains des rois un pouvoir indépendant des peuples. C'est de l'institution des gardes nationales en France qu'est résultée dans la suite la conquête de l'Europe continentale [112] : mais l'assemblée constituante alors étoit très-loin de souhaiter la guerre, car elle avoit beaucoup trop de lumières pour ne pas préférer à tout la liberté ; et cette liberté est inconciliable avec l'esprit d'envahissement et les habitudes militaires.

Les quatre-vingt-trois départemens envoyèrent des députés de leurs gardes nationales pour prêter serment à la constitution nouvelle [113]. Elle n'étoit pas encore achevée, il est vrai ; mais les principes qu'elle consacroit avoient pour eux l'assentiment universel. L'enthousiasme patriotique étoit si vif, que tout Paris se portoit en foule à la fédération de 1790, comme l'année précédente à la destruction de la Bastille. C'étoit dans le Champ-de-Mars, en face de l'École Militaire, et non loin de l'Hôtel des Invalides, que la réunion des milices nationales devoit avoir lieu. Il falloit élever autour de cette vaste enceinte des tertres de gazon pour y placer les spectateurs. Des femmes du premier rang se joignirent à la multitude des travailleurs volontaires qui venoient concourir aux préparatifs de cette fête. Devant l'École Militaire, en face de la rivière qui borde le Champ-de-Mars, on avoit placé des gradins avec une tente pour servir d'abri au roi, à la reine et à toute la cour. Quatre-vingt-trois lances plantées en terre, et auxquelles étoient suspendues les bannières de chaque département, formoient un grand cercle dont l'amphithéâtre où devoit s'asseoir la famille royale faisoit partie. On voyoit à l'autre extrémité un autel préparé pour la messe que M. de Talleyrand, alors évêque d'Autun, célébra dans cette grande circonstance. M. de la Fayette s'approcha de ce même autel pour y jurer fidélité à la nation, à la loi et au roi ; et le serment et l'homme qui le prononçoit excitèrent un grand sentiment de confiance. Les spectateurs étoient dans l'ivresse ; le roi et la liberté leur paroissoient alors complètement réunis. La monarchie limitée a toujours été le véritable vœu de la France : et le dernier mouvement d'un enthousiasme vraiment national s'est fait voir à cette fédération de 1790.

Toutefois les personnes capables de réflexion étoient loin de se livrer à la joie générale. Je voyois dans la physionomie de mon père une profonde inquiétude ; dans le moment où l'on croyoit fêter un triomphe, peut-être sentoit-il qu'il n'y avoit déjà plus de ressources. M. Necker ayant sacrifié sa popularité toute entière à la défense des principes d'une monarchie libre et limitée, M. de la Fayette devoit être dans ce jour le premier objet de l'affection du peuple ; il inspiroit à la garde nationale un dévouement très-exalté ; mais, quelle que fût son opinion politique, s'il avoit voulu s'opposer à l'esprit du temps, son pouvoir eût été brisé [114]. Les idées régnoient à cette époque et non les individus. La terrible volonté de Bonaparte lui-même n'auroit pu rien contre la direction des esprits, car les François alors, loin d'aimer le pouvoir militaire, auroient obéi bien plus volontiers à une assemblée qu'à un général.

Le respect pour la représentation nationale, première base d'un gouvernement libre, existoit dans toutes les têtes en 1790, comme si cette représentation eût daté d'un siècle, et non d'une année. En effet, si les vérités d'un certain ordre se reconnoissent au lieu de s'apprendre, il doit suffire de les montrer aux hommes pour qu'ils s'y attachent.

CHAPITRE XVII

Ce qu'étoit la société de Paris pendant l'assemblée constituante

Les étrangers ne sauroient concevoir le charme et l'éclat tant vanté de la société de Paris, s'ils n'ont vu la France que depuis vingt-ans ; mais on peut dire avec vérité, que jamais cette société n'a été aussi brillante et aussi sérieuse tout ensemble, que pendant les trois ou quatre premières années de la révolution, à compter de 1788 jusqu'à la fin de 1791. Comme les affaires politiques étoient encore entre les mains de la première classe, toute la vigueur de la liberté et toute la grâce de la politesse ancienne se réunissoient dans les mêmes personnes. Les hommes du tiers état, distingués par leurs lumières et leurs talens, se joignoient à ces gentilshommes plus fiers de leur propre mérite que des priviléges de leur corps ; et les plus hautes questions que l'ordre social ait jamais fait naître étoient traitées par les esprits les plus capables de les entendre et de les discuter.

Ce qui nuit aux agrémens de la société en Angleterre, ce sont les occupations et les intérêts d'un état depuis long-temps représentatif. Ce qui rendoit au contraire la société françoise un peu superficielle, c'étoient les loisirs de la monarchie. Mais tout à coup la force de la liberté vint se mêler à l'élégance de l'aristocratie ; dans aucun pays ni dans aucun temps, l'art de parler sous toutes ses formes n'a été aussi remarquable que dans les premières années de la révolution.

Les femmes en Angleterre sont accoutumées à se taire devant les hommes, quand il est question de politique ; les femmes en France dirigeoient chez elles presque toutes les conversations, et leur esprit s'étoit formé de bonne heure à la facilité que ce talent exige. Les discussions sur les affaires publiques étoient donc adoucies par elles, et souvent entremêlées de plaisanteries aimables et piquantes. L'esprit de parti, il est vrai, divisoit la société ; mais chacun vivoit avec les siens.

A la cour, les deux bataillons de la bonne compagnie, l'un fidèle à l'ancien régime, et l'autre partisan de la liberté, se rangeoient en présence et ne s'approchoient guère. Il m'arrivoit quelquefois, par esprit d'entreprise, d'essayer quelques mélanges des deux partis, en faisant dîner ensemble les hommes les plus spirituels des bancs opposés ; car on s'entend presque toujours à une certaine hauteur ; mais les choses devenoient trop graves pour que cet accord même momentané pût se renouveler facilement. L'assemblée constituante, comme je l'ai déjà dit, ne suspendit pas un seul jour la liberté de la presse [115]. Ainsi ceux qui souffroient de se trouver constamment en minorité dans l'assemblée, avoient au moins la satisfaction de se moquer de tout le parti contraire. Leurs journaux faisoient de spirituels calembours sur les circonstances les plus importantes : c'étoit l'histoire du monde changée en commérage. Tel est partout le caractère de l'aristocratie des cours. Néanmoins, comme les violences qui avoient signalé les commencemens de la révolution s étoient promptement apaisées, et qu'aucune confiscation, aucun jugement révolutionnaire n'avoit eu lieu, chacun conservoit encore assez de bien-être pour se livrer au développement entier de son esprit ; les crimes, dont on a souillé depuis la cause des patriotes, n'oppressoient pas alors leur âme ; et les aristocrates n'avoient point encore assez souffert pour qu'on n'osât plus même avoir raison contre eux.

Tout étoit en opposition dans les intérêts, dans les sentimens, dans la manière de penser ; mais tant que les échafauds n'avoient point été dressés, la parole étoit encore un médiateur acceptable entre les deux partis. C'est la dernière fois, hélas ! que l'esprit françois se soit montré dans tout son éclat, c'est la dernière fois, et à quelques égards aussi la première, que la société de Paris ait pu donner l'idée de cette communication des esprits supérieurs entre eux, la plus noble jouissance dont la nature humaine soit capable. Ceux qui ont vécu dans ce temps ne sauroient s'empêcher d'avouer qu'on n'a jamais vu ni tant de vie ni tant d'esprit nulle part ; l'on peut juger, par la foule d'hommes de talens que les circonstances développèrent alors, ce que seroient les François s'ils étoient appelés à se mêler des affaires publiques dans la route tracée par une constitution sage et sincère.

On peut mettre en effet dans les institutions politiques une sorte d'hypocrisie qui condamne, dès qu'on se trouve en société, à se taire ou à tromper. La conversation en France est aussi gâtée depuis quinze ans par les sophismes de l'esprit de parti et par la prudence de la bassesse, qu'elle étoit franche et spirituelle lorsqu on abordoit hardiment toutes les questions les plus importantes ; on n'éprouvoit alors qu'une crainte, celle de ne pas mériter assez l'estime publique ; et cette crainte agrandit les facultés au lieu de les comprimer.

CHAPITRE XVIII

De l'établissement des assignats, et de la retraite de M. Necker

Les membres du comité des finances proposèrent à l'assemblée constituante d'acquitter les dettes de l'état, en créant dix-huit cents millions de billets avec un cours forcé[116], assignés sur les biens du clergé. C'étoit une manière fort simple d'arranger les finances ; toute fois il étoit probable qu'en se débarrassant ainsi des difficultés que présente toujours l'administration d'un grand pays, l'on dépenseroit un capital énorme en peu d'années, et que l'on alimenteroit, par la disposition de ce capital, des révolutions nouvelles. En effet, sans une ressource d'argent aussi immense, ni les troubles intérieurs, ni la guerre au-dehors n'auroient eu lieu si facilement. Plusieurs des députés qui engageoient l'assemblée constituante à cette énorme émission de papier-monnoie, n'en prévoyoient point assurément les suites funestes ; mais ils aimoient le pouvoir que la jouissance d'un tel trésor alloit leur donner.

M. Necker s'opposa fortement à l'établissement des assignats[117], d'abord, comme nous l'avons déjà rappelé, il n'approuvoit pas la confiscation de tous les biens ecclésiastiques, et il en auroit toujours excepté, selon sa manière de voir les archevêchés, les évêchés, et surtout les presbytères : car les curés n'ont jamais été assez payés en France, bien qu'ils soient entre les prêtres la classe la plus utile. Les suites d'un papier-monnoie, sa dépréciation graduelle, et les spéculations immorales auxquelles cette dépréciation donnoit lieu, étoient développées, dans le mémoire de M. Necker, avec une force que l'événement n'a que trop confirmée[118]. Les loteries, contre lesquelles, avec raison, plusieurs membres de l'assemblée constituante se prononcèrent, et M. l'évêque d'Autun en particulier, ne sont qu'un simple jeu de hasard, tandis que le gain qui résulte de la variation continuelle du papier-monnoie, se fonde presque entièrement sur l'art de tromper, à chaque instant du jour, soit relativement au change, soit relativement à la valeur des marchandises ; et les gens du peuple, transformés en agioteurs, se dégoûtent du travail par un gain trop facile ; enfin, les débiteurs qui s'acquittent d'une manière injuste, ne sont plus des hommes d'une probité parfaite dans aucune autre relation de la vie. M. Necker prédit, en 1790, tout ce qui est arrivé depuis relativement aux assignats : la détérioration de la fortune publique par le vil prix auquel les biens nationaux seroient vendus, et ces ruines et ces richesses subites, qui altèrent nécessairement le caractère de ceux qui perdent comme de ceux qui gagnent : car une si grande latitude de crainte et d'espérance donne à la nature humaine de trop violentes agitations.

En s'opposant au projet du papier-monnoie, M. Necker ne se renferma point dans le rôle aisé de l'attaque ; il proposa, comme moyen de remplacement, l'établissement d'une banque dont on a depuis adopté les principales bases [119], et dans laquelle il faisoit entrer, pour gage, une portion des biens du clergé, suffisante pour remettre les finances dans l'état le plus prospère. Il insista fortement aussi, mais en vain, pour que les membres du bureau de la trésorerie fussent admis dans l'assemblée, afin qu'ils pussent discuter les questions de finances, en l'absence du ministre, qui n'avoit pas le droit d'y siéger. Enfin M. Necker, avant de quitter sa place, se servit une dernière fois du respect qu'il inspiroit, pour refuser positivement à l'assemblée constituante, et en particulier au député Camus, la connoissance du livre rouge [120].

Ce livre contenoit les dépenses secrètes de l'état sous le règne précédent et sous celui de Louis XVI. Il n'y avoit pas un seul article ordonné par M. Necker ; et ce fut lui cependant qui soutint la plus désagréable lutte, pour obtenir que l'assemblée ne fût pas mise en possession d'un registre qui attestoit les torts de Louis XV, et la trop grande bonté de Louis XVI : sa bonté seulement, car M. Necker eut soin de faire savoir que, dans l'espace de seize années, la reine et le roi n'avoient pris pour eux-mêmes que onze millions sur ces dépenses secrètes ; mais plusieurs personnes vivantes pouvoient être compromises par la connoissance des sommes considérables qu'elles avoient reçues. Ces personnes étoient précisément les ennemis de M. Necker, parce qu'il avoit blâmé les largesses de la cour envers elles ; et ce fut cependant lui seul qui osa déplaire à l'assemblée, en s'opposant à la publicité des fautes de ses antagonistes. Tant de vertus en tous genres, générosité, désintéressement, persévérance, avoient été récompensées dans d'autres temps par l'opinion publique, et méritoient de l'être plus que jamais. Mais ce qui doit inspirer un profond intérêt à quiconque a conçu la situation de M. Necker, c'est de voir un homme, du plus beau génie et du plus beau caractère, placé entre des partis tellement opposés, et des devoirs si différens, que le sacrifice entier de lui-même, de sa réputation et de son bonheur, ne pouvoit rapprocher ni les préjugés des principes, ni les opinions des intérêts.

Si Louis XVI s'en fût remis véritablement aux conseils de M. Necker, il eût été du devoir de ce ministre de ne pas demander sa démission. Mais les partisans de l'ancien régime conseilloient alors au roi, comme ils le feroient peut-être encore aujourd'hui, de ne jamais suivre les avis d'un homme qui avoit aimé la liberté : c'est à leurs yeux le crime irrémissible. D'ailleurs, M. Necker s'aperçut que le roi, mécontent de la part qu'on lui faisoit dans la constitution, lassé de la conduite de l'assemblée, avoit résolu de se soustraire à une telle situation. S'il se fût adressé à M. Necker, pour concerter avec lui son départ, sans doute son ministre auroit cru devoir le seconder de toutes ses forces ; tant la position du monarque lui paroissoit cruelle et dangereuse ! Et cependant il étoit fort contraire au penchant naturel d'un homme appelé par le vœu national, de passer sur le territoire étranger ; mais le roi et la reine ne lui parlant pas de leurs projets à cet égard, devoit-il provoquer la confidence ? Les choses en étoient venues à cet excès, qu'il falloit être factieux ou contre-révolutionnaire pour avoir de l'influence, et ni l'un ni l'autre de ces rôles ne pouvoit convenir à M. Necker.

Il prit donc la résolution de se retirer, et sans doute, à cette époque, il le devoit ; mais constamment guidé par le désir de porter le dévouement à la chose publique aussi loin qu'il étoit possible, il laissa deux millions de sa fortune en dépôt au trésor royal [121], précisément parce qu'il avoit prédit que le papier-monnoie avec lequel on paieroit les rentes, seroit dans peu sans valeur. Il ne vouloit pas nuire, comme particulier, à l'opération qu'il blâmait comme ministre. Si M. Necker eût été très-riche, cette façon d'abandonner sa fortune auroit encore été fort remarquable ; mais, comme ces deux millions formoient plus de la moitié d'une fortune diminuée par sept années de ministère sans appointemens, on s'étonnera peut-être qu'un homme qui avoit acquis son bien par lui-même, eût ainsi le besoin de le sacrifier au moindre sentiment de délicatesse [122].

Mon père partit le 8 septembre 1790. Je ne pus le suivre alors, parce que j'étois malade ; et la nécessité de rester me fut d'autant plus pénible, que je craignois les difficultés qu'il pouvoit rencontrer dans sa route. En effet, quatre jours après son départ, un courrier m'apporta une lettre de lui, qui m'annonçoit son arrestation à Arcis-sur-Aube. Le peuple, convaincu qu'il n'avoit perdu son crédit dans l'assemblée que pour avoir immolé la cause de la nation à celle du roi, voulut l'empêcher de continuer sa route. Ce qui faisoit surtout souffrir M. Necker dans cette circonstance, c'étoit les mortelles inquiétudes que sa femme ressentoit pour lui ; elle l'aimoit avec un sentiment si sincère et si passionné, qu'il se permit, peut-être à tort, de parler d'elle et de sa douleur dans la lettre qu'il adressa en partant à l'assemblée. Le temps ne se prêtoit guère, il faut en convenir, aux affections domestiques ; mais cette sensibilité, qu'un grand homme d'état n'a pu contenir dans toutes les circonstances de sa vie, étoit précisément la source de ses qualités distinctives, la pénétration et la bonté : quand on est capable d'émotions vraies et profondes, on n'est jamais enivré par le pouvoir ; et c'est à cela surtout qu'on reconnoît, dans un ministre, une véritable grandeur d'âme.

L'assemblée constituante décida que M. Necker continueroit sa route. Il fut mis en liberté et se rendit à Bâle, mais non sans courir encore de grands risques : il fit ce cruel voyage par le même chemin, à travers les mêmes provinces, où, treize mois auparavant, il avoit été porté en triomphe. Les aristocrates ne manquèrent pas de se glorifier de ses peines, sans songer, ou plutôt sans vouloir s'avouer, qu'il s'étoit mis dans cette situation pour les défendre et pour les défendre seulement par esprit de justice ; car il savoit bien que rien ne pouvoit les ramener en sa faveur, et ce n'étoit certes pas dans cette espérance, mais par attachement à son devoir, qu'il avoit sacrifié volontairement, en treize mois, une popularité de vingt années.

Il s'en alloit, le cœur brisé, ayant perdu le fruit d'une longue carrière ; et la nation françoise aussi ne devoit peut-être jamais retrouver un ministre qui l'aîmat d'un sentiment pareil. Qu'y avoit-il donc de si satisfaisant pour personne dans un tel malheur ? Quoi ! s'écrieront les incorrigibles, n'étoit-il pas partisan de cette liberté qui nous a fait tant de mal ? Certes je ne vous dirai point tout le bien que cette liberté vous auroit fait, si vous aviez voulu l'adopter quand elle se présentoit à vous pure et sans tache ; mais, en supposant que M. Necker se fût trompé avec Caton et Sidney, avec Chatham et Washington [124], une telle erreur, qui a été celle de toutes les âmes généreuses depuis deux mille ans, devroit-elle étouffer toute reconnoissance pour ses vertus ?

CHAPITRE XIX

De l'état des affaires et des partis politiques dans l'hiver de 1790 à 1791

Dans toutes les provinces de France, il éclatoit des troubles causés par le changement total des institutions, et par la lutte entre les partisans de l'ancien et du nouveau régime.

Le pouvoir exécutif *faisoit le mort*, selon l'expression d'un député du côté gauche de l'assemblée, parce qu'il espéroit, mais à tort, que le bien pourroit naître de l'excès même du mal. Les ministres se plaignoient sans cesse des désordres ; et, quoiqu'ils eussent peu de moyens pour s'y opposer, encore ne les employoient-ils pas, se flattant que le malheureux état des choses obligeroit l'assemblée à rendre plus de force au gouvernement. L'assemblée, qui s'apercevoit de ce système, s'emparoit de toutes les affaires administratives, au lieu de s'en tenir à faire des lois. Après la retraite de M. Necker, elle demanda le renvoi des ministres [125], et, dans ses décrets constitutionnels, ne songeant qu'à la circonstance ; elle ôtoit successivement au roi la nomination de tous les agens du pouvoir exécutif [126]. Elle mettoit en décret sa mauvaise humeur contre telle ou telle personne, croyant toujours à la durée du présent, comme presque tous les hommes en puissance. Les députés du côté gauche disoient : *Le chef du pouvoir exécutif, en Angleterre, a des agens nommés par lui ; tandis que le pouvoir exécutif de France, non moins puissant et plus heureux, aura l'avantage de ne commander qu'aux élus de la nation, et d'être ainsi plus intimement uni avec le peuple.* Il y a des phrases pour tout, particulièrement dans le françois, qui a tant servi pour tant de buts divers et momentanés. Rien n'étoit si simple cependant que de démontrer que l'on ne peut commander à des hommes sur le sort desquels on n'a pas d'influence. Cette vérité n'étoit avouée que par le parti aristocratique ; mais il se rejetoit dans l'extrême opposé, en ne reconnoissant pas la nécessité de la responsabilité des ministres. Une des plus grandes beautés de la constitution angloise, c'est que chaque branche du gouvernement y est tout ce qu'elle peut être : le roi, les pairs et les communes. Les pouvoirs y sont égaux entre eux, non par leur faiblesse, mais par leur force.

Dans tout ce qui ne tenoit pas à l'esprit de parti, l'assemblée constituante montroit le plus haut degré de raison et de lumières : mais il y a quelque chose de si violent dans les passions, que la chaîne des raisonnemens en est brisée ; de certains mots allument le sang, et l'amour-propre fait triompher les satisfactions éphémères sur tout ce qui pourroit être durable.

La même défiance contre le roi, qui entravoit la marche de l'administration et de l'ordre judiciaire, se faisoit encore plus sentir dans les décrets relatifs à la force militaire. L'on fomentoit volontairement l'indiscipline dans l'armée, tandis que rien n'étoit si facile que de la contenir ; on en vit la preuve dans l'insurrection du régiment de Châteauvieux [127] : il plut à l'assemblée constituante de réprimer cette révolte, et dans peu de jours ses ordres furent exécutés. M. de Bouillé, officier d'un vrai mérite dans l'ancien régime, à la tête des troupes restées fidèles, força les soldats insurgés à rendre la ville de Nanci dont ils s'étoient emparés. Ce succès, qu'on devoit seulement à l'ascendant des décrets de l'assemblée, donna de fausses espérances à la cour ; elle imagina, et M. de Bouillé ne manqua pas de l'entretenir dans cette illusion, que l'armée ne demandoit pas mieux que de rendre au roi son ancien pouvoir ; et l'armée, comme toute la nation, vouloit des limites à la volonté d'un seul. A dater de l'expédition de M. de Bouillé, pendant l'automne de 1790, la cour entra en négociation avec lui, et l'on se flatta de pouvoir amener de quelque manière Mirabeau à se concerter avec ce général. La cour se figuroit que le meilleur moyen d'arrêter la révolution, étoit d'en gagner les chefs ; mais cette révolution n'avoit que des chefs invisibles : c'étoient les croyances à de certaines vérités ; et nulle séduction ne pouvoit les atteindre. Il faut transiger avec les principes en politique, et ne pas s'embarrasser des individus qui se placent d'eux-mêmes, dès qu'on a bien dessiné le cadre dans lequel ils doivent entrer.

Le parti populaire, de son côté, sentoit cependant qu'il étoit entraîné trop loin, et que les clubs, qui s'établissoient hors de l'assemblée, commençoient à donner des lois à l'assemblée elle-même. Dès qu'on admet dans un gouvernement un pouvoir qui n'est pas légal, il finit toujours par être le plus fort. Comme il n'a d'autres fonctions que de blâmer ce qui se fait, et non d'agir lui-même, il ne prête point à la critique, et il a pour partisans tous ceux qui désirent un changement dans l'état. Il en est de même des esprits forts qui attaquent toutes les religions, mais qui ne savent que dire quand on leur demande de mettre un système quelconque à la place de ceux qu'ils veulent renverser. Il ne faut pas confondre ces autorités en dehors, dont l'existence est si nuisible, avec l'opinion qui se fait sentir partout, mais ne se forme en corps politique nulle part. Les clubs des jacobins étoient organisés comme un gouvernement, plus que le gouvernement lui-même : ils rendoient des décrets, ils étoient affiliés, par la correspondance dans les provinces, avec d'autres clubs non moins puissans ; enfin, on devoit les considérer comme la mine souterraine toujours prête à faire sauter les institutions existantes quand l'occasion s'en présenteroit [128].

Le parti des Lameth, de Barnave ; et de Duport, le plus populaire de tous après les jacobins, étoit pourtant déjà menacé par les démagogues d'alors, qui alloient être à leur tour considérés l'année suivante, à quelques exceptions près, comme des aristocrates. L'assemblée, néanmoins, rejeta toujours avec persévérance les mesures proposées dans les clubs contre l'émigration, contre la liberté de la presse, contre les réunions des nobles ; jamais, à son honneur, on ne sauroit se lasser de le répéter, elle n'adopta la terrible doctrine de l'établissement de la liberté par le despotisme. C'est à ce détestable système qu'il faut attribuer la perte de l'esprit public en France.

M. de la Fayette et ses partisans ne voulurent point aller au club des jacobins ; et, pour balancer son influence, ils tâchèrent de fonder une autre réunion appelée le club de 1789, où les amis de l'ordre et de la liberté devoient se rassembler [129]. Mirabeau, quoiqu'il eût d'autres vues personnelles, venoit à ce raisonnable club, qui pourtant fut désert en peu de temps, parce qu'aucun intérêt actif n'y appeloit personne. On étoit là pour conserver, pour réprimer, pour arrêter ; mais ce sont les fonctions d'un gouvernement, et non pas celles d'un club. Les monarchistes, c'est-à-dire les partisans d'un roi et d'une constitution, auroient dû naturellement se rattacher à ce club de 1789 ; mais Sieyes et Mirabeau, qui en étoient, n'auroient consenti, pour rien au monde, à se dépopulariser en se rapprochant de Malouet, de Clermont-Tonnerre, de ces hommes qui étoient aussi opposés à l'impulsion du moment, que d'accord avec l'esprit du siècle. Les modérés se trouvoient donc divisés en deux ou trois sections différentes, tandis que les attaquans étoient presque toujours réunis. Les sages et courageux partisans des institutions angloises se voyoient repoussés de toutes parts, parce qu'ils n'avoient pour eux que la vérité. On peut cependant trouver, dans le *Moniteur* du temps, les aveux précieux des coryphées du côté droit sur la constitution angloise. L'abbé Mauri dit : *La constitution angloise, que les amis du trône et de la liberté doivent également prendre pour modèle.* Cazalès dit : *L'Angleterre, ce pays dans lequel la nation est aussi libre que le roi est respecté.* Enfin, tous les défenseurs des vieux abus, se voyant menacés d'un danger beaucoup plus grand que la réforme de ces abus même, exaltoient alors le gouvernement anglois, autant qu'ils l'avoient déprécié deux ans plus tôt, lorsqu'il leur étoit si facile de l'obtenir. Les privilégiés ont renouvelé cette manœuvre plusieurs fois, mais toujours sans inspirer de confiance : les principes de la liberté ne sauroient être une affaire de tactique ; car il y a quelque chose qui tient du culte, dans le sentiment dont les âmes sincères sont pénétrées pour la dignité de l'espèce humaine.

CHAPITRE XX

Mort de Mirabeau

Un grand seigneur brabançon, d'un esprit sage et pénétrant [130], étoit l'intermédiaire entre la cour et Mirabeau ; il avoit obtenu de lui de se concerter secrètement par lettres avec le marquis de Bouillé, le général en qui la famille royale avoit le plus de confiance. Il paroît que le projet de Mirabeau étoit de conduire le roi à Compiègne, au milieu des régimens dont M. de Bouillé se croyoit sûr, et d'y appeler l'assemblée constituante, pour la dégager de l'influence de Paris, et la soumettre à celle de la cour. Mais en même temps Mirabeau avoit l'intention de faire adopter la constitution angloise, car jamais un homme vraiment supérieur ne souhaitera le rétablissement du pouvoir arbitraire. Un caractère ambitieux pourroit se complaire dans ce pouvoir, s'il étoit sûr d'en disposer toute sa vie ; mais Mirabeau savoit très-bien que, parvînt-il à relever en France la monarchie sans limites, la direction de cette monarchie ne lui seroit pas long-temps accordée par la cour ; et il vouloit le gouvernement représentatif, dans lequel les hommes de talent, étant toujours nécessaires, sont toujours considérés.

J'ai eu entre les mains une lettre de Mirabeau, écrite pour être montrée au roi ; il y offroit tous ses moyens pour rendre à la France une monarchie forte et digne, mais limitée ; il se servoit, entre autres, de cette expression remarquable : *Je ne voudrois pas avoir travaillé seulement à une vaste destruction.* Toute la lettre faisoit honneur à la justesse de sa manière de voir. Sa mort fut un grand mal, à l'époque où elle arriva : une supériorité transcendante dans la carrière de la pensée, offre toujours de grandes ressources. « Vous avez trop d'esprit, disoit un jour M. Necker à Mirabeau, pour ne pas reconnoître tôt ou tard que la morale est dans la nature des choses. » Mirabeau n'étoit pas encore tout-à-fait un homme de génie, mais il en approchoit à force de talens.

Je l'avouerai donc, malgré les torts affreux de Mirabeau, malgré le juste ressentiment que j'avois des attaques qu'il s'étoit permises contre mon père en public (car, dans l'intimité, il n'en parloit jamais qu'avec admiration), sa mort me frappa douloureusement, et tout Paris éprouva la même impression. Pendant sa maladie, une foule immense se rassembloit chaque jour et à chaque heure devant sa porte : cette foule ne faisoit pas le moindre bruit, dans la crainte de l'incommoder ; elle se renouveloit plusieurs fois pendant le cours des vingt-quatre heures, et des individus de différentes classes se conduisoient tous avec les mêmes égards. Un jeune homme ayant ouï dire que, si l'on introduisoit du sang nouveau dans les veines d'un mourant, il revivroit, vint s'offrir pour sauver la vie de Mirabeau aux dépens de la sienne. On ne peut voir, sans en être attendri, les hommages rendus au talent : ils diffèrent tant de ceux prodigués à la puissance ?

Mirabeau savoit qu'il alloit mourir. Dans cet instant, loin de s'affliger, ils s'énorgueillissoit : on tiroit le canon pour une cérémonie ; il s'écria : *J'entends déjà les funérailles d'Achille.* En effet, un orateur intrépide qui défendroit avec constance la cause de la liberté, pourroit se comparer à un héros. *Après ma mort,* dit-il encore, *les factieux se partageront les lambeaux de la monarchie.* Il avoit conçu le projet de réparer beaucoup de maux, mais il ne lui fut pas accordé d'expier lui-même ses fautes. Il souffroit cruellement dans les derniers jours de sa vie ; et, ne pouvant plus parler, il écrivit à Cabanis, son médecin, pour en obtenir de l'opium, ces mots de Hamlet : *Mourir, c'est dormir.* Les idées réligieuses ne vinrent point à son secours ; il fut atteint par la mort dans la plénitude des intérêts de ce monde, et lorsqu'il se croyoit près du terme où son ambition aspiroit. Il y a dans la destinée de presque tous les hommes, quand on se donne la peine d'y regarder, la preuve manifeste d'un but moral et religieux dont ils ne se doutent pas toujours eux-mêmes, et vers lequel ils marchent à leur insu [131].

Tous les partis regrettoient alors Mirabeau. La cour se flattoit de l'avoir gagné ; les amis de la liberté comptoient néanmoins sur son secours. Les uns se disoient qu'avec une telle hauteur de talent il ne pouvoit désirer l'anarchie, puisqu'il n'avoit pas besoin de la confusion pour être le premier ; et les autres étoient certains qu'il souhaitoit des institutions libres, puisque la valeur personnelle n'est à sa place que là où elles existent. Enfin il mourut dans le moment le plus brillant de sa carrière, et les larmes du peuple qui accompagnoit son enterrement, en rendirent la pompe très-touchante ; c'étoit la première fois en France qu'un homme célèbre par ses écrits et par son éloquence recevoit des honneurs qu'on n'accordoit jadis qu'aux grands seigneurs, ou aux guerriers. Le lendemain de sa mort, personne dans l'assemblée constituante ne regardoit sans tristesse la place où Mirabeau avoit coutume de s'asseoir. Le grand chêne étoit tombé, le reste ne se distinguoit plus.

Je me reproche d'exprimer ainsi des regrets pour un caractère peu digne d'estime ; mais tant d'esprit est si rare, et il est malheureusement si probable qu'on ne verra rien de pareil dans le cours de sa vie, qu'on ne peut s'empêcher de soupirer, lorsque la mort ferme ses portes d'airain sur un homme naguère si éloquent, si animé, enfin si fortement en possession de la vie.

CHAPITRE XXI

Départ du roi, le 21 juin 1791

Louis XVI auroit accepté de bonne foi la constitution angloise, si elle lui avoit été présentée réellement, et avec le respect qu'on doit au chef de l'état : mais l'on blessa toutes ses affections, surtout par trois décrets qui étoient plutôt nuisibles qu'utiles à la cause de la nation. On abolit le droit de faire grâce, ce droit qui doit exister dans toute société civilisée, et qui ne peut appartenir qu'à la couronne dans une monarchie [132] ; on exigea des prêtres un serment à la constitution civile du clergé, sous peine de la perte de leurs appointemens [133] ; et l'on voulut ôter la régence à la reine [134].

Le plus grand tort peut-être de l'assemblée constituante fut, comme nous l'avons déjà dit, de vouloir créer un clergé dans sa dépendance, ainsi que l'ont fait plusieurs souverains absolus. Elle s'écarta, dans ce but, du système parfait de raison sur lequel elle devoit s'appuyer. Elle provoqua la conscience et l'honneur des ecclésiastiques à résister. Or, les amis de la liberté s'égarent toutes les fois qu'on peut les combattre avec des sentimens généreux, car la vraie liberté ne sauroit avoir d'opposans que parmi ceux qui veulent usurper ou servir ; et cependant le prêtre qui refusoit un serment théologique, exigé par la menace, agissoit plus en homme libre que ceux qui tâchoient de le faire mentir à son opinion.

Enfin le troisième décret, celui de la régence, ayant pour but d'écarter la reine, qui étoit suspecte au parti populaire, devoit par divers motifs offenser personnellement Louis XVI. Ce décret le déclaroit *premier fonctionnaire public* [135], titre très-inconvenable pour un roi, car tout fonctionnaire doit être responsable ; et il faut nécessairement faire entrer dans la monarchie héréditaire un sentiment de respect, qui s'allie avec l'inviolabilité de la personne du souverain. Ce respect n'exclut pas le pacte mutuel entre le roi et la nation, pacte qui de tout temps a existé, soit tacitement, soit authentiquement ; mais la raison et la délicatesse peuvent toujours s'accorder, quand on le veut réellement.

Le second article du décret sur la régence étoit condamnable par des motifs semblables à ceux que nous avons déjà énoncés ; on y déclaroit que le roi seroit déchu du trône s'il sortoit de France [136]. C'étoit prononcer ce qui ne doit pas être prévu, le cas où l'on pourroit destituer un roi. Les vertus et les institutions républicaines élèvent très-haut les peuples à qui leur situation permet d'en jouir ; mais, dans les états monarchiques, le peuple se déprave, si on l'accoutume à ne pas respecter l'autorité qu'il a reconnue. Un code pénal contre un monarque est une idée sans application, que ce monarque soit fort ou qu'il soit foible. Dans le second cas, le pouvoir qui le renverse ne s'en tient pas à la loi, de quelque manière qu'on l'ait conçue.

C'est donc sous le seul rapport de la prudence qu'on doit juger le parti que prit le roi en s'échappant des Tuileries, le 21 juin 1791. On avoit certes assez de torts envers lui à cette époque, pour qu'il eût le droit de quitter la France ; et peut-être rendoit-il un grand service aux amis mêmes de la liberté, en faisant cesser une situation hypocrite ; car leur cause étoit gâtée par les vains efforts qu'ils faisoient pour persuader à la nation que les actes politiques du roi, depuis son arrivée à Paris, étoient volontaires, quand on voyait clairement qu'ils ne l'étoient pas.

M. Fox me dit en Angleterre [137], en 1793, qu'à l'époque du départ du roi pour Varennes, il auroit souhaité qu'on le laissât sortir en paix, et que l'assemblée constituante proclamât la république [138]. La France au moins ne se seroit pas souillée des crimes commis depuis envers la famille royale ; et, soit que la république pût on non réussir dans un grand état, il valoit toujours mieux que d'honnêtes gens en fissent l'essai. Mais ce qu'on devoit craindre le plus arriva : l'arrestation du roi et de sa famille.

Un voyage qui exigeoit tant d'adresse et de rapidité, fut arrangé presque comme dans un temps ordinaire ; et l'étiquette est si puissante dans les cours, qu'on ne sut pas s'en débarrasser même dans la plus périlleuse des circonstances ; il advint de là que l'entreprise manqua [139].

Quand l'assemblée constituante apprit le départ du roi, son attitude fut très-ferme et très-convenable ; ce qui lui avoit manqué jusqu'à ce jour, c'étoit un contre-poids à sa toute-puissance. Malheureusement les François n'apprennent en politique la raison que par la force. Une idée vague de danger planoit sur l'assemblée ; il se pouvoit que le roi se rendît à Montmédy comme il en avoit le dessein, et qu'il fût aidé par des troupes étrangères ; il se pouvoit qu'un grand parti se déclarât pour lui dans l'intérieur. Enfin les inquiétudes faisoient cesser les exagérations, et parmi les députés du parti populaire, tel qui avoit crié à la tyrannie, quand on lui proposoit la constitution angloise, y auroit souscrit bien volontiers alors.

Jamais on ne sauroit se consoler de l'arrestation du roi à Varennes ; des fautes irréparables, des forfaits, dont on doit long-temps rougir, ont altéré le sentiment de la liberté dans les âmes les plus faites pour l'éprouver. Si le roi avoit passé la frontière, peut-être une constitution raisonnable seroit-elle sortie de la lutte entre les deux partis. Il falloit avant tout, s'écriera-t-on, éviter la guerre civile [140]. Avant tout, non ; beaucoup d'autres fléaux sont encore plus à craindre. Des vertus généreuses se développent dans ceux qui combattent pour leur opinion ; et il est plus naturel de verser son sang en la défendant, que pour l'un des milliers d'intérêts politiques, causes habituelles des guerres. Sans doute, il est cruel de se battre contre ses concitoyens ; mais il est bien plus horrible encore d'être opprimé par eux ; et ce qu'il faut surtout éviter à la France, c'est le triomphe complet d'un parti. Car une longue habitude de la liberté est nécessaire, pour que le sentiment de la justice ne soit point altéré par l'orgueil de la puissance.

Le roi laissa, en s'en allant, un manifeste qui contenoit les motifs de son départ ; il rappeloit les traitemens qu'on lui avoit fait éprouver, et déclaroit que son autorité étoit tellement réduite, qu'il n'avoit plus les moyens de gouverner. Au milieu de ces plaintes si légitimes, il ne falloit pas insérer quelques observations trop minutieuses sur le mauvais état du château des Tuileries : il est très-difficile aux souverains héréditaires de ne pas se laisser dominer par les habitudes dans les plus petites comme dans les plus grandes circonstances de leur vie ; mais c'est peut-être par cela même qu'ils sont plus propres que les chefs électifs au règne des lois et de la paix. Le manifeste de Louis XVI finissoit par cette assurance mémorable, *qu'en recouvrant son indépendance, il vouloit la consacrer à fonder la liberté du peuple françois sur des bases inébranlables* [141]. Tel étoit le mouvement des esprits alors, que personne ni le roi lui-même n'envisageoit comme possible le rétablissement d'une monarchie sans limites.

Dès que l'on sut dans l'assemblée que la famille royale avoit été arrêtée à Varennes, on y envoya des commissaires, parmi lesquels étoient Péthion et Barnave [142]. Péthion, homme sans lumières et sans élévation d'âme, vit le malheur des plus touchantes victimes sans en être ému. Barnave sentit une respectueuse pitié, pour le sort de la reine en particulier ; et dès cet instant, lui, Duport, Lameth, Regnault de Saint-Jean-d'Angely [143], Chapelier [144], Thouret [145], etc., réunirent tous leurs moyens à ceux de M. de la Fayette, pour relever la monarchie renversée.

Le roi et sa famille firent, à leur retour de Varennes, leur entrée funèbre dans Paris ; les habits de la reine et ceux du roi étoient couverts de poussière ; les deux enfans de la race royale regardoient avec étonnement ce peuple entier qui se montroit en maître devant ses maîtres abattus. Madame Élisabeth [146] paroissoit au milieu de cette illustre famille, comme un être déjà sanctifié, qui n'a plus rien de commun avec la terre. Trois gardes du corps placés sur le siège de la voiture se voyoient exposés à chaque instant au risque d'être massacrés, et des députés de l'assemblée constituante se mirent plusieurs fois entre eux et les furieux qui vouloient les faire périr. C'est ainsi que le roi retourna dans le palais de ses pères. Hélas ! quel triste présage ! et comment il fut accompli !

CHAPITRE XXII

Révision de la constitution

L'assemblée se vit forcée, par le mouvement populaire, à déclarer que le roi seroit tenu prisonnier dans le château des Tuileries [147], jusqu'à ce qu'on eût présenté la constitution à son acceptation. M. de la Fayette, comme chef de la garde nationale, eut le malheur d'être condamné à l'exécution de ce décret. Mais si d'une part il plaçoit des sentinelles aux portes du palais du roi, de l'autre il s'opposoit avec une énergie consciencieuse au parti qui vouloit faire prononcer sa déchéance. Il employa contre ceux qui la demandoient la force armée dans le Champ-de-Mars [148], et il prouva du moins ainsi, que ce n'étoit point par des vues ambitieuses, qu'il s'exposoit à déplaire au monarque, puisqu'en même temps il provoquoit la haine des ennemis du trône. Il me semble que la seule manière de juger avec équité le caractère d'un homme, c'est d'examiner s'il n'y a point de calcul personnel dans sa conduite : s'il n'y en a point, l'on peut blâmer sa manière de voir, mais l'on n'en est pas moins obligé de l'estimer.

Le parti républicain est le seul qui se soit montré lors de l'arrestation du roi. Le nom du duc d'Orléans ne fut pas seulement prononcé ; personne n'osa songer à un autre roi que Louis XVI ; et du moins lui rendit-on l'hommage de ne lui opposer que des institutions.

Enfin la personne du monarque fut déclarée inviolable [149] ; on spécifia les cas dans lesquels la déchéance seroit prononcée [150] ; mais, si l'on détruisoit ainsi le prestige dont on doit entourer la personne du roi, on s'engageoit d'autant plus à respecter la loi qui lui garantissoit l'inviolabilité dans toutes les suppositions possibles.

L'assemblée constituante a toujours cru, bien à tort, qu'il y avoit quelque chose de magique dans ses décrets, et qu'on s'arrêteroit, en tout, juste à la ligne qu'elle auroit tracée. Mais son autorité, sous ce rapport, ressembloit à celle du ruban qu'on avoit tendu dans le jardin des Tuileries, pour empêcher le peuple de s'approcher du palais : tant que l'opinion fut favorable à ceux qui avoient tendu ce ruban, personne n'imagina de passer outre ; mais, dès que le peuple ne voulut plus de la barrière, elle ne signifia plus rien.

On trouve dans quelques constitutions modernes comme article constitutionnel : *le gouvernement sera juste et le peuple obéissant*. S'il étoit possible de commander un tel résultat, la balance des pouvoirs seroit bien inutile ; mais pour arriver à mettre les bonnes maximes en exécution, il faut combiner les institutions de manière que chacun trouve son intérêt à les maintenir. Les doctrines religieuses peuvent se passer de l'intérêt personnel pour commander aux hommes ; et c'est en cela surtout qu'elles sont d'un ordre supérieur ; mais les législateurs ; chargés des intérêts de ce monde, tombent dans une sorte de *duperie* quand ils font entrer les sentimens patriotiques comme un ressort nécessaire dans leur machine sociale. C'est méconnoître l'ordre naturel des événemens, que de compter sur les effets pour organiser la cause : les peuples ne deviennent pas libres, parce qu'ils sont vertueux, mais parce qu'une circonstance heureuse, ou plutôt une volonté forte les mettant en possession de la liberté, ils acquièrent les vertus qui en dérivent.

Les lois dont dépend la liberté civile et politique se réduisent à un très-petit nombre, et ce décalogue politique mérite seul le nom d'articles constitutionnels. Mais l'assemblée nationale a donné ce titre à presque tous ses décrets ; soit qu'elle voulût se soustraire à la sanction du roi, soit qu'elle se fit une sorte d'illusion d'auteur sur la perfection et la durée de son propre ouvrage.

Les hommes sensés cependant parvinrent à faire diminuer le nombre des articles constitutionnels [151], mais une discussion s'éleva pour savoir si l'on ne décideroit pas que tous les vingt ans une nouvelle assemblée constituante se réuniroit pour reviser la constitution qu'on venoit d'établir, bien entendu que dans cet intervalle on n'y changeroit rien. Quelle confiance dans la stabilité d'un tel ouvrage, et comme elle a été trompée !

Enfin l'on décréta qu'aucun article constitutionnel ne pourroit être modifié que sur la demande de trois assemblées consécutives [152]. C'étoit se faire une étonnante idée de la patience humaine sur des objets d'une telle importance.

Les François d'ordinaire ne voient guère dans la vie que le réel des choses, et ils tournent assez volontiers en dérision les principes, s'ils leur paroissent un obstacle au succès momentané de leurs désirs ; mais l'assemblée constituante au contraire fut dominée par la passion des idées abstraites. Cette mode, tout-à-fait opposée à l'esprit de la nation, ne dura pas long-temps. Les factieux se servirent d'abord des argumens méta-physiques pour motiver les actions les plus coupables, et puis ils renversèrent bientôt après cet échafaudage ; pour proclamer nettement l'empire des circonstances et le mépris des doctrines.

Le côté droit de l'assemblée avoit eu souvent raison pendant le cours de la session, et plus souvent encore on s'étoit intéressé à lui, parce que le parti le plus fort l'opprimoit et lui refusoit la parole. Il n'est pas de pays où il soit plus nécessaire qu'en France, de faire des règlemens dans les assemblées délibérantes en faveur de la minorité ; car on y a tant de goût pour la puissance, qu'on est tenté de vous imputer à crime d'être du parti le moins nombreux [a]. Après l'arrestation du roi, les aristocrates, sachant que la monarchie avoit acquis des défenseurs dans le parti populaire, crurent plus sage de les laisser agir, et de se mettre moins en avant eux-mêmes. Les députés convertis firent ce qu'ils purent pour augmenter l'autorité du pouvoir exécutif ; mais ils n'osèrent pas cependant aborder les questions dont la décision auroit pu seule raffermir l'état politique de la France ; on craignoit de parler des deux chambres comme d'une conspiration. Le droit de dissoudre le corps législatif, si nécessaire au maintien de l'autorité royale, ne lui fut point accordé. On effrayoit les hommes raisonnables en les appelant des aristocrates. Cependant les aristocrates n'étoient point redoutables alors ; c'est à cause de cela même, qu'on avoit fait une injure de ce nom. Dans ce temps, comme depuis, on a toujours eu l'art en France de faire porter les inquiétudes sur les vaincus ; on diroit que les foibles sont seuls à craindre. C'est un bon prétexte pour accroître la puissance des vainqueurs, que d'exagérer les moyens de leurs adversaires. Il faut se créer des ennemis en effigie, si l'on veut exercer son bras à frapper fort.

La majorité de l'assemblée croyoit contenir les jacobins, et cependant elle composoit avec eux, et perdoit du terrain à chaque victoire. Aussi fit-elle une constitution comme un traité entre deux partis, et non comme une œuvre pour tous les temps. Les auteurs de cette constitution lancèrent à la mer un vaisseau mal construit ; et crurent justifier chaque faute en citant la volonté de tel homme, ou le crédit de tel autre. Mais les flots de l'Océan que le navire devoit traverser ne se prêtoient point à de tels commentaires.

Quel parti prendre cependant, dira-t-on, quand les circonstances étoient défavorables à ce qu'on croyait la raison ? Résister, toujours résister, et prendre son point d'appui en soi-même. C'est aussi une circonstance que le courage d'un honnête homme, et personne ne sauroit prévoir ce qu'elle peut entraîner. Si dix députés du parti populaire, si cinq, si trois, si même un seul avoit fait sentir tous les malheurs qui devoient résulter d'une œuvre politique sans défense contre les factions, s'il avoit adjuré l'assemblée au nom des principes admirables qu'elle avoit décrétés, et des préjugés qu'elle avoit renversés, de ne pas mettre au hasard tant de biens, formant le trésor de la raison humaine ; si l'inspiration de la pensée avoit révélé à quelque orateur, comment on alloit livrer le saint nom de la liberté à l'association funeste des plus cruels souvenirs ; peut-être un seul homme eût-il fait reculer la destinée. Mais les applaudissemens ou les murmures des tribunes influoient sur des questions qui auroient dû être discutées dans le calme par les hommes les plus éclairés et les plus réfléchis. La fierté qui fait le plus résister à la multitude est d'un autre genre que celle qui rend indépendant d'un despote ; néanmoins le même mouvement de sang sert à lutter contre tous les genres d'oppression.

Il ne restoit plus qu'un moyen de réparer les erreurs des lois : c'étoit le choix des hommes. Les députés qui devoient succéder à l'assemblée constituante pouvoient recommencer des travaux imparfaits, et rectifier par un esprit sage les fautes déjà commises. Mais d'abord on repoussa la condition de propriété nécessaire pour resserrer l'élection dans la classe de ceux qui ont intérêt au maintien de l'ordre. Robespierre, qui devoit jouer un si grand rôle dans le règne du sang, s'éleva contre cette condition, à quelque degré qu'elle fût fixée, comme contre une injustice ; il mit en avant la déclaration des droits de l'homme relativement à l'égalité, comme si cette égalité, même dans son sens le plus étendu, admettoit la faculté de tout obtenir sans talent et sans travail. Car s'arroger des droits politiques sans aucun titre pour les exercer, c'est aussi une usurpation. Robespierre joignoit de la métaphysique obscure à des déclamations communes, et c'étoit ainsi qu'il se faisoit de l'éloquence [153]. On a composé pour lui de meilleurs discours quand il a été puissant ; mais pendant l'assemblée constituante, personne ne faisait attention à lui ; et, chaque fois qu'il montoit à la tribune, les démocrates de bon goût étoient bien aises de le tourner en ridicule, pour se donner l'air d'un parti modéré [154].

On décréta qu'une imposition d'un marc d'argent, c'est-à-dire, de cinquante-quatre livres, seroit nécessaire pour être député. C'en étoit assez pour provoquer des complaintes à la tribune sur tous les cadets de famille, sur tous les hommes de génie qui seroient exclus par leur pauvreté de la représentation nationale ; et cela ne suffisoit pas néanmoins pour borner les choix du peuple à la classe des propriétaires.

L'assemblée constituante, pour remédier à cet inconvénient, établit deux degrés d'élection ; elle décréta que le peuple éliroit des électeurs qui choisiroient les députés. Cette gradation devoit sans doute amortir l'action de l'élément démocratique ; et les chefs révolutionnaires l'ont pensé, puisqu'ils l'abolirent quand ils furent les maîtres. Mais le choix direct du peuple, soumis à une juste condition de propriété, est infiniment plus favorable à l'énergie des gouvernemens libres. L'élection immédiate, telle qu'elle existe en Angleterre, peut seule faire pénétrer dans toutes les classes l'esprit public et l'amour de la patrie. La nation s'attache à ses représentants quand c'est elle-même qui les a choisis ; mais, lorsqu'elle doit se borner à élire ceux qui doivent élire à leur tour, cette combinaison artificielle refroidit son intérêt. D'ailleurs les colléges électoraux, par cela seul qu'ils sont composés d'un petit nombre d'hommes, prêtent bien plus à l'intrigue que les grandes masses ; ils prêtent surtout à cette sorte d'intrigue bourgeoise si avilissante, où l'on voit les hommes du tiers état venir demander aux grands seigneurs de placer leurs fils dans les antichambres de la cour.

Dans les gouvernemens libres, le peuple doit se rallier à la première classe, en y prenant ses représentans ; et la première classe doit chercher à plaire au peuple par des talens et par des vertus. Ce double lien n'a presque plus de force quand l'acte de choisir passe à travers deux degrés. On détruit ainsi la vie pour se préserver du trouble ; il vaut bien mieux, comme en Angleterre, balancer sagement l'élément démocratique par l'élément aristocratique, mais laisser à tous les deux leur indépendance naturelle.

M. Necker a proposé, dans son dernier ouvrage [b], une manière nouvelle d'établir les deux degrés d'élection ; il pense que ce devroit être au collége électoral à donner la liste d'un certain nombre de candidats, entre lesquels les assemblées primaires pourroient choisir. Les motifs de cette institution sont développés d'une manière ingénieuse dans le livre de M. Necker. Mais ce qui est évident, c'est qu'il a cru toujours nécessaire que le peuple exerçat pleinement son droit et son jugement, et que les hommes distingués eussent un constant intérêt à captiver son suffrage.

Les réviseurs de la constitution en 1791 étoient accusés sans cesse par les jacobins d'être les partisans du despotisme, lors même qu'ils en étoient réduits à chercher des détours pour parler du pouvoir exécutif, comme si le nom d'un roi ne pouvoit se prononcer dans une monarchie. Néanmoins les constituans seroient peut-être encore parvenus à sauver la France, s'ils eussent été membres de l'assemblée suivante. Les députés les plus éclairés sentoient ce qui manquoit à la constitution qu'on venoit de terminer à coup d'événemens, et ils auroient taché de l'amender en l'interprétant. Mais le parti de la médiocrité, qui compte tant de soldats dans tous les rangs, ce parti qui hait les talens, comme les amis de la liberté haïssent les despotes, parvint à faire interdire par un décret aux députés de l'assemblée constituante, la possibilité d'être réélus. Les aristocrates et les jacobins, qui avoient joué un rôle très-inférieur pendant la session, ne se flattoient pas d'être nommés une seconde fois ; ils trouvoient donc du plaisir à empêcher ceux qui étoient assurés du suffrage de leurs concitoyens, d'occuper des places dans l'assemblée suivante. Car de toutes les lois agraires, celle qui plairoit le plus au commun des hommes, ce seroit la division des suffrages publics en portions égales dont le talent ne pût jamais obtenir un plus grand nombre que la médiocrité. Beaucoup d'individus croiroient y gagner, mais l'émulation qui enrichit l'espèce humaine y perdroit tout.

Vainement les premiers orateurs de l'assemblée tâchoient-ils de faire sentir que des successeurs tout nouveaux, et choisis dans un temps de troubles, seroient ambitieux de faire une révolution non moins éclatante que celle qui avoit signalé leurs prédécesseurs. Les membres de l'extrémité du côté gauche, d'accord avec l'extrémité du côté droit, crioient que leurs collègues vouloient accaparer le pouvoir, et des députés ennemis jusqu'alors, les jacobins et les aristocrates, se touchoient la main de joie, en pensant qu'ils auroient le bonheur d'écarter des hommes dont la supériorité les offusquoit depuis deux années [155].

Quelle faute d'après les circonstances ! Mais aussi quelle erreur de principes, que d'interdire au peuple le choix de ceux qui ont déjà mérité sa confiance. Dans quel pays trouve-t-on une assez grande quantité d'individus capables pour que l'on puisse arbitrairement écarter les hommes déjà connus, déjà éprouvés, et qui ont acquis l'expérience des affaires ? Rien ne coûte plus à l'état que ces députés qui ont à se créer une fortune nouvelle en fait de réputation ; les propriétaires, en ce genre aussi, doivent être préférés à ceux qui ont besoin de s'enrichir.

CHAPITRE XXIII

Acceptation de la constitution appelée constitution de 1791

Ainsi finit cette fameuse assemblée qui réunit tant de lumières à tant d'erreurs, qui a fait un bien durable, mais un grand mal immédiat, et dont le souvenir servira longtemps encore de prétexte aux attaques des ennemis de la liberté.

Voyez, disent-ils, ce qu'ont produit les délibérations des hommes les plus éclairés de la France. Mais aussi pourroit-on leur répondre : songez à ce que doivent être des hommes qui, n'ayant jamais exercé aucun droit politique, se trouvent tout à coup en possession d'une jouissance funeste à tous les individus, le pouvoir sans borne ; ils seront long-temps avant de savoir qu'une injustice soufferte par un citoyen quelconque, ami ou ennemi de la liberté, retombe sur la tête de tous ; ils seront long-temps avant de connoître la théorie de la liberté, si simple quand on est né dans un pays où les lois et les mœurs vous l'enseignent, si difficile, quand on a vécu sous un gouvernement arbitraire, où rien ne se décide que par les circonstances, et où les principes leur sont toujours soumis. Enfin dans tous les temps et dans tous les pays, faire passer une nation du gouvernement des cours à celui de la loi, c'est une crise de la plus grande difficulté, lors même que l'opinion la rend inévitable.

L'histoire doit donc considérer l'assemblée constituante sous deux points de vue : les abus qu'elle a détruits, et les institutions qu'elle a créées. Sous le premier rapport, elle a de grands droits à la reconnoissance de la race humaine, sous le second les plus graves erreurs peuvent lui être reprochées.

Sur la proposition de M. de la Fayette, une amnistie générale fut accordée à tous ceux qui avoient pris part au voyage du roi, ou commis ce qu'on peut appeler des délits politiques. Il fit décréter aussi que tout individu pourroit sortir de France et y rentrer sans passe-port. L'émigration étoit alors déjà commencée. Je distinguerai dans le chapitre suivant l'émigration politique de l'émigration nécessaire qui eut lieu plus tard. Mais ce qu'il importe de remarquer, c'est que l'assemblée constituante rejeta toutes les mesures qui lui furent proposées pour entraver la liberté civile. La minorité de la noblesse avoit cet esprit de justice, inséparable du désintéressement. Parmi les députés du tiers état, Dupont de Nemours [156], qui a survécu malgré son courage, Thouret, Barnave, Chapelier [157], tant d'autres qui ont péri victimes de leurs excellens principes, ne portoient certainement dans les délibérations que les intentions les plus pures. Mais la majorité tumultueuse et ignorante eut le dessus dans les décrets relatifs à la constitution. On étoit assez éclairé en France sur tout ce qui concernoit l'ordre judiciaire et l'administration ; mais la théorie des pouvoirs exigeoit des connoissances plus approfondies.

C'étoit donc le plus pénible des spectacles intellectuels que de voir les bienfaits de la liberté civile, mis sous la sauvegarde d'une liberté politique sans mesure et sans force.

Cette malheureuse constitution, si bonne par ses bases, et si mauvaise par son organisation, fut présentée à l'acceptation du roi. Il ne pouvoit certainement pas la refuser, puisqu'elle terminoit sa captivité ; mais on se flatta que son consentement étoit volontaire. On fit des fêtes, comme si l'on s'étoit cru heureux ; l'on commanda des réjouissances pour se persuader que les dangers étoient passés ; les mots de roi, d'assemblée représentative, de monarchie constitution-nelle, répondoient au véritable vœu de tous les François. On crut avoir atteint la réalité des choses, dont on n'avoit obtenu que le nom.

On pria le roi et la reine d'aller à l'opéra, leur entrée y fut célébrée par des applaudissemens sincères et universels. On donnoit le ballet de Psyché ; au moment où les furies dansoient en secouant leurs flambeaux, et où cet éclat d'incendie se répandoit dans toute la salle, je vis le visage du roi et de la reine à la pâle lueur de cette imitation des enfers, et des pressentimens funestes sur l'avenir me saisirent. La reine s'efforçoit d'être aimable, mais on apercevoit une profonde tristesse à travers son obligeant sourire. Le roi, comme à son ordinaire, sembloit plus occupé de ce qu'il voyoit que de ce qu'il éprouvoit, il regardoit de tous les côtés avec calme, et l'ont eût dit même avec insouciance ; il s'étoit habitué, comme la plupart des souverains, à contenir l'expression de ses sentimens, et peut-être en avoit-il ainsi diminué la force. L'on alla se promener après l'opéra dans les Champs-Élysées qui étoient superbement illuminés. Le palais et le jardin des Tuileries n'en étant séparés que par la fatale place de la révolution, l'illumination de ce palais et du jardin se joignoit admirablement à celle des longues allées des Champs-Élysées, réunies entre elles par des guirlandes de lumière.

Le roi et la reine se promenoient lentement dans leur voiture au milieu de la foule, et chaque fois qu'on apercevoit cette voiture, on crioit : *Vive le roi !* Mais c'étoient les mêmes gens qui avoient insulté le même roi à son retour de Varennes, et ils ne se rendoient pas mieux compte de leurs applaudissemens que de leurs outrages.

Je rencontrai en me promenant quelques membres de l'assemblée constituante. Ils ressembloient à des souverains détrônés, très-inquiets de leurs successeurs. Certes, chacun auroit souhaité comme eux qu'ils fussent chargés de maintenir la constitution telle qu'elle étoit, car on en savoit assez déjà sur l'esprit des élections pour ne pas se flatter d'une amélioration dans les affaires. Mais on s'étourdissoit par le bruit qu'on entendoit de toutes parts. Le peuple chantoit, et les colporteurs de journaux faisoient retentir les airs en proclamant à haute voix *la grande acceptation du roi, la constitution monarchique,* etc., etc.

Il sembloit que la révolution fût achevée, et la liberté fondée. Toutefois l'on se regardoit les uns les autres, comme pour obtenir de son voisin la sécurité dont on manquoit soi-même.

L'absence des nobles surtout ébranloit cette sécurité, car il ne peut exister de monarchie sans que la classe aristocratique en fasse partie ; et malheureusement les préjugés des gentilshommes françois étoient tels, qu'ils repoussoient toute espèce de gouvernement libre ; c'est à cette grande difficulté qu'il faut attribuer les défauts les plus graves de la constitution de 1791. Car les seigneurs propriétaires n'offrant aucun soutien à la liberté, la force démocratique a pris nécessairement le dessus. Les barons anglois, dès le temps de la grande charte, ont stipulé les droits des communes, conjointement avec les leurs. En France, les nobles ont combattu ces droits quand le tiers état les a réclamés ; mais n'étant pas assez forts pour lutter contre la nation, ils ont quitté leur pays en masse et sont allés se joindre aux étrangers. Cette résolution funeste a rendu alors la monarchie constitutionnelle impossible, puisqu'elle en a détruit les élémens conservateurs. Nous allons développer les suites nécessaires de l'émigration.

NOTES

a. Un ouvrage excellent, intitulé : *Tactique des assemblées délibérantes,* rédigé par M. Dumont, de Genève, et contenant en partie les idées de M. Bentham, jurisconsulte anglois, penseur très-profond, devroit être sans cesse consulté par nos législateurs. Car il ne suffit pas d'enlever une délibération dans une chambre, il faut que le parti le plus foible ait été patiemment entendu ; tel est l'avantage et le droit du gouvernement représentatif.

b. Dernières vues de politique et de finance.

TROISIÈME PARTIE

CHAPITRE PREMIER

De l'émigration

L'on doit distinguer l'émigration volontaire de l'émigration forcée. Après le renversement du trône en 1792, lorsque le règne de la terreur a commencé, nous avons tous émigré pour nous soustraire aux périls dont chacun étoit menacé [1]. Ce n'est pas un des moindres crimes du gouvernement d'alors, que d'avoir considéré comme coupables ceux qui ne s'éloignoient de leurs foyers que pour échapper à l'assassinat populaire ou juridique ; et d'avoir compris dans leur proscription, non-seulement les hommes en état de porter les armes, mais les vieillards, les femmes, les enfans même. L'émigration de 1791, au contraire, n'étant provoquée par aucun genre de danger, doit être considérée comme une résolution de parti ; et, sous ce rapport, on peut la juger d'après les principes de la politique.

Au moment où le roi fut arrêté à Varennes, et ramené captif à Paris, un grand nombre de nobles se déterminèrent à quitter leur pays pour réclamer le secours des puissances étrangères, et pour les engager à réprimer la révolution par les armes. Les premiers émigrés obligèrent les gentilshommes restés en France à les suivre ; ils leur commandèrent ce sacrifice au nom d'un genre d'honneur qui tient à l'esprit de corps, et l'on vit la caste des privilégiés françois couvrir les grandes routes pour se rendre aux camps des étrangers sur la rive ennemie [2]. La postérité prononcera, je crois, que la noblesse, en cette occasion, s'écarta des vrais principes qui servent de base à l'union sociale. En supposant que les gentilshommes n'eussent pas mieux fait de s'associer dès l'origine aux institutions que nécessitoient les progrès des lumières et l'accroissement du tiers état, du moins dix mille nobles de plus autour du roi, auroient peut-être empêché qu'il ne fût détrôné. Mais, sans se perdre dans des suppositions qui peuvent être contestées, il y a des devoirs inflexibles en politique comme en morale, et le premier de tous, c'est de ne jamais livrer son pays aux étrangers, lors même qu'ils s'offrent pour appuyer avec leurs armées le système qu'on regarde comme le meilleur. Un parti se croit le seul vertueux, le seul légitime ; un autre le seul national, le seul patriote : comment décider entre eux ? Étoit-ce un jugement de Dieu pour les François que le triomphe des troupes étrangères ? Le jugement de Dieu, dit le proverbe, c'est la voix du peuple. Quand une guerre civile eût été nécessaire pour mesurer les forces et manifester la majorité, la nation en seroit devenue plus grande à ses propres yeux comme à ceux de ses rivaux. Les chefs de la Vendée inspirent mille fois plus de respect que ceux d'entre les François qui ont excité les diverses coalitions de l'Europe contre leur patrie. On ne sauroit triompher dans la guerre civile qu'à l'aide du courage, de l'énergie ou de la justice ; c'est aux facultés de l'âme qu'appartient le succès dans une telle lutte : mais pour attirer les puissances étrangères dans son pays, une intrigue, un hasard, une relation avec un général ou avec un ministre en faveur, peuvent suffire. De tout temps les émigrés se sont joués de l'indépendance de leur patrie ; ils la veulent, comme un jaloux sa maîtresse, morte ou fidèle ; et l'arme avec laquelle ils croient combattre les factieux, s'échappe souvent de leurs mains, et frappe d'un coup mortel le pays même qu'ils prétendoient sauver.

Les nobles de France se considèrent malheureusement plutôt comme les compatriotes des nobles de tous les pays, que comme les concitoyens des François. D'après leur manière de voir, la race des anciens conquérans de l'Europe se doit mutuellement des secours d'un empire à l'autre [3] ; mais les nations, au contraire, se sentant un tout homogène, veulent disposer de leur sort ; et depuis l'antiquité jusqu'à nos jours, les peuples libres ou seulement fiers, n'ont jamais supporté sans frémir l'intervention des gouvernemens étrangers dans leurs querelles intestines.

Des circonstances particulières à l'histoire de France, y ont séparé les privilégiés et le tiers état d'une manière plus prononcée que dans aucun autre pays de l'Europe. L'urbanité des mœurs cachoit les divisions politiques ; mais les priviléges pécuniaires, le nombre des emplois donnés exclusivement aux nobles, l'inégalité dans l'application des lois, l'étiquette des cours, tout l'héritage des droits de conquête traduits en faveurs arbitraires, ont créé, en France, pour ainsi dire, deux nations dans une seule. En conséquence, les nobles émigrés ont voulu traiter la presque totalité du peuple françois comme des vassaux révoltés ; et loin de rester dans leur pays, soit pour triompher de l'opinion dominante, soit pour s'y réunir, ils ont trouvé plus simple d'invoquer la gendarmerie européenne, afin de mettre Paris à la raison. C'étoit, disoient-ils, pour délivrer la majorité du joug d'une minorité factieuse, qu'on recouroit aux armes des alliés voisins. Une nation qui auroit besoin des étrangers pour s'affranchir d'un joug quelconque, seroit tellement avilie, qu'aucune vertu ne pourroit de long-temps s'y développer : elle rougiroit de ses oppresseurs et de ses libérateurs tout ensemble. Henri IV, il est vrai, admit des corps étrangers dans son armée[4] ; mais il les avoit comme auxiliaires, et ne dépendoit point d'eux. Il opposoit des Anglois et des Allemands protestans aux ligueurs dominés par les catholiques espagnols ; mais toujours il étoit entouré d'une force françoise assez considérable pour être le maître de ses alliés. En 1791, le système de l'émigration étoit faux et condamnable, car une poignée de François se perdoit au milieu de toutes les baïonnettes de l'Europe. Il y avoit d'ailleurs encore beaucoup de moyens de s'entendre en France entre soi ; des hommes très-estimables étoient à la tête du gouvernement, des erreurs en politique pouvoient être réparées, et les meurtres judiciaires n'avoient point encore été commis.

Loin que l'émigration ait maintenu la considération de la noblesse, elle y a porté la plus forte atteinte. Une génération nouvelle s'est élevée pendant l'absence des gentilshommes, et comme cette génération a vécu, prospéré, triomphé sans les privilégiés, elle croit encore pouvoir exister par elle-même. Les émigrés, d'autre part, vivant toujours dans le même cercle, se sont persuadés que tout étoit rébellion hors de leurs anciennes habitudes ; ils ont pris ainsi par degrés le même genre d'inflexibilité qu'ont les prêtres. Toutes les traditions politiques sont devenues à leurs yeux des articles de foi, et ils se sont fait des dogmes des abus. Leur attachement à la famille royale dans son malheur est très-digne de respect ; mais pourquoi faire consister cet attachement dans la haine des institutions libres et l'amour du pouvoir absolu ? Et pourquoi repousser le raisonnement en politique comme s'il s'agissoit des saints mystères, et non pas des affaires humaines ? En 1791, le parti des aristocrates s'est séparé de la nation de fait et de droit, d'une part, en s'éloignant de France, et de l'autre, en ne reconnoissant pas que la volonté d'un grand peuple doit être de quelque chose dans le choix de son gouvernement. Qu'est-ce que cela signifie, des nations ? répétoient-ils sans cesse : il faut des armées. Mais les armées ne font-elles pas parties des nations ? Tôt ou tard l'opinion ne pénètre-t-elle pas aussi dans les rangs mêmes des soldats, et de quelle manière peut-on étouffer ce qui anime maintenant tous les pays éclairés, la connoissance libre et réfléchie des intérêts et des droits de tous ?

Les émigrés ont dû se convaincre, par leurs propres sentimens dans différentes circonstances, que le parti qu'ils avoient pris étoit digne de blâme. Quand ils se trouvoient au milieu des uniformes étrangers, quand ils entendoient les langues germaniques, dont aucun son ne leur rappeloit les souvenirs de leur vie passée, pouvoient-ils se croire encore sans reproche ? Ne voyoient-ils pas la France toute entière se défendant sur l'autre bord ? N'éprouvoient-ils pas une insupportable douleur, en reconnaissant les airs nationaux, les accens de leur province, dans le camp qu'il falloit appeler ennemi ? Combien d'entre eux ne se sont pas retournés tristement vers les Allemands, vers les Anglois, vers tant d'autres peuples qu'on leur ordonnoit de considérer comme leurs alliés ! Ah ! l'on ne peut transporter ses dieux pénates dans les foyers des étrangers. Les émigrés, lors même qu'ils faisoient la guerre à la France, ont souvent été fiers des victoires de leurs compatriotes. Ils étoient battus comme émigrés, mais ils triomphoient comme François, et la joie qu'ils en ressentoient, étoit la noble inconséquence des cœurs généreux. Jacques II s'écrioit à la bataille de la Hogue [5], pendant la défaite de la flotte françoise, qui soutenoit sa propre cause contre l'Angleterre : « Comme mes braves Anglois se battent ! » Et ce sentiment lui donnoit plus de droits au trône qu'aucun des argumens employés pour l'y maintenir. En effet, l'amour de la patrie est indestructible comme toutes les affections sur lesquelles nos premiers devoirs sont fondés. Souvent une longue absence ou des querelles de parti ont brisé toutes vos relations ; vous ne connoissez plus personne dans cette patrie qui est la vôtre ; mais à son nom, mais à son aspect, tout votre cœur est ému ; et loin qu'il faille combattre de telles impressions comme des chimères, elles doivent servir de guide à l'homme vertueux.

Plusieurs écrivains politiques ont accusé l'émigration de tous les maux arrivés à la France. Il n'est pas juste de s'en prendre aux erreurs d'un parti, des crimes de l'autre ; mais il paroît démontré néanmoins qu'une crise démocratique est devenue beaucoup plus probable, quand tous les hommes employés dans la monarchie ancienne, et qui pouvoient servir à recomposer la nouvelle, s'ils l'avoient voulu, ont abandonné leur pays. L'égalité s'offrant alors de toutes parts, les hommes passionnés se sont trop abandonnés au torrent démocratique ; et le peuple, ne voyant plus la royauté que dans le roi, a cru qu'il suffisoit de renverser un homme pour fonder une république.

CHAPITRE II

Prédiction de M. Necker
sur le sort de la constitution
de 1791

Pendant les quatorze dernières années de sa vie, M. Necker ne s'est pas éloigné de sa terre de Coppet en Suisse. Il a vécu dans la retraite la plus absolue ; mais le repos qui naît de la dignité n'exclut pas l'activité de l'esprit ; aussi ne cessa-t-il point de suivre avec la plus grande sollicitude chaque événement qui se passoit en France ; et les ouvrages qu'il a composés à différentes époques de la révolution, ont un caractère de prophétie ; parce qu'en examinant les défauts des constitutions diverses qui ont régi momentanément en France, il annonçoit d'avance les conséquences de ces défauts, et ce genre de prédictions ne sauroit manquer de se réaliser.

M. Necker joignoit à l'étonnante sagacité de son esprit une sensibilité pour le sort de l'espèce humaine et de la France en particulier, dont il n'y a eu d'exemple, je crois, dans aucun publiciste. On traite d'ordinaire la politique d'une manière abstraite, et en la fondant presque toujours sur le calcul ; mais M. Necker s'est surtout occupé des rapports de cette science avec la morale individuelle, le bonheur et la dignité des nations. C'est le Fénélon de la politique, si j'ose m'exprimer ainsi, en honorant ces deux grands hommes par l'analogie de leurs vertus[6].

Le premier ouvrage qu'il publia en 1791 est intitulé : *De l'administration de M. Necker, par lui-même*[7]. A la suite d'une discussion politique très-approfondie sur les diverses compensations que l'on auroit dû accorder aux privilégiés pour la perte de leurs anciens droits, il dit, en s'adressant à l'assemblée : « Je l'entends ; on me reprochera mon attachement obstiné aux principes de la justice, et l'on essayera de le déprimer en y donnant le nom de *pitié aristocratique*. Je sais mieux que vous, de quelle sorte est la mienne. C'est pour vous, les premiers, que j'ai connu ce sentiment d'intérêt ; mais alors vous étiez sans union et sans force ; c'est pour vous, les premiers, que j'ai combattu. Et dans le temps où je me plaignois si fortement de l'indifférence qu'on vous témoignoit, lorsque je parlois des égards qui vous étoient dus ; lorsque je montrois une inquiétude continuelle sur le sort du peuple ; c'étoit aussi par des jeux de mots qu'on cherchoit à ridiculiser mes sentimens.

Je voudrois bien aimer d'autres que vous, lorsque vous m'abandonnez ; je voudrois bien le pouvoir ; mais je n'ai pas cette consolation ; vos ennemis et les miens ont mis, entre eux et moi, une barrière que je ne cherçherai jamais à rompre, et ils doivent me haïr toujours, puisqu'ils m'ont rendu responsable de leurs propres fautes. Ce n'est pas moi cependant qui les ai encouragés à jouir sans mesure de leur ancienne puissance, et ce n'est pas moi qui les ai rendus inflexibles, lorsqu'il falloit commencer à traiter avec la fortune. Ah ! s'ils n'étoient pas dans l'oppression, s'ils n'étoient pas malheureux, combien de reproches n'aurois-je pas à leur faire ! Aussi, quand je les défends encore dans leurs droits et leurs propriétés, ils ne croiront pas, je l'espère, que je songe un instant à les regagner. Je ne veux aujourd'hui ni d'eux ni de personne ; c'est de mes souvenirs, de mes pensées, que je cherche à vivre et mourir ; quand je fixe mon attention sur la pureté des sentimens qui m'ont guidé ; je ne trouve nulle part une association qui me convienne ; et, dans le besoin cependant que toute âme sensible en éprouve, je la forme cette association, je la forme en espérance avec les hommes honnêtes de tous les pays, avec ceux, en si petit nombre, dont la première passion est l'amour du bien sur cette terre. »

M. Necker regrettoit amèrement cette popularité qu'il avoit, sans hésiter, sacrifiée à ses devoirs. Quelques personnes lui ont fait un tort du prix qu'il y attachoit. Malheur aux hommes d'état qui n'ont pas besoin de l'opinion publique ! Ce sont des courtisans ou des usurpateurs ; ils se flattent d'obtenir, par l'intrigue ou par la terreur, ce que les caractères généreux ne veulent devoir qu'à l'estime de leurs semblables.

En nous promenant ensemble, mon père et moi, sous ces grands arbres de Coppet qui me semblent encore des témoins amis de ses nobles pensées, il me demanda une fois si je croyois que toute la France partageât les soupçons populaires dont il avoit été la victime dans sa route de Paris en Suisse. « Il me semble, me disoit-il, que dans quelques provinces ils ont reconnu jusqu'au dernier jour la pureté de mes intentions et mon attachement à la France ? » A peine m'eut-il adressé cette question, qu'il craignit d'être trop attendri par ma réponse. « N'en parlons plus, dit-il, Dieu lit dans mon cœur : c'est assez. » Je n'osai pas, ce jour-là même, le rassurer, tant je voyois d'émotion contenue dans tout son être. Ah ! que les ennemis d'un tel homme doivent être durs et bornés ! C'est à lui qu'il falloit adresser ces paroles de Ben Johnson, en parlant de son illustre ami le chancelier d'Angleterre. « Je prie Dieu qu'il vous donne de la force dans votre adversité ; car, pour de la grandeur vous n'en sauriez manquer[8]. »

M. Necker, au moment où le parti démocratique, alors tout-puissant, lui faisoit des propositions de rapprochement, s'exprimoit avec la plus grande force sur la funeste situation à laquelle on avoit réduit l'autorité royale. Et, quoiqu'il crût peut-être trop à l'ascendant de la morale et de l'éloquence, dans un temps où l'on commençoit à ne s'occuper que de l'intérêt personnel, il se servoit mieux que personne de l'ironie et du raisonnement, quand il jugeoit à propos. J'en vais citer un exemple entre plusieurs.

« J'oserai le dire, la hiérarchie politique établie par l'assemblée nationale sembloit exiger, plus qu'aucune autre ordonnance sociale, l'intervention efficace du monarque. Cette auguste médiation pouvoit seule, peut-être, conserver les distances entre tant de pouvoirs qui se rapprochent, entre tant d'élus à titres pareils, entre tant de dignitaires égaux par leur premier état, et si près encore les uns des autres par la nature de leurs fonctions et la mobilité de leurs places ; elle seule pouvoit vivifier, en quelque manière, les gradations abstraites et toutes constitutionnelles qui doivent composer dorénavant l'échelle des subordinations.

« Je vois bien

« Des assemblées primaires qui nomment un corps électoral ;

« Ce corps électoral, qui choisit des députés à l'assemblée natio-nale ;

« Cette assemblée, qui rend des décrets, et demande au roi de les sanctionner et les promulguer ;

« Le roi qui les adresse aux départemens ;

« Les départemens qui les transmettent aux districts ;

« Les districts qui donnent des ordres aux municipalités ;

« Les municipalités qui, pour l'exécution de ces décrets, requièrent au besoin l'assistance des gardes nationales ;

« Les gardes nationales qui doivent contenir le peuple ;

« Le peuple qui doit obéir.

« L'on aperçoit dans cette succession un ordre de numéros, auxquels il n'y a rien à redire ; un, deux, trois, quatre, cinq, six, sept, huit, neuf, dix ; tout se suit dans la perfection. Mais en gouvernement, mais en obéissance, c'est par la liaison, c'est par le rapport moral des différentes autorités, que l'ordre général se maintient. Le législateur auroit une fonction trop aisée, si, pour opérer cette grande œuvre politique, la soumission du grand nombre à la sagesse de quelques-uns, il lui suffisoit de conjuguer le verbe *commander*, et de dire comme au collége, je commanderai, tu commanderas, il commandera, nous commanderons, etc. Il faut nécessairement, pour établir une subordination effective, et pour assurer le jeu de toutes les parties ascendantes et descendantes, qu'il y ait entre toutes les supériorités de convention, une gradation proportionnelle de considération et de respect. Il faut, de rang en rang, une distinction qui impose, et, au sommet de ces gradations, il faut un pouvoir qui, par un mélange de réalité et d'imagination, influe par son action sur l'ensemble de la hiérarchie politique.

« Il n'est point de pays où les distinctions d'état soient plus effacées, que sous le gouvernement despote des califes de l'Orient ; mais nulle part aussi les châtimens ne sont plus rapides, plus sévères et plus multipliés. Les chefs de la justice et de l'administration y ont une décoration qui suffit à tout, c'est le cortége des janissaires, des muets et des bourreaux. »

Ces derniers paragraphes se rapportent à la nécessité d'un corps aristocratique, c'est-à-dire, d'une chambre des pairs, pour maintenir une monarchie[9].

Pendant son dernier ministère, M. Necker avoit défendu les principes du gouvernement anglois successivement contre le roi, les nobles et les représentans du peuple, à l'époque où chacune de ces autorités avoit été la plus forte. Il continua le même rôle comme écrivain, et il combattit dans ses ouvrages l'assemblée constituante, la convention, le directoire et Bonaparte, tous les quatre au faîte de leur prospérité, opposant à tous les mêmes principes, et leur annonçant qu'ils se perdoient, même en atteignant leur but, parce qu'en fait de politique, ce qui égare le plus les corps et les individus, c'est le triomphe que l'on peut momentanément remporter sur la justice ; ce triomphe finit toujours par renverser ceux qui l'obtiennent.

M. Necker, qui jugeoit la constitution de 1791 en homme d'état, publia son opinion sur ce sujet, sous la première assemblée, lorsque cette constitution inspiroit encore un grand enthousiasme. Son ouvrage intitulé *Du pouvoir exécutif dans les grands états*[10], est reconnu pour classique par les penseurs. Il contient des idées très-nouvelles sur la force nécessaire aux gouvernemens en général ; mais ces réflexions sont d'abord spécialement appliquées à l'ordre de choses que l'assemblée constituante venoit de proclamer. Dans ce livre, plus encore que dans le précédent, l'on pourroit prendre les prédictions pour une histoire, tant les événemens que les défauts des institutions devoient amener, y sont détaillés avec précision et clarté. M. Necker, en comparant la constitution angloise avec l'œuvre de l'assemblée constituante, finit par ces paroles remarquables : « Les François regretteront plus tard de n'avoir pas eu plus de respect pour l'expérience, *et d'avoir méconnu sa noble origine sous ses vêtemens usés et déchirés par le temps.* »

Il prédit dans le même livre la terreur qui alloit naître du pouvoir des jacobins ; et, chose plus remarquable encore, la terreur qui naîtroit après eux par l'établissement du despotisme militaire. Il ne suffisoit pas à un publiciste tel que M. Necker, de présenter le tableau de tous les malheurs qui résulteroient de la constitution de 1791. Il devoit encore donner à l'assemblée législative des conseils pour y échapper. L'assemblée constituante avoit décrété plus de trois cents articles, auxquels aucune des législatures suivantes n'avoit le droit de toucher qu'à des conditions qu'il'étoit presque impossible de réunir ; et cependant parmi ces articles immuables se trouvoient le mode adopté pour nommer à des places inférieures, et autres choses d'aussi peu d'importance ; « de manière qu'il ne seroit ni plus facile, ni moins difficile de changer en république la monarchie françoise, que de modifier les plus indifférens de tous les détails compris, on ne sait pourquoi, dans l'acte constitutionnel. »

« Il me semble, dit ailleurs M. Necker, que, dans un grand état, on ne peut vouloir la liberté, et renoncer en aucun temps aux conditions suivantes :

« 1°. L'attribution exclusive du droit législatif aux représentans de la nation, sous une sanction du monarque ; et dans ce droit législatif se trouvent compris, sans exception, le choix et l'établissement des impôts.

« 2°. La fixation des dépenses publiques par la même autorité ; et à ce droit se rapporte évidemment la détermination des forces militaires.

« 3°. La reddition de tous les comptes de recettes et de dépenses par-devant les commissaires des représentans de la nation.

« 4°. Le renouvellement annuel des pouvoirs nécessaires pour la levée des contributions, en exceptant de cette condition les impôts hypothéqués au paiement des intérêts de la dette publique.

« 5°. La proscription de toute espèce d'autorité arbitraire, et le droit donné à tous les citoyens d'intenter une action civile ou criminelle contre tous les officiers publics qui auroient abusé envers eux de leur pouvoir.

« 6°. L'interdiction aux officiers militaires d'agir dans l'intérieur du royaume sans la réquisition des officiers civils.

« 7°. Le renouvellement annuel, par le corps législatif, des lois qui constituent la discipline, et par conséquent l'action et la force de l'armée.

« 8°. La liberté de la presse étendue jusqu'au degré compatible avec la morale et la tranquillité publique.

« 9°. L'égale répartition des charges publiques, et l'aptitude légale de tous les citoyens à l'exercice des fonctions publiques.

« 10°. La responsabilité des ministres et des premiers agens du gouvernement.

« 11°. L'hérédité du trône, afin de prévenir les factions, et de conserver la tranquillité de l'état.

« 12°. L'attribution pleine et entière du pouvoir exécutif au monarque, avec tous les moyens nécessaires pour l'exercer, afin d'assurer ainsi l'ordre public, afin d'empêcher que tous les pouvoirs rassemblés dans le corps législatif n'introduisent un despotisme non moins oppresseur que tout autre.

« On devroit ajouter à ces principes le respect le plus absolu pour les droits de propriété, si ce respect ne composoit pas un des éléments de la morale universelle, sous quelque forme de gouvernement que les hommes soient réunis.

« Les douze articles que je viens d'indiquer, présentent à tous les hommes éclairés les bases fondamentales de la liberté civile et politique d'une nation. Il falloit donc les placer hors de ligne dans l'acte constitutionnel, et l'on ne devoit pas les confondre avec les nombreuses dispositions que l'on vouloit soumettre à un renouvelle-ment continuel de discussion.

« Pourquoi ne l'a-t-on pas fait ? C'est qu'en assignant à ces articles une place marquée dans la charte constitutionnelle, on eût montré distinctement deux vérités que l'on vouloit obscurcir.

« L'une, que les principes fondamentaux de la liberté françoise se trouvoient en entier, ou dans le texte, ou dans l'esprit de la déclaration que le monarque avoit faite le 27 décembre 1788, et dans ses explications subséquentes.

« L'autre, que tous les ordres de l'état, que toutes les classes de citoyens, après un premier temps d'incertitude et d'agitation, auroient fini vraisemblablement par donner leur assentiment à ces mêmes principes, et l'y donneroient peut-être encore, s'ils étoient appelés à le faire. »

On les a vus reparoître, ces articles qui constituent l'évangile social, sous une forme à peu près semblable dans la déclaration du 2 mai, datée de Saint-Ouen, par Sa Majesté Louis XVIII [11], et dans une autre circonstance dont nous aurons occasion de parler plus tard. Depuis le 27 décembre 1788, jusqu'au 8 juillet 1815 [12], voilà ce que les François ont voulu quand ils ont pu vouloir.

Le livre du Pouvoir exécutif dans les grands états est le meilleur guide que puissent prendre les hommes appelés à faire ou à modifier une constitution quelconque ; car c'est, pour ainsi dire, la carte politique où tous les dangers qui se présentent sur la route de la liberté sont signalés [13].

A la tête de cet ouvrage, M. Necker s'adresse ainsi aux François :

« Il me souvient du temps où, en publiant le résultat de mes longues réflexions sur les finances de la France, j'écrivois ces paroles : *Oui, nation généreuse, c'est à vous que je consacre cet ouvrage*. Hélas ! qui me l'eût dit que, dans la révolution d'un si petit nombre d'années, le moment arriveroit où je ne pourrois plus me servir des mêmes expressions, et où j'aurois besoin de tourner mes regards vers d'autres nations, pour avoir de nouveau le courage de parler de justice et de morale ! Ah ! pourquoi ne m'est-il pas permis de dire aujourd'hui : C'est à vous que j'adresse cet ouvrage, à vous, nation plus généreuse encore, depuis que la liberté a développé votre caractère, et l'a dégagé de toutes ses gènes ; à vous, nation plus généreuse encore, depuis que votre front ne porte plus l'empreinte d'aucun joug ; à vous, nation plus généreuse encore, depuis que vous avez fait l'épreuve de vos forces, et que vous dictez vous-même les lois auxquelles vous obéissez ! — Ah ! que j'aurois tenu ce langage avec délices ! mon sentiment existe encore ; mais il me semble errant, il me semble en exil ; et, dans mes tristes regrets, je ne puis ni contracter de nouveaux liens, ni reprendre, même en espérance, l'idée favorite, et l'unique passion dont mon âme fut si long-temps remplie. »

Je ne sais, mais il me semble que jamais on n'a mieux exprimé ce que nous sentons tous : cet amour pour la France qui fait tant de mal à présent, tandis qu'autrefois il n'étoit point de jouissance plus noble ni plus douce.

CHAPITRE III

Des divers partis
dont l'assemblée législative
étoit composée

On ne peut s'empêcher d'éprouver un profond sentiment de douleur, lorsqu'on se retrace les époques de la révolution, où une constitution libre auroit pu être établie en France [14], et qu'on voit non-seulement cet espoir renversé, mais les événemens les plus funestes prendre la place des institutions les plus salutaires. Ce n'est pas un simple souvenir qu'on se retrace, c'est une peine vive qui recommence.

L'assemblée constituante, vers la fin de son règne, se repentit de s'être laissé entraîner par les factions populaires. Elle avoit vieilli en deux années, comme Louis XIV en quarante ans ; c'était aussi par de justes craintes que la modération avoit repris quelque empire sur elle. Mais ses successeurs arrivèrent avec la fièvre révolutionnaire, dans un temps où il n'y avoit plus rien à réformer ni à détruire. L'édifice social penchoit du côté démocratique, et il falloit le relever en augmentant le pouvoir du trône. Toutefois, le premier décret de cette assemblée législative fut pour refuser le titre de majesté au roi, et pour lui assigner un fauteuil en tout semblable à celui du président [15]. Les représentants du peuple se donnoient ainsi l'air de croire qu'on n'avoit un roi que pour lui faire plaisir à lui-même, et qu'en conséquence on devoit retrancher de ce plaisir le plus possible. Le décret du fauteuil fut rapporté, tant il excita de réclamations parmi les hommes sensés ; mais le coup étoit porté, soit dans l'esprit du roi, soit dans celui du peuple ; l'un sentit que sa position n'étoit pas tenable, l'autre embrassa le désir et l'espoir de la république.

Trois partis très-distincts se faisoient remarquer dans l'assemblée : les constitutionnels, les jacobins, et les républicains. Il n'y avoit presque pas de nobles, et point de prêtres parmi les constitutionnels ; la cause des privilégiés étoit déjà perdue ; mais celle du trône se disputoit encore, et les propriétaires et les esprits sages formoient un parti conservateur au milieu de la tourmente populaire.

Ramond, Matthieu Dumas, Jaucourt, Beugnot, Girardin, se distinguoient parmi les constitutionnels [16] : ils avoient du courage, de la raison, de la persévérance, et l'on ne pouvoit les accuser d'aucun préjugé aristocratique. Ainsi la lutte qu'ils soutinrent en faveur de la monarchie fait infiniment d'honneur à leur conduite politique. Le même parti jacobin, qui existoit dans l'assemblée constituante, sous le nom de la Montagne [17], se remontra dans l'assemblée législative ; mais il étoit encore moins digne d'estime que ses prédécesseurs. Car, au moins, dans l'assemblée constituante, l'on avoit eu lieu de craindre, pendant quelques momens, que la cause de la liberté ne fût pas la plus forte, et les partisans de l'ancien régime, restés députés, pouvoient encore être redoutables ; mais, dans l'assemblée législative, il n'y avoit ni dangers, ni obstacles, et les factieux étoient obligés de créer des fantômes, pour exercer contre eux l'escrime de la parole.

Un trio singulier, Merlin de Thionville, Bazire et le ci-devant capucin Chabot [18], se signaloient parmi les jacobins ; ils en étoient les chefs, précisément parce qu'étant placés au dernier rang sous tous les rapports, ils rassuroient entièrement l'envie : c'étoit le principe de ce parti, qui soulevoit l'ordre social par ses fondemens, de mettre à la tête des attaquans ceux qui ne possédoient rien dans l'édifice que l'on vouloit renverser. L'une des premières propositions que le trio démagogue fit à la tribune, ce fut de supprimer l'appellation *d'honorable membre*, dont on avoit coutume de se servir comme en Angleterre ; ils sentirent que ce titre, adressé à qui que ce fût d'entre eux, ne pourroit jamais passer que pour une ironie.

Un second parti, d'une toute autre valeur, donnoit de la force à ces hommes sans moyens, et se flattoit, bien à tort, de pouvoir se servir des jacobins d'abord, et de les contenir ensuite. La députation de la Gironde étoit composée d'une vingtaine d'avocats, nés à Bordeaux et dans le midi : ces hommes, choisis presque au hasard, se trouvèrent doués des plus grands talens ; tant cette France renferme dans son sein d'hommes distingués, mais inconnus, que le gouvernement représentatif met en évidence ! Les girondins voulurent la république, et ne parvinrent qu'à renverser la monarchie ; ils périrent peu de temps après, en essayant de sauver la France et son roi. Aussi M. de Lalli, a-t-il dit, avec son éloquence accoutumée, que *leur existence et leur mort furent également funestes à la patrie.*

A ces députés de la Gironde se joignirent Brissot [19], écrivain désordonné dans ses principes comme dans son style, et Condorcet [20], dont les hautes lumières ne sauroient être contestées, mais qui cependant a joué, dans la politique, un plus grand rôle par ses passions que par ses idées. Il étoit irréligieux, comme les prêtres sont fanatiques, avec de la haine, de la persévérance, et l'apparence du calme : sa mort aussi tint du martyre.

On ne peut considérer comme un crime la préférence accordée à la république sur toute autre forme de gouvernement, si des forfaits ne sont pas nécessaires pour l'établir ; mais, à l'époque où l'assemblée législative se déclara l'ennemie du reste de royauté qui subsistoit encore en France, les sentimens véritablement républicains, c'est-à-dire, la générosité envers les foibles, l'horreur des mesures arbitraires, le respect pour la justice, toutes les vertus enfin, dont les amis de la liberté s'honorent, portoient à s'intéresser à la monarchie constitutionnelle et à son chef. Dans une autre époque, on auroit pu se rallier à la république, si elle avoit été possible en France ; mais lorsque Louis XVI vivoit encore, lorsque la nation avoit reçu ses sermens, et, qu'en retour, elle lui en avoit prêté de parfaitement libres, lorsque l'ascendant politique des privilégiés étoit entièrement anéanti, quelle assurance dans l'avenir ne falloit-il pas pour risquer, en faveur d'un nom, tout ce qu'on possédoit déjà de biens réels !

L'ambition du pouvoir se mêloit à l'enthousiasme des principes chez les républicains de 1792, et quelques-uns d'entre eux offrirent de maintenir la royauté, si toutes les places du ministère étoient données à leurs amis. Dans ce cas seulement, disoient-ils, nous serons sûrs que les opinions des patriotes triompheront. C'est une chose fort importante, sans doute, que le choix des ministres dans une monarchie constitutionnelle, et le roi fit souvent la faute d'en nommer de très-suspects au parti de la liberté ; mais il n'étoit que trop facile alors d'obtenir leur renvoi, et la responsabilité des événemens politiques doit peser toute entière sur l'assemblée législative. Aucun argument, aucune inquiétude n'étoient écoutés par ses chefs ; ils répondoient aux observations de la sagesse, et de la sagesse désintéressée, par un sourire moqueur, symptôme de l'aridité qui résulte de l'amour-propre : on s'épuisoit à leur rappeler les circonstances, et à leur en déduire les causes ; on passoit tour à tour de la théorie à l'expérience, et de l'expérience à la théorie, pour leur en montrer l'idendité ; et, s'ils consentoient à répondre, ils nioient les faits les plus authentiques, et combattoient les observations les plus évidentes, en y opposant quelques maximes communes, bien qu'exprimées avec éloquence. Ils se regardoient entre eux, comme s'ils avoient été seuls dignes de s'entendre, et s'encourageoient par l'idée que tout étoit pusillanimité dans la résistance à leur manière de voir. Tels sont les signes de l'esprit de parti chez les François : le dédain pour leurs adversaires en est la base, et le dédain s'oppose toujours à la connoissance de la vérité ; les girondins méprisèrent les constitutionnels jusqu'à ce qu'ils eussent fait descendre, sans le vouloir, la popularité dans les derniers rangs de la société ; ils se virent traités de têtes foibles à leur tour, par des caractères féroces ; le trône qu'ils attaquoient leur servoit d'abri, et ce ne fut qu'après en avoir triomphé, qu'ils furent à découvert devant le peuple : les hommes, en révolution, ont souvent plus à craindre de leurs succès que de leurs revers.

CHAPITRE IV

Esprit des décrets
de l'assemblée législative

L'assemblée constituante avoit fait plus de lois en deux ans que le parlement d'Angleterre en cinquante ; mais au moins ces lois réformoient des abus et se fondoient sur des principes. L'assemblée législative ne rendit pas moins de décrets, quoique rien de vraiment utile ne restât plus à faire ; mais l'esprit de faction inspira tout ce qu'elle appeloit des lois. Elle accusa les frères du roi, confisqua les biens des émigrés [21], et rendit contre les prêtres un décret de proscription dont les amis de la liberté devoient être encore plus révoltés que les bons catholiques [22], tant il étoit contraire à la philosophie et à l'équité. Quoi ! dira-t-on, les émigrés et les prêtres n'étoient-ils pas les ennemis de la révolution ? Ce motif étoit suffisant pour ne pas élire députés de tels hommes, pour ne pas les appeler à la direction des affaires publiques ; mais que deviendroit la société humaine, si, loin de ne s'appuyer que sur des principes immuables, l'on pouvoit diriger les lois contre ses adversaires comme une batterie ? L'assemblée constituante ne persécuta jamais ni les individus, ni les classes ; mais l'assemblée suivante ne fit que des décrets de circonstance, et l'on ne sauroit guère citer une résolution prise par elle, qui pût durer au-delà du moment qui l'avoit dictée [23].

L'arbitraire, contre lequel la révolution devoit être dirigée, avoit acquis une nouvelle force par cette révolution même ; en vain prétendoit-on tout faire pour le peuple : les révolutionnaires n'étoient plus que les prêtres d'un dieu Moloch, appelé l'intérêt de tous, qui demandoit le sacrifice du bonheur de chacun. En politique persécuter ne mène à rien, qu'à la nécessité de persécuter encore ; et, tuer, ce n'est pas détruire. On a dit, avec une atroce intention, que les morts seuls ne reviennent pas ; et cette maxime n'est pas même vraie, car les enfans et les amis des victimes sont plus forts par les ressentimens que ne l'étoient par leurs opinions ceux même qu'on a fait périr. Il faut éteindre les haines et non pas les comprimer. La réforme est accomplie dans un pays quand on a su rendre les adversaires de cette réforme fastidieux, mais non victimes.

CHAPITRE V

De la première guerre
entre la France et l'Europe

On ne doit pas s'étonner que les rois et les princes n'aient jamais aimé les principes de la révolution françoise. *C'est mon métier, à moi, d'être royaliste,* disoit Joseph II. Mais comme l'opinion des peuples pénètre toujours dans le cabinet des rois, au commencement de la révolution, lorsqu'il ne s'agissoit que d'établir une monarchie limitée, aucun monarque de l'Europe ne songeoit sérieusement à faire la guerre à la France pour s'y opposer. Le progrès des lumières étoit tel dans toutes les parties du monde civilisé, qu'alors, comme aujourd'hui, un gouvernement représentatif, plus ou moins semblable à celui de l'Angleterre, paroissoit convenable et juste, et ce système ne rencontroit point d'adversaires imposans parmi les Anglois, ni parmi les Allemands. Burke, dès l'année 1791, exprima son indignation contre les crimes déjà commis en France, et contre les faux systèmes de politique qu'on y avoit adoptés ; mais ceux du parti aristocrate qui, sur le continent, citent aujourd'hui Burke comme l'ennemi de la révolution, ignorent peut-être qu'à chaque page il reproche aux François de ne s'être pas conformés aux principes de la constitution d'Angleterre [24].

« Je recommande aux François notre constitution, dit-il ; tout notre bonheur vient d'elle. La démocratie absolue, dit-il ailleurs[a], n'est pas plus un gouvernement légitime que la monarchie absolue. Il n'y a[b] qu'une opinion en France contre la monarchie absolue ; elle étoit à sa fin, elle expiroit sans agonie et sans convulsions ; toutes les dissensions sont venues de la querelle entre une démocratie despotique et un gouvernement balancé. »

Si la majorité de l'Europe, en 1789, approuvoit l'établissement d'une monarchie limitée en France, d'où vient donc, dira-t-on, que dès l'année 1791 toutes les provocations sont venues du dehors ? Car bien que la France ait imprudemment déclaré la guerre à l'Autriche en 1792, dans le fait les puissances étrangères se sont montrées, les premières, ennemie des François par la convention de Pilnitz, et les rassemblemens de Coblentz [25]. Les récriminations réciproques doivent remonter jusqu'à cette époque. Toutefois l'opinion européenne et la sagesse de l'Autriche auroient prévenu la guerre, si l'assemblée législative eût été modérée. La plus grande précision dans la connoissance des dates est nécessaire pour juger avec impartialité qui, de l'Europe ou de la France, a été l'agresseur. Six mois plus tard, rendent sage en politique ce qui ne l'étoit pas six mois plus tôt, et souvent on confond les idées, parce qu'on a confondu les temps.

Les puissances eurent tort, en 1791, de se laisser entraîner aux mesures imprudentes conseillées par les émigrés. Mais après le 10 août 1792, quand le trône fut renversé, l'état des choses en France devint tout-à-fait inconciliable avec l'ordre social. Ce trône, toutefois, ne se seroit-il pas maintenu, si l'Europe n'avoit pas menacé la France d'intervenir à main armée dans ses débats intérieurs, et révolté la fierté d'une nation indépendante, en lui imposant des lois ? La destinée seule a le secret de semblables suppositions : une chose est incontestable ; c'est que la convention de Pilnitz a commencé la longue guerre européenne. Or les jacobins désiroient cette guerre aussi vivement que les émigrés[26] : car les uns et les autres croyoient qu'une crise quelconque pourroit seule amener les chances dont ils avoient besoin pour triompher.

Au commencement de 1792, avant la déclaration de guerre, Léopold, empereur d'Allemagne, l'un des princes les plus éclairés dont le dix-huitième siècle puisse se vanter[27], écrivit à l'assemblée législative une lettre, pour ainsi dire, intime. Quelques députés de l'assemblée constituante, Barnave, Duport, l'avoient composée, et le modèle en fut envoyé par la reine à Bruxelles à M. le comte de Mercy-Argenteau, qui avoit été long-temps ambassadeur d'Autriche à Paris. Léopold attaquoit dans cette lettre nominativement le parti des jacobins, et offroit son appui aux constitutionnels[28]. Ce qu'il disoit étoit sans doute éminemment sage ; mais on ne trouva pas convenable que l'empereur d'Allemagne entrât dans de si grands détails sur les affaires de France, et les députés se révoltèrent contre les conseils que leur donnoit un monarque étranger. Léopold avoit gouverné la Toscane avec une parfaite modération, et l'on doit lui rendre la justice que toujours il avoit respecté l'opinion publique, et les lumières du siècle. Ainsi donc il crut de bonne foi au bien que ses avis pouvoient produire. Mais dans les débats politiques, où la masse d'une nation prend part, il n'y a que la voix des événemens qui soit entendue ; les argumens n'inspirent que le désir de leur répondre.

L'assemblée législative, qui voyoit la rupture prête à éclater, sentoit aussi que le roi ne pouvoit guère s'intéresser aux succès des François combattant pour la révolution. Elle se défioit des ministres, persuadée qu'ils ne vouloient pas sincèrement repousser les ennemis dont ils invoquoient en secret l'assistance. On confia le département de la guerre, à la fin de 1791, à M. de Narbonne[29], qui a péri depuis dans le siége de Torgau. Il s'occupa avec un vrai zèle de tous les préparatifs nécessaires à la défense du royaume. Grand seigneur, homme d'esprit, courtisan et philosophe, ce qui dominoit dans son âme, c'étoit l'honneur militaire, et la bravoure françoise. S'opposer aux étrangers dans quelque circonstance que ce fût, lui paroissoit toujours le devoir d'un citoyen et d'un gentilhomme. Ses collègues se liguèrent contre lui, et parvinrent à le faire renvoyer : ils saisirent le moment où sa popularité dans l'assemblée étoit diminuée, pour se débarrasser d'un homme qui faisoit son métier de ministre de la guerre aussi consciencieusement qu'il l'auroit fait dans tout autre temps.

Un soir M. de Narbonne, en rendant compte à l'assemblée de quelques affaires de son département, se servit de cette expression :

« *J'en appelle aux membres les plus distingués de cette assemblée.* » Aussitôt la montagne en fureur se leva toute entière, et Merlin, Bazire et Chabot déclarèrent que tous les députés étoient également distingués : l'aristocratie du talent les révoltoit autant que celle de la naissance.

Le lendemain de cet échec, les autres ministres, ne craignant plus l'ascendant de M. de Narbonne sur le parti populaire, engagèrent le roi à le renvoyer. Ce triomphe inconsidéré dura peu. Les républicains forcèrent le roi à prendre des ministres à leur dévotion, et ceux-là l'obligèrent à faire usage de l'initiative constitutionnelle pour aller lui-même à l'assemblée proposer la guerre contre l'Autriche[30]. J'étois à cette séance où l'on contraignit Louis XVI à la démarche qui devoit le blesser de tant de manières. Sa physionomie n'exprimoit pas sa pensée, mais ce n'étoit point par fausseté qu'il cachoit ses impressions ; un mélange de résignation et de dignité réprimoit en lui tout signe extérieur de ses sentimens. En entrant dans l'assemblée, il regardoit à droite et à gauche avec cette sorte de curiosité vague qu'ont d'ordinaire les personnes dont la vue est si basse qu'elles cherchent en vain à s'en servir. Il proposa la guerre du même son de voix avec lequel il auroit pu demander le décret le plus indifférent du monde. Le président lui répondit avec le laconisme arrogant adopté dans cette assemblée, comme si la fierté d'un peuple libre consistoit à maltraiter le roi qu'il a choisi pour chef constitutionnel.

Lorsque Louis XVI et ses ministres furent sortis, l'assemblée vota la guerre par acclamation. Quelques membres ne prirent point part à la délibération ; mais les tribunes applaudirent avec transport ; les députés levèrent leurs chapeaux en l'air, et ce jour, le premier de la lutte sanglante qui a déchiré l'Europe pendant vingt-trois années, ce jour ne fit pas naître dans la plupart des esprits la moindre inquiétude. Cependant, parmi les députés qui ont voté cette guerre, un grand nombre a péri d'une manière violente, et ceux qui se réjouissoient le plus venoient à leur insu de prononcer leur arrêt de mort.

CHAPITRE VI

Des moyens employés en 1792 pour établir la république

Les François sont peu disposés à la guerre civile, et n'ont point de talent pour les conspirations. Ils sont peu disposés à la guerre civile, parce que chez eux la majorité entraîne presque toujours la minorité ; le parti qui passe pour le plus fort devient bien vite tout-puissant, car tout le monde s'y réunit. Ils n'ont point de talent pour les conspirations, par cela même qu'ils sont très-propres aux révolutions ; ils ont besoin de s'exciter mutuellement par la communication de leurs idées ; le silence profond, la résolution solitaire qu'il faut pour conspirer ne sont pas dans leur caractère. Ils en seroient peut-être plus capables, maintenant que des traits italiens se sont mêlés à leur naturel ; mais l'on ne voit pas d'exemples d'une conjuration dans l'histoire de France ; Henri III[31] et Henri IV[32] furent assassinés l'un et l'autre par deux fanatiques sans complices. La cour, il est vrai, sous Charles IX, prépara dans l'ombre le massacre de la Saint-Barthélemi ; mais ce fut une reine italienne qui donna son esprit de ruse et de dissimulation aux instrumens dont elle se servit[33]. Les moyens employés pour accomplir la révolution ne valoient pas mieux que ceux dont on se sert pour ourdir une conspiration : en effet commettre un crime sur la place publique, ou le combiner dans son cabinet, c'est être également coupable ; mais il y a la perfidie de moins.

L'assemblée législative renversoit la monarchie avec des sophismes. Ses décrets altéroient le bon sens, et dépravoient la moralité de la nation. Il falloit une sorte d'hypocrisie politique, encore plus dangereuse que l'hypocrisie religieuse, pour détruire le trône pièce à pièce, en jurant toutefois de le maintenir. Aujourd'hui les ministres étoient accusés[34] ; demain la garde du roi étoit licenciée[35] ; un autre jour l'on accordoit des récompenses aux soldats du régiment de Châteauvieux qui s'étoient révoltés contre leurs chefs[36] ; les massacres d'Avignon trouvoient des défenseurs dans le sein de l'assemblée[37] ; enfin, soit que l'établissement d'une république en France parût ou non désirable, il ne pouvoit y avoir qu'une façon de penser sur le choix des moyens employés pour y parvenir ; et plus on étoit ami de la liberté, plus la conduite du parti républicain excitoit d'indignation au fond de l'âme.

Ce qu'il importe avant tout de considérer dans les grandes crises politiques, c'est si la révolution qu'on désire est en harmonie avec l'esprit du temps. En tâchant d'opérer le retour des anciennes institutions, c'est-à-dire, en voulant faire reculer la raison humaine, on enflamme toutes les passions populaires. Mais, si l'on aspire au contraire à fonder une république dans un pays qui la veille avoit tous les défauts et tous les vices que les monarchies absolues doivent enfanter, on se voit dans la nécessité d'opprimer pour affranchir, et de se souiller ainsi de forfaits en proclamant le gouvernement qui se fonde sur la vertu. Une manière sûre de ne pas se tromper sur ce que veut la majorité d'une nation, c'est de ne suivre jamais qu'une marche légale pour parvenir au but même que l'on croit le plus utile. Dès qu'on ne se permet rien d'immoral, on ne contrarie jamais violemment le cours des choses.

La guerre des François, qui fut depuis si brillante, commença par des revers. Les soldats, à Lille, après leur déroute, massacrèrent leur chef Théobald Dillon, dont ils soupçonnoient, bien à tort, la bonne foi. Ces premiers échecs avoient rendu la méfiance générale. Aussi l'assemblée législative poursuivoit-elle sans cesse de dénonciations les ministres, comme des chevaux rétifs que les coups d'éperons ne peuvent faire avancer. Le premier devoir d'un gouvernement, aussi bien que d'une nation, est sans doute d'assurer son indépendance contre l'envahissement des étrangers. Mais une situation aussi fausse pouvoit-elle durer ? Et ne valoit-il pas mieux ouvrir les portes de la France au roi qui vouloit en sortir, que chicaner du matin au soir la puissance ou plutôt la foiblesse royale, et traiter le descendant de saint Louis, captif sur le trône, comme l'oiseau qu'on attache au sommet d'un arbre, et contre lequel chacun lance des traits tour à tour ?

L'assemblée législative, lassée de la patience même de Louis XVI, imagina de lui présenter deux décrets, auxquels sa conscience et sa sûreté ne lui permettoient pas de donner sa sanction. Par le premier on condamnoit à la déportation tout prêtre qui avoit refusé de prêter serment, s'il étoit dénoncé par vingt citoyens actifs, c'est-à-dire, payant une contribution ; et par le second, on appeloit à Paris une légion de Marseillois qu'on savoit décidés à conspirer contre la couronne. Quel décret cependant, que celui dont les prêtres étoient les victimes ! On livroit l'existence d'un citoyen à des dénonciations qui portoient sur ses opinions présumées. Que craint-on du despotisme, si ce n'est un tel décret ? Au lieu de vingt citoyens actifs, il n'y a qu'à supposer des courtisans qui sont actifs aussi à leur manière ; et l'on aura l'histoire de toutes les lettres de cachet, de tous les exils, de tous les emprisonnemens que l'on veut empêcher par l'institution d'un gouvernement libre.

Un généreux mouvement de l'âme décida le roi à s'exposer à tout, plutôt que d'accéder à la proscription des prêtres : il pouvoit, en se considérant comme prisonnier, donner sa sanction à cette loi, et protester contre elle en secret ; mais il ne put consentir à traiter la religion comme la politique ; et, s'il dissimula comme roi, il fut vrai comme martyr.

Dès que le veto du roi fut connu [38], l'on sut de toutes parts qu'il se préparoit une émeute dans les faubourgs. Le peuple étant devenu despote, le moindre obstacle à ses volontés l'irritoit. On vit aussi dans cette occasion le terrible inconvénient de placer l'autorité royale en présence d'une seule chambre. Le combat entre ces deux pouvoirs manque d'arbitre, et c'est l'insurrection qui lui en sert.

Vingt mille hommes de la dernière classe de la société, armés de piques et de lances, marchèrent aux Tuileries sans savoir pourquoi ; ils étoient prêts à commettre tous les forfaits, ou pouvoient être entraînés aux plus belles choses, suivant l'impulsion des événemens et des hommes [39].

Ces vingt mille hommes pénétrèrent dans le palais du roi ; leurs physionomies étoient empreintes de cette grossièreté morale et physique dont on ne peut supporter le dégoût, quelque philanthrope que l'on soit. Si quelque sentiment vrai les avoit animés, s'ils étoient venus réclamer contre des injustices, contre la cherté des grains, contre l'accroissement des impôts, contre des enrôlemens militaires, enfin contre tout ce que le pouvoir et la richesse peuvent faire souffrir à la misère, les haillons dont ils étoient revêtus, leurs mains noircies par le travail, la vieillesse prématurée des femmes, l'abrutissement des enfans, tout auroit excité de la pitié. Mais leurs affreux juremens entremêlés de cris, leurs gestes menaçans, leurs instrumens meurtriers, offroient un spectacle épouvantable, et qui pouvoit altérer à jamais le respect que la race humaine doit inspirer [40].

L'Europe a su comment madame Élisabeth, sœur du roi, voulut empêcher qu'on ne détrompât les furieux qui la prenoient pour la reine, et la menaçoient à ce titre. La reine elle-même devoit être reconnue à l'ardeur avec laquelle elle pressoit ses enfans contre son cœur. Le roi dans ce jour montra toutes les vertus d'un saint. Il n'étoit déjà plus temps de se sauver en héros ; le signe horrible du massacre, le bonnet rouge, fut placé sur sa tête dévouée ; mais rien ne pouvoit l'humilier, puisque toute sa vie n'étoit qu'un sacrifice continuel.

L'assemblée, honteuse de ses auxiliaires, envoya quelques-uns des députés pour sauver la famille royale ; et Vergniaud, l'orateur le plus éloquent peut-être de tous ceux qui se sont fait entendre à la tribune françoise, dissipa dans peu d'instans la populace[41].

Le général La Fayette, indigné de ce qui se passoit à Paris, quitta son armée pour venir à la barre de l'assemblée demander justice de l'affreuse journée du 20 juin 1792. Si les girondins alors s'étoient réunis à lui et à ses amis, on pouvoit peut-être encore empêcher l'entrée des étrangers, et rendre au roi l'autorité constitutionnelle qui lui étoit due. Mais à l'instant où M. de la Fayette termina son discours par ces paroles qu'il lui convenoit si bien de prononcer : « Telles sont les représentations, que soumet à l'assemblée un citoyen auquel on ne sauroit du moins disputer son amour pour la liberté ; » Guadet, collègue de Vergniaud, monta rapidement à la tribune, et se servit avec habileté de la défiance que doit avoir toute assemblée représentative contre un général qui se mêle des affaires intérieures. Cependant, quand il rappeloit les souvenirs de Cromwell, dictant au nom de son armée des lois aux représentans de son pays, on savoit bien qu'il n'y avoit là ni tyran ni soldats, mais un citoyen vertueux, qui, bien qu'ami de la république en théorie, ne pouvoit supporter le crime, sous quelque bannière qu'il prétendît se ranger[42].

CHAPITRE VII

Anniversaire du 14 juillet, célébré en 1792

Des adresses de toutes les parties de la France, alors sincères, puisqu'il y avoit du danger à les signer, exprimoient le vœu de la grande majorité des citoyens en faveur du maintien de la constitution. Quelque imparfaite qu'elle fût, c'étoit une monarchie limitée ; et tel a toujours été le vœu des François, les factieux ou les soldats ont pu seuls empêcher qu'il ne prévalût[43]. Si les chefs du parti populaire avoient pu croire que la nation désirât véritablement la république, ils n'auroient pas eu besoin des moyens les plus injustes pour l'établir. On n'a point recours au despotisme, quand on a pour soi l'opinion ; et quel despotisme, juste ciel ! que celui qu'on voyoit alors sortir des classes de la société les plus grossières, comme les vapeurs s'élèvent des marais pestilentiels ! Marat, dont la postérité se souviendra peut-être, afin de rattacher à un homme les crimes d'une époque, Marat se servoit chaque jour de son journal, pour menacer des plus affreux supplices la famille royale et ses défenseurs. Jamais on n'avoit vu la parole humaine ainsi dénaturée ; les hurlemens des bêtes féroces pourroient être traduits dans ce langage [44].

Paris étoit divisé en quarante-huit sections, qui toutes envoyoient des députés à la barre de l'assemblée, pour dénoncer les moindres actes comme des forfaits [45]. Quarante-quatre mille municipalités renfermoient chacune un club de jacobins qui relevoit de celui de Paris, soumis lui-même aux ordres des faubourgs [46]. Jamais une ville de sept cent mille âmes ne fut ainsi transformée. L'on entendoit de toutes parts des injures dirigées contre le palais des rois ; rien ne le défendoit plus qu'une sorte de respect qui servoit encore de barrière autour de cette antique demeure ; mais à chaque instant cette barrière pouvoit être franchie, ou tout alors étoit perdu.

On écrivoit des départemens qu'on envoyoit les hommes les plus furieux à Paris, pour célébrer le 14 juillet [47], et qu'ils n'y venoient que pour massacrer le roi et la reine. Le maire de Paris, Péthion, un froid fanatique, poussant à l'extrême toutes les idées nouvelles, parce qu'il étoit plus capable de les exagérer que de les comprendre ; Péthion, avec une niaiserie extérieure qu'on prenoit pour de la bonne foi, favorisoit toutes les émeutes [48]. Ainsi l'autorité même se mettoit du parti de l'insurrection. L'administration départementale, en vertu d'un article constitutionnel, suspendit Péthion de ses fonctions ; les ministres du roi confirmèrent cet arrêté ; mais l'assemblée rétablit le maire dans sa place, et son ascendant s'accrut par sa disgrâce momentanée. Un chef populaire ne peut rien désirer de mieux qu'une persécution apparente, suivie d'un triomphe réel.

Les Marseillois envoyés au Champ-de-Mars pour célébrer le 14 juillet, portoient écrit sur leurs chapeaux déguenillés : *Péthion, ou la mort !* Ils passoient devant l'espèce d'estrade sur laquelle étoit placée la famille royale, en criant : *Vive Péthion !* [49] Misérable nom que le mal même qu'il a fait n'a pu sauver de l'obscurité ! A peine quelques foibles voix faisoient entendre : *Vive le roi !* comme un dernier adieu, comme une dernière prière.

L'expression du visage de la reine ne s'effacera jamais de mon souvenir ; ses yeux étoient abîmés de pleurs ; la splendeur de sa toilette, la dignité de son maintien contrastoient avec le cortège dont elle étoit environnée. Quelques gardes nationaux la séparoient seuls de la populace ; les hommes armés, rassemblés dans le Champ-de-Mars, avoient plus l'air d'être réunis pour une émeute que pour une fête. Le roi se rendit à pied du pavillon sous lequel il étoit, jusqu'à l'autel élevé à l'extrémité du Champ-de-Mars. C'est là qu'il devoit prêter serment pour la seconde fois à la constitution, dont les débris alloient écraser le trône. Quelques enfans suivoient le roi en l'applaudissant ; ces enfants ne savoient pas encore de quel forfait leurs pères étoient prêts à se souiller. Il falloit le caractère de Louis XVI, ce caractère de martyr qu'il n'a jamais démenti, pour supporter ainsi une pareille situation. Sa manière de marcher, sa contenance avoient quelque chose de particulier ; dans d'autres occasions, on auroit pu lui souhaiter plus de grandeur ; mais il suffisoit dans ce moment de rester en tout le même pour paroître sublime. Je suivis de loin sa tête poudrée au milieu de ces têtes à cheveux noirs ; son habit, encore brodé comme jadis, ressortoit à côté du costume des gens du peuple qui se pressoient autour de lui. Quand il monta les degrés de l'autel, on crut voir la victime sainte, s'offrant volontairement en sacrifice. Il redescendit ; et, traversant de nouveau les rangs en désordre, il revint s'asseoir auprès de la reine et de ses enfans. Depuis ce jour, le peuple ne l'a plus revu que sur l'échafaud.

CHAPITRE VIII

Manifeste du duc de Brunswick

On a beaucoup dit que les termes dans lesquels le manifeste du duc de Brunswick étoit conçu, ont été l'une des principales causes du soulèvement de la nation françoise contre les alliés en 1792[50]. Je ne le crois pas ; les deux premiers articles de ce manifeste contenoient ce que la plupart des écrits de ce genre, depuis la révolution, ont renfermé ; c'est-à-dire, que les puissances étrangères ne feroient point de conquête sur la France, et qu'elles ne vouloient point s'immiscer dans le gouvernement intérieur du pays. A ces deux promesses, qui sont rarement tenues, on ajoutoit, il est vrai, la menace de traiter en rebelles ceux des gardes nationaux qui seroient trouvés les armes à la main ; comme si, dans aucun cas, une nation pouvoit être coupable en défendant son territoire[51] ! Mais quand même le manifeste eût été plus sagement rédigé, il n'auroit point affoibli alors l'esprit public des

François. On sait bien que toute puissance armée désire la victoire, et ne demande pas mieux que de diminuer les obstacles qu'elle doit rencontrer pour l'obtenir. Aussi les proclamations des étrangers, adressées aux nations contre lesquelles ils combattent, se réduisent-elles toutes à dire : Ne nous résistez pas ; et la réponse des peuples fiers doit être : Nous vous résisterons.

Les amis de la liberté dans cette circonstance étoient, comme ils le seront toujours, opposés aux étrangers, mais' ils ne pouvoient pas se dissimuler non plus qu'on avoit mis le roi dans une situation qui le réduisoit à désirer le secours des coalisés. Quelles ressources pouvoit-il alors rester aux patriotes vertueux ?

M. de la Fayette fit proposer à la famille royale de venir se réfugier à Compiègne, dans son armée [52]. C'étoit le parti le meilleur et le plus sûr ; mais les personnes qui avoient la confiance du roi et de la reine haïssaient M. de la Fayette autant que s'il eût été un jacobin forcené. Les aristocrates de ce temps-là aimoient mieux tout risquer pour obtenir le rétablissement de l'ancien régime, que d'accepter un secours efficace à la condition d'adopter sincèrement les principes de la révolution, c'est-à-dire, le gouvernement représentatif. L'offre de M. de la Fayette fut donc refusée, et le roi se soumit au terrible hasard d'attendre à Paris les troupes allemandes.

Les royalistes, qui sont sujets à toute l'imprudence de l'espoir, se persuadèrent que les défaites des armées françoises feroient une telle peur au peuple de Paris, qu'il deviendroit doux et soumis dès qu'il les apprendroit. La grande erreur des hommes passionnés en politique, c'est d'attribuer tous les genres de vices et de bassesses à leurs adversaires. Il faut savoir apprécier à quelques égards ceux qu'on hait, et ceux même qu'on méprise ; car nul homme, et surtout nulle masse d'hommes n'a jamais entièrement abdiqué tout sentiment moral. Ces jacobins furieux, capables alors de tous les forfaits, avoient pourtant de l'énergie ; et c'est à l'aide de cette qualité qu'ils ont triomphé de tant d'armées étrangères.

CHAPITRE IX

Révolution du 10 août 1792
Renversement de la monarchie

L'opinion publique se montre toujours, même au milieu des factions qui l'oppriment. Une seule révolution, celle de 1789, a été faite par la puissance de cette opinion ; mais, depuis cette année, presque aucune des crises qui ont eu lieu en France n'a été désirée par la nation.

Quatre jours avant le 10 août, on voulut porter dans l'assemblée un décret d'accusation contre M. de la Fayette, et quatre cent vingt-quatre voix, sur six cent soixante-dix, l'acquittèrent[53]. Le vœu de cette majorité n'étoit certainement pas pour la révolution qui se préparoit. La déchéance du roi fut demandée ; l'assemblée la rejeta : mais la minorité, qui la vouloit, eut recours au peuple pour l'obtenir.

Le parti des constitutionnels étoit néanmoins toujours le plus nombreux ; et, si d'une part les nobles n'étoient pas sortis de France, et que, de l'autre, les royalistes qui entouroient le roi se fussent réconciliés franchement avec les amis de la liberté, on auroit pu sauver encore la France et le trône. Ce n'est ni la première, ni la dernière fois que nous avons été, et que nous serons appelés dans le cours de cet ouvrage, à montrer que le bien ne peut s'opérer en France que par la réunion sincère des royalistes de l'ancien régime avec les royalistes constitutionnels. Mais, dans ce mot de *sincère,* que d'idées sont renfermées !

Les constitutionnels avoient en vain demandé la permission d'entrer dans le palais du roi pour le défendre. Les invincibles préjugés des courtisans les en avoient écartés. Incapables cependant, malgré le refus qu'on leur faisoit subir, de se rallier au parti contraire, ils erroient autour du château, s'exposant à se faire massacrer pour se consoler de ne pouvoir se battre. De ce nombre étoient MM. de Lally, Narbonne, La Tour-du-Pin-Gouvernet, Castellane, Montmorenci[54], et plusieurs autres encore, dont les noms ont reparu dans toutes les circonstances honorables.

Avant minuit, le 9 août, les quarante-huit tocsins des sections de Paris commencèrent à se faire entendre, et toute la nuit ce son monotone, lugubre et rapide ne cessa pas un instant. J'étois à ma fenêtre avec quelques-uns de mes amis, et de quart d'heure en quart d'heure, la patrouille volontaire des constitutionnels nous envoyoit des nouvelles. On nous disoit que les faubourgs s'avançoient, ayant à leur tête Santerre le brasseur, et Westermann, militaire [55], qui depuis s'est battu contre la Vendée. Personne ne pouvoit prévoir ce qui arriveroit le lendemain, et nul ne s'attendoit alors à vivre au-delà d'un jour. Il y eut néanmoins quelques momens d'espoir pendant cette nuit effroyable ; on se flatta, je ne sais pourquoi, peut-être seulement parce qu'on avoit épuisé la crainte.

Tout à coup, à sept heures, le bruit affreux du canon des faubourgs se fit entendre ; et, dans la première attaque, les gardes suisses furent vainqueurs. Le peuple fuyoit dans les rues avec autant d'effroi qu'il avoit eu de fureur. Il faut le dire, le roi devoit alors se mettre à la tête des troupes et combattre ses ennemis. La reine fut de cet avis, et le conseil courageux qu'elle donna dans cette circonstance à son époux l'honore et la recommande à la postérité.

Plusieurs bataillons de la garde nationale, entre autres celui des Filles-Saint-Thomas, étoient pleins d'ardeur et de zèle ; mais le roi, en quittant les Tuileries, ne pouvoit plus compter sur cet enthousiasme qui fait la force des citoyens armés [56].

Beaucoup de républicains pensent que, si Louis XVI eût triomphé le 10 août, les étrangers seroient arrivés à Paris, et y auroient rétabli l'ancien despotisme, devenu plus odieux encore par le moyen même dont il auroit tenu sa force. Il est possible que les choses fussent arrivées à cette extrémité ; mais qui les y avoit conduites ? L'on peut toujours dans les troubles civils rendre un crime politiquement utile ; mais c'est par les crimes précédens qu'on parvient à créer cette infernale nécessité.

On vint me dire que tous mes amis qui faisoient la garde en dehors du château, avoient été saisis et massacrés. Je sortis à l'instant pour en savoir des nouvelles ; le cocher qui me conduisoit fut arrêté sur le pont par des hommes qui, silencieusement, lui faisoient signe qu'on égorgeoit de l'autre côté. Après deux heures d'inutiles efforts pour passer, j'appris que tous ceux qui m'intéressoient vivoient encore ; mais que la plupart d'entre eux étoient contraints à se cacher, pour éviter les proscriptions dont ils étoient menacés. Lorsque j'allois les voir le soir à pied dans les maisons obscures où ils avoient pu trouver asile, je rencontrois des hommes armés couchés devant les portes, assoupis par l'ivresse, et ne se réveillant à demi que pour prononcer des juremens exécrables. Plusieurs femmes du peuple étoient aussi dans le même état, et leurs vociférations avoient quelque chose de plus odieux encore. Dès qu'on apercevoit une patrouille destinée à maintenir l'ordre, les honnêtes gens fuyoient pour l'éviter ; car, ce qu'on appeloit maintenir l'ordre, c'étoit contribuer au triomphe des assassins, et les préserver de tout obstacle.

CHAPITRE X

Anecdotes particulières

L'on ne peut se résourdre à continuer de tels tableaux. Encore le 10 août sembloit-il avoir pour but de s'emparer du gouvernement, afin de diriger tous ses moyens contre l'invasion des étrangers ; mais les massacres qui eurent lieu vingt-deux jours après le renversement du trône, n'étoient qu'une débauche de forfaits. On a prétendu que la terreur qu'on éprouvoit à Paris, et dans toute la France, avoit décidé les François à se réfugier dans les camps. Singulier moyen que la peur pour recruter une armée ! Mais une telle supposition est une offense faite à la nation. Je tâcherai de montrer dans le chapitre suivant, que c'est malgré le crime, et non par son affreux secours, que les François ont repoussé les étrangers qui vouloient leur imposer la loi.

A des criminels succédoient des criminels plus détestables encore. Les vrais républicains ne restèrent pas un jour les maîtres après le 10 août. Dès que le trône qu'ils attaquoient fut renversé, ils eurent à se défendre eux-mêmes ; ils n'avoient montré que trop de condescendance envers les horribles instrumens dont on s'étoit servi pour établir la république ; mais les jacobins étoient bien sûrs de finir par les épouvanter de leur propre idole, à force de forfaits, et l'on eût dit que les scélérats les plus intrépides en fait de crimes, essayoient la tête de Méduse sur les différens chefs de parti, afin de se débarrasser de tous ceux qui n'en pouvoient supporter l'aspect.

Les détails de ces horribles massacres repoussent l'imagination, et ne fournissent rien à la pensée. Je m'en tiendrai donc à raconter ce que j'ai vu moi-même à cette époque ; peut-être est-ce la meilleure manière d'en donner une idée [57].

Pendant l'intervalle du 10 août au 2 septembre, de nouvelles arrestations avoient lieu à chaque instant. Les prisons étoient combles ; toutes les adresses du peuple qui, depuis trois ans, annonçoient d'avance ce que les chefs de parti avoient résolu, demandoient la punition des traîtres ; et ce nom s'étendoit aux classes comme aux individus, aux talens comme à la fortune, à l'habit comme aux opinions ; enfin, à tout ce que les lois protégent, et que l'on vouloit anéantir.

Les troupes des Autrichiens et des Prussiens avoient déjà passé la frontière, et l'on répétoit de toutes parts que, si les étrangers avançoient, tous les honnêtes gens de Paris seroient massacrés. Plusieurs de mes amis, MM. de Narbonne, Montmorenci, Baumets [58], étoient personnellement menacés ; et chacun d'eux se tenoit caché dans la maison de quelque bourgeois. Mais il falloit chaque jour changer de demeure, parce que la peur prenoit à ceux qui donnoient un asile. On ne voulut pas d'abord se servir de ma maison, parce qu'on craignoit qu'elle n'attirât l'attention ; mais d'un autre côté, il me sembloit qu'étant celle d'un ambassadeur, et portant sur la porte le nom d'hôtel de Suède, elle pourroit être respectée, quoique M. de Staël fût absent. Enfin, il n'y eut plus à délibérer, quand on ne trouva plus personne qui osât recevoir les proscrits. Deux d'entre eux vinrent chez moi ; je ne mis dans ma confidence qu'un de mes gens dont j'étois sûre. J'enfermai mes amis dans la chambre la plus reculée, et je passai la nuit dans les appartemens qui donnoient sur la rue, redoutant à chaque instant ce qu'on appeloit les visites domiciliaires.

Un matin, un de mes domestiques, dont je me défiois, vint me dire que l'on avoit affiché, au coin de ma rue, le signalement et la dénonciation de M. de Narbonne : c'étoit l'une des personnes cachées chez moi. Je crus que cet homme vouloit pénétrer mon secret en m'effrayant ; mais il me racontoit le fait tout simplement. Peu de temps après, la redoutable visite domiciliaire se fit dans ma maison. M. de Narbonne, étant mis hors la loi, périssoit le même jour s'il étoit découvert ; et, quelques précautions que j'eusse prises, je savois bien que, si la recherche étoit exactement faite, il ne pouvoit y échapper. Il falloit donc, à tout prix, empêcher cette recherche ; je rassemblai mes forces, et j'ai senti, dans cette circonstance, qu'on peut toujours dominer son émotion, quelque violente qu'elle soit, quand on sait qu'elle expose la vie d'un autre.

On avoit envoyé, pour s'emparer des proscrits, dans toutes les maisons de Paris, des commissaires de la classe la plus subalterne ; et, pendant qu'ils faisoient leurs visites, des postes militaires gardoient les deux extrémités de la rue pour empêcher que personne ne s'échappât. Je commençai par effrayer autant que je pus ces hommes, sur la violation du droit des gens qu'ils commettoient en visitant la maison d'un ambassadeur ; et, comme ils ne savoient pas trop bien la géographie, je leur persuadai que la Suède étoit une puissance qui pouvoit les menacer d'une attaque immédiate, parce qu'elle étoit frontière de la France. Vingt ans après, chose inouie, cela s'est trouvé vrai ; car Lubeck, et la Poméranie suédoise étoient au pouvoir des François [59].

Les gens du peuple sont prenables tout de suite ou jamais : il n'y a presque point de gradations ni dans leurs sentimens, ni dans leurs idées. Je m'aperçus donc que mes raisonnemens leur faisoient impression, et j'eus le courage, avec la mort dans le cœur, de leur faire des plaisanteries sur l'injustice de leurs soupçons. Rien n'est plus agréable aux hommes de cette classe que des plaisanteries ; car, dans l'excès même de leur fureur contre les nobles, ils ont du plaisir à être traités par eux comme des égaux. Je les reconduisis ainsi jusqu'à la porte, et je bénis Dieu de la force extraordinaire qu'il m'avoit prêtée dans cet instant ; néanmoins, cette situation ne pouvoit se prolonger, et le moindre hasard suffisoit pour perdre un proscrit qui étoit très-connu par son ministère récent.

Un Hanovrien généreux et spirituel, le docteur Bollmann, qui, depuis, s'est exposé pour délivrer M. de la Fayette des prisons d'Autriche, apprit mon anxiété, et m'offrit, sans autre motif que l'enthousiasme de la bonté, de conduire M. de Narbonne en Angleterre, en lui donnant le passe-port d'un de ses amis. Rien n'étoit plus hardi que cette action ; car, si un étranger, quel qu'il fût, avoit été pris emmenant un proscrit sous un nom supposé, il eût été condamné à mort. Le courage du docteur Bollmann ne se démentit ni dans la volonté ni dans l'exécution, et, quatre jours après son départ, M. de Narbonne étoit à Londres.

On m'avoit accordé des passe-ports pour me rendre en Suisse ; mais il étoit si triste de se mettre en sûreté toute seule, quand on laissoit encore tant d'amis en danger, que je retardois de jour en jour pour savoir ce que chacun d'eux étoit devenu. On vint me dire, le 31 août, que M. de Jaucourt, député à l'assemblée législative, et M. de Lally-Tollendal [60], venoient d'être conduits tous les deux à l'Abbaye, et l'on savoit déjà qu'on n'envoyoit dans cette prison que ceux qu'on vouloit livrer aux assassins. Le beau talent de M. de Lally lui servit d'égide d'une façon singulière. Il fit le plaidoyer d'un de ses camarades de prison, traduit devant le tribunal avant le massacre ; le prisonnier fut acquitté, et chacun sut qu'il le devoit à l'éloquence de Lally. M. de Condorcet [61] admiroit son beau talent, et s'employa pour le sauver ; d'ailleurs, M. de Lally trouvoit une protection efficace dans l'intérêt de l'ambassadeur d'Angleterre, qui étoit encore à Paris à cette epoque [c]. M. de Jaucourt [62] n'avoit pas le même appui : je me fis montrer la liste de tous les membres de la commune de Paris, alors maîtres de la ville ; je ne les connoissois que par leur terrible réputation, et je cherchois au hasard un motif pour déterminer mon choix. Je me rappelai tout à coup que Manuel [63], l'un d'entre eux, se mêloit de littérature, et qu'il venoit de publier des lettres de Mirabeau avec une préface, bien mauvaise, il est vrai, mais dans laquelle cependant on remarquoit la bonne volonté de montrer de l'esprit. Je me persuadai qu'aimer les applaudissemens pouvoit rendre accessible de quelque manière aux sollicitations ; ce fut donc à Manuel que j'écrivis pour lui demander une audience. Il me l'assigna pour le lendemain chez lui, à sept heures du matin : c'étoit une heure un peu démocratique ; mais certes j'y fus exacte. J'arrivai avant qu'il fût levé, je l'attendis dans son cabinet, et je vis son portrait, à lui-même, placé sur son propre bureau ; cela me fit espérer que, du moins, il étoit un peu prenable par la vanité. Il entra, et je dois lui rendre la justice, que ce fut par les bons sentimens que je parvins à l'ébranler.

Je lui peignis les vicissitudes effrayantes de la popularité, dont on pouvoit lui citer des exemples chaque jour. « Dans six mois, lui dis-je, vous n'aurez peut-être plus de pouvoir (avant six mois il périt sur l'échafaud). Sauvez M. de Lally et M. de Jaucourt ; réservez-vous un souvenir doux et consolant pour l'époque où vous serez peut-être proscrit à votre tour. » Manuel étoit un homme remuable, entraîné par ses passions, mais capable de mouvemens honnêtes : car c'est pour avoir défendu le roi qu'il fut condamné à mort. Il m'écrivit, le 1er septembre, que M. de Condorcet avoit obtenu la liberté de M. de Lally, et qu'à ma prière , il venoit de faire mettre M. de Jaucourt en liberté. Heureuse d'avoir sauvé la vie d'un homme aussi estimable, je résolus de partir le lendemain ; mais je m'engageai à prendre, hors de la barrière, l'abbé de Montesquiou, aussi proscrit, et à le conduire, déguisé en domestique, jusqu'en Suisse ; pour que le changement fût plus facile et plus sûr, je donnai à l'un de ses gens le passe-port d'un des miens, et nous convînmes de la place où je trouverois l'abbé de Montesquiou sur le grand chemin. Il étoit donc impossible de manquer à ce rendez-vous, dont l'heure et le lieu étoient fixés, sans exposer celui qui m'attendoit, à faire naître les soupçons des patrouilles qui parcouroient les grandes routes.

La nouvelle de la prise de Longwy et de Verdun étoit arrivée le matin du 2 septembre. On entendoit de nouveau, de toutes parts, cet effrayant tocsin, dont le souvenir n'étoit que trop gravé dans mon âme, par la nuit du 10 août. On voulut m'empêcher de partir ; mais pouvois-je compromettre la sûreté d'un homme qui s'étoit alors confié à moi ?

J'avois des passe-ports très en règle, et je me figurai que le mieux seroit de sortir en berline à six chevaux, avec mes gens en grande livrée. Il me sembloit qu'en me voyant dans cet apparat, on me croiroit le droit de partir, et qu'on me laisseroit passer. C'étoit très-mal combiné, car, ce qu'il faut avant tout dans de tels momens, c'est ne pas frapper l'imagination du peuple ; et la plus mauvaise chaise de poste m'auroit conduite plus sûrement. A peine ma voiture avoit-elle fait quatre pas, qu'au bruit des fouets des postillons un essaim de vieilles femmes, sorties de l'enfer, se jette sur mes chevaux, et crie qu'on doit m'arrêter, que j'emporte avec moi l'or de la nation, que je vais rejoindre les ennemis, que sais-je ? mille autres injures plus absurdes encore. Ces femmes attirent la foule à l'instant, et des gens du peuple, avec des physionomies féroces, se saisissent de mes postillons, et leur ordonnent de me mener à l'assemblée de la section du quartier où je demeurois (le faubourg Saint-Germain). En descendant de voiture, j'eus le temps de dire tout bas au domestique de l'abbé de Montesquiou de s'en aller, et d'avertir son maître.

J'entrai dans cette assemblée, dont les délibérations avoient l'air d'une insurrection en permanence. Celui qui se disoit le président me déclara que j'étois dénoncée comme voulant emmener avec moi des proscrits, et qu'on alloit examiner mes gens. Il trouva qu'il en manquoit un désigné sur mon passe-port (c'étoit celui que j'avois renvoyé) ; et, en conséquence de cette erreur, il exigea que je fusse conduite par un gendarme à l'hôtel de ville. Rien n'étoit plus effrayant qu'un tel ordre ; il falloit traverser la moitié de Paris, et descendre sur la place de Grève, en face de l'hôtel de ville ; or, c'étoit sur les degrés mêmes de l'escalier de cet hôtel que plusieurs personnes avoient été massacrées le 10 août ; aucune femme n'avoit encore péri, mais le lendemain la princesse de Lamballe fut assassinée par le peuple [65], dont la fureur étoit déjà telle que tous les yeux sembloient demander du sang.

Je fus trois heures à me rendre du faubourg Saint-Germain à l'hôtel de ville : on me conduisit au pas, à travers une foule immense qui m'assailloit par des cris de mort ; ce n'étoit pas moi qu'on injurioit, à peine alors me connoissoit-on ; mais une grande voiture et des habits galonnés représentoient aux yeux du peuple ceux qu'il devoit massacrer. Ne sachant pas encore combien dans les révolutions l'homme devient inhumain, je m'adressai deux ou trois fois aux gendarmes, qui passoient près de ma voiture, pour leur demander du secours, et ils me répondirent par les gestes les plus dédaigneux et les plus menaçans. J'étois grosse, et cela ne les désarmoit pas ; tout au contraire, ils étoient d'autant plus irrités qu'ils se sentoient plus coupables : néanmoins le gendarme qu'on avoit mis dans ma voiture, n'étant point animé par ses camarades, se laissa toucher par ma situation, et il me promit de me défendre au péril de sa vie. Le moment le plus dangereux devoit être à la place de Grève ; mais j'eus le temps de m'y préparer d'avance, et les figures dont j'étois entourée, avoient une expression si méchante, que l'aversion qu'elles m'inspiroient me donnoit plus de force. Je sortis de ma voiture au milieu d'une multitude armée, et je m'avançai sous une voûte de piques. Comme je montois l'escalier, également hérissé de lances, un homme dirigea contre moi celle qu'il tenoit dans sa main. Mon gendarme m'en garantit avec son sabre ; si j'étois tombée dans cet instant, c'en étoit fait de ma vie : car il est de la nature du peuple de respecter ce qui est encore debout ; mais, quand la victime est déjà frappée, il l'achève.

J'arrivai donc enfin à cette commune présidée par Robespierre, et je respirai parce que j'échappois à la populace : quel protecteur cependant que Robespierre ! Collot-d'Herbois et Billaud-Varennes lui servoient de secrétaires, et ce dernier avoit conservé sa barbe depuis quinze jours pour se mettre plus sûrement à l'abri de tout soupçon d'aristocratie [66]. La salle étoit comble de gens du peuple ; les femmes, les enfans, les hommes crioient de toutes leurs forces : *Vive la nation !* Le bureau de la commune, étant un peu élevé, permettoit à ceux qui s'y trouvoient placés de se parler. On m'y avoit fait asseoir ; et pendant que je reprenois mes sens, le bailli de Virieu, envoyé de Parme [67], qui avoit été arrêté en même temps que moi, se leva pour déclarer qu'il ne me connoissoit pas ; que mon affaire, quelle qu'elle fût, n'avoit aucun rapport avec la sienne, et qu'on ne devoit pas nous confondre ensemble. Le manque de chevalerie du pauvre homme me déplut, et cela m'inspira un désir d'autant plus vif de m'être utile à moi-même, puisqu'il ne paroissoit pas que le bailli de Virieu eût envie de m'en épargner le soin. Je me levai donc, et je représentai le droit que j'avois de partir comme ambassadrice de Suède, et les passe-ports qu'on m'avoit donnés en conséquence de ce droit. Dans ce moment Manuel arriva : il fut très-étonné de me voir dans une si triste position ; et, répondant aussitôt de moi jusqu'à ce que la commune eût décidé de mon sort, il me fit quitter cette terrible place, et m'enferma avec ma femme de chambre dans son cabinet.

Nous restâmes là six heures à l'attendre, mourant de faim, de soif et de peur. La fenêtre de l'appartement de Manuel donnoit sur la place de Grève, et nous voyions les assassins revenir des prisons avec les bras nus et sanglans, et poussant des cris horribles.

Ma voiture chargée étoit restée au milieu de la place, et le peuple se préparoit à la piller, lorsque j'aperçus un grand homme en habit de garde national, qui monta sur le siége, et défendit à la populace de rien dérober. Il passa deux heures à défendre mes bagages, et je ne pouvois concevoir comment un si mince intérêt l'occupoit au milieu de circonstances si effroyables. Le soir cet homme entra dans la chambre où l'on me tenoit renfermée, accompagnant Manuel. C'étoit le brasseur Santerre[68], si cruellement connu depuis ; il avoit été plusieurs fois témoin, et distributeur dans le faubourg Saint-Antoine où il demeuroit ; des approvisionnemens de blé envoyés par mon père dans les temps de disette, et il en conservoit de la reconnoissance. D'ailleurs ne voulant pas, comme il l'auroit dû en sa qualité de commandant, courir au secours des prisonniers, garder ma voiture lui servoit de prétexte. Il voulut s'en vanter auprès de moi, mais je ne pus m'empêcher de lui rappeler ce qu'il devoit faire dans un pareil moment. Dès que Manuel me revit, il s'écria avec beaucoup d'émotion : *Ah ! que je suis bien aise d'avoir mis hier vos deux amis en liberté !* En effet, il souffroit amèrement des assassinats qui venoient de se commettre, mais il n'avoit déjà plus le pouvoir de s'y opposer. L'abîme s'entr'ouvroit derrière les pas de chaque homme qui acquéroit de l'autorité ; et, dès qu'il reculoit, il y tomboit.

Manuel, à la nuit, me ramena chez moi dans sa voiture ; il auroit craint de se dépopulariser en me conduisant de jour. Les réverbères n'étoient point allumés dans les rues, mais on rencontroit beaucoup d'hommes avec des flambeaux dont la lueur causoit plus d'effroi que l'obscurité même. Souvent on arrêtoit Manuel pour lui demander qui il étoit ; mais, quand il répondoit, *Le procureur de la commune,* cette dignité révolutionnaire étoit respectueusement saluée.

Arrivée chez moi, Manuel me dit qu'on m'expédieroit un nouveau passe-port sans qu'il me fût permis d'emmener aucune autre personne pour me suivre que ma femme de chambre. Un gendarme devoit me conduire jusqu'à la frontière. Le lendemain Tallien[69], le même qui délivra vingt mois après la France de Robespierre au 9 thermidor, vint chez moi, chargé par la commune de m'accompagner jusqu'à la barrière. A chaque instant on apprenoit de nouveaux massacres. Plusieurs personnes, très-compromises alors, étoient dans ma chambre ; je priai Tallien de ne pas les nommer, il s'y engagea et tint sa promesse. Je montai dans ma voiture avec lui, et nous nous quittâmes sans avoir pu nous dire mutuellement notre pensée ; la circonstance glaçoit la parole sur les lèvres.

Je rencontrai encore dans les environs de Paris quelques difficultés dont je me tirai ; mais, en s'éloignant de la capitale, le flot de la tempête sembloit s-apaiser, et dans les montagnes du Jura rien ne rappeloit l'agitation épouvantable dont Paris étoit le théâtre. Cependant on entendoit dire partout aux François qu'ils vouloient repousser les étrangers. Je l'avouerai, dans cet instant je ne voyois d'étrangers que les assassins, sous les poignards desquels j'avois laissé mes amis, la famille royale, et tous les honnêtes gens de France.

CHAPITRE XI

Les étrangers repoussés de France en 1792

Les prisonniers d'Orléans [70] avoient subi le sort des prisonniers de Paris, les prêtres avoient été massacrés au pied des autels [71], la famille royale étoit captive au Temple ; M. de La Fayette, fidèle au vœu durable de la nation, la monarchie constitutionnelle, avoit quitté son armée plutôt que de prêter un serment contraire à celui qu'il venoit de jurer au roi [72]. Une convention nationale étoit convoquée, et la république fut proclamée en présence des rois victorieux, dont les armées n'étoient qu'à quarante lieues de Paris [73]. Cependant la plupart des officiers françois étoient émigrés [74] ; ce qu'il restoit de troupes n'avoit jamais fait la guerre, et l'administration étoit dans un état affreux. Il y avoit de la grandeur dans une telle résolution, prise au milieu des plus grands périls ; bientôt elle fit revivre dans tous les cœurs l'intérêt que l'on prenoit à la nation françoise ; et si, rentrés dans leurs foyers, les guerriers vainqueurs eussent renversé les révolutionnaires, encore une fois la cause de la France étoit gagnée.

Le général Dumourier montra, dans cette première campagne de 1792, un talent qu'on ne peut oublier [75]. Il sut mettre en œuvre avec habileté la force militaire, qui, fondée par le patriotisme, a depuis servi l'ambition. A travers les horreurs dont cette époque étoit souillée, l'esprit public de 1792 avoit quelque chose de vraiment admirable. Les citoyens, devenus soldats, se dévouoient à leur pays ; et les calculs personnels, l'amour de l'argent et du pouvoir n'entroient pour rien encore dans les efforts des armées françoises. Aussi l'Europe elle-même éprouva-t-elle une sorte de respect pour la résistance inattendue qu'elle rencontra. Bientôt après la fureur du crime s'empara du parti dominateur ; et, depuis, tous les vices ont succédé à tous les forfaits : triste amélioration pour l'espèce humaine !

CHAPITRE XII

Procès de Louis XVI

Quel sujet ! Il a été traité tant de fois, que je ne me permets ici de retracer qu'un petit nombre d'observations particulières.

Au mois d'octobre 1792, avant que l'horrible procès du roi fût commencé, avant que Louis XVI eût nommé ses défenseurs, M. Necker se présenta pour être chargé de cette noble et périlleuse fonction. Il publia un mémoire que la postérité recueillera comme un des témoignages les plus vrais et les plus désintéressés qu'on pût rendre en faveur du vertueux monarque jeté dans les fers [d76]. M. de Malesherbes fut choisi par le roi pour son avocat auprès de la convention nationale [77]. L'affreuse mort de cet homme admirable et de sa famille l'emporte sur tout autre souvenir ; mais la haute raison et la sincère éloquence de l'écrit de M. Necker pour la défense du roi doivent en faire un document de l'histoire.

On ne pouvoit nier que Louis XVI, depuis son départ pour Varennes, ne se fût considéré comme captif, et en conséquence il n'avoit rien fait pour seconder l'établissement d'une constitution, que les plus sincères efforts n'auroient peut-être pu maintenir. Mais avec quelle délicatesse M. Necker, qui croyoit toujours à la force de la vérité, ne la présente-t-il pas dans cette circonstance !

« Les hommes attentifs, les hommes justes admireront dans le roi la patience et la modération qu'il a montrées, lorsque tout changeoit autour de lui, et lorsqu'il étoit exposé sans cesse à tous les genres d'insultes ; mais s'il eût fait des fautes, s'il eût méconnu dans quelques points ses nouvelles obligations, ne seroit-ce pas à la nouvelle forme de gouvernement qu'il faudroit s'en prendre ? Ne seroit-ce pas à cette constitution, où un monarque n'étoit rien qu'en apparence ; où la royauté même se trouvoit hors de place ; où le chef du pouvoir exécutif ne pouvoit discerner ni ce qu'il étoit, ni ce qu'il devoit être ; où il étoit trompé jusque par les mots, et par les divers sens qu'on pouvoit leur donner ; où il étoit roi sans aucun ascendant ; où il occupoit le trône sans jouir d'aucun respect ; où il sembloit en possession du droit de commander, sans avoir le moyen de se faire obéir ; où il étoit successivement, et selon le libre arbitre d'une seule assemblée délibérante, tantôt un simple fonctionnaire public, et tantôt le représentant héréditaire de la nation ? Comment pourroit-on exiger d'un monarque, mis tout à coup dans les liens d'un système politique aussi obscur que bizarre, et finalement proscrit par les députés de la nation eux-mêmes ; comment pourroit-on exiger de lui d'être seul conséquent au milieu de la variation continuelle des idées ? Et ne seroit-ce pas une injustice extrême de juger un monarque sur tous ses projets, sur toutes ses pensées dans le cours d'une révolution tellement extraordinaire, qu'il auroit eu besoin d'être en accord parfait, non-seulement avec les choses connues, mais encore avec toutes celles dont on auroit vainement essayé de se former d'avance une juste idée ? »

M. Necker retrace ensuite dans son mémoire les bienfaits du règne de Louis XVI avant la révolution ; les restes de la servitude abolis, la question préparatoire interdite [78], la corvée supprimée, les administrations provinciales établies, les états généraux convoqués. « N'est-ce pas Louis XVI, dit-il, qui, en s'occupant sans cesse de l'amélioration des prisons et des hôpitaux, a porté les regards d'un père tendre et d'un ami pitoyable dans les asiles de la misère et dans les réduits de l'infortune ou de l'erreur ? N'est-ce pas lui qui, seul peut-être avec saint Louis, entre tous les chefs de l'empire françois, a donné le rare exemple de la pureté des mœurs ? Ne lui accordera-t-on pas encore le mérite particulier d'avoir été religieux sans superstition, et scrupuleux sans intolérance ? Et n'est-ce pas de lui qu'une partie des habitans de la France (les protestans) persécutés sous tant de règnes, ont reçu non-seulement une sauvegarde légale, mais encore un état civil qui les admettoit au partage de tous les avantages de l'ordre social ? Ces bienfaits sont dans le temps passé ; mais la vertu de la reconnoissance s'applique-t-elle à d'autres époques, à d'autres portions de la vie ? »

On est encore plus frappé du manque d'égards envers Louis XVI, dans le cours de son procès, que de sa condamnation même. Quand le président de la convention dit à celui qui fut son roi : « Louis, vous pouvez vous asseoir ! » on se sent plus d'indignation que lors même qu'on le voit accuser de forfaits qu'il n'avoit jamais commis. Il faut être sorti de la poussière pour ne pas respecter de longs souvenirs, surtout quand le malheur les consacre ; et la vulgarité, jointe au crime, inspire autant de mépris que d'horreur. Aucun homme vraiment supérieur ne s'est fait remarquer parmi ceux qui ont entraîné la convention à condamner le roi ; le flot populaire s'élevoit et s'abaissoit à de certains mots, à de certaines phrases, sans que le talent d'un orateur aussi éloquent que Vergniaud [79] pût influer sur les esprits. Il est vrai que la plupart des députés qui défendirent le roi dans la convention, se mirent sur un détestable terrain. Ils commencèrent par déclarer qu'il étoit coupable ; l'un d'eux, entre autres, dit à la tribune que *Louis XVI étoit un traître, mais que la nation devoit lui pardonner ; et* ils appeloient cela de la tactique d'assemblée ! Ils prétendoient qu'il falloit ménager l'opinion dominante, pour la modérer quand il en seroit temps. Comment, avec cette prudence cauteleuse, auroient-ils pu lutter contre leurs ennemis qui s'élançoient de toutes leurs forces sur la victime ? En France, on capitule toujours avec la majorité, lors même qu'on veut la combattre ; et cette misérable adresse diminue certainement les moyens au lieu de les accroître. La puissance de la minorité ne peut consister que dans l'énergie de la conviction. Qu'est-ce que des foibles en nombre, qui sont foibles aussi en sentiment ?

Saint-Just[80], après avoir cherché vainement des faits authentiques contre le roi, finit par s'écrier : « Nul ne peut régner innocemment ; » et rien ne prouvoit mieux la nécessité de l'inviolabilité des rois que cette maxime ; car il n'est point de monarque qui ne pût être accusé d'une manière quelconque, si l'on ne mettoit pas une barrière constitutionnelle autour de lui. Celle qui environnoit le trône de Louis XVI, devoit être sacrée plus qu'aucune autre, puisqu'elle n'étoit pas sous-entendue comme ailleurs ; mais solennellement garantie.

Les girondins vouloient sauver le roi ; et, pour y parvenir, ils demandoient l'appel au peuple. Mais, en demandant cet appel, ils ne cessoient de se mettre en mesure avec les jacobins, en répétant continuellement que le roi méritoit la mort. C'étoit désintéresser entièrement de sa cause. Louis XVI, dit Biroteau[81], est déjà condamné dans mon cœur ; mais je demande l'appel au peuple, afin qu'il soit condamné par lui. Les girondins avoient raison d'exiger un tribunal compétent, s'il pouvoit en exister un dans cette cause ; mais combien n'auroient-ils pas produit plus d'effet, s'ils l'avoient réclamé en faveur d'un innocent, au lieu de l'invoquer pour un prétendu coupable ? Les François, on ne sauroit trop le répéter, n'ont pas encore appris dans la carrière civile à être modérés quand ils sont forts, et hardis quand ils sont foibles ; ils devroient transporter dans la politique toutes leurs vertus guerrières, les affaires en iroient mieux.

Ce qu'on a le plus de peine à concevoir dans cette terrible discussion de la convention nationale, c'est l'abondance de paroles que chacun prodiguoit dans une semblable circonstance. On s'attendoit surtout à trouver dans ceux qui vouloient la mort du roi, une fureur concentrée ; mais montrer de l'esprit, mais faire des phrases : quelle persistance de vanité dans une telle scène !

Thomas Payne[82] étoit le plus violent des démocrates américains ; cependant comme il n'y avoit point de calcul ni d'hypocrisie dans ses exagérations en politique ; quand il fut question du jugement de Louis XVI, il donna le seul avis qui pût encore honorer la France, s'il eût été adopté ; c'étoit d'offrir au roi l'asile de l'Amérique. Les

Américains sont reconnaissans envers lui, disoit Payne, parce qu'il a favorisé leur indépendance. A ne considérer cette résolution que sous le point de vue républicain, c'étoit la seule qui pût affoiblir alors en France l'intérêt pour la royauté. Louis XVI n'avoit pas les talens qu'il faut pour reconquérir à main armée une couronne, et une situation qui n'auroit point excité la pitié n'eût pas fait naître le dévouement. La mort que l'on donnoit au plus honnête homme de France, mais en même temps au moins redoutable, à celui qui, pour ainsi dire, ne s'étoit pas mêlé de son sort, ne pouvoit être qu'un horrible hommage que l'on rendoit encore à son ancienne grandeur. Il y auroit eu plus de républicanisme dans une résolution qui auroit montré moins de crainte et plus de justice.

Louis XVI ne refusa point, comme Charles Ier, de reconnoître le tribunal devant lequel il fut traduit[83], et répondit à toutes les questions qui lui furent adressées, avec une douceur inaltérable. Le président demandant à Louis XVI pourquoi il avoit rassemblé les troupes au château, le 10 août, il répondit : *Le château étoit menacé, toutes les autorités constituées l'ont vu ; et, comme j'étois moi-même une autorité constituée, il étoit de mon devoir de me défendre.* Quelle manière modeste et indifférente de parler de soi, et par quel éclat d'éloquence pourroit-on attendrir plus profondément !

M. de Malesherbes, ancien ministre du roi, se présenta comme son défenseur. Il étoit l'un des trois hommes d'état, lui, M. Turgot et M. Necker, qui avoient conseillé à Louis XVI l'adoption volontaire des principes de la liberté. Il fut forcé, de même que les deux autres, à renoncer à sa place, à cause de ses opinions dont les parlemens étoient ennemis ; et maintenant, malgré son âge avancé, il reparoissoit pour plaider la cause du roi en présence du peuple, comme jadis il avoit plaidé celle du peuple auprès du roi ; mais le nouveau maître fut implacable[84].

Garat, alors ministre de la justice[85], et, dans des temps plus heureux pour lui, l'un des meilleurs écrivains de France ; Garat, dis-je, a consigné dans ses mémoires particuliers[86], que, lorsqu'il se vit réduit par sa funeste place à porter au roi la sentence qui le condamnoit à mort, le roi montra le calme le plus admirable en l'écoutant ; une fois seulement il exprima par un geste son mépris et son indignation : c'est à l'article qui l'accusoit d'avoir voulu verser le sang du peuple françois. Sa conscience se révolta, lorsque tous ses autres sentimens étoient contenus. Le matin même de son exécution, le roi dit à l'un de ses serviteurs : *Vous irez vers la reine ;* puis, se reprenant, il répéta *Vous irez vers ma femme.* Il se soumettoit dans cet instant même à la privation de son rang, qui lui avoit été imposée par ses meurtriers. Sans doute il croyoit que la destinée, en toutes choses, exécute les desseins de Dieu sur ses créatures.

Le testament du roi fait connoître tout son caractère. La simplicité la plus touchante y règne : chaque mot est une vertu, et l'on y voit toutes les lumières qu'un esprit juste, dans de certaines bornes, et une bonté infinie peuvent inspirer[87]. La condamnation de Louis XVI a tellement ému tous les cœurs, que la révolution pendant plusieurs années en a été comme maudite.

CHAPITRE XIII

De Charles Ier
et de Louis XVI

Beaucoup de personnes ont attribué les désastres de la France à la foiblesse du caractère de Louis XVI, et l'on n'a cessé de répéter que sa condescendance pour les principes de la liberté a été l'une des causes essentielles de la révolution. Il me semble donc curieux de montrer à ceux qui se persuadent qu'il suffisoit en France, à cette époque, de tel ou tel homme pour tout prévenir, de telle ou telle résolution pour tout arrêter ; il me semble curieux, dis-je, de leur montrer que la conduite de Charles Ier. a été, sous tous les rapports, l'opposé de celle de Louis XVI, et que pourtant deux systèmes contraires ont amené la même catastrophe : tant est invincible la force des révolutions dont l'opinion du grand nombre est la cause !

Jacques Ier., le père de Charles, disoit *que l'on pouvoit juger la conduite des rois, puisque l'on se permettoit bien d'examiner les décrets de la Providence, mais que leur puissance ne pouvoit pas plus être mise en doute que celle de Dieu.* Charles Ier. avoit été élevé dans ces maximes, et il regardoit comme une mesure aussi condamnable qu'impolitique toute concession faite par l'autorité royale. Louis XVI, cent cinquante ans plus tard, étoit modifié par son siècle ; la doctrine de l'obéissance passive qui subsistoit encore en Angleterre du temps de Charles Ier., n'étoit plus soutenue, même par le clergé de France en 1789. Le parlement anglois avoit existé de tout temps[88] ; et, quoiqu'il ne fût pas irrévocablement décidé que son consentement fût nécessaire pour l'impôt, cependant on avoit coutume de le lui demander. Mais, comme il accordoit des subsides pour plusieurs années, le roi d'Angleterre n'étoit pas, comme aujourd'hui, dans l'obligation de le rassembler tous les ans, et très-souvent on prolongeoit les impôts, sans que le renouvellement en fût prononcé par les représentans du peuple. Toutefois le parlement protestoit toujours contre cet abus ; la querelle des communes avec Charles Ier. commença sur ce terrain. On lui reprocha deux impôts qu'il percevoit sans le consentement de la nation. Irrité de ce reproche, il ordonna, d'après le droit constitutionnel qu'il en avoit, que le parlement fût dissous ; et il resta douze ans sans en convoquer un autre : interruption presque sans exemple dans l'histoire d'Angleterre[89]. La querelle de Louis XVI commença, comme celle de Charles Ier., par des embarras de finances, et ce sont toujours ces embarras qui mettent les rois dans la dépendance des peuples : mais Louis XVI convoqua les états généraux qui, depuis près de deux cents ans[90], étoient presque oubliés en France.

Louis XIV avoit supprimé jusqu'aux remontrances du parlement de Paris, seul privilége politique laissé à ce corps, lorsqu'il enregistroit les édits bursaux. Henri VIII, en Angleterre, avoit fait recevoir ses proclamations comme ayant force de loi. Ainsi donc Charles Ier. et Louis XVI pouvoient tous les deux se considérer comme les héritiers d'un pouvoir sans bornes, mais avec cette différence que le peuple anglois s'appuyoit toujours avec raison sur le passé pour réclamer ses droits, tandis que les François demandoient une chose nouvelle, puisque la convocation des états généraux n'étoit prescrite par aucune loi. Louis XVI, d'après la constitution ou la non-constitution de France, n'étoit point obligé à appeler les états généraux ; Charles Ier., en restant douze années sans rassembler le parlement anglois ; violoit les priviléges reconnus.

Pendant les douze années d'interruption du parlement sous Charles Ier., la chambre étoilée, tribunal irrégulier qui exécutoit les volontés du roi d'Angleterre, exerça toutes les rigueurs imaginables[91]. Prynne fut condamné à avoir les oreilles coupées pour avoir écrit d'après la doctrine des puritains contre les spectacles, et contre la hiérarchie ecclésiastique. Allison et Robins subirent la même peine, parce qu'ils manifestoient une opinion différente de celle de l'archevêque d'Yorck ; Lilburne fut attaché au pilori, inhumainement livré aux verges, et de plus bâillonné, parce que ses courageuses complaintes faisoient effet sur le peuple. Williams, un évêque, subit un supplice du même genre[92]. Les plus cruelles punitions furent infligées à ceux qui se refusoient à payer les taxes ordonnées par une simple proclamation du roi ; des amendes assez fortes pour ruiner ceux qui y étoient condamnés, furent exigées par la même chambre étoilée dans une foule de cas différens : mais en général c'étoit surtout contre la liberté de la presse qu'on sévissoit avec violence. Louis XVI ne fit presque pas usage du moyen arbitraire des lettres de cachet pour exiler, ou pour mettre en prison ; aucun acte de tyrannie ne peut lui être reproché[93] ; et, loin de réprimer la liberté de la presse, ce fut l'archevêque de Sens, premier ministre du roi, qui invita en son nom tous les écrivains à faire connoître leur opinion sur la forme et la convocation des états généraux[94].

La religion protestante étoit établie en Angleterre ; mais, comme l'église anglicane admet le roi pour chef, Charles Ier. avoit certainement beaucoup plus d'influence sur son église, que le roi de France sur la sienne. Le clergé anglois conduit par Laud[95], quoique protestant, étoit et plus absolu sous tous les rapports, et plus sévère que le clergé françois : car l'esprit philosophique s'étoit introduit chez quelques-uns des chefs de l'église gallicane, et Laud étoit plus sûrement orthodoxe que le cardinal de Rohan, le premier des évêques de France[96]. L'autorité et la hiérarchie ecclésiastiques furent maintenues avec une extrême sévérité par Charles Ier. La plupart des sentences cruelles qu'on peut reprocher à la chambre étoilée, eurent pour objet de faire respecter le clergé anglois. Celui de France ne se défendit guère, et ne fut pas défendu ; tous les deux furent également supprimés par la révolution.

La noblesse angloise n'eut point recours au mauvais moyen de l'émigration, au plus mauvais moyen encore d'appeler les étrangers ; elle entoura le trône constamment, et se battit avec le roi pendant la guerre civile. Les principes philosophiques, à la mode en France au commencement de la révolution, excitoient un grand nombre de nobles à tourner eux-mêmes en ridicule leurs priviléges. L'esprit du dix-septième siècle ne portoit pas la noblesse angloise à douter de ses propres droits. La chambre étoilée punit, avec une extrême rigueur, des hommes qui s'étoient permis de plaisanter sur quelques lords. La plaisanterie n'est jamais interdite aux François. Les nobles d'Angleterre étoient graves et sérieux, tandis que ceux de France sont légers et moqueurs ; et cependant les uns et les autres furent également dépouillés de leurs priviléges[97] : et, tandis que tout a différé dans les mesures de défense, tout fut pareil dans la défaite.

L'on a souvent dit que la grande influence de Paris sur le reste de la France étoit l'une des causes de la révolution. Londres n'a jamais exercé le même ascendant sur l'Angleterre, parce que les grands seigneurs anglois vivoient beaucoup plus dans les provinces que les grands seigneurs françois. Enfin on a prétendu que le premier ministre de Louis XVI, M. Necker, avoit des principes républicains, et qu'un homme tel que le cardinal de Richelieu, auroit su prévenir la révolution. Le comte de Strafford, ministre favori de Charles Ier., étoit d'un caractère ferme et même despotique ; il avoit, de plus que le cardinal de Richelieu, l'avantage d'être un grand et brave militaire, ce qui donne toujours meilleure grâce à l'exercice du pouvoir absolu. M. Necker a joui de la plus grande popularité qu'aucun homme ait eue en France ; le comte de Strafford a toujours été l'objet de l'animosité du peuple, et tous les deux cependant ont été renversés par la révolution et sacrifiés par leur maître : le premier, parce que les communes le dénoncèrent ; le second, parce que les courtisans exigèrent son renvoi[98].

Enfin (c'est ici la plus remarquable des différences) on n'a cessé de reprocher à Louis XVI de n'être pas monté à cheval, de n'avoir pas repoussé la force par la force, et d'avoir craint la guerre civile avant tout. Charles Ier. l'a commencée, avec des motifs sans doute très-plausibles, mais enfin il l'a commencée. Il quitta Londres, se rendit dans la province, et se mit à la tête d'une armée qui défendit l'autorité royale jusqu'à la dernière extrémité. Charles Ier. ne voulut pas reconnoître la compétence du tribunal qui le condamna ; Louis XVI ne fit pas une seule protestation contre ses juges. Charles Ier. étoit infiniment supérieur à Louis XVI par son esprit, sa figure et ses talens militaires ; tout fait contraste entre ces deux monarques, excepté leur malheur.

Il existoit cependant un rapport dans les sentimens, qui seul peut expliquer la ressemblance des destinées : c'est que Charles Ier. aimoit au fond du cœur le catholicisme proscrit par l'opinion dominante de l'Angleterre, et que Louis XVI aussi souhaitoit de maintenir les anciennes institutions politiques de la France. Ce rapport a causé la perte de tous les deux. C'est dans l'art de conduire l'opinion, ou d'y céder à propos, que consiste la science de gouverner dans les temps modernes.

CHAPITRE XIV

Guerre entre la France et l'Angleterre
M. Pitt et M. Fox

Pendant plusieurs siècles les rivalités de la France et de l'Angleterre ont fait le malheur de ces deux pays. C'étoit un combat de puissance, mais la lutte causée par la révolution ne peut être considérée sous le même rapport. S'il y a eu, depuis vingt-trois ans[99], des circonstances où l'Angleterre auroit pu traiter avec la France, il faut convenir aussi qu'elle a eu pendant ce temps de grandes raisons de lui faire la guerre, et plus souvent encore de se défendre contre elle. La première rupture, qui éclata en 1793, étoit fondée sur les motifs les plus justes. Si la convention, en se rendant coupable du meurtre de Louis XVI, n'avoit point professé et propagé des principes subversifs de tous les gouvernemens, si elle n'avoit point attaqué la Belgique et la Hollande, les Anglois auroient pu ne pas prendre plus de part à la mort de Louis XVI que Louis XIV n'en prit à celle de Charles Ier. Mais, au moment où le ministère renvoya l'ambassadeur de France, la nation angloise souhaitoit la guerre plus vivement encore que son gouvernement[100].

Je crois avoir suffisamment développé, dans les chapitres précédens, qu'en 1791 pendant la durée de l'assemblée constituante, et même en 1792 sous l'assemblée législative, les puissances étrangères ne devoient pas accéder à la convention de Pilnitz. Ainsi donc, si la diplomatie angloise s'est mêlée de ce grand acte politique, elle est intervenue trop tôt dans les affaires de France, et l'Europe s'en est mal trouvée, puisque c'est ainsi qu'elle a donné d'immenses forces militaires aux François. Mais, au moment où l'Angleterre a déclaré formellement la guerre à la France en 1793, les jacobins s'étoient tout-à-fait emparés du pouvoir, et non-seulement leur invasion en Hollande[101], mais leurs crimes et les principes qu'ils proclamoient, faisoient un devoir d'interrompre toute communication avec eux. La persévérance de l'Angleterre, à cette époque, l'a préservée des troubles qui menaçoient son repos intérieur, lors de la révolte de la flotte[102] et de la fermentation des sociétés populaires[103] ; et de plus elle a soutenu l'espoir des honnêtes gens, en leur montrant quelque part sur cette terre la morale et la liberté réunies à une grande puissance. Si l'on avoit vu la nation angloise envoyer des ambassadeurs à des assassins, la vraie force de cette île merveilleuse, la confiance qu'elle inspire, l'auroit abandonnée.

Il ne s'ensuit pas de cette manière de voir que l'opposition qui vouloit la paix, et M. Fox qui par ses étonnantes facultés représentoit un parti à lui seul, ne fussent inspirés par des sentiments très-respectables. M. Fox se plaignoit, et avec raison, de ce que l'on confondoit sans cesse les amis de la liberté avec ceux qui l'ont souillée ; et il craignoit que la réaction d'une tentative si malheureuse n'affoiblît l'esprit de liberté, principe vital de l'Angleterre[104]. En effet, si la réformation eût échoué il y a trois siècles, que seroit devenue l'Europe ? Et dans quel état seroit-elle maintenant, si l'on enlevoit à la France tout ce qu'elle a gagné par sa réforme politique ?

M. Pitt rendit à cette époque de grands services à l'Angleterre, en tenant d'une main ferme le gouvernail des affaires [105]. Mais il penchoit trop vers l'amour du pouvoir, malgré la simplicité parfaite de ses goûts et de ses habitudes ; ayant été ministre très-jeune, il n'avoit pas eu le temps d'exister comme homme privé, et d'éprouver ainsi l'action de l'autorité sur ceux qui dépendent d'elle. Son cœur ne battoit pas pour le foible, et les artifices politiques, qu'on est convenu d'appeler machiavélisme, ne lui inspiroient pas tout le mépris qu'on devoit attendre d'un génie tel que le sien. Néanmoins son admirable éloquence lui faisoit aimer les débats d'un gouvernement représentatif : il tenoit encore à la liberté par le talent, car il étoit ambitieux de convaincre, tandis que les hommes médiocres n'aspirent qu'à commander. Le ton sarcastique de ses discours étoit singulièrement adapté aux circonstances dans lesquelles il s'est trouvé ; lorsque toute l'aristocratie des sentimens et des principes triomphoit à l'aspect des excès populaires, l'énergique ironie de M. Pitt convenoit au patricien qui jette sur ses adversaires l'odieuse couleur de l'irréligion et de l'immoralité.

La clarté, la sincérité, la chaleur de M. Fox pouvoient seules échapper à ces armes tranchantes. Il n'avoit point de mystère en politique, parce qu'il regardoit la publicité comme plus nécessaire encore dans les affaires des nations que dans tout autre rapport. Lors même qu'on n'étoit pas de son avis, on l'aimoit mieux que son adversaire ; et, quoique la force de l'argumentation fût le caractère distinctif de son éloquence, on sentoit tant d'âme au fond de ses raisonnemens, que l'on en étoit ému. Son caractère portoit l'empreinte de la dignité angloise, comme celui de son antagoniste ; mais il avoit une candeur naturelle, à laquelle le contact avec les hommes ne sauroit porter atteinte, parce que la bienveillance du génie est inaltérable.

Il n'est pas nécessaire de décider entre ces deux grands hommes, et personne n'oseroit se croire capable d'un tel jugement. Mais la pensée salutaire qui doit résulter des discussions sublimes dont le parlement anglois a été le théâtre, c'est que le parti ministériel a toujours eu raison, quand il a combattu le jacobinisme et le despotisme militaire ; mais toujours tort et grand tort, quand il s'est fait l'ennemi des principes libéraux en France. Les membres de l'opposition, au contraire, ont dévié des nobles fonctions qui leur sont attribuées, quand ils ont défendu les hommes dont les forfaits perdoient la cause de l'espèce humaine ; et cette même opposition a bien mérité de l'avenir, quand elle a soutenu la généreuse élite des amis de la liberté qui, depuis vingt-cinq ans, se dévoue à la haine des deux partis en France, et qui n'est forte que d'une grande alliance, celle de la vérité.

Un fait peut donner l'idée de la différence essentielle qui existe entre les torys et les whigs, entre les ministériels et l'opposition, relativement aux affaires de France. L'esprit de parti réussit à dénaturer les plus belles actions, tant que vivent encore ceux qui les ont faites ; mais il n'en est pas moins certain que l'antiquité n'offre rien de plus beau que la conduite du général la Fayette, de sa femme et de ses filles dans les prisons d'Olmutz ᵉ. Le général étoit dans ces prisons, pour avoir d'une part quitté la France après l'emprisonnement du roi, et de l'autre pour s'être refusé à toute liaison avec les gouvernemens qui faisoient la guerre à son pays ; et l'admirable madame de la Fayette, à peine sortie des cachots de Robespierre, ne perdit pas un jour pour venir s'enfermer avec son mari, et s'exposer à toutes les souffrances qui ont abrégé sa vie. Tant de fermeté dans un homme depuis si long-temps fidèle à la même cause, tant d'amour conjugal et filial dans sa famille, devoient intéresser le pays où ces vertus sont natives [106]. Le général Fitz-Patrick demanda donc que le ministère anglois intercédât auprès de ses alliés pour en obtenir la liberté du général la Fayette [107]. M. Fox plaida cette cause ; et cependant le parlement anglois entendit le discours sublime, dont nous allons transcrire la fin, sans que les députés d'un pays libre se levassent tous pour accéder à la proposition de l'orateur, qui n'auroit dû être dans cette occasion que leur interprète. Les ministres s'opposèrent à la motion du général Fitz-Patrick, en disant, comme à l'ordinaire, que la captivité du général la Fayette concernoit les puissances du continent, et que l'Angleterre, en s'en mêlant, violeroit le principe général, qui lui défend de s'*immiscer* dans l'administration intérieure des pays étrangers. M. Fox combattit admirablement cette réponse, dès lors astucieuse. M. Windham, secrétaire de la guerre [108], repoussa les éloges que M. Fox avoit donnés au général la Fayette, et ce fut à cette occasion que M. Fox lui répondit ainsi :

« Le secrétaire de la guerre a parlé, et. ses principes sont désormais au grand jour. Il ne faut jamais pardonner à ceux qui commencent les révolutions, et cela dans le sens le plus absolu, sans distinction ni de circonstances ni de personnes. Quelque corrompu, quelque intolérant, quelque oppressif, quelque ennemi des droits et du bonheur de l'humanité que soit un gouvernement ; quelque vertueux, quelque modéré, quelque patriote, quelque humain que soit un réformateur, celui qui commence la réforme la plus juste doit être dévoué à la vengeance la plus irréconciliable. S'il vient après lui des hommes indignes de lui, qui ternissent par leurs excès la cause de la liberté, ceux-là peuvent être pardonnés. Toute la haine de la révolution criminelle doit se porter sur celui qui a commencé une révolution vertueuse. Ainsi le très-honorable secrétaire de la guerre pardonne de tout son cœur à Cromwell, parce que Cromwell n'est venu qu'en second, qu'il a trouvé les choses préparées, et qu'il n'a fait que tourner les circonstances à son profit ; mais nos grands, nos illustres ancêtres, Pym, Hampden, le lord Falkland, le comte de Bedford [109], tous ces personnages à qui nous sommes accoutumés à rendre des honneurs presque divins pour le bien qu'ils ont fait à la race humaine et à leur patrie, pour les maux dont ils nous ont délivrés, pour le courage prudent, l'humanité généreuse, le noble désintéressement, avec lesquels ils ont poursuivi leur desseins : voilà les hommes qui, suivant la doctrine professée dans ce jour, doivent être voués à une exécration éternelle.

» Jusqu'ici nous trouvions Hume [110] assez sévère, lorsqu'il dit que Hampden est mort au moment favorable pour sa gloire, parce que, s'il eût vécu quelques mois de plus, il alloit probablement découvrir le feu caché d'une violente ambition. Mais Hume va nous paroître bien doux auprès du très-honorable secrétaire de la guerre. Selon ce dernier, les hommes qui ont noirci par leurs crimes la cause brillante de la liberté, ont été vertueux en comparaison de ceux qui vouloient seulement délivrer leur pays du poids des abus, des fléaux de la corruption, et du joug de la tyrannie. Cromwell, Harrison, Bradshaw [111], l'exécuteur masqué qui a fait tomber la tête de l'infortuné Charles Ier. : voilà les objets de la tendre commisération et de l'indulgence éclairée du très-honorable secrétaire de la guerre. Hampden, Debford, Falkland, tué en combattant pour son roi, voilà les criminels pour lesquels il ne trouve pas encore assez de haine dans son cœur, ni assez de supplices sur la terre. Le très-honorable secrétaire de la guerre nous l'a dit positivement : aux yeux de ses rois, et de ses ministres absolus, Collot-d'Herbois [112] est bien loin de mériter autant de haine et de vengeance que la Fayette.

» Après m'être étonné d'abord de cette opinion, je commence à la concevoir. En effet, Collot-d'Herbois est un infâme et un monstre ; la Fayette est un grand caractère et un homme de bien. Collot-d'Herbois souille la liberté, il la rend haïssable par tous les crimes qu'il ose revêtir de son nom ; la Fayette l'honore, il la fait chérir par toutes les vertus dont il la montre environnée ; par la noblesse de ses principes, par la pureté inaltérable de ses actions, par la sagesse et la force de son esprit ; par la douceur, le désintéressement, la générosité de son âme. Oui, je le reconnois, d'après les nouveaux principes, c'est la Fayette qui est dangereux, c'est lui qu'il faut haïr ; et le *pauvre* Collot-d'Herbois a droit à cet accent si tendre avec lequel on a sollicité pour lui l'intérêt de la chambre. Oui, je rends justice à la sincérité du très-honorable secrétaire de la guerre : il n'a rien feint, j'en suis sûr ; le son de sa voix n'a été que l'expression de son âme, chaque fois qu'il a imploré la miséricorde pour le pauvre Collot-d'Herbois, ou appelé de tous les coins de la terre, la haine, la vengeance et la tyrannie, pour exterminer le général la Fayette, sa femme et ses enfans, ses compagnons et ses serviteurs.

» Mais moi qui sens autrement, moi qui suis encore ce que j'ai toujours été, moi qui vivrai et mourrai l'ami de l'ordre, mais de la liberté ; l'ennemi de l'anarchie, mais de la servitude, je n'ai pas cru qu'il me fût permis de garder le silence après de tels outrages, après de tels blasphèmes vomis dans l'enceinte d'un parlement anglois, contre l'innocence et la vérité, contre les droits et le bonheur de l'espèce humaine, contre les principes de notre glorieuse révolution ; enfin contre la mémoire sacrée de nos illustres ancêtres, de ces hommes dont la sagesse, les vertus et les bienfaits seront révérés et bénis par le peuple anglois jusqu'à la dernière génération. »

Malgré l'incomparable beauté de ces paroles, tel étoit l'effroi qu'inspiroit alors aux Anglois la crainte d'un bouleversement social, que le mot de liberté même ne retentissoit plus à leur âme. De tous les sacrifices qu'on peut faire à sa conscience d'homme public, il n'en est point de plus grands que ceux auxquels s'est condamné M. Fox pendant la révolution de France. Ce n'est rien que de supporter des persécutions sous un gouvernement arbitraire ; mais de voir l'opinion s'éloigner de soi dans un pays libre ; mais d'être abandonné par ses anciens amis, quand parmi ces amis il y avoit un homme tel que Burke ; mais de se trouver impopulaire dans la cause même du peuple, c'est une douleur pour laquelle M. Fox mérite d'être plaint autant qu'admiré. On l'a vu verser des larmes au milieu de la chambre des communes, en prononçant le nom de cet illustre Burke, devenu si violent dans ses passions nouvelles. Il s'approcha de lui, parce qu'il savoit que son cœur étoit brisé par la mort de son fils : car jamais l'amitié, dans un caractère tel que celui de Fox, ne sauroit être altérée par les sentimens politiques.

Il pouvoit être avantageux toutefois à l'Angleterre que M. Pitt fût le chef de l'état dans la crise la plus dangereuse où ce pays se soit trouvé ; mais il ne l'étoit pas moins qu'un esprit aussi étendu que celui de M. Fox soutînt les principes malgré les circonstances, et sût préserver les dieux pénates des amis de la liberté, au milieu de l'incendie. Ce n'est point pour contenter les deux partis que je les loue ainsi tous les deux, quoiqu'ils aient soutenu des opinions très-opposées. Le contraire en France devroit peut-être avoir lieu ; les factions diverses y sont presque toujours blâmables ; mais dans un pays libre, les partisans du ministère et les membres de l'opposition peuvent avoir tous raison à leur manière, et ils font souvent chacun du bien selon l'époque ; ce qui importe seulement, c'est de ne pas prolonger le pouvoir acquis par la lutte, après que le danger est passé.

CHAPITRE XV

Du fanatisme politique

Les événemens que nous avons rappelés jusqu'à présent ne sont que de l'histoire, dont l'exemple peut s'offrir ailleurs. Mais un abîme va s'ouvrir maintenant sous nos pas ; nous ne savons quelle route suivre dans un tel gouffre, et la pensée se précipite avec effroi, de malheurs en malheurs, jusqu'à l'anéantissement de tout espoir et de toute consolation. Nous passerons, le plus rapidement qu'il nous sera possible, sur cette crise affreuse, dans laquelle aucun homme ne doit fixer l'attention, aucune circonstance ne sauroit exciter l'intérêt : tout est semblable, bien qu'extraordinaire ; tout est monotone, bien qu'horrible ; et l'on seroit presque honteux de soi-même, si l'on pouvoit regarder ces atrocités grossières d'assez près pour les caractériser en détail. Examinons seulement le grand principe de ces monstrueux phénomènes, le fanatisme politique.

Les passions mondaines ont toujours fait partie du fanatisme religieux ; et souvent, au contraire, la foi véritable à quelques idées abstraites alimente le fanatisme politique ; le mélange se trouve partout, mais c'est dans sa proportion que consistent le bien et le mal. L'ordre social est en lui-même un bizarre édifice : on ne peut cependant le concevoir autrement qu'il n'est ; mais les concessions auxquelles il faut se résoudre, pour qu'il subsiste, tourmentent par la pitié les âmes élevées, satisfont la vanité de quelques-uns, et provoquent l'irritation et les désirs du grand nombre. C'est à cet état de choses, plus ou moins prononcé, plus ou moins adouci par les mœurs et les lumières, qu'il faut attribuer le fanatisme politique dont nous avons été témoins en France. Une sorte de fureur s'est emparée des pauvres en présence des riches, et les distinctions nobiliaires ajoutant à la jalousie qu'inspire la propriété, le peuple a été fier de sa multitude ; et tout ce qui fait la puissance et l'éclat de la minorité, ne lui a paru qu'une usurpation. Les germes de ce sentiment ont existé dans tous les temps ; mais on n'a senti trembler la société humaine dans ses fondemens qu'à l'époque de la terreur en France : on ne doit point s'étonner si cet abominable fléau a laissé de profondes traces dans les esprits, et la seule réflexion qu'on puisse se permettre, et que le reste de cet ouvrage, j'espère, confirmera, c'est que le remède aux passions populaires n'est pas dans le despotisme, mais dans le règne de la loi.

Le fanatisme religieux présente un avenir indéfini qui exalte toutes les espérances de l'imagination ; mais les jouissances de la vie sont aussi sans bornes aux yeux de ceux qui ne les ont pas goûtées. Le Vieux de la Montagne [113] envoyoit ses sujets à la mort, à force de leur accorder des délices sur cette terre, et l'on voit souvent les hommes s'exposer à mourir pour mieux vivre. D'autre part, la vanité s'exalte par la défense des supériorités qu'elle possède ; elle paroît moins coupable que les attaquans, parce qu'une idée de propriété s'attache même aux injustices, lorsqu'elles ont existé depuis long-temps. Néanmoins les deux élémens du fanatisme religieux et du fanatisme politique subsistent toujours : la volonté de dominer, dans ceux qui sont au haut de la roue, l'ardeur de la faire tourner dans ceux qui sont en bas. Tel est le principe de toutes les violences : le prétexte change, la cause reste, et l'acharnement réciproque demeure le même. Les querelles des patriciens et des plébéiens, la guerre des esclaves, celle des paysans, celle qui dure encore entre les nobles et les bourgeois, toutes ont eu également pour origine la difficulté de maintenir la société humaine, sans désordre et sans injustice. Les hommes ne pourroient exister aujourd'hui ni séparés, ni réunis, si le respect de la loi ne s'établissoit pas dans les têtes : tous les crimes naîtroient de la société même qui doit les prévenir. Le pouvoir abstrait des gouvernemens représentatifs n'irrite en rien l'orgueil des hommes, et c'est par cette institution que doivent s'éteindre les flambeaux des furies. Ils se sont allumés dans un pays où tout étoit amour-propre, et l'amour-propre irrité, chez le peuple, ne ressemble point à nos nuances fugitives ; c'est le besoin de donner la mort.

Des massacres, non moins affreux que ceux de la terreur, ont été commis au nom de la religion ; la race humaine s'est épuisée pendant plusieurs siècles en efforts inutiles pour contraindre tous les hommes à la même croyance. Un tel but ne pouvoit être atteint, et l'idée la plus simple, la tolérance, telle que Guillaume Penn l'a professée, a banni pour toujours, du nord de l'Amérique, le fanatisme dont le midi a été l'affreux théâtre [114]. Il en est de même du fanatisme politique ; la liberté seule peut le calmer. Après un certain temps, quelques vérités ne seront plus contestées, et l'on parlera des vieilles institutions comme des anciens systèmes de physique, entièrement effacés par l'évidence des faits.

Les différentes classes de la société n'ayant presque point eu de relations entre elles en France, leur antipathie mutuelle en étoit plus forte. Il n'est aucun homme, même le plus criminel, qu'on puisse

détester quand on le connoît, comme quand on se le rep.
L'orgueil mettoit partout des barrières, et nulle part des limites. ~
aucun pays, les gentilshommes n'ont été aussi étrangers au reste de .
nation : ils ne touchoient à la seconde classe que pour la froisser.
Ailleurs, une certaine bonhomie, des habitudes même plus vulgaires,
confondent davantage les hommes, bien qu'ils soient légalement
séparés ; mais l'élégance de la noblesse françoise accroissoit l'envie
qu'elle inspiroit. Il étoit aussi difficile d'imiter ses manières que
d'obtenir ses prérogatives. La même scène se répétoit de rang en rang,
l'irritabilité d'une nation très-vive portoit chacun à la jalousie envers
son voisin, envers son supérieur, envers son maître ; et tous les
individus, non contens de dominer, s'humilioient les uns les autres.
C'est en multipliant les rapports politiques entre les divers rangs, en
leur donnant les moyens de se servir mutuellement, qu'on peut apaiser
dans le cœur la plus horrible des passions, la haine des mortels contre
leurs semblables, l'aversion mutuelle des créatures dont les restes
doivent tous reposer sous la même terre, et se ranimer en même temps
au dernier jour.

CHAPITRE XVI

Du Gouvernement appelé
le règne de la terreur

On ne sait comment approcher des quatorze mois qui ont suivi la
proscription de la Gironde, le 31 mai 1793. Il semble qu'on descende
comme le Dante de cercle en cercle, toujours plus bas dans les enfers.
A l'acharnement contre les nobles et les prêtres on voit succéder
l'irritation contre les propriétaires, puis contre les talens, puis contre
la beauté même ; enfin, contre tout ce qui pouvoit rester de grand et
de généreux à la nature humaine. Les faits se confondent à cette
époque, et l'on craint de ne pouvoir entrer dans une telle histoire, sans
que l'imagination en conserve d'ineffaçables traces de sang. L'on est
donc forcé de considérer philosophiquement des événements sur
lesquels on épuiseroit l'éloquence de l'indignation, sans jamais
satisfaire le sentiment intérieur qu'ils font éprouver.

Sans doute, en ôtant tout frein au peuple, on l'a mis en mesure de commettre tous les forfaits ; mais d'où vient que ce peuple étoit ainsi dépravé ? Le gouvernement dont on nous parle comme d'un objet de regrets, avoit eu le temps de former la nation qui s'est montrée si coupable. Les prêtres, dont l'enseignement, l'exemple et les richesses sont propres, nous dit-on, à faire tant de bien, avoient présidé à l'enfance de la génération qui s'est déchaînée contre eux. La classe soulevée en 1789 devoit être accoutumée à ces privilèges de la noblesse féodale, si particulièrement agréables, nous assure-t-on encore, à ceux sur lesquels ils doivent peser. D'où vient donc que tant de vices ont germé sous les institutions anciennes ? Et qu'on ne prétende pas que les autres nations de nos jours se seroient montrées de même, si une révolution y avoit eu lieu. L'influence françoise a excité des insurrections en Hollande et en Suisse [115], et rien de pareil au jacobinisme ne s'y est manifesté [116]. Pendant les quarante années de l'histoire d'Angleterre, qu'on peut assimiler à celle de France sous tant de rapports, il n'est point de période comparable aux quatorze mois de la terreur. Qu'en faut-il conclure ? Qu'aucun peuple n'avoit été aussi malheureux depuis cent ans que le peuple françois. Si les nègres à Saint-Domingue ont commis bien plus d'atrocités encore, c'est parce qu'ils avoient été plus opprimés [117].

Il ne s'ensuit certes pas de ces réflexions, que les crimes méritent moins de haine ; mais, après plus de vingt années, il faut réunir à la vive indignation des contemporains, l'examen éclairé qui doit servir de guide dans l'avenir. Les querelles religieuses ont provoqué la révolution d'Angleterre ; l'amour de l'égalité, volcan souterrain de la France, agissoit aussi sur la secte des puritains ; mais les Anglois alors étoient réellement religieux, et religieux protestans, ce qui rend à la fois plus austère et plus modéré. Quoique l'Angleterre, comme la France, se soit souillée par le meurtre de Charles Ier., et par le despotisme de Cromwell, le règne des jacobins est une affreuse singularité, dont il n'appartient qu'à la France de porter le poids dans l'histoire. Cependant on n'a point observé les troubles civils en penseur, quand on ne sait pas que la réaction est égale à l'action. Les fureurs des révoltes donnent la mesure des vices des institutions ; et ce n'est pas au gouvernement qu'on veut avoir, mais à celui qu'on a eu long-temps, qu'il faut s'en prendre de l'état moral d'une nation. On dit aujourd'hui que les François sont pervertis par la révolution. Et d'où venoient donc les penchans désordonnés qui se sont si violemment développés dans les premières années de la révolution, si ce n'est de cent ans de superstition et d'arbitraire [118] ?

Il sembloit en 1793 qu'il n'y eût plus de place pour des révolutions en France, lorsqu'on avoit tout renversé, le trône, la noblesse, le clergé, et que les succès des armées devoient faire espérer la paix avec l'Europe [119]. Mais c'est précisément quand le danger est passé, que les tyrannies populaires s'établissent : tant qu'il y a des obstacles et des craintes, les plus mauvais hommes se modèrent ; quand ils ont triomphé, leurs passions contenues se montrent sans frein [120].

Les Girondins firent de vains efforts pour mettre en activité des lois quelconques après la mort du roi ; mais ils ne purent faire accepter aucune organisation sociale : l'instinct de la férocité les repoussoit toutes. Hérault de Séchelles proposa une constitution scrupuleusement démocratique, l'assemblée l'adopta ; mais elle ordonna qu'elle fût suspendue jusqu'à la paix [121]. Le parti jacobin vouloit exercer le despotisme, et c'est bien à tort qu'on a qualifié d'anarchie ce gouvernement. Jamais une autorité plus forte n'a régné sur la France ; mais c'étoit une bizarre sorte de pouvoir : dérivant du fanatisme populaire, il inspiroit l'épouvante à ceux mêmes qui commandoient en son nom ; car ils craignoient toujours d'être proscrits à leur tour par des hommes qui iroient plus loin qu'eux encore dans l'audace de la persécution. Le seul Marat vivoit sans crainte dans ce temps, car sa figure étoit si basse, ses sentimens si forcenés, ses opinions si sanguinaires, qu'il étoit sûr que personne ne pouvoit se plonger plus avant que lui dans l'abîme des forfaits [122]. Robespierre ne put atteindre lui-même à cette infernale sécurité.

Les derniers hommes qui, dans ce temps, soient encore dignes d'occuper une place dans l'histoire, ce sont les Girondins. Ils éprouvoient sans doute au fond du cœur un vif repentir des moyens qu'ils avoient employés pour renverser le trône ; et quand ces mêmes moyens furent dirigés contre eux, quand ils reconnurent leurs propres armes dans les blessures qu'ils recevoient, ils durent sans doute réfléchir à cette justice rapide des révolutions, qui concentre dans quelques instans les événemens de plusieurs siècles.

Les Girondins combattoient chaque jour et à chaque heure avec une éloquence intrépide contre des discours aiguisés comme des poignards, et qui renfermoient la mort dans chaque phrase. Les filets meurtriers dont on enveloppoit de toutes parts les proscrits, ne leur ôtoient en rien l'admirable présence d'esprit qui seule peut faire valoir tous les talens de l'orateur.

M. de Condorcet, lorsqu'il fut mis hors la loi, écrivit sur la perfectibilité de l'esprit humain un livre qui contient sans doute des erreurs, mais dont le système général est inspiré par l'espoir du bonheur des hommes ; et il nourrissoit cet espoir sous la hache des bourreaux, dans le moment même où sa propre destinée étoit sans ressource [123]. Vingt-deux des députés républicains furent traduits devant le tribunal révolutionnaire, et leur courage ne se démentit pas un instant [124]. Quand la sentence de mort leur fut prononcée, l'un d'entre eux, Valazé, tomba du siège qu'il occupoit ; un autre député condamné comme lui, se trouvant à ses côtés, et, croyant que son collègue avoit peur, le releva rudement avec des reproches ; il le releva mort. Valazé venoit de s'enfoncer un poignard dans le cœur, d'une main si ferme, qu'il ne respiroit plus une seconde après s'être frappé [125]. Telle est cependant l'inflexibilité de l'esprit de parti, que ces hommes qui défendoient tout ce qu'il y avoit d'honnêtes gens en France, ne pouvoient se flatter d'obtenir quelque intérêt par leurs efforts. Ils luttoient, ils succomboient, ils périssoient, sans que le bruit avant-coureur de l' avenir pût leur promettre quelque récompense. Les royalistes constitutionnels eux-mêmes étoient assez insensés pour désirer le triomphe des terroristes, afin d'être ainsi vengés des républicains. Vainement ils savoient que ces terroristes les proscrivoient, l'orgueil irrité l'emportoit sur tout ; ils oublioient, en se livrant ainsi à leurs ressentimens, la règle de conduite dont il ne faut jamais s'écarter en politique : c'est de se rallier toujours au parti le moins mauvais parmi ses adversaires, lors même que ce parti est encore loin de votre propre manière de voir.

La disette des subsistances, l'abondance des assignats, et l'enthousiasme excité par la guerre furent les trois grands ressorts dont le comité de salut public se servit, pour animer et dominer le peuple tout ensemble. Il l'effrayoit, ou le payoit, ou le faisoit marcher aux frontières, selon qu'il lui convenoit de s'en servir. L'un des députés à la convention disoit : « *Il faut continuer la guerre, afin que les convulsions de la liberté soient plus fortes.* » On ne peut savoir si ces douze membres du comité de salut public avoient dans leur tête l'idée d'un gouvernement quelconque [126]. Si l'on en excepte la conduite de la guerre, la direction des affaires n'étoit qu'un mélange de grossièreté et de férocité, dans lequel on ne peut découvrir aucun plan, hors celui de faire massacrer la moitié de la nation par l'autre [127]. Car il étoit si facile d'être considéré par les jacobins comme faisant partie de l'aristocratie proscrite, que la moitié des habitans de la France encouroit le soupçon qui suffisoit pour conduire à la mort.

L'assassinat de la reine et de madame Élisabeth causa peut-être encore plus d'étonnement et d'horreur que l'attentat commis contre la personne du roi ; car on ne sauroit attribuer à ces forfaits épouvantables d'autre but que l'effroi même qu'ils inspiroient. La condamnation de M. de Malesherbes, de Bailly, de Condorcet, de Lavoisier [128], décimoit la France de sa gloire ; quatre-vingts [129] personnes étoient immolées chaque jour, comme si le massacre de la Saint-Barthélemi devoit se renouveler goutte à goutte. Une grande difficulté s'offroit à ce gouvernement, si l'on peut l'appeler ainsi ; c'est qu'il falloit à la fois se servir de tous les moyens de la civilisation pour faire la guerre, et de toute la violence de l'état sauvage pour exciter les passions. Le peuple, et même les bourgeois n'étoient point atteints par les malheurs des classes élevées ; les habitans de Paris se promenoient dans les rues comme les Turcs pendant la peste, avec cette seule différence que les hommes obscurs pouvoient assez facilement se préserver du danger.

En présence des supplices, les spectacles étoient remplis comme à l'ordinaire ; on publioit des romans intitulés : *Nouveau voyage sentimental*, l'*Amitié dangereuse, Ursule et Sophie ;* enfin, toute la fadeur et toute la frivolité de la vie subsistoient à côté de ses plus sombres fureurs.

Nous n'avons point tenté de dissimuler ce qu'il n'est pas au pouvoir des hommes d'effacer de leur souvenir ; mais nous nous hâtons, pour respirer plus à l'aise, de rappeler dans le chapitre suivant les vertus qui n'ont pas cessé d'honorer la France, même à l'époque la plus horrible de son histoire.

CHAPITRE XVII

De l'Armée françoise pendant la terreur ; des Fédéralistes et de la Vendée

La conduite de l'armée françoise pendant le temps de la terreur a été vraiment patriotique. On n'a point vu de généraux traîtres à leur serment envers l'état ; ils repoussoient les étrangers, tandis qu'ils étoient eux-mêmes menacés de périr sur l'échafaud, au moindre soupçon suscité contre leur conduite. Les soldats n'appartenoient point à tel ou tel chef, mais à la France. La patrie ne consistoit plus que dans les armées ; mais là, du moins, elle étoit encore belle, et ses bannières triomphantes servoient, pour ainsi dire, de voile aux forfaits commis dans l'intérieur. Les étrangers étoient forcés de respecter le rempart de fer qu'on opposoit à leur invasion ; et bien qu'ils se soient avancés jusqu'à trente lieues de Paris, un sentiment national, encore dans toute sa force, ne leur permit pas d'y arriver. Le même enthousiasme se manifestoit dans la marine ; l'équipage d'un vaisseau de guerre, *le Vengeur*, foudroyé par les Anglois, répétoit comme en concert le cri de *Vive la république !* en s'enfonçant dans la mer, et les chants d'une joie funèbre sembloient retentir encore du fond de l'abîme [130].

L'armée françoise ne connoissoit pas alors le pillage, et ses chefs marchoient quelquefois comme les plus simples soldats à la tête de leurs troupes, parce que l'argent leur manquoit pour acheter les chevaux dont ils auroient eu besoin. Dugommier, général en chef de l'armée des Pyrénées, à l'âge de soixante ans, partit de Paris à pied pour aller rejoindre ses troupes sur les frontières d'Espagne [131]. Les hommes que la gloire des armes a tant illustrés depuis, se distinguoient aussi par leur désintéressement. Ils portoient sans rougir des habits usés par la guerre, et plus honorables cent fois que les broderies et les décorations de toute espèce dont, plus tard, on les a vus chamarrés.

Les républicains honnêtes, mêlés à des royalistes, résistèrent avec courage au gouvernement conventionnel, à Toulon, à Lyon, et dans quelques autres départemens. Ce parti fut appelé du nom de fédéralistes ; mais je ne crois pas cependant que les Girondins, ou leurs partisans, aient jamais conçu le projet d'établir un gouvernement fédératif en France [132]. Rien ne s'accorderoit plus mal avec le caractère de la nation, qui aime l'éclat et le mouvement : il faut pour l'un et l'autre une ville qui soit le foyer des talens et des richesses de l'empire. On peut avoir raison de se plaindre de la corruption d'une capitale, et de tous les grands rassemblemens d'hommes en général : telle est la condition de l'espèce humaine ; mais on ne sauroit guère ramener en France les esprits à la vertu que par les lumières et le besoin des suffrages. L'amour de la considération ou de la gloire, dans ses différens degrés, peut seul faire remonter graduellement de l'égoïsme à la conscience. D'ailleurs l'état politique et militaire des grandes monarchies qui environnent la France, exposeroit son indépendance, si l'on affoiblissoit sa force de réunion. Les Girondins n'y ont point songé ; mais, comme ils avoient beaucoup d'adhérens dans les provinces où l'on commençoit à acquérir des connoissances en politique, par le simple effet d'une représentation nationale, c'est dans les provinces que l'opposition aux tyrans factieux de Paris s'est montrée.

C'est vers ce temps aussi qu'a commencé la guerre de la Vendée [133], et rien ne fait plus d'honneur au parti royaliste que les essais de guerre civile qu'il fit alors. Le peuple de ces départemens sut résister à la convention et à ses successeurs pendant près de six années, ayant à sa tête des gentilshommes qui tiroient leurs plus grandes ressources de leur âme. Les républicains comme les royalistes ressentoient un profond respect pour ces guerriers citoyens : Lescure, La Roche-Jacquelin, Charette [134], etc., quelles que fussent leurs opinions, accomplissoient un devoir auquel tous les François dans ce temps pouvoient se croire tenus également. Le pays qui a été le théâtre de la guerre vendéenne est coupé par des haies, destinées à enclore les héritages. Ces haies paisibles servirent de boulevarts aux paysans devenus soldats ; ils soutinrent un à un la lutte la plus dangereuse et la plus hardie. Les habitans de ces campagnes avoient beaucoup de vénération pour les prêtres, dont l'influence a fait du bien alors. Mais, dans un état où la liberté subsisteroit depuis long-temps, l'esprit public n'auroit besoin d'être excité que par les institutions politiques. Les Vendéens ont, il est vrai, demandé dans leur détresse quelques secours à l'Angleterre ; mais ce n'étoient que des auxiliaires, et non des maîtres qu'ils acceptoient : car leurs forces étoient de beaucoup supérieures à celles qu'ils empruntoient des étrangers [135]. Ils n'ont donc point compromis l'indépendance de leur patrie. Aussi les chefs de la Vendée sont-ils considérés même par le parti contraire ; ils s'expriment sur la révolution avec plus de mesure que les émigrés d'outre-Rhin. Les Vendéens, s'étant battus, pour ainsi dire, corps à corps avec les François, ne se persuadent pas aisément que leurs adversaires n'aient été qu'une poignée de rebelles qu'un bataillon auroit pu faire rentrer dans le devoir ; et, comme ils ont eu recours eux-mêmes à la puissance des opinions, ils savent ce qu'elles sont, et reconnoissent la nécessité de transiger avec elles.

Un problème encore reste à résoudre : c'est, comment il se peut que le gouvernement de 1793 et 1794 ait triomphé de tant d'ennemis. La coalition de l'Autriche, de la Prusse, de l'Espagne, de l'Angleterre, la guerre civile dans l'intérieur, la haine que la convention inspiroit à tout ce qui restoit encore d'hommes honnêtes hors des prisons, rien n'a diminué la résistance contre laquelle les étrangers ont vu leurs efforts se briser. Ce prodige ne peut s'expliquer que par le dévouement de la nation à sa propre cause. Un million d'hommes s'armèrent pour repousser les forces des coalisés ; le peuple étoit animé d'une fureur aussi fatale dans l'intérieur, qu'invincible au dehors. D'ailleurs l'abondance factice, mais inépuisable du papier-monnoie, le bas prix des denrées, l'humiliation des propriétaires qui en étoient réduits à se condamner extérieurement à la misère, tout faisoit croire aux gens de la classe ouvrière que le joug de la disparité des fortunes alloit enfin cesser de peser sur eux ; cet espoir insensé doubloit les forces que la nature leur a données ; et l'ordre social, dont le secret consiste dans la patience du grand nombre, parut tout-à-coup menacé. Mais l'esprit militaire, n'ayant pour but alors que la défense de la patrie, rendit le calme à la France en la couvrant de son bouclier. Cet esprit a suivi sa noble direction jusqu'au moment où, comme nous le verrons dans la suite, un homme a tourné, contre la liberté même, des légions sorties de terre pour la défendre.

CHAPITRE XVIII

De la situation des amis de la liberté hors de France pendant le règne de la terreur

Il est difficile de raconter ces temps horribles sans se rappeler vivement ses prores impressions : et je ne sais pas pourquoi l'on combattroit ce penchant naturel. Car la meilleure manière de représenter des circonstances si extraordinaires, c'est encore de montrer dans quel état elles mettoient les individus au milieu de la tourmente universelle.

L'émigration, pendant le règne de la terreur, n'étoit plus une mesure politique. L'on se sauvoit de France pour échapper à l'échafaud, et l'on n'y pouvoit rester qu'en s'exposant à la mort pour éviter la ruine. Les amis de la liberté étoient plus détestés par les jacobins que les aristocrates eux-mêmes, parce qu'ils avoient lutté de près les uns contre les autres, et que les jacobins craignoient les constitutionnels, auxquels ils croyoient une influence encore assez forte sur l'esprit de la nation. Ces amis de la liberté se trouvoient donc presque sans asile sur la terre. Les royalites purs ne manquoient point à leurs principes en se battant avec les armées étrangères contre leur pays ; mais les constitutionnels ne pouvoient adopter une telle résolution ; ils étoient proscrits par la France, et mal vus par les anciens gouvernemens de l'Europe, qui ne les connoissoient guère que par les récits des François aristocrates, leurs ennemis les plus acharnés.

Je cachois chez moi, dans le pays de Vaud [136], quelques amis de la liberté, respectables à tous égards, et par leur rang et par leurs vertus ; et comme on ne pouvoit obtenir des autorités suisses d'alors, une permission en règle pour autoriser leur séjour, ils portoient des noms suédois que M. de Staël leur attribuoit pour avoir le droit de les protéger. Les échafauds étoient dressés pour eux sur la frontière de leur patrie, et des persécutions de tout genre les attendoient sur la terre étrangère. Ainsi des religieux de l'ordre de la Trappe se sont vus détenus dans une île, au milieu d'une rivière qui sépare la Prusse de la Russie : chacun des deux pays se les renvoyoit comme des pestiférés, et cependant on ne pouvoit leur reprocher que d'être fidèles à leurs vœux.

Une circonstance particulière peut aider à peindre cette époque de 1793, où les périls se multiplioient à chaque pas. Un jeune gentilhomme françois, M. Achille du Chayla, neveu du comte de Jaucourt, voulut sortir de France avec un passe-port suisse que nous lui avions envoyé, pour le sauver sous un nom supposé, car nous nous croyions très-permis de tromper la tyrannie. A Moret [137], ville frontière, située au pied du mont Jura, on soupçonna M. du Chayla de n'être pas ce que son passe-port indiquoit, et on l'arrêta, en déclarant qu'il resteroit prisonnier jusqu'à ce que le lieutenant baillival de Nyon attestât qu'il étoit Suisse, M. de Jaucourt [138] demeuroit alors chez moi, sous l'un de ces noms suédois dont nous étions les inventeurs. A la nouvelle de l'arrestation de son neveu, son désespoir fut extrême ; car ce jeune homme, alors de la réquisition, porteur d'un faux passe-port, et de plus fils d'un des chefs de l'armée de Condé, devoit être fusillé à l'instant même, si l'on devinoit son nom. Il ne restoit qu'un espoir ; c'étoit d'obtenir de M. Reverdil, lieutenant baillival à Nyon, de réclamer M. du Chayla comme véritablement natif du pays de Vaud.

J'allai chez M. Reverdil pour lui demander cette grâce ; c'étoit un ancien ami de mes parens, et l'un des hommes les plus éclairés, et les plus considérés de la Suisse françoise *f*. Il me refusa d'abord, en m'opposant des motifs respectables ; il se faisoit scrupule d'altérer la vérité pour quelque objet que ce pût être, et de plus, comme magistrat, il craignoit de compromettre son pays par un acte de faux. « Si la vérité est découverte, me disoit-il, nous n'aurons plus le droit de réclamer nos propres compatriotes qui peuvent être arrêtés en France, et j'expose ainsi l'intérêt de ceux qui me sont confiés, pour le salut d'un homme auquel je ne dois rien. » Cet argument avoit un côté très-plausible ; mais la fraude pieuse que je sollicitois, pouvoit seule sauver la vie d'un homme qui avoit la hache meurtrière suspendue sur sa tête. Je restai deux heures avec M. Reverdil, cherchant à vaincre sa conscience par son humanité ; il résista long-temps, mais quand je lui répétai plusieurs fois : « Si vous dites *non*, un fils unique, un homme sans reproche, est assassiné dans vingt-quatre heures, et votre simple parole le tue ; » mon émotion ou plutôt la sienne triompha de toute autre considération, et le jeune du Chayla fut réclamé. C'est la première fois qu'il se soit offert à moi une circonstance, dans laquelle deux devoirs luttoient l'un contre l'autre avec une égale force ; mais je pense encore, comme je pensois, il y a vingt-trois ans, que le danger présent de la victime devoit l'emporter sur les dangers incertains de l'avenir. Il n'y a pas, dans le court espace de l'existence, une plus grande chance de bonheur que de sauver la vie à un homme innocent ; et je ne sais comment l'on pourroit résister à cette séduction en supposant que, dans ce cas-là, c'en soit une.

Hélas ! je ne fus pas toujours si heureuse dans mes rapports avec mes amis. Il me fallut annoncer peu de mois après à l'homme le plus capable d'affections, et par conséquent de douleurs profondes, à M. Mathieu de Montmorency [139], l'arrêt de mort prononcé contre son jeune frère, l'abbé de Montmorenci, dont le seul tort étoit l'illustre nom qu'il avoit reçu de ses ancêtres. Dans ce même temps la femme, la mère et la belle-mère de M. de Montmorenci étoient également menacées de périr ; encore quelques jours, et tous les prisonniers étoient, à cette époque affreuse, envoyés à l'échafaud. L'une des réflexions qui nous frappoit le plus dans nos longues promenades sur les bords du lac de Genève, c'étoit le contraste de l'admirable nature dont nous étions environnés, du soleil éclatant de la fin de juin, avec le désespoir de l'homme, de ce prince de la terre qui auroit voulu lui faire porter son propre deuil. Le découragement s'étoit emparé de nous ; plus nous étions jeunes, moins nous avions de résignation : car dans la jeunesse surtout l'on s'attend au bonheur, l'on croit en avoir le droit ; et l'on se révolte à l'idée de ne pas l'obtenir. C'étoit pourtant dans ces momens mêmes, lorsque nous regardions en vain le ciel et les fleurs, et que nous leur reprochions d'éclairer et de parfumer l'air en présence de tant de forfaits ; c'étoit alors pourtant que se préparoit la délivrance. Un jour, dont le nom nouveau déguise peut-être la date aux étrangers, le 9 thermidor, porta dans le cœur des François une émotion de joie inexprimable. La pauvre nature humaine n'a jamais pu devoir une jouissance si vive qu'à la cessation de la douleur.

CHAPITRE XIX

Chute de Robespierre, et changement de système dans le gouvernement

Les hommes et les femmes que l'on conduisoit à l'échafaud faisoient preuve d'un courage imperturbable ; les prisons offroient l'exemple des actes de dévouement les plus généreux ; on vit des pères s'immoler pour leurs fils, des femmes pour leurs époux ; mais le parti des honnêtes gens, comme le roi lui-même, ne se montra capable que des vertus privées. En général, dans un pays où il n'y a point de liberté, l'on ne trouve d'énergie que dans les factieux ; mais en Angleterre l'appui de la loi, et le sentiment de la justice, rendent la résistance des classes supérieures tout aussi forte que pourroit l'être l'attaque de la populace. Si la division ne s'étoit pas mise entre les députés de la convention eux-mêmes, on ne sait combien de temps l'atroce gouvernement du comité de salut public auroit duré.

Ce comité n'étoit point composé d'hommes d'un talent supérieur [140], la machine de terreur, dont les ressorts avoient été montés par les événemens, exerçoit seule la toute-puissance. Le gouvernement ressembloit à l'affreux instrument qui donnoit la mort : on y voyoit la hache plutôt que la main qui la faisoit mouvoir. Il suffisoit d'une question pour renverser le pouvoir de ces hommes ; c'étoit : combien sont-ils ? Mais on mesuroit leur force à l'atrocité de leurs crimes, et personne n'osoit les attaquer. Ces douze membres du comité de salut public se défioient les uns des autres [141], comme la convention se défioit d'eux, comme ils se défioient d'elle ; comme l'armée, le peuple et les révolutionnaires se craignoient mutuellement. Aucun nom ne restera de cette époque excepté Robespierre. Il n'étoit cependant ni plus habile ni plus éloquent que les autres ; mais son fanatisme politique avoit un caractère de calme et d'austérité qui le faisoit redouter de tous ses collègues.

J'ai causé une fois avec lui chez mon père en 1789, lorsqu'on ne le connoissoit que comme un avocat de l'Artois, très-exagéré dans ses principes démocratiques. Ses traits étoient ignobles, son teint pâle, ses veines d'une couleur verte ; il soutenoit les thèses les plus absurdes avec un sang-froid qui avoit l'air de la conviction [142] et je croirois assez que, dans les commencemens de la révolution, il avoit adopté de bonne foi, sur l'égalité des fortunes aussi-bien que sur celle des rangs, de certaines idées attrapées dans ses lectures, et dont son caractère envieux et méchant s'armoit avec plaisir. Mais il devint ambitieux lorsqu'il eut triomphé de son rival en démagogie, Danton, le Mirabeau de la populace. Ce dernier étoit plus spirituel que Robespierre, plus accessible à la pitié ; mais on le soupçonnoit avec raison de pouvoir être corrompu par l'argent, et cette foiblesse finit toujours par perdre les démagogues ; car le peuple ne peut souffrir ceux qui s'enrichissent : c'est un genre d'austérité dont rien ne sauroit l'engager à se départir.

Danton étoit un factieux, Robespierre un hypocrite ; Danton vouloit du plaisir, Robespierre seulement du pouvoir ; il envoyoit à l'échafaud les uns comme contre-révolutionnaires, les autres comme ultra-révolutionnaires [143]. Il y avoit quelque chose de mystérieux dans sa façon d'être, qui faisoit planer une terreur inconnue au milieu de la terreur ostensible que le gouvernement proclamoit. Jamais il n'adopta les moyens de popularité généralement reçus alors : il n'étoit point mal vêtu ; au contraire, il portoit seul de la poudre sur ses cheveux, ses habits étoient soignés, et sa contenance n'avoit rien de familier. Le désir de dominer le portoit, sans doute, à se distinguer des autres dans le moment même où l'on vouloit en tout l'égalité. L'on aperçoit aussi les traces d'un dessein secret, dans les discours embrouillés qu'il tenoit à la convention, et qui rappellent, à quelques égards, ceux de Cromwell. Il n'y a guère cependant qu'un chef militaire qui puisse devenir dictateur. Mais alors le pouvoir civil étoit bien plus influent que le pouvoir militaire ; l'esprit républicain portoit à la défiance contre tous les généraux victorieux ; les soldats eux-mêmes livroient leurs chefs, aussitôt qu'il s'élevoit la moindre inquiétude sur leur bonne foi. Les dogmes politiques, si ce nom peut convenir à de tels égaremens, régnoient alors et non les hommes. On vouloit quelque chose d'abstrait dans l'autorité, pour que tout le monde fût censé y avoir part. Robespierre avoit acquis la réputation d'une haute vertu démocratique ; on le croyoit incapable d'une vue personnelle : dès qu'on l'en soupçonna, sa puissance fut ébranlée.

L'irréligion la plus indécente servoit de levier au bouleversement de l'ordre social. Il y avoit une sorte de conséquence à fonder le crime sur l'impiété ; c'est un hommage rendu à l'union intime des opinions religieuses avec la morale. Robespierre imagina de faire célébrer la fête de l'Être suprême, se flattant, sans doute, de pouvoir appuyer son ascendant politique sur une religion arrangée à sa manière ; ainsi que l'ont fait souvent ceux qui ont voulu s'emparer de l'autorité. Mais, à la procession de cette fête impie, il s'avisa de passer le premier, pour s'arroger la prééminence sur ses collègues, et dès-lors il fut perdu [144]. L'esprit du moment et les moyens personnels de l'homme ne se prêtoient point à cette entreprise. D'ailleurs, on savoit qu'il ne connoissoit d'autre manière d'écarter ses concurrens, que de les faire périr par le tribunal révolutionnaire, qui donnoit au meurtre un air de légalité. Les collègues de Robespierre, non moins abominables que lui, Collot-d'Herbois, Billaud-Varennes, l'attaquèrent pour se sauver eux-mêmes : l'horreur du crime ne leur inspira point cette résolution ; ils pensoient à tuer un homme, mais non à changer de gouvernement.

Il n'en étoit pas ainsi de Tallien, l'homme du 9 thermidor, ni de Barras [145], chef de la force armée ce jour-là, ni de plusieurs autres conventionnels qui se réunirent à eux contre Robespierre. Ils voulurent, en le renversant, briser du même coup le sceptre de la terreur. On vit donc cet homme qui avoit signé pendant plus d'une année un nombre inouï d'arrêts de mort, couché tout sanglant sur la table même où il apposoit son nom à ces sentences funestes. Sa mâchoire étoit brisée d'un coup de pistolet [146] ; il ne pouvoit pas même parler pour se défendre, lui qui avoit tant parlé pour proscrire ! Ne diroit-on pas que la justice divine ne dédaigne pas, en punissant, de frapper l'imagination des hommes par toutes les circonstances qui peuvent le plus agir sur elle !

CHAPITRE XX

De l'état des esprits au moment où la république directoriale s'est établie en France

Le règne de la terreur doit être uniquement attribué aux principes de la tyrannie ; on les y retrouve tout entiers. Les formes populaires adoptées par ce gouvernement n'étoient qu'une sorte de cérémonial qui convenoit à ces despotes farouches ; mais les membres du comité de salut public professoient à la tribune même le code du machiavélisme, c'est-à-dire, le pouvoir fondé sur l'avilissement des hommes : ils avoient seulement soin de traduire en termes nouveaux ces vieilles maximes. La liberté de la presse leur étoit bien plus odieuse encore qu'aux anciens états féodaux ou théocratiques ; ils n'accordoient aucune garantie aux accusés, ni par les lois, ni par les juges [147]. L'arbitraire sans bornes étoit leur doctrine ; il leur suffisoit de donner pour prétexte à toutes les violences le nom propre de leur gouvernement, *le salut public* : funeste expression, qui renferme le sacrifice de la morale à ce qu'on est convenu d'appeler l'intérêt de l'état, c'est-à-dire, aux passions de ceux qui gouvernent [148] !

Depuis la chute de Robespierre jusqu'à l'établissement du gouvernement républicain sous la forme d'un directoire, il y a eu un intervalle d'environ quinze mois, qu'on peut considérer comme la véritable époque de l'anarchie en France. Rien ne ressemble moins à la terreur que ce temps, quoiqu'il se soit encore commis bien des crimes alors. On n'avoit point renoncé au funeste héritage des lois de Robespierre ; mais la liberté de la presse commençoit à renaître, et la vérité avec elle. Le vœu général étoit de fonder des institutions sages et libres, et de se débarrasser des hommes qui avoient gouverné pendant le règne du sang. Toutefois rien n'étoit si difficile que de satisfaire à ce double désir ; car la convention tenoit encore l'autorité dans ses mains, et beaucoup d'amis de la liberté craignoient que la contre-révolution n'eût lieu, si l'on ôtoit le pouvoir à ceux dont la vie étoit compromise par le rétablissement de l'ancien régime. C'est une pauvre garantie, cependant, que celle des forfaits qu'on a commis au nom de la liberté ; il s'ensuit bien qu'on redoute le retour des hommes qu'on a fait souffrir ; mais on est tout prêt à sacrifier ses principes à sa sûreté, si l'occasion s'en présente.

Ce fut donc un grand malheur pour la France que d'être obligée de remettre la république entre les mains des conventionnels. Quelques-uns étoient doués d'une grande habileté ; mais ceux qui avoient participé au gouvernement de la terreur devoient nécessairement y avoir contracté des habitudes serviles et tyranniques tout ensemble. C'est dans cette école que Bonaparte a pris plusieurs des hommes qui, depuis, ont fondé sa puissance ; comme ils cherchoient avant tout un abri, ils n'étoient rassurés que par le despotisme.

La majorité de la convention vouloit punir quelques-uns des députés les plus atroces qui l'avoient opprimée ; mais elle traçoit la liste des coupables d'une main tremblante, craignant toujours qu'on ne pût l'accuser elle-même des lois qui avoient servi de justification ou de prétexte à tous les crimes. Le parti royaliste envoyoit des agens au dehors, et trouvoit des partisans dans l'intérieur, par l'irritation même qu'excitoit la durée du pouvoir conventionnel. Néanmoins, la crainte de perdre tous les avantages de la révolution rattachoit le peuple et les soldats à l'autorité existante. L'armée se battoit toujours contre les étrangers avec la même énergie, et ses exploits avoient déjà obtenu une paix importante pour la France, le traité de Bâle avec la Prusse [149]. Le peuple aussi, l'on doit le dire, supportoit des maux inouïs avec une persévérance étonnante ; la disette d'une part, et la dépréciation du papier monnoie de l'autre, réduisoient la dernière classe de la société à l'état le plus misérable. Si les rois de France avoient fait subir à leurs sujets la moitié de ces souffrances, on se seroit révolté de toutes parts. Mais la nation croyoit se dévouer à la patrie, et rien n'égale le courage inspiré par une telle conviction.

La Suède ayant reconnu la république françoise, M. de Staël résidoit à Paris comme ministre. J'y passai quelques mois pendant l'année 1795, et c'étoit vraiment alors un spectacle bien bizarre que la société de Paris. Chacun de nous sollicitoit le retour de quelques émigrés de ses amis. J'obtins à cette époque plusieurs rappels ; en conséquence le député Legendre, homme presque du peuple, fit une dénonciation contre moi à la tribune de la convention [150]. L'influence des femmes, l'ascendant de la bonne compagnie, ce qu'on appeloit vulgairement *les salons dorés*, sembloient très-redoutables à ceux qui n'y étoient point admis, et dont on séduisoit les collègues en les y invitant. L'on voyoit les jours de décade, car les dimanches n'existoient plus, tous les élémens de l'ancien et du nouveau régime réunis dans les soirées, mais non réconciliés. Les élégantes manières des personnes bien élevées perçoient à travers l'humble costume qu'elles gardoient encore comme au temps de la terreur. Les hommes convertis du parti jacobin entroient pour la première fois dans la société du grand monde, et leur amour-propre étoit plus ombrageux encore sur tout ce qui tient au bon ton qu'ils vouloient imiter, que sur aucun autre sujet. Les femmes de l'ancien régime les entouroient pour en obtenir la rentrée de leurs frères, de leurs fils, de leurs époux, et la flatterie gracieuse dont elles savoient se servir, venoit frapper ces rudes oreilles, et disposoit les factieux les plus acerbes à ce que nous avons vu depuis ; c'est-à-dire, à refaire une cour, à reprendre tous ses abus, mais en ayant grand soin de se les appliquer à eux-mêmes.

Les apologies de ceux qui avoient pris part à la terreur étoient vraiment la plus incroyable école de sophisme à laquelle on pût assister. Les uns disoient qu'ils avoient été contraints à tout ce qu'ils avoient fait, et l'on auroit pu leur citer mille actions spontanément serviles ou sanguinaires. Les autres prétendoient qu'ils s'étoient sacrifiés au bien public, et l'on savoit qu'ils n'avoient songé qu'à se préserver du danger ; tous rejetoient le mal sur quelques-uns ; et, chose singulière dans un pays immortel par sa bravoure militaire, plusieurs des chefs politiques donnoient simplement la peur comme une excuse suffisante de leur conduite.

Un conventionnel très-connu me racontoit un jour, entre autres, qu'au moment où le tribunal révolutionnaire avoit été décrété, il avoit prévu tous les malheurs qui en sont résultés ; « et cependant, ajoutoit-il, le décret passa dans l'assemblée à l'unanimité. » Or, il assistoit lui-même à cette séance, votant pour ce qu'il regardoit comme l'établissement de l'assassinat juridique ; mais il ne lui venoit pas seulement dans l'esprit, en me racontant ce fait, que l'on pût s'attendre à sa résistance. Une telle naïveté de bassesse laisse ignorer jusqu'à la possibilité de la vertu.

Les jacobins qui avoient trempé personnellement dans les crimes de la terreur, tels que Lebon, Carrier, etc. [151], se faisoient presque tous remarquer par le même genre de physionomie. On les voyoit lire leur plaidoyer avec une figure pâle et nerveuse, allant d'un côté à l'autre de la tribune de la convention, comme un animal féroce dans sa cage ; étoient-ils assis, ils se balançoient sans se lever ni changer de place, avec une sorte d'agitation stationnaire qui sembloit indiquer seulement l'impossibilité du repos.

Au milieu de ces élémens dépravés, il existoit un parti de républicains, débris de la Gironde, persécutés avec elle, sortant des prisons ou des cavernes qui leur avoient servi d'asile contre la mort. Ce parti méritoit de l'estime à beaucoup d'égards, mais il n'étoit pas guéri des systèmes démocratiques, et, de plus, il avoit un esprit soupçonneux qui lui faisoit voir partout des fauteurs de l'ancien régime. Louvet, l'un de ces Girondins échappés à la proscription, l'auteur d'un roman, *Faublas*, que les étrangers prennent souvent pour la peinture des mœurs françoises, étoit républicain de bonne foi [152]. Il ne se fioit à personne ; il appliquoit à la politique le genre de défaut qui a fait le malheur de la vie de Jean-Jacques ; et plusieurs hommes de la même opinion lui ressembloient à cet égard. Mais les soupçons des républicains et des jacobins en France tenoient d'abord à ce qu'ils ne pouvoient faire adopter leurs principes exagérés, et secondement à une certaine haine contre les nobles, dans laquelle il se mêloit de mauvais mouvemens. On avoit raison de ne pas vouloir de la noblesse en France, telle qu'elle existoit jadis ; mais l'aversion contre les gentilshommes n'est qu'un sentiment subalterne, qu'il faut savoir dominer, pour organiser la France d'une manière stable.

L'on vit proposer cependant, en 1795, un plan de constitution républicaine, beaucoup plus raisonnable et mieux combiné que la monarchie décrétée par l'assemblée constituante en 1791. Boissy-d'Anglas, Daunou et Lanjuinais [153], noms qu'on retrouve toujours quand un rayon de liberté luit sur la France, étoient membres du comité de constitution. On osa proposer deux chambres sous le nom de conseil des anciens et de conseil des cinq cents ; des conditions de propriété pour être éligible [154] ; deux degrés d'élection, ce qui n'est pas une bonne institution en soi-même, mais ce que les circonstances rendoient nécessaire alors, pour relever les choix ; enfin un directoire composé de cinq personnes. Ce pouvoir exécutif n'avoit point encore l'autorité nécessaire pour maintenir l'ordre ; il lui manquoit plusieurs prérogatives indispensables, et dont la privation amena, comme on le verra dans la suite, des convulsions destructives.

L'essai d'une république avoit de la grandeur ; toutefois, pour qu'il pût réussir, il auroit fallu peut-être sacrifier Paris à la France, et adopter des formes fédératives ; ce qui, nous l'avons dit, ne s'accorde ni avec le caractère ni avec les habitudes de la nation. D'un autre côté, l'unité du gouvernement républicain paroît impossible, contraire à la nature même des choses dans un grand pays. Mais, du reste, l'essai a surtout manqué par le genre d'hommes qui ont exclusivement occupé les emplois ; le parti auquel ils avoient tenu pendant la terreur, les rendoit odieux à la nation ; ainsi l'on jeta trop de serpens dans le berceau d'Hercule.

La convention, instruite par l'exemple de l'assemblée constituante, dont l'ouvrage avoit été renversé, parce qu'elle l'avoit abandonné trop tôt à ses successeurs, rendit les décrets du 5 et du 13 fructidor, qui maintenoient dans leurs places les deux tiers des députés existans ; mais on convint cependant que l'un des tiers restans seroit renouvelé dans dix-huit mois, et l'autre un an plus tard. Ce décret produisit une sensation terrible dans l'opinion, et rompit tout-à-fait le traité tacitement signé entre la convention et les honnêtes gens : on vouloit pardonner aux conventionnels, pourvu qu'ils renonçassent au pouvoir, mais il étoit naturel qu'ils voulussent le conserver au moins comme une sauvegarde. Les Parisiens furent un peu trop violens dans cette circonstance [155], et peut-être l'envie d'occuper toutes les places, passion qui commençoit à fermenter dans les esprits, les aigrit-elle alors. On savoit pourtant que des hommes très-estimables étoient désignés comme devant être directeurs ; les conventionnels vouloient se faire honneur par de bons choix, et peut-être étoit-il sage d'attendre le terme fixé, pour écarter légalement et graduellement le reste des députés ; mais il se mêla des royalistes dans le parti qui ne vouloit que s'approprier les places de la république ; et, comme il est constamment arrivé depuis vingt-cinq ans, du moment où la cause de la révolution parut compromise, ceux qui la défendoient eurent pour eux le peuple et l'armée, les faubourgs et les soldats. C'est alors que l'on vit s'établir entre la force populaire et la force militaire une alliance qui rendit bientôt celle-ci maîtresse de l'autre. Les guerriers françois, si admirables dans la résistance qu'ils opposoient aux puissances coalisées, se sont faits, pour ainsi dire, les janissaires de la liberté chez eux ; et, s'immisçant dans les affaires intérieures de la France, ils ont disposé de l'autorité civile, et se sont chargés d'opérer les diverses révolutions dont nous avons été les témoins.

Les sections de Paris, de leur côté, ne furent peut-être pas exemptes de l'esprit de faction, car la cause de leur tumulte n'étoit pas d'un intérêt public urgent, puisqu'il suffisoit d'attendre dix-huit mois pour qu'il ne restât plus un constitutionnel [156] en place. L'impatience les perdit ; elles attaquèrent l'armée de la convention le 13 vendémiaire, et l'issue ne fut pas douteuse. Le commandant de cette armée étoit le général Bonaparte : son nom parut pour la première fois dans les annales du monde, le 13 vendémiaire (4 octobre) [157] 1795. Il avoit déjà contribué, mais sans être cité, à la reprise de Toulon en 1793, lorsque cette ville se révolta contre la convention. Le parti qui renversa Robespierre l'avoit destitué après le 9 thermidor ; et, n'ayant alors aucune ressource de fortune, il présenta un mémoire aux comités du gouvernement, pour aller à Constantinople former les Turcs à la guerre. C'est ainsi que Cromwell voulut partir pour l'Amérique dans les premiers momens de la révolution d'Angleterre. Barras, depuis directeur, s'intéressoit à Bonaparte, et le désigna dans les comités de la convention pour la défendre. On prétend que le général Bonaparte a dit qu'il auroit pris le parti des sections, si elles lui avoient offert de commander leurs bataillons. Je doute de cette anecdote : non que le général Bonaparte ait été, dans aucune époque de la révolution, exclusivement attaché à une opinion quelconque ; mais parce qu'il a eu toujours trop bien l'instinct de la force pour avoir voulu se mettre du côté nécessairement alors le plus foible.

On craignoit beaucoup à Paris que, le lendemain du 13 vendémiaire, le règne de la terreur ne fût rétabli. En effet, ces mêmes conventionnels, qui avoient cherché à plaire quand ils se croyoient réconciliés avec les honnêtes gens, pouvoient se porter à tous les excès, en voyant que leurs efforts, pour faire oublier leur conduite passée, étoient sans fruit. Mais les vagues de la révolution commençoient à se retirer, et le retour durable du jacobinisme étoit déjà devenu impossible. Cependant il résulta de ce combat du 13 vendémiaire, que la convention se fit un principe de nommer cinq directeurs, qui eussent voté la mort du roi ; et comme la nation n'approuvoit en aucune manière cette aristocratie du régicide, elle ne s'identifia point avec ses magistrats. Un résultat non moins fâcheux de la journée du 13 vendémiaire, ce fut un décret du 2 brumaire [158] qui excluoit de tout emploi public les parens des émigrés, et tous ceux qui dans les sections avoient voté pour des projets *liberticides*. Telle étoit l'expression du jour ; car en France, à chaque révolution, on rédige une phrase nouvelle, qui sert à tout le monde, pour que chacun ait de l'esprit ou du sentiment tout fait, si par hasard la nature lui avoit refusé l'un et l'autre.

Le décret d'exclusion du 2 brumaire faisoit une classe de proscrits dans l'état, ce qui, certes, ne vaut pas mieux qu'une classe de privilégiés, et n'est pas moins contraire à l'égalité devant la loi. Le directoire étoit le maître d'exiler, d'emprisonner, de déporter à son gré les individus désignés comme attachés à l'ancien régime, les nobles et les prêtres auxquels on refusoit le bienfait de la constitution, en les plaçant sous le joug de l'arbitraire. Une amnistie accompagne d'ordinaire l'installation de tout gouvernement nouveau ; ce fut, au contraire, une proscription en masse qui signala celle du directoire. Quels dangers présentoient tout à la fois à ce gouvernement les prérogatives constitutionnelles qui lui manquoient, et la puissance révolutionnaire dont on avoit été prodigue envers lui !

CHAPITRE XXI

Des vingt mois pendant lesquels la république a existé en France, depuis le mois de novembre 1795 jusqu'au 18 fructidor (4 septembre 1797)

Il faut rendre justice aux directeurs, et plus encore à la puissance des institutions libres, sous quelque forme qu'elles soient admises. Les vingt premiers mois qui succédèrent à l'établissement de la république, présentent une période d'administration singulièrement remarquable. Cinq hommes, Carnot, Rewbell, Barras, Lareveillère, Letourneur [159], choisis par la colère, et ne possédant pas, pour la plupart, des facultés transcendantes, arrivèrent au pouvoir dans les circonstances les plus défavorables. Ils entrèrent au palais de Luxembourg qui leur étoit destiné, sans y trouver une table pour écrire, et l'état n'étoit pas plus en ordre que le palais. Le papier monnoie étoit réduit presque au millième de sa valeur nominale ; il n'y avoit pas cent mille francs en espèces au trésor public ; les subsistances étoient encore si rares, que l'on contenoit à peine le mécontentement du peuple à cet égard ; l'insurrection de la Vendée duroit toujours ; les troubles civils avoient fait naître des bandes de brigands, connus sous le nom de chauffeurs, qui commettoient d'horribles excès dans les campagnes ; enfin presque toutes les armées françoises étoient désorganisées.

En six mois le directoire releva la France de cette déplorable situation. L'argent remplaça le papier, sans secousse [160] ; les propriétaires anciens vécurent en paix à côté des acquéreurs de biens nationaux ; les routes et les campagnes redevinrent d'une sûreté parfaite ; les armées ne furent que trop victorieuses [161], la liberté de la presse reparut ; les élections suivirent leur cours légal, et l'on auroit pu dire que la France étoit libre, si les deux classes des nobles et des prêtres avoient joui des mêmes garanties que les autres citoyens. Mais la sublime perfection de la liberté consiste en ceci, qu'elle ne peut rien faire à demi. Si vous voulez persécuter un seul homme dans l'état, la justice ne s'établira jamais pour tous ; à plus forte raison, lorsque cent mille individus se trouvent placés hors du cercle protecteur de la loi. Les mesures révolutionnaires ont donc gâté la constitution, dès l'établissement du directoire : la dernière moitié de l'existence de ce gouvernement, qui a duré en tout quatre années, a été si misérable sous tous les rapports, qu'on a pu facilement attribuer le mal aux institutions elles-mêmes. Mais l'histoire impartiale mettra cependant sur deux lignes très-différentes la république avant le 18 fructidor, et la république après cette époque ; si toutefois ce nom peut encore être mérité par les autorités factieuses qui se renversèrent l'une l'autre, sans cesser d'opprimer la masse sur laquelle elles retomboient.

Les deux partis extrêmes, les jacobins et les royalistes, attaquèrent le directoire dans les journaux, chacun à sa manière, pendant la première période directoriale, sans que le gouvernement s'y opposât et sans qu'il en fût ébranlé. La société de Paris étoit d'autant plus libre, que la classe des gouvernans n'en faisoit pas partie. Cette séparation avoit, et devoit avoir, sans doute, beaucoup d'inconvéniens à la longue ; mais, précisément parce que le gouvernement n'étoit pas à la mode, tous les esprits ne s'agitoient pas, comme ils se sont agités depuis, par le désir effréné d'obtenir des places, et il existoit d'autres objets d'intérêt et d'activité. Une chose surtout digne de remarque sous le directoire, ce sont les rapports de l'autorité civile avec l'armée. On a beaucoup dit que la liberté, comme elle existe en Angleterre, n'est pas possible pour un état continental, à cause des troupes réglées, qui dépendent toujours du chef de l'état. Je répondrai ailleurs à ces craintes sur la durée de la liberté, toujours exprimées par ses ennemis, par ceux mêmes qui ne veulent pas permettre qu'une tentative sincère en soit faite. Mais on ne sauroit trop s'étonner de la manière dont les armées ont été conduites par le directoire jusqu'au moment où, craignant le retour de l'ancienne royauté, il les a lui-même malheureusement introduites dans les révolutions intérieures de l'état. Les meilleurs généraux de l'Europe obéissoient à cinq directeurs, dont trois n'étoient que des hommes de loi. L'amour de la patrie et de la liberté étoit encore assez puissant sur les soldats eux-mêmes, pour qu'ils respectassent la loi plus que leur général, si ce général vouloit se mettre au-dessus d'elle. Toutefois, la prolongation indéfinie de la guerre a nécessairement mis un grand obstacle à l'établissement d'un gouvernement libre en France ; car, d'une part, l'ambition des conquêtes commençoit à s'emparer de l'armée, et de l'autre, les décrets de recrutement qu'on obtenoit des législateurs [162], ces décrets avec lesquels on a depuis asservi le continent, portoient déjà des atteintes funestes au respect pour les institutions civiles. On ne peut s'empêcher de regretter qu'à cette époque les puissances encore en guerre avec la France, c'est-à-dire, l'Autriche et l'Angleterre, n'aient pas accédé à la paix. La Prusse, Venise, la Toscane, l'Espagne et la Suède avoient déjà traité, en 1795, avec un gouvernement beaucoup moins régulier que celui du directoire ; et peut-être l'esprit d'envahissement, qui a fait tant de mal aux peuples du continent comme aux François eux-mêmes, ne se seroit-il pas développé, si la guerre avoit cessé avant les conquêtes du général Bonaparte en Italie. Il étoit encore temps de tourner l'activité françoise vers les intérêts politiques et commerciaux. On n'avoit jusqu'alors considéré la guerre que comme un moyen d'assurer l'indépendance de la nation ; l'armée ne se croyoit destinée qu'à maintenir la révolution ; les militaires n'étoient point un ordre à part dans l'état ; enfin il y avoit encore en France quelque enthousiasme désintéressé, sur lequel on pouvoit fonder le bien public.

Depuis 1793 jusqu'au commencement de 1795, l'Angleterre et ses alliés se seroient déshonorés en traitant avec la France ; qu'auroit-on dit des augustes ambassadeurs d'une nation libre, revenant à Londres après avoir reçu l'accolade de Marat ou de Robespierre ? Mais quand une fois l'intention d'établir un gouvernement régulier se manifesta, il falloit ne rien négliger pour interrompre l'éducation guerrière des François.

L'Angleterre, en 1797, dix-huit mois après l'installation du directoire, envoya des négociateurs à Lille ; mais les succès de l'armée d'Italie avoient inspiré de l'arrogance aux chefs de la république ; les directeurs étoient déjà vieux dans le pouvoir, et s'y croyoient affermis. Les gouvernemens qui commencent souhaitent tous la paix : il faut savoir profiter de cette circonstance avec habileté ; en politique, comme à la guerre, il y a des coups de temps qu'on doit se hâter de saisir. Mais l'opinion, en Angleterre, étoit exaltée par Burke, qui avoit acquis un grand ascendant sur ses compatriotes, en prédisant trop bien les malheurs de la révolution. Il écrivit, lors de la négociation de Lille, des lettres *sur la paix régicide,* qui renouvelèrent l'indignation publique contre les François [163]. M. Pitt, cependant, avoit donné lui-même quelques éloges à la constitution de 1795 ; et d'ailleurs, si le système politique adopté par la France, quel qu'il fût, cessoit de compromettre la sûreté des autres pays, que pouvoit-on exiger de plus ?

Les passions des émigrés, auxquelles le ministère anglois s'est toujours beaucoup trop abandonné, lui ont souvent fait commettre des erreurs dans le jugement des affaires de France. Il crut opérer une grande diversion en transportant les royalistes à Quiberon, et n'amena qu'une scène sanglante, dont tous les efforts les plus courageux de l'escadre angloise ne purent adoucir l'horreur. Les malheureux gentilshommes françois qui s'étoient vainement flattés de trouver en Bretagne un grand parti prêt à se lever pour eux, furent abandonnés en un instant [164]. Le général Lemoine [165], commandant de l'armée françoise, m'a raconté avec admiration les tentatives réitérées des marins anglois pour s'approcher de la côte, et recevoir dans les chaloupes les émigrés cernés de toutes parts, et fuyant à la nage pour regagner les vaisseaux hospitaliers de l'Angleterre. Mais les ministres anglois, et M. Pitt à leur tête, en voulant toujours faire triompher en France le parti purement royaliste, ne consultèrent nullement l'opinion du pays ; et de cette erreur sont nés les obstacles qu'ils ont rencontrés pendant long-temps dans leurs combinaisons politiques. Le ministère anglois devoit, plus que tout autre gouvernement de l'Europe, comprendre l'histoire de la révolution de France, si semblable à celle d'Angleterre [166] : mais l'on diroit qu'à cause de l'analogie même, il vouloit s'en montrer d'autant plus l'ennemi.

CHAPITRE XXII

Deux prédictions singulières tirées de l'Histoire de la révolution par M. Necker

M. Necker n'a jamais publié un livre politique sans braver un danger quelconque, soit pour sa fortune, soit pour lui-même. Les circonstances dans lesquelles il a fait paroître son histoire de la révolution [167], pouvoient l'exposer à tant de chances funestes, que je fis beaucoup d'efforts pour l'en empêcher. Il étoit inscrit sur la liste des émigrés, c'est-à-dire, soumis à la peine de mort d'après les lois françoises, et déjà l'on répandoit de toutes parts que le directoire avoit l'intention de faire une invasion en Suisse. Néanmoins il publia, vers la fin de l'année 1796, un ouvrage sur la révolution, en quatre volumes [168], dans lequel il présenta les vérités les plus hardies. Il n'y mit d'autre ménagement que celui de se placer à la distance de la postérité pour juger les hommes et les choses. Il joignit à cette histoire, pleine de chaleur, de sarcasme et de raison, l'analyse des principales constitutions libres de l'Europe, et l'on seroit vraiment découragé d'écrire, en lisant ce livre, où toutes les questions sont approfondies, si l'on ne se disoit pas que dix-huit années de plus, et une manière de sentir individuelle, peuvent ajouter encore quelques idées au même système.

Deux prédictions bien extraordinaires doivent être signalées dans cet ouvrage ; l'une annonce la lutte du directoire avec le corps représentatif, qui eut lieu quelque temps après, et qui fut amenée, ainsi que M. Necker l'annonçoit, par les prérogatives constitutionnelles qui manquoient au pouvoir exécutif.

« La disposition essentielle de la constitution républicaine donnée à la France en 1795, dit-il, la disposition capitale, et qui peut mettre en péril l'ordre ou la liberté, c'est la séparation complète et absolue des deux autorités premières ; l'une qui fait les lois, l'autre qui dirige et surveille leur exécution. On avoit réuni, confondu tous les pouvoirs dans l'organisation monstrueuse de la convention nationale, et par un autre extrême, moins dangereux sans doute, on n'a voulu conserver entre eux aucune des affinités que le bien de l'état exige. On s'est alors ressaisi tout-à-coup des maximes écrites ; et, sur la foi d'un petit nombre d'instituteurs politiques, on a cru qu'on ne pouvoit établir une trop forte barrière entre le pouvoir exécutif et le pouvoir législatif. Rappelons d'abord que les instructions tirées de l'exemple nous donnent un résultat bien différent. On ne connoît aucune république où les deux pouvoirs dont je viens de parler ne soient entremêlés dans une certaine mesure ; et les temps anciens, comme les temps modernes, nous offrent le même tableau. Quelquefois un sénat, dépositaire de l'autorité exécutive, propose les lois à un conseil plus étendu, ou à la masse entière des citoyens ; et quelquefois aussi ce sénat, exerçant dans un sens inverse son droit d'association au pouvoir législatif, suspend ou révise les décrets du grand nombre. Le gouvernement libre de l'Angleterre est fondé sur les mêmes principes, et le monarque y concourt aux lois par sa sanction et par l'assistance ordinaire de ses ministres aux deux chambres du parlement. Enfin, l'Amérique a donné un droit de réjection mitigé au président du congrès, à ce chef de l'état, qu'elle a investi de l'autorité exécutive ; et dans le même temps elle a mis en part de cette autorité l'une des deux sections du corps législatif.

» La constitution républicaine de la France est le premier modèle, ou plutôt le premier essai d'une séparation absolue entre les deux pouvoirs suprêmes.

» L'autorité exécutive agira toujours seule et sans aucune inspection habituelle de la part de l'autorité législative ; et, en revanche, aucun assentiment de la part de l'autorité exécutive ne sera nécessaire à la plénitude des lois. Enfin, les deux pouvoirs n'auront pour lien politique que des adresses exhortatives, et ils ne communiqueront ensemble que par des envoyés ordinaires et extraordinaires.

» Une organisation si nouvelle ne doit-elle pas entraîner des inconvéniens ; ne doit-elle pas, un jour à venir, exposer à de grands dangers ?

» Supposons, en effet, que le choix des cinq directeurs tombe, en tout ou en partie, sur des hommes d'un caractère foible ou incertain, quelle considération pourront-ils conserver en paroissant tout-a-fait séparés du corps législatif, et de simples machines obéissantes ?

» Que si, au contraire, les cinq directeurs élus se trouvoient des hommes vigoureux, hardis, entreprenans et parfaitement unis entre eux, le moment arriveroit où l'on regretteroit peut-être l'isolement de ces chefs exécutifs, ou l'on voudroit que la constitution les eût mis dans la nécessité d'agir en présence d'une section du corps législatif, et de concert avec elle. Le moment arriveroit où l'on se repentiroit peut-être d'avoir laissé, par la constitution même, un champ libre aux premières suggestions de leur ambition, aux premiers essais de leur despotisme. » Ces directeurs hardis et entreprenans se sont trouvés ; et, comme il ne leur étoit pas permis de dissoudre le corps législatif, ils ont employé des grenadiers à la place du droit légal que la constitution devoit leur donner[169]. Rien ne présageoit encore cette crise, quand M. Necker l'a prédite ; mais ce qui est plus étonnant, c'est qu'il a pressenti la tyrannie militaire qui devoit résulter de la crise même qu'il annonçoit en 1796.

Dans une autre partie de son ouvrage, M. Necker, en mêlant sans cesse l'éloquence au raisonnement, rend la politique populaire. Il suppose un discours de saint Louis, adressé à la nation françoise, et vraiment admirable ; il faut le lire tout entier, car il y a un charme et une pensée dans chaque parole. Toutefois, l'objet principal de cette fiction, c'est de se figurer un prince qui dans son illustre vie s'est montré capable d'un dévouement héroïque, déclarant à la nation jadis soumise à ses aïeux, qu'il ne veut pas troubler par la guerre intestine les efforts qu'elle fait maintenant pour obtenir la liberté, même républicaine ; mais qu'au moment où les circonstances tromperoient son espoir, et la livreroient au despotisme, il viendroit aider ses anciens sujets à s'affranchir de l'oppression d'un tyran.

Quelle vue perçante dans l'avenir et dans l'enchaînement des causes et des effets ne faut-il pas, pour avoir formé une telle conjecture sous le directoire, il y a vingt ans !

CHAPITRE XXIII

De l'armée d'Italie

Les deux grandes armées de la république, celles du Rhin et de l'Italie, furent presque constamment victorieuses jusqu'au traité de Campo-Formio[170], qui suspendit pendant quelques instans la longue guerre continentale. L'armée du Rhin, dont le général Moreau étoit le chef, avoit conservé toute la simplicité républicaine[171] ; l'armée d'Italie, commandée par le général Bonaparte, éblouissoit par ses conquêtes, mais elle s'écartoit chaque jour davantage de l'esprit patriotique qui avoit animé jusqu'alors les armées françoises. L'intérêt personnel prenoit la place de l'amour de la patrie, et l'attachement à un homme l'emportoit sur le dévouement à la liberté. Bientôt aussi les généraux de l'armée d'Italie commencèrent à s'enrichir ; ce qui diminua d'autant leur enthousiasme pour les principes austères, sans lesquels un état libre ne sauroit subsister.

Le général Bernadotte [172], dont j'aurai l'occasion de parler dans la suite, vint, à la tête d'une division de l'armée du Rhin, se joindre à l'armée d'Italie. Il y avoit une sorte de contraste entre la noble pauvreté des uns, et la richesse irrégulière des autres ; ils ne se ressembloient que par la bravoure. L'armée d'Italie étoit celle de Bonaparte, l'armée [173] du Rhin celle de la république françoise. Toutefois, rien ne fut si brillant que la conquête rapide de l'Italie. Sans doute, le désir qu'ont eu de tout temps les Italiens éclairés de se réunir en un seul état, et d'avoir assez de force nationale pour ne plus rien craindre ni rien espérer des étrangers, contribua beaucoup à favoriser les progrès du général Bonaparte. C'est au cri de *vive l'Italie* qu'il a passé le pont de Lodi, et c'est à l'espoir de l'indépendance qu'il dut l'accueil des Italiens [174]. Mais les victoires qui soumettoient à la France des pays au-delà de ses limites naturelles, loin de favoriser sa liberté, l'exposoient au danger du gouvernement militaire.

On parloit déjà beaucoup à Paris du général Bonaparte ; la supériorité de son esprit en affaires, jointe à l'éclat de ses talens comme général, donnoit à son nom une importance que jamais un individu quelconque n'avoit acquise depuis le commencement de la révolution. Mais bien qu'il parlât sans cesse de la république dans ses proclamations, les hommes attentifs s'apercevoient qu'elle étoit à ses yeux un moyen et non un but. Il en fut ainsi pour lui de toutes les choses et de tous les hommes. Le bruit se répandit qu'il vouloit se faire roi de Lombardie. Un jour je rencontrai le général Augereau qui venoit d'Italie, et qu'on citoit, je crois alors avec raison, comme un républicain zélé [175]. Je lui demandai s'il étoit vrai que le général Bonaparte songeât à se faire roi. « Non, assurément, répondit-il, c'est un jeune homme trop bien élevé pour cela. » Cette singulière réponse étoit tout-à-fait d'accord avec les idées du moment. Les républicains de bonne foi auroient regardé comme une dégradation pour un homme, quelque distingué qu'il fût, de vouloir faire tourner la révolution à son avantage personnel. Pourquoi ce sentiment n'a-t-il pas eu plus de force et de durée parmi les François !

Bonaparte s'arrêta dans sa marche sur Rome en signant la paix de Tolentino [176], et c'est alors qu'il obtint la cession des superbes monumens des arts qu'on a vus longtemps réunis dans le Musée de Paris. La véritable place de ces chefs-d'œuvre étoit sans doute en

Italie, et l'imagination les y regrettoit : mais de tous les illustres prisonniers ce sont ceux auxquels les François avoient raison d'attacher le plus de prix.

Le général Bonaparte écrivit au directoire qu'il avoit fait de ces monumens une des conditions de la paix avec le pape. *J'ai particulièrement insisté*, dit-il, *sur les bustes de Junius et de Marcus Brutus que je veux envoyer à Paris les premiers*. Le général Bonaparte qui, depuis, a fait ôter ces bustes de la salle du corps législatif, auroit pu leur épargner la peine du voyage.

CHAPITRE XXIV

De l'introduction du gouvernement militaire en France, par la journée du 18 fructidor

Aucune époque de la révolution n'a été plus désastreuse que celle qui a substitué le régime militaire à l'espoir justement fondé d'un gouvernement représentatif. J'anticipe toutefois sur les événemens, car le gouvernement d'un chef militaire ne fut point encore proclamé, au moment où le directoire envoya des grenadiers dans les deux chambres ; seulement cet acte tyrannique, dont des soldats furent les agens, prépara les voies à la révolution opérée deux ans après par le général Bonaparte lui-même, et il parut simple alors qu'un chef militaire adoptât une mesure que des magistrats s'étoient permise.

Les directeurs ne se doutoient guère cependant des suites inévitables du parti qu'ils prenoient. Leur situation étoit périlleuse ; ils avóient, ainsi que j'ai tâché de le montrer, trop de pouvoir arbitraire, et trop peu de pouvoir légal. On leur avoit donné tous les moyens de persécuter qui excitent la haine, mais aucun des droits constitutionnels avec lesquels ils auroient pu se défendre. Au moment où le second tiers des chambres fut renouvelé par l'élection de 1797, l'esprit public devint une seconde fois impatient d'écarter les conventionnels des affaires ; mais une seconde fois aussi, au lieu d'attendre une année pendant laquelle la majorité du directoire devoit changer, et le dernier tiers des chambres se renouveler, la vivacité françoise porta les ennemis du gouvernement à vouloir le renverser sans nul délai. L'opposition au directoire ne fut pas d'abord formée par des royalistes purs ; mais ils s'y mêlèrent par degrés. D'ailleurs dans les dissensions civiles les hommes finissent toujours par prendre les opinions dont on les accuse, et le parti qui attaquoit le directoire, étoit ainsi forcément poussé vers la contre-révolution. ,

On vit s'agiter de toutes parts un esprit de réaction intolérable ; à Lyon, à Marseille, on assassinoit des hommes, il est vrai très-coupables ; mais on les assassinoit. Les journaux proclamoient chaque jour la vengeance, en s'armant de la calomnie, en annonçant ouvertement la contre-révolution. Il y avoit dans l'intérieur des deux conseils, comme au dehors, un parti très-décidé à ramener l'ancien régime, et le général Pichegru en étoit un des principaux instrumens [177].

Le directoire, en tant que conservateur de sa propre existence politique, avoit de grandes raisons de se mettre en défense ; mais comment le pouvoit-il ? Les défauts de la constitution que M. Necker avoit si bien signalés, rendoient très-difficile au gouvernement de résister légalement aux attaques des conseils. Celui des anciens inclinoit à défendre les directeurs, seulement parce qu'il tenoit, quoique bien imparfaitement, la place d'une chambre des pairs ; mais comme les députés de ce conseil n'étoient point nommés à vie, ils avoient peur de se dépopulariser en soutenant des magistrats repoussés par l'opinion publique. Si le gouvernement avoit eu le droit de dissoudre les cinq cents, la simple menace d'user de cette prérogative auroit suffi pour les contenir. Enfin si le pouvoir exécutif avoit pu opposer un *veto* même suspensif, aux décrets des conseils, il se seroit contenté des moyens dont la loi l'eût armé pour se maintenir. Mais ces mêmes magistrats, dont l'autorité étoit si bornée, avoient une grande force comme faction révolutionnaire ; et ils n'étoient pas assez scrupuleux pour se laisser battre selon les règles de l'escrime constitutionnelle, quand ils n'avoient qu'à recourir à la force pour se débarrasser de leurs adversaires. On vit, dans cette occasion, ce qu'on verra toujours, l'intérêt personnel de quelques individus renverser les barrières de la loi, si ces barrières ne sont pas construites de manière à se maintenir par elles-mêmes.

Deux directeurs, Barthélemy [178] et Carnot, étoient du parti des conseils représentatifs. Certainement on ne pouvoit soupçonner Carnot de souhaiter le retour de l'ancien régime ; mais il ne vouloit pas, ce qui lui fait honneur, adopter des moyens illégaux pour repousser l'attaque du pouvoir législatif. La majorité du directoire, Rewbell, Barras et la Réveillère, hésitèrent quelque temps entre deux auxiliaires dont ils pouvoient également disposer ; le parti jacobin, et l'armée. Ils eurent peur avec raison du premier, c'étoit une arme bien redoutable encore que les terroristes, et celui qui s'en servoit, pouvoit être terrassé par elle. Les directeurs crurent donc qu'il valoit mieux faire venir des adresses des armées, et demander au général Bonaparte, celui de tous les commandans en chef qui se prononçoit alors le plus fortement contre les conseils, d'envoyer un de ses généraux de brigade [179] à Paris pour être aux ordres du directoire. Bonaparte choisit le général Augereau ; c'étoit un homme très-décidé dans l'action, et peu capable de raisonnement, ce qui le rendoit un excellent instrument du despotisme, pourvu que ce despotisme s'intitulât révolution.

Par un contraste singulier, le parti royaliste des deux conseils invoquoit les principes républicains, la liberté de la presse, celle des suffrages, toutes les libertés enfin, surtout celle de renverser le directoire. Le parti populaire, au contraire, se fondoit toujours sur les circonstances, et défendoit les mesures révolutionnaires qui servoient de garantie momentanée au gouvernement. Les républicains se voyoient contraints à désavouer leurs propres principes, parce qu'on les tournoit contre eux ; et les royalistes empruntoient les armes des républicains pour attaquer la république. Cette bizarre combinaison des armes troquées dans le combat, s'est représentée dans d'autres circonstances. Toutes les minorités invoquent la justice, et la justice c'est la liberté. L'on ne peut juger un parti que par la doctrine qu'il professe quand il est le plus fort.

Néanmoins, quand le directoire prit la funeste résolution d'envoyer des grenadiers saisir les législateurs sur leurs bancs, il n'avoit déjà plus même besoin du mal qu'il se déterminoit à faire. Le changement de ministère et les adresses des armées suffisoient pour contenir le parti royaliste, et le directoire se perdit en poussant trop loin son triomphe [180]. Car il étoit si contraire à l'esprit d'une république, de faire agir des soldats contre les représentans du peuple, qu'on devoit ainsi la tuer, tout en voulant la sauver. La veille du jour funeste chacun savoit qu'un grand coup alloit être frappé ; car, en France, on conspire toujours sur la place publique, ou plutôt on ne conspire pas, on s'excite les uns les autres, et qui sait écouter ce qu'on dit, saura d'avance ce qu'on va faire.

Le soir qui précéda l'entrée du général Augereau dans les conseils, la frayeur étoit telle, que la plupart des personnes connues quittèrent leurs maisons dans la crainte d'y être arrêtées. Un de mes amis me fit trouver un asile dans une petite chambre, dont la vue donnoit sur le pont Louis XVI [181]. J'y passai la nuit à regarder les préparatifs de la terrible scène qui devoit avoir lieu dans peu d'heures ; on ne voyoit dans les rues que des soldats, tous les citoyens étoient renfermés chez eux. Les canons qu'on amenoit autour du palais où se rassembloit le corps législatif, rouloient sur le pavé ; mais, hors ce bruit, tout étoit silence. On n'apercevoit nulle part un rassemblement hostile, et l'on ne savoit contre qui tous ces moyens étoient dirigés. La liberté fut la seule puissance vaincue dans cette malheureuse lutte ; on eût dit qu'on la voyoit s'enfuir comme une ombre à l'approche du jour qui alloit éclairer sa perte.

On apprit le matin que le général Augereau avoit conduit ses bataillons dans le conseil des cinq cents, et qu'il y avoit arrêté plusieurs des députés qui s'y trouvoient réunis en comité, et que présidoit alors le général Pichegru. On s'étonne du peu de respect que les soldats témoignèrent pour un général qui les avoit souvent conduits à la victoire ; mais on étoit parvenu à le désigner comme un contre-révolutionnaire, et ce nom exerce en France une sorte de puissance magique, quand l'opinion est en liberté [182]. D'ailleurs, le général Pichegru n'avoit aucun moyen de faire effet sur l'imagination : c'étoit un homme fort honnête, mais sans physionomie, ni dans ses traits, ni dans ses paroles ; le souvenir de ses victoires ne tenoit pas sur lui, parce que rien ne les annonçoit dans sa façon d'être. On a souvent répandu le bruit qu'il avoit été guidé par les conseils d'un autre à la guerre ; je ne sais ce qui en étoit, mais cela pouvoit se croire, parce que son regard et son entretien étoient si ternes, qu'ils ne donnoient pas l'idée qu'il fût propre à devenir le chef d'aucune entreprise. Néanmoins son courage et sa persévérance politique ont, depuis, mérité l'intérêt autant que son malheur.

Quelques membres du conseil des anciens, ayant à leur tête l'intrépide et généreux vieillard Dupont de Nemours et le respectable Barbé-Marbois [183], se rendirent à pied à la salle de leurs séances, et, après avoir constaté que la porte leur en étoit fermée, ils revinrent de même, passant au milieu des soldats alignés, sans que le peuple qui les regardoit comprît qu'il s'agissoit de ses représentans, opprimés par la force armée. La crainte de la contre-révolution avoit malheureusement désorganisé l'esprit public : on ne savoit où saisir la cause de la liberté entre ceux qui la déshonoroient et ceux qu'on accusoit de la haïr. On condamna les hommes les plus honorables, Barbé-Marbois, Tronçon-Ducoudray, Camille Jordan [184], etc., à la déportation outre-mer [185]. Des mesures atroces suivirent cette première violation de toute justice. La dette publique fut réduite de deux tiers [186], et l'on appela cette opération, *la mobiliser ;* tant les François sont habiles à trouver des mots qui semblent doux pour les actions les plus dures ! Les prêtres et les nobles furent proscrits de nouveau avec une impitoyable barbarie [187]. On abolit la liberté de la presse [188], car elle est inconciliable avec l'exercice du pouvoir arbitraire. L'invasion de la Suisse [189], le projet insensé d'une descente en Angleterre [190] éloignèrent tout espoir de paix avec l'Europe. On évoqua l'esprit révolutionnaire, mais il reparut sans l'enthousiasme qui l'avoit jadis animé ; et, comme l'autorité civile ne s'appuyoit point sur la justice, sur la magnanimité, enfin, sur aucune des grandes qualités qui doivent la caractériser, l'ardeur patriotique se tourna vers la gloire militaire, qui, du moins alors, pouvoit satisfaire l'imagination.

CHAPITRE XXV

Anecdotes particulières

Il en coûte de parler de soi, dans une époque surtout où les récits les plus importans commandent seuls l'attention des lecteurs. Néanmoins, je ne puis me refuser à repousser une inculpation qui me blesse. Les journaux chargés, en 1797, d'insulter tous les amis de la liberté, ont prétendu que, voulant la république, j'approuvois la journée du 18 fructidor. Je n'aurois sûrement pas conseillé, si j'y avois été appelée, d'établir une république en France ; mais, une fois qu'elle existoit, je n'étois pas d'avis qu'on dût la renverser. Le gouvernement républicain, considéré abstraitement et sans application à un grand état, mérite le respect qu'il a de tout temps inspiré, et la révolution du 18 fructidor, au contraire, doit toujours faire horreur, et par les principes tyranniques dont elle partoit, et par les suites affreuses qui en ont été la conséquence nécessaire. Parmi les individus dont le directoire étoit composé, je ne connoissois que Barras ; et, loin d'avoir le moindre crédit sur les autres, quoiqu'ils ne pussent ignorer combien j'aimois la liberté, ils me savoient si mauvais gré de mon attachement pour les proscrits, qu'ils donnèrent l'ordre sur les frontières de la Suisse, à Versoix [191], près de Coppet, de m'arrêter et de me conduire en prison à Paris, à cause, disoient-ils, de mes efforts pour faire rentrer les émigrés. Barras me défendit avec chaleur et générosité ; et c'est lui qui m'obtint la permission de retourner en France quelque temps après. La reconnoissance que je lui devois entretint entre lui et moi des relations de société.

M. de Talleyrand [192] étoit revenu d'Amérique un an avant le 18 fructidor. Les honnêtes gens en général désiroient la paix avec l'Europe, qui étoit alors disposée à traiter. Or, M. de Talleyrand paroissoit devoir être, ce qu'on l'a toujours trouvé depuis, un négociateur fort habile. Les amis de la liberté souhaitoient que le directoire s'affermît par des mesures constitutionnelles, et qu'il choisît dans ce but des ministres en état de soutenir le gouvernement. M. de Talleyrand sembloit alors le meilleur choix possible pour le département des affaires étrangères, puisqu'il vouloit bien l'accepter. Je le servis efficacement à cet égard, en le faisant présenter à Barras par un de mes amis, et en le recommandant avec force. M. de Talleyrand avoit besoin qu'on l'aidât pour arriver au pouvoir ; mais il se passoit ensuite très-bien des autres pour s'y maintenir. Sa nomination est la seule part que j'aie eue dans la crise qui a précédé le 18 fructidor, et je croyois ainsi la prévenir ; car on pouvoit espérer que l'esprit de M. de Talleyrand amèneroit une conciliation entre les deux partis. Depuis, je n'ai pas eu le moindre rapport avec les diverses phases de sa carrière politique.

La proscription s'étendit de toutes parts après le 18 fructidor ; et cette nation, qui avoit déjà perdu sous le règne de la terreur les hommes les plus respectables, se vit encore privée de ceux qui lui restoient. On fut au moment de proscrire Dupont de Nemours, le plus chevaleresque champion de la liberté qu'il y eût en France, mais qui ne pouvoit la reconnoître dans la dispersion des représentants du peuple par la force armée. J'appris le danger qu'il couroit, et j'envoyai chercher Chénier le poète [193], qui, deux ans auparavant, avoit, à ma prière, prononcé le discours auquel M. de Talleyrand dut son rappel. Chénier, malgré tout ce qu'on peut reprocher à sa vie, étoit susceptible d'être attendri, puisqu'il avoit du talent, et du talent dramatique. Il s'émut à la peinture de la situation de Dupont de Nemours et de sa famille, et courut à la tribune, où il parvint à le sauver, en le faisant passer pour un homme de quatre-vingts ans, quoiqu'il en eût à peine soixante. Ce moyen déplut à l'aimable Dupont de Nemours, qui a toujours eu de grands droits à la jeunesse par son âme.

Chénier étoit un homme à la fois violent et susceptible de frayeur ; plein de préjugés, quoiqu'il fût enthousiaste de la philosophie ; inabordable au raisonnement quand on vouloit combattre ses passions, qu'il respectoit comme ses dieux pénates. Il se promenoit à grands pas dans la chambre, répondoit sans avoir écouté, pâlissoit, trembloit de colère, lorsqu'un mot qui lui déplaisoit frappoit tout seul ses oreilles, faute d'avoir la patience d'entendre le reste de la phrase. C'étoit néanmoins un homme d'esprit et d'imagination, mais tellement dominé par son amour-propre, qu'il s'étonnoit de lui-même, au lieu de travailler à se perfectionner.

Chaque jour accroissoit l'effroi des honnêtes gens. Quelques mots d'un général qui m'accusa publiquement de pitié pour les conspirateurs, me firent quitter Paris pour me retirer à la campagne ; car, dans les crises politiques, la pitié s'appelle trahison. J'allai donc dans la maison d'un de mes amis, où je trouvai, par hasard singulier, l'un des plus illustres et des plus braves royalistes de la Vendée, le prince de la Trémouille [194], qui étoit venu dans l'espoir de faire tourner les circonstances en faveur de sa cause, et dont la tête étoit à prix. Je voulus lui céder un asile dont il avoit plus besoin que moi ; il s'y refusa, se proposant de sortir de France, puisqu'alors tout espoir de contre-révolution étoit perdu. Nous nous étonnions avec raison que le même coup de vent nous eût atteints tous les deux, quoique nos situations précédentes fussent très-diverses.

Je revins à Paris ; tous les jours, on trembloit pour quelques nouvelles victimes enveloppés dans la persécution générale qu'on faisoit subir aux émigrés et aux prêtres. Le marquis d'Ambert, qui avoit été colonel du général Bernadotte avant la révolution, fut pris et traduit devant une commission militaire : terrible tribunal, dont l'existence, hors de l'armée, suffit pour constater qu'il y a tyrannie. Le général Bernadotte alla trouver la directoire, et lui demanda, pour seul prix de tous ses services, la grâce de son colonel ; les directeurs furent inflexibles : ils appeloient justice une égale répartition de malheurs.

Deux jours après le supplice de M. d'Ambert, je vis entrer dans ma chambre, à dix heures du matin, le frère de M. de Norvins de Monbreton [195], que j'avois connu en Suisse pendant son émigration. Il me dit, avec une grande émotion, que l'on avoit arrêté son frère, et que la commission militaire étoit assemblée pour le juger à mort ; il me demanda si je pouvois trouver un moyen quelconque de le sauver. Comment se flatter de rien obtenir du directoire, quand les prières du général Bernadotte avoient été infructueuses, et comment se résoudre cependant à ne rien tenter pour un homme qu'on connoît, et qui sera fusillé dans deux heures si personne ne vient à son secours ? Je me rappelai tout-à-coup que j'avois vu, chez Barras, un général Lemoine, celui que j'ai cité à l'occasion de l'expédition de Quiberon [196], et qu'il m'avoit paru causer volontiers avec moi. Ce général commandoit la division de Paris, et il avoit le droit de suspendre les jugemens de la commission militaire établie dans cette ville. Je remerciai Dieu de cette idée, et je partis à l'instant même avec le frère du malheureux Norvins ; nous entrâmes tous les deux dans la chambre du général, qui fut bien étonné de me voir. Il commença par me faire des excuses sur sa toilette du matin, sur son appartement ; enfin je ne pouvois l'empêcher de revenir continuellement à la politesse, quoique je le suppliasse de n'y pas donner un instant, car cet instant pouvoit être irréparable. Je me hâtai de lui dire le sujet de ma venue, et d'abord il me refusa nettement. Mon cœur tressailloit à l'aspect de ce frère qui pouvoit penser que je ne trouvois pas les paroles faites pour obtenir ce que je demandois. Je recommençai mes sollicitations, en me recueillant pour rassembler toutes mes forces : je craignois d'en dire trop, ou trop peu ; de perdre l'heure fatale après laquelle c'en étoit fait, ou de négliger un argument qui pouvoit frapper au but. Je regardois tour-à-tour la pendule et le général, pour voir laquelle des deux puissances, son âme ou le temps, approchoit le plus vîte du terme. Deux fois le général prit la plume pour signer le sursis, et deux fois la crainte de se compromettre l'arrêta ; enfin il ne put nous refuser, et grâces lui soient encore rendues. Il donna le papier sauveur, et M. de Monbreton courut au tribunal, où il apprit que son frère avoit déjà tout avoué ; mais le sursis rompit la séance, et l'homme innocent a vécu.

C'est notre devoir à nous autres femmes de secourir dans tous les temps les individus accusés pour des opinions politiques, quelles qu'elles puissent être ; car qu'est-ce que des opinions dans les temps de partis ? Pouvons-nous être certains que tels ou tels événemens, telle ou telle situation, n'auroient pas changé notre manière de voir ? Et, si l'on en excepte quelques sentimens invariables, qui sait comment le sort auroit agi sur nous ?

CHAPITRE XXVI

Traité de Campo-Formio en 1797
Arrivée du général Bonaparte
à Paris

Le directoire n'étoit point enclin à la paix, non qu'il voulût étendre la domination françoise au-delà du Rhin et des Alpes, mais parce qu'il croyoit la guerre utile à la propagation du système républicain. Son plan étoit d'entourer la France d'une ceinture de républiques telles de que celles de Hollande, de Suisse, de Piémont [197], de Lombardie [198], de Gênes. Partout il établissoit un directoire, deux conseils de députés, enfin une constitution semblable en tout à celle de France [199]. C'est un des grands défauts des François, résultat de leurs habitudes sociales, que de s'imiter les uns les autres, et de vouloir qu'on les imite. Ils prennent les variétés naturelles dans la manière de penser de chaque homme, ou même de chaque nation, pour un esprit d'hostilité contre eux.

Le général Bonaparte étoit assurément moins sérieux et moins sincère dans l'amour des idées républicaines que le directoire, mais il avoit beaucoup plus de sagesse dans l'appréciation des circonstances. Il pressentit que la paix alloit devenir populaire en France, parce que les passions s'apaisoient, et qu'on étoit las des sacrifices ; en conséquence, il signa le traité de Campo-Formio avec l'Autriche [200]. Mais ce traité contenoit la cession de la république de Venise, et l'on ne conçoit pas encore comment il parvint à déterminer ce directoire, qui pourtant étoit, à certains égards, républicain, au plus grand attentat qu'on pût commettre d'après ses propres principes. A dater de cet acte, non moins arbitraire que le partage de la Pologne, il n'a plus existé dans le gouvernement de France aucun respect pour aucune doctrine politique, et le règne d'un homme a commencé quand celui des principes a fini [201].

Le général Bonaparte se faisoit remarquer par son caractère et son esprit autant que par ses victoires, et l'imagination des François commençoit à s'attacher vivement à lui. On citoit ses proclamations aux républiques cisalpine et ligurienne. Dans l'une on remarquoit cette phrase : *Vous étiez divisés et pliés par la tyrannie ; vous n'étiez pas en état de conquérir la liberté.* Dans l'autre : *Les vraies conquêtes, les seules qui ne coûtent point de regrets, ce sont celles que l'on fait sur l'ignorance.* Il régnoit un ton de modération et de noblesse dans son style, qui faisoit contraste avec l'âpreté révolutionnaire des chefs civils de la France. Le guerrier parloit alors en magistrat, tandis que les magistrats s'exprimoient avec la violence militaire. Le général Bonaparte n'avoit point mis à exécution dans son armée les lois contre les émigrés. On disoit qu'il aimoit beaucoup sa femme, dont le caractère étoit plein de douceur ; on assuroit qu'il étoit sensible aux beautés d'Ossian ; on se plaisoit à lui croire toutes les qualités généreuses qui donnent un beau relief aux facultés extraordinaires. On étoit d'ailleurs si fatigué des oppresseurs empruntant le nom de la liberté, et des opprimés regrettant l'arbitraire, que l'admiration ne savoit où se prendre, et le général Bonaparte sembloit réunir tout ce qui devoit la captiver.

C'est avec ce sentiment, du moins, que je le vis pour la première fois à Paris. Je ne trouvai pas de paroles pour lui répondre, quand il vint à moi me dire qu'il avoit cherché mon père à Coppet, et qu'il regrettoit d'avoir passé en Suisse sans le voir[202]. Mais, lorsque je fus un peu remise du trouble de l'admiration, un sentiment de crainte très-prononcé lui succéda. Bonaparte alors n'avoit aucune puissance ; on le croyoit même assez menacé par les soupçons ombrageux du directoire ; ainsi, la crainte qu'il inspiroit n'étoit causée que par le singulier effet de sa personne sur prèsque tous ceux qui l'approchent. J'avois vu des hommes très-dignes de respect ; j'avois vu aussi des hommes féroces : il n'y avoit rien dans l'impression que Bonaparte produisit sur moi, qui pût me rappeler ni les uns ni les autres. J'aperçus assez vîte, dans les différentes occasions que j'eus de le rencontrer pendant son séjour à Paris, que son caractère ne pouvoit être défini par les mots dont nous avons coutume de nous servir ; il n'étoit ni bon, ni violent, ni doux, ni cruel, à la façon des individus à nous connus. Un tel être n'ayant point de pareil, ne pouvoit ni ressentir, ni faire éprouver aucune sympathie : c'étoit plus ou moins qu'un homme. Sa tournure, son esprit, son langage sont empreints d'une nature étrangère, avantage de plus pour subjuguer les François, ainsi que nous l'avons dit ailleurs.

Loin de me rassurer en voyant Bonaparte plus souvent, il m'intimidoit toujours davantage. Je sentois confusément qu'aucune émotion du cœur ne pouvoit agir sur lui. Il regarde une créature humaine comme un fait ou comme une chose, mais non comme un semblable. Il ne hait pas plus qu'il n'aime ; il n'y a que lui pour lui ; tout le reste des créatures sont des chiffres. La force de sa volonté consiste dans l'imperturbable calcul de son égoïsme ; c'est un habile joueur d'échecs dont le genre humain est la partie adverse qu'il se propose de faire échec et mat. Ses succès tiennent autant aux qualités qui lui manquent, qu'aux talens qu'il possède. Ni la pitié, ni l'attrait, ni la religion, ni l'attachement à une idée quelconque ne sauroient le détourner de sa direction principale. Il est pour son intérêt ce que le juste doit être pour la vertu : si le but étoit bon, sa persévérance seroit belle.

Chaque fois que je l'entendois parler, j'étois frappée de sa supériorité ; elle n'avoit pourtant aucun rapport avec celle des hommes instruits et cultivés par l'étude ou la société, tels que l'Angleterre et la France peuvent en offrir des exemples. Mais ses discours indiquoient le tact des circonstances, comme le chasseur a celui de sa proie. Quelquefois il racontoit les faits politiques et militaires de sa vie d'une façon très-intéressante ; il avoit même, dans les récits qui permettoient de la gaieté, un peu de l'imagination italienne. Cependant rien ne pouvoit triompher de mon invincible éloignement pour ce que j'apercevois en lui. Je sentois dans son âme une épée froide et tranchante qui glaçoit en blessant ; je sentois dans son esprit une ironie profonde à laquelle rien de grand ni de beau, pas même sa propre gloire, ne pouvoit échapper ; car il méprisoit la nation dont il vouloit les suffrages, et nulle étincelle d'enthousiasme ne se mêloit à son besoin d'étonner l'espèce humaine.

Ce fut dans l'intervalle entre le retour de Bonaparte et son départ pour l'Égypte, c'est-à-dire, vers la fin de 1797[203], que je le vis plusieurs fois à Paris ; et jamais la difficulté de respirer que j'éprouvois en sa présence ne put se dissiper. J'étois un jour à table entre lui et l'abbé Sieyes : singulière situation, si j'avois pu prévoir l'avenir ! J'examinois avec attention la figure de Bonaparte ; mais chaque fois qu'il découvroit en moi des regards observateurs, il avoit l'art d'ôter à ses yeux toute expression, comme s'ils fussent devenus de marbre. Son visage étoit alors immobile, excepté un sourire vague qu'il plaçoit sur ses lèvres à tout hasard, pour dérouter quiconque voudroit observer les signes extérieurs de sa pensée.

L'abbé Sieyes pendant le dîner causa simplement et facilement, ainsi qu'il convient à un esprit de sa force. Il s'exprima sur mon père avec une estime sentie. *C'est le seul homme*, dit-il, *qui ait jamais réuni la plus parfaite précision dans les calculs d'un grand financier à l'imagination d'un poète.* Cet éloge me plut, parce qu'il étoit caractérisé. Le général Bonaparte, qui l'entendit, me dit aussi quelques mots obligeans sur mon père et sur moi, mais en homme qui ne s'occupe guère des individus dont il ne peut tirer parti.

Sa figure, alors maigre et pâle, étoit assez agréable ; depuis, il est engraissé, ce qui lui va très-mal : car on a besoin de croire un tel homme tourmenté par son caractère, pour tolérer un peu que ce caractère fasse tellement souffrir les autres. Comme sa stature est petite, et cependant sa taille fort longue, il étoit beaucoup mieux à cheval qu'à pied ; en tout, c'est la guerre, et seulement la guerre qui lui sied. Sa manière d'être dans la société est gênée sans timidité ; il a quelque chose de dédaigneux quand il se contient, et de vulgaire, quand il se met à l'aise ; le dédain lui va mieux, aussi ne s'en fait-il pas faute.

Par une vocation naturelle pour l'état de prince, il adressoit déjà des questions insignifiantes à tous ceux qu'on lui présentoit. êtes-vous marié ? demandoit-il à l'un des convives. Combien avez-vous d'enfans ? disoit-il à l'autre. Depuis quand êtes-vous arrivé ? Quand partez-vous ? Et autres interrogations de ce genre qui établissent la supériorité de celui qui les fait sur celui qui veut bien se laisser questionner ainsi. Il se plaisoit déjà dans l'art d'embarrasser, en disant des choses désagréables : art dont il s'est fait depuis un système, comme de toutes les manières de subjuguer les autres en avilissant. Il avoit pourtant, à cette époque, le désir de plaire, puisqu'il renfermoit dans son esprit le projet de renverser le directoire, et de se mettre à sa place ; mais, malgré ce désir, on eût dit qu'à l'inverse du prophète, il maudissoit involontairement, quoiqu'il eût l'intention de bénir.

Je l'ai vu un jour s'approcher d'une Françoise très-connue par sa beauté, son esprit et la vivacité de ses opinions ; il se plaça tout droit devant elle comme le plus roide des généraux allemands, et lui dit : *Madame, je n'aime pas que les femmes se mêlent de politique.* « *Vous avez raison, général,* lui répondit-elle : *mais dans un pays où on leur coupe la tête, il est naturel qu'elles aient envie de savoir pourquoi.* » Bonaparte alors ne répliqua rien. C'est un homme que la résistance véritable apaise ; ceux qui ont souffert son despotisme, doivent en être autant accusés que lui-même.

Le directoire fit au général Bonaparte une réception solennelle qui, à plusieurs égards, doit être considérée comme une époque dans l'histoire de la révolution [204]. On choisit la cour du palais du Luxembourg pour cette cérémonie. Aucune salle n'auroit été assez vaste pour contenir la foule qu'elle attiroit ; il y avoit des spectateurs à toutes les fenêtres et sur tous les toits. Les cinq directeurs, en costume romain, étoient placés sur une estrade au fond de la cour, et près d'eux les députés des deux conseils, les tribunaux et l'institut. Si ce spectacle avoit eu lieu avant que la représentation nationale eût subi le joug du pouvoir militaire, le 18 fructidor, on y auroit trouvé de la grandeur ; une belle musique jouoit des airs patriotiques, des drapeaux servoient de dais au directoire, et ces drapeaux rappeloient de grandes victoires.

Bonaparte arriva très-simplement vêtu, suivi de ses aides de camp, tous d'une taille plus haute que la sienne, mais presque courbés par le respect qu'ils lui témoignoient. L'élite de la France alors présente couvroit le général victorieux d'applaudissemens ; il étoit l'espoir de chacun : républicains, royalistes, tous voyoient le présent ou l'avenir dans l'appui de sa main puissante. Hélas ! de tous les jeunes gens qui crioient alors *vive Bonaparte,* combien son insatiable ambition en a-t-elle laissés vivre ?

M. de Talleyrand, en présentant Bonaparte au directoire, l'appela *le libérateur de l'Italie et le pacificateur du continent.* Il assura que *le général Bonaparte détestoit le luxe et l'éclat, misérable ambition des âmes communes, et qu'il aimoit les poésies d'Ossian, surtout parce qu'elles détachent de la terre.* La terre n'eût pas mieux demandé, je crois, que de le laisser se détacher d'elle. Enfin, Bonaparte parla lui-même avec une sorte de négligence affectée, comme s'il eût voulu faire comprendre qu'il aimoit peu le régime sous lequel il étoit appelé à servir.

Il dit que depuis vingt siècles le royalisme et la féodalité avoient gouverné le monde, et que la paix qu'il venoit de conclure étoit l'ère du gouvernement républicain. *Lorsque le bonheur des François, ajouta-t-il, sera assis sur de meilleures lois organiques, l'Europe entière sera libre.* Je ne sais s'il entendoit par les lois organiques de la liberté, l'établissement de son pouvoir absolu. Quoi qu'il en soit, Barras, alors son ami, et président du directoire, lui répondit, en le supposant de bonne foi dans tout ce qu'il venoit de dire ; il finit par le charger spécialement de conquérir l'Angleterre, mission un peu difficile [205]. On chanta de toutes parts l'hymne que Chénier avoit composé pour célébrer cette journée. En voici le dernier couplet.

Contemplez nos lauriers civiques !
L'Italie a produit ces fertiles moissons ;
Ceux-là croissent pour nous au milieu des glaçons ;
Voici ceux de Fleurus, ceux des plaines belgiques.
Tous les fleuves surpris nous ont vus triomphans ;
Tous les jours nous furent prospères.
Que le front blanchi de nos pères
Soit couvert de lauriers cueillis par leurs enfans !
Tu fus long-temps l'effroi, sois l'honneur de la terre,
O république des François !
Que le chant des plaisirs succède aux cris de guerres
La victoire a conquis la paix.

Hélas ! que sont-ils devenus ces jours de gloire et de paix, dont la France se flattoit il y a vingt années ! Tous ces biens ont été dans les mains d'un seul homme : qu'en a-t-il fait ?

CHAPITRE XXVII

Préparatifs du général Bonaparte pour aller en Égypte Son opinion sur l'invasion de la Suisse

Le général Bonaparte, à cette même époque, à la fin de 1797, sonda l'opinion publique relativement aux directeurs ; il vit qu'ils n'étoient point aimés, mais qu'un sentiment républicain rendoit encore impossible à un général de se mettre à la place des magistrats civils. Un soir il parloit avec Barras de son ascendant sur les peuples italiens, qui avoient voulu le faire duc de Milan et roi d'Italie. *Mais je ne pense, dit-il, à rien de semblable dans aucun pays. — Vous faites bien de n'y pas songer en France,* répondit Barras ; *car, si le directoire vous envoyoit demain au Temple, il n'y auroit pas quatre personnes qui s'y opposassent.* » Bonaparte étoit assis sur un canapé à côté de Barras ; à ces paroles il s'élança vers la cheminée, n'étant pas maître de son irritation ; puis, reprenant cette espèce de calme apparent dont les hommes les plus passionnés parmi les habitans du Midi sont capables, il déclara qu'il vouloit être chargé d'une expédition militaire. Le directoire lui proposa la descente en Angleterre ; il alla visiter les côtes ; et, reconnoissant bientôt que cette expédition étoit insensée, il revint décidé à tenter la conquête de l'Égypte [206].

Bonaparte a toujours cherché à s'emparer de l'imagination des hommes, et, sous ce rapport, il sait bien comment il faut les gouverner quand on n'est pas né sur le trône. Une invasion en Afrique, la guerre portée dans un pays presque fabuleux, l'Égypte, devoit agir sur tous les esprits. L'on pouvoit aisément persuader aux François qu'ils tireroient un grand avantage d'une telle colonie dans la Méditerranée, et qu'elle leur offriroit un jour les moyens d'attaquer les établissemens des Anglois dans l'Inde. Ces projets avoient de la grandeur, et devoient augmenter encore l'éclat du nom de Bonaparte. S'il étoit resté en France, le directoire auroit lancé contre lui, par tous les journaux dont il disposoit, des calomnies sans nombre, et terni ses exploits dans l'imagination des oisifs : Bonaparte se seroit trouvé réduit en poussière avant même que la foudre l'eût frappé. Il avoit donc raison de vouloir se faire un personnage poétique, au lieu de rester exposé aux commérages jacobins qui, sous leur forme populaire, ne sont pas moins adroits que ceux des cours. [207].

Il n'y avoit point d'argent pour transporter une armée en Égypte ; et ce que Bonaparte fit surtout de condamnable, ce fut d'exciter le directoire à l'invasion de la Suisse, afin de s'emparer du trésor de Berne, que deux cents ans de sagesse et d'économie avoient amassé [208]. La guerre avoit pour prétexte la situation du pays de Vaud. Il n'est pas douteux que le pays de Vaud n'eût le droit de réclamer une existence indépendante, et qu'il ne fasse très-bien maintenant de la conserver [209]. Mais si l'on a blâmé les émigrés de s'être réunis aux étrangers contre la France, le même principe ne doit-il pas s'appliquer aux Suisses qui invoquoient le terrible secours des François ? D'ailleurs il ne s'agissoit pas du pays de Vaud seul dans une guerre qui devoit nécessairement compromettre l'indépendance de la Suisse entière. Cette cause me paroissoit si sacrée que je ne croyois point encore alors tout-à-fait impossible d'engager Bonaparte à la défendre. Dans toutes les circonstances de ma vie, les erreurs que j'ai commises en politique sont venues de l'idée que les hommes étoient toujours remuables par la vérité, si elle leur étoit présentée avec force.

Je restai près d'une heure tête-à-tête avec Bonaparte ; il écoute bien et patiemment, car il veut savoir si ce qu'on lui dit pourroit l'éclairer sur ses propres affaires ; mais Démosthène et Cicéron réunis ne l'entraîneroient pas au moindre sacrifice de son intérêt personnel. Beaucoup de gens médiocres appellent cela de la raison : c'est de la raison du second ordre ; il y en a une plus haute, mais qui ne se devine point par le calcul seulement.

Le général Bonaparte, en causant avec moi sur la Suisse, m'objecta l'état du pays de Vaud comme un motif pour y faire entrer les troupes françoises. Il me dit que les habitans de ce pays étoient soumis aux aristocrates de Berne, et que des hommes ne pouvoient pas maintenant exister sans droits politiques. Je tempérai tant que je le pus cette ardeur républicaine, en lui représentant que les Vaudois étoient parfaitement libres sous tous les rapports civils, et que quand la liberté existoit de fait, il ne falloit pas, pour l'obtenir de droit, s'exposer au plus grand des malheurs, celui de voir les étrangers sur son territoire. « L'amour-propre et l'imagination, reprit le général, font tenir à l'avantage de participer au gouvernement de son pays, et c'est une injustice que d'en exclure une portion des citoyens. » — Rien n'est plus vrai en principe, lui dis-je, général ; mais il est également vrai que c'est par ses propres efforts qu'il faut obtenir la liberté, et non en appelant comme auxiliaire une puissance nécessairement dominante. — Le mot de *principe* a depuis paru très-suspect au général Bonaparte ; mais alors il lui convenoit de s'en servir, et il me l'objecta. J'insistai de nouveau sur le bonheur et la beauté de l'Helvétie, sur le repos dont elle jouissoit depuis plusieurs siècles. « Oui, sans doute, interrompit Bonaparte, mais il faut aux hommes des *droits politiques ; oui*, répéta-t-il comme une chose apprise, *oui, des droits politiques* » ; et, changeant de conversation, parce qu'il ne vouloit plus rien entendre sur ce sujet, il me parla de son goût pour la retraite, pour la campagne, pour les beaux-arts, et se donna la peine de se montrer à moi sous des rapports analogues au genre d'imagination qu'il me supposoit.

Cette conversation me fit cependant concevoir l'agrément qu'on peut lui trouver quand il prend l'air bonhomme, et parle comme d'une chose simple de lui-même et de ses projets. Cet art, le plus redoutable de tous, a captivé beaucoup de gens. A cette même époque, je revis encore quelquefois Bonaparte en société, et il me parut toujours profondément occupé des rapports qu'il vouloit établir entre lui et les autres hommes, les tenant à distance ou les rapprochant de lui, suivant qu'il croyoit se les attacher plus sûrement. Quand il se trouvoit avec les directeurs surtout, il craignoit d'avoir l'air d'un général sous les ordres de son gouvernement, et il essayoit tour-à-tour dans ses manières, avec cette sorte de supérieurs, la dignité ou la familiarité ; mais il manquoit le ton vrai de l'une et de l'autre. C'est un homme qui ne sauroit être naturel que dans le commandement.

CHAPITRE XXVIII

Invasion de la Suisse

La Suisse étant menacée d'une invasion prochaine, je quittai Paris au mois de janvier 1798, pour aller rejoindre mon père à Coppet. Il étoit encore inscrit sur la liste des émigrés, et une loi positive condamnoit à mort un émigré qui restoit dans un pays occupé par les troupes françoises. Je fis l'impossible pour l'engager à quitter sa demeure ; il ne le voulut point. *A mon âge*, disoit-il, *il ne faut point errer sur la terre.* Je crois que son motif secret étoit de ne pas s'éloigner du tombeau de ma mère ; il avoit, à cet égard, une superstition de cœur qu'il n'auroit sacrifiée qu'à l'intérêt de sa famille, mais jamais au sien propre. Depuis quatre ans que la compagne de sa vie n'existoit plus, il ne se passoit presque pas un jour qu'il n'allât se promener près du monument où elle repose, et en partant il auroit cru l'abandonner.

Lorsque l'entrée des François fut positivement annoncée, nous restâmes seuls, mon père et moi, dans le château de Coppet, avec mes enfans en bas âge. Le jour marqué pour la violation du territoire suisse, nos gens curieux descendirent au bas de l'avenue, et mon père et moi, qui attendions ensemble notre sort, nous nous plaçâmes sur un balcon, d'où l'on voyoit le grand chemin par lequel les troupes devoient arriver. Quoique ce fût au milieu de l'hiver, le temps étoit superbe ; les Alpes se réfléchissoient dans le lac, et le bruit du tambour troubloit seul le calme de la scène. Mon cœur battoit cruellement par la crainte de ce qui pouvoit menacer mon père. Je savois que le directoire parloit de lui avec respect ; mais je connoissois aussi l'empire des lois révolutionnaires sur ceux qui les avoient faites. Au moment où les troupes françoises passèrent la frontière de la confédération helvétique, je vis un officier quitter sa troupe pour monter à notre château. Une frayeur mortelle me saisit ; mais ce qu'il nous dit me rassura bientôt. Il étoit chargé par le directoire d'offrir à mon père une sauvegarde ; cet officier, très-connu depuis sous le titre de maréchal Suchet[210], se conduisit à merveille pour nous, et son état-major, qu'il amena le lendemain chez mon père, suivit son exemple.

Il est impossible de ne pas trouver chez les François, malgré les torts qu'on a pu avoir raison de leur reprocher, une facilité sociale qui fait vivre à l'aise avec eux. Néanmoins cette armée qui avoit si bien défendu l'indépendance de son pays, vouloit conquérir la Suisse entière, et pénétrer jusque dans les montagnes des petits cantons, où des hommes simples conservoient l'antique trésor de leurs vertus et de leurs usages. Sans doute, Berne et d'autres villes de Suisse possédoient d'injustes priviléges, et de vieux préjugés se mêloient à la démocratie des petits cantons ; mais étoit-ce par la force qu'on pouvoit améliorer des pays accoutumés à ne reconnoître que l'action lente et progressive du temps ? Les institutions politiques de la Suisse, il est vrai, se sont perfectionnées à plusieurs égards, et jusqu'à ces derniers temps on auroit pu croire que la médiation même de Bonaparte avoit éloigné quelques préjugés des cantons catholiques[211]. Mais l'union et l'énergie patriotiques ont beaucoup perdu depuis la révolution. L'on s'est habitué à recourir aux étrangers, à prendre part aux passions politiques des autres nations, tandis que le seul intérêt de l'Helvétie, c'est d'être pacifique, indépendante et fière.

On parloit, en 1797, de la résistance que le canton de Berne et les petits cantons démocratiques vouloient opposer à l'invasion dont ils étoient menacés. Je fis des vœux alors contre les François pour la première fois de ma vie ; pour la première fois de ma vie, j'éprouvai la douloureuse angoisse de blâmer mon propre pays assez pour souhaiter le triomphe de ceux qui le combattoient. Jadis, au moment de livrer la bataille de Granson[212], les Suisses se prosternèrent devant Dieu, et leurs ennemis crurent qu'ils alloient rendre les armes ; mais ils se relevèrent, et furent vainqueurs. Les petits cantons, en 1798, dans leur noble ignorance des choses de ce monde, envoyèrent leur contingent à Berne ; ces soldats religieux se mirent à genoux devant l'église, en arrivant sur la place publique. *Nous ne redoutons pas,* disoient-ils, *les armées de la France ; nous sommes quatre cents, et, si cela ne suffit pas, nous sommes prêts à faire marcher encore quatre cents autres de nos compagnons au secours de notre patrie.* Qui ne seroit touché de cette grande confiance en de si foibles moyens ! Mais le temps des trois cents Spartiates étoit passé, le nombre pouvoit tout, et le dévouement individuel luttoit en vain contre les ressources d'un grand état et les combinaisons de la tactique.

Le jour de la première bataille des Suisses contre les François, quoique Coppet soit à trente lieues de Berne, nous entendions, dans le silence de la fin du jour, les coups de canon qui retentissoient au loin à travers les échos des montagnes. On osoit à peine respirer pour mieux distinguer ce bruit funeste ; et, quoique toutes les probabilités fussent pour l'armée françoise, on espéroit encore un miracle en faveur de la justice ; mais le temps seul en èst l'allié tout-puissant. Les troupes suisses furent vaincues en bataille rangée [213] ; les habitans se défendirent toutefois très-long-temps dans leurs montagnes ; les femmes et les enfans prirent les armes ; des prêtres furent massacrés au pied des autels. Mais comme il y avoit dans ce petit espace une volonté nationale, les François furent obligés de transiger avec elle ; et jamais les petits cantons n'acceptèrent la république une et indivisible, présent métaphysique que le directoire leur offroit à coups de canon [214]. Il faut pourtant convenir qu'il y avoit en Suisse un parti pour l'unité de la république, et que ce parti comptoit des noms fort respectables. Jamais le directoire n'a influé sur les affaires des nations étrangères, sans s'appuyer sur une portion quelconque des hommes du pays. Mais ces hommes, quelque prononcés qu'ils fussent en faveur de la liberté, ont eu peine à maintenir leur popularité, parce qu'ils s'étoient ralliés à la toute-puissance des François.

Lorsque le général Bonaparte fut à la tête de la France, il fit la guerre pour augmenter son empire, cela se conçoit ; mais bien que le directoire désirât aussi de s'emparer de la Suisse, comme d'une position militaire avantageuse, son principal but étoit d'étendre le système républicain en Europe. Or, comment pouvoit-il se flatter d'y parvenir, en contraignant l'opinion des peuples, et surtout de ceux qui, comme les Suisses, avoient le droit de se croire les plus anciens amis de la liberté ? La violence ne convient qu'au despotisme ; aussi s'est-elle enfin montrée sous son véritable nom, sous celui d'un chef militaire : mais le directoire y préluda par des mesures tyranniques.

Ce fut encore par une suite de ces combinaisons, moitié abstraites et moitié positives, moitié révolutionnaires et moitié diplomates, que le directoire voulut réunir Genève à la France ; il commit à cet égard une injustice d'autant plus révoltante, qu'elle étoit en opposition avec tous les principes qu'il professoit. On ôtoit à un petit état libre son indépendance, malgré le vœu bien prononcé de ses habitans ; on anéantissoit complétement la valeur morale d'une république, berceau de la réformation, et qui avoit produit plus d'hommes distingués qu'aucune des plus grandes provinces de France ; enfin le parti démocratique faisoit ce qu'il eût considéré comme un crime dans ses adversaires. En effet, que n'auroit-on pas dit des rois ou des aristocrates qui eussent voulu ôter à Genève son existence individuelle ? Car les états aussi en ont une. Les François retiroient-ils de cette acquisition ce qu'elle faisoit perdre à la richesse de l'esprit humain en général, et la fable de la poule aux œufs d'or ne peut-elle pas s'appliquer aux petits états indépendans que les grands sont jaloux de posséder ? On détruit par la conquête les biens mêmes dont on désiroit la possession [215]

Mon père, par la réunion de Genève, se trouvoit François légalement, lui qui l'avoit toujours été par ses sentiments et par sa carrière. Il falloit donc qu'il obtînt sa radiation de la liste des émigrés pour vivre en sûreté dans la Suisse, alors occupée par les armées du directoire. Il me remit, pour le porter à Paris, un mémoire, véritable chef-d'œuvre de dignité et de logique. Le directoire, après l'avoir lu, fut unanime dans la résolution de rayer M. Necker ; et quoique cet acte fût de la justice la plus évidente, j'en conserverai toujours de la reconnoissance, tant j'en éprouvai de plaisir.

Je traitai alors avec le directoire pour le paiement des deux millions que mon père avoit laissés en dépôt au trésor public [216]. Le gouvernement reconnut la dette, mais il offrit de la payer en biens du clergé, et mon père s'y refusa : non qu'il prétendît adopter ainsi la couleur de ceux qui considèrent la vente de ces biens comme illégitime ; mais parce que, dans aucune circonstance, il n'avoit voulu réunir ses opinions à ses intérêts, afin qu'il ne pût exister le moindre doute sur sa parfaite impartialité.

CHAPITRE XXIX

De la fin du directoire

Après le coup funeste que la force militaire avoit porté, le 18 fructidor, à la considération des représentants du peuple, le directoire se maintint encore, comme on vient de le voir, pendant près de deux années, sans aucun changement extérieur dans son organisation. Mais le principe de vie qui l'avoit animé, n'existoit plus ; et l'on auroit pu dire de lui comme du géant dans l'Ariose, qu'il combattoit encore, oubliant qu'il étoit mort [217]. Les élections, les délibérations des conseils, ne présentoient aucun intérêt, puisque les résultats en étoient toujours connus d'avance. Les persécutions qu'on faisoit subir aux nobles et aux prêtres, n'étoient plus même provoquées par la haine populaire ; la guerre n'avoit plus d'objet, puisque l'indépendance de la France et la limite du Rhin étoient assurées. Mais loin de rattacher l'Europe à la France, les directeurs commençoient déjà l'œuvre funeste que Napoléon a si cruellement terminée : ils inspiroient aux nations autant d'aversion pour le gouvernement françois, que les princes seuls en avoient d'abord éprouvé.

On proclama la république romaine du haut du Capitole [218], mais il n'y avoit de républicains dans la Rome de nos jours que les statues, et c'étoit n'avoir aucune idée de la nature de l'enthousiasme, que d'imaginer qu'en le contrefaisant on le feroit naître. Le consentement libre des peuples peut seul donner aux institutions politiques une certaine beauté native et spontanée, une harmonie naturelle qui garantisse leur durée. Le monstrueux système du despotisme dans les moyens, sous prétexte de la liberté dans le but, ne créoit que des gouvernements à ressort, qu'il falloit remonter sans cesse, et qui s'arrêtoient dès qu'on cessoit de les faire marcher. On donnoit des fêtes à Paris avec des costumes grecs et des chars antiques ; mais rien n'étoit fondé dans les âmes, et l'immortalité seule faisoit des progrès de toutes parts ; car l'opinion publique ne récompensoit ni n'intimidoit personne.

Une révolution avoit eu lieu dans l'intérieur du directoire comme dans l'intérieur d'un sérail, sans que la nation y prît la moindre part. Les nouveaux choix étoient tombés sur des hommes tellement vulgaires, que la France, tout-à-fait lassée d'eux, appeloit à grands cris un chef militaire : car elle ne vouloit, ni des jacobins dont le souvenir lui faisoit horreur, ni de la contre-révolution que l'arrogance des émigrés rendoit redoutable [219].

Les avocats qu'on avoit appelés dans l'année 1799 à la place de directeurs, n'y développoient que les ridicules de l'autorité sans les talens et les vertus qui la rendent utile et respectable : c'étoit en effet une chose singulière que la facilité avec laquelle un directeur se donnoit des airs de cour du soir au lendemain ; il faut que ce ne soit pas un rôle bien difficile. Gohier, Moulins [220], que sais-je ? les plus inconnus des mortels, étoient-ils nommés directeurs, le jour d'après ils ne s'occupoient plus que d'eux-mêmes : ils vous parloient de leur santé, de leurs intérêts de famille, comme s'ils étoient devenus des personnages chers à tout le monde. Ils étoient entretenus dans cette illusion par des flatteurs de bonne ou mauvaise compagnie, mais qui faisoient enfin leur métier de courtisans, en montrant à leur prince une sollicitude touchante sur tout ce qui pouvoit le regarder, à condition d'en obtenir une petite audience pour une requête particulière. Ceux de ces hommes qui avoient eu des reproches à faire pendant le règne de la terreur, conservoient toujours à ce sujet une agitation remarquable. Prononciez-vous un mot qui pût se rapporter au souvenir qui les inquiétoit, ils vous racontoient aussitôt leur histoire dans le plus grand détail, et quittoient tout pour vous en parler des heures entières. Reveniez-vous à l'affaire dont vous vouliez les entretenir, ils ne vous écoutoient plus. La vie de tout individu qui a commis un crime politique est toujours rattachée à ce crime, soit pour le justifier, soit pour le faire oublier à force de pouvoir.

La nation, fatiguée de cette caste révolutionnaire, en étoit arrivée à ce période des crises politiques où l'on croit trouver du repos par le pouvoir d'un seul. Ainsi Cromwell gouverna l'Angleterre, en offrant aux hommes compromis par la révolution, l'abri de son despotisme. L'on ne peut nier à quelques égards la vérité de ce mot, qu'a dit depuis Bonaparte : *J'ai trouvé la couronne de France par terre, et je l'ai ramassée ;* mais c'étoit la nation françoise elle-même qu'il falloit relever.

Les Russes et les Autrichiens avoient remporté de grandes victoires en Italie [221] ; les partis se multiplioient à l'infini dans l'intérieur, et l'on entendoit dans le gouvernement cette sorte de craquement qui précède la chute de l'édifice. On souhaita d'abord que le général Joubert se mît à la tête de l'état [222] ; il préféra le commandement des troupes, et se fit tuer noblement par l'ennemi, ne voulant pas survivre aux revers des armées françoises. Les vœux de tous auroient désigné Moreau pour premier magistrat de la république ; et certainement ses vertus l'en rendoient digne : mais il ne se sentoit peut-être pas assez d'habileté politique pour une telle situation, et il aimoit mieux s'exposer aux dangers qu'aux affaires.

Parmi les autres généraux françois, on n'en connoissoit guère qui fussent propres à la carrière civile. Un seul, le général Bernadotte, réunissoit, comme il l'a prouvé dans la suite, les qualités d'un homme d'état et d'un grand militaire. Mais le parti républicain étoit le seul qui le portât alors, et ce parti n'approuvoit pas plus l'usurpation de la république, que les royalistes n'approuvoient celle du trône. Bernadotte se borna donc, comme nous le rappellerons dans le chapitre suivant, à rétablir les armées pendant qu'il fut ministre de la guerre [223]. Les scrupules, de quelque genre qu'ils pussent être, n'arrêtoient pas le général Bonaparte : aussi nous allons voir comment il s'est emparé des destinées de la France, et de quelle manière il les a conduites.

NOTES

a. Œuvres de Burke, vol. III, pag. 179.

b. Pag. 183.

c. Lady Sutherland, à présent marquise de Stafford, alors ambassadrice d'Angleterre, prodigua dans ces temps affreux les soins les plus dévoués à la famille royale.

d. L'on séquestra la fortune de M. Necker en France, à compter du jour même où parut son Mémoire justificatif de Louis XVI.

e. On peut trouver les détails les plus exacts à cet égard, dans l'excellent ouvrage de M. Emmanuel de Toulongeon, intitulé : *Histoire de France depuis* 1789. Il importe aux étrangers qu'on leur fasse connoître les écrits véridiques sur la révolution ; car jamais on n'a publié, sur aucun sujet, un aussi grand nombre de livres et de brochures, où le mensonge se soit replié de tant de manières, pour tenir lieu du talent et satisfaire à mille genres de vanités.

f. M. Reverdil avoit été choisi pour présider à l'éducation du roi de Danemarck. Il a écrit, pendant son séjour dans le Nord, des Mémoires d'un grand intérêt sur les événemens dont il a été témoin. Ces Mémoires n'ont pas encore paru.

QUATRIÈME PARTIE

CHAPITRE PREMIER

Nouvelles d'Égypte ;
retour de Bonaparte

Rien n'étoit plus propre à frapper les esprits que la guerre d'Égypte ; et, bien que la grande victoire navale remportée par Nelson près d'Aboukir en eût détruit les avantages possibles [1], des lettres datées du Caire, des ordres qui partoient d'Alexandrie pour arriver jusqu'aux ruines de Thèbes vers les confins de l'Éthiopie, accroissoient la réputation d'un homme qu'on ne voyoit plus, mais qui sembloit de loin un phénomène extraordinaire. Il mettoit à la tête de ses proclamations : *Bonaparte, général en chef, et membre de l'Institut national ;* on en concluoit qu'il étoit ami des lumières et qu'il protégeoit les lettres ; mais la garantie qu'il donnoit à cet égard n'étoit pas plus sûre que sa profession de foi mahométane, suivie de son concordat avec le pape [2]. Il commençoit déjà la mystification de l'Europe, convaincu, comme il l'est, que la science de la vie ne consiste pour chacun que dans les manœuvres de l'égoïsme. Bonaparte n'est pas seulement un homme, mais un système ; et, s'il avoit raison, l'espèce humaine ne seroit plus ce que Dieu l'a faite. On doit donc l'examiner comme un grand problème dont la solution importe à la pensée dans tous les siècles.

En réduisant tout au calcul, Bonaparte en savoit pourtant assez sur ce qu'il y a d'involontaire dans la nature des hommes, pour sentir la nécessité d'agir sur l'imagination ; et sa double adresse consistoit dans l'art d'éblouir les masses et de corrompre les individus.

Sa conversation avec le Mufti dans la pyramide de Chéops devoit enchanter les Parisiens, parce qu'elle réunissoit les deux choses qui les captivent : un certain genre de grandeur, et de la moquerie tout ensemble. Les François sont bien aises d'être émus, et de rire de ce qu'ils sont émus ; le charlatanisme leur plaît, et ils aident volontiers à se tromper eux-mêmes, pourvu qu'il leur soit permis, tout en se conduisant comme des dupes, de montrer par quelques bons mots que pourtant ils ne le sont pas.

Bonaparte, dans la pyramide, se servit du langage oriental. « *Gloire à Allah !* dit-il, *il n'y a de vrai Dieu que Dieu, et Mahomet est son prophète. Le pain dérobé par le méchant se réduit en poussière dans sa bouche.* » — « *Tu as parlé*, dit le Mufti, *comme le plus docte des Mullahs.* » — « *Je puis faire descendre du ciel un char de feu*, continuoit Bonaparte, *et le diriger sur la terre.* » — « *Tu es le plus grand capitaine*, répondoit le Mufti, *dont la puissance de Mahomet ait armé le bras* [3]. » Mahomet, toutefois, n'empêcha pas que sir Sidney Smith n'arrêtât par sa brillante valeur les succès de Bonaparte à Saint-Jean-d'Acre [4].

Lorsque Napoléon, en 1805, fut nommé roi d'Italie, il dit au général Berthier, dans un de ces momens où il causoit de tout pour essayer ses idées sur les autres : « Ce Sidney Smith m'a fait manquer ma fortune à Saint-Jean-d'Acre ; je voulois partir d'Égypte, passer par Constantinople, et prendre l'Europe à revers pour arriver à Paris [5]. » Cette fortune manquée paroissoit alors néanmoins en assez bon état.

Quoi qu'il en soit de ces regrets, gigantesques comme les entreprises qui les ont suivis, le général Bonaparte trouva le moyen de faire passer ses revers en Égypte pour des succès ; et, bien que son expédition n'eût d'autre résultat que la ruine de la flotte et la destruction d'une de nos plus belles armées, on l'appela le vainqueur de l'Orient [6].

Bonaparte, s'emparant avec habileté de l'enthousiasme des François pour la gloire militaire, associa leur amour-propre à ses victoires comme à ses défaites. Il prit par degrés la place que tenoit la révolution dans toutes les têtes, et reporta sur son nom seul tout le sentiment national qui avoit grandi la France aux yeux des étrangers.

Deux de ses frères, Lucien et Joseph [7], siégeoient au conseil des cinq cents, et tous les deux dans des genres différens avoient assez d'esprit et de talens pour être éminemment utiles au général. Ils veilloient pour lui sur l'état des affaires ; et, quand le moment fut venu, ils lui conseillèrent de revenir en France. Les armées étoient alors battues en Italie, et, pour la plupart, désorganisées par les fautes de l'administration. Les jacobins commençoient à se remontrer ; le directoire étoit sans considération et sans force : Bonaparte reçut toutes ces nouvelles en Égypte ; et, après s'être enfermé quelques heures pour les méditer, il se résolut à partir. Cet aperçu rapide et sûr des circonstances est précisément ce qui le distingue, et l'occasion ne s'est jamais offerte à lui en vain. On a beaucoup répété qu'en s'éloignant alors, il avoit déserté son armée. Sans doute, il est un genre d'exaltation désintéressée qui n'auroit pas permis à un guerrier de se séparer ainsi de ceux qui l'avoient suivi, et qu'il laissoit dans la détresse. Mais le général Bonaparte couroit de tels risques en traversant la mer couverte de vaisseaux anglois ; le dessein qui l'appeloit en France étoit en lui-même si hardi, qu'il est absurde de traiter de lâcheté son départ d'Égypte[8]. Il ne faut pas attaquer un être de ce genre par les déclamations communes : tout homme qui a produit un grand effet sur les autres hommes, doit être approfondi pour être jugé.

Un reproche d'une nature beaucoup plus grave, c'est l'absence totale d'humanité que le général Bonaparte manifesta dans sa campagne d'Égypte[9]. Toutes les fois qu'il a trouvé quelque avantage dans la cruauté, il se l'est permise, sans que, pour cela, sa nature fût sanguinaire. Il n'a pas plus d'envie de verser le sang, qu'un homme raisonnable n'a envie de dépenser de l'argent, quand cela n'est pas nécessaire ; mais ce qu'il appelle la nécessité, c'est son ambition ; et, lorsque cette ambition étoit compromise, il n'admettoit pas même un moment qu'il pût hésiter à sacrifier les autres à lui ; et ce que nous nommons la conscience, ne lui a jamais paru que le nom poétique de la duperie.

CHAPITRE II

Révolution du 18 brumaire

Dans le temps qui s'étoit écoulé depuis les lettres que les frères de Bonaparte lui avoient écrites en Égypte pour le rappeler, les affaires avoient singulièrement changé de face en France[10]. Le général Bernadotte, nommé ministre de la guerre, avoit en peu de mois réorganisé les armées. L'extrême activité de ce général réparoit tous les maux que la négligence avoit causés. Un jour, comme il passoit en revue les jeunes gens de Paris qui alloient partir pour la guerre : *Enfans*, leur dit-il, *il y a sûrement parmi vous de grands capitaines*. Ces simples paroles électrisoient les âmes, en rappelant l'un des premiers ages des institutions libres, l'émulation qu'elles excitent dans les classes.

Les Anglois avoient fait une descente en Hollande ; mais ils en étoient déjà repoussés [11]. Les Russes avoient été battus à Zurich par Masséna [12], les armées françoises reprenoient l'offensive en Italie [13]. Ainsi, quand le général Bonaparte revint, la Suisse, la Hollande et le Piémont étoient encore sous l'influence françoise [14] ; la barrière du Rhin, conquise par la république, ne lui étoit pas disputée, et la force de la France étoit en équilibre avec celle des autres états de l'Europe. Pouvoit-on imaginer alors que, de toutes les combinaisons que le sort offroit à la France, celle qui devoit la conduire à être conquise et subjuguée, étoit de prendre pour chef le plus habile des généraux ? La tyrannie anéantit jusqu'aux forces militaires mêmes auxquelles elle a tout sacrifié.

Ce n'étoient donc plus les revers de la France au dehors qui faisoient désirer Bonaparte en 1799 ; mais la peur que causoient les jacobins le servit puissamment. Ils n'avoient plus de moyens, et leur apparition n'étoit que celle d'un spectre qui vient remuer des cendres ; mais c'en étoit assez pour ranimer la haine qu'ils inspiroient, et la nation se précipita dans les bras de Bonaparte en fuyant un fantôme.

Le président du directoire avoit dit, le 10 août de l'année même où Bonaparte se fit consul : *La royauté ne se relèvera jamais ; on ne verra plus ces hommes qui se disoient délégnés du ciel pour opprimer avec plus de sécurité la terre, et qui ne voyoient dans la France que leur patrimoine, dans les François que leurs sujets, et dans les lois que l'expression de leur bon plaisir.* Ce qu'on ne devoit plus voir, on le vit bientôt néanmoins ; et ce que la France souhaitoit en appelant Bonaparte, le repos et la paix étoit précisément ce que son caractère repoussoit, comme un élément dans lequel il ne pouvoit vivre.

Lorsque César renversa la république romaine, il avoit à combattre Pompée et les plus illustres patriciens de son temps ; Cicéron et Caton luttoient contre lui : tout étoit grandeur en opposition à la sienne. Le général Bonaparte ne rencontra que des adversaires dont les noms ne valent pas la peine d'être cités. Si le directoire même avoit été dans toute sa force passée, il auroit dit comme Rewbell, lorsqu'on lui faisoit craindre que le général Bonaparte n'offrît sa démission : *Hé bien ! acceptons-la, car la république ne manquera jamais d'un général pour commander ses armées.* En effet, ce qui avoit rendu les armées de la république françoise redoutables jusqu'alors, c'étoit de n'avoir eu besoin d'aucun homme en particulier pour les conduire. La liberté développe dans une grande nation tous les talens qu'exigent les circonstances.

Le 18 brumaire précisément, j'arrivai de Suisse à Paris, et comme je changeois de chevaux à quelques lieues de la ville, on me dit que le directeur Barras venoit de passer, retournant à sa terre de Grosbois [15], accompagné par des gendarmes. Les postillons racontoient les nouvelles du jour ; et cette façon populaire de les apprendre leur donnoit encore plus de vie. C'étoit la première fois, depuis la révolution, qu'on entendoit un nom propre dans toutes les bouches. Jusqu'alors on disoit : L'assemblée constituante a fait telle chose, le peuple, la convention ; maintenant, on ne parloit plus que de cet homme qui devoit se mettre à la place de tous, et rendre l'espèce humaine anonyme, en accaparant la célébrité pour lui seul, et en empêchant tout être existant de pouvoir jamais en acquérir.

Le soir même de mon arrivée, j'appris que, pendant les cinq semaines que le général Bonaparte avoit passées à Paris depuis son retour, il avoit préparé les esprits à la révolution qui venoit d'éclater. Tous les partis s'étoient offerts à lui, et il leur avoit donné de l'espoir à tous. Il avoit dit aux jacobins qu'il les préserveroit du retour de l'ancienne dynastie ; il avoit, au contraire, laissé les royalistes se flatter qu'il rétabliroit les Bourbons ; il avoit fait dire à Sieyes qu'il lui donneroit les moyens de mettre au jour la constitution qu'il tenoit dans un nuage depuis dix ans ; il avoit surtout captivé le public qui n'est d'aucun parti, par des protestations générales d'amour de l'ordre et de la tranquillité. On lui parla d'une femme dont le directoire avait fait saisir les papiers ; il se récria sur l'absurde atrocité de tourmenter les femmes, lui qui en a tant condamné, selon son caprice, à des exils sans terme ; il ne parloit que de la paix, lui qui a introduit la guerre éternelle dans le monde. Enfin, il y avoit dans sa manière une hypocrisie doucereuse qui faisoit un odieux contraste avec ce qu'on savoit de sa violence. Mais, après une tourmente de dix années, l'enthousiasme des idées avoit fait place dans les hommes de la révolution aux craintes et aux espérances qui les concernoient personnellement. Au bout d'un certain temps les idées reviennent ; mais la génération qui a eu part à de grands troubles civils, n'est presque jamais capable d'établir la liberté : elle s'est trop souillée pour accomplir une œuvre aussi pure.

La révolution de France n'a plus été, depuis le 18 fructidor, qu'une succession continuelle d'hommes qui se perdoient en préférant leur intérêt à leur devoir : ils donnoient du moins ainsi une grande leçon à leurs successeurs.

Bonaparte ne rencontra point d'obstacles pour arriver au pouvoir. Moreau n'étoit pas entreprenant dans les affaires civiles ; le général Bernadotte demanda vivement au directoire de le rappeler au ministère de la guerre. Sa nomination fut écrite, mais le courage manqua pour la signer. Presque tous les militaires se rallièrent donc à

Bonaparte ; car, en se mêlant encore une fois des révolutions intérieures, ils étoient résolus à placer un des leurs à la tête de l'état, afin de s'assurer ainsi les récompenses qu'ils vouloient obtenir.

Un article de la constitution qui permettoit au conseil des anciens de transférer le corps législatif dans une autre ville que Paris, fut le moyen dont on se servit pour amener le renversement du directoire. Le conseil des anciens ordonna, le 18 brumaire, que le corps législatif et le conseil des cinq cents se transportassent à Saint-Cloud le lendemain 19, parce qu'on pouvoit y faire agir plus facilement la force militaire. Le 18 au soir, la ville entière étoit agitée par l'attente de la grande journée du lendemain ; et sans aucun doute la majorité des honnêtes gens, craignant le retour des jacobins, souhaitoit alors que le général Bonaparte eût l'avantage. Mon sentiment, je l'avoue, étoit fort mélangé. La lutte étant une fois engagée, une victoire momenta-née des jacobins pouvoit amener des scènes sanglantes ; mais j'éprou-vois néanmoins, à l'idée du triomphe de Bonaparte, une douleur que je pourrois appeler prophétique.

Un de mes amis, présent à la séance de Saint-Cloud, m'envoyoit des courriers d'heure en heure : une fois il me manda que les jacobins alloient l'emporter, et je me préparai à quitter de nouveau la France ; l'instant d'après j'appris que le général Bonaparte avoit triomphé, les soldats ayant dispersé la représentation nationale ; et je pleurai, non la liberté, elle n'exista jamais en France, mais l'espoir de cette liberté sans laquelle il n'y a pour ce pays que honte et malheur. Je me sentois dans cet instant une difficulté de respirer qui est devenue depuis, je crois, la maladie de tous ceux qui ont vécu sous l'autorité de Bonaparte [16].

On a parlé diversement de la manière dont s'est accomplie cette révolution du 18 brumaire. Ce qu'il importe surtout, c'est d'observer dans cette occasion les traits caractéristiques de l'homme qui a été près de quinze ans le maître du continent européen. Il se rendit à la barre du conseil des anciens, et voulut les entraîner en leur parlant avec chaleur et avec noblesse ; mais il ne sait pas s'exprimer dans le langage soutenu ; ce n'est que dans la conversation familière que son esprit mordant et décidé se montre à son avantage : d'ailleurs, comme il n'a d'enthousiasme véritable sur aucun sujet, il n'est éloquent que dans l'injure, et rien ne lui étoit plus difficile que de s'astreindre, en improvisant, au genre de respect qu'il faut pour une assemblée qu'on veut convaincre. Il essaya de dire au conseil des anciens : *Je suis le dieu de la guerre et de la fortune, suivez-moi.* Mais il se servoit de ces paroles pompeuses par embarras, à la place de celles qu'il auroit aimé leur dire : *Vous êtes tous des misérables, et je vous ferai fusiller si vous ne m'obéissez pas.*

Le 19 brumaire, il arriva dans le conseil des cinq cents, les bras croisés, avec un air très-sombre, et suivi de deux grands grenadiers qui protégeoient sa petite stature. Les députés appelés jacobins poussèrent des hurlements en le voyant entrer dans la salle ; son frère Lucien, bien heureusement pour lui, étoit alors président ; il agitoit en vain la sonnette pour rétablir l'ordre ; les cris de *traître* et d'*usurpateur* se faisoient entendre de toutes parts ; et l'un des députés, compatriote de Bonaparte, le corse Aréna, s'approcha de ce général et le secoua fortement par le collet de son habit [17]. On a supposé, mais sans fondement, qu'il avoit un poignard pour le tuer. Son action cependant effraya Bonaparte, et il dit aux grenadiers qui étoient à côté de lui, en laissant tomber sa tête sur l'épaule de l'un d'eux : *Tirez-moi d'ici.* Les grenadiers l'enlevèrent du milieu des députés qui l'entouroient : ils le portèrent hors de la salle en plein air ; et, dès qu'il y fut, sa présence d'esprit lui revint. Il monta à cheval à l'instant même ; et, parcourant les rangs de ses grenadiers, il les détermina bientôt à ce qu'il vouloit d'eux.

Dans cette circonstance, comme dans beaucoup d'autres, on a remarqué que Bonaparte pouvoit se troubler quand un autre danger que celui de la guerre étoit en face de lui, et quelques personnes en ont conclu bien ridiculement qu'il manquoit de courage. Certes, on ne peut nier son audace ; mais, comme il n'est rien, pas même brave, d'une façon généreuse, il s'ensuit qu'il ne s'expose jamais que quand cela peut être utile. Il seroit très-fâché d'être tué, parce que c'est un revers, et qu'il veut en tout du succès ; il en seroit aussi fâché, parce que la mort déplaît à son imagination ; mais il n'hésite pas à hasarder sa vie, lorsque, suivant sa manière de voir, la partie vaut le risque de l'enjeu, s'il est permis de s'exprimer ainsi.

Après que le général Bonaparte fut sorti de la salle des cinq cents, les députés qui lui étoient opposés demandèrent avec véhémence qu'il fût mis hors la loi, et c'est alors que son frère Lucien, président de l'assemblée, lui rendit un éminent service en se refusant, malgré toutes les instances qu'on lui faisoit, à mettre cette proposition aux voix. S'il y avoit consenti, le décret auroit passé, et personne ne peut savoir l'impression que ce décret eût encore produite sur les soldats : ils avoient constamment abandonné depuis dix ans ceux de leurs généraux que le pouvoir législatif avoit proscrits ; et, bien que la représentation nationale eût perdu son caractère de légalité par le 18 fructidor, la ressemblance des mots l'emporte souvent sur la diversité des choses. Le général Bonaparte se hâta d'envoyer la force armée prendre Lucien pour le mettre en sûreté hors de la salle ; et, dès qu'il fut sorti, les grenadiers entrèrent dans l'orangerie, où les députés étoient rassemblés, et les chassèrent en marchant en avant d'une extrémité de la salle à l'autre, comme s'il n'y avoit eu personne. Les députés repoussés contre le mur furent forcés de s'enfuir par la fenêtre dans les jardins de Saint-Cloud avec leur toge sénatoriale. On avoit déjà proscrit des représentans du peuple en France ; mais c'étoit la première fois depuis la révolution qu'on rendoit l'état civil ridicule en présence de l'état militaire ; et Bonaparte, qui vouloit fonder son pouvoir sur l'avilissement des corps aussi-bien que sur celui des individus, jouissoit d'avoir su, dès les premiers instans, détruire la considération des députés du peuple. Du moment que la force morale de la représentation nationale étoit anéantie, un corps législatif quel qu'il fût, n'offroit aux yeux des militaires qu'une réunion de cinq cents hommes beaucoup moins forts et moins dispos qu'un bataillon du même nombre, et ils ont toujours été prêts depuis, si leur chef le commandoit, à redresser les diversités d'opinion comme des fautes de discipline.

Dans les comités des cinq cents [18], en présence des officiers de sa suite et de quelques amis des directeurs, le général Bonaparte tint un discours qui fut imprimé dans les journaux du temps. Ce discours offre un rapprochement singulier et que l'histoire doit recueillir. *Qu'ont-ils fait,* dit-il, en parlant des directeurs, *de cette France que je leur ai laissée si brillante ? Je leur avois laissé la paix, et j'ai retrouvé la guerre ; je leur avois laissé des victoires, et j'ai retrouvé des revers. Enfin, qu'ont-ils fait de cent mille François que je connaissois tous, mes compagnons d'armes, et qui sont morts maintenant ?* Puis terminant tout-à-coup sa harangue d'un ton plus calme, il ajouta : *Cet état de choses ne peut durer, il nous mèneroit dans trois ans au despotisme.* Bonaparte s'est chargé de hâter l'accomplissement de sa prédiction.

Mais ne seroit-ce pas une grande leçon pour l'espèce humaine, si ces directeurs, hommes très-peu guerriers, se relevoient de leur poussière, et demandoient compte à Napoléon de la barrière du Rhin et des Alpes, conquise par la république ; compte des étrangers arrivés deux fois à Paris [19] ; compte de trois millions de François qui ont péri depuis Cadix jusqu'à Moscou [20] ; compte surtout de cette sympathie que les nations ressentoient pour la cause de la liberté en France, et qui s'est maintenant changée en aversion invétérée. Certes, les directeurs n'en seroient pas pour cela plus à louer ; mais on en devroit conclure que de nos jours une nation éclairée ne peut rien faire de pis que de se remettre entre les mains d'un homme. Le public a plus d'esprit qu'aucun individu maintenant, et les institutions rallient les opinions beaucoup plus sagement que les circonstances. Si la nation françoise, au lieu de choisir ce fatal étranger [21], qui l'a exploitée pour son propre compte, et mal exploitée même sous ce rapport ; si la nation françoise, dis-je, alors si imposante, malgré toutes ses fautes, s'étoit constituée elle-même, en respectant les leçons que dix ans d'expérience venoient de lui donner, elle seroit encore la lumière du monde.

CHAPITRE III

Comment la constitution consulaire fut établie

Le sortilége le plus puissant dont Bonaparte se soit servi pour fonder son pouvoir, c'est, comme nous l'avons déjà dit, la terreur qu'inspiroit le nom seul du jacobinisme, bien que tous les hommes capables de réflexion sachent parfaitement que ce fléau ne peut renaître en France. On se donne volontiers l'air de craindre les partis battus, pour motiver des mesures générales de rigueur. Tous ceux qui veulent favoriser l'établissement du despotisme rappellent avec violence les forfaits commis par la démagogie. C'est une tactique très-facile ; aussi Bonaparte paralysoit-il toute espèce de résistance à ses volontés par ces mots : *Voulez-vous que je vous livre aux jacobins ?* Et la France alors plioit devant lui, sans que des hommes énergiques osassent lui répondre : *Nous saurons combattre les jacobins et vous.* Enfin même alors on ne l'aimoit pas, mais on le préféroit ; il s'est presque toujours offert en concurrence avec une autre crainte, afin de faire accepter sa puissance comme un moindre mal.

Une commission, composée de cinquante membres des cinq cents et des anciens fut chargée de discuter, avec le général Bonaparte, la constitution qu'on alloit proclamer[22]. Quelques-uns de ces membres qui avoient sauté la veille par la fenêtre, pour échapper aux baïonnettes, traitoient sérieusement les questions abstraites des lois nouvelles, comme si l'on avoit pu supposer encore que leur autorité seroit respectée. Ce sang-froid pouvoit être beau s'il eût été joint à de l'énergie ; mais on ne discutoit les questions abstraites que pour établir une tyrannie ; comme du temps de Cromwell on cherchoit dans la Bible des passages pour autoriser le pouvoir absolu.

Bonaparte laissoit ces hommes, accoutumés à la tribune, dissiper en paroles leur reste de caractère ; mais quand ils approchoient, par la théorie, trop près de la pratique, il abrégeoit toutes les difficultés en les menaçant de ne plus se mêler de leurs affaires, c'est-à-dire, de les terminer par la force. Il se complaisoit assez dans ces longues discussions, parce qu'il aime beaucoup lui-même à parler. Son genre de dissimulation en politique n'est pas le silence ; il aime mieux dérouter les esprits par un tourbillon de discours, qui fait croire tour-à-tour aux choses les plus opposées. En effet, on trompe souvent mieux en parlant qu'en se taisant. Le moindre signe trahit ceux qui se taisent ; mais quand on a l'impudeur de mentir activement, on peut agir davantage sur la conviction. Bonaparte se prêtoit donc aux arguties d'un comité qui discutoit l'établissement d'un ordre social comme la composition d'un livre. Il n'étoit pas alors question de corps anciens à ménager, de priviléges à conserver, ou même d'usages à respecter : la révolution avoit tellement dépouillé la France de tous les souvenirs du passé, qu'aucune base antique ne gênoit le plan de la constitution nouvelle.

Heureusement pour Bonaparte, il n'étoit pas même nécessaire dans une pareille discussion d'avoir recours à des connoissances approfondies ; il suffisoit de combattre contre des raisonnemens, espèce d'armes dont il se jouoit à son gré, et auxquelles il opposoit, quand cela lui convenoit, une logique où tout étoit inintelligible, excepté sa volonté. Quelques personnes ont cru que Bonaparte avoit une grande instruction sur tous les sujets, parce qu'il a fait à cet égard, comme à tant d'autres, usage de son charlatanisme. Mais comme il a peu lu dans sa vie, il ne sait que ce qu'il a recueilli par la conversation [23]. Le hasard peut faire qu'il vous dise, sur un sujet quelconque, une chose très-détaillée et même très-savante, s'il a rencontré quelqu'un qui l'en ait informé la veille ; mais, l'instant d'après, on découvre qu'il ne sait pas ce que tous les gens instruits ont appris dès leur enfance. Sans doute il faut avoir beaucoup d'esprit d'un certain genre, de l'esprit d'adresse, pour déguiser ainsi son ignorance ; toutefois, il n'y a que les personnes éclairées par des études sincères et suivies, qui puissent avoir des idées vraies sur le gouvernement des peuples. La vieille doctrine de la perfidie n'a réussi à Bonaparte que parce qu'il y joignoit le prestige de la victoire. Sans cette association fatale il n'y auroit pas deux manières de voir sur un tel homme.

On nous racontoit tous les soirs les séances de Bonaparte avec son comité, et ces récits auroient pu nous amuser, s'ils ne nous avoient pas profondément attristés sur le sort de la France. La servilité de l'esprit de courtisan commençoit à se développer dans les hommes qui avoient montré le plus d'âpreté révolutionnaire. Ces féroces jacobins préludoient aux rôles de barons et de comtes qui leur étoient destinés par la suite, et tout annonçoit que leur intérêt personnel seroit le vrai Protée qui prendroit à volonté les formes les plus diverses.

Pendant cette discussion, je rencontrai un conventionnel que je ne nommerai point : car pourquoi nommer quand la vérité du tableau ne l'exige pas ? Je lui exprimai mes alarmes sur la liberté. « Oh ! me répondit-il, madame, nous en sommes arrivés au point de ne plus songer à sauver les principes de la révolution, mais seulement les hommes qui l'ont faite. » Certes, ce vœu n'étoit pas celui de la France.

On croyoit que Sieyes présenteroit toute rédigée cette fameuse constitution dont on parloit depuis dix ans comme de l'arche d'alliance qui devoit réunir tous les partis ; mais par une bizarrerie singulière, il n'avoit rien d'écrit sur ce sujet. La supériorité de l'esprit de Sieyes ne sauroit l'emporter sur la misanthropie de son caractère ; la race humaine lui déplaît, et il ne sait pas traiter avec elle : on diroit qu'il voudroit avoir affaire à autre chose qu'à des hommes, et qu'il renonce à tout, faute de pouvoir trouver sur la terre une espèce plus selon son goût. Bonaparte, qui ne perdoit son temps ni dans la contemplation des idées abstraites, ni dans le découragement de l'humeur, aperçut très-vîte en quoi le système de Sieyes pouvoit lui être utile. C'étoit parce qu'il anéantissoit très-artistement les élections populaires : Sieyes y substituoit des listes de candidats sur lesquelles le sénat devoit choisir les membres du corps législatif et du tribunat ; car on mettoit, je ne sais pourquoi, trois corps dans cette constitution, et même quatre, si l'on y comprend le conseil d'état, dont Bonaparte s'est si bien servi depuis. Quand le choix des députés n'est pas purement et directement fait par le peuple, il n'y a plus de gouvernement représentatif ; des institutions héréditaires peuvent accompagner celle de l'élection, mais c'est en elle que consiste la liberté. Aussi l'important pour Bonaparte étoit-il de paralyser l'élection populaire, parce qu'il savoit bien qu'elle est inconciliable avec le despotisme [24].

Dans cette constitution, le tribunat, composé de cent personnes, devoit parler, et le corps législatif, composé de deux cent cinquante, devoit se taire ; mais on ne concevoit pas pourquoi l'on donnoit à l'un cette permission, en imposant à l'autre cette contrainte. Le tribunat et le corps législatif n'étoient point assez nombreux en proportion de la population de la France, et toute l'importance politique devoit se concentrer dans le sénat conservateur qui réunissoit tous les pouvoirs hors un seul, celui qui naît de l'indépendance de fortune [25]. Les sénateurs n'existoient que par les appointemens qu'ils recevoient du pouvoir exécutif. Le sénat n'étoit en effet que le masque de la tyrannie ; il donnoit aux ordres d'un seul l'apparence d'être discutés par plusieurs.

ıand Bonaparte fut assuré de n'avoir affaire qu'à des hommes ι, divisés en trois corps, et nommés les uns par les autres, il se ιιuι certain d'atteindre son but. Ce beau nom de tribun signifioit des pensions pour cinq ans ; ce grand nom de sénateur signifioit des canonicats à vie, et il comprit bien vîte que les uns voudroient acquérir ce que les autres désireroient conserver. Bonaparte se faisoit dire sa volonté sur divers tons, tantôt par la voix sage du sénat, tantôt par les cris commandés des tribuns, tantôt par le scrutin silencieux du corps législatif ; et ce chœur à trois parties étoit censé l'organe de la nation, quoiqu'un même maître en fût le coryphée.

L'œuvre de Sieyes fut sans doute altérée par Bonaparte. Sa vue longue d'oiseau de proie lui fit découvrir et supprimer tout ce qui, dans les institutions proposées, pouvoit un jour amener quelque résistance ; mais Sieyes avoit perdu la liberté, en substituant quoi que ce fût à l'élection populaire.

Bonaparte lui-même n'auroit peut-être pas été assez fort pour opérer alors un tel changement dans les principes généralement admis ; il falloit que le philosophe servît à cet égard les desseins de l'usurpateur. Non assurément que Sieyes voulût établir la tyrannie en France ; on doit lui rendre la justice qu'il n'y a jamais pris part : et d'ailleurs, un homme d'autant d'esprit ne peut aimer l'autorité d'un seul, si ce seul n'est pas lui-même. Mais, par sa métaphysique, il embrouilla la question la plus simple, celle de l'élection ; et c'est à l'ombre de ces nuages que Bonaparte s'introduisit impunément dans le despotisme.

CHAPITRE IV

Des progrès du pouvoir absolu de Bonaparte

On ne sauroit trop observer les premiers symptômes de la tyrannie ; car, quand elle a grandi à un certain point, il n'est plus temps de l'arrêter. Un seul homme enchaîne la volonté d'une multitude d'individus dont la plupart, pris séparément, souhaiteroient d'être libres, mais qui néanmoins se soumettent, parce que chacun d'eux redoute l'autre, et n'ose lui communiquer franchement sa pensée.

Souvent il suffit d'une minorité très-peu nombreuse pour faire face tour-à-tour à chaque portion de la majorité qui s'ignore elle-même.

Malgré les diversités de temps et de lieux, il y a des points de ressemblance entre l'histoire de toutes les nations tombées sous le joug. C'est presque toujours après de longs troubles civils que la tyrannie s'établit, parce qu'elle offre à tous les partis épuisés et craintifs l'espoir de trouver en elle un abri. Bonaparte a dit de lui-même avec raison, qu'il savoit jouer à merveille de l'instrument du pouvoir. En effet, comme il ne tient à aucune idée, et qu'il n'est arrêté par aucun obstacle, il se présente dans l'arène des circonstances en athlète aussi souple que vigoureux, et son premier coup-d'œil lui fait connoître ce qui, dans chaque personne, ou dans chaque association d'hommes, peut servir à ses desseins personnels. Son plan, pour parvenir à dominer la France, se fonda sur trois bases principales : contenter les intérêts des hommes aux dépens de leurs vertus, dépraver l'opinion par des sophismes, et donner à la nation pour but la guerre au lieu de la liberté. Nous le verrons suivre ces diverses routes avec une rare habileté. Les François, hélas ! ne l'ont que trop bien secondé ; néanmoins, c'est à son funeste génie surtout qu'il faut s'en prendre ; car les gouvernements arbitraires ayant empêché, de tout temps , que cette nation n'eût des idées fixes sur aucun sujet, Bonaparte a fait mouvoir ses passions sans avoir à lutter contre ses principes. Il pouvoit dès-lors honorer la France, et s'affermir lui-même par des institutions respectables ; mais le mépris de l'espèce humaine a tout desséché dans son âme, et il a cru qu'il n'existoit de profondeur que dans la région du mal.

Nous avons déjà vu que le général Bonaparte fit décréter une constitution, dans laquelle il n'existoit point de garanties [26]. De plus, il eut grand soin de laisser subsister les lois émises pendant la révolution, afin de prendre à son gré l'arme qui lui convenoit dans cet arsenal détestable. Les commissions extraordinaires, les déportations, les exils, l'esclavage de la presse, ces mesures malheureusement prises au nom de la liberté, étoient fort utiles à la tyrannie. Il mettoit en avant, pour les adopter, tantôt la raison d'état, tantôt la nécessité des temps, tantôt l'activité de ses adversaires, tantôt le besoin de maintenir le calme. Telle est l'artillerie des phrases qui fondent le pouvoir absolu, car les circonstances ne finissent jamais, et plus on veut comprimer par des mesures illégales, plus on fait de mécontens qui motivent la nécessité de nouvelles injustices. C'est toujours à demain qu'on remet l'établissement de la loi, et c'est un cercle vicieux dont on ne peut sortir ; car l'esprit public qu'on attend pour permettre la liberté, ne sauroit résulter que de cette liberté même.

La constitution donnoit à Bonaparte deux collègues ; il choisit avec une sagacité singulière, pour ses consuls adjoints, deux hommes qui ne servoient qu'à déguiser son unité despotique : l'un, Cambacérès, juris-consulte d'une grande instruction, mais qui avoit appris, dans la convention, à plier méthodiquement devant la terreur [27] ; et l'autre, Lebrun, homme d'un esprit très-cultivé et de manières très-polies, mais qui s'étoit formé sous le chancelier Maupeou, sous ce ministre qui avoit substitué un parlement nommé par lui à ceux de France, ne trouvant pas encore assez d'arbitraire, dans la monarchie telle qu'elle étoit alors [28]. Cambacérès étoit l'interprète de Bonaparte auprès des révolutionnaires, et Lebrun auprès des royalistes ; l'un et l'autre traduisoient le même texte en deux langues différentes. Deux habiles ministres avoient aussi chacun pour mission d'adapter l'ancien et le nouveau régimes au mélange du troisième. Le premier, un grand seigneur engagé dans la révolution, disoit aux royalistes qu'il leur convenoit de retrouver les institutions monarchiques, en renonçant à l'ancienne dynastie. Le second, un homme des temps funestes, mais néanmoins prêt à servir au rétablissement des cours, prêchoit aux républicains la nécessité d'abandonner leurs opinions politiques, pourvu qu'ils pussent conserver leurs places. Parmi ces chevaliers de la circonstance, Bonaparte, le grand maître, savoit la créer, et les autres manœuvroient selon le vent que ce génie des orages avoit soufflé dans les voiles.

L'armée politique du premier consul étoit composée des transfuges des deux partis. Les royalistes lui sacrifioient leur fidélité envers les Bourbons, et les patriotes leur attachement à la liberté ; ainsi donc aucune façon de penser indépendante ne pouvoit se montrer sous son règne, car il pardonnoit plus volontiers un calcul égoïste, qu'une opinion désintéressée. C'étoit par le mauvais côté du cœur humain qu'il croyoit pouvoir s'en emparer.

Bonaparte prit les Tuileries pour sa demeure, et ce fut un coup de partie que le choix de cette habitation. On avoit vu là le roi de France, les habitudes monarchiques y étoient encore présentes à tous les yeux, et il suffisoit, pour ainsi dire, de laisser faire les murs pour tout rétablir. Vers les derniers jours du dernier siècle, je vis entrer le premier consul dans le palais bâti par les rois ; et, quoique Bonaparte fût bien loin encore de la magnificence qu'il a développée depuis, l'on voyoit déjà dans tout ce qui l'entouroit un empressement de se faire courtisan à l'orientale, qui dut lui persuader que gouverner la terre étoit chose bien facile. Quand sa voiture fut arrivée dans la cour des Tuileries, ses valets ouvrirent la portière et précipitèrent le marchepied avec une violence qui sembloit dire que les choses physiques elles-mêmes étoient insolentes quand elles retardoient un instant la marche de leur maître. Lui ne regardoit ni ne remercioit personne, comme s'il avoit craint qu'on pût le croire sensible aux hommages même qu'il exigeoit. En montant l'escalier au milieu de la foule qui se pressoit pour le suivre, ses yeux ne se portoient ni sur aucun objet, ni sur aucune personne en particulier ; il y avoit quelque chose de vague et d'insouciant dans sa physionomie, et ses regards n'exprimoient que ce qu'il lui convient toujours de montrer, l'indifférence pour le sort, et le dédain pour les hommes.

Ce qui servoit singulièrement le pouvoir de Bonaparte, c'est qu'il n'avoit rien à ménager que la masse. Toutes les existences individuelles étoient anéanties par dix ans de troubles, et rien n'agit sur un peuple comme les succès militaires ; il faut une grande puissance de raison pour combattre ce penchant au lieu d'en profiter. Personne en France ne pouvoit croire sa situation assurée : les hommes de toutes les classes, ruinés ou enrichis, bannis ou récompensés, se trouvoient également un à un, pour ainsi dire, entre les mains du pouvoir. Des milliers de François étoient portés sur la liste des émigrés ; d'autres milliers étoient acquéreurs de biens nationaux ; des milliers étoient proscrits comme prêtres ou comme nobles, d'autres milliers craignoient de l'être pour leurs faits révolutionnaires. Bonaparte, qui marchoit toujours entre deux intérêts contraires, se gardoit bien de mettre un terme à ces inquiétudes par des lois fixes qui pussent faire connoître à chacun ses droits. Il rendoit à tel ou tel ses biens, à tel ou tel il les ôtoit pour toujours. Un arrêté sur la restitution des bois réduisoit l'un à la misère, l'autre retrouvoit fort au-delà de ce qu'il avoit possédé. Il rendoit quelquefois les biens du père au fils, ceux du frère aîné au frère cadet, selon qu'il étoit content ou mécontent de leur attachement à sa personne [29]. Il n'y avoit pas un François qui n'eût quelque chose à demander au gouvernement, et ce quelque chose c'étoit la vie ; car alors la faveur consistoit non dans le frivole plaisir qu'elle peut donner, mais dans l'espérance de revoir sa patrie, et de retrouver au moins une portion de ce qu'on possédoit. Le premier consul s'étoit réservé la faculté de disposer, sous un prétexte quelconque, du sort de tous et de chacun. Cet état inouï de dépendance excuse à beaucoup d'égards la nation. Peut-on en effet s'attendre à l'héroïsme universel ? Et ne faut-il pas de l'héroïsme pour s'exposer à la ruine et au bannissement qui pesoit sur toutes les têtes par l'application d'un décret quelconque ? Un concours unique de circonstances mettoit à la disposition d'un homme les lois de la terreur, et la force militaire créée par l'enthousiasme républicain. Quel héritage pour un habile despote !

Ceux, parmi les François, qui cherchoient à résister au pouvoir toujours croissant du premier consul, devoient invoquer la liberté pour lutter avec succès contre lui. Mais à ce mot les aristocrates et les ennemis de la révolution crioient au jacobinisme, et secondoient ainsi la tyrannie dont ils ont voulu depuis faire retomber le blâme sur leurs adversaires.

Pour calmer les jacobins, qui ne s'étoient pas encore tous ralliés à cette cour dont ils ne comprenoient pas bien le sens, on répandoit des brochures dans lesquelles on disoit que l'on ne devoit pas craindre que Bonaparte voulût ressembler à César, à Cromwell ou à Monk ; rôles usés, disoit-on, qui ne conviennent plus au siècle. Il n'est pas bien sûr cependant, que les événemens de ce monde ne se répètent pas, quoique cela soit interdit aux auteurs des pièces nouvelles ; mais ce qu'il importoit alors, c'étoit de fournir une phrase à tous ceux qui vouloient être trompés d'une manière décente. La vanité françoise commença dès-lors à se porter sur l'art de la diplomatie : la nation entière, à qui l'on disoit le secret de la comédie, étoit flattée de la confidence, et se complaisoit dans la réserve intelligente que l'on exigeoit d'elle.

On soumit bientôt les nombreux journaux qui existoient en France, à la censure la plus rigoureuse [30], mais en même temps la mieux combinée ; car il ne s'agissoit pas de commander le silence à une nation qui a besoin de faire des phrases dans quelque sens que ce soit, comme le peuple romain avoit besoin de voir les jeux du cirque. Bonaparte établit dès-lors cette tyrannie bavarde, dont il a tiré depuis un si grand avantage. Les feuilles périodiques répétoient toutes la même chose chaque jour, sans que jamais il fût permis de les contredire. La liberté des journaux diffère à plusieurs égards de celle des livres. Les journaux annoncent les nouvelles dont toutes les classes de personnes sont avides, et la découverte de l'imprimerie, loin d'être, comme on l'a dit, la sauvegarde de la liberté, seroit l'arme le plus terrible du despotisme, si les journaux, qui sont la seule lecture des trois quarts de la nation, étoient exclusivement soumis à l'autorité. Car, de même que les troupes réglées sont plus dangereuses que les milices pour l'indépendance des peuples ; les écrivains soldés dépravent l'opinion bien plus qu'elle ne pouvoit se dépraver, quand on ne communiquoit que par la parole, et que l'on formoit ainsi son jugement d'après les faits. Mais, lorsque la curiosité pour les nouvelles ne peut se satisfaire qu'en recevant un appoint de mensonges ; lorsqu'aucun événement n'est raconté sans être accompagné d'un sophisme ; lorsque la réputation de chacun dépend d'une calomnie répandue dans des gazettes qui se multiplient de toutes parts, sans qu'on accorde à personne la possibilité de les réfuter ; lorsque les opinions sur chaque circonstance, sur chaque ouvrage, sur chaque individu, sont soumises au mot d'ordre des journalistes, comme les mouvemens des soldats aux chefs de file : c'est alors que l'art de l'imprimerie devient ce que l'on a dit du canon, *la dernière raison des rois*.

Bonaparte, lorsqu'il disposoit d'un million d'hommes armés, n'en attachoit pas moins d'importance à l'art de guider l'esprit public par les gazettes ; il dictoit souvent lui-même des articles de journaux qu'on pouvoit reconnoître aux saccades violentes du style [31] ; on voyoit qu'il auroit voulu mettre dans ce qu'il écrivoit, des coups au lieu de mots. Il a dans tout son être un fond de vulgarité que le gigantesque de son ambition même ne sauroit toujours cacher. Ce n'est pas qu'il ne sache très-bien, un jour donné, se montrer avec beaucoup de convenance ; mais il n'est à son aise que dans le mépris pour les autres, et, dès qu'il peut y rentrer, il s'y complaît. Toutefois ce n'étoit pas uniquement par goût qu'il se livroit à faire servir, dans ses notes du Moniteur, le cynisme de la révolution au maintien de sa puissance. Il ne permettoit qu'à lui d'être jacobin en France. Mais, lorsqu'il inséroit dans ses bulletins des injures grossières contre les personnes les plus respectables, il croyoit ainsi captiver la masse du peuple et des soldats, en se rapprochant de leur langage et de leurs passions, sous la pourpre même dont il étoit revêtu.

On ne peut arriver à un grand pouvoir qu'en mettant à profit la tendance de son siècle : aussi Bonaparte étudia-t-il bien l'esprit du sien. Il y avoit eu, parmi les hommes supérieurs du dix-huitième siècle en France, un superbe enthousiasme pour les principes qui fondent le bonheur et la dignité de l'espèce humaine ; mais à l'abri de ce grand chêne croissoient des plantes vénéneuses, l'égoïsme et l'ironie ; et Bonaparte sut habilement se servir de ces dispositions funestes. Il tourna toutes les belles choses en ridicule, excepté la force ; et la maxime proclamée sous son règne étoit : *Honte aux vaincus !* Aussi l'on ne seroit tenté de dire aux disciples de sa doctrine qu'une seule injure : *Et pourtant vous n'avez pas réussi !* Car tout blâme, tiré du sentiment moral, ne leur importeroit guère.

Il falloit cependant donner un principe de vie à ce système de dérision et d'immoralité, sur lequel se fondoit le gouvernement civil. Ces puissances négatives ne suffisoient pas pour marcher en avant, sans l'impulsion des succès militaires. L'ordre dans l'administration et dans les finances, les embellissemens des villes, la confection des canaux et des grandes routes, tout ce qu'on a pu louer enfin dans les affaires de l'intérieur, avoit pour unique base l'argent obtenu par les contributions levées sur les étrangers [32]. Il ne falloit pas moins que les revenus du continent pour procurer alors de tels avantages à la France ; et, loin qu'ils fussent fondés sur des institutions durables, la grandeur de ce colosse ne reposoit que sur des pieds d'argile.

CHAPITRE V

L'Angleterre devoit-elle faire la paix avec Bonaparte à son avénement au consulat ?

Lorsque le général Bonaparte fut nommé consul, ce qu'on attendoit de lui, c'étoit la paix. La nation étoit fatiguée de sa longue lutte ; et, sûre alors d'obtenir son indépendance avec la barrière du Rhin et des Alpes, elle ne souhaitoit que la tranquillité ; certes elle s'adressoit mal pour l'obtenir. Cependant le premier consul fit des démarches pour se rapprocher de l'Angleterre, et le ministère d'alors s'y refusa. Peut-être eut-il tort, car deux ans après, lorsque Bonaparte avoit déjà assuré sa puissance par la victoire de Marengo[33], le gouvernement anglois se vit dans la nécessité de signer le traité d'Amiens[34], qui, sous tous les rapports, étoit plus désavantageux que celui qu'on auroit obtenu dans un moment où Bonaparte vouloit un succès nouveau, la paix avec l'Angleterre. Cependant je ne partage pas l'opinion de quelques personnes qui prétendent que, si le ministère anglois avoit alors accepté les propositions de la France, Bonaparte eût dès cet instant adopté un système pacifique. Rien n'étoit plus contraire à sa nature et à son intérêt. Il ne sait vivre que dans l'agitation ; et, si quelque chose peut plaider pour lui auprès de ceux qui réfléchissent sur l'être humain, c'est qu'il ne respire librement que dans une atmosphère volcanique ; son intérêt aussi lui conseilloit la guerre.

Tout homme, devenu chef unique d'un grand pays autrement que par l'hérédité, peut difficilement s'y maintenir, s'il ne donne pas à la nation de la liberté ou de la gloire militaire, s'il n'est pas Washington ou un conquérant. Or, comme il étoit difficile de ressembler moins à Washington que Bonaparte, il ne pouvoit établir et conserver un pouvoir absolu qu'en étourdissant le raisonnement ; qu'en présentant, tous les trois mois, aux François une perspective nouvelle, afin de suppléer, par la grandeur et la variété des événemens, à l'émulation honorable, mais tranquille, dont les peuples libres sont appelés à jouir.

Une anecdote peut servir à faire connoître comment, dès les

premiers jours de l'avénement de Bonaparte au consulat, ses alentours savoient déjà de quelle façon servile il falloit s'y prendre pour lui plaire. Parmi les argumens allégués par lord Grenville [35] pour ne pas faire la paix avec Bonaparte, il y avoit, que le gouvernement du premier consul tenant à lui seul, on ne pouvoit fonder une paix durable sur la vie d'un homme. Ces paroles irritèrent le premier consul ; il ne pouvoit souffrir qu'on discutât la chance de sa mort. En effet, quand on ne rencontre plus d'obstacle dans les hommes, on s'indigne contre la nature qui seule est inflexible ; il nous est à nous autres plus faciles de mourir ; nos ennemis, souvent même nos amis, tout notre sort enfin nous y prépare. L'homme chargé de réfuter dans le Moniteur la réponse de lord Grenville, se servit de ces expressions : *Quant à la vie et à la mort de Bonaparte, ces choses-là, mylord, sont au-dessus de votre portée.* Ainsi le peuple de Rome appeloit les empereurs *Votre Éternité.* Bizarre destinée de l'espèce humaine, condamnée à rentrer dans le même cercle par les passions, tandis qu'elle avance toujours dans la carrière des idées ! Le traité d'Amiens fut conclu, lorsque les succès de Bonaparte en Italie le rendoient déjà maître du continent ; les conditions en étoient très-désavantageuses pour les Anglois [36], et pendant l'année qu'il subsista, Bonaparte se permit des empiétemens tellement redoutables, qu'après la faute de signer ce traité, celle de ne pas le rompre eût été la plus grande. A cette époque, en 1803, malheureusement pour l'esprit de liberté en Angleterre, et par conséquent sur le continent dont elle est le fanal, le parti de l'opposition, ayant à sa tête M. Fox [37], fit entièrement fausse route par rapport à Bonaparte ; et dès-lors ce parti, si honorable d'ailleurs, a perdu dans la nation l'ascendant qu'il eût été désirable à d'autres égards de lui voir conserver. C'étoit déjà beaucoup trop que d'avoir défendu la révolution françoise sous le règne de la terreur ; mais quelle faute, s'il se peut, plus dangereuse encore, que de considérer Bonaparte comme tenant aux principes de cette révolution dont il étoit le plus habile destructeur ! Sheridan [38], qui par ses lumières et ses talens avoit de quoi faire la gloire de l'Angleterre et la sienne propre, montra clairement à l'opposition le rôle qu'elle devoit jouer, dans le discours éloquent qu'il prononça à l'occasion de la paix d'Amiens.

« La situation de Bonaparte et l'organisation de son pouvoir sont telles, dit Sheridan, qu'il doit entrer avec ses sujets dans un terrible échange ; il faut qu'il leur promette de les rendre les maîtres du monde, afin qu'ils consentent à être ses esclaves ; et, si tel est son but, contre quelle puissance doit-il tourner ses regards inquiets, si ce n'est contre la Grande-Bretagne ? Quelques-uns ont prétendu qu'il ne vouloit avoir avec nous d'autre rivalité que celle du commerce ; heureux cet homme, si des vues administratives étoient entrées dans sa tête ! mais qui pourroit le croire, il suit l'ancienne méthode des taxes exagérées et des prohibitions. Toutefois il voudroit arriver par un chemin plus court à notre perte ; peut-être se figure-t-il que, ce pays une fois subjugué, il pourra transporter chez lui notre commerce, nos capitaux et notre crédit [39], comme il a fait venir à Paris les tableaux et les statues d'Italie. Mais ses ambitieuses espérances seroient bientôt trompées ; ce crédit disparoîtroit sous la griffe du pouvoir ; ces capitaux s'enfonceroient dans la terre, s'ils étoient foulés aux pieds d'un despote ; et ces entreprises commerciales seroient sans vigueur en présence d'un gouvernement arbitraire. S'il écrit sur ses tablettes des notes marginales relatives à ce qu'il doit faire des divers pays qu'il a soumis ou qu'il veut soumettre, le texte entier est consacré à la destruction de notre patrie. C'est sa première pensée en s'éveillant, c'est sa prière, à quelque divinité qu'il l'adresse, Jupiter ou Mahomet, le dieu des batailles ou la déesse de la raison. Une importante leçon doit être tirée de l'arrogance de Bonaparte : il se dit l'instrument dont la Providence a fait choix pour rendre le bonheur à la Suisse, et la splendeur et l'importance à l'Italie ; et nous aussi, nous devons le considérer comme un instrument dont la Providence a fait choix pour nous rattacher davantage, s'il se peut, à notre constitution, pour nous faire sentir le prix de la liberté qu'elle nous assure ; pour anéantir toutes les différences d'opinion en présence de cet intérêt ; enfin pour avoir sans cesse présent à l'esprit, que tout homme qui arrive en Angleterre, en sortant de France, croit s'échapper d'un donjon pour respirer l'air et la vie de l'indépendance. »

La liberté triompheroit aujourd'hui dans l'opinion universelle, si tous ceux qui se sont ralliés à ce noble espoir avoient bien vu, dès le commencement du règne de Bonaparte, que le premier des contre-révolutionnaires, et le seul redoutable alors, c'étoit celui qui se revêtoit des couleurs nationales pour rétablir impunément tout ce qui avoit disparu devant elles.

Les dangers dont l'ambition du premier consul menaçoit l'Angle-terre, sont signalés avec autant de vérité que de force dans le discours que nous venons de citer. Le ministère anglois est donc amplement justifié d'avoir recommencé la guerre ; mais quoiqu'il ait pu, dans la suite, prêter plus ou moins d'appui aux adversaires personnels de Bonaparte, il ne s'est jamais permis d'autoriser un attentat contre sa vie ; une telle idée ne vint pas aux chefs d'un peuple de chrétiens. Bonaparte courut un grand danger par la machine infernale, assassinat le plus coupable de tous, puisqu'il menaçoit la vie d'un grand nombre d'autres personnes en même temps que celle du consul. Mais le ministère anglois n'entra point dans cette conspiration ; il y a lieu de croire que les chouans, c'est-à-dire, les jacobins du parti aristocrate, en furent seuls coupables. A cette occasion pourtant, on déporta cent trente révolutionnaires, bien qu'ils n'eussent pris aucune part à la machine infernale [40]. Mais il parut simple alors de profiter du trouble que causoit cet événement pour se débarrasser de tous ceux qu'on vouloit proscrire. Singulière façon, il faut le dire, de traiter l'espèce humaine ! Il s'agissoit d'hommes odieux, s'écriera-t-on ! Cela se peut, mais qu'importe ? N'apprendra-t-on jamais en France qu'il n'y a point d'acception de personnes devant la loi ? Les agens de Bonaparte s'étoient fait alors le bizarre principe de frapper les deux partis à la fois, lorsque l'un des deux avoit tort ; ils appeloient cela de l'impartialité. Vers ce temps, un homme auquel il faut épargner son nom, proposa de brûler vifs ceux qui seroient convaincus d'un attentat contre la vie du premier consul. La proposition des supplices cruels sembloit appartenir à d'autres siècles que le nôtre, mais la flatterie ne s'en tient pas toujours à la platitude, et la bassesse est très-facilement féroce.

CHAPITRE VI

De l'inauguration
du concordat à Notre-Dame

A l'époque de l'avénement de Bonaparte, les partisans les plus sincères du catholicisme, après avoir été si long-temps victimes de l'inquisition politique, n'aspiroient qu'à une parfaite liberté religieuse. Le vœu général de la nation se bornoit à ce que toute persécution cessât désormais à l'égard des prêtres, et qu'on n'exigeât plus d'eux aucun genre de serment ; enfin, que l'autorité ne se mêlât en rien des opinions religieuses de personne. Ainsi donc, le gouvernement consulaire eût contenté l'opinion, en maintenant en France la tolérance absolue, telle qu'elle existe en Amérique, chez un peuple dont la piété constante et les mœurs sévères, qui en sont la preuve, ne sauroient être mises en doute. Mais le premier consul ne s'occupoit point de ces saintes pensées ; il savoit que si le clergé reprenoit une consistance politique, son influence ne pouvoit seconder que les intérêts du despotisme ; et, ce qu'il vouloit, c'étoit préparer les voies pour son arrivée au trône.

Il lui falloit un clergé comme des chambellans, comme des titres, comme des décorations, enfin, comme toutes les anciennes cariatides du pouvoir ; et lui seul étoit en mesure de les relever. L'on s'est plaint du retour des vieilles institutions, et l'on ne devroit pas oublier que Bonaparte en est la véritable cause. C'est lui qui a recomposé le clergé, pour le faire servir à ses desseins. Les révolutionnaires, qui étoient encore redoutables, il y a quatorze ans, n'auróient jamais souffert que l'on redonnât ainsi une existence politique aux prêtres, si un homme qu'ils considéroient, à quelques égards, comme l'un d'entre eux, en leur présentant un concordat avec le pape, ne leur eût pas assuré que c'étoit une mesure très-profondément combinée, et qui serviroit au maintien des institutions nouvelles. Les révolutionnaires, à quelques exceptions près, sont plus violents que rusés, et par cela même on les flatte quand on les traite en hommes habiles.

Bonaparte assurément n'est pas religieux, et l'espèce de superstition dont on a pu découvrir quelques traces dans son caractère, tient uniquement au culte de lui-même. Il croit à sa fortune, et ce sentiment s'est manifesté en lui de diverses manières ; mais, depuis le mahométisme jusqu'à la religion des pères du désert, depuis la loi agraire jusqu'à l'étiquette de la cour de Louis XIV, son esprit est prêt à concevoir, et son caractère à exécuter ce que la circonstance peut exiger. Toutefois son penchant naturel étant pour le despotisme, ce qui le favorise lui plaît, et il auroit aimé l'ancien régime de France plus que personne, s'il avoit pu persuader au monde qu'il descendoit en droite ligne de saint Louis.

Il a souvent exprimé la regret de ne pas régner dans un pays où le monarque fût en même temps le chef de l'église, comme en Angleterre et en Russie ; mais, trouvant encore le clergé de France dévoué à la cour de Rome, il voulut négocier avec elle. Un jour il assuroit aux prélats que, dans son opinion, il n'y avoit que la religion catholique de vraiment fondée sur les traditions anciennes ; et, d'ordinaire, il leur montroit sur ce sujet quelque érudition acquise de la veille ; puis, se trouvant avec des philosophes, il dit à Cabanis[41] : *Savez-vous ce que c'est que le concordat que je viens de signer ? C'est la vaccine de la religion : dans cinquante ans il n'y en aura plus en France.* Ce n'étoient ni la religion ni la philosophie qui lui importoient dans l'existence d'un clergé tout-à-fait soumis à ses volontés ; mais, ayant entendu parler de l'alliance entre l'autel et le trône, il commença par relever l'autel. Aussi, en célébrant le concordat, fit-il, pour ainsi dire, la répétition habillée de son couronnement.

Il ordonna, au mois d'avril 1802, une grande cérémonie à Notre-

Dame. Il y fut avec toute la pompe royale, et nomma pour l'orateur de cette inauguration, qui ? l'archevêque d'Aix, le mème qui avoit fait le sermon du sacre à la cathédrale de Reims, le jour où Louis XVI fut couronné[42]. Deux motifs le déterminèrent à ce choix : l'espoir ingénieux que, plus il imitoit la monarchie, plus il faisoit naître l'idée de l'en nommer le chef ; et le dessein perfide de déconsidérer l'archevêque d'Aix assez pour le mettre entièrement dans sa dépendance, et pour donner à tous la mesure de son ascendant. Toujours il a voulu, quand cela se pouvoit, qu'un homme connu fît quelque chose d'assez blâmable en s'attachant à lui, pour être perdu dans l'estime de tout autre parti que le sien. Brûler ses vaisseaux, c'étoit lui sacrifier sa réputation ; il vouloit faire des hommes une monnoie qui ne reçût sa valeur que de l'empreinte du maître. La suite a prouvé que cette monnoie savoit rentrer en circulation avec une autre effigie.

Le jour du concordat, Bonaparte se rendit à l'église de Notre-Dame, dans les anciennes voitures du roi, avec les mêmes cochers, les mêmes valets de pied marchant à côté de la portière ; il se fit dire jusque dans le moindre détail toute l'étiquette de la cour ; et, bien que premier consul d'une république, il s'appliqua tout cet appareil de la royauté. Rien, je l'avoue, ne me fit éprouver un sentiment d'irritation pareil. Je m'étois renfermée dans ma maison pour ne pas voir cet odieux spectacle ; mais j'y entendois les coups de canon qui célébroient la servitude du peuple françois. Car y avoit-il quelque chose de plus honteux que d'avoir renversé les antiques institutions royales, entourées au moins de nobles souvenirs, pour reprendre ces mêmes institutions, sous des formes de parvenus, et avec les fers du despotisme ? C'étoit ce jour-là qu'on pouvoit adresser aux François ces belles paroles de Milton[43] à ses compatriotes : *Nous allons devenir la honte des nations libres, et le jouet de celles qui ne le sont pas ; est-ce là, diront les étrangers, cet édifice de liberté que les Anglois se glorifioient de bâtir ? Ils n'en ont fait tout juste que ce qu'il falloit pour se rendre à jamais ridicules aux yeux de l'Europe entière.* Les Anglois du moins ont appelé de cette prédiction.

Au retour de Notre-Dame, le premier consul, se trouvant au milieu de ses généraux, leur dit : *N'est-il pas vrai qu'aujourd'hui tout paroissoit rétabli dans l'ancien ordre ?* « Oui, » répondit noblement l'un d'entre eux, « excepté deux millions de François qui sont morts pour la liberté, et qu'on ne peut faire revivre[44]. » D'autres millions ont péri depuis, mais pour le despotisme.

On accuse amèrement les François d'être irréligieux ; mais l'une des principales causes de ce funeste résultat, c'est que les différens partis, depuis vingt-cinq ans, ont toujours voulu diriger la religion vers un but politique, et rien ne dispose moins à la piété que d'employer la religion pour un autre objet qu'elle-même. Plus les sentimens sont beaux par leur nature, plus ils inspirent de répugnance quand l'ambition et l'hypocrisie s'en emparent. Lorsque Bonaparte fut empereur, il nomma le même archevêque d'Aix, dont nous venons de parler, à l'archevêché de Tours ; et celui-ci, dans un de ses mandemens, exhorta la nation à reconnoître Napoléon comme souverain légitime de la France. Le ministre des cultes, se promenant alors avec un de mes amis, lui montra ce mandement, et lui dit : « Voyez, il appelle l'empereur grand, généreux, illustre, tout cela est fort bien ; mais c'est *légitime* qui étoit le mot important dans la bouche d'un prêtre. » Pendant douze ans, à dater du concordat, les ecclésiastiques de tous les rangs n'ont laissé passer aucune occasion de louer Bonaparte à leur manière, c'est-à-dire, en l'appelant l'envoyé de Dieu, l'instrument de ses décrets, le représentant de la Providence sur la terre. Les mêmes prêtres ont depuis prêché sans doute une autre doctrine ; mais comment veut-on qu'un clergé, toujours aux ordres de l'autorité, quelle qu'elle soit, ajoute à l'ascendant de la religion sur les âmes ?

Le catéchisme qui a été reçu dans toutes les églises, pendant le règne de Bonaparte[45], menaçoit des peines éternelles quiconque *n'aimeroit pas ou ne défendroit pas la dynastie de Napoléon.* Si vous n'aimez pas Napoléon et sa famille, disoit ce catéchisme (qui, à cela près, est celui de Bossuet), que vous en arrivera-t-il ? Réponse : Alors nous encourrons la damnation éternelle[a]. Falloit-il croire, toutefois, que Bonaparte disposeroit de l'enfer dans l'autre monde, parce qu'il en donnoit l'idée dans celui-ci ? En vérité, les nations n'ont de piété sincère que dans les pays où la doctrine de l'église n'a point de rapport avec les dogmes politiques, dans les pays où les prêtres n'exercent point de pouvoir sur l'état ; dans les pays enfin où on peut aimer Dieu et la religion chrétienne de toute son âme, sans perdre et surtout sans obtenir aucun avantage terrestre par la manifestation de ce sentiment.

CHAPITRE VII

Dernier ouvrage
de M. Necker
sous le consulat de Bonaparte

M. Necker eut un entretien avec Bonaparte à son passage en Italie par le mont Saint-Bernard, peu de temps avant la bataille de Marengo[46] ; pendant cette conversation, qui dura deux heures, le premier consul fit à mon père une impression assez agréable par la sorte de confiance avec laquelle il lui parla de ses projets futurs. Ainsi donc aucun ressentiment personnel n'animoit M. Necker contre Bonaparte, quand il publia son livre intitulé : *Dernières vues de politique et de finances*[47]. La mort du duc d'Enghien n'avoit point encore eu lieu[48] ; beaucoup de gens espéroient un grand bien du gouvernement de Bonaparte, et M. Necker étoit sous deux rapports dans sa dépendance, soit parce qu'il vouloit bien désirer que je ne fusse pas bannie de Paris, dont j'aimois beaucoup le séjour ; soit parce que son dépôt de deux millions étoit encore entre les mains du gouvernement, c'est-à-dire, du premier consul. Mais M. Necker s'étoit fait une magistrature de vérité dans sa retraite ; dont il ne négligeoit les obligations par aucun motif ; il souhaitoit pour la France l'ordre et la liberté, la monarchie et le gouvernement représentatif ; et, toutes les fois qu'on s'écartoit de cette ligne, il croyoit de son devoir d'employer son talent d'écrivain, et ses connoissances comme homme d'état, pour essayer de ramener les esprits vers le but. Toutefois, regardant Bonaparte alors comme le défenseur de l'ordre, et comme celui qui préservoit la France de l'anarchie, il l'appela l'*homme nécessaire,* et revint, dans plusieurs endroits de son livre, à vanter ses talens avec la plus haute estime. Mais ces éloges n'apaisèrent pas le premier consul. M. Necker avoit touché au point sensible de son ambition, en discutant le projet qu'il avoit formé d'établir une monarchie en France, de s'en faire le chef, et de s'entourer d'une noblesse de sa propre création. Bonaparte ne vouloit pas qu'on annonçât ce dessein avant qu'il fût accompli ; encore moins permettoit-il qu'on en fit sentir tous les défauts. Aussi, dès que cet ouvrage parut, les journalistes reçurent-ils l'ordre de l'attaquer avec le plus grand acharnement. Bonaparte signala M. Necker comme le principal auteur de la révolution ; car, s'il aimoit cette révolution comme l'ayant placé sur le trône, il la haïssoit par son instinct de despote : il auroit voulu l'effet sans la cause. D'ailleurs, son habileté en fait de haine lui avoit très-bien suggéré que M. Necker, souffrant plus que personne des malheurs qui avoient frappé tant de gens respectables en France, seroit profondément blessé, si, de la manière même la plus injuste, on le désignoit comme les ayant préparés.

Aucune réclamation pour la restitution du dépôt de mon père ne fut admise, à dater de la publication de son livre en 1802 ; et le premier consul déclara, dans le cercle de sa cour, qu'il ne me laisseroit plus revenir à Paris, *puisque,* disoit-il, *j'avois porté des renseignemens si faux à mon père sur l'état de la France*[50]. Certes, mon père n'avoit besoin de moi pour aucune chose dans ce monde, excepté, je l'espère, pour mon affection ; et, quand j'arrivai à Coppet, son manuscrit étoit déjà livré à l'impression. Il est curieux d'observer ce qui, dans ce livre, put exciter si vivement la colère du premier consul.

Dans la première partie de son ouvrage, M. Necker analysoit la constitution consulaire telle qu'elle existoit alors, et il approfondissoit aussi l'hypothèse de la royauté constituée par Bonaparte, ainsi qu'on pouvoit la prévoir. Il posoit en maxime qu'il n'y a point de système représentatif sans élection directe du peuple, et que rien n'autorisoit à dévier de ce principe. Examinant ensuite l'institution aristocratique, servant de barrière entre la représentation nationale et le pouvoir exécutif, M. Necker jugea d'avance le sénat conservateur, tel qu'il s'est montré depuis, comme un corps à qui l'on renvoyoit tout et qui ne pouvoit rien, un corps qui recevoit des appointemens, chaque premier du mois, de ce gouvernement qu'il étoit censé contrôler. Les sénateurs devoient nécessairement n'être que des commentateurs de la volonté consulaire. Une assemblée nombreuse s'associoit à la responsabilité des actes d'un seul, et chacun se sentoit plus à l'aise pour s'avilir à l'ombre de la majorité.

M. Necker prédit ensuite l'élimination du tribunat, telle qu'elle eut lieu sous le consulat même. « Les tribuns y penseront à deux fois, » dit-il, « avant de se rendre importuns, avant de s'exposer à déplaire à un sénat, qui doit chaque année fixer leur sort politique, et les perpétuer, ou non, dans leurs places. La constitution, donnant au sénat conservateur le droit de renouveler tous les ans le corps législatif et le tribunat par cinquième, n'explique point de quelle manière l'opération s'exécutera : elle ne dit point si le cinquième qui devra faire place à un autre cinquième sera déterminé par le sort ou par la désignation arbitraire du sénat. On ne peut mettre en doute qu'à commencer de l'époque où un droit d'ancienneté s'établira, le cinquième de première date ne soit désigné pour sortir à la révolution de cinq années, et chacun des autres cinquièmes dans ce même ordre de rangs. Mais la question est encore très-importante, en l'appliquant seulement aux membres du tribunat et du corps législatif, choisis tous à la fois au moment de la constitution ; et si le sénat, sans recourir au sort, s'arroge le droit de désigner à sa volonté le cinquième qui devra sortir chaque année pendant cinq ans (c'est ce qu'il fit), la liberté des opinions sera gênée dès à présent d'une manière très-puissante.

» C'est véritablement une singulière disparate que le pouvoir donné au sénat conservateur, de faire sortir du tribunat qui bon lui semble, jusques à la concurrence d'un cinquième du total, et de n'être autorisé lui-même à agir comme conservateur, comme défenseur de la constitution, que sur l'avertissement et l'impulsion du tribunat. Quelle supériorité dans un sens ! Quelle infériorité dans l'autre ! Rien ne paroît avoir été fait d'ensemble [b]. »

Sur ce point j'oserois n'être pas de l'avis de mon père : il y avoit un ensemble dans cette organisation incohérente ; elle avoit constamment et artistement pour but de ressembler à la liberté, et d'amener la servitude. Les constitutions mal faites sont très-propres à ce résultat ; mais cela tient toujours à la mauvaise foi du fondateur, car tout esprit sincère aujourd'hui sait en quoi consistent les ressorts naturels et spontanés de la liberté.

Passant ensuite à l'examen du corps législatif muet, dont nous avons déjà parlé, M. Necker dit à propos de l'initiative des lois : « Le gouvernement, par une attribution exclusive, doit seul proposer toutes les lois. Les Anglois se croiroient perdus, comme hommes libres, si l'exercice d'un pareil droit étoit enlevé à leur parlement ; si la prérogative la plus importante et la plus civique sortoit jamais de ses mains. Le monarque lui-même n'y participe qu'indirectement et par la médiation des membres de la chambre haute et de la chambre des communes, qui sont en même temps ses ministres.

» Les représentans de la nation, qui, de toutes les parties d'un royaume ou d'une république, viennent de réunir tous les ans dans la capitale, et qui se rapprochent encore de leurs foyers pendant l'ajournement des sessions, recueillent nécessairement des notions précieuses sur les améliorations dont l'administration de l'état est susceptible ; le pouvoir, d'ailleurs, de proposer des lois, est une faculté politique, féconde en pensées sociales et d'une utilité universelle, et il faut, pour l'exercer, un esprit investigateur, une âme patriotique, tandis que, pour accepter ou refuser une loi, le jugement seul est nécessaire. C'étoit l'office des anciens parlemens de France ; et, réduits qu'ils étoient à cette fonction, ne pouvant jamais juger des objets qu'un à un, ils n'ont jamais acquis des idées générales ᶜ. » Le tribunat étoit institué pour dénoncer les actes arbitraires en tout genre : les emprisonnemens, les exils, les atteintes portées à la liberté de la presse. M. Necker montre comment ce tribunat, tenant son élection du sénat et non du peuple, n'avoit point assez de force pour un tel ministère. Néanmoins comme le premier consul vouloit lui donner beaucoup d'occasions de se plaindre, il aima mieux le supprimer, quelque apprivoisé qu'il fût [51]. Son nom seul étoit encore trop républicain pour les oreilles de Bonaparte.

C'est ainsi que M. Necker s'exprime ensuite sur la responsabilité des agens du pouvoir : « Indiquons cependant une disposition d'une conséquence plus réelle, mais dans un sens absolument opposé aux idées de responsabilité, et destinée à déclarer indépendans les agens du gouvernement. La constitution consulaire dit que les agens du gouvernement, autres que les ministres, ne peuvent être poursuivis pour des faits relatifs à leurs fonctions, qu'en vertu d'une décision du conseil d'état ; en ce cas, la poursuite a lieu devant les tribunaux ordinaires. Observons d'abord qu'en vertu d'une décision du conseil d'état, ou en vertu de la décision du premier consul, sont deux choses semblables ; car le conseil ne délibère de lui-même sur aucun objet : le consul, qui nomme et révoque à sa volonté les membres de ce conseil, prend leur avis ou tous réunis ou le plus souvent divisés par section selon la nature des objets, et, en dernier résultat, sa propre décision fait règle. Mais peu importe ; l'objet principal dans la disposition que j'ai rappelée, c'est l'affranchissement des agens du gouvernement de toute espèce d'inspection et de poursuites de la part des tribunaux, sans le consentement du gouvernement lui-même. Ainsi, qu'un receveur, un répartiteur d'impôts prévarique audacieusement, prévarique avec scandale, le premier consul détermine, avant tout, s'il y a lieu à accusation. Il jugera seul de même, si d'autres agens de son autorité méritent d'être pris à partie, pour aucun abus de pouvoir : n'importe que ces abus soient relatifs aux contributions, à la corvée, aux subventions de toute espèce, aux logemens militaires, et aux enrôlemens forcés, désignés sous le nom de conscription. Jamais un gouvernement modéré n'a pu subsister à de telles conditions. Je laisse là l'exemple de l'Angleterre, où de pareilles lois politiques seroient considérées comme une dissolution absolue de la liberté ; mais je dirai que, sous l'ancienne monarchie françoise, jamais un parlement, ni même une justice inférieure, n'auroit demandé le consentement du prince pour sévir contre une prévarication connue de la part d'un agent public, contre un abus de pouvoir manifeste ; et un tribunal particulier, sous le nom de cour des aides, étoit juge ordinaire des droits, et des délits fiscaux, et n'avoit pas besoin d'une permission spéciale pour acquitter ce devoir dans toute son étendue.

» Enfin, c'est une expression trop vague que celle d'agent du gouvernement ; l'autorité, dans son immense circonférence, peut avoir des agens ordinaires et des agens extraordinaires ; une lettre d'un ministre, d'un préfet, d'un lieutenant de police, suffit pour créer un agent ; et si dans l'exercice de leurs fonctions, ils sont tous hors de l'atteinte de la justice, à moins d'une permission spéciale de la part du prince, le gouvernement aura dans sa main des hommes qu'un tel affranchissement rendra fort audacieux, et qui seront encore à couvert de la honte par leur dépendance directe de l'autorité suprême. Quels instrumens de choix pour la tyrannie ! »

Ne diroit-on pas que M. Necker, écrivant ces paroles en 1802, prévoyoit ce que l'empereur a fait depuis de son conseil d'état [52] ? Nous avons vu les fonctions de l'ordre judiciaire passer par degrés dans les mains de ce pouvoir administratif, sans responsabilité comme sans bornes ; nous l'avons vu même usurper les attributions législatives ; et ce divan n'avoit à redouter que son maître.

M. Necker, après avoir prouvé qu'il n'y avoit point de république en France sous le gouvernement consulaire, en conclut aisément que l'intention de Bonaparte étoit d'arriver à la royauté ; et c'est alors qu'il développe, avec une force extrême, la difficulté d'établir une monarchie tempérée, sans avoir recours aux grands seigneurs déjà existans, et qui, d'ordinaire, sont inséparables d'un prince d'une ancienne race. La gloire militaire peut certainement tenir lieu d'ancêtres ; elle agit plus vivement même sur l'imagination que les souvenirs : mais comme il faut qu'un roi s'entoure des rangs supérieurs, il est impossible de trouver assez de citoyens illustres par leurs exploits, pour qu'une aristocratie toute nouvelle puisse servir de barrière à l'autorité qui l'auroit créée. Les nations ne sont pas des Pygmalions qui adorent leur propre ouvrage, et le sénat, composé d'hommes nouveaux, choisis dans une foule d'hommes pareils, ne se sentoit pas de force, et n'inspiroit pas de respect.

Écoutons, sur ce sujet, les propres paroles de M. Necker ; elles s'appliquent à la chambre des pairs, telle qu'on la fit improviser par Bonaparte en 1815 [53] ; elles s'appliquent surtout au gouvernement militaire de Napoléon, qui étoit pourtant bien loin, en 1802, d'être établi comme nous l'avons vu depuis. « Si donc, ou par une révolution politique, ou par une révolution dans l'opinion, vous aviez perdu les élémens productifs des grands seigneurs, considérez-vous comme ayant perdu les élémens productifs de la monarchie héréditaire tempérée, et tournez vos regards, fût-ce avec peine, vers un autre ordre social.

» Je ne crois pas que Bonaparte lui-même, avec son talent, avec son génie, avec toute sa puissance, pût venir à bout d'établir en France, aujourd'hui, une monarchie héréditaire tempérée. C'est une opinion bien importante ; voici mes motifs ; qu'on juge.

» Je fais observer auparavant que cette opinion est contraire à ce que nous avons entendu répéter après l'élection de Bonaparte. Voilà la France, disoit-on, qui va se reprendre au gouvernement d'un seul, c'est un point de gagné pour la monarchie. Mais que signifient de telles paroles ? Rien du tout ; car nous ne voulons pas parler indifféremment de la monarchie élective ou héréditaire, despotique ou tempérée, mais uniquement de la monarchie héréditaire tempérée ; et sans doute que le gouvernement d'un prince de l'Asie, le premier qu'on voudra nommer, est plus distinct de la monarchie d'Angleterre que la république américaine.

» Il est un moyen étranger aux idées républicaines, étranger aux principes de la monarchie tempérée, et dont on peut se servir pour fonder et pour soutenir un gouvernement héréditaire. C'est le même qui introduisit, qui perpétua l'empire dans les grandes familles de Rome, les Jules, les Claudiens, les Flaviens, et qui servit ensuite à renverser leur autorité. C'est la force militaire, les prétoriens, les armées de l'Orient et de l'Occident. Dieu garde la France d'une semblable destinée ! »

Quelle prophétie ! Si je suis revenue plusieurs fois sur le mérite singulier qu'a eu M. Necker dans ses ouvrages politiques, de prédire les événemens, c'est pour montrer comment un homme très-versé dans la science des constitutions, peut connoître d'avance leurs résultats. On a beaucoup dit en France que les constitutions ne signifioient rien, et que les circonstances étoient tout. Les adorateurs de l'arbitraire doivent parler ainsi, mais c'est une assertion aussi fausse que servile.

L'irritation de Bonaparte fut très-vive à la publication de cet ouvrage, parce qu'ils signaloit d'avance ses projets les plus chers, et ceux que le ridicule pouvoit le plus facilement atteindre. Sphinx d'un nouveau genre, c'étoit contre celui qui devinoit ses énigmes que se tournoit sa fureur. La considération tirée de la gloire militaire peut, il est vrai, suppléer à tout ; mais un empire fondé sur les hasards des batailles ne suffisoit pas à l'ambition de Bonaparte, car il vouloit établir sa dynastie, bien qu'il ne pût de son vivant supporter que sa propre grandeur.

Le consul Lebrun écrivit à M. Necker, sous la dictée de Bonaparte, une lettre où toute l'arrogance des préjugés anciens étoit combinée avec la rude âpreté du nouveau despotisme. On y accusoit aussi M. Necker d'être l'auteur du doublement du tiers, d'avoir toujours le même système de constitution, etc. Les ennemis de la liberté tiennent tous le même langage, bien qu'ils partent d'une situation très-différente. On conseilloit ensuite à M. Necker de ne plus se mêler de politique, et de s'en remettre au premier consul, seul capable de bien gouverner la France : ainsi les despotes trouvent toujours les penseurs de trop dans les affaires. Le consul finissoit en déclarant que moi, fille de M. Necker, je serois exilée de Paris, précisément à cause des *Dernières vues de politique et de finances* publiées par mon père [54].

J'ai mérité depuis, je l'espère, cet exil aussi pour moi-même ; mais Bonaparte, qui se donnoit la peine de connoître pour mieux blesser, vouloit troubler l'intimité de notre vie domestique, en me représentant mon père comme l'auteur de mon exil. Cette réflexion frappa mon père, qui ne repoussoit jamais un scrupule ; mais, grâces au ciel, il a pu s'assurer qu'elle n'approchoit pas un instant de moi.

Une chose très-remarquable dans le dernier ouvrage politique de M. Necker, peut-être supérieur encore à tous les autres, c'est qu'après avoir combattu dans les précédens avec beaucoup de force le système républicain en France, il examine dans cet écrit, pour la première fois, quelle seroit la meilleure forme à donner à ce gouvernement. D'une part, les sentimens d'opposition qui animoient déjà M. Necker contre le despotisme de Bonaparte, le portoient à se servir contre lui des seules armes qui pussent encore l'atteindre ; d'autre part, dans un moment où le danger d'exalter les esprits n'étoit pas à redouter, un politique philosophe se plaisoit à traiter dans toute sa vérité une question très-importante.

L'idée la plus remarquable de cet examen, c'est que, loin de vouloir rapprocher autant que cela se peut une république d'une monarchie, alors qu'on se décide à la république, il faut au contraire puiser toute sa force dans les élémens populaires. La dignité d'une telle institution ne pouvant reposer que sur l'assentiment de la nation, il faut essayer de faire reparoître sous diverses formes la puissance qui doit, dans ce cas, tenir lieu de toutes les autres. Cette profonde pensée est la base du projet de république dont M. Necker détaille chaque partie, en répétant néanmoins qu'il ne sauroit en conseiller l'adoption dans un grand pays.

Enfin, il termine son dernier ouvrage par des considérations générales sur les finances. Elles renferment deux vérités essentielles : l'une, que le gouvernement consulaire se trouvoit dans une beaucoup meilleure situation à cet égard, que celle où le roi de France avoit jamais été ; puisque, d'une part, l'augmentation du territoire accroissoit les recettes, et que, de l'autre, la réduction de la dette diminuoit les dépenses ; que d'ailleurs, les impôts rendoient davantage, sans que le peuple fût aussi chargé, parce que les dîmes et les droits féodaux étoient supprimés. Secondement, M. Necker affirmoit, en 1802, que

s le crédit ne pourroit exister sans une constitution libre ; non
rément que les prêteurs de nos jours aiment la liberté par
housiasme, mais le calcul de leur intérêt leur apprend qu'on ne
peut se fier qu'à des institutions durables, et non à des ministres des
finances qu'un caprice a choisis, qu'un caprice peut écarter, et qui,
décidant du juste et de l'injuste au fond de leur cabinet, ne sont jamais
éclairés par le grand jour de l'opinion publique.

En effet, Bonaparte a soutenu ses finances par le produit des
contributions étrangères, et par le revenu de ses conquêtes ; mais il
n'auroit pu se faire prêter librement la plus foible partie des sommes
qu'il recueilloit par la force. L'on pourroit conseiller en général aux
souverains qui veulent savoir la vérité sur leur gouvernement, d'en
croire plutôt la manière dont leurs emprunts se remplissent, que les
témoignages de leurs flatteurs.

Bien que dans l'ouvrage de M. Necker, le premier consul ne pût
trouver que des paroles flatteuses sur sa personne, il lança contre lui
avec une amertume inouïe les journaux tous à ses ordres[55], et, depuis
cette époque, ce système de calomnie n'a point cessé. Les mêmes
écrivains sous des couleurs diverses n'ont pas dû varier dans leur haine
contre un homme qui a voulu dans les finances l'économie la plus
sévère, et dans le gouvernement les institutions qui forcent à la
justice.

CHAPITRE VIII

De l'exil

Parmi toutes les attributions de l'autorité, l'une des plus favorables
à la tyrannie, c'est la faculté d'exiler sans jugement. On avoit présenté
avec raison les lettres de cachet de l'ancien régime, comme l'un des
motifs les plus pressans pour faire une révolution en France ; et c'étoit
Bonaparte, l'élu du peuple, qui, foulant aux pieds tous les principes
en faveur desquels le peuple s'étoit soulevé, s'arrogeoit le pouvoir
d'exiler quiconque lui déplaisoit un peu, et d'emprisonner, sans que
les tribunaux s'en mêlassent, quiconque lui déplaisoit davantage. Je
comprends, je l'avoue, comment les anciens courtisans, en grande

partie, se sont ralliés au système politique de Bonaparte ; ils n'avoient qu'une concession à lui faire, celle de changer de maître ; mais les républicains que le gouvernement de Napoléon devoit heurter dans chaque parole, dans chaque acte, dans chaque décret, comment pouvoient-ils se prêter à sa tyrannie ?

Un nombre très-considérable d'hommes et de femmes de diverses opinions, ont subi ces décrets d'exil qui donnent au souverain de l'état une autorité plus absolue encore que celle même qui peut résulter des emprisonnemens illégaux ; car il est plus difficile d'user d'une mesure violente que d'un genre de pouvoir qui, bien que terrible au fond, a quelque chose de bénin dans la forme [56]. L'imagination s'attache toujours à l'obstacle insurmontable ; on a vu de grands hommes, Thémistocle, Cicéron, Bolingbroke [57], profondément malheureux de l'exil ; et Bolingbroke, en particulier, déclare dans ses écrits que la mort lui paroît moins redoutable.

Éloigner un homme ou une femme de Paris, les envoyer, ainsi qu'on le disoit alors, respirer l'air de la campagne, c'étoit désigner une grande peine avec des expressions si douces, que tous les flatteurs du pouvoir la tournoient facilement en dérision. Cependant, il suffit de la crainte d'un tel exil, pour porter à la servitude tous les habitans de la ville principale de l'empire. Les échafauds peuvent à la fin réveiller le courage ; mais les chagrins domestiques de tout genre, résultat du bannissement, affoiblissent la résistance, et portent seulement à redouter la disgrâce du souverain qui peut vous infliger une existence si malheureuse. L'on peut volontairement passer sa vie hors de son pays ; mais lorsqu'on y est contraint, on se figure sans cesse que les objets de notre affection peuvent être malades sans qu'il soit permis d'être auprès d'eux, sans qu'on puisse jamais peut-être les revoir. Les affections de choix, souvent même celles de famille, les habitudes de société, les intérêts de fortune, tout est compromis ; et, ce qui est plus cruel encore, tous les liens se relâchent, et l'on finit par être étranger à sa patrie.

Souvent j'ai pensé, pendant les douze années d'exil auxquelles Napoléon m'a condamnée, qu'il ne pouvoit sentir le malheur d'être privé de la France ; il n'avoit point de souvenirs françois dans le cœur. Les rochers de la Corse lui retraçoient seuls les jours de son enfance ; mais la fille de M. Necker étoit plus françoise que lui. Je renvoie à un autre ouvrage dont plusieurs morceaux sont écrits déjà, toutes les circonstances de mon exil, et des voyages jusqu'aux confins de l'Asie qui en ont été la suite [58] ; mais, comme je me suis presque interdit les portraits des hommes vivans, je ne pourrois donner à une histoire individuelle le genre d'intérêt qu'elle doit avoir. Maintenant, il ne me convient de rappeler que ce qui doit servir au plan général de ce livre.

Je devinai plus vîte que d'autres, et je m'en vante, le caractère et les desseins tyranniques de Bonaparte. Les véritables amis de la liberté sont éclairés à cet égard par un instinct qui ne les trompe pas. Mais ce qui rendoit dans les commencemens du consulat ma position plus cruelle, c'est que la bonne compagnie de France croyoit voir dans Bonaparte celui qui la préservoit de l'anarchie ou du jacobinisme. Ainsi donc, elle blâma fortement l'esprit d'opposition que je montrai contre lui. Quiconque prévoit en politique le lendemain, excite la colère de ceux qui ne conçoivent qué le jour même. J'oserai donc le dire, il me falloit plus de force encore pour supporter la persécution de la société, que pour m'exposer à celle du pouvoir.

J'ai toujours conservé le souvenir d'un de ces supplices de salon, s'il est permis de s'exprimer ainsi, que les aristocrates françois, quand cela leur convient, savent si bien infliger à ceux qui ne partagent pas leurs opinions. Une grande partie de l'ancienne noblesse s'étoit ralliée à Bonaparte : les uns, comme on l'a vu depuis, pour reprendre leurs habitudes de courtisans, les autres, espérant alors que le premier consul ramèneroit l'ancienne dynastie. L'on savoit que j'étois très-prononcée contre le système de gouvernement qui suivoit et que préparoit Napoléon, et les partisans de l'arbitraire nommoient, suivant leur coutume, opinions anti-sociales, celles qui tendent à relever la dignité des nations. Si l'on rappeloit à quelques émigrés rentrés sous le règne de Bonaparte, avec quelle fureur ils blâmoient alors les amis de la liberté toujours attachés au même système, peut-être apprendroient-ils l'indulgence en se ressouvenant de leurs erreurs.

Je fus la première femme que Bonaparte exila ; mais bientôt après il en bannit un grand nombre, d'opinions opposées. Une personne très-intéressante, entre autres, la duchesse de Chevreuse, est morte du serrement de cœur que son exil lui a causé [59]. Elle ne put obtenir de Napoléon, lorsqu'elle étoit mourante, la permission de retourner une dernière fois à Paris, pour consulter son médecin et revoir ses amis. D'où venoit ce luxe en fait de méchanceté, si ce n'est d'une sorte de haine contre tous les êtres indépendans ? Et comme les femmes, d'une part, ne pouvoient servir en rien ses desseins politiques, et que, de l'autre, elles étoient moins accessibles que les hommes aux craintes et aux espérances dont le pouvoir est dispensateur, elles lui donnoient de l'humeur comme des rebelles, et il se plaisoit à leur dire des choses blessantes et vulgaires. Il haïssoit autant l'esprit de chevalerie qu'il recherchoit l'étiquette : c'étoit faire un mauvais choix parmi les anciennes mœurs. Il lui restoit aussi de ses premières habitudes pendant la révolution, une certaine antipathie jacobine contre la société brillante de Paris, sur laquelle les femmes exerçoient beaucoup d'ascendant ; il redoutoit en elles l'art de la plaisanterie, qui, l'on doit en convenir, appartient particulièrement aux Françoises. Si Bonapart avoit voulu s'en tenir au superbe rôle de grand général et de premier magistrat de la république, il auroit plané de toute la hauteur du génie au-dessus des petits traits acérés de l'esprit de salon. Mais quand il avoit le dessein de se faire un roi parvenu, un bourgeois gentilhomme sur le trône, il s'exposoit précisément à la moquerie du bon ton, et il ne pouvoit la comprimer, comme il l'a fait, que par l'espionnage et la terreur[60].

Bonaparte vouloit que je le louasse dans mes écrits, non assurément qu'un éloge de plus eût été remarqué dans la fumée d'encens dont on l'environnoit ; mais comme j'étois positivement le seul écrivain connu parmi les François, qui eût publié des livres sous son règne, sans faire mention en rien de sa gigantesque existence, cela l'importunoit, et il finit par supprimer mon ouvrage sur l'Allemagne avec une incroyable fureur[61]. Jusqu'alors ma disgrâce avoit consisté seulement dans l'éloignement de Paris ; mais depuis on m'interdit tout voyage, on me menaça de la prison pour le reste de mes jours ; et la contagion de l'exil, invention digne des empereurs romains, étoit l'aggravation la plus cruelle de cette peine. Ceux qui venoient voir les bannis, s'exposoient au bannissement à leur tour ; la plupart des François que je connoissois me fuyoient comme une pestiférée. Quand je n'en souffrois pas trop, cela me sembloit une comédie ; et, de la même manière que les voyageurs en quarantaine jettent par malice leurs mouchoirs aux passans, pour les obliger à partager l'ennui du lazareth, lorsqu'il m'arrivoit de rencontrer, par hasard, dans les rues de Genève un homme de la cour de Bonaparte, j'étois tentée de lui faire peur avec mes politesses.

Mon généreux ami M. Mathieu de Montmorency[62] étant venu me voir à Coppet, il y reçut, quatre jours après son arrivée, une lettre de cachet qui l'exiloit, pour le punir d'avoir donné la consolation de sa présence à une amie de vingt-cinq années. Je ne sais ce que je n'aurois pas fait dans ce moment pour éviter une telle douleur. Dans le même temps, madame Recamier[63], qui n'avoit avec la politique d'autres rapports que son intérêt courageux pour les proscrits de toutes les opinions, vint aussi me voir à Coppet, où nous nous étions déjà plusieurs fois réunies et, le croiroit-on ? la plus belle femme de France, une personne qui, à ce titre, auroit trouvé partout des défenseurs, fut exilée parce qu'elle étoit venue dans le château d'une amie malheureuse à cent cinquante lieues de Paris. Cette coalition de deux femmes établies sur le bord du lac de Genève, parut trop redoutable au maître du monde, et il se donna le ridicule de les persécuter. Mais il avoit dit une fois : *La puissance n'est jamais ridicule ;* et, certes, il a bien mis à l'épreuve cette maxime.

Combien n'a-t-on pas vu de familles divisées par la frayeur que causoient les moindres rapports avec les exilés ? Dans le commence-

tyrannie, quelques actes de courage se font remarquer ; egrés, le chagrin altère les sentimens, les contrariétés n vient à penser que les disgrâces de ses amis sont causées ʋres fautes. Les sages de la famille se rassemblent pour ِ ̣ᵤ ıl ne faut pas trop communiquer avec madame, ou monsieur un tel ; leurs excellens sentimens, assure-t-on, ne sauroient se mettre en doute ; mais leur imagination est si vive ! En vérité, l'on proclameroit volontiers tous ces pauvres proscrits de grands poètes, à condition que leur imprudence ne permît pas de les voir ni de leur écrire. Ainsi l'amitié, l'amour même, se glacent dans tous les cœurs ; les qualités intimes tombent avec les vertus publiques ; on ne s'aime plus entre soi, après avoir cessé d'aimer la patrie ; et l'on apprend seulement à se servir d'un langage hypocrite qui contient le blâme doucereux des personnes en défaveur, l'apologie adroite des gens puissans, et la doctrine cachée de l'égoïsme.

Bonaparte avoit, plus que tout autre, le secret de faire naître ce froid isolement qui ne lui présentoit les hommes qu'un à un, et jamais réunis. Il ne vouloit pas qu'un seul individu de son temps existât par lui-même, qu'on se mariât, qu'on eût de la fortune, qu'on choisît un séjour, qu'on exerçât un talent, qu'une résolution quelconque se prît sans sa permission ; et, chose singulière, il entroit dans les moindres détails des relations de chaque individu, de manière à réunir l'empire du conquérant à une inquisition de commérage, s'il est permis de s'exprimer ainsi, et de tenir entre ses mains les fils les plus déliés comme les chaînes les plus fortes.

La question métaphysique du libre arbitre de l'homme étoit devenue très-inutile sous le règne de Bonaparte ; car personne ne pouvoit plus suivre en rien sa propre volonté, dans les plus grandes comme dans les plus petites circonstances.

CHAPITRE IX

Des derniers jours
de M. Necker

Je ne parlerois point du sentiment que m'a laissé la perte de mon père, si ce n'étoit pas un moyen de plus de le faire connoître. Quand les opinions politiques d'un homme d'état sont encore, à beaucoup d'égards, l'objet des débats du monde, il ne faut rien négliger pour donner aux principes de cet homme la sanction de son caractère. Or, quelle plus grande garantie peut-on offrir que l'impression qu'il a produite sur les personnes le plus à portée de le juger? Il y a maintenant douze années que la mort m'a séparée de mon père, et chaque jour mon admiration pour lui s'est accrue; le souvenir que j'ai conservé de son esprit et de ses vertus me sert de point de comparaison pour apprécier ce que peuvent valoir les autres hommes; et, quoique j'aie parcouru l'Europe entière, jamais un génie de cette trempe, jamais une moralité de cette vigueur, ne s'est offerte à moi. M. Necker pouvoit être foible par bonté, incertain à force de réfléchir; mais, quand il croyoit le devoir intéressé dans une résolution, il lui sembloit entendre la voix de Dieu; et, quoi qu'on pût tenter alors pour l'ébranler, il n'écoutoit jamais qu'elle. J'ai plus de confiance encore aujourd'hui dans la moindre de ses paroles, que je n'en aurois dans aucun individu existant, quelque supérieur qu'il pût être; tout ce que m'a dit M. Necker est ferme en moi comme le rocher; tout ce que j'ai gagné par moi-même peut disparoître; l'identité de mon être est dans l'attachement que je garde à sa mémoire. J'ai aimé qui je n'aime plus, j'ai estimé qui je n'estime plus; le flot de la vie a tout emporté, excepté cette grande ombre qui est là sur le sommet de la montagne, et qui me montre du doigt la vie à venir.

Je ne dois de reconnoissance véritable sur cette terre qu'à Dieu et à mon père; tout le reste de mes jours s'est passé dans la lutte; lui seul y a répandu sa bénédiction. Mais combien n'a-t-il pas souffert! La prospérité la plus brillante avoit signalé la moitié de sa vie : il étoit devenu riche; il avoit été nommé premier ministre de France; l'attachement sans bornes des François l'avoit récompensé de son dévouement pour eux : pendant les sept années de sa première retraite, ses ouvrages avoient été placés au premier rang de ceux des hommes d'état, et peut-être étoit-il le seul qui se fût montré profond dans l'art d'administrer un grand pays sans s'écarter jamais de la moralité la plus scrupuleuse, et même la délicatesse la plus pure. Comme écrivain religieux, il n'avoit jamais cessé d'être philosophe; comme écrivain philosophe, il n'avoit jamais cessé d'être religieux[64], l'éloquence ne l'avoit pas entraîné au-delà de la raison, et la raison ne le privoit pas d'un seul mouvement vrai d'éloquence. A ces grands avantages il avoit joint les succès les plus flatteurs en société : madame du Deffant[65], la femme de France à qui l'on reconnoïssoit la conversation la plus piquante, écrivoit qu'elle n'avoit point rencontré d'homme plus aimable que M. Necker. Il possédoit aussi ce charme, mais il ne s'en servoit qu'avec ses amis. Enfin, en 1789, l'opinion universelle des François étoit que jamais un ministre n'avoir porté plus loin tous les genres de talens et de vertus. Il n'est pas une ville, pas un bourg, pas une corporation en France, dont nous n'ayons des adresses qui expriment ce sentiment. Je transcris ici, entre mille autres, celle qui fut écrite à la république de Genève par la ville de Valence.

« Messieurs les syndics,

Dans l'enthousiasme de la liberté qui embrase toute la nation françoise, et qui nous pénètre de reconnoissance pour les bontés de notre auguste monarque, nous avons pensé que nous vous devions un tribut de notre gratitude. C'est dans le sein de votre république que M. Necker a pris le jour, c'est au foyer de vos vertus publiques que son cœur s'est formé dans la pratique de toutes celles dont il nous a donné le touchant spectacle ; c'est à l'école de vos bons principes qu'il a puisé cette douce et consolante morale, qui fortifie la confiance, inspire le respect, prescrit l'obéissance pour l'autorité légitime. C'est encore parmi vous, messieurs, que son âme a acquis cette trempe ferme et vigoureuse dont l'homme d'état a besoin, quand il se livre avec intrépidité à la pénible fonction de travailler au bonheur public.

» Pénétrés de vénération pour tant de qualités différentes, dont la réunion dans M. Necker exalte notre admiration, nous croyons devoir aux citoyens de la ville de Genève des témoignages publics de notre reconnoissance, pour avoir formé dans son sein un ministre aussi parfait sous tous les rapports.

» Nous désirons que notre lettre soit consignée dans les registres de la république, pour être un monument durable de notre vénération pour votre respectable concitoyen. »

Hélas ! auroit-on prévu que tant d'admiration seroit suivie de tant d'injustice ; qu'on reprocheroit des sentimens d'étranger à celui qui a chéri la France avec une prédilection presque trop grande ; qu'un parti l'appelleroit l'auteur de la révolution, parce qu'il respectoit les droits de la nation, et que les meneurs de cette nation l'accuseroient d'avoir voulu la sacrifier au maintien de la monarchie ? Ainsi, dans d'autres temps, je me plais à le répéter, le chancelier de l'Hôpital[66] étoit menacé par les catholiques et les protestans tour-à-tour ; ainsi l'on auroit vu Sully[67] succomber sous les haines de parti, si la fermeté de son maître ne l'avoit pas soutenu. Mais aucun de ces deux hommes d'état n'avoit cette imagination du cœur qui rend accessible à tous les genres de peine. M. Necker étoit calme devant Dieu, calme aux approches de la mort, parce que la conscience seule parle dans cet instant. Mais, lorsque les intérêts de ce monde l'occupoient encore, il n'est pas un reproche qui ne l'ait blessé, pas un ennemi dont la malveillance ne l'ait atteint, pas un jour pendant lequel il ne se soit vingt fois interrogé lui-même, tantôt pour se faire un tort des maux qu'il n'avoit pu prévenir, tantôt pour se placer en arrière des événemens, et peser de nouveau les différentes résolutions qu'il auroit pu prendre. Les jouissances les plus pures de la vie étoient empoisonnées pour lui, par les persécutions inouïes de l'esprit de parti. Cet esprit de parti se montroit jusque dans la manière dont les émigrés, dans le temps de leur détresse, s'adressoient à lui pour demander des secours. Plusieurs, en lui écrivant à ce sujet, s'excusoient de ne pouvoir aller chez lui, parce que les principaux d'entre eux le leur avoient défendu ; ils jugeoient bien, du moins, de la générosité de M. Necker, quand ils croyoient que cette soumission à l'impertinence de leurs chefs ne le détourneroit pas de leur rendre service.

Parmi les inconvéniens de l'esclavage de la presse, il y avoit encore que les jugemens sur la littérature étoient entre les mains du gouvernement : il en résultoit que, par l'intermédiaire des journalistes, la police disposoit, au moins momentanément, de la fortune littéraire d'un écrivain, comme, d'un autre côté, elle délivroit des permissions pour l'entreprise des jeux de hasard. Les écrits de M. Necker, pendant les derniers temps de sa vie, n'ont donc point été jugés en France avec impartialité ; et c'est une peine de plus qu'il a supportée dans sa retraite. L'avant-dernier de ses ouvrages, intitulé, *Cours de morale religieuse*, est, je crois pouvoir l'affirmer, un des livres de piété les mieux écrits, les plus forts de pensée et d'éloquence dont les protestants puissent se vanter, et souvent je l'ai trouvé entre les mains de personnes que les peines du cœur avoient atteintes. Toutefois, les journaux sous Bonaparte n'en firent presque pas mention, et le peu qu'on en dit n'en donnoit aucune idée [68]. Il y a eu de même, en d'autres pays, quelques exemples, de chefs-d'œuvre littéraires, qui n'ont été jugés que long-temps après la mort de leur auteur. Cela fait mal de penser que celui qui nous fut si cher, a été privé même du plaisir que ses talens comme écrivain lui méritoient incontestablement.

Il n'a point vu le jour de l'équité luire pour sa mémoire, et sa vie a fini l'année même où Bonaparte alloit se faire empereur [69], c'est-à-dire dans une époque où aucun genre de vertu n'étoit en honneur en France. La délicatesse de son âme étoit telle, que la pensée qui le tourmentoit pendant sa dernière maladie, c'étoit la crainte d'avoir été la cause de mon exil : et je n'étois pas près de lui pour le rassurer ! Il écrivit à Bonaparte, d'une main affoiblie, pour lui demander de me rappeler quand il ne seroit plus. J'envoyai cette requête sacrée à l'empereur ; il n'y répondit point : la magnanimité lui a toujours paru de l'affectation, et il en parloit assez volontiers comme d'une vertu de mélodrame : s'il avoit pu connoître l'ascendant de cette vertu, il eût été tout-à-la-fois meilleur et plus habile. Après tant de douleurs, après tant de vertus, la puissance d'aimer sembloit s'être accrue dans mon père à l'âge où elle diminue chez les autres hommes ; et tout annonçoit en lui, quand il a fini de vivre, le retour vers le ciel.

CHAPITRE X

Résumé des principes de M. Necker en matière de gouvernement

On a souvent dit que la religion étoit nécessaire au peuple ; et je crois facile de prouver que les hommes d'un rang élevé en ont plus besoin encore. Il en est de même de la morale dans ses rapports avec la politique. On n'a cessé de répéter qu'elle convenoit aux particuliers, et non aux nations : il est, au contraire, vrai que c'est aux gouvernemens des états surtout que les principes fixes sont applicables. L'existence de tel ou tel individu étant passagère, il arrive quelquefois qu'une mauvaise action lui sert pour un moment, dans une conjoncture où son intérêt personnel est compromis ; mais, les nations étant durables, elles ne sauroient s'affranchir des lois générales et permanentes de l'ordre intellectuel, sans marcher à leur perte. L'injustice qui peut servir à un homme par exception, est toujours nuisible aux successions d'hommes dont le sort rentre forcément dans la règle universelle. Mais ce qui a donné quelque crédit à la maxime infernale qui place la politique au-dessus de la morale, c'est qu'on a confondu les chefs de l'état avec l'état lui-même : or, ces chefs ont souvent trouvé qu'il leur étoit plus commode et plus avantageux de se tirer à tout prix d'une difficulté présente, et, ils ont mis en principe les mesures que leur égoïsme ou leur incapacité leur ont fait prendre. Un homme, embarrassé dans ses affaires, établiroit volontiers en théorie que d'emprunter à usure est le meilleur système de finances qu'on puisse adopter. Or, l'immoralité en tout genre est aussi un emprunt à usure ; elle sauve pour le moment, et ruine plus tard.

M. Necker, pendant son premier ministère, n'étoit point en mesure de songer à l'établissement d'un gouvernement représentatif ; en proposant les administrations provinciales, il vouloit mettre une borne à la puissance des ministres, et donner de l'influence aux hommes éclairés, et aux riches propriétaires de toutes les parties de la France. La première maxime de M. Necker, en fait de gouvernement, étoit d'éviter l'arbitraire, et de limiter l'action ministérielle dans tout ce qui n'est pas nécessaire au maintien de l'ordre. Un ministre qui veut tout faire, tout ordonner, et qui est jaloux du pouvoir comme d'une jouissance personnelle, convient aux cours, mais non aux nations. Un homme de génie, quand, par hasard, il se trouve à la tête des affaires publiques, doit travailler à se rendre inutile. Les bonnes institutions réalisent et maintiennent les hautes pensées qu'un individu, quel qu'il soit, ne peut mettre en œuvre que passagèrement.

A la haine de l'arbitraire, M. Necker joignoit un grand respect pour l'opinion, un profond intérêt pour cet être abstrait mais réel qu'on appelle le peuple, et qui n'a pas cessé d'être à plaindre, quoiqu'il se soit montré redoutable. Il croyoit nécessaire d'assurer à ce peuple des lumières et de l'aisance, deux bienfaits inséparables. Il ne vouloit point qu'on sacrifiât la nation aux castes privilégiées ; mais il étoit d'avis cependant qu'on transigeât avec les anciennes coutumes, à cause des nouvelles circonstances. Il croyoit à la nécessité des distinctions dans la société, afin de diminuer la rudesse du pouvoir par l'ascendant volontaire de la considération ; mais l'aristocratie, telle qu'il la concevoit, avoit pour but d'exciter l'émulation de tous les hommes de mérite.

M. Necker haïssoit les guerres d'ambition, apprécioit très-haut les ressources de la France, et croyoit qu'un tel pays, gouverné par la sagesse d'une véritable représentation nationale, et non par les intrigues des courtisans, n'avoit au milieu de l'Europe rien à désirer ni à craindre.

Quelque belle que fût la doctrine de M. Necker, dira-t-on, puisqu'il n'a pas réussi, elle n'étoit donc pas adaptée aux hommes tels qu'ils sont. Il se peut qu'un individu n'obtienne pas du ciel la faveur d'assister lui-même au triomphe des vérités qu'il proclame : mais en sont-elles moins pour cela des vérités ? Quoiqu'on ait jeté Galilée dans les prisons, les lois de la nature découvertes par lui n'ont-elles pas été depuis généralement reconnues ? La morale et la liberté sont aussi sûrement les seules bases du bonheur et de la dignité de l'espèce humaine, que le système de Galilée est la véritable théorie des mouvements célestes.

Considérez la puissance de l'Angleterre : d'où lui vient-elle ? de ses vertus et de sa constitution. Supposez un moment que cette île, maintenant si prospère, fût privée tout-à-coup de ses lois, de son esprit public, de la liberté de la presse, et du parlement, qui tire sa force de la nation et lui rend la sienne à son tour : comme les champs seroient desséchés, comme les ports deviendroient déserts ! Les agens des puissances absolues eux-mêmes, ne pouvant plus obtenir leurs subsides de ce pays sans crédit et sans patriotisme, regretteroient la liberté, qui pendant si long-temps du moins leur a prêté ses trésors.

Les malheurs de la révolution sont résultés de la résistance irréfléchie des privilégiés à ce que vouloient la raison et la force ; cette question est encore débattue après vingt-sept années. Les dangers de la lutte sont moins grands, parce que les partis sont plus affoiblis, mais l'issue en seroit la même. M. Necker dédaignoit le machiavélisme dans la politique, la charlatanerie dans les finances, et l'arbitraire dans le gouvernement. Il pensoit que la suprême habileté consiste à mettre la société en harmonie avec les lois silencieuses mais immuables, auxquelles la divinité a soumis la nature humaine. On peut l'attaquer sur ce terrain, car il s'y placeroit encore s'il vivoit.

Il ne se targuoit point du genre de talens qu'il faut pour être un factieux ou un despote ; il avoit trop d'ordre dans l'esprit, et de paix dans l'âme, pour être propre à ces grandes irrégularités de la nature, qui dévorent le siècle et le pays dans lequel elles apparoissent. Mais s'il fût né Anglois, je dis avec orgueil qu'aucun ministre ne l'eût jamais surpassé, car il étoit plus ami de la liberté que M. Pitt, plus austère que M. Fox, et non moins éloquent, non moins énergique, non moins pénétré de la dignité de l'état que lord Chatham[70]. Ah ! que n'a-t-il pu, comme lui, prononcer ses dernières paroles dans le sénat de la patrie, au milieu d'une nation qui sait juger, qui sait être reconnoissante, et dont l'enthousiasme, loin d'être le présage de la servitude, est la récompense de la vertu !

Maintenant, retournons à l'examen du personnage politique le plus en contraste avec les principes que nous venons de retracer, et voyons si lui-même aussi, Bonaparte, ne doit pas servir à prouver la vérité de ces principes qui seuls auroient pu le maintenir en puissance, et conserver la gloire du nom françois.

CHAPITRE XI

Bonaparte ·empereur
La contre-révolution faite par lui

Lorsqu'à la fin du dernier siècle, Bonaparte se mit à la tête du peuple françois, la nation entière souhaitoit un gouvernement libre et constitutionnel. Les nobles, depuis long-temps hors de France, n'aspiroient qu'à rentrer en paix dans leurs foyers ; le clergé catholique réclamoit la tolérance ; les guerriers républicains, ayant effacé par leurs exploits l'éclat des distinctions nobiliaires, la race féodale des anciens conquérans respectoit les nouveaux vainqueurs, et la révolution étoit faite dans les esprits. L'Europe se résignoit à laisser à la France la barrière du Rhin et des Alpes, et il ne restoit qu'à garantir ces biens en réparant les maux que leur acquisition avoit entraînés. Mais Bonaparte conçut l'idée d'opérer la contre-révolution à son avantage, en ne conservant dans l'état, pour ainsi dire, aucune chose nouvelle que lui-même [71]. Il rétablit le trône, le clergé et la noblesse : une monarchie, comme l'a dit M. Pitt, sans légitimité et sans limites ; un clergé qui n'étoit que le prédicateur du despotisme ; une noblesse composée des anciennes et des nouvelles familles, mais qui n'exerçoit aucune magistrature dans l'état, et ne servoit que de parure au pouvoir absolu [72].

Bonaparte ouvrit la porte aux anciens préjugés, se flattant de les arrêter juste au point de sa toute-puissance. On a beaucoup dit que, s'il avoit été modéré, il se seroit maintenu. Mais, qu'entend-on par modéré ? S'il avoit établi sincèrement et dignement la constitution angloise en France, sans doute il seroit encore empereur. Ses victoires le créoient prince ; il a fallu son amour de l'étiquette, son besoin de flatterie, les titres, les décorations et les chambellans pour faire reparoître en lui le parvenu. Mais quelque insensé que fût son système de conquête, dès qu'il étoit assez misérable d'âme pour ne voir de grandeur que dans le despotisme, peut-être ne pouvoit-il se passer de guerres continuelles ; car que seroit-ce qu'un despote sans gloire militaire dans un pays tel que la France ? Pouvoit-on opprimer la nation dans l'intérieur, sans lui donner au moins le funeste dédommagement de dominer ailleurs à son tour ? Le fléau de l'espèce humaine, c'est le pouvoir absolu, et tous les gouvernemens françois qui ont succédé à l'assemblée constituante, ont péri pour avoir cédé à cette amorce sous un prétexte ou sous un autre.

Au moment où Bonaparte voulut se faire nommer empereur, il crut à la nécessité de rassurer, d'une part, les révolutionnaires sur la possibilité du retour des Bourbons ; et de prouver de l'autre, aux royalistes, qu'en s'attachant à lui, ils rompoient sans retour avec l'ancienne dynastie. C'est pour remplir ce double but qu'il commit le meurtre d'un prince du sang, du duc d'Enghien[73]. Il passa le Rubicon du crime, et de ce jour son malheur fut écrit sur le livre du destin.

Un des machiavélistes de la cour de Bonaparte dit, à cette occasion, *que cet assassinat étoit bien pis qu'un crime, puisque c'étoit une faute.* J'ai, je l'avoue, un profond mépris pour tous ces politiques dont l'habileté consiste à se montrer supérieurs à la vertu. Qu'ils se montrent donc une fois supérieurs à l'égoïsme, cela sera plus rare et même plus habile !

Néanmoins ceux qui avoient blâmé le meurtre du duc d'Enghien, comme une mauvaise spéculation, eurent aussi raison même sous ce rapport. Les révolutionnaires et les royalistes, malgré la terrible alliance du sang innocent, ne se crurent point unis irrévocablement au sort de leur maître. Il avoit fait de l'intérêt la divinité de ses partisans, et les adeptes de sa doctrine l'ont mise en pratique contre lui-même, quand le meilleur l'a frappé.

Au printemps de 1804, après la mort du duc d'Enghien, et l'abominable procès de Moreau et de Pichegru, lorsque tous les esprits étoient remplis d'une terreur qui pouvoit, en un instant, se changer en révolte, Bonaparte fit venir chez lui quelques sénateurs pour leur parler négligemment[74], et comme d'une idée sur laquelle il n'étoit pas encore fixé, de la proposition qu'on lui faisoit de se déclarer empereur. Il passa en revue les différens partis qu'on pouvoit adopter pour la France : une république ; le rappel de l'ancienne dynastie ; enfin la création d'une monarchie nouvelle ; comme un homme qui se seroit entretenu des affaires d'autrui, et les auroit examinées avec une parfaite impartialité. Ceux qui causoient avec lui le contrarioient avec la plus énergique véhémence, toutes les fois qu'il présentoit des argumens en faveur d'une autre puissance que la sienne. A la fin, Bonaparte se laissa convaincre : *Hé bien, dit-il, puisque vous croyez que ma nomination au titre d'empereur est nécessaire au bonheur de la France, prenez au moins des précautions contre ma tyrannie ; oui, je vous le répète, contre ma tyrannie. Qui sait, si dans la situation où je vais être, je ne serai pas tenté d'abuser du pouvoir ?*

Les sénateurs s'en allèrent attendris par cette candeur aimable, dont les conséquences furent la suppression du tribunat, tout bénin qu'il étoit alors ; l'établissement du pouvoir unique du conseil d'état, servant d'instrument dans la main de Bonaparte ; le gouvernement de la police, un corps permanent d'espions, et dans la suite sept prisons d'état dans lesquelles les détenus ne pouvoient être jugés par aucun tribunal [75], leur sort dépendant uniquement de la simple décision des ministres.

Afin de faire supporter une semblable tyrannie, il falloit contenter l'ambition de tous ceux qui s'engageroient à la maintenir. Les contributions de l'Europe entière y suffisoient à peine en fait d'argent. Aussi Bonaparte chercha-t-il d'autres trésors dans la vanité.

Le principal mobile de la révolution françoise étoit l'amour de l'égalité. L'égalité devant la foi fait partie de la justice, et par conséquent de la liberté ; mais le besoin d'anéantir tous les rangs supérieurs tient aux petitesses de l'amour-propre. Bonaparte à très-bien connu l'ascendant de ce défaut en France, et voici comme il s'en est servi. Les hommes qui avoient pris part à la révolution ne vouloient plus qu'il y eût des castes au-dessus d'eux. Bonaparte les a ralliés à lui en leur promettant les titres et les rangs dont ils avoient dépouillé les nobles. « Vous voulez l'égalité ? » leur disoit-il : « Je ferai mieux encore, je vous donnerai l'inégalité en votre faveur ; MM. de la Trémoille, de Montmorency [76], etc., seront légalement de simples bourgeois dans l'état, pendant que les titres de l'ancien régime et les charges de cour seront possédées par les noms les plus vulgaires, si cela plaît à l'empereur. » Quelle bizarre idée ! et n'auroit-on pas cru qu'une nation, si propre à saisir les inconvenances, se seroit livrée au rire inextinguible des dieux d'Homère, en voyant tous ces républicains masqués en ducs, en comtes, en barons, et s'essayant à l'étude des manières des grands seigneurs, comme on répète un rôle de comédie ? On faisoit bien quelques chansons sur ces parvenus de toute espèce, rois et valets ; mais l'éclat des victoires et la force du despotisme ont tout fait passer, au moins pendant quelques années. Ces républicains qu'on avoit vus dédaigner les récompenses données par les monarques, n'avoient plus assez d'espace sur leurs habits pour y placer les larges plaques allemandes, russes, italiennes dont on les avoit affublés. Un ordre militaire, la couronne de Fer [77] ou la Légion-d'Honneur [78], pouvoit être accepté par des guerriers dont ces signes rappeloient les blessures et les exploits ; mais les rubans et les clefs de chambellan, mais tout cet appareil des cours, convenoit-il à des hommes qui avoient remué ciel et terre pour l'abolir ? Une caricature angloise représente Bonaparte découpant le bonnet rouge pour en faire un grand cordon de la Légion-d'Honneur. Quelle parfaite image de cette noblesse inventée par Bonaparte, et qui n'avoit à se glorifier que de la faveur de son maître ! Les militaires françois ne se sont plus considérés que comme les soldats d'un homme après avoir été les défenseurs de la nation. Ah ! qu'ils étoient plus grands alors !

Bonaparte avoit lu l'histoire d'une manière confuse : peu accoutumé à l'étude, il se rendoit beaucoup moins compte de ce qu'il avoit appris dans les livres, que de ce qu'il avoit recueilli par l'observation des hommes. Il n'en étoit pas moins resté dans' sa tête un certain respect pour Attila et pour Charlemagne, pour les lois féodales et pour le despotisme de l'Orient, qu'il appliquoit à tort et à travers, ne se trompant jamais, toutefois, sur ce qui servoit instantanément à son pouvoir ; mais du reste, citant, blâmant, louant et raisonnant comme le hasard le conduisoit ; il parloit ainsi des heures entières avec d'autant plus d'avantage, que personne ne l'interrompoit, si ce n'est par les applaudissements involontaires qui échappent toujours dans des occasions semblables. Une chose singulière, c'est que, dans la conversation, plusieurs officiers bonapartistes ont emprunté de leur chef cet héroïque galimatias qui véritablement ne signifie rien qu'a la tête de huit cent mille hommes.

Bonaparte imagina donc, pour se faire un empire oriental et carlovingien tout ensemble, de créer des fiefs dans les pays conquis par lui, et d'en investir ses généraux ou ses principaux administrateurs. Il constitua des majorats, il décréta des substitutions [79], il rendit à l'un le service de cacher sa vie sous le titre inconnu de duc de Rovigo [80], et, tout au contraire, en ôtant à Macdonald, à Bernadotte, à Masséna [81] les noms qu'ils avoient illustrés par tant d'exploits, il frauda, pour ainsi dire, les droits de la renommée, et resta seul, comme il le vouloit, en possession de la gloire militaire de la France.

Ce n'étoit pas assez d'avoir avili le parti républicain en le dénaturant tout entier ; Bonaparte voulut encore ôter aux royalistes la dignité qu'ils devoient à leur persévérance et à leur malheur. Il fit occuper la, plupart des charges de sa maison par des nobles de l'ancien régime ; il flattoit ainsi la nouvelle race en la mêlant avec la vieille, et lui-même aussi réunissant les vanités d'un parvenu aux facultés gigantesques d'un conquérant, il aimoit les flatteries des courtisans d'autrefois, parce qu'ils s'entendoient mieux à cet art que les hommes nouveaux, même les plus empressés. Chaque fois qu'un gentilhomme de l'ancienne cour rappeloit l'étiquette du temps jadis, proposoit une révérence de plus, un certaine façon de frapper à la porte de quelque antichambre, une manière plus cérémonieuse de présenter une dépêche, de plier une lettre, de la terminer par telle ou telle formule, il étoit accueilli comme s'il avoit fait faire des progrès au bonheur de l'espèce humaine. Le code de l'étiquette impériale est le document le plus remarquable de la bassesse à laquelle on peut réduire l'espèce humaine. Les machiavélistes diront que c'est ainsi qu'il faut tromper les hommes ; mais est-il vrai que, de nos jours, on trompe les hommes ? On obéissoit à Bonaparte, ne cessons de le répéter, parce qu'il donnoit de la gloire militaire à la France. Que ce fût bon ou mauvais, c'étoit un fait clair et sans mensonge. Mais toutes les farces chinoises qu'il faisoit jouer devant son char de triomphe ne plaisoient qu'à ses serviteurs, qu'il auroit pu mener de cent autres manières, si cela lui avoit convenu. Bonaparte a souvent pris sa cour pour son empire ; il aimoit mieux qu'on le traitât comme un prince que comme un héros : peut-être, au fond de son âme, se sentoit-il encore plus de droits au premier de ces titres qu'au second.

Les partisans des Stuarts, lorsqu'on offroit la royauté à Cromwell, s'appuyèrent sur les principes des amis de la liberté pour s'y opposer, et ce n'est qu'à l'époque de la restauration qu'ils reprirent la doctrine du pouvoir absolu ; mais au moins restèrent-ils fidèles à l'ancienne dynastie. Une grande partie de la noblesse françoise s'est précipitée dans les cours de Bonaparte et de sa famille. Lorsqu'on reprochoit à un homme du plus grand nom, de s'être fait chambellan d'une des nouvelles princesses : *Mais que voulez-vous ?* disoit-il, *il faut bien servir quelqu'un.* Quelle réponse ? Et toute la condamnation des gouvernements, fondés sur l'esprit de cour, n'y est-elle pas renfermée ?

La noblesse angloise eut bien plus de dignité dans les troubles civils ; car elle ne commit pas deux fautes énormes dont les gentilshommes françois peuvent difficilement se disculper : l'une, de s'être réunis aux étrangers contre leur propre pays ; l'autre, d'avoir accepté des places dans le palais d'un homme qui, d'après leurs maximes, n'avoit aucun droit au trône ; car l'élection du peuple, à supposer que Bonaparte pût s'en vanter, n'étoit pas à leurs yeux un titre légitime. Certes, il ne leur est pas permis d'être intolérans après de telles preuves de condescendance ; et l'on offense moins, ce me semble, l'illustre famille des Bourbons, en souhaitant des limites constitutionnelles à l'autorité du trône, qu'en ayant accepté des places auprès d'un nouveau souverain souillé par l'assassinat d'un jeune guerrier de l'ancienne race.

La noblesse françoise qui a servi Bonaparte dans les emplois du palais, prétendroit-elle y avoir été contrainte ? Bien plus de pétitions encore ont été refusées que de places données ; et ceux qui n'ont pas voulu se soumettre aux désirs de Bonaparte à cet égard, ne furent point forcés à faire partie de sa cour. Adrien et Mathieu de Montmorency, dont le nom et le caractère attiroient les regards, Elzéar de Sabran, le duc et la duchesse de Duras [82], plusieurs autres encore, quoique pas en grand nombre, n'ont point voulu des emplois offerts par Bonaparte ; et, bien qu'il fallût du courage pour résister à ce torrent qui emporte tout en France dans le sens du pouvoir, ces courageuses personnes ont maintenu leur fierté, sans être obligées de renoncer à leur patrie. En général, ne pas faire est presque toujours possible, et il faut que cela soit ainsi, puisque rien n'est une excuse pour agir contre ses principes.

Il n'en est pas assurément des nobles françois qui se sont battus dans les armées, comme des courtisans personnels de la dynastie de Bonaparte. Les guerriers, quels qu'ils soient, peuvent présenter mille excuses, et mieux que des excuses, suivant les motifs qui les ont déterminés, et la conduite qu'ils ont tenue. Car, enfin, dans toutes les époques de la révolution, il a existé une France ; et, certes, les premiers devoirs d'un citoyen sont toujours envers sa patrie.

Jamais homme n'a su multiplier les liens de la dépendance plus habilement que Bonaparte. Il connoissoit mieux que personne les grands et les petits moyens du despotisme ; on le voyoit s'occuper avec persévérance de la toilette des femmes, afin que leurs époux, ruinés par leurs dépenses, fussent plus souvent obligés de recourir à lui. Il vouloit aussi frapper l'imagination des François par la pompe de sa cour. Le vieux soldat qui fumoit à la porte de Frédéric II suffisoit pour le faire respecter de toute l'Europe. Certainement Bonaparte avoit assez de talens militaires pour obtenir le même résultat par les mêmes moyens ; mais il ne lui suffisoit pas d'être le maître, il vouloit encore être le tyran ; et, pour opprimer l'Europe et la France, il falloit avoir recours à tous les moyens qui avilissent l'espèce humaine : aussi, le malheureux n'y a-t-il que trop bien réussi !

La balance des motifs humains pour faire le bien ou le mal est d'ordinaire en équilibre dans la vie, et c'est la conscience qui décide. Mais quand, sous Bonaparte, un milliard de revenus, et huit cent mille hommes armés pesoient en faveur des mauvaises actions, quand l'épée de Brennus étoit du même côté que l'or, pour faire pencher la balance : quelle terrible séduction ! Néanmoins, les calculs de l'ambition et de l'avidité n'auroient pas suffi pour soumettre la France à Bonaparte ; il faut quelque chose de grand pour remuer les masses, et c'étoit la gloire militaire qui enivroit la nation, tandis que les filets du despotisme étoient tendus par quelques hommes dont on ne sauroit assez signaler la bassesse et la corruption. Ils ont traité de chimère les principes constitutionnels, comme l'auroient pu faire les courtisans des vieux gouvernemens de l'Europe, dans les rangs desquels ils aspiroient à se placer. Mais le maître, ainsi que nous allons le voir, vouloit encore plus que la couronne de France, et ne s'en est pas tenu au despotisme bourgeois dont ses agens civils auroient souhaité qu'il se contentât chez lui, c'est-à-dire, chez nous.

CHAPITRE XII

De la conduite de Napoléon envers le continent européen

Deux plans de conduite très-différens s'offroient à Bonaparte, lorsqu'il se fit couronner empereur de France[83]. Il pouvoit se borner à la barrière du Rhin et des Alpes que l'Europe ne lui disputoit plus après la bataille de Marengo, et rendre la France, ainsi agrandie, le plus puissant empire du monde. L'exemple de la liberté constitutionnelle en France auroit agi graduellement, mais avec certitude, sur le reste de l'Europe. On n'auroit plus entendu dire que la liberté ne peut convenir qu'à l'Angleterre, parce qu'elle est une île ; qu'à la Hollande, parce qu'elle est une plaine ; qu'à la Suisse, parce que c'est un pays de montagnes ; et l'on auroit vu une monarchie continentale fleurir à l'ombre de la loi qui, après la religion dont elle émane, est ce qu'il y a de plus saint sur la terre.

Beaucoup d'hommes de génie ont épuisé tous leurs efforts pour faire un peu de bien, pour laisser quelques traces de leurs institutions après eux. La destinée, prodigue envers Bonaparte, lui remit une nation de quarante millions d'hommes alors, une nation assez aimable pour influer sur l'esprit et les goûts européens. Un chef habile, à l'ouverture de ce siècle, auroit pu rendre la France heureuse et libre sans aucun effort, seulement avec quelques vertus. Napoléon est plus coupable encore pour le bien qu'il n'a pas fait, que pour les maux dont on l'accuse.

Enfin, si sa dévorante activité se trouvoit à l'étroit dans la plus belle des monarchies, si c'étoit un trop misérable sort pour un Corse, souslieutenant en 1790, de n'être qu'empereur de France, il falloit au moins qu'il soulevât l'Europe au nom de quelques avantages pour elle. Le rétablissement de la Pologne, l'indépendance de l'Italie, l'affranchissement de la Grèce, avoient de la grandeur : les peuples pouvoient s'intéresser à la renaissance des peuples. Mais falloit-il inonder la terre de sang pour que le prince Jérôme prît la place de l'électeur de Hesse[84], et pour que les Allemands fussent gouvernés par des administrateurs françois qui prenoient chez eux des fiefs dont ils savoient à peine prononcer les titres, bien qu'ils les portassent, mais dont ils touchoient très-facilement les revenus dans toutes les langues ? Pourquoi l'Allemagne se seroit-elle soumise à l'influence françoise ? Cette influence ne lui apportoit aucune lumière nouvelle, et n'établissoit chez elle d'autres institutions libérales que des contributions et des conscriptions encore plus fortes que toutes celles imposées par ses anciens maîtres. Il y avoit sans doute beaucoup de changemens raisonnables à faire dans les constitutions de l'Allemagne ; tous les hommes éclairés le savoient, et pendant long-temps aussi ils s'étoient montrés favorables à la cause de la France, parce qu'ils en espéroient l'amélioration de leur sort. Mais, sans parler de la juste indignation que tout peuple doit ressentir à l'aspect des soldats étrangers sur son territoire, Bonaparte ne faisoit rien en Allemagne que dans le but d'y établir son pouvoir et celui de sa famille : une telle nation étoit-elle faite pour servir de piédestal à son égoïsme ? L'Espagne aussi devoit repousser avec horreur les perfides moyens que Bonaparte employa pour l'asservir. Qu'offroit-il donc aux empires qu'il vouloit subjuguer ? Étoit-ce de la liberté ? étoit-ce de la force ? étoit-ce de la richesse ? Non ; c'étoit lui, toujours lui, dont il falloit se récréer en échange de tous les biens de ce monde.

Les Italiens, par l'espoir confus d'être enfin réunis en un seul état, les infortunés Polonois qui demandent à l'enfer aussi-bien qu'au ciel de redevenir une nation, étoient les seuls qui servissent volontairement l'empereur. Mais il avoit tellement en horreur l'amour de la liberté que, bien qu'il eût besoin des Polonois pour auxiliaires, il haïssoit en eux le noble enthousiasme qui les condamnoit à lui obéir. Cet homme, si habile dans l'art de dissimuler, ne pouvoit se servir même avec hypocrisie des sentimens patriotiques, dont il auroit pu tirer toutefois tant de ressources : c'étoit une arme qu'il ne savoit pas manier, et toujours il craignoit qu'elle n'éclatât dans sa main. A Posen, les députés polonois vinrent lui offrir leur fortune et leur vie pour rétablir la Pologne. Napoléon leur répondit avec cette voix sombre, et cette déclamation précipitée qu'on a remarquées en lui quand il se contraignoit, quelques paroles de liberté bien ou mal rédigées, mais qui lui coûtoient tellement, que c'étoit le seul mensonge qu'il ne pût prononcer avec son apparente bonhomie [85] Lors même que les applaudissemens du peuple étoient en sa faveur, ie peuple lui déplaisoit toujours. Cet instinct de despote lui a fait élever un trône sans base, et l'a contraint à manquer à sa vocation ici bas, l'établissement de la réforme politique.

Les moyens de l'empereur pour asservir l'Europe ont été l'audace dans la guerre, et la ruse dans la paix. Il signoit des traités quand ses ennemis étoient à demi terrassés, afin de ne les pas porter au désespoir, et de les affoiblir assez cependant pour que la hache, restée dans le tronc de l'arbre, pût le faire périr à la longue. Il gagnoit quelques amis parmi les anciens gouvernans, en se montrant en toutes choses l'ennemi de la liberté. Ainsi ce sont les nations qui se soulevèrent à la fin contre lui, car il les avoit plus offensées que les rois mêmes. Cependant on s'étonne de trouver encore des partisans de Bonaparte, ailleurs que chez les François, auxquels, il donnoit au moins la victoire pour dédommagement du despotisme. Ces partisans, en Italie surtout, ne sont en général que des amis de la liberté qui s'étoient flattés à tort de l'obtenir de lui, et qui aimeroient encore mieux un grand événement, quel qu'il pût être, que le découragement dans lequel ils sont tombés. Sans vouloir entrer dans les intérêts des étrangers, dont nous nous sommes promis de ne point parler, nous croyons pouvoir affirmer que les biens de détail opérés par Bonaparte, les grandes routes nécessaires à ses projets, les monumens consacrés à sa gloire, quelques restes des institutions libérales de l'assemblée constituante dont il permettoit quelquefois l'application hors de France, tels que l'amélioration de la jurisprudence, celle de l'éducation publique, les encouragemens donnés aux sciences ; tous ces biens, dis-je, quelque désirables qu'ils fussent, ne pouvoient compenser le joug avilissant qu'il faisoit peser sur les caractères. Quel homme supérieur a-t-on vu se développer sous son règne ? Quel homme verra-t-on même de long-temps là où il a dominé ? S'il avoit voulu le triomphe d'une liberté sage et digne, l'énergie se seroit montrée de toutes parts, et une nouvelle impulsion eût animé le monde civilisé. Mais Bonaparte n'a pas concilié à la France l'amitié d'une seule nation. Il a fait des mariages, des arrondissemens, des réunions, il a taillé les cartes de géographie, et compté les âmes à la manière admise depuis, pour compléter les domaines des princes [86], mais où a-t-il implanté ces principes politiques qui sont les remparts, les trésors et la gloire de l'Angleterre ? ces institutions invincibles, dès qu'elles ont duré dix ans, car elles ont alors donné tant de bonheur, qu'elles rallient tous les citoyens d'un pays à leur défense.

CHAPITRE XIII

Des moyens employés par Bonaparte pour attaquer l'Angleterre

Si l'on peut entrevoir un plan dans la conduite vraiment désordonnée de Bonaparte, relativement aux nations étrangères, c'étoit celui d'établir une monarchie universelle dont il se seroit déclaré le chef, en donnant en fief des royaumes, des duchés, et en recommençant le régime féodal, ainsi qu'il s'est établi jadis par la conquête. Il ne paroît pas même qu'il dût se borner aux confins de l'Europe, et ses vues certainement s'étendoient jusqu'à l'Asie. Enfin, il vouloit toujours marcher en avant, tant qu'il ne recontreroit pas d'obstacles ; mais il n'avoit pas calculé que, dans une entreprise aussi vaste, un obstacle ne forçoit pas seulement à s'arrêter, mais détruisoit entièrement l'édifice d'une prospérité contre nature, qui devoit s'anéantir dès qu'elle ne s'élevoit plus.

Pour faire supporter la guerre à la nation françoise qui, comme toutes les nations, désiroit la paix, pour obliger les troupes étrangères à suivre les drapeaux des François, il falloit un motif qui pût se rattacher, du moins en apparence, au bien public. Nous avons essayé de montrer, dans le chapitre précédent, que, si Napoléon avoit pris pour étendard la liberté des peuples, il auroit soulevé l'Europe sans avoir recours aux moyens de terreur ; mais son pouvoir impérial n'y auroit bien gagné, et certes il n'étoit pas homme à se conduire par des sentimens désintéressés. Il vouloit un mot de ralliement qui pût faire croire qu'il avoit en vue l'avantage et l'indépendance de l'Europe, et c'est la liberté des mers qu'il choisit. Sans doute la persévérance et les ressources financières des Anglois s'opposoient à ses projets, et il avoit de plus une aversion naturelle pour leurs institutions libres et la fierté de leur caractère. Mais ce qui lui convenoit surtout, c'étoit de substituer à la doctrine des gouvernemens représentatifs, qui se fonde sur le respect dû aux nations, les intérêts mercatiles et commerciaux, sur lesquels on peut parler sans fin, raisonner sans bornes, et n'atteindre jamais au but. La devise des malheureuses époques de la révolution françoise : *Liberté, égalité,* donnoit aux peuples une impulsion qui ne devoit pas plaire à Bonaparte ; mais la devise de ses drapeaux : *Liberté des mers,* le conduisoit où il vouloit, nécessitoit le voyage aux Indes comme la paix la plus raisonnable, si tout-à-coup il lui convenoit de la signer. Enfin il avoit dans ces mots de ralliement un singulier avantage, celui d'animer les esprits sans les diriger contre le pouvoir. M. de Gentz[87] et M. A. W. de Schlegel[88], dans leurs écrits sur le système continental, ont parfaitement traité les avantages et les inconvéniens de l'ascendant maritime de l'Angleterre, lorsque l'Europe est dans sa situation ordinaire. Mais au moins est-il certain que cet ascendant balançoit seul, il y a quelques années, la domination de Bonaparte, et qu'il ne seroit pas resté peut-être un coin de la terre pour y échapper, si l'océan anglois n'avoit pas entouré le continent de ses bras protecteurs.

Mais, dira-t-on, tout en admirant l'Angleterre, la France doit toujours être rivale de sa puissance, et de tout temps ses chefs ont essayé de la combattre. Il n'est qu'un moyen d'égaler l'Angleterre, c'est de l'imiter. Si Bonaparte, au lieu d'imaginer cette ridicule comédie de descente, qui n'a servi que de sujet aux caricatures angloises[89], et ce blocus continental, plus sérieux, mais aussi plus funeste ; si Bonaparte n'avoit voulu conquérir sur l'Angleterre que sa constitution et son industrie, la France auroit aujourd'hui un commerce fondé sur le crédit, un crédit fondé sur la représentation nationale et sur la stabilité qu'elle donne. Mais le ministère anglois sait malheureusement trop bien qu'une monarchie constitutionnelle est le seul moyen, et tout-à-fait le seul, d'assurer à la France une prospérité durable. Quand Louis XIV luttoit avec succès sur les mers contre les flottes angloises, c'est que les richesses financières des deux pays étoient alors à-peu-près les mêmes ; mais depuis quatre-vingts ou cent ans que la liberté s'est consolidée en Angleterre, la France ne peut se mettre en équilibre avec elle que par des garanties légales de la même nature. Au lieu de prendre cette vérité pour boussole, qu'a fait Bonaparte ?

La gigantesque idée du blocus continental ressembloit à une espèce de croisade européenne contre l'Angleterre, dont le sceptre de Napoléon étoit le signe de ralliement. Mais si, dans l'intérieur, l'exclusion des marchandises angloises a donné quelque encouragement aux manufactures, les ports ont été déserts et le commerce anéanti. Rien n'a rendu Napoléon plus impopulaire que ce renchérissement du sucre et du café qui portoit sur les habitudes journalières de toutes les classes. En faisant brûler, dans les villes de sa dépendance, depuis Hambourg jusqu'à Naples, les produits de l'industrie angloise, il révoltoit tous les témoins de ces *actes de foi* en l'honneur du despotisme[90]. J'ai vu sur la place publique, à Genève, de pauvres femmes se jeter à genoux devant le bûcher où l'on brûloit des marchandises, en suppliant qu'on leur permît d'arracher à temps aux flammes quelques morceaux de toile ou de drap pour vêtir leurs enfans dans la misère : de pareilles scènes devoient se renouveler partout ; mais quoique les hommes d'état dans le genre ironique répétassent alors qu'elles ne signifioient rien, elles étoient le tableau vivant d'une absurdité tyrannique, le blocus continental. Qu'est-il résulté des terribles anathèmes de Bonaparte ? La puissance de l'Angleterre s'est accrue dans les quatre parties du monde, son influence sur les gouvernemens étrangers a été sans bornes, et elle devoit l'être, vu la grandeur du mal dont elle préservoit l'Europe. Bonaparte, qu'on persiste à nommer habile, a pourtant trouvé l'art maladroit de multiplier partout les ressources de ses adversaires, et d'augmenter tellement celles de l'Angleterre en particulier, qu'il n'a pu réussir à lui faire qu'un seul mal peut-être, il est vrai le plus grand de tous, celui d'accroître ses forces militaires à un tel degré, qu'on pourroit craindre pour sa liberté, si l'on ne se fioit pas à son esprit public.

On ne peut nier qu'il ne soit très-naturel que la France envie la prospérité de l'Angleterre ; et ce sentiment l'a portée à se laisser tromper sur quelques-uns des essais de Bonaparte pour élever l'industrie françoise à la hauteur de celle d'Angleterre. Mais est-ce par des prohibitions armées qu'on crée de la richesse ? La volonté des souverains ne sauroit plus diriger le système industriel et commercial des nations : il faut les laisser aller à leur développement naturel, et seconder leurs intérêts selon leurs vœux. Mais de même qu'une femme, pour s'irriter des hommages offerts à sa rivale, n'en obtient pas davantage elle-même, une nation, en fait de commerce et d'industrie, ne peut l'emporter qu'en sachant attirer les tributs volontaires, et non en proscrivant la concurrence.

Les gazetiers officiels étoient chargés d'insulter la nation et le gouvernement anglois ; dans les feuilles de chaque jour d'absurdes dénominations, telles que celles de *perfides insulaires,* de *marchands avides,* étoient sans cesse répétées avec des variations qui ne devoient pourtant pas trop s'éloigner du texte. On est remonté dans quelques écrits jusqu'à Guillaume-le-Conquérant pour qualifier de révolte la bataille de Hastings[91], et l'ignorance facilitoit à la bassesse les plus misérables calomnies. Les journalistes de Bonaparte, auxquels nul ne pouvoit répondre, ont défiguré l'histoire, les institutions et le caractère de la nation angloise. C'est encore un des fléaux de l'esclavage de la presse : la France les a tous subis.

Comme Bonaparte se respectoit lui-même plus que ceux qui lui étoient soumis, il se permettoit quelquefois dans la conversation de dire assez de bien de l'Angleterre, soit qu'il voulût préparer les esprits pour le cas où il lui conviendroit de traiter avec le gouvernement anglois, soit plutôt qu'il aimât à s'affranchir un moment du faux langage qu'il commandoit à ses serviteurs. C'étoit le cas de dire : *Faisons mentir nos gens.*

CHAPITRE XIV

Sur l'esprit de l'armée françoise

Il ne faut pas l'oublier, l'armée françoise a été admirable pendant les dix premières années de la guerre de la révolution. Les qualités qui manquoient aux hommes employés dans la carrière civile, on les retrouvoit dans les militaires : persévérance, dévouement, audace et même bonté, quand l'impétuosité de l'attaque n'altéroit pas leur caractère naturel. Les soldats et les officiers se faisoient souvent aimer dans les pays étrangers, lors même que leurs armes y avoient fait du mal ; non-seulement ils bravoient la mort avec cet incroyable énergie qu'on retrouvera toujours dans leur sang et dans leur cœur, mais ils supportoient les plus affreuses privations avec une sérénité sans exemple. Cette légèreté, dont on accuse avec raison les François dans les affaires politiques, devenoit respectable quand elle se transformoit en insouciance du danger, en insouciance même de la douleur. Les soldats françois sourioient au milieu des situations les plus cruelles, et se ranimoient encore dans les angoisses de la souffrance, soit par un sentiment d'enthousiasme pour leur patrie, soit par un bon mot qui faisoit revivre cette gaieté spirituelle à laquelle les dernières classes même de la société sont toujours sensibles en France.

La révolution avoit perfectionné singulièrement l'art funeste du recrutement [92], mais le bien qu'elle avoit fait en rendant tous les grades accessibles au mérite, excita dans l'armée françoise une émulation sans bornes. C'est à ces principes de liberté que Bonaparte a dû les ressources dont il s'est servi contre la liberté même. Bientôt l'armée sous Napoléon ne conserva guère de ses vertus populaires que son admirable valeur et un noble sentiment d'orgueil national ; combien elle étoit déchue toutefois, quand elle se battoit pour un homme, tandis que ses devanciers, tandis que ses vétérans même, dix ans plus tôt, ne s'étoient dévoués qu'à la patrie ! Bientôt aussi les troupes de presque toutes les nations continentales furent forcées à combattre sous les étendards de la France. Quel sentiment patriotique pouvoit animer les Allemands, les Hollandois, les Italiens, quand rien ne leur garantissoit l'indépendance de leurs pays, ou plutôt quand son asservissement pesoit sur eux ? Ils n'avoient de commun entre eux qu'un même chef, et c'est pour cela que rien n'étoit moins solide que leur association ; car l'enthousiasme pour un homme, quel qu'il soit, est nécessairement variable ; l'amour seul de la patrie et de la liberté ne peut changer, parce qu'il est désintéressé dans son principe. Ce qui faisoit le prestige de Napoléon, c'étoit l'idée qu'on avoit de sa fortune ; l'attachement à lui n'étoit que l'attachement à soi. L'on croyoit aux avantages de tout genre qu'on obtiendroit sous ses drapeaux, et comme il jugeoit à merveille le mérite militaire, et savoit le récompenser, le plus simple soldat de l'armée pouvoit nourrir l'espoir de devenir maréchal de France. Les titres, la naissance, les services de courtisan, influoient peu sur l'avancement dans l'armée. Il existoit là, malgré le despotisme du gouvernement, un esprit d'égalité, parce que là Bonaparte avoit besoin de force, et qu'il n'en peut exister sans un certain degré d'indépendance. Aussi sous le règne de l'empereur, ce qui valoit encore le mieux, c'étoit certainement l'armée. Les commissaires qui frappoient les pays conquis de contributions, d'emprisonnemens, d'exils, ces nuées d'agens civils qui venoient, comme les vautours, fondre sur le champ de bataille, après la victoire, ont fait détester les François bien plus que ces pauvres braves conscrits qui passoient de l'enfance à la mort, en croyant défendre leur patrie. C'est aux hommes profonds dans l'art militaire, qu'il appartient de prononcer sur les talens de Bonaparte comme capitaine. Mais à ne juger de lui sous ce rapport que par les observations à la portée de tout le monde, il me semble que son ardent égoïsme a peut-être contribué à ses premiers triomphes comme à ses derniers revers. Il lui manquoit dans la carrière des armes, aussi-bien que dans toutes les autres, ce respect pour les hommes, et ce sentiment du devoir, sans lesquels rien de grand n'est durable.

Bonaparte, comme général, n'a jamais ménagé le sang de ses troupes : c'est en prodiguant la foule des soldats que la révolution lui avoit valus, qu'il a remporté ses étonnantes victoires[93]. Il a marché sans magasins, ce qui rendoit ses mouvemens singulièrement rapides, mais doubloit les maux de la guerre pour les pays qui en étoient le théâtre. Enfin, il n'y a pas jusqu'à son genre de manœuvres militaires, qui ne soit en rapport quelconque avec le reste de son caractère ; il risque toujours le tout pour le tout, comptant sur les fautes de ses ennemis qu'il méprise, et prêt à sacrifier ses partisans dont il ne se soucie guère, s'il n'obtient pas avec eux la victoire.

On l'a vu dans la guerre d'Autriche, en 1809, quitter l'île de Lobau, quand il jugeoit la bataille perdue ; il traversa le Danube, seul avec M. de Czernitchef [94], l'un des intrépides aides de camp de l'empereur de Russie, et le maréchal Berthier. L'empereur leur dit assez tranquillement qu'*après avoir gagné quarante batailles, il n'étoit pas extraordinaire d'en perdre une ;* et lorsqu'il fut arrivé de l'autre côté du fleuve, il se coucha et dormit jusqu'au lendemain matin, sans s'informer du sort de l'armée françoise, que ses généraux sauvèrent pendant son sommeil. Quel singulier trait de caractère ! Et cependant il n'est point d'homme plus actif, plus audacieux dans la plupart des occasions importantes. Mais on diroit qu'il ne sait naviguer qu'avec un vent favorable, et que le malheur le glace tout-à-coup, comme s'il avoit fait un pacte magique avec la fortune, et qu'il ne pût marcher sans elle.

La postérité, déjà même beaucoup de nos contemporains, objecteront aux antagonistes de Bonaparte, l'enthousiasme qu'il inspiroit à son armée. Nous traiterons ce sujet aussi impartialement qu'il nous sera possible, quand nous serons arrivés au funeste retour de l'île d'Elbe. Que Bonaparte fût un homme d'un génie transcendant à beaucoup d'égards, qui pourroit le nier ? Il voyoit aussi loin que la connoissance du mal peut s'étendre ; mais il y a quelque chose par-delà, c'est la région du bien. Les talens militaires ne sont pas toujours la preuve d'un esprit supérieur ; beaucoup de hasards peuvent servir dans cette carrière ; d'ailleurs, le genre de coup-d'œil qu'il faut pour conduire les hommes sur le champ de bataille, ne ressemble point à l'intime vue qu'exige l'art de gouverner. L'un des plus grands malheurs de l'espèce humaine, c'est l'impression que les succès de la force produisent sur les esprits ; et néanmoins il n'y aura ni liberté, ni morale dans le monde, si l'on n'arrive pas à ne considérer une bataille que d'après la bonté de la cause et l'utilité du résultat, comme tout autre fait de ce monde.

L'un des plus grands maux que Bonaparte ait faits à la France, c'est d'avoir donné le goût du luxe à ces guerriers, qui se contentoient si bien de la gloire, dans les jours où la nation étoit encore vivante. Un intrépide maréchal, couvert de blessures, et impatient d'en recevoir encore, demandoit pour son hôtel, un lit tellement chargé de dorures et de broderies, qu'on ne pouvoit trouver dans tout Paris de quoi satisfaire son désir : *Eh bien,* dit-il alors dans sa mauvaise humeur, *donnez-moi une botte de paille, et je dormirai très-bien dessus.* En effet, il n'y avoit point d'intervalle pour ces hommes entre la pompe des Mille et une Nuits, et la vie rigide à laquelle ils étoient accoutumés.

Il faut accuser encore Bonaparte d'avoir altéré le caractère françois, en le formant aux habitudes de dissimulation dont il donnoit l'exemple. Plusieurs chefs militaires sont devenus diplomates à l'école de Napoléon, capables de cacher leurs véritables opinions, d'étudier les circonstances et de s'y plier. Leur bravoure est restée la même, mais tout le reste a changé. Les officiers attachés de plus près à l'empereur, loin d'avoir conservé l'aménité françoise, étoient devenus froids, circonspects, dédaigneux ; ils saluoient de la tête, parloient peu, et sembloient partager le mépris de leur maître pour la race humaine. Les soldats ont toujours des mouvemens généreux et naturels ; mais la doctrine de l'obéissance passive que des partis opposés dans leurs intérêts, bien que d'accord dans leurs maximes, ont introduite parmi les chefs de l'armée, a nécessairement altéré ce qu'il y avoit de grand et de patriote dans les troupes françoises.

La force armée doit être, dit-on, essentiellement obéissante. Cela est vrai sur le champ de bataille, en présence de l'ennemi, et sous le rapport de la discipline militaire. Mais les François pouvoient-ils et devoient-ils ignorer qu'ils immoloient une nation en Espagne ? Pouvoient-ils et devoient-ils ignorer, qu'ils ne défendoient pas leurs foyers à Moscou, et que l'Europe n'étoit en armes que parce que Bonaparte avoit su se servir successivement de chacun des pays qui la composent pour l'asservir tout entière ? On voudroit faire des militaires une sorte de corporation en dehors de la nation, et qui ne pût jamais s'unir avec elle. Ainsi les malheureux peuples auroient toujours deux ennemis, leurs propres troupes et celles des étrangers, puisque toutes les vertus des citoyens seroient interdites aux guerriers.

L'armée d'Angleterre est aussi soumise à la discipline que celle des états les plus absolus de l'Europe ; mais les officiers n'en font pas moins usage de leur raison, soit comme citoyens en se mêlant, de retour chez eux, des intérêts publics de leur pays ; soit comme militaires, en connoissant et respectant l'empire de la loi dans ce qui les concerne. Jamais un officier anglois n'arrêteroit un individu, ni ne tireroit même sur le peuple en émeute, que d'après les formes voulues par la constitution. Il y a intention de despotisme toutes les fois qu'on veut interdire aux hommes l'usage de la raison que Dieu leur a donnée. Il suffit, dira-t-on, d'obéir à son serment ; mais qu'y a-t-il qui exige plus l'emploi de la raison que la connoissance des devoirs attachés à ce serment même ? Penseroit-on que celui qu'on avoit prêté à Bonaparte pût obliger aucun officier à enlever le duc d'Enghien sur la terre étrangère qui devoit lui servir d'asile [95] ? Toutes les fois qu'on établit des maximes antilibérales, c'est pour s'en servir comme d'une batterie contre ses adversaires ; mais à condition que ces adversaires ne les retournent pas contre nous. Il n'y a que les lumières et la justice dont on n'ait rien à craindre dans aucun parti. Qu'arrive-t-il enfin de cette maxime emphatique : *L'armée ne doit pas juger, mais obéir ?* C'est que l'armée dans les troubles civils dispose toujours du sort des empires ; mais seulement elle en dispose mal, parce qu'on lui a interdit l'usage de sa raison. C'est par une suite de cette obéissance aveugle à ses chefs, dont on avait fait un devoir à l'armée françoise, qu'elle a maintenu le gouvernement de Bònaparte ; combien ne l'a-t-on pas blâmée cependant de ne l'avoir pas renversé ! Les corps civils, pour se justifier de leur servilité envers l'empereur, s'en prenoient à l'armée ; et il est facile de faire dire dans la même phrase aux partisans du pouvoir absolu, qui ne sont d'ordinaire pas forts en logique, d'abord, que les militaires ne doivent jamais avoir d'opinion sur rien en politique, et puis, qu'ils ont été bien coupables de se prêter aux guerres injustes de Bonaparte. Certes, ceux qui versent leur sang pour l'état, ont bien un peu le droit de savoir si c'est l'état dont il s'agit quand ils se battent. Il ne s'ensuit pas que l'armée puisse être le gouvernement : Dieu nous en préserve ! Mais si l'armée doit se tenir à part des affaires publiques dans tout ce qui concerne leur direction habituelle, la liberté du pays n'en est pas moins sous sa sauvegarde ; et, quand le despotisme s'en empare, il faut qu'elle se refuse à le soutenir. Quoi ! dira-t-on, vous voulez que l'armée délibère ? Si vous appelez délibérer, connoître son devoir et se servir de ses facultés pour l'accomplir, je répondrai que, si vous défendez aujourd'hui de raisonner contre vos ordres, vous trouverez mauvais demain qu'on n'ait pas raisonné contre ceux d'un autre ; tous les partis qui exigent, en matière de politique comme en matière de foi, qu'on renonce à l'exercice de sa pensée, veulent seulement que l'on pense comme eux, quoi qu'il arrive ; et cependant, quand on transforme les soldats en machines, si ces machines cèdent à la force, on n'a pas le droit de s'en plaindre. L'on ne sauroit se passer de l'opinion des hommes pour les gouverner. L'armée, comme toute autre association, doit savoir qu'elle fait partie d'un état libre, et défendre envers et contre tous la constitution légalement établie. L'armée françoise peut-elle ne pas se repentir amèrement aujourd'hui de cette obéissance aveugle envers son chef qui a perdu la France ? Si les soldats n'avoient pas cessé d'être des citoyens, ils seroient encore les soutiens de leur patrie.

Il faut en convenir toutefois, et de bon cœur, c'est une funeste invention que les troupes de ligne ; et si l'on pouvoit les supprimer à la fois dans toute l'Europe, l'espèce humaine auroit fait un grand pas vers le perfectionnement de l'ordre social. Si Bonaparte s'étoit arrêté après quelques-unes de ses victoires, son nom et celui des armées françoises produisoient alors un tel effet, qu'il auroit pu se contenter des gardes nationales pour la défense du Rhin et des Alpes. Tout ce qu'il y a de bien dans les choses humaines a été en sa puissance ; mais la leçon qu'il devoit donner au monde étoit d'une autre nature.

Lors de la dernière invasion de la France, un général des alliés a déclaré qu'il feroit fusiller tout François simple citoyen, qui seroit trouvé les armes à la main ; des généraux françois avoient eu quelquefois le même tort en Allemagne : et, cependant, les soldats des armées de ligne sont beaucoup plus étrangers au sort de la guerre défensive, que les habitans du pays. S'il étoit vrai, comme le disoit ce général, qu'il ne fût pas permis aux citoyens de se défendre contre les troupes réglées, tous les Espagnols seroient coupables, et l'Europe obéiroit encore à Bonaparte ; car, il ne faut pas l'oublier, ce sont les simples habitans de l'Espagne qui ont commencé la lutte ; ce sont eux qui, les premiers, ont pensé que les probabilités du succès n'étoient de rien dans le devoir de la résistance. Aucun de ces Espagnols, et, quelque temps après, aucun des paysans russes ne faisoit partie d'une armée de ligne ; et ils n'en étoient que plus respectables, en combattant pour l'indépendance de leur pays[96].

CHAPITRE XV

De la législation
et de l'administration
sous Bonaparte

On n'a point encore assez caractérisé l'arbitraire sans bornes, et la corruption sans pudeur du gouvernement civil sous Bonaparte. On pourroit croire qu'après le torrent d'injures auquel on s'abandonne toujours en France contre les vaincus, il ne peut rester sur une puissance renversée aucun mal à dire, que les flatteurs du règne suivant n'aient épuisé. Mais comme on vouloit ménager la doctrine du despotisme, tout en attaquant Bonaparte ; comme un grand nombre de ceux qui l'injurient aujourd'hui l'avoient loué la veille, il falloit, pour mettre quelque accord dans une conduite où il n'y avoit de conséquent que la bassesse, attaquer l'homme au-delà même de ce qu'il mérite, et néanmoins se taire à beaucoup d'égards, sur un

système dont on vouloit se servir encore. Le plus grand crime de
Napoléon, toutefois, celui pour lequel tous les penseurs, tous les
écrivains dispensateurs de la gloire dans la postérité, ne cesseront de
l'accuser auprès de l'espèce humaine, c'est l'établissement et l'organisation du despotisme. Il l'a fondé sur l'immoralité ; car les lumières
qui existoient en France étoient telles, que le pouvoir absolu ne
pouvoit s'y maintenir que par la dépravation, tandis qu'ailleurs il
subsiste par l'ignorance.

Peut-on parler de législation dans un pays où la volonté d'un seul
homme décidoit de tout ; où cet homme, mobile et agité comme les
flots de la mer pendant la tempête, ne pouvoit pas même supporter la
barrière de sa propre volonté, si on lui opposoit celle de la veille,
quand il avoit envie d'en changer le lendemain ? Une fois un de ses
conseillers d'état s'avisa de lui représenter que le Code Napoléon
s'opposoit à la résolution qu'il alloit prendre. *Eh bien !* dit-il, *le Code
Napoléon a été fait pour le salut du peuple, et si ce salut exige d'autres
mesures, il faut les prendre.* Quel prétexte pour une puissance illimitée
que celui du salut public ! Robespierre a bien fait d'appeler ainsi son
gouvernement. Peu de temps après la mort du duc d'Enghien, lorsque
Bonaparte étoit peut-être encore troublé dans le fond de son âme par
l'horreur que cet assassinat avoit inspirée, il dit, en parlant de
littérature avec un artiste très-capable de la bien juger : « La raison
d'état, voyez-vous, a remplacé chez les modernes le fatalisme des
anciens. Corneille est le seul des tragiques françois qui ait senti cette
vérité. S'il avoit vécu de mon temps, je l'aurois fait mon premier
ministre [97]. »

Il y avoit deux sortes d'instrumens du pouvoir impérial, les lois et
les décrets. Les lois étoient sanctionnées par le simulacre d'un corps
législatif ; mais c'étoit dans les décrets émanés directement de
l'empereur, et discutés dans son conseil, que consistoit la véritable
action de l'autorité. Napoléon abandonnoit aux beaux parleurs du
conseil d'état, et aux députés muets du corps législatif, la délibération
et la décision de quelques questions abstraites en fait de jurisprudence, afin de donner à son gouvernement un faux air de sagesse
philosophique. Mais quand il s'agissoit des lois relatives à l'existence
du pouvoir, alors toutes les exceptions comme toutes les règles
ressortissoient à l'empereur. Dans le Code Napoléon, et même dans le
Code d'Instruction criminelle, il est resté de très-bons principes,
dérivés de l'assemblée constituante : l'institution du jury, ancre
d'espoir de la France, et divers perfectionnemens dans la procédure,
qui l'ont sortie des ténèbres où elle étoit avant la révolution, et où elle
est encore dans plusieurs états de l'Europe. Mais qu'importoient les
institutions légales, puisque des tribunaux extraordinaires nommés

par l'empereur, des cours spéciales, des commissions militaires jugeoient tous les délits politiques, c'est-à-dire, ceux qui ont le plus besoin de l'égide invariable de la loi[98] ? Nous montrerons dans le volume suivant combien, dans ces procès politiques, les Anglois ont multiplié les précautions, afin de mettre la justice plus sûrement à l'abri du pouvoir. Quels exemples n'a-t-on pas vus sous Bonaparte, de ces tribunaux extraordinaires qui devenoient habituels ! Car, dès qu'on se permet un acte arbitraire, ce poison s'insinue dans toutes les affaires de l'état. Des exécutions rapides et ténébreuses n'ont-elles pas souillé le sol de la France ? Le Code militaire ne se mêle que trop, d'ordinaire, au Code civil dans tous les pays, l'Angleterre exceptée ; mais il suffisoit sous Bonaparte d'être accusé d'embauchage, pour être traduit devant les commissions militaires ; et c'est ainsi que le duc d'Enghien a été jugé. Bonaparte n'a pas permis une seule fois qu'un homme pût avoir recours pour un délit politique, à la décision du jury. Le général Moreau et ses coaccusés en ont été privés ; mais ils eurent heureusement affaire à des juges qui respectoient leur conscience[99]. Ces juges n'ont pu cependant prévenir les iniquités qui se commirent dans cette horrible procédure, et la torture fut de nouveau introduite dans le dix-neuvième siècle par un chef national, dont le pouvoir devoit émaner de l'opinion.

Il étoit difficile de distinguer la législation de l'administration sous le règne de Napoléon ; car l'une et l'autre dépendoient également de l'autorité suprême. Cependant nous ferons une observation principale sur ce sujet. Toutes les fois que les améliorations possibles dans les diverses branches du gouvernement ne portoient en rien atteinte au pouvoir de Bonaparte, et que ces améliorations, au contraire, contribuoient à ses plans et à sa gloire, il faisoit, pour les accomplir, un usage habile des immenses ressources que lui donnoit la domination de presque toute l'Europe ; et, comme il possédoit un grand tact pour connoître parmi les hommes ceux qui pouvoient lui servir d'instrumens, il employoit presque toujours des têtes très-propres aux affaires dont il les chargeoit. L'on doit au gouvernement impérial les musées des arts et les embellissemens de Paris, des grands chemins, des canaux qui facilitoient les communications des départemens entre eux ; enfin, tout ce qui pouvoit frapper l'imagination, en montrant, comme dans le Simplon et le Mont-Cénis, que la nature obéissoit à Napoléon presque aussi docilement que les hommes[100]. Ces prodiges divers se sont opérés parce qu'il pouvoit porter sur chaque point en particulier les tributs et le travail de quatre-vingts millions d'hommes ; mais les rois d'Égypte et les empereurs romains ont eu sous ce rapport d'aussi grands titres à la gloire. Ce qui constitue le développement moral des peuples, dans quel pays Bonaparte s'en est-il occupé ? Et que de moyens, au contraire, n'a-t-il pas employés en France pour étouffer l'esprit public qui s'étoit accru malgré les mauvais gouvernemens enfantés par les factions ?

Toutes les autorités locales, dans les provinces, ont été par degrés supprimées ou annulées, il n'y a plus en France qu'un seul foyer de mouvement, Paris ; et l'instruction qui naît de l'émulation a dépéri dans les provinces, tandis que la négligence avec laquelle on entretenoit les écoles, achevoit de consolider l'ignorance si bien d'accord avec la servitude [101]. Cependant, comme les hommes qui ont de l'esprit éprouvent le besoin de s'en servir, tous ceux qui avoient quelque talent ont été bien vite dans la capitale pour tâcher d'obtenir des places. De là vient cette fureur d'être employé par l'état et pensionné par lui, qui avilit et dévore la France. Si l'on avoit quelque chose à faire chez soi ; si l'on pouvoit se mêler de l'administration de sa ville ou de son département ; si l'on avoit l'occasion de s'y rendre utile, d'y mériter de la considération, et de s'assurer par-là l'espoir d'être un jour élu député, l'on ne verroit pas aborder à Paris quiconque peut se flatter de l'emporter sur ses concurrens par une intrigue ou par une flatterie de plus.

Aucun emploi n'étoit laissé au choix libre des citoyens. Bonaparte se complaisoit à rendre lui-même des décrets sur des nominations d'huissiers, datés des premières capitales de l'Europe. Il vouloit se montrer comme présent partout, comme suffisant à tout, enfin comme le seul être gouvernant en ce monde. Toutefois un homme ne sauroit parvenir à se multiplier à cet excès que par le charlatanisme ; car la réalité du pouvoir tombe toujours entre les mains des agens subalternes qui exercent le despotisme en détail. Dans un pays où il n'y a ni corps intermédiaire indépendant, ni liberté de la presse, ce qu'un despote, de l'esprit même le plus supérieur, ne parvient jamais à savoir, c'est la vérité qui pourroit lui déplaire.

Le commerce, le crédit, tout ce qui demande une action spontanée dans la nation et une garantie certaine contre les caprices du gouvernement, ne s'adaptoit point au système de Bonaparte. Les contributions des pays étrangers en étoient la seule base. On respectoit assez la dette publique, ce qui donnoit une apparence de bonne foi au gouvernement, sans le gêner beaucoup, vu la petitesse de la somme. Mais les autres créanciers du trésor public savoient que d'être payé, ou de ne l'être pas, devoit être considéré comme une chance dans laquelle ce qui entroit le moins, c'étoit leur droit. Aussi personne n'imaginoit-il de prêter rien à l'état, quelque puissant que fût son chef, et précisément parce qu'il étoit trop puissant [102]. Les décrets révolutionnaires que quinze ans de troubles avoient entassés, étoient pris ou laissés selon la décision du moment. Il y avoit presque toujours sur chaque affaire une loi pour et contre, que les ministres appliquoient selon leur convenance. Des sophismes qui n'étoient que de luxe, puisque l'autorité pouvoit tout, justifioient tour-à-tour les mesures les plus opposées.

Quel indigne établissement que celui de la police ! Cette inquisition politique, dans les temps modernes, a pris la place de l'inquisition religieuse. Étoit-il aimé, le chef qui avoit besoin de faire peser sur la nation un esclavage pareil ? Il se servoit des uns pour accuser les autres ; et se vantoit de mettre en pratique cette vieille maxime de diviser pour commander, qui, grâce aux progrès de la raison, n'est plus qu'une ruse bien facilement découverte. Le revenu de cette police étoit digne de son emploi. C'étoient les jeux de Paris qui l'entretenoient : elle soudoyoit le vice avec l'argent du vice qui la payoit. Elle échappoit à l'animadversion publique par le mystère dont elle s'enveloppoit ; mais, quand le hasard faisoit mettre au jour un procès où les agens de police se trouvoient mêlés de quelque manière, peut-on se représenter quelque chose de plus dégoûtant, de plus perfide et de plus bas que les disputes qui s'élevoient entre ces misérables ? Tantôt ils déclaroient qu'ils avoient professé une opinion pour en servir secrètement une opposée ; tantôt ils se vantoient des embûches qu'ils avoient dressées aux mécontens pour les engager à conspirer, afin de les trahir s'ils conspiroient ; et l'on a reçu la déposition d'hommes semblables devant les tribunaux ! L'invention malheureuse de cette police s'est tournée depuis contre les partisans de Bonaparte à leur tour : n'ont-ils pas dû penser que c'étoit le taureau de Phalaris dont ils subissoient eux-mêmes le supplice, après en avoir conçu la funeste idée [103] ?

CHAPITRE XVI

De la littérature sous Bonaparte

Cette même police, pour laquelle nous n'avons pas de termes assez méprisans, pas de termes qui puissent mettre assez de distance entre un honnête homme et quiconque pouvoit entrer dans une telle caverne, c'étoit elle que Bonaparte avoit chargée de diriger l'esprit public en France : et en effet, dès qu'il n'y a pas de liberté de la presse, et que la censure de la police ne s'en tient pas à réprimer, mais dicte à tout un peuple les opinions qu'il doit avoir sur la politique, sur la religion, sur les mœurs, sur les livres, et sur les individus, dans quel état doit tomber une nation qui n'a d'autre nourriture pour ses pensées, que celle que permet ou prépare l'autorité despotique ? Il ne faut donc pas s'étonner si en France la littérature et la critique littéraire sont déchues à un tel point. Ce n'est pas certainement qu'il y ait nulle part plus d'esprit et plus d'aptitude à tout que chez les François. On peut voir quels progrès étonnans ils ne cessent de faire dans les sciences et dans l'érudition, parce que ces deux carrières ne touchent en aucune façon à la politique ; tandis que la littérature ne peut rien produire de grand maintenant sans la liberté. On objecte toujours les chefs-d'œuvre du siècle de Louis XIV ; mais l'esclavage de la presse étoit beaucoup moins sévère sous ce souverain que sous Bonaparte. Vers la fin du règne de Louis XIV, Fénélon et d'autres penseurs traitoient déjà les questions essentielles aux intérêts de la société. Le génie poétique s'épuise dans chaque pays tour-à-tour, et ce n'est qu'après de certains intervalles qu'il peut renaître ; mais l'art d'écrire en prose, inséparable de la pensée, embrasse nécessairement toute la sphère philosophique des idées ; et, quand on condamne des hommes de lettres à tourner dans le cercle des madrigaux et des idylles, on leur donne aisément le vertige de la flatterie : ils ne peuvent rien produire qui dépasse les faubourgs de la capitale et les bornes du temps présent.

La tâche imposée aux écrivains sous Bonaparte étoit singulièrement difficile. Il falloit qu'ils combatissent avec acharnement les principes libéraux de la révolution ; mais qu'ils en respectassent tous les intérêts, de façon que la liberté fût anéantie, mais que les titres, les biens et les emplois des révolutionnaires fussent consacrés. Bonaparte disoit un jour, en parlant de J.-J. Rousseau : *C'est pourtant lui qui a été la cause de la révolution. Au reste, je ne dois pas m'en plaindre, car j'y ai attrapé le trône.* C'étoit ce langage qui devoit servir de texte aux écrivains, pour saper sans relâche les lois constitutionnelles, et les droits imprescriptibles sur lesquels ces lois sont fondées, mais pour exalter le conquérant despote que les orages de la révolution avoient produit, et qui les avoit calmés. S'agissoit-il de la religion, Bonaparte faisoit mettre sérieusement dans ses proclamations, qué les François devoient se défier des Anglois, parce qu'ils étoient des hérétiques ; mais vouloit-il justifier les persécutions que subissoit le plus vénérable et le plus modéré des chefs de l'église, le pape Pie VII ; il l'accusoit de fanatisme [104]. La consigne étoit de dénoncer, comme partisan de l'anarchie, quiconque émettoit une opinion philosophique en aucun genre : mais si quelqu'un, parmi les nobles, sembloit insinuer que les anciens princes s'entendoient mieux que les nouveaux à la dignité des cours, on ne manquoit pas de le signaler comme un conspirateur. Enfin, il falloit repousser ce qu'il y avoit de bon dans chaque manière de voir, afin de composer le pire des fléaux humains, la tyrannie dans un pays civilisé. Quelques écrivains ont essayé de faire une théorie abstraite du despotisme, afin de le récrépir, pour ainsi dire, de façon à lui donner un air de nouveauté philosophique. D'autres, du parti des parvenus, se sont plongés dans le machiavélisme, comme s'il y avoit là de la profondeur ; et ils ont présenté le pouvoir des hommes de la révolution comme une garantie suffisante contre le retour des anciens gouverne-mens : comme s'il n'y avoit que des intérêts dans ce monde, et que la direction de l'espèce humaine n'eût rien de commun avec la vertu. Il n'est resté de ces tours d'adresse qu'une certaine combinaison de phrases, sans l'appui d'aucune idée vraie, et néanmoins construites comme il le faut grammaticalement, avec des verbes, des nominatifs et des accusatifs. Le papier souffre tout, disoit un homme d'esprit. Sans doute il souffre tout, mais les hommes ne gardent point le souvenir des sophismes, et fort heureusement pour la dignité de la littérature, aucun monument de cet art généreux ne peut s'élever sur de fausses bases. Il faut des accens de vérité pour être éloquent, il faut des principes justes pour raisonner, il faut du courage d'âme pour avoir des élans de génie ; et rien de semblable ne peut se trouver dans ces écrivains qui suivent à tout vent la direction de la force.

Les journaux étoient remplis des adresses à l'empereur, des promenades de l'empereur, de celles des princes et des princesses, des étiquettes et des présentations à la cour. Ces journaux, fidèles à l'esprit de servitude, trouvoient le moyen d'être fades à l'époque du bouleversement du monde ; et, sans les bulletins officiels qui venoient de temps en temps nous apprendre que la moitié de l'Europe étoit conquise [105], on auroit pu croire qu'on vivoit sous des berceaux de fleurs, et qu'on n'avoit rien de mieux à faire que de compter les pas des Majestés et des Altesses Impériales, et de répéter les paroles gracieuses qu'elles avoient bien voulu laisser tomber sur la tête de leurs sujets prosternés. Est-ce ainsi que les hommes de lettres, que les magistrats de la pensée, doivent se conduire en présence de la postérité ?

Quelques personnes cependant ont tenté d'imprimer des livres sans la censure de la police ; mais qu'en arrivoit-il ? une persécution comme celle qui m'a forcée de m'enfuir par Moscou pour chercher un asile en Angleterre [106]. Le libraire Palm a été fusillé en Allemagne pour n'avoir pas voulu nommer l'auteur d'une brochure qu'il avoit imprimée [107]. Et, si des exemples plus nombreux encore de proscriptions ne peuvent être cités, c'est que le despotisme étoit si fortement mis en exécution, qu'on avoit fini par s'y soumettre, comme aux terribles lois de la nature, la maladie et la mort. Ce n'est pas seulement à des rigueurs sans fin qu'on s'exposoit sous une tyrannie aussi persévérante, mais on ne pouvoit jouir d'aucune gloire littéraire dans son pays, quand des journaux aussi multipliés que sous un gouvernement libre, et néanmoins soumis tous au même langage, vous harceloient de leurs plaisanteries de commande. J'ai fourni pour ma part des refrains continuels aux journalistes françois depuis quinze ans : la mélancolie du nord, la perfectibilité de l'espèce humaine, les muses romantiques, les muses germaniques. Le joug de l'autorité et l'esprit d'imitation étoient imposés à la littérature, comme le journal officiel dictoit les articles de foi en politique. Un bon instinct de despotisme faisoit sentir aux agens de la police littéraire, que l'originalité dans la manière d'écrire peut conduire à l'indépendance du caractère, et qu'il faut bien se garder de laisser introduire à Paris les livres des Anglois et des Allemands, si l'on ne veut pas que les écrivains françois, tout en respectant les règles du goût, suivent les progrès de l'esprit humain dans les pays où les troubles civils n'en ont pas ralenti la marche.

Enfin, de toutes les douleurs que l'esclavage de la presse fait éprouver, la plus amère, c'est de voir insulter dans les feuilles publiques ce qu'on a de plus cher, ce qu'on respecte le plus, sans qu'il soit possible de faire admettre une réponse dans ces mêmes gazettes qui sont nécessairement plus populaires que les livres. Quelle lâcheté dans ceux qui insultent les tombeaux, quand les amis des morts ne peuvent en prendre la défense ! Quelle lâcheté dans ces folliculaires qui attaquoient aussi les vivans avec l'autorité derrière eux, et servoit d'avant-garde à toutes les proscriptions que le pouvoir absolu prodigue, dès qu'on lui suggère le moindre soupçon ! Quel style que celui qui porte le cachet de la police ! A côté de cette arrogance ; à côté de cette bassesse, quand on lisoit quelques discours des Américains ou des Anglois, des hommes publics enfin qui ne cherchent, en s'adressant aux autres hommes, qu'à leur communiquer leur conviction intime, on se sentoit ému comme si la voix d'un ami s'étoit tout-à-coup fait entendre à l'être abandonné qui ne savoit plus où trouver un semblable.

CHAPITRE XVII

Un mot de Bonaparte
imprimé dans le *Moniteur*

Ce n'étoit pas assez que tous les actes de Bonaparte fussent empreints d'un despotisme toujours plus audacieux ; il falloit encore qu'il révélât lui-même le secret de son gouvernement, méprisant assez l'espèce humaine pour le lui dire. Il fit mettre, dans le Moniteur du mois de juillet 1810, ces propres paroles qu'il adressoit au second fils de son frère Louis Bonaparte [108] ; cet enfant étoit alors destiné au grand-duché de Berg. *N'oubliez jamais,* lui dit-il, *dans quelque position que vous placent ma politique et l'intérêt de mon empire, que vos premiers devoirs sont envers moi, vos seconds envers la France ; tous vos autres devoirs, même ceux envers les peuples que je pourrois vous confier, ne viennent qu'après.* Il ne s'agit pas là de libelles, il ne s'agit pas là d'opinions de parti : c'est lui, lui Bonaparte, qui s'est dénoncé ainsi plus sévèrement que la postérité n'auroit jamais osé le faire. Louis XIV fut accusé d'avoir dit dans son intérieur : *L'état, c'est moi ;* et les historiens éclairés se sont appuyés avec raison sur ce langage égoïste pour condamner son caractère. Mais si, lorsque ce monarque plaça son petit-fils sur le trône d'Espagne, il lui avoit enseigné publiquement la même doctrine que Bonaparte enseignoit à son neveu, peut-être que Bossuet lui-même n'auroit pas osé préférer les intérêts des rois à ceux des nations ; et c'est un homme élu par le peuple, qui a voulu mettre son *moi* gigantesque à la place de l'espèce humaine ; et c'est lui que les amis de la liberté ont pu prendre un instant pour le représentant de leur cause ! Plusieurs ont dit : Il est l'enfant de la révolution. Oui, sans doute, mais un enfant parricide : devoient-ils donc le reconnoître ?

CHAPITRE XVIII

De la doctrine politique de Bonaparte

Un jour M. Suard[109], l'homme de lettres françois qui réunit au plus haut degré le tact de la littérature à la connoissance du grand monde, parloit avec courage devant Napoléon sur la peinture des empereurs romains dans Tacite. *Fort bien*, dit Napoléon ; *mais il devoit nous expliquer pourquoi le peuple romain toléroit et même aimoit ces mauvais empereurs. C'étoit là ce qu'il importoit de faire connoître à la postérité.* Tâchons de ne pas mériter, relativement à l'empereur de France lui-même, les reproches qu'il faisoit à l'historien romain.

Les deux principales causes du pouvoir de Napoléon en France ont été sa gloire militaire avant tout, et l'art qu'il eut de rétablir l'ordre sans attaquer les passions intéressées que la révolution avoit fait naître. Mais tout ne consistoit pas dans ces deux problèmes.

On prétend qu'au milieu du conseil d'état, Napoléon montroit dans la discussion une sagacité universelle. Je doute un peu de l'esprit qu'on trouve à un homme tout-puissant ; il nous en coûte davantage à nous autres particuliers, pour gagner notre vie de célébrité. Néanmoins on n'est pas quinze ans le maître de l'Europe, sans avoir une vue perçante sur les hommes et sur les choses. Mais il y avoit dans la tête de Bonaparte une incohérence, trait distinctif de tous ceux qui ne classent pas leurs pensées sous la loi du devoir. La puissance du commandement avoit été donnée par la nature à Bonaparte, mais c'étoit plutôt parce que les hommes n'agissoient point sur lui, que parce qu'il agissoit sur eux, qu'il parvenoit à en être le maître ; les qualités qu'il n'avoit pas lui servoient autant que les talens qu'il possédoit, et il ne se faisoit obéir qu'en avilissant ceux qu'il soumettoit. Ses succès sont étonnans, ses revers plus étonnans encore ; ce qu'il a fait avec l'énergie de la nation est admirable ; l'état d'engourdissement dans lequel il l'a laissée, peut à peine se concevoir. La multitude d'hommes d'esprit qu'il a employés est extraordinaire ; mais les caractères qu'il a dégradés nuisent plus à la liberté que toutes les facultés de l'intelligence ne pourroient y servir. C'est à lui surtout que peut s'appliquer la belle image du despotisme dans *l'Esprit des lois* : il a coupé l'arbre par la racine pour en avoir le fruit ; et peut-être a-t-il desséché le sol même.

Enfin Bonaparte, maître absolu de quatre-vingts millions d'hommes, ne rencontrant plus d'opposition nulle part, n'a su fonder ni une institution dans l'état [110], ni un pouvoir stable pour lui-même. Quel est donc le principe destructeur qui suivoit ses pas triomphans ? quel est-il ? Le mépris des hommes, et par conséquent de toutes les lois, de toutes les études, de tous les établissemens, de toutes les élections, dont la base est le respect pour l'espèce humaine. Bonaparte s'est enivré de ce mauvais vin du machiavélisme ; il ressembloit sous plusieurs rapports aux tyrans italiens du quatorzième et du quinzième siècles ; et, comme il avoit peu lu, l'instruction ne combattoit point dans sa tête la disposition naturelle de son caractère. L'époque du moyen âge étant la plus brillante de l'histoire des Italiens, beaucoup d'entre eux n'estiment que trop les maximes des gouvernemens d'alors ; et ces maximes ont toutes été recueillies par Machiavel. En relisant dernièrement en Italie son fameux écrit du Prince [111], qui trouve encore des croyans parmi les possesseurs du pouvoir, un fait nouveau et une conjecture nouvelle m'ont paru dignes d'attention. D'abord on vient de publier, en 1813, des lettres de Machiavel, trouvées dans les manuscrits de la bibliothéque Barberini, qui prouve positivement que c'est pour se raccommoder avec les Médécis, qu'il a publié le Prince. On lui avoit fait subir la question à cause de ses efforts en faveur de la liberté ; il étoit ruiné, malade, et sans ressources ; il transigea, mais après la torture ; en vérité, l'on cède à moins de nos jours [112].

Ce traité du Prince, où l'on retrouve malheureusement la supériorité d'esprit que Machiavel avoit développée dans une meilleure cause, n'a point été composé, comme on l'a cru, pour faire haïr le despotisme en montrant quelles affreuses ressources les despotes doivent employer pour se maintenir. C'est une supposition trop détournée pour être admise. Il me semble plutôt que Machiavel, détestant avant tout le joug des étrangers en Italie, toléroit et encourageoit même les moyens, quels qu'ils fussent, dont les princes du pays pouvoient se servir pour être les maîtres, espérant qu'ils seroient assez forts un jour pour repousser les troupes allemandes et françoises. Machiavel analyse l'art de la guerre dans ses écrits, comme les hommes du métier pourroient le faire ; il revient sans cesse à la nécessité d'une organisation militaire purement nationale ; et, s'il a souillé sa vie par son indulgence pour les crimes des Borgia, c'est peut-être parce qu'il s'abandonnoit trop au besoin de tout tenter pour recouvrer l'indépendance de sa patrie. Bonaparte n'a sûrement pas examiné le Prince de Machiavel sous ce point de vue ; mais il y a cherché ce qui passe encore pour de la profondeur parmi les âmes vulgaires : l'art de tromper les hommes. Cette politique doit tomber à mesure que les lumières s'étendront ; ainsi la croyance à la sorcellerie n'existe plus, depuis qu'on a découvert les véritables lois de la physique.

Un principe général, quel qu'il fût, déplaisoit à Bonaparte, comme une niaiserie ou comme un ennemi. Il n'écoutoit que les considérations du moment, et n'examinoit les choses que sous le rapport de leur utilité immédiate ; car il auroit voulu mettre le monde entier en rente viagère sur sa tête. Il n'étoit point sanguinaire, mais indifférent à la vie des hommes. Il ne la considéroit que comme un moyen d'arriver à son but, ou comme un obstacle à écarter de sa route. Il n'étoit pas même aussi colère qu'il a souvent paru l'être : il vouloit effrayer avec ses paroles, afin de s'épargner le fait par la menace. Tout étoit chez lui moyen ou but ; l'involontaire ne se trouvoit nulle part, ni dans le bien, ni dans le mal. On prétend qu'il a dit : *J'ai tant de conscrits à dépenser par an.* Ce propos est vraisemblable, car Bonaparte a souvent assez méprisé ses auditeurs pour se complaire dans un genre de sincérité qui n'est que de l'impudence.

Jamais il n'a cru aux sentimens exaltés, soit dans les individus, soit dans les nations ; il a pris l'expression de ces sentimens pour de l'hypocrisie. Il pensoit tenir la clef de la nature humaine par la crainte et par l'espérance, habilement présentées aux égoïstes et aux ambitieux. Il faut en convenir, sa persévérance et son activité ne se ralentissoient jamais quand il s'agissoit des moindres intérêts du despotisme ; mais c'étoit le despotisme même qui devoit retomber sur sa tête. Une anecdote, dans laquelle j'ai eu quelque part, peut offrir une donnée de plus sur le système de Bonaparte relativement à l'art de gouverner.

Le duc de Melzi, qui a été pendant quelque temps vice-président de la République Cisalpine, étoit un des hommes les plus distingués que cette Italie, si féconde en tout genre, ait produits [113]. Né d'une mère espagnole et d'un père italien, il réunissoit la dignité d'une nation à la vivacité de l'autre ; et je ne sais si l'on pourroit citer, même en France, un homme plus remarquable par sa conversation, et par le talent plus important et plus nécessaire de connoître et de juger tous ceux qui jouoient un rôle politique en Europe. Le premier consul fut obligé de l'employer, parce qu'il jouissoit du plus grand crédit parmi ses concitoyens, et que sont attachement à sa patrie n'étoit mis en doute par personne. Bonaparte n'aimoit point à se servir d'hommes qui fussent désintéressés, et qui eussent des principes quelconques inébranlables ; aussi tournoit-il sans cesse autour de Melzi pour le corrompre.

Après s'être fait couronner roi d'Italie, en 1805, Bonaparte se rendit au corps législatif de Lombardie, et dit à l'assemblée qu'il vouloit donner une terre considérable au duc de Melzi [114], pour acquitter la reconnoissance publique envers lui : il espéroit ainsi le dépopulariser. Me trouvant alors à Milan, je vis le soir M. de Melzi qui étoit vraiment au désespoir du tour perfide que Napoléon lui avoit joué, sans l'en prévenir en aucune manière ; et, comme Bonaparte se seroit irrité d'un refus, je conseillai à M. de Melzi de consacrer tout de suite à un établissement public les revenus dont on avoit voulu l'accabler. Il adopta mon avis ; et, dès le jour suivant, en se promenant avec l'empereur, il lui dit que telle étoit son intention. Bonaparte lui saisit le bras, et s'écria : *C'est une idée de madame de Staël que vous me dites là ; je le parie. Mais ne donnez pas, croyez-moi, dans cette philanthropie romanesque du dix-huitième siècle : il n'y a qu'une seule chose à faire dans ce monde ; c'est d'acquérir toujours plus d'argent et de pouvoir ; tout le reste est chimère.* Beaucoup de gens diront qu'il avoit raison ; je crois, au contraire, que l'histoire montrera qu'en établissant cette doctrine, en déliant les hommes de l'honneur, partout ailleurs que sur le champ de bataille, il a préparé ses partisans à l'abandonner conformément à ses propres préceptes, quand il cesseroit d'être le plus fort. Aussi peut-il se vanter d'avoir eu plus de disciples fidèles à son système, que de serviteurs dévoués à son infortune. Il consacroit sa politique par le fatalisme, seule religion qui puisse s'accorder avec le dévouement à la fortune ; et, sa prospérité croissant toujours, il a fini par se faire le grand-prêtre et l'idole de son propre culte, croyant en lui, comme si ses désirs étoient des présages, et ses desseins des oracles.

La durée du pouvoir de Bonaparte étoit une leçon d'immoralité continuelle : s'il avoit toujours réussi, qu'aurions-nous pu dire à nos enfans ? Il nous seroit toujours resté sans doute la jouissance religieuse de la résignation ; mais la masse des habitans de la terre auroit en vain cherché les intentions de la Providence dans les affaires humaines.

Toutefois, en 1811, les Allemands appeloient encore Bonaparte l'homme de la destinée ; l'imagination de quelques Anglois mêmes étoit ébranlée par ses talens extraordinaires. La Pologne et l'Italie espéroient encore de lui leur indépendance, et la fille des Césars étoit devenue son épouse. Cet insigne honneur lui causa comme un transport de joie, étranger à sa nature ; et, pendant quelque temps, on dut croire que cette illustre compagne pourroit changer le caractère de celui que le sort avoit rapproché d'elle. Il ne falloit encore à cette époque, à Bonaparte, qu'un sentiment honnête pour être le plus grand souverain du monde : soit l'amour paternel qui porte les hommes à soigner l'héritage de leurs enfans ; soit la pitié pour ces François qui se faisoient tuer pour lui au moindre signe ; soit l'équité envers les nations étrangères qui le regardoient avec étonnement ; soit enfin cette espèce de sagesse, naturelle à tout homme au milieu de la vie, quand il voit s'approcher les grandes ombres qui doivent bientôt l'envelopper :

une vertu, une seule vertu, et c'en étoit assez pour que toutes les prospérités humaines s'arrêtassent sur la tête de Bonaparte. Mais l'étincelle divine n'existoit pas dans son cœur.

Le triomphe de Bonaparte, en Europe comme en France, reposoit en entier sur une grande équivoque qui dure encore pour beaucoup de gens. Les peuples s'obstinoient à le considérer comme le défenseur de leurs droits, dans le moment où il en étoit le plus grand ennemi. La force de la révolution de France, dont il avoit hérité, étoit immense, parce qu'elle se composoit de la volonté des François et du vœu secret des autres nations. Napoléon s'est servi de cette force contre les anciens gouvernemens pendant plusieurs années, avant que les peuples aient découvert qu'il ne s'agissoit pas d'eux. Les mêmes noms subsistoient encore : c'étoit toujours la France, jadis le foyer des principes populaires ; et, bien que Bonaparte détruisît les républiques, et qu'il excitât les rois et les princes à des actes de tyrannie, contraires même à leur modération naturelle, on croyoit encore que tout cela finiroit par de la liberté, et souvent lui-même parloit de constitution, du moins quand il s'agissoit du règne de son fils. Toutefois le premier pas que Napoléon ait fait vers sa ruine, c'est l'entreprise contre l'Espagne ; car il a trouvé là une résistance nationale, la seule dont l'art ni la corruption de la diplomatie ne pussent le débarrasser [115]. Il ne s'est pas douté du danger qu'une guerre de villages et de montagnes pouvoit faire courir à son armée ; il ne croyoit point à la puissance de l'âme ; il comptoit les baïonnettes ; et, comme avant l'arrivée des armées angloises, il n'y en avoit presque point en Espagne, il n'a pas su redouter la seule puissance invincible, l'enthousiasme de tout un peuple. *Les François*, disoit Bonaparte, *sont des machines nerveuses ;* et il vouloit expliquer par-là le mélange d'obéissance et de mobilité qui est dans la nature. Ce reproche est peut-être juste ; mais il est pourtant vrai qu'une persévérance invincible depuis près de trente ans se trouve au fond de ces défauts, et c'est parce que Bonaparte a ménagé l'idée dominante qu'il a régné. Les François ont cru pendant long-temps que le gouvernement impérial les préservoit des institutions de l'ancien régime qui leur sont particulièrement odieuses. Ils ont confondu long-temps aussi la cause de la révolution avec celle d'un nouveau maître. Beaucoup de gens de bonne foi se sont laissés séduire par ce motif, d'autres ont tenu le même langage, lors même qu'ils n'avoient plus la même opinion ; et ce n'est que très-tard que la nation s'est désintéressée de Bonaparte. A dater de ce jour, l'abîme a été creusé sous ses pas.

CHAPITRE XIX

Enivrement du pouvoir ; revers et abdication de Bonaparte

Cette vieille Europe m'ennuie, disoit Napoléon avant de partir pour la Russie. En effet, il ne rencontroit plus d'obstacle à ses volontés nulle part, et l'inquiétude de son caractère avoit besoin d'un aliment nouveau. Peut-être aussi la force et la clarté de son jugement s'altérèrent-elles, quand les hommes et les choses plièrent tellement devant lui, qu'il n'eut plus besoin d'exercer sa pensée sur aucune des difficultés de la vie. Il y a dans le pouvoir sans bornes une sorte de vertige qui saisit le génie comme la sottise, et les perd également l'un et l'autre.

L'étiquette orientale que Bonaparte avoit établie dans sa cour, interceptoit les lumières que l'on peut recueillir par les communications faciles de la société. Quand il y avoit quatre cents personnes dans son salon, un aveugle auroit pu s'y croire seul, tant le silence qu'on observoit étoit profond. Les maréchaux de France, au milieu des fatigues de la guerre, au moment de la crise d'une bataille, entroient dans la tente de l'empereur pour lui demander ses ordres, et il ne leur étoit pas permis de s'y asseoir. Sa famille ne souffroit pas moins que les étrangers de son despotisme et de sa hauteur. Lucien a mieux aimé vivre prisonnier en Angleterre que de régner sous les ordres de son frère [116]. Louis Bonaparte, dont le caractère est généralement estimé, se vit contraint par sa probité même, à renoncer à la couronne de Hollande ; et, le croiroit-on ? quand il causoit avec son frère pendant deux heures tête à tête, forcé par sa mauvaise santé de s'appuyer péniblement contre la muraille, Napoléon ne lui offroit pas une chaise : il demeuroit lui-même debout, de crainte que quelqu'un n'eût l'idée de se familiariser assez avec lui pour s'asseoir en sa présence [117].

La peur qu'il causoit dans les derniers temps étoit telle, que personne ne lui adressoit le premier la parole sur rien. Quelquefois il s'entretenoit avec la plus grande simplicité au milieu de sa cour, et dans son conseil d'état. Il souffroit la contradiction, il y encourageoit même, quand il s'agissoit de questions administratives ou judiciaires sans relation avec son pouvoir. Il falloit voir alors l'attendrissement de ceux auxquels il avoit rendu pour un moment la respiration libre; mais, quand le maître reparoissoit, on demandoit en vain aux ministres de présenter un rapport à l'empereur contre une mesure injuste. S'agissoit-il même de la victime d'une erreur, de quelque individu pris par hasard sous le grand filet tendu sur l'espèce humaine, les agens du pouvoir vous objectoient la difficulté de s'adresser à Napoléon, comme s'il eût été question du Grand Lama. Une telle stupeur causée par la puissance auroit fait rire, si l'état où se trouvoient les hommes sans appui sous ce despotisme, n'eût pas inspiré la plus profonde pitié.

Les complimens, les hymnes, les adorations sans nombre et sans mesure dont ses gazettes étoient remplies, devoient fatiguer un homme d'un esprit aussi transcendant; mais le despotisme de son caractère étoit plus fort que sa propre raison. Il aimoit moins les louanges vraies que les flatteries serviles, parce que, dans les unes, on n'auroit vu que son mérite, tandis que les autres attestoient son autorité. En général, il a préféré la puissance à la gloire; car l'action de la force lui plaisoit trop pour qu'il s'occupât de la postérité sur laquelle on ne peut l'exercer. Mais un des résultats du pouvoir absolu qui a le plus contribué à précipiter Bonaparte de son trône, c'est que, par degrés, l'on n'osoit plus lui parler avec vérité sur rien. Il a fini par ignorer qu'il faisoit froid à Moscou, dès le mois de novembre, parce que personne, parmi ses courtisans, ne s'est trouvé assez Romain pour oser lui dire une chose aussi simple [118].

En 1811, Napoléon avoit fait insérer, et désavouer en même temps, dans le Moniteur une note secrète, imprimée dans les journaux anglois, comme ayant été adressée par son ministre des affaires étrangères à l'ambassadeur de Russie. Il y étoit dit que l'Europe ne pouvoit être en paix tant que l'Angleterre et sa constitution subsisteroient. Que cette note fût authentique ou non, elle portoit du moins le cachet de l'école de Napoléon, et exprimoit certainement sa pensée. Un instinct dont il ne pouvoit se rendre compte, lui apprenoit que, tant qu'il y auroit un foyer de justice et de liberté dans le monde, le tribunal qui devoit le condamner tenoit ses séances permanentes.

Bonaparte joignoit peut-être à la folle idée de la guerre de Russie celle de la conquête de la Turquie, du retour en Égypte, et de quelques tentatives sur les établissemens des Anglois dans l'Inde; tels étoient les projets gigantesques avec lesquels il se rendit la première fois à Dresde, traînant après lui les armées de tout le continent de l'Europe, qu'il obligeoit à marcher contre la puissante nation limitrophe de l'Asie [119]. Les prétextes étoient de peu de chose pour un homme arrivé à un tel degré de pouvoir ; cependant il falloit adopter sur l'expédition de Russie une phrase à donner aux courtisans, comme le mot d'ordre. Cette phrase étoit, *que la France se voyoit obligée de faire la guerre à la Russie, parce qu'elle n'observoit pas le blocus continental envers l'Angleterre.* Or, pendant ce temps, Bonaparte lui-même accordoit sans cesse à Paris des licences pour des échanges avec les négocians de Londres [120] ; et l'empereur de Russie auroit pu, à meilleur droit, lui déclarer la guerre, comme manquant au traité par lequel ils s'étoient engagés réciproquement à ne point faire de commerce avec les Anglois. Mais qui se donneroit la peine aujourd'hui de justifier une telle guerre ? Personne, pas même Bonaparte ; car son respect pour le succès est tel, qu'il doit se condamner lui-même d'avoir encouru de si grands revers.

Cependant le prestige de l'admiration et de la terreur que Napoléon inspiroit étoit si grand, que l'on n'avoit guère de doutes sur ses triomphes. Pendant qu'il étoit à Dresde, en 1812, environné de tous les souverains de l'Allemagne, et commandant une armée de cinq cent mille hommes, composée de presque toutes les nations européennes, il paroissoit impossible, d'après les calculs humains, que son expédition ne fût pas heureuse. En effet, dans sa chute, la Providence s'est montrée de plus près à la terre que dans tout autre événement, et les élémens ont été chargés de frapper les premiers le maître des hommes. On peut à peine se figurer aujourd'hui que, si Bonaparte avoit réussi dans son entreprise contre la Russie, il n'y avoit pas un coin de terre continentale où l'on pût lui échapper. Tous les ports étant fermés, le continent étoit, comme la tour d'Ugolin, muré de toutes parts.

Menacée de la prison par un préfet très docile au pouvoir, si je montrois la moindre intention de m'éloigner un jour de ma demeure, je m'échappai, lorsque Bonaparte étoit près d'entrer en Russie, craignant de ne plus trouver d'issue en Europe, si j'eusse différé plus long-temps [121]. Je n'avois déjà plus que deux chemins pour aller en Angleterre, Constantinople ou Pétersbourg. La guerre entre la Russie et la Turquie rendoit la route par ce dernier pays presque impraticable ; je ne savois ce que je deviendrois, quand l'empereur Alexandre voulut bien m'envoyer à Vienne un passe-port. En entrant dans son empire, reconnu pour absolu, je me sentis libre pour la première fois, depuis le règne de Bonaparte, non pas seulement à cause des vertus personnelles de l'empereur Alexandre, mais parce que la Russie étoit le seul pays où Napoléon ne fît point sentir son influence. Il n'est aucun ancien gouvernement que l'on pût comparer à cette tyrannie entée sur une révolution, à cette tyrannie qui s'étoit servie du développement même des lumières, pour mieux enchaîner tous les genres de liberté [122].

Je me propose d'écrire un jour ce que j'ai vu de la Russie. Toutefois je dirai, sans me détourner de mon sujet, que c'est un pays mal connu, parce qu'on n'a presque observé de cette nation qu'un petit nombre d'hommes de cour, dont les défauts sont d'autant plus grands, que le pouvoir du souverain est moins limité. Ils ne brillent pour la plupart que par l'intrépide bravoure commune à toutes les classes ; mais les paysans russes, cette nombreuse partie de la nation qui ne connoît que la terre qu'elle cultive, et le ciel qu'elle regarde, a quelque chose en elle de vraiment admirable. La douceur de ces hommes, leur hospitalité, leur élégance naturelle, sont extraordinaires ; aucun danger n'a d'existence à leurs yeux, ils ne croient pas que rien soit impossible quand leur maître le commande. Ce mot de maître, dont les courtisans font un objet de flatterie et de calcul, ne produit pas le même effet sur un peuple presque asiatique. Le monarque, étant chef du culte, fait partie de la religion ; les paysans se prosternent en présence de l'empereur, comme ils saluent l'église devant laquelle ils passent ; aucun sentiment servile ne se mêle à ce qu'ils témoignent à cet égard.

Grâce à la sagesse éclairée du souverain actuel, toutes les améliorations possibles s'accompliront graduellement en Russie. Mais il n'est rien de plus absurde que les discours répétés d'ordinaire par ceux qui redoutent les lumières d'Alexandre. « Pourquoi, disent-ils, cet empereur, dont les amis de la liberté sont si enthousiastes, n'établit-il pas chez lui le régime constitutionnel qu'il conseille aux autres pays ? » C'est une des mille et une ruses des ennemis de la raison humaine, que de vouloir empêcher ce qui est possible et désirable pour une nation, en demandant ce qui ne l'est pas actuellement chez une autre. Il n'y a point encore de tiers-état en Russie : comment donc pourroit-on y créer un gouvernement représentatif ? La classe intermédiaire entre les Boyars et le peuple manque presque entièrement [123]. On pourroit augmenter l'existence politique des grands seigneurs, et défaire, à cet égard, l'ouvrage de Pierre Ier, mais ce seroit reculer au lieu d'avancer ; car le pouvoir de l'empereur, tout absolu qu'il est encore, est une amélioration sociale en comparaison de ce qu'étoit jadis l'aristocratie russe. La Russie, sous le rapport de la civilisation, n'en est qu'à cette époque de l'histoire, où, pour le bien des nations, il falloit limiter le pouvoir des privilégiés par celui de la couronne. Trente-six religions, en y comprenant les cultes païens, trente-six peuples divers sont, non pas réunis, mais épars sur un terrain immense. D'une part le culte grec s'accorde avec une tolérance parfaite, et de l'autre, le vaste espace qu'occupent les hommes leur laisse la liberté de vivre chacun selon leurs mœurs. Il n'y a point encore dans cet ordre de choses, des lumières qu'on puisse concentrer, des individus qui puissent faire marcher des institutions. Le seul lien qui unisse des peuples presque nomades, et dont les maisons ressemblent à des tentes de bois établies dans la plaine, c'est le respect pour le monarque, et la fierté nationale ; le temps en développera successivement d'autres.

J'étois à Moscou un mois, jour pour jour, avant que l'armée de Napoléon y entrât, et je n'osai m'y arrêter que peu de momens, craignant déjà son approche. En me promenant au haut du Kremlin, palais des anciens czars qui domine sur l'immense capitale de la Russie, et sur ses dix-huit cents églises, je pensois qu'il étoit donné à Bonaparte de voir les empires à ses pieds, comme Satan les offrit à notre Seigneur. Mais c'est lorsqu'il ne lui restoit plus rien à conquérir en Europe, que la destinée l'a saisi pour le faire tomber aussi rapidement qu'il étoit monté. Peut-être a-t-il appris depuis, que, quels que soient les événemens des premières scènes, il existe une puissance de vertu qui reparoît toujours au cinquième acte des tragédies, comme chez les anciens un dieu tranchoit le nœud quand l'action en étoit digne.

La persévérance admirable de l'empereur Alexandre en refusant la paix que Bonaparte lui offroit, selon sa coutume, quand il fut vainqueur ; l'énergie des Russes qui ont mis le feu à Moscou, pour que le martyre d'une ville sainte sauvât le monde chrétien, contribuèrent certainement beaucoup aux revers que les troupes de Bonaparte ont éprouvés dans la retraite de Russie. Mais c'est le froid, ce froid de l'enfer, tel qu'il est peint dans le Dante, qui pouvoit seul anéantir l'armée de Xerxès.

Nous qui avons le cœur françois, nous nous étions cependant habitués pendant les quinze années de la tyrannie de Napoléon, à considérer ses armées par-delà le Rhin comme ne tenant plus à la France, elles ne défendoient plus les intérêts de la nation, elles ne servoient que l'ambition d'un seul homme ; il n'y avoit rien en cela qui pût réveiller l'amour de la patrie ; et loin de souhaiter alors le triomphe de ces troupes, étrangères en grande partie, on pouvoit considérer leurs défaites comme un bonheur même pour la France [124]. D'ailleurs, plus on aime la liberté dans son pays, plus il est impossible de se réjouir des victoires dont l'oppression des autres peuples doit être le résultat. Mais qui pourroit entendre néanmoins le récit des maux qui ont accablé les François dans la guerre de Russie, sans en avoir le cœur déchiré ?

Incroyable homme ! il a vu des souffrances dont on ne peut aborder la pensée ; il a su que les grenadiers françois, dont l'Europe ne parle encore qu'avec respect, étoient devenus le jouet de quelques juifs, de quelques vieilles femmes de Wilna, tant leurs forces physiques les avoient abandonnées, long-temps avant qu'ils pussent mourir [125] ; il a reçu de cette armée des preuves de respect et d'attachement, lorsqu'elle périssoit un à un pour lui ; et il a refusé six mois après à Dresde une paix qui le laissoit maître de la France jusqu'au Rhin, et de l'Italie tout entière [126]. Il étoit venu rapidement à Paris après la retraite de Russie, afin d'y réunir de nouvelles forces. Il avoit traversé, avec une fermeté plus théâtrale que naturelle, l'Allemagne dont il étoit haï, mais qui le redoutoit encore. Dans son dernier bulletin, il avoit rendu compte des désastres de son armée, plutôt en les outrant qu'en les dissimulant [127]. C'est un homme qui aime tellement à causer des émotions fortes que, quand il ne peut pas cacher ses revers, il les exagère pour faire toujours plus qu'un autre. Pendant son absence on avoit essayé contre lui la conspiration la plus généreuse (celle de Mallet) dont l'histoire de la révolution de France ait offert l'exemple [128]. Aussi lui causa-t-elle plus de terreur que la coalition même. Ah ! que n'a-t-elle réussi, cette conjuration patriotique ! La France auroit eu la gloire de s'affranchir elle-même, et ce n'est pas sous les ruines de la patrie que son oppresseur eût été accablé.

Le général Mallet étoit un ami de la liberté, il attaquoit Bonaparte sur ce terrain. Or Bonaparte savoit qu'il n'en existoit pas de plus dangereux pour lui ; aussi ne parloit-il en revenant à Paris que de l'*idéologie* [129]. Il avoit pris en horreur ce mot très-innocent, parce qu'il signifie la théorie de la pensée. Toutefois il étoit singulier de ne redouter que ce qu'il appeloit *les idéologues,* quand l'Europe entière s'armoit contre lui. Ce seroit beau si, en conséquence de cette crainte, il eût recherché par-dessus tout l'estime des philosophes : mais il détestoit tout individu capable d'une opinion indépendante. Sous le rapport même de la politique, il a trop cru qu'on ne gouvernoit les hommes que par leur intérêt ; cette vieille maxime, quelque commune qu'elle soit, est souvent fausse. La plupart des hommes que Bonaparte a comblés de places et d'argent, ont déserté sa cause ; et ses soldats, attachés à lui par ses victoires, ne l'ont point abandonné. Il se moquoit de l'enthousiasme, et cependant c'est l'enthousiasme, ou du moins le fanatisme militaire qui l'a soutenu. La frénésie des combats, qui dans ses excès mêmes a de la grandeur, a seule fait la force de Bonaparte. Les nations ne peuvent avoir tort : jamais un principe pervers n'agit long-temps sur la masse ; les hommes ne sont mauvais qu'un à un.

Bonaparte fit, ou plutôt la nation fit pour lui un miracle. Malgré ses pertes immenses en Russie, elle créa, en moins de trois mois, une nouvelle armée qui put marcher en Allemagne et y gagner encore des batailles. C'est alors que le démon de l'orgueil et de la folie se saisit de Bonaparte, d'une façon telle que le raisonnement fondé sur son propre intérêt ne peut plus expliquer les motifs de sa conduite : c'est à Dresde qu'il a méconnu la dernière apparition de son génie tutélaire.

Les Allemands, depuis long-temps indignés, se soulevèrent enfin contre les François qui occupoient leur pays ; la fierté nationale, cette grande force de l'humanité, reparut parmi les fils des Germains. Bonaparte apprit alors ce qu'il advient des alliés qu'on a contraints par la force, et combien tout ce qui n'est pas volontaire, se détruit au premier revers. Les souverains de l'Allemagne se battirent avec l'intrépidité des simples soldats, et l'on crut voir dans les Prussiens et dans leur roi guerrier, le souvenir de l'insulte personnelle que Bonaparte avoit fait subir quelques années auparavant à leur belle et vertueuse reine [130]. La délivrance de l'Allemagne avoit été depuis long-temps l'objet des désirs de l'empereur de Russie. Lorsque les François furent repoussés de son pays, il se dévoua à cette cause, non-seulement comme souverain mais comme général ; et plusieurs fois il exposa sa vie, non en monarque garanti par ses courtisans, mais en soldats intrépide. La Hollande accueillit ses libérateurs, et rappela cette maison d'Orange, dont les princes sont maintenant, comme jadis, les défenseurs de l'indépendance et les magistrats de la liberté [131]. Quelque influence qu'aient eue aussi sur cette époque les victoires des Anglois en Espagne, nous parlerons ailleurs de lord Wellington ; car il faut s'arrêter à ce nom, on ne peut le prononcer en passant [132].

Bonaparte revint à Paris, et dans ce moment encore la France pouvoit être sauvée. Cinq membres du corps législatif, Gallois, Raynouard, Flangergues, Maine de Biran et Laîné, demandèrent la paix au péril de leur vie [133], chacun d'eux pourroit être désigné par un mérite particulier ; et le dernier que j'ai nommé, Laîné, perpétue chaque jour, par ses talens et sa conduite, le souvenir d'une action qui suffiroit pour honorer le caractère d'un homme [134]. Si le sénat avoit secondé les cinq du corps législatif, si les généraux avoient appuyé le sénat, la France auroit disposé de son sort, et, quelque partie qu'elle eût pris, elle fût restée France. Mais quinze années de tyrannie dénaturent toutes les idées, altèrent tous les sentimens ; les mêmes hommes qui exposeroient noblement leur vie à la guerre, ne savent pas que le même honneur et le même courage commandent dans la carrière civile la résistance à l'ennemi de tous, le despotisme.

Bonaparte répondit à la députation du corps législatif avec une fureur concentrée ; il parla mal, mais son orgueil se fit jour à travers le langage embrouillé dont il se servit. Il dit que *la France avoit plus besoin de lui que lui d'elle*, oubliant que c'étoit lui qui l'avoit réduite à cet état. Il dit *qu'un trône n'étoit qu'un morceau de bois sur lequel on étendoit un tapis, et que tout dépendoit de celui qui l'occupoit ;* enfin il parut toujours enivré de lui-même. Toutefois, une anecdote singulière feroit croire qu'il étoit atteint déjà par l'engourdissement qui s'est montré dans son caractère pendant la dernière crise de sa vie politique.

Un homme tout-à-fait digne de foi m'a dit que causant seul avec lui, la veille de son départ pour l'armée au mois de janvier 1814, quand les alliés étoient déjà entrés en France, Bonaparte avoua, dans cet entretien secret, qu'il n'avoit pas de moyens de résister ; son interlocuteur discuta la question ; Bonaparte lui en présenta le mauvais côté dans tout son jour, et puis, chose inouïe, il s'endormoit en parlant sur un tel sujet, sans qu'aucune fatigue précédente expliquât cette bizarre apathie. Il n'en a pas moins déployé depuis une extrême activité dans sa campagne de 1814 ; il s'est laissé sans doute reprendre aussi par une confiance présomptueuse ; d'un autre côté l'existence physique, à force de jouissances et de facilités, s'étoit emparée de cet homme autrefois si dominé par sa pensée. Il étoit, pour ainsi dire, épaissi d'âme comme de corps ; son génie ne perçoit plus que par moment cette enveloppe d'égoïsme qu'une longue habitude d'être compté pour tout lui avoit donnée. Il a succombé sous le poids de la prospérité avant d'être renversé par l'infortune.

On prétend qu'il n'a pas voulu céder les conquêtes qui avoient été faites par la république, et qu'il n'a pu se résoudre à ce que la France fût affoiblie sous son règne. Si cette considération l'a déterminé à refuser la paix qui lui fut offerte à Châtillon, au mois de mars 1814 [135], c'est la première fois que l'idée d'un devoir auroit agi sur lui ; et sa persévérance, en cette occasion, quelque imprudente qu'elle fût, mériteroit de l'estime. Mais il paroît plutôt qu'il a trop compté sur son talent après quelques succès en Champagne, et qu'il s'est caché à lui-même les difficultés qu'il avoit à surmonter, comme auroit pu le faire un de ses flatteurs. On étoit tellement accoutumé à le craindre, qu'on n'osoit pas lui dire les faits qui l'intéressoient le plus. Assuroit-il qu'il y avoit vingt mille François dans tel endroit, personne ne se sentoit le courage de lui apprendre qu'il n'y en avoit que dix mille ; prétendoit-il que les alliés n'étoient qu'en tel nombre, nul ne se hasardoit à lui prouver que ce nombre étoit double. Son despotisme étoit tel, qu'il avoit réduit les hommes à n'être que des échos de lui-même, et que sa propre voix lui revenant de toutes parts, il étoit ainsi seul au milieu de la foule qui l'environnoit.

Enfin, il n'a pas vu que l'enthousiasme avoit passé de la rive gauche du Rhin à la rive droite ; qu'il ne s'agissoit plus de gouvernemens indécis, mais de peuples irrités ; et que de son côté, au contraire, il n'y avoit qu'une armée et plus de nation ; car dans ce grand débat la France est demeurée neutre : elle ne s'est pas doutée qu'il s'agissoit d'elle quand il s'agissoit de lui. Le peuple le plus guerrier a vu, presque avec insouciance, les succès de ces mêmes étrangers qu'il avoit combattus tant de fois avec gloire ; et les habitans des villes et des campagnes n'aidèrent que foiblement les soldats françois, ne pouvant se persuader qu'après vingt-cinq ans de victoires, un événement inouï, l'entrée des alliés à Paris, pût arriver. Elle eut lieu cependant cette terrible justice de la destinée. Les coalisés furent généreux ; Alexandre, ainsi que nous le verrons dans la suite, se montra toujours magnanime [136]. Il entra le premier dans la ville conquise en sauveur tout-puissant, en philanthrope éclairé ; mais tout en l'admirant, qui pouvoit être François et ne pas sentir une effroyable douleur ?

Du moment où les alliés passèrent le Rhin et pénétrèrent en France, il me semble que les vœux des amis de la France devoient être absolument changés. J'étois alors à Londres, et l'un des ministres anglois me demanda ce que je souhaitois ? J'osai lui répondre que mon désir étoit que Bonaparte fût *victorieux et tué*. Je trouvai dans les Anglois assez de grandeur d'âme pour n'avoir pas besoin de cacher ce sentiment françois devant eux : toutefois il me fallut apprendre, au milieu des transports de joie dont la ville des vainqueurs retentissoit, que Paris étoit au pouvoir des alliés ; il me sembla dans cet instant qu'il n'y avoit plus de France : je crus la prédiction de Burke accomplie, et que là où elle existoit on ne verroit plus qu'un abîme [137]. L'empereur Alexandre, les alliés, et les principes constitutionnels adoptés par la sagesse de Louis XVIII, éloignèrent ce triste pressentiment [138].

Bonaparte entendit alors de toutes parts la vérité si long-temps captive. C'est alors que des courtisans ingrats méritèrent le mépris de leur maître pour l'espèce humaine. En effet, si les amis de la liberté respectent l'opinion, désirent la publicité, cherchent partout l'appui sincère et libre du vœu national, c'est parce qu'ils savent que la lie des âmes se montre seule dans les secrets et les intrigues du pouvoir arbitraire.

Il y avoit cependant encore de la grandeur dans les adieux de Napoélon à ses soldats et à leurs aigles si long-temps vainqueurs : sa dernière campagne avoit été longue et savante ; enfin le prestige funeste qui rattachoit à lui la gloire militaire de la France n'étoit pas encore détruit. Aussi le congrès de Paris a-t-il à se reprocher de l'avoir mis dans le cas de revenir [139]. Les représentans de l'Europe doivent avouer franchement cette faute, et il est injuste de la faire porter à la nation françoise. C'est sans aucun mauvais dessein assurément, que les ministres des monarques étrangers ont laissé planer sur le trône de Louis XVIII un danger qui menaçoit également l'Europe entière. Mais, pourquoi ceux qui ont suspendu cette épée ne s'accusent-ils pas du mal qu'elle a fait ?

Beaucoup de gens se plaisent à soutenir que si Bonaparte n'avoit tenté ni l'expédition d'Espagne, ni celle de Russie, il seroit encore empereur, et cette opinion flatte les partisans du despotisme, qui veulent qu'un si beau gouvernement ne puisse pas être renversé par la nature même des choses, mais seulement par un accident. J'ai déjà dit ce que l'observation de la France confirmera, c'est que Bonaparte avoit besoin de la guerre pour établir et pour conserver le pouvoir absolu. Une grande nation n'auroit pas supporté le poids monotone et avilissant du despotisme, si la gloire militaire n'avoit pas sans cesse animé ou relevé l'esprit public. Les avancemens continuels dans les divers grades, auxquels toutes les classes de la nation pouvoient participer, rendoient la conscription moins pénible aux habitans de la campagne. L'intérêt continuel des victoires tenoit lieu de tous les autres ; l'ambition étoit le principe actif du gouvernement dans ses moindres ramifications : titres, argent, puissance, Bonaparte donnoit tout aux François à la place de la liberté. Mais pour être en état de leur dispenser ces dédommagemens funestes, il ne falloit pas moins que l'Europe à dévorer. Si Napoléon eût été ce qu'on pourroit appeler un tyran raisonnable, il n'auroit pu lutter contre l'activité des François, qui demandoit un but. C'étoit un homme condamné, par sa destinée, aux vertus de Washington ou aux conquêtes d'Attila ; mais il étoit plus facile d'atteindre les confins du monde civilisé, que d'arrêter les progrès de la raison humaine, et bientôt l'opinion de la France auroit accompli ce que les armes des alliés ont opéré.

Maintenant ce n'est plus lui qui seul occupera l'histoire dont nous voulons esquisser le tableau, et notre malheureuse France va de nouveau reparoître, après quinze ans pendant lesquels on n'avoit entendu parler que de l'empereur et de son armée. Quels revers nous avons à décrire ! Quels maux nous avons à redouter ! Il nous faudra demander compte encore une fois à Bonaparte de la France, puisque ce pays, trop confiant et trop guerrier, s'est encore une fois remis à lui de son sort.

Dans les divers observations que je viens de rassembler sur Bonaparte, je n'ai point approché de sa vie privée que j'ignore, et qui ne concerne pas les intérêts de la France. Je n'ai pas dit un fait douteux sur son histoire ; car les calomnies qu'on lui a prodiguées me semblent plus viles encore que les adulations dont il fut l'objet. Je me flatte de l'avoir jugé comme tous les hommes publics doivent l'être : d'après ce qu'ils ont fait pour la prospérité, les lumières et la morale des nations. Les persécutions que Bonaparte m'a fait éprouver n'ont pas, je puis l'attester, exercé d'influence sur mon opinion [140]. Il m'a fallut plutôt, au contraire, résister à l'espèce d'ébranlement que produisent sur l'imagination un génie extraordinaire et une destinée redoutable. Je me serois même assez volontiers laissé séduire par la satisfaction que trouvent les âmes fières à défendre un homme malheureux, et par le plaisir de se placer ainsi plus en contraste avec ces écrivains et ces orateurs qui, prosternés hier devant lui, ne cessent de l'injurier à présent, en se faisant bien rendre compte, j'imagine, de la hauteur des rochers qui le renferment [141]. Mais on ne peut se taire sur Bonaparte, lors même qu'il est malheureux, parce que sa doctrine politique règne encore dans l'esprit de ses ennemis comme de ses partisans. Car, de tout l'héritage de sa terrible puissance, il ne reste au genre humain que la connoissance funeste de quelques secrets de plus dans l'art de la tyrannie.

NOTES

a. P. 55. D. *Quels sont les devoirs des chrétiens à l'égard des princes qui les gouvernent, et quels sont en particulier nos devoirs envers Napoléon Ier, notre empereur ?*
R. Les chrétiens doivent aux princes qui les gouvernent, et nous devons en particulier à Napoléon Ier, notre empereur, l'amour, le respect, l'obéissance, la fidélité, le service militaire, les tributs ordonnés pour la conservation et la défense de l'empire et de son trône... ... Honorer et servir notre empereur est donc honorer et servir Dieu même.
D. *N'y a-t-il pas des motifs particuliers qui doivent plus fortement attacher à Napoélon Ier, notre empereur ?*
R. Oui : car il est celui que Dieu a suscité dans les circonstances difficiles pour rétablir le culte public de la religion sainte de nos pères et pour en être le protecteur. Il a ramené et conservé l'ordre public par sa sagesse profonde et active ; il défend l'état par son bras puissant ; il est devenu l'oint du Seigneur par la consécration qu'il a reçue du souverain pontife, chef de l'église universelle.
D. *Que doit-on penser de ceux qui manqueroient à leur devoir, envers notre empereur ?*
R. Selon l'apôtre saint Paul, ils résisteroient à l'ordre établi de Dieu même, et se rendroient dignes de la damnation éternelle.
b. Dernières vues de politique et de finance, pag. 41.
c. Page 53.

CINQUIÈME PARTIE *

*. Nous croyons devoir rappeler ici qu'une partie des cinquième et sixième parties de cet ouvrage n'a point été revue par madame de Staël. Quelques-uns des chapitres que l'on va lire paraîtront peut-être incomplets ; mais nous avons considéré comme un devoir de publier le manuscrit dans l'état où nous l'avons trouvé, sans nous permettre d'ajouter quoi que ce soit au travail de l'auteur.

Nous devons faire observer aussi que cette portion de l'ouvrage a été écrite au commencement de l'année 1816, et qu'il est par conséquent essentiel de rapporter à cette époque les jugements énoncés par l'auteur, soit en blâme, soit en éloge.

(Note des éditeurs.)

CHAPITRE PREMIER

De ce qui constitue la royauté légitime

En considérant la royauté, comme toutes les institutions doivent être jugées, sous le rapport du bonheur et de la dignité des nations, je dirai d'une manière générale, et en respectant les exceptions, que les princes des anciennes familles conviennent beaucoup mieux au bien de l'état que les princes parvenus. Ils ont d'ordinaire des talens moins remarquables, mais leur disposition est plus pacifique ; ils ont plus de préjugés, mais moins d'ambition ; ils sont moins étonnés du pouvoir, puisque, dès leur enfance, on leur a dit qu'ils y étoient destinés ; et ils ne craignent pas autant de le perdre, ce qui les rend moins soupçonneux et moins inquiets. Leur manière d'être est plus simple, parce qu'ils n'ont pas besoin de recourir à des moyens factices pour imposer, et qu'ils n'ont rien de nouveau à conquérir en fait de respect : les habitudes et les traditions leur servent de guides. Enfin l'éclat extérieur, attribut nécessaire de la royauté, paroît convenable quand il s'agit de princes dont les aïeux, depuis des siècles, ont été placés à la même hauteur de rang. Lorsqu'un homme, le premier de sa famille, est élevé tout-à-coup à la dignité suprême, il lui faut le prestige de la gloire pour faire disparoître le contraste entre la pompe royale et son état précédent de simple particulier. Or la gloire, propre à inspirer le respect que les hommes accordent volontairement à une ancienne prééminence, ne sauroit être acquise que par des exploits militaires ; et l'on sait quel caractère les grands capitaines, les conquérans portent presque toujours dans les affaires civiles.

D'ailleurs l'hérédité dans les monarchies est indispensable au repos, je dirai même à la morale et aux progrès de l'esprit humain. La royauté élective ouvre un vaste champ à l'ambition : les factions qui en résultent infailliblement finissent par corrompre les cœurs, et détournent la pensée de toute occupation qui n'a pas l'intérêt du lendemain pour objet. Mais les prérogatives accordées à la naissance, soit pour fonder la noblesse, soit pour fixer la succession au trône dans une seule famille, ont besoin d'être confirmées par le temps ; elles diffèrent à cet égard des droits naturels, indépendans de toute sanction conventionnelle. Le principe de l'hérédité est donc mieux établi dans les anciennes dynasties. Mais, afin que ce principe ne devienne pas contraire à la raison, et au bien général, en faveur duquel il a été admis, il doit être indissolublement lié à l'empire des lois. Car, s'il falloit que des millions d'hommes fussent dominés par un seul, au gré de ses volontés ou de ses caprices, encore vaudroit-il mieux que cet homme eût du génie, ce qui est plus probable lorsqu'on a recours au choix, que lorsqu'on s'attache au hasard de la naissance.

Nulle part l'hérédité n'est plus solidement établie qu'en Angleterre, bien que le peuple anglois ait rejeté la légitimité fondée sur le droit divin, pour y substituer l'hérédité consacrée par le gouvernement représentatif. Tous les gens de bon sens comprennent très-bien comment, en vertu des lois faites par les délégués du peuple et acceptées par le monarque, il convient aux nations qui sont aussi héréditaires et même légitimes, de reconnoître une dynastie appelée au trône par droit de primogéniture. Si l'on fondoit au contraire le pouvoir royal sur la doctrine que toute puissance vient de Dieu, rien ne seroit plus favorable à l'usurpation ; car ce n'est pas la puissance qui manque d'ordinaire aux usurpateurs : aussi les mêmes hommes qui ont encensé Bonaparte se prononcent-ils aujourd'hui pour le droit divin. Toute leur théorie se borne à dire que la force est la force, et qu'ils en sont les grands-prêtres ; nous demandons un autre culte et d'autres desservans, et nous croyons qu'alors seulement la monarchie sera stable.

Un changement de dynastie, même légalement prononcé, n'a jamais eu lieu que dans les pays où le gouvernement qu'on renversoit étoit arbitraire ; car le caractère personnel du souverain faisant alors le sort des peuples, il a bien fallu, comme on l'a souvent vu dans l'histoire, déposséder ceux qui n'étoient pas en état de gouverner ; tandis que sous nos yeux le respectable monarque de l'Angleterre a long-temps régné bien que ses facultés fussent troublées [1], parce qu'un ministère responsable permettoit de retarder la résolution de proclamer la régence. Ainsi, d'une part le gouvernement représentatif inspire plus de respect pour le souverain à ceux qui ne veulent pas qu'on transforme en dogmes les affaires de ce monde, de peur qu'on ne prenne le nom de Dieu en vain ; et de l'autre les souverains consciencieux n'ont pas à craindre que tout le salut de l'état ne repose sur leur seule tête.

La légitimité, telle qu'on l'a proclamée nouvellement, est donc tout-à-fait inséparable des limites constitutionnelles. Que les limites qui existoient anciennement en France, aient été insuffisantes pour opposer une barrière efficace aux empiétemens du pouvoir, qu'elles aient été graduellement enfreintes et oblitérées, peu importe : elles devroient commencer d'aujourd'hui, quand on ne pourroit pas prouver leur antique origine.

On est honteux de remonter aux titres de l'histoire, pour prouver qu'une chose, aussi absurde qu'injuste, ne doit être ni adoptée ni maintenue. On n'a point allégué, en faveur de l'esclavage, les quatre mille ans de sa durée ; le servage qui lui a succédé n'a pas paru plus équitable pour avoir duré plus de dix siècles ; la traite des Nègres n'a point été défendue comme une ancienne institution de nos pères. L'inquisition et la torture, qui sont de plus vieille date, ont été, j'en conviens, rétablies dans un état de l'Europe[2] ; mais je n'imagine pas que ce soit avec l'approbation des défenseurs même de tout ce qui a jadis existé. Il seroit curieux de savoir à laquelle des générations de nos pères l'infaillibilité a été accordée ? Quel est ce temps passé qui doit servir de modèle au temps actuel, et dont on ne peut se départir d'une ligne sans tomber dans des innovations pernicieuses ? Si tout changement, quelle que soit son influence sur le bien général et les progrès du genre humain, est condamnable, uniquement parce que c'est un changement, il sera facile d'opposer à l'ancien ordre de choses que vous invoquez, un autre ordre de choses plus ancien qu'il a remplacé. Ainsi, les pères de ceux de vos aïeux, auxquels vous voulez vous arrêter, et les pères de ces pères auroient eu à se plaindre de leurs fils et de leurs petits-fils, comme d'une jeunesse turbulente, acharnée à renverser leurs sages institutions. Enfin, quelle est la créature humaine douée de son bon sens, qui puisse prétendre que le changement des mœurs et des idées ne doive pas en amener dans les institutions ? Faudra-t-il donc toujours gouverner à trois cents ans en arrière ? Ou un nouveau Josué commandera-t-il au soleil de s'arrêter ? Non, dira-t-on, il y a des choses qui doivent changer, mais il faut que le gouvernement soit immuable. Si l'on vouloit mettre en système les révolutions, on ne pourroit pas mieux s'y prendre. Car, si le gouvernement d'un pays ne veut participer en rien à la marche des choses et des hommes, il sera nécessairement brisé par elle. Est-ce de sang-froid qu'on peut discuter, si les formes des gouvernemens d'aujourd'hui doivent être en accord avec les besoins de la génération présente, ou de celles qui n'existent plus ? si c'est dans les antiquités obscures et contestées de l'histoire qu'un homme d'état doit rechercher la règle de sa conduite ; ou si cet homme doit avoir le génie et la fermeté de M. Pitt, savoir où est la puissance, où tend l'opinion, où l'on peut prendre son point d'appui pour agir sur la nation ? Car sans la nation on ne peut rien, et avec elle on peut tout, excepté ce qui tend à l'avilir elle-même : les baïonnettes servent seules à ce triste but. En recourant à l'histoire du passé, comme à la loi et aux prophètes, il arrive en effet à l'histoire ce qui est arrivé à la loi et aux prophètes : elle devient le sujet d'une guerre d'interprétation interminable. S'agit-il aujourd'hui de savoir, d'après les diplômes du temps, si un roi méchant, Philippe-le-Bel, ou un roi fou, Charles VI, ont eu des ministres qui, en leur nom, aient permis à la nation d'être quelque chose ? Au reste, les faits de l'histoire de France, bien loin de servir d'appui à la doctrine que nous combattons, confirment l'existence d'un pacte primitif entre la nation et les rois, autant que la raison humaine en démontre la nécessité. Je crois avoir prouvé qu'en Europe, comme en France, ce qui est ancien, c'est la liberté ; ce qui est moderne, c'est le despotisme ; et que ces défenseurs des droits des nations qu'on se plaît à représenter comme des novateurs, n'ont pas cessé d'invoquer le passé. Quand cette vérité ne seroit pas évidente, il n'en résulteroit qu'un devoir plus pressant d'inaugurer le règne de la justice qui n'auroit pas encore été mis en vigueur. Mais les principes de liberté sont tellement gravés dans le cœur de l'homme, que, si l'histoire de tous les gouvernemens offre le tableau des efforts du pouvoir pour envahir, elle présente aussi celui de la lutte des peuples contre ces efforts.

CHAPITRE II

De la doctrine politique de quelques émigrés françois et de leurs adhérens

Les opposans à la révolution de France en 1789, nobles, prêtres et magistrats, ne se lassoient pas de répéter qu'aucun changement dans le gouvernement n'étoit nécessaire, parce que les corps intermédiaires existans alors suffisoient pour prévenir le despotisme ; et maintenant ils proclament le despotisme comme le rétablissement de l'ancien régime. Cette inconséquence dans les principes est une conséquence dans les intérêts. Quand les privilégiés servoient de limite à l'autorité des rois, ils étoient contre le pouvoir arbitraire de la couronne ; mais depuis que la nation a su se mettre à la place des privilégiés, ils se sont ralliés à la prérogative royale, et veulent faire considérer toute opposition constitutionnelle, et toute liberté politique, comme une rébellion.

Ils fondent la puissance des rois sur le droit divin : absurde doctrine qui a perdu les Stuarts, et que dès lors même leurs adhérens les plus éclairés repoussoient en leur nom, craignant de leur fermer à jamais l'entrée de l'Angleterre. Lord Erskine[3], dans son admirable plaidoyer en faveur du doyen de Saint-Asaph, sur une question de liberté de la presse, cite d'abord le traité de Locke[4], concernant la question du droit divin et de l'obéissance passive, dans lequel ce célèbre philosophe déclare positivement que tout agent de l'autorité royale, qui dépasse la latitude accordée par la loi, doit être considéré comme l'instrumens de la tyrannie, et que sous ce rapport il est permis de lui fermer sa maison, et de le repousser par la force, comme si l'on étoit attaqué par un brigand ou par un pirate. Locke se fait à lui-même l'objection tant répétée, qu'une telle doctrine répandue parmi les peuples, peut encourager les insurrections. « Il n'existe aucune vérité, dit-il, qui ne puisse conduire à l'erreur, ni aucun remède qui ne puisse devenir un poison. Il n'est aucun des dons que nous tenons de la bonté de Dieu, dont nous puissions faire usage, si l'abus qui en est possible devoit nous en priver. On n'auroit pas dû publier les Évangiles ; car, bien qu'ils soient le fondement de toutes les obligations morales qui unissent les hommes en société, cependant la connoissance imparfaite et l'étude mal entendue de ces saintes paroles a conduit beaucoup d'hommes à la folie. Les armes nécessaires à la défense peuvent servir à la vengeance et au meurtre. Le feu qui nous réchauffe expose à l'incendie ; les médicamens qui nous guérissent peuvent nous donner la mort. Enfin on ne pourroit éclairer les hommes sur aucun point de gouvernement, on ne pourroit profiter d'aucune des leçons de l'històire, si les excès auxquels les faux raisonnemens peuvent porter, étoient toujours présentés comme un motif pour interdire la pensée.

» Les sentimens de M. Locke, dit lord Erskine, ont été publiés trois ans après l'avénement du roi Guillaume au trône d'Angleterre, et lorsque ce monarque avoit élevé l'auteur à un haut rang dans l'état. Mais Bolingbroke, non moins célèbre que Locke, dans la république des lettres et sur le théâtre du monde, s'exprime de même sur cette question[5]. Lui qui s'étoit armé pour faire remonter Jacques II sur le trône, il attachoit beaucoup de prix à justifier les jacobites de ce qu'il considéroit comme une dangereuse calomnie ; l'imputation de vouloir fonder les prétentions de Jacques II sur le droit divin, et non sur la constitution de l'Angleterre. Et c'est du continent, où il étoit exilé par la maison d'Hanovre, qu'il écrivoit ce que l'on va lire. Le devoir des peuples, dit Bolingbroke, est maintenant si clairement établi, qu'aucun homme ne peut ignorer les circonstances dans lesquelles il doit obéir, et celles où il doit résister. La conscience n'a plus à lutter avec la raison. Nous savons que nous devons défendre la couronne aux dépens de notre fortune et de notre vie, si la couronne nous protége et ne s'écarte point des limites assignées par les lois ; mais nous savons de même que, si elle les excède, nous devons lui résister.»

Je remarquerai en passant que ce droit divin, depuis long-temps réfuté en Angleterre, se soutient en France par une équivoque. On objecte la formule : *par la grâce de Dieu, roi de France et de Navarre*. Ces paroles si souvent répétées, que les rois tiennent leur couronne de Dieu et de leur épée, avoient pour but de s'affranchir des prétentions que formoient les papes au droit de destituer ou de couronner les rois. Les empereurs d'Allemagne, qui étoient très-incontestablement élus, s'intituloient également *empereur par la grâce de Dieu*. Les rois de France qui, en vertu du régime féodal, rendoient hommage pour telle province, n'en faisoient pas moins usage de cette formule ; et les princes et les évêques, jusqu'aux plus petits feudataires, s'intituloient seigneurs et prélats par la grâce de Dieu. Le roi d'Angleterre emploie aujourd'hui la même formule qui n'est dans le fait qu'une expression d'humilité chrétienne ; et cependant une loi positive de l'Angleterre déclare coupable de haute trahison quiconque soutiendroit le droit divin. Il en est de ces prétendus priviléges du despotisme, qui ne peut jamais en avoir d'autres que ceux de la force, comme du passage de saint Paul : *Respectez les puissances de la terre, car tout pouvoir vient de Dieu*. Bonaparte a beaucoup insisté sur l'autorité de cet apôtre. Il a fait prêcher ce texte à tout le clergé de France et de Belgique ; et en effet, on ne pouvoit refuser à Bonaparte le titre de puissant de la terre. Mais que vouloit dire saint Paul, si ce n'est que les chrétiens ne devoient pas s'immiscer dans les factions politiques de son temps ? Prétendroit-on que saint Paul a voulu justifier la tyrannie ? N'a-t-il pas résisté lui-même aux ordres émanés de Néron, en prêchant la religion chrétienne ? Et les martyrs obéissoient-ils à la défense qui leur étoit faite par les empereurs, de professer leur culte ? Saint Pierre appelle avec raison les gouvernemens un *ordre humain*. Il n'est aucune question, ni de morale, ni de politique, dans laquelle il faille admettre ce qu'on appelle l'autorité. La conscience des hommes est en eux une révélation perpétuelle, et leur raison un fait inaltérable. Ce qui fait l'essence de la religion chrétienne, c'est l'accord de nos sentimens intimes avec les paroles de Jésus-Christ. Ce qui constitue la société, ce sont les principes de la justice, différemment appliqués, mais toujours reconnus pour la base du pouvoir et des lois.

Les nobles, comme nous l'avons montré dans le cours de cet ouvrage, avoient passé sous Richelieu, de l'état de vassaux indépendans à celui de courtisans. On diroit que le changement même des costumes annonçoit celui des caractères. Sous Henri IV l'habit françois avoit quelque chose de chevaleresque ; mais les grandes perruques et cet habit si sédentaire et si affecté que l'on portoit à la cour de Louis XVI, n'ont commencé que sous Louis XIII. Pendant la jeunesse de Louis XIV le mouvement de la fronde a encore développé quelque énergie ; mais depuis sa vieillesse, sous la régence et pendant le règne de Louis XV, peut-on citer un homme public qui mérite un nom dans l'histoire ? Quelles intrigues de cour ont occupé les grands seigneurs ! et dans quel état d'ignorance et de frivolité la révolution n'a-t-elle pas trouvé la plupart d'entre eux ?

J'ai parlé de l'émigration, de ses motifs et de ses conséquences. Parmi les gentilshommes qui embrassèrent ce parti, quelques-uns sont restés constamment hors de France, et ont suivi la famille royale avec une fidélité digne d'éloges. Le plus grand nombre est rentré sous Bonaparte, et beaucoup d'entre eux se sont confirmés à son école dans la doctrine de l'obéissance passive, dont ils ont fait l'essai le plus scrupuleux avec celui qu'ils devoient considérer comme un usurpateur. Que les émigrés puissent être justement aigris par la vente de leurs biens, je le conçois ; cette confiscation est infiniment moins justifiable que la vente très-légale des biens ecclésiastiques. Mais faut-il faire porter ce ressentiment, d'ailleurs fort naturel, sur tout le bon sens dont l'espèce humaine est en possession dans ce monde ? On diroit que les progrès du siècle, et l'exemple de l'Angleterre, et la connoissance même de l'état actuel de la France, sont si loin de leur esprit, qu'ils seroient tentés, je crois, de supprimer le mot de nation de la langue comme un terme révolutionnaire. Ne vaudroit-il pas mieux, même comme calcul, se rapprocher franchement de tous les principes qui sont d'accord avec la dignité de l'homme ? Quels prosélytes peuvent-ils gagner avec cette doctrine *ab irato,* sans autre base que l'intérêt personnel ? Ils veulent un roi absolu, une religion exclusive et des prêtres intolérans, une noblesse de cour, fondée sur la généalogie, un tiers état affranchi de temps en temps par des lettres de noblesse, un peuple ignorant et sans aucun droit, une armée purement machine, des ministres sans responsabilité, point de liberté de la presse, point de jurés, point de liberté civile ; mais des espions de police et des journaux à gages, pour vanter cette œuvre de ténèbres. Ils veulent un roi dont l'autorité soit sans bornes, pour qu'il puisse leur rendre tous les priviléges qu'ils ont perdus, et que jamais les députés de la nation, quels qu'ils soient, ne consentiroient à leur restituer. Ils veulent que la religion catholique soit seule permise dans l'état : les uns, parce qu'ils se flattent de recouvrer ainsi les biens de l'église ; les autres, parce qu'ils espèrent trouver dans certains ordres religieux des auxiliaires zélés du despotisme. Le clergé a lutté jadis contre les rois de France, pour soutenir l'autorité de Rome ; mais maintenant tous les privilégiés font ligue entre eux. Il n'y a que la nation qui n'ait d'autre appui qu'elle-même. Ils veulent un tiers état qui ne puisse occuper aucun emploi élevé, pour que ces emplois soient tous réservés aux nobles. Ils veulent que le peuple ne reçoive point d'instruction, pour en faire un troupeau d'autant plus facile à conduire. Ils veulent une armée dont les officiers fusillent, arrêtent et dénoncent, et soient plus ennemis de leurs concitoyens que des étrangers. Car pour refaire l'ancien régime en France, moins la gloire d'une part, et ce qu'il y avoit de liberté de l'autre, moins l'habitude du passé qui est rompue, et en opposition avec l'attachement invincible au nouvel ordre de choses, il faut une force étrangère à la nation pour la comprimer sans cesse. Ils ne veulent point de jurés, parce qu'ils souhaitent le rétablissement des anciens parlemens du royaume. Mais outre que ces parlemens n'ont pu prévenir jadis, malgré leurs honorables efforts, ni les jugemens arbitraires, ni les lettres de cachet, ni les impôts établis en dépit de leurs remontrances ; ils seroient dans le cas des autres privilégiés : ils n'auroient plus leur ancien esprit de résistance aux empiétemens de ministres. Étant rétablis contre le vœu de la nation et seulement par la volonté du trône, comment s'opposeroient-ils aux rois qui pourroient leur dire : Si nous cessons de vous soutenir, la nation, qui ne veut plus de vous, vous renversera ? Enfin, pour maintenir le système qui a le vœu public contre lui, il faut pouvoir arrêter qui l'on veut, et accorder aux ministres la faculté d'emprisonner sans jugement, et d'empêcher qu'on n'imprime une ligne pour se plaindre. L'ordre social ainsi conçu seroit le fléau du grand nombre, et la proie de quelques-uns. Henri IV en seroit aussi révolté que Franklin ; et il n'est aucun temps de l'histoire de France assez reculé pour y trouver rien de semblable à cette barbarie. Faut-il qu'à une époque où toute l'Europe semble marcher vers une amélioration graduelle, on prétende se servir de la juste horreur qu'inspirent quelques années de la révolution, pour constituer l'oppression et l'avilissement chez une nation naguère invincible ?

Tels sont les principes de gouvernement développés dans une foule d'écrits des émigrés et de leurs adhérens : ou plutôt telles sont les conséquences de cet égoïsme de corps ; car on ne peut pas donner le nom de principes à cette théorie qui interdit la réfutation, et ne soutient pas la lumière. La situation des émigrés leur dicte les opinions qu'ils proclament, et voilà pourquoi la France a toujours redouté que le pouvoir fût entre leurs mains. Ce n'est point l'ancienne dynastie qui lui inspire aucun éloignement, c'est le parti qui veut régner sous son nom. Quand les émigrés ont été rappelés par Bonaparte, il pouvoit les contenir, et l'on ne s'est point aperçu de leur influence. Mais comme ils se disent exclusivement les défenseurs des Bourbons, on a craint que la reconnoissance de cette famille envers eux ne pût l'entraîner à remettre l'autorité militaire et civile à ceux contre lesquels la nation avoit combattu pendant vingt-cinq ans, et qu'elle avoit toujours vus dans les rangs des armées ennemies. Ce ne sont point non plus les individus composant le parti des émigrés qui déplaisent aux François restés en France ; ils se sont mêlés avec eux dans les camps et même dans la cour de Bonaparte. Mais comme la doctrine politique des émigrés est contraire au bien de la nation, aux droits pour lesquels deux millions d'hommes ont péri sur le champ de bataille, aux droits pour lesquels, ce qui est plus douloureux encore, des forfaits commis au nom de la liberté sont retombés sur la France, la nation ne pliera jamais volontairement sous le joug des opinions émigrées ; et c'est la crainte de s'y voir contrainte qui l'a empêchée de prendre part au rappel des anciens princes. La charte constitution-nelle, en garantissant les bons principes de la révolution, est le palladium du trône et de la patrie [6].

CHAPITRE III

Des circonstances
qui rendent le gouvernement représentatif
plus nécessaire maintenant en France
que partout ailleurs

Le ressentiment de ceux qui ont beaucoup souffert par la révolution, et qui ne peuvent se flatter de recouvrer leurs priviléges que par l'intolérance de la religion et le despotisme de la couronne, est, comme nous venons de le dire, le plus grand danger que la France puisse courir. Son bonheur et sa gloire consistent dans un traité entre les deux partis, dont la charte constitutionnelle soit la base. Car, outre que la prospérité de la France repose sur les avantages que la masse de la nation a acquis en 1789, je ne sais pas ce qui seroit plus humiliant pour les François, que d'être renvoyés dans la servitude, comme des enfans qu'il faut châtier.

Deux grands faits historiques peuvent se comparer, à quelques égards, à la restauration en France : le retour des Stuarts en Angleterre, et l'avénement de Henri IV. Examinons d'abord le plus moderne de ces événemens ; nous retournerons ensuite au second, qui concerne de plus près la France.

Charles II fut rappelé en Angleterre après les crimes des révolution-naires et le despotisme de Cromwell[7] ; la réaction que produisent toujours sur le vulgaire les forfaits commis sous prétexte d'une belle cause, comprima l'élan du peuple anglois vers la liberté. Ce fut la nation presque entière qui, représentée par son parlement, redemanda Charles II ; ce fut l'armée angloise qui le proclama[8] : aucun soldat étranger ne se mêla de cette restauration, et, sous ce rapport, Charles II se trouva dans une situation beaucoup meilleure que celle des princes françois. Mais comme il y avoit en Angleterre un parlement déjà établi, le fils de Charles Ier. ne fut point dans le cas d'accepter ni de donner une charte nouvelle. Le débat entre lui et le parti qui avoit fait la révolution, porta sur les querelles religieuses : la nation angloise vouloit la réformation, et considéroit la religion catholique comme inconciliable avec la liberté ; Charles II fut donc obligé de se dire protestant : mais comme il professoit au fond du cœur une autre croyance, pendant tout son règne il rusa constamment avec l'opinion ; et, lorsque son frère[9], qui avoit plus de violence de caractère, permit toutes les atrocités que le nom de Jefferies nous retrace[10], la nation sentit la nécessité d'avoir pour chef un prince qui fût roi par la liberté, au lieu d'être roi malgré elle ; et plus tard l'on porta l'acte qui excluoit de la succession au trône tout prince papiste, ou qui auroit épousé une princesse de cette religion. Le principe de cet acte étoit de maintenir l'hérédité, en ne cherchant pas un souverain au hasard, mais d'exclure formellement celui qui n'adopteroit pas le culte politique et religieux de la majorité de l'Angleterre. Le serment prononcé par Guillaume III[11], et depuis par tous ses successeurs, constate le contrat entre la nation et le roi ; et, comme je l'ai déjà dit, une loi d'Angleterre déclare coupable de haute trahison quiconque soutiendroit le droit divin, c'est-à-dire, la doctrine par laquelle un roi possède une nation comme un seigneur une ferme, les bestiaux et les peuples étant placés sur la même ligne, et n'ayant pas plus les uns que les autres le droit d'influer sur leur sort. Lorsque les Anglois accueillirent avec transport l'ancienne dynastie, ils espéroient qu'elle adopteroit une doctrine nouvelle, et, les héritiers directs s'y refusant, les amis de la liberté se rallièrent à celui qui se soumit à la condition, sans laquelle il n'y avoit pas de légitimité. La révolution de France, jusqu'à la chute de Bonaparte, ressemble beaucoup à celle d'Angleterre. Le rapprochement avec la guerre de la ligue et l'avénement de Henri IV, est moins frappant ; mais, en revanche, nous le dirons avec plaisir, l'esprit et le caractère de Louis XVIII rappellent bien plus Henri IV que Charles II.

A ne considérer l'abjuration de Henri IV [12] que sous le rapport de son influence politique, c'étoit un acte par lequel il adoptoit l'opinion de la majorité des François. L'édit de Nantes aussi peut se comparer à la déclaration du 2 mai de Louis XVIII [13] ; ce sage traité entre les deux partis les apaisa pendant la vie de Henri IV [14]. En citant ces deux époques si différentes, et sur lesquelles on peut disputer long-temps, car les droits seuls sont incontestables, tandis que les faits donnent souvent lieu à des interprétations diverses, j'ai voulu uniquement démontrer ce que l'histoire et la raison confirment ; c'est qu'après de grandes commotions dans l'état, un souverain ne peut reprendre les rênes du gouvernement, qu'autant qu'il adopte sincèrement l'opinion dominante dans son pays, tout en cherchant à rendre les sacrifices de la minorité moins pénibles. Un roi doit, comme Henri IV, renoncer jusqu'à un certain point à ceux même qui l'ont servi dans son adversité, parce que, si Louis XIV étoit coupable en prononçant ces fameuses paroles : « L'état, c'est moi ; » l'homme de bien sur le trône doit dire au contraire : Moi, c'est l'état.

La masse du peuple n'a pas cessé, depuis la révolution, de craindre l'ascendant des anciens privilégiés ; d'ailleurs, comme les princes étoient absens depuis vingt-trois ans, la nation ne les connoissoit pas ; et les troupes étrangères, en 1814, ont traversé la France sans entendre exprimer ni un regret pour Bonaparte, ni un désir prononcé pour aucune forme de gouvernement. Ce fut donc une combinaison politique, et non un mouvement populaire qui rétablit l'ancienne dynastie en France ; et si les Stuarts, rappelés par la nation sans aucun secours étranger, et soutenus par une noblesse qui n'avoit jamais émigré, se perdirent en voulant s'appuyer sur le droit divin, combien n'étoit-il pas plus nécessaire à la maison de Bourbon de refaire un pacte avec la France, afin d'adoucir l'amertume que doit causer à un peuple fier l'influence des étrangers sur son gouvernement intérieur ! Il falloit donc qu'un appel à la nation sanctionnât ce que la force avoit établi. Telle a été, comme nous allons le voir, l'opinion d'un homme, l'empereur Alexandre, qui, bien que souverain tout-puissant, est assez supérieur d'esprit et d'âme pour avoir, comme les simples particuliers, des jaloux et des envieux. Louis XVIII par sa charte constitutionnelle, et surtout par la sagesse de sa déclaration du 2 de mai, par son étonnante instruction et la grâce imposante de ses manières, suppléa sous beaucoup de rapports à ce qui manquoit à l'inauguration populaire de son retour. Mais nous pensons toujours, et nous allons développer les motifs de cette opinion, que Bonaparte n'eût point été accueilli en moins d'une année par un parti considérable, si les ministres du roi avoient franchement établi un gouvernement représentatif et les principes de la charte en France, et si l'intérêt de la liberté constitutionnelle eût remplacé celui de la gloire militaire.

CHAPITRE IV

De l'entrée des alliés à Paris, et des divers partis qui existoient en France

Les quatre grandes puissances, l'Angleterre, l'Autriche, la Russie et la Prusse, qui se coalisèrent en 1813 pour repousser les agressions de Napoléon, ne s'étoient jamais réunies jusqu'alors ; et nul état continental ne sauroit résister à une telle force. Peut-être la nation françoise auroit-elle encore été capable de se défendre, avant que le despotisme eût comprimé tout ce qu'elle avoit d'énergie ; mais comme il ne restoit que des soldats en France, armée contre armée, le nombre étoit entièrement, et sans nulle proportion, à l'avantage des étrangers. Les souverains qui conduisoient ces troupes de ligne et ces milices volontaires, formant près de huit cent mille hommes, montrèrent une bravoure qui leur donne des droits ineffaçables à l'attachement de leurs peuples ; mais il faut distinguer toutefois parmi ces grands personnages l'empereur de Russie, qui a le plus éminemment contribué aux succès de la coalition de 1813.

Loin que le mérite de l'empereur Alexandre soit exagéré par la flatterie, je dirois presque qu'on ne lui rend pas encore assez de justice, parce qu'il subit, comme tous les amis de la liberté, la défaveur attachée à cette opinion, dans ce qu'on appelle la bonne compagnie européenne. On ne se lasse point d'attribuer sa manière de voir en politique à des calculs personnels, comme si de nos jours les sentimens désintéressés ne pouvoient plus entrer dans le cœur humain [15]. Sans doute, il importe beaucoup à la Russie que la France ne soit pas écrasée ; et la France ne peut se relever qu'à l'aide d'un gouvernement constitutionnel soutenu par l'assentiment de la nation. Mais l'empereur Alexandre s'est-il livré à des pensées égoïstes, lorsqu'il a donné à la partie de la Pologne qu'il a acquise par les derniers traités, les droits que la raison humaine réclame maintenant de toutes parts [16] ? On voudroit lui reprocher l'admiration qu'il a témoignée pendant quelque temps à Bonaparte [17] ; mais n'étoit-il pas naturel que de grands talens militaires éblouissent un jeune souverain guerrier ? Poùvoit-il, à la distance où il étoit de la France, pénétrer comme nous les ruses dont Bonaparte se servoit souvent, de préférence même à tous ses autres moyens ? Quand l'empereur Alexandre a bien connu l'ennemi qu'il avoit à combattre, quelle résistance ne lui a-t-il pas opposée ! L'une de ses capitales étant conquise, il a refusé la paix que Napoléon lui offroit avec une instance extrême. Après que les troupes de Bonaparte furent repoussées de la Russie, il porta toutes les siennes en Allemagne, pour aider à la délivrance de ce pays ; et, lorsque le souvenir de la force des François faisoit hésiter encore sur le plan de campagne qu'on devoit suivre, l'empereur Alexandre décida qu'il falloit marcher sur Paris [18] ; or, c'est à la hardiesse de cette résolution que se rattachent tous les succès de l'Europe. Il m'en coûteroit, je l'avoue, de rendre hommage à cet acte de volonté, si l'empereur Alexandre, en 1814, ne s'étoit pas conduit généreusement pour la France ; et si, dans les conseils qu'il a donnés, il n'avoit pas constamment respecté l'honneur et la liberté de la nation. Le côté libéral dans chaque occasion est toujours celui qu'il a soutenu ; et, s'il ne l'a pas fait triompher autant qu'on auroit pu le souhaiter, ne doit-on pas au moins s'étonner qu'un tel instinct de ce qui est beau, qu'un tel amour pour ce qui est juste, soit né dans son cœur, comme une fleur du ciel, au milieu de tant d'obstacles ?

J'ai eu l'honneur de causer plusieurs fois avec l'empereur Alexandre, à Saint Pétersbourg et à Paris, au moment de ses revers, au moment de son triomphe. Également simple, également calme dans l'une et l'autre situation, son esprit fin, juste et sage ne s'est jamais démenti. Sa conversation n'a point de rapport avec ce qu'on appelle d'ordinaire une conversation officielle ; nulle question insignifiante, nul embarras réciproque ne condamnent ceux qui l'approchent, à ces propos chinois, s'il est permis de s'exprimer ainsi, qui ressemblent plutôt à des révérences qu'à des paroles. L'amour de l'humanité inspire à l'empereur Alexandre le besoin de connoître le véritable sentiment des autres, et de traiter, avec ceux qu'il en croit dignes, les grandes vues qui peuvent tendre aux progrès de l'ordre social [19]. A sa première entrée à Paris, il s'est entretenu avec des François de diverses opinions en homme qui peut se mesurer à découvert avec les autres hommes. Sa conduite à la guerre est aussi valeureuse qu'humaine, et de toutes les vies il n'y a que la sienne qu'il expose sans réflexion. L'on attend avec raison de lui qu'il se hâtera de faire à son pays tout le bien que les lumières de ce pays permettent. Mais, quoiqu'il maintienne encore une grande force armée, on auroit tort de le considérer en Europe comme un monarque ambitieux. Ses opinions ont plus d'empire sur lui que ses passions ; et ce n'est pas, ce me semble, à des conquêtes qu'il aspire ; le gouvernement représentatif, la tolérance religieuse, l'amélioration de l'espèce humaine par la liberté et le christianisme, ne sont pas à ses yeux des chimères. S'il accomplit ses desseins, la postérité lui décernera tous les honneurs du génie : mais si les circonstances dont il est entouré, si la difficulté de trouver des instrumens pour le seconder, ne lui permettent pas de réaliser ce qu'il souhaite, ceux qui l'auront connu sauront du moins qu'il avoit conçu de grandes pensées [20].

Ce fut à l'époque même de l'invasion de la Russie par les François, que l'empereur Alexandre vit le prince royal de Suède, autrefois le général Bernadotte, dans la ville d'Abo, sur les bords de la mer Baltique. Bonaparte avoit tout essayé pour engager le prince de Suède à se joindre à lui dans son attaque contre la Russie : il lui avoit présenté l'appât de la Finlande, qui avoit été enlevée à la Suède, et que les Suédois regrettoient vivement. Bernadotte, par respect pour la personne d'Alexandre et par haine contre la tyrannie que Bonaparte faisoit peser sur la France et sur l'Europe, se joignit à la coalition et refusa les propositions de Napoléon, qui consistoient au reste, pour la plupart, dans la permission accordée à la Suède, de prendre, ou de reprendre tout ce qui lui conviendroit chez ses voisins, ou chez ses alliés [21].

L'empereur de Russie, dans sa conférence avec le prince de Suède, lui demanda son avis sur les moyens qu'on devoit employer contre l'invasion des François. Bernadotte les développa en général habile qui avoit jadis défendu la France contre les étrangers, et sa confiance dans le résultat définitif de la guerre étoit d'un grand poids. Une autre circonstance fait beaucoup d'honneur à la sagacité du prince de Suède. Lorsqu'on vint lui annoncer que les François étoient entrés dans Moscou, les envoyés des puissances à Stockholm, alors réunis chez lui, étoient consternés ; lui seul déclara fermement qu'à date de cet événement la campagne des vainqueurs étoit manquée ; et, s'adressant à l'envoyé d'Autriche, lorsque les troupes de cette puissance faisoient encore partie de l'armée de Napoléon : « Vous pouvez le mander à votre empereur, lui dit-il ; Napoléon est perdu, bien que cette prise de Moscou semble le plus grand exploit de sa carrière militaire. » J'étois près de lui quand il s'exprima ainsi, et j'avoue que je ne croyois pas entièrement à ses prophéties [22]. Mais sa grande connoissance de l'art militaire lui révéla l'événement alors le plus inattendu pour tous. Dans les vicissitudes de l'année suivante, le prince de Suède rendit d'éminens services à la coalition, soit en se mêlant activement et savamment de la guerre dans les momens les plus difficiles, soit en soutenant l'espoir des alliés, lorsqu'après les batailles gagnées en Allemagne par l'armée nouvelle sortie de terre à la voix de Bonaparte, on recommençoit à croire les François invincibles.

Néanmoins le prince de Suède a des ennemis en Europe, parce qu'il n'est point entré en France avec ses troupes, quand les alliés, après leur triomphe à Leipsick, passèrent le Rhin et se dirigèrent sur Paris. Je crois très-facile de justifier sa conduite en cette occasion. Si l'avantage de la Suède avoit exigé que la France fût envahie, il devoit, en l'attaquant, oublier qu'il étoit François, puisqu'il avoit accepté l'honneur d'être chef d'un autre état ; mais la Suède n'étoit intéressée qu'à la délivrance de l'Allemagne ; l'assujettissement de la France même est contraire à la sûreté des états du Nord. Il étoit donc permis au général Bernadotte de s'arrêter à l'aspect des frontières de son ancienne patrie ; de ne pas porter les armes contre le pays auquel il devoit tout l'éclat de son existence [23]. On a prétendu qu'il avoit eu l'ambition de succéder à Bonaparte ; nul ne sait ce qu'un homme ardent peut rêver en fait de gloire ; mais ce qui est certain, c'est qu'en ne rejoignant pas les alliés avec ses troupes, il s'ôtoit toute chance de succès par eux. Bernadotte a donc uniquement obéi dans cette circonstance à un sentiment honorable, sans pouvoir se flatter d'en retirer aucun avantage personnel.

Une anecdote singulière mérite d'être rapportée à l'occasion du prince de Suède. Loin que Napoléon eût souhaité qu'il fût choisi par la nation suédoise, il en étoit très-mécontent, et Bernadotte avoit raison de craindre qu'il ne le laissât pas sortir de France. Bernadotte a beaucoup de hardiesse à la guerre, mais il est prudent dans tout ce qui tient à la politique ; et, sachant très-bien sonder le terrain, il ne marche avec force que vers le but dont la fortune lui ouvre la route. Depuis plusieurs années il s'étoit adroitement maintenu auprès de l'empereur de France entre la faveur et la disgrâce ; mais ayant trop d'esprit pour être considéré comme l'un de ces militaires formés à l'obéissance aveugle, il étoit toujours plus ou moins suspect à Napoléon, qui n'aimoit pas à trouver réunis dans le même homme un sabre et une opinion. Bernadotte, en racontant à Napoléon, comment son élection venoit d'avoir lieu en Suède, le regardoit avec ces yeux noirs et perçans qui donnent à sa physionomie quelque chose de très-singulier. Bonaparte se promenoit à côté de lui, et lui faisoit des objections, que Bernadotte réfutoit le plus tranquillement qu'il pouvoit, tâchant de cacher la vivacité de son désir ; enfin, après un entretien d'une heure, Napoléon lui dit tout-à-coup : *Hé bien, que la destinée s'accomplisse !* Bernadotte entendit très-vîte ces paroles, mais il se les fit répéter comme s'il ne les eût pas comprises, pour mieux s'assurer de son bonheur. *Que la destinée s'accomplisse !* redit encore une fois Napoléon ; et Bernadotte partit pour régner sur la Suède [24]. Il y a quelques exemples d'avoir agi en conversation sur Bonaparte contre son intérêt même ; mais c'est un des hasards de son caractère sur lequel on ne sauroit compter.

La campagne de Bonaparte contre les alliés dans l'hiver de 1814, est généralement reconnue pour très-belle, et ceux mêmes des François qu'il avoit proscrits pour toujours, ne pouvoient s'empêcher de souhaiter qu'il parvînt à sauver l'indépendance de leur pays. Quelle combinaison funeste, et dont l'histoire ne présente point d'exemple ! Un despote défendoit alors la cause de la liberté, en essayant de repousser les étrangers que son ambition avoit attirés sur le sol de la France ! Il ne méritoit pas du ciel l'honneur de réparer le mal qu'il avoit fait. La nation françoise demeura neutre dans le grand débat qui décidoit de son sort ; cette nation si vive, si véhémente jadis, étoit réduite en poussière par quinze ans de tyrannie [25]. Ceux qui connoissoient le pays, savoient bien qu'il restoit de la vie au fond de ces âmes paralysées, et de l'union au milieu de l'apparente diversité que le mécontentement faisoit naître. Mais on eût dit que, pendant son règne, Bonaparte avoit couvert les yeux de la France, comme ceux d'un faucon qu'on tient dans les ténèbres jusqu'à ce qu'on le lâche sur sa proie. On ne savoit où étoit la patrie, on ne vouloit plus ni de Bonaparte ni d'aucun des gouvernemens dont on prononçoit le nom. Les ménagemens mêmes des puissances européennes empêchoient presque de voir en elles des ennemis, sans qu'il fût possible cependant de les accueillir comme des alliés. La France dans cet état subit le joug des étrangers, pour ne s'être pas affranchie elle-même de celui de Bonaparte : à quels maux n'auroit-elle pas échappé, si, comme aux premiers jours de la révolution, elle eût conservé dans son cœur la sainte horreur du despotisme !

Alexandre entra dans Paris presque seul, sans gardes, sans aucunes précautions ; le peuple lui sut gré de cette généreuse confiance, la foule se pressoit autour de son cheval, et les François, si long-temps victorieux, ne se sentoient pas encore humiliés dans les premiers momens de leur défaite. Tous les partis espéroient un libérateur dans l'empereur de Russie, et certainement il en portoit le désir dans son âme. Il descendit chez M. de Talleyrand qui, ayant conservé dans toutes les phases de la révolution la réputation d'un homme de beaucoup d'esprit, pouvoit lui donner des renseignemens certains sur toutes choses[26]. Mais, comme nous l'avons dit plus haut, M. de Talleyrand considère la politique comme une manœuvre selon le vent, et les opinions fixes ne sont nullement à son usage. Cela s'appelle de l'habileté, et peut-être en faut-il en effet pour louvoyer ainsi jusqu'à la fin d'une vie mortelle ; mais le sort des états doit être conduit par des hommes dont les principes soient invariables ; et dans les temps de troubles surtout, la flexibilité, qui semble le comble de l'art, plonge les affaires publiques dans des difficultés insurmontables. Quoi qu'il en soit, M. de Talleyrand est, quand il veut plaire, l'homme le plus aimable que l'ancien régime ait produit ; c'est le hasard qui l'a placé dans les dissensions populaires ; il y a porté les manières des cours, et cette grâce, qui devroit être suspecte à l'esprit de démocratie, a séduit souvent des hommes d'une grossière nature, qui se sentoient pris sans savoir par quels moyens. Les nations qui veulent être libres, doivent se garder de choisir de tels défenseurs : ces pauvres nations, sans armées et sans trésors, n'inspirent de dévouement qu'à la conscience.

C'étoit un grand événement pour le monde que le gouvernement proclamé dans Paris par les armées victorieuses de l'Europe ; quel qu'il fût, on ne sauroit se le dissimuler, les circonstances qui l'amenoient rendoient sa position très-difficile : aucun peuple doué de quelque fierté, ne peut supporter l'intervention des étrangers dans ses affaires intérieures ; et c'est en vain qu'ils feroient ce qu'il y a de plus raisonnable et de plus sage, il suffit de leur influence pour gâter le bonheur même. L'empereur de Russie, qui a le sentiment de l'opinion publique, fit tout ce qui étoit en son pouvoir pour laisser à cette opinion autant de liberté que les circonstances le permettoient. L'armée vouloit la régence dans l'espoir que, sous la minorité du fils de Napoléon[27], le même gouvernement et les mêmes emplois militaires seroient conservés. La nation souhaitoit ce qu'elle souhaitera toujours : le maintien des principes constitutionnels. Quelques individus croyoient que le duc d'Orléans, homme d'esprit, ami sincère de la liberté et soldat de la France à Jemmappes, serviroit de médiateur entre les différens intérêts ; mais il avoit alors à peine vécu en France, et son nom représentoit plutôt un traité qu'un parti[28]. L'impulsion des souverains devoit être pour l'ancienne dynastie ; elle étoit appelée par le clergé, les gentilshommes et les adhérens qu'ils réunissoient dans quelques départemens du midi et de l'ouest. Mais en même temps l'armée ne renfermoit presque pas d'officiers ni de soldats élevés dans l'obéissance envers des princes absens depuis tant d'années. Les intérêts accumulés par la révolution, la suppression des dîmes et des droits féodaux, la vente des biens nationaux, l'anéantissement des priviléges de la noblesse et du clergé, tout ce qui fait la richesse et la grandeur de la masse du peuple, la rendoit nécessairement ennemie des partisans de l'ancien régime qui se présentoient comme les défenseurs exclusifs de la famille royale ; et jusqu'à ce que la charte constitutionnelle eût prouvé la modération et la sagesse éclairée de Louis XVIII, il étoit naturel que le retour des Bourbons fît craindre tous les inconvéniens de la restauration des Stuarts en Angleterre.

L'empereur Alexandre jugea de toutes les circonstances comme l'auroit pu faire un François éclairé, et il fut d'avis qu'un pacte devoit être conclu, ou plutôt renouvelé, entre la nation et le roi ; car, si autrefois les barons fixoient les limites du trône, et exigeoient du monarque le maintien de leurs priviléges, il étoit juste que la France, qui ne faisoit plus qu'un peuple, eût par ses représentans le même droit dont jouissoient jadis, et dont jouissent encore les nobles dans plusieurs états de l'Europe. D'ailleurs, Louis XVIII n'ayant pu revenir en France que par l'appui des étrangers, il importoit que cette triste circonstance fût effacée par des garanties volontaires et mutuelles entre les François et leur roi. La politique, aussi-bien que l'équité, conseilloit un tel système ; et si Henri IV, après une longue guerre civile, se soumit à la nécessité d'adopter la croyance de la majorité des François, un homme d'autant d'esprit que Louis XVIII pouvoit bien conquérir un royaume tel que la France, en acceptant la situation du roi d'Angleterre : elle n'est pas en vérité si fort à dédaigner.

CHAPITRE V

Des circonstances
qui ont accompagné le premier retour
de la maison de Bourbon en 1814

Lorsque le retour des Bourbons fut décidé par les puissances européennes, M. de Talleyrand mit en avant le principe de la légitimité, pour servir de point de ralliement au nouvel esprit de parti qui devoit régner en France. Certainement, on ne sauroit trop le répéter, l'hérédité du trône est une excellente garantie de repos et de bonheur ; mais comme les Turcs jouissent aussi de cet avantage, il y a lieu de penser qu'il faut encore quelques autres conditions pour assurer le bien d'un état. D'ailleurs, rien n'est plus funeste dans un temps de crise, que ces mots d'ordre qui dispensent la plupart des hommes de raisonner. Si les révolutionnaires avoient proclamé non l'égalité seule, mais l'égalité devant la loi [29], ce développement eût suffi pour faire naître quelques réflexions dans les têtes. Il en est ainsi de la légitimité, si l'on y joint la nécessité des limites du pouvoir. Mais l'une et l'autre de ces paroles sans restriction, égalité ou légitimité, ne sont bonnes qu'à justifier les sentinelles, lorsqu'elles tirent sur ceux qui ne répondent pas tout d'abord au cri de *qui vive,* comme il le faut selon le temps.

Le sénat fut indiqué par M. de Talleyrand pour faire les fonctions de représentant de la France dans cette circonstance solennelle [30]. Ce sénat pouvoit-il s'en attribuer le droit ? et ce qu'il n'avoit pas légalement, le méritoit-il par sa conduite passée ? Puisqu'on n'avoit pas le temps de convoquer des députés envoyés par les départemens, ne falloit-il pas au moins appeler le corps législatif ? Cette assemblée avoit montré du caractère dans la dernière époque du règne de Bonaparte, et la nomination de ses membres appartenoit un peu plus à la France elle-même. Enfin, le sénat prononça la déchéance de ce même Napoléon, auquel il devoit son existence [31], la déchéance fut motivée sur des principes de liberté : que n'avoient-ils été reconnus avant l'entrée des alliés en France ! Les sénateurs étoient sans force alors, dira-t-on ; l'armée pouvoit tout. Il y a des circonstances, on doit en convenir, où les hommes les plus courageux n'ont aucun moyen de se montrer activement ; mais il n'en existe aucune qui puisse obliger à rien faire de contraire à sa conscience. La noble minorité du sénat, Cabanis, Tracy, Lanjuinais, Boissy d'Anglas, Volney, Collaud, Chollet [32], etc., a bien prouvé depuis quelques années, qu'une résistance passive étoit possible.

Des sénateurs, parmi lesquels il y avoit plusieurs membres de la convention, demandèrent le retour de l'ancienne dynastie, et M. de Talleyrand s'est vanté, dans cette occasion, d'avoir fait crier *vive le roi* à ceux qui avoient voté la mort de son frère. Mais que pouvoit-on attendre de ce tour d'adresse, et n'y auroit-il pas eu plus de dignité à ne pas mêler ces hommes dans une telle délibération ? Faut-il tromper même des coupables ? Et s'ils sont assez courbés par la servitude, pour tendre la tête à la proscription, à quoi bon se servir d'eux ? Enfin, ce fut encore ce sénat qui rédigea la constitution que l'on devoit présenter à l'acceptation de Louis XVIII ; et dans ces articles si essentiels à la liberté de la France, M. de Talleyrand, tout-puissant alors, laissa mettre la plus ridicule des conditions, celle qui devoit infirmer toutes les autres : les sénateurs se déclarèrent héréditaires et leurs pensions avec eux. Certes, que des hommes haïs et ruinés s'efforcent mal-adroitement d'assurer leur existence, cela se conçoit : mais M. de Talleyrand devoit-il le souffrir ; et ne doit-on pas conclure de cette négligence apparente qu'un homme aussi pénétrant vouloit déjà plaire aux royalistes non-constitutionnels, en laissant altérer dans l'opinion le respect que méritoient d'ailleurs les principes énoncés dans la déclaration du sénat ? C'étoit faciliter au roi le moyen de dédaigner cette déclaration, et de revenir, sans aucun genre d'engagement préalable.

M. de Talleyrand se flattoit-il alors que pour tant de complaisance il échapperoit à l'implacable ressentiment de l'esprit de parti ? Avoit-il eu pendant toute sa vie assez de fidélité en fait de reconnoissance, pour imaginer qu'on n'en manqueroit jamais envers lui ? Espéroit-il échapper seul au naufrage de son parti, quand toute l'histoire nous apprend qu'il est des haines politiques à jamais irréconciliables ? Les hommes à préjugés, dans toute réformation, ne pardonnent point à ceux qui ont participé de quelque manière aux idées nouvelles ; aucune pénitence, aucune quarantaine ne peut les rassurer à cet égard ; ils se servent des individus qui abjurent ; mais si ces prétendus convertis veulent retenir quelques demi-principes dans quelques petites circonstances, la fureur se ranime aussitôt contre eux. Les partisans de l'ancien régime considèrent ceux du gouvernement représentatif comme en état de révolte vis-à-vis du pouvoir légitime et absolu. Que signifient donc aux yeux de ces royalistes non-constitutionnels les services que les anciens amis de la révolution peuvent rendre à leur cause ? un commencement d'expiation, rien de plus ; et comment M. de Talleyrand n'a-t-il pas senti que, pour l'intérêt du roi comme pour celui de la France, il falloit qu'un pacte constitutionnel tranquillisât les esprits, affermît le trône, et présentât la nation françoise aux yeux de toute l'Europe, non comme des rebelles qui demandent grâce, mais comme des citoyens qui se lient à leur chef suprême par des devoirs réciproques ?

Louis XVIII revint sans avoir reconnu la nécessité de ce pacte ; mais étant personnellement un homme d'un esprit très-éclairé, et dont les idées s'étendoient au-delà du cercle des cours, il y suppléa en quelque manière par sa déclaration du 2 mai, datée de Saint-Ouen : il accordoit ce que l'on désiroit qu'il acceptât ; mais enfin cette déclaration, supérieure à la charte constitutionnelle sous le rapport des intérêts de la liberté, étoit si bien conçue qu'elle satisfit momentanément les esprits[33]. On put espérer alors l'heureuse réunion de la légitimité dans le souverain, et de la légalité dans les institutions. Le même roi pouvoit être Charles II par ses droits héréditaires, et Guillaume III par sa volonté éclairée. La paix sembloit conclue entre les partis ; l'existence de courtisan étoit laissée à ceux qui sont faits pour elle ; on plaçoit dans la chambre des pairs les noms illustrés par l'histoire, et les hommes de mérite du temps présent ; enfin, la nation dut croire qu'elle répareroit ses malheurs, en tournant vers l'émulation de la liberté constitutionnelle, l'activité dévorante qui l'avoit consumée elle-même aussi-bien que l'Europe.

Deux seuls dangers pouvoient anéantir toutes ces espérances : l'un, si le système constitutionnel n'étoit pas suivi par l'administration avec force et sincérité ; l'autre, si le congrès de Vienne laissoit Bonaparte à l'île d'Elbe, en présence de l'armée françoise. C'étoit un glaive suspendu sur le trône des Bourbons. Napoléon, en combattant jusqu'au dernier instant contre les étrangers, s'étoit mieux placé dans l'opinion des François, et peut-être alors avoit-il plus de partisans sincères que pendant sa prospérité désordonnée. Il falloit donc, pour que la restauration se maintînt, que les Bourbons, d'une part, pussent triompher des souvenirs de la victoire par les garanties de la liberté ; et que, de l'autre, Bonaparte ne fut pas établi à trente lieues de ses anciens soldats : jamais une plus grande faute ne pouvoit être commise relativement à la France.

CHAPITRE VI

De l'aspect de la France
et de Paris
pendant la première occupation

On auroit grand tort de s'étonner de la douleur que les François ont éprouvée, en voyant leur célèbre capitale envahie en 1814 par les armées étrangères. Les souverains qui s'en étoient rendus les maîtres se conduisirent alors avec l'équité la plus parfaite ; mais c'est un cruel malheur pour une nation que d'avoir même à se louer des étrangers, puisque c'est une preuve que son sort dépend d'eux. Les armées françoises, il est vrai, étoient entrées plusieurs fois dans presque toutes les capitales de l'Europe, mais aucune de ses villes n'avoit une aussi grande importance pour le pays dont elle faisoit partie, que Paris pour la France. Les monumens des beaux-arts, les souvenirs des hommes de génie, l'éclat de la société, tout contribuoit à faire de Paris le foyer de la civilisation continentale. Pour la première fois depuis que Paris occupoit un tel rang dans le monde, les drapeaux de l'étranger flottoient sur ses remparts. Naguère la voûte des Invalides étoit tapissée des étendards conquis dans quarante batailles, et maintenant les bannières de la France ne pouvoient se montrer que sous les ordres de ses conquérans. Je n'ai pas affoibli, je crois, dans cet ouvrage, le tableau des fautes qui ont amené les François à cet état déplorable : mais plus ils en souffroient, et plus ils étoient dignes d'estime.

La meilleure manière de juger des sentimens qui agitent les grandes masses, c'est de consulter ses propres impressions : on est sûr de deviner d'après ce qu'on éprouve soi-même, ce que la multitude ressentira ; et c'est ainsi que les hommes d'une imagination forte peuvent prévoir les mouvemens populaires dont une nation est menacée.

Après dix ans d'exil, j'abordai à Calais, et je comptois sur un grand plaisir en revoyant ce beau pays de France que j'avois tant regretté : mes sensations furent tout autres que celles que j'attendois[34]. Les premiers hommes que j'aperçus sur la rive, portoient l'uniforme prussien ; ils étoient les maîtres de la ville, ils en avoient acquis le droit par la conquête : mais il me sembloit assister à l'établissement du règne féodal, tel que les anciens historiens le décrivent, lorsque les habitans du pays n'étoient là que pour cultiver la terre dont les guerriers de la Germanie devoient recueillir les fruits. O France ! O France ! Il falloit un tyran étranger pour vous réduire à cet état ; un souverain françois, quel qu'il fût, vous auroit trop aimée pour jamais vous y exposer.

Je continuai ma route, le cœur toujours souffrant par la même pensée ; en approchant de Paris, les Allemands, les Russes, les Cosaques, les Baskirs s'offrirent à mes yeux de toutes parts : ils étoient campés autour de l'église de Saint-Denis, où la cendre des rois de France repose. La discipline, commandée par les chefs de ces soldats, empêchoit qu'ils ne fissent aucun mal à personne, aucun mal, excepté l'oppression de l'âme, qu'on ne pouvoit s'empêcher de ressentir. Enfin, je rentrai dans cette ville, où se sont passés les jours les plus heureux et les plus brillans de ma vie, comme si j'eusse fait un rêve pénible. Étois-je en Allemagne ou en Russie ? Avoit-on imité les rues et les places de la capitale de la France pour en retracer les souvenirs, alors qu'elle n'existoit plus ? Enfin, tout étoit trouble en moi, car malgré l'âpreté de ma peine, j'estimois les étrangers d'avoir secoué le joug. Je les admirois sans restriction à cette époque ; mais voir Paris occupé par eux, les Tuileries, le Louvre, gardés par des troupes venues des confins de l'Asie, à qui notre langue, notre histoire, nos grands hommes, tout étoit moins connu que le dernier khan de Tartarie ; c'étoit une douleur insupportable. Si telle étoit mon impression à moi, qui n'aurois pu revenir en France sous le règne de Bonaparte, quelle devoit être celle de ces guerriers couverts de blessures, d'autant plus fiers de leur gloire militaire, qu'ils ne pouvoient depuis long-temps en réclamer une autre pour la France ?

Quelques jours après mon arrivée, je voulus aller à l'Opéra ; plusieurs fois, dans mon exil, je m'étois retracé cette fête journalière de Paris, comme plus gracieuse et plus brillante encore que toutes les pompes extraordinaires des autres pays. On donnoit le ballet de Psyché, qui, depuis vingt ans, a sans cesse été représenté dans bien des circonstances différentes. L'escalier de l'Opéra étoit garni de sentinelles russes ; en entrant dans la salle, je regardai de tous les côtés pour découvrir un visage qui me fût connu, et je n'aperçus que des uniformes étrangers ; à peine quelques vieux bourgeois de Paris se montroient-ils encore au parterre, pour ne pas perdre leurs anciennes habitudes ; du reste, tous les spectateurs étoient changés, le spectacle seul restoit le même : les décorations, la musique, la danse n'avoient rien perdu de leur charme, et je me sentois humiliée de la grâce françoise prodiguée devant ces sabres et ces moustaches, comme s'il étoit du devoir des vaincus d'amuser encore les vainqueurs.

Au Théâtre françois les tragédies de Racine et de Voltaire étoient représentées devant des étrangers plus jaloux de notre gloire littéraire, qu'empressés à la reconnoître. L'élévation des sentimens exprimés dans les tragédies de Corneille n'avoit plus de piédestal en France ; on ne savoit où se prendre pour ne pas rougir en les écoutant. Nos comédies, où l'art de la gaieté est porté si loin, divertissoient nos vainqueurs lorsqu'il ne nous étoit plus possible d'en jouir, et nous avions presque honte des talens même de nos poètes quand ils sembloient, comme nous, enchaînés au char des conquérans. Aucun officier de l'armée françoise, on doit leur en savoir gré, ne paroissoit au spectacle pendant que les troupes alliées occupoient la capitale : ils se promenoient tristement sans uniforme, ne pouvant plus supporter leurs décorations militaires, puisqu'ils n'avoient pu défendre le territoire sacré dont la garde leur étoit confiée. L'irritation qu'ils éprouvoient ne leur permettoit pas de comprendre que c'étoit leur chef ambitieux, égoïste et téméraire, qui les avoit réduits à l'état où ils se trouvoient : la réflexion ne pouvoit s'accorder avec les passions dont ils étoient agités [35].

La situation du roi, revenant avec les étrangers au milieu de l'armée qui devoit les haïr, présentoit des difficultés sans nombre. Il a fait individuellement tout ce que l'esprit et la bonté peuvent inspirer à un souverain qui veut plaire ; mais il avoit affaire à des sentimens d'une nature trop forte, pour que les moyens de l'ancien régime y pussent suffire. C'étoit de la nation qu'il falloit s'aider pour ramener l'armée ; examinons si le système adopté par les ministres de Louis XVIII pouvoit atteindre à ce but.

CHAPITRE VII

De la charte constitutionnelle donnée par le roi en 1814

Je me glorifie de rappeler ici que la déclaration, signée par Louis XVIII à Saint-Ouen en 1814, contenoit presque tous les articles garans de la liberté que M. Necker avoit proposés à Louis XVI en 1789, avant que la révolution du 14 juillet eût éclaté[36].

Cette déclaration ne portoit pas la date des dix-neuf ans de règne, dans lesquels consistoit la question du droit divin ou du pacte constitutionnel : le silence à cet égard étoit plein de sagesse, car il est manifeste que le gouvernement représentatif est inconciliable avec la doctrine du droit divin[37]. Toutes les disputes des Anglois avec leurs rois sont provenues de cette inconséquence. En effet, si les rois sont les maîtres absolus des peuples, ils doivent exiger les impôts et non les demander ; mais, s'ils ont quelque chose à demander à leurs sujets, il s'ensuit nécessairement qu'ils ont aussi quelque chose à leur promettre. D'ailleurs le roi de France, étant remonté sur le trône en 1814, avec l'appui de la force étrangère, ses ministres auroient dû inventer l'idée du contrat avec la nation, du consentement de ses députés, enfin de tout ce qui pouvoit garantir et prouver le vœu des François ; quand même ces principes n'auroient pas été généralement reconnus en France. Il étoit fort à craindre que l'armée qui avoit prêté serment à Bonaparte, et qui avait combattu près de vingt ans sous lui, ne regardât comme nuls les sermens demandés par les puissances européennes. Il importoit donc de lier et de confondre les troupes françoises avec le peuple françois, par toutes les formes possibles d'acquiescement volontaire.

Quoi ! dira-t-on, vouliez-vous nous replonger dans l'anarchie des assemblées primaires ? Nullement ; ce que l'opinion souhaitoit, c'étoit l'abjuration du système sur lequel se fonde le pouvoir absolu, mais l'on n'auroit point chicané le ministère de Louis XVIII sur le mode d'acceptation de la charte constitutionnelle ; il suffisoit seulement alors qu'elle fût considérée comme un contrat et non comme un édit du roi ; car l'édit de Nantes de Henri IV a été aboli par Louis XIV ; et tout acte qui ne repose pas sur des engagemens réciproques, peut être révoqué par l'autorité dont il émane[38].

Au lieu d'inviter au moins les deux chambres à choisir elles-mêmes les commissaires qui devoient examiner l'acte constitutionnel, les ministres les firent nommer par le roi. Très-probablement les chambres auroient élu les mêmes hommes ; mais c'est une des erreurs des ministres de l'ancien régime, d'avoir envie de mettre l'autorité royale partout, tandis qu'il faut être sobre de ce moyen, dès qu'on n'en a pas un besoin indispensable. Tout ce qu'on peut laisser faire à la nation, sans qu'il en résulte aucun désordre, accroît les lumières, fortifie l'esprit public, et met plus d'accord entre le gouvernement et le peuple.

Le 4 juin 1814, le roi vint déclarer aux deux chambres la charte constitutionnelle. Son discours étoit plein de dignité, d'esprit et de convenance ; mais son chancelier commença par appeler la charte constitutionnelle *une ordonnance de réformation*[39]. Quelle faute ! N'étoit-ce pas faire sentir que ce qui étoit donné par le roi pouvoit être retiré par ses successeurs ? Ce n'est pas tout encore : dans le préambule de la charte il étoit dit que l'autorité tout entière résidoit dans la personne du roi, mais que souvent l'exercice en avoit été modifié par les monarques prédécesseurs de Louis XVIII, tels que Louis-le-Gros, Philippe-le-Bel, Louis XI, Henri II, Charles IX et Louis XIV. Certes les exemples étoient mal choisis ; car, sans parler de Louis XI et de Charles IX, l'ordonnance de Louis-le-Gros, en 1127, relevoit le tiers état des villes de la servitude, et il y a un peu long-temps que la nation françoise a oublié ce bienfait ; et, quant à Louis XIV, ce n'est pas de son nom que l'on peut se servir lorsqu'il est question de liberté.

A peine entendis-je ces paroles, que les plus grands maux me parurent à craindre pour l'avenir, car de si indiscrètes prétentions exposoient le trône encore plus qu'elles ne menaçoient les droits de la nation. Elle étoit alors si forte dans l'intérieur, qu'il n'y avoit rien à redouter pour elle ; mais c'est précisément parce que l'opinion étoit toute-puissante, qu'on ne pouvoit s'empêcher de s'irriter contre des ministres qui compromettoient ainsi l'autorité tutélaire du roi, sans avoir aucun appui réel pour la soutenir. La charte étoit précédée de l'ancienne formule, usitée dans les ordonnances, *nous accordons, nous faisons concession et octroi*, etc. Mais le nom même de *charte*, consacré par l'histoire d'Angleterre, rappelle les engagemens que les barons firent signer au roi Jean, en faveur de la nation et d'eux-mêmes[40]. Or, comment les concessions de la couronne pourroient-elles devenir la loi fondamentale de l'état, si elles n'étoient que le bienfait d'un monarque? A peine la charte constitutionnelle fut-elle lue, que le chancelier se hâta de demander aux membres des deux chambres de jurer d'y être fidèles. Qu'auroit-on dit alors de la réclamation d'un sourd qui se seroit levé pour s'excuser de prêter serment à une constitution dont il n'auroit pas entendu un seul article? Hé bien! ce sourd, c'étoit le peuple françois; et c'est parce que ses représentans avoient pris l'habitude d'être muets sous Bonaparte, qu'ils ne se permirent aucune objection alors. Aussi beaucoup de ceux qui, le 4 juin, jurèrent d'obéir à tout un code de lois qu'ils n'avoient pas seulement eu le temps de comprendre, ne se dégagèrent-ils que trop facilement, dix mois après, d'une promesse aussi légèrement donnée.

C'étoit un spectacle bien singulier que la réunion en présence du roi des deux assemblées, le sénat et le corps législatif, qui avoient servi si long-temps Bonaparte. Les sénateurs et les députés portoient encore le même uniforme que l'empereur Napoléon leur avoit donné; ils faisoient les mêmes révérences, en se tournant vers l'orient, au lieu de l'occident; mais ils saluoient tout aussi bas que de coutume. La cour de la maison de Bourbon étoit dans les galeries, arborant des mouchoirs blancs, et criant : *Vive le roi!* de toutes ses forces. Les hommes du régime impérial, sénateurs, maréchaux et députés, se trouvoient cernés par ces transports, et ils avoient tellement l'habitude de la soumission, que tous les sourires habituels de leurs physionomies servoient, comme d'ordinaire, à l'admiration du pouvoir. Mais qui connoissoit le cœur humain, devoit-il se fier à telles démonstrations? Et ne valoit-il pas mieux réunir des représentans librement élus par la France, que des hommes qui ne pouvoient alors avoir d'autre mobile que des intérêts et non des opinions?

Quoiqu'à plusieurs égards la charte dût contenter le vœu public, elle laissoit cependant beaucoup de choses à désirer. C'étoit une expérience nouvelle, tandis que la constitution angloise a subi l'épreuve du temps; et, quand on compare la charte d'un pays avec la constitution de l'autre, tout est à l'avantage de l'Angleterre, soit pour le peuple, soit pour les grands, soit même pour le roi, qui ne peut se séparer de l'intérêt général dans un pays libre.

Le parti royaliste inconstitutionnel, dont il faut sans cesse relever les paroles, puisque c'est surtout ainsi qu'il agit, n'a cessé de répéter que, si le roi s'étoit conduit comme Ferdinand VII, s'il avoit rétabli purement et simplement l'ancien régime, il n'auroit eu rien à craindre de ses ennemis[41]. Le roi d'Espagne pouvoit disposer de son armée ; celle de Louis XVIII ne lui étoit point attachée : les prêtres aussi sont l'armée succursale du roi d'Espagne ; en France, l'ascendant des prêtres n'existe presque plus ; enfin, tout est en contraste dans la situation politique et morale des deux pays ; et qui veut les comparer, se livre à son humeur, sans considérer en rien les élémens dont l'opinion et la force sont composées.

Mais, dira-t-on encore, Bonaparte savoit pourtant séduire ou dominer l'esprit d'opposition ! Rien ne seroit plus fatal pour un gouvernement quelconque en France, que d'imiter Bonaparte. Ses exploits guerriers étoient de nature à produire une funeste illusion sur son despotisme ; encore Napoléon n'a-t-il pu résister à son propre système, et sûrement aucune autre main ne sauroit manier la massue qui est retombée sur sa tête.

En 1814, les François sembloient plus faciles à gouverner, qu'à aucune autre époque de la révolution ; car ils étoient assoupis par le despotisme, et lassés des agitations auxquelles le caractère inquiet de leur maître les avoit condamnés. Mais, loin de croire à cet engourdissement trompeur, il auroit fallu, pour ainsi dire, les prier de vouloir bien être libres, afin que la nation pût servir d'appui à l'autorité royale contre l'armée. Il importoit de remplacer l'enthousiasme militaire par les intérêts politiques, afin de donner un aliment à l'esprit public qui en a toujours besoin en France. Mais de tous les jougs le plus impossible à rétablir, c'étoit l'ancien ; et l'on doit, avant tout, se garder de ce qui le rappelle. Il y a peu de François qui sachent encore très-bien ce que c'est que la liberté ; et, certes, Bonaparte ne leur a pas appris à s'y connoître : mais toutes les institutions qui pourroient blesser l'égalité, produisent en France la même fermentation que le retour du papisme causoit autrefois en Angleterre.

La dignité de la pairie diffère autant de la noblesse par généalogie, que la monarchie constitutionnelle de la monarchie fondée sur le droit divin ; mais c'étoit une grande erreur de la charte que de conserver tous les titres des nobles, soit anciens, soit modernes. On ne rencontroit après la restauration que des barons et des comtes de la façon de Bonaparte, de celle de la cour, ou quelquefois même de la leur, tandis que les pairs seuls devoient être considérés comme les dignitaires du pays, afin de détruire la noblesse féodale, et d'y substituer une magistrature héréditaire, qui, ne s'étendant qu'à l'aîné de la famille, n'établit point dans l'état des distinctions de sang et de race[42].

S'ensuit-il néanmoins de ces observations que l'on fût malheureux en France sous la première restauration ? La justice, et même la bonté la plus parfaite n'étoient-elles pas pratiquées envers tout le monde ? Sans doute, et les François se repentiront long-temps de ne l'avoir pas alors assez senti. Mais, s'il y a des fautes qui doivent irriter contre ceux qui les font, il y en a qui vous inquiètent pour le sort d'un gouvernement que l'on estime ; et de ce nombre étoient celles que commettoient les agens de l'autorité. Toutefois, les amis de la liberté les plus sincèrement attachés à la personne du roi, vouloient une garantie pour l'avenir ; et leur désir à cet égard étoit juste et raisonnable.

CHAPITRE VIII

De la conduite du ministère pendant la première année de la restauration

Quelques publicistes anglois prétendent, que l'histoire démontre l'impossibilité de faire adopter sincèrement une monarchie constitutionnelle à une race de princes qui auroit joui pendant plusieurs siècles d'une autorité sans bornes. Les ministres n'avoient, en 1814, qu'une manière de réfuter cette opinion : c'étoit de manifester assez en toutes choses la supériorité d'esprit du roi, pour que l'on fût convaincu qu'il cédoit volontairement aux lumières de son siècle : parce que, s'il y perdoit comme souverain, il y gagnoit comme homme éclairé. Le roi lui-même a produit à son retour cet effet salutaire sur ceux qui ont eu des rapports avec lui ; mais plusieurs de ses ministres sembloient prendre à tâche de détruire ce grand bien produit par la sagesse du monarque.

Un homme élevé ensuite à une dignité éminente avoit dit, dans une adresse au roi, au nom du département de la Seine-Inférieure, que la révolution n'étoit qu'une rébellion de vingt-cinq années. En prononçant ces paroles, il s'étoit rendu incapable d'être utile à la chose publique ; car, si cette révolution n'est qu'une révolte, pourquoi donc consentir à ce qu'elle amène le changement de toutes les institutions politiques, changement consacré par la charte constitutionnelle ? Pour être conséquent, il auroit fallu répondre à cette objection, que la charte étoit un mal nécessaire auquel on devoit se résigner, tant que le malheur des temps l'exigeoit. Or, comment une telle manière de voir pouvoit-elle inspirer de la confiance ? Comment pouvoit-elle donner aucune stabilité, ni aucune force à un ordre de choses nominalement établi ? Un certain parti considéroit la constitution comme une maison de bois dont il falloit supporter les inconvéniens, en attendant que l'on rebâtît la véritable demeure, l'ancien régime.

Les ministres parloient en public de la charte avec le plus grand respect, surtout lorsqu'ils proposoient les mesures qui la détruisoient pièce à pièce ; mais en particulier, ils sourioient au nom de cette charte, comme si c'étoit une excellente plaisanterie que les droits d'une nation. Quelle frivolité, grand Dieu ! Et sur les bords d'un abîme ! Se peut-il qu'il y ait dans les habitudes des cours quelque chose qui perpétue la légèreté d'esprit jusque dans l'âge avancé ? Il en résulte souvent de la grâce ; mais elle coûte bien cher dans les temps sérieux de l'histoire.

La première proposition que l'on soumit au corps législatif, fut la suspension de la liberté de la presse. Le ministre chicana sur les termes de la charte qui étoient les plus clairs du monde ; et les journaux furent soumis à la censure [43]. Si l'on croyoit que les gazettes ne pouvoient être encore abandonnées à elles-mêmes, au moins falloit-il que le ministère, s'étant rendu responsable de ce qu'elles contenoient, remît la direction de ces journaux, devenus tous officiels par le seul fait de la censure, à des esprits sages qui ne permissent dans aucun cas la moindre insulte à la nation françoise. Comment un parti évidemment le plus foible, foible à un degré, que le fatal retour de Bonaparte n'a que trop manifesté ; comment ce parti prend-il envers tant de millions d'hommes le ton prédicateur d'un jour de jeûne ? Comment leur déclare-t-il à tous qu'ils sont des criminels de divers genres, de diverses époques, et qu'ils doivent expier par l'abandon de toute prétention à la liberté, les maux qu'ils ont causés en s'efforçant de l'obtenir ? Je crois qu'en vérité les écrivains de ce parti auroient admis, seulement pour un jour, le gouvernement représentatif, s'il eût consisté dans quelques députés en robe blanche, qui seroient venus, la corde au cou, demander grâce pour la France. D'autres, d'un air plus doux, disoient, comme du temps de Bonaparte, qu'il falloit ménager les intérêts de la révolution, pourvu qu'on anéantît ses principes : ce qui vouloit dire simplement qu'on avoit encore peur des intérêts, et qu'on espéroit les affoiblir en les séparant des principes.

Est-ce ainsi que l'on doit traiter vingt-cinq millions d'hommes qui naguère avoient vaincu l'Europe ? Les étrangers, malgré, peut-être même à cause de leur victoire, montroient beaucoup plus d'égards à la nation françoise que ces journalistes qui, sous tous les gouvernemens, avoient été les pourvoyeurs de sophismes pour le compte de la force.

Ces gazettes, dont le ministère étoit pourtant censé dicter l'esprit, attaquoient tous les individus, morts ou vivans, qui avoient proclamé les premiers les principes mêmes de la charte constitutionnelle ; il nous falloit supporter que les noms vénérés, qui ont un autel dans notre cœur, fussent constamment insultés par les écrivains de parti, sans que nous pussions leur répondre, sans que nous pussions leur dire une seule fois combien ces illustres tombeaux sont placés au-dessus de leurs indignes atteintes, et quels champions nous avons dans l'Europe et dans la postérité pour le soutien de notre cause. Mais que faire quand toutes les discussions sont commandées d'avance, et que nul accent de l'âme r.e peut pénétrer à travers ces écrits assermentés à la bassesse ? Tantôt ils insinuoient les avantages de l'exil, ou discutoient les inconvéniens de la liberté individuelle. J'ai entendu proposer que le gouvernement consentît à la liberté de la presse, à condition qu'on lui accordât la détention arbitraire : comme si l'on pouvoit écrire quand on est menacé d'être puni sans jugement pour avoir écrit !

Lorsque les partisans du despotisme se servent des baïonnettes, ils font leur métier ; mais, lorsqu'ils emploient des formes philosophiques pour établir leur doctrine, ils se flattent en vain de tromper : on a beau priver les peuples de la lumière et de la publicité, ils n'en sont que plus défians, et toutes les profondeurs du machiavélisme ne sont que de mauvais jeux d'enfans, à côté de la force magique et naturelle tout ensemble de la parfaite sincérité. Il n'y a point de secrets entre les gouvernemens et les peuples : ils se comprennent, ils se connoissent. On peut prendre sa force dans tel ou tel parti ; mais se flatter d'amener à pas de loup les institutions contre lesquelles l'opinion est en garde, c'est n'avoir aucune idée de ce qu'est devenu le public de notre temps.

Une suite de résolutions rétablissoit chaque chose comme jadis ; on entouroit la charte constitutionnelle de manière à la rendre un jour tellement étrangère à l'ensemble, qu'elle tombât, pour ainsi dire, d'elle-même, étouffée par les ordonnances et les étiquettes. Tantôt on proposoit de réformer l'institut, qui a fait la gloire de la France éclairée, et d'imposer de nouveau à l'académie françoise ces vieux éloges du cardinal de Richelieu et de Louis XIV, exigés depuis plus d'un siècle ; tantôt on décrétoit d'anciennes formules de serment dans lesquelles il n'étoit pas question de la charte ; et, quand elles excitoient des plaintes, on vous citoit l'exemple de l'Angleterre ; car elle faisoit loi contre la liberté; mais jamais en sa faveur. Néanmoins il étoit très-aisé, dans cette occasion comme dans toutes, de réfuter l'exemple de l'Angleterre ainsi conçu : Le roi d'Angleterre jurant lui-même de maintenir les lois constitutionnelles du royaume, les fonctionnaires publics ne prêtent serment qu'à lui. Mais vaut-il la peine de raisonner, quand tout le but des adversaires est d'avoir des mots pour cacher leur pensée ?

L'institution de la noblesse, créée par Bonaparte, n'étoit vraiment bonne qu'à montrer le ridicule de cette multitude de titres sans réalité, auxquels une vanité puérile peut seule attacher de l'importance. Dans la pairie, le fils aîné hérite des titres et des droits de son père ; mais le reste de la famille doit rentrer dans la classe des citoyens : et, comme nous n'avons cessé de le répéter, ce n'est point une noblesse de race, mais une magistrature héréditaire, à laquelle sont attachés les honneurs, à cause de l'utilité dont les pairs sont à la chose publique, et non en conséquence de l'héritage, de la conquête, héritage qui constitue la noblesse féodale. Les anoblissemens que le chancelier de France envoyoit de toutes parts en 1814, portoient nécessairement atteinte aux principes de la liberté politique[44]. Car, que signifie anoblir, si ce n'est déclarer que le tiers état, c'est-à-dire la nation, est roturière, qu'il n'est pas honorable d'être simple citoyen, et qu'il faut relever de cet abaissement les individus qui ont mérité d'en sortir ? Or ces individus, d'ordinaire, c'étoient ceux qu'on savoit enclins à sacrifier les droits de la nation aux priviléges de la noblesse. Le goût des priviléges, dans ceux qui les possèdent en vertu de leur naissance, a du moins quelque grandeur ; mais qu'y a-t-il de plus subalterne que ces hommes du tiers état, s'offrant pour servir de marchepied à ceux qui veulent monter sur leurs têtes ?

Les lettres de noblesse datent en France de Philippe-le-Hardi : elles avoient pour but principal l'exemption des impôts que le tiers état payoit seul. Mais les anciens nobles de France ne regardoient jamais comme leurs égaux ceux qui n'étoient point nobles d'origine ; et à cet égard, ils avoient raison, car la noblesse perd tout son empire sur l'imagination, dès qu'elle ne remonte pas dans la nuit des temps. Ainsi donc, sur le terrain de la liberté comme sur celui de l'aristocratie, les lettres de noblesse sont également à rejeter. Écoutons ce qu'en dit l'abbé de Velly[45], historien très-sage, et reconnu pour tel, non-seulement par l'opinion publique, mais par les censeurs royaux de son temps[a]. « Ce qu'il y a de plus remarquable dans les lettres d'anoblissement, est qu'elles exigent en même temps une finance pour le monarque, qui doit être indemnisé des subsides dont la lignée du nouveau noble est affranchie, et une aumône pour le peuple, qui se trouve surchargé par cette exemption. C'est la chambre des comptes qui décide de toutes les deux. Le roi peut remettre l'une et l'autre : mais il remet rarement l'aumône, parce qu'elle regarde les pauvres. On ne doit pas oublier ici la réflexion d'un célèbre jurisconsulte :

« *Toutefois*, dit-il, *à bien entendre, cette abolition de roture n'est qu'une effaçure, dont la marque demeure ; elle semble même plutôt une fiction qu'une vérité, le prince ne pouvant par effet réduire l'être au non-être. C'est pourquoi nous sommes si curieux en France de cacher le commencement de notre noblesse, afin de la faire remonter à cette première espèce de gentillesse ou générosité immémoriale, qui seule constituoit autrefois les nobles.* »

On s'étonne quand on lit tout ce qui a été écrit en Europe depuis la découverte de l'imprimerie, et même tout ce qu'on cite des anciennes chroniques : combien les principes des amis de la liberté sont anciens dans chaque pays ; combien, à travers les superstitions de certaines époques, il perce d'idées justes dans ceux qui ont publié de quelque manière leurs réflexions indépendantes. Nous avons certainement pour nous la raison de tous les temps, ce qui ne laisse pas d'être une légitimité comme une autre.

La religion étant un des grands ressorts de tout gouvernement, la conduite à tenir à cet égard devoit occuper sérieusement les ministres ; et le principe de la charte qu'ils devoient maintenir avec le plus de scrupule, c'étoit la tolérance universelle. Mais parce qu'il existe encore dans le midi de la France quelques traces du fanatisme qui a si long-temps ensanglanté ces provinces, parce que l'ignorance de quelques-uns de leurs habitans est égale à leur vivacité, falloit-il leur permettre d'insulter les protestans sur les places publiques par des chansons sanguinaires, annonçant les assassinats qui depuis ont été commis[46] ? Les acquéreurs de biens du clergé ne devoient-ils pas frémir à leur tour, quand ils voyoient les protestans du midi désignés aux massacres ? Les paysans qui ne paient plus ni les dîmes, ni les droits féodaux, ne voyoient-ils pas aussi leur cause dans celle des protestans, dans celle enfin des principes de la révolution, reconnus par le roi lui-même, mais éludés constamment par les ministres ? On se plaint avec raison, en France, de ce que le peuple est peu religieux ; mais si l'on veut se servir du clergé pour ramener l'ancien régime, on est certain d'accroître l'incrédulité par l'irritation.

Que pouvait-on avoir en vue, par exemple, en substituant à la fête de Napoléon, le 15 août, une procession pour célébrer le vœu de Louis XIII, qui consacre la France à la Vierge ? Il faut convenir que cette nation françoise a terriblement d'âpreté guerrière pour qu'on la soumette à une cérémonie si candide. Les courtisans suivent cette procession dévotement, pour obtenir des places, comme les femmes mariées font des pélerinages pour avoir des enfans ; mais quel bien fait-on à la France en voulant mettre en honneur d'anciens usages qui n'ont plus d'influence sur le peuple ? C'est l'accoutumer à se jouer de la religion, au lieu de lui rendre l'habitude de la révérer. Vouloir donner de la puissance à des superstitions qui n'en ont plus, c'est imiter don Pèdre de Portugal qui, lorsqu'il fut sur le trône, retira du tombeau les restes d'Inès de Castro, pour les faire couronner : elle n'en fut pas plus reine pour cela[47].

Combien ces remarques sont loin de s'appliquer aux funérailles de Louis XVI, célébrées à Saint-Denis le vingt-un janvier ! Personne n'a pu voir ce spectacle sans émotion. Le cœur s'associoit tout entier aux souffrances de cette princesse[48], qui rentroit dans les palais, non pour jouir de leur splendeur, mais pour honorer les morts, et rechercher leurs sanglans débris. On a dit que cette cérémonie étoit impolitique, mais elle causoit un tel attendrissement, que le blâme ne pouvoit s'y attacher.

L'admission à tous les emplois est l'un des principes auxquels les François tiennent le plus. Mais, bien que ce principe fût consacré par la charte, les choix des ministres, dans la carrière diplomatique surtout, étoient exclusivement bornés à la classe de l'ancien régime[49]. On introduisoit dans l'armée trop d'officiers généraux qui n'avoient jamais fait la guerre que dans les salons ; encore n'y avoient-ils pas toujours été vainqueurs. Enfin, il étoit manifeste que l'on n'avoit goût qu'à redonner les places aux courtisans d'autrefois, et rien ne blessoit autant les hommes du tiers état qui se sentoient du talent, ou qui vouloient développer l'émulation de leurs fils.

Les finances, qui agissent sur le peuple d'une façon immédiate, étoient gouvernées sous quelques rapports avec habileté : mais la promesse qui avoit été faite de supprimer les droits réunis ne fut point accomplie, et la popularité de la restauration en a beaucoup souffert[50].

Enfin, le devoir du ministère étoit avant tout d'obtenir que les princes ne se mêlassent en rien des affaires publiques, si ce n'est dans des emplois responsables. Que diroit-on en Angleterre, si les fils ou les frères du roi siégeoient dans le conseil, votoient pour la guerre et la paix, enfin participoient au gouvernement sans être soumis au premier principe de ce gouvernement, la responsabilité, dont le roi seul est excepté ? La place convenable pour les princes, c'est la chambre des pairs ; c'est là qu'ils devoient prêter serment à la charte constitutionnelle ; ils l'ont prêté ce serment lorsque Bonaparte s'avançoit déjà sur Paris. N'étoit-ce pas reconnoître qu'ils avoient négligé jusqu'alors un grand moyen de captiver le confiance du peuple ? La liberté constitutionnelle est, pour les princes de la maison de Bourbon, la parole magique qui peut seule leur ouvrir la porte du palais de leurs ancêtres. L'art qu'ils pourroient mettre à se dispenser de la prononcer seroit bien facilement remarqué ; et ce mot, comme les images de Brutus et de Cassius, attireroit d'autant plus l'attention, qu'on auroit pris plus de soin pour l'éviter.

Il n'y avoit point d'accord entre les ministres, point de plan reconnu par tous ; le ministère de la police, détestable institution en soi-même, ne savoit rien et ne s'occupoit de rien ; car, pour peu qu'il y ait des lois, que peut faire un ministre de la police ? Sans avoir recours à l'espionnage, aux arrestations, enfin à tout l'abominable édifice d'arbitraire que Bonaparte a fondé, les hommes d'état doivent savoir où est la direction de l'opinion publique, et de quelle manière on peut marcher dans son sens. Il faut, ou commander à une armée qui vous obéisse comme une machine, ou prendre sa force dans les sentimens de la nation : la science de la politique a besoin d'un Archimède qui lui fournisse son point d'appui.

M. de Talleyrand, à qui on ne sauroit contester une profonde connoissance des partis qui ont agité la France, étant au congrès de Vienne ne pouvoit influer sur la marche des affaires intérieures. M. de Blacas, qui avoit montré au roi, dans son exil, l'attachement le plus chevaleresque, inspiroit aux gens de la cour ces anciennes jalousies de l'œil de bœuf, qui ne laissent pas un moment de repos à ceux qu'on croit en faveur auprès du monarque ; et cependant M. de Blacas étoit peut-être, de tous les hommes revenus avec Louis XVIII, celui qui jugeoit le mieux la situation de la France[51], quelque nouvelle qu'elle fût pour lui. Mais que pouvoit un ministère constitutionnel en apparence, et contre-révolutionnaire au fond ; un ministère, en général composé d'honnêtes gens, chacun à sa manière, mais qui se dirigeoient par des principes opposés, quoique le premier désir de chacun fût de plaire à la cour ? Tout le monde disoit : *Cela ne peut durer,* bien qu'alors la situation de tout le monde fût douce ; mais le manque de force, c'est-à-dire de bases durables, inquiétoit les esprits. Ce n'est pas la force arbitraire qu'on désiroit, car elle n'est qu'une convulsion dont il résulte toujours tôt ou tard une réaction funeste, tandis qu'un gouvernement qui s'établit sur la vraie nature des choses va toujours en s'affermissant.

Comme on voyoit le danger sans précisément se rendre compte du remède, quelques personnes eurent la funeste idée de proposer pour le ministère de la guerre le maréchal Soult, qui venoit de commander avec succès les armées de Bonaparte[52]. Il avoit su gagner le cœur de certains royalistes, en professant la doctrine du pouvoir absolu dont il avoit fait un long usage. Les adversaires de tout principe constitution- nel se sentent bien plus d'analogie avec les Bonapartistes qu'avec les amis de la liberté, parce qu'entre les deux partis il n'y a que le nom du maître à changer pour être d'accord. Mais les royalistes ne s'aperce- voient pas que ce nom étoit tout ; car le despotisme ne pouvoit s'établir alors avec Louis XVIII, soit à cause de ses qualités personnel- les, soit parce que l'armée n'étoit pas disposée à s'y prêter. Le véritable parti du roi devoit être l'immense majorité de la nation, qui veut une constitution représentative. Il falloit donc se garder de toute alliance avec les Bonapartistes, parce qu'ils ne pouvoient que perdre la monarchie des Bourbons, soit qu'ils les servissent de bonne foi, soit qu'ils voulussent les tromper. Les amis de la liberté étoient au contraire les alliés naturels dont le parti du roi devoit s'appuyer, car du moment que le roi donnoit une charte constitutionnelle, il ne pouvoit employer avec avantage que ceux qui en professoient les principes.

Le maréchal Soult demanda qu'un monument fût élevé aux émigrés de Quiberon ; lui, qui depuis vingt ans avoit combattu pour la cause opposée à la leur ; c'étoit désavouer toute sa vie passée, et cette abjuration cependant charma beaucoup de royalistes. Mais en quoi consiste la force d'un général, dès l'instant qu'il perd la faveur de ses compagnons d'armes ? Quand on oblige un homme du parti populaire à sacrifier sa popularité, il n'est plus bon à rien au nouveau parti qu'il embrasse. Les royalistes persévérans inspireront toujours plus d'estime que les Bonapartistes convertis.

On croyoit captiver l'armée, en nommant le maréchal Soult ministre de la guerre ; on se trompoit : la grande erreur des personnes élevées dans l'ancien régime, c'est d'attacher une trop grande importance aux chefs en tout genre. Les masses sont tout aujourd'hui, les individus peu de chose [53]. Si les maréchaux perdent la confiance de l'armée, il se présente aussitôt des généraux non moins habiles que leurs supérieurs ; ces généraux sont-ils renversés à leur tour, il se trouve des soldats capables de les remplacer. L'on en peut dire autant dans la carrière civile : ce ne sont pas les hommes, mais les systèmes qui ébranlent ou qui garantissent le pouvoir. Napoléon, je l'avoue, est une exception à cette vérité ; mais, outre que ses talents sont extraordinaires, encore a-t-il cherché, dans les différentes circonstances où il s'est trouvé, à captiver l'opinion du moment, à séduire les passions du peuple lorsqu'il vouloit l'asservir.

Le maréchal Soult ne s'aperçut pas que l'armée de Louis XVIII devoit être conduite par de tout autres principes que celle de Napoléon ; il falloit la détacher par degrés de ce besoin de la guerre, de cette frénésie de conquêtes avec laquelle on avoit obtenu tant de succès militaires, et fait un mal si cruel au monde. Mais le respect de la loi, le sentiment de la liberté, pouvoient seuls opérer ce changement. Le maréchal Soult, au contraire, croyoit que le despotisme étoit le secret de tout. Trop de gens se persuadent qu'ils seront obéis comme Bonaparte, en exilant les uns, en destituant les autres, en frappant du pied, en fronçant le sourcil, en répondant avec hauteur à ceux qui s'adressent respectueusement à eux ; enfin, en pratiquant tous ces arts de l'impertinence que les gens en place apprennent en vingt-quatre heures, mais dont ils se repentent souvent toute leur vie.

La volonté du maréchal échoua contre les obstacles sans nombre dont il n'avoit pas la moindre idée. Je suis persuadée que c'est sans fondement qu'on l'a soupçonné d'avoir trahi. En général, la trahison chez les François n'est que le résultat de la séduction momentanée du pouvoir, et presque jamais ils ne sont capables de la combiner d'avance. Mais un émigré de Coblentz n'auroit pas commis autant de fautes envers l'armée françoise s'il eût été chargé du même emploi, car du moins il auroit ménagé ses adversaires ; tandis que le maréchal Soult frappoit sur ses anciens subordonnés, sans se douter qu'il y avoit, depuis la chute de Bonaparte, telle chose qu'une opinion, une législation, enfin une résistance possible. Les courtisans se persuadoient que le maréchal Soult étoit un homme supérieur, parce qu'il disoit qu'on doit gouverner avec un sceptre de fer. Mais où forger ce sceptre, quand on n'a pour soi ni l'armée ni le peuple ? En vain répète-t-on qu'il faut faire rentrer dans l'obéissance, soumettre, punir, etc. ; toutes ces maximes n'agissent pas d'elles-mêmes, et l'on peut les prononcer du ton le plus rude sans être plus puissant pour cela. Le maréchal Soult avoit été très-habile dans l'art d'administrer un pays conquis ; mais, en l'absence des étrangers, la France n'en étoit pas un.

CHAPITRE IX

Des obstacles
que le gouvernement a rencontrés
pendant la première année
de la restauration

Nous dirons les obstacles que le ministère de la restauration avoit à surmonter en 1814, et nous ne craindrons pas d'exprimer notre avis sur le système qu'il falloit suivre pour en triompher ; le tableau de cette époque n'est certes point encore étranger au temps actuel.

La France tout entière étoit cruellement désorganisée par le règne de

Bonaparte. Ce qui accuse le plus ce règne, c'est la dégradation manifeste des lumières et des vertus pendant les quinze années de sa durée. Il restoit, après le jacobinisme, une nation qui n'avoit point pris part à ses crimes, et l'on pouvoit considérer la tyrannie révolutionnaire comme un fléau de la nature sous lequel on avoit succombé, mais sans s'avilir. L'armée pouvoit alors se vanter encore d'avoir combattu seulement pour la patrie, sans aspirer à la fortune, ni aux titres, ni au pouvoir. Durant les quatre années directoriales, on avoit essayé un gouvernement qui se rattachoit à de grandes pensées ; et, si l'étendue de la France et ses habitudes rendoient cette sorte de gouvernement inconciliable avec la tranquillité générale, au moins les esprits étoient-ils électrisés par les efforts individuels qu'excite toujours une république. Mais après le despotisme militaire, et la tyrannie ʻcivile fondée sur l'intérêt personnel, de quelles vertus pouvoit-on trouver la trace dans les partis politiques dont le gouvernement impérial s'étoit entouré ? Les masses dans tous les ordres de la société ; soldats, paysans, gentilshommes, bourgeois, possèdent encore de grandes et belles qualités : mais ceux qui se sont mis en avant dans les affaires présentent, à quelques exceptions près, le plus misérable des spectacles. Le lendemain de la chute de Bonaparte, il n'y avoit d'actif en France que Paris, et à Paris, que quelques milliers de solliciteurs demandant de l'argent et des places au gouvernement, quel qu'il pût être.

Les militaires étoient et sont encore ce qu'il y a de plus énergique dans un pays où, pendant long-temps, il n'a pu briller qu'une vertu, la bravoure. Mais ces guerriers, qui tenoient leur gloire de la liberté, devoient-ils porter l'esclavage chez les nations étrangères ? Ces guerriers, qui avoient soutenu si long-temps les principes de l'égalité sur lesquels la révolution est fondée, devoient-ils se montrer, pour ainsi dire, tatoués d'ordres, de rubans et de titres que les princes de l'Europe leur avoient donnés, pour échapper aux tributs qu'on exigeoit d'eux ? La plupart des généraux françois, avides des distinctions nobiliaires, troquoient leur gloire comme les sauvages contre des morceaux de verre.

C'est en vain qu'après la restauration, tout en négligeant beaucoup trop les officiers du second rang, le gouvernement a comblé de grâces les officiers supérieurs. Du moment que les guerriers de Bonaparte vouloient être des gens de cour, il étoit impossible de tranquilliser leur vanité sur ce sujet ; car rien ne peut faire que des hommes nouveaux soient d'une ancienne famille, quelque titre qu'on leur donne. Un général tout poudré de l'ancien régime fait rire les vieilles moustaches qui ont vaincu l'Europe entière. Mais un chambellan, fils d'un bourgeois ou d'un paysan, n'est guère moins ridicule dans son genre. L'on ne pouvoit donc, comme nous l'avons dit tout à l'heure, rallier sincèrement la nouvelle cour à l'ancienne, et l'ancienne même devoit avoir l'air de mauvaise foi, en voulant rassurer à cet égard les inquiétudes avisées des grands seigneurs créés par Bonaparte.

Il étoit également impossible de donner une seconde fois l'Europe à partager à ces militaires que l'Europe avoit à la fin vaincus, et cependant ils se persuadoient que le retour de l'ancienne dynastie étoit la seule cause du traité de paix qui leur faisoit perdre la barrière du Rhin et l'ascendant en Italie.

Les royalistes de la *seconde main*, selon l'expression angloise, c'est-à-dire, ceux qui, après avoir servi Bonaparte, s'offroient pour mettre en vigueur les mêmes principes de despotisme sous la restauration ; ces hommes, ne pouvant inspirer que le mépris, n'étoient propres à conduire que des intrigues. Ils étoient à craindre, disoit-on, si l'on ne les employoit pas ; mais, ce dont il faut se garder le plus en politique, c'est d'employer ceux qu'on redoute : car il est bien sûr que, démêlant ce sentiment, ils serviront, comme on se sert d'eux, d'après l'alliance de l'intérêt, qui se rompt de droit par l'adversité.

Les émigrés attendoient des dédommagemens de l'ancienne dynastie pour les biens qu'ils avoient perdus en lui restant fidèles, et certes à cet égard leurs plaintes étoient naturelles. Mais il falloit venir à leur secours sans porter atteinte en aucune manière à la vente des propriétés nationales, et leur faire comprendre ce que les protestans avoient compris sous Henri IV ; c'est que, bien qu'ils eussent été les amis et les défenseurs de leur roi, ils devoient consentir, pour le bien de l'état, à ce que le monarque adoptât les intérêts dominans dans le pays sur lequel il vouloit régner[54]. Mais les émigrés ne conçoivent jamais qu'il y a des François en France, et que ces François doivent compter pour quelque chose, voire même pour beaucoup.

Le clergé redemandoit son ancienne existence, comme si cinq millions de propriétaires dans un pays pouvoient être dépossédés, quand même leurs titres de propriété ne seroient pas consacrés maintenant par toutes les lois ecclésiastiques et civiles. Certainement la France, sous Bonaparte, a presque autant perdu sous le rapport de la religion qu'en fait de lumières. Mais est-il nécessaire que le clergé soit un corps politique dans l'état, et qu'il possède des richesses territoriales pour que le peuple françois reprenne des sentimens plus religieux ? D'ailleurs, lorsque le clergé catholique exerçoit un grand pouvoir en France dans le dix-septième siècle, il fit révoquer l'édit de Nantes ; et ce même clergé, dans le dix-huitième siècle, s'opposa jusqu'à la révolution, aux propositions de M. de Malesherbes pour rendre l'état civil aux protestans[55]. Comment donc les prêtres catholiques, s'ils étoient reconstitués en ordre de l'état, pourroient-ils admettre l'article de la charte qui proclame la tolérance religieuse ? Enfin la disposition générale des esprits est telle, qu'une force étrangère pourroit seule faire supporter à la nation le rétablissement de l'ancienne existence des ecclésiastiques. Il faudroit, pour un tel but, que les baïonnettes de l'Europe restassent toujours sur le territoire de France, et ce moyen ne ranimeroit sûrement pas l'attachement des François pour le clergé.

Sous le règne de Bonaparte, on n'a bien fait que la guerre ; et tout le reste a été sciemment et volontairement abandonné. On ne lit presque plus en province, et l'on ne connoît guère les livres, à Paris, que par les journaux, qui, tels que nous les voyons, exercent la dictature de la pensée, puisque c'est par eux seuls que se forment les jugemens. Nous rougirions de comparer l'Angleterre et l'Allemagne avec la France sous le rapport de l'instruction universelle. Quelques hommes distingués cachent encore notre misère aux yeux de l'Europe ; mais l'instruction du peuple est négligée à un degré qui menace toute espèce de gouvernement. S'ensuit-il qu'on doive remettre l'éducation publique aux prêtres exclusivement ? Le pays le plus religieux de l'Europe, l'Angleterre, n'a jamais admis une telle idée. On n'y songe ni dans l'Allemagne catholique ni dans l'Allemagne protestante. L'éducation publique est un devoir des gouvernemens envers les peuples, sur lequel ils ne peuvent prélever la taxe de telle ou telle opinion religieuse.

Ce que veut le clergé en France, ce qu'il a toujours voulu, c'est du pouvoir ; en général les réclamations qu'on entend, au nom de l'intérêt public, se réduisent à des ambitions de corps ou d'individus. Se publie-t-il un livre sur la politique, avez-vous de la peine à le comprendre, vous paroît-il ambigu, contradictoire, confus, traduisez-le par ces paroles : *Je veux être ministre ;* et toutes les obscurités vous seront expliquées. En effet, le parti dominant en France, c'est celui qui demande des places ; le reste n'est qu'une nuance accidentelle à côté de cette uniforme couleur ; la nation cependant n'est et ne peut être de rien dans ce parti.

En Angleterre, quand le ministère change, tous ceux qui remplissent des emplois donnés par les ministres n'imaginent pas qu'ils puissent en recevoir de leurs successeurs ; et cependant il ne s'agit entre les divers partis anglois que d'une très-légère différence : les Torys et les Whigs veulent tous les deux la monarchie et la liberté, quoiqu'ils diffèrent dans le degré de leur attachement pour l'une et pour l'autre. Mais en France, on se croyoit le droit d'être nommé par Louis XVIII, parce qu'on avoit occupé des places sous Bonaparte ; et beaucoup de gens, qui s'appeloient patriotes, trouvoient extraordinaire que le roi ne composât pas son conseil de ceux qui avoient jugé son frère à mort. Incroyable démence de l'amour du pouvoir ! Le premier article des droits de l'homme en France, c'est la nécessité pour tout François d'occuper un emploi public [56].

La caste des solliciteurs ne sait vivre que de l'argent de l'état ; aucune industrie, aucun commerce, rien de ce qui vient de soi, ne leur semble une existence convenable. Bonaparte avoit accoutumé de certains hommes, qui se disoient la nation, à être pensionnés par le gouvernement ; et le désordre qu'il avoit mis dans la fortune de tout le monde, autant par ses dons que par ses injustices, ce désordre étoit tel, qu'à son abdication un nombre incalculable de personnes, sans aucune ressource indépendante, se présentoient pour toutes les places, à la marine, ou dans la magistrature, au civil ou dans le militaire, n'importe. La dignité du caractère, la conséquence dans les opinions, l'inflexibilité dans les principes, toutes les qualités d'un citoyen, d'un chevalier, d'un ami de la liberté n'existent plus dans les actifs candidats formés par Bonaparte. Ils sont intelligens, hardis, décidés, habiles chiens de chasse, ardens oiseaux de proie ; mais cette intime conscience qui rend incapable de tromper, d'être ingrat, de se montrer servile envers le pouvoir et dur pour le malheur ; toutes ces vertus, qui sont dans le sang aussi — bien que dans la volonté raisonnée, étoient traitées de chimères, ou d'exaltation romanesque par les jeunes gens mêmes de cette école. Hélas ! les malheurs de la France lui rendront de l'enthousiasme ; mais, à l'époque de la restauration, il n'y avoit presque point de vœux décidément formés pour rien ; et la nation se réveilloit à peine du despotisme qui avoit fait marcher les hommes mécaniquement, sans que la vivacité même de leurs actions pût exercer leur volonté.

C'étoit donc, répéteront encore les royalistes, une belle occasion pour régner par la force. Mais, encore une fois, la nation ne consentoit à servir sous Bonaparte que pour en obtenir l'éclat des victoires ; la dynastie des Bourbons ne pouvoit ni ne devoit faire la guerre à ceux qui l'avoient rétablie. Existoit-il un moyen d'asservir les esprits dans l'intérieur, quand l'armée n'étoit point rattachée au trône, et que la population, étant presque toute renouvelée depuis que les princes de la maison de Bourbon avoient quitté la France, il falloit avoir plus de quarante ans pour les connoître ?

Tels étoient les élémens principaux de la restauration. Nous examinerons en particulier l'esprit de la société à cette époque, et nous finirons par le tableau des moyens qui, selon nous, pouvoient seuls triompher de ces divers obstacles.

CHAPITRE X

De l'influence de la société sur les affaires politiques en France

Parmi les difficultés que le ministère avoit à vaincre en 1814, il faut mettre au premier rang l'influence que les salons exerçoient sur le sort de la France. Bonaparte avoit ressuscité les vieilles habitudes des cours, en y joignant de plus tous les défauts des classes moins raffinées. Il en étoit résulté que le goût du pouvoir et la vanité qu'il inspire avoient pris des caractères plus forts et plus violens encore dans les Bonapartistes que dans les émigrés. Tant qu'il n'y a pas de liberté dans un pays, chacun recherche le crédit, parce que l'espoir d'obtenir des places est l'unique principe de vie qui anime la société. Les variations continuelles dans la façon de s'exprimer, le style embrouillé des écrits politiques dont les restrictions mentales et les explications flexibles se prêtent à tout ; les révérences, et les refus de révérences, les emportemens et les condescendances, ont pour unique but le crédit, et puis le crédit, et toujours le crédit. De là vient qu'on souffre assez de n'en pas avoir, puisqu'on n'obtient qu'à ce prix les signes de la bienveillance sur la figure humaine. Il faut beaucoup de fierté d'âme et beaucoup de constance dans ses opinions pour se passer de cet avantage, car vos amis eux-mêmes vous font sentir ce que vaut la puissance exclusive, par l'empressement qu'ils témoignent à ceux qui la possèdent.

En Angleterre, le parti de l'opposition est souvent mieux reçu en société que celui de la cour ; en France on s'informe, pour inviter quelqu'un à dîner, s'il est en faveur auprès des ministres ; et, dans un temps de famine, on pourroit bien refuser du pain aux hommes en disgrâce.

Les Bonapartistes avoient joui des hommages de la société pendant leur règne, tout comme le parti royaliste qui leur succédoit, et rien ne les blessoit autant que de n'occuper qu'une place très-secondaire dans les mêmes salons où jadis ils dominoient. Les hommes de l'ancien régime avoient de plus sur eux l'avantage que donnent la grâce et l'habitude des bonnes manières d'autrefois. Une jalousie constante subsistoit donc entre les anciens et les nouveaux titrés ; et dans les hommes nouveaux, des passions plus fortes étoient réveillées par chacune des petites circonstances que les prétentions diverses faisoient naître.

Le roi cependant n'avoit point rétabli les conditions qu'on exigeoit sous l'ancien régime pour être reçu à la cour ; il accueilloit avec une politesse parfaitement bien calculée tous ceux qui lui étoient présentés ; mais, quoique les emplois ne fussent que trop souvent donnés aux ci-devant serviteurs de Bonaparte, rien n'étoit plus difficile que de calmer des vanités qui étoient devenues avisées. Dans la société même, l'on vouloit que le mélange des deux partis eût lieu, et chacun s'y prêtoit du moins en apparence. Les plus modérés dans leur parti étoient encore les royalistes revenus avec le roi, et qui ne l'avoient pas quitté pendant tout le cours de son exil : le comte de Blacas, le duc de Grammont, le duc de Castries, le comte de Vaudreuil [57], etc. ; leur conscience leur rendant témoignage qu'ils avoient agi de la manière la plus noble et la plus désintéressée selon leur opinion, ils étoient tranquilles et bienveillans. Mais ceux dont on avoit le plus de peine à contenir l'indignation vertueuse contre le parti de l'usurpateur, c'étoient les nobles ou leurs adhérens, qui avoient demandé des places à ce même usurpateur pendant sa puissance, et qui s'en étoient séparés bien nettement le jour de sa chute. L'enthousiasme pour la légitimité de tel chambellan de Madame mère, ou de telle dame d'atour de Madame sœur, ne connoissoit point de bornes ; et certes, nous autres que Bonaparte avoit proscrits pendant tout le cours de son règne, nous nous examinions pour savoir si nous n'avions pas été ses favoris, quand une certaine délicatesse d'âme nous obligeoit à le défendre contre les invectives de ceux qu'il avoit comblés de bienfaits.

On aperçoit souvent une arrogance contenue dans les aristocrates, mais certes les Bonapartistes en avoient eu plus encore pendant les jours de leur pouvoir ; et du moins les aristocrates s'en tenoient alors à leurs armes ordinaires, les airs contraints, les politesses cérémonieuses, les conversations à voix basse, enfin tout ce que les yeux fins peuvent observer, mais que les caractères un peu fiers dédaignent. On pouvoit aisément deviner que les royalistes outrés se commandoient les égards qu'ils montroient au parti contraire ; mais il leur en coûtoit plus encore d'en témoigner aux amis de la liberté, qu'aux généraux de Bonaparte ; et ces derniers obtenoient d'eux les attentions que des sujets soumis doivent toujours, conformément à leur système, aux agens de l'autorité royale, quels qu'ils soient.

Les défenseurs des idées libérales, également opposés aux partisans de l'ancien et du nouveau despotisme, auroient pu se plaindre de se voir préférer les flatteurs de Bonaparte, qui n'offroient pour garantie à leur nouveau maître que le rapide abandon du précédent. Mais que leur importoient toutes les tracasseries misérables de la société ? Il se peut cependant que de tels motifs aient excité les ressentimens d'une certaine classe de gens, au moins autant que les intérêts les plus essentiels. Mais étoit-ce une raison pour replonger le monde dans le malheur, par le rappel de Bonaparte, et pour jouer l'indépendance et la liberté de son pays tout ensemble ?

Dans les premières années de la révolution, on pouvoit souffrir assez du terrorisme de la société, si l'on peut s'exprimer ainsi, et l'aristocratie se servoit habilement de sa vieille considération pour déclarer telle ou telle opinion hors de la bonne compagnie. Cette compagnie par excellence exerçoit jadis une grande juridiction : on avoit peur d'en être banni, on désiroit d'y être reçu, et toutes les prétentions les plus actives erroient autour des grands seigneurs et des grandes dames de l'ancien régime. Mais il n'existoit presque plus rien de pareil sous la restauration ; Bonaparte, en imitant grossièrement les cours, en avoit fini le prestige : quinze ans de despotisme militaire changent tout dans les mœurs d'un pays. Les jeunes nobles participoient à l'esprit de l'armée, ils conservoient encore les bonnes manières qu'ils tenoient de leurs parens ; mais ils ne possédoient aucune instruction sérieuse. Les femmes ne se sentent nulle part le besoin d'être supérieures aux hommes, et quelques-unes seulement s'en donnoient la peine. Il restoit à Paris un très-petit nombre de personnes aimables de l'ancien régime, car les gens âgés étoient pour la plupart abattus par de longs malheurs, ou aigris par des colères opiniâtres. La conversation des hommes nouveaux avoit nécessairement plus d'intérêt, puisqu'ils avoient agi, puisqu'ils alloient en avant des événemens, à la suite desquels leurs adversaires se laissoient à peine traîner. Les étrangers recherchoient plus volontiers ceux qui s'étoient fait connoître pendant révolution : ainsi, sous ce rapport, leur amour-propre devoit être satisfait. D'ailleurs l'ancien empire de la bonne compagnie de France consistoit dans les conditions difficiles exigées pour en faire partie, et dans la liberté des entretiens au milieu d'une société très-choisie : ces deux grands avantages ne pouvoient plus se retrouver.

Le mélange des rangs et des partis avoit fait adopter la méthode angloise des réunions nombreuses ; elle interdit le choix parmi les invités, et par conséquent diminue de beaucoup le prix de l'invitation. La crainte qu'inspiroit le gouvernement impérial avoit détruit toute habitude d'indépendance dans la conversation ; les François sous ce gouvernement étoient presque tous devenus diplomates, de façon que la société se passoit en propos insignifians, et qui ne rappeloient nullement l'esprit audacieux de la France. On n'avoit assurément rien à craindre en 1814 sous Louis XVIII ; mais l'habitude de la réserve étoit prise, et d'ailleurs les courtisans vouloient qu'il fût du bon ton de ne pas parler politique, de ne traiter aucun sujet sérieux : ils espéroient refaire ainsi la nation frivole et par conséquent soumise ; mais le seul résultat qu'ils obtinssent, c'étoit de rendre les entretiens insipides, et de se priver de tout moyen de connoître la véritable opinion de chacun.

Une société si peu piquante étoit pourtant un objet singulier de jalousie pour un grand nombre des courtisans de Bonaparte ; et de leurs mains vigoureuses ils auroient volontiers- comme Samson, renversé l'édifice afin de faire tomber la salle dans laquelle ils n'étoient pas admis au festin. Les généraux qu'illustroient des batailles gagnées vouloient être gentilshommes de la chambre, et que leurs femmes fussent dames du palais : singulière ambition pour un guerrier, qui se prétend le défenseur de la liberté ! Qu'est-ce donc que cette liberté ? Est-ce seulement les biens nationaux, les grades militaires et les emplois civils ? Est-ce l'argent et le pouvoir de quelques hommes, plutôt que de quelques autres dont il s'agit ? Ou bien est-on chargé de la noble mission d'introduire en France le sentiment de la justice, la dignité dans toutes les classes, la fixité dans les principes, le respect pour les lumières et pour le mérite personnel ?

Néanmoins il eût été plus politique de donner à ces généraux des places de chambellan, puisque tel étoit leur désir ; mais en vérité les vainqueurs de l'Europe auroient dû se trouver embarrassés de la vie de courtisan, et ils pouvoient bien permettre que le roi continuât de vivre dans son intérieur avec ceux dont il avoit pris l'habitude pendant de longues années d'exil. Qu'importe en Angleterre que tel ou tel homme soit dans la maison du roi ? Ceux qui se vouent à cette carrière ne se mêlent d'ordinaire en rien des affaires publiques, et l'on n'a pas ouï dire que les Fox et les Pitt fussent bien désireux de remplir ainsi leur temps. C'est Napoléon qui pouvoit seul faire entrer dans la tête des soldats de la république toutes ces fantaisies de bourgeois gentilshommes qui les assujettisoient nécessairement à la faveur des cours. Qu'auroient dit Dugommier, Hoche, Joubert, Dampierre [58], et tant d'autres qui ont péri pour l'indépendance de leur pays, si pour récompense de leurs victoires on leur eût offert une place dans la maison d'un prince, quel qu'il fût ? Mais les hommes formés par Bonaparte ont toutes les passions de la révolution, et toutes les vanités de l'ancien régime ; pour obtenir le sacrifice de ces petitesses, il n'existoit qu'un moyen, c'étoit d'y substituer de grands intérêts nationaux.

Enfin, l'étiquette des cours dans toute sa rigueur ne peut guère se rétablir dans un pays qui s'en est déshabitué. Si Bonaparte n'avoit pas

mêlé la vie des camps à tout cela personne ne l'auroit supporté.
Henri IV vivoit familièrement avec toutes les personnes distinguées de
son temps ; et Louis XI lui-même, Louis XI soupoit chez les bourgeois
et les invitoit à sa table. L'empereur de Russie, les archiducs
d'Autriche, les princes de la maison de Prusse, ceux d'Angleterre,
enfin tous les souverains de l'Europe, vivent à quelques égards comme
de simples particuliers. En France, au contraire, les princes de la
famille royal ne sortent presque jamais du cercle de la cour.
L'étiquette, telle qu'elle existoit jadis, est tout-à-fait en contradiction
avec les mœurs et les opinions du siècle ; elle a le double inconvénient
de prêter au ridicule, et cependant d'exciter l'envie. On ne veut être
exclu de rien en France, pas même des distinctions dont on se moque ;
et, comme on n'a point encore de route grande et publique pour servir
l'état, on s'agite sur toutes les disputes auxquelles peut donner lieu le
code civil des entrées à la cour. On se hait pour les opinions dont la vie
peut dépendre, mais on se hait encore plus pour toutes les
combinaisons d'amour-propre que deux règnes et deux noblesses ont
développées et multipliées. Les François sont devenus si difficiles à
contenter par l'accroissement infini des prétentions de toutes les
classes, qu'une constitution représentative est aussi nécessaire au
gouvernement pour le délivrer des réclamations sans nombre des
individus, qu'aux individus pour les préserver de l'arbitraire du
gouvernement.

CHAPITRE XI

Du système
qu'il falloit suivre en 1814
pour maintenir la maison de Bourbon
sur le trône de France

Beaucoup de personnes croient que, si Napoléon ne fût point
revenu, les Bourbons n'avoient rien à redouter. Je ne le pense pas ;
mais, il faut en convenir du moins, c'étoit un terrible prétendant

qu'un tel homme ; et, si la maison d'Hanovre a pu craindre le prince Édouard [59], il étoit insensé de laisser Bonaparte dans une situation qui l'invitoit, pour ainsi dire, à former des projets audacieux. M. de Talleyrand, en reprenant, dans le congrès de Vienne, presque autant d'ascendant sur les affaires de l'Europe que la diplomatie françoise en avoit exercé sous Bonaparte, a certainement donné une très-grande preuve de son adresse personnelle ; mais le gouvernement de France ayant changé de nature, devoit-il se mêler des affaires d'Allemagne ? Les justes ressentimens de la nation allemande n'étoient-ils pas encore trop récens pour être effacés ? Le premier devoir des ministres du roi étoit donc de demander au congrès de Vienne l'éloignement de Bonaparte. Comme Caton dans le sénat de Rome, lorsqu'il répétoit sans cesse : *il faut détruire Carthage,* les ministres de France devoient mettre à part tout autre intérêt, jusqu'à ce que Napoléon ne fût plus en regard de la France et de l'Italie.

C'étoit sur la côte de Provence que les hommes zélés pour la cause royale pouvoient être utiles à leur pays, en le préservant de Bonaparte. Le simple bon sens des paysans suisses, je m'en souviens, les portoit à prédire, pendant la première année de la restauration, que Bonaparte reviendroit. Chaque jour, dans la société, l'on essayoit d'en convaincre ceux qui pouvoient se faire écouter à la cour ; mais comme l'étiquette, qui ne règne qu'en France, ne permet pas d'approcher le monarque, et que la gravité ministérielle, autre inconséquence pour les temps actuels, éloignoit des chefs de l'état ceux qui auroient pu leur apprendre ce qui se passoit, une imprévoyance sans exemple a perdu la patrie. Toutefois, quand Bonaparte ne seroit pas débarqué à Cannes, le système suivi par les ministres, ainsi que nous avons tâché de le démontrer, avoit déjà compromis la restauration, et laissoit le roi sans force réelle au milieu de la France. Examinons d'abord la conduite que le gouvernement devoit tenir envers chaque parti ; et concluons en rappelant les principes, d'après lesquels il falloit diriger les affaires et choisir les hommes.

L'armée étoit, dit-on, difficile à ramener. Sans doute, si l'on vouloit garder encore une armée propre à conquérir l'Europe et à établir le despotisme dans l'intérieur, cette armée devoit préférer Bonaparte comme chef militaire aux princes de la maison de Bourbon ; rien ne pouvoit changer cette disposition. Mais si, tout en payant exactement les appointemens et les pensions des guerriers qui ont donné tant d'éclat au nom françois, on eût fait connoître à l'armée qu'on n'avoit ni peur, ni besoin d'elle, puisqu'on étoit décidé à prendre pour guide une politique purement libérale et pacifique ; si, loin d'insinuer tout bas aux officiers, qu'on leur sauroit bien bon gré d'appuyer les empiétemens de l'autorité, on leur avoit dit que le gouvernement constitutionnel, ayant le peuple pour lui, vouloit tendre à diminuer les troupes de ligne, à transformer les soldats en citoyens, et à changer l'activité guerrière en émulation civile : les officiers pendant quelque temps encore auroient regretté leur importance passée ; mais la nation dont ils font partie plus que dans aucune autre armée, puisqu'ils sont pris dans toutes les classes, cette nation, satisfaite de sa constitution et rassurée sur ce qu'elle craint le plus au monde, le retour des privilèges des nobles et du clergé, auroit calmé les militaires, au lieu de les irriter par ses inquiétudes. Il ne falloit pas viser à imiter Bonaparte pour plaire à l'armée ; on ne sauroit dans cet inutile effort se donner que du ridicule ; mais, en adoptant un genre à soi tout différent, même tout opposé, on pouvoit obtenir le respect qui naît de la justice et de l'obéissance à la loi ; cette route-là du moins n'étoit pas usée par les traces de Bonaparte.

Quant aux émigrés, dont les biens sont confisqués, on auroit pu, ainsi qu'on l'a fait en 1814, demander quelquefois encore une somme extraordinaire au corps législatif, pour acquitter les dettes personnelles du roi, et comme, sans le retour de Bonaparte, on n'auroit point eu de tribus à payer aux étrangers, les députés se seroient prêtés aux désirs du monarque, en respectant l'usage qu'il vouloit faire d'un supplément accidentel à sa liste civile [b]. Qu'on se le demande avec sincérité, si en Angleterre, lorsque la cause des royalistes sembloit désespérée, on avoit dit aux émigrés : Louis XVIII remontera sur le trône de France, mais à condition de s'en tenir au pouvoir du roi d'Angleterre ; et vous qui rentrerez avec lui, vous obtiendrez tous les dédommagemens et toutes les faveurs qu'un monarque selon vos vœux pourra vous accorder ; mais si vous retrouvez de la fortune, ce sera par ses dons et non à titre de droits ; et si vous acquérez au pouvoir, ce sera par vos talens personnels, et non par des privilèges de classe ; n'auroient-ils pas souscrit à ce traité ? Pourquoi donc se laisser enivrer par un moment de prospérité ? et si, je me plais à le répéter, Henri IV qui avoit été protestant, et Sully qui l'étoit resté, savoient contenir les prétentions de leurs compagnons d'armes, pourquoi les ministres de Louis XVIII n'avoient-ils pas aussi l'art de gouverner les dangereux amis que Louis XVI avoit désignés lui-même dans son testament comme lui ayant beaucoup nui par un zèle mal entendu ?

Le clergé existant, ou plutôt celui qu'on vouloit rétablir, étoit une autre difficulté qui se présentoit dès la première année de la restauration. La conduite du gouvernement doit être la même envers le clergé qu'envers toutes les classes : tolérance et liberté, à partir des choses telles qu'elles sont. Si la nation veut un clergé riche et puissant en France, elle saura bien le rétablir ; mais, si personne ne le souhaite, c'est aliéner de plus en plus la disposition des François à la piété, que de leur présenter la religion comme un impôt, et les prêtres comme des gens qui veulent s'enrichir aux dépens du peuple. On rappelle sans cesse les persécutions que les ecclésiastiques ont éprouvées pendant la révolution. C'étoit un devoir de les servir alors autant qu'on en avoit les moyens, mais le rétablissement de l'influence politique du clergé n'a point de rapport avec la juste pitié qu'ont inspirée les souffrances des prêtres : il en est de même de la noblesse, ses privilèges ne doivent point lui être rendus en compensation des injustices dont elle a été l'objet. De même aussi, parce que le souvenir de Louis XVI et de sa famille inspire un intérêt profond et déchirant, il ne s'ensuit pas que le pouvoir absolu soit la consolation nécessaire qu'il faille donner à ses descendans. Ce seroit imiter Achille qui faisoit immoler des esclaves sur le tombeau de Patrocle.

La nation existe toujours : c'est elle qui ne meurt point ; et les institutions qu'il lui faut ne peuvent lui être ôtées sous aucun prétexte. Quand on peint les horreurs qui se sont commises en France, seulement avec l'indignation qu'elles doivent inspirer, tout le monde s'y associe ; mais quand on en fait un moyen d'exciter à la haine contre la liberté, on dessèche les larmes que les regrets spontanés auroient fait couler.

Le grand problème que les ministres avoient à résoudre en 1814, ils pouvoient l'étudier dans l'histoire d'Angleterre. Il falloit prendre pour modèle la conduite de la maison d'Hanovre et non celle des Stuarts.

Mais, dira-t-on, quels effets merveilleux auroit donc produits la constitution angloise en France, puisque la charte qui s'en rapproche ne nous a point sauvés ? D'abord on auroit eu plus de confiance dans la durée même de la charte, si elle eût été fondée sur un pacte avec la nation, et si l'on n'avoit pas vu la famille royale entourée de personnes qui professoient, pour la plupart, des principes inconstitutionnels. Personne n'a voulu bâtir sur un terrain aussi mouvant, et les factions sont restées debout pour attendre la chute de l'édifice.

Il importoit d'établir des autorités locales dans les villes et dans les villages, de créer des intérêts politiques dans les provinces, afin de diminuer l'ascendant de Paris, où l'on veut tout obtenir par la faveur. On pouvoit faire renaître le besoin de l'estime chez des individus qui s'en sont terriblement passés, en leur rendant nécessaire le suffrage de leurs concitoyens pour être députés. Une élection nombreuse pour la chambre des représentants (six cents députés au moins : la chambre des communes d'Angleterre en a davantage) ; auroit donné plus de considération au corps législatif, et par conséquent beaucoup de personnes honorables se seroient vouées à cette carrière. On a reconnu que la condition d'âge, fixée à quarante ans [61], étouffoit toute espèce d'émulation. Mais les ministres craignoient avant tout les assemblées délibérantes ; et, s'en tenant à leur ancienne connoissance des premiers événemens de la révolution, c'est contre la liberté de la tribune qu'ils dirigeoient tous leurs efforts. Ils ne s'apercevoient pas que dans un état qui s'est enivré de l'esprit militaire, la tribune est une garantie au lieu d'être un danger, puisqu'elle relève la puissance civile.

Pour augmenter autant qu'on le pouvoit l'influence de la chambre des pairs, l'on ne devoit point s'astreindre à conserver tous les anciens sénateurs, s'ils n'avoient pas des droits à cet honneur par leur mérite personnel. La pairie devoit être héréditaire et composée sagement des anciennes familles de France qui lui donnoient de la dignité [62], et des hommes qui s'étoient acquis un nom honorable dans la carrière militaire ou civile. Les nouveaux auroient tiré du lustre des anciens, et les anciens des nouveaux ; c'est ainsi qu'on auroit marché vers cette fusion constitutionnelle des classes, sans laquelle il n'y a jamais que de l'arrogance d'une part, et de la subalternité de l'autre.

Il importoit aussi de ne point condamner la chambre des pairs à délibérer en secret [63] : c'étoit lui ôter le plus sûr moyen d'acquérir de l'ascendant sur les esprits. La chambre des députés, qui n'avoit cependant aucun titre vraiment populaire, puisqu'elle n'étoit point élue directement, exerçoit plus de pouvoir sur l'opinion que la chambre des pairs, par cela seul qu'on connoissoit et qu'on entendoit ses orateurs.

Enfin les François veulent le renom et le bonheur attachés à la constitution angloise, et cet essai vaut bien la peine d'être tenté ; mais le système étant admis, il importe d'y conformer les discours, les institutions et les usages. Car il en est de la liberté comme de la religion ; toute hypocrisie dans une belle chose révolte plus que son abjuration complète. Aucune adresse ne devoit être reçue, aucune proclamation ne devoit être faite, qui ne rappelât formellement le respect pour la constitution aussi-bien que pour le trône. La superstition de la royauté, comme toutes les autres, éloigne ceux que la simplicité du vrai auroit captivés.

L'éducation publique, non celle par les ordres religieux, à laquelle on ne peut revenir, mais une éducation libérale, l'établissement d'écoles d'enseignement mutuel dans tous les départemens [64], les universités, l'école polytechnique, tout ce qui pouvoit rendre à la France l'éclat des lumières, devoit être encouragé sous le gouvernement d'un prince aussi éclairé que Louis XVIII. C'étoit ainsi qu'on pouvoit détourner les esprits de l'enthousiasme militaire, et compenser à la nation la perte de cette fatale gloire qui fait tant de mal, soit qu'on l'obtienne, soit qu'on la perde.

Aucun acte arbitraire, et nous insisterons avec bonheur sur ce fait, aucun acte arbitraire n'a été commis pendant la première année de la restauration. Mais l'existence de la police formant un ministère comme sous Bonaparte, étoit en désaccord avec la justice et la douceur du gouvernement royal [65]. La principale fonction de cette police étoit, comme nous l'avons dit, la censure des journaux, et leur esprit étoit détestable. En supposant que cette surveillance fût nécessaire, au moins falloit-il choisir les censeurs parmi les députés et les pairs ; mais c'étoit violer tous les principes du gouvernement représentatif que de remettre aux ministres eux-mêmes la direction de l'opinion qui doit les juger et les éclairer. Si la liberté de la presse avoit existé en France, j'ose affirmer que Bonaparte ne seroit pas revenu ; on auroit signalé le danger de son retour de manière à dissiper les illusions opiniâtres, et la vérité auroit servi de guide, au lieu de produire une explosion funeste [66].

Enfin le choix des ministres, c'est-à-dire, du parti dans lequel il falloit les chercher, étoit la condition la plus importante pour mettre en sûreté la restauration. Dans les temps où les esprits sont occupés des débats politiques, comme ils l'étoient jadis de querelles religieuses, l'on ne peut gouverner les nations libres qu'à l'aide des hommes qui sont d'accord avec les opinions de la majorité : je commencerai donc par signaler ceux qu'on devoit exclure, avant de désigner ceux qu'il falloit prendre.

Aucun des hommes qui ont commis un crime dans la révolution, c'est-à-dire, versé le sang innocent, ne peut être utile en rien à la France. Le public les repousse, et leur propre inquiétude les fait dévier en tous les sens. Repos pour eux, sécurité ; car nul ne peut dire ce qu'il auroit fait dans de si grandes tourmentes. Celui qui n'a pas su tirer sa conscience et son honneur intacts de quelque lutte que ce soit, peut encore être assez adroit pour se servir lui-même, mais ne peut jamais servir sa patrie.

Parmi ceux qui ont pris une part active au gouvernement de Napoléon, un grand nombre de militaires ont des vertus qui honorent la France, quelques administrateurs possèdent de rares talens dont on peut tirer avantage ; mais les principaux chefs, mais les favoris du pouvoir, ceux qui se sont enrichis par la servitude, ceux qui ont livré la France à cet homme qui l'auroit respectée peut-être, s'il avoit rencontré quelque obstacle à son ambition, quelque fierté dans ses alentours, il n'est point de choix plus nuisibles à la dignité, comme à la sûreté de la couronne : s'il est dans le système des Bonapartistes de servir toujours la puissance, s'ils apportent leur science du despotisme au pied de tous les trônes, d'antiques vertus doivent-elles s'allier avec leur corruption ? Si l'on vouloit repousser toute liberté, mieux auroit valu alors s'appuyer sur les royalistes purs, qui du moins étoient sincères dans leur opinion, et se faisoient un article de foi du pouvoir absolu ; mais ces hommes dégagés de tout scrupule politique, comment compter sur leurs promesses ? Ils ont de l'esprit, dit-on ; ah ! qu'il soit maudit, l'esprit, s'il dispense d'un seul sentiment vrai, d'un seul acte de moralité droit et ferme ! Et de quelle utilité sont donc les facultés de ceux qui vous accablent, quand vous succombez ? Qu'un grain noir se montre sur l'horizon, par degrés leur physionomie perd son empressement gracieux ; ils commencent à raisonner sur les fautes qu'on a commises ; ils accusent leurs collègues amèrement, et font des lamentations doucereuses sur leur maître ; enfin, par une métamorphose graduée, ils se changent en ennemis, eux qui naguère avoient égaré les princes par leurs flatteries orientales.

Après avoir prononcé ces exclusions, il ne reste, et c'est un grand bien ; il ne reste, dis-je, à choisir que des amis de la liberté, soit ceux qui ont conservé cette opinion sans la souiller depuis 1789, soit ceux plus jeunes qui la suivent maintenant, qui l'adoptent au milieu des efforts que l'on fait pour l'étouffer, génération nouvelle qui s'est montrée dans ces derniers temps, et sur laquelle l'avenir repose.

De tels hommes sont appelés à terminer la révolution par la liberté, et c'est le seul dénoûment possible à cette sanglante tragédie. Tous les efforts pour remonter le torrent feront chavirer la barque ; mais faites entrer ce torrent dans les canaux, et toute la contrée qu'il ravageoit sera fertilisée.

Un ami de la liberté, ministre du roi, respecteroit le chef suprême de la nation, et seroit fidèle au monarque constitutionnel à la vie et à la mort ; mais il renonceroit à ces flatteries officieuses qui nuisent à la vérité au lieu d'accroître l'attachement. Beaucoup de souverains de l'Europe sont très obéis, sans exiger l'apothéose. Pourquoi donc en France les écrivains la prodiguent-ils en toute occasion ? Un ami de la liberté ne souffriroit jamais que la France fût insultée par aucun homme qui dépendît en rien de l'autorité. N'entend-on pas dire à quelques émigrés que le roi seul est la patrie, qu'on ne peut se fier aux François, etc. ? Quelle est la conséquence de ces propos insensés ? Quelle est-elle ? Qu'il faut gouverner la France par des armées étrangères. Quel blasphème ! Quel attentat ! Sans doute ces armées sont plus fortes que nous maintenant,, mais elles n'auroient jamais l'assentiment volontaire d'un cœur françois ; et, à quelque état que Bonaparte ait réduit la France, il y a dans un ministre, ami de la liberté, telle dignité de caractère, tel amour pour son pays, tel noble respect pour le monarque et pour la loi, qui écarteroient toutes les arrogances de la force armée, quels qu'en soient les chefs. De tels ministres, ne se permettant jamais un acte arbitraire, ne seroient point dans la dépendance du militaire ; car c'est bien plus pour établir le despotisme que pour défendre le pays, que les divers partis ont courtisé les troupes de ligne. Bonaparte, comme dans les siècles de barbarie, prétendoit que tout le secret de l'ordre social consistoit dans les baïonnettes. Comment sans elles, dira-t-on, pourriez-vous faire marcher ensemble les protestans et les catholiques, les républicains et les vendéens ? Tous ces élémens de discorde existoient sous des noms différens en Angleterre, en 1688 ; mais l'invincible ascendant d'une constitution, mise à flot par des pilotes habiles et sincères, a tout soumis à la loi.

Une assemblée de députés vraiment élus par la nation, exerce une puissance majestueuse ; et les ministres du monarque, dans l'âme desquels on sentira l'amour de la patrie et de la liberté, trouveront partout des François qui les aideront, même à leur insu ; parce qu'alors les opinions et non les intérêts formeront le lien entre le gouvernement et les gouvernés. Mais si vous chargez, ne cessons de le répéter, les individus qui haïssent les institutions libres, de les faire marcher, quelque honnêtes qu'ils soient, quelque résolus qu'ils puissent être à tenir leur promesse, sans cesse le désaccord se fera sentir, entre leur penchant involontaire, et leur impérieux devoir.

Les artistes du dix-septième siècle ont peint Louis XIV en Hercule, avec une grande perruque sur la tête ; les doctrines surannées, reproduites à la tribune populaire, n'offrent pas une moindre disparate. Tout cet édifice des vieux préjugés qu'on veut rétablir en France, n'est qu'un château de cartes que le premier souffle de vent doit abattre. Il n'y a que deux forces à compter dans ce pays : l'opinion qui veut la liberté, et les troupes étrangères qui obéissent à leurs souverains : tout le reste n'est que bavardage.

Ainsi donc, dès qu'un ministre dira que ses concitoyens ne sont pas faits pour être libres, acceptez cet acte d'humilité pour sa part de François comme une démission de sa place ; car le ministre qui peut nier le vœu presque universel de la France, la connoît trop mal pour être capable de diriger ses affaires.

CHAPITRE XII

Quelle devoit être la conduite des amis de la liberté en 1814

Les amis de la liberté, nous l'avons dit, pouvoient seuls servir d'une manière efficace à l'établissement de la monarchie constitutionnelle en 1814; mais quel parti devoient-ils prendre à cette époque? Cette question, non moins importante que la première, mérite aussi d'être traitée. Nous la discuterons sans détours, puisque nous sommes nous-mêmes persuadés qu'il étoit du devoir de tout bon François de défendre la restauration et la charte constitutionnelle.

Charles Fox, dans son histoire des deux derniers rois de la maison de Stuart, dit *qu'une restauration est d'ordinaire la plus dangereuse et la plus mauvaise de toutes les révolutions.* Il avoit raison en appliquant cette maxime aux deux règnes de Charles II et de Jacques II, dont il écrivoit l'histoire; il voyoit d'une part une dynastie nouvelle qui devoit sa couronne à la liberté, tandis que l'ancienne avoit cru qu'on la dépouilloit de son droit naturel, en limitant le pouvoir absolu, et s'étoit en conséquence vengée de tous ceux qui en avoient eu la pensée. Le principe de l'hérédité, si indispensable en général au repos des états, y nuisoit nécessairement dans cette circonstance. Les Anglois ont donc fait très-sagement d'appeler au trône la branche protestante, et leur constitution ne se seroit jamais établie sans ce changement. Mais, quand le hasard de l'hérédité vous a donné pour monarque un tel homme que Louis XVIII, dont les études sérieuses et la placidité d'âme s'accordent volontiers avec la liberté constitutionnelle; et lorsque d'un autre côté, le chef d'une dynastie nouvelle s'est montré pendant quinze années le despote le plus violent que l'on ait vu dans les temps modernes, comment une telle combinaison peut-elle rappeler en rien le sage Guillaume III, et le sanguinaire et superstitieux Jacques II [67] ?

Guillaume III, bien qu'il dût sa couronne à l'élection, trouvoit souvent les manières de la liberté peu gracieuses; et, s'il l'avoit pu, il se seroit fait despote tout comme son beau-père. Les souverains d'ancienne date, il est vrai, se croient indépendans du choix des peuples ; les papes aussi pensent qu'ils sont infaillibles [68], les nobles s'enorgueillissent de leur généalogie ; chaque homme et chaque classe a sa prétention disputée. Mais qu'avoit-on à craindre de ces prétentions en France maintenant ? L'on ne pouvoit redouter pour la liberté, dans la première époque de la restauration, que le malheur qui l'a frappée : un mouvement militaire, ramenant un chef despotique, dont le retour et la défaite serviroient de motif et de prétexte à l'établissement des étrangers en France. Louis XVIII étoit essentiellement magistrat, par son esprit et par son caractère. Autant il est absurde de regarder le passé comme le despote du présent, autant il est désirable d'ajouter, quand on le peut, l'appui de l'un au perfectionnement de l'autre. La chambre haute avoit l'avantage d'inspirer à quelques grands seigneurs le goût des institutions nouvelles. En Angleterre, les ennemis les plus décidés du pouvoir arbitraire, se trouvent parmi les patriciens du premier rang, et ce seroit un grand bonheur pour la France, si les nobles vouloient enfin aimer et comprendre les institutions libres. Il y a des qualités attachées à une illustre naissance dont il est heureux que l'état profite. Un peuple tout de bourgeois auroit de la peine à se constituer au milieu de l'Europe, à moins qu'il n'eût recours à l'aristocratie militaire, la plus funeste de toutes pour la liberté.

Les guerres civiles doivent finir par des concessions mutuelles, et déjà l'on voyait les grands seigneurs se plier à la liberté pour plaire au roi ; la nation devoit gagner du terrain chaque jour ; les limiers de la force, qui sentent où elle est, et se précipitent sur ses traces, ne se rattachoient point alors aux royalistes exagérés. L'armée commençoit à prendre un air libéral : c'étoit, il est vrai, parce qu'elle regrettoit son ancienne influence dans l'état ; mais enfin la raison profitoit de l'humeur ; l'on entendoit des généraux de Bonaparte s'essayer à parler liberté de la presse, liberté individuelle, à prononcer ces mots dont ils avoient reçu la consigne, mais qu'ils auroient fini par comprendre à force de les répéter.

Les hommes les plus respectables parmi les militaires souffroient des défaites de l'armée, mais ils reconnoissoient la nécessité d'arrêter les représailles continuelles qui détruiroient à la fin la civilisation. Car si les Russes devoient venger Moscou à Paris, et les François Paris à Pétersbourg, les promenades sanglantes des soldats à travers l'Europe anéantiroient les lumières et les jouissances de l'ordre social. D'ailleurs, cette première entrée des étrangers effaçoit-elle les nombreux triomphes des François ? N'étoient-ils pas encore présens à l'Europe entière ? Ne parloit-elle pas de la bravoure des François avec respect ? Et n'étoit-il pas juste alors, quoique cela fût douloureux, que les François à leur tour ressentissent les dangers attachés à leurs injustes guerres ? Enfin l'irritation, qui portoit quelques individus à désirer de voir renverser un gouvernement proposé par les étrangers, étoit-elle un sentiment patriotique ? Certainement les nations européennes n'avoient point pris les armes pour rétablir les Bourbons sur le trône ; ainsi l'on ne devoit pas attribuer la coalition à l'ancienne dynastie : on ne pouvoit pas nier aux descendans de Henri IV qu'ils ne fussent françois, et Louis XVIII s'étoit conduit comme tel dans la négociation de la paix, lorsqu'après toutes les concessions faites avant son arrivée, il avoit su conserver intact l'ancien territoire de France. Il n'étoit donc pas vrai de dire que l'orgueil national exigeât de nouvelles guerres ; la France avoit encore beaucoup de gloire, et si elle avoit su repousser Bonaparte, et devenir libre comme l'Angleterre, jamais elle n'auroit vu les étendards britanniques flotter une seconde fois sur ses remparts.

Aucune confiscation, aucun exil, aucune arrestation illégale n'a eu lieu pendant dix mois [69] : quel progrès en sortant de quinze ans de tyrannie ! A peine si l'Angleterre est arrivée à ce noble bonheur trente ans après la mort de Cromwell ! Enfin il n'étoit pas douteux que dans la session suivante on n'eût décrété la liberté de la presse. Or, l'on peut appliquer à cette loi, la première d'un état libre, les paroles de l'écriture : « Que la lumière soit, et la lumière fut. »

La plus grande erreur de la charte, le mode d'élection et les conditions d'éligibilité, étoit déjà reconnue à tous les hommes éclairés, et des changemens à cet égard auroient été la conséquence naturelle de la liberté de la presse, puisqu'elle met toujours les grandes vérités en évidence : l'esprit, le talent d'écrire, l'exercice de la pensée, tout ce que le règne des baïonnettes avoit étouffé se remontroit par degrés ; et, si l'on a parlé constitution à Bonaparte, c'est parce qu'on avoit respiré pendant dix mois sous Louis XVIII.

Quelques vanités se plaignoient, quelques imaginations étoient inquiètes, les écrivains stipendiés, en parlant chaque jour à la nation de son bonheur, l'en faisoient douter ; mais quand les champions de la pensée seroient entrés dans la lice, les François auroient reconnu la voix de leurs amis ; ils auroient appris de quels dangers l'indépendance nationale étoit menacée ; quels motifs ils avoient de rester en paix au-dehors comme au-dedans, et de regagner l'estime de l'Europe par l'exercice des vertus civiles. Les récits monotones des guerres se confondent dans la mémoire ou se perdent dans l'oubli ; l'histoire politique des peuples libres de l'antiquité est encore présente à tous les esprits, et sert d'étude au monde depuis deux mille ans.

CHAPITRE XIII

Retour de Bonaparte

Non jamais je n'oublierai le moment où j'appris par un de mes amis, le matin du 6 mars 1815, que Bonaparte étoit débarqué sur les côtes de France[70] ; j'eus le malheur de prévoir à l'instant les suites de cet événement, telles qu'elles ont eu lieu depuis, et je crus que la terre alloit s'entr'ouvrir sous mes pas. Pendant plusieurs jours, après le triomphe de cet homme, le secours de la prière m'a manqué complètement ; et, dans mon trouble, il me sembloit que la divinité s'étoit retirée de la terre, et qu'elle ne vouloit plus communiquer avec les êtres qu'elle y a mis.

Je souffrois jusqu'au fond du cœur par mes circonstances personnelles ; mais la situation de la France absorboit toute autre pensée. Je dis à M. de Lavalette[71], que je rencontrai presque à l'heure même où cette nouvelle retentissoit autour de nous : « C'en est fait de la liberté si Bonaparte triomphe, et de l'indépendance nationale s'il est battu. » L'événement n'a que trop justifié, ce me semble, cette triste prédiction.

L'on ne pouvoit se défendre d'une inexprimable irritation avant le retour et pendant le voyage de Bonaparte. Depuis un mois, tous ceux qui ont quelque connoissance des révolutions sentoient l'air chargé d'orages ; on ne cessoit d'en avertir les alentours du gouvernement ; mais plusieurs d'entre eux regardoient les amis inquiets de la liberté comme des relaps qui croyoient encore à l'influence du peuple, à la force des révolutions. Les plus modérés parmi les aristocrates pensoient que les affaires publiques ne devoient regarder que les gouvernans, et qu'il étoit indiscret de s'en occuper. On ne pouvoit leur faire comprendre que, pour savoir ce qui se passe dans un pays où l'esprit de liberté fermente, il ne faut négliger aucun avis, n'être indifférent à aucune circonstance, et se multiplier par l'activité, au lieu de se renfermer dans un silence mystérieux. Les partisans de Bonaparte étoient mille fois mieux instruits sur toutes choses que les serviteurs du roi ; car les Bonapartistes, aussi-bien que leur maître, savoient de quelle importance peut être chaque individu dans les temps de trouble. Autrefois tout consistoit dans les hommes en place ;

maintenant ceux qui sont hors du gouvernement agissent plus sur l'opinion que le gouvernement lui-même, et par conséquent prévoient mieux l'avenir.

Une crainte continuelle s'étoit emparée de mon âme plusieurs semaines avant le débarquement de Bonaparte. Le soir, quand les beaux édifices de la ville étoient éclairés par les rayons de la lune, il me sembloit que je voyois mon bonheur et celui de la France comme un ami malade dont le sourire est d'autant plus aimable, qu'il va nous quitter bientôt. Lors donc qu'on me dit que ce terrible homme étoit à Cannes, je reculai devant cette certitude comme devant un poignard ; mais, quand il ne fut plus possible d'y échapper, je ne fus que trop assurée qu'il seroit à Paris dans quinze jours. Les royalistes se moquoient de cette terreur ; il fallait leur entendre dire que cet événement étoit le plus heureux du monde, parce qu'on alloit être débarrassé de Bonaparte, parce que les deux chambres alloient sentir la nécessité de donner au roi un pouvoir absolu, comme si cela se donnoit ! Le despotisme, aussi-bien que la liberté, se prend et ne s'accorde pas. Je ne suis pas sûre que, parmi les ennemis de toute constitution, il ne s'en soit pas trouvé qui se réjouissoient du bouleversement qui pouvoit rappeler les étrangers, et les engager à imposer à la France un gouvernement absolu.

Trois jours se passèrent dans les espérances inconsidérées du parti royaliste. Enfin le 9 mars, on nous dit qu'on ne savoit rien du télégraphe de Lyon, parce qu'un nuage avoit empêché de lire ce qu'il annonçoit : je compris ce que c'étoit que ce nuage. J'allai le soir aux Tuileries pour faire ma cour au roi ; en le voyant, il me sembla qu'à travers beaucoup de courage il avoit une expression de tristesse, et rien n'étoit plus touchant que sa noble résignation dans un pareil moment. En sortant, j'aperçus sur les parois de l'appartement les aigles de Napoléon qu'on n'avoit pas encore ôtées, et elles me paroissoient redevenues menaçantes.

Le soir, dans une société, une de ces jeunes dames qui avoient contribué avec tant d'autres à l'esprit de frivolité qu'on vouloit opposer à l'esprit de faction, comme s'ils pouvoient lutter l'un contre l'autre ; une de ces jeunes dames, dis-je, s'approcha de moi, et se mit à plaisanter sur l'anxiété que je ne pouvoit cacher : *Quoi !* me dit-elle, *madame, pouvez-vous craindre que les François ne se battent pas pour leur roi légitime contre un usurpateur ?* Comment, sans se compromettre, répondre à cette phrase si bien faite ? Mais, après vingt-cinq ans de révolution, devoit-on se flatter qu'une idée respectable, mais abstraite, la légitimité, auroit plus d'empire sur les soldats que tous les souvenirs de leurs longues guerres ? En effet, aucun d'eux ne lutta contre l'ascendant surnaturel du génie des îles africaines ; ils appelèrent le tyran au nom de la liberté ; ils repoussèrent en son nom le monarque constitutionnel ; ils attirèrent six cent mille étrangers au sein de la France, pour effacer l'humiliation de les y avoir vus pendant quelques semaines ; et cet horrible jour du premier de mars, ce jour où Bonaparte remit le pied sur le sol de France, fut plus fécond en malheurs qu'aucune époque de l'histoire.

Je ne me livrerai point, comme on ne se l'est que trop permis, à des déclamations de tout genre contre Napoléon. Il a fait ce qu'il étoit naturel de faire, en essayant de regagner le trône qu'il avoit perdu, et son voyage de Cannes à Paris est une des plus grandes conceptions de l'audace que l'on puisse citer dans l'histoire. Mais que dire des hommes éclairés qui n'ont pas vu le malheur de la France et du monde dans la possibilité de son retour ? On vouloit un grand général, dira-t-on, pour se venger des revers que l'armée françoise avoit éprouvés. Dans ce cas, Bonaparte n'auroit pas dû proclamer le traité de Paris ; car s'il ne pouvoit pas reconquérir la barrière du Rhin, sacrifiée par ce traité, à quoi servoit-il d'exposer ce que la France possédoit en paix [72] ? Mais, répondra-t-on, l'intention secrète de Bonaparte étoit de rendre à la France ses barrières naturelles. N'étoit-il pas certain alors que l'Europe devineroit cette intention, qu'elle se coaliseroit pour la combattre, et que, surtout à cette époque, la France ne pouvoit résister à l'Europe réunie ? Le congrès étoit encore rassemblé [73], et bien que beaucoup de mécontentemens fussent motivés par plusieurs de ses résolutions, se pouvoit-il que les nations choisissent Bonaparte pour leur défenseur ? Étoit-ce celui qui les avoit opprimées, qu'elles pouvoient opposer aux fautes de leurs princes ? Les nations étoient plus violentes que les rois dans la guerre contre Bonaparte ; et la France, en le reprenant pour chef, devoit s'attirer la haine des gouvernans et des peuples tout ensemble. Osera-t-on prétendre que ce fût pour les intérêts de la liberté qu'on rappeloit l'homme, qui s'étoit montré pendant quinze ans le plus habile dans l'art d'être le maître, un homme aussi violent que dissimulé. On parloit de sa conversion, et l'on trouvoit des crédules à ce miracle ; certes, il falloit moins de foi pour ceux de Mahomet. Les amis de la liberté n'ont pu voir dans Bonaparte que la contre-révolution du despotisme, et le retour d'un ancien régime plus récent, mais par cela même plus redoutable ; car la nation étoit encore toute façonnée à la tyrannie, et ni les principes, ni les vertus publiques n'avoient eu le temps de reprendre racine. Les intérêts personnels seuls, et non les opinions, ont conspiré pour le retour de Bonaparte, et des intérêts forcenés qui s'aveugloient sur leurs propres périls, et ne comptoient pour rien le sort de la France.

Des ministres étrangers ont appelé l'armée françoise une armée parjure, et ce mot ne peut se supporter. L'armée qui abandonna

Jacques II pour Guillaume III étoit donc parjure aussi, et de plus on se rallioit en Angleterre au gendre et à la fille pour détrôner le père, circonstance plus cruelle encore. Hé bien! dira-t-on, soit : les deux armées ont trahi leur devoir. Je n'accorde pas même la comparaison : les soldats françois, pour la plupart au-dessous de quarante ans, ne connoissoient pas les Bourbons, et ils s'étoient battus depuis vingt années sous les ordres de Bonaparte; pouvoient-ils tirer sur leur général? Et, dès qu'ils ne tiroient pas sur lui, ne devoient-ils pas être entraînés à le suivre? Les hommes vraiment coupables sont ceux qui, après s'être approchés de Louis XVIII, après en avoir obtenu des grâces, et lui avoir fait des promesses, ont pu se réunir à Bonaparte; le mot, l'horrible mot de trahison est fait pour ceux-là; mais il est cruellement injuste de l'adresser à l'armée françoise. Les gouvernemens qui ont mis Bonaparte dans le cas de revenir, doivent s'accuser de son retour. Car, de quel sentiment naturel se seroit-on servi pour persuader à des soldats, qu'ils devoient tuer le général qui les avoit conduits vingt fois à la victoire? Le général que les étrangers avoient destitué, qui s'étoit battu contre eux avec les François, il y avoit à peine une année? Toutes les réflexions qui nous faisoient haïr cet homme et chérir le roi, n'étoient à la portée ni des soldats, ni des officiers du second ordre. Ils avoient été fidèles quinze ans à l'empereur, cet empereur s'avançoit vers eux sans défense; il les appeloit par leur nom; il leur parloit des batailles qu'ils avoient gagnées avec lui; comment pouvoient-ils résister? Dans quelques années le nom du roi, les bienfaits de la liberté, devoient captiver tous les esprits, et les soldats auroient appris de leurs parens à respecter le bonheur public. Mais il y avoit à peine dix mois que Bonaparte étoit éloigné, et son départ datoit d'un événement qui devoit désespérer les guerriers, l'entrée des étrangers dans la capitale de la France. Mais, diront encore les accusateurs de notre pays, si l'armée est excusable, que penserez-vous des paysans, des habitans des villes qui ont accueilli Bonaparte? Je ferai dans la nation la même distinction que dans l'armée. Les hommes éclairés n'ont pu voir dans Bonaparte qu'un despote; mais, par un concours de circonstances bien funestes, on a présenté ce despote au peuple comme le défenseur de ses droits. Tous les biens acquis par la révolution, auxquels la France ne renoncera jamais volontairement, étoient menacés par les continuelles imprudences du parti qui veut refaire la conquête des François, comme s'ils étoient encore des Gaulois; et la partie de la nation qui craignoit le plus le retour de l'ancien régime, a cru voir dans Bonaparte un moyen de s'en préserver. La plus fatale combinaison qui pût accabler les amis de la liberté, c'étoit qu'un despote se mît dans leurs rangs, se plaçât, pour ainsi dire, à leur tête, et que les ennemis de toute idée libérale eussent un prétexte pour confondre les violences populaires, avec les maux du despotisme, et de faire ainsi passer la tyrannie sur le compte de la liberté même. Il est résulté de cette fatale combinaison, que les François ont été haïs par les souverains pour avoir voulu être libres, et par les nations pour n'avoir pas su l'être. Sans doute il a fallu des grandes fautes pour amener un tel résultat ; mais les injures que ces fautes ont provoquées plongeroient toutes les idées dans la confusion, si l'on n'essayoit pas de montrer que les François, comme tout autre peuple, ont été victimes des circonstances qu'amènent les grands bouleversemens dans l'ordre social.

Si l'on veut toutefois blâmer, n'y auroit-il donc rien à dire sur ces royalistes qui se sont laissé enlever le roi sans qu'une amorce ait été brûlée pour le défendre ? Certes, ils doivent se rallier aux institutions nouvelles, puisqu'il est si manifeste qu'il ne reste plus rien à l'aristocratie de son ancienne énergie. Ce n'est pas assurément que les gentilshommes ne soient comme tous les François de la plus brillante bravoure, mais ils se perdent par la confiance dès qu'ils sont les plus forts, et par le découragement dès qu'ils sont les plus foibles : leur confiance aveugle vient de ce qu'ils ont fait un dogme de la politique, et qu'ils se fient comme les Turcs au triomphe de leur foi. La cause de leur découragement, c'est que les trois quarts de la nation françoise étant à présent pour le gouvernement représentatif, dès que les adversaires de ce système n'ont pas six cent mille baïonnettes étrangères à leur service, ils sont dans une telle minorité qu'ils perdent tout espoir de se défendre. S'ils vouloient bien traiter avec la raison, ils redeviendroient ce qu'ils doivent être, alternativement l'appui du peuple et celui du trône.

CHAPITRE XIV

De la conduite de Bonaparte
à son retour

Si c'étoit un crime de rappeler Bonaparte, c'étoit une niaiserie de vouloir masquer un tel homme en roi constitutionnel ; du moment qu'on le reprenoit, il falloit lui donner la dictature militaire, rétablir la conscription, faire lever la nation en masse, enfin ne pas s'embarrasser de la liberté, quand l'indépendance étoit compromise. L'on déconsidéroit nécessairement Bonaparte en lui faisant tenir un langage tout contraire à celui qui avoit été le sien pendant quinze ans. Il étoit clair qu'il ne pouvoit proclamer des principes si différens de ceux qu'il avoit suivis, quand il étoit tout-puissant, que parce qu'il y étoit forcé par les circonstances ; or, qu'est-ce qu'un tel homme quand il se laisse forcer ? La terreur qu'il inspiroit, la puissance qui résultoit de cette terreur n'existoient plus ; c'étoit un ours muselé qu'on entendoit murmurer encore, mais que ses conducteurs faisoient danser à leur façon. Au lieu d'obliger à parler constitution pendant des heures entières, un homme qui avoit en horreur les idées abstraites et les barrières légales, il falloit qu'il fût en campagne quatre jours après son arrivée à 'Paris, avant que les préparatifs des alliés fussent faits, et surtout pendant que l'étonnement causé par son retour ébranloit encore les imaginations. Il falloit qu'il soulevât les passions des Italiens et des Polonois ; qu'il promît aux Espagnols d'expier ses fautes en leur rendant leurs Cortès ; enfin qu'il prît la liberté comme arme et non comme entrave.

> *Quiconque est loup, agisse en loup*
> *C'est le plus certain de beaucoup.*

Quelques amis de la liberté, cherchant à se faire illusion à eux-mêmes, ont voulu se justifier de se rattacher à Bonaparte en lui faisant signer une constitution libre [74] ; mais il n'y avoit point d'excuse pour servir Bonaparte ailleurs que sur le champ de bataille. Une fois les étrangers aux portes de la France, il falloit leur en défendre l'entrée : l'estime de l'Europe elle-même ne se regagnoit qu'à ce prix. Mais c'étoit dégrader les principes de la liberté, que d'en entourer un ci-devant despote ; c'étoit mettre de l'hypocrisie dans les plus sincères des vérités humaines. En effet, comment Bonaparte auroit-il supporté la constitution qu'on lui faisoit proclamer ? Lorsque des ministres responsables se seroient refusés à sa volonté, qu'en auroit-il fait ? Et si ces mêmes ministres avoient été sévèrement accusés par les députés pour lui avoir obéi, comment auroit-il contenu le mouvement involontaire de sa main, pour faire signe à ses grenadiers d'aller une seconde fois chasser à coups de baïonnettes les représentans d'une autre puissance que la sienne ?

Quoi ! cet homme auroit lu tous les matins dans les journaux des insinuations sur ses défauts, sur ses erreurs ! Des plaisanteries se seroient approchées de sa patte impériale, et il n'auroit pas frappé ! Aussi l'a-t-on vu souvent prêt à rentrer dans son véritable caractère ;

et, puisque tel étoit ce caractère, il ne pouvoit trouver de force qu en le montrant. Le jacobinisme militaire, l'un des plus grands fléaux du monde, s'il étoit encore possible, étoit l'unique ressource de Bonaparte. Quand il a prononcé les mots de loi et de liberté, l'Europe s'est rassurée : elle a senti que ce n'étoit plus son ancien et terrible adversaire.

Une grande faute aussi qu'on a fait commettre à Bonaparte, c'est l'établissement d'une chambre des pairs. L'imitation de la constitution angloise, si souvent recommandée, avoit enfin saisi les esprits françois, et, comme toujours, ils ont porté cette idée à l'extrême ; car une prairie ne peut pas plus se créer du soir au lendemain qu'une dynastie ; il faut, pour une hérédité dans l'avenir, une hérédité précédente. Vous pouvez sans doute, je le répète, associer des noms nouveaux aux noms anciens, mais il faut que la couleur du passé se fonde avec le présent. Or, que signifioit cette antichambre des pairs, dans laquelle se plaçoient tous les courtisans de Bonaparte ? Il y en avoit parmi eux de fort estimables ; mais on en pouvoit citer dont les fils auroient demandé qu'on leur épargnât le nom de leur père, au lieu de leur en assurer la continuité[75]. Quel élément pour fonder l'aristocratie d'un état libre, celle qui doit mériter les égards du monarque aussi-bien que du peuple ! Un roi, fait pour être respecté volontairement, trouve sa sécurité dans la liberté nationale ; mais un chef redouté, qu'une moitié de la nation repousse, et que l'autre n'appelle que pour en obtenir des victoires, pourquoi cherchoit-il un genre d'estime qu'il ne pouvoit jamais obtenir ? Bonaparte, au milieu de toutes les entraves qu'on lui a imposées, n'a pu montrer le génie qui lui restoit encore ; il laissoit faire, il ne commandoit plus. Ses discours portoient l'empreinte d'un pressentiment funeste, soit qu'il connût la force de ses ennemis, soit qu'il s'impatientât de n'être pas le maître absolu de la France. L'habitude de la dissimulation, qui a toujours été dans son caractère, l'a perdu dans cette occasion ; il a joué un rôle de plus avec sa facilité accoutumée ; mais la circonstance étoit trop grave pour s'en tirer par la ruse, et l'action franche de son despotisme et de son impétuosité pouvoit seul lui donner une chance de succès au moins momentanés.

CHAPITRE XV

De la chute de Bonaparte

Je n'ai point encore parlé du guerrier qui a fait pâlir la fortune de Bonaparte, de celui qui, depuis Lisbonne jusqu'à Waterloo, l'a poursuivi comme cet adversaire de Macbeth, qui devoit avoir des dons surnaturels pour le vaincre. Ces dons surnaturels ont été le plus noble désintéressement, une inébranlable justice, des talens qui prenoient leur source dans l'âme, et une armée d'hommes libres. Si quelque chose peut consoler la France d'avoir vu les Anglois au sein de sa capitale, c'est qu'elle aura du moins appris ce que la liberté les a faits. Le génie militaire de lord Wellington ne sauroit être l'œuvre de la constitution de son pays ; mais la modération, mais la noblesse de sa conduite, la force qu'il a puisée dans ses vertus, lui viennent de l'air moral de l'Angleterre ; et ce qui met le comble à la grandeur de ce pays et de son général, c'est que, tandis que sur le sol ébranlé de la France les exploits de Bonaparte ont suffi pour en faire un despote sans frein, celui qui l'a vaincu, celui qui n'a pas encore fait une faute, ni perdu l'occasion d'un triomphe, Wellington, ne sera dans sa patrie qu'un citoyen sans pareil, mais aussi soumis à la loi que le plus obscur des hommes[76].

J'oserai le dire cependant, notre France n'auroit peut-être pas succombé, si tout autre que Bonaparte en eût été le chef. Il étoit très-habile dans l'art de commander une armée, mais il ne lui étoit pas donné de rallier une nation. Le gouvernement révolutionnaire lui-même s'entendoit mieux à faire naître l'enthousiasme, qu'un homme qui ne pouvoit être admiré que comme individu, mais jamais comme défenseur d'un sentiment, ni d'une idée. Les soldats se sont très-bien battus pour Bonaparte, mais la France, à son retour, a peu fait pour lui. D'abord il y avoit un parti nombreux contre Bonaparte, un parti nombreux pour le roi, qui ne croyoit pas devoir résister aux étrangers. Mais quand on auroit pu convaincre tous les François que, dans quelque situation que ce soit, le devoir d'un citoyen est de défendre l'indépendance de la patrie, personne ne se bat avec toute l'énergie dont il est capable, quand il s'agit seulement de repousser un mal, et non d'obtenir un bien. Le lendemain du triomphe sur l'étranger, on étoit certain d'être asservi dans l'intérieur : la double force qui auroit fait repousser l'ennemi et renverser le despote, n'existoit plus dans une nation qui n'avoit conservé que du nerf militaire ; ce qui ne ressemble point à l'esprit public.

D'ailleurs parmi ses adhérens mêmes, Bonaparte a recueilli les fruits amers de la doctrine qu'il avoit semée. Il n'avoit exalté que le succès ; il n'avoit préconisé que les circonstances ; dès qu'il s'agissoit d'opinion, de dévouement, de patriotisme, la peur qu'il avoit de l'esprit de liberté, le portoit à tourner en ridicule, tous les sentimens qui pouvoient y conduire. Il n'y a pourtant que ces sentimens qui donnent de la persévérance, qui rattachent au malheur ; il n'y a que ces sentimens dont la puissance soit électrique, et qui forment une association d'une extrémité d'un pays à l'autre, sans qu'on ait besoin de se parler pour être d'accord. Si l'on examine les divers intérêts des partisans de Bonaparte et de ses adversaires, on s'expliquera tout de suite les motifs de leurs dissentimens. Dans le midi comme dans le nord, les villes de fabriques étoient pour lui ; les ports de mer étoient contre lui, parce que le blocus continental avoit favorisé les manufactures, et détruit le commerce [77]. Toutes les différentes classes des défenseurs de la révolution, pouvoient à quelques égards préférer le chef dont l'illégitimité même étoit une garantie, puisqu'elle le plaçoit en opposition avec les anciennes doctrines politiques : mais le caractère de Bonaparte est si contraire aux institutions libres, que ceux de leurs partisans qui ont cru devoir se rattacher à lui, ne l'ont pas secondé de tous leurs moyens, parce qu'ils ne lui appartenoient pas de toute leur âme ; ils avoient une arrière-pensée, une arrière-espérance. S'il restoit, ce qui est fort douteux, une ressource à la France, lorsqu'elle avoit provoqué l'Europe, ce ne pouvoit être que la dictature militaire ou la république. Mais rien n'étoit plus insensé que de fonder une résistance désespérée sur un mensonge : on n'a jamais le tout d'un homme avec cela.

Le même système d'égoïsme qui a toujours guidé Bonaparte, l'a porté à vouloir à tout prix une grande victoire, au lieu d'essayer un système défensif qui convenoit peut-être mieux à la France, surtout si l'esprit public l'avoit soutenu. Mais il arrivoit en Belgique, à ce qu'on dit, portant dans sa voiture un sceptre, un manteau, enfin tous les hochets de l'empire, car il ne s'entendoit bien qu'à cette espèce de pompe mêlée de charlatanerie. Quand Napoléon revint à Paris après sa bataille perdue, il n'avoit sûrement aucune idée d'abdiquer, et son but étoit de demander aux deux chambres des secours en hommes et en argent, pour essayer une nouvelle lutte. Elles auroient dû tout accorder dans cette circonstance, plutôt que de céder aux puissances étrangères [78]. Mais si les chambres ont peut-être eu tort, arrivées à cette extrémité, d'abandonner Bonaparte, que dire de la manière dont il s'est abandonné lui-même ? Quoi ! cet homme qui venoit d'ébranler encore l'Europe par son retour, envoie sa démission comme un simple général ; il n'essaie pas de résister ? Il y a une armée françoise sous les murs de Paris ; elle veut se battre contre les étrangers, et il n'est pas avec elle, comme chef ou comme soldat ? Elle se retire derrière la Loire, et il traverse cette Loire pour aller s'embarquer [79], pour mettre sa personne en sûreté, quand c'est par son propre flambeau que la France est embrasée ?

On ne sauroit se permettre d'accuser Bonaparte de manque de bravoure dans cette circonstance non plus que dans celles de l'année précédente. Il n'a pas commandé l'armée françoise pendant vingt années sans s'être montré digne d'elle. Mais il est une fermeté d'âme que la conscience peut seule donner ; et Bonaparte, au lieu de cette volonté indépendante des événemens, avoit une sorte de foi superstitieuse à la fortune, qui ne lui permettoit pas de marcher sans elle. Du jour où il a senti que c'étoit bien le malheur qui s'emparoit de lui, il n'a pas lutté ; du jour où sa destinée a été renversée, il ne s'est plus occupé de celle de la France. Bonaparte s'étoit intrépidement exposé à la mort dans la bataille, mais il n'a point voulu se la donner à lui-même, et cette résolution n'est pas sans quelque dignité. Cet homme a vécu pour donner au monde la leçon de morale la plus frappante, la plus sublime dont les peuples aient jamais été témoins. Il semble que la providence ait voulu, comme un sévère poète tragique, faire ressortir la punition d'un grand coupable des forfaits mêmes de sa vie.

Bonaparte qui, pendant dix ans, avoit soulevé le monde contre le pays le plus libre et le plus religieux que l'ordre social européen ait encore formé, contre l'Angleterre, se remet entre ses mains ; lui qui, pendant dix ans, l'avoit chaque jour outragée, en appelle à sa générosité ; enfin, lui qui ne parloit des lois qu'avec mépris, qui ordonnoit si légèrement des emprisonnemens arbitraires, invoque la liberté des Anglois, et veut s'en faire un bouclier. Ah ! que ne la donnoit-il à la France cette liberté ! ni lui ni les François ne se seroient trouvés à la merci des vainqueurs.

Soit que Napoléon vive ou périsse, soit qu'il reparoisse ou non sur le continent de l'Europe [80], un seul motif nous excite à parler encore de lui, c'est l'ardent désir que les amis de la liberté en France séparent entièrement leur cause de la sienne, et qu'on se garde de confondre les principes de la révolution avec ceux du régime impérial. Il n'est point, je crois l'avoir montré, de contre-révolution aussi fatale à la liberté que celle qu'il a faite. S'il eût été d'une ancienne dynastie, il auroit poursuivi l'égalité avec un acharnement extrême, sous quelque forme qu'elle pût se présenter ; il a fait sa cour aux prêtres, aux nobles et aux rois, dans l'espoir de se faire accepter pour monarque légitime ; il est vrai qu'il leur disoit quelquefois des injures, et leur faisoit du mal quand il s'apercevoit qu'il ne pouvoit entrer dans la confédération du passé ; mais ses penchans étoient aristocrates jusqu'à la petitesse. Si les principes de la liberté succombent en Europe, c'est parce qu'il les a déracinés de la tête des peuples ; il a partout relevé le despotisme en lui donnant pour appui la haine des nations contre les François ; il a défait l'esprit humain, en imposant, pendant quinze ans, à ses folliculaires, l'obligation d'écrire et de développer tous les systèmes qui pouvoient égarer la raison et étouffer les lumières. Il faut des gens de mérite en tout genre pour établir la liberté ; Bonaparte n'a voulu d'hommes supérieurs que parmi les militaires, et jamais sous son règne une réputation civile n'a pu se fonder.

Au commencement de la révolution, une foule de noms illustres honoroit la France ; et c'est un des principaux caractères d'un siècle éclairé que d'avoir beaucoup d'hommes remarquables, mais difficilement un homme au-dessus de tous les autres. Bonaparte a subjugué le siècle à cet égard, non qu'il lui fût supérieur en lumières, mais au contraire parce qu'il avoit quelque chose de barbare à la façon du moyen âge ; il apportoit de la Corse un autre siècle, d'autres moyens, un autre caractère que tout ce que nous avions en France ; cette nouveauté même a favorisé son ascendant sur les esprits ; Bonaparte est seul là où il règne, et nulle autre distinction n'est conciliable avec la sienne.

On peut penser diversement sur son génie et sur ses qualités ; il y a quelque chose d'énigmatique dans cet homme qui prolonge la curiosité. Chacun le peint sous d'autres couleurs, et chacun peut avoir raison du point de vue qu'il choisit ; qui voudroit concentrer son portrait en peu de mots, n'en donneroit qu'une fausse idée. Pour arriver à quelque ensemble, il faut suivre diverses routes : c'est un labyrinthe, mais un labyrinthe qui a un fil, l'égoïsme. Ceux qui l'ont connu personnellement peuvent lui trouver dans son intérieur un genre de bonté dont le monde assurément ne s'est pas ressenti. Le dévouement de quelques amis vraiment généreux est ce qui parle le plus en sa faveur. Le temps éclaircira les divers traits de son caractère ; et ceux qui veulent admirer tout homme extraordinaire, sont en droit de le trouver tel. Mais il n'a pu, mais il ne pourroit apporter que la désolation à la France.

Dieu nous en préserve donc et pour jamais ! Mais que l'on se garde d'appeler Bonapartistes ceux qui soutiennent les principes de la liberté en France ; car, avec bien plus de raison, on pourroit attribuer ce nom aux partisans du despotisme, à ceux qui proclament les maximes politiques de l'homme qu'ils proscrivent ; leur haine contre lui n'est qu'une dispute d'intérêts, et le véritable amour des pensées généreuses n'y a point de part.

CHAPITRE XVI

De la déclaration des droits proclamée par la chambre des représentans le 5 juillet 1815

Bonaparte a signé sa seconde abdication le 22 juin 1815, et le 8 du mois suivant les troupes étrangères sont entrées dans la capitale. Pendant cet intervalle bien court, les partisans de Napoléon ont absorbé beaucoup de temps précieux à vouloir, contre le vœu national, assurer la couronne à son fils. La chambre des représentans d'ailleurs renfermoit dans son sein beaucoup d'hommes qui n'auroient sûrement pas été élus sans l'influence de l'esprit de parti : néanmoins il suffisoit que pour la première fois, depuis quinze ans, six cents François, choisis d'une manière quelconque par le peuple, fussent réunis et délibérassent en public, pour qu'on vît reparoître l'esprit de liberté et le talent de la parole. Des hommes, tout-à-fait nouveaux dans la carrière politique, ont improvisé à la tribune avec une supériorité remarquable ; d'autres, qu'on n'avoit pas entendus pendant le règne de Bonaparte, ont retrouvé leur ancienne vigueur[81], et cependant, je le répète, on voyoit là des députés que la nation livrée à elle-même n'eût jamais acceptés. Mais telle est la force de l'opinion, quand on se sent en sa présence ; tel est l'enthousiasme qu'inspire une tribune d'où l'on se fait entendre à tous les esprits éclairés de l'Europe, que des principes sacrés, obscurcis par de longues années de despotisme, ont reparu en moins de quinze jours ; et dans quelles circonstances ont-ils reparu ! Quand des factions de toute espèce s'agitoient dans l'assemblée même, et quand trois cent mille soldats étrangers étoient sous les murs de Paris.

Un *bill* des droits, car j'aime à me servir dans cette occasion de l'expression angloise, elle ne rappelle que des souvenirs heureux et respectables ; un bill des droits fut proposé et adopté au milieu de ce désastre, et dans le peu de mots qu'on va lire, il existe une puissance immortelle, la vérité [c][82].

Je m'arrête à ce dernier acte, qui a précédé de quelques jours l'envahissement total de la France par les armées étrangères : c'est là que je finis mes considérations historiques. Et en effet il n'y a plus de France, tant que les armées étrangères occupent notre territoire.

Tournons nos regards, avant de finir, vers les idées générales qui nous ont servi de guide pendant le cours de cet ouvrage ; et présentons, s'il nous est possible, le tableau de cette Angleterre que nous n'avons cessé d'offrir pour modèle aux législateurs françois, en les accusant toutes les fois qu'ils s'en sont écartés.

NOTES

a. Velly, tome III, page 424.
b. Le roi donna l'ordre, en 1815, que sur ce supplément les deux millions, déposés par mon père au trésor royal, fussent restitués à sa famille, et cet ordre devoit être exécuté à l'époque même du débarquement de Bonaparte. La justice de notre réclamation ne sauroit être contestée ; mais je n'en admire pas moins la conduite du roi, qui, portant l'économie dans plusieurs de ses dépenses personnelles, ne vouloit point retrancher celles que l'équité recommandoit. Depuis le retour de Sa Majesté, le capital de deux millions nous a été payé en une inscription de cent mille livres de rente sur le grand livre. *(Note de l'auteur.)*[60].
c. L'auteur vouloit insérer ici la déclaration de la chambre des représentans, en en retranchant ce qui pourroit ne pas être d'accord avec les principes professés dans cet ouvrage. Ce travail est d'une nature trop délicate pour que les éditeurs puissent se permettre d'y suppléer.
Ce chapitre n'est, comme on voit, qu'une ébauche. Des notes à la marge du manuscrit indiquoient les faits marquans dont madame de Staël avoit l'intention de parler, et les noms honorables qu'elle vouloit citer.

(Note des éditeurs.)

SIXIÈME PARTIE

CHAPITRE PREMIER

Les François sont-ils faits pour être libres ?

Les François ne sont pas faits pour être libres, dit un certain parti parmi les François, qui veut bien faire les honneurs de la nation, au point de la représenter comme la plus misérable des associations d'hommes. Qu'y a-t-il en effet de plus misérable que de n'être capable, ni de respect pour la justice, ni d'amour de la patrie, ni de force d'âme, vertus dont la réunion, dont une seule peut suffire pour être digne de la liberté ? Les étrangers ne manquent pas de s'emparer d'un tel propos, et de s'en glorifier, comme s'ils étoient d'une plus noble race que les François. Cette ridicule assertion ne signifie pourtant qu'une chose, c'est qu'il convient à de certains privilégiés d'être reconnus pour les seuls qui puissent gouverner sagement la France, et de considérer le reste de la nation comme des factieux.

C'est sous un point de vue plus philosophique et plus impartial que nous examinerons ce qu'on entend par un peuple fait pour être libre. Je répondrois simplement : c'est celui qui veut l'être. Car je ne crois pas qu'il y ait dans l'histoire l'exemple d'une volonté de nation qui n'ait pas été accomplie. Les institutions d'un pays, toutes les fois qu'elles sont au-dessous des lumières qui y sont répandues, tendent nécessairement à s'élever au même niveau. Or, depuis la vieillesse de Louis XIV jusqu'à la révolution françoise, l'esprit et la force ont été chez les particuliers, et le déclin dans le gouvernement. Mais, dira-t-on, les François pendant la révolution n'ont pas cessé d'errer entre les folies et les forfaits. S'il en étoit ainsi, il faudroit s'en prendre, je ne saurois trop le répéter, à leurs anciennes institutions politiques ; car ce sont elles qui avoient formé la nation ; et si elles étoient de nature à n'éclairer qu'une classe d'hommes, et à dépraver la masse, elles ne valoient assurément rien.

Mais le sophisme des ennemis de la raison humaine, c'est qu'ils veulent qu'un peuple possède les vertus de la liberté avant de l'avoir obtenue ; tandis qu'il ne peut acquérir ces vertus qu'après avoir joui de la liberté, puisque l'effet ne sauroit précéder la cause. La première qualité d'une nation qui commence à se lasser des gouvernemens exclusifs et arbitraires, c'est l'énergie. Les autres vertus ne peuvent être que le résultat graduel d'institutions qui aient duré assez long-temps pour former l'esprit public.

Il y a eu des pays, comme l'ancienne Égypte, où la religion s'étant identifiée avec la politique, a imprimé aux mœurs et aux habitudes des hommes un caractère passif et stationnaire. Mais, en général, on voit les nations se perfectionner, ou se détériorer, suivant la nature de leur gouvernement. Rome n'a point changé de climat, et cependant depuis les Romains jusqu'aux Italiens de nos jours on peut parcourir toute l'échelle des modifications que les hommes subissent par la diversité des gouvernemens. Sans doute, ce qui constitue la dignité d'un peuple, c'est de savoir se donner le régime qui lui convient ; mais cette œuvre peut rencontrer de grands obstacles ; et l'un des plus grands est sans doute la coalition des vieux états européens pour arrêter le progrès des idées nouvelles. Il faut donc juger avec impartialité les difficultés et les efforts, avant de prononcer qu'un peuple n'est pas fait pour être libre, ce qui dans le fond est une phrase vide de sens : car peut-il exister des hommes auxquels la sécurité, l'émulation, le développement paisible de leur industrie ; et la jouissance non troublée des fruits de leurs travaux, ne conviennent pas ? Et si une nation étoit condamnée par une malédiction du ciel à ne pratiquer jamais, ni la justice, ni la morale publique, pourquoi une partie de cette nation se croiroit-elle exempte de la malédiction prononcée sur la race ? Si tous sont également incapables d'aucune vertu, quelle partie contraindra l'autre à en avoir ?

Depuis vingt-cinq ans, dit-on encore, il n'y a pas eu un gouvernement fondé par la révolution, qui ne se soit montré fou ou méchant. Soit, mais la nation a été sans cesse agitée par les troubles civils, et toutes les nations dans cet état se ressemblent. Il existe dans l'espèce humaine des dispositions qui se retrouvent toujours, quand les mêmes circonstances les mettent en dehors. Mais s'il n'y a pas eu une époque de la révolution à laquelle le crime n'ait eu sa part, il n'y en a pas une aussi où de grandes vertus ne se soient développées. L'amour de la patrie, la volonté d'assurer son indépendance à tout prix, se sont manifestés constamment dans le parti patriote ; et si

Bonaparte n'avoit pas énervé l'esprit publique, en introduisant le goût de l'argent et des honneurs, nous aurions vu sortir des miracles du caractère intrépide et persévérant de quelques-uns des hommes de la révolution. Les ennemis même des institutions nouvelles, les Vendéens, ont montré le caractère qui fait les hommes libres. Quand on leur offrira la liberté sous ses véritables traits, ils s'y rallieront. Une résolution vive et un esprit ardent existent et existeront toujours en France. Il y a des âmes puissantes parmi ceux qui veulent la liberté ; il y en a parmi les jeunes gens qui s'avancent, les uns dégagés des préjugés de leurs pères, les autres innocens de leurs crimes. Quand tout se voit, quand tout se sait de l'histoire d'une révolution ; quand les intérêts les plus actifs excitent les plus violentes passions, il semble aux contemporains que rien de pareil n'ait souillé la face de la terre. Mais quand on se rappelle les guerres de religion en France, et les troubles de l'Angleterre, on aperçoit sous d'autres formes le même esprit de parti, et les mêmes forfaits produits par les mêmes passions.

Il me semble impossible de séparer le besoin d'un perfectionnement social du désir de s'améliorer soi-même ; et, pour me servir du titre de l'ouvrage de Bossuet, dans un sens différent de celui qu'il donne, la politique est sacrée [1], parce qu'elle renferme tous les mobiles qui agissent sur les hommes en masse, et les rapprochent ou les éloignent de la vertu.

Nous ne pouvons nous le dissimuler cependant, l'on n'a encore acquis en France que peu d'idées de justice. On n'imagine pas qu'un ennemi puisse avoir droit à la protection des lois, quand il est vaincu. Mais dans un pays où, pendant si long-temps, la faveur et la disgrâce ont disposé de tout, comment sauroit-on ce que c'est que des principes ? Le règne des cours n'a permis aux François que le développement des vertus militaires. Une classe très-resserrée se mêloit seule des affaires civiles ; et la masse de la nation n'ayant rien à faire, n'a rien appris et ne s'est point exercée aux vertus politiques. L'une des merveilles de la liberté angloise, c'est la multitude d'hommes qui s'occupent des intérêts de chaque ville, de chaque province, et dont l'esprit et le caractère sont formés par les occupations et les devoirs de citoyen. En France, on n'avoit l'occasion de s'exercer qu'à l'intrigue, et il faut long-temps avant d'oublier cette malheureuse science.

L'amour de l'argent, des titres, enfin de toutes les jouissances et de toutes les vanités sociales, a reparu sous le règne de Bonaparte : c'est le cortége du despotisme. Dans les fureurs de la démagogie, au moins la corruption n'étoit de rien ; et, sous Bonaparte lui-même, plusieurs guerriers sont restés dignes, par leur désintéressement, du respect que les étrangers ont pour leur courage.

Sans reprendre ici la malheureuse histoire de nos désastres, disons-le donc hardiment, il y a de l'énergie dans la nation françoise, de la patience dans les maux, de l'audace dans l'entreprise, en un mot de la force ; et les écarts en seront toujours à craindre, jusqu'à ce que des institutions libres fassent de cette force aussi de la vertu. De certaines idées communes, mises en circulation, sont souvent ce qui égare le plus de bon sens public, parce que la plupart des hommes les prennent pour des vérités. Il y a si peu de mérite à les trouver, qu'on est tenté de croire que la raison seule peut les faire adopter à tant de gens. Mais dans les temps de parti, les mêmes intérêts inspirent les mêmes discours, sans qu'ils acquièrent plus de vérité la centième fois qu'on les prononce.

Les François, dit-on, sont frivoles, les Anglois sont sérieux ; les François sont vifs, les Anglois sont graves ; donc il faut que les premiers soient gouvernés despotiquement, et que les autres jouissent de la liberté. Il est vrai que, si les Anglois luttoient encore pour cette liberté, on leur trouveroit mille défauts qui s'y opposeroient ; mais le fait chez eux réfute l'argument. Dans notre France les troubles sont apparens, tandis que les motifs de ces troubles ne peuvent être compris que par les hommes qui pensent. Les François sont frivoles, parce qu'ils ont été condamnés à un genre de gouvernement qui ne pouvoit se soutenir qu'en encourageant la frivolité ; et, quant à la vivacité, les François en ont dans l'esprit bien plus que dans le caractère. Il y a, chez les Anglois, une impétuosité d'une nature beaucoup plus violente ; et leur histoire en offre une foule de preuves. Qui auroit pu croire, il y a moins de deux siècles, que jamais un gouvernement régulier pût s'établir chez ces factieux insulaires ? On ne cessoit alors sur le continent de les en déclarer incapables. Ils ont déposé, tué, renversé plus de rois, plus de princes et plus de gouvernemens que le reste de l'Europe ensemble ; et cependant ils ont enfin obtenu le plus noble, le plus brillant et le plus religieux ordre social qui soit dans l'ancien monde. Tous les pays, tous les peuples, tous les hommes, sont propres à la liberté par leurs qualités différentes : tous y arrivent ou y arriveront à leur manière.

Mais, avant d'essayer de peindre l'admirable monument de la grandeur morale de l'homme, que l'Angleterre nous présente ; jetons un coup d'œil sur quelques époques de son histoire, semblables en tout à celles de la révolution françoise. Peut-être se réconciliera-t-on avec les François, quand on verra en eux les Anglois d'hier.

CHAPITRE II

Coup d'œil
sur l'histoire d'Angleterre

Il m'est pénible de représenter le caractère anglois à son désavantage, même dans les temps passés. Mais cette nation généreuse écoutera sans peine tout ce qui lui rappelle que c'est à ses institutions politiques actuelles, à ces institutions que d'autres peuples peuvent imiter, qu'elle doit ses vertus et sa splendeur. La vanité puérile de se croire une race à part ne vaut certainement pas, aux yeux des Anglois, l'honneur d'encourager le genre humain par leur exemple. Aucun peuple de l'Europe ne peut être mis en parallèle avec les Anglois depuis 1688 : il y a cent vingt ans de perfectionnement social entre eux et le continent. La vraie liberté, établie depuis plus d'un siècle chez un grand peuple, a produit les résultats dont nous sommes les témoins ; mais, dans l'histoire précédente de ce peuple, il y a plus de violences, plus d'illégalités, et, à quelques égards, plus d'esprit de servitude encore que chez les François.

Les Anglois citent toujours la Grande Charte comme le plus honorable titre de leur antique généalogie d'hommes libres ; et en effet c'est une chose admirable qu'un tel contrat entre la nation et le roi. Dès l'année 1215, la liberté individuelle et le jugement par jurés y sont énoncés dans les termes dont on pourroit se servir de nos jours[2]. A cette même époque du moyen âge, comme nous l'avons indiqué dans l'introduction, il y eut un mouvement de liberté dans toute l'Europe. Mais les lumières, et les institutions qu'elles font naître, n'étant point encore répandues, il ne résulta rien de stable de ce mouvement en Angleterre jusqu'en 1688, c'est-à-dire près de cinq siècles après la Grande Charte. Pendant toute cette période, elle n'a pas cessé d'être enfreinte. Le successeur de celui qui l'avoit signée, le fils de Jean-sans-Terre, Henry III, fit la guerre à ses barons pour s'affranchir des promesses de son père[3]. Les barons, dans cette circonstance, avoient protégé le tiers état pour s'appuyer de la nation contre l'autorité royale. Le successeur de Henry III, Édouard Ier, jura onze fois la Grande Charte, ce qui prouve qu'il y manqua plus souvent encore[4]. Ni les rois ni les nations ne tiennent les sermens politiques que lorsque la nature des choses commande aux souverains et satisfait les peuples. Guillaume-le-Conquérant avoit détrôné Harald ; la maison de Lancastre à son tour renversa Richard II [5], et l'acte d'élection qui appeloit Henry IV au trône [6], fut assez libéral pour être imité depuis par lord Sommers en 1688 [7]. A l'avénement de Henry IV en 1399, on voulut renouveler la Grande Charte, et du moins le roi promit de respecter les franchises et les libertés de la nation. Mais la nation ne sut pas alors se faire respecter elle-même. La guerre avec la France [8], les guerres intestines entre les maison d'York et de Lancastre [9] donnèrent lieu aux scènes les plus sanglantes, et aucune histoire ne nous offre autant d'atteintes portées à la liberté individuelle, autant de supplices, autant de conjurations de toute espèce. L'on finit, du temps du fâmeux Warwick, le faiseur de rois [10], par porter une loi qui enjoignoit d'obéir au souverain de fait, soit qu'il le fût ou non de droit, afin d'éviter les condamnations arbitrairement judiciaires, auxquelles les changements de gouvernement devoient donner lieu.

Vint ensuite la maison de Tudor qui, dans la personne de Henry VII, réunissoit les droits des York et des Lancastre [11]. La nation étoit fatiguée des guerres civiles. L'esprit de servitude remplaça pour un temps l'esprit de faction. Henry VII, comme Louis XI et le cardinal de Richelieu, subjugua la noblesse, et sut établir le despotisme le plus complet. Le parlement, qui depuis a été le sanctuaire de la liberté, ne servoit alors qu'à consacrer les actes les plus arbitraires par un faux air de consentement national ; car il n'y a pas de meilleur instrument pour la tyrannie qu'une assemblée, quand elle est avilie. La flatterie se cache sous l'apparence de l'opinion générale, et la peur en commun ressemble presque à du courage ; tant on s'anime les uns les autres dans l'enthousiasme du pouvoir. Henry VIII fut encore plus despote que son père, et plus désordonné dans ses volontés [12]. Ce qu'il adopta de la réformation le servit merveilleusement pour persécuter tout à la fois les catholiques orthodoxes et les protestans de bonne foi. Il entraîna le parlement anglois à tous les actes de servitude les plus humilians. Ce fut le parlement qui se chargea des procès intentés aux innocentes femmes de Henry VIII [13]. Ce fut lui qui sollicita l'honneur de condamner Catherine Howard, déclarant qu'il n'avoit pas besoin de la sanction royale pour porter le bill d'accusation contre elle, afin d'épargner au roi son époux, disoit-on, la douleur de la juger [14]. Thomas Morus, l'une des plus nobles victimes de la tyrannie de Henry VIII, fut accusé par le parlement [15], ainsi que tous ceux dont le roi voulut la mort. Les deux chambres prononcèrent que c'étoit un crime de lèse-majesté, de ne pas regarder le mariage du roi avec Anne de Clèves comme légalement dissous [16], et le parlement, se dépouillant lui-même, décréta que les proclamations du roi devoient avoir force de loi, et qu'elles seroient considérées même comme ayant l'autorité de la révélation en matière de dogme : car Henry VIII s'étoit fait le chef de l'église en Angleterre, tout en conservant la doctrine catholique. Il falloit alors se dégager de la suprématie de Rome sans s'exposer à l'hérésie en fait de dogmes. C'est dans ce temps que fut faite la sanglante loi des six articles, qui établissoit les points de doctrine auxquels il falloit se conformer : la présence réelle, la communion sous une espèce ; l'inviolabilité des vœux monastiques (malgré l'abolition des couvens), l'utilité des messes particulières, le célibat du clergé, et la nécessité de la confession auriculaire [17]. Quiconque n'admettoit pas le premier point étoit brûlé comme hérétique ; et qui rejetoit les cinq autres, mis à mort comme félon. Le parlement remercia le roi de la divine étude, du travail et de la peine que sa majesté avoit consacrés à la rédaction de cette loi. Néanmoins Henry VIII ouvrit le chemin à la réformation religieuse ; elle fut introduite en Angleterre par ses amours coupables, comme la Grande Charte avoit dû son existence aux crimes de Jean-sans-Terre. Ainsi cheminent les siècles, marchant, sans le savoir, vers le but de la destinée humaine.

Le parlement, sous Henry VIII, violenta les consciences aussi-bien que les personnes. Il ordonna, sous peine de mort, de considérer le roi comme le chef de l'église ; et tous ceux qui s'y refusèrent périrent martyrs de leur courage. Les parlemens changèrent quatre fois la religion de l'Angleterre. Ils consacrèrent le schisme de Henry VIII et le protestantisme d'Édouard VI ; et lorsque la reine Marie fit jeter dans les flammes des vieillards, des femmes, des enfans, espérant ainsi plaire à son fanatique époux, ces atrocités furent encore sanctionnées par le parlement naguère protestant [18].

La réformation reparut avec Élisabeth, mais l'esprit du peuple et du parlement n'en fut pas moins servile. Cette reine eut toute la grandeur que peut donner un despotisme conduit avec modération. On pourroit comparer le règne d'Élisabeth en Angleterre à celui de Louis XIV en France [19].

Élisabeth avoit plus d'esprit que Louis XIV ; et, se trouvant à la tête du protestantisme, dont la tolérance est le principe, elle ne put, comme le monarque françois, joindre le fanatisme au pouvoir absolu. Le parlement, qui avoit comparé Henry VIII à Samson pour la force, à Salomon pour la prudence, et à Absalon pour la beauté ; envoya son orateur déclarer à genoux, à la reine Élisabeth qu'elle étoit une divinité. Mais ne se bornant pas à ces servilités fades, il se souilla d'une flatterie sanglante, en secondant la criminelle haine d'Élisabeth contre Marie Stuart ; il lui demanda la condamnation de son ennemie, voulant ainsi dérober à la reine la honte de ce qu'elle désiroit ; mais il ne fit que se déshonorer à sa suite [20].

Le premier roi de la maison de Stuart, aussi faible, quoique plus régulier dans ses mœurs que le successeur de Louis XIV, professa constamment la doctrine du pouvoir absolu, sans avoir dans son caractère de quoi la maintenir. Les lumières s'étendoient de toutes parts. L'impulsion donnée à l'esprit humain, au commencement du seizième siècle, se propageoit de plus en plus ; la réforme religieuse fermentoit dans toutes les têtes. Enfin la révolution éclata sous Charles Ier [21].

Les principaux traits d'analogie entre la révolution d'Angleterre et celle de France sont : un roi conduit à l'échafaud par l'esprit démocratique, un chef militaire s'emparant du pouvoir, et la restauration de l'ancienne dynastie. Quoique la réforme religieuse et la réforme politique aient beaucoup de rapports ensemble, cependant, quand le principe qui met les hommes en mouvement, tient de quelque manière à ce qu'ils croient leur devoir, ils conservent plus de moralité que quand leur impulsion n'a pour mobile que le désir de recouvrer leurs droits. La passion de l'égalité étoit pourtant telle en Angleterre, qu'on mit la princesse de Gloucester, fille du roi, en apprentissage chez une couturière. Plusieurs traits non moins étranges dans ce genre, pourroient être cités, quoique la direction des affaires publiques, pendant la révolution d'Angleterre, ne soit pas descendue dans les classes aussi grossières qu'en France [22]. Les communes, ayant acquis plus tôt de l'importance par le commerce, étoient plus éclairées. Les nobles, qui de tout temps s'étoient ralliés à ces communes contre les usurpations du trône, ne faisoient point caste à part comme chez les François. La fusion des états, qui n'empêche point la distinction des rangs, existoit déjà depuis long-temps. En Angleterre, la noblesse de seconde classe étoit réunie avec les communes [a]. Les familles de pairs étoient seules à part, tandis qu'en France on ne savoit où trouver la nation, et que chacun étoit impatient de sortir de la masse, pour entrer dans la classe des privilégiés. Sans aborder les discussions religieuses, l'on ne sauroit nier aussi que les opinions des protestans, étant fondées sur l'examen, sont plus favorables aux lumières et à l'esprit de liberté que le catholicisme, qui décide de tout d'après l'autorité, et considère les rois comme aussi infaillibles que les papes, à moins que les papes ne soient en guerre avec les rois. Enfin, et c'est sous ce rapport qu'il faut reconnoître l'avantage de la position insulaire, Cromwell n'imagina pas de faire des conquêtes sur le continent ; il n'excita point la colère des rois, qui ne se crurent point menacés par les essais politiques d'un pays sans communication immédiate avec la terre européenne : encore moins les peuples prirent-ils parti dans la querelle, et les Anglois eurent l'insigne bonheur de n'avoir ni provoqué les étrangers, ni réclamé leurs secours. Les Anglois disent avec raison qu'ils n'ont eu, dans leurs derniers troubles civils, rien qui ressemble aux dix-huit mois de la terreur en France. Mais, en embrassant l'ensemble de leur histoire, l'on verra trois rois déposés et tués, Édouard II, Richard II, et Henry VI [23], un roi assassiné, Édouard V [24] ; Marie d'Écosse et Charles Ier. périssant sur l'échafaud [25] ; des princes du sang royal mourant de mort violente, des assassinats judiciaires en plus grand nombre que dans tous les autres états de l'Europe, et je ne sais quoi de dur et de factieux, qui n'annonçoit guère les vertus publiques et privées dont l'Angleterre donne l'exemple depuis un siècle. Sans doute, on ne sauroit tenir un compte ouvert des vices et des vertus de deux nations ; mais, en étudiant l'histoire d'Angleterre, on ne commence à voir le caractère des Anglois tel qu'il s'élève progressivement à nos yeux depuis la fondation de la liberté, que dans quelques hommes pendant la révolution et sous la restauration. L'époque du retour des Stuarts [26], et les changemens opérés à leur expulsion, offrent encore de nouvelles preuves de l'influence toute-puissante des institutions politiques sur le caractère des nations. Charles II et Jacques II régnèrent, l'un arbitrairement, l'autre tyranniquement [27], et les mêmes injustices qui avoient souillé l'histoire d'Angleterre dans les temps anciens, se renouvelèrent à une époque où cependant les lumières avoient fait de très-grands progrès. Mais le despotisme produit partout et en tout temps à peu près les mêmes résultats ; il ramène les ténèbres au milieu du jour. Les plus nobles amis de la liberté, Russel et Sidney, périrent sous le règne de Charles II [28], et bien d'autres moins célèbres furent de même condamnés à mort injustement. Russel refusa de racheter sa vie à la condition de reconnoître que la résistance au souverain, quelque despote qu'il soit, est contraire à la religion chrétienne. Algernon Sidney dit en montant sur l'échafaud : « Je viens ici mourir pour la bonne vieille cause que j'ai chérie depuis mon enfance. » Le lendemain de sa mort, il se trouva des journalistes qui tournèrent en ridicule ces belles et simples paroles. La plus indigne de toutes les flatteries, celle qui livre les droits des nations au bon plaisir des souverains, se manifesta de toutes parts. L'université d'Oxford condamna tous les principes de la liberté, et se montra mille fois moins éclairée au dix-septième siècle que les barons au commencement du treizième. Elle proclama qu'il n'y avoit point de contrat mutuel, ni exprès, ni tacite, entre les peuples et les rois. C'est d'une ville destinée à être un foyer de lumières, que partit cette déclaration qui mettoit un homme au-dessus de toutes les lois divines et humaines, sans lui imposer ni devoirs ni frein. Locke, jeune encore, fut banni de l'université pour avoir refusé son adhésion à cette doctrine servile [29] ; tant il est vrai que les penseurs, de quelque objet qu'ils s'occupent, s'accordent toujours sur la dignité de l'espèce humaine. Quoique le parlement fût très-obéissant, on avoit encore peur de lui ; et Louis XIV, sentant avec une sagacité remarquable qu'une constitution libre donneroit une grande force à l'Angleterre, corrompoit non-seulement le ministère, mais le roi lui-même pour prévenir l'établissement de cette constitution. Ce n'étoit point cependant par la crainte de l'exemple, qu'il ne vouloit pas de liberté en Angleterre : la France étoit alors trop loin de tout esprit de résistance, pour qu'il pût s'en inquiéter ; c'est uniquement, et les pièces diplomatiques le prouvent, parce qu'il considéroit le gouvernement représentatif comme une source de richesse et de puissance pour les Anglois. Il fit offrir à Charles II deux cent mille louis, s'il vouloit se déclarer catholique et ne plus convoquer de parlemens. Charles II et ensuite Jacques II acceptèrent ces subsides, sans oser en tenir toutes les conditions. Les premiers ministres, les femmes de ces premiers ministres, recevoient des présens de l'ambassadeur de France, en promettant de soumettre l'Angleterre à l'influence de Louis XIV. Charles II auroit souhaité, est-il dit dans les négociations que Dalrymple a publiées [30], faire venir des troupes françoises en Angleterre, pour s'en servir contre les amis de la liberté. On a peine à se convaincre de la vérité de ces faits, quand on connoît l'Angleterre du dix-huitième et du dix-neuvième siècles ? Il y avoit encore des restes de l'esprit d'indépendance chez quelques membres du parlement ; mais comme la liberté de la presse ne les soutenoit pas dans l'opinion, ils ne pouvoient opposer cette force à celle du gouvernement. La loi d'*Habeas corpus,* celle qui fonde la liberté individuelle, fut portée sous Charles II [31], et cependant il n'y eut jamais plus de violations de cette liberté que sous son règne, car les lois sans les garanties ne sont rien. Charles II se fit livrer tous les priviléges des villes, toutes leurs chartes particulières ; rien n'est si facile à l'autorité centrale que d'écraser successivement chaque partie. Les juges, pour plaire au roi, donnèrent au crime de haute trahison une extension plus grande que celle qui avoit été fixée trois siècles auparavant, sous le règne d'Édouard III [32]. A cette sérieuse tyrannie se joignoit autant de corruption, autant de frivolité qu'on en a pu reprocher aux François à aucune époque. Les écrivains, les poètes anglois, qui sont maintenant inspirés par les sentiments les plus vrais, et les vertus les plus pures ; étoient sous Charles II des fats, quelquefois tristes, mais toujours immoraux. Rochester, Wicherley, Congrève surtout [33], font de la vie humaine des tableaux qui semblent la parodie de l'enfer. Là les enfans plaisantent sur la vieillesse de leurs pères ; là les frères cadets aspirent à la mort de leur frère aîné. Le mariage y est traité selon les maximes de Beaumarchais : mais il n'y a point de gaieté dans ces saturnales du vice ; les hommes les plus corrompus ne peuvent rire à l'aspect d'un monde, dont les méchans eux-mêmes ne sauroient se tirer. La mode, qui est encore la foiblesse des Anglois dans les petites choses, se jouoit alors de ce qu'il y a de plus important dans la vie. Charles II avoit sur sa cour, et sa cour avoit sur son peuple, l'influence que le régent a exercée sur la France. Et quand on voit dans les galeries d'Angleterre les portraits des maîtresses de ce roi, méthodiquement rangés ensemble, on ne peut se persuader, qu'il n'y ait guère plus de cent ans qu'une frivolité si dépravée secondoit chez les Anglois le pouvoir le plus absolu. Enfin Jacques II, qui manifestoit ouvertement les opinions que Charles II faisoit avancer par des mines souterraines, régna pendant trois ans avec une tyrannie heureusement sans mesure, puisque c'est à ses excès mêmes que la nation a dû la révolution paisible et sage, qui a fondé sa liberté. L'historien Hume, Écossois, partisan des Stuarts, et défenseur de la prérogative royale, comme un homme éclairé peut l'être [34], a plutôt adouci qu'exagéré les forfaits commis par les agens de Jacques II. J'insère ici seulement quelques-uns des traits de ce règne, tels qu'ils sont racontés par Hume.

« La cour avoit inspiré des principes si arbitraires à tous ses serviteurs, que Feversham, immédiatement après la victoire (de Sedgemoor) fit pendre plus de vingt prisonniers [35], et qu'il continuoit ses exécutions, lorsque l'évêque de Bath et de Wells lui représenta que ces malheureux avoient droit à être jugés dans les formes, et que leur supplice passeroit pour un véritable meurtre. Mais ces remontrances n'arrêtèrent pas l'humeur féroce du colonel Kirke, soldat de fortune, qui, dans un long service à Tanger, et par la fréquentation des Maures, avoit contracté un fonds d'inhumanité plus rare en Europe et chez les nations libres. En entrant dans Bridgewater, il fit conduire dix-neuf prisonniers au gibet sans la moindre information. Ensuite, s'amusant de sa propre cruauté, il en fit exécuter un certain nombre pendant qu'il buvoit avec ses compagnons à la santé du roi ou de la reine, ou du grand juge Jefferies [36] ; et, voyant leurs pieds tressaillir dans les convulsions de la mort, il s'écria qu'il falloit de la musique pour leur danse, et donna l'ordre que les tambours et les trompettes se fissent entendre. Il lui vint dans l'esprit de faire pendre trois fois le même homme, pour s'instruire, disoit-il, par cette bizarre expérience ; et chaque fois il lui demandoit s'il ne se repentoit pas de son crime ; mais le malheureux s'obstinant à protester, malgré ce qu'il avoit souffert, qu'il étoit toujours disposé à s'engager dans la même cause, Kirke le fit pendre dans les chaînes. Mais rien n'égale la perfidie et la cruauté du trait que nous allons raconter. Une jeune fille demanda la vie de son frère en se jetant aux pieds du colonel Kirke, ornée de toutes les grâces de la beauté et de l'innocence en pleurs. Le cruel sentit enflammer ses désirs sans être attendri par l'amour ou par la clémence. Il promit ce qu'elle demandoit, à condition qu'elle consentiroit à tout ce qu'il souhaitoit. Cette pauvre sœur se rendit à la nécessité qu'on lui imposoit ; mais Kirke, après avoir passé la nuit avec elle, lui fit voir le lendemain, par la fenêtre, le frère adoré, pour lequel elle avoit sacrifié sa vertu, pendu à un gibet qu'on avoit élevé secrètement pendant la nuit. La rage et le désespoir s'emparèrent de cette malheureuse fille, et la privèrent de sa raison. Le pays entier, sans distinction de coupable et d'innocent, fut exposé aux ravages de ce barbare. Les soldats furent lâchés pour y vivre à discrétion ; et son propre régiment, instruit par son exemple, excité par ses exhortations, se distingua par des outrages recherchés. Il les nommoit ironiquement ses *agneaux*, terme dont le souvenir s'est conservé long-temps avec horreur dans cette partie de l'Angleterre. L'implacable Jefferies lui succéda bientôt, et fit voir que les rigueurs judiciaires peuvent égaler ou surpasser les excès de la tyrannie soldatesque. Cet homme, qui se livroit par goût à la cruauté, s'étoit déjà fait connoître dans plusieurs procès auxquels il avoit présidé. Mais il partoit avec une joie de sauvage pour cette nouvelle commission, qui lui présentoit une moisson de mort et de destruction. Il commença par la ville de Dorchester, où trente rebelles furent traduits à son tribunal. Il les exhorta, mais en vain, à lui épargner, par une confession volontaire, la peine de faire leur procès. Vingt-neuf furent déclarés coupables ; et, pour punir en même temps leur crime et leur désobéissance, il les fit conduire immédiatement au supplice. Il n'y en eut pas moins de deux cent quatre-vingt-douze qui reçurent la sentence de mort, et quatre-vingts furent exécutés sur-le-champ. Exeter devint ensuite le théâtre de ses cruautés. De deux cent quarante-trois personnes à qui l'on fit leur procès, la plus grande partie fut condamnée et livrée aux exécuteurs. Il transféra de là son tribunal à Taunton et à Wells. La consternation le précédoit partout. Ses menaces avoient frappé les jurés d'une telle épouvante, qu'ils donnoient leur *verdict* avec précipitation, et plusieurs innocens partagèrent le sort des coupables. En un mot, outre ceux qui furent massacrés par les commandans militaires, on en compte deux cent cinquante-un qui périrent par le bras de la justice. Tout le pays étoit jonché des membres épars des rebelles ; dans chaque village, on voyoit exposé le cadavre de quelque misérable habitant ; et l'inhumain Jefferies déployoit toutes les rigueurs de la justice, sans aucun mélange de pitié.

» De toutes les exécutions de cette affreuse époque, les plus atroces furent celles de madame Gaunt et de lady Lisle, accusées d'avoir donné asile à des traîtres. Madame Gaunt étoit une anabaptiste, connue par une bienfaisance qui s'étendoit aux personnes de tous les partis et de toutes les sectes. Un rebelle qui connoissoit son humanité, eut recours à elle dans sa détresse, et trouva un refuge dans sa maison. Bientôt après, ayant entendu parler d'un acte qui offroit une amnistie et des récompenses à ceux qui découvriroient des criminels, il eut la bassesse de trahir sa bienfaitrice, et de déposer contre elle. Il obtint grâce pour sa perfidie. Elle fut brûlée vive pour sa charité.

» Lady Lisle étoit la veuve d'un régicide qui avoit joui de beaucoup de faveur et de crédit sous Cromwell. Elle étoit poursuivie pour avoir donné asile à deux rebelles après la bataille de Sedgemoor. En vain cette femme âgée disoit-elle, pour sa défense, que le nom de ces rebelles ne se trouvoit dans aucune proclamation ; qu'ils n'étoient condamnés par aucune sentence ; que rien ne prouvoit qu'elle eût pu les connoître pour des partisans de Monmouth ; que, malgré le nom qu'elle portoit, l'on savoit bien que son cœur avoit toujours été attaché à la cause royale ; que personne n'avoit versé plus de larmes qu'elle sur la mort de Charles Ier ; que son fils, élevé par elle et dans ses principes avoit combattu lui-même contre les rebelles qu'on l'accusoit d'avoir recélés. Ces argumens n'émurent point Jefferies, mais ils agirent sur les jurés qui voulurent deux fois prononcer un *verdict* favorable, et furent deux fois renvoyés avec des reproches et des menaces. Enfin on leur arracha la fatale sentence, et elle fut exécutée. Le roi fut sourd à toute prière, et crut s'excuser en répondant qu'il avoit promis à Jefferies de ne pas faire grâce.

» Ceux qui échappoient à la mort étoient condamnés à des amendes qui les réduisoient à la mendicité ; et, si leur pauvreté les rendoit incapables de payer, ils subissoient le fouet ou la prison. Le peuple auroit souhaité dans cette occasion pouvoir distinguer entre Jacques et ses agens ; mais on prit soin de prouver qu'ils n'avoient rien fait que d'agréable à leur maître. Jefferies, à son retour, fut créé pair pour ses éminens services, et bientôt après revêtu de la dignité de chancelier. »

Voilà ce qu'un roi pouvoit faire souffrir à des Anglois, et voilà ce qu'ils supportoient ! C'est en 1686 que l'Angleterre donnoit à l'Europe de tels exemples de barbarie et de servitude ; et, deux ans après, lorsque Jacques II fut déposé et la constitution établie, commença cette période de cent vingt-huit ans jusqu'à nos jours, dans laquelle il n'y a pas eu une session du parlement qui n'ait apporté un perfectionnement à l'ordre social.

Jacques II étoit bien coupable ; cependant on ne peut se dissimuler qu'il y eut de la trahison dans la manière dont il fut abandonné. Ses filles lui enlevèrent la couronne[37]. Les personnes qui lui avoient montré le plus d'attachement, et qui lui devoient le plus de reconnoissance, le quittèrent. Les officiers manquèrent à leur serment ; mais selon une épigramme angloise, le succès ayant excusé cette trahison, on ne l'appela plus ainsi *.

Guillaume III étoit un homme d'état, ferme et sage, accoutumé, par son emploi de stathouder en Hollande, à respecter la liberté, soit qu'il l'aimât naturellement ou non. La reine Anne, qui lui succéda, étoit une femme sans talens, et ne tenant avec force qu'à des préjugés [38]. Quoiqu'elle fût en possession d'un trône qu'elle auroit dû céder à son frère, d'après les principes de la légitimité, elle conservoit un foible pour la doctrine du droit divin ; et, bien que le parti des amis de la liberté l'eût faite reine, il lui inspiroit toujours un éloignement involontaire. Cependant les institutions politiques prenoient déjà tant de force, qu'au dehors comme au dedans, ce règne a été l'un des plus glorieux de l'Angleterre. La maison d'Hanovre acheva de garantir la réforme religieuse et politique ; néanmoins, jusqu'après la bataille de Culloden en 1746, l'esprit de faction l'emporta encore souvent sur la justice [39]. La tête du prince Édouard fut mise à prix pour 30,000 louis ; et, tant qu'on craignit pour la liberté, l'on eut de la peine à se résoudre au seul moyen de l'établir, c'est-à-dire, au respect de ses principes, quelles que soient les circonstances.

Mais, si l'on lit avec soin le règne des trois Georges [40], on y verra que la morale et la liberté n'ont cessé de faire des progrès. C'est un beau spectacle que cette constitution, vacillante encore en sortant du port, comme un vaisseau qu'on lance à la mer, et déployant enfin ses voiles, en donnant l'essor à tout ce qu'il y a de grand et de généreux dans l'âme humaine. Je sais que les Anglois prétendront qu'ils ont eu de tout temps plus d'esprit de liberté que les François ; que, dès César, ils ont repoussé le joug des Romains, et que le code de ces Romains, rédigé sous les empereurs, ne fut jamais introduit dans les lois angloises ; il est également vrai qu'en adoptant la réformation, les Anglois ont fondé tout à la fois, d'une manière plus ferme, la morale et la liberté. Le clergé, ayant toujours siégé au parlement avec les seigneurs laïques, n'a point eu de pouvoir distinct dans l'état, et les nobles anglois se sont montrés plus factieux, mais moins courtisans que les nobles françois. Ces différences, on ne sauroit le nier, sont à l'avantage de l'Angleterre. En France, la beauté du climat, le goût de la société, tout ce qui embellit la vie, a servi le pouvoir arbitraire, comme dans les pays du midi où les plaisirs de l'existence suffisent à l'homme. Mais, une fois que le besoin de la liberté s'est emparé des esprits, les défauts mêmes qu'on reproche aux François, leur vivacité, leur amour-propre, les attachent davantage à ce qu'ils ont résolu de conquérir. Ils sont le troisième peuple, en comptant les Américains, qui s'essaie au gouvernement représentatif, et l'exemple de leurs devanciers commence enfin à les diriger. De quelque manière que l'on considère chaque nation, on y trouve toujours ce qui lui rendra le gouvernement représentatif non-seulement possible, mais nécessaire. Examinons donc l'influence de ce gouvernement dans le pays qui, le premier, a eu la gloire de l'établir.

CHAPITRE III

De la prospérité de l'Angleterre, et des causes qui l'ont accrue jusqu'à présent

Il y avoit, en 1813, vingt et un ans que les Anglois étoient en guerre avec la France, et pendant quelque temps le continent entier s'étoit armé contre eux. L'Amérique même, par des circonstances politiques, étrangères aux intérêts de l'Europe, faisoit partie de cette coalition universelle [41]. Depuis plusieurs années le respectable monarque de la Grande-Bretagne ne possédoit plus l'empire de ses facultés intellectuelles. Les grands hommes dans la carrière civile, Pitt et Fox, n'existoient plus, et personne encore n'avoit succédé à leur réputation : l'on ne pouvoit citer aucun nom historique à la tête des affaires, et le seul Wellington attiroit l'attention de l'Europe. Quelques ministres, plusieurs membres de l'opposition, des savans, des hommes de loi, des hommes de lettres, jouissoient d'une haute estime ; si d'un côté la France, à force de s'abaisser sous le joug d'un seul, avoit vu disparoître les réputations individuelles, de l'autre il y avoit tant de talens, d'instruction et de mérite chez les Anglois, qu'il étoit devenu très-difficile de primer au milieu de cette foule illustre.

En arrivant en Angleterre, aucun homme en particulier ne s'offroit à ma pensée : je n'y connoissois presque personne, mais j'y venois avec confiance [42]. J'étois persécutée par un ennemi de la liberté ; je me croyois donc sûre d'une honorable pitié, dans un pays dont toutes les institutions étoient en harmonie avec mes sentimens politiques. Je comptois beaucoup aussi sur le souvenir de mon père pour me protéger, et je ne me suis pas trompée. Les vagues de la mer du Nord, que je traversois en venant de Suède, m'inspiroient encore de l'effroi, lorsque j'aperçus de loin l'île verdoyante qui seule avoit résisté à l'asservissement de l'Europe. Il n'y avoit là cependant que douze millions d'hommes ; car les cinq ou six millions de plus qui composent la population de l'Irlande ont souvent été livrés, pendant le cours de la dernière guerre, à des divisions intestines [43]. Ceux qui ne veulent pas reconnoître l'ascendant de la liberté dans la puissance de l'Angleterre, ne cessent de répéter que les Anglois auroient été vaincus par Bonaparte, comme toutes les nations continentales, s'ils n'avoient pas été protégés par la mer. Cette opinion ne peut être réfutée par l'expérience : mais, je n'en doute point, si par un coup du Léviathan la Grande-Bretagne se fût trouvée réunie au continent européen, sans doute elle' eût plus souffert, sans doute ses richesses seroient diminuées, mais l'esprit public d'une nation libre est tel, que jamais elle n'eût subi le joug des étrangers.

Lorsque je débarquai en Angleterre, au mois de juin 1813, on venoit d'apprendre l'armistice conclu entre les puissances alliées et Napoléon. Il étoit à Dresde, et maître encore alors de se réduire au misérable sort d'empereur de la France jusqu'au Rhin, et de roi d'Italie [44]. L'Angleterre probablement n'auroit point souscrit à ce traité ; sa position étoit donc loin d'être favorable. Une longue guerre la menaçoit de nouveau ; ses finances paroissoient épuisées, à juger du moins de ses ressources d'après celles de tout autre pays de la terre. Un papier, tenant lieu de monnoie, étoit tombé d'un quart sur le continent ; et si ce papier n'eût pas été soutenu par l'esprit patriotique de la nation, il eût entraîné le bouleversement des affaires publiques et particulières. Les journaux de France, en comparant l'état des finances des deux pays, représentoient toujour l'Angleterre comme abîmée de dettes, et la France comme maîtresse d'un trésor considérable [45]. Le rapprochement étoit vrai, mais il falloit y ajouter que l'Angleterre disposoit par le crédit de moyens sans bornes, tandis que le gouvernement françois ne possédoit que l'or qu'il tenoit entre ses mains. La France pouvoit lever des milliards de contributions sur l'Europe opprimée, mais son souverain despotique n'auroit pu réussir dans un emprunt volontaire.

De Harwich à Londres on parcourt un grand chemin d'environ soixante-dix milles, qui est bordé presque sans intervalle par des maisons de campagne à droite et à gauche : c'est une suite d'habitations avec des jardins, interrompue par des villes. Presque tous les hommes sont bien vêtus, presque aucune cabane n'est en décadence, les animaux eux-mêmes ont quelque chose de paisible et de prospère, comme s'il y avoit des droits aussi pour eux dans ce grand édifice de l'ordre social. Les prix de toutes choses sont nécessairement fort élevés ; mais ces prix sont fixes pour la plupart : il y a tant d'aversion pour l'arbitraire dans ce pays, qu'en dehors de la loi même on place la règle et puis l'usage, pour s'assurer, autant qu'on le peut, dans les moindres détails quelque chose de positif et de stable. C'étoit sans doute un grand inconvénient que la cherté des denrées produite par les impôts excessifs ; mais si la guerre étoit indispensable, quelle autre que cette nation, c'est-à-dire que cette constitution, pouvoit y suffire ? Montesquieu remarque avec raison que les pays libres paient beaucoup plus d'impôts que les pays gouvernés despotiquement : c'est qu'on ne sait pas encore, quoique l'exemple de l'Angleterre ait dû l'apprendre, toutes les richesses d'un peuple qui consent à ce qu'il donne, et considère les affaires publiques comme les siennes. Aussi le peuple anglois, loin d'avoir perdu par vingt ans de guerre, avoit-il gagné sous tous les rapports, au milieu même du blocus continental. L'industrie, devenue plus active et plus ingénieuse, suppléoit d'une manière étonnante aux produits qu'on ne pouvoit plus tirer du continent [46]. Les capitaux exclus du commerce avoient été employés aux défrichements et aux améliorations de l'agriculture dans plusieurs provinces ; le nombre des maisons s'étoit augmenté partout, et l'accroissement de Londres, depuis peu d'années est à peine croyable [47]. Une branche de commerce tomboit-elle, une autre se relevoit aussitôt. Les propriétaires, devenus plus riches par la hausse des terres, consacroient une grande portion de leurs revenus à des établissemens de charité publique. Lorsque l'empereur Alexandre est arrivé en Angleterre [48], entouré par la multitude à laquelle il inspiroit un si juste empressement, il demandoit où étoit le peuple, parce qu'il ne voyoit autour de lui que des hommes vêtus comme la classe aisée l'est ailleurs. Tout ce qui se fait en Angleterre par des souscriptions particulière, est énorme : des hôpitaux, des maisons d'éducation, des missions, des sociétés chrétiennes, ont été non-seulement soutenus, mais multipliés pendant la guerre ; et les étrangers qui en éprouvoient les désastres, les Suisses, les Allemands, les Hollandois, n'ont cessé de recevoir de l'Angleterre des secours particuliers, produit des dons volontaires. Lorsque la ville de Leyde fut presque à demi renversée par l'explosion d'un bateau chargé de poudre [49], on vit paroître, peu de temps après, le pavillon anglois sur la côte de Hollande ; et, comme le blocus continental existoit alors dans toute sa rigueur, les habitans de la côte se crurent obligés à tirer sur ce vaisseau perfide : il arbora le signe de parlementaire, et fit savoir qu'il apportoit une somme d'argent considérable pour les citoyens de Leyde, ruinés par leur récent malheur.

Mais tous ces miracles de la prospérité généreuse, à quoi faut-il les attribuer ? A la liberté, c'est-à-dire à la confiance de la nation dans un gouvernement qui fait de la publicité le premier principe des finances, dans un gouvernement éclairé par la discussion et par la liberté de la presse. La nation, qui ne peut être trompée sous un tel ordre de choses, sait l'usage des impôts qu'elle paie, et le crédit public soutient l'incroyable poids de la dette angloise. Si, sans s'écarter des proportions, on essayoit quelque chose de semblable dans les états non-représentatifs du continent européen, on ne pourroit aller au second pas d'une telle entreprise. Cinq cent mille propriétaires de fonds publics sont une grande garantie du paiement de la dette, dans un pays où l'opinion et l'intérêt de chaque homme ont de l'influence. La justice, qui est synonyme de l'habileté en matière de crédit, est portée si loin en Angleterre, qu'on n'a pas confisqué les rentes des François, pendant qu'ils s'emparoient de tous les biens des Anglois en France. On n'a pas même fait supporter aux étrangers l'impôt sur le revenu de la dette, payé par les Anglois eux-mêmes [50]. Cette bonne foi parfaite, le sublime du calcul, est la base des finances d'Angleterre, et la confiance dans la durée de cette bonne foi tient aux institutions politiques. Le changement des ministres, quels qu'ils soient ne peut porter aucune atteinte au crédit, puisque la représentation nationale et la publicité rendent toute dissimulation impossible. Les capitalistes qui prêtent leur argent, sont les hommes du monde qu'il est le plus difficile de tromper.

Il existe encore de vieilles lois en Angleterre qui mettent quelques entraves aux diverses entreprises de l'industrie dans l'intérieur ; mais on les abolit par degré, et d'autres sont tombées en désuétude. Aussi chacun se crée-t-il des ressources, et nul homme doué de quelque activité ne peut-il être en Angleterre, sans trouver le moyen de s'enrichir en contribuant au bien de l'état. Le gouvernement ne se mêle jamais de ce que les particuliers peuvent faire aussi bien que lui : le respect pour la liberté individuelle s'étend à l'exercice des facultés de chacun, et la nation est si jalouse de s'administrer elle-même, quand cela se peut, qu'à beaucoup d'égards on manque à Londres de la police nécessaire à l'agrément de la ville, parce que les ministres ne peuvent pas empiéter sur les autorités locales.

La sécurité politique, sans laquelle il ne peut y avoir ni crédit ni capitaux accumulés, ne suffit pas encore pour développer toutes les ressources d'une nation : il faut que l'émulation anime les hommes au travail, tandis que les lois leur en assurent le fruit. Il faut que le commerce et l'industrie soient honorés, non par des récompenses données à tel ou tel individu, ce qui suppose deux classes dans un pays, dont l'une se croit le droit de payer l'autre ; mais par un ordre de choses qui permette à chaque homme de s'élever au plus haut rang s'il le mérite. Hume dit *que le commerce a encore plus besoin de dignité que de liberté.* En effet, l'absurde préjugé qui interdisoit aux nobles de France d'entrer dans le commerce, nuisoit plus que tous les autres abus de l'ancien régime au progrès des richesses françoises. Il y a des pairies en Angleterre accordées nouvellement à des négocians de première classe : une fois pairs, ils ne restent pas dans le commerce, parce qu'ils sont censés devoir servir autrement la patrie ; mais ce sont leurs fonctions de magistrats, et non des préjugés de caste qui les éloignent de l'état de négociant, dans lequel les fils cadets des plus grands seigneurs entrent sans hésiter, quand les circonstances les y appellent. La même famille tient souvent à des pairs d'une part, et de l'autre aux plus simples marchands de telle ou telle ville de province. Cet ordre politique encourage toutes les facultés de chacun, parce qu'il n'y a point de bornes aux avantages que la richesse et le talent peuvent valoir, et qu'aucune exclusion n'interdit ni les alliances, ni les emplois, ni la société, ni les titres, au dernier des citoyens anglois, s'il est digne d'être le premier.

Mais, dira-t-on, en France, même sous l'ancien régime, on a nommé des individus sans naissance aux plus grandes places. Oui, on s'est servi d'eux quelquefois, quand ils étoient utiles à l'état ; mais dans aucun cas on ne pouvoit faire d'un bourgeois l'égal d'un gentilhomme. Comment donner des décorations de premier ordre à un homme de talent sans naissance, puisqu'il falloit des preuves généalogiques pour avoir le droit de les porter ? A-t-on vu faire un duc et pair de ce qu'on auroit appelé un parvenu ? Et ce mot de parvenu à lui seul n'étoit-il pas une offense ? Les membres des parlemens françois eux-mêmes, nous l'avons déjà dit, n'ont jamais pu se faire considérer comme les égaux de la noblesse d'épée. En Angleterre, les rangs et l'égalité sont combinés de la manière la plus favorable à la prospérité de l'état, et le bonheur de la nation est le but de toutes les distinctions sociales. Là, comme ailleurs, les noms historiques inspirent le respect que l'imagination reconnoissante ne sauroit leur refuser : mais les titres restant les mêmes, tout en passant d'une famille à l'autre, il en résulte dans l'esprit du peuple une ignorance salutaire qui lui fait accorder les mêmes égards aux mêmes titres, quel que soit le nom patronymique auquel ils sont attachés. Le grand Marlborough s'appeloit Churchill, et n'étoit sûrement pas d'une aussi noble origine que l'antique maison de Spencer dont est le duc de Marlborough actuel [51], mais, sans parler de la mémoire d'un grand homme, qui auroit suffi pour honorer ses descendans, les gens du monde savent seuls que le duc de Marlborough de nos jours est d'une beaucoup plus grande naissance que le fameux général, et sa considération dans la masse de la nation n'y gagne et n'y perd rien. Le duc de Northumberland, au contraire, ne descend que par les femmes du célèbre Percy Hotspur, et cependant tout le monde le considère comme le véritable héritier de cette maison [52]. On se récrie sur la régularité du cérémonial en Angleterre : l'ancienneté d'un jour, en fait de nomination à la pairie, donne le pas sur un pair nommé quelques heures plus tard. La femme et la fille participent aux avantages de leur époux et de leur père ; mais c'est précisément cette régularité de rangs qui écarte les peines de la vanité ; car il se peut que le pair le plus moderne soit meilleur gentilhomme que celui qui le précède : il peut le croire du moins, et chacun se fait sa part d'amour-propre, sans que le bien public en souffre.

La noblesse de France, au contraire, ne pouvoit être classée que par le généalogiste de la cour. Ses décisions fondées sur des parchemins étoient sans appel ; et, tandis que l'aristocratie angloise est l'espoir de tous, puisque tout le monde y peut parvenir, l'aristocratie françoise en étoit nécessairement le désespoir ; car on ne pouvoit se donner, par les efforts de toute sa vie, ce que le hasard ne vous avoit pas accordé. Ce n'est pas l'*ordre inglorieux* de la naissance, disoit un poète anglois à Guillaume III, qui vous a élevé au trône, mais le génie et la vertu.

En Angleterre on a fait servir le respect des ancêtres à former une classe qui donne le moyen de flatter les hommes de talent en les y associant. En effet, on ne sauroit trop le répéter, qu'y a-t-il de plus insensé que d'arranger l'association politique de manière qu'un homme célèbre ait à regretter de n'être pas son petit-fils ; car, une fois anobli, ses descendans à la troisième génération obtenoient par son mérite des priviléges qu'on ne pouvoit lui accorder à lui-même. Aussi s'empressoit-on en France de quitter le commerce et même le barreau, dès qu'on avoit assez d'argent pour se faire anoblir. De là venoit que toute autre carrière que celle des armes, n'étoit jamais portée aussi loin qu'elle pouvoit l'être, et qu'on n'a pu savoir jusqu'où s'élèveroit la prospérité de la France, si elle jouissoit en paix des avantages d'une constitution libre.

Toutes les classes d'hommes bien élevés se réunissent souvent en Angleterre dans les comités divers où l'on s'occupe de telle ou telle entreprise, de tel ou tel acte de charité, soutenu volontairement par les souscriptions des particuliers. La publicité dans les affaires est un principe si généralement admis que, bien que les Anglois soient par nature les hommes les plus réservés, et ceux qui ont le plus de répugnance à parler en société, il y a presque toujours, dans les salles où les comités se rassemblent, des places pour les spectateurs, et une estrade d'où les orateurs s'adressent à l'assemblée.

J'assistois à l'une de ces discussions, dans laquelle on présentoit avec force les motifs faits pour exciter la générosité des auditeurs. Il s'agissoit d'envoyer des secours aux habitans de Leipsick, après la bataille donnée sous leurs murs [53]. Le premier qui parla fut le duc d'York, le second fils du roi, la première personne du royaume après le prince régent, un homme très-habile, et très-estimé dans la direction de son ministère, mais qui n'a ni l'habitude, ni le goût de se faire entendre en public. Il triompha cependant de sa timidité naturelle, parce qu'il croyoit ainsi donner un encouragement utile. Les courtisans des monarchies absolues n'auroient pas manqué de dire à un fils de roi, d'abord, qu'il ne devoit rien faire qui lui coûtât de la peine ; et, secondement, qu'il auroit tort de se commettre en haranguant le public au milieu des marchands, ses collègues à la tribune. Cette pensée ne vint pas seulement au duc d'York, ni à aucun Anglois, de quelque opinion qu'il fût. Après le duc d'York, le duc de Sussex, le cinquième fils du roi, qui s'exprime avec beaucoup d'élégance et de facilité, parla aussi à son tour ; et l'homme le plus aimé et le plus considéré de toute l'Angleterre, M. Wilberforce, put à peine se faire entendre, tant les applaudissemens couvroient sa voix [54]. Des hommes obscurs, et sans autre rang dans la société que leur fortune ou leur dévouement à l'humanité, succédèrent à ces noms illustres : chacun, suivant ses moyens, fit sentir l'honorable nécessité où se trouvoit l'Angleterre de secourir ceux de ses alliés qui avoient plus souffert qu'elle dans la lutte commune. Les auditeurs souscrivirent en sortant ; et des sommes considérables furent le résultat de cette séance. C'est ainsi que se forment les liens qui fortifient l'unité de la nation, et c'est ainsi que l'ordre social se fonde sur la raison et l'humanité.

Ces respectables assemblées n'ont pas uniquement pour but d'encourager les œuvres de bienfaisance ; il en est qui servent surtout à consolider l'union entre les grands seigneurs et les commerçans, entre la nation et le gouvernement ; et celles-là sont les plus solennelles.

La ville de Londres a eu de tout temps un lord maire, qui, pendant une année, préside le conseil de la cité, et dont les pouvoirs administratifs sont très-étendus. On se garde bien en Angleterre de tout concentrer dans l'autorité ministérielle, et l'on veut que, dans chaque province, dans chaque ville, les intérêts de localité soient remis entre les mains d'hommes choisis par le peuple pour les diriger. Le lord maire est ordinairement un négociant de la cité, et non pas un négociant en grand, mais souvent un simple marchand, dans lequel un très-grand nombre d'individus peuvent voir leur pareil. *Lady Mayoress,* c'est ainsi qu'on appelle la femme du maire, jouit pendant un an de tous les honneurs dus aux rangs les plus distingués de l'état. On honore l'élection du peuple et la puissance d'une grande ville dans l'homme qui la représente. Le lord maire donne deux dîners de représentation, où il invite des Anglois de toutes les classes et des étrangers. J'ai vu à sa table des fils du roi, plusieurs ministres, les ambassadeurs des puissances étrangères, le marquis de Lansdowns [55], le duc de Devonshire [56], ainsi que des citoyens très-recommandables par des raisons diverses : les uns, fils de pairs ; les autres, députés ; les autres, négocians, jurisconsultes, hommes de lettres, tous citoyens anglois, tous également attachés à leur noble patrie. Deux ministres du roi se levèrent de table pour parler en public ; et tandis que sur le continent un ministre se renferme, même au milieu d'une société de choix, dans les phrases les plus insignifiantes, les chefs du gouvernement en Angleterre se considèrent toujours comme représentans du peuple, et cherchent à captiver son suffrage tout aussi soigneusement que les membres de l'opposition ; car la dignité de la nation angloise plane au-dessus de tous les emplois et de tous les titres. On porta, suivant la coutume, divers toasts, dont les intérêts politiques étaient l'objet : les souverains et les peuples, la gloire et l'indépendance furent célébrés, et là, du moins, les Anglois se montrèrent amis de la liberté du monde. En effet, une nation libre peut être exclusive dans ses avantages de commerce ou de puissance ; mais elle devroit s'associer partout aux droits de l'espèce humaine.

Cette réunion avoit lieu dans un vieux bâtiment de la cité, dont les voûtes gothiques ont été les témoins des luttes les plus sanglantes : le calme n'a régné en Angleterre qu'avec la liberté. Les costumes de tous les membres du conseil de la cité sont les mêmes qu'il y a plusieurs siècles. On conserve aussi quelques usages de cette époque, et l'imagination en est émue ; mais c'est parce que les anciens souvenirs ne retracent point d'odieux préjugés. Ce que l'Angleterre a de gothique dans ses habitudes, et même dans quelques-unes de ses institutions, semble une cérémonie du culte du temps ; mais ni le progrès des lumières, ni le perfectionnement des lois n'en souffrent en aucune manière.

Nous ne croyons pas que la Providence ait placé ce beau monument de l'ordre social si près de la France, seulement pour nous inspirer le regret de ne pouvoir jamais l'égaler ; et nous examinerons avec scrupule, ce que nous voudrions imiter avec énergie.

CHAPITRE IV

De la liberté
et de l'esprit public
chez les Anglois

La première base de toute liberté, c'est la garantie individuelle, et rien n'est plus beau que la législation angloise à cet égard. Un procès criminel est par tout pays un horrible spectacle. En Angleterre, l'excellence de la procédure, l'humanité des juges, les précautions de tout genre prises pour assurer la vie à l'innocent, et les moyens de défense au coupable, mêlent un sentiment d'amiration à l'angoisse d'un tel débat. *Comment voulez-vous être jugé?* dit l'officier du tribunal à l'accusé. *Par Dieu et mon pays,* répond-t-il. *Dieu vous donne une bonne délivrance,* reprend l'officier du tribunal. Dès l'ouverture des débats, si l'accusé se trouble, s'il se compromet par ses réponses, le juge le met sur la bonne voie, et ne tient pas registre des paroles inconsidérées qui pourroient lui échapper. Dans la suite du procès, il ne s'adresse jamais à l'accusé, de peur que l'émotion que celui-ci doit éprouver, ne l'expose à se nuire à lui-même. On n'admet jamais, comme cela se fait en France, des témoins indirects, c'est-à-dire, des témoins qui déposent par ouï-dire. Enfin, toutes les précautions ont pour but l'intérêt de l'accusé. La religion et la liberté président à l'acte imposant qui permet à l'homme de condamner à mort son semblable. L'admirable institution du jury, qui remonte en Angleterre à une haute antiquité, fait intervenir l'équité dans la justice. Ceux qui sont investis momentanément du droit d'envoyer le coupable à la mort, ont une sympathie naturelle avec les habitudes de sa vie, puisqu'ils sont d'ordinaire choisis dans une classe à peu près semblable à la sienne ; et, lorsque les jurés sont forcés de prononcer la sentence d'un criminel, il est du moins certain lui-même que la société a tout fait pour qu'il pût être absous, s'il le méritoit ; et cette conviction doit porter quelque calme dans son cœur. Depuis cent ans, il n'existe peut-être pas d'exemple en Angleterre, d'un homme condamné, dont l'innocence ait été reconnue trop tard. Les citoyens d'un état libre ont une si grande portion de bon sens et de conscience, qu'avec ces deux flambeaux ils ne s'égarent jamais.

On sait quel bruit a fait en France la sentence portée contre Calas, celle contre Lally [57] ; et peu de temps avant la révolution, le président Dupaty publia le plaidoyer le plus énergique en faveur de trois accusés qu'on avoit condamnés au supplice de la roue, et dont l'innocence fut prouvée après leur mort [58]. De semblables malheurs ne sauroient avoir lieu d'après les lois et la procédure criminelle d'Angleterre ; et le tribunal d'appel de l'opinion, la liberté de la presse, feroit connoître la moindre erreur à cet égard, s'il étoit possible qu'il en fût commis.

Au reste, les délits qui ne tiennent en aucune manière à la politique, ne sont point ceux pour lesquels on peut craindre l'application de l'arbitraire. En général, il importe peu aux puissans de ce monde que les voleurs et les assassins soient jugés suivant telle ou telle forme ; et personne n'a intérêt à souhaiter que les lois ne soient pas respectées dans de tels jugemens. Mais quand il s'agit de crimes politiques ; de ceux que les partis opposés se reprochent mutuellement avec tant d'amertume et de haine, c'est alors qu'on a vu en France tous les genres de tribunaux extraordinaires créés par la circonstance, destinés à tel homme, et justifiés, disoit-on, par la grandeur du délit, tandis que c'est précisément quand ce délit est de nature à exciter fortement les passions, que l'on a plus besoin de recourir, pour le juger, à l'impassibilité de la justice.

Les Anglois avoient été tourmentés comme les François, comme tous les peuples de l'Europe où l'empire de la loi n'est pas établi, par la Chambre étoilée [59], par des commissions extraordinaires, par l'extension du crime de haute trahison à tout ce qui déplaisoit aux possesseurs du pouvoir. Mais depuis que la liberté s'est consolidée en Angleterre, non-seulement un individu, accusé d'un crime d'état, n'a jamais à craindre d'être détourné de ses juges naturels : qui pourroit admettre une telle pensée ? mais la loi lui donne plus de moyens de défense qu'à tout autre, parce qu'il a plus d'ennemis. Une circonstance récente fera sentir la beauté de ce respect des Anglois pour la justice, l'un des traits les plus admirables de leur admirable gouvernement.

On a attenté trois fois pendant son règne à la vie du roi d'Angleterre ; et certes elle étoit très-chère à ses sujets. La vénération qu'il inspire, dans son état actuel de maladie [60], a quelque chose de touchant et de délicat, dont on n'auroit jamais pu croire une nation tout entière capable ; et cependant aucun des assassins qui ont voulu tuer le roi n'a été condamné à mort. On a trouvé chez eux des symptômes de folie, qu'on avoit recherchés avec d'autant plus de scrupule, que l'indignation publique contre eux étoit plus violente. Louis XV fut frappé par Damien vers le milieu du siècle dernier [61], et l'on prétend aussi que ce misérable avoit l'esprit égaré ; mais, en supposant même qu'il eût assez de raison pour mériter la mort, une nation civilisée peut-elle tolérer le supplice effroyable auquel il a été condamné ? et l'on dit que ce supplice eut des témoins curieux et volontaires : quel contraste entre une telle barbarie et ce qui s'est passé en Angleterre ! Mais gardons-nous d'en tirer aucune conséquence contre le caractère françois ; ce sont les gouvernemens arbitraires qui dépravent les nations, et non les nations qui sont destinées par le ciel, les unes à toutes les vertus, les autres à tous les forfaits.

Hatfield est le nom du troisième des insensés qui tentèrent d'assassiner le roi d'Angleterre. Il choisit le jour où le roi reparoissoit au spectacle après une assez longue maladie, accompagné de la reine et des princes de sa famille. Au moment de l'entrée du roi dans la salle, l'on entendit un coup de pistolet dirigé contre sa loge ; et comme il recula de quelques pas, on douta un instant si le meurtre étoit accompli ; mais quand le courageux monarque s'avança pour rassurer la foule des spectateurs, dont l'inquiétude étoit au comble, rien ne peut exprimer le transport qui s'empara d'eux. Les musiciens, par un mouvement spontané, jouèrent l'air consacré, *Dieu sauve le roi*, et cette prière produisit, au milieu de l'anxiété publique, une émotion dont le souvenir vit encore au fond des cœurs. A la suite de cette scène, une multitude étrangère aux vertus de la liberté auroit demandé à grands cris le supplice de l'assassin, et l'on auroit vu les courtisans se montrer peuple dans leur fureur, comme si l'excès de leur amour ne les eût plus laissés maîtres d'eux-mêmes ; rien de semblable ne pouvoit avoir lieu dans un pays libre. Le roi magistrat étoit le protecteur de son assassin par le sentiment de la justice, et nul Anglois n'avoit l'idée qu'on pût plaire à son souverain aux dépens de l'immuable loi qui représente la volonté de Dieu sur la terre.

Non-seulement le cours de la justice ne fut pas hâté d'une heure, mais l'on va voir par l'exorde du plaidoyer de M. Erskine [62], aujourd'hui lord Erskine, quelles sont les précautions qu'on prend en faveur d'un criminel d'état. Ajoutons-y que, dans les procès pour haute trahison, le défenseur de l'accusé a le droit de prononcer un plaidoyer. Dans les cas ordinaires de félonie, il ne peut qu'interroger les témoins, et rendre le jury attentif à leurs réponses. Et quel défenseur que celui qu'on accordoit à Hatfield ! L'avocat le plus éloquent de l'Angleterre, le plus ingénieux dans l'art de la plaidoirie, Erskine ! C'est ainsi que commence son discours [c] : .

    « Messieurs les jurés,

» L'objet qui nous occupe, et le devoir que je vais remplir, non pas seulement par l'autorisation de la cour, mais en vertu du choix spécial qu'elle a fait de moi, offrent au monde civilisé un monument éternel de notre justice nationale. Le fait qui est soumis à votre examen, et dont toutes les circonstances vous sont déjà connues par la procédure, place notre pays, son gouvernement, ses citoyens et ses lois au plus haut point d'élévation morale où l'ordre social puisse atteindre. Le 15 du mois de mai dernier, un coup de pistolet a été tiré contre le roi, dans la quarantième année d'un règne pendant lequel il n'a pas seulement joui du pouvoir souverain, mais exercé sur le cœur de son peuple un empire spontanément accordé. Du moins toutes les apparences indiquent que le coup étoit dirigé contre Sa Majesté, et cela dans un théâtre public, au centre de sa capitale, au milieu des applaudissemens sincères de ses fidèles sujets. Toutefois, pas un des cheveux de la tête de l'assassin présumé n'a été touché ; et le roi lui-même, qui jouoit le premier rôle dans cette scène, soit par son rang, soit parce que ses intérêts de ses sentimens personnels étoient les plus compromis, a donné un exemple de calme et de modération non moins heureux que remarquable.

» Messieurs, je conviens avec l'avocat général (et en effet il ne sauroit y avoir deux opinions à cet égard) que si le même coup de pistolet eût été tiré méchamment par le même homme contre le dernier des individus alors présens dans la salle, le prisonnier que voici eût été mis en jugement sans aucun délai, et conduit immédiatement au supplice s'il eût été trouvé coupable. Il n'auroit eu connoissance des preuves à sa charge qu'au moment de la lecture de son acte d'accusation ; il eût ignoré les noms et jusqu'à l'existence de ceux qui devoient prononcer son arrêt, et des témoins appelés à déposer contre lui. Mais il s'agit d'une tentative de meurtre sur la personne du roi lui-même, et voici mon client tout couvert de l'armure de la loi. Ce sont les juges institués par le roi qui l'ont pourvu d'un défenseur, non de leur choix, mais du sien. Il a eu copie de son acte d'accusation, dix jours avant le commencement de la procédure. Il a connu les noms, demeures et qualités de tous les jurés présentés à la cour ; il a joui du privilége important de les récuser péremptoirement sans motiver son refus. Il a eu de même la connoissance détaillée de tous les témoins admis à déposer contre lui ; enfin il faut aujourd'hui, pour le condamner, un témoignage double de celui qui suffiroit légalement pour établir son crime, si, dans une poursuite semblable, le plaignant étoit un homme du dernier rang de la société.

» Messieurs, lorsque cette malheureuse catastrophe arriva, je me souviens d'avoir dit à quelques personnes ici présentes, qu'il étoit difficile au premier coup d'œil de remonter au principe qui a dicté ces exceptions indulgentes aux règles générales de la procédure, et de s'expliquer pourquoi nos ancêtres ont étendu aux conspirations contre la personne du roi, les précautions qui concernent les trahisons contre le gouvernement. En effet, dans les cas de trahison politique, les intérêts et les passions de grandes masses d'hommes en puissance, se trouvant compromis et agités, il devient nécessaire d'établir un contre-poids pour donner du calme et de l'impartialité aux tribunaux criminels ; mais une tentative d'homicide contre la personne du roi, sans aucune connexion avec les affaires publiques, sembloit devoir être assimilée à tout autre crime du même genre, commis contre un simple particulier. Mais, messieurs, la sagesse de la loi est plus grande que celle d'un homme quel qu'il soit ; combien donc n'est-elle pas au-dessus de la mienne ! Une tentative contre la personne du roi est considérée comme un parricide envers l'état. Les jurés, les témoins, les juges eux-mêmes sont ses enfants : il falloit donc qu'un délai solennel précédât le jugement pour qu'il pût être équitable ; et quel spectacle plus sublime la justice peut-elle nous offrir, que celui d'une nation tout entière déclarée récusable pendant une période limitée ? Une quarantaine de quinze jours n'étoit-elle pas nécessaire pour garantir les esprits de la contagion d'une partialité si naturelle ? »

Quel pays que celui où de telles paroles ne sont que l'exposition simple et vraie de ce qui existe !

La jurisprudence civile angloise est beaucoup moins digne de louanges ; les procès y sont trop dispendieux et trop prolongés. Elle sera sûrement améliorée avec le temps, comme elle l'a déjà été sous plusieurs rapports ; car ce qui caractérise surtout le gouvernement anglois, c'est la possibilité de se perfectionner sans secousse. Il reste en Angleterre des formes anciennes, remontant au temps féodal, qui surchargent les lois civiles d'une foule de longueurs inutiles ; mais la constitution s'est établie en greffant le nouveau sur l'ancien, et s'il en est résulté le maintien de quelques abus, on peut dire aussi que l'on a donné, de cette manière, à la liberté l'avantage de tenir à une ancienne origine. La condescendance pour les vieux usages ne s'étend en Angleterre à rien de ce qui concerne la sûreté et la liberté individuelle. Sous ce rapport, l'ascendant de la raison est complet, et c'est sur cette base que tout repose. Avant de passer à la considération des pouvoirs politiques, sans lesquels les droits civils n'auroient aucune garantie, il faut encore parler de la seule atteinte portée à la liberté individuelle qu'on puisse reprocher à l'Angleterre, la presse des matelots[64]. Je n'alléguerai point les motifs tirés du grand intérêt que doit avoir un pays, dont toute la puissance est maritime, à se maintenir à cet égard dans sa force ; je ne dirai point non plus que cette espèce de violence se borne à ceux qui ont déjà servi dans la marine marchande ou royale, et qui savent par conséquent, comme les soldats sur terre, le genre d'obligations auquel ils se sont astreints. J'aime mieux convenir franchement que c'est un grand abus, mais un abus qui, sans aucun doute, sera réformé de quelque manière ; car dans un pays où toutes les pensées sont tournées vers le perfectionnement de l'ordre social, et où la liberté de la presse favorise le développement de l'esprit public, il est impossible que toutes les vérités ne finissent pas par entrer efficacement en circulation. On peut prédire qu'à une époque plus ou moins éloignée, on verra des changemens importans dans le mode de recrutement de la marine en Angleterre.

« Eh bien, s'écrieront les ennemis de toute vertu publique, quand le bien qu'on dit de l'Angleterre seroit vrai, il en résulteroit seulement que c'est un pays habilement et sagement gouverné, comme tout autre pays pourroit l'être ; mais il n'est point libre à la manière dont les philosophes l'entendent, car c'est le ministère qui est le maître de tout, là comme ailleurs. Il achète les voix du parlement, de manière à s'assurer constamment la majorité, et toute cette constitution angloise dont on nous parle avec tant d'admiration, n'est que l'art de faire agir la vénalité politique. » L'espèce humaine seroit bien à plaindre, si le monde étoit ainsi dépouillé de toutes ses beautés morales, et il seroit difficile alors de comprendre les vues de la Divinité dans la création de l'homme ; mais heureusement ces assertions sont combattues par les faits autant que par la théorie. Il est inconcevable combien l'Angleterre est mal connue sur le continent, malgré le peu de distance qui l'en sépare. L'esprit de parti repousse les lumières qui viendroient de ce phare immortel ; et l'on ne veut voir dans l'Angleterre que son influence diplomatique, ce qui n'est pas, comme je le dirai dans la suite, le beau côté de ce pays.

Est-ce en effet de bonne foi qu'on peut se persuader que les ministres anglois donnent de l'argent aux députés des communes, ou aux membres de la chambre haute, pour voter dans le sens du gouvernement ? Comment les ministres anglois, qui rendent un compte si exact des deniers de l'état ; trouveroient-ils des sommes assez fortes pour corrompre des hommes d'une si grande fortune, sans parler même de leur caractère ? M. Pitt vint s'en remettre, il y a quelques années, à l'indulgence de la chambre, pour quarante mille livres sterling qu'il avoit employées à soutenir des maisons de commerce pendant la dernière guerre ; et ce qu'on appelle les dépenses secrètes, ne suffiroit pas à la moindre influence politique dans l'intérieur du pays. Et de plus, comment la liberté de la presse dont le flambeau porte le jour sur les moindres détails de la vie des hommes publics, ne feroit-elle pas connoître les présens corrupteurs qui perdroient à jamais ceux qui les auroient reçus, aussi-bien que les ministres qui les auroient donnés ?

Il existoit, j'en conviens, sous les prédécesseurs de M. Pitt, quelques exemples de marchés conclus par l'état, de manière à favoriser indirectement des députés ; mais M. Pitt s'est tout-à-fait abstenu de ces moyens indignes de lui ; il a établi la libre concurrence pour les emprunts et les fournitures ; et aucun homme cependant n'a exercé plus d'empire sur les deux chambres. « Oui, dira-t-on, les députés et les pairs ne sont point achetés par de l'argent, mais ils veulent avoir des places pour eux et leurs amis ; et ce genre de séduction est aussi efficace que l'autre. » Sans doute c'est une partie de la prérogative du roi, et par conséquent de la constitution, que les faveurs dont la couronne peut disposer. Cette influence est un des poids de la balance si sagement combinée ; et d'ailleurs elle est encore très-limitée. Jamais le ministère n'auroit ni le moyen, ni l'idée de changer rien à ce qui touche aux libertés constitutionnelles de l'Angleterre : l'opinion à cet égard lui présente une barrière invincible. La pudeur publique consacre de certaines vérités comme inattaquables, et le parti de l'opposition n'imagineroit pas plus de critiquer l'institution de la pairie, que le parti ministériel n'oseroit blâmer la liberté de la presse. C'est uniquement dans le cercle des circonstances du moment, que de certaines considérations personnelles ou de famille peuvent agir sur la direction de quelques esprits ; mais jamais de manière à porter atteinte aux lois constitutionnelles. Quand le roi voudroit s'en affranchir, la responsabilité des ministres ne leur permettroit pas de s'y prêter : et ceux qui composent la majorité dans les deux chambres seroient encore moins disposés à renoncer à leurs droits réels de lords, de députés et de citoyens, pour mériter les faveurs d'une cour[65].

La fidélité de parti est l'une des vertus fondées sur l'esprit public, dont il résulte le plus d'avantages pour la liberté angloise. Si demain les ministres avec lesquels on a voté sortent de place, ceux auxquels ils ont donné des emplois les quittent avec eux. Un homme seroit déshonoré en Angleterre s'il se séparoit de ses amis politiques pour son intérêt particulier. L'opinion à cet égard est si forte, qu'on a vu, il n'y a pas long-temps, un homme d'un caractère et d'un nom très-respectables, se brûler la cervelle parce qu'il se reprochoit d'avoir accepté une place indépendamment de son parti. Jamais on n'entend la même bouche proférer deux opinions opposées ; et cependant il ne s'agit dans l'état actuel des choses en Angleterre que de nuances et non de couleurs. Les Torys, a-t-on dit, approuvent la liberté et aiment la monarchie, tandis que les Whigs approuvent la monarchie et aiment la liberté ; mais entre ces deux partis il ne sauroit être question de la république ou de la royauté, de la dynastie ancienne ou nouvelle, de la liberté ou de la servitude, enfin des extrêmes et des contrastes qu'on a vu professer par les mêmes hommes en France, comme si l'on devoit dire du pouvoir ainsi que de l'amour, que l'objet n'importe pas, pourvu que l'on soit toujours fidèle au sentiment, c'est-à-dire, au dévouement à la puissance. Des dispositions bien contraires se font admirer en Angleterre. Depuis près de cinquante ans les membres de l'opposition n'ont pas occupé plus de trois ou quatre années les places du ministère ; cependant la fidélité de parti n'a point été ébranlée parmi eux ; et dernièrement encore, pendant que j'étois en Angleterre, j'ai vu des hommes de loi refuser des places de sept à huit mille livres sterling, qui ne tenoient pas même d'une façon immédiate à la politique, seulement parce qu'ils avoient des liens d'opinion avec les amis de Fox. Si quelqu'un refusoit chez nous une place de huit mille louis d'appointemens, en vérité, sa famille se croiroit en droit de le faire interdire juridiquement.

L'existence d'un parti ministériel et d'un parti de l'opposition, quoiqu'elle ne puisse pas être prescrite par la loi, est un appui essentiel de la liberté, fondé sur la nature des choses. Dans tout pays où vous verrez une assemblée d'hommes constamment d'accord, soyez sûr qu'il y a despotisme, ou que le despotisme sera le résultat de l'unanimité, s'il n'en est pas la cause [66]. Or, comme le pouvoir et les grâces dont il dispose ont de l'attrait pour les hommes, la liberté ne sauroit exister qu'avec cette fidélité de parti qui met, pour ainsi dire, une discipline d'honneur dans les rangs des députés enrôlés sous diverses bannières.

Mais si les opinions sont décidées d'avance, comment la vérité et l'éloquence peuvent-elles agir sur l'assemblée ? Comment la majorité peut-elle changer, quand les circonstances l'exigeroient, et à quoi sert-il de discuter, si personne ne peut voter d'après sa conviction ? Il n'en est point ainsi : ce qu'on appelle fidélité de parti, c'est de ne point isoler ses intérêts personnels de ceux de ses amis politiques, et de ne pas traiter séparément avec les hommes au pouvoir. Mais il arrive souvent que les circonstances ou les argumens influent sur la masse de l'assemblée, et que les neutres qui sont en assez grand nombre, c'est-à-dire ceux qui ne jouent pas un rôle actif dans la politique, font changer la majorité. Il est dans la nature du gouvernement anglois, que les ministres ne puissent se maintenir sans avoir cette majorité pour eux ; mais néanmoins M. Pitt, bien qu'il l'eût momentanément perdue à l'époque de la première maladie du roi, put rester en place, parce que l'opinion publique qui lui étoit favorable, lui permit de casser le parlement, et de recourir à une nouvelle élection [67]. Enfin, l'opinion règne en Angleterre ; et c'est là ce qui constitue la liberté d'un état. Les amis jaloux de cette liberté désirent la réforme parlementaire, et prétendent qu'on ne peut croire à l'existence d'un gouvernement représentatif, tant que les élections seront combinées de manière à mettre le choix d'un grand nombre de députés dans la dépendance du ministère. Le ministère, il est vrai, peut influer sur plusieurs élections, telles que celles des bourgs de Cornouaille et quelques autres de ce genre, dans lesquels le droit d'élire s'est conservé, bien que les électeurs aient en grande partie disparu[68] ; tandis que des villes, dont la population est fort augmentée, n'ont pas autant de députés que leur population l'exigeroit, ou même n'en ont point. Il faut compter au nombre des prérogatives de la couronne le droit de faire entrer par son influence soixante ou quatre-vingts membres dans la chambre des communes, sur six cent cinquante dont elle est composée ; mais cet abus, et c'en est un, n'a point altéré jusque dans les derniers temps la force et l'indépendance du parlement anglois. Les évêques et les archevêques qui siégent dans la chambre des pairs, votent aussi presque toujours avec le ministère, excepté dans les points qui ont rapport à la religion. Ce n'est point par corruption, mais par convenance, que des prélats nommés par le roi n'attaquent pas d'ordinaire les ministres ; mais tous ces élémens divers dont la représentation nationale est composée, n'empêchent pas qu'elle ne marche en présence de l'opinion, et que les hommes importans de l'Angleterre, comme talent, comme fortune, ou comme considération personnelle, ne soient pour la plupart députés. Il y a de grands propriétaires et des pairs qui disposent de quelques nominations à la chambre des communes, de la même manière que les ministres ; et, lorsque ces pairs sont de l'opposition, les députés qu'ils ont fait élire votent aussi dans leur sens. Toutes ces circonstances accidentelles ne changent rien à la nature du gouvernement représentatif[69]. Ce qui importe avant tout, ce sont les débats publics, et les belles formes de délibération qui protégent la minorité. Des députés tirés au sort, avec la liberté de la presse, représenteroient plus fidèlement dans un pays l'opinion nationale, que les députés les plus régulièrement élus, s'ils n'étoient point conduits et éclairés par cette liberté.

Il seroit à désirer néanmoins que l'on supprimât graduellement les élections devenues illusoires, et que, d'autre part, l'on donnât une représentation plus équitable à la population et à la propriété, afin de renouveler un peu l'esprit du parlement, que la réaction contre la révolution de France a rendu sous quelques rapports trop docile envers le pouvoir exécutif. Mais on craint la force de l'élément populaire, dont la troisième branche de la législature est composée, bien qu'il soit modifié par la sagesse et la dignité des membres de la chambre des communes. Il y a cependant quelques hommes dans cette chambre, dont les opinions démocratiques sont très-prononcées. Non-seulement cela doit arriver ainsi, partout où les opinions sont libres, mais il est même désirable que l'existence de pareilles opinions rappelle aux grands du pays qu'ils ne peuvent conserver les avantages de leur rang qu'en ménageant les droits et le bonheur de la nation. Toutefois ce seroit bien à tort qu'on se persuaderoit sur le continent que le parti de l'opposition est démocratique. Singuliers démocrates que le duc de Devonshire, le duc de Bedford, le marquis de Stafford[70]! C'est au contraire la haute aristocratie d'Angleterre qui sert de barrière à l'autorité royale. Il est vrai que l'opposition est plus libérale dans ses principes que les ministres : il suffit de combattre le pouvoir pour retremper son esprit et son âme. Mais comment pourroit-on craindre un bouleversement révolutionnaire de la part des individus qui possèdent tous les genres de propriété que l'ordre fait respecter, la fortune, le rang, et surtout les lumières ? car les connoissances réelles et profondes donnent aux hommes une consistance égale à celle de la richesse.

On ne recherche en aucune manière, dans la chambre des communes d'Angleterre, le genre d'éloquence qui soulève la multitude ; la discussion domine dans cette assemblée, l'esprit d'affaires y préside, et l'on y est même plutôt trop sévère pour les mouvemens oratoires. Burke lui-même[71], dont les écrits politiques sont si fort admirés maintenant, n'étoit point écouté avec faveur quand il parloit dans la chambre basse, parce qu'il mêloit à ses discours des beautés étrangères à son sujet, et qui appartenoient plutôt à la littérature. Les ministres sont souvent appelés à donner dans la chambre des communes des explications particulières qui n'entrent point dans les débats. Les députés des différentes villes ou comtés instruisent les membres du gouvernement des abus qui peuvent naître dans l'administration, des réformes et des améliorations dont elle est susceptible ; et ces communications habituelles entre les représentans du peuple et les chefs du pouvoir produisent les plus heureux résultats.

« Si la majorité du parlement n'est pas achetée par le ministère, au moins vous nous accorderez, » disent ceux qui croient plaider leur propre cause en parvenant à démontrer la dégradation de l'espèce humaine : « au moins vous nous accorderez que les candidats dépensent des sommes énormes pour être élus. » On ne sauroit nier que, dans certaines élections, il n'y ait de la vénalité, malgré des lois sévères. La plus considérable de toutes les dépenses est celle des frais de voyage, dont l'objet est d'amener au lieu de l'élection des votans qui vivent à une grande distance. Il en résulte qu'il n'y a que des personnes très-opulentes qui puissent courir le risque de se présenter comme candidats pour de telles places, et que le luxe des élections devient quelquefois une folie en Angleterre, comme tout autre luxe dans d'autres monarchies. Néanmoins, dans quel pays peut-il exister des élections populaires, sans qu'on cherche à captiver la faveur du peuple ? C'est précisément le grand avantage de cette institution. Il arrive alors une fois que les riches ont besoin de la classe, qui d'ordinaire est dans leur dépendance. Lord Erskine me disoit que, dans sa carrière d'avocat et de membre de la chambre des communes, il n'y avoit peut-être pas un habitant de Westminster auquel il n'eût adressé la parole ; tant il y a de rapports politiques entre les bourgeois et les hommes du premier rang. Les choix des cours sont presque toujours influencés par les motifs les plus étroits : le grand jour des élections populaires ne sauroit être soutenu que par des individus remarquables de quelque manière. Le mérite finira toujours par triompher, dans les pays où le public est appelé à le désigner.

Ce qui caractérise particulièrement l'Angleterre, c'est le mélange de l'esprit chevaleresque avec l'enthousiasme de la liberté, les deux plus nobles sentimens dont le cœur humain soit capable. Les circonstances ont amené cet heureux résultat, et l'on doit convenir que des institutions nouvelles ne suffiroient pas pour le produire : le souvenir du passé est nécessaire pour consacrer les rangs aristocratiques ; car, s'ils étoient tous de la création du pouvoir, ils auroient une partie des inconvéniens qu'on a éprouvés en France sous Bonaparte. Mais que faire dans un pays où la noblesse seroit ennemie de toute liberté ? Le tiers état ne pourroit former aucune union avec elle ; et, cemme il est le plus fort, il la menaceroit sans cesse, jusqu'à ce qu'elle se fût soumise aux progrès de la raison.

L'aristocratie angloise est plus mélangée que celle de France aux yeux d'un généalogiste ; mais la nation angloise semble, pour ainsi dire, un corps entier de gentilshommes. Vous voyez dans chaque citoyen anglois qu'il peut être un jour, puisqu'aucun rang n'est inaccessible au talent, et que ces rangs ont toujours conservé leur éclat antique. Il est vrai que ce qui rend noble, avant tout, aux regards d'une âme élevée, c'est d'être libre. Un noble ou un gentilhomme anglois (et ce mot de gentilhomme signifie un propriétaire indépendant), exerce dans sa province un emploi utile, auquel il n'est jamais attaché d'appointemens : juge de paix, shériff ou gouverneur de la contrée qui environne ses possessions, il influe sur les élections d'une manière convenable et qui ajoute à son crédit sur l'esprit du peuple ; il remplit, comme pair ou comme député, une fonction politique, et son importance est réelle. Ce n'est pas l'oisive aristocratie d'un noble françois, qui n'étoit plus rien dans l'état dès que le roi lui refusoit sa faveur, c'est une distinction fondée sur tous les intérêts de la nation ; et l'on ne peut s'empêcher d'être étonné que les gentilshommes françois préférassent leur existence de courtisans sur la route de Versailles à Paris, à cette stabilité majestueuse d'un pair anglois dans sa terre, entouré d'hommes auxquels il peut faire mille sortes de biens, mais sur lesquels il ne sauroit exercer aucun pouvoir arbitraire. L'autorité de la loi domine sur toutes les puissances de l'état en Angleterre, comme la destinée de l'ancienne mythologie sur l'autorité des dieux mêmes.

Au miracle politique du respect pour les droits de chacun, fondé sur le sentiment de la justice, il faut ajouter la réunion habile autant qu'heureuse de l'égalité devant la loi, avec les avantages attachés à la séparation des rangs[72]. Chacun y a besoin des autres pour ses jouissances, et cependant chacun y est indépendant de tous par ses droits. Ce tiers état, qui a si prodigieusement grandi en France et dans les reste de l'Europe, ce tiers état dont l'accroissement oblige à des changemens successifs dans toutes les vieilles institutions, est réuni à la noblesse en Angleterre, parce que la noblesse elle-même est identifiée avec la nation. Un grand nombre de pairs doivent originairement leur dignité à la jurisprudence, quelques-uns au commerce, d'autres à la carrière des armes, d'autres à celle de l'éloquence politique ; il n'y a pas une vertu, pas un talent qui ne soit à sa place, ou qui ne doive se flatter d'y arriver ; et tout contribue dans l'édifice social à la gloire de cette constitution qui est aussi chère au duc de Norfolk qu'au dernier porte-faix de l'Angleterre[73], parce qu'elle protége aussi équitablement l'un que l'autre.

> *Thee I account still happy, and the chief*
> *Among the nations, seeing thou are free,*
> *My native nook of earth! Thy clime is rude,*
> *Replete with vapours, and disposes much*
> *All hearts to sorrow, and none more than mine :*
> . . . .
> *Yet, being free, I love thee.* . . . .

Ces vers sont d'un poète d'un admirable talent[d74], mais dont la sensibilité même avoit altéré le bonheur. Il se mouroit du mal de la vie ; et, quand tout le faisoit souffrir, amour, amitié, philosophie, une patrie libre réveilloit encore dans son âme un enthousiasme que rien ne pouvoit éteindre.

Tous les hommes sont plus ou moins attachés à leur pays ; les souvenirs de l'enfance, les habitudes de la jeunesse, forment cet inexprimable amour de la terre natale qu'il faut reconnoître pour une vertu, car tous les sentimens vrais en sont la source. Mais dans un grand état, la liberté et le bonheur que donne cette liberté, peuvent seuls inspirer un véritable patriotisme : aussi rien n'est comparable à l'esprit public de l'Angleterre. On accuse les Anglois d'égoïsme, et il est vrai que leur genre de vie est si bien réglé, qu'ils se renferment généralement dans le cercle de leurs affections domestiques et de leurs habitudes ; mais quel est le sacrifice qui leur coûte, quand il s'agit de leur pays ? Et chez quel peuple au monde les services rendus sont-ils sentis et récompensés avec plus d'enthousiasme ? Quand on entre dans l'église de Westminster, toutes ces tombes, consacrées aux hommes qui se sont illustrés depuis plusieurs siècles, semblent reproduire le spectacle de la grandeur de l'Angleterre parmi les morts. Les penseurs et les rois reposent sous la même voûte : là leurs querelles sont apaisées, ainsi que le dit un poète fameux de l'Angleterre, Walter Scott ⁱ. Vous voyez les tombeaux de Pitt et de Fox à côté l'un de l'autre, et les mêmes larmes les arrosent ; car ils méritent tous les deux le regret profond que les âmes généreuses doivent accorder à cette noble élite de l'espèce humaine qui nous sert d'appui dans la confiance en l'immortalité de l'âme.

Qu'on se rappelle le convoi de Nelson [76], lorsque près d'un million d'hommes, répandus dans Londres et dans les environs, suivoient en silence son cercueil. La multitude se taisoit, la multitude étoit respectueuse dans l'expression de sa douleur, comme on pourroit l'attendre de la société la plus raffinée. Nelson avoit mis ces paroles à l'ordre sur son vaisseau, le jour de Trafalgar : « L'Angleterre attend que chacun de nous fera son devoir. » Il l'avoit accompli ce devoir, et mourant sur son bord, les obsèques honorables que sa patrie lui accorderoit s'offroient à sa pensée comme le commencement d'une nouvelle vie.

Et maintenant encore ne nous taisons pas sur lord Wellington, bien que nous puissions justement en France souffrir en rappelant sa gloire [77]. Avec quel transport n'a-t-il pas été reçu par les représentans de la nation, par les pairs et par les communes ! Aucune cérémonie ne fit les frais de ces hommages rendus à un homme vivant ; mais les transports du peuple anglois échappoient de toutes parts. Les acclamations de la foule retentissoient dans la salle du parlement, avant qu'il y entrât ; lorsqu'il parut, tous les députés se levèrent par un mouvement spontané, sans qu'aucune étiquette le leur commandât. L'émotion inspiroit à ces hommes si fiers les hommages qu'on dicte ailleurs. Rien n'étoit plus simple que l'accueil qu'on fit à lord Wellington : il n'y avoit ni gardes, ni pompe militaire, pour faire honneur au plus grand général d'un siècle où Bonaparte a vécu ; mais la voix du peuple célébroit cette journée, et rien de semblable n'a pu se voir en aucun autre pays de la terre.

Ah ! quelle enivrante jouissance que celle de la popularité ! Je sais tout ce qu'on peut dire sur l'inconstance et le caprice même des faveurs populaires ; mais ces reproches s'appliquent plutôt aux républiques anciennes, où les formes démocratiques des gouvernements amenoient toutes les vicissitudes les plus rapides. Dans un pays gouverné comme l'Angleterre, et de plus éclairé par le flambeau sans lequel tout est ténèbres, la liberté de la presse, les choses et les hommes sont jugés avec beaucoup d'équité. La vérité est mise sous les yeux de tous, tandis que les diverses contraintes dont on fait usage ailleurs sont nécessairement la cause d'une grande incertitude dans les jugemens. Un libelle qui se glisse à travers le silence obligé de la presse, peut altérer l'opinion sur qui que ce soit, car les louanges ou les censures ordonnées par le gouvernement sont toujours suspectes. Rien ne s'établit nettement et solidement dans la tête des hommes, que par une discussion sans entraves.

« Prétendez-vous, me dira-t-on, qu'il n'y ait point de mobilité dans le jugement du peuple anglois, et qu'il n'encense pas aujourd'hui ce que peut-être il déchirera demain ? » Sans doute, les chefs du gouvernement doivent être exposés à perdre la faveur du peuple, s'ils ne réussissent pas dans la conduite des affaires publiques ; il faut que les dépositaires de l'autorité soient heureux, et c'est une des conditions des avantages qu'on leur accorde. D'ailleurs, comme le pouvoir déprave presque toujours ceux qui le possèdent, il est fort à désirer que dans un pays libre les mêmes hommes ne restent pas trop long-temps en place ; et l'on a raison de changer de ministres, ne fût-ce que pour en changer. Mais la réputation acquise est très-durable en Angleterre, et l'opinion publique peut y être considérée comme la conscience de l'état.

Si quelque chose peut séduire l'équité du peuple anglois, c'est le malheur. Un individu persécuté par une force quelconque pourroit inspirer un intérêt non mérité, et par conséquent passager ; mais cette noble erreur tient d'une part à la générosité du caractère anglois, et de l'autre à ce sentiment de liberté qui fait éprouver à tous le besoin de se défendre mutuellement contre l'oppression ; car c'est sous ce rapport surtout qu'en politique il faut traiter son prochain comme soi-même.

Les lumières et l'énergie de l'esprit public sont une réponse plus que suffisante aux argumens des personnes qui prétendent que l'armée envahiroit la liberté de l'Angleterre, si l'Angleterre étoit une puissance continentale. Sans doute, c'est un avantage pour les Anglois que leur force consiste plutôt dans la marine que dans les troupes de terre. Il faut plus de connoissances pour être un capitaine de vaisseau qu'un colonel, et toutes les habitudes qu'on prend sur mer ne portent point à vouloir se mêler des affaires intérieures de son pays. Mais quand la nature, devenue prodigue, feroit naître dix lords Wellington, mais quand le monde verroit encore dix batailles de Waterloo, il ne viendroit pas dans la tête de ceux qui donnent si facilement leur vie pour leur pays, de tourner leurs forces contre lui ; ou tout au moins ils rencontreroient un invincible obstacle chez des hommes aussi braves qu'eux et plus éclairés, qui détestent l'esprit militaire, quoiqu'ils sachent admirer et pratiquer les vertus guerrières. Cette sorte de préjugé qui persuadoit à la noblesse de France qu'elle ne pouvoit servir son pays que dans la carrière des armes, n'existe nullement en Angleterre. Un grand nombre de fils de pairs sont avocats ; le barreau participe au respect qu'on a pour la loi, et dans toutes les carrières, les occupations civiles sont considérées. Dans un tel pays, on n'a pas dû craindre jusqu'à ce jour l'invasion de la puissance militaire : il n'y a que les peuples ignorans qui aient une aveugle admiration pour le sabre. C'est une superbe chose que la bravoure, quand on expose une vie chère à sa famille, une tête remplie de vertus et de lumières, et qu'un citoyen se fait soldat, pour maintenir ses droits de citoyen. Mais quand des hommes se battent seulement parce qu'ils ne veulent se donner la peine d'occuper leur esprit et leur temps par aucun travail, ils ne doivent pas être long-temps admirés chez une nation où le travail et la pensée tiennent le premier rang. Les satellites de Cromwell renversèrent des pouvoirs civils qui n'avoient encore ni force, ni dignité ; mais, depuis l'existence de la constitution et de l'esprit public qui en est l'âme, les princes ou les généraux ne feroient naître dans toute la nation qu'un sentiment de pitié pour leur folie, s'il rêvoient un jour l'asservissement de leur pays.

CHAPITRE V

Des lumières,
de la religion et de la morale
chez les Anglois

Ce qui constitue les lumières d'une nation, ce sont des idées saines en politique, répandues chez toutes les classes, et une instruction générale dans les sciences et la littérature. Sous le premier de ces rapports, les Anglois n'ont point de rivaux en Europe ; sous le second, je ne connois guère que les Allemands du nord qu'on puisse leur comparer. Encore les Anglois auroient-ils un avantage qui ne sauroit appartenir qu'à leurs institutions : c'est que la première classe de la société se livre autant à l'étude que la seconde. M. Fox écrivoit de savantes dissertations sur le grec, pendant les intervalles de loisir que lui laissoient les débats parlementaires ; M. Windham a laissé divers traités intéressans sur les mathématiques et sur la littérature [78]. Les Anglois ont de tout temps honoré le savoir : Henri VIII, qui fouloit tout aux pieds, respectoit cependant les hommes de lettres, quand ils ne heurtoient pas ses passions désordonnées. La grande Élisabeth connoissoit à fond les langues anciennes, et parloit même le latin avec facilité ; jamais on n'a vu s'introduire chez les princes ni chez les nobles d'Angleterre, cette fatuité d'ignorance qu'on a raison de reprocher aux gentilshommes françois. On diroit qu'ils se persuadent que le droit divin sur lequel ils fondent leurs priviléges, dispense entièrement de l'étude des sciences humaines [79]. Une telle façon de voir ne sauroit exister en Angleterre, et n'y paroîtroit que ridicule. Rien de factice ne peut réussir dans un pays où tout est soumis à la publicité. Les grands seigneurs anglois seroient aussi honteux de n'avoir pas reçu une éducation classique distinguée, que jadis les hommes du second rang en France l'étoient de ne pas aller à la cour ; et ces différences ne tiennent pas, comme on le prétend, à la légèreté françoise. Les érudits les plus persévérans, les penseurs les plus profonds sont sortis de cette nation qui est capable de tout quand elle le veut ; mais ses institutions politiques ont été si mauvaises, qu'elles ont altéré ses bonnes qualités naturelles.

En Angleterre, au contraire, les institutions favorisent tous les genres de progrès intellectuels. Les jurés, les administrations de provinces et de villes, les élections, les journaux, donnent à la nation entière une grande part d'intérêt dans la chose publique. De là vient qu'elle est plus instruite, et qu'au hasard il vaudroit mieux causer sur des questions politiques avec un fermier anglois, qu'avec la plupart des hommes, même les plus éclairés, du continent. Cet admirable bon sens, qui se fonde sur la justice et la sécurité, ne se trouve nulle part ailleurs qu'en Angleterre, ou dans le pays qui lui ressemble, l'Amérique. La pensée doit rester étrangère à des hommes qui n'ont point de droits ; car, du moment qu'ils apercevroient la vérité, ils seroient malheureux, et bientôt après révoltés. Il faut convenir aussi que, dans un pays où la force armée a presque toujours consisté dans la marine, et où le commerce a été la principale occupation, il y a nécessairement plus de lumières que là où la défense nationale est confiée aux troupes de ligne, et où l'industrie [80] s'est presque uniquement tournée vers la culture de la terre. Le commerce, mettant les hommes en relation avec les intérêts du monde, étend les idées, exerce le jugement, et fait sentir sans cesse, par la multiplicité et la diversité des transactions, la nécessité de la justice. Dans les pays où il n'y a que de l'agriculture, la masse de la population peut se composer de serfs attachés à la glèbe, et privés de toute instruction ; mais que feroit-on de négocians esclaves et ignorans ? Un pays maritime et commerçant est donc par cela seul plus éclairé qu'un autre ; néanmoins il reste beaucoup à faire pour donner au peuple d'Angleterre une éducation suffisante. Une grande portion de la dernière classe ne sait encore ni lire ni écrire ; et c'est sans doute pour remédier à ce mal qu'on accueille avec tant d'empressement les nouvelles méthodes de Bell et de Lancaster [81], parce qu'elles peuvent mettre l'instruction à la portée de l'indigence. Le peuple est plus instruit peut-être en Suisse, en Suède et dans quelques états du nord de l'Allemagne ; mais il n'y a dans aucun de ces pays cette vigueur de liberté qui préservera l'Angleterre, il faut l'espérer, de la réaction produite par la révolution de France. Dans un pays où il y a une immense capitale, de grandes richesses concentrées dans un petit nombre de mains, une cour, tout ce qui peut favoriser la corruption du peuple, il faut du temps pour que les lumières s'étendent et luttent avec avantage contre les inconvéniens attachés à la disproportion des fortunes.

En Écosse on trouve beaucoup plus d'instruction parmi les paysans qu'en Angleterre, parce qu'il y a moins de richesse chez quelques particuliers, et plus d'aisance chez le peuple. La religion presbytérienne, établie en Écosse, exclut la hiérarchie épiscopale que l'église anglicane a conservée. En conséquence, le choix des simples ministres du culte y est meilleur ; et, comme ils vivent retirés dans les montagnes, ils s'y consacrent à l'enseignement des paysans. C'est aussi un grand avantage pour l'Écosse que de n'avoir pas, comme l'Angleterre, une taxe des pauvres très-forte, et très-mal conçue, qui entretient la mendicité et crée une classe de gens qui n'osent pas s'écarter de la commune où des secours leur sont assurés [82]. La ville d'Édimbourg n'est pas aussi absorbée que Londres par les affaires publiques, et elle ne renferme pas une telle réunion de fortunes et de luxe ; aussi les intérêts philosophiques et littéraires y tiennent-ils plus de place. Mais d'une autre part, les restes du régime féodal se font plus sentir en Écosse qu'en Angleterre. Le jury dans les affaires civiles ne s'y est introduit que dernièrement ; il y a beaucoup moins d'élections populaires, à proportion, que chez les Anglois. Le commerce y exerce moins d'influence, et l'esprit de liberté s'y montre, à quelques exceptions près, avec moins de vigueur [83].

En Irlande, l'ignorance du peuple est effrayante ; mais il faut s'en prendre, d'une part, à des préjugés superstitieux, et, de l'autre, à la privation presque entière des bienfaits d'une constitution. L'Irlande

n'est réunie à l'Angleterre que depuis peu d'années [84], jusqu'ici elle a
éprouvé tous les maux de l'arbitraire, et elle s'en est vengée souvent de
la façon la plus violente. La nation étant divisée par deux religions qui
forment aussi deux partis politiques, le gouvernement anglois, depuis
Charles Ier, a tout accordé aux protestans, afin qu'ils pussent
maintenir dans la soumission la majorité catholique. Swift, irlandois,
et l'un des plus beaux génies des trois royaumes^f, écrivit, en 1740,
sur le malheureux état de l'Irlande. L'attention des hommes éclairés
fut fortement excitée par les écrits de Swift, et les améliorations qui se
sont opérées dans ce pays datent d'alors [85]. Lorsque l'Amérique se
déclara indépendante, et que l'Angleterre fut obligée de la reconnoître
comme telle, la nécessité de ménager l'Irlande frappa tous les jours
davantage les bons esprits. L'illustre talent de M. Grattan [86], qui,
trente ans plus tard, vient de nouveau d'étonner l'Angleterre, se
faisoit remarquer, dès 1782, dans le parlement d'Irlande ; et, par
degrés, on a décidé ce pays à l'union avec la Grande-Bretagne. Les
préjugés superstitieux y sont encore, cependant, la source de mille
maux ; car, pour arriver au point de prospérité où est l'Angleterre, les
lumières de la réforme religieuse sont aussi nécessaires que l'esprit de
liberté du gouvernement représentatif. L'exclusion politique à
laquelle les catholiques irlandois sont condamnés, est contraire aux
vrais principes de la justice ; mais on ne sait comment mettre en
possession des bienfaits de la constitution, des hommes aigris par de
longs ressentimens [87].

On ne peut donc admirer dans la nation irlandoise, jusqu'à présent,
qu'un grand caractère d'indépendance et beaucoup d'esprit naturel ;
mais on ne jouit point encore dans ce pays de la sécurité ni de
l'instruction, résultats certains de la liberté religieuse et politique.
L'Écosse est à beaucoup d'égards l'opposé de l'Irlande et l'Angleterre
tient de l'une et de l'autre.

Comme il est impossible, chez les Anglois, d'être ministre sans
siéger dans l'une des deux chambres, et sans discuter avec les
représentans de la nation les affaires de l'état, il en résulte
nécessairement que de tels ministres ne ressemblent d'ordinaire en
rien à la classe des gouvernans sous les monarchies absolues. La
considération publique en Angleterre est le premier but des hommes
en pouvoir ; ils ne font presque jamais leur fortune dans le ministère.
M. Pitt est mort en ne laissant que des dettes qui furent payées par le
parlement. Les sous-secrétaires d'état, les commis, tous les membres
de l'administration, éclairés par l'opinion et par leur propre fierté,
sont d'une intégrité parfaite. Les ministres ne peuvent favoriser leurs
partisans, que si ces partisans sont pourtant assez distingués pour ne
pas provoquer le mécontentement du parlement. Il ne suffit pas de la

faveur du maître pour rester en place, il faut aussi l'estime des représentans de la nation ; et celle-là ne peut s'obtenir que par des talens véritables. Des ministres nommés par les intrigues de cour, tels qu'on en a vu sans cesse en France, ne se soutiendroient pas vingt-quatre heures dans la chambre des communes. On auroit toisé leur médiocrité dans un instant ; on ne les verroit pas là tout poudrés, tout costumés, comme les ministres de l'ancien régime ou de la cour de Bonaparte. Ils ne seroient point entourés de courtisans, faisant auprès d'eux le métier qu'ils font eux-mêmes auprès du prince, et s'extasiant à l'envi sur la justesse de leurs idées communes, et sur la profondeur de leurs conceptions fausses. Un ministre anglois arrive seul dans l'une ou l'autre chambre, sans costume, sans marque distinctive ; aucun genre de charlatanisme ne vient à son aide ; tout le monde l'interroge et le juge ; mais aussi tout le monde le respecte, s'il le mérite, parce que, ne pouvant se faire passer que pour ce qu'il est, on le considère surtout à cause de sa valeur personnelle.

« On ne fait pas la cour aux princes en Angleterre comme en France, dira-t-on ; mais on y cherche la popularité, ce qui n'altère pas moins la vérité du caractère. » Dans un pays bien organisé tel que l'Angleterre, désirer la popularité, c'est vouloir la juste récompense de tout ce qui est bon et noble en soi-même. Il a existé de tout temps des hommes qui ont été vertueux, malgré les inconvéniens ou les périls auxquels ils s'exposoient par-là ; mais, quand les institutions sociales sont combinées de manière que les intérêts particuliers et les vertus publiques soient d'accord, il ne s'ensuit pas que ces vertus n'aient d'autre base que l'intérêt personnel. Seulement elles sont plus répandues, parce qu'elles sont avantageuses, aussi-bien qu'honorables.

La science de la liberté, si l'on peut s'exprimer ainsi, au point où elle est cultivée en Angleterre, suppose à elle seule un très-haut degré de lumières. Rien n'est plus simple, quand une fois vous avez adopté les principes naturels sur lesquels cette doctrine repose ; mais il est certain toutefois que sur le continent on ne rencontre presque personne qui comprenne d'esprit et de cœur l'Angleterre. On diroit qu'il y a des vérités morales dans lesquelles il faut être né, et que le battement du cœur vous les apprend mieux que toutes les discussions théoriques. Néanmoins, pour goûter et pour pratiquer cette liberté qui réunit tous les avantages des vertus républicaines, des lumières philosophiques, des sentimens religieux et de la dignité monarchique, il faut dans le peuple beaucoup de raison, et dans les hommes de la première classe beaucoup d'études et de vertus. Les ministres anglois doivent réunir aux qualités d'un homme d'état l'art de s'exprimer avec éloquence. Il s'ensuit que la littérature et la philosophie sont beaucoup plus appréciées, parce qu'elles servent efficacement aux succès de l'ambition la plus haute. On parle sans cesse de l'empire de la richesse et du rang chez les Anglois ; il faut aussi convenir de l'admiration qu'ils accordent au vrai talent. Il est possible qu'auprès de la dernière classe de la société, la pairie et la fortune produisent plus d'effet que le nom d'un grand écrivain : cela doit être ainsi ; mais, s'il s'agit des jouissances de la bonne compagnie, et par conséquent de l'opinion, je ne sais aucun pays du monde où il soit plus avantageux d'être un homme supérieur. Non-seulement tous les emplois, tous les rangs peuvent être la récompense du mérite ; mais l'estime publique s'exprime d'une manière si flatteuse, qu'elle donne des jouissances plus vives que toutes les autres.

L'émulation qu'une telle perspective doit exciter, est une des principales causes de l'incroyable étendue des connoissances répandues en Angleterre. Si l'on pouvoit faire une statistique du savoir, on ne trouveroit dans aucun pays une aussi forte proportion de gens versés dans l'étude des langues anciennes, étude malheureusement trop négligée en France. Des bibliothèques particulières sans nombre, des collections de tout genre, des souscriptions abondantes pour toutes les entreprises littéraires, des établissemens d'éducation publique existent partout, dans chaque province, à l'extrémité du pays comme au centre : enfin on trouve à chaque pas des autels élevés à la pensée, et ces autels servent d'appui à ceux de la religion et de la vertu.

Grâce à la tolérance, aux institutions politiques et à la liberté de la presse, il y a plus de respect pour la religion et pour les mœurs en Angleterre que dans aucun autre pays de l'Europe. On se plaît à dire en France que c'est précisément par égard pour la religion et pour les mœurs qu'on a de tout temps eu des censeurs ; et néanmoins il suffit de comparer l'esprit de la littérature en Angleterre, depuis que la liberté de la presse y est établie, avec les divers écrits qui ont paru sous le règne arbitraire de Charles II, et sous celui du régent et de Louis XV en France. La licence des écrits a été portée chez les François, dans le dernier siècle, à un degré qui fait horreur. Il en est de même en Italie où, de tout temps, on a soumis cependant la presse aux restrictions les plus gênantes. L'ignorance dans la masse, et l'indépendance la plus désordonnée dans les esprits distingués est toujours le résultat de la contrainte.

La littérature angloise est certainement celle de toutes, dans laquelle il y a le plus d'ouvrages philosophiques. L'Écosse renferme encore aujourd'hui des écrivains très-forts en ce genre, Dugald Stewart [88] en première ligne, qui ne se lassent point de rechercher la vérité dans la retraite. La critique littéraire est portée au plus haut point dans les journaux, et particulièrement dans celui d'Édimbourg, où des écrivains faits pour être illustres eux-mêmes, Jeffrey, Playfair,

Mackintosh[89], ne dédaignent point d'éclairer les auteurs par les jugemens qu'ils portent sur eux. Les publicistes les plus instruits dans les questions de jurisprudence et d'économie politique, tels que Bentham, Malthus, Brougham[90], sont plus nombreux en Angleterre que partout ailleurs, parce qu'ils ont le juste espoir que leurs idées seront mises en pratique. Des voyages dans toutes les parties du monde rapportent en Angleterre les tributs de la science non moins bien accueillis que ceux du commerce ; mais, au milieu de tant de richesses intellectuelles en tout genre, on ne sauroit citer aucun de ces ouvrages irréligieux ou licencieux, dont la France a été inondée : l'opinion publique les a repoussés dès qu'elle a pu les craindre, et elle s'en charge d'autant plus volontiers, qu'elle seule fait la garde à cet égard. La publicité est toujours favorable à la vérité : or, comme la morale et la religion sont la vérité par excellence, plus vous permettez aux hommes de discuter ces sujets, plus ils s'éclairent et s'ennoblissent. Les tribunaux puniroient avec raison en Angleterre un écrit qui pourroit causer du scandale ; mais aucun ouvrage ne porte cette marque de la censure qui jette d'avance du doute sur les assertions qu'il peut renfermer.

La poésie angloise que n'alimentent ni l'irréligion, ni l'esprit de faction, ni la licence des mœurs, est encore riche, animée, et n'éprouve pas cette décadence qui menace successivement presque toutes les littératures de l'Europe. La sensibilité et l'imagination entretiennent la jeunesse immortelle de l'âme. On voit un second âge de poésie renaître en Angleterre, parce que l'enthousiasme n'y est point éteint, et que la nature, l'amour et la patrie y exercent toujours une grande puissance. Cowper d'abord, et maintenant Rogers, Moore, Thomas Campbell, Walter Scott, lord Byron[91], dans des genres et dans des degrés différens, préparent un nouveau siècle de gloire à la poésie angloise ; et, tandis que tout se dégrade sur le continent, la source éternelle du beau jaillit encore de la terre libre.

Dans quel empire le christianisme est-il plus respecté qu'en Angleterre ? Où prend-on plus de soins pour le propager ? D'où partent des missionnaires en aussi grand nombre pour toutes les parties du monde ? La société qui s'est chargée d'envoyer des exemplaires de la Bible dans les pays où la lumière du christianisme est obscurcie ou non développée, en faisoit passer en France pendant la guerre, et ce soin n'étoit pas superflu[92]. Mais je me détournerois maintenant de mon sujet, si je rappelois ici ce qui peut excuser la France sous ce rapport.

La réformation a mis chez les Anglois les lumières parfaitement en accord avec les sentimens religieux. C'est un grand avantage pour ce pays ; et l'exaltation de piété dont on y est susceptible, porte toujours à l'austérité de la morale, mais presque jamais à la superstition. Les sectes particulières de l'Angleterre, dont la plus nombreuse est celle des Méthodistes, n'ont pour but que le maintien de la pureté sévère du christianisme dans la conduite de la vie[93]. Leur renoncement à tous les plaisirs, leur zèle persévérant pour faire le bien, annoncent aux hommes qu'il y a dans l'Évangile des germes de sentimens et de vertus, plus féconds encore que tous ceux que nous avons vus se développer jusqu'à ce jour, et dont les saintes fleurs sont destinées peut-être aux générations à venir.

Dans un pays religieux, il existe nécessairement aussi de bonnes mœurs, et cependant, les passions des Anglois sont très-violentes ; car c'est une grande erreur de les croire d'un caractère calme, parce qu'ils ont habituellement des manières froides. Il n'est point d'hommes plus impétueux dans les grandes choses ; mais ils ressemblent à ces chiens d'Albanie envoyés par Porus à Alexandre, qui dédaignoient de se battre contre tout autre adversaire que le lion[94]. Les Anglois sortent de leur apparente tranquillité pour se livrer à des excès en tout genre. Ils cherchent des périls, ils veulent tenter des choses extraordinaires, et désirent des émotions fortes. L'activité de l'imagination et la gêne des habitudes les leur rendent nécessaires ; mais ces habitudes elles-mêmes sont fondées sur un grand respect pour la morale.

La liberté des journaux qu'on a voulu nous représenter comme contraire à la délicatesse des mœurs, en est une des causes les plus efficaces : tout est si connu, si discuté en Angleterre, que la vérité en toutes choses est inévitable ; et l'on pourroit se soumettre au jugement du public anglois, comme à celui d'un ami qui entreroit dans les détails de votre vie, dans les nuances de votre caractère, pour peser chaque action ainsi que le veut l'équité, d'après la situation de chaque individu. Plus l'opinion a de puissance en Angleterre, plus il faut de hardiesse pour s'en affranchir : aussi les femmes qui la bravent se portent-elles à de grands éclats. Mais combien ces éclats ne sont-ils pas rares, même dans la première classe, la seule où l'on puisse quelquefois en citer des exemples ! Dans le second rang, parmi les habitans des provinces, on ne trouve que de bons ménages, des vertus privées, une vie intérieure entièrement consacrée à l'éducation d'une nombreuse famille qui, nourrie dans la conviction intime de la sainteté du mariage, ne se permettroit pas une pensée légère à cet égard. Comme il n'y a point de couvens en Angleterre, les filles sont le plus souvent élevées chez leurs parens ; et l'on peut voir par leur instruction et par leurs vertus, ce qui vaut le mieux pour une femme, de ce genre d'éducation ou de celui qui se pratique en Italie.

« Au moins, dira-t-on, ces procès de divorce, dans lesquels on admet les discussions les plus indécentes, sont une source de scandale.» Il faut qu'ils ne le soient pas, puisque le résultat est tel que je viens de le dire. Ces procès sont un antique usage, et sous ce rapport de certaines gens devroient les défendre ; mais, quoi qu'il en soit, la terreur du scandale est un grand frein. Et d'ailleurs, on n'est point porté en Angleterre, comme en France, à faire des plaisanteries sur de tels sujets. Une sorte d'austérité, d'accord avec l'esprit des anciens rigoristes protestans, se manifeste dans ces procès. Les juges comme les spectateurs y portent une disposition sérieuse, et les conséquences en sont très-importantes, puisque le maintien des vertus domestiques en dépend, et qu'il n'y a point de liberté sans elles. Or, comme l'esprit du siècle ne les favorisoit pas, c'est un hasard heureux que l'utile ascendant de ces procès de divorce ; car il y a presque toujours du hasard dans le bien ou le mal que peut produire la fidélité aux anciens usages, puisqu'ils conviennent quelquefois au temps présent, et que d'autres fois ils n'y sont plus applicables[95]. Heureux le pays où les torts des femmes peuvent être punis avec une si haute sagesse, sans frivolité, comme sans vengeance ! Il leur est permis de recourir à la protection de l'homme pour lequel elles ont tout sacrifié ; mais elles sont d'ordinaire privées de tous les avantages brillans de la société. Je ne sais si la législation pourroit inventer quelque chose de plus fort et de plus doux tout ensemble.

On s'indignera peut-être contre l'usage de faire payer de l'argent par le séducteur de la femme. Comme tout est empreint d'un sentiment de noblesse en Angleterre, je ne jugerai point légèrement une coutume de ce genre, puisqu'on la conserve. Il faut atteindre de quelque manière aux torts des hommes envers les mœurs, puisque l'opinion est en général trop relâchée à cet égard, et personne ne prétendra qu'une grande perte d'argent ne soit pas une punition. D'ailleurs, l'éclat de ces procès funestes fait presque toujours un devoir à l'homme d'épouser la femme qu'il a séduite ; et cette obligation est une garantie qu'il ne se mêle ni légèreté, ni mensonge aux sentimens que les hommes se permettent d'exprimer. Quand il n'y a que de l'amour dans l'amour, ses égaremens sont à la fois plus rares et plus excusables. J'ai de la peine à m'expliquer cependant pourquoi c'est au mari que l'amende est payée par le séducteur ; souvent aussi le mari ne l'accepte pas, et c'est aux pauvres qu'il la consacre. Mais il y a lieu de croire que deux motifs ont donné naissance à cette coutume ; l'un de fournir à l'époux dans une classe sans fortune, les moyens d'élever ses enfans, quand la mère qui en étoit chargée lui manque ; l'autre, et c'est un rapport plus essentiel, de mettre en cause le mari lorsqu'il s'agit des torts de sa femme, afin d'examiner s'il n'a point à se reprocher de torts du même genre envers elle. En Écosse même, l'infidélité du mari dissout le mariage aussi bien que celle de la femme, et le sentiment du devoir, dans un pays libre, met toujours de niveau le fort et le foible.

Tout est constitué en Angleterre de telle manière que l'intérêt de chaque classe, de chaque sexe, de chaque individu, est de se conformer à la morale. La liberté politique est le moyen suprême de cette admirable combinaison. « Oui, dira-t-on encore, en ne comprenant que les mots et point les choses ; il est vrai que les Anglois sont toujours gouvernés par l'intérêt. » Comme s'il y avoit aucun rapport entre l'intérêt qui conduit à la vertu, et celui qui fait dériver vers le vice ! Sans doute l'Angleterre n'est pas une planète à part de la nôtre, dans laquelle les avantages personnels ne soient pas, comme ailleurs, le ressort des actions humaines. On ne peut gouverner les hommes en comptant toujours sur le dévouement et le sacrifice ; mais quand l'ensemble des institutions d'un pays est tel, qu'il est utile d'être honnête, il en résulte une certaine habitude du bien qui se grave dans tous les cœurs : elle se transmet par le souvenir, l'air qu'on respire en est pénétré, et l'on n'a plus besoin de songer aux inconvéniens de tout genre qui seroient la suite de certains torts ; car la force de l'exemple suffit pour en préserver.

CHAPITRE VI

De la société en Angleterre, et de ses rapports avec l'ordre social

Il n'est pas probable qu'on revoie jamais nulle part, ni même en France, une société comme celle dont on a joui dans ce pays, pendant les deux premières années de la révolution, et à l'époque qui l'a précédée. Les étrangers qui se flattent de trouver rien de semblable en Angleterre, sont fort désappointés ; car ils s'y ennuient souvent beaucoup. Bien que ce pays renferme les hommes les plus éclairés et les femmes les plus intéressantes, les jouissances que la société peut procurer ne s'y rencontrent que rarement. Quand un étranger entend bien n'anglois, et qu'il est admis à des réunions peu nombreuses, composées des hommes transcendans du pays, il goûte, s'il en est digne, les plus nobles jouissances que la communication des êtres pensans puisse donner ; mais ce n'est point dans ces fêtes intellectuelles que consiste la société d'Angleterre. On est tous les jours invité à Londres à d'immenses assemblées, où l'on se coudoie comme au parterre : les femmes y sont en majorité, et d'ordinaire la foule est si grande, que leur beauté même n'a pas assez d'espace pour paroître : à plus forte raison n'y est-il jamais question d'aucun agrément de l'esprit. Il faut une grande force physique pour traverser les salons sans être étouffé, et pour remonter dans sa voiture sans accident ; mais je ne vois pas bien qu'aucune autre supériorité soit nécessaire dans une telle cohue. Aussi les hommes sérieux renoncent-ils de très-bonne heure à la corvée qu'en Angleterre on appelle le grand monde ; et c'est, il faut le dire, la plus fastidieuse combinaison qu'on puisse former avec des élémens aussi distingués.

Ces réunions tiennent à la nécessité d'admettre un très-grand nombre de personnes dans le cercle de ses connoissances. La liste des visites que reçoit une dame angloise est quelquefois de douze cents personnes. La société françoise étoit infiniment plus exclusive : l'esprit d'aristocratie qui présidoit à la formation des cercles étoit favorable à l'élégance et à l'amusement, mais nullement d'accord avec la nature d'un état libre. Ainsi donc, en convenant avec franchise que les plaisirs de la société se rencontrent très-rarement et très-difficilement à Londres, j'examinerai si ces plaisirs sont conciliables avec l'ordre social de l'Angleterre. S'ils ne le sont pas, le choix ne sauroit être douteux.

Les riches propriétaires anglois remplissent, pour la plupart, des emplois publics dans leurs terres ; et, désirant y être élus députés, ou influer sur l'élection de leurs parens et de leurs amis, ils passent huit ou neuf mois à la campagne. Il en résulte que les habitudes de société sont entièrement interrompues pendant les deux tiers de l'année ; et les relations familières et faciles ne se forment qu'en se voyant tous les jours. Dans la partie de Londres occupée par la bonne compagnie, il y a des mois de l'été et de l'automne pendant lesquels la ville a l'air d'être frappée de contagion, tant elle est solitaire. La rentrée du parlement n'a lieu d'ordinaire que dans le mois de janvier, et l'on ne se réunit à Londres qu'à cette époque. Les hommes, en vivant beaucoup dans leurs terres, chassent ou se promènent à cheval la moitié de la journée ; ils reviennent fatigués à la maison, et ne songent qu'à se reposer, ou quelquefois même à boire, quoiqu'à cet égard les récits qu'on fait des mœurs angloises soient très-exagérés, surtout si on les rapporte au temps actuel. Toutefois un tel genre de vie ne rend point propre aux agrémens de la société. Les François n'étant appelés ni par leurs affaires, ni par leurs goûts à demeurer à la campagne, l'on trouvoit à Paris, toute l'année, des maisons où l'on pouvoit jouir d'une conversation très-agréable ; mais de là vient aussi que Paris seul existoit en France, tandis qu'en Angleterre la vie politique se fait sentir dans toutes les provinces. Lorsque les intérêts de l'état sont du ressort de chacun, la conversation qui doit attirer le plus, est celle dont les affaires publiques sont le but. Or, dans celles-là, ce n'est pas la légèreté d'esprit, mais l'importance réelle des choses dont il s'agit. Souvent un homme, fort peu agréable d'ailleurs, captive ses auditeurs par la force de son raisonnement et de son savoir ; l'art d'être aimable en France consistoit à ne jamais épuiser un sujet, et à ne pas trop s'arrêter sur ceux qui n'intéressoient pas les femmes. En Angleterre, elles ne se mêlent jamais aux entretiens à voix haute ; les hommes ne les ònt point habituées à prendre part à la conversation générale : quand elles se sont retirées du dîner, cette conversation n'en est que plus vive et plus animée. Une maîtresse de maison ne se croit point obligée, comme chez les François, à conduire la conversation, et surtout à prendre garde qu'elle ne languisse. On est très-résigné à ce malheur dans les sociétés angloises, et il paroît beaucoup plus facile à supporter, que la nécessité de se mettre en avant pour relever l'entretien. Les femmes, à cet égard, sont d'une extrême timidité ; car, dans un état libre, les hommes reprenant leur dignité naturelle, les femmes se sentent subordonnées.

Il n'en est pas de même d'une monarchie arbitraire, telle qu'elle existoit en France. Comme il n'y avoit rien d'impossible ni de fixe, les conquêtes de la grâce étoient sans bornes, et les femmes devoient naturellement triompher dans ce genre de combats. Mais en Angleterre, quel ascendant une femme pourroit-elle exercer, quelque aimable qu'elle fût, au milieu des élections populaires, de l'éloquence du parlement et de l'inflexibilité de la loi ? Les ministres n'auroient pas l'idée qu'une femme pût leur adresser une sollicitation sur quelque sujet que ce fût, à moins qu'elle n'eût ni frère, ni fils, ni mari, pour s'en charger. Dans le pays de la plus grande publicité, les secrets d'état sont mieux gardés que nulle part ailleurs. Il n'y a point d'intermédiaires, pour ainsi dire, entre les gazettes et le cabinet des ministres ; et ce cabinet est le plus discret de l'Europe. Il n'y a pas d'exemple qu'une femme ait su, ou du moins dit ce qu'il falloit taire. Dans un pays où les mœurs domestiques sont si régulières, les hommes mariés n'ont point de maîtresses ; et il n'y a que les maîtresses qui sachent les secrets, et surtout qui les révèlent.

Parmi les moyens de rendre une société plus piquante, il faut compter la coquetterie : or, elle n'existe guère en Angleterre qu'entre les jeunes personnes et les jeunes hommes qui peuvent se marier ensemble ; et la conversation n'y gagne rien, au contraire. A peine s'entendent-ils l'un l'autre, tant ils se parlent à demi-voix ; mais il en résulte qu'on ne se marie pas sans se connoître ; tandis qu'en France, pour s'épargner tout l'ennui de ces timides amours, on ne voyoit jamais de jeunes filles dans le monde avant que leur mariage fût conclu par leurs parens.

S'il existe en Angleterre des femmes qui s'écartent de leur devoir, c'est avec un tel mystère ou avec un tel éclat, que le désir de plaire en société, de s'y montrer aimables, d'y briller par la grâce et par le mouvement de l'esprit, n'y entre absolument pour rien. En France, la conversation menoit à tout ; en Angleterre, ce talent est apprécié, mais il n'est utile en rien à l'ambition de ceux qui le possèdent, les hommes d'état et le peuple choisissent parmi les candidats du pouvoir, d'après de tout autres signes des facultés supérieures. La conséquence en est qu'on néglige ce qui ne sert pas, dans ce genre comme dans tous les autres. Le caractère national étant d'ailleurs très-enclin à la réserve et à la timidité, il faut un mobile puissant pour en triompher, et ce mobile ne se trouve que dans l'importance des discussions publiques.

On a de la peine à se rendre parfaitement compte de ce qu'on appelle en Angleterre la mauvaise honte (*shyness*), c'est-à-dire ; cet embarras qui renferme au fond du cœur les expressions de la bienveillance naturelle, car l'on rencontre souvent les manières les plus froides dans des personnes qui se montreroient les plus généreuses envers vous, si vous aviez besoin d'elles. Les Anglois sont mal à l'aise entre eux, au moins autant qu'avec les étrangers ; ils ne se parlent qu'après avoir été présentés l'un à l'autre : la familiarité ne s'établit que fort à la longue. On ne voit presque jamais en Angleterre les enfans, après leur mariage, demeurer dans la même maison que leurs parens ; le *chez soi (home)* est le goût dominant des Anglois ; et peut-être ce penchant a-t-il contribué à leur faire détester le système politique qui permet ailleurs d'exiler ou d'arrêter arbitrairement. Chaque ménage a sa demeure séparée ; et Londres est composée d'un grand nombre de petites maisons fermées comme des boîtes, et où il n'est guère plus facile de pénétrer. Il n'y a pas même beaucoup de frères et de sœurs qui aillent dîner les uns chez les autres, sans être invités. Cette formalité ne rend pas la vie fort amusante ; et, dans le goût des Anglois pour les voyages, il entre l'envie de se soustraire à la contrainte de leurs usages, aussi-bien que le besoin d'échapper aux brouillards de leur contrée.

Les plaisirs de la société dans tous les pays ne concernent jamais que la première classe, c'est-à-dire, la classe oisive qui, ayant un grand loisir pour l'amusement, y attache beaucoup de prix. Mais en Angleterre, où chacun a sa carrière et ses occupations, il arrive aux grands seigneurs comme aux hommes d'affaires des autres pays, d'aimer mieux le délassement physique, les promenades, la campagne, enfin tout plaisir où l'esprit se repose, que la conversation dans laquelle il faut penser et parler presque avec autant de soin que dans les affaires les plus sérieuses. D'ailleurs, le bonheur des Anglois étant fondé sur la vie domestique, il ne leur conviendroit pas que leurs femmes se fissent, comme en France, une famille de choix d'un certain nombre de personnes constamment réunies.

On ne doit pas nier cependant qu'à tous ces honorables motifs il ne se mêle quelques défauts, résultats naturels de toute grande association d'hommes. D'abord, quoiqu'il y ait en Angleterre beaucoup plus de fierté que de vanité, cependant on y tient assez à marquer par les manières, les rangs que la plupart des institutions rapprochent. Il y a de l'égoïsme dans les habitudes, et quelquefois dans le caractère. La richesse, et les goûts qu'elle donne en sont la cause : on ne veut se déranger en rien, tant on peut se bien arranger en tout. Les liens de famille, si intimes dans le mariage, le sont très-peu sous d'autres rapports, parce que les substitutions affranchissent trop les fils aînés de leurs parens, et séparent aussi les intérêts des frères cadets de ceux de l'héritier de la fortune [96]. Les majorats nécessaires au maintien de la pairie ne devroient peut-être pas s'étendre aux autres classes de propriétaires [97] ; c'est un reste de féodalité dont il faudroit, s'il est possible, diminuer les fâcheuses conséquences. De là vient aussi que la plupart des femmes sont sans dot, et que dans un pays où l'institution des couvens ne sauroit exister, il y a une quantité de jeunes filles que leurs mères ont grande envie de marier, et qui peuvent avec raison s'inquiéter de leur avenir. Cet inconvénient, produit par l'inégal partage des fortunes, se fait sentir dans le monde : car les hommes non mariés y occupent trop l'attention des femmes, et la richesse en général, loin de servir à l'agrément de la société, y nuit nécessairement. Il faut une fortune très-considérable pour recevoir ses amis à la campagne, ce qui est pourtant en Angleterre la manière la plus agréable de vivre ; il en faut pour tous les rapports de la société : non que l'on mette de la vanité dans le luxe ; mais l'importance que tout le monde attache au genre de jouissances qu'on appelle *confortables,* fait que personne n'oseroit, comme jadis dans les plus aimables sociétés de Paris, suppléer à un mauvais dîner par de jolis contes.

Dans tous les pays, les prétentions des jeunes gens à la mode sont entées sur le défaut national : on en trouve en eux la caricature, mais une caricature a toujours quelques traits de l'original. Les élégans en France cherchoient à faire effet, et tâchoient d'éblouir par tous les moyens possibles, bons ou mauvais. En Angleterre, cette même classe de personnes veut se distinguer par le dédain, l'insouciance et la perfection du blasé. C'est assez désagréable ; mais dans quel pays du monde la fatuité n'est-elle pas une ressource de l'amour-propre, pour cacher la médiocrité naturelle ? Chez un peuple où tout est prononcé, comme en Angleterre, les contrastes sont d'autant plus frappans. La mode a un singulier empire sur les habitudes de la vie, et cependant il n'est point de nation où l'on trouve autant d'exemples de ce qu'on appelle *l'excentricité*, c'est-à-dire, une manière d'être tout-à-fait originale, et qui ne compte pour rien l'opinion d'autrui. La différence entre les hommes qui vivent sous l'empire des autres et ceux qui existent en eux-mêmes se retrouve partout ; mais cette opposition des caractères ressort davantage par le mélange bizarre de timidité et d'indépendance qui se fait remarquer chez les Anglois. Ils ne font rien à demi, et tout à coup ils passent de la servitude envers les moindres usages à l'insouciance la plus complète du qu'en-dira-t-on. Néanmoins, la crainte du ridicule est une des principales causes de la froideur qui règne dans la société angloise : on n'est jamais accusé d'insipidité en se taisant ; et, comme personne n'exige de vous d'animer l'entretien, on est plus frappé des hasards auxquels on s'exposeroit en parlant que de l'inconvénient du silence. Dans le pays où l'on est le plus attaché à la liberté de la presse, et où l'on s'embarrasse le moins des attaques des journaux, les plaisanteries de société sont très-redoutées. On considère les gazettes comme les volontaires des partis politiques, et dans ce genre comme dans tous les autres, les Anglois se plaisent beaucoup à la guerre ; mais la médisance et l'ironie dont la société est le théâtre, effarouchent singulièrement la délicatesse des femmes et la fierté des hommes. C'est pourquoi l'on se met en avant le moins qu'on peut en présence des autres. Le mouvement et la grâce y perdent nécessairement beaucoup. Dans aucun pays du monde, la réserve et la taciturnité n'ont, je crois, jamais été portées aussi loin que dans quelques sociétés de l'Angleterre ; et, si l'on tombe dans ces cercles, on s'explique très-bien comment le dégoût de la vie peut saisir ceux qui s'y trouvent enchaînés. Mais, hors de ces enceintes glacées, quelles satisfactions de l'âme et de l'esprit ne peut-on pas trouver dans les sociétés angloises, quand on y est heureusement placé ! La faveur et la défaveur des ministres et de la cour n'est absolument de rien dans les rapports de la vie, et vous feriez rougir un Anglois, si vous aviez l'air de penser à la place qu'il occupe, ou au crédit dont il peut jouir. Un sentiment de fierté lui fait toujours croire que ces circonstances n'ajoutent et n'ôtent rien à son mérite personnel. Les disgrâces politiques ne peuvent influer sur les agrémens dont on jouit dans le grand monde ; le parti de l'opposition y est aussi brillant que le parti ministériel : la fortune, le rang, l'esprit, les talens, les vertus, sont partagés entre eux ; et jamais aucun des deux n'imagineroit de s'éloigner ou de se rapprocher d'une personne par ces calculs d'ambition qui ont toujours dominé en France. Quitter ses amis parce qu'ils n'ont plus de pouvoir, et s'en rapprocher parce qu'ils en ont, est un genre de tactique presque inconnu en Angleterre ; et, si les succès ne conduisent pas aux emplois publics, au moins la liberté de la société n'est-elle pas altérée par des combinaisons étrangères aux plaisirs qu'on y peut goûter. On y trouve presque invariablement la sûreté et la vérité qui sont la base de toutes les jouissances, puisqu'elles les garantissent toutes. Vous n'avez point à craindre ces tracasseries continuelles qui ailleurs remplissent la vie d'inquiétudes. Ce que vous possédez en fait de liaisons et d'amitié, vous ne pouvez le perdre que par votre faute, et vous n'avez jamais aucune raison de douter des expressions de bienveillance qui vous sont adressées ; car les actions les surpasseront, et la durée les consacrera. La vérité surtout est une des qualités les plus éminentes du caractère anglois. La publicité qui règne dans les affaires, les discussions dans lesquelles on arrive au fond de toutes choses, ont contribué sans doute à cette habitude de vérité parfaite qui ne sauroit exister que dans un pays où la dissimulation ne conduit à rien qu'au désagrément d'être découvert.

On s'est plu à répéter sur le continent que les Anglois étoient impolis, et une certaine habitude d'indépendance, une grande aversion pour la gêne, peuvent avoir donné lieu à ce jugement. Mais je ne connois pas une politesse, ni une protection aussi délicate que celle des Anglois pour les femmes, dans toutes les circonstances de la vie. S'agit-il d'un danger, d'un embarras, d'un service à rendre, il n'est rien qu'ils négligent pour secourir les êtres foibles. Depuis le matelot qui dans la tempête appuie vos pas chancelans, jusqu'aux gentilshommes anglois de plus haut rang, jamais une femme ne se voit exposée à une difficulté quelconque sans être soutenue, et l'on retrouve partout ce mélange heureux qui caractérise l'Angleterre : l'austérité républicaine dans la vie domestique, et l'esprit de chevalerie dans les rapports de la société.

Une qualité non moins aimable des Anglois, c'est leur disposition à l'enthousiasme. Ce peuple ne peut rien voir de remarquable sans l'encourager par les louanges les plus flatteuses. On a donc raison d'aller en Angleterre, dans quelque situation malheureuse que l'on se trouve, si l'on possède en soi quelque chose de véritablement distingué. Mais si l'on y arrive comme la plupart des riches oisifs de l'Europe qui voyagent pour passer un carnaval en Italie et un printemps à Londres, il n'est point de pays qui trompe davantage l'attente, et on en partira sûrement sans s'être douté que l'on a vu le plus beau modèle de l'ordre social, et le seul qui pendant long-temps ait fait espérer encore en la nature humaine.

Je n'oublierai jamais la société de lord Grey, de lord Lansdowne, et de lord Harrowby[98]. Je les cite, parce qu'ils appartiennent tous les trois à des partis ou à des nuances de partis différentes, qui renferment à peu près toutes les opinions politiques de l'Angleterre. Il en est d'autres que j'aurois eu de même un grand plaisir à rappeler.

Lord Grey est un des plus ardens amis de la liberté dans la chambre des pairs : la noblesse de sa naissance, de sa figure et de ses manières, le préservent plus que personne de cette espèce de popularité vulgaire qu'on veut attribuer aux partisans des droits des nations ; et je défierois qui que ce soit, de ne pas éprouver pour lui tous les genres de respect. Son éloquence au parlement est généralement admirée : il réunit à l'élégance du langage une force de conviction intérieure qui fait partager ce qu'il éprouve. Les questions politiques l'émeuvent, parce qu'un généreux enthousiasme est la source de ses opinions. Comme il s'exprime toujours dans la société avec calme et simplicité sur ce qui l'intéresse le plus, c'est à la pâleur de son visage que l'on s'aperçoit quelquefois de la vivacité de ses sentimens ; mais c'est sans vouloir ni cacher, ni montrer les affections de son âme, qu'il parle sur des sujets pour lesquels il donneroit sa vie : chacun sait qu'il a refusé deux fois d'être premier ministre, parce qu'il ne s'accordoit pas, sous quelques rapports, avec le prince qui le nommoit. Quelle qu'ait été la diversité des manières de voir sur les motifs de cette résolution, rien ne paroît plus simple en Angleterre que de ne pas vouloir être ministre. Je ne citerois donc pas le refus de lord Grey, s'il avoit fallu, pour accepter, renoncer en rien à ses principes politiques ; mais les scrupules par lesquels il s'est déterminé, étoient poussés trop loin pour être approuvés de tout le monde. Et cependant les hommes de son parti, tout en le blâmant à cet égard, n'ont pas cru possible d'entrer sans lui dans aucune des places qui leur étoient offertes.

La maison de lord Grey offre l'exemple de ces vertus domestiques si rares ailleurs dans les premières classes. Sa femme, qui ne vit que pour lui, est digne par ses sentimens de l'honneur que le ciel lui a départi en l'unissant à un tel homme. Treize enfans, encore jeunes, sont élevés par leurs parens, et vivent avec eux pendant huit mois de l'année dans leur château, au fond de l'Angleterre, où ils n'ont presque jamais d'autre distraction que leur cercle de famille, et leurs lectures habituelles[99]. Je me trouvai à Londres un soir dans ce sanctuaire des plus nobles et des plus touchantes vertus ; lady Grey voulut bien demander à ses filles de faire de la musique ; et quatre de ses jeunes personnes, d'une candeur et d'une grâce angéliques, jouèrent des duo de harpe et de piano avec un accord admirable qui supposait une grande habitude de s'exercer ensemble : le père les écoutoit avec une sensibilité touchante. Les vertus qu'il développe dans sa famille servent de garantie à la pureté des vœux qu'il forme pour son pays.

Lord Lansdowne est aussi membre de l'opposition ; mais, moins prononcé dans ses opinions politiques, c'est par une profonde étude de l'administration et des finances qu'il a déjà servi et qu'il doit encore servir l'état. Riche et grand seigneur, jeune et singulièrement heureux dans le choix de sa compagne, aucun de ces avantages ne le porte à l'indolence ; et c'est par son mérite supérieur qu'il est au premier rang, dans un pays où rien ne peut dispenser de valoir par soi-même. A sa campagne, à Bowood, j'ai vu la plus belle réunion d'hommes éclairés que l'Angleterre et par conséquent le monde puisse offrir. Sir James Mackintosh, désigné par l'opinion pour continuer Hume et pour le surpasser, en écrivant l'histoire de la liberté constitutionnelle de l'Angleterre, un homme si universel dans ses connoissances et si brillant dans sa conversation, que les Anglois le citent avec orgueil aux étrangers pour prouver que, dans ce genre aussi, ils peuvent être les premiers [100] ; sir Samuel Romilly, la lumière et l'honneur de cette jurisprudence angloise, qui est elle-même l'objet de tous les respects de l'humanité ; des poètes, des hommes de lettres non moins remarquables, dans leur carrière, que les hommes d'état dans la leur : chacun contribuoit au pur éclat d'une telle société et de l'hôte illustre qui la présidoit. Car, en Angleterre, la culture de l'esprit et la morale sont presque toujours réunies. En effet, à une certaine hauteur elles ne sauroient être séparées [101].

Lord Harrowby, président du conseil privé, est naturellement du parti ministériel ou tory ; mais de même que lord Grey a toute la dignité de l'aristocratie dans son caractère, lord Harrowby tient par son esprit à toutes les lumières du parti libéral. Il connoît les littératures étrangères et celle de France en particulier, un peu mieux que nous-mêmes. J'avois l'honneur de le voir quelquefois au milieu des plus grandes crises de l'avant-dernière guerre [102] ; et, tandis qu'ailleurs on est obligé de composer ses paroles et son maintien devant un ministre, lorsqu'il s'agit des affaires publiques, lord Harrowby se seroit tenu pour offensé, si l'on s'étoit souvenu qu'il étoit autre que lui-même, en causant sur des questions d'un intérêt général. On ne voyoit point à sa table, ni chez les autres ministres anglois, ces sortes de flatteurs subalternes qui entourent les puissans dans les monarchies absolues. Il n'est point de classe dans laquelle on pût en trouver en Angleterre, ni d'hommes en place qui en voulussent. Lord Harrowby est remarquable comme orateur, par la pureté de son langage et par l'ironie brillante dont il sait à propos se servir. Aussi attache-t-il, avec raison, beaucoup plus de prix à sa réputation personnelle qu'à son emploi passager. Lord Harrowby, secondé par sa spirituelle compagne, offre dans sa maison le plus parfait exemple de ce que peut être une conversation tour à tour littéraire et politique, et dans laquelle l'un et l'autre sujets sont traités avec une égale aisance.

Nous avons en France un grand nombre de femmes qui se sont fait un nom, seulement par le talent de causer, ou d'écrire des lettres qui ressemblent à la conversation. Madame de Sévigné est la première de toutes en ce genre ; mais depuis, madame de Tencin, madame du Deffant, mademoiselle de l'Espinasse et plusieurs autres ont été célèbres à cause de l'agrément de leur esprit [103]. J'ai déjà dit que l'état social en Angleterre ne permettoit guère ce genre de succès, et qu'on n'en sauroit citer d'exemples. Il existe cependant plusieurs femmes remarquables comme écrivains : miss Edgeworth, madame d'Arblay autrefois miss Burney, madame Hannah Moore, madame Inchbald, madame Opie, mademoiselle Bayley, sont admirées en Angleterre [104], et lues avidement en françois ; mais elles vivent en général très-retirées et leur influence se borne à leurs livres. Si donc on vouloit citer une femme qui réunît au suprême degré ce qui constitue la force et la beauté morale du caractère anglois, il faudroit la chercher dans l'histoire.

Lady Russel, la femme de l'illustre lord Russel qui périt sous Charles II, pour s'être opposé aux empiétemens du pouvoir royal, me paroît le vrai modèle d'une femme angloise dans toute sa perfection [105]. Le tribunal qui jugeoit lord Russel, lui demanda quelle personne il vouloit désigner pour lui servir de secrétaire pendant son procès ; il choisit lady Russel, *parce que*, dit-il, *elle réunit les lumières d'un homme à la tendre affection d'une épouse*. Lady Russel, qui adoroit son mari, soutint néanmoins la présence de ses juges iniques et le barbare sophisme de leurs interrogations avec toute la présence d'esprit que lui commandoit l'espoir d'être utile : ce fut en vain. La sentence de mort étant prononcée, lady Russel alla se jeter aux pieds de Charles II, en l'implorant au nom de lord Southampton, dont elle étoit la fille et qui s'étoit dévoué pour la cause de Charles Ier. Mais le souvenir des services rendus au père ne put rien sur le fils ; car sa frivolité ne l'empêchoit pas d'être cruel. Lord Russel, en se séparant de sa femme pour marcher à l'échafaud, prononça ces paroles remarquables : « A présent la douleur de la mort est passée. » En effet, il y a telle affection dont peut se composer toute l'existence.

On a publié des lettres de lady Russel écrites après la mort de son époux, dans lesquelles on trouve l'empreinte de la plus profonde douleur, contenue par la résignation religieuse. Elle vécut pour élever ses enfans ; elle vécut parce qu'elle ne se seroit pas permis de se donner la mort. A force de pleurer elle devint aveugle, et toujours le souvenir de celui qu'elle avoit tant aimé fut vivant dans son cœur. Elle eut un moment de joie, quand la liberté s'établit en 1688 ; la sentence portée contre lord Russel fut révoquée, et ses opinions triomphèrent. Les partisans de Guillaume III, et la reine Anne elle-même, consultoient souvent lady Russel sur les affaires publiques, comme ayant conservé quelques étincelles des lumières de lord Russel ; c'est à ce titre aussi qu'elle répondoit, et qu'à travers le profond deuil de son âme, elle s'intéressoit à le noble cause pour laquelle le sang de son époux avoit été répandu. Toujours elle fut la veuve de lord Russel, et c'est par l'unité de ce sentiment qu'elle mérite d'être admirée. Telle seroit encore une femme vraiment angloise, si une scène aussi tragique, une épreuve aussi terrible pouvoit se présenter de nos jours, et si, grâce à la liberté, de semblables malheurs n'étoient pas écartés à jamais. La durée des regrets causés par la perte de ceux qu'on aime, absorbe souvent en Angleterre la vie des personnes qui les ont éprouvés : si les femmes n'ont pas une existence personnelle active, elles vivent avec d'autant plus de force dans les objets de leur attachement. Les morts ne sont point oubliés dans cette contrée où l'âme humaine a toute sa beauté ; et l'honorable constance qui lutte contre l'instabilité de ce monde, élève les sentimens du cœur au rang des choses éternelles.

CHAPITRE VII

De la conduite
du gouvernement anglois
hors de l'Angleterre

En exprimant, autant que je l'ai pu, ma profonde admiration pour la nation angloise, je n'ai cessé d'attribuer sa supériorité sur le reste de l'Europe à ses institutions politiques. Il nous reste à donner une triste preuve de cette assertion ; c'est que là où la constitution ne commande pas, on peut avec raison faire au gouvernement anglois les mêmes reproches que la toute-puissance a toujours mérités sur la terre. Si par quelques circonstances qui ne se sont point rencontrées dans l'histoire, un peuple eût possédé, cent ans avant le reste de l'Europe, l'imprimerie, la boussole, ou ce qui vaut bien mieux encore, une religion qui n'est que la sanction de la morale la plus pure, ce peuple seroit certainement fort supérieur à ceux qui n'auroient pas obtenu de semblables avantages. Il en est de même des bienfaits d'une constitution libre ; mais ces bienfaits sont nécessairement bornés au pays même qu'elle régit. Quand les Anglois exercent des emplois militaires ou diplomatiques sur le continent, il est encore probable que des hommes élevés dans l'atmosphère de toutes les vertus, y participeront individuellement ; mais 'il se peut que le pouvoir qui corrompt presque tous les hommes, quand ils sortent du cercle où règne la loi, ait égaré beaucoup d'Anglois lorsqu'ils n'avoient à rendre compte de leur conduite hors de leur pays, qu'aux ministres et non à la nation. En effet, cette nation si éclairée d'ailleurs, connoît mal ce qui se passe sur le continent ; elle vit dans son intérieur de patrie, si l'on peut s'exprimer ainsi, comme chaque homme dans sa maison ; et ce n'est qu'avec le temps qu'elle apprend l'histoire de l'Europe, dans laquelle ses ministres ne jouent souvent qu'un trop grand rôle à l'aide de son sang et de ses richesses. Il en faut donc conclure que chaque pays doit toujours se défendre de l'influence des étrangers, quels qu'ils soient ; car les peuples les plus libres chez eux peuvent avoir des chefs très-jaloux de la prospérité des autres états, et devenir les oppresseurs de leurs voisins, s'ils en trouvent une occasion favorable.

Examinons cependant ce qu'il y a de vrai dans ce qu'on dit sur la conduite des Anglois hors de leur patrie. Lorsqu'ils se sont trouvés, malheureusement pour eux, obligés d'envoyer des troupes sur le continent, ces troupes ont observé la plus parfaite discipline. Le désintéressement de l'armée angloise et de ses chefs ne sauroit être contesté ; on les a vus payer chez leurs ennemis comme ces ennemis ne payoient pas chez eux-mêmes, et jamais ils ne négligent de mêler les soins de l'humanité aux malheurs de la guerre. Sir Sidney Smith, en Égypte, gardoit les envoyés de l'armée françoise dans sa tente ; et plusieurs fois il a déclaré à ses alliés, les Turcs, qu'il périroit avant que le droit des gens fût violé envers ses ennemis [106]. Lors de la retraite du général Moore en Espagne, des officiers anglois se précipitèrent dans un fleuve où des François alloient être engloutis, afin de les sauver d'un péril auquel le hasard et non les armes les exposoient [107]. Enfin, il n'est pas d'occasion où l'armée de lord Wellington, guidée par la noblesse et la sévérité consciencieuse de son illustre chef, n'ait cherché à soulager les habitans des pays qu'elle traversoit. L'éclat de la bravoure angloise, il faut le reconnoître, n'est jamais obscurci ni par la cruauté, ni par le pillage.

La force militaire, transportée dans les colonies, et particulièrement aux Indes, ne doit pas être rendue responsable des actes d'autorité dont on peut avoir à se plaindre. L'armée de ligne obéit passivement dans les pays considérés comme sujets, et qui ne sont point protégés par la constitution. Mais dans les colonies, comme ailleurs, on ne peut accuser les officiers anglois de déprédations ; ce sont les employés civils auxquels on a reproché de s'enrichir par des moyens illicites. En effet, leur conduite dans les premières années de la conquête de l'Inde mérite la censure la plus grave, et offre une preuve de plus de ce qu'on ne sauroit trop répéter : c'est que tout homme chargé de commander aux autres, s'il n'est pas soumis lui-même à la loi, n'obéit qu'à ses passions. Mais depuis le procès de M. Hastings [108], tous les regards de la nation angloise s'étant tournés vers les abus affreux qu'on avoit tolérés jusqu'alors dans l'Inde, l'esprit public a obligé le gouvernement à s'en occuper. Lord Cornwallis [109] a porté ses vertus, et lord Wellesley [110] ses lumières, dans un pays nécessairement malheureux, puisqu'il est soumis à une domination étrangère. Mais ces deux gouverneurs ont fait un bien qui se sent tous les jours davantage. Il n'existoit point aux Indes de tribunaux où l'on pût appeler des injustices des gens en place ; la quotité des impôts n'étoit point fixée. Aujourd'hui des tribunaux avec les formes de l'Angleterre y sont établis ; quelques Indiens y occupent eux-mêmes les places du second rang : les contributions sont fixées sur un cadastre, et ne peuvent être augmentées. Si les employés s'enrichissent maintenant, c'est parce que leurs appointemens sont très-considérables. Les trois quarts des revenus du pays sont consommés dans le pays même ; le commerce est libre dans l'intérieur ; le commerce des grains nommément, qui avoit donné lieu à un monopole si cruel, est à présent plus favorable aux Indiens qu'au gouvernement.

L'Angleterre a adopté le principe de régir les habitans du pays d'après leurs propres lois. Mais la tolérance même par laquelle les Anglois se distinguent avantageusement de leurs prédécesseurs dans la domination de l'Inde, soit mahométans, soit chrétiens [111], les oblige à ne pas employer d'autres armes que celles de la persuasion, pour détruire des préjugés enracinés depuis des milliers d'années. La différence des castes humilie encore l'espèce humaine ; et la puissance que le fanatisme exerce est telle, que les Anglois n'ont pu jusqu'à ce jour empêcher les femmes de se brûler vives après la mort de leurs maris. Le seul triomphe qu'ils aient remporté sur la superstition est de faire renoncer les mères à jeter leurs enfans dans le Gange, afin de les envoyer en paradis. On essaie de fonder chez eux le respect du serment, et l'on se flatte encore de pouvoir y répandre le christianisme dans un terme quelconque. L'éducation publique est très-soignée par les autorités angloises ; et c'est à Madras que le docteur Bell a établi sa première école [112]. Enfin on peut espérer que l'exemple des Anglois formera ces peuples assez pour qu'ils puissent se donner un jour une existence indépendante. Tout ce qu'il y a d'hommes éclairés en

Angleterre s'applaudiroit de perdre l'Inde par le bien même que le gouvernement y auroit fait. C'est un des préjugés du continent, que de croire la puissance angloise attachée à la possession de l'Inde ; cet empire oriental est presque une affaire de luxe, il contribue plus à la splendeur qu'à la force réelle. L'Angleterre a perdu ses provinces d'Amérique, et son commerce s'en est accru ; quand les colonies qui lui restent se déclareroient indépendantes, elle conserveroit encore sa supériorité maritime et commerciale, parce qu'il y a en elle un principe d'action, de progrès et de durée, qui la met toujours au-dessus des circonstances extérieures [113].

On a dit sur le continent que la traite des Nègres avoit été supprimée en Angleterre par des calculs politiques, afin de ruiner les colonies des autres pays par cette abolition. Rien n'est plus faux sous tous les rapports ; le parlement anglois, pressé par M. Wilberforce, s'est débattu vingt ans sur cette question, dans laquelle l'humanité luttoit contre ce qui sembloit l'intérêt [114]. Les négocians de Liverpool et des divers ports de l'Angleterre, réclamoient avec véhémence pour le maintien de la traite. Les colons parloient de cette abolition, comme en France aujourd'hui de certaines gens s'expriment sur la liberté de la presse et les droits politiques. Si l'on en avoit cru les colons, il falloit être jacobin pour désirer qu'on n'achetât et ne vendît plus des hommes. Des malédictions contre la philosophie, au nom de la haute sagesse qui prétend s'élever au-dessus d'elle, en maintenant les choses comme elles sont, lors même qu'elles sont abominables ; des sarcasmes sans nombre sur la philanthropie envers les Africains, sur la fraternité avec les Nègres ; enfin, tout l'arsenal de l'intérêt personnel a été employé en Angleterre, ainsi qu'ailleurs, par les colons, par cette espèce de privilégiés qui, craignant une diminution dans leurs revenus, les défendoient au nom du salut de l'état. Néanmoins, quand l'Angleterre prononça l'abolition de la traite des Nègres, en 1806, presque toutes les colonies de l'Europe étoient entre ses mains ; et, s'il pouvoit jamais être nuisible de se montrer juste, c'étoit dans cette occasion. Depuis il est arrivé ce qui arrivera toujours ; c'est que la résolution commandée par la religion et la philosophie, n'a pas eu le moindre inconvénient politique. En très-peu de temps, on a suppléé par le bon traitement qui multiplie les esclaves, à la cargaison déplorable qu'on apportoit chaque année ; et la justice s'est fait place, parce que la vraie nature des choses s'accorde toujours avec elle.

Le ministère anglois, alors du parti des Whigs, avoit proposé le *bill* pour l'abolition de la traite des Nègres ; il venoit de donner sa démission au roi, parce qu'il n'en avoit pas obtenu l'émancipation des catholiques. Mais lord Holland, le neveu de M. Fox, héritier des principes, des lumières et des amis de son oncle, se réserva l'honorable plaisir de porter encore dans la chambre des pairs la sanction du roi au décret d'abolition de la traite [115]. M. Clarkson [116], l'un des hommes vertueux qui travailloient depuis vingt ans avec M. Wilberforce, à l'accomplissement de cette œuvre éminemment chrétienne, en rendant compte de cette séance, dit qu'au moment où le bill fut sanctionné, un rayon de soleil, comme pour célébrer une fête si touchante, sortit des nuages qui couvroient le ciel ce jour-là. Certes, s'il étoit fastidieux d'entendre parler du beau temps qui devoit consacrer les parades militaires de Bonaparte, il est permis aux âmes pieuses d'espérer un signe bienveillant du Créateur, quand elles brûlent sur son autel l'encens qu'il accueille le mieux, le bien qu'on fait aux hommes. Telle fut, dans cette circonstance, toute la politique de l'Angleterre ; et, quand le parlement adopte après des débats publics une décision quelconque, le bien de l'humanité en est presque toujours le principal but. Mais peut-on nier, dira-t-on, que l'Angleterre ne soit envahissante et dominatrice au dehors ? J'arrive maintenant à ses torts, ou plutôt à ceux de son ministère ; car le parti et il est très-nombreux, qui désapprouve la conduite du gouvernement à cet égard, ne sauroit en être accusé.

Il y a une nation qui sera bien grande un jour : ce sont les Américains. Une seule tache obscurcit le parfait éclat de raison qui vivifie cette contrée : c'est l'esclavage encore subsistant dans les provinces du midi ; mais, quand le congrès y aura trouvé remède, comment pourra-t-on refuser le plus profond respect aux institutions des États-Unis [117] ? D'où vient donc que beaucoup d'Anglois se permettent de parler avec dédain d'un tel peuple ? « Ce sont des marchands, » répètent-ils. Et comment les courtisans du temps de Louis XIV s'exprimoient-ils sur les Anglois eux-mêmes ? Les gens de la cour de Bonaparte aussi, que disoient-ils ? Les noblesses oisives ou uniquement occupées du service des princes, ne dédaignent-elles pas cette magistrature héréditaire des Anglois, qui se fonde uniquement sur l'utilité dont elle est à la nation entière ? Les Américains, il est vrai, ont déclaré la guerre à l'Angleterre, dans un moment très-mal choisi par rapport à l'Europe ; car l'Angleterre, seule alors, combattoit contre la puissance de Bonaparte [118]. Mais l'Amérique n'a vu dans cette circonstance que ce qui concernoit ses propres intérêts ; et on ne peut, certes, pas la soupçonner d'avoir voulu favoriser le système impérial. Les nations n'en sont pas encore à ce noble sentiment d'humanité qui s'étendroit d'une partie du monde à l'autre. On se hait entre voisins : se connoît-on à distance ? Mais cette ignorance des affaires de l'Europe qui avoit entraîné les Américains à déclarer mal à propos la guerre à l'Angleterre, pouvoit-elle motiver l'incendie de Washington ? Il ne s'agissoit pas là de détruire des établissemens guerriers, mais des édifices pacifiques consacrés à la représentation nationale, à l'instruction publique, à la transplantation des arts et des sciences dans un pays naguère couvert de forêts, et conquis seulement par les travaux des hommes sur une nature sauvage. Qu'y a-t-il de plus honorable pour l'espèce humaine, que ce nouveau monde qui s'établit sans les préjugés de l'ancien ; ce nouveau monde où la religion est dans toute sa ferveur, sans qu'elle ait besoin de l'appui de l'état pour se maintenir ; où la loi commande par le respect qu'elle inspire, bien qu'aucune force militaire ne la soutienne ? Il se peut, hélas ! que l'Europe soit un jour destinée à présenter, comme l'Asie, le spectacle d'une civilisation stationnaire, qui, n'ayant pu se perfectionner, s'est dégradée. Mais s'ensuit-il que la vieille et libre Angleterre doive se refuser à l'admiration qu'inspirent les progrès de l'Amérique, parce que d'anciens ressentimens et quelques traits de ressemblance établissent entre les deux pays des haines de famille ?

Enfin que dira la postérité de la conduite récente du ministère anglois envers la France [119] ? Je l'avouerai, je ne puis approcher de ce sujet sans qu'un tremblement intérieur me saisisse ; et cependant s'il falloit, je ne craindrai point de le dire, qu'une des deux nations, l'Angleterre ou la France, fût anéantie, il vaudroit mieux que celle qui a cent ans de liberté, cent ans de lumières, cent ans de vertus, conservât le dépôt que la Providence lui a confié. Mais cette alternative cruelle existoit-elle ? Et comment une rivalité de tant de siècles n'a-t-elle pas fait au gouvernement anglois un devoir de chevalerie autant que de justice, de ne pas opprimer cette France qui, luttant avec l'Angleterre pendant tout le cours de leur commune histoire, animoit ses efforts par une jalousie généreuse ? Le parti de l'opposition a été de tout temps plus libéral et plus instruit sur les affaires du continent que le parti ministériel. Il devoit donc naturellement être chargé de la paix. D'ailleurs, il étoit reçu en Angleterre que la paix ne doit pas être signée par les mêmes ministres qui ont dirigé la guerre. On avoit senti que l'irritation contre les ennemis, qui sert à conduire la guerre avec vigueur, fait abuser de la victoire ; et cette façon de voir est aussi juste que favorable à la véritable paix, qui ne se signe pas, mais qui s'établit dans les esprits et dans les cœurs. Malheureusement le parti de l'opposition s'étoit mépris en soutenant Bonaparte. Il auroit été plus naturel que son système despotique fût défendu par les amis du pouvoir, et combattu par les amis de la liberté. Mais la question s'est embrouillée en Angleterre, comme partout ailleurs. Les partisans des principes de la révolution ont cru devoir soutenir une tyrannie viagère, pour prévenir en divers lieux le retour de despotismes plus durables. Mais ils n'ont pas vu qu'un genre de pouvoir absolu fraie le chemin à tous les autres, et qu'en redonnant aux François les mœurs de la servitude, Bonaparte a détruit l'énergie de l'esprit public. Une particularité de la constitution angloise, dont nous avons déjà parlé, c'est la nécessité dans laquelle l'opposition se croit, de combattre toujours le ministère, sur tous les terrains possibles. Mais il falloit renoncer à cet usage, applicable seulement aux circonstances ordinaires, dans un moment où le débat étoit tellement national que le salut du pays même dépendoit de son issue. L'opposition devoit se réunir franchement au gouvernement contre Bonaparte ; car le combattant, comme il l'a fait, avec persévérance, ce gouvernement accomplissoit noblement son devoir. L'opposition s'appuyoit sur le désir de la paix, qui est en général très-bien accueilli par les peuples ; mais dans cette occasion, le bon sens, l'énergie des Anglois les portoient à la guerre. Ils sentoient qu'on ne pouvoit traiter avec Bonaparte ; et tout ce que le ministère et lord Wellington ont fait pour le renverser, a servi puissamment au repos et à la grandeur de l'Angleterre. Mais à cette époque, où elle avoit atteint le sommet de la prospérité, à cette époque où le ministère anglois méritoit un vote de reconnoissance pour la part qu'il avoit dans le triomphe de ses héros, la fatalité qui s'empare de tous les hommes parvenus au faîte de la puissance, a marqué le traité de Paris d'un sceau réprobateur.

Déjà le ministère anglois dans le congrès de Vienne, avoit eu le malheur d'être représenté par un homme dont les vertus privées sont très-dignes d'estime, mais qui a fait plus de mal à la cause des nations qu'aucun diplomate du continent. Un Anglois qui dénigre la liberté est un faux frère, plus dangereux que les étrangers, car il a l'air de parler de ce qu'il connoît, et de faire les honneurs de ce qu'il possède. Les discours de lord Castlereagh dans le parlement, sont empreints d'une sorte d'ironie glaciale, singulièrement funeste quand elle s'attache à tout ce qu'il y a de beau dans ce monde [120]. Car la plupart de ceux qui défendent les sentimens généreux, sont aisément déconcertés, quand un ministre en puissance traite leurs voeux de chimères, quand il se moque de la liberté comme du parfait amour, et qu'il a l'air d'user d'indulgence envers ceux qui la chérissent, en ne leur imputant qu'une innocente folie.

Les députés de divers états de l'Europe, maintenant foibles et jadis indépendans, sont venus demander quelques droits, quelques garanties, au représentant de la puissance qu'ils adoroient comme libre. Ils sont repartis le cœur navré, ne sachant plus qui, de Bonaparte ou de la plus respectable nation du monde, leur avoit fait le mal le plus durable. Un jour leurs entretiens seront publiés, et l'histoire ne pourra guère offrir une pièce plus remarquable. « Quoi ! disoient-ils au ministre anglois, la prospérité, la gloire de votre patrie, ne viennent-elles pas de cette constitution, dont nous réclamons quelques principes, quand il vous plaît de disposer de nous pour cet équilibre prétendu de l'Europe, dont nous sommes un des poids mesurés à votre balance ?» — « Oui, leur répondoit-on avec un sourire sarcastique, c'est un sage d'Angleterre que la liberté, mais il ne convient point aux autres pays.» Le seul de tous les rois et de tous les hommes, qui ait fait mettre à la torture non pas ses ennemis, mais ses amis, a distribué, selon son bon plaisir, l'échafaud, les galères et la prison, entre des citoyens qui, s'étant battus pour la défense de leur pays sous les étendards de l'Angleterre, en réclamoient l'appui, comme ayant, de l'aveu généreux de lord Wellington, puissamment aidé ses efforts. L'Angleterre les a-t-elles protégés [121] ? Les Américains du nord voudroient soutenir les Américains du Mexique et du Pérou, dont l'amour pour l'indépendance a dû s'accroître lorsqu'ils ont revu à Madrid l'inquisition et la torture. Eh bien, que craint le congrès du nord en secourant ses frères du midi [122] ? L'alliance de l'Angleterre avec l'Espagne. Partout on redoute l'influence du gouvernement anglois, précisément dans le sens contraire à l'appui que les opprimés devoient en espérer.

Mais revenons de toute notre âme et de toutes nos forces à la France que seule nous connoissons. « Pendant vingt-cinq ans, dit-on, elle n'a pas cessé de tourmenter l'Europe par ses excès démocratiques et son despotisme militaire. L'Angleterre a souffert cruellement de ses continuelles attaques, et les Anglois ont fait des sacrifices immenses pour défendre l'Europe. Il est bien juste qu'à son tour la France expie le mal qu'elle a causé.» Tout est vrai dans ces accusations, excepté la conséquence qu'on en tire. Que signifie la loi du talion en général, et la loi du talion surtout exercée contre une nation ? Un peuple est-il aujourd'hui ce qu'il étoit hier ? Une nouvelle génération innocente ne vient-elle pas remplacer celle que l'on a trouvée coupable ? Comprendra-t-on dans une même proscription, les femmes, les enfans, les vieillards, les victimes mêmes de la tyrannie qu'on a renversée [123] ? Les malheureux conscrits cachés dans les bois pour se soustraire aux guerres de Bonaparte, mais qui, forcés de porter les armes, se sont conduits en intrépides guerriers ; les pères de famille, déjà ruinés par les sacrifices qu'ils ont faits pour racheter leurs enfans [124], que sais-je enfin, tant et tant de classes d'hommes sur qui le malheur public pèse également, bien qu'ils n'aient sûrement pas pris une part égale à la faute, méritent-ils de souffrir tous pour quelques-uns ? A peine si l'on peut, quand il s'agit d'opinions politiques, juger un homme avec équité : qu'est-ce donc que juger une nation ? La conduite de Bonaparte envers la Prusse a été prise pour modèle dans le second traité de Paris [125] ; de même les forteresses et les provinces sont occupées par cent cinquante mille soldats étrangers [126]. Est-ce ainsi qu'on peut persuader aux François que Bonaparte étoit injuste, et qu'ils doivent le haïr ? Ils en auroient été bien mieux convaincus, si l'on n'avoit en rien suivi sa doctrine. Et que promettoient les proclamations des alliés ? Paix à la France, dès que Bonaparte ne seroit plus son chef. Les promesses des puissances, libres de leurs décisions, ne devoient-elles pas être aussi sacrées que les sermens de l'armée françoise prononcés en présence des étrangers ? Et, parce que les ministres de l'Europe commettent la faute de placer dans l'île d'Elbe un général dont la vue doit émouvoir ses soldats, faut-il que pendant cinq années des contributions énormes épuisent le pauvre ? Et ce qui est plus douloureux encore, faut-il que des étrangers humilient les François, comme les François ont humilié les autres nations ; c'est-à-dire, provoquent dans leur âme les mêmes sentimens qui ont soulevé l'Europe contre eux ? Pense-t-on que maltraiter une nation jadis si forte, réussisse aussi-bien que les punitions dans les colléges, infligées aux écoliers ? Certes, si la France se laisse instruire de cette manière, si elle apprend la bassesse envers les étrangers, quand ils sont les plus forts, après avoir abusé de la victoire quand elle avoit triomphé d'eux, elle aura mérité son sort.

Mais, objectera-t-on encore, que falloit-il donc faire pour contenir une nation toujours conquérante, et qui n'avoit repris son ancien chef que dans l'espoir d'asservir de nouveau l'Europe ? J'ai dit dans les chapitres précédens ce que je crois incontestable, c'est que la nation françoise ne sera jamais sincèrement tranquille, que quand elle aura assuré le but de ses efforts, la monarchie constitutionnelle. Mais, en laissant de côté pour un moment cette manière de voir, ne suffisoit-il pas de dissoudre l'armée, de prendre toute l'artillerie, de lever des contributions pour s'assurer que la France, ainsi affoiblie, ne voudroit, ni ne pourroit sortir de ses limites ? N'est-il pas clair à tous les yeux, que les cent cinquante mille hommes qui occupent la France, n'ont que deux buts : ou de la partager, ou de lui imposer des lois dans l'intérieur. La partager ! Eh ! depuis que la politique a commis le sacrifice humain de la Pologne, les restes déchirés de ce malheureux pays agitent encore l'Europe, ses débris se rallument sans cesse pour lui servir de brandons. Est-ce pour affermir le gouvernement actuel que cent cinquante mille soldats occupent notre territoire ? Le gouvernement a des moyens plus efficaces de se maintenir ; car, destiné pourtant un jour à ne s'appuyer que sur des François, les troupes étrangères qui restent en France, les contributions, exorbitantes qu'elles exigent, excitent chaque jour un mécontentement vague dont on ne fait pas toujours le partage avec justice.

J'accorde cependant volontiers que l'Angleterre, ainsi que l'Europe, devoit désirer le retour des anciens souverains de la France ; et que, surtout, la haute sagesse qu'avoit montrée le roi dans la première année de sa restauration, imposoit le devoir de réparer envers lui le cruel retour de Bonaparte.

Mais les ministres anglois qui, mieux que tous les autres, connoissent, par l'histoire de leur pays, les effets d'une longue révolution sur les esprits, ne devoient-ils pas maintenir en France avec autant de soin les garanties constitutionnelles que l'ancienne dynastie ? Puisqu'ils ramenoient la famille royale, ne devoient-ils pas veiller à ce que les droits de la nation fussent aussi-bien respectés que ceux de la légitimité ? N'y a-t-il qu'une famille en France, bien que royale ? Et les engagemens pris par cette famille envers vingt-cinq millions d'hommes, doivent-ils être rompus pour complaire à quelques ultra-royalistes[8] ? Prononcera-t-on encore le nom de la charte, lorsqu'il n'y a plus l'ombre de liberté de la presse ; lorsque les journaux anglois ne peuvent pénétrer en France ; lorsque des milliers d'hommes sont emprisonnés sans examen ; lorsque la plupart des militaires que l'on soumet à des jugemens, sont condamnés à mort par des tribunaux extraordinaires, des cours prévôtales, des conseils de guerre, composés des hommes mêmes contre lesquels les accusés se sont battus vingt-cinq ans[128], lorsque la plupart des formes sont violées dans ces procès, les avocats interrom-pus ou réprimandés ; enfin, lorsque partout règne l'arbitraire, et nulle part la charte, que l'on devoit défendre à l'égal du trône, puisqu'elle étoit la sauvegarde de la nation ? Prétendroit-on que l'élection des députés qui ont suspendu cette charte, étoit régulière ? Ne sait-on pas que vingt personnes nommées par les préfets ont été envoyées dans chaque collège électoral, pour y choisir les ennemis de toute institution libre[129], comme les prétendus représentans d'une nation, qui, depuis 1789, n'a été invariable que sur un seul point, la haine qu'elle a montrée pour leur pouvoir ? Cent quatre-vingts protestans ont été massacrés dans le département du Gard[130], sans qu'un seul homme ait subi la mort en punition de ces crimes, sans que la terreur causée par les assassins ait permis aux tribunaux de les condamner. On s'est hâté de dire que ceux qui ont péri étoient des Bonapartistes ; comme s'il ne falloit pas empêcher aussi que les Bonapartistes ne fussent massacrés. Mais cette imputation, d'ailleurs, étoit aussi fausse que toutes celles que l'on fait porter sur des victimes. Il est innocent l'homme qui n'a pas été jugé ; encore plus l'homme qu'on assassine ; encore plus les femmes qui ont péri dans ces sanglantes scènes. Les meurtriers, dans leurs chansons atroces, désignoient aux poignards ceux qui professent le même culte que les Anglois et la moitié de l'Europe la plus éclairée. Ce ministère anglois, qui a rétabli le trône papal, voit les protestans menacés en France, et loin de les secourir, il adopte contre eux ces prétextes politiques, dont les partis se sont servis les uns contre les autres, depuis le commencement de la révolution [131]. Il en faudroit finir des argumens de la force, qui pourroient s'appliquer tour à tour aux factions opposées, en changeant seulement les noms propres. Le gouvernement anglois auroit-il maintenant pour le culte des réformés la même antipathie que pour les républiques ? Bonaparte, à beaucoup d'égards, étoit aussi de cet avis. L'héritage de ses principes est échu à quelques diplomates, comme les conquêtes d'Alexandre à ses généraux ; mais les conquêtes, quelque condamnables qu'elles soient, valent mieux que la doctrine fondée sur l'avilissement de l'espèce humaine. Laissera-t-on dire encore au ministère anglois qu'il se fait un devoir de ne pas se mêler des affaires intérieures de la France ? Une telle excuse ne doit-elle pas lui être interdite ? Je le demande au nom du peuple anglois, au nom de cette nation dont la sincérité est la première vertu, et que l'on fourvoie à son insu dans les perfidies politiques : peut-on se refuser au rire de l'amertume quand on entend des hommes qui ont disposé deux fois du sort de la France, donner ce prétexte hypocrite, seulement pour ne pas lui faire du bien, pour ne pas rendre aux protestans la sécurité qui leur est due, pour ne pas réclamer l'exécution sincère de la charte constitutionnelle ? Car les amis de la liberté sont aussi les frères en religion du peuple anglois. Quoi ! lord Wellington est authentiquement chargé par les puissances de l'Europe, de surveiller la France, puisqu'il est chargé de répondre de sa tranquillité ; la note qui l'investit de ce pouvoir est publiée ; dans cette même note, les puissances alliées ont déclaré, ce qui les honore, qu'elles considéroient les principes de la charte constitutionnelle comme ceux qui devoient gouverner la France ; cent cinquante mille hommes sont sous les ordres de celui à qui une telle dictature est accordée ; et le ministère anglois viendra dire encore qu'il ne peut pas s'immiscer dans nos affaires ? Le secrétaire d'état lord Castlereagh, qui avoit déclaré dans la chambre des communes, quinze jours avant la bataille de Waterloo [b], que l'Angleterre ne prétendoit en aucune manière imposer un gouvernement à la France, le même homme, à la même place, déclare un an après [i] que, si, à l'expiration des cinq années, la France étoit représentée par un autre gouvernement, le ministère anglois n'auroit pas l'absurdité de se croire lié par les conditions du traité. Mais dans le même discours, où cette incroyable déclaration est prononcée, les scrupules du noble lord par rapport à l'influence du gouvernement anglois sur la France lui reviennent, dès qu'on lui demande d'empêcher le massacre des protestans, et de garantir au peuple françois quelques-uns des droits qu'il ne peut perdre, sans se déchirer le sein par la guerre civile, ou sans mordre la poussière comme les esclaves. Et qu'on ne prétende pas que le peuple anglois veuille faire porter son joug à ses ennemis! Il est fier, il doit l'être, de vingt-cinq ans et d'un jour. La bataille de Waterloo l'a rempli d'un juste orgueil. Ah! les nations qui ont une patrie, partagent avec l'armée les lauriers de la victoire. Les citoyens seroient guerriers, les guerriers sont citoyens; et, de toutes les joies que Dieu permet à l'homme sur cette terre, la plus vive est peut-être celle du triomphe de son pays. Mais cette noble émotion, loin d'étouffer la générosité, la ranime; et, si Fox faisoit entendre encore sa voix si long-temps admirée, s'il demandoit pourquoi les soldats anglois servent de geoliers à la France; pourquoi l'armée d'un peuple libre traite un autre peuple comme un prisonnier de guerre qui doit payer sa rançon à ses vainqueurs : la nation angloise apprendroit que l'on commet en son nom une injustice; et, dès cet instant, il naîtroit de toutes parts dans son sein des avocats pour la cause de la France. Un homme au milieu du parlement anglois ne pourroit-il pas demander ce que seroit l'Angleterre aujourd'hui, si les troupes de Louis XIV s'étoient emparées d'elle, au moment de la restauration de Charles II; si l'on avoit vu camper dans Westminster l'armée des François triomphante sur le Rhin, ou, ce qui auroit fait plus de mal encore, l'armée qui, plus tard, combattit les protestans dans les Cévennes? Elles auroient rétabli le catholicisme et supprimé le parlement; car nous voyons, dans les dépêches de l'ambassadeur de France, que Louis XIV les offroit à Charles II dans ce but. Alors que seroit devenue l'Angleterre? L'Europe n'auroit pu entendre parler que du meurtre de Charles Ier, que des excès des puritains en faveur de l'égalité, que du despotisme de Cromwell, qui se faisoit sentir au dehors comme au dedans, puisque Louis XIV a porté son deuil. On auroit trouvé des écrivains pour soutenir que ce peuple turbulent et sanguinaire méritoit d'être remis dans le devoir, et qu'il lui falloit les institutions de ses pères, à l'époque où ses pères avoient perdu la liberté de leurs ancêtres. Mais auroit-on vu ce beau pays à l'apogée de puissance et de gloire que l'univers admire aujourd'hui? Une tentative malheureuse pour obtenir la liberté eût été qualifiée de rebellion, de crime, de tous les noms qu'on prodigue aux nations, quand elles veulent des droits et ne savent pas s'en mettre en possession. Les pays jaloux de la puissance maritime de l'Angleterre, sous Cromwell, se seroient complus dans son abaissement. Les ministres de Louis XIV auroient dit que les Anglois n'étoient pas faits pour être libres, et l'Europe ne pourroit pas contempler le phare qui l'a guidée dans la tempête, et doit encore l'éclairer dans le calme.

Il n'y a, dit-on, en France, que des royalistes exagérés, ou des Bonapartistes; et les deux partis sont également, on doit en convenir, les fauteurs du despotisme. Les amis de la liberté, dit-on encore, sont en petit nombre, et sans force contre ces deux factions acharnées. Les amis de la liberté, j'en conviens, étant vertueux et désintéressés, ils ne peuvent lutter activement contre les passions avides de ceux dont l'argent et les places sont l'unique objet. Mais la nation est avec eux ; tout ce qui n'est pas payé, ou n'aspire pas à l'être, est avec eux. La marche de l'esprit humain les favorise par la nature même des choses. Ils arriveront graduellement, mais sûrement, à fonder en France une constitution semblable à celle de l'Angleterre, si l'Angleterre même, qui est le guide du continent, défend à ses ministres de se montrer partout les ennemis des principes qu'elle sait si bien maintenir chez elle.

CHAPITRE VIII

Les Anglois
ne perdront-ils pas un jour
leur liberté ?

Beaucoup de personnes éclairées, qui savent à quel degré s'éleveroit la prospérité de la nation françoise, si les institutions politiques de l'Angleterre étoient établies chez elle, se persuadent que les Anglois en sont jaloux d'avance, et s'opposent de tous leurs moyens à ce que leurs rivaux puissent jouir de cette liberté dont ils connoissent les avantages. En vérité, je ne crois point à ce sentiment, du moins de la part de la nation. Elle est assez fière pour être convaincue, et avec raison, que pendant long-temps encore elle marchera en avant de toutes les autres ; et ; quand la France l'atteindroit et la surpasseroit même sous quelques rapports, elle conserveroit toujours des moyens exclusifs de puissance particuliers à sa situation. Quant au ministère, celui qui le dirige, le secrétaire d'état des affaires étrangères [132], semble avoir, comme je l'ai dit, et comme il l'a prouvé, un tel mépris pour la liberté, que je crois vraiment qu'il en céderoit à bon marché, même à la France ; et pourtant la défense d'exportation hors d'Angleterre a presque uniquement porté sur les principes de la liberté, tandis que nous aurions désiré au contraire, qu'à cet égard aussi les Anglois voulussent bien nous communiquer les produits de leur industrie.

Le gouvernement anglois veut à tout prix éviter le retour de la guerre ; mais il oublie que les rois de France les plus absolus n'ont pas cessé de former des projets hostiles contre l'Angleterre, et qu'une constitution libre est bien plus une garantie pour la durée de la paix que la reconnoissance personnelle des princes. Mais ce qu'on doit surtout, ce me semble, représenter aux Anglois, même à ceux qui sont exclusivement occupés des intérêts de leur patrie, c'est que si, pour empêcher les François d'être factieux ou libres, comme on le voudra, il faut entretenir une armée angloise sur le territoire de la France, la liberté de l'Angleterre est exposée par cette convention indigne d'elle. On ne s'accoutume point à violer l'indépendance nationale chez ses voisins sans perdre quelques degrés d'énergie, quelque nuance de la pureté des doctrines, lorsqu'il s'agit de professer chez soi ce qu'on renie ailleurs. L'Angleterre partageant la Pologne, l'Angleterre occupant la Prusse à la Bonaparte, auroit moins de force pour résister aux empiétemens de son propre gouvernement dans l'intérieur. Une armée sur le continent peut l'entraîner à des guerres nouvelles, et l'état de ses finances doit les lui faire craindre. A ces considérations, qui ont déjà vivement agi dans le parlement, lors de la question sur la taxe des propriétés, il faut ajouter la plus importante de toutes, le danger imminent de l'esprit militaire. Les Anglois, en faisant du mal à la France, en y portant les flèches empoisonnées d'Hercule, peuvent, comme Philoctète, se blesser eux-mêmes [133]. Ils abaissent, ils foulent aux pieds leur rivale, mais qu'ils y prennent garde. La contagion les menace ; et si, en comprimant leurs ennemis, ils étouffoient le feu sacré de leur esprit public, la vengeance ou la politique à laquelle ils se livrent, éclateroit dans leurs mains comme une mauvaise arme.

Les ennemis de la constitution d'Angleterre répètent sans cesse, sur le continent, qu'elle périra par la corruption du parlement, et que l'influence ministérielle s'accroîtra jusqu'au point d'anéantir la liberté : rien de pareil n'est à craindre. Le parlement en Angleterre obéit toujours à l'opinion nationale, et cette opinion ne peut être corrompue dans le sens qu'on attache à ce mot, c'est-à-dire, payée. Mais ce qui est séduisant pour toute nation, c'est la gloire des armes ; le plaisir que les jeunes gens trouvent dans la vie des camps, les jouissances vives que les succès de la guerre leur procurent, sont beaucoup plus conformes aux goûts de leur âge que les bienfaits durables de la liberté. Il faut être un homme de mérite pour avancer dans la carrière civile ; mais tous les bras vigoureux peuvent manier un sabre, et la difficulté de se distinguer dans l'état militaire n'est point en proportion avec la peine qu'il faut se donner pour s'instruire et pour penser. Les emplois qui se multiplient dans cette carrière, donnent au gouvernement des moyens de tenir dans sa dépendance un très-grand nombre de familles. Les décorations nouvellement imaginées offrent à la vanité des récompenses qui ne dérivent pas de la source de toute gloire, l'opinion publique [134], enfin c'est saper l'édifice de la liberté par les fondemens que d'entretenir une armée de ligne considérable.

Dans un pays où la loi règne, et où la bravoure, fondée sur l'amour de la patrie, est au-dessus de toute louange, dans un pays où les milices valent autant que des troupes réglées, où dans un clin d'œil les menaces d'une descente créèrent non-seulement une infanterie, mais une cavalerie aussi belle qu'intrépide, pourquoi forger l'instrument du despotisme ? Tous ces raisonnements politiques sur l'équilibre de l'Europe, ces vieux systèmes qui servent de prétexte à de nouvelles usurpations, n'étoient-ils pas connus des fiers amis de la liberté angloise, quand ils ne permettoient pas l'existence d'une armée de ligne, du moins assez nombreuse pour que le gouvernement s'appuyât sur elle ? L'esprit de subordination et de commandement tout ensemble, cet esprit nécessaire dans une armée, rend incapable de connoître et de respecter ce qu'il y a de national dans les pouvoirs politiques. Déjà l'on entend quelques officiers anglois murmurer des phrases de despotisme, bien que leur accent et leur langue semblent se prêter avec effort aux paroles flétries de la servitude.

Lord Castlereagh a dit, dans la chambre des communes, que l'on ne pouvoit en Angleterre se contenter des fracs bleus [135], quand toute l'Europe étoit en armes. Ce sont pourtant les fracs bleus qui ont rendu le continent tributaire de l'Angleterre. C'est parce que le commerce et les finances avoient pour base la liberté, c'est parce que les représentans de la nation prêtoient leur force au gouvernement, que le levier qui a soulevé le monde a pu trouver son point d'appui dans une île moins considérable qu'aucun des pays auxquels elle prêtoit ses secours. Faites de ce pays un camp, et bientôt après une cour, et vous verrez sa misère et son abaissement. Mais le danger que l'histoire signale à chaque page, pourroit-il n'être pas prévu, n'être pas repoussé par les premiers penseurs de l'Europe, que la nature du gouvernement anglois appelle à se mêler des affaires publiques ? La gloire militaire, sans doute, est la seule séduction redoutable pour des hommes énergiques ; mais comme il y a une énergie bien supérieure à celle du métier des armes, l'amour de la liberté, et que cet amour inspire tout à la fois le plus haut degré de valeur, quand la patrie est exposée, et le plus grand dédain pour l'esprit soldatesque aux ordres d'une diploma-tie perfide, on doit espérer que le bon sens du peuple anglois et les lumières de ses représentans sauveront la liberté du seul ennemi dont elle ait à se préserver : la guerre continuelle, et l'esprit militaire qu'elle amène à sa suite.

Quel mépris pour les lumières, quelle impatience contre les lois, quel besoin du pouvoir ne remarque-t-on pas dans tous ceux qui ont mené long-temps la vie des camps ! De tels hommes peuvent aussi difficilement se soumettre à la liberté, que la nation à l'arbitraire ; et dans un pays libre, il faut, autant qu'il est possible, que tout le monde, mais personne en particulier, ne soit soldat. La liberté angloise ne pouvant avoir rien à craindre que de l'esprit militaire, il me semble que sous ce rapport le parlement doit s'occuper sérieusement de la situation de la France ; il le devroit aussi par ce sentiment universel de justice qu'on peut attendre de la réunion d'hommes la plus éclairée de l'Europe. Son intérêt propre le lui commande, il faut relever l'esprit de liberté que la réaction causée par la révolution françoise a nécessairement affoibli ; il faut prévenir les prétentions vaniteuses à la manière du continent, qui se sont glissées dans quelques familles. La nation angloise tout entière est l'aristocratie du reste du monde par ses lumières et ses vertus. Que seroient à côté de cette illustration intellectuelle quelques disputes puériles sur les généalogies ? Enfin, il faut mettre un terme à ce mépris des nations sur lequel la politique du jour est calculée. Ce mépris, artistement répandu, comme l'incrédulité religieuse, pourroit attaquer les bases de la plus belle des croyances dans le pays même où son temple est consacré.

La réforme parlementaire, l'émancipation des catholiques, la situation de l'Irlande, toutes les diverses questions qu'on peut agiter encore dans le parlement anglois, seront résolues d'après l'intérêt national [136], et ne menacent l'état d'aucun péril. La réforme parlementaire peut s'opérer graduellement, en accordant chaque année quelques députés de plus aux villes nouvellement populeuses, en supprimant avec indemnité les droits de quelques bourgs qui n'ont presque plus d'électeurs. Mais la propriété a un tel empire en Angleterre, qu'on ne choisiroit jamais des représentans du peuple amis du désordre, quand la réforme parlementaire seroit opérée tout entière en un seul jour. Peut-être les hommes de talent sans fortune, y perdroient-ils la possibilité d'être nommés, puisque les grands propriétaires des deux partis n'auroient plus de places à donner à ceux qui n'ont pas les moyens de fortune nécessaires pour se faire élire dans les comtés et dans les villes. L'émancipation des catholiques d'Irlande est réclamée par l'esprit de tolérance universelle qui doit gouverner le monde ; toutefois ceux qui s'y opposent ne repoussent point tel ou tel culte ; mais ils craignent l'influence d'un souverain étranger, le pape, dans un pays où les devoirs de citoyen doivent l'emporter sur tout. C'est une question que l'intérêt de la patrie décidera, parce que la liberté de la presse et celle des débats ne laissent rien ignorer en Angleterre sur ce qui concerne l'intérieur du pays. Si les affaires extérieures y étoient aussi bien connues, il n'y auroit pas une faute de commise à cet égard. Il importe certainement à l'Angleterre que l'état de l'Irlande soit autre qu'il n'a été jusqu'à présent ; on doit y répandre plus de bonheur, et par conséquent plus de lumières. La réunion à l'Angleterre doit valoir au peuple irlandois les bienfaits de la constitution ; et, tant que le gouvernement anglois s'appuie, pour suspendre la loi, sur la nécessité des actes arbitraires, il n'a point rempli sa tâche, et l'Irlande ne peut s'identifier sincèrement avec la patrie qui ne lui communique pas tous ses droits. Enfin c'est un mauvais exemple pour les Anglois, c'est une mauvaise école pour leurs hommes d'état, que l'administration de l'Irlande ; et, si l'Angleterre subsistoit long-temps entre l'Irlande et la France, dans l'état actuel, elle auroit de la peine à ne pas se ressentir de la mauvaise influence que son gouvernement exerce habituellement sur l'une, et maintenant sur l'autre.

Le peuple ne rend heureux l'homme qui le sert que par les satisfactions de la conscience ; il ne peut inspirer de l'attachement qu'aux amis de la justice, aux cœurs disposés à sacrifier leurs intérêts à leurs devoirs. Il en est beaucoup, et beaucoup de cette nature en Angleterre ; il y a, dans ces caractères réservés, des trésors cachés qu'on ne discerne que par la sympathie, mais qui se montrent avec force, dès que l'occasion le demande : c'est sur eux que repose le maintien de la liberté. Toutes les divagations de la France n'ont point jeté les Anglois dans les extrêmes opposés ; et, bien que dans ce moment la conduite diplomatique de leur gouvernement soit très-repréhensible, à chaque session le parlement améliore une ancienne loi, en prépare de nouvelles, traite des questions de jurisprudence, d'agriculture et d'économie politique avec des lumières toujours croissantes, enfin se perfectionne chaque jour, tandis qu'on voudroit tourner en ridicule ailleurs ces progrès sans lesquels la société n'auroit aucun but, que la raison pût s'expliquer.

Néanmoins, la liberté angloise échappera-t-elle à cette action du temps qui a tout dévoré sur la terre ? La prévision humaine ne sauroit pénétrer dans un avenir éloigné : cependant on voit dans l'histoire les républiques renversées par des empires conquérans, ou se détruisant elles-mêmes par leurs propres conquêtes ; on voit les peuples du nord s'emparer des états du midi, parce que ces états tomboient en décadence, et que d'ailleurs le besoin de la civilisation portoit avec violence une partie des habitans de l'Europe vers les contrées méridionales ; partout on a vu les nations périr faute d'esprit national, faute de lumières, et surtout à cause des préjugés qui, en soumettant la plus nombreuse partie d'un peuple à l'esclavage, au servage ou à toute autre injustice, la rendoient étrangère au pays qu'elle pouvoit seule défendre.

Mais dans l'état actuel de l'ordre social en Angleterre, après un siècle de durée des institutions qui ont formé la nation la plus religieuse, la plus morale et la plus éclairée dont l'Europe puisse se vanter, je ne concevrois pas de quelle manière la prospérité du pays, c'est-à-dire sa liberté pourroit être jamais menacée. Dans le moment même ou le gouvernement anglois penche vers la doctrine du despotisme, quoique ce soit un despote qu'il ait combattu ; dans le moment où la légitimité, violée authentiquement par la révolution de 1688, est soutenue par le gouvernement anglois comme le seul principe nécessaire à l'ordre social ; dans ce moment de déviation passagère, on entrevoit déjà que par degrés le vaisseau de l'état se remettra en équilibre : car de tous les orages, celui que les préjugés peuvent exciter, est le plus facile à calmer dans la patrie de tant de grands hommes, au foyer de tant de lumières [137].

CHAPITRE IX

Une monarchie limitée
peut-elle avoir d'autres bases
que celles de la constitution angloise ?

On trouve dans les œuvres de Swift un petit écrit intitulé *les Conversations polies* [138], qui renferme toutes les idées communes dont se composent les entretiens du grand monde. Un homme d'esprit avoit l'idée de faire le même travail sur les entretiens politiques d'aujourd'hui. « La constitution d'Angleterre ne convient qu'à des Anglois ; les François ne sont pas dignes qu'on leur donne de bonnes lois : il faut se garder des théories et s'en tenir à la pratique [139]. » Qu'importe, dira-t-on, que ces phrases soient fastidieuses, si elles renferment un sens vrai ? Mais ce qui les rend fastidieuses, c'est leur fausseté même. La vérité sur de certains objets ne devient jamais commune, quelque répétée qu'elle soit ; car chaque homme qui la dit, la sent et l'exprime à sa manière ; mais les mots d'ordre de l'esprit de parti sont les signes indubitables de la médiocrité. On est à peu près sûr qu'une conversation qui commence par ces sentences officielles, ne vous promet que du sophisme et de l'ennui tout ensemble. En mettant donc de côté ce langage frivole qui aspire à la profondeur, il me semble que les penseurs n'ont pu trouver jusqu'à ce jour d'autres principes de la liberté monarchique et constitutionnelle que ceux qui sont admis en Angleterre.

Les démocrates diront qu'il faut un roi sans patriciat, ou qu'il ne faut ni l'un ni l'autre ; mais l'expérience a démontré l'impossibilité de ce système. Des trois pouvoirs, les aristocrates ne contestent que celui du peuple ; ainsi, quand ils prétendent que la constitution angloise ne peut s'adapter à la France, ils disent simplement qu'il ne faut pas de représentans du peuple, car ce n'est sûrement pas la noblesse, ni la royauté héréditaire qu'ils contestent. Il est donc évident que l'on ne peut s'écarter de la constitution angloise sans établir la république, en retranchant l'hérédité ; ou le despotisme, en supprimant les communes : car des trois pouvoirs on n'en peut ôter aucun sans produire l'un ou l'autre de ces deux extrêmes.

Après une révolution telle que celle de France, la monarchie constitutionnelle est la seule paix, le seul traité de Westphalie, pour ainsi dire, que l'on puisse conclure entre les lumières actuelles et les intérêts héréditaires ; entre la nation presque entière, et les privilégiés appuyés par les puissances européennes [140].

Le roi d'Angleterre jouit d'un pouvoir plus que suffisant pour un homme qui veut faire le bien, et j'ai de la peine à concevoir comment la religion même n'inspire pas aux princes des scrupules sur l'usage d'une autorité sans bornes : l'orgueil l'emporte en cette occasion sur la vertu. Quant à l'argument très-usé de l'impossibilité d'être libre dans un état continental où l'on doit conserver une nombreuse armée de ligne, les mêmes gens qui le répètent sans cesse, sont prêts à citer l'Angleterre en sens inverse, et à dire que là maintenant l'armée de ligne n'est pas dangereuse pour la liberté. C'est une chose inouïe que la diversité des raisonnemens de ceux qui renoncent à tous les principes : ils se servent des circonstances, quand la théorie est contre eux, de la théorie, quand les circonstances démontrent leurs erreurs ; enfin ils se replient avec une souplesse qui ne sauroit échapper au grand jour de la discussion, mais qui peut égarer les esprits, quand il n'est permis ni de faire taire les sophistes, ni de leur répondre. Si l'armée de ligne donne plus de pouvoir aux rois de France qu'à ceux de l'Angleterre, les ultra-royalistes, suivant leur manière de penser, jouiront de cet excédent de force, et les amis de la liberté ne le redoutent point, si le gouvernement représentatif, et ses garanties, sont établis en France sincèrement et sans exception. L'existence de la chambre des pairs doit réduire, il est vrai, le nombre des familles nobles [141] : mais l'intérêt public souffrira-t-il de ce changement ? Les familles historiques se plaindroient-elles de voir associer à la pairie des hommes nouveaux que le roi et l'opinion en jugeroient dignes ? La noblesse qui a le plus à faire pour se réconcilier avec la nation, seroit-elle la plus obstinément attachée à des prétentions inadmissibles ? Nous avons l'avantage, nous autres François, d'être plus spirituels, mais aussi plus bêtes qu'aucun autre peuple de l'Europe ; je ne sais si nous devons nous en vanter.

Des argumens qui méritent un examen plus sérieux, parce qu'ils ne sont pas inspirés seulement par de frivoles prétentions, se sont renouvelés contre la chambre des pairs à l'occasion de la constitution de Bonaparte. On a dit que l'esprit humain avoit fait de trop grands progrès en France, pour supporter aucune distinction héréditaire. M. Necker a traité quinze ans plutôt cette question en publiciste que n'épouvantoient ni la vanité des préjugés, ni la fatuité des théories ; et il me semble reconnu par tous les penseurs que la considération dont un élément conservateur entoure un gouvernement, est au profit de la liberté comme de l'ordre, en rendant l'action de la force moins nécessaire. Quel obstacle y auroit-il donc en France plutôt qu'en Angleterre, à l'existence d'une chambre des pairs, nombreuse, imposante et éclairée ? Les élémens en existent, et nous voyons déjà combien il seroit facile de les combiner heureusement.

Quoi ! dira-t-on encore, car tous les dictons politiques valent la peine d'être combattus, à cause de la multitude d'esprits communs qui les répètent : vous voulez donc que la France ne soit qu'une copie, et une mauvaise copie du gouvernement d'Angleterre ? En vérité, je ne vois pas pourquoi les François, ni toute autre nation, devroient rejeter l'usage de la boussole, parce que ce sont des Italiens qui l'ont découverte [142]. Il y a dans l'administration d'un pays, dans ses finances, dans son commerce, dans ses armées, beaucoup de choses qui tiennent aux localités, et qui doivent différer selon les lieux ; mais les bases d'une constitution sont les mêmes partout. La forme républicaine ou monarchique est commandée par l'étendue et la situation de l'état ; mais il y a toujours trois élémens donnés par la nature : la délibération, l'exécution et la conservation ; et ces trois élémens sont nécessaires pour garantir aux citoyens leur liberté, leur fortune, le développement paisible de leurs facultés, et les récompenses dues à leur travail. Quel est le peuple à qui de tels droits ne soient pas nécessaires, et par quels autres principes que par ceux de l'Angleterre peut-on en obtenir la jouissance durable ? Tous les défauts mêmes qu'on se plaît à attribuer aux François peuvent-ils servir de prétexte pour leur refuser de tels droits ? En vérité, quand les François seroient des enfans mutinés, comme leurs grands parens de l'Europe le prétendent, je conseillerois d'autant plus de leur donner une constitution qui fût à leurs yeux une garantie de l'équité dans ceux qui les gouvernent : car les enfans mutinés, quand ils sont en si grand nombre, peuvent plus facilement être corrigés par la raison que comprimés par la force.

Il faudra du temps en France avant de pouvoir créer une aristocratie patriotique ; car, la révolution ayant été dirigée plus encore contre les privilèges des nobles que contre l'autorité royale, les nobles secondent maintenant le despotisme comme leur sauvegarde. On pourroit dire avec raison que cet état de choses est un argument contre la création d'une chambre des pairs, comme trop favorable au pouvoir de la couronne. Mais d'abord il est de la nature d'une chambre haute, en général, de s'appuyer au trône ; et l'opposition des grands seigneurs d'Angleterre est presque toujours en minorité. D'ailleurs on peut faire entrer dans une chambre des pairs beaucoup de nobles, amis de la liberté ; et ceux qui ne le seroient pas aujourd'hui, le deviendroient, par le seul fait que l'exercice d'une grande magistrature éloigne de la vie de cour, et rattache aux intérêts de l'état. Je ne craindrai point de professer un sentiment que beaucoup de personnes appelleront aristocratique, mais dont toutes les circonstances de la révolution françoise m'ont pénétrée : c'est que les nobles qui ont adopté la cause du gouvernement représentatif, et par conséquent de l'égalité devant la loi, sont en général les François les plus vertueux et les plus éclairés dont nous ayons encore à nous vanter. Ils réunissent, comme les Anglois, l'esprit de chevalerie à l'esprit de liberté ; ils ont de plus le généreux avantage de fonder leur opinion sur leurs sacrifices, tandis que le tiers état doit nécessairement trouver son intérêt particulier dans l'intérêt général. Enfin, ils ont à supporter tous les jours l'inimitié de leur classe, quelquefois même de leur famille. On leur dit qu'ils sont traîtres à leur ordre, parce qu'ils sont fidèles à la patrie ; tandis que les hommes de l'extrême opposé, les démocrates sans frein de raison, ni de morale, les ont persécutés comme des ennemis de la liberté, en ne considérant que leurs priviléges, et en ne croyant pas, quoique bien à tort, à la sincérité du renoncement. Ces illustres citoyens qui se sont volontairement exposés à tant d'épreuves, sont les meilleurs gardiens de la liberté sur lesquels un état puisse compter ; et il faudroit créer pour eux une chambre des pairs, quand la nécessité de cette institution dans une monarchie constitutionnelle ne seroit pas reconnue jusqu'à l'évidence.

« Aucun genre d'assemblée délibérante, soit démocratique, soit héréditaire, ne peut réussir en France. Les François ont trop d'envie de briller ; et le besoin de faire effet les porte toujours d'un extrême à l'autre. Il suffit donc,» disent certains hommes qui se font tuteurs de la nation pour la déclarer en minorité perpétuelle ; « il suffit à la France d'états provinciaux, au lieu d'une assemblée représentative.» Certes, je dois respecter plus que personne les assemblées provinciales, puisque mon père est le premier et le seul entre les ministres qui en ait établi [143], et qui ait perdu sa place, pour les avoir soutenues contre les parlemens [144]. Il est très-sage sans doute, dans un pays aussi étendu que la France, de donner aux autorités locales plus de pouvoir, plus d'importance qu'en Angleterre. Mais, quand M. Necker proposa d'assimiler par les assemblées provinciales les pays appelés d'élection aux pays d'états [145], c'est-à-dire, de donner aux anciennes provinces les privilèges qui n'étoient possédés que par celles dont la réunion à la France étoit plus récente, il y avoit à Paris un parlement qui pouvoit refuser d'enregistrer les édits bursaux, ou toute autre loi émanée directement du trône. C'étoit une très-mauvaise ébauche de gouvernement représentatif que ce droit du parlement, mais enfin, c'en étoit une ; et maintenant que toutes les anciennes limites du trône sont renversées, que seroient trente-trois assemblées provinciales relevant du despotisme ministériel, et n'ayant aucune manière d'y mettre obstacle ? Il est bon que des assemblées locales discutent la répartition des impôts et vérifient les dépenses de l'état ; mais des formes populaires dans les provinces, subordonnées à un pouvoir central sans bornes, c'est une monstruosité politique.

Il faut le dire avec franchise, aucun gouvernement constitutionnel ne peut s'établir, si, au début, on fait entrer dans toutes les places, celles des députés, comme celles des agens du pouvoir, les ennemis de la constitution même. La première condition pour que le gouvernement représentatif marche, c'est que les élections soient libres ; car alors elles amèneront des hommes qui auront de bonne foi le désir de voir réussir l'institution dont ils feront partie. Un député disoit, à ce qu'on prétend, en société : « L'on m'accuse de n'être pas pour la charte constitutionnelle, on a bien tort, je suis toujours à cheval sur cette charte ; il est vrai que c'est pour la crever.» Après ce propos charmant, il est probable que ce député trouveroit pourtant très-mauvais qu'on soupçonnât sa bonne foi en politique ; mais il est trop fort de vouloir réunir le plaisir de révéler ses secrets avec l'avantage de les garder. Pense-t-on qu'avec ces intentions cachées, ou plutôt trop connues, l'expérience du gouvernement représentatif soit faite en France ? Un ministre a déclaré nouvellement à la chambre des députés, que, de tous les pouvoirs, celui sur lequel il faut que l'autorité royale exerce le plus d'influence, c'est le pouvoir électoral ; ce qui veut dire, en d'autres termes, que les représentans du peuple doivent être nommés par le roi. Dans ce cas, les chambellans devroient l'être par le peuple.

Qu'on laisse la nation françoise élire les hommes qu'elle croira dignes de sa confiance, qu'on ne lui impose pas des représentans, et surtout des représentans choisis parmi les ennemis constans de tout gouvernement représentatif : alors, seulement alors, le problème politique sera résolu en France. On peut, je crois, considérer comme une maxime certaine, que, quand des institutions libres, ont duré vingt ans dans un pays, c'est à elles qu'il faut s'en prendre, si chaque jour on ne voit pas une amélioration dans la morale, dans la raison, et dans le bonheur de la nation qui les possède. C'est à ces institutions parvenues à un certain âge, pour ainsi dire, à répondre des hommes, mais, dans les premiers jours d'un nouvel établissement politique, c'est aux hommes à répondre des institutions : car on ne peut, en aucune manière, juger de la force de la citadelle, si les commandans en ouvrent les portes, ou cherchent à en miner les fondemens.

CHAPITRE X

De l'influence du pouvoir arbitraire sur l'esprit et le caractère d'une nation

Frédéric II, Marie-Thérèse et Catherine II [146] ont inspiré une si juste admiration par leur talent de gouverner, qu'il est très-naturel que, dans les pays où leur souvenir est encore vivant, et leur système exactement suivi, l'on sente moins qu'en France la nécessité d'un gouvernement représentatif. Le Régent et Louis XV au contraire ont donné dans le dernier siècle le plus triste exemple de tous les malheurs, de toutes les dégradations attachées au pouvoir arbitraire. Nous le répétons donc, nous n'avons ici en vue que la France ; c'est elle qui ne doit pas souffrir qu'après vingt-sept années de révolution, on la prive des avantages qu'elle a recueillis, et qu'on lui fasse porter le double déshonneur d'être vaincue au-dedans comme au-dehors.

Les partisans du pouvoir arbitraire citent les règnes d'Auguste dans l'antiquité, d'Élisabeth et de Louis XIV dans les temps modernes, comme une preuve que les monarchies absolues peuvent au moins être favorables aux progrès de la littérature. Les lettres, du temps d'Auguste, n'étoient guère qu'un art libéral, étranger aux intérêts politiques. Sous Élisabeth, la réforme religieuse excitoit les esprits à tous les genres de développemens, et le pouvoir les favorisoit d'autant plus, que sa force consistoit dans l'établissement même de cette réforme. Les progrès littéraires de la France, sous Louis XIV, comme nous l'avons déjà dit dans le commencement de cet ouvrage, ont été causés par le développement intellectuel que les guerres civiles avoient excité. Ce progrès ont conduit à la littérature du dix-huitième siècle, et, loin qu'on puisse attribuer au gouvernement de Louis XV les chefs-d'œuvre de l'esprit humain qui ont paru à cette époque, il faut les considérer presque tous comme des attaques contre ce gouvernement. Le despotisme donc, s'il entend bien ses intérêts, n'encouragera pas les lettres, car les lettres mènent à penser, et la pensée juge le despotisme. Bonaparte a dirigé les esprits vers les succès militaires ; il avoit parfaitement raison selon son but : il n'y a que deux genres d'auxiliaires pour l'autorité absolue, ce sont les prêtres ou les soldats. Mais n'y a-t-il pas, dit-on, des despotismes éclairés, des despotismes modérés ? Toutes ces épithètes, avec lesquelles on se flatte de faire illusion sur le mot auquel on les adjoint, ne peuvent donner le change aux hommes de bons sens. Il faut, dans un pays comme la France, détruire les lumières, si l'on ne veut pas que les principes de liberté renaissent. Pendant le règne de Bonaparte, et depuis, on a imaginé un troisième moyen ; c'est de faire servir l'imprimerie à l'oppression de la liberté, en n'en permettant l'usage qu'à de certains écrivains, chargés de commenter toutes les erreurs avec d'autant plus d'impudence qu'il est interdit de leur répondre. C'est consacrer l'art d'écrire à la destruction de la pensée, et la publicité même aux ténèbres ; mais cette espèce de jonglerie ne sauroit subsister long-temps. Quand on veut commander sans la loi, il ne faut s'appuyer que sur la force, et non sur des argumens ; car, bien qu'il soit défendu de les réfuter, la fausseté palpable de ces argumens donne envie de les combattre ; et, pour bien faire taire les hommes, le mieux est encore de ne pas leur parler.

Certainement il seroit injuste de ne pas reconnoître que plusieurs souverains, en possession du pouvoir arbitraire, ont su en user avec sagesse ; mais est-ce sur un hasard qu'il faut fonder le sort des nations ? Je citerai à cette occasion un mot de l'empereur Alexandre, qui me paroît digne d'être consacré. J'eus l'honneur de le voir à Pétersbourg dans le moment le plus remarquable de sa vie [147], lorsque les François s'avançoient sur Moscow, et qu'en refusant la paix que Napoléon lui offrit dès qu'il se crut vainqueur, Alexandre triomphoit de son ennemi plus habilement que ne l'ont fait depuis ses généraux. « Vous n'ignorez pas, me dit l'empereur de Russie, que les paysans russes sont esclaves. Je fais ce que je peux pour améliorer leur sort graduellement dans mes domaines ; mais je rencontre ailleurs des obstacles que le repos de l'empire m'ordonne de ménager.» — « Sire, lui répondis-je, je sais que la Russie est maintenant heureuse, quoiqu'elle n'ait d'autre constitution que le caractère personnel de Votre Majesté.» — « Quand le compliment que vous me faites auroit de la vérité, répondit l'empereur, *je ne serois jamais qu'un accident heureux.*» Je crois difficile que de plus belles paroles soient prononcées par un monarque dont la situation pourroit l'aveugler sur le sort des hommes. Non-seulement le pouvoir arbitraire livre les nations aux chances de l'hérédité ; mais les rois les plus éclairés, s'ils sont absolus, ne sauroient, quand ils le voudroient, encourager dans leur nation la force et la dignité du caractère. Dieu et la loi peuvent seuls commander en maîtres à l'homme sans l'avilir.

Se représente-t-on comment des ministres tels que lord Chatham, M. Pitt, M. Fox, auroient été supportés par les princes qui ont nommé le cardinal Dubois, ou le cardinal de Fleury [148] ? Les grands hommes de l'histoire de France, les Guise, Coligny [149], Henri IV, se sont formés dans les temps de troubles, parce que ces troubles, malheureux d'ailleurs, empêchoient l'action étouffante du despotisme, et donnoient à quelques individus une grande importance. Mais il n'y a que l'Angleterre où la vie politique soit régularisée de telle manière que, sans agiter l'état, le génie et la grandeur d'âme puissent naître et se montrer.

Depuis Louis XIV jusqu'à Louis XVI un demi-siècle s'est écoulé : véritable modèle de ce qu'on appelle le gouvernement arbitraire, quand on veut le représenter sous les plus douces couleurs. Il n'y avoit pas de tyrannie, parce que les moyens manquoient pour l'établir ; mais on ne pouvoit dérober quelque liberté que par le désordre de l'injustice. Il falloit, si l'on vouloit être quelque chose ou réussir dans une affaire quelconque, étudier l'intrigue des cours, la plus misérable science qui ait jamais dégradé l'espèce humaine. Il ne s'agit là, ni de talens, ni de vertus, car jamais un homme supérieur n'auroit le genre de patience qu'il faut pour plaire à un monarque élevé dans les habitudes du pouvoir absolu. Les princes, ainsi formés, sont si persuadés que c'est toujours l'intérêt personnel qui inspire ce qu'on leur dit, qu'on ne peut avoir d'influence sur eux qu'à leur insu. Or, pour réussir ainsi, être là toujours vaut mieux que tous les talens possibles. Les princes sont avec les courtisans dans le même rapport que nous avec ceux qui nous servent : nous trouverions mauvais qu'ils nous donnassent des conseils, qu'ils nous parlassent avec force sur nos intérêts mêmes ; mais nous sommes fâchés de leur voir un visage mécontent, et quelques mots qu'ils nous disent dans un moment opportun, quelques flatteries qui semblent leur échapper, nous domineroient complètement, si nos égaux que nous rencontrons en sortant de chez nous, ne nous apprenoient pas ce que nous sommes.

Les princes, n'ayant jamais affaire qu'à des serviteurs de bon goût, qui s'insinuent plus facilement dans leur faveur que nos gens dans la nôtre, vivent et meurent sans avoir jamais l'idée des choses telles qu'elles sont. Les courtisans, en étudiant le caractère de leurs maîtres avec beaucoup de sagacité, n'acquièrent cependant aucune lumière véritable, même sur la connoissance du cœur humain, du moins sur celle qu'il faut pour diriger les nations. Un roi devroit se faire une règle de prendre pour premier ministre un homme qui lui déplût comme courtisan ; car jamais un génie supérieur ne peut se plier au point juste qu'il faut, pour captiver ceux qu'on encense. Un certain tact, moitié commun et moitié fin, sert pour avancer dans les cours : l'éloquence, le raisonnement, toutes les facultés transcendantes de l'esprit et de l'âme scandaliseroient comme de la rébellion, ou seroient accablées de ridicule. « Quels discours inconvenans, quels projets ambitieux ! » diroit l'un ; « que veut-il ? que prétend-il ? » diroit l'autre ; et le prince partageroit l'étonnement de sa cour. L'atmosphère de l'étiquette finit par agir tellement sur tout le monde, que je ne sais personne d'assez audacieux pour articuler une parole signifiante dans le cercle des princes qui sont restés enfermés dans leurs cours. Il faut se borner inévitablement dans les conversations au beau temps, à la chasse, à ce qu'on a bu la veille, à ce qu'on mangera le lendemain, enfin à tout ce qui n'a de sens ni d'intérêt pour personne. Quelle école cependant pour l'esprit, et pour le caractère ! Quel triste spectacle qu'un vieux courtisan qui a passé de longues années dans l'habitude d'étouffer tous ses sentimens, de dissimuler ses opinions, d'attendre le souffle d'un prince pour respirer, et son signe pour se mouvoir ! De tels hommes finissent par gâter le plus beau des sentimens, le respect pour l'âge avancé ; quand on les voit courbés par l'habitude des révérences, ridés par les faux sourires, pâles d'ennui plus encore que de vieillesse, et se tenant debout des heures entières sur leurs jambes tremblantes, dans ces salons antichambres où s'asseoir à quatre-vingts ans paroîtroit presque une révolte. On aime mieux dans ce métier les jeunes gens étourdis et fats qui savent manier avec hardiesse la flatterie envers leur maître, l'arrogance envers leurs inférieurs, et qui méprisent l'espèce humaine au-dessus comme au-dessous d'eux. Ils s'en vont ainsi, ne se confiant qu'en leur propre mérite, jusqu'à ce qu'une disgrâce les réveille de l'enivrement de la sottise et de l'esprit tout ensemble ; car ce mélange est nécessaire pour réussir dans les intrigues de cour. Or en France, de rang en rang, il y a toujours eu des cours, c'est-à-dire, des maisons où l'on distribuoit une certaine quantité de crédit à l'usage de ceux qui vouloient de l'argent et des places. Les flatteurs du pouvoir, depuis les commis jusqu'aux chambellans, ont pris cette flexibilité de langage, cette facilité à tout dire, comme à tout cacher, ce ton tranchant dans le sens de la force, cette condescendance pour la mode du jour, comme pour une puissance, qui ont fait croire à la légèreté dont on accuse les François ; et cependant cette légèreté ne se trouve que dans l'essaim des hommes qui bourdonnent autour du pouvoir. Il faut qu'ils soient légers pour changer rapidement de parti ; il faut qu'ils soient légers pour n'entrer à fond dans aucune étude, car autrement il leur en coûteroit trop de dire le contraire de ce qu'ils auroient sérieusement appris ; en ignorant beaucoup, on affirme tout plus facilement. Il faut qu'ils soient légers enfin, pour prodiguer, depuis la démocratie jusqu'à la légitimité, depuis la république jusqu'au despotisme militaire, toutes les phrases les plus opposées par le sens, mais qui se ressemblent néanmoins entre elles, comme des personnes de la même famille, également superficielles, dédaigneuses et faites pour ne présenter jamais qu'un côté de la question, par opposition à celui que les circonstances ont battu. Les ruses de l'intrigue se mêlant maintenant à la littérature comme à tout le reste, il n'y a pas une possiblité pour un pauvre lecteur du françois, d'apprendre jamais autre chose que ce qu'il convient de dire et non ce qui est. Dans le dix-huitième siècle ; au contraire, les puissans ne se doutoient pas de l'influence des écrits sur l'opinion, et ils laissoient la littérature à peu près aussi tranquille que les sciences physiques le sont encore aujourd'hui. Les grands écrivains ont tous combattu avec plus ou moins de ménagemens les diverses institutions qui s'appuyent sur des préjugés. Mais qu'est-il arrivé de ce combat ? Que les institutions ont été vaincues. On pourroit appliquer au règne de Louis XV et au genre de bonheur qu'on y trouvoit, ce que disoit cet homme qui tomboit d'un troisième étage : *Cela va bien, pourvu que cela dure.*

Les gouvernemens représentatifs, m'objectera-t-on encore, n'ont point existé en Allemagne, et cependant les lumières y ont fait d'immenses progrès. Rien ne se ressemble moins que l'Allemagne et la France. Il y a un esprit de méthode dans les gouvernemens germaniques, qui diminue de beaucoup l'ascendant irrégulier des cours. On n'y voit point de coteries, de maîtresses, de favoris, ni même de ministres qui puissent changer l'ordre des choses ; la littérature va son chemin sans flatter personne ; la bonne foi du caractère, et la profondeur des études sont telles, que, dans les troubles civils même, il seroit impossible de forcer un écrivain allemand à ces tours de passe passe qui ont fait dire avec raison, en France, que le papier souffre tout, tant on exige de lui [150]. Vous avouez donc, me dira-t-on, que le caractère françois a des défauts invincibles qui s'opposent aux lumières comme aux vertus dont la liberté ne sauroit se passer ? Nullement : je dis qu'un gouvernement arbitraire, mobile, capricieux, instable, plein de préjugés et de superstitions à quelques égards, de frivolité et d'immoralité à d'autres, que ce gouvernement comme il a existé autrefois en France, n'avoit laissé de connoissances, d'esprit et d'énergie qu'à ses opposans ; et, s'il est impossible qu'un tel ordre de choses s'accorde avec le progrès des lumières, il est encore plus certain qu'il est inconciliable avec la pureté des mœurs et la dignité du caractère. On s'aperçoit déjà, malgré les malheurs de la France, que, depuis la révolution, le mariage y est beaucoup plus respecté que sous l'ancien régime. Or, c'est sur le mariage que reposent les mœurs et la liberté. Comment, sous un gouvernement arbitraire, les femmes se seroient-elles renfermées dans la vie domestique, et n'auroient-elles pas employé tous leurs moyens de séduction pour influer sur le pouvoir ? Ce n'est assurément pas l'enthousiasme des idées générales qui les animoit, mais le désir d'obtenir des places pour leurs amis ; et rien n'étoit plus naturel dans un pays où les hommes en crédit pouvoient tout, où ils disposoient des revenus de l'état, où rien ne les arrêtoit que la volonté du roi, modifiée nécessairement par les intrigues de ceux qui l'entournoient. Comment se seroit-on fait scrupule d'employer le crédit des femmes en faveur, pour obtenir d'un ministre une exception quelconque à une règle qui n'existoit pas ? Croit-on que, sous Louis XIV, madame de Montespan, madame Dubarry [151], sous Louis XV, aient jamais reçu un refus des ministres ? Et, sans approcher de si près du trône, quel étoit le cercle où la faveur n'agît pas comme à la cour ; et où chacun n'employât pas tous les moyens possibles pour parvenir ? Dans un pays, au contraire, qui n'est réglé que par la loi, quelle femme auroit l'inutile hardiesse de solliciter une injustice, ou de compter plus sur ses instances que sur les titres réels de ceux qu'elle recommande ? Ce n'est pas seulement la corruption des mœurs qui résulte de ces démarches continuelles, de cette activité d'intrigue, dont les femmes françoises, surtout celles du premier rang, n'ont que trop donné l'exemple ; mais les passions dont elles sont susceptibles, et que la délicatesse même de leurs organes rend plus vives, dénaturent en elles tout ce que leur sexe a d'aimable.

Le véritable caractère d'une femme, le véritable caractère d'un homme, c'est dans les pays libres qu'il faut le connoître et l'admirer. La vie domestique inspire aux femmes toutes les vertus ; et la carrière politique, loin d'habituer les hommes à mépriser la morale ainsi qu'un vieux conte de nourrice, exerce sans cesse les fonctionnaires publics [152] au sacrifice d'eux-mêmes, à l'exaltation de l'honneur, à toutes les grandeurs de l'âme que la présence habituelle de l'opinion développe infailliblement. Enfin, dans un pays où les femmes sont au centre de toutes les intrigues, parce que c'est la faveur qui gouverne tout, les mœurs de la première classe n'ont aucun rapport avec celles de la nation, et nulle sympathie ne peut s'établir entre les salons et le pays. Une femme du peuple en Angleterre se sent un rapport avec la reine qui a soigné son mari, élevé ses enfans, comme la religion et la morale le commandent à toutes les épouses et à toutes les mères. Mais le genre de mœurs qu'entraîne le gouvernement arbitraire, transforme les femmes en une sorte de troisième sexe factice, triste production de l'ordre social dépravé. Les femmes, cependant, peuvent être excusables de prendre les choses politiques telles qu'elles sont, et de se plaire dans les intérêts vifs dont leur destinée naturelle les sépare. Mais qu'est-ce que des hommes élevés par le gouvernement arbitraire ? Nous en avons vu au milieu des jacobins, sous Bonaparte, et dans les camps des étrangers, partout excepté dans l'incorruptible bande des amis de la liberté. Ils s'appuient sur les excès de la révolution pour proclamer le despotisme ; et vingt-cinq ans sont opposés à l'histoire du monde qui ne présente que les horreurs commises par la superstition et la tyrannie. Pour accorder quelque bonne foi à ces partisans de l'arbitraire, il faut supposer qu'ils n'aient rien lu de ce qui précède l'époque de la révolution en France ; et nous en connoissons qui peuvent largement fonder leur justification sur leur ignorance.

Notre révolution, comme nous l'avons déjà dit, a presque suivi les différentes phases de celle d'Angleterre avec la régularité qu'offrent les crises d'une même maladie. Mais la question qui agite aujourd'hui le monde civilisé consiste dans l'application de toutes les vérités fondamentales sur lesquelles repose l'ordre social. L'avidité du pouvoir a fait commettre aux hommes tous les forfaits dont l'histoire est souillée ; le fanatisme a secondé la tyrannie ; l'hypocrisie et la violence, la ruse et le fer ont enchaîné, trompé, déchiré l'espèce humaine. Deux périodes ont seules illuminé le globe : c'est l'histoire de quelques siècles de la Grèce et de Rome. L'esclavage, en resserrant le nombre des citoyens, permit que le gouvernement républicain pût s'établir même dans des états assez étendus, et les plus grandes vertus en sont résultées. Le christianisme, en affranchissant depuis les esclaves, en civilisant le reste de l'Europe, a fait à l'existence individuelle un bien, source de tous les autres. Mais le désordre dans l'ordre, le despotisme, s'est constamment maintenu dans plusieurs pays, et toutes les pages de notre histoire sont ensanglantées, ou par des massacres religieux, ou par des assassinats judiciaires. Tout-à-coup la Providence a permis que l'Angleterre ait résolu le problème des monarchies constitution-nelles, et l'Amérique, un siècle plus tard, celui des républiques fédératives. Depuis cette époque, ni dans l'un, ni dans l'autre de ces deux pays, il ne s'est versé une goutte de sang injustement par les tribunaux [153], depuis soixante ans, les querelles religieuses ont cessé en Angleterre [154], et il n'en a jamais existé en Amérique. Enfin, le venin du pouvoir qui a corrompu tant d'hommes depuis tant de siècles, a subi par les gouvernements représentatifs l'inoculation salutaire qui en détruit toute la malignité. Depuis la bataille de Culloden, en 1746, qu'on peut considérer comme la fin des troubles civils qui avoient commencé cent ans auparavant, on ne sauroit citer un abus de pouvoir en Angleterre [155]. Il n'est pas un citoyen honnête qui n'ait dit : *Notre heureuse constitution,* parce qu'il n'en est pas un qui ne se soit senti protégé par elle. Cette chimère, car c'est ainsi qu'on a toujours appelé le beau, est là, réalisée sous nos yeux. Quel sentiment, quel préjugé, quel endurcissement de tête et de cœur, peut faire qu'en se rappelant ce que nous lisons dans notre histoire, on ne préfère pas les soixante années dont l'Angleterre vient de nous offrir l'exemple ? Nos rois, comme les siens, ont été tour à tour bons ou mauvais ; mais, dans aucun temps, leurs règnes n'offrent soixante ans de paix intérieure et de liberté tout ensemble. Rien de pareil n'a seulement été rêvé possible à une autre époque. Le pouvoir est la sauvegarde de l'ordre, mais il en est aussi l'ennemi par les passions qu'il excite : réglez-en l'exercice par la liberté publique, et vous aurez banni ce mépris de l'espèce humaine qui met à l'aise tous les vices et justifie l'art d'en tirer parti.

CHAPITRE XI

Du mélange de la religion avec la politique

On dit beaucoup que la France est devenue irréligieuse depuis la révolution. Sans doute, à l'époque de tous les crimes, les hommes qui les commettoient devoient secouer le frein le plus sacré. Mais la disposition générale des esprits maintenant ne tient point à des causes funestes, heureusement très-loin de nous. La religion en France, telle que les prêtres l'ont prêchée, a toujours été mêlée avec la politique ; et depuis le temps où les papes délioient les sujets de leur serment de fidélité envers les rois, jusqu'au dernier catéchisme sanctionné par la grande majorité du clergé françois, catéchisme dans lequel, comme nous avons vu, ceux qui n'aimeroient pas et ne serviroient pas l'empereur Napoléon étoient menacés de la damnation éternelle [156], n'est pas une époque où les interprètes de la religion ne s'en soient servis pour établir des dogmes politiques, tous différens suivant les circonstances. Au milieu de ces changemens, la seule chose invariable a été l'intolérance envers tout ce qui n'étoit pas conforme à la doctrine dominante. Jamais la religion n'a été présentée seulement comme le culte le plus intime de l'âme, sans nul rapport avec les intérêts de ce monde.

L'on encourt le reproche d'irréligion quand on n'est pas de l'avis des autorités ecclésiastiques sur les affaires de gouvernement : mais tel homme s'irrite contre ceux qui veulent lui imposer leur manière de voir en politique, qui n'en est pas moins très-bon chrétien. Il ne s'ensuit pas de ce que la France veut la liberté et l'égalité devant la loi, qu'elle ne soit pas chrétienne ; tout au contraire, car le christianisme est éminemment d'accord avec cette opinion. Aussi le jour où l'on cessera de réunir ce que Dieu a séparé, la religion et la politique, le clergé aura moins de crédit et de puissance ; mais la nation sera sincèrement religieuse. Tout l'art des privilégiés des deux classes est d'établir que l'on est un factieux si l'on veut une constitution, et un incrédule si l'on redoute l'influence des prêtres dans les affaires de ce monde. Cette tactique est très-connue, car elle n'est que renouvelée, aussi-bien que tout le reste.

Les sermons, en France, comme en Angleterre, dans les temps de parti, ont souvent porté sur des questions politiques, et je crois qu'ils ont très-mal édifié les personnes d'une opinion contraire qui les écoutoient. L'on a peu d'égards pour celui qui nous prêche le matin, s'il a fallu se disputer avec lui la veille, et la religion souffre de la haine que les questions politiques inspirent contre les ecclésiastiques qui s'en mêlent.

Il seroit injuste de prétendre que la France est irréligieuse parce qu'elle n'applique pas toujours au gré de quelques membres du clergé, le fameux texte que toute puissance vient de Dieu, texte dont l'explication sincère est facile ; mais qui a merveilleusement servi les traités que le clergé a faits avec tous les gouvernemens, quand ils se sont appuyés sur le droit divin de la force. A cette occasion je citerai quelques passages de l'instruction pastorale de Mgr. l'évêque de Troyes [157], qui, dans le temps où il étoit aumônier de Bonaparte, a fait, à l'occasion du baptême du roi de Rome, un discours au moins aussi édifiant que celui dont nous allons nous occuper. Nous n'avons pas besoin de dire que cette instruction est de 1816 ; on peut reconnaître toujours en France la date d'un écrit par les opinions qu'il contient.

Mgr. l'évêque de Troyes dit : « La France veut son roi, mais son roi légitime, parce que la légitimité est le premier trésor d'un peuple, et un bienfait d'autant plus inappréciable qu'il peut suppléer à tous les autres, et qu'aucun autre ne peut y suppléer. » Arrêtons-nous un moment pour plaindre l'homme qui pense ainsi, d'avoir servi si bien, et si long-temps Napoléon. Quel effort, quelle contrainte ! Mais, au reste, l'évêque de Troyes ne fait rien de plus à cet égard, que bien d'autres qui occupent encore des places ; et il faut lui rendre au moins la justice qu'il ne provoque pas la proscription de ses compagnons de service auprès de Napoléon : c'est beaucoup.

Je laisserai de côté le langage de flatterie de l'auteur du mandement, langage qu'on devroit d'autant moins se permettre envers la puissance qu'on la respecte davantage. Passons à quelque chose de moins bénin : « La France veut son roi ; mais en le voulant elle ne prétend pas qu'elle puisse en vouloir un autre ; et heureusement qu'elle n'a pas ce droit funeste. Loin de nous cette pensée, que les rois tiennent des peuples leur autorité, et que la faculté qu'ils peuvent avoir eue de les choisir, emporte celle de les révoquer... Non, il n'est pas vrai que le peuple soit souverain, ni que les rois soient ses mandataires... C'est le cri des séditieux, c'est le rêve des indépendans, c'est la chimère immonde de la turbulente démagogie, c'est le mensonge le plus cruel qu'aient pu faire nos vils tyrans pour tromper la multitude. Il n'est pas dans notre dessein de réfuter sérieusement cette souveraineté désastreuse... Mais il est de notre devoir de réclamer ici au nom de la religion, contre cette doctrine anarchique et anti-sociale, qu'a vomie au milieu de nous la lave révolutionnaire, et de prémunir les fidèles confiés à nos soins contre cette double hérésie, et politique et religieuse, également réprouvée et des plus grands docteurs, et des plus grands législateurs ; non moins contraire au droit naturel qu'au droit divin, et non moins destructive de l'autorité des rois que de l'autorité de Dieu. » L'évêque de Troyes en effet ne traite pas sérieusement cette question, qui avoit pourtant paru digne de l'attention de quelques penseurs ; mais il est plus commode de faire d'un principe une hérésie que de l'approfondir par la discussion. Il y a cependant quelques chrétiens en Angleterre, en Amérique, en Hollande ; et depuis que l'ordre social est fondé, l'on a vu d'honnêtes gens croire que tous les pouvoirs émanoient des nations, sans lesquelles il n'y auroit point de pouvoirs. C'est ainsi qu'en se servant de la religion pour diriger la politique, on est dans le cas de faire chaque jour des complaintes sur l'impiété des François ; cela veut tout simplement dire qu'il y a en France beaucoup d'amis de la liberté qui sont d'avis qu'il doit exister un pacte entre les nations et les monarques. Il me semble qu'on peut croire en Dieu et penser ainsi. Par une contradiction singulière, ce même évêque, si orthodoxe en politique, cite le fameux passage qui lui a sans doute servi à se justifier à ses propres yeux, quand il étoit l'aumônier de l'usurpateur : *Toute puissance vient de Dieu ; et qui résiste à la puissance résiste à Dieu même.* « Voici, N.T.C.F., le droit public de la religion, sans lequel personne n'a le droit de commander, ni l'obligation d'obéir. Voilà cette souveraineté première de laquelle découlent toutes les autres, et sans laquelle toutes les autres n'auroient ni base ni sanction ; c'est la seule constitution qui soit faite pour tous les lieux comme pour tous les temps ; la seule avec laquelle on pourroit se passer de toutes les autres, et sans laquelle aucune ne pourroit se soutenir ; la seule qui ne peut jamais être sujette à révision ; la seule à laquelle aucune faction ne sauroit toucher, et contre laquelle aucune rébellion ne sauroit prévaloir ; contre laquelle enfin ne peuvent rien ni les peuples, ni les rois, ni les maîtres, ni les sujets ; toute puissance vient de Dieu même.» Peut-on, en peu de paroles, rassembler plus d'erreurs funestes et de calculs serviles ? Ainsi Néron et Robespierre, ainsi Louis XI et Charles IX, les plus sanguinaires des hommes, devoient être obéis, si celui *qui résiste à la puissance résiste à Dieu même!* Les nations ou leurs représentans sont le seul pouvoir qu'il faille excepter de ce respect implicite pour l'autorité. Quand deux partis dans l'état luttent ensemble, comment saisir le moment où l'un des deux devient sacré, c'est-à-dire le plus fort ? Ils avoient donc tort, les François qui n'ont pas quitté le roi pendant vingt-cinq ans d'exil ! car certes, dans ce temps c'étoit à Bonaparte qu'on ne pouvoit contester le droit que Mgr. l'évêque de Troyes proclame, celui de la puissance. Dans quelles absurdités tombent les écrivains qui veulent mettre en théories, en dogmes, en maximes, leurs intérêts de chaque jour ; en vérité, le glaive déprave beaucoup moins que la parole lorsqu'on en fait un tel usage. On a cent fois répété que cette phrase de l'évangile : *Toute puissance vient de Dieu*, et l'autre : *Rendez à César ce qui appartient à César*, avoient uniquement pour but d'écarter toute discussion politique. Jésus-Christ vouloit que la religion qu'il annonçoit fût considérée par les Romains comme tout-à-fait étrangère aux affaires publiques : mon règne n'est pas de ce monde, disoit-il. Tout ce qu'on demande aux ministres du culte, c'est de remplir, à cet égard comme à tous les autres, les intentions de Jésus-Christ.

« *Établissez, Seigneur*, dit le prophète, *un législateur au-dessus d'eux, afin que les nations sachent qu'elles sont des hommes.* » Il ne seroit pas mal non plus que les rois sussent qu'ils sont des hommes, et certainement ils doivent l'ignorer, s'ils ne contractent point d'engagement envers la nation qu'ils gouvernent. Quand le prophète prie Dieu d'établir un roi, c'est comme tous les hommes religieux prient Dieu de présider à chacun des événemens de cette vie ; mais comment une dynastie est-elle spécialement établie par la Providence ? Est-ce la prescription qui est le signe de la mission divine ? Les papes ont excommunié, déposé des rois de toute ancienneté ; ils ont exclu Henri IV pour cause de religion ; et des motifs puissans ont déterminé nouvellement un pape à concourir au couronnement de Bonaparte. Ce sera donc au clergé à déclarer, quand il le faudra, que telle dynastie, et non pas telle autre, est choisie par la volonté de Dieu. Mais suivons l'instruction pastorale : « *Établissez un législateur*, c'est-à-dire, un roi qui est le législateur par excellence, et sans lequel il ne peut y avoir de loi : un législateur suprême qui parlera, et qui fera les lois en votre nom : un législateur, et non plusieurs ; car plus il y en auroit, et moins bien les lois seroient faites : un législateur avec une autorité sans rivalité, pour qu'il puisse faire le bien sans obstacle : un législateur qui, soumis lui-même à ses propres lois, ne pourra soumettre personne ni à ses passions, ni à ses caprices : enfin, un législateur qui ne faisant que des lois justes, conduira par-là même son peuple à la liberté véritable. » Un homme qui fera les lois à lui seul *n'aura ni passions ni caprices* ; un homme entouré de tous les piéges de la royauté, sera le législateur unique d'un peuple, *et il ne fera que des lois justes !* Certes, il n'y a pas d'exemple du contraire ; on n'a point vu des rois abuser de leur pouvoir ; point de prêtres tels que les cardinaux de Lorraine, Richelieu, Mazarin, Dubois, qui les y aient excités ! Et comment cette doctrine est-elle conciliable avec la charte constitutionnelle que le roi lui-même a jurée ? Ce roi que la France veut, car l'évêque de Troyes se permet pourtant de le dire, quoique, selon lui, la France n'ait aucun droit à cet égard ; ce roi qui est établi par le Seigneur, a promis sur serment qu'il y auroit plusieurs législateurs, et non un seul, quoique Mgr. l'évêque de Troyes prétende que *plus il y en auroit, moins les lois seroient bien faites*. Ainsi les connoissances acquises par l'administration ; ainsi, les vœux recueillis dans les provinces par ceux qui y habitent ; ainsi, la sympathie qui naît des mêmes besoins et des mêmes souffrances, tout cela ne vaut pas les lumières d'un roi tout seul *qui se représente lui-même*, pour me servir de l'expression un peu bizarre de M. l'évêque de Troyes. L'on croiroit avoir atteint à ce qui, dans ce genre, ne peut être surpassé, si ce qu'on va lire ne méritoit encore la préférence.

« Aussi, N.T.C.F., avons-nous vu ce sénat de rois, sous le nom de congrès, consacrer en principe la légitimité des dynasties royales, comme l'égide de leur trône et le plus sûr garant du bonheur des peuples et de la tranquillité des états [158]. Nous sommes rois, ont-ils dit, parce que nous sommes rois : ainsi l'exigent l'ordre et la stabilité du monde social : ainsi le veut notre propre sûreté ; et ils l'ont dit sans trop s'embarrasser s'ils n'étoient pas par-là en opposition avec les *idées* dites *libérales*, et moins encore si le partage qu'ils faisoient des états qu'ils trouvoient à leur convenance, n'étoit pas le plus solennel démenti donné aux peuples souverains. » Ne croiroit-on pas que nous venons de citer la satire la plus ironique contre le congrès de Vienne, si l'on ne savoit pas que telle n'a pu être l'intention de l'auteur ? Mais quand on est arrivé à ce degré de déraison, l'on ne se doute pas non plus du ridicule, car la folie méthodique est très-sérieuse. *Nous sommes rois, parce que nous sommes rois,* fait-on dire aux souverains de l'Europe ; *je suis celui qui suis,* sont les paroles de Jéhovah dans la Bible ; et l'écrivain ecclésiastique se permet d'attribuer aux monarques ce qui ne peut convenir qu'à la Divinité. *Les rois,* dit-il, *ne se sont pas embarrassés si le partage des états qu'ils trouvoient à leur convenance, étoit d'accord avec les idées dites libérales.* Tant pis, en effet, s'ils ont réglé ce partage comme un compte de banquier, donnant des soldes en une certaine quantité d'âmes ou de fractions d'âmes, pour se faire une somme ronde de sujets ! Tant pis, s'ils n'ont consulté que leur convenance, sans songer aux intérêts et aux vœux des nations ! Mais les rois repoussent, n'en doutons pas, l'indigne éloge qui leur est ainsi adressé ; ils repoussent de même aussi, sans doute, le blâme que se permet contre eux l'évêque de Troyes, quoique ce blâme renferme une odieuse flatterie sous la forme d'un reproche.

« Il est vrai qu'on en a vu plusieurs favoriser, au risque d'être en contradiction avec eux-mêmes, ces formes populaires, et autres théories nouvelles que leurs ancêtres ne connoissoient pas, et auxquelles, jusqu'à nos jours, leurs propres états avoient été étrangers, sans qu'ils s'en fussent plus mal trouvés ; mais nous ne craignons pas de le dire, c'est la maladie de l'Europe, et le symptôme le plus alarmant de sa décadence ; c'est par-là que la Providence semble l'attaquer pour hâter sa dissolution. Ajoutons à cette manie de refondre les gouvernemens, et de les appuyer sur des livres, cette tendance des esprits novateurs à faire une fusion de tous les cultes, comme ils veulent en faire une de tous les partis, et à croire que l'autorité des princes acquiert pour elle-même toute la force et l'autorité qu'ils ôtent à la religion ; et nous aurons les deux plus grands dissolvans politiques qui puissent miner les empires, et avec lesquels l'Europe, tôt ou tard, doit tomber en lambeaux et en pourriture. » Voilà donc le but de toutes ces homélies en faveur du pouvoir absolu : c'est la tolérance religieuse qui doit faire tomber tôt ou tard l'Europe en lambeaux et en pourriture. L'opinion publique est favorable à cette tolérance ; donc il faut proscrire tout ce qui serviroit d'organe à l'opinion : alors le clergé de la seule religion permise sera riche et puissant ; car, d'une part, il se dira l'interprète de ce droit divin par lequel les rois règnent ; et, de l'autre, les peuples ne pouvant professer que le culte dominant, il faudra que les ecclésiastiques soient seuls chargés, ainsi qu'ils le demandent, de l'instruction publique [159], et qu'on leur remette la direction des consciences qui s'appuie sur l'inquisition, comme le pouvoir arbitraire sur la police.

La fraternité de toutes les communions chrétiennes, telle que la Sainte Alliance [160], proposée par l'empereur Alexandre l'a fait espérer à l'humanité, est déjà condamnée par la censure portée contre *la fusion des cultes*. Quel ordre social ils nous proposent, ces partisans du despotisme et de l'intolérance, ces ennemis des lumières, ces adversaires de l'humanité quand elle porte le nom de peuple et de nation ! Où faudroit-il fuir, s'ils commandoient ? Encore quelques mots sur cette instruction pastorale, dont le titre est si doux, et dont les paroles sont si amères.

« Hélas ! dit l'évêque de Troyes en s'adressant au roi, des séditieux, pour mieux nous asservir, commencent déjà à nous parler de nos droits, pour nous faire oublier les vôtres. Nous en avons, sans doute, Sire, et ils sont aussi anciens que la monarchie. Le droit de vous appartenir comme au chef de la grande famille, et de nous dire vos sujets, puisque ce mot signifie vos enfans. » On ne peut s'empêcher de croire que l'écrivain, homme d'esprit, a souri lui-même quand il a proposé pour unique droit au peuple françois, celui de se dire les sujets d'un monarque qui disposeroit selon son bon plaisir de leurs propriétés et de leurs vies. Les esclaves d'Alger peuvent se vanter du même genre de droit.

Enfin, voici sur quoi repose tout l'échafaudage de sophismes qu'on prescrit comme un article de foi, parce que le raisonnement ne pourroit pas le soutenir. Quel usage du nom de Dieu, et comment veut-on qu'une nation à qui l'on dit que c'est là de la religion, ne devienne pas incrédule, pour son malheur et pour celui du monde !

« N.T.C.F., nous ne cesserons de vous répéter ce que Moïse disoit à son peuple : *Interrogez vos ancêtres et le Dieu de vos pères, et remontez à la source.* Songez que moins on s'écarte des chemins battus, et plus on est en sûreté... Songez enfin que mépriser l'autorité des siècles, c'est mépriser l'autorité de Dieu, puisque c'est Dieu lui-même qui fait l'antiquité, et que vouloir y renoncer est toujours le plus grand des crimes, quand ce ne seroit pas le dernier des malheurs. » *C'est Dieu qui fait l'antiquité*, sans doute ; mais Dieu est aussi l'auteur du présent, dont l'avenir va dépendre. Quelle niaiserie que cette assertion, si elle ne contenoit pas un artifice habile ! et le voici : tous les honnêtes gens sont émus quand on leur parle de leurs ancêtres ; il semble que l'idée de leurs pères s'unisse toujours à celle du passé. Mais ce sentiment noble et pur conduit-il à rétablir la torture, la roue, l'inquisition, parce que dans des siècles éloignés, de telles abominations étoient l'œuvre des mœurs barbares? Peut-on soutenir ce qui est absurde et criminel, parce que l'absurde et le criminel ont existé? Nos pères n'ont-ils pas été coupables envers les leurs quand ils ont adopté le christianisme et détruit l'esclavage? *Songez que moins on s'écarte des routes battues, plus on est en sûreté,* dit Mgr. l'évêque de Troyes : mais pour que ces routes soient devenues des routes battues, il a fallu passer de l'antiquité à des temps plus rapprochés ; et nous voulons maintenant profiter des lumières de nos jours, pour que la postérité ait aussi une antiquité qui vienne de nous, mais qu'elle pourra changer à son tour, si la Providence continue à protéger, comme elle l'a fait, les progrès de l'esprit humain dans toutes les directions.

Je ne me serois pas arrêtée si long-temps à l'écrit de l'évêque de Troyes, s'il ne renfermoit la quintessence de tout ce qu'on publie chaque jour en France. Le bon sens en réchappera-t-il? Et ce qui est pis encore, le sentiment religieux, sans lequel les hommes n'ont point d'asile en eux-mêmes, pourra-t-il résister à ce mélange de la politique et de la religion, qui porte le caractère évident de l'hypocrisie et de l'égoïsme [161]?

CHAPITRE XII

De l'amour de la liberté

La nécessité des gouvernemens libres, c'est-à-dire, des monarchies limitées pour les grands états, et des républiques indépendantes pour les petits, est tellement évidente, qu'on est tenté de croire que personne ne peut se refuser sincèrement à reconnoître cette vérité ; et cependant quand on rencontre des hommes de bonne foi qui la combattent, on voudroit se rendre compte de leurs motifs. La liberté a trois sortes d'adversaires en France : les nobles qui placent l'honneur dans l'obéissance passive, et les nobles plus avisés, mais moins candides, qui croient que leurs intérêts aristocratiques et ceux du pouvoir absolu ne font qu'un ; les hommes que la révolution françoise a dégoûtés des idées qu'elle a profanées ; enfin les Bonapartistes, les jacobins, tous les hommes sans conscience politique. Les nobles qui attachent l'honneur à l'obéissance passive, confondent tout-à-fait l'esprit des anciens chevaliers avec celui des courtisans des derniers siècles. Sans doute, les anciens chevaliers mouroient pour leur roi, et ainsi feroient tous les guerriers pour leurs chefs ; mais ces chevaliers n'étoient nullement, comme nous l'avons dit, les partisans du pouvoir absolu : ils cherchoient eux-mêmes à entourer ce pouvoir de barrières, et mettoient leur gloire à défendre une liberté aristocratique, il est vrai, mais enfin une liberté. Quant aux nobles qui sentent que les priviléges de l'aristocratie doivent à présent s'appuyer sur le despotisme que jadis ils servoient à limiter, on peut leur dire comme dans le roman de Waverley [162]. « Ce qui vous importe, ce n'est pas tant que Jacques Stuart soit roi, mais que Fergus Mac-Ivor soit comte. » L'institution de la pairie accessible au mérite est pour la noblesse, ce que la constitution angloise est pour la monarchie. C'est la seule manière de conserver l'une et l'autre ; car nous vivons dans un siècle où l'on ne conçoit pas bien comment la minorité, et une si petite minorité, auroit un droit qui ne seroit pas pour l'avantage de la majorité. Le sultan de Perse se faisoit rendre compte, il y a quelques années, de la constitution angloise par l'ambassadeur d'Angleterre à sa cour. Après l'avoir écouté, et comme l'on va voir, assez bien compris : « Je conçois, lui dit-il, comment l'ordre de choses que vous me décrivez, convient mieux que le gouvernement de Perse à la durée et au bonheur de votre empire ; mais il me semble beaucoup moins favorable aux jouissances du monarque. » C'étoit très-bien poser la question ; excepté que même pour le monarque il vaut mieux être guidé par l'opinion dans la direction des affaires publiques, que de courir sans cesse le risque d'être en opposition avec elle. La justice est l'égide de tous et de chacun ; mais en sa qualité de justice cependant, c'est le grand nombre qu'elle doit protéger.

Il nous reste à parler de ceux que les malheurs et les crimes de la révolution de France ont effrayés, et qui fuient d'un extrême à l'autre, comme si le pouvoir arbitraire d'un seul étoit l'unique préservatif certain contre la démagogie. C'est ainsi qu'ils ont élevé la tyrannie de Bonaparte, et c'est ainsi qu'ils rendroient Louis XVIII despote, si sa haute sagesse ne l'en défendoit pas. La tyrannie est une parvenue, et le despotisme un grand seigneur ; mais l'une et l'autre offensent également la raison humaine. Après avoir vu la servilité avec laquelle Bonaparte a été obéi, on a peine à concevoir que ce soit l'esprit républicain que l'on craigne en France. Les lumières et la nature des choses amèneront la liberté en France, mais ce ne sera certainement pas la nation qui se montrera d'elle-même factieuse ni turbulente.

Quand depuis tant de siècles toutes les âmes généreuses ont aimé la liberté ; quand les plus grandes actions ont été inspirées par elle ; quand l'antiquité et l'histoire des temps modernes nous offrent tant de prodiges opérés par l'esprit public ; quand nous venons de voir ce que peuvent les nations ; quand tout ce qu'il y a de penseurs parmi les écrivains, a proclamé la liberté ; quand on ne peut pas citer un ouvrage politique d'une réputation durable qui ne soit animé par ce sentiment ; quand les beaux-arts, la poésie, les chefs-d'œuvre du théâtre, destinés à émouvoir le cœur humain, exaltent la liberté : que dire de ces petits hommes à grande fatuité, qui vous déclarent avec un accent fade et maniéré comme tout leur être, qu'il est de bien mauvais goût de s'occuper de politique, qu'après les horreurs dont on a été témoin, personne ne se soucie plus de la liberté ; que les élections populaires sont une institution tout-à-fait grossière ; que le peuple choisit toujours mal, et que les gens comme il faut ne sont pas faits pour aller, comme en Angleterre, *se mêler avec le peuple ? Il est de mauvais goût de s'occuper de politique.* Eh, juste ciel ! à quoi donc penseront-ils, ces jeunes gens élevés sous le régime de Bonaparte, seulement pour aller se battre, sans aucune instruction, sans aucun intérêt pour la littérature et les beaux-arts ? Puisqu'ils ne peuvent avoir ni une idée nouvelle, ni un jugement sain sur de tels sujets, au moins ils seroient des hommes s'ils s'occupoient de leur pays, s'ils se croyoient citoyens, si leur vie étoit utile de quelque manière. Mais que veulent-ils mettre à la place de la politique, qu'ils se donnent les airs de proscrire ? Quelques heures passées dans l'anti-chambre des ministres, pour obtenir des places qu'ils ne sont pas en état de remplir ; quelques propos dans les salons, au-dessous même de l'esprit des femmes les plus légères auxquelles ils les adressent. Quand ils se faisoient tuer, cela pouvoit aller encore, parce qu'il y a toujours de la grandeur dans le courage ; mais dans un pays qui, Dieu merci, sera en paix, ne savoir être qu'une seconde fois chambellan, et ne pouvoir prêter ni lumière, ni dignité à sa patrie ; c'est là ce qui est vraiment de mauvais goût. Le temps est passé où les jeunes François pouvoient donner le ton à tous égards. Ils ont bien encore, il est vrai, la frivolité de jadis, mais ils n'ont plus la grâce qui faisoit pardonner cette frivolité même.

Après les horreurs dont on a été témoin, disent-ils, personne ne veut plus entendre parler de liberté. Si des caractères sensibles se laissoient aller à une haine involontaire et nerveuse, car on pourroit la nommer ainsi, puiqu'elle tient à de certains souvenirs, à de certaines associations de terreur qu'on ne peut vaincre : on leur diroit, ainsi qu'un poète de nos jours : Qu'il ne faut pas forcer la liberté à se poignarder comme Lucrèce parce qu'elle a été profanée. On leur rappelleroit que la Saint-Barthélemy n'a pas fait proscrire le catholicisme. On leur diroit enfin que le sort des vérités ne peut dépendre des hommes qui mettent telle ou telle devise sur leur bannière, et que le bon sens a été donné à chaque individu, pour juger des choses en elles-mêmes et non d'après des circonstances accidentelles. Les coupables de tout temps ont tâché de se servir d'un généreux prétexte, pour excuser de mauvaises actions ; il n'existe presque pas de crimes dans le monde que leurs auteurs n'aient attribués à l'honneur, à la religion, ou à la liberté. Il ne s'ensuit pas, je pense, qu'il faille pour cela proscrire tout ce qu'il y a de beau sur la terre. En politique surtout, comme il y a lieu au fanatisme aussi-bien qu'à la mauvaise foi, au dévouement aussi-bien qu'à l'intérêt personnel, on est sujet à des erreurs funestes, quand on n'a pas une certaine force d'esprit et d'âme. Si le lendemain de la mort de Charles 1er, un Anglois, maudissant avec raison ce forfait, eût demandé au ciel qu'il n'y eût jamais de liberté en Angleterre, certainement on auroit pu s'intéresser à ce mouvement d'un bon cœur, qui dans son émotion confondoit tous les prétextes d'un grand crime avec le crime lui-même, et auroit proscrit, s'il l'avoit pu, jusqu'au soleil qui s'étoit levé ce jour-là comme de coutume. Mais, si cette prière irréfléchie avoit été exaucée, l'Angleterre ne serviroit pas d'exemple au monde aujourd'hui, la monarchie universelle de Bonaparte pèseroit sur l'Europe, car l'Europe eût été hors d'état de s'affranchir sans le secours de cette nation libre. De tels argumens et bien d'autres pourroient être adressés à des personnes dont les préjugés mêmes méritent des égards, parce qu'ils naissent des affections du cœur. Mais que dire à ceux qui traitent de jacobins les amis de la liberté, quand eux-mêmes ont servi d'instrumens au pouvoir impérial ? Nous y étions forcés, disent-ils. Ah ! j'en connois qui pourroient aussi parler de cette contrainte, et qui cependant y ont échappé. Mais, puisque vous vous y êtes laissés forcer, trouvez bon que l'on veuille vous donner une constitution libre, où l'empire de la loi soit tel, qu'on n'exige rien de mal de vous : car vous êtes en danger, ce me semble, de céder beaucoup aux circonstances. Ils pourroient plutôt, ceux que la nature a faits résistans, ne pas redouter le despotisme ; mais vous qu'il a si bien courbés, souhaitez donc que dans aucun temps, sous aucun prince, sous aucune forme, il ne puisse jamais vous atteindre.

Les épicuriens de nos jours voudroient que les lumières améliorassent l'existence physique sans exciter le développement intellectuel ; ils voudroient que le tiers état eût travaillé à rendre la vie sociale plus douce et plus facile, sans vouloir profiter des avantages qu'il a conquis pour tous. On savoit vivre durement autrefois, et les rapports de la société étoient aussi beaucoup plus simples et plus fixes. Mais aujourd'hui que le commerce a tout multiplié, si vous ne donnez pas des motifs d'émulation au talent, c'est le goût de l'argent qui prendra sa place. Vous ne relèverez pas les châteaux forts, vous ne ressusciterez pas les princesses qui filoient elles-mêmes les vêtemens des guerriers ; vous ne recommencerez pas même le règne de Louis XIV. Le temps actuel n'admet plus un genre de gravité et de respect, qui donnait alors tant d'ascendant à cette cour. Mais vous aurez de la corruption, et de la corruption sans esprit, ce qui est le dernier degré où l'espèce humaine puisse tomber. Ce n'est donc pas entre les lumières et l'antique féodalité qu'il faut choisir, mais entre le désir de se distinguer, et l'avidité de s'enrichir.

Examinez les adversaires de la liberté dans tous les pays, vous trouverez bien parmi eux quelques transfuges du camp des gens d'esprit, mais en général, vous verrez que les ennemis de la liberté sont ceux des connoissances et des lumières : ils sont fiers de ce qui leur manque en ce genre, et l'on doit convenir que ce triomphe négatif est facile à mériter.

On a trouvé le secret de présenter les amis de la liberté comme des ennemis de la religion : il y a deux prétextes à la singulière injustice qui voudroit interdire au plus noble sentiment de cette terre l'alliance avec le ciel. Le premier c'est la révolution : comme elle s'est faite au nom de la philosophie, on en a conclu qu'il falloit être athée pour aimer la liberté. Certes, c'est parce que les François n'ont pas uni la religion à la liberté, que leur révolution a sitôt dévié de sa direction primitive. Il se pouvoit que de certains dogmes de l'église catholique ne s'accordassent pas avec les principes de la liberté ; l'obéissance passive au pape étoit aussi peu soutenable que l'obéissance passive au roi. Mais le christianisme a véritablement apporté la liberté sur cette terre, la justice envers les opprimés, le respect pour les malheureux, enfin l'égalité devant Dieu, dont l'égalité devant la loi n'est qu'une image imparfaite. C'est par une confusion volontaire chez quelques-uns, aveugle chez quelques autres, qu'on a voulu faire considérer les priviléges de la noblesse, et le pouvoir absolu du trône, comme des dogmes de la religion. Les formes de l'organisation sociale ne peuvent toucher à la religion que par leur influence sur le maintien de la justice envers tous, et de la morale de chacun ; le reste appartient à la science de ce monde.

Il est temps que vingt-cinq années, dont quinze appartiennent au despotisme militaire, ne se placent plus comme un fantôme entre l'histoire et nous, et ne nous privent plus de toutes les leçons et de tous les exemples qu'elle nous offre. N'y auroit-il plus d'Aristide, de Phocion, d'Épaminondas en Grèce ; de Régulus, de Caton, de Brutus à Rome ; de Tell en Suisse ; d'Egmont, de Nassau en Hollande ; de Sidney, de Russel en Angleterre [163], parce qu'un pays, gouverné long-temps par le pouvoir arbitraire, s'est vu livré pendant une révolution aux hommes que l'arbitraire même avoit pervertis ? Qu'y a-t-il de si extraordinaire dans un tel événement, qu'il doive changer le cours des astres, c'est-à-dire, faire reculer la vérité qui s'avançoit avec l'histoire pour éclairer le genre humain ? Et par quel sentiment public serions-nous désormais émus, si nous repoussions l'amour de la liberté ? Les vieux préjugés n'agissent plus sur les hommes que par calcul ; ils ne sont soutenus que par ceux qui ont un intérêt personnel à les défendre. Qui veut en France le pouvoir absolu par amour pur, c'est-à-dire pour lui-même ? Informez-vous de la situation personnelle de chacun de ses défenseurs, et vous connoîtrez bien vîte les motifs de leur doctrine. Sur quoi donc se fonderoit la fraternité des associations humaines, si quelque enthousiasme ne se développoit pas dans les cœurs ? Qui seroit fier d'être François, si l'on avoit vu la liberté détruite par la tyrannie, la tyrannie brisée par les étrangers, et que les lauriers de la guerre ne fussent pas au moins honorés par la conquête de la liberté ? Il ne s'agiroit plus que de voir lutter l'un contre l'autre l'égoïsme des privilégiés par la naissance et l'égoïsme des privilégiés par les événemens. Mais la France où seroit-elle ? Qui pourroit se vanter de l'avoir servie, puisque rien ne resteroit dans les cœurs, ni des temps passés ni de la réforme nouvelle ?

La liberté ! répétons son nom avec d'autant plus de force, que les hommes qui devroient au moins le prononcer comme excuse, l'éloignent par flatterie ; répétons-le sans crainte de blesser aucune puissance respectable : car tout ce que nous aimons, tout ce que nous honorons y est compris. Rien que la liberté ne peut remuer l'âme dans les rapports de l'ordre social. Les réunions d'hommes ne seroient que des associations de commerce ou d'agriculture, si la vie du patriotisme n'excitoit pas les individus à se sacrifier à leurs semblables. La chevalerie étoit une confrérie guerrière qui satisfaisoit au besoin de dévouement qu'éprouvent tous les cœurs généreux. Les nobles étoient des compagnons d'armes qu'un honneur et un devoir réunissoient ; mais depuis que les progrès de l'esprit humain ont créé les nations, c'est-à-dire, depuis que tous les hommes participent de quelque manière aux mêmes avantages, que feroit-on de l'espèce humaine sans le sentiment de la liberté ? Pourquoi le patriotisme françois commenceroit-il à telle frontière et s'arrêteroit-il à telle autre, s'il n'y avoit pas dans cette enceinte des espérances, des jouissances, une émulation, une sécurité qui font aimer son pays natal par l'âme autant que par l'habitude ? Pourquoi le nom de France causeroit-il une invincible émotion, s'il n'y avoit d'autres liens entre les habitants de cette belle contrée que les priviléges des uns et l'asservissement des autres ?

Partout où vous rencontrez du respect pour la nature humaine, de l'affection pour ses semblables, et cette énergie d'indépendance qui sait résister à tout sur la terre, et ne se prosterner que devant Dieu, là vous voyez l'homme image de son Créateur, là vous sentez au fond de l'âme un attendrissement si intime qu'il ne peut vous tromper sur la vérité. Et vous, nobles François, pour qui l'honneur étoit la liberté ; vous qui, par une longue transmission d'exploits et de grandeur, deviez vous considérer comme l'élite de l'espèce humaine, souffrez que la nation s'élève jusqu'à vous ; elle a aussi maintenant les droits de conquête, et tout François aujourd'hui peut se dire gentilhomme, si tout gentilhomme ne veut pas se dire citoyen.

C'est une chose remarquable en effet qu'à une certaine profondeur de pensée parmi tous les hommes, il n'y a pas un ennemi de la liberté. De la même manière que le célèbre Humbold [164] a tracé sur les montagnes du nouveau monde les différens degrés d'élévation qui permettent le développement de telle ou telle plante, ou pourroit dire d'avance quelle étendue, quelle hauteur d'esprit fait concevoir les grands intérêts de l'humanité dans leur ensemble et dans leur vérité. L'évidence de ces opinions est telle, que jamais ceux qui les ont admises ne pourront y renoncer, et, d'un bout du monde à l'autre, les amis de la liberté communiquent par les lumières, comme les hommes religieux par les sentimens, ou plutôt les lumières et les sentimens se réunissent dans l'amour de la liberté comme dans celui de l'Être-Suprême. S'agit-il de l'abolition de la traite des nègres, de la liberté de la presse, de la tolérance religieuse, Jefferson pense comme La Fayette, La Fayette comme Wilberforce [165] ; et ceux qui ne sont plus comptent aussi dans la sainte ligue. Est-ce donc par calcul, est-ce donc par de mauvais motifs que des hommes si supérieurs, dans des situations et des pays si divers, sont tellement en harmonie par leurs opinions politiques ? Sans doute il faut des lumières pour s'élever au-dessus des préjugés ; mais c'est dans l'âme aussi que les principes de la liberté sont fondés : ils font battre le cœur comme l'amour et l'amitié ; ils viennent de la nature, ils ennoblissent le caractère. Tout un ordre de vertus, aussi-bien que d'idées, semble former cette chaîne d'or décrite par Homère, qui, en rattachant l'homme au ciel, l'affranchit de tous les fers de la tyrannie.

NOTES

a. Je rapporte ici le texte d'une adresse des communes, sous Jacques Ier., qui démontrent évidemment cette vérité.

Déclaration de la chambre des communes sur ses priviléges, écrite par un comité choisi pour présenter cette adresse à Jacques Ier.

Les communes de ce royaume contiennent non-seulement les citoyens, les bourgeois, les cultivateurs, mais aussi toutes la noblesse inférieure du royaume, chevaliers, écuyers, gentilshommes. Plusieurs d'entre eux appartiennent aux premières familles ; d'autres sont parvenus par leur mérite au grand honneur d'être admis au conseil privé de Votre Majesté ; et ont obtenu des emplois très-honorables. Enfin, excepté la plus haute noblesse, les communes renferment toute la fleur et la puissance de votre royaume. Elles soutiennent vos guerres par leurs personnes, et vos trésors par leur argent : leurs cœurs font la force et la stabilité de votre royaume. Tout le peuple, qui consiste en plusieurs millions d'hommes, est représenté par nous de la chambre des communes.

b. Treason does never prosper : what's the reason?

Why, when it prospers, none dare call it treason.

La trahison ne réussit jamais ; quelle en est la raison ? La raison, c'est que, lorsqu'elle réussit, nul n'ose l'appeler trahison.

c. Je ne saurois trop recommander aux lecteurs françois le Recueil des Plaidoyers de M. Erskine⁶³, qui a été nommé chancelier d'Angleterre, après une longue illustration dans le barreau. Descendant d'une des plus anciennes maisons d'Écosse, il avoit d'abord été officier ; puis, manquant de fortune, il entra dans la carrière de la loi. Les circonstances particulières auxquelles les plaidoyers de lord Erskine se rapportent, ne sont, pour ainsi dire, que des occasions de développer, avec une force et une sagacité sans pareilles, les principes de la jurisprudence criminelle qui devroit servir de modèle à tous les peuples.

d. Cowper.

e. Genius, and taste, and talent gone,
For ever tomb'd beneath the stone,
Where, taming thought to human pride :
The mighty chiefs sleep side by side.
Drop upon Fox's grave the tear,
*Twill trickle to his rival's bier*⁷⁵.

f. On raconte que Swift sentit d'avance que ses facultés l'abandonnoient, et que, se promenant un jour avec un de ses amis, il vit un chêne dont la tête étoit desséchée, quoique le tronc et les racines fussent encore dans toute leur vigueur : C'est ainsi que je serai, dit-il ; et sa triste prédiction fut accomplie. Lorsqu'il étoit tombé dans un tel état de stupeur que depuis une année, il n'avoit pas prononcé un seul mot ; tout à coup il entendit les cloches de Saint-Patrick, dont il étoit le doyen, retentir de toutes parts, et il demanda ce que cela signifioit. Ses amis, enchantés de ce qu'il recouvroit la parole, se hâtèrent de lui dire que c'étoit pour le jour de sa naissance que ces signes de joie avoient lieu. « Ah ! s'écria-t-il, tout cela est inutile maintenant ! » et il rentra dans le silence que la mort vint bientôt confirmer. Mais le bien qu'il avoit fait lui survécut, et c'est pour cela que les hommes de génie passent sur la terre.

g. Tout ceci a été écrit pendant la session de 1815 ; et l'on sait que personne n'a été plus empressé que madame de Staël, à rendre hommage aux bienfaits de l'ordonnance du 5 septembre. *(Note des éditeurs.).*

h. Séance du 25 mai 1815.

i. Séance du 19 février 1816.

Notes
de la première partie

1. En fait il existe, selon Simone Balayé, secrétaire générale de la Société des études staëliennes, « une masse considérable de manuscrits » des *Considérations sur la Révolution française*, « dans diverses archives particulières ». La Bibliothèque nationale a acheté le dernier manuscrit utilisé pour la publication, c'est une copie, ainsi qu'il est dit ici par les éditeurs, corrigée par Mme de Staël et par son fils. De plus, les *Considérations* sont étroitement imbriquées dans *Dix années d'exil*. Une édition critique, du point de vue philologique, est donc nécessaire. Mais Simone Balayé, qui l'a entreprise, estime qu'il lui faudra plusieurs années avant de la publier. Voir Simone BALAYÉ, « Le dossier Staël », dans *Romantisme*, 1978, n° 20, pp. 101-109, et *Madame de Staël, Lumières et Liberté*, Paris, Klinksieck, 1979, 272 p. in-8°. Nous reproduisons ici le texte de la première édition, celle de 1818, pour les raisons que nous avons expliquées dans l'*Introduction*.

2. Mme de Staël a séjourné en Angleterre du 17 juin 1813 au mois de juin 1814, soit environ un an. Elle s'est beaucoup intéressée à l'histoire de la Grande-Bretagne, comme on le verra plus loin. Ses *Considérations* ne concernent pas seulement la Révolution française, mais l'histoire moderne de l'Angleterre. Cf. Norman KING « Le séjour de Mme de Staël en Angleterre » dans Simone BALAYÉ, *Les carnets de voyage de Mme de Staël*, Genève, Droz, 1971, pp. 354-406.

3. Cette conception de l'histoire de la France a été diffusée à la fin du XVIIᵉ et au début du XVIIIᵉ siècle par Fénelon, Boulainvilliers, Saint-Simon. Elle n'a aucune valeur historique.

4. Il ne faut pas perdre de vue que Mme de Staël est protestante et qu'elle professe une grande admiration pour La Réforme.

5. Il s'agit de Christian II, roi de Danemark, Norvège et Suède (1481-1523). Il s'efforça de soumettre la noblesse et le clergé.

6. C'était une idée courante à l'époque de la Révolution et de l'Empire. Aujourd'hui elle est contestée. Cf. B. BENNASSAR, *L'inquisition espagnole*, Paris, Hachette, 1979.

7. Charles XI, roi de Suède de 1660 à 1697.

8. Les États généraux de 1660 reconnurent, en effet, aux rois de Danemark l'hérédité et le pouvoir absolu, par une constitution qui fut publiée en 1665.

9. Il s'agit de la constitution du 3 mai 1791, première constitution libérale écrite, publiée en Europe.

10. On voit que Mme de Staël estime l'unité italienne désirable et proche, tandis qu'elle ne croit pas à l'unité allemande.

11. Ainsi qu'on le constatera par la suite, Mme de Staël est une admiratrice inconditionnelle de l'organisation politique de l'Angleterre. Elle en exagère beaucoup le caractère libéral et démocratique.

12. Insurrection rurale dans le Beauvaisis en mai-juin 1358.

13. Le duc Louis d'Orléans, assassiné en 1407 par ordre du duc de Bourgogne Jean sans Peur.

14. Jean sans Peur, assassiné à Montereau par les Armagnacs en septembre 1419.

15. N'oublions pas que ces pages ont été écrites au début de la Restauration, qui a idéalisé Henri IV et placé son effigie sur la médaille de la Légion d'honneur à la place de celle de Napoléon 1er.

16. Cette assemblée eut lieu en 1596. Dans la lettre de convocation, Henri IV expliquait qu'il aurait pris l'avis de ses sujets « en pleine assemblée d'Estats généraux de ce royaume si les armées et efforts de nos ennemys permettaient que l'on pust différer plus longuement de pourvoir au mal qui nous presse si violemment » et il promet aux notables de recevoir leurs conseils, de les croire, de les suivre. Mais, selon les spécialistes du règne de Henri IV ces compléments étaient destinés surtout à faire passer une demande de subsides.

17. Arnaud d'Ossat (1536-1604) réconcilia Henri IV avec le Saint-Siège et fit accepter l'Édit de Nantes par le clergé catholique. Philippe Duplessis-Mornay, surnommé le « pape des huguenots » (1549-1623) fut un conseiller écouté de Henri IV. Il fonda, à Saumur, la première Académie protestante.

18. Dans l'*Examen de conscience d'un roi* et les *Tables de Chaulnes* (1711).

19. Maurepas (1701-1781) avait été ministre de la marine de 1723 à 1749. Soupçonné d'avoir écrit un pamphlet contre Mme de Pompadour, il fut disgrâcié en 1749. Louis XVI, à son avènement, le nomma ministre d'État (1774).

20. Sur Turgot, voir Edgar FAURE, *La disgrâce de Turgot*, Paris, 1961 ; sur Malesherbes, P. GROSCLAUDE, *Malesherbes, témoin et interprète de son temps*, Paris, 1961.

21. La « seconde classe de la société », c'est-à-dire la bourgeoisie n'était nullement la classe « la plus nombreuse de toutes », si elle était « la plus agissante ». Il ne faut pas oublier qu'à la veille de la Révolution, les paysans formaient environ 85 % de la population, la bourgeoisie 13 %, la noblesse et le clergé 2 %. Voir A. SOBOUL, *La civilisation et la révolution française*, t. I, Paris, 1970 et J. DUPAQUIER, *La population française aux XVIIe et XVIIIe siècles*, Paris (Que sais-je ?) 1979.

22. On trouvera la bibliographie complète des œuvres de Necker dans le livre d'Henri GRANGE, *Les idées de Necker*, Paris, 1974, pp. 621-634. Parmi les œuvres antérieures à son ministère, les plus importantes furent l'*Éloge de Colbert* (1773), couronné par l'Académie française, et *Sur la législation et le commerce des grains* (1775). Voir aussi Jean ÉGRET, *Necker, ministre de Louis XVI*, Paris, 1975.

23. Jacques Necker est né à Genève le 30 septembre 1732. Son père, Charles-Frédéric, né à Kustrin, en Brandebourg, avait été avocat, puis précepteur du fils de Bernstorff, premier ministre hanovrien du roi George 1er d'Angleterre, enfin chargé par ce roi de tenir, à Genève, une pension pour de jeunes étudiants anglais. C'est alors qu'il fut nommé professeur de droit public germanique à l'Académie de cette ville. Il devint « bourgeois » de Genève en 1726, membre du Conseil des Deux Cents en 1734, membre laïc du consistoire réformé de 1742 à 1747. Il mourut en 1762.

En 1726, Charles-Frédéric avait épousé Jeanne Marie Gautier, dont la famille faisait partie de l'oligarchie genevoise. Elle mourut en 1755.

Les Necker eurent quatre enfants, dont deux vécurent. L'aîné, Louis, dit Necker de Germany (nom d'une propriété) fut d'abord précepteur, puis professeur à l'Académie de Genève, enfin banquier. Le second Jacques, le père de Madame de Staël, fit de brillantes études au collège, puis à l'Académie. A l'âge de 15 ans il entre, à Paris, à la banque d'Isaac Vernet, frère du pasteur Jacob Vernet, ami de son père. A 24 ans, en juin 1756, il s'associe avec un autre Genevois, Georges Tobie de Thellusson pour fonder la banque Thellusson, Necker et Cie, qui durera jusqu'en 1770.

Jacques Necker se maria le 28 novembre 1764 avec Louise Suzanne Curchod, née à Crassier (pays de Vaud) le 2 juin 1737. C'était la fille d'un pasteur. La famille Curchod était originaire du Dauphiné. Lorsqu'elle épousa Necker, Suzanne Curchod était demoiselle de compagnie chez une riche Genevoise installée à Paris, Mme de Vermenoux.

Sur les Necker, voir outre les ouvrages fondamentaux cités à la note précédente : H. LUTHY, *La banque protestante en France*, Paris, 2 vol., 1959-1961 ; Vicomte d'HAUSSONVILLE, *Le salon de Mme Necker*, Paris, 2 vol., 1885.

24. Cette émeute, très grave, se développa surtout dans la région parisienne, elle est connue sous l'appellation de « guerre des farines ». Cf. Edgar FAURE, *op. cit.*

25. Par un édit d'août 1779.

26. C'est-à-dire le fait de rendre public, ce qui était auparavant tenu secret, le budget de l'État par exemple.

27. Les tontines, ainsi nommées de l'Italien Tonti, inventeur de ce procédé introduit en France en 1653, sont des rentes viagères où les rentiers sont partagés en classes selon leur âge, et où les survivants de chaque classe bénéficient, soit en totalité, soit en partie, des extinctions se produisant parmi les rentiers de cette classe. C'est un mode d'emprunt très onéreux. Par exemple, le 24 janvier 1726, mourut à Paris, à l'âge de 96 ans, une femme qui avait recueilli toutes les rentes d'une classe de la tontine créée en 1689, soit 73 500 Frs. pour un capital versé de 300 francs. Voir J. ÉGRET, *op. cit.*, pp. 96-97.

28. *De l'administration des finances de la France*, Lausanne, J.-P. Heubach, 1784, 3 vol. in-8°, nombreuses rééditions en 1784 et 1785, traductions en anglais, allemand, russe, danois, en 1785 et 1786.

29. La guerre d'Indépendance des États-Unis.

30. C'est le célèbre *Compte rendu au roi...*, Paris, Imprimerie royale, 1781, IV-116 p. in-4°. Nombreuses rééditions en France et à l'étranger en 1781, traductions en anglais, allemand, italien en 1781.

31. Necker fut nommé « directeur général du Trésor royal » le 22 octobre 1776. Le contrôle général des finances, ministère qui englobait les attributions de plusieurs de nos ministères actuels (notamment l'intérieur, les finances, les travaux publics etc.) fut laissé à un obscur conseiller d'État, Taboureau des Réaux. En effet, Necker, étranger et protestant ne pouvait décemment occuper une fonction ministérielle aussi importante que celle de contrôleur général. Taboureau des Réaux, privé des plus importantes de ses attributions, démissionna au début de 1777 et Necker fut nommé directeur général (et non contrôleur) des finances, mais avec, en fait, toutes les attributions de l'ancien contrôleur général.

32. Necker ne créa que quatre assemblées provinciales, celle du Berry, à Bourges, le 12 juillet 1778 ; celle du Dauphiné, à Grenoble, le 27 avril 1779 ; celle de Haute-Guyenne, à Montauban, le 11 juillet 1779 et celle du Bourbonnais à Moulins le 19 mars 1780. Seules celles du Berry et de la Haute-Guyenne fonctionnèrent.

33. Les 32 généralités étaient en 1789 dans l'ordre des dates de leur création, celles de Paris, Châlons, Amiens, Rouen, Caen, Tours, Poitiers, Bourges, Riom, Lyon, Bordeaux, Aix, Grenoble, Dijon, Montpellier-Toulouse, Limoges, Orléans, Rennes,

Moulins, Soissons, Alençon, Montauban, Metz, Lille, La Rochelle, Perpignan, Valenciennes, Strasbourg, Besançon, Auch-Pau, Nancy, Ajaccio-Bastia.

34. Les 13 parlements étaient, en 1789, dans l'ordre des dates de leur création ceux de Paris, Toulouse, Grenoble, Bordeaux, Dijon, Rouen, Aix, Rennes, Pau, Metz, Besançon, Douai, et Nancy. Il y avait, en outre quatre « conseils souverains » qui avaient un rôle analogue aux parlements, à Perpignan, Arras, Colmar et Bastia.

35. Les subdélégués, agents de l'intendant, étaient nommés par l'intendant lui-même, non par le pouvoir central. Leur nombre, dans chaque généralité, a beaucoup varié, leurs circonscriptions n'étaient pas nettement délimitées.

36. En France la Terreur a été une réaction de défense nationale. En 1793, la France était attaquée sur toutes ses frontières par tous les pays d'Europe (sauf la Suisse et la Turquie) et menacée, à l'intérieur, par les contre-révolutionnaires. Rien de tel ne s'est produit en Suisse ou en Hollande. Ces deux pays, menacés en 1799, le premier à l'est seulement, par les Austro-Russes, le second par un débarquement anglo-russe dans la région du Texel, ont été défendus par des armées françaises, aidées par les troupes levées dans le pays, la victoire a été remportée assez facilement après quelques semaines de combat.

37. Inexact, puisque deux des quatre assemblées provinciales créées par Necker n'ont pas pu fonctionner par suite des antagonismes entre les différents ordres.

38. On peut mettre à l'actif des deux assemblées provinciales qui fonctionnèrent seulement deux réformes importantes : en Berry, le remplacement de la corvée royale (destinée à l'entretien des routes) par une imposition additionnelle à la taille, en Haute-Guyenne la révision des cadastres servant de base à la répartition de la taille. Un jeune ingénieur, Henri de Richeprey fut chargé de la révision des cadastres, le *Journal*, très intéressant de ses opérations a été publié par H : GUILHAMON, Rodez, 2 vol. 1952 et 1967 préface de J. GODECHOT.

39. La Fayette partit pour l'Amérique malgré l'interdiction du roi. Voir L. GOTTSCHALK, *La Fayette comes to America*, Chicago, 1935, premier des six volumes d'une grande biographie de La Fayette, qui s'arrête au 14 juillet 1790.

40. Il ne saurait être question de discuter ici le bien fondé de l'opinion de Mme de Staël. Sur l'alliance franco-américaine, les ouvrages sont très nombreux. Voir en dernier lieu *La révolution américaine et l'Europe*, Actes du colloque du C.N.R.S., de Paris et Toulouse, 21-25 février 1978, Paris, C.N.R.S., 1979.

41. Ce qu'écrit Mme de Staël des causes de la chute de Necker est, en général, exact. Le principal rédacteur des libelles anonymes contre Necker semble avoir été le Fermier général Augeard, conseiller financier de Maurepas. Les libelles étaient imprimées clandestinement dans la maison de l'avocat Le Maître, qu'on retrouvera pendant la Révolution parmi les agents de renseignements du comte d'Antraigues. Il sera condamné à mort pour espionnage et exécuté en 1795. Cf. H. CARRÉ, *Quelques mots sur la presse clandestine à la fin de l'ancien régime*, Poitiers, 1893, pp. 11-13 ; J. GODECHOT, *La Contre-Révolution*, Paris, 1961, pp. 191-202 et J. ÉGRET, *op. cit.*, pp. 160-166. Mme de Staël ne dit pas que ces libelles attaquaient Necker comme étranger et comme protestant, la xénophobie a toujours un certain succès en France. D'autre part, le jugement défavorable sur le ministre de la marine Sartine est excessif. « Jamais, déclarera plus tard l'Intendant de Marine Malouet, député à la Constituante, jamais ministre ne fit autant de vaisseaux et n'approvisionna mieux les ports. » On lui doit, en partie, les victoires navales remportées par la France pendant la guerre d'indépendance des États-Unis. Néanmoins, c'est en apprenant que Sartine avait engagé pour 20 millions de dépenses sans l'en avertir, que Necker donna sa démission.

42. L'hôpital, qui porte encore aujourd'hui le nom de Necker, fut créé à la fin de 1778 par Mme Necker. C'était alors un petit hôpital de 128 lits où tous les malades — grande innovation — étaient couchés seuls. Les soins y étaient dispensés par un

médecin, deux chirurgiens et douze sœurs de Saint-Vincent de Paul. La mortalité y fut plus faible que dans les autres hôpitaux parisiens

43. Sur Calonne, voir Robert LACOUR-GAYET, *Calonne*, Paris, Hachette, 1963. Calonne (1784-1802) avait été successivement Maître des Requêtes, Intendant de Metz (1766-1778) puis de Lille (1778-1783). Il devint Contrôleur général des Finances le 3 novembre 1783 et le resta jusqu'au 8 avril 1787.

44. Cette controverse a été marquée par l'ouvrage de Necker *De l'Administration des finances de la France* (1784) par le *Discours* prononcé par Calonne à l'Assemblée des notables le 22 février 1787 et par la *Réponse de M. Necker au discours prononcé par M. de Calonne*, Paris, (puis Genève et Londres), 1787, traduction anglaise la même année.

45. Cet ouvrage eut effectivement dix éditions en langue française dans les deux seules années 1784 et 1785, plus dix traductions en anglais, allemand, russe, danois. Des extraits en furent publiés en français, anglais, italien, danois, allemand, de 1785 à 1790.

46. Inexact. Des assemblées de notables furent convoquées après la mort de Henri IV, en 1617, 1625 et 1626. Aucune n'eut l'importance de l'assemblée de 1787.

47. Les spécialistes actuels de l'histoire financière diffèrent d'avis sur les gestions respectives de Necker et de Calonne. Ils sont toutefois d'accord pour estimer que Necker dans son *Compte-Rendu* a annoncé un excédent de 10 millions qui n'existait pas, alors qu'il y avait un important déficit réel, dont il est difficile d'évaluer avec précision le montant. Voir Jean ÉGRET, *op. cit.*, pp. 201-205 et Robert LACOUR-GAYET, *Op. cit.*, pp. 192-197. Se reporter aussi à Marcel MARION, *Histoire financière de la France depuis 1715*, t. I, Paris, 1914, pp. 330-336 et François HINCKER, *Les Français devant l'impôt sous l'ancien régime*, Paris, 1971, pp. 143-144. Mme de Staël ne fait preuve d'aucun esprit critique, elle est aveuglée par l'admiration qu'elle éprouve pour son père.

48. *Mémoire d'avril 1787 ou Réponse de M. Necker au discours prononcé par M. de Calonne à l'Assemblée des notables*, 1787, (voir note 44). Louis XVI avait d'abord songé à chasser Necker du royaume. C'est sur l'intervention de la reine qu'il se borna à l'exiler à 40 lieues de Paris.

49. La famille Necker se retira au Château Renard, près de Montargis, puis au Château de la Rivière, près de Thomery, non loin de Fontainebleau. Voir Mme DE STAËL, *Du caractère de M. Necker*, Genève, 1804, réimprimé dans les *Mémoires sur la vie privée de mon père*, Paris, 1818.

50. Sur 144 membres, l'Assemblée des notables comptait 106 nobles, prélats et magistrats des cours souveraines, 38 notables seulement représentaient le Tiers État.

51. Contrairement à ce qu'écrit Mme de Staël, Bouvard de Fourqueux était un homme compétent, mais âgé (il avait 68 ans) et était accablé par la goutte.

52. Inexact, Bouvard de Fourqueux était né en 1719.

53. Loménie de Brienne passe pour avoir été toujours un admirateur de Necker. Son premier soin, en tout cas, lorsqu'il devint ministre, fut de demander au Roi le retour à Paris de l'ancien Directeur des finances, et même son entrée au gouvernement. Voir J. ÉGRET, *La prérévolution*, Paris, 1962, pp. 61-62.

54. Sur ces réformes, rappelées très rapidement par Mme de Staël, voir le livre de Jean ÉGRET, cité à la note précédente, pp. 55-144.

55. C'est dans la séance de la Cour des Pairs du 9 juillet 1787 que l'abbé Sabatier de Cabre prononça cette phrase fameuse. Mais La Fayette avait déjà, le 21 mai précédent réclamé, devant l'Assemblée des notables, la convocation des États généraux. Cf. J. ÉGRET, *op. cit.*, p. 164 et J. GODECHOT, *Les révolutions*, Paris, 3ᵉ édition, 1970, pp. 127-128.

56. C'est seulement dans la nuit du 20 au 21 novembre 1787 que l'abbé Sabatier de Cabre fut arrêté par lettre de cachet. Malade, il resta chez lui et ne quitta Paris

pour le Mont-Saint-Michel que le 26 novembre. Il fut envoyé à Arles le 3 avril 1788 puis il alla « prendre les eaux » à Bourbon d'Archambault, et, le 28 juin, à Vichy. Il était de retour à Paris à l'automne et fit partie de la « société des Trente » qui, réunie chez le conseiller au Parlement Adrien Duport, joua un rôle important dans la préparation des élections aux États généraux.

57. Le 3 mai 1788 les conseillers au Parlement Duval d'Éprémesnil et Goislard de Monsabert rédigèrent des « remontrances » qui rappelaient les « lois fondamentales de l'État » et affirmaient que, seuls, les États généraux avaient le droit « d'accorder librement des subsides » à l'État. Le roi ordonna l'arrestation d'Éprémesnil et de Monsabert dans la nuit du 4 au 5 mai. Mais ces magistrats échappèrent à la police et se réfugièrent au Palais de justice où devait se tenir une nouvelle séance du Parlement. Le Palais fut investi par les Gardes françaises. Les conseillers s'écrièrent « Nous sommes tous MM. Duval et Goislard ! » Finalement, les deux conseillers se livrèrent le 6 mai au matin. Ils furent enfermés, d'Éprémesnil dans le fort de l'île Sainte-Marguerite (îles de Lérins), Montsabert dans la forteresse de Pierre Encise (près de Lyon). Ils furent libérés à la mi-septembre.

58. Pour protester contre la réforme judiciaire (le remplacement des parlements par 47 « grands bailliages » et une « cour plénière ») les parlementaires et l'aristocratie manifestèrent dans toute la France. L'agitation fut particulièrement vive en Bretagne. La noblesse bretonne désigna douze députés pour porter au roi un mémoire de protestation contre le « coup de force » du 8 mai 1788. Les douze députés furent arrêtés dans la nuit du 14 au 15 juillet et enfermés à la Bastille. Voir Jean ÉGRET, *Op. cit.*, pp. 295-296 et sur la noblesse bretonne la thèse de Jean MEYER, *La noblesse bretonne au XVIIIᵉ siècle*, Paris, 1966, 2 vol.

59. Albert MATHIEZ a appelé cette période « la révolution nobiliaire » (chap. II du tome I de sa *Révolution française*, Paris, 1922), Georges LEFEBVRE l'a baptisée « révolution aristocratique » (*La Révolution française*, édition de 1951, livre II, chap. I). J'ai adopté cette dénomination (*Les révolutions*, chap. IV, § 3). Jean ÉGRET a préféré « prérévolution ».

60. Ce n'est pas Brienne, mais Necker, rappelé au ministère après la démission de ce dernier, le 25 août 1788, qui rétablit les parlements le 23 septembre. Cf. Jean ÉGRET, *La Prérévolution*, pp. 318-319 et *Necker*, pp. 214-217.

61. Necker, dès son retour au ministère décida d'avancer au 1ᵉʳ janvier 1789 la réunion des États généraux que Brienne avait prévue, le 8 août, pour le 1ᵉʳ mai 1789.

62. Par l'important arrêt du Conseil du 5 juillet 1788. Il instituait ainsi, peut-être sans bien s'en rendre compte, la liberté de la presse. Voir J. GODECHOT, « *La presse française sous la Révolution et l'Empire* » dans l'*Histoire générale de la presse française*, Paris, t. I, 1969, pp. 408-417.

63. L'arrêt du 16 août 1788 ordonnait le paiement des appointements et gages 5/8 en argent 3/8 en billets du trésor portant intérêt à 5 %, la proportion des billets était plus forte pour les traitements supérieurs à 1 200 livres. Il en allait de même pour certaines rentes. Les billets de la Caisse d'Escompte avaient désormais cours forcé. Mme de Staël simplifie beaucoup un texte fort complexe. Voir M. MARION, *Op. cit.*, t. I, p. 428.

64. Cette analyse des institutions françaises de l'ancien régime est exacte dans son ensemble. Cf. Roland MOUSNIER, *Les institutions de la France sous la monarchie absolue*, Paris, 2 vol., 1974-1978.

65. BLACKSTONE (1723-1780), *Commentaires on the Laws of England* (1765-1769).

66. BOULAINVILLIERS a développé ces considérations dans l'*Histoire de l'ancien gouvernement de France* (1727) et dans l'*Essai sur la noblesse* (1732). Ces deux ouvrages eurent une grosse influence et sont, en partie, à l'origine de la « réaction aristocratique ».

67. Remontrances du Parlement de Paris à Charles VIII, après la tenue des États généraux de 1484.

68. Il s'agit du traité de paix signé à Madrid le 14 janvier 1526 par François Ier, prisonnier de Charles Quint. Il devait être ratifié par les États généraux, les États de Bourgogne et les cours souveraines du royaume. Sur les attributions du Parlement de Toulouse voir André VIALA, *Le Parlement de Toulouse et l'administration royale laïque*, Albi, 2 vol., 1953.

69. C'est effectivement, sous le règne de Saint Louis, vers 1250 que les premières commissions judiciaires de la Cour du roi ont été formées, ou du moins qu'elles ont laissé des traces écrites.

70. Il s'agit de la représentation faite à Louis XIII par l'avocat général au Parlement de Paris, Jacques Talon en mars 1631.

71. On ne peut guère parler de « constitution » sous l'ancien régime. Les Parlements invoquaient les « lois fondamentales de l'État » au premier rang desquelles figuraient la loi salique (hérédité du trône de France, de mâle en mâle, par ordre de primogéniture) et le droit pour les Parlements d' « enregistrer » les lois après les avoir « vérifiées », c'est-à-dire avoir constaté qu'elles n'étaient pas en contradiction avec des lois antérieures ou des traités. On ne peut parler de « constitution », au sens moderne du mot, que depuis l'époque où il y eut des constitutions écrites. Les premières furent les constitutions américaines, à partir de 1776, la constitution polonaise du 3 mai 1791 et la constitution française du 3 septembre 1791.

72. Par exemple la « chambre ardente » instituée par Richelieu en 1631 pour juger des affaires de fausse monnaie ou les commissions établies à Valence en 1733, à Saumur en 1742, à Reims en 1765 pour réprimer la contrebande du sel et du tabac.

73. En réalité seulement depuis le XIVe siècle.

74. Les Constituants de 1789 étaient divisés. Les uns — la minorité — voulaient effectivement « régulariser », en les écrivant, les institutions anciennes, les autres — la majorité — désiraient faire « table rase du passé » — et rédiger une constitution rationnelle, entièrement nouvelle. Cf. J. GODECHOT, *Les institutions, Op. cit.*, pp. 43-48 ; et R. MOUSNIER, « Comment les Français voyaient la Constitution » dans XVIIe *siècle*, 1955, n° 25.

75. C'est le *Tableau de l'Europe jusqu'au commencement de 1796*, Londres, 1796. Calonne écrit notamment : « Ayant cherché pendant quarante ans la réalité de l'ancienne Constitution, le reposoir de cette arche sainte, à laquelle il n'est pas permis de toucher, nous n'avons rien trouvé et ne savons pas encore ni quand ni où elle s'est fixée. »

76. Calonne répondit à Montyon : *Lettre de M. de Calonne au citoyen auteur du prétendu rapport fait à S.M. Louis XVIII*. Sa réponse ne convainquit pas les émigrés qui rompirent définitivement avec lui. Il mourut le 29 octobre 1802.

77. C'est, en effet, Brienne qui, à la suite de la demande de l'assemblée des notables, puis du Parlement de Paris, promit en novembre 1787 de réunir les États généraux au plus tard en 1792.

78. *De l'importance des opinions religieuses*, Londres et Paris, 1788. Sept éditions en français de 1788 à 1792, une huitième en 1842 ; traduction anglaise, quatre éditions de 1788 à 1796, traductions en allemand (1788) et en hollandais (1788).

79. Necker écrit « moins de 500 000 livres *Sur l'administration* de M. Necker par lui-même ».

80. Le 14 septembre Necker révoqua l'Arrêt du Conseil du 16 août, qui, en ordonnant le payement en papiers d'une partie des traitements et des rentes, avait provoqué la chute de Brienne. C'est cette décision du 14 septembre qui ranima le crédit.

81. Les États généraux de Blois, en 1576, se prononcèrent pour l'unité de religion dans le royaume, ce qui était une déclaration de guerre au protestantisme. Du Perron,

né en Suisse en 1556, avait été d'abord calviniste, mais avait abjuré. Il se montra partisan d'une solution de conciliation, favorisa l'abjuration de Henri IV et obtint du pape la levée de l'excommunication du roi. Brillant représentant du clergé, aux États généraux de 1614, il combattit les propositions du Tiers sur l'indépendance absolue de la Couronne à l'égard du Saint-Siège.

82. Le baron de Senneci, ou plutôt Senecey était le plus connu des députés de la noblesse aux États de 1576. Sur les États généraux, on pourra encore consulter la vieille *Histoire des États généraux* de G. PICOT (Paris, 1888), et plus récent, mais partiel, Yves DURAND, *Cahiers de doléances des paroisses du bailliage de Troyes pour les États généraux de 1614*, Paris, 1966. Voir aussi R. MOUSNIER, *Les institutions de la France sous la monarchie absolue, Op. cit.*, t. II.

83. Noblesse, clergé, bourgeoisie, paysans.

84. Les Cortes d'Aragon comprenaient quatre ordres : noblesse, chevaliers, clergé, « peuple ».

85. La composition du Parlement de Paris n'était pas encore fixée de manière précise au début du XVIe siècle. Philippe V, le Long (1316-1322) n'y convoqua pas les clercs à toutes les sessions.

86. On ne peut parler d'états généraux de Saint-Germain-en-Laye en 1562. Il y eut seulement une réunion de deux représentants de chacune des cours du Royaume. Elle prépara l'édit du 17 janvier permettant aux protestants l'exercice public de leur religion hors de l'enceinte des villes.

87. L'assemblée des notables de 1558 fut composée des trois ordres traditionnels, plus les premiers présidents des Parlements du royaume qui formèrent un ordre à part, entre la noblesse et le Tiers. La nouvelle de la prise de Calais, occupée depuis 200 ans par les Anglais, souleva l'enthousiasme général et l'Assemblée vota sans difficultés les trois millions de subsides demandés.

88. L'assemblée des notables qui siégea du 2 décembre 1626 au 24 février 1627 discuta des problèmes financiers. Le déficit budgétaire était de dix millions. Richelieu ne put obtenir la réforme des finances qu'il demandait, malgré le vote par tête.

89. Sur l'assemblée des notables de novembre 1788, voir J. ÉGRET, « La seconde assemblée des notables » dans les *Annales historiques de la Révolution française* de 1949, pp. 193-228.

90. Sur les États de Romans, voir J. ÉGRET, *Les derniers États du Dauphiné, Romans, septembre 1788-janvier 1789*, Grenoble, 1942.

91. Le Parlement de Paris, qui s'était prononcé le 25 septembre 1788, pour « les formes de 1614 » se déjugea le 5 décembre sous l'impulsion des jeunes conseillers, par l'arrêt reproduit ici par Mme de Staël. Ces conseillers espéraient rendre ainsi au Parlement, la popularité qu'il avait perdue en quelques semaines.

92. Il faut remarquer que « le résultat du Conseil du 27 décembre 1788 » restait muet sur le problème capital du vote, par tête ou par ordre. Cf. J. ÉGRET, *La Prérévolution, Op. cit.*, pp. 351-366, et *Necker, Op. cit.*, pp. 249-257.

93. Un violent orage avait dévasté la plus grande partie de la France le 14 juillet 1788. La récolte fut très mauvaise. Au lieu de baisser, comme de coutume, après la « soudure », le prix des grains ne cessa de monter, il doubla dans certaines régions de France entre juillet 1788 et juillet 1789. Cf. J. GODECHOT, *La prise de la Bastille*, pp. 156-161, « la crise économique », Paris, 1965.

94. La France avait lutté aux côtés des insurgents pour l'indépendance des États-Unis. Mais elle avait aussi soutenu, de 1783 à 1787 les « patriotes » hollandais soulevés contre le Stathouder, c'est-à-dire le souverain des Pays-Bas. Cf. J. GODE-CHOT, *Les Révolutions, Op. cit.*, pp. 115-120.

95. C'est-à-dire au moment où les *Considérations* furent rédigées, entre 1811 et 1817. Il est possible que le présent chapitre XV de la Première partie ait été rédigé

sous l'Empire. La constitution de la France était alors loin de l constitution (non écrite) de l'Angleterre. Par contre la Charte rapprochait.

96. A l'église Saint-Louis, de Versailles, le 4 mai 1789.

97. Pléonasme qui revient assez souvent sous la plume de Mme d

98. Onze nobles avaient été élus députés du Tiers. Le plus célèbre (

99. Deux septembre 1792 : les massacres de septembre.

100. En réalité, à l'âge de 35 ans.

101. La salle des Menus Plaisirs, avenue de Paris, à Versailles. C'était un magasin où on renfermait le matériel des fêtes et réjouissances royales. Il avait été transformé pour recevoir l'Assemblée des notables, en 1787. De nouveaux aménagements furent effectués en vue de la réunion des États généraux. Voir G. LEFEBVRE et Anne TERROINE, *Recueil de documents relatifs aux séances des États généraux*, mai-juin 1789, t. I, Paris, 1953, pp. 5-28.

102. Sur la séance d'ouverture, voir le même ouvrage, pp. 191-358 et G. LEFEBVRE, *Quatre-vingt-neuf*, deuxième édition, Paris, 1970, pp. 85-87.

103. Cette brochure était intitulée *Forme d'opiner aux États généraux*, Paris, 1789, 119 p. Mirabeau lui répondit. Cf. G. LEFEBVRE et A. TERROINE, *Op. cit.*, t. I, 2ᵉ partie, p. 50, n. 55.

104. ID., ibid., t. III, 1ʳᵉ partie, par Olga ILOVAÏSKY.

105. Le 4 juin, après l'échec des conférences de conciliation entre les trois ordres, Necker proposa que les vérifications des pouvoirs soient poursuivies dans chacune des chambres et les résultats communiqués aux deux autres. Les pouvoirs contestés seraient examinés par une Commission des trois ordres, et si l'opinion de cette Commission n'était pas adoptée par les trois chambres, le Roi trancherait. La noblesse repoussa, le 5 juin, cette proposition. Cf. J. ÉGRET, *Necker, Op. cit.*, pp. 285-286.

106. Excellent tableau de la mentalité de la noblesse. Voir le *Recueil de documents, Op. cit.*, t. II, 1ʳᵉ partie, nombreuses motions de députés de la noblesse.

107. Les lords anglais étaient souvent juges dans les comtés (juges de paix, lords lieutenants). La chambre des lords pouvait, en certains cas se transformer en haute cour de justice. En Allemagne, beaucoup de seigneurs *immédiats* c'est-à-dire relevant directement de l'Empereur, étaient de véritables souverains. Mais en France, les seigneurs possédaient à peu près tous le droit de justice.

108. L'abbé Maury, né à Valréas en 1746, fils d'un cordonnier était venu à Paris en 1765 et s'était fait connaître dans les salons littéraires. Il fut élu à l'Académie française en 1785 et devint député du clergé de Péronne aux États généraux. Véhément défenseur des privilégiés à la Constituante, il émigra à Rome en 1792, devint évêque de Montefiascone (1792) puis cardinal (1794). Il se rallia à Napoléon en 1806 et fut nommé par lui archevêque de Paris (1810), mais le pape lui refusa l'institution canonique. Réfugié à Rome en 1814, il fut enfermé au château Saint-Ange, puis libéré. Il résigna ses fonctions et mourut en 1817.

Cazalès, né à Grenade-sur-Garonne en 1758 fut élu représentant de la noblesse de Rivière-Verdun aux États généraux. Comme Maury, il défendit avec énergie les privilégiés. Émigré en 1792, il rentra en France en 1803 et mourut en 1805. Cf. J. GODECHOT, *La Contre-Révolution, Op. cit.*, pp. 28-39.

109. En moyenne, 50 % des hommes et 20 % des femmes savaient lire et écrire en France à la veille de la Révolution.

110. Malouet, né à Riom en 1740, avait été intendant de marine. Il fut, à la Constituante, un des chefs des « monarchiens ». Il émigra en 1792 et rentra en France sous le Consulat, il reprit alors sa place dans l'administration de la marine. Il fut nommé, conseiller d'État sous l'Empire et mourut en 1814.

111. Il est inutile de donner ici une biographie résumée de Mirabeau. Les plus récentes sont celles de J.-J. CHEVALLIER (Paris, 1947), du duc de CASTRIES (Paris,

/60) et de Guy CHAUSSINAND-NOGARET (Paris, 1982). Voir aussi *Les Mirabeau et leur temps, Actes du colloque d'Aix-en-Provence*, Paris, 1968.

112. La dernière étude biographique de Sieyès remonte à 1939, c'est celle de P. Bastid (nouvelle édition 1970). Mais des aspects de la vie de Sieyès ont été étudiés par Roberto ZAPPERI dans son introduction à *Qu'est-ce que le Tiers-État ?* (Genève, 1970) et par Marcelle ADLER BRESSE, *Sieyès et le monde allemand*, Paris, 1977.

113. Voir G. LEFEBVRE, *Quatre-vingt-neuf, Op. cit.*, pp. 90-92 et J. ÉGRET, *Necker, Op. cit.*, pp. 287-293.

114. Le 20 juin 1789.

115. Voir J. GODECHOT, *La prise de la Bastille, Op. cit.*, pp. 219-222 et J.-P. BERTAUD, *La révolution armée*, Paris, 1979, pp. 35-46.

116. Sur les ordres de marcher vers Paris, donnés aux troupes stationnées sur les frontières du Nord et de l'Est, voir J. GODECHOT, *La prise de la Bastille, Op. cit.*, pp. 226-227.

117. Le baron Louis Auguste Le Tonnelier de Breteuil était né à Azay-le-Ferron en 1730. Après la chute de son ministère, il émigra et servit d'agent secret de Louis XVI auprès des puissances étrangères. Il rentra en France en 1802 et mourut en 1807.

118. « Les faits sont têtus » a dit Lénine.

119. Voir cette déclaration, ainsi que tous les documents relatifs à la séance royale du 23 juin dans G. LEFEBVRE, *Recueil de documents relatifs aux séances des États généraux, Op. cit.*, T. I, 2ᵉ partie, notamment p. 274. Sur cette séance voir aussi Georges LEFEBVRE, *Quatre-vingt-neuf, Op. cit.*, pp. 96-99 ; A. SOBOUL, *Précis d'histoire de la Révolution française*, Paris, 1962, pp. 109-110, J. ÉGRET, *Necker, Op. cit.*, pp. 287-301.

120. *Le joueur* : comédie en cinq actes, en vers, de Regnard (1696). Valère est partagé entre sa passion du jeu et son amour pour Angélique, quand il gagne il s'éloigne d'Angélique, lorsqu'il perd, il s'en rapproche.

121. Il s'agit du parti des monarchiens. Sur Malouet, voir n. 110 — Mounier, né en 1758 était juge à Grenoble, il fut élu député par le Tiers du Dauphiné. Il proposa le serment du Jeu de Paume. Mais après l'échec des monarchiens, il démissionna (21 novembre 1789) et émigra en Suisse. Rentré en France en 1801, il fut nommé préfet d'Ille-et-Vilaine, puis conseiller d'État (1805). Il mourut en 1806.

122. Le 11 juillet 1789.

123. Les frères du roi sont les comtes de Provence et d'Artois futurs Louis XVIII et Charles X. Il semble qu'il y ait eu quatre magistrats au Conseil, les secrétaires d'État La Michodière, d'Ormesson, Vidaud de la Tour et Chaumont de la Galaisière. La famille royale s'était retirée à Marly en signe de deuil, à la suite de la mort du Dauphin, fils aîné de Louis XVI.

124. A la suite du premier conseil de Marly, aucune décision ne fut prise. Un deuxième conseil se tint le lendemain, toujours à Marly, mais Necker n'y siégea pas, appelé à Paris par sa belle-sœur Mme de Germany, mourante. Chaumont de la Galaisière, ancien intendant de Lorraine y critiqua vivement les projets de Necker. Voir G. LEFEBVRE, *Recueil, Op. cit.* et J. ÉGRET, *Necker, Op. cit.* pp. 291-293.

125. Rappelons les débuts de l'article I de la *Déclaration du Roi*, du 23 juin : « Le Roi veut que l'ancienne distinction des trois ordres de l'État soit conservée en son entier (...). Le Roi a déclaré nulle les délibérations prises par les députés de l'ordre du Tiers état » (...). G. LEFEBVRE, *Op. cit.*, pp. 273-284, et J. ÉGRET, *Op. cit.*, pp. 291-296. Mme de Staël a reproduit dans ce chapitre XX ce que son père avait écrit dans son livre *De la Révolution française*, Genève et Paris, 1796.

126. Les manifestants envahirent le Château et parvinrent aux portes des appartements royaux, selon les témoignages des ambassadeurs de Parme et de Saxe (Cf. J. ÉGRET, *Op. cit.*, p. 297). Ce fut, en somme une préfiguration de la journée du 6 octobre 1789.

127. La *Déclaration des Droits* acceptée par les « rois », Marie II et Guillaume III, le 13 février 1689, puis insérée dans le *Bill of Rights* voté par les deux chambres du Parlement le 23 octobre 1689.

128. Donc la moitié du clergé, un peu moins du tiers de la noblesse.

129. Le 25 juin. Cf. J. ÉGRET, *Op. cit.*, p. 302.

130. Le 24 juin, deux compagnies de gardes-françaises refusèrent de prendre leur service ; le 28, d'autres compagnies à qui on avait distribué des cartouches en prévision de troubles, jetèrent armes et munitions et coururent au Palais-Royal assurer la foule qui s'y pressait qu'elles ne marcheraient pas contre les Parisiens. Le colonel fit arrêter quatorze grenadiers considérés comme des meneurs, ils furent délivrés par les manifestants. Par ailleurs, c'est à partir du 22 juin que les ordres furent envoyés aux régiments que la Cour désirait concentrer autour de Paris. Ils concernaient des régiments étrangers : Reinach (Suisse), Bouillon-infanterie (allemand), Nassau (allemand), Royal-Allemand-cavalerie, mais aussi des troupes françaises : Provence-infanterie, Dauphin-dragons, Maistre-de-camp-Général-cavalerie, donc trois régiments d'infanterie (2 700 hommes) et trois de cavalerie (1 000 cavaliers). Cf. J. GODECHOT, *La prise de la Bastille, Op. cit.*, pp. 219-220 et 226-227. Avec les troupes se trouvant déjà dans la région parisienne, le roi pensait pouvoir compter sur 30 000 hommes.

131. Le 8 juillet, ID., *ibid.*, p. 228.

132. Voir J. ÉGRET, *Op. cit.*, pp. 305-307.

133. Le renvoi de Necker fut connu au Palais Royal, à Paris le dimanche 12 juillet. Ce fut le début de l'insurrection parisienne. Cf. J. GODECHOT, *Op. cit.*, p. 235 sq. Les députés à l'Assemblée nationale apprirent la nouvelle également le 12 juillet, cf. J. ÉGRET, *Op. cit.*, pp. 310 sq.

134. Camille Desmoulins, au Palais Royal, avait dit, dans une harangue enflammée « Prenons tous les cocardes vertes, couleur de l'espérance ! ». Mais le vert était aussi la couleur de la livrée du comte d'Artois frère du roi, un des chefs du parti le plus conservateur. Dès le 13 juillet, la cocarde verte fut remplacée par une cocarde aux couleurs de la ville de Paris, rouge et bleue. Cf. J. GODECHOT, *Op. cit.*, pp. 235 et 246.

135. Montmorin-Saint-Herem, ministre des Affaires étrangères et Guignard de Saint-Priest, ministre d'État avaient constamment soutenu Necker.

136. En fait, seul le Royal-Allemand-Cavalerie. Le régiment suisse de Salis-Samade fut engagé trop tard.

137. La milice bourgeoise de Paris fut constituée dans la journée du 13 juillet. Elle devait primitivement compter 800 hommes par district, soit 48 000 hommes pour les 60 districts. Cf. J. GODECHOT, *La prise de la Bastille, Op. cit.*, pp. 245-249.

138. Mme de Staël ne parle pas des circonstances dans lesquelles la Bastille fut prise. Voir ID, *ibid.*, pp. 267-300.

139. Le 17 juillet. Cf. ID, *ibid.*, pp. 316-320.

140. Notamment le gouverneur de la Bastille, De Launey, Cf. ID, *ibid.*, pp. 297-300.

141. Il s'agit de Lally-Tallendal, fils du baron qui avait été condamné à mort et exécuté en 1766 pour avoir rendu Pondichéry aux Anglais. Ce fils avait obtenu de Voltaire qu'il fasse campagne pour la cassation de ce jugement, elle fut obtenue du parlement de Paris en 1778. Cette action rendit Lally célèbre, il fut élu député de la noblesse d'Étampes aux États généraux, il émigra en 1790, rentra en France en 1792, pour tenter d'en faire sortir le roi. Incarcéré, puis relâché, il passa en Angleterre. Il fut comblé d'honneur par la Restauration, élu à l'Académie française en 1816 et mourut en 1830.

142. La banque Hope, d'Amsterdam, était une des plus puissantes banques de

l'Europe à la fin du XVIIIe siècle. Elle devait s'associer avec une grande banque de Londres, la banque Baring.

143. Louis Dufresne de Saint-Léon avait collaboré à la rédaction du fameux *Compte rendu* de Necker. C'est lui qui fut chargé, dès le 17 juillet d'aller à Bruxelles demander à Necker de revenir. Il ne le trouva point et ne put le rencontrer qu'à Bâle le 23 juillet.

144. Yolande Martine Gabrielle de Polastron, duchesse de Polignac était l'amie intime de la reine Marie-Antoinette. Gouvernante des enfants de France, elle fut comblée de faveurs et de pensions, ce qui explique son impopularité. Elle émigra dès la prise de la Bastille, et mourut à Vienne, en 1793, âgée de 44 ans.

145. Dans les *Réflexions sur la Révolution de France*, ouvrage très hostile à la Révolution française.

146. *Manuscrits de M. Necker publiés par sa fille*, Genève, an XIII. Nelle édition sous le titre : *Mémoires sur la vie privée de mon père par Mme la baronne de Staël-Holstein*, suivis des mélanges de M. Necker, Paris et Londres, 1818. Traduction allemande, Rostock, 1806.

147. Voir plus haut, n. 141.

148. Allusion aux orages catastrophiques du 14 juillet 1788 qui détruisirent la plus grande partie de la récolte des céréales.

149. Allusion à la « grande peur » qui s'abattit sur la France du 20 juillet au 6 août 1789. Voir G. LEFEBVRE, *La grande peur de 1789*, nouvelle édition, 1970.

150. Besenval, général des Gardes suisses, né à Soleure en 1721 fut nommé, en juillet 1789 commandant en chef de toutes les troupes (et non pas seulement des troupes allemandes) réunies à Paris et dans la région parisienne. Après avoir consulté les chefs de corps, le 14 juillet au matin, il décida de ne pas les faire marcher contre les manifestants qui purent ainsi s'emparer, en toute tranquillité, des 40 000 fusils stockés dans les caves des Invalides (Cf. J. GODECHOT, *La prise de la Bastille*, pp. 237-240 et 268-270).

Après la journée du 14 juillet, Besenval attaqué à la fois par les révolutionnaires et les aristocrates essaya de regagner la Suisse. Arrêté à Nogent-sur-Seine, il ne fut pas libéré, malgré l'intervention de Necker, mais renvoyé, sous bonne garde à Brie-Comte-Robert. Necker essaya encore d'obtenir le 30 juillet, de l'Assemblée des 120 représentants des districts et de l'Assemblée des Électeurs de Paris, la libération de Besenval. Celles-ci acquiescèrent au vœu de Necker, mais l'Assemblée nationale, le 31 juillet, refusa de suivre les deux assemblées parisiennes. Besenval fut jugé par le Châtelet de Paris et acquitté le 1er mars 1790. Il demeura tranquillement à Paris où il mourut en 1791. Il déclara que Necker, en empêchant son transfert à Paris, en juillet 1789, lui avait « sauvé la vie ». (J. ÉGRET, *Op. cit.*, pp. 316-321.)

Notes
de la deuxième partie

1. Sur Mirabeau, les plus récentes biographies sont celles de J.-J. CHEVALLIER (Paris, 1947), du duc DE CASTRIES (Paris, 1960) et de Guy CHAUSSINAND-NOGARET (Paris, 1982). Il est évident que l'opinion de Mme de Staël sur Mirabeau est très subjective.

2. Paris n'était pas encore divisé en sections, mais en 60 districts.

3. Cette attitude de Mirabeau, à propos de l'affaire Besenval n'est attestée que par Mme de Staël (Cf. J. ÉGRET, *Op. cit.* p. 320). Par contre il est certain que dès le mois d'août 1789, Mirabeau devint un adversaire de Necker (Cf. J.-J. CHEVALLIER, *Op. cit.*, p. 71 ; duc DE CASTRIES, *Op. cit.* p. 347).

4. C'est ce qu'on a appelé « l'atelier de Mirabeau ». Voir J. BÉNÉTRUY, *L'atelier de Mirabeau*, Paris, 1962. Cet « atelier » était composé d'émigrés genevois, Clavière, du Roveray, Reybaz et Étienne Dumont. Ceci explique, en partie, l'hostilité de Mirabeau contre le Suisse Necker.

5. Sur l'abbé Maury, voir plus haut, n. 108 de la première partie.

6. Mirabeau s'opposa le 7 août 1789 au projet d'emprunt proposé par Necker, le 24 septembre à un projet de contribution extraordinaire patriotique, le 11 septembre au projet du droit de veto suspensif pour le roi (Mirabeau préconisait le veto absolu), le 19 octobre au maintien de Necker au ministère, le 14 novembre au projet de Banque nationale.

7. Sur Mounier, Lally-Tollendal, Malouet, voir au chapitre premier les notes 121, 141 et 110. Quant au comte Stanislas de Clermont-Tonnerre, il était né à Pont-à-Mousson le 10 octobre 1757 et avait fait carrière dans l'armée. En 1789, il fut élu député de la noblesse de Paris aux États généraux, et se prononça, avec la noblesse libérale, pour la réunion des trois ordres dès juin 1789. Il figura parmi les nobles qui proposèrent l'abolition des privilèges pendant la nuit du 4 août. Mais il était partisan des deux chambres et fonda avec Malouet le club des Amis de la constitution monarchique. Il fut accusé d'avoir favorisé la fuite du roi, le 20 juin 1791, et massacré le 10 août 1792. Cf. Ch. DU BUS *Stanislas de Clermont-Tonnerre et l'échec de la Révolution monarchique, 1757-1792*, Paris, 1931 ; J. ÉGRET, *La révolution des notables, Mounier et les monarchiens*, Paris, 1950.

8. Mme de Staël a écrit ces lignes au début de la Restauration, à l'époque de la Terreur blanche, où on accablait de sarcasmes les institutions révolutionnaires.

9. Sur La Fayette, voir note 39 de la première partie.

10. La Fayette, après s'être rendu aux Autrichiens le 19 août 1792 fut enfermé, par eux, dans la forteresse d'Olmütz où il demeura de mai 1794 au 19 septembre 1797. L'excellente biographie de Louis Gottschalk s'arrête toutefois au 14 juillet 1790. La plus récente biographie de La Fayette, écrite par le duc de Castries (Paris, 1974) ne doit être utilisée qu'avec précaution.

11. La Fayette est parti pour l'Amérique le 26 avril 1777. Mme de Staël a donc écrit ce chapitre en 1817.

12. Mme de Staël, on le voit, était une grande admiratrice de La Fayette. Elle avait contribué à le faire sortir de la prison d'Olmütz. Cf. duc DE CASTRIES, *Op. cit.*, pp. 214-216.

13. En fait le projet de déclaration des droits de La Fayette est inspiré par la Déclaration des droits de la Virginie, œuvre de Jefferson. Cf. L. GOTTSCHALK, *Op. cit.*, t. V, pp. 72-99.

14. Le *Bill of Rights* du 23 octobre 1689.

15. Mme de Staël confond la Déclaration d'indépendance des États-Unis, de 1776, qui contient certains principes généraux, la déclaration des droits de la Virginie, également de 1776, qui a servi de modèle au projet de La Fayette, et les dix premiers amendements à la constitution des États-Unis de 1787, qui, votés de septembre 1789 à décembre 1791, donc *après* la déclaration française, constituent la déclaration américaine des droits (Bill of Rights). On trouvera ces textes dans le livre d'André KASPI, *La vie politique aux États-Unis*, Paris, 1970, pp. 47-63.

16. Mme de Staël, comme beaucoup de nobles et de bourgeois à l'époque révolutionnaire, redoutait que la notion d'égalité soit appliquée non au seul droit, mais étendue à l'économie.

17. Sur les institutions créées par les assemblées révolutionnaires, se reporter à J. GODECHOT, *Les institutions de la France sous la révolution et l'empire*, Paris, nouvelle édition, 1968. En ce qui concerne la réforme de la justice, pp. 139-160.

18. ID., *ibid.*, pp. 250-273.

19. Le 29 septembre 1789. Cf. L. GOTTSCHALK, *Op. cit.*, t. V, p. 320.

20. Voir note 72 de la première partie.

21. Article 9 de la *Déclaration des Droits de l'homme et du citoyen*, : « Tout homme étant présumé innocent jusqu'à ce qu'il ait été déclaré coupable. » Cf. J. GODECHOT, *Les constitutions de la France*, 2ᵉ édition, 1975; p. 34.

22. La peine de mort pour les délits politiques a été supprimée par le gouvernement provisoire de la seconde République le 26 février 1848. On sait que ce décret n'a été appliqué, ni en 1871, ni de 1940 à 1946.

23. L'empereur Léopold II avait été grand-duc de Toscane avant de monter sur le trône impérial en 1790. A la suite de la publication du livre de BECCARIA, *Des délits et des peines* (1764) la peine de mort fut abolie par Léopold de Habsbourg-Lorraine en Toscane en 1786, puis en Autriche par son frère, l'empereur Joseph II, en 1787. Mais cette suppression fut éphémère (Cf. Alain PEYREFITTE, *Les chevaux du lac Ladoga*, Paris, 1981). Robespierre proposa à l'assemblée constituante l'abolition de la peine de mort le 30 mai 1791. Il ne fut pas suivi. Cf. J. GOULET, « Robespierre et la peine de mort » dans les *Annales historiques de la Révolution française*, 1981, pp. 219-238 et 1983, pp. 38-64, ainsi que M. PERTUÉ, « La Révolution française et l'abolition de la peine de mort », *ibid.* 1983, pp. 14-37. Voir aussi : *Œuvres de Maximilien Robespierre*, t. VII, pp. 432-446.

24. Sous le Consulat et l'Empire, Cf. J. GODECHOT, *Les institutions..., Op. cit.*, pp. 628-629.

25. ID., *ibid.*, p. 135.

26. ID., *ibid.*, p. 257.

27. Inexact. Ils étaient seulement exempts de la taille. Mais ils ne payaient pas les autres impôts directs (capitation, vingtième), en proportion de leur fortune.

28. Depuis les réformes du comte de Saint-Germain (1776-1777) et du maréchal de Ségur (1781), tous les officiers, — y compris ceux de l'artillerie et du génie — devaient prouver au moins quatre quartiers de noblesse. Toutefois de nombreux roturiers devenus officiers au cours des guerres de Louis XV restèrent dans l'armée jusqu'à leur retraite.

29. Saint-Germain avait, en principe, supprimé les « colonels à la bavette ». Néanmoins, jusqu'à la Révolution un noble pouvait « acheter » un régiment et en devenir ainsi colonel. Il est vrai qu'il était secondé par un lieutenant-colonel, grade auquel on ne pouvait accéder sans être passé par les grades inférieurs. Cf. J. GODECHOT, *Les institutions, Op. cit.*, pp. 113-122.

30. Napoléon, que Mme de Staël, on le verra, déteste.

31. Le comte de Charolais, frère du duc de Bourbon, de la famille des Bourbon-Condé, connu par ses débauches au XVIIIᵉ siècle, arrêté par lettre de cachet, puis libéré. Son comté fut réuni à la France à sa mort, en 1761.

32. Voir J. GODECHOT, *Les institutions..., Op. cit.*, pp. 160-188.

33. Sur le régime « féodal », à la fin du XVIIIᵉ siècle, consulter *L'abolition de la féodalité dans le monde occidental*, Actes du colloque international de Toulouse des 12-16 novembre 1968, Paris, C.N.R.S., 1971, 2 vol.

34. En 1817.

35. C'est-à-dire à l'abolition des corporations.

36. Exact. Le suffrage, pour l'élection des députés aux États généraux, sans avoir été universel, avait été très large. Cependant la Constituante comptait parmi ses membres seulement 34 laboureurs, mais aucun véritable paysan, ni un ouvrier. A la

Convention, deux ouvriers seulement furent élus, aucun vrai paysan. Voir E.-H. LEMAY, « La composition de l'Assemblée nationale constituante » dans la *Revue d'Histoire moderne et contemporaine*, 1977, pp. 341-363 et pour la Convention, J. GODECHOT, *Les institutions...*, *Op. cit.*, p. 275.

37. Ce furent des Conseils généraux des départements, aux attributions sensiblement différentes de celles des Assemblées provinciales, J. GODECHOT, *Ibid.*, pp. 102-106.

38. ID., *Ibid.*, pp. 108-112.

39. Mme de Staël entend par « factieux » les adversaires de Necker.

40. J. GODECHOT, *Ibid.*, pp. 125-130.

41. La Constituante a voté une « déclaration de paix au monde ». Voir J. GODECHOT, *La Grande Nation*, Paris, 1956, t. I, pp. 70-72, 2ᵉ édition, 1983, pp. 65-66.

42. Sur la liberté de la presse, et le régime de la presse pendant la Constituante, voir Cl. BELLANGER, J. GODECHOT, P. GUIRAL, F. TERROU, *Histoire générale de la presse française*, t. I, Paris, 1967, pp. 423-500.

43. Sur les *Actes des Apôtres*, voir *Histoire générale de la presse française, Op. cit.*, pp. 475-479. Sur leurs principaux rédacteurs : Rivarol, Cf. J. GODECHOT, *La Contre-Révolution, Op. cit.*, pp. 37-39 et Peltier, Hélène MASPERO-CLERC, *Un journaliste contre-révolutionnaire, Jean-Gabriel Peltier (1760-1825)*, Paris, 1973, pp. 10-62.

44. Mme de Staël était, en 1798, hostile à la censure des livres, mais partisan de la censure des journaux. Elle l'avait déjà écrit dans son pamphlet, *Des circonstances actuelles qui peuvent terminer la Révolution...*, Édition Lucia OMACINI, Paris, 1979, pp. 113-126.

45. Le ministère de la police a été créé par le Directoire, le 2 janvier 1796. Le premier ministre de la police a été Merlin de Douai. Voir A. MATHIEZ, *Le Directoire*, Paris, 1934, pp. 55-56, et G. LEFEBVRE, *La France sous le Directoire*, Paris, 1977, p. 91.

46. 1817.

47. Le Comité des recherches donna naissance, en 1792 au Comité de sûreté générale, qui est, lui-même, à l'origine du ministère de la police. Quant à Voydel, il n'a laissé aucune trace dans l'histoire de la Révolution.

48. Sur la notion de *nation*, voir J. GODECHOT, « Nation, Patrie, nationalisme et patriotisme en France au XVIIIᵉ siècle » dans *Actes du colloque Patriotisme et Nationalisme en Europe à l'époque de la Révolution française et de Napoléon, Moscou, 19 août 1970*, Paris, 1973, pp. 7-27.

49. Sur Casalès et l'abbé Maury, voir plus haut n. 108 de la Première partie.

50. L'archevêque d'Aix était Boisgelin de Cucé. Il avait été élu aux États généraux.

51. L'abbé de Montesquiou était agent général du clergé, et avait été élu député du clergé par la ville de Paris. Montesquiou, comme Boisgelin, passaient pour des libéraux.

52. Les expressions « droite » et « gauche » employées désormais dans le monde entier, pour désigner les conservateurs et les progressistes datent du mois d'août 1789.

53. Voir les notes 110, 141 et 121 de la Première partie.

54. Mme de Staël reconnaît que son père soutenait les « monarchiens » qui ne formaient qu'une petite minorité dans l'Assemblée nationale : son échec était fatal. Voir J. ÉGRET, *La révolution des notables, Mounier et les monarchiens, Op. cit.* et *Necker, Op. cit.* pp. 350-367.

55. Adrien Duport (1759-1798) était conseiller au Parlement de Paris avant la Révolution. Il fut élu député de la noblesse aux États généraux, mais rejoignit le Tiers dès le début de juin 1789. Après la fuite de Varennes, il abandonna les Jacobins pour

fonder le club des Feuillants. Il put quitter la France, grâce à Danton, au lendemain du 10 août, revint après thermidor mais s'exila de nouveau au lendemain du 18 fructidor. Il mourut de tuberculose, à Appenzel, en Suisse.

Barnave (1761-1793) était avocat à Grenoble, il fut élu par le Tiers aux États généraux. Avec Duport et Lameth il forma, à la Constituante, le « triumvirat » des patriotes, et combattit la politique de Mirabeau. Chargé de ramener la famille royale à Paris, après la fuite de Varennes, il fut gagné par Marie-Antoinette avec qui il entretint une correspondance secrète. Celle-ci fut découverte dans « l'armoire de fer » des Tuileries, ce qui entraîna son arrestation, sa condamnation à mort et son exécution le 29 novembre 1793. Voir Alma SÖDERHJELM *Marie-Antoinette et Barnave, correspondance secrète*, Paris, 1934 ; J.-J. CHEVALLIER, *Barnave ou les deux faces de la Révolution*, Paris, 1936. En prison, Barnave avait écrit un ouvrage remarquable qui annonce les idées de Marx, l'*Introduction à la Révolution française*, nouvelle édition par Fernand RUDE, Paris, 1960.

56. Sur Sieyés, voir plus haut, note 112 de la première partie.

57. Sieyés s'opposa, en effet, à la suppression des dîmes et à la vente des biens du clergé.

58. La meilleure biographie de Robespierre est celle de Gérard WALTER (Paris, 1961), la plus récente, celle de Norman HAMPSON (en anglais, Londres, 1974).

59. Il s'agit de Philippe d'Orléans, qui prit en 1792 le nom de Philippe-Égalité, vota la mort de Louis XVI, mais fut lui-même condamné à mort par le Tribunal révolutionnaire et exécuté le 6 novembre 1793, à l'âge de 46 ans. C'était le père du roi Louis-Philippe.

60. La récolte de 1788 avait été désastreuse, celle de 1789 inférieure à la normale.

61. Une des causes de la prolongation des troubles venait du fait que la Constituante avait proclamé dans la nuit du 4 août 1789 l'abolition de la féodalité, mais que les décrets d'application, publiés le 11 août déclaraient rachetables les droits réels et maintenaient leur perception jusqu'à leur rachat, souvent difficile, parfois impossible, parce que trop onéreux. Voir J. GODECHOT, *Les institutions, Op. cit.*, pp. 192-187.

62. Voir ID., *ibid.*, pp. 160-163.

63. *Bienheureux déficit !* disait-on : il empêchait le roi de dissoudre la Constituante tant que les finances de la France ne seraient pas rétablies.

64. Le 26 septembre 1789. Voir J.-J. CHEVALLIER, *Mirabeau, Op. cit.*, pp. 82-93 et duc DE CASTRIES, *Mirabeau, Op. cit.*, pp. 358-363.

65. Flatterie de Mme de Staël pour Louis XVIII et la Charte de 1814.

66. Il s'agit de la révolution anglaise de 1689.

67. La théorie de la supériorité du pouvoir constituant avait été formulée par Rousseau et reprise par Siéyes. Il en résultait que le pouvoir des assemblées constituantes était dictatorial. Voir à ce sujet l'article d'A. MATHIEZ, « La révolution française et la théorie de la dictature », dans la *Revue historique*, 1929, t. CLXI, pp. 304-315, repris dans *Le Directoire*, pp. 1-23, et A. SOBOUL, « Problèmes de la dictature révolutionnaire » dans *Ann. hist. de la Révolution française*, 1983, pp. 1-13.

68. Le comité de Constitution avait adopté le rapport de Lally-Tollendal concluant à la création de deux chambres. Mais, après une discussion passionnée, ce rapport fut rejeté par la Constituante le 10 septembre 1789, par 490 voix sur 701. Le comité de Constitution démissionna, les bicaméristes (Mounier, Bergasse, Champion de Cicé, Lally-Tollendal, Clermont-Tonnerre) furent remplacés par des monocaméristes (Thouret, Target, Desmeuniers, Rabaut-Saint-Étienne). Voir J. GODECHOT, *Les Institutions, Op. Cit.*, pp. 78-81.

69. Le droit de veto a été discuté du 31 août au 11 septembre 1789. Voir ID., *ibid.*, pp. 80-89.

70. Nous avons déjà dit que la Constituante après avoir proclamé, dans la nuit du

4 août « l'abolition du régime féodal », le maintenait en grande partie par ses décrets du 11 août qui déclaraient rachetables les « droits réels », les plus lourds. Malgré cela, Louis XVI, contrairement aux affirmations de Mme de Staël, refusa de sanctionner ces décrets. Il ne le fit que contraint et forcé, après l'insurrection parisienne des 5 et 6 octobre, le 3 novembre 1789. Voir ID., *ibid.*, pp. 192-193.

71. Sur les idées de Necker voir Henri GRANGE, *Les idées de Necker, Op. cit.*, notamment le chapitre sur la « transplantation en France de la constitution anglaise » pp. 331-349.

72. Il est peu probable que le gouvernement britannique ait soudoyé des révolutionnaires français en 1788-1789. Mais cette idée a pu être accréditée par le fait, actuellement prouvé, que le ministère anglais avait soutenu de ses deniers les « patriotes » hollandais de 1780 à 1787. Voir A. COBBAN, *Ambassadors and Secret Agents*, London, 1954.

73. C'est pourtant avec l'aide du gouvernement anglais que Hyde de Neuville et Cadoudal passèrent d'Angleterre en France en 1803 et organisèrent un complot dont le but était l'assassinat de Bonaparte. Cf. J. GODECHOT, *La Contre-Révolution, Op. cit.*, pp. 397-400.

74. Le feu grégeois, probablement inventé par les Chinois, utilisé en tout cas par les Arabes, les Turcs et les Grecs, (d'où son nom) à l'époque des Croisades était un mélange de charbon, de soufre et de pétrole pouvant brûler même sur l'eau. On l'employait pour incendier les navires de l'adversaire. Philippe-Auguste l'utilisa à Dieppe contre les Anglais.

75. Madame de Staël oublie de dire que le roi avait de nouveau appelé des troupes à Versailles, dans l'intention probable de renouveler son coup de force du 11 juillet. Le jeudi 1er octobre les officiers des Gardes du corps donnèrent un banquet en l'honneur d'une des unités récemment arrivée, le régiment de Flandre. Au cours de ce banquet, les convives acclamèrent la famille royale et foulèrent aux pieds la cocarde tricolore. C'est cet épisode qui, colporté à Paris, provoqua l'émeute du 5 octobre. Sur les journées des 5 et 6 octobre, la meilleure étude est encore celle d'A. MATHIEZ, « Étude critique sur les journées des 5 et 6 octobre 1789 » dans la *Revue Historique* de 1898, t. LXVII, pp. 241-281, t. LXVIII, pp. 258-294, et 1899, t. LXIX, pp. 41-66. Sur le rôle (capital) de La Fayette pendant ces journées : L. GOTTSCHALK et Margaret MADDOX, *Lafayette in the French Revolution*, (t. V de la biographie déjà citée), pp. 307-387.

76. Une des causes de l'émeute était effectivement le retard mis par le roi à sanctionner les décrets des 4-11 août et la Déclaration des droits. Voir plus haut, note 70.

77. Les troupes étaient dispersées dans les campagnes en petits détachements chargés de protéger les récoltes. Voir, par exemple, le cas du régiment suisse de Salis-Samade dans J. GODECHOT, *La prise de la Bastille, Op. cit.*, pp. 383-396.

78. Le comte de Chinon, plus tard duc de Richelieu (1766-1822) émigra en Russie et devint gouverneur d'Odessa en 1803. Rentré en France à la Restauration, il fut nommé Premier ministre, à la place de Talleyrand en septembre 1815 et le demeura jusqu'en décembre 1818. Il occupait donc cette fonction lorsque Mme de Staël rédigeait ses *Considérations*.

79. La Fayette n'entra dans le Château que vers minuit, après s'être présenté à l'Assemblée nationale Cf. L. GOTTSCHALK, *Op. cit.*, p. 352-355.

80. Cette assertion de Mme de Staël n'est confirmée par aucun autre témoin. Cf. L. GOTTSCHALK, *Op. Cit.*, p. 360, n. 22.

81. La foule avait essayé, en vain, de forcer la porte principale. Mais la porte de la Chapelle était restée ouverte. Cf. A. MATHIEZ, *Op. cit.*, et Ph. SAGNAC, *La Révolution* (t. I de l'*Histoire de France contemporaine* dirigée par E. LAVISSE), p. 105.

82. Les conspirations qui aboutirent aux assassinats de Pierre III, le 24 juillet 1762, et de Paul 1er le 12 mars 1801.

83. Choiseul-Gouffier (1752-1817) fut diplomate et archéologue. Il publia en 1776 le premier volume de son *Voyage pittoresque en Grèce*, dont le dernier ne parut qu'en 1824. Il fut ambassadeur à Constantinople de 1784 à 1792.

84. Les gardes du corps Deshuttes et Tardivet du Repaire furent massacrés dans l'antichambre de la reine. Cf. SAGNAC, *Op. cit.*, pp. 105-106.

85. Cette scène est attestée par de nombreux témoins, Cf. L. GOTTSCHALK, *Op. cit.*, pp. 372-376. Mais elle semble avoir eu lieu après l'apparition de la famille royale au balcon de la cour de marbre. ID., *Ibid.*, p. 376.

86. Necker, La Fayette et Champion de Cicé parurent au balcon de la cour de marbre avec la famille royale, ID., *Ibid.*, p. 374-376.

87. ID., *Ibid.*, pp. 384-385, et la bibliographie, pp. 385-387.

88. Il est excessif de dire que les débats de la Constituante à Paris, furent domir s par la « force populaire ». Celle-ci s'impose à la Législative à partir du 20 juin 1792, puis à la Convention, jusqu'au 9 thermidor an II (27 juillet 1794).

89. Le débat eut lieu les 6 et 7 novembre 1789. Le décret du 7 novembre décida qu'aucun député ne pourrait être ministre (Cf. J.-J. CHEVALLIER, *Mirabeau, Op. cit.*, pp. 94-114.) On sait que la constitution de 1958 a rendu de nouveau incompatibles les fonctions de parlementaire et de ministre (art. 23, voir J. GODECHOT, *Les constitutions de la France depuis 1789, Op. cit.*, p. 429).

90. Sur Clermont-Tonnerre et La Fayette, voir plus haut notes 7 et 10. Le marquis de Crillon (1742-1806) était maréchal de camp lorsqu'il fut élu député aux États généraux par la noblesse du bailliage de Troyes. Il fit partie, comme tous ceux qui sont nommés ici, de la noblesse libérale. Néanmoins, il émigra en Espagne en 1792, revint en France en l'an III et obtint sa retraite de général le 27 mai 1798. Le comte de Castellane-Novejean était également général (1758-1837) Il fut élu député de la noblesse de Châteauneuf-en-Thymerais, aux États généraux. Arrêté en 1792, libéré après thermidor, il devint préfet des Basses-Pyrénées en 1804 et le resta jusqu'en 1812. Pair de France en 1815, il vota la mort du maréchal Ney. Il commanda ensuite la garde nationale de Toulouse. Le duc de La Rochefoucauld-Liancourt (1747-1827) est célèbre par son action philanthropique. Député de la noblesse de Clermont-en-Beauvaisis aux États généraux, il fut élu président du comité de mendicité. Il émigra en Angleterre, puis aux États-Unis, après le 10 août 1792, revint en France en 1799. Il reprit ses activités agricoles et philanthropiques, s'occupa de l'École impériale des Arts et Métiers dont l'ébauche avait été créée en 1780 à Liancourt, et qui fut transférée en 1806 à Chalons-sur-Marne. Il se rallia à Louis XVIII en 1814 et fut avec Delessert, en 1818, le fondateur de la caisse d'épargne de Paris (Cf. J.-D. de La ROCHEFOUCAULD, C. WOLIKOW, G. IKNI, *Le duc de la Rochefoucauld-Liancourt 1747-1827*, Paris, 1980.) Le vicomte de Toulongeon (1748-1812) est surtout connu par son *Histoire de France depuis la Révolution de 1789*, publiée sous le Consulat, alors qu'il faisait partie du Corps législatif. C'est la première histoire de la Révolution qui ait visé à l'impartialité et se soit appuyée sur des documents authentiques. Quant au duc de Montmorency-Laval, député libéral de la noblesse, comme les précédents, né en 1767, mort en 1826, il émigra en 1792 et se lia en Suisse à Mme de Staël dont il devint peut-être l'amant. Il rentra en France en 1795, se tint à l'écart de l'Empire, fut nommé pair par Louis XVIII en 1815 et devint ministre des Affaires étrangères en 1821-22. Il fit décider l'expédition d'Espagne qui mit fin au régime libéral de Riego.

91. Le procès eut lieu devant le Tribunal du Châtelet. La procédure, qui en a été publiée en deux volumes forme une des sources essentielles de l'histoire des 5 et 6 octobre 1789. Un historien allemand Wilhelm GÜTHLING s'est efforcé, à la différence de Mathiez et de L. Gottschalk, de prouver la responsabilité de La Fayette dans les deux journées des 5 et 6 octobre (*La Fayette und die Uberführung Ludwigs XVI von Versailles nach Paris*, Halle, 1931). Il invoque surtout les témoignages des

ambassadeurs de Prusse, de Saxe et d'Autriche. Mais ses arguments ne sont pas convaincants (voir compte rendu de ce livre par J. GODECHOT dans les *Annales historiques de la Révolution française* de 1931, pp. 269-270.)

92. Les preuves de la « trahison » de Mirabeau furent découvertes dans l' « armoire de fer » des Tuileries, après le 10 août 1792.

93. Mme de Staël semble entendre par là le roi, l'assemblée du clergé, les États généraux, les Parlements.

94. Cette estimation est très exagérée. Selon les plus récentes enquêtes le clergé n'aurait pas possédé plus de 10 % du sol français, mais avec d'importantes variations régionales : 20 % dans le Nord, 40 % dans le Cambrésis, mais 4 % en Auvergne, dans l'Hérault, 3,4 % dans l'Ille-et-Villaine et dans le Morbihan. Cf. B. PLONGE-RON, *La vie quotidienne du clergé français au* XVIIIe *siècle*, Paris, 1974, pp. 171-172.

95. L'insurrection des « camisards » (1704-1710).

96. En 1817.

97. Pourtant ce sont six curés qui, les premiers, rejoignirent le Tiers État le 14 juin 1789 et provoquèrent ainsi la formation de l'Assemblée nationale.

98. Mme de Staël s'exprime en protestante hostile au catholicisme. De 1600 à 1789 on compte parmi les Premiers ministres trois cardinaux, Richelieu, Mazarin, Fleury, et un archevêque, Brienne.

99. Discours prononcés à la Constituante du 10 octobre au 3 novembre 1789 par Talleyrand, Thouret, Treilhard, Barnave, Le Chapelier (pour la vente), Boisgelin, Maury, Sieyès, D'Eymar, Camus (contre la vente). Cf. J. GODECHOT, *Les institutions, Op. cit.*, pp. 176-178.

100. A la session de la Chambre des députés de 1816.

101. Le méthodisme a été fondé par John Wesley à partir de 1738.

102. La constitution civile du clergé, votée le 12 juillet 1790 obligeait tous les ecclésiastiques *fonctionnaires* de l'État (les évêques, curés et vicaires l'étaient) à prêter, comme tous les autres fonctionnaires, le serment de fidélité à la constitution. C'est sur ce point que le clergé se divisa en « jureurs » ou « constitutionnels » et en réfractaires, cette division s'accentua lorsque le pape Pie VI eut, les 10 mars et 13 avril 1791, condamné la constitution civile. Cf. J. GODECHOT, *Les institutions, Op. cit.*, pp. 255-266.

103. C'est ce qu'a fait la Convention le 21 février 1795 en établissant la séparation de l'église et de l'état. ID., *Ibid.*, pp. 430-432.

104. Les premiers évêques « constitutionnels » furent consacrés par le seul Talleyrand, évêque d'Autun, bien qu'il eut démissionné de son évêché quelques jours plus tôt. ID., *Ibid.*, p. 264.

105. Le 19 juin 1790. Voir Marcel GARAUD, *Histoire générale du droit privé français de 1789 à 1804*, t. I, *La Révolution et l'égalité civile*, Paris, 1953, pp. 95-101.

106. Burke.

107. En principe, la Constituante voulait faire « table rase » du passé.

108. *Opinion de M. Necker sur le décret de l'Assemblée nationale concernant les titres, les noms, les armoiries*, Paris, 1790. Jean Égret analyse cette brochure et l'attitude de Necker dans *Necker, Op. cit.*, pp. 420-426.

109. *Du pouvoir exécutif dans les grands états*, Paris, 1792 traduction allemande 1792 et 1793. Sur Necker et la constitution de 1791, voir Henri GRANGE, *Les idées de Necker, Op. cit.*, pp. 434-451.

110. Les conseils généraux des départements étaient, dans le régime de la constitution de 1791, totalement indépendants du pouvoir central puisque les procureurs généraux syndics, chargés de requérir l'application de la loi, étaient élus et non nommés. Cf. J. GODECHOT, *Les institutions, Op. cit.*, pp. 102-105.

111. Pourtant, aux États-Unis, les juges étaient élus, et le sont encore. Mais

Necker, et sa fille, se méfiaient des élections. Cf. H. GRANGE, *Les idées de Necker, Op. cit.*, pp. 350-358.

112. Jugement assez inexact. En fait, en 1789, les troupes de ligne françaises étaient recrutées dans les mêmes milieux sociaux que les bataillons de volontaires nationaux créés en 1791. Voir à ce sujet Samuel F. SCOTT, *The Response of the Royal Army to the French Revolution*, Oxford, 1978.

113. La Fédération nationale a été précédée par de nombreuses fédérations locales ou régionales. Le mouvement avait commencé dès le mois d'août 1789. Voir les articles de P. H. THORE, « Fédérations et projets de fédérations dans la région toulousaine » ; R. TOUJAS, « La genèse de l'idée de fédération nationale » ; P. ARCHES, « Le premier projet de fédération nationale » dans les *Annales historiques de la Révolution française*, 1949, pp. 346-368 ; 1955, pp. 213-216 ; 1956, pp. 255-266.

114. Sur La Fayette et la fédération du 14 juillet 1790, la plus récente étude est celle de L. GOTTSCHALK et Magaret MADDOX, t. VI de leur biographie de La Fayette, *Op. cit.*, 1973, pp. 503-555. Ils estiment, avec la plupart des historiens, que La Fayette était alors au « zénith de son influence ».

115. La presse fut, effectivement, totalement libre en France, de 1789 au 10 août 1792. Voir CL. BELLANGER, J. GODECHOT, P. GUIRAL, Fernand TERROU, *Histoire générale de la presse française, Op. cit.*, t. I, pp. 423-500.

116. Ces billets, ou assignats, n'eurent pas cours forcé avant le mois d'avril 1793. Voir J. GODECHOT, *Les institutions, Op. cit.*, pp. 175-187 et 389-390. La première émission d'assignats, le 21 décembre 1789, se montait seulement à 400 millions de francs. C'est par le décret du 29 septembre 1790 que l'Assemblée nationale fixa à 1 200 millions la masse totale des assignats à émettre.

117. Voir J. ÉGRET, *Necker, Op. cit.*, p. 385 et 401-411.

118. *Mémoire du Premier Ministre des finances lu à l'Assemblée nationale le 6 mars 1790*, 36 p., complété par le *Mémoire du 12 mars*, 6 p., et les *Observations sur le rapport fait au nom du Comité des finances*, du même jour, 16 p.

119. La Banque de France, créée le 6 janvier 1800, par Bonaparte.

120. Le « livre rouge » était le livre où étaient inscrites les dépenses secrètes de Louis XV et de Louis XVI, notamment les pensions — parfois considérables — accordées aux courtisans. Malgré l'opposition de Necker — qui fut sévèrement jugée — le 15 mars 1790, le Comité des pensions put prendre une connaissance sommaire de la partie du « livre rouge » qui concernait le règne de Louis XVI, le roi ayant interdit qu'on s'occupât des dépenses de son aïeul. Les résultats du dépouillement du « livre rouge » de Louis XVI furent publiés (*Livre rouge*, 39 p. in-8°, Paris, 1790). Voir J. ÉGRET, *Necker, Op. cit.*, pp. 416-420.

121. En remettant à la Constituante, le 21 juillet 1790, le compte effectif de la recette et de la dépense du Trésor public du 1er mai 1789 au 1er mai 1790, Necker déclara qu'il laissait « en garantie » de son administration, sa maison de Paris, sa maison de campagne et ses fonds au Trésor se montant à 2 000 000 de livres. Cf. J. ÉGRET, *Op. cit.*, p. 440-442. Mme de Staël tentera de récupérer cette somme sous le Consulat, ce sera une des causes de sa brouille avec Napoléon. Cf. Paul GAUTIER, *Madame de Staël et Napoléon*, Paris, 1903 ; Henri GUILLEMIN, *Madame de Staël, Benjamin Constant et Napoléon*, Paris, 1959.

122. A sa mort, en 1817, la fortune de Mme de Staël fut estimée à cinq millions, H. GUILLEMIN, *Op. cit.*, p. 4.

123. Un journaliste a accusé Danton (né à Arcis-sur-Aube) d'être à l'origine de cette arrestation. Le prétexte : les ministres étaient responsables de leur gestion, ils ne devaient donc pas quitter le territoire français avant d'en avoir obtenu quitus. L'Assemblée nationale demanda, après un débat animé, à la municipalité d'Arcis-sur-Aube, de laisser partir Necker. Cf. J. ÉGRET, *Necker, Op. cit.*, pp. 443-445.

124. Algernon Sidney, homme politique anglais (1622-1633) qui, bien que

républicain, s'opposa à Cromwell. Il fut condamné à mort. Lord Chatam est le premier Pitt (1708-1778) célèbre Premier ministre anglais.

125. Après la démission de Necker, et la mutinerie, de la garnison de Nancy (dont Mme de Staël parlera plus loin) le ministre de la Guerre La Tour du Pin, démissionne, puis, en novembre, celui de la Justice, et en janvier 1791 celui de l'Intérieur. Ils sont remplacés respectivement par Duportail, Duport-Dutertre et De Lessart.

126. Effectivement tous les représentants du pouvoir exécutif auprès des départements, des districts, des communes, des tribunaux (procureurs généraux et procureurs syndics, accusateurs publics) étaient élus. La Constituante avait voulu organiser la plus grande décentralisation possible.

127. Le régiment suisse de Châteauvieux, en garnison à Nancy se mutina le 1er août 1790, et la mutinerie s'étendit bientôt à toute la garnison. Elle fut réprimée dans le sang par les troupes de Metz commandées par de Bouillé. Voir Ph. SAGNAC, *La Révolution, Op. cit.*, pp. 239-244, et plus récemment S. SCOTT, *The Response of the Royal Army to the French Revolution, Op. cit.*, pp. 81-97 ; J.-P. BERTAUD, *La Révolution armée, Op. cit.*, pp. 47-48.

128. Sur les clubs, et notamment les jacobins, la littérature est très abondante. Voir J. GODECHOT, *Les institutions, Op. cit*, pp. 66-71. L'ouvrage le plus impartial est celui de C. BRINTON, *The Jacobins*, New York, 1931 ; l'un des plus hostiles, celui d'A. COCHIN, *Les sociétés de pensée et la Révolution en Bretagne*, Paris, 1926, 2 vol., et plus abrégé, *L'esprit du jacobinisme*, Paris, 1979. Voir aussi Michael KENNEDY, *The Jacobin Clubs in the French Revolution : The first Years*, Princeton, 1982.

129. Sur la « société de 1789 », voir CHALLAMEL, *Les clubs contre-révolutionnaires*, Paris, 1895.

130. Il s'agit d'Auguste de La Marck, prince d'Arenberg né à Bruxelles en 1750, député aux États généraux, ami de Mirabeau. Il passa au service de l'Autriche en 1793, se rallia au roi Guillaume Ier des Pays-Bas en 1815 et mourut en 1833.

131. Les causes de la mort de Mirabeau sont restées mystérieuses. Certains ont dit qu'il avait été empoisonné, hypothèse à écarter. D'après le *Journal de la maladie et de la mort de Mirabeau*, rédigé par son médecin, Cabanis, on pense aujourd'hui que Mirabeau serait mort, soit d'une péricardite aiguë compliquée d'une lithiase biliaire, soit d'un infarctus du myocarde, soit peut-être d'une appendicite, qu'en 1791 on ne savait ni identifier, ni soigner. Cf. Daniel TEYSSEIRE, *Cabanis, une somme des lumières*, E.N.S. de Saint-Cloud, 1981, p. 10.

132. Le code pénal du 6 octobre 1791 n'admettait pas le droit de grâce, Cf. J. GODECHOT, *Les institutions, Op. cit.*, pp. 150-153.

133. Le serment était exigé des seuls ecclésiastiques fonctionnaires publics, ID, *Ibid.*, pp. 255-266.

134. La Constitution de 1791 exclut les femmes de la régence, Cf. J. GODECHOT, *Les Constitutions, Op. cit.*, La Constitution de 1791, chapitre II, section II, pp. 46-48, et ID, *Les institutions, Op. cit.*, p. 83.

135. L'article 1 du chapitre IV de la Constitution de 1791 spécifie « le roi est le chef suprême de l'administration générale du royaume (...) est le chef suprême de l'armée de terre et de l'armée navale ». ID, *Les constitutions, Op. cit.*, p. 55.

136. Article 7 du chapitre II, ID, *Ibid.*, p. 45.

137. Fox, chef des Whigs, hostile à la guerre contre la France.

138. Parmi les principaux historiens français de la Révolution, Edgar Quinet est le seul à penser qu'il eut mieux valu, pour la France, que Louis XVI pût réussir son évasion le 20 juin 1791 ; E. QUINET, *La Révolution*, t. I, pp. 264-278 (édition de 1869).

139. Il existe de nombreuses études sur la fuite de Varennes. La plus récente, qui utilise quelques documents inédits est celle d'André CASTELOT, *Le rendez-vous de*

Varennes, Paris, 1971. Voir le compte rendu de J. GODECHOT, dans les *Annales historiques de la Révolution française*, 1973, pp. 143-146.

140. Louis XVI s'imaginait, sans doute, qu'il pourrait rentrer à Versailles victorieux des révolutionnaires grâce à l'aide des troupes étrangères, comme le stathouder de Hollande était rentré à La Haye en 1787, avec l'appui des troupes prussiennes et de la flotte britannique. Mme de Staël paraît ignorer cet exemple qui devait naturellement se présenter à l'esprit du roi.

141. Un résumé de ce manifeste a été publié par Ph. SAGNAC, *La Révolution, Op. cit.*, p. 296. Le roi voulait revenir à son programme du 23 juin 1789. Ce sera aussi l'attitude constante de Louis XVIII, de 1795 à 1814.

142. Trois commissaires furent envoyés par la Constituante à Varennes, pour en ramener la famille royale, Pétion, Barnave et Latour-Maubourg.

143. Regnault de Saint-Jean d'Angely (1761-1819), député du Tiers aux États généraux, fit prendre les mesures consécutives à la fuite du roi. Il publia, avec Duquesnoy, en 1791 et 1792 un journal modéré *L'ami des patriotes*. On le retrouve en 1796 à l'armée d'Italie, où il publie un autre journal, *La France vue de l'Armée d'Italie*. Conseiller d'État sous le Consulat et l'Empire, il dut s'exiler en Amérique après 1815, et rentra en France à la veille de sa mort.

144. Le Chapelier (1754-1794), député du Tiers de Rennes à la Constituante est célèbre par la loi qui porte son nom et qui abolit les corporations, mais interdit les « coalitions », c'est-à-dire les grèves. Émigré en Angleterre, mais rentré en 1794, il fut condamné à mort et exécuté.

145. Thouret (1746-1794), député du Tiers de Rouen à la Constituante fut un des principaux rédacteurs de la Constitution de 1791. Accusé de « dantonisme » il fut condamné à mort et exécuté le 22 avril 1794.

146. Sœur de Louis XVI, elle fut enfermée dans la prison du Temple avec la famille royale, condamnée à mort et exécutée le 10 mai 1794.

147. Décrets des 24 et 26 juin 1791.

148. Le 17 juillet 1791 une pétition demandant la déchéance du roi (et implicitement) la proclamation de la République fut déposée sur « l'autel de la Patrie » au Champ de Mars, pour y être signée. La municipalité proclama la loi martiale et chargea La Fayette, commandant la Garde nationale de dissiper l'attroupement. La Garde, accueillie à coups de pierres riposta par le feu. Il y eut deux tués dans la Garde nationale, mais au moins cinquante parmi les manifestants. Cf. A. MATHIEZ *Le club des Cordeliers pendant la crise de Varennes et le massacre du Champ de Mars*, Paris, 1910 ; F. BRAESCH « Les pétitions du Champ de Mars » dans *la Revue Historique 1923*, t. CXLII et CXLIII et J. GODECHOT, *Fragments des Mémoires de C. A. Alexandre sur les journées révolutionnaires de 1791 et 1792*, Paris, 1952, pp. 135-143.

149. Article 2 du chapitre II de la Constitution de 1791. Cf. J. GODECHOT, *Les constitutions, Op. cit.*, p. 44.

150. Articles 5, 6, 7, 8 du chapitre II de la Constitution de 1791. ID, *Ibid.*, p. 45.

151. La constitution de 1791 compte 204 articles ; celle de 1793, 124, celle de l'an III, 377 ; celle de l'an VIII 95, Sieyès avait voulu qu'elle fut « courte et obscure ».

152. Titre VII de la constitution de 1791 (8 articles), ID, *Ibid.*, pp. 65-67.

153. L'Assemblée constituante avait décidé, sur la proposition de Sieyès, dès le 29 octobre 1789, que seuls les citoyens payant une contribution égale à trois journées de travail seraient *actifs*, c'est-à-dire électeurs. Pour être éligible à l'assemblée législative, il fallait payer une contribution égale à un marc d'argent — c'est-à-dire 54 francs — et posséder, en outre, une propriété foncière quelconque. Robespierre s'éleva contre ce régime censitaire, notamment le 25 janvier 1790, et durant le

premier semestre de 1791. Il prononça en avril 1791 un discours célèbre contre le « marc d'argent ». Voir *Œuvres de Maximilien Robespierre*, t. VI, pp. 200-213 et t. VII, pp. 158-174.

Finalement, la Constituante supprima le « marc d'argent », mais elle établit deux degrés d'élection et augmenta le cens des électeurs au second degré ; ils devaient être propriétaires, ou usufruitiers, ou fermiers d'un bien évalué à la valeur locale de 150 à 400 journées de travail selon l'importance des communes. Cf. J. GODECHOT, *Les constitutions, Op. cit.*, article 7 de la section II du chapitre I du titre III de la constitution de 1791, p. 41 ; ID, *Les institutions, Op. cit.*, pp. 76-77, G. WALTER, *Robespierre, Op. cit.*, t. I, pp. 162-169.

154. Opinion très contestable. Voir ce que les journaux des différentes tendances écrivaient des discours de Robespierre à la Constituante dans ses *Œuvres*, t. VI et VII.

155. Robespierre dans un de ses plus célèbres discours se montra hostile à la réélection des membres de la Constituante à la première législative. Voir *Œuvres de Maximilien Robespierre*, Discours du 16 mai 1791, t. VII, pp. 377-423, et G. WALTER, *Op. cit.*, p. 108-118.

156. Dupont de Nemours (1739-1817) député du Tiers du bailliage de Nemours aux États généraux, était célèbre par ses études d'économie politique. Il eut un rôle important à la Constituante et proposa, notamment, l'abolition des ordres religieux. En 1792, il publia les *Nouvelles politiques, nationales et étrangères*, journal modéré. Arrêté sous la Terreur, il fut libéré après thermidor. Élu député du Loiret au Conseil des Anciens, en l'an IV, et membre de l'Institut, il fit paraître un journal très hostile au Directoire, l'*Historien*. Après le 18 fructidor an V (4 septembre 1797) il démissionna et émigra aux États-Unis où il fonda près de Wilmington une manufacture de poudre qui devait prendre plus tard une immense extension. Voir Marc BOULOISEAU, *Bourgeoisie et Révolution : Les Du Pont de Nemours (1788-1799)*, Paris, 1972.

157. Pour ces trois constituants, voir plus haut, notes 55, 144 et 145.

Notes
de la troisième partie

1. Sur l'émigration, les ouvrages les plus importants sont : FORNERON, *Histoire générale des émigrés*, Paris, 1884-1885 ; E. DAUDET, *Histoire de l'émigration pendant la Révolution française*, Paris, 1904-1907, 3 vol. ; F. BALDENSPERGER, *Le mouvement des idées dans l'émigration*, Paris, 1924 ; D. GREER, *The Incidence of the Emigration during the French Revolution*, Cambridge (Mass.), 1951 ; duc de CASTRIES, *Les émigrés*, Paris, 1962 ; J. VIDALENC, *Les émigrés français*, Paris, 1963. Synthèse rapide par J. GODECHOT, dans *La Contre-Révolution, Op. cit.*, pp. 151-185.

2. La première émigration commença au lendemain du 14 juillet 1789. Le comte d'Artois, le prince de Condé, le duc de Bourbon, le duc d'Enghien, les Conti quittèrent alors la France avec leurs familles.

3. C'était la théorie de Boulainvilliers (*Essai sur la noblesse*, 1732).

4. C'est, en réalité Louis XI qui, par le traité de 1474, a organisé le recrutement de soldats « suisses au service de la France ».

5. Bataille navale de La Hougue : 29 mai-2 juin 1692. Tourville fut complètement battu par les Anglais Cf. J. GODECHOT, *Histoire de l'Atlantique*, Paris, 1947, pp. 141-147.

6. On notera une fois de plus la naïve et béate admiration de Mme de Staël pour son père.

7. Cet ouvrage eut six éditions en français (dont une à Liège, une à Amsterdam et une à Breslau) et fut traduit en anglais et en allemand en 1792. De nombreux comptes rendus en furent publiés, voir H. GRANGE, *Les idées de Necker, Op. cit.*, p. 629.

8. Benjamin Jonson (1574-1637) poète anglais et auteur dramatique, ami, puis rival de Shakespeare. Le chancelier d'Angleterre est Francis Bacon.

9. Idée fixe de Mme de Staël, on l'a déjà vu. Elle l'avait exposée dans son manuscrit de 1798. *Des circonstances actuelles qui peuvent terminer la Révolution*, nouvelle édition par Lucia OMACINI Paris, 1979.

10. Cinq éditions françaises en 1792, dont une à Bâle, une à Gotha, une à Breslau, traduction anglaise (1792) et allemande (1793). Nombreux comptes rendus. Voir H. GRANGE, *Les idées de Necker, Op. cit.*, pp. 629-630, et la discussion par H. GRANGE, de cet ouvrage, *Ibid.*, pp. 434-452.

11. Déclaration faite par Louis XVIII lors de son retour en France. Par cette déclaration, il repoussait la Constitution préparée par le Sénat (de Napoléon) ou plus exactement disait qu'il ne la considérait que comme un « projet ».

12. Date de la deuxième Restauration, jour de la rentrée solennelle de Louis XVIII à Paris.

13. Mme de Staël, comme son père, ne tient aucun compte du double jeu pratiqué constamment par Louis XVI. Cf. H. GRANGE, *Op. cit.*, p. 451.

14. On peut se demander ce que Mme de Staël entend par « constitution libre » ? La constitution de 1791 est parmi les quelques quinze constitutions que la France a connues de 1789 à nos jours, une de celles qui a été le plus librement élaborée. Voir J. GODECHOT, *Les constitutions... Op. cit.*

15. Louis XVI avait préalablement accepté la constitution révisée, mais il avait assorti cette acceptation de multiples réserves, il faisait aussi l'apologie de sa conduite et de sa fuite à Varennes (Cf. A. AULARD, *Histoire politique de la Révolution française*, p. 105). C'est dans cette perspective qu'il faut placer la décision de l'Assemblée législative de refuser au roi le titre de *Majesté*, de ne lui accorder qu'un fauteuil et non un trône, enfin de l'écouter assis, chapeau sur la tête et non debout, et sans chapeau. Comme le dit Mme de Staël le trône fut rétabli, mais les députés restèrent assis et couverts. Le roi en a fait autant, ce qui a provoqué les cris de « Vive le roi ! ». (Cf. M. REINHARD, *La chute de la Royauté*, Paris, 1969, chap. X « Le trône ou le fauteuil », pp. 212-222).

16. Ramond de Carbonnières (1755-1827), député de Paris à la Législative est surtout connu par ses voyages scientifiques dans les Pyrénées, pendant la Terreur. En 1795 il fut nommé professeur d'Histoire naturelle à l'école centrale de Tarbes. De 1800 à 1806, il fut député au Corps législatif, puis préfet du Puy-de-Dôme et conseiller d'État en 1818. Mathieu Dumas (1753-1837) entra à 15 ans dans l'armée et fit la campagne d'Amérique avec Rochambeau. Chargé, avec les commissaires de la Constituante de ramener Louis XVI à Paris, après la fuite de Varennes, il fut nommé alors maréchal de camp (général de brigade). Député de Seine-et-Oise à la Législative, il siégea à droite et après le 10 août émigra en Suisse. Rentré après le 9 thermidor, il fut réélu député de Seine-et-Oise au Conseil des Anciens, il fonda le club royaliste de Clichy. Proscrit le 18 fructidor an V (4 septembre 1797), il se réfugie à Hambourg et rentre en France après le 18 brumaire, il est alors réintégré dans l'armée et fait toutes les campagnes de l'Empire. En 1808, il devient ministre de la Guerre du roi Joseph en Espagne, en 1812 il est intendant général de la Grande Armée. Sous la Restauration il est conseiller d'État. En 1819, il est élu député (libéral) de Paris, réélu en 1828 et le 21 octobre 1830. Pair de France en 1831, il est admis à la retraite en 1832. Jaucourt (1757-1852), après avoir été député à la Législative, fut membre, en 1800, du Tribunat, puis, en 1803, du Sénat. En 1814 il fut, avec Talleyrand, membre du gouvernement provisoire chargé de liquider l'Empire. Il devint pair de

France, et lors de la seconde Restauration, ministre de la Marine. Beugnot (1761-1835), procureur général syndic de l'Aube, fut élu à la Législative par ce département. Arrêté pendant la Terreur, il fut libéré après thermidor et nommé en 1800 préfet de la Seine-Inférieure. En 1808, il devint ministre du roi Jérôme en Westphalie. En 1813, il est nommé préfet du Nord, et pendant la première Restauration, ministre de l'Intérieur. Après 1815 il devient Directeur général des Postes. De 1816 à 1820, il est député de la Loire-Inférieure. Ses *Mémoires*, sont une source importante pour l'histoire du grand-duché de Berg et du royaume de Westphalie. Stanislas de Girardin (1762-1827), après avoir été député à la Législative devint administrateur de l'Oise, puis membre du Tribunat, et en 1805, du Corps législatif. En 1813, il est nommé préfet de la Seine-Inférieure, en 1815, pendant les Cent-Jours, préfet de la Seine-et-Oise, et en 1819, préfet de la Côte d'Or. Il est alors élu député de la Seine-Inférieure et le reste jusqu'en 1826. La carrière de ces cinq membres du parti constitutionnel, sous tous les régimes qui se succédèrent en France de 1789 à 1830, est très significative. ˈ

17. Il ne semble pas que le mot de *Montagne* ait été employé sous la Constituante pour désigner les députés de l'extrême gauche.

18. Merlin (de Thionville) 1762-1833 fut élu député de la Moselle à la Législative où il siégea à l'extrême gauche. Il prit part, à la tête des insurgés, à la journée du 10 août 1792 et fut réélu par la Moselle à la Convention. Envoyé en mission à Mayence en décembre 1792, il participa à la défense de la place à la tête des troupes. Après la capitulation de Mayence, il suivit la garnison chargée de lutter contre les Vendéens et fut rappelé à la Convention le 6 novembre 1793. Le 8 thermidor, il vota contre Robespierre, et après la chute de celui-ci poursuivit les jacobins. En novembre 1794, il retourna à l'armée de la Moselle, qui assiégeait Mayence et Mannheim. L'année suivante, il fut réélu au Conseil des Cinq-Cents et y demeura député jusqu'en 1798. Il était devenu très riche dans des conditions suspectes, et vécut retiré sous l'Empire. Il se rallia à la monarchie restaurée, Bazire (ou Basire), 1761-1794, fut élu député de la Côte-d'Or à la Législative où il se lia avec Merlin et Chabot. Il prit une grande part, comme eux, à la journée du 10 août. Réélu à la Convention, il fit partie du Comité de Sûreté générale et se montra l'adversaire acharné des Girondins. Mais après leur expulsion, le 2 juin, à la Convention, il est hostile à leur mise « hors la loi ». Soupçonné, avec Chabot, de prévarication, il est arrêté le 17 novembre 1793, condamné à mort et exécuté le 5 avril 1794. Chabot (1756-1794), fut d'abord capucin à Rodez. Au début de la Révolution, il est nommé vicaire général de l'évêché de Blois, dont le titulaire était le célèbre Grégoire. En 1791, il est élu à la Législative par le Loir-et-Cher, il siège à l'extrême gauche avec Merlin et Basire. Dès le 25 juillet 1792, il demande la déchéance du roi. Réélu à la Convention, il vote la mort de Louis XVI. Envoyé en mission dans les départements du sud-ouest au printemps de 1793, il exerce une action décisive pour les empêcher de se joindre au mouvement fédéraliste, et ainsi sauve peut-être la Convention et la République. Mais il épousa en octobre 1793 la sœur des banquiers autrichiens Frey et fut compromis, avec eux, dans une tentative pour sauver la Compagnie des Indes qui devait être liquidée. Dans ce but, il falsifia un décret. La supercherie fut découverte, Chabot fut arrêté le 17 novembre 1793, condamné à mort et exécuté en même temps que Basire, le 5 avril 1794. Voir A. Mathiez, *Un procès de corruption sous la Terreur : l'affaire de la Compagnie des Indes*, Paris, 1920.

19. Brissot (1754-1793), fils d'un hôtelier de Chartres, se fit connaître avant la Révolution comme journaliste et pamphlétaire. Un voyage aux États-Unis en 1788 lui avait montré ce qu'était la liberté de la presse, le 28 juillet 1789, il commença à publier *Le patriote français*, qui connut un grand succès. Élu député de Paris à la Législative, il se montra partisan de la guerre et s'opposa ainsi violemment à Robespierre. Réélu à la Convention par l'Eure-et-Loir, il lutta farouchement contre la

Montagne. Arrêté le 11 juin 1793 alors qu'il tentait de partir pour la Suisse, il fut condamné à mort, et exécuté le 31 octobre 1793. Voir François PRIMO, *La jeunesse de Brissot*, Paris, 1933, et *Actes du colloque Girondins et Montagnards*, Paris, 1980.

20. Condorcet (1743-1794) est le dernier des grands philosophes français du xviiie siècle. Député de Paris à la Législative, puis à la Convention, il prépara, pour cette dernière assemblée un projet de constitution qui reprenait les idées des Girondins. Décrété d'accusation le 8 juillet 1793, il se cacha à Paris pendant plusieurs mois, durant lesquels il écrivit une remarquable *Esquisse d'un tableau des progrès de l'esprit humain*. Craignant d'être découvert, il tenta de quitter Paris, mais fut arrêté et emprisonné à Bourg-la-Reine. Il mourut dans cette prison, peut-être s'est-il suicidé, plus probablement est-il mort d'épuisement. Voir A. CENTO, *Condorcet e l'idea di progresso*, Firenze 1956 ; Janine BOUISSOUNOUSE, *Condorcet, le philosophe dans la Révolution*, Paris, 1962.

21. La Législative n'ordonna la vente des biens des émigrés qu'après la chute du trône, le 10 août 1792. Cf. J. GODECHOT, *Les institutions, Op. cit.*, p. 200.

22. La Législative décréta le 27 mai 1792 que tout prêtre réfractaire pouvait être expulsé du territoire français si vingt citoyens actifs de la commune en formulaient la demande, et si celle-ci était approuvée par les directoires du district et du département. Le roi refusa de sanctionner ce décret, ce qui provoqua les journées révolutionnaires du 20 juin et du 10 août. Il fut mis en application immédiatement après la déchéance de Louis XVI.

23. On pourrait citer cependant l'établissement de l'état civil et la loi sur le divorce (20 septembre 1792).

24. Dans ses *Réflexions sur la Révolution de France*, qui furent traduites en français dès novembre 1790. Cf. J. GODECHOT, *La Contre-Révolution, Op. cit.*, pp. 56-74.

25. La déclaration (et non convention) de Pillnitz, en Saxe a été signée par l'empereur Léopold II et le roi de Prusse Frédéric-Guillaume, et publiée le 27 août 1791. Les deux souverains proclament, de manière vague, qu'ils aideront le roi de France s'il était menacé. Les rassemblements de Coblence sont les rassemblements d'émigrés. ID, *Ibid.*, pp. 167-173.

26. Pas tous : Robespierre et ses amis y étaient vivement opposés.

27. Comme grand-duc de Toscane, Léopold avait pris des mesures très libérales. Il avait fait préparer une constitution qui aurait été la première des constitutions écrites, libres, de l'Europe. Mais son frère, l'empereur Joseph II, s'opposa à sa promulgation.

28. Lettre du 21 décembre 1791.

29. Louis de Narbonne Lara (1755-1813) était, très probablement, un fils naturel de Louis XV. Dès 1789 il était devenu l'amant de Mme de Staël. Il fut nommé ministre de la guerre le 6 décembre 1791 et le resta jusqu'au 9 mars 1792. Il contribua, mais sans grande énergie, à préparer l'armée française au conflit qui éclata un mois après sa démission. Il émigra le 16 août 1792, revint en France sous le Consulat, fut réintégré dans l'armée avec le grade de général de division et prit part aux campagnes de l'Empire jusqu'en 1810. Il passa alors dans la diplomatie et représenta la France à Munich, puis à Vienne. Voir G. LEFEBVRE, et J. POPEREN, « Études sur le ministère de Narbonne », dans les *Annales historiques de la Révolution française* 1947, pp. 1-96, 193-217 et 293-323 ; voir aussi Émile DARD, *Le comte de Narbonne*, Paris, 1939.

30. Le 20 avril 1792.

31. Henri III assassiné par le moine Jacques Clément le 1er août 1589.

32. Henri IV assassiné par Ravaillac le 14 mai 1610.

33. Catherine de Médicis.

34. Les Girondins firent mettre en accusation le ministre des Affaires étrangères de Lessart. Il fut arrêté et conduit à Orléans. Sa chute entraîna celle de tout le ministère « feuillant » les 10 et 11 mars 1792.

35. La « garde constitutionnelle » du roi fut licenciée par la Législative le 29 mai 1792.

36. Le régiment suisse de Chateauvieux s'était mutiné à Nancy en août 1790. Quarante-et-un meneurs avaient été condamnés aux galères. Dès le 6 décembre, le député jacobin Sillery avait réclamé leur grâce à la Constituante. La Législative les fit libérer et organisa le 9 avril 1792 une fête en leur honneur. Ils furent considérés comme des « martyrs de la Contre-Révolution ».

37. Les 17 et 21 août 1791, les « patriotes » d'Avignon, favorables à l'annexion à la France, avaient créé une municipalité révolutionnaire. A la nouvelle de l'annexion à la France, le 16 octobre, les aristocrates se soulèvent contre les patriotes et tuent le nouveau maire dans l'église des Cordeliers. Les patriotes arrêtent alors de nombreux aristocrates, les enferment dans le Palais des Papes, en massacrent une soixantaine et jettent les corps dans la tour de la Glacière. Les massacreurs d'Avignon furent défendus à la Législative.

38. Le roi avait sanctionné la constitution civile du clergé le 24 août 1790, mais le pape la condamna par les brefs des 10 mars et 13 avril 1791. La Législative décréta le 29 novembre 1791, que tous les prêtres réfractaires, c'est-à-dire ceux qui avaient refusé le serment à la Constitution civile seraient tenus pour suspects de révolte. Le roi refusa de sanctionner ce décret. Après la déclaration de guerre, la Législative vota un nouveau décret encore plus sévère : tout prêtre réfractaire pouvait être expulsé du territoire français si vingt citoyens actifs de la commune en formulaient la demande. Le roi refusa derechef sa sanction. C'est de ce veto qu'il est question ici.

39. C'est la « journée » du 20 juin 1792.

40. On voit comment Mme de Staël traite la « populace ». En fait les manifestants avaient à leur tête deux bons bourgeois, l'ancien agent de change Alexandre et le brasseur Santerre. Voir entre autres témoignages J. GODECHOT, « Mémoire de C. A. Alexandre sur les journées révolutionnaires de 1791 et 1792 » dans les *Annales historiques de la Révolution française*, avril-juin 1952, pp. 113-251, et, à part, dans la Bibliothèque d'histoire révolutionnaire.

41. Les députés girondins Vergniaud et Isnard se rendirent aux Tuileries, dès qu'ils en connurent l'invasion, mais, selon Michelet, leurs exhortations n'eurent aucun effet. Du moins couvrirent-ils le roi de leurs corps.

42. La Fayette vint à Paris le 28 juin. Il essaya d'entraîner contre l'Assemblée, son armée, puis le 29 juin, la garde nationale parisienne. Il échoua et dut quitter Paris précipitamment le 1er juillet, déguisé, dit-on, en femme. Cf. M. REINHARD, *La chute de la royauté, Op. cit.*, pp. 341-348.

43. De nombreuses adresses de protestation contre la journée du 20 juin furent envoyées à la Législative. ID, *Ibid.*, pp. 339-341.

44. Marat (1743-1793) né en Suisse, d'un père originaire de Cagliari en Sardaigne. Il devint médecin et fut pendant un certain temps médecin des gardes du corps du comte d'Artois. Mais, dès avant la Révolution, il se fit connaître comme pamphlétaire en publiant notamment, en 1774 *Les chaînes de l'esclavage*. Au début de la Révolution, le 12 septembre 1789, il lance le journal qui devait le rendre célèbre, *L'ami du peuple* qui se place à l'extrême-gauche et fait preuve d'une grande violence, aussi est-il, à plusieurs reprises, poursuivi. En juin-juillet 1792 il attaque le roi, La Fayette, les Girondins et demande leurs têtes. On sait que Marat fut assassiné par Charlotte Corday le 13 juillet 1793. Sur Marat, trois biographies importantes, celles de Louis GOTTSCHALK (1929 ; nouvelle édition en anglais 1967), de Gerard WALTER (1933) et de Jean MASSIN (Paris, 1960). Sur l'*Ami du peuple* voir l'*Histoire générale de la presse française, Op. cit.* t. I, pp. 454-456.

45. Les 48 sections de Paris, unités électorales, avaient remplacé en 1790 les 60 districts. Voir Maurice GENTY, *Le mouvement démocratique dans les sections parisiennes du printemps 1790 au printemps 1792*, thèse, Paris I, 1981.

46. Il n'y eut jamais un club des Jacobins dans chaque commune. L'historien américain Crane BRINTON, dans une étude très objective (*The Jacobins*, New York, 1930, pp. 39-45) estime qu'il y en eut entre 5 000 et 8 000, ayant groupé, au maximum, en l'an II, 50 000 personnes.

47. Il s'agit des « Fédérés » dont les deux bataillons les plus célèbres, ceux de Marseille et de Brest, prirent une part prépondérante à la journée du 10 août.

48. Pétion de Villeneuve (1756-1794), avocat à Chartres, député aux États généraux, fut élu maire de Paris le 16 novembre 1791. Il favorisa la création de la commune insurrectionnelle du 10 août, et ne fit aucune tentative sérieuse pour empêcher les massacres de septembre. Mais, à la Convention, où il fut élu par l'Eure-et-Loir, il se rapprocha des Girondins. Il échappa à leur arrestation et se cacha à Saint-Émilion. Découvert, il se suicida.

49. Les Marseillais, le long de la route qu'ils suivirent jusqu'à Paris, chantaient le « Chant de guerre de l'armée du Rhin » de Rouget de Lisle, qui, pour cette raison fut appelé *La Marseillaise*. Contrairement à ce qu'écrit Mme de Staël, les Marseillais n'arrivèrent à Paris que le 30 juillet. Cf. A. MATHIEZ, *Le dix août*- Paris, 1931, pp. 45-70 ; M. REINHARD, *La chute de la royauté, Op. cit.*, pp. 366-368.

50. C'est Louis XVI qui avait demandé au journaliste Mallet du Pan, avant que celui-ci n'émigre, de rédiger un manifeste que les Alliés publieraient au moment où leurs armées entreraient en France. Mallet du Pan ne rédigea pas le manifeste, mais fit part des intentions de Louis XVI au duc de Brunswick. Celui-ci chargea un émigré, très conservateur et borné, de plus financier véreux, le marquis de Limon, de le rédiger. (Cf. J. GODECHOT, *La Contre-Révolution, Op. cit.*, pp. 75-85 et 176-178). Le manifeste de Brunswick fut connu à Paris le 3 août 1792, il est à l'origine directe de l'émeute du 10 et des massacres de septembre.

51. L'article 3 déclarait, ce que Mme de Staël ne cite pas : « S'il est fait la moindre violence (...) à leurs Majestés, le Roi, la reine et la famille royale (les puissances alliées) en tireront une vengeance exemplaire et à jamais mémorable en livrant la ville de Paris à une exécution militaire et à une subversion totale. »

52. Aucun document ne prouve cette assertion de Mme de Staël. Le 8 août, Jean Debry proposait à la Législative la mise en accusation de La Fayette, à cause de sa conduite à la fin de juin. C'est à cette époque qu'il avait eu l'idée de proposer à la famille royale son départ pour Compiègne.

53. Le vote eut lieu le 8 août et La Fayette fut mis hors de cause par 406 voix contre 224. Cf. M. REINHARD, *La chute de la royauté, Op. cit.*, p. 383.

54. Sur Lally, Narbonne, Montmorency, Castellane, voir notes 141 de la première partie et 90 de la deuxième partie. La Tour-du-Pin-Gouvernet (1727-1794) avait été député du Poitou aux États généraux et se rangea aux côtés de la noblesse libérale. Il fut ministre de la guerre en 1790. Arrêté sous la Terreur, il fut condamné à mort et exécuté.

55. Santerre (1752-1809) riche brasseur du faubourg Saint-Antoine joua un rôle de premier plan à la tête de la garde nationale de sa section les 20 juin et 10 août 1792. Il fut alors nommé commandant général de la garde nationale de Paris. Il commanda, médiocrement, en Vendée en 1793, fut rappelé à Paris et emprisonné. Libéré après Thermidor, il spécula sur les biens nationaux. Voir Raymonde MONNIER *Le faubourg Saint-Antoine*, Paris, 1981.

Westermann (1751-1794) s'engagea dans les hussards et y demeura de 1767 à 1773, puis exerça plusieurs offices civils, notamment celui de greffier de la municipalité de Haguenau entre 1773 et 1790. En 1792 il vint à Paris et se lia avec Danton, il prit une part active à la journée du 10 août et fut nommé, le 14 septembre, adjudant général de l'armée des Ardennes. Il prit part à la campagne de Belgique et, accusé de complicité avec Dumouriez fut arrêté le 2 avril 1793 mais vite remis en liberté sur l'intervention de Danton. Il combattit alors les Vendéens, d'abord sans succès, mais joua un rôle capital dans la victoire de Savenay. Néanmoins il fut destitué, traduit avec Danton au tribunal révolutionnaire, condamné à mort et exécuté.

56. Sur la journée du 10 août voir les mémoires de Dejoly et d'Alexandre, déjà cités et les récits d'A. MATHIEZ et M. REINHARD, également cités.

57. Sur les massacres de septembre, l'étude la meilleure et la plus impartiale est celle de Pierre CARON, *Les massacres de septembre*, Paris, 1935.

58. Sur Narbonne et Montmorency, voir plus haut, n. 54. Briois de Beaumetz (1759-1800) fut élu député aux États généraux par la noblesse de l'Artois. Il se rangea parmi les « constitutionnels ». Après le 10 août, il émigra en Allemagne, puis en Amérique où il mourut.

59. Effectivement les villes hanséatiques et une partie de la Poméranie suédoise furent annexées à l'Empire français le 22 janvier 1811.

60. Sur Jaucourt et Lally-Tallendal, voir notes 16 de la troisième partie et 141 de la première partie.

61. Sur Condorcet, voir note 20 de la troisième partie.

62. Voir note 16 de la troisième partie.

63. Manuel (1753-1793), fils d'un ouvrier potier de la région de Montargis, fut élève au séminaire de Sens et devint professeur d'humanité au collège de Noyers (Yonne). Au début de la Révolution, il résidait à Paris et, membre du club des Jacobins, obtint une notoriété telle qu'il fut élu procureur de la Commune le 2 décembre 1791. Il prit part, comme Pétion aux journées du 20 juin et du 10 août 1792. Lors des massacres de septembre, il sauva Beaumarchais et un certain nombre d'autres suspects. Élu député de Paris à la Convention, il vota contre la mort du roi et démissionna lorsque la peine de mort fut votée. Arrêté le 20 août 1793, il fut condamné à mort et exécuté le 12 novembre. Il avait publié en 1792 les *Lettres de Mirabeau à Sophie* et était aussi l'auteur de plusieurs pamphlets.

64. François-Xavier de Montesquiou-Fezensac (1755-1832) fut agent général du clergé de 1785 à 1789, puis député à la Constituante où il combattit avec énergie la Constitution civile du clergé. Émigré de 1792 à 1795, il rentra en France et y fut un des agents actifs de Louis XVIII. A la Restauration il fut nommé ministre de l'Intérieur (1814-1815), puis pair (1815), duc (1821) et membre de l'Académie française et de l'Académie des inscriptions et belles lettres.

65. Marie-Thérèse de Savoie-Carignan, princesse de Lamballe (1749-1792), veuve à 18 ans du prince de Lamballe était l'amie intime de la reine Marie-Antoinette. Elle fut massacrée devant la prison de la Force, où elle était enfermée, le 3 septembre 1792.

66. Plusieurs documents attestent la présence à la Commune de Paris, le 2 septembre 1792, de Robespierre et de Billaud-Varenne (Cf. G. WALTER, *Robespierre, Op. cit.*, pp. 350-353). Billaud-Varenne (1756-1819) fut avocat et professeur au collège de Juilly avant la Révolution. Il participa à la campagne de pamphlets qui précéda la convocation des États généraux et fut un membre actif du club des Jacobins puis de celui des Cordeliers où il se lia avec Danton. Membre de la commune insurrectionnelle du 10 août 1792, il fut élu député de Paris à la Convention où il siégea sur les bancs de la Montagne. Il fit partie du « grand » Comité de Salut public (juillet 1793-juillet 1794) et y préconisa de profondes réformes sociales. Néanmoins il contribua, le 8 thermidor, à la chute de Robespierre, mais il fut lui-même arrêté le 2 mars 1795 et déporté en Guyane le 26 mai. Libéré après le 18 brumaire, il resta à Cayenne jusqu'en 1816, il passa alors aux États-Unis, puis à Haïti où il mourut. Le nom de Collot d'Herbois est lié à celui de Billaud-Varenne. Celui-ci (1749-1796) fils d'un orfèvre fut d'abord acteur dans une troupe provinciale, puis directeur de théâtre à Lyon et auteur dramatique. Membre des Jacobins, puis des Cordeliers, comme Billaud, il fit aussi partie, comme son ami, de

la Commune insurrectionnelle du 10 août et fut élu également député de Paris à la Convention. Toujours comme Billaud, il siégea au « grand » Comité de Salut public. Envoyé en mission à Lyon, après la reprise de la ville sur les fédéralistes, il se rendit tristement célèbre en faisant mitrailler les prisonniers condamnés à mort. Les mitraillades le rendirent suspect à Robespierre. Menacé il contribua à la chute de ce dernier, mais fut arrêté avec Billaud et déporté avec lui en Guyane où il mourut au bout de quelques mois.

67. Il s'agit du bailli de l'ordre de Malte, de Virieu, représentant en France de la Cour de Parme. Cf. Frederick W. RYAN, *The House of the Temple, a Study of Malta and its Knights in the French Revolution*, London, 1930, pp. 146-147, 168-169, 182-183.

68. Voir plus haut note 55 de la Troisième partie.

69. Tallien (1767-1820) né à Paris fut d'abord clerc de notaire. Au début de la Révolution, il créa la « société fraternelle du Faubourg Saint-Antoine » et lança un journal-affiche, *L'ami du citoyen*, organe officieux des Jacobins. Après la journée du 10 août il devint secrétaire-greffier de la Commune de Paris et fut élu à la Convention par la Seine-et-Oise. Il fit partie du Comité de Sûreté générale dès son origine. Envoyé en mission à Bordeaux, il se signala par son activité terroriste contre les Girondins. Mais sa maîtresse, Thérèsa Cabarrus fit mettre en liberté quelques suspects, sans doute moyennant finance. Aussi fut-il dénoncé à la Convention et menacé par Robespierre. C'est pourquoi il contribua à sa chute, le 9 thermidor. Il devint ensuite un des chefs des « muscadins » lors de la réaction thermidorienne. Il fut réélu au Conseil des Cinq-Cents en 1795 et en 1798, mais cette dernière élection fut annulée lors du « coup d'état » du 22 floréal an VI (11 mai 1798). Il accompagna Bonaparte en Égypte ; expulsé de ce pays par le général Menou, il fut capturé par les Anglais et ne rentra en France qu'en avril 1801. Napoléon le nomma consul à Alicante. Frappé, en 1815, par la loi qui exilait les régicides, il obtint l'autorisation de rester en France à cause des maladies dont il souffrait. Il mourut dans la misère.

70. Il y avait à Orléans 53 prisonniers politiques qui devaient être jugés par la Haute Cour. Le 2 septembre la Législative ordonna leur transfert à Saumur. Un terroriste, Fournier, dit l'Américain parce qu'il avait vécu à Saint-Domingue, les fit passer par Versailles où ils furent massacrés.

71. A la prison des Carmes (l'actuel Institut catholique) le 2 septembre.

72. Agissant ainsi, La Fayette trahissait la Nation. Il passait à l'ennemi le 19 août, suivi de 22 officiers. Les Autrichiens ne lui en eurent aucune reconnaissance, ils l'arrêtèrent à Rochefort, en Belgique, et l'emprisonnèrent plus tard à Olmütz (aujourd'hui Olomouc, en Tchécoslovaquie).

73. La République fut proclamée le 21 septembre 1792. La veille, à Valmy, les armées françaises avaient repoussé les coalisés. Il est assez significatif que Mme de Staël n'évoque pas le nom de Valmy.

74. Les deux tiers environ des officiers de l'armée et de la marine émigrèrent, mais l'émigration ne fut pas égale dans les différents corps. Très forte dans la cavalerie et la marine, elle fut faible dans l'artillerie et le génie. Voir S. SCOTT, *The response of the royal Army, Op. cit.*

75. Dumouriez (1739-1823), fils d'un commissaire des guerres, entra dans l'armée en 1758 et fit les campagnes des guerres de sept ans et de Corse. Maréchal de camp en 1788, il se lia avec Mirabeau et La Fayette et remplaça celui-ci, le 17 août 1792, à la tête de l'armée du Nord. Les victoires de Valmy et de Jemappes (6 novembre 1792) le rendirent célèbre. Battu à Neerwinden le 18 mars 1793, il tenta, par un pronunciamiento, d'entraîner ses troupes contre la Convention, mais échoua. Comme La Fayette, il passa à l'ennemi le 5 avril 1793 mais ne fut pas emprisonné. Il offrit, en vain ses services aux coalisés, l'Angleterre accepta de lui verser une pension à partir de 1800. Il gagna ce pays en 1803 et y mourut.

76. *Réflexions présentées à la nation française sur le procès de Louis XVI*, deux éditions,

l'une à Berne, l'autre à Paris, 1792. Traduction anglaise (1792) allemande (1793), hollandaise (1793), italienne (1797).

77. Malesherbes (1721-1794), ancien président de la Cour des aides avait été deux fois ministre de Louis XVI (1775-1776 et 1788). Arrêté comme suspect, il fut condamné à mort et exécuté.

78. C'est-à-dire la torture exercée sur les inculpés pour en obtenir des aveux.

79. Vergniaud (1753-1793), avocat à Bordeaux, fut élu à la Législative, puis à la Convention où il siégea parmi les Girondins. Il était réputé pour son talent oratoire, mais semble avoir eu des difficultés à passer à l'action. Il fut arrêté le 2 juin 1793, condamné à mort par le Tribunal révolutionnaire et exécuté le 31 octobre 1793.

80. Saint-Just (1767-1794) est trop célèbre pour qu'on rappelle ici un résumé de sa biographie. Se reporter à E. N. CURTIS, *Saint-Just colleague of Robespierre*, New York, 1935 ; R. KORNGOLD, *Saint-Just* Paris, 1937 ; D. CENTORE-BINEAU, *Saint-Just*, Paris, 1937 ; A. OLLIVIER, *Saint-Just et la force des choses*, Paris, 1954 ; *Actes du colloque Saint-Just*, Paris, 1968, J.-P. GROSS, *Saint-Just, sa politique, ses missions*, Paris, 1976.

81. Birotteau (1753-1793), avocat à Perpignan avant la Révolution, élu par les Pyrénées-Orientales à la Convention, prit parti pour les Girondins, vota la mort de Louis XVI. Décrété d'accusation le 2 juin 1793, il put s'échapper, et gagna Lyon où il fit cause commune avec les fédéralistes de cette ville. A la fin du siège il put s'échapper et se rendre à Bordeaux, mais il fut arrêté, condamné à mort, et exécuté le 24 octobre 1793.

82. Thomas Paine (1737-1809), né en Angleterre, partit pour l'Amérique en 1774, et lors de l'insurrection des colonies anglaises publia un pamphlet, *The Common Sense* (1776) qui le rendit célèbre. Rentré en Angleterre, il prit la défense de la Révolution française dans *The Rights of Man*. Il devint alors populaire en France où il se rendit en 1791. Il fut déclaré citoyen français par la Législative le 26 août 1792, et élu à la Convention par quatre départements, dont le Pas-de-Calais, pour lequel il opta. Il tenta de sauver le roi, ainsi que l'explique Mme de Staël. C'est, en partie, pour cette raison qu'il fut exclu de la Convention le 13 janvier 1794, et emprisonné. Rappelé à l'assemblée après thermidor, il protesta contre le rétablissement du régime censitaire pour les élections. Réélu au Cinq-Cents en 1795, il ne siégea pas. Il repartit pour les États-Unis en 1802.

83. Charles Ier d'Angleterre ne reconnut pas le Parlement épuré de ses éléments modérés (Rump Parliament) qui le jugea et le condamna à mort en 1649.

84. Sur le procès de Louis XVI, les ouvrages les plus récents sont ceux d'A. SOBOUL, *Le procès de Louis XVI*, Paris, 1966, avec de nombreux documents et une bibliographie, de David P. JORDAN, *The King's Trial*, University of California Press, 1979, et de Paul et Pierrette de COURSAC, *Enquête sur le procès du roi Louis XVI*, Paris, 1982.

85. Dominique Garat (1749-1833) fut élu député de Bayonne aux États généraux. Le 12 octobre 1792, il succéda à Danton au ministère de la justice, puis, le 14 mars 1793 à Roland au ministère de l'intérieur. Il fut emprisonné pendant quelques mois sous la Terreur et élu au Corps législatif du Directoire. Il fut alors envoyé comme ambassadeur de France à Naples. Après le 18 brumaire, il devint membre de l'Institut et comte de l'Empire.

86. D. J. GARAT, *Mémoires historiques sur le XVIIIe siècle, sur les principaux personnages de la Révolution française, ainsi que sur la vie et les écrits de M. Suard, secrétaire de l'Académie*, Paris, 2 vol. 1829.

87. Le testament de Louis XVI a été publié par A. SOBOUL, *Op. cit.*, pp. 236-240.

88. En fait le Parlement anglais, sous sa forme classique, c'est-à-dire constitué de deux chambres, la chambre des Lords, et celles des Communes, date seulement du XIVe siècle, et son existence n'a été assurée qu'à partir de 1529, lorsque les souverains

ont ressenti la nécessité de faire ratifier par les représentants du peuple leurs décisions religieuses.

89. Charles Ier avait remis en vigueur de vieilles taxes plus ou moins oubliées. Pour les voter, le Parlement, en 1629, force le roi à souscrire à cinq résolutions contenues dans une *Pétition des droits* : Interdiction des arrestations arbitraires, bénéfice de l'*habeas corpus* pour tout détenu, libération immédiate d'un détenu injustement arrêté, renonciation de la couronne à tout emprunt ou impôt sans le consentement du Parlement, fin du logement des gens de guerre chez l'habitant. Charles Ier fait arrêter en 1629 les principaux auteurs de la *pétition* et cesse de réunir le Parlement jusqu'en 1640. C'est l'époque de la monarchie absolue ou *thorough system*.

90. La précédente réunion des États généraux avait eu lieu en 1614.

91. La chambre étoilée était la section judiciaire du Conseil du Roi. Son action s'est développée surtout à partir de 1487. Elle siégeait dans une salle du Palais de Westminster au plafond constellé d'étoiles. A l'origine, elle était composée du Chancelier, du Trésorier, d'un évêque, des présidents des Tribunaux du Banc du Roi et des Plaids communs. Elle jugeait les coupables d'infraction à la paix publique, de fraude, de faux, de parjure. Elle pouvait prononcer toutes les peines, sauf la peine de mort. Au XVIIe siècle elle fut l'auxiliaire des tentatives d'absolutisme de Charles Ier, aussi fut-elle supprimée en 1641.

92. Prynne, Allison, Robins, Williams et Lilburne étaient des dissidents religieux. Les plus connus sont Prynne et Lilburne. William Prynne (1600-1669), fut persécuté pour avoir attaqué l'église anglicane dans de virulents pamphlets. Emprisonné en 1633, il fut condamné à avoir les oreilles coupées et à la prison à vie. Libéré en 1640, il fut expulsé du Parlement en 1648 et de nouveau mis en prison de 1650 à 1653 pour avoir refusé de payer l'impôt. Cf. William LAMONT, *Marginal Prynne*, 1963. John Lilburne (1614-1657) devint un des chefs du mouvement des Levellers ou Niveleurs, qui voulaient établir un communisme primitif. Il accusa Cromwell de pactiser avec l'aristocratie. Il écrivit de nombreux pamphlets qui lui valurent emprisonnement et procès. Voir Olivier LUTAUD, *Les niveleurs, Cromwell et la République*, Paris, 1967 ; ID, *Des révolutions d'Angleterre à la révolution française, le Tyrannicide et Killing no Murder (Cromwell, Athalie, Bonaparte)*, La Haye, 1973.

93. Il est exact que Louis XVI n'usa presque pas des « lettres de cachet » qui permettaient d'emprisonner sans jugement et sans que la durée de la peine soit fixée celui qui en était victime. Mais il se refusa, encore en 1788, à les abolir. Le plus souvent les lettres de cachet étaient demandées par le chef de famille contre un membre de cette famille qui avait une « mauvaise conduite ».

94. Effectivement, Loménie de Brienne, ancien archevêque de Toulouse, devenu archevêque de Sens et Premier ministre, par l'arrêt du Conseil du 5 juillet 1788, qui invitait tous les sujets du roi à faire connaître leur opinion sur la forme dans laquelle devaient être convoqués les États généraux, établit, en fait, la liberté de la presse. Cf. Cl. BELLANGER, J. GODECHOT, P. GUIRAL, F. TERROU, *Histoire générale de la presse française, Op. cit.*, T. I, pp. 408-417.

95. Laud (1573-1645) évêque de Londres, puis archevêque de Cantorbéry, donna à Charles Ier une véritable prééminence sur toute l'église d'Angleterre. Il lutta violemment contre tous les dissidents, notamment les puritains et les presbytériens écossais qui se révoltèrent. Laud fut alors mis en accusation par la Chambre des Communes, condamné à mort et exécuté.

96. Le cardinal de Rohan (1734-1803), évêque de Strasbourg, puis Grand aumônier de France se fit remarquer par sa vie scandaleuse. L'affaire du « collier de la Reine » (1785-1786) dans laquelle il fut victime d'une escroquerie qui compromit Marie-Antoinette eut un grand retentissement et ébranla la monarchie. Il fut néanmoins élu député du clergé d'Alsace aux États généraux, mais émigra dès 1790.

97. Les nobles anglais gardèrent cependant un certain nombre de privilèges :

monopole de la chasse, droit de justice, droit de confiscation dans certains cas (*deodand*), droit de concéder des tenures par *copyhold*. Voir K. G. DAVIES, *Vestiges de la féodalité en Angleterre aux XVIIe et XVIIIe siècles*, dans *L'abolition de la « féodalité » dans le monde occidental*, t. I, pp. 19-26, Paris, C.N.R.S., 1971.

98. Thomas Wentworth, premier comte de Strafford (1593-1641) s'opposa d'abord à la politique arbitraire de Charles Ier. Mais il finit par se rallier à l'autocratie royale, notamment à l'égard de l'Irlande. Il fut mis en accusation en 1641, condamné à mort et décapité.

99. C'est-à-dire depuis 1793. Ce chapitre a donc été écrit en 1816.

100. La raison profonde du déclenchement de la guerre entre la France et l'Angleterre, le 1er février 1793, a été, non l'exécution de Louis XVI, mais la rivalité économique entre les deux pays. L'Angleterre ne pouvait admettre que la France fût installée à Anvers et disposât librement des bouches de l'Escaut, menaçant ainsi sérieusement le commerce anglais dans la mer du Nord ; Voir A. FUGIER, *La Révolution française et l'Empire napoléonien*, t. IV de l'*Histoire des relations internationales*, dirigée par P. RENOUVIN, Paris, 1954, pp. 60-68.

101. En février 1793, les troupes françaises n'occupaient que les provinces méridionales des Pays-Bas au sud de la Meuse et du Rhin.

102. La flotte anglaise s'est mutinée du 15 avril au 30 juin 1797. La mutinerie fut matée par le gouvernement britannique. Le Directoire français, alors au pouvoir, ne sut pas, ou ne put pas profiter de la situation pour effectuer un débarquement en Angleterre. Cf. J. GODECHOT, *Histoire de l'Atlantique*, Paris, 1947, pp. 211-213.

103. De nombreux clubs plus ou moins révolutionnaires s'étaient formés en Grande-Bretagne à partir de 1789, certains entretenaient des correspondances avec les clubs français. Burke estime qu'il y avait en 1793 40 000 jacobins en Angleterre. Cf. J. GODECHOT, *La Grande Nation*, Paris, n^{lle} éd^{on}, 1983, t. I, pp. 144-148.

104. Charles James Fox (1749-1806), chef de la fraction du parti whig, favorable à la Révolution française et opposée à la guerre. Il contribua à l'établissement de la paix d'Amiens, en 1802, vint aussitôt après en France et fut reçu par Bonaparte. En 1806, il devint ministre des Affaires étrangères et tenta, en vain, le rétablir la paix avec la France. Il mourut peu après.

105. William Pitt, dit le second Pitt (1759-1806), d'abord whig, puis tory, devient Premier ministre en 1783 et le resta jusqu'en 1800. Il se montra à partir de 1793 l'adversaire acharné de la Révolution française.

106. La Fayette resta emprisonné à Olmütz de 1794 à 1797. Il fut libéré sur l'intervention de Mme de Staël, puis de Bonaparte. Voir duc DE CASTRIES, *La Fayette, Op. cit.*, pp. 194-216.

107. Le général Richard Fitzpatrick (1747-1813) s'était opposé à la guerre d'Amérique. Il fut ministre de la guerre dans le cabinet Fox, en 1806.

108. William Windham (1750-1810) fut secrétaire d'état à la guerre, dans le cabinet Pitt, de 1794 à 1801. Il se montra partisan de la reprise de la guerre contre la France, en 1803, et fut de nouveau ministre de la guerre, puis des colonies dans le cabinet Grenville, de 1806-1807.

109. John Pym (1584-1643) se fit remarquer par sa lutte contre le catholicisme. Il est le principal auteur de la Pétition des droits de 1628. Charles Ier voulut le faire arrêter en 1642, mais la nouvelle de cette décision entraîna l'insurrection de Londres, puis la guerre civile. John Hampden (1595-1643) fut un adversaire résolu de l'absolutisme royal. Il s'opposa notamment au *ship money*, nouvel impôt créé arbitrairement par Charles Ier. Il soutint Pym au Parlement. Il fut mortellement blessé au cours de la guerre civile. Lord Falkland (1610-1643) fut, au contraire partisan du roi. Il fut également tué pendant la guerre civile. Francis Russell, 4e comte de Bedford, lutta contre l'absolutisme royal, mais aurait voulu éviter la rupture avec le roi. Sa mort affaiblit les chances de conciliation.

110. David Hume (1711-1776), philosophe et historien, écrivit notamment une *Histoire d'Angleterre*, publiée de 1754 à 1761. Elle lui valut la fortune et la gloire.

111. Bradshaw est le légiste qui présida la Commission de 135 personnes chargées de juger Charles Ier. Celui-ci, en fait, était condamné d'avance.

112. Collot d'Herbois, voir plus haut, n. 67 de la Troisième partie.

113. Le Vieux de la Montagne était le nom donné par les Croisés au chef des « assassins » (c'est-à-dire des fumeurs de haschisch). En fait, c'est un Persan, Hassan-i-Sabbah qui fonda cette société secrète vers 1090. Le « vieux de la Montagne », résidait au Liban.

114. William Penn (1644-1718) membre de la secte des quakers. Lorsque celle-ci fut persécutée, sous Charles II, il obtint du roi la concession d'un territoire en Amérique. Il y emmena ses coreligionnaires et lui donna le nom de Pennsylvanie, la capitale en fut Philadelphie. Penn y institua un régime libéral et une large tolérance religieuse.

115. Les troubles révolutionnaires de Fribourg, en Suisse, datent de 1781, la révolution genevoise de 1782, celle de Hollande commence en 1783. On pourrait donc penser, à l'inverse de ce qu'écrit Mme de Staël, que ce sont ces révolutions qui ont eu une influence sur la France. A moins que les révolutions américaine, suisse, hollandaise, belge (1787) et française ne soient que des aspects d'une vaste révolution qui s'est propagée sur tous les pays bordant l'Atlantique, des environs de 1770 à 1800 au moins. Voir J. GODECHOT, *Les Révolutions*, 3ᵉ édition, Paris, 1970, pp. 102-121.

116. Il y a eu, pourtant, des « jacobins » hollandais et suisses, mais après 1792. ID, *Ibid.*, pp. 155-156.

117. Les mulâtres de Saint-Domingue (aujourd'hui Haïti) se sont révoltés en 1791, puis les esclaves noirs l'année suivante. ID, *Ibid.*, pp. 202-203.

118. Babeuf écrivait déjà à sa femme le 25 juillet 1789, après le massacre du gouverneur de la Bastille, de Launey, et du prévôt des marchands, Flesselles : « Je comprends que le peuple se fasse justice (...) mais pourrait-elle aujourd'hui n'être pas cruelle ? Les supplices de tout genre, l'écartèlement, la torture, la roue, les bûchers, le fouet, les gibets, les bourreaux multipliés partout nous ont fait de si mauvaises mœurs ! Les maîtres, au lieu de nous policer, nous ont rendu barbares parce qu'ils le sont eux-mêmes. Ils récoltent et récolteront ce qu'ils ont semé, car tout cela, ma pauvre femme, aura, à ce qu'il paraît, des suites terribles ; nous ne sommes qu'au début. » (BABEUF, *Pages choisies*, publiées par M. Dommanget, Paris, 1935, pp. 73-75).

119. Mme de Staël oublie que les armées françaises étaient partout battues en 1793, ces défaites expliquent en grande partie la Terreur. Celle-ci a cessé après les premières victoires décisives de la France en 1794 (Fleurus, 25 juin 1794).

120. La chronologie montre que Mme de Staël commet une erreur totale.

121. Les Girondins (et surtout Condorcet) avaient préparé un projet de constitution, qui eut sans doute, été inapplicable. Après leur chute, le 2 juin 1793, les Montagnards pressèrent la rédaction d'une nouvelle constitution. Celle-ci fut rédigée surtout par cinq députés, Hérault de Séchelles, Ramel, Couthon, Saint-Just et Mathieu. Approuvée par referendum, par 1 801 918 oui contre 11 610 non (mais au moins 4 300 000 abstentions) la constitution de 1793 ne fut jamais appliquée. Voir J. GODECHOT, *Les institutions... Op. cit.*, pp. 281-289 et *Les constitutions, Op. cit.*, pp. 69-99. Hérault de Séchelles (1759-1794) avait été avocat général au Parlement de Paris avant 1789. Il fut élu député à la Législative, puis à la Convention. Quoique lié avec les Girondins, il fit partie du « grand » Comité de Salut public, mais accusé (à tort semble-t-il) d'intelligences avec l'ennemi, il fut condamné à mort et exécuté.

122. Jugement tout à fait subjectif de Mme de Staël.

123. Sur Condorcet, voir plus haut, n. 20 de la Troisième partie.

124. Le procès des 22 députés girondins eut lieu les 29 et 30 octobre 1793, ils furent exécutés le 31.

125. Valazé (1751-1793) officier en retraite, fut élu à la Convention par le département de l'Orne. Il vota la mort du roi, mais se lia avec les Girondins. Cf. Paul NICOLLE, *Valazé, député de l'Orne*, Paris, 1934.

126. Les douze membres du « grand » comité de salut public furent Bertrand Barère, Jean-Nicolas Billaud-Varenne, Lazare Carnot, Jean-Marie Collot d'Herbois, Georges Couthon, Marie-Jean Hérault de Séchelles, Robert Lindet, Prieur de la Côte d'Or, Prieur de la Marne, Maximilien Robespierre, André Jeanbon Saint-André, Louis-Antoine Saint-Just. Cf. R. R. PALMER, *Twelve Who Ruled*, Princeton, 1941 et Marc BOULOISEAU, *Le Comité de Salut public*, Paris, 1962.

127. La lecture des ouvrages cités à la note précédente montrera combien ce jugement est faux.

128. Sur Malesherbes et Condorcet, voir plus haut, notes 78 et 20 de la Troisième partie. Bailly (1736-1793), astronome de valeur, fut élu député du Tiers de Paris aux États généraux. Il devint, en juillet 1789, maire de Paris, et en cette qualité il proclama la loi martiale lors de la manifestation du 17 juillet 1791. Il fut donc rendu responsable du massacre du Champ de Mars et dut démissionner. Arrêté le 5 septembre 1793, il fut condamné à mort et guillotiné le 12 novembre suivant, pour avoir fait tirer sur le peuple. Lavoisier (1743-1794) célèbre chimiste, qui avait effectué en 1783 la synthèse de l'eau, était aussi Fermier général avant 1789. C'est à ce titre qu'il fut arrêté, condamné à mort et exécuté.

129. Le nombre des morts pendant la Terreur est évalué entre 35 000 et 40 000 pour 22 mois, soit environ 60 par jour. Il faut y ajouter les victimes de la guerre de Vendée, dont le nombre est difficile à évaluer. Voir J. GODECHOT, *Les institutions, Op. cit.*, pp. 386-388.

130. Le 13 prairial an II (1er juin 1794), l'escadre de l'Atlantique commandée par l'amiral Villaret-Joyeuse était sortie de Brest pour protéger l'arrivée en France d'un grand convoi chargé de céréales d'Amérique, que l'escadre anglaise voulait intercepter. Au cours du combat entre les deux escadres, le vaisseau le *Vengeur du Peuple* commandé par le capitaine Renaudin sombre pavillon haut. Son équipage, plutôt que de se rendre, coule avec le bâtiment aux cris de « Vive la République ! ». Cet épisode, embelli, fut rapporté par Barère dans un célèbre discours à la Convention. Cf. J. GODECHOT, *Histoire de l'Atlantique, Op. cit.*, pp. 208-210.

131. Dugommier (1738-1794), né à la Guadeloupe servit d'abord dans les troupes de marine. En 1789, il fut élu à l'assemblée coloniale de la Guadeloupe, en 1791 il est envoyé à Paris pour y défendre les intérêts des Antilles françaises. Il reprend alors du service comme maréchal de camp, combat à l'armée chargée de reprendre Toulon (novembre-décembre 1793). Il est alors muté à l'armée des Pyrénées Orientales et s'y rend depuis Toulon du 5 au 16 janvier 1794). Rien n'indique qu'il fit le trajet à pied. Il fut tué dans les Albères le 17 novembre 1794.

132. Les Girondins voulaient, ainsi qu'ils l'ont dit à la Convention, réduire Paris à son « quatre-vingt-troisième » d'influence : il y avait alors 83 départements. Mais certains Girondins étaient partisans du régime fédéraliste, celui-ci fut longuement discuté dans la presse au printemps 1793. Voir J. GODECHOT, *La Grande Nation, Op. cit.*, pp. 236-238 et *Girondins et Montagnards, Op. cit.* A Lyon et à Toulon, les Girondins républicains furent débordés par les royalistes. A Toulon, ceux-ci proclamèrent roi Louis XVII. Voir J. GODECHOT, *La Contre-Révolution, Op. cit.*, pp. 253-263.

133. L'insurrection de la Vendée a commencé le 10 mars 1793. Elle est donc antérieure à la révolte fédéraliste, consécutive à l'arrestation des députés girondins le 2 juin suivant.

134. Louis-Marie de Salgues, marquis de Lescure (1766-1793) se mit à la tête

d'une bande de Vendéens insurgés. Il fut tué près de Nantes. Il était le cousin d'Henri de La Rochejacquelein (1772-1794). Ancien officier de la Garde constitutionnelle il souleva les Mauges et devint général en chef de « l'armée catholique et royale ». Après la défaite des Vendéens à Savenay, il pratiqua la guerilla, mais fut tué par un « bleu » le 28 janvier 1794. François de Charette de la Contrie (1763-1796) fut d'abord officier de marine, ce sont les paysans révoltés qui l'entraînèrent dans l'insurrection. Après la défaite de Savenay, il combattit dans le marais poitevin, et signa, avec les envoyés de la Convention, le 17 février 1795, la « pacification » de La Jaunaye. Mais, il reprit les armes en juin, lors du débarquement anglo-royaliste de Quiberon. Il finit par être capturé par les troupes de Hoche, condamné à mort et fusillé le 29 mars 1796. Voir J. GODECHOT, La Contre-Révolution, Op. cit., pp. 230-248 et 273-279. Pour plus de détails : Marcel FAUCHEUX, L'insurrection vendéenne de 1793, aspects économiques et sociaux, Paris, 1964 ; Charles TILLY, La Vendée, Paris, 1970 ; Marcel LIDOVE, Les Vendéens de 1793, Paris, 1971. Claude PETITFRÈRE, Blancs et bleus d'Anjou (1789-1793), Paris, 1979 ; ID., Les Vendéens d'Anjou, Paris, 1981 ; ID., La Vendée et les Vendéens, Paris, 1982.

135. Les Anglais n'ont envoyé aux Vendéens que de maigres secours en argent, armes, munitions. Lors du débarquement de Quiberon, à la fin de juin 1795, l'escadre britannique transporta le corps expéditionnaire, mais celui-ci n'était constitué que de Français, un millier d'émigrés et environ 3 500 prisonniers français enrôlés de force.

136. A Coppet.

137. Il s'agit de Morez (Jura, arrondissement de Saint-Claude).

138. Sur Jaucourt, voir plus haut, n. 16 de la troisième partie.

139. Sur Mathieu de Montmorency-Laval, voir plus haut, n. 90 de la Seconde partie.

140. Jugement très subjectif. Le « grand » Comité de Salut public a tout de même permis à la France de remporter la victoire sur toute l'Europe coalisée contre elle (à l'exception de la Suisse, des pays scandinaves et de la Turquie) et sur les révoltés de l'Intérieur.

141. Dans le « grand » Comité de Salut public, on comptait quatre tendances : une droite (Robert Lindet, Carnot, Prieur de la Côte d'Or), un centre (Barère et Hérault de Séchelles), une gauche (Robespierre, Saint-Just, Couthon, Prieur de la Marne, Jeanbon Saint-André), une extrême-gauche (Billaud-Varenne et Collot d'Herbois).

142. Par cette peinture de l'incorruptible, Mme de Staël a accrédité la « légende noire » de Robespierre. Voir L. JACOB, Robespierre vu par ses contemporains, Paris, 1938, pp. 213-215 et M. BOULOISEAU, « Robespierre vu par les journaux satiriques, 1789-1791 » dans les Annales historiques de la Révolution française, 1958, n. 3, pp. 28-49.

143. Sur la lutte de Robespierre contre les « factions », « citra et ultra révolutionnaires », voir A. MATHIEZ, La Révolution française, édition de 1927, t. III, pp. 139-166.

144. La fête de l'Être suprême eut lieu le 20 prairial an II (8 juin 1794).

145. Barras (1755-1829). Officier dans les troupes de marine, sous l'ancien régime, le vicomte Paul de Barras fut élu administrateur du département du Var puis député à la Convention où il vota la mort du roi. Représentant en mission en Provence en 1793, il réprima dans le sang la révolte de Toulon. Mais c'est lui qui fit nommer le capitaine Bonaparte au commandement de l'artillerie de l'armée qui assiégeait la ville. Rappelé à Paris par Robespierre, il se sentit menacé et fut un des principaux artisans de la chute de l'incorruptible. C'est lui aussi qui, avec le concours de Bonaparte, mata les insurgés royalistes de Paris le 13 vendémiaire an IV (5 octobre 1795). Il fut élu au Directoire le mois suivant et y resta jusqu'au coup d'état du 18 brumaire (9 novembre

1799). Il n'eut plus d'activité politique sous les régimes qui se succédèrent, et, bien que régicide, ne fut pas exilé sous la Restauration.

146. On discute toujours sur la blessure de Robespierre : a-t-il tenté de se suicider, ou a-t-il été blessé par le gendarme Méda ?

147. La liberté de la presse disparut du 10 août 1792 au 9 thermidor an II. Les accusés devant les tribunaux révolutionnaires ne jouissaient d'aucune des garanties reconnues par la constitution et par les lois.

148. A cette époque, l'intérêt de l'État, c'était aussi le salut de la France et de la République.

149. Le traité de Bâle avec la Prusse fut conclu le 6 avril 1795. Il neutralisait la moitié septentrionale de l'Allemagne. Il avait été précédé de la paix avec la Toscane, le 9 février, et fut suivi par les traités de paix avec les Provinces-Unies le 16 mai, puis avec l'Espagne, le 22 juillet.

150. Legendre (1752-1797), ancien boucher, joua un rôle dans la prise de la Bastille. Il fit ensuite la connaissance de Danton et devint son ami. Il fut élu député de Paris à la Convention et vota la mort du roi. Lorsque Danton fut accusé de « modérantisme », il le défendit, mais assez mollement, et ne fut pas poursuivi. Après le 9 thermidor, il prit, à la Convention, la tête de la réaction et fit arrêter un certain nombre d'anciens montagnards. En 1795, il fut élu au Conseil des Anciens, mais n'y joua aucun rôle.

151. Joseph Lebon (1765-1795), ancien oratorien et prêtre assermenté fut élu à la Convention et fit partie du Comité de sûreté générale. Envoyé en mission dans le nord de la France, il y fit régner la Terreur, mais contribua ainsi à organiser la défense de la frontière. Arrêté après thermidor, il fut condamné à mort par le tribunal criminel d'Amiens, jugeant « révolutionnairement » et guillotiné le 16 octobre 1795. Cf. Louis JACOB, *Joseph Lebon, (1765-1795)*, Paris, 2 vol., 1933.

Jean-Baptiste Carrier (1756-1794) ancien procureur à Aurillac, fut élu député à la Convention. Il joua un rôle important dans la création du Tribunal révolutionnaire et la proscription des Girondins. Envoyé en mission en Bretagne, il se signala par ses excès à Nantes où il organisa, en février 1794, le massacre des Vendéens et des Chouans emprisonnés. Rappelé à la Convention par Robespierre, il contribua à la chute de ce dernier le 9 thermidor. Il fut néanmoins arrêté le 25 octobre 1794, traduit devant le Tribunal révolutionnaire, condamné à mort et exécuté. Cf. GASTON-MARTIN, *Carrier, et sa mission à Nantes*, Paris, 1924.

152. Jean-Baptiste Louvet de Couvray (1760-1797), fils d'un papetier et commis de libraire, publia avant la Révolution, *Les amours du chevalier de Faublas*, roman qui fut alors jugé « licencieux » et qui connut le succès. Il écrivit d'autres romans après 1789 et publia en 1792 un journal-affiche, *La sentinelle*. Il fut élu député à la Convention par le Loiret et prit parti avec violence contre Robespierre. Décrété d'accusation le 2 juin 1793, après thermidor il fut élu au Conseil des Cinq-Cents par la Haute-Vienne et mourut peu après.

153. La constitution de l'an III fut effectivement élaborée surtout par Boissy d'Anglas, Daunou et Lanjuinais. Boissy d'Anglas (1756-1826), avocat avant 1789, protestant, avait été élu député d'Annonay aux États généraux, puis à la Convention. Il se montra modéré, et après thermidor, il encouragea la réaction. C'est lui qui présidait la Convention lors de l'émeute du 1er prairial an III (20 mai 1795), au cours de laquelle le député Féraud fut massacré. En l'an V il fit partie des royalistes de Clichy et fut exclu du Conseil des Cinq-Cents mais échappa à la déportation. Sous le Consulat et l'Empire, il fit partie du Tribunat, puis du Sénat. Sous la Restauration, il se montra libéral. Daunou (1761-1840), oratorien avant 1789, puis membre du clergé constitutionnel, fut élu à la Convention par le Pas-de-Calais. Arrêté, comme ami des Girondins le 3 octobre 1793, il passa quatorze mois en prison. Député au Conseil des Cinq-Cents de 1795 à 1797, il fut envoyé en mission en Italie et fut un

des rédacteurs de la constitution de la République romaine en 1798. Réélu au Conseil des Cinq-Cents en 1798, il fit partie en 1800 du Tribunat, puis devint conservateur de la Bibliothèque du Panthéon, et sous la Restauration, rédacteur du *Journal des Savants*, et député de 1818 à 1834, puis pair de France. Il était membre de l'Institut depuis 1832.

Lanjuinais (1753-1827), professeur de droit à Rennes, fut élu député de cette ville aux États généraux. A Versailles il fut un des fondateurs du « club breton » qui devint le club des jacobins, et un des rédacteurs de la Constitution civile du clergé. Réélu à la Convention, il fit partie des Girondins. Décrété d'accusation le 2 juin 1793, il put s'échapper et reprit sa place à la Convention le 8 mars 1795. Il fut réélu au Conseil des Anciens où il siégea jusqu'en 1797. Après le 18 brumaire, il fut nommé sénateur, et en 1815 membre de la Chambre des pairs où il tenta de s'opposer à la réaction.

154. Pour être éligible, aucune condition de cens n'était exigée. Par contre, pour être électeur, au second degré, il fallait être possesseur d'une propriété d'un revenu égal à 200 journées de travail, ou locataire d'une maison ou d'un bien rural de même valeur. Dans les localités de moins de 6 000 habitants il suffisait d'un revenu de 150 journées. Il y ˜vait très peu d'électeurs au second degré, 30 000 pour toute la France, moins qu'en 1791. Cf. J. GODECHOT, *Les institutions, Op. cit.*, pp. 461-462, et *Les constitutions*, pp. 107-108.

155. Il s'agit de la « journée » du 13 vendémiaire an IV (5 octobre 1795) par laquelle les royalistes tentèrent de dissoudre la Convention. On sait que cette manifestation fut brisée par Barras avec l'aide de Bonaparte.

156. Mme de Staël veut dire un « conventionnel ».

157. Erreur de Mme de Staël : le 13 vendémiaire an III est le 5 octobre 1795.

158. 24 octobre 1795. Ce décret ne fut que très partiellement appliqué.

159. Sur Barras, voir plus haut, n. 142 de la troisième partie. Lazare Carnot (1753-1823), capitaine du génie avant la Révolution, fut élu député à la Législative par le Pas-de-Calais et réélu à la Convention. Il fit partie du « grand Comité du Salut public » où il devint l' « organisateur de la victoire ». Sous le Directoire, il inclina de plus en plus vers les modérés, et n'échappa à l'arrestation, le 18 fructidor an V (4 septembre 1797) qu'en se réfugiant en Suisse. Revenu en France en 1800, il fut nommé ministre de la guerre par Bonaparte, puis membre du Tribunat. Mais il vota contre le Consulat à vie et resta sans emploi jusqu'en 1814 ; il offrit alors ses services et Napoléon le nomma gouverneur d'Anvers avec le grade de général de division. En 1815, il fut exilé comme régicide et mourut en Allemagne, à Madgebourg. Voir Marcel REINHARD, *Le Grand Carnot*, Paris, 2 vol., 1950-1952.

Reubell (1747-1807), avocat avant 1789, fut élu aux États généraux par le Tiers de Colmar et réélu à la Convention. Il y siégea à la Montagne et fut envoyé en mission à Mayence, puis aux armées luttant contre les Vendéens. Après thermidor, il fit partie du Comité de Sûreté générale, puis du Comité de Salut public. Il resta membre du Directoire de 1795 à 1799 et n'occupa aucune fonction après le 18 brumaire.

La Révellière-Lépeaux (1753-1824), avocat avant 1789, fut élu aux États généraux par le Tiers de la sénéchaussée d'Angers, et réélu à la Convention où il se rangea parmi les modérés. Quoiqu'il ne fut pas compris parmi les Girondins, il quitta l'assemblée après le 2 juin 1793, se cacha et ne revint à la Convention que le 8 mars 1795. Très hostile au catholicisme, il se fit le propagateur d'un culte déiste, la théophilanthropie, inventée par le libraire Chemin-Dupontés. Il resta membre du Directoire de 1795 à 1799 et n'exerça aucune fonction sous le Consulat et l'Empire, il refusa d'ailleurs de prêter le serment exigé des membres de l'Institut, dont il faisait partie. Bien que régicide, il ne fut pas exilé car il n'avait pas servi l'Empereur.

Letourneur (1751-1817), officier du Génie avant 1789, fut élu à la Législative par le département de la Manche et réélu à la Convention, il remplit quelques missions dans le Roussillon et en Provence. Il fut membre du Directoire de 1795 à 1797 et reprit ses fonctions dans l'armée comme général du génie. En 1800 il fut nommé préfet de la Loire-Inférieure et, en 1810, conseiller à la Cour des Comptes. Exilé en 1816, il mourut en Belgique. Sur le Directoire, voir A. MATHIEZ, *Le Directoire* (jusqu'au 18 fructidor an V), Paris, 1934 ; G. LEFEBVRE, *Le Directoire*, Paris, 1946 ; ID, *La France sous le Directoire*, Paris, 1977.

160. A partir de l'été 1796.

161. Cette petite phrase caractérise bien la position de Mme de Staël à l'égard de la France et de la Révolution.

162. Il n'y eut aucun décret sur le recrutement de l'armée, pendant le Directoire, jusqu'à la loi Jourdan-Delbrel du 5 septembre 1798 qui organisa la « conscription » universelle et obligatoire. Cette loi, plusieurs fois modifiée, resta, pour l'essentiel en vigueur jusqu'en 1872.

163. Une première négociation entre la France et l'Angleterre avait été engagée à Paris, en octobre 1796, par lord Malmesbury. Elle échoua parce que l'Angleterre ne voulait reconnaître à la France que ses limites de 1792, plus Nice et la Savoie. Elle exigeait pour elle les colonies du Cap et de Ceylan, enlevées à la République batave. Une nouvelle négociation reprit à Lille, à partir du 7 juillet 1797 toujours par l'intermédiaire de lord Malmesbury. L'Angleterre acceptait les nouvelles frontières continentales de la France, mais exigeait toujours le Cap et Ceylan. Les négociations eussent peut-être abouti, si, en France, le « parti de la paix », composé des royalisants de Clichy (et des amis de Mme de Staël) n'avait été écarté du pouvoir par le coup d'état du 18 fructidor an V (4 septembre 1797).

164. L'échec de Quiberon est de juin-juillet 1795. Cf. J. GODECHOT, *La Contre-Révolution, op. cit.*, pp. 273-278.

165. Le général Lemoine (1754-1842), soldat avant 1789, élu lieutenant-colonel du 1ᵉʳ bataillon des volontaires du Maine-et-Loire en 1791, servait comme général de brigade à l'armée des Côtes-de-Brest en 1795 et participa à l'attaque du fort Penthièvre où les émigrés s'étaient retranchés, après le débarquement de Quiberon.

166. Ressemblance très exagérée par Mme de Staël.

167. *De la Révolution française*, Paris, 1796, 2 vol. in-8°, 6 éditions à Paris et Strasbourg en 1796 et 1797. Réédité en 1821 et 1827 sous le titre *Histoire de la Révolution française depuis l'Assemblée des notables jusques, et y compris, la journée du 13 vendémiaire*, Traductions anglaise (1797), allemande (1797), hollandaise (1798). Ce livre a suscité une vive polémique, Cf. H. GRANGE, *Les idées de Necker, op. cit.*, pp. 631-632.

168. La première édition, publiée à Paris, est en deux volumes, la seconde, imprimée à Genève comporte quatre volumes.

169. Allusion au coup d'état du 18 fructidor an V (4 septembre 1797).

170. Les armées du Rhin (il y en avait deux : l'armée de Sambre-et-Meuse, au nord, celle de Rhin-et-Moselle au sud) furent battues lors de la campagne de 1796. Cf. J. GODECHOT, *Les commissaires aux armées sous le Directoire*, Paris, 2 vol., 1937.

171. En fait, l'armée de Rhin-et-Moselle, commandée par le général Moreau, avait des sympathies royalistes. Moreau lui-même fut soupçonné, non sans raison, d'intelligences avec les émigrés. Cf. J. GODECHOT, *La propagande royaliste aux armées sous le Directoire*, Paris, 1933.

172. Bernadotte (1763-1844). Engagé en 1780, il était adjudant en 1790, général de brigade en 1794 et général de division en 1796. Il fut ministre de la guerre du 3 juillet au 14 septembre 1799. Il épousa Désirée Clary sœur de Julie, femme de Joseph Bonaparte. Il devint maréchal d'Empire en 1804, et fut nommé prince héréditaire de Suède par les États généraux suédois le 21 août 1810. En 1813, il s'allia

aux coalisés contre Napoléon. Le 5 février 1818, il devint roi de Suède et de Norvège. Cf. Gabriel GIROD DE L'AIN, *Bernadotte chef de guerre et chef d'État*, Paris, 1968.

173. Mme de Staël simplifie les choses à l'excès. L'armée de Sambre-et-Meuse et l'armée d'Italie étaient restées, en 1797, incontestablement républicaines. L'armée de Rhin-et-Moselle, versait dans le royalisme. La division Bernadotte, qui en faisait partie, et fut envoyée à l'armée d'Italie pendant l'hiver 1796-1797, fut considérée par les soldats de Bonaparte, comme la division des « messieurs », alors que les soldats d'Italie se traitaient de « citoyens ». Il y eut des rixes violentes entre les deux troupes. Cf. J. GODECHOT, *La propagande royaliste...*, *Op. cit.*, pp. 59-62.

174. Sur les liens entre les Français et les unitaires italiens en 1796 voir J. GODECHOT, « Le babouvisme et l'unité italienne » et « Les Français et l'unité italienne sous le Directoire » dans *Regards sur l'époque révolutionnaire*, Toulouse, 1980, pp. 269-288 et 303-328. Voir aussi ID, *Histoire de l'Italie moderne*, Paris, 1971, pp. 68-108.

175. Augereau (1757-1816) engagé dans l'armée à l'âge de 17 ans, était maître d'armes en 1789. Sert dans la garde nationale parisienne, puis dans les volontaires nationaux, il est capitaine de hussards en 1793 et six mois plus tard, général de division à l'armée des Pyrénées-Orientales. Il passe à l'armée d'Italie en 1795, et en juillet 1797 est envoyé par Bonaparte à Paris où il est nommé commandant de la 17ᵉ division militaire (la région parisienne). C'est en cette qualité qu'il réalise le coup d'état du 18 fructidor. Il se montra peu favorable au 18 brumaire et franchement hostile au Condorcat. Il fut néanmoins promu maréchal en 1804 et duc de Castiglione en 1806. Il se rallia à Louis XVIII en 1814.

176. La paix de Tolentino fut signée le 19 février 1797. Ce traité renouvelait les stipulations de l'armistice signé à Bologne le 23 juin 1796, et qui, en matière de livraison d'œuvres d'art, n'avaient pas été exécutées. Le Souverain Pontife s'était engagé à livrer « cent tableaux, bustes, vases ou statues... parmi lesquels objets seront notamment compris le buste en bronze de Junius Brutus et celui en marbre de Marcus Brutus, tous deux placés au Capitole... » Cf. J. GODECHOT, *La Grande Nation, op. cit.*, pp. 515-517.

177. Pichegru (1761-1804), répétiteur de mathématiques au collège de Brienne s'engage dans l'artillerie en 1780, participe à la guerre d'Amérique, est sergent-major en 1789. Élu lieutenant-colonel du 3ᵉ bataillon de volontaires du Gard le 9 octobre 1792, il est général de division en août 1793 et conquiert la Hollande, à la tête de l'armée du Nord pendant l'hiver 1794-1795. Devenu commandant en chef de l'armée de Rhin-et-Moselle le 20 août 1795, il laisse les Autrichiens reprendre Mannheim et démissionne le 4 mars 1796. Il était alors entré en relations avec les émigrés (Cf. G. GAUDRILLIER, *La trahison de Pichegru*, Paris, 1908). Il est élu au Conseil des Cinq-Cents en 1797, en devient le président et prépare la restauration de Louis XVIII. Le coup d'état du 18 fructidor met fin à cette tentative. Pichegru est arrêté, déporté en Guyane, mais s'évade en juin 1798 et gagne Londres. En 1804 il revient clandestinement en France et organise avec Cadoudal et Moreau (son successeur à la tête de l'armée de Rhin-et-Moselle) un complot contre Bonaparte. Il est arrêté le 28 février 1804, emprisonné au Temple où on le trouve étranglé le 5 avril suivant (Cf. Duc de CASTRIES, *La conspiration de Cadoudal*, Paris, 1963 ; H. GAUBERT, *Conspirateurs au temps de Napoléon Iᵉʳ*, Paris, 1962).

178. François de Barthélémy (1747-1830), diplomate de carrière, était ministre plénipotentiaire à Berne en 1791. C'est lui qui négocia les traités de Bâle avec la Prusse et l'Espagne en 1795. Nommé au Directoire, à la place de Letourneur en 1797, il soutint les Clichyens, aussi fut-il arrêté le 18 fructidor et déporté en Guyane. Comme Pichegru, il s'évada et gagna l'Angleterre. Il rentra en France après le 18 brumaire et fut nommé sénateur et comte de l'Empire. A la Restauration, il resta membre de la Chambre des pairs.

179. Augereau était général de division depuis 1793.

180. Ce raisonnement est sujet à caution. Il est prouvé que les royalistes préparaient, de leur côté un coup d'état. Ils pouvaient compter sur l'armée de Rhin-et-Moselle et sur les émigrés.

181. Actuel pont de la Concorde.

182. Le Directoire avait des preuves de la trahison de Pichegru : Bonaparte lui avait envoyé les papiers saisis sur le comte d'Antraigues, espion royaliste important, arrêté en Italie. Ces papiers dévoilaient les relations de Pichegru avec les Autrichiens et les royalistes, ainsi que ses projets. Plus tard, le Directoire eut communication des papiers saisis dans les fourgons du général autrichien Klinglin par l'armée de Moreau. Ces papiers confirmaient ceux du comte d'Antraigues. Moreau avait tardé à en informer le Directoire, ce qui provoqua de sérieux soupçons sur sa conduite. Cf. J. GODECHOT, « Moreau et les papiers de Klinglin », Dans *Regards sur l'époque révolutionnaire, op. cit.*, pp. 159-170.

183. Sur Dupont de Nemours, voir plus haut, n. 156 de la Deuxième Partie.

Barbé-Marbois (1745-1837), ancien intendant des îles Sous-le-Vent (Guadeloupe, Martinique) fut déporté le 18 fructidor. Rentré en France en 1800, il devint ministre du Trésor, puis Premier président de la Cour des Comptes, et sénateur.

184. Tronson Du Coudray (1750-1798), avocat désigné d'office pour défendre Marie-Antoinette. Élu au Conseil des Anciens en 1795, il fut un des animateurs du club de Clichy. Déporté en Guyane, le 18 fructidor, il y mourut quelques mois après son arrivée.

Camille Jordan (1771-1821) prit part à l'insurrection de Lyon contre la Convention en 1793. Il put se réfugier en Suisse après l'échec de la révolte. Revenu en France, il fut élu au Conseil des Cinq-Cents et fit partie des Clichyens. Déporté au 18 fructidor, il rentra en France, en 1800, mais hostile au régime de Bonaparte, se retira de la vie publique.

185. Trente-trois députés furent déportés ainsi que 12 autres « individus », dont le Directeur Barthelémy. Huit moururent en Guyane.

186. Décret du 24 fructidor an V (10 septembre 1797) : Un tiers de chaque titre de rente demeurait inscrit au grand livre de la dette publique, c'était le « tiers consolidé ». Les deux autres tiers « mobilisés » étaient remboursés au moyen de bons au porteur qu'on pouvait utiliser en payement partiel de biens nationaux. Cf. J. GODECHOT, *Les institutions, Op. cit.*, pp. 510-515.

187. Les lois de la Convention contre les prêtres réfractaires et les émigrés, qui n'avaient pas été abrogées, furent de nouveau sévèrement appliquées.

188. Les articles 353 et 355 de la Constitution de l'an III qui prévoyaient une limitation, pour un an, de la liberté de la presse, furent mis en vigueur. Cf. Cl. BELLANGER, J. GODECHOT, P. GUIRAL, F. TERROU, *Histoire générale de la presse française, t.* I, *Op. cit.*, pp. 543-547.

189. A partir du 26 janvier 1798.

190. Projetée dès novembre 1797, Bonaparte nommé commandant en chef de l' « Armée d'Angleterre » estima, après l'avoir inspectée, que l'invasion de la Grande-Bretagne était impossible, faute, pour la France, d'avoir la maîtrise de la mer. Il le dit dans son rapport au Directoire du 23 février 1798.

191. Versoix, aujourd'hui dans le canton de Genève, appartenait alors à la France, et séparait ce canton du pays de Vaux.

192. Talleyrand, (1754-1898) agent général du clergé de 1780 à 1786, évêque d'Autun en 1789, député du clergé d'Autun aux États généraux, joua un rôle important dans cette assemblée en faisant voter notamment la nationalisation des biens du clergé. Il fut chargé d'une mission diplomatique à Londres de janvier à mars 1792, puis en septembre. Il ne rentra pas en France, mais partit pour les États-Unis. Revenu en 1796, après avoir été élu membre de l'Institut, il devient, grâce à Mme de

Staël, dont il semble avoir été l'amant, ministre des Relations extérieures le 18 juillet 1797. Il le resta, sauf une courte interruption en 1799, jusqu'en 1807. A partir de 1808, il trahit Napoléon et négocie en secret avec le tsar Alexandre Iᵉʳ. A la Restauration, le 13 mai 1814 il redevient ministre des Affaires étrangères, et, à ce titre, prend une part capitale au Congrès de Vienne. Du 9 juillet au 24 septembre 1815, il est président du Conseil. Louis XVIII se sépare alors de lui, et Talleyrand se rapproche des libéraux et notamment de Louis-Philippe d'Orléans. Devenu roi en 1830, celui-ci le nomme ambassadeur de France à Londres, il y fait reconnaître l'indépendance et la neutralité de la Belgique. Il se retire, en 1834, dans son château de Valençay. La meilleure biographie reste celle de G. LACOUR-GAYET, *Talleyrand*, Paris, 4 vol., 1928-1934, à compléter par J. GODECHOT, *Talleyrand*, (en italien), Milano, 1967 ; L. S. GREENBAUM, *Talleyrand, Statesman-Priest, the Agent général of the Clergy*, The Catholic University of America Press, 1971 et Michel PONIATOWSKI, *Talleyrand aux États-Unis, 1794-1796*, Paris, 1976, ID., *Talleyrand*, Paris 1983.

193. Marie-Joseph Chénier (1764-1811), officier de dragons en 1781-1783, donne sa démission pour se consacrer à la littérature. Sa tragédie, *Charles IX*, représentée en octobre 1789, eut un très grand succès. Il composa ensuite des hymnes pour les fêtes révolutionnaires. Sa notoriété lui valut d'être élu à la Convention par la Seine-et-Oise, il y vota pour la mort de Louis XVI. Dans son drame *Timothée*, on voulut voir des attaques contre Robespierre, il fut décrété d'arrestation, mais se cacha. Son frère, André, fut guillotiné. Après le 9 thermidor, il attaqua les derniers Montagnards. Il fut réélu au Conseil des Cinq-Cents et y défendit la liberté de la presse. Après le 18 brumaire, il siégea au Tribunat. Il fut inspecteur général de l'Instruction publique de 1803 à 1806 et était membre de l'Institut.

194. Le prince Louis de La Trémoille représentait Louis XVIII à Paris. Après les pacifications de l'Ouest, à la fin de 1796, il groupa à Paris les chefs de la chouannerie afin de tenter dans l'été de 1797, un coup de force contre le Directoire. Ils furent devancés par le Directoire lui-même, le 18 fructidor.

195. Jacques Marquet, baron de Montbreton de Norvins (1769-1854) conseiller au Châtelet avant 1789, émigra, rentra en France en 1797, fut arrêté après le 18 fructidor, et libéré en 1800. Napoléon le nomma ambassadeur dans le pays de Bade puis directeur de la police des États romains (1810-1814). Il fut de nouveau préfet de 1830 à 1832. Mais il est surtout connu par son *Histoire de Napoléon* (4 vol., 1827-1828) et par ses *Souvenirs d'un historien de Napoléon* (3 vol., 1896-1897).

196. Voir plus haut, note 162 de la Troisième Partie.

197. Il n'y eut pas de république de Piémont.

198. La Lombardie fit partie de la république cisalpine.

199. Pas exactement. Certaines constitutions des républiques-sœurs différent sensiblement de la constitution française de l'an III. Voir J. GODECHOT, *La Grande Nation, Op. cit.*, chap. XII, « Les Constitutions », pp. 331-357.

200. Le 18 octobre 1797.

201. La cession de Venise à l'Autriche avait déjà été prévue par les préliminaires de Léoben, conclus le 18 avril 1797. Pour les faire accepter par le Directoire, Bonaparte fit répandre en France le bruit que la paix était signée, ce qui provoqua un immense enthousiasme populaire. Le Directoire ne pouvait pas, devant cette joie, annuler les préliminaires établis par Bonaparte.

202. Après avoir conclu le traité de Campo-Formio, Bonaparte avait été nommé plénipotentiaire au Congrès de la paix qui devait se réunir à Rastadt, petite ville du pays de Bade, proche de Strasbourg. Pour s'y rendre, il traversa, en novembre 1797, la Suisse, par Aix-les-Bains, Genève, Berne et Bâle. Il ne semble pas s'être arrêté à Coppet. Voir BOURRIENNE, *Mémoires*, t. II, Paris, 1829, pp. 6-10.

203. C'est le 6 décembre 1797 que Mme de Staël rencontra Bonaparte pour la première fois chez Talleyrand. Mais, il y avait foule, et il ne lui dit que trois mots

quelconques. Elle le rencontra une seconde fois chez le ministre de l'Intérieur. Mais c'était encore la cohue. Dans le manuscrit de *Dix années d'exil,* elle écrit : « Je me trouvai à ses côtés, d'abord sans le reconnaître, quand, tout à coup, je m'aperçus que c'était lui ; j'en éprouvai un tel saisissement que je me reculai pour le laisser passer avec une exclamation involontaire. »

Dans une partie, inédite, du manuscrit de *Dix années d'exil* (cité par Simone Balayé, *Mme de Staël, Lumières et liberté,* p. 76) Mme de Staël brosse un portrait plus féroce de Bonaparte à cette date : « Sa figure était alors moins désagréable qu'elle ne l'est maintenant (en 1811), car, du moins, il était maigre et pâle, et l'on pouvait croire que sa propre ambition le dévorait, tandis que, depuis quelques années, il semble engraissé des malheurs qu'il nous cause. Mais, de tous temps, sa taille a été ignoble, sa gaieté vulgaire, sa façon d'être grossière et rude, surtout avec les femmes. L'on eut dit que, pour punir les Français de l'abus qu'ils avaient fait de leurs brillantes qualités, la Providence soumettait la nation la plus remarquable par sa grâce et par son esprit de chevalerie, à l'homme le plus étranger à ce charme et à cette qualité. »

Selon Paul Gauthier, Mme de Staël aurait écrit à Bonaparte plusieurs lettres alors qu'il se trouvait en Italie. Mais on ne possède pas ces lettres, on ne les connaît que par une allusion qu'y a fait Bonaparte à Sainte-Hélène : « elle lui avait écrit au loin sans le connaître, elle le harcela présent (...) Le général ne répondit (...) que par une indifférence qui n'est jamais pardonnée par les femmes. » (LAS CASES, *Mémorial,* chap. VIII) Par ailleurs, Bourrienne écrit dans ses *Mémoires* (t. VI, p. 216) : « J'avais été témoin de ses avances (...) auprès du général en chef de l'armée d'Italie (...) Mme de Staël lui adressa des lettres pleines d'enthousiasme. Bonaparte m'en lisait tout haut quelques fragments, puis il riait et me disait : « Concevez-vous rien, Bourrienne à toutes ces extravagances ? Cette femme-là est folle. » Je me rappelle que, dans une de ces lettres, Mme de Staël lui disait, entre autres choses : qu'ils avaient été créés l'un pour l'autre, que c'était par suite d'une erreur des institutions humaines que la douce et tranquille Joséphine avait été unie à son sort ; que la nature semblait avoir destiné une âme de feu comme la sienne à l'adoration d'un héros tel que lui. » Bonaparte aurait jeté au feu toutes ces lettres en disant : « Eh bien, oui, une femme bel esprit, une faiseuse de sentiment, se comparer à Joséphine ! Bourrienne, je ne veux pas répondre à de pareilles lettres. » Il est bien dommage que Bonaparte ait brûlé ces lettres. Peut-on faire confiance à Bourrienne, qui, souvent a menti ?

Mme de Staël revit encore Bonaparte au cours d'un repas où elle fut placée entre Sieyès et lui. Elle essaya de connaître ses projets sur la Suisse, où elle redoutait une intervention française, qui pourrait avoir des conséquences fâcheuses pour son père et pour son domaine de Coppet, elle tâcha aussi de savoir si le Directoire restituerait à Necker les deux millions qu'il avait laissés en France. Mais Bonaparte resta indifférent. Voir Paul GAUTIER, *Madame de Staël et Napoléon,* Paris, 1902, pp. 2-10 et Henri GUILLEMIN, *Mme de Staël, Benjamin Constant et Napoléon,* Paris, 1959, pp. 4-8.

204. Bonaparte arriva à Paris, venant de Rastadt, le 5 décembre 1797. Il fut reçu solennellement par le Directoire le 10 décembre.

205. Bonaparte avait été nommé général en chef de l'armée d'Angleterre dès le 26 octobre 1797.

206. Bonaparte inspecta l'armée d'Angleterre, entre Boulogne et Ostende, du 8 au 20 février 1798. A son retour, le 23 février il remit au Directoire un rapport dans lequel il déclarait qu'une « descente » en Angleterre n'était pas possible sans la maîtrise de la mer.

207. C'est Talleyrand qui, le premier avait eu l'idée d'une conquête de l'Égypte. Il avait exposé son projet dans un mémoire remis à l'Institut le 3 juillet 1797. Bonaparte était au courant de ce projet, et l'annexion à la France des Îles ioniennes, lors du traité de Campo-Formio, avait pour but de préparer cette conquête. Le 26 janvier 1798,

Talleyrand en parla encore à Bonaparte et celui-ci la préconisa dans son rapport du 23 février.

208. L'invasion de la Suisse avait effectivement pour buts, non seulement la création d'une république helvétique, protégeant, à l'est les frontières de la France, mais la mainmise sur le trésor de Berne, dont une petite partie seulement (3 millions sur 10 millions) couvrit les frais de l'expédition d'Égypte. Cf. J. GODECHOT, *Les commissaires aux armées sous le Directoire*, *Op. cit.*, t. II, pp. 57-65 et 126-131.

209. Le pays de Vaud était sujet, ou vassal, du canton de Berne. Il fut transformé, en 1798, en un canton indépendant, il l'est resté en 1815.

210. Suchet (1770-1826) entra dans la cavalerie de la Garde nationale de Lyon en 1791, il fut élu lieutenant-colonel du 4ᵉ bataillon des Volontaires de l'Ardèche en 1793, le 28 octobre 1797 il fut nommé chef de brigade (colonel) et c'est en cette qualité qu'il servait à l'état-major du général Brune lors de l'invasion de la Suisse, en février 1798. Suchet deviendra général de brigade le 23 mars 1798, général de division le 10 juillet 1799, maréchal de France le 8 juillet 1811. Il prit une part importante aux campagnes d'Espagne, se rallia à Louis XVIII en 1814 et fut fait pair de France par Napoléon pendant les Cent-Jours.

211. La médiation du 19 février 1803, qui rétablit, en partie, l'ancien régime en Suisse.

212. Contre Charles le Téméraire, le 2 mars 1476.

213. Les insurgés des « petits cantons » (Zug, Uri, Unterwalden, Glaris, Appenzell, Saint-Gall, Sargans) furent battus le 3 mai à Morgarten, près du lac des Quatre Cantons. Cf. J. GODECHOT, *La Grande Nation*, *Op. cit.*, pp. 198-200 et A. RUFER, *La Suisse et la Révolution française*, *Op. cit.*, pp. 78-80.

214. La République helvétique, une et indivisible, ne dura que de 1798 à 1800.

215. Genève fut annexée à la France le 15 avril 1798. La majorité des habitants était, sans doute à cette époque, hostile à l'annexion, mais, en 1814, elle l'avait acceptée selon Paul WAEBER, *La formation du canton de Genève, 1814-1816*, Genève, 1974.

216. Voir plus haut, n° 121 de la Seconde Partie.

217. Allusion à un épisode de l'*Orlando furioso* (le Roland furieux) de l'écrivain italien Ludovico Ariosto (1474-1533).

218. La république romaine fut proclamée, sur le Forum, le 15 février 1798.

219. Il s'agit des changements de directeurs, opérés sur l'injonction des Conseils, et qu'on a appelé coup d'état du 30 prairial an VII (18 juin 1799). Quatre directeurs, Reubell, La Revellière-Lépeaux, Treilhard et Merlin de Douai démissionnèrent. Ils furent remplacés par Sieyès, Gohier, Roger Ducos et le général Moulin, Barras restant le seul des directeurs élus en 1795. C'est ce qu'on appelle le « Troisième Directoire ».

220. Gohier (1746-1830), avocat avant 1789, fut député à la Législative. Chargé du rapport sur la déchéance de Louis XVI, il fut nommé ministre de la justice en 1793. En 1799, il remplaça au Directoire Treilhard qui avait été nommé à tort, car il n'avait pas l'âge de 40 ans, requis par la Constitution.

Le général Moulin (1752-1810), soldat en 1768-1769 puis ingénieur géographe dans l'Administration des Ponts-et-Chaussées, fut élu lieutenant dans un bataillon de Volontaires nationaux de Paris en 1791. Il combattit contre les Vendéens et devint général de brigade en août 1793 et général de division en novembre suivant. Il combattit à l'armée des Alpes en 1794 et devint général en chef de l'armée de Hollande le 9 octobre 1797. Il fut élu au Directoire le 20 juin 1799, à la place de La Revellière-Lépeaux. Sous le Consulat et l'Empire il exerça les fonctions de gouverneur de quelques places fortes.

221. En juin 1799, Russes et Autrichiens occupaient toute l'Italie sauf la Ligurie. Une petite armée française résistait dans Gênes.

222. Le Directeur Sieyès disait « je cherche un sabre ». Moreau, trop compromis

par ses intelligences avec l'ennemi en 1796-1797, refusa. Joubert accepta, mais il n'était pas assez célèbre. Le Directoire l'envoya reconquérir l'Italie. Joubert, né en 1769, s'était engagé dans l'artillerie, puis était devenu étudiant en droit. En 1791, il s'engage au 3ᵉ bataillon des Volontaires de l'Ain, il est sous-lieutenant en 1792, capitaine en 1794, général de brigade en 1795, après avoir servi surtout à l'armée d'Italie. Il fait la campagne d'Italie de 1796-1797 dans l'armée de Bonaparte et devient général de division. En 1798, il commande les troupes françaises de Hollande et y réalise un coup d'état du type « 18 fructidor ». Il avait donc l'expérience nécessaire pour recommencer en France. Mais envoyé à l'armée d'Italie le 5 juillet 1799, il est tué à Novi le 15 août.

223. Sur Bernadotte, voir plus haut, n° 172 de la Troisième Partie.

Notes
de la quatrième partie

1. Le 1ᵉʳ août 1798.

2. Bonaparte a proclamé son respect pour l'Islam, mais n'a jamais dit qu'il voulait se convertir. Son secrétaire, Bourrienne écrit dans ses *Mémoires* (II, pp. 163-164). « Il n'a ni appris, ni répété, ni récité aucune prière du Coran. » Quant au Concordat avec le pape, il a été signé le 16 juillet 1801. Sur l'expédition d'Égypte, voir F. CHARLES-ROUX, *Bonaparte gouverneur de l'Égypte,* Paris, 1936, Christopher HEROLD, *Bonaparte en Égypte,* Paris, 1964. Bibliographie très complète dans Jean TULARD, *Napoléon,* Paris, 1977, pp. 99-101.

3. Cette conversation a été inventée de toutes pièces et répandue par les journaux et les récits publiés avant 1818. Voir G. SPILLMAN, *Napoléon et l'Islam,* Paris, 1969.

4. Le commodore William Sidney Smith avait été fait prisonnier par les Français et enfermé dans la tour du Temple. Il s'en évada au printemps de 1798 grâce à la complicité d'un condisciple de Bonaparte à l'École militaire de Paris, Antoine Le Picard de Phélippeaux, émigré rentré. Phélippeaux fut chargé de défendre Saint-Jean-d'Acre contre Bonaparte, tandis que Sidney Smith capturait les bateaux transportant l'artillerie française d'Égypte en Palestine. Faute de canons, Bonaparte ne put s'emparer de Saint-Jean-d'Acre et fut contraint à une retraite désastreuse. Phélippeaux mourut à Saint-Jean-d'Acre le 1ᵉʳ mai 1799. La retraite française dura du 10 mai au 14 juin 1799.

5. Il est douteux qu'en 1799, Bonaparte ait eu ce grand dessein, plus douteux encore qu'il pût le réaliser.

Berthier (1753-1815), ingénieur géographe, fit la guerre d'Amérique. En 1791, il est maréchal de camp (général de brigade), en 1796 il devient chef d'État-major de Bonaparte et le restera pendant presque toute sa carrière. Le 19 mai 1804 il fut nommé maréchal d'Empire, et en 1806 prince de Neuchatel. Il se rallia à Louis XVIII en 1814 et mourut mystérieusement à Bamberg, en Allemagne, le 1ᵉʳ juin 1815, en tombant de la fenêtre de son logis (meurtre ou suicide ?).

6. Appréciation très exacte.

7. Bonaparte se brouilla avec Lucien (1775-1840) parce que celui-ci épousa contre son gré Alexandrine de Bleschamp, veuve de l'agent de change Jouberthon. Il le

nomma néanmoins prince de Canino. Joseph (1768-1844) devint roi de Naples en 1806 et roi d'Espagne en 1808. Après 1814, Lucien vécut à Rome, Joseph aux États-Unis, puis en Angleterre et enfin à Florence.

8. Bonaparte quitta l'Égypte le 23 août 1799. Il arriva à Saint-Raphaël le 9 octobre.

9. Bonaparte a fait exécuter en Égypte un grand nombre d'individus qui s'étaient révoltés, ou étaient soupçonnés de vouloir se révolter contre lui. En Palestine, il a fait massacrer les Turcs et les Arabes que son armée avait capturés. Voir les *Mémoires* de BOURRIENNE et l'ouvrage de Ch. HEROLD, cités plus haut, n. 2.

10. Bonaparte ne reçut pas ces lettres. Ce qui le détermina à quitter l'Égypte fut la lecture des journaux européens que lui fit passer le commodore Sidney Smith afin de lui montrer l'importance des défaites françaises.

11. Les Anglo-Russes, débarqués en Hollande le 27 août 1799, furent contraints par l'armée franco-hollandaise aux ordres du général Brune, de capituler le 15 octobre et de se rembarquer.

12. Masséna battit les Russes les 24-27 septembre à Zurich, et les contraignit à évacuer la Suisse.

13. L'offensive française en Italie était brisée par les Autrichiens à Novi le 15 août 1799. Le général en chef, Joubert fut tué dans cette bataille.

14. Inexact pour le Piémont, qui ne fut reconquis qu'en juin 1800.

15. Le château de Grosbois, près de Boissy-Saint-Léger, dans le Val-de-Marne avait été construit en 1580. Il fut acheté par Barras, qui le revendit en 1805 au maréchal Berthier. Sur cet épisode, voir Paul GAUTIER, *Mme de Staël et Napoléon*, Paris, 1902, pp. 22-25.

16. Le texte primitif de Mme de Staël a été supprimé par les éditeurs des *Considérations* (son fils et son gendre), mais publié en appendice à *Dix années d'exil* dans l'édition de Paul GAUTIER, 1904 ; nouvelle édition par S. Balayé, 1966). Il est caractéristique : « J'étais si persuadée que dans ce cas (la victoire des jacobins) on pourrait s'attendre aux plus cruelles persécutions que je rassemblai tout l'argent que j'avais alors chez mes gens d'affaires pour le partager entre deux de mes plus intimes amis et moi, pour se rendre à l'instant à l'étranger. Je recevais de quart d'heure en quart d'heure des nouvelles de Saint-Cloud, et, selon les nouvelles que je recevais, je hâtais ou j'ajournais mon départ. » Georges LEFEBVRE estime que ce texte pourrait servir d'épigraphe à l'histoire du Directoire, car il montre que, dès le soir du 19 brumaire, la bourgeoisie était prisonnière de Bonaparte (*La France sous le Directoire, Op. cit.*, p. 724).

Mme de Staël ne fut pas aussi consternée qu'elle le dit, dans les *Considérations*, par le 18 brumaire. Nous n'avons pas les lettres qu'elle écrivit alors à son père, mais nous connaissons les réponses qui, comme le dit Henri GUILLEMIN (*Mme de Staël, Benjamin Constant et Napoléon*, Paris, 1959) « sont éloquentes ». En effet, le 25 brumaire, Necker répond à une lettre de sa fille, du 20 : « Tu me peins avec des couleurs animées la part que tu prends à la gloire et au pouvoir de ton héros. » Et le 28 : « Je suis persuadé que le nouveau régime donnera beaucoup aux propriétaires, en droits et en force. » Il comprend l'enthousiasme de sa fille pour « Buonaparte » car « il est jeune et la fortune nous le conservera ». (*Op. cit.*, p. 7).

17. Aréna (1771-1801), officier corse, devenu député au Conseil des Cinq-Cents. En 1801, il monta, avec le sculpteur romain Ceracchi et le peintre Topino-Lebrun une conspiration pour tuer Bonaparte. Dénoncé, il fut arrêté, condamné à mort et exécuté.

18. Au soir du 19 brumaire, les députés favorables à Bonaparte se réunirent et instituèrent une « commission consulaire » formée de Bonaparte et des Directeurs Sieyès et Roger Ducos. Eux-mêmes se répartirent entre deux commissions formées, l'une de 25 Anciens, l'autre de 25 députés des Cinq-Cents. Les commissions devaient

élaborer la nouvelle constitution. Cf. J. GODECHOT, *Les institutions... Op. cit.*, pp. 549-550.

19. En 1814 et 1815.

20. Le chiffre paraît très exagéré. On estime aujourd'hui que les guerres de l'Empire ont coûté à la France 800 000 morts environ. Cf. J. GODECHOT, *L'Europe et l'Amérique à l'époque napoléonienne, Op. cit.*, pp. 294-295, et A. LATREILLE, *L'ère napoléonienne*, Paris, 1974, pp. 350-351.

21. Napoléon était français, la Corse était française lors de sa naissance, le 15 août 1769.

22. Voir plus haut, note 18.

23. On constate que Mme de Staël prend le ton du pamphlet. Bonaparte, contrairement à ce qu'elle écrit, avait beaucoup lu. Les cahiers de notes, qui ont été conservés, le prouvent. Les sentiments de Mme de Staël pour Bonaparte en 1796-1800 étaient très différents. Cf. P. GAUTIER, *Mme de Staël et Napoléon, Op. cit.*, pp. 1-47.

24. Sieyès est, en effet, l'inventeur des « listes de notabilités ». Il devait y avoir trois sortes de listes : communales, départementales, nationales. Les élections, pour les listes communales, devaient avoir lieu au suffrage universel de tous les Français âgés de 21 ans, et domiciliés depuis un an. Les électeurs devaient choisir le dixième d'entre eux. Les citoyens inscrits sur les listes communales se réunissaient au chef-lieu d'arrondissement pour inscrire le dixième d'entre eux sur les listes départementales. Les notables départementaux élisaient de même le dixième d'entre eux pour former les listes nationales. Le pouvoir exécutif choisissait dans ces listes les membres des corps communaux, départementaux, nationaux. Les véritables élections étaient donc abolies. Voir J. GODECHOT, *Les institutions, Op. cit.*, pp. 558-570 et *Les constitutions, Op. cit.*, pp. 143-162.

25. Cette réflexion montre à quel point Mme de Staël représentait les idées de la bourqeoisie riche. Les sénateurs, nommés à vie, auraient cependant pu être indépendants, s'ils l'avaient voulu. Cf. J. GODECHOT, *Les institutions, Op. cit.*, pp. 569-570.

26. La constitution de l'an VIII, n'est, en effet, précédée d'aucune déclaration de droits. Seule l'inviolabilité du domicile est garantie par l'article 76. Cf. J. GODECHOT, *Les institutions, Op. cit.*, p. 559.

27. Cambacérès (1753-1824) était, avant 1789, conseiller à la Cour des Comptes de Montpellier. Il devint président du tribunal criminel de l'Hérault en 1792 et fut élu à la Convention. Au procès de Louis XVI, il se prononça pour la mort, avec sursis. Il joua un rôle important au comité de Législation, pencha vers les Montagnards avant thermidor, mais après la chute de Robespierre, rejoignit les thermidoriens. Il fut réélu au Conseil des Cinq-Cents où il siégea jusqu'aux élections de l'an V, se consacrant surtout à la préparation du code civil. Le 2 thermidor an VII (20 juillet 1799) il fut nommé ministre de la justice ce qui explique son élévation au Consulat. Le 3 mai 1804, il devint archichancelier de l'Empire, le 24 avril 1808, duc de Parme, Il administra l'Empire en l'absence de Napoléon. En 1815, il s'exila à Bruxelles et y resta jusqu'au 25 décembre 1818. Voir Pierre VIALLES, *L'archichancelier Cambacérès, 1753-1824*, Paris, 1908 ; Jean THIRY, *Cambacérès, archichancelier d'Empire*, Paris, 1934 ; François PAPILLARD, *Cambacérès*, Paris, 1961.

28. Lebrun (1739-1824) avait été secrétaire de Maupeou qui fut chancelier et garde des Sceaux de 1763 à 1768. Lebrun fut élu député aux États généraux. Emprisonné sous la Terreur, il devint député au Conseil des Anciens sous le Directoire. C'est Cambacérès qui conseilla à Bonaparte de le nommer Troisième Consul. En 1804, il fut nommé Architrésorier. Il organisa la Cour des Comptes, et, en 1810, après l'abdication du roi Louis Bonaparte, administra la Hollande. Il se rallia à Louis XVIII en 1814, mais rejoignit Napoléon pendant les Cent-Jours.

29. Il s'agit des biens des émigrés et des biens obtenus lors du partage des communaux. Une législation très précise régla la restitution des biens *non vendus* aux émigrés. Ceux-ci ne purent recouvrer les biens qui avaient été vendus, si ce n'est par rachat. Quant aux biens provenant du partage des communaux, certains furent conservés par les bénéficiaires, d'autres durent être restitués selon que les partages furent maintenus ou annulés à la suite d'une législation complexe. En tout cas, il n'y eut pas autant d'actes arbitraires que le prétend Mme de Staël, en cas de conflit, des tribunaux, et au besoin la Cour de cassation, tranchèrent. Cf. J. GODECHOT, *Les institutions, Op. cit.*, pp. 661-664.

30. Le nombre des journaux fut d'abord réduit, à Paris, de 60 à 13, par le décret du 27 nivôse an VIII (17 janvier 1800). La censure ne fut, officiellement, instituée, qu'en 1804, lors de la reprise de la guerre. Cf. *Histoire générale de la presse française, Op. cit.*, t. I, pp. 550-555.

31. Exact. *Ibid.*, pp. 549-550 et 556-558. Voir aussi André CABANIS, *La presse sous le Consulat et l'Empire*, Paris, 1975, pp. 233-317.

32. C'est-à-dire les contributions de guerres dues par les pays étrangers. Cf. J. GODECHOT, *Les institutions, Op. cit.*, p. 647.

33. 14 juin 1800.

34. 25 mars 1802.

35. William Wyndham Grenville (1759-1834) entra au ministère en 1790 et reçut le portefeuille des Affaires étrangères l'année suivante. Il se montra très hostile à la France révolutionnaire. Il démissionnna, en même temps que Pitt en 1801, mais redevint ministre en 1806-1807. Ses papiers sont conservés au château de Dropmore où il mourut, et ont été partiellement publiés.

36. L'Angleterre devait restituer à la France et à la Hollande la plupart des colonies qu'elle avait occupées. Elle reconnaissait les conquêtes de la France sur le continent. Elle s'engageait à évacuer Malte lorsque les troupes françaises abandonneraient le royaume de Naples. Ce dernier point ne fut pas exécuté et provoqua la reprise de la guerre en mai 1803.

37. Sur Fox (1749-1806) voir note 104 de la Troisième partie.

38. Sheridan (1751-1816), d'abord connu comme écrivain´et auteur dramatique, devint député en 1780, ministre en 1782-1783. Il fut, avec Fox, un des whigs qui sympathisa le plus avec la Révolution française. Il redevint ministre, pour peu de temps, en 1806. Malgré le succès de ses pièces de théâtre et de ses livres, il mourut dans la misère.

39. Effectivement, aussitôt la paix signée, Napoléon établit les droits de douane élevés sur les marchandises anglaises. Ces tarifs furent, autant que la question de Malte, causes de la reprise de la guerre.

40. L'attentat de la « machine infernale », rue Saint-Nicaise, eut lieu le 24 décembre 1800. La police estima qu'il avait été perpétré par des Jacobins et des anarchistes, beaucoup furent arrêtés et déportés sans jugement aux îles Seychelles, dans l'océan Indien. En fait, l'attentat était l'œuvre de Chouans, deux d'entre eux furent condamnés à mort et exécutés, les autres emprisonnés. Seul Cadoudal échappa à la police et passa en Angleterre.

41. Cabanis (1757-1808) médecin et philosophe, ami de Mirabeau, il devint un des « idéologues » les plus marquants. Sous le Directoire, il fut député au Conseil des Cinq-Cents, désapprouva le coup d'état de brumaire et le Concordat, et se retira de la vie publique. Cf. Daniel TESSEIRE, *Cabanis, une somme des lumières*, Paris, 1981.

42. Mgr Boisgelin de Cucé, devenu ensuite archevêque de Tours. Sur le Concordat, voir A. LATREILLE, *L'église catholique et la Révolution française*, t. II, Paris, 1950. « Il est un acte que Mme de Staël n'a jamais pardonné à Bonaparte : c'est le Concordat. » (P. GAUTIER, *Mme de Staël et Napoléon Op. cit.*, p. 72).

43. Milton (1608-1674), poète anglais qui, pendant la guerre civile, fut favorable

aux puritains et à Cromwell. Parmi ses nombreux écrits politique, il faut retenir surtout l'*Aeropagitica*, discours en faveur de la liberté de la presse (1644).

44. On attribue cette boutade au général Delmas (1766-1813). Elle entraîna son exil à 30 lieues de Paris, puis son admission au traitement de réforme. Il fut, pourtant, réintégré dans l'armée en 1813, et blessé mortellement à la bataille de Leipzig.

45. Sur le catéchisme impérial, voir A. LATREILLE, *Le catéchisme impérial de 1806*, Paris, 1935. Pour une bibliographie complète, J. GODECHOT, *Les institutions... Op. cit.*, pp. 711-721.

46. C'est Necker qui alla voir Bonaparte lorsque celui-ci traversa Genève avant de passer le col du Grand Saint-Bernard. Bonaparte, qui ne l'avait encore jamais vu, le trouva « un lourd régent de collège, bien boursouflé. » (LAS CASES, *Napoléon à Saint-Hélène*, 13 août 1816.) A Montholon, il dira le 3 septembre 1816 : « J'ai causé avec lui à mon passage à Genève. C'était un bon premier commis des finances, voilà tout. » *(Récits de la Captivité)*. Voir sur cet épisode, P. GAUTIER, *Mme de Staël et Napoléon, Op. cit.*, pp. 59-61.

47. Ce livre parut en 1802 et eut quatre éditions françaises. Il n'a pas été traduit mais a fait l'objet de comptes rendus dans des journaux allemands et anglais.

48. Le duc d'Enghien fut fusillé le 21 mars 1804.

49. Voir H. GRANGE, *Les idées de Necker, Op. cit.*, pp. 489-494.

50. C'est Germaine de Staël qui avait poussé son père à publier ces *Dernières vues...* « Je ne pouvais me résoudre à étouffer ce chant du cygne » écrit-elle dans *Dix années d'exil* (I, VIII). Mais elle ajoute « Je sentais très bien les dangers que me ferait courir un ouvrage qui déplairait au Premier Consul. » Sur l'incohérence de la conduite de Mme de Staël, voir P. GAUTIER, *Mme de Staël et Napoléon, Op. cit.*, pp. 88-95 et H. GUILLEMIN, *Mme de Staël, Benjamin Constant et Napoléon, Op. cit.* pp. 30-37.

51. Le Tribunat était composé de 100 membres nommés pour 5 ans par le Sénat et renouvelable chaque année par cinquième. L'amant de Mme de Staël, Benjamin Constant, fut nommé au Tribunat dès le 24 décembre 1799, grâce à l'intervention de Joseph Bonaparte, ami de Germaine de Staël. Le 5 janvier 1800, Benjamin Constant prononça au Tribunat un discours dans lequel il reprochait aux Consuls de vouloir « faire traverser » leurs projets de loi à l'examen du Tribunat sans lui donner le temps de réfléchir, « comme s'il était une armée ennemie ». Bonaparte fut furieux contre Constant et contre sa maîtresse, et contre tout le Tribunat. Lors du premier renouvellement, en 1802, comme la constitution n'avait pas fixé le mode de désignation du cinquième sortant, le Sénat, à la demande de Bonaparte les désigna. Constant fut éliminé, les attributions du Tribunat diminuées. Le Tribunat fut finalement supprimé le 19 août 1807. Cf. J. GODECHOT, *Les institutions..., Op. cit.*, pp. 565-568, 571, 575, 578, 583 ; Mme DE STAËL, *Dix années d'exil*, I, II ; P. GAUTIER, *Mme de Stäl et Napoléon, Op. cit.*, pp. 28-47 ; H. GUILLEMIN, *Mme de Staël, Benjamin Constant et Napoléon, Op. cit.*, pp. 8-11.

52. Le Conseil d'État ne se montra pas aussi servile que Necker le prévoyait. Cf. J. GODECHOT, *Les institutions..., Op. cit.*,pp. 561-562 et les études de Charles DURAND, citées à la bibliographie pp. 558-559.

53. La chambre des pairs créée pendant les Cent-Jours, par l'Acte additionnel aux Constitutions de l'Empire, (rédigé par Benjamin Constant) n'est que la continuation du Sénat impérial, toutefois les pairs sont héréditaires alors que les sénateurs ne l'étaient point.

54. Germaine de Staël était seulement menacée d'exil. Pendant l'hiver 1802-1803, elle hésita à rentrer à Paris. Finalement elle se décida à quitter Coppet en septembre 1803, après avoir supplié ses amis, notamment Joseph Bonaparte, d'infléchir le Premier Consul en sa faveur. Elle écrivit même à Napoléon des lettres fort humbles. Elle vint s'établir à Maffliers, près de Montmorency (actuellement dans

le département du Val d'Oise). Mais cette localité n'était pas à six lieues de Paris, et Bonaparte, lui fit intimer l'ordre, par un officier de gendarmerie, de se retirer à quarante lieues, au moins, de la capitale. (Mme DE STAËL, *Dix années d'exil*, I, X et XI, P. GAUTIER, *Mme de Staël et Napoléon, Op. cit.*, pp. 119-143 ; H. GUILLEMIN, *Mme de Staël..., Op. cit.*, pp. 37-49) Germaine de Staël décida de « punir la France » en partant pour l'Allemagne (ID, *Ibid.*, pp. 45-49. Voir aussi Simone BALAYÉ, *Les carnets de voyage de Mme de Staël*, Paris, 1971, pp. 21-28.)

55. *Bulletin de Paris*, 17 fructidor an X (4 septembre 1802) *Décade philosophique*, 20 fructidor ; *Gazette de France*, 7 fructidor (25 août) ; *Journal de Paris*, 7 fructidor ; *Journal des Arts*, 15 fructidor ; *Journal des défenseurs de la patrie*, 6 fructidor ; *Journal du Commerce*, 17 fructidor ; *Journal général de la littérature,*fructidor ; *Mercure de France*, 10 fructidor.

56. Il est difficile de connaître le nombre de personnes exilées sous le Consulat et l'Empire. Par contre, on sait qu'en 1814, plus de 2 500 personnes étaient emprisonnées arbitrairement, Cf. J. GODECHOT, *Les institutions..., Op. cit.*, p. 637.

57. Bolingbroke (1678-1751), grand seigneur libertin, membre du parti tory, partisan en 1714, de la restauration des Stuart, fut exilé par Georges Ier de Hanovre lorsqu'il monta sur le trône d'Angleterre. Il se réfugia en France où il vécut de 1715 à 1723.

58. Il s'agit de *Dix années d'exil*, voir plus haut, n. 16.

59. Hermesinde de Narbonne-Pelet, duchesse de Chevreuse, avait été souvent dénoncée, dans les *Bulletins* de la police secrète de Napoléon comme opposante. Le lundi 28 mars 1808, on la dit « une des plus mauvaises langues ». Dame du Palais, elle refusa, le 24 mai, d'aller faire son service à Fontainebleau parce que Napoléon avait fait interner à Valençay la famille royale d'Espagne. Elle fut exilée aussitôt dans son château de Luynes. Finalement elle fut autorisée à se rendre à Lyon où elle mourut en 1813 « des suites d'une maladie de poitrine, dont elle était atteinte depuis plus d'un an ». Cf. Ernest d'HAUTERIVE, *La police secrète du Premier Empire*, 1808-1809 et 1809-1810, Paris, 1963 et 1964 ; CAMBACÉRÈS, *Lettres inédites à Napoléon*, Paris, 1973, p. 973.

60. Sur l'espionnage dont Mme de Staël, comme beaucoup d'autres, a été victime, voir les *Bulletins* quotidiens de la police, dans le recueil d'Hauterive, cité à la note précédente.

61. Mme de Staël a longuement raconté dans *Dix années d'exil* et la censure de son livre *De l'Allemagne*, et les circonstances de son bannissement, en 1810 (II, I).

62. Voir la note 90 de la Seconde partie.

63. Julie Bernard, femme du banquier Récamier, née à Lyon en 1777, morte à Paris en 1849 devint en 1798 l'amie de Mme de Staël. Elle tint à Paris, sous le Directoire et le Consulat, un salon littéraire, puis, après les revers de fortune de son mari, rejoignit à Coppet Mme de Staël. Sous la Restauration elle se retira à l'Abbaye-aux-Bois et se lia avec Chateaubriand. Cf. E. HERRIOT, *Madame Récamier et ses amis*, nouvelle édition, 1934, M. LEVAILLANT, *Une amitié amoureuse : Mme de Staël et Mme Récamier*, 1956.

64. Necker avait publié, en 1788, *De l'importance des opinions religieuses* (9 éditions en français, la dernière publiée en 1842, 4 éditions en anglais, dont 3 aux États-Unis, une traduction allemande et une hollandaise). En 1800 il fit imprimer un *Cours de morale religieuse* (3 éditions françaises, une traduction allemande). Sur les idées philosophiques et religieuses de Necker, voir Henri GRANGE *Op. cit.*, Quatrième partie, pp. 517-614.

65. Marie de Vichy-Chambrond, marquise du Deffand (1697-1780) a tenu, à partir de 1730, à Paris, un salon littéraire qui fut fréquenté par toutes les célébrités de l'époque, notamment Montesquieu, D'Alembert, Turgot et Condorcet.

66. Michel de l'Hopital (1505-1573) devint chancelier de France en 1560. Il

s'efforça, en vain, de mettre fin aux guerres de religion en prônant la tolérance.

67. Maximilien de Béthune, baron de Rosny, duc de Sully (1560-1641) est le célèbre ministre de Henri IV. Il s'occupa des finances, de l'économie, de l'armement. Il se retira en 1611 après la mort de Henri IV.

68. Voir plus haut, note 64. Il y eut cependant des comptes rendus de cet ouvrage dans 14 journaux français, notamment dix pages dans *l'Alambic littéraire* de 1803 (pp. 150-160), sept pages dans les *Annales de la religion* (t. XII, p. 115-122), vingt-trois pages dans les *Annales philosophiques* (1800, t. II, pp. 529-552), trente-deux pages dans *l'Année littéraire* (1800, t. I, pp. 315-347), dix pages dans le *Magasin encyclopédique* (1801, t. XXXVI, pp. 177-187) et quinze pages dans le *Mercure de France* (1800, pp. 329-344).

69. 1804.

70. Sur Pitt et Fox, voir plus haut notes 104 et 105 de la Troisième partie. Lord Chatam est le premier Pitt (1708-1778) qui fut ministre à plusieurs reprises, notamment en 1756-1757, pendant la guerre de sept ans. Il attaqua vigoureusement la corruption parlementaire et ministérielle, ce qui lui valut un prestige immense en Angleterre.

71. Absolument faux. Bonaparte a maintenu les « conquêtes de 1789 », notamment l'abolition du régime féodal, la nouvelle organisation administrative de la France etc.

72. La noblesse impériale n'était pas pourvue de privilèges comme celle de l'ancien régime, elle ne possédait, notamment, aucun des anciens droits féodaux et seigneuriaux.

73. L'interrogatoire de Cadoudal et de ses complices, qui avaient fomenté un complot contre Bonaparte, a fait croire à la police qu'un prince de la maison de Bourbon allait venir en France prendre la tête d'une insurrection. Fouché, ministre de la police, pensa qu'il s'agissait du fils du dernier Condé, le duc d'Enghien qui vivait à Ettenheim, dans le pays de Bade, à quelques kilomètres de la frontière française, Bonaparte le fit enlever par la gendarmerie, bien que le pays de Bade fût neutre, transporter d'urgence à Vincennes, juger par un conseil de guerre présidé par le général Hulin, condamner à mort et immédiatement exécuter (21 mars 1804) Voir J. GODECHOT, *La Contre-Révolution, Op. cit.* pp. 400-405.

74. Sur Moreau et Pichegru, voir notes 171 et 177 de la Troisième partie.

75. Il y avait plus de sept prisons d'État : le Temple, Bicêtre, Vincennes dans la région parisienne, Saumur, Ham, le château d'If, Pierre-Chatel, le fort de Joux, Bouillon, le château de Lourdes, le Mont Saint-Michel dans les départements, LandsKronn, Campiano et Fenestrelle dans les pays nouvellement réunis. Cf. J. GODECHOT, *Les institutions, Op. cit.,* pp. 636-638.

76. Voir plus haut, notes 90 de la Deuxième partie, et 194 de la Troisième partie.

77. L'ordre de la Couronne de fer a été créé en 1805 par Napoléon, comme roi d'Italie, pour récompenser les mérites civils et militaires les plus notables. Il aurait du être accordé aux seuls Italiens, mais beaucoup d'officiers et de soldats français le reçurent. Cf. M. ROBERTI, *Milano capitale napoleonica* Milano, 1946, t. I, pp. 349-350.

78. La Légion d'honneur, créée en mai 1802 pour récompenser les mérites civils et militaires. Cf. J. GODECHOT, *Les institutions, Op. cit.,* pp. 696-701.

79. Sur les majorats et les substitutions, Cf. J. GODECHOT, *Les institutions, Op. cit.,* p. 661.

80. Il s'agit du général Savary (1774-1833), engagé volontaire en 1789 au Royal-Normandie cavalerie, capitaine en 1795, général en 1803, chargé de l'exécution du duc d'Enghien, commandant le 7e corps de la Grande Armée en 1807, duc de Rovigo le 23 mai 1808, ministre de la police à la place de Fouché du 8 juin 1810 au 3 avril 1814, proscrit par Louis XVIII en 1815, vécut en Syrie, en Autriche en Angleterre et

en Italie. Réintégré dans l'armée en 1831, commanda le corps expéditionnaire d'Algérie de 1831 à 1833.

81. Macdonald (1765-1840) fut fait duc de Tarente le 9 décembre 1809. C'était le fils d'un Écossais jacobite, engagé volontaire au régiment de Dillon en 1786, capitaine en 1792, général l'année suivante, ami de Moreau et, par suite, suspect en 1797, commanda l'armée française de Naples en 1799, à la place de Championnet, disgrâcié de 1804 à 1807, à cause de ses liens avec Moreau, employé de nouveau à l'armée d'Italie en 1809 et maréchal d'Empire le 12 juillet 1809. Il se rallia à Louis XVIII en 1814 et continua à servir jusqu'en 1830.

Sur Bernadotte, voir plus haut, note 172 de la Troisième partie.

Masséna fut fait duc de Rivoli en 1808 et prince d'Essling en 1809. Né en 1758, il est volontaire au 2ᵉ bataillon du Var en 1791, général de division en 1794. Il combat à l'armée d'Italie jusqu'en 1797. Il s'illustra aux batailles de Zürich de 1799 (voir plus haut note 12), devint maréchal d'Empire en 1804. Il rejoignit Napoléon pendant les Cent-Jours perdit tout commandement à la deuxième Restauration et mourut en 1817.

82. Sur les Montmorency, voir plus haut, note 90 de la Seconde partie. Le Comte Éléazard de Sabran, né en 1743, maréchal de camp en 1784 émigra en 1791 et fit campagne contre la France à l'armée de Condé. Amédée de Durfort, duc de Duras (1771-1838), émigra en 1791 et resta attaché à Louis XVIII qui le fit pair de France en 1815. Sa femme, née Claire de Kersaint (1777-1828) était la fille d'un député à la Législative et à la Convention qui fut guillotiné comme ami des Girondins. La duchesse de Duras ouvrit, sous la Restauration, un salon littéraire que fréquenta Chateaubriand, elle écrivit elle-même des romans.

83. Napoléon a été couronné empereur *des Français*. Il y a une nuance!

84. Jérôme Bonaparte devint roi de Westphalie en 1807. La Hesse ne formait qu'une petite partie de ce royaume composé surtout du Hanovre et du Brunswick. Le landgrave de Hesse-Cassel n'était devenu « électeur » qu'en 1803, par la volonté de Bonaparte.

85. Napoléon a établi en 1807 un duché de Varsovie composé alors des seuls territoires polonais qui avaient été annexés par la Prusse. En 1809, il y joignit la Pologne autrichienne. Mais il ne reconstitua pas l'ancienne Pologne.

86. Au congrès de Vienne, en 1815, le partage de l'Europe napoléonienne s'est fait en attribuant à chacune des puissances victorieuses un certain nombre « d'âmes ».

87. Friedrich von Gentz (1764-1832) écrivain allemand qui se fit connaître d'abord par la traduction des *Réflexions sur la Révolution de France*, de Burke dont il épousa les idées. En 1802 il devint conseiller de la cour impériale d'Autriche et attaqua violemment Napoléon dans les manifestes de 1806 et de 1809. A partir de 1810, il fut le conseiller très écouté de Metternich. C'est lui qui rédigea le traité de Paris, de 1815.

88. August Wilhelm von Schlegel (1767-1845) écrivain allemand qui fit partie en 1801, avec les poètes Tieck et Novalis, les philosophes Fichte et Schelling, d'un des premiers groupes romantiques. En 1803, il se lia avec Mme de Staël, lors de son voyage, en Allemagne, il fit de nombreux séjours à Coppet et l'accompagna en Suède en 1813. Il lui inspira son livre *De l'Allemagne*, publié à Londres, en français, en juin 1813. La même année, Schlegel faisait paraître une brochure contre *le Système continental*. Les œuvres les plus importantes de Schlegel, publiées à partir de 1807, concernent la littérature, il combat le classicisme français et exalte le romantisme. Son frère Fiedrich (1772-1829) s'est intéressé surtout à la philologie.

89. En 1798, Bonaparte s'était rendu compte qu'une « descente » en Angleterre n'était possible que si la France possédait la maîtrise de la mer. La grande manœuvre maritime imaginée par lui en 1805 devait lui donner, au moins temporairement, cette

maîtrise. Elle échoua, à Trafalgar, le 21 octobre (J. GODECHOT, *Histoire de l'Atlantique*, 1947, pp. 216-232).

90. Sur le blocus continental, voir F. CROUZET, *L'économie britannique et le blocus continental* (1806-1813), 1958 et J. GODECHOT, *L'Europe et l'Amérique à l'époque napoléonienne, Op. cit.*, pp. 165-201 et 298-302.

91. La victoire de Hastings (14 octobre 1066) permit aux Normands de conquérir l'Angleterre.

92. La loi Jourdan-Delbrel du 5 septembre 1798 avait institué la conscription, c'est-à-dire le service militaire obligatoire. Cf J. GODECHOT, *Les institutions, Op. cit.*, pp. 499-503 et 601-606.

93. C'était effectivement le système de Bonaparte : il l'a exposé dans sa célèbre proclamation à l'armée d'Italie le 28 mars 1796 : « Soldats, vous êtes nus, mal nourris... De riches provinces, de grandes villes seront en votre pouvoir, vous y trouverez honneur, gloire et richesse. »

94. Alexandre Ivanovitch Czernitchef ou, plutôt, Tchernichiov (1779-1857) diplomate et général russe. En 1809, lors de la guerre contre l'Autriche, la Russie était alliée 'de la France, ce qui explique la présence de ce général aux côtés de Napoléon, à la bataille de Lobau (21-25 mai).

95. Voir plus haut, note 73 de la Quatrième partie.

96. On voit que Mme de Staël énonce quelques grandes idées qui domineront les XIXe et XXe siècles : unité et indépendance de l'Italie, indépendance de la Pologne et de la Grèce, désarmement général, résistance armée des simples citoyens contre l'envahisseur.

97. On trouve dans le *Mémorial de Sainte-Hélène*, de LAS CASES, à la date du 28 février 1816 cette réflexion « Si (Corneille) vivait, je le ferais prince ». Il le répète le 19 novembre 1816. Mais le *Mémorial* ne parut qu'en 1823, après la mort de Mme de Staël. Cette opinion de Napoléon avait du être exprimée déjà avant 1815 et colportée par un de ses nombreux interlocuteurs.

98. Voir J. GODECHOT, *Les institutions, Op. cit.*, pp. 623-629.

99. Moreau fut jugé par un tribunal d'exception, mais condamné seulement à deux ans de prison. Bonaparte trouva la peine trop bénigne et la transforma, de sa propre autorité en bannissement à vie (J. GODECHOT, *La Contre-Révolution, Op. cit.*, p. 403).

100. Napoléon fit construire les routes de Simplon et du Mont-Cenis pour faciliter les communications entre Paris et l'Italie. Voir M. BLANCHARD, *Les routes des Alpes occidentales à l'époque napoléonienne*, Grenoble, 1920.

101. L'enseignement supérieur a survécu en province, les enseignements secondaire et primaire n'ont guère dépassé le niveau qu'ils avaient atteint sous l'ancien régime. Cf. J. GODECHOT, *Les institutions, Op. cit.*, pp. 732-751.

102. Sur les finances et le crédit à l'époque napoléonienne ID., *Ibid.*, pp. 639-656.

103. Sur la police, ID, *Ibid.*, pp. 624-625. Phalaris était le tyran d'Agrigente vers 570-554 av. J.C. On raconte qu'il brûlait ses ennemis dans un taureau d'airain.

104. Pie VII fut enlevé de Rome par la gendarmerie de Napoléon le 6 juillet 1809, et enfermé à Savone. Le 9 juillet 1812 il fut transporté à Fontainebleau où Napoléon tenta, en vain, de lui faire signer un nouveau Concordat. En janvier 1814, Napoléon lui restitua ses anciens États et lui permit de rentrer à Rome. Pie VII n'y arriva qu'après l'abdication de l'empereur, le 24 mai.

105. Il s'agit des *Bulletins de la Grande Armée*. Sur ceux-ci et sur la presse, en général, voir Cl. BELLANGER, J. GODECHOT, P. GUIRAL et F. TERROU *Histoire générale de la presse française, Op. cit.*, pp. 549-569 et A. CABANIS, *La presse sous le Consulat et l'Empire, Op. cit.*

106. Le 24 septembre 1810, le ministre de la Police, Savary, ordonne à Mme de Staël de quitter le château de Fossé, dans le Loir-et-Cher, où elle s'était réfugiée, et de rentrer à Coppet. Les 11-15 octobre l'ouvrage *De l'Allemagne*, qui avait provoqué la colère de Napoléon, est détruit par la gendarmerie mais le manuscrit en est mis en sûreté à Vienne en 1811. Le 23 mai 1812, Mme de Staël quitte Coppet pour Vienne, puis Moscou, où elle arrive le 1er août et Saint-Pétersbourg (7 août). Elle en repartira pour la Suède au début de septembre. Voir Mme de STAEL, *Dix années d'exil*, II, chap. V à XX, P. GAUTIER, *Mme de Staël et Napoléon, Op. cit.*, pp. 240-341 ; H. GUILLEMIN, *Mme de Staël...*, pp. 117-129 ; Simone BALAYÉ, *Les carnets de voyage de Mme de Staël, Op. cit.*, pp. 260-354.

107. Le libraire de Nuremberg Palm avait été fusillé en 1806 à Braunau, en Autriche, pour avoir diffusé un libelle antifrançais, *l'Allemagne dans sa profonde humiliation.*

108. C'est le futur Napoléon III.

109. Suard (1732-1817) censeur de 1774 à 1790, mais libéral, il eut une grande influence. Proscrit le 18 fructidor pour avoir collaboré au journal royaliste *Les Nouvelles politiques,* il se réfugia alors à Coppet, chez Mme de Staël, puis en Allemagne. Rentré à Paris après le 18 brumaire, il écrivit dans *Le Publiciste.*

110. Affirmation absurde, quand on sait combien l'État français était resté « napoléonien » jusqu'au milieu du xxe siècle, et combien il l'est encore !

111. Machiavel (1469-1527) a publié *Il principe* qui le rendit célèbre en 1513.

112. Lors de l'installation des Médicis au pouvoir, à Florence, Machiavel qui leur était suspect, fut emprisonné et torturé (1512). Libéré, il écrivit ses *Discours sur la première décade de Tite-Live,* puis *Le Prince.* Il se rapprocha des Médicis, et en 1520, Jules de Médicis — le futur pape Clément VII — lui commanda une *Histoire de Florence,* qui parut de 1521 à 1525.

113. Francesco Melzi d'Eril (1753-1816) d'une vieille famille patricienne de Milan, mais de mère espagnole, fut chargé par Bonaparte, en 1797, d'organiser la République cisalpine. Il devint en 1801 vice-président de la première République italienne (dont Bonaparte était président), puis reçut le poste honorifique de grand chancelier du royaume d'Italie (1805), et fut fait duc de Lodi (1807). A partir de 1805, Melzi n'eut plus d'influence sur les affaires italiennes. Cf. *I carteggi di Francesco Melzi d'Eril, duca di Lodi,* Milano, 6 vol., 1958-1965, et J. GODECHOT, *Histoire de l'Italie moderne, Op. cit.*

114. En 1805, Melzi n'était pas encore duc. Il fut le seul duc de la noblesse impériale italienne.

115. L'intervention française en Espagne a commencé en 1807 : le Portugal ne voulait pas appliquer le blocus continental contre l'Angleterre. Pour le contraindre militairement, Napoléon devait faire passer ses troupes à travers l'Espagne. Il conclut à cet effet un accord avec Godoy, le premier ministre espagnol, et les soldats français entrèrent à Lisbonne le 30 novembre 1807. Mais l'occupation du nord de l'Espagne par l'armée française provoqua une révolte du peuple espagnol (2 mai-dos de mayo 1808) Napoléon détrôna le roi d'Espagne Charles IV de Bourbon et le remplaça par son frère, Joseph Bonaparte. La majorité du peuple espagnol refusa de se soumettre, d'où la guerre d'Espagne qui ne prit fin qu'en 1813, avec la restauration de Ferdinand VII, fils de Charles IV.

116. Sur Lucien Bonaparte, voir plus haut, note 7. Lucien Bonaparte a été capturé par les Anglais en 1810, alors qu'il se rendait aux États-Unis, il resta prisonnier en Angleterre jusqu'en 1814. Voir F. PIETRI, *Lucien Bonaparte,* 1939 ; Antonello PIETROMARCHI, *Luciano Bonaparte,* Reggio Emilia, 1980.

117. Louis Bonaparte fut roi de Hollande de 1806 à 1810. Napoléon le « destitua » parce qu'il n'appliquait pas le blocus continental contre l'Angleterre.

118. Napoléon a évacué Moscou le 19 octobre 1812. La température était encore

très douce. C'est seulement à partir du début de novembre qu'il fit anormalement froid pour la saison, le thermomètre étant brusquement descendu à − 20 °C le 10 novembre lorsque l'armée en retraite atteignit Smolensk.

119. Napoléon quitta Saint-Cloud pour se rendre à Dresde le 9 mai 1812 : il comptait y rencontrer l'empereur d'Autriche François Ier et les princes allemands pour les entraîner dans une gigantesque croisade contre la Russie.

120. En 1810, il était patent que le blocus continental avait échoué : l'économie anglaise était plus prospère que jamais. Napoléon décida d'autoriser la reprise du commerce avec l'Angleterre, en ce qui concerne certains produits, moyennant des *licences* qu'il faisait payer très cher. J. GODECHOT, *L'Europe et l'Amérique... Op. cit.*, pp. 224-229.

121. Capelle, le préfet du département du Léman, dont Coppet faisait partie, avait, depuis son arrivée à Genève le 27 février 1811, soumis Mme de Staël à une sévère surveillance. Le 23 mai 1812, elle quitta Coppet sans autorisation, mais sans aucune difficulté, et par Berne, Saint-Gall, Innsbruck, gagna Vienne puis Moscou (1er août), Saint-Pétersbourg (7 août), Stockholm (24 septembre), Goteborg (9 juin 1813) et enfin Londres (18 juin 1813). Voir Mme de STAËL, *Dix années d'exil*, II, chap. V à XX ; Simone BALAYÉ *Les carnets de voyage de Mme de Staël, Op. cit.*, pp. 260-363 ; P. GAUTIER, *Mme de Staël et Napoléon, Op. cit.*, pp. 299-342 ; H. GUILLEMIN, *Mme de Staël, Benjamin Constant et Napoléon, Op. cit.*, pp. 133-136 ; Simone BALAYÉ, *Madame de Staël, Lumières et liberté*, Paris, 1979, pp. 208-213.

122. On voit à quel point la passion anti-napoléonienne aveugle Mme de Staël. On ne peut prétendre sérieusement que la Russie tsariste, même sous Alexandre Ier, était l'asile des libertés et la France impériale l'antre de la tyrannie !

123. Il est exact que dans la Russie de 1812 il n'y avait presque pas de Tiers-Etat, c'est-à-dire de bourgeoisie. C'était la conséquence du servage des paysans dont Mme de Staël ne souffle mot.

124. Dès 1800 Mme de Staël avait souhaité la défaite des armées françaises (*Dix années d'exil*, chap. IV : « Je souhaitais que Bonaparte fut battu »). Si elle n'a pas imprimé, à l'époque, cette réflexion, il est probable qu'elle en a fait part à ses amis et qu'elle est revenue aux oreilles de Napoléon : ce qui explique en grande partie les persécutions qu'il fit subir à Germaine de Staël.

125. Tous les auteurs de récits de la retraite de Russie ont raconté les scènes horribles qui se déroulèrent à Wilna (aujourd'hui Vilnus) lors de l'arrivée de l'armée en déroute. Cf. Constantin de GRUNWALD, *La campagne de Russie, 1812*, Paris, 1963, pp. 364-368.

126. Après les difficiles victoires françaises de Lützen (2 mai 1813) et de Bautzen (20-21 mai) un armistice fut conclu à Pleiswitz le 4 juin. Pendant l'armistice un traité fut signé, le 27 juin à Reichenbach entre l'Angleterre, la Prusse, l'Autriche et la Russie. L'Autriche devait proposer à la France sa médiation en faveur de la paix sur les bases suivantes : partage du duché de Varsovie entre la Russie, la Prusse et l'Autriche, évacuation, par la France, des départements hanséatiques et des provinces illyriennes, reconstitution de la Prusse dans ses frontières de 1805, dissolution de la confédération du Rhin. Metternich présenta ces conditions à Napoléon, à Dresde, il les repoussa. Néanmoins l'armistisce de Pleiswitz, qui devait prendre fin le 20 juillet fut prolongé jusqu'au 10 août. Les discussions reprirent. Napoléon voulait conserver à l'Empire les frontières de 1812. Les alliés ne pouvaient accepter. La guerre reprit. On a beaucoup discuté sur la responsabilité de Napoléon dans la rupture de l'armistice. Ses défenseurs ont fait valoir que Napoléon était persuadé que les offres des alliés étaient fallacieuses, qu'en réalité, ils voulaient ramener la France à ses frontières de 1792, et que, dans ces conditions, il valait mieux poursuivre la guerre, qu'il espérait gagner. En juillet, il avait répondu au ministre de la Police, Savary, qui l'informait des premières manifestations pacifistes, de l'opinion française : « Vous m'ennuyez du besoin de paix. »

127. Il s'agit du 29ᵉ *Bulletin de la Grande Armée* qui ne dissimulait pas le désastre, mais assurait que « l'empereur ne s'est jamais si bien porté ». Ce *Bulletin* produisit un effet immense sur l'opinion publique qui se mit à réclamer la paix.

128. Le 23 octobre 1812, le général Malet avait tenté un coup d'état en déclarant que Napoléon était mort en Russie. Cette tentative faillit réussir. Voir Bernardine MELCHIOR-BONNET, *La conspiration du général Malet*, Paris, 1963.

129. Le mot *idéologie* avait été inventé par *Destutt de Tracy* (1754-1836) qui a fait figure de chef de « l'idéologie ». Voir Emmet KENNEDY, *Destutt de Tracy and the origins of « Ideologie »*, Philadelphia, 1978 ; Marc REGALDO, *Un milieu intellectuel : la décade philosophique (1794-1807)*, Paris, 5 vol., 1976.

130. Louise de Mecklembourg-Strelitz (1776-1810), reine de Prusse, avait pris la tête de la résistance à Napoléon en 1806. Lors de la négociation du traité de Tilsit elle était venue, le 5 juillet 1807, tenter d'obtenir pour la Prusse des conditions plus favorables : elle offrit une rose à Napoléon et lui demanda de lui laisser Magdebourg en échange. Napoléon prit la rose et garda Magdebourg. Le traité de Tilsit fut signé le 7 juillet.

131. Dès novembre 1813, la Hollande se révolta contre Napoléon et rappela le prince d'Orange qui devait devenir, en 1815, roi des Pays-Bas (Hollande et Belgique).

132. Arthur Wellesley, premier duc de Wellington (1769-1852) entra dans l'armée en 1787 et combattit en Hollande (1795) puis aux Indes. En 1808, il fut envoyé dans la péninsule ibérique et à la tête d'une armée composée d'Anglais, de Portugais et d'Espagnols, remporta sur les Français une série de victoires, dont la dernière fut gagnée à Toulouse le 10 avril 1814. C'est lui qui battit Napoléon à Waterloo le 18 juin 1815. Il exerça ensuite une grande influence sur la politique britannique, fut premier ministre de 1828 à 1830 et ministre dans les années suivantes. Lors des manifestations « chartistes » de 1848, il fut chargé de maintenir l'ordre à Londres. C'était le « duc de fer ».

133. Après avoir battu les armées françaises à Leipzig (16-18 octobre 1813) Metternich fit, au nom des alliés, depuis Francfort, une nouvelle offre de paix à Napoléon : La France pourrait conserver ses frontières naturelles. Encore une fois, Napoléon refusa, d'ailleurs la sincérité de Metternich était douteuse. Le Sénat et le Corps législatif toutefois s'émurent. Napoléon annonça qu'il leur communiquerait « toutes les pièces originales sur les négociations » entamées avec les puissances étrangères (19 décembre 1813). Chaque assemblée devait nommer une commission de cinq membres pour en prendre connaissance. La commission du Sénat approuva le 27 décembre, la politique de Napoléon. Il n'en alla pas de même de la commission du Corps législatif. Elle était composée de Raynouard, député du Var, auteur dramatique célèbre, de l'Académie française ; Maine de Biran, député de la Dordogne, ancien membre du Conseil des Cinq-Cents, philosophe estimé ; Flaugergues, député de l'Aveyron, ancien sous-préfet ; Gallois, député des Bouches-du-Rhône, ancien préfet, ancien membre du Tribunat ; Lainé député de Bordeaux, avocat. Dans son rapport, Lainé invitait l'Empereur à déclarer qu'il ne continuerait « la guerre que pour l'indépendance du peuple français, et l'intégrité de son territoire ». Il réclamait aussi « l'entière et constante exécution des lois qui garantissent aux Français les droits de la liberté, de la sûreté, de la propriété, et à la nation le libre exercice de ses droits politiques ». Ce rapport fut voté par le Corps législatif à la majorité de 229 voix contre 31.

134. Joseph Lainé (1767-1835) présida la Chambre des députés pendant la première Restauration, fut ministre de l'Intérieur de 1816 à 1818, de nouveau ministre en 1820-1821, et pair de France de 1822 à 1830. Il avait été élu à l'Académie française en 1816.

135. Le 3 février 1814, après la défaite de Napoléon à La Rothière, près de

Brienne, dans l'Aube, un congrès se réunit à Châtillon-sur-Seine. Il était composé de Caulaincourt, représentant de la France, Stadion (Autriche), Razoumovski (Russie), Hardenberg (Prusse), Castlereagh (Grande-Bretagne). Les Alliés proposèrent de réduire la France à ses limites de 1791 et de décider sans elle du sort des autres pays de l'Europe. Napoléon refusa « d'abandonner les conquêtes de la République » (8 février).

136. Le tsar Alexandre Ier était assurément des quatre souverains vainqueurs de Napoléon, le moins défavorable à la France. Il se montra hostile à la restauration des Bourbons. Il aurait accepté le retour de la République. A défaut, il conseillait de mettre sur le trône de France Bernadotte, ou Eugène de Beauharnais le beau-fils de Napoléon (S. CHARLETY, La Restauration t. IV de l'Histoire de France contemporaine d'E. LAVISSE, Paris, 1921, p. 5 ; A. JARDIN et A. J. TUDESQ, La France des notables, Paris, 1973, pp. 12-13, G. BERTIER DE SAUVIGNY, La Restauration, Paris, 1963 ; J. VIDALENC, La Restauration, Paris, 1968.)

137. Dans les Réflexions sur la Révolution de France. Voir note 145 de la Première partie.

138. La charte de 1814. Voir J. GODECHOT, Les constitutions, Op. cit., pp. 209-224.

139. Il n'y eut pas, à proprement parler de « congrès de Paris » mais un traité de paix de Paris, négocié avec les Alliés par Talleyrand et signé le 30 mai 1814. Il confirmait la convention du 11 avril qui accordait l'île d'Elbe en toute souveraineté à Napoléon et réglait le sort de sa famille. Cf. CHARLETY, Op. cit. pp. 13-14 et 25-26.

140. Mme de Staël se vante. Ainsi qu'on a pu le voir, elle est loin d'être impartiale, si, en général, elle est exacte.

141. A Sainte-Hélène.

Notes
de la cinquième partie

1. George III (1738-1820) régnait alors sur la Grande-Bretagne. Depuis 1788, il avait eu des accès de folie, à partir de 1810 il fut, pratiquement, incapable de gouverner.

2. L'Espagne. Ferdinand VII y a rétabli en 1814 l'inquisition qui avait été supprimée par Joseph Bonaparte en 1808.

3. Lord Thomas Erskine (1750-1823) défendit Thomas Paine en 1792. Il devint chancelier en 1806-1807.

4. John Locke (1632-1704) célèbre philosophe anglais qui formula le premier la théorie de la séparation du pouvoir dans ses deux Traités du gouvernement civil (1690), publiés immédiatement après la seconde révolution d'Angleterre et l'avènement de la dynastie des Orange.

5. Henry Saint-John, vicomte Bolingbroke (1678-1751) membre du parti tory, défenseur de l'église anglicane, puis partisan des Stuart après la mort de la reine Anne, en 1714. Il se réfugia alors en France, mais put rentrer en Angleterre en 1723. Il fit l'apologie du « roi patriote » se tenant au-dessus des partis, mais muni d'un pouvoir fort. Il exerça une assez grande influence sur les idées de George III.

6. Mme de Staël fait ici le procès, non seulement des émigrés, mais des *ultras*, qui comprenaient, il est vrai, dans leurs rangs, beaucoup d'anciens émigrés. Elle exagère toutefois le nombre des Français tués pendant les guerres de la Révolution et de l'Empire. Les recherches récentes aboutissent au chiffre de 1 300 000 environ.

7. La restauration de Charles II eut lieu en 1660.

8. C'est le général Monck, maître réel de l'Angleterre, qui fit voter par le Parlement la restauration de Charles II.

9. Il s'agit de Jacques II, frère et successeur de Charles II, né à Londres, en 1633, mort à Saint-Germain-en-Laye en 1701.

10. Jefferies ou Jeffreys, magistrat anglais fameux par la cruauté dont il fit preuve sous le règne de Jacques II. Lors de la Révolution de 1688, il fut arrêté et enfermé à la Tour de Londres où il mourut l'année suivante.

11. Guillaume III d'Orange (1650-1702), stathouder des Pays-Bas, fils de Marie Stuart, fille aînée de Charles Ier d'Angleterre, mari de la fille de Jacques II donc très lié aux Stuart. Il fut appelé au trône d'Angleterre en 1688, mais dut ratifier, en 1689, une *Déclaration des Droits* qui précisait les principes du régime constitutionnel et représentatif de la Grande-Bretagne. Sa femme et lui furent proclamés reine et roi sous les noms de Marie II et Guillaume III.

12. Le 25 juillet 1593.

13. L'édit de Nantes qui proclamait officiellement la tolérance du culte protestant fut signé le 13 avril 1598. Par la déclaration de Saint-Ouen, du 2 mai 1814, Louis XVIII acceptait les principes contenus dans un projet de constitution rédigé par le Sénat, mais se réservait la possibilité de les modifier. Ce fut la charte constitutionnelle promulguée le 4 juin 1814.

14. Le gouvernement de Louis XVIII se réclama de Henri IV dont la figure devint légendaire sous la Restauration. L'effigie de Henri IV remplaça celle de Napoléon sur la Légion d'honneur.

15. Le tsar Alexandre Ier est un personnage complexe. Né en 1777 il fut élevé par le Suisse La Harpe dans les idées des « lumières ». Il monta sur le trône en 1801, après l'assassinat de son père, auquel il fut peut-être mêlé. Il réalisa quelques réformes libérales (abolition de la torture, droit, pour les roturiers d'acheter des terres, création de ministères) mais maintint le servage, les privilèges de la noblesse, la prépondérance de l'église orthodoxe. A partir de 1812, il s'écarte de plus en plus du libéralisme, néanmoins, en 1814-1815, il paraît, des quatre « grands », le souverain le plus favorable à la France. Sous l'influence de Mme de Krudener, il devient, après 1815, de plus en plus mystique et meurt en 1825, à Taganrog dans des conditions mystérieuses. Voir, parmi les plus récentes biographies, Constantin de GRUNWALD, *Alexandre Ier, le tsar mystique*, Paris, 1955 et la *Correspondance de Frédéric César de La Harpe et Alexandre Ier*, publiée par J. C. BIAUDET et Fr. NICOD, Neuchâtel, 3 vol., 1978-1980.

16. En 1831, Nicolas Ier, successeur d'Alexandre Ier, retirait à la Pologne la plupart de ces droits et y commençait une politique de russification.

17. De 1801 à 1804 et de 1807 à 1811.

18. Au conseil de guerre de Sommepuis, le 24 mars 1814. Cf. L. MADELIN, *Histoire du Consulat et de l'Empire*, t. XIV, *La campagne de France*, Paris, 1951, pp. 223-230.

19. Mme de Staël a raconté ses conversations avec le tsar Alexandre Ier dans *Dix années d'exil*, II, XVII. Voir aussi S. BALAYÉ, *Les carnets de voyage de Mme de Staël, Op. cit.*, pp. 292-326. C'est le 17 août 1812 que Mme de Staël fut reçue par la famille impériale.

20. Alexandre Ier n'instituera pas dans son empire le gouvernement représentatif. Il maintiendra le servage. Encore une fois Mme de Staël est aveuglée par ses préjugés.

21. L'entrevue d'Abo entre le tsar Alexandre Ier et Bernadotte, prince royal de

Suède, eut lieu du 27 au 30 août 1812. On possède peu d'informations sur les entretiens d'Abo. Voir Gabriel GIROD DE L'AIN, *Bernadotte*, Paris, 1968, pp. 395-416. On a prétendu que Mme de Staël aurait inspiré certaines décisions prises à Abo, par le truchement des Russes qu'elle avait rencontrés à Saint-Pétersbourg.

22. Voir GIROD DE L'AIN, *Op. cit.*, p. 414.

23. Bernadotte arrêta, en effet, son armée à Liège, le 28 février 1814. Certes, il ne voulait pas combattre sur le sol de son ancienne patrie. Mais il noua aussi des intrigues compliquées avec son beau-frère Joseph Bonaparte, et son ancien adjoint, le général Maison, commandant de l'armée française du Nord. Son but était de devenir roi des Français avec l'aide du tsar Alexandre Ier. Cf. GIROD DE L'AIN, *Op. cit.*, pp. 483-509.

24. Bernadotte a rapporté cette conversation dans ses *Notes historiques* de manière un peu différente. Napoléon aurait dit : « Eh bien ! allez, nos destinées vont bientôt s'accomplir. — Pardon, reprit Bernadotte, mais je ne vous ai pas bien entendu — Allez ! nos destinées vont bientôt s'accomplir. » GIROD DE L'AIN, *Op. cit.*, pp. 328-329.

25. Il est exact que, dans sa masse, le peuple français ne bougea pas. Il y eut pourtant des francs-tireurs dans l'est. Ils ont été célébrés par ERCKMANN-CHATRIAN dans *Le fou Yégof* (1865).

26. N'oublions pas que, depuis 1808, Talleyrand trahissait Napoléon au profit d'Alexandre Ier, avec qui il entretint une correspondance secrète.

27. La régence de Marie-Louise pendant la minorité du roi de Rome, Napoléon II.

28. Le duc d'Orléans deviendra roi des Français en 1830 sous le nom de Louis-Philippe Ier.

29. La Déclaration des droits de 1789 proclama (art. 1) « Les hommes naissent et demeurent libres et *égaux en droit.* » Et celle de 1793 (art. 3) : « Tous les hommes sont égaux par la nature et *devant la loi.* »

30. C'est une commission du Sénat composée de Lebrun, l'ancien consul, Barbé-Marbois, ancien ministre du Trésor, Destutt de Tracy, le père de l'idéologie, Lambrecht, ancien ministre de la Justice et Émery qui rédigea, les 4 et 5 avril 1814 un projet de constitution. Ce projet, fut voté par le Sénat le 6 avril et promulgué par le gouvernement provisoire, présidé par Talleyrand. Il instituait, en fait, pour la première fois en France, le régime parlementaire. Mais il provoqua, surtout dans les milieux royalistes, une très vive opposition. Louis XVIII, tout en le repoussant s'en inspira très largement dans la Charte constitutionnelle du 4 juin 1814, Cf. J. GODE-CHOT, *Les constitutions, Op. cit.*, pp. 209-224.

31. La déchéance de Napoléon fut prononcée par le Sénat le 2 avril 1814.

32. Sur ces sénateurs, pour Cabanis, voir n. 131 de la Deuxième partie, pour Boissy d'Anglas et Lanjuinais, n. 153 de la Troisième partie, pour Destutt de Tracy n. 129 de la Quatrième partie. Volney (1757-1820) s'appelait en réalité Chassebeuf, il avait pris le nom de *Volney* par admiration pour *Vol*taire qui avait vécu à Fer*ney.* Il fit en 1782-1785 un voyage en Égypte et en Syrie, dont il publia en 1787 le récit, qui le rendit célèbre. En 1789, il est élu député du Tiers d'Angers aux États généraux. Le 6 septembre 1793, il publie le *Catéchisme du citoyen français.* En 1795-1796 il se rend aux États-Unis, il édite en 1803 son *Tableau du climat et du sol des États-Unis.* D'abord en bons termes avec Bonaparte, qui le nomme sénateur, il entre dans l'opposition en 1802, mais il se montre également hostile à la chambre introuvable de 1815. Voir J. GAULMIER, *Un grand témoin de la Révolution et de l'Empire,* Volney, Paris, 1959 ; ID, *La loi naturelle ; Leçons d'histoire de Volney,* Paris, 1980. Chollet (ou Cholet), 1747-1826, procureur du roi à l'Amirauté de Guyenne avant 1789, député au Conseil des Cinq-Cents de 1795 à 1799, favorable au coup d'état du 18 brumaire et nommé aussitôt sénateur, vota la déchéance de Napoléon et siégea dans la majorité gouvernementale à la chambre des pairs. Le général Colaud (ou Collaud), 1754-1819, enrôlé dans l'armée en 1777 fut fait lieutenant-colonel sur le champ de bataille de

Valmy. Il entra au Sénat en 1801, vota en 1814 la déchéance et fit partie de la chambre des pairs.

33. La Déclaration de Saint-Ouen, du 2 mai 1814, fut rédigée par des membres de l'entourage de Louis XVIII, de Blacas, de Vitrolles et de la Maisonfort. Elle reconnaissait que « les bases » du « plan de constitution projeté par le Sénat » étaient bonnes, mais, que ce projet ayant été rédigé dans la « précipitation », il devait être modifié. La déclaration promettait de n'inquiéter personne pour ses opinions et pour ses votes, d'établir une constitution libérale, de maintenir un régime représentatif avec deux chambres, le Sénat et « la chambre des députés des départements ». Elle garantissait la dette publique, la liberté de la presse et des cultes, la vente des biens nationaux, les pensions, grades et décorations, la noblesse impériale.

34. Mme de Staël, qui était à Londres, avait projeté un voyage en Écosse au printemps de 1814. La nouvelle de la chute de Napoléon modifia ses plans, toutefois elle n'était pas enthousiasmée par l'idée de rentrer dans un Paris occupé par les troupes étrangères. Le 12 avril 1814, elle écrit à une amie, Fanny Randall : « Je regrette le voyage en Écosse, et tant qu'il y aura des troupes étrangères à Paris, je ne me soucierai pas d'y être. » Cf. Simone BALAYÉ, Les carnets de voyages de Mme de Staël, Op. cit., pp. 405-406. Elle rentra cependant à Paris le 12 mai (P. GAUTIER, Mme de Staël et Napoléon, Op. cit., pp. 356-361).

35. Combien de Français n'ont-ils pas ressenti, de 1940 à 1944, les mêmes impressions que Mme de Staël !

36. Louis XVIII, depuis 1793, s'était toujours réclamé des idées contenues dans la déclaration de Louis XVI, aux États généraux, le 23 juin 1789. Toutefois, par la Déclaration de Saint-Ouen et par la Charte de 1814 il faisait beaucoup de concessions aux « conquêtes de la Révolution ». Cf. J. GODECHOT, La Contre-Révolution, Op. cit., pp. 180-185, et Les constitutions..., Op. cit., pp. 209-216.

37. La Charte est daté de la « dix-neuvième année » du règne de Louis XVIII. Le comte de Provence, émigré, avait, en effet, pris le titre de roi à la mort de Louis XVII, en 1795. Mais cette datation mécontenta vivement les Français qui, avant 1814, n'avaient jamais reconnu Louis XVIII pour roi.

38. La Charte n'est pas présentée comme un contrat. Elle est « octroyée ». Son préambule se termine par ces mots : « Nous avons volontairement, et par le libre exercice de notre autorité royale, accordé et accordons, fait concession et octroi à nos sujets, tant pour nous que pour nos successeurs, et à toujours, de la Charte constitutionnelle. »

39. Le chancelier Dambray appela effectivement la Charte, dans son discours, « ordonnance de réformation ». C'est le comte Ferrand, un des théoriciens de la Contre-Révolution qui en lut le texte (J. GODECHOT, La Contre-Révolution, Op. cit., pp. 39-43).

40. La Grande Charte, accordée par Jean-sans-Terre aux barons anglais en juin 1215.

41. De 1808 à 1813, Ferdinand VII avait été retenu comme prisonnier par Napoléon au château de Valençay, propriété de Talleyrand. Pendant son absence, les Cortes de Cadix, hostiles à la France avaient voté en 1812, une constitution libérale, inspirée de la constitution française de 1791. En décembre 1813, Napoléon, voyant que son frère Joseph ne pouvait plus régner sur l'Espagne, libéra Ferdinand. Mais à son retour, Ferdinand rejeta la constitution de Cadix et rétablit l'absolutisme et l'inquisition.

42. Les pairs de la première Restauration étaient nommés à vie. L'hérédité de la pairie fut établie lors de la seconde Restauration, le 19 août 1815. Elle fut supprimée le 29 décembre 1831.

43. L'article 8 de la Charte reconnaissait aux Français « le droit de publier et de faire imprimer leurs opinions en se conformant aux lois qui doivent réprimer les abus

de cette liberté ». Après d'âpres débats à la Chambre, où Benjamin Constant, l'ancien amant de Mme de Staël, se fit le défenseur de la liberté de la presse, une loi fut votée, le 21 octobre 1814, qui rétablissait l'autorisation préalable pour les journaux et les écrits périodiques, et la censure préalable pour les écrits ayant moins de 20 feuillets d'impression (320 pages in-8°) sauf s'il s'agissait de textes émanés d'autorités religieuses, de mémoires de sociétés littéraires. Les imprimeurs et libraires étaient astreints à un brevet révocable et à un serment. Cf. Cl. BELLANGER, J. GODECHOT, P. GUIRAL, F. TERROU, *Histoire générale de la presse française, Op. cit.*, t. II, pp. 34-35.

44. Louis XVIII continua la politique d'anoblissement de Napoléon, mais il fut plus modéré que lui. Par contre, il distribua des titres de courtoisie aux membres de l'ancienne noblesse qui ne possédaient pas de titres réguliers. Voir DU PUY DE CLINCHAMPS, *La noblesse*, Paris, 1968.

45. Paul VELLY (1709-1759), jésuite, auteur d'une *Histoire générale de la France*, (1755).

46. Il y eut dans la région de Nîmes en 1814 et surtout en 1815, une terreur blanche dont les protestants furent les principales victimes. Le gouvernement britannique intervint pour la faire cesser. Voir Alice WEMYSS-CUNNACK, L'Angleterre et la Terreur blanche de 1815, dans les *Annales du Midi*, 1961, pp. 287-310.

47. Cet épisode forme le thème de la pièce de MONTHERLANT, *La reine morte*, (1942).

48. Il s'agit de la fille de Louis XVI, Marie-Thérèse (1778-1851) qui avait épousé, en 1799, son cousin, le duc d'Angoulême, fils du comte d'Artois, futur Charles X.

49. Quelques diplomates nommés sous l'Empire restèrent en fonction sous la Restauration (Serurier, Andréossy, Bourrienne) mais la plupart des nouveaux ambassadeurs et ministres plénipotentiaires furent choisis dans l'ancienne noblesse (de Saint-Priest, de Vitrolles, de la Maisonfort, de Talaru, etc.). Voir Henry CONTAMINE, *Diplomatie et diplomates sous la Restauration*, Paris, 1970.

50. Le ministère des finances fut confié au baron Louis (1755-1837), ancien prêtre, émigré en 1791, rentré en France en 1800, administrateur au ministère de la guerre, puis en Hollande, et en Westphalie, conseiller d'État depuis 1811. Le baron Louis reconnut les dettes de la Révolution et de l'Empire, mais pour les payer refusa de supprimer les « droits réunis », c'est-à-dire les impôts indirects, notamment sur les alcools, le sel, le tabac, dont le comte d'Artois avait promis l'abolition. Corvetto, le successeur du baron Louis, maintint aussi, en 1816, les droits réunis.

51. Pierre de Blacas d'Aups (1771-1839), capitaine de dragons en 1789, émigra dès le début de la Révolution et devint le principal conseiller du comte de Provence, devenu Louis XVIII. En 1814, on le rendit responsable des Cent-Jours et il fut envoyé à Naples comme ambassadeur. En 1830, il suivit Charles X en exil.

52. Soult (1769-1851) s'engagea en 1785 au Royal-Infanterie. Sergent en 1791, sous-lieutenant l'année suivante, il combat en Alsace et en Lorraine. Il sert à Fleurus le 26 juin 1794, comme chef de brigade (colonel) et est nommé général de brigade le 11 octobre suivant. Il devient général de division, à l'armée de Masséna, en Suisse, le 4 avril 1799. Il suit Masséna à Gênes en décembre 1799 et sert en Italie jusqu'en 1802. Il est alors nommé colonel général de la Garde consulaire. En 1804 il est nommé maréchal et commande un corps d'armée pendant la campagne de 1805. Il reste en Allemagne jusqu'en 1808. Il devient alors duc de Dalmatie et passe en Espagne où il combattra jusqu'à l'évacuation, en 1813. Il livra le 10 avril 1814 la bataille de Toulouse contre Wellington. Il se rallie à Louis XVIII dès le 19 avril et devient ministre de la guerre le 3 décembre 1814. Il rejoint Napoléon pendant les Cent-Jours, ce qui entraîne son bannissement, mais il est autorisé à rentrer en France le 29 mai 1819 et est réintégré dans l'armée et à la chambre des Pairs. Il redevient ministre de la guerre, de 1830 à 1834 et président du conseil de 1832 à 1834, puis en

1839-1840 et en 1845-1847. Le 26 septembre 1847, il est nommé maréchal général de France, dignité exceptionnelle.

53. Remarque perspicace.

54. Les émigrés furent indemnisés en 1825 par une loi qui mettait à leur disposition « un milliard » sous forme de titres de rentes à 3 %. En fait 630 millions seulement furent versés. Cf. A. GAIN, *La Restauration et les biens des émigrés*, 2 vol., Nancy, 1926.

55. Pourtant Malesherbes, par un édit de novembre 1787, enregistré, malgré une forte opposition, par le Parlement de Paris le 29 janvier 1788 restituait un état civil aux protestants. Mais il ne rétablissait pas le libre exercice du culte.

56. Cette réflexion de Mme de Staël semble, aujourd'hui, plus vraie que jamais.

57. Sur Blacas, voir plus haut, note 51. Le comte de Gramont, duc de Guiche (1755-1836), avait été garde du corps de Louis XVI en 1789, émigré en 1790, rentré en 1814 il fut ambassadeur à Londres de 1821 à 1830. Le duc de Castries (1756-1842), fils du ministre de la marine de Louis XVI, avait combattu en Amérique pendant la guerre d'indépendance des États-Unis, il fut élu député aux États généraux, mais émigra en 1791, servit dans l'armée des princes et ne rentra en France qu'en 1814. Il fut alors nommé lieutenant général (général de division). Il prit sa retraite en 1822. Le comte Joseph-Hyacinthe de Vaudreuil (1740-1817) avait été nommé maréchal de camp (général de brigade) en 1780. Il émigra avec le comte d'Artois dès le 15 juillet 1789 et rentra en France en 1814. Il fut nommé lieutenant général en 1816 et pair de France.

58. Sur Dugommier, et sur Joubert, voir les notes 131 et 222 de la Troisième partie. Hoche (1768-1797), fusilier aux Gardes françaises en 1784, sergent dans la garde nationale parisienne en 1789, adjudant d'infanterie le 1er janvier 1792, lieutenant le 18 mai, capitaine le 1er septembre, général de brigade le 13 septembre 1793, général de division le 23 octobre. A combattu en Belgique, en Alsace et en Allemagne. Arrêté à plusieurs reprises sous la Terreur, mais toujours acquitté. Commandant en chef de l'armée des Côtes de Cherbourg et de Brest le 3 novembre 1794, repoussa les débarquements des Anglo-émigrés à Quiberon le 21 juillet 1795, pacifia la Vendée. Général en chef de l'armée de Sambre-et-Meuse le 24 janvier 1797, tente, à la demande du Directoire, un coup d'état contre les royalistes en juillet 1797. Échoue et meurt, sans doute de tuberculose à Wetzlar le 19 septembre 1797. Dampierre (1756-1793), enseigne aux Gardes françaises en 1772, capitaine en 1784, lieutenant-colonel de dragons en 1791, général de brigade en 1792, combat à Valmy, à Jemappes, et à l'armée du Nord, blessé mortellement près de Valenciennes le 9 mai 1793.

59. Charles-Édouard Stuart (1720-1788), petit-fils de Jacques II, tenta une descente en Écosse en 1745, mais fut vaincu à Culloden l'année suivante. Ce fut la fin des prétentions « jacobites ».

60. On peut se demander si les éloges prodiguées par Mme de Staël à Louis XVIII ne sont pas dues surtout à la restitution de ces deux millions ? En fait, ces deux millions ne lui seront rendus qu'en 1815.

61. L'article 38 de la Charte disposait qu'il fallait être âgé de 40 ans et payer une contribution directe d'au moins mille francs pour être élu député.

62. Nous avons vu que la pairie devint héréditaire le 19 août 1815, voir plus haut, n. 42. D'ailleurs l'article 27 de la Charte précisait : « [Le roi] peut nommer [les pairs] à vie ou les rendre héréditaires selon sa volonté. »

63. Article 32 de la Charte : « Toutes les délibérations de la Chambre des pairs sont secrètes. »

64. L'enseignement mutuel, c'est-à-dire donné par le maître aidé des meilleurs élèves s'était développé en Angleterre et dans l'Allemagne du Nord, pays protestants. Pour cette raison, il fut combattu par le clergé catholique en France et en Italie.

65. Le ministère de la police avait été supprimé lors de la première Restauration, en 1814. Il fut rétabli en 1815 et confié à Fouché.

66. Sur la presse pendant la première Restauration, voir CL. BELLANGER, J. GODECHOT, P. GUIRAL, F. TERROU, *Histoire générale de la presse française, Op. cit.*, t. II, pp. 33-44. La plupart des journaux, sous l'action de la censure, étaient favorables à Louis XVIII et se montrèrent hostiles au retour de Napoléon. Il y avait pourtant quelques journaux libéraux ou bonapartistes, notamment *le Censeur* et le *Nain jaune.*

67. Voir plus haut, les notes 7, 8, 9, 11.

68. L'infaillibilité pontificale a été proclamée par le concile de Vatican I, en 1870.

69. D'avril 1814 à février 1815.

70. Bonaparte avait débarqué le 1er mars au Golfe Jouan.

71. Antoine Chamans, comte de La Valette (1769-1830) aide de camp de Bonaparte, mari d'une nièce de Joséphine, Émilie de Beauharnais, directeur des postes et chargé du « cabinet noir » (le contrôle postal) sous l'Empire. Arrêté et condamné à mort après Waterloo, sa femme le fit évader. Il se réfugia en Bavière et rentra en France en 1820. Sa femme était alors devenue folle.

72. Napoléon arriva aux Tuileries le 20 mars à 9 heures du soir. Louis XVIII les avait quittées la veille. Le 21 mars, Napoléon, après avoir passé les troupes en revue, déclara qu'il n'attaquerait personne et qu'il respecterait le traité de Paris, mais qu'il se défendrait, si on l'attaquait.

73. Il s'agit du Congrès de Vienne. Les alliés, qui y étaient rassemblés déclarèrent, le 25 mars, qu'ils voulaient mettre « Bonaparte hors de toute possibilité de régner en France, ou d'exercer une influence quelconque » et « mettre la nation française elle-même dans l'impossibilité de redevenir le formidable instrument du despotisme militaire ».

74. Allusion à Benjamin Constant, l'ancien amant de Mme de Staël, qui fut le principal rédacteur de l'Acte additionnel aux constitutions de l'Empire, du 22 avril 1815. Cf. J. GODECHOT, *Les constitutions...* Op. cit., pp. 225-239.

75. Benjamin Constant avait proposé, dans son projet, une chambre des pairs héréditaires. Napoléon, d'abord, s'y opposa mais il finit par céder (art. 3 de l'*Acte additionnel*, ID., *Ibid.*, p. 232).

76. Sur Wellington, voir n. 132 de la Quatrième partie.

77. Exact.

78. Après la défaite de Waterloo (18 juin 1815), Napoléon repartit en hâte pour Paris où il arriva le 21. Il voulait organiser la résistance, et pour cela demanda aux Chambres une dictature temporaire. La Chambre des députés y fut hostile et, sur la proposition de La Fayette vota une motion déclarant que « toute tentative pour la dissoudre serait un crime de haute trahison. » La Chambre des pairs l'imita. Napoléon n'avait plus qu'à abdiquer, ce qu'il fit le 22 juin en faveur de Napoléon II.

79. Napoléon quitta La Malmaison le 29 juin. Il avait l'intention de s'embarquer à Rochefort pour les États-Unis. Il arriva à Rochefort le 3 juillet, mais le port était bloqué par une escadre anglaise. Le gouvernement de Louis XVIII, restauré, voulait livrer Napoléon aux Anglais, comme prisonnier de guerre. Il se rendit lui-même le 15 juillet, à bord du *Bellérophon.*

80. N'oublions pas que Mme de Staël écrit ce chapitre en 1816.

81. La Chambre des Cent-Jours, élue par une faible minorité d'électeurs comptait 629 députés, parmi lesquels une quarantaine d'anciens conventionnels. La majorité se composait de « libéraux ». Mme de Staël fait allusion ici sans doute, à La Fayette. Voir R. MARGERIT, *Waterloo*, Paris, 1964 ; J. TULARD *Napoléon*, Paris, 1977.

82. Le 4 juillet 1815, à la Chambre des représentants, présidée par Lanjuinais, Garat, ancien député aux États généraux et ancien ministre de la justice sous la Convention, proposa une *Déclaration des Droits des Français et des principes fondamentaux*

de leur constitution, différente des déclarations de 1789, 1793, 1795, et quelque peu analogue au *Bill of Rights* anglais de 1689. Le projet de Garat fut approuvé par Manuel et par Barére, l'ancien membre du Comité de Salut public. Celui-ci estima que la Déclaration de 1789 était « trop métaphysique », celle de 1793 « trop laconique », celle de 1795 « une leçon de morale » parce qu'elle était jointe à une Déclaration des Devoirs. La Chambre ordonna le renvoi à une Commission. Celle-ci, aussitôt constituée, n'apporta que peu de modifications au projet de Garat et proposa les articles suivants (que nous résumons) :

1. Souveraineté du peuple.

2. Division des pouvoirs, pour assurer la liberté.

3. Puissance législative composée d'une chambre des représentants, d'une chambre haute et d'un monarque.

4. La loi n'existe que par l'accord de ces trois pouvoirs. Les contributions, les levées d'hommes, l'élection d'une nouvelle dynastie appartient exclusivement aux Représentants.

5. L'action du pouvoir exécutif ne s'exerce que par les ministres, responsables solidairement, et en particulier pour les actes particuliers de leur ministère.

6. Le prince est inviolable, sa personne, sacrée. Les ministres peuvent être mis en accusation par la Chambre des Représentants, ils sont jugés par la Chambre haute.

7. La liberté de chacun n'a de borne que la liberté d'autrui. Aucune atteinte ne peut lui être portée qu'au nom de la loi.

8. Liberté de la presse, la censure est interdite. Les délits de presse sont réprimés par la loi.

9. Liberté des opinions religieuses et des cultes.

10. Inamovibilité des magistrats. Débats publics en matière criminelle. Jury de jugement.

11. Enseignement supérieur donné dans les Grandes Écoles, instruction primaire gratuite.

12. Égalité des droits civils et politiques ; abolition de la noblesse, des privilèges, des qualifications féodales, des dîmes, des droits féodaux, de la peine de confiscation des biens. Garantie du droit de pétition, des secours publics, de l'inviolabilité des propriétés, de l'irrévocabilité de la vente des biens nationaux de toute origine ; égalité proportionnelle dans la répartition des impôts ceux-ci étant librement consentis.

13. Nul prince, soit héréditaire, soit élu, ne montera sur le trône de France qu'après avoir juré et signé ces principes. Le lendemain 5 juillet la Chambre renouvela la proclamation de cette Déclaration (voir *Le Moniteur* des 5 et 6 juillet 1815, pp. 766-770.) Mais, le même jour Paris capitulait et les armées alliées entraient dans la capitale. Le 7 juillet, la Chambre tenait sa dernière session, et le samedi 8 juillet, Louis XVIII revenait aux Tuileries. Il prononçait officiellement la dissolution de la Chambre le 13 juillet. Ces circonstances expliquent pourquoi la Déclaration rédigée par Garat n'eut aucun retentissement et pourquoi les historiens ne lui accordent qu'une très brève mention. Voir Henri HOUSSAYE, *1815*, Paris, 1905 ; Léo GERSHOY, *Bertrand Barère*, Princeton, 1962, pp. 340-341.

Notes
de la sixième partie

1. Il s'agit de *La politique tirée de l'Écriture sainte*, publiée en 1709.

2. La Grande Charte de 1215, traité entre le roi Jean-sans-terre et les barons, laïcs et ecclésiastiques, ne concerne pas la masse des paysans et artisans. Elle accorde la liberté à l'église d'Angleterre, la liberté d'élection aux barons, le vote de l'impôt par le « commun conseil » composé exclusivement de nobles, d'évêques, archevêques et abbés, le jugement de tout homme « par ses pairs ». Voir Roland Marx, *Histoire du Royaume-Uni*, Paris, 1967, texte des principaux articles de la Grande Charte, pp. 57-59.

3. La guerre de Henri III Plantagenet contre ses barons se termina en 1266 par la paix de Kenilworth qui renouvelait les promesses de la Grande Charte.

4. Edouard Ier (1272-1307) convoqua le premier Parlement qui comprit les représentants des trois principaux éléments de la Nation : les *lords*, spirituels et temporels, les *Knights* (chevaliers), les bourgeois des 110 principales cités ou bourgs, c'est le « Parlement-Modèle ».

5. En 1399.

6. Successeur de Richard II Plantagenet en 1399.

7. Lord Somers (1650-1716), homme politique anglais très hostile à Charles II. Il devint chancelier en 1688 et fut président du comité chargé de rédiger le *Bill of Rights* (Déclaration des Droits de 1689).

8. La guerre de cent ans (1337-1475).

9. La guerre « des deux roses », 1455-1485.

10. Richard Neville, comte de Warwick (1428-1471) prit parti, dans la guerre des Deux Roses, pour la famille d'York. Il contribua à la victoire de Richard d'York et fit couronner Edouard d'York en 1461 (Edouard IV). Il se brouilla avec lui en 1469 et tenta de faire couronner le duc de Clarence. Vaincus, Warwick et Clarence se réfugièrent en France (1470). Henri VI Plantagenet fut restauré en 1471 avec l'aide de Warwick, le « faiseur de roi ». Mais Edouard IV de Lancastre put reprendre l'offensive avec l'aide de Charles le Téméraire, Warwick fut tué en avril 1471 à la bataille de Barnet.

11. Henry VII Tudor, régna de 1485 à 1509. Il avait épousé Elisabeth d'York. Il a donc été le contemporain de Louis XI (1467-1483), de Charles VIII (1483-1498) et de Louis XII (1498-1515).

12. Henry VIII régna de 1509 à 1547.

13. Successivement Catherine d'Aragon, Anne Boleyn, Jeanne Seymour, Anne de Clèves, Catherine Howard et Catherine Parr.

14. Catherine Howard était accusée d'adultère. Henri VIII l'avait épousée en 1540, elle fut condamnée à mort et exécutée en 1542.

15. Thomas Morus ou More, (1480-1535) membre du Parlement, nommé grand chancelier par Henri VIII, Hostile à la réforme de l'Église, il démissionna, fut enfermé à la Tour de Londres et décapité.

16. Henry VIII répudia Anne de Clèves à cause de sa laideur.

17. Il s'agit du bill des Dix articles rédigés par Henry VIII lui-même en 1539.

18. Marie Ire Tudor (1516-1558), fille de Henry VIII et de Catherine d'Aragon, reine d'Angleterre de 1553 à 1558, voulut rétablir le catholicisme en Angleterre. Elle

se maria d'ailleurs au roi d'Espagne Philippe II en 1554. Elle persécuta les protestants et fit exécuter plus de 300 d'entre eux, ce qui lui valut le surnom de Marie la Sanglante.

19. Elisabeth Ire régna de 1558 à 1603.

20. Marie Stuart (1542-1587) reine d'Écosse de 1542 à 1567, mariée au roi de France François II, retourna en Écosse après la mort de celui-ci ; en 1561, et épousa son cousin lord Darnley, chef du parti catholique. Les protestants, majoritaires en Écosse, se révoltèrent, assassinèrent Darnley en 1567. Marie Stuart dut abdiquer et se réfugia en Angleterre où elle complota contre Elisabeth. Elle fut arrêtée en 1586, jugée et condamnée à mort l'année suivante. Son fils devait devenir roi d'Angleterre sous le nom de Jacques Ier, Stuart.

21. Jacques Ier régna de 1603 à 1625 ; Charles Ier, de 1625 à 1649.

22. On voit ici les limites de l'esprit « démocratique » de Mme de Staël : elle ne conçoit la liberté et l'égalité que pour l'aristocratie et la haute bourgeoisie, elle les rejette pour les « classes grossières », la populace. Voir R. ESCARPIT, *L'Angleterre dans l'œuvre de Mme de Staël*, Paris, 1954, notamment p. 127.

23. Edouard II (1284-1327) obligé d'abdiquer en faveur de son fils, puis assassiné dans sa prison ; Richard II (1367-1400) obligé d'abdiquer en 1399, probablement mort de faim et de froid dans sa prison du château de Pontefract ; Henri VI (1421-1471), dépossédé de son trône par Edouard IV en 1461, capturé par ses adversaires en 1466, emprisonné à la Tour de Londres et assassiné.

24. Edouard V (1470-1483), assassiné par ordre de son oncle, Richard de Gloucester.

25. Sur Marie Tudor, voir plus haut, note 18 Charles Ier (1625-1649) a été décapité.

26. 1660.

27. Charles II régna de 1660 à 1685 ; Jacques II de 1685 à 1688.

28. Lord William Russell (1639-1683), très hostile aux Stuart, impliqué dans un complot contre Charles II, fut condamné à mort et exécuté. Algernon Sidney (1622-1683), hostile également à Charles II, impliqué dans le même complot que Russell, condamné à mort et exécuté.

29. John Locke (1632-1704) célèbre philosophe anglais qui énonça la théorie de la séparation des pouvoirs. Après son exclusion de l'Université, il séjourna à Montpellier, puis en Hollande (1675-1677) et ne rentra en Angleterre qu'après la révolution de 1688.

30. James Dalrymple (1619-1795) homme politique et magistrat écossais, hostile aux Stuart, se réfugia en Hollande de 1684 à 1688 et rentra en Grande-Bretagne avec Guillaume d'Orange. Il a publié plusieurs ouvrages notamment *The Institutions of the Law of Scotland* (1681).

31. Les actes ou *Writs* d'*Habeas Corpus* étaient expédiés depuis le XIIIe siècle pour odonner la comparution d'un accusé. Ils le garantissaient contre tout emprisonnement illégal. En 1679, le Parlement, sous Charles II vota la loi d'*habeas corpus* qui ordonnait à tout juge, sous peine d'amende, de rédiger un *writ* sur simple demande, et à tout geôlier d'obéir dans les vingt jours sous peine de forfaiture.

32. Edouard III (1327-1377).

33. John Wilmot, 2e comte de Rochester (1647-1630), grand seigneur libertin du temps de Charles II, a écrit des poésies et laissé une correspondance avec sa femme, publiée en 1686. William Wycherley (1640-1716) est un auteur dramatique, son œuvre la plus célèbre est *The Country Wife* (la femme de province) représentée en 1673. Ses satires de la société britannique sont parfois licencieuses. William Congrève (1670-1729) est également un auteur dramatique. Sa première comédie, *The Old Bachelor* (le vieux garçon), en 1690 connut un vif succès. En général son ton est licencieux, ses allusions obscènes.

34. David Hume (1711-1776) philosophe et historien, a publié en 1739 un *Traité de la nature humaine* et, de 1754 à 1761 une *Histoire d'Angleterre* où Mme de Staël a puisé tout ce qu'elle écrit de ce pays.

35. Après la victoire des troupes de Jacques II sur les insurgés conduits par le duc de Monmouth, en 1685.

36. Jefferies ou plus exactement George Jeffreys (1648-1689), Chief-Justice d'Angleterre, acquit une sinistre réputation par les « assises sanglantes » de 1685. Il fut emprisonné après la révolution de 1688.

37. Marie II, fille de Jacques II était en effet la femme de Guillaume d'Orange, devenu en 1688, Guillaume III d'Angleterre.

38. Anne Stuart, autre fille de Jacques II, régna de 1702 à 1714.

39. C'est à Culloden, en Écosse, que l'armée britannique du duc de Cumberland anéantit définitivement le 16 avril 1746 l'armée jacobite de Charles-Edouard Stuart, composée surtout de montagnards écossais.

40. George Iᵉʳ de Hanovre, 1714-1727 ; George II, 1727-1760 ; George III, 1760-1820.

41. Les États-Unis entrèrent en guerre contre l'Angleterre le 18 juin 1812, et cette guerre ne se termina que le 24 décembre 1814. Mais les États-Unis menèrent la guerre isolément sans être nullement liés à l'empire napoléonien. Cf. J. GODECHOT, *L'Europe et l'Amérique... Op. cit.* pp. 254-255.

42. Sur le séjour de Mme de Staël en Angleterre, en 1813-1814, voir S. BALAYÉ, *Les carnets de voyage de Mme de Staël, Op. cit.*, chap V, « Le séjour de Mme de Staêl en Angleterre » par Norman KING. Voir aussi Mme JASINSKI, Mme de Staël, l'Angleterre et les Considérations, *Revue d'Histoire littéraire de la France*, 1966, pp. 12-24.

43. Euphémisme pour dire que l'Irlande a été complètement soumise par les Anglais : En 1798, une révolte de l'Irlande fut réprimée dans le sang, il y eut, dit-on, 30 000 victimes. Une petite expédition française conduite par le général Humbert arriva trop tard pour aider les Irlandais. L'*Acte d'Union*, de 1800, lia « indissolublement » l'Irlande à la Grande-Bretagne.

44. L'armistice de Pleiswitz fut conclu entre Napoléon et les coalisés le 29 mai 1813. Des négociations, en vue de la paix s'engagèrent. Napoléon rencontra notamment, à Dresde, Metternich, représentant de l'Autriche, qui n'était pas encore engagée dans la guerre et qui tenta sa médiation sur les bases suivantes : La France restreinte à ses limites de 1802, partage de la Pologne entre la Prusse, l'Autriche, et la Russie, reconstitution de la Prusse d'avant 1806. Napoléon refusa.

45. Il est exact que l'Angleterre avait financé la guerre par des emprunts, la France par l'exploitation des pays conquis. Napoléon qui ne croyait pas au crédit pensait que l'Angleterre s'effondrerait sous le poids de sa dette de guerre. Effectivement, elle subit une grave crise économique en 1810-1811, mais en 1812, la situation s'était améliorée. Cf. J. GODECHOT, *L'Europe et l'Amérique, Op. cit.*, pp. 224-229 et pour plus de détails F. CROUZET, *L'économie britannique et le blocus continental*, 2 vol., 1958.

46. Le commerce avec l'Amérique latine avait, en grande partie suppléé au commerce avec l'Europe. Voir J. GODECHOT, *Op. cit.*, pp. 197-200 et F. CROUZET, *Op. Cit.*

47. Londres, d'après le recensement, aurait eu 745 000 habitants en 1801, mais on pense ce chiffre très sous-estimé. La capitale britannique aurait compté 900 000 habitants, en réalité, et 1 250 000 en 1815.

48. Le tsar Alexandre Iᵉʳ se rendit à Londres, après avoir quitté Paris, en juin 1814. Cf. C. de GRUNVALD *Alexandre Iᵉʳ*, 1956, pp. 229-231 ; *Correspondance Laharpe-Alexandre Iᵉʳ, Op. cit.*, t. II, pp. 524-534.

49. Le 12 janvier 1807. Cf. S. SCHAMA, *Patriots and Liberators, Revolution in the Netherlands, 1780-1813* 1977, pp. 548, 556, 587.

50. L'*income tax* créé par Pitt en 1799 et levé, à part une brève interruption en

1802, jusqu'en 1816 à un taux qui atteignait parfois 10 %. Il fut rétabli en 1841.

51. John Churchill, 1er duc de Marlborough (1650-1722) le célèbre général anglais qui combattit contre Louis XIV. Les Spencer ont pour ancêtre un Despencer, compagnon de Guillaume le Conquérant, une branche hérita en 1817 du titre ducal de Marlborough et prit le nom de Churchill.

52. Hugh Smithson Percy fut le premier duc de Northumberland (1715-1786). Il fut influent à la cour de George III. Percy Hotspur (1364-1403) était le deuxième comte de Northumberland, il eut un rôle actif dans la guerre des deux roses.

53. Les 16-18 octobre 1813.

54. William Wilberforce (1759-1833) membre du Parlement, réclama l'abolition de l'esclavage. Il obtint l'abolition de la traite en 1807, mais celle de l'esclavage ne fut votée qu'en 1833, après sa mort.

55. Lord Henry Petty-Fitzmaurice, 3e marquis de Lansdowne (1780-1863) whig modéré, ami du pasteur suisse Étienne Dumont (1759-1829) fixé depuis longtemps à Londres, et ami de Mme de Staël pendant son séjour en Angleterre.

56. William Cavendish, 5e duc de Devonshire (1748-1810) sa seconde femme et veuve Lady Elizabeth Foster (1757-1824) fut une fidèle amie de Mme de Staël. Son portrait fut peint par Gainsborough.

57. Calas, protestant condamné à mort par le Parlement de Toulouse en 1762 pour meurtre de son fils et exécuté sur la roue. Le meurtre n'était pas prouvé. Voltaire fit une campagne célèbre pour obtenir la cassation du procès. Le Conseil du roi réhabilita Calas en 1765. Lally-Tollendal, condamné à mort en 1766 pour avoir capitulé dans Pondichéry (1761), et exécuté, il fut aussi défendu par Voltaire qui obtint sa réhabilitation en 1778. Voir note 141 de la Première partie.

58. En 1785, le Parlement de Paris avait condamné à être roués vifs trois protestants accusés de vol. Dupaty, avocat général au Parlement de Bordeaux prit leur défense dans un mémoire imprimé qui devint vite célèbre. Les trois inculpés furent grâciés, contrairement à ce qu'écrit Mme de Staël.

59. Voir plus haut, note 91 de la Troisième partie.

60. George III était fou depuis 1811.

61. Le 5 janvier 1757. Damien fut condamné à être écartelé, supplice en usage en France à l'encontre des régicides. Auparavant, il avait été soumis à d'horribles tortures.

62. Thomas Erskine, premier baron Erskine (1750-1823) avocat éloquent, membre du parti whig, défendit les « radicaux » et « jacobins » pendant les guerres contre les États-Unis et contre la France ; chancelier en 1806-1807, il ne réussit pas dans son ministère à cause de sa partialité en faveur des whigs. Hatfield avait commis son attentat le 15 mai 1800. Mme de Staël a beaucoup fréquenté Erskine pendant son séjour en Angleterre en 1813-1814. Cf. S. BALAYÉ, Les carnets de voyage de Mme de Staël, Op. cit., pp. 368-392.

63. Publiés en traduction française en 1816, 5 vol., in-18.

64. En Angleterre, jusqu'au milieu du XIXe siècle, les matelots étaient recrutés par le système de la presse : dans les ports, des soldats raflaient les marins qui étaient enrôlés de force, et pour un temps non défini, sur les vaisseaux du roi. La France avait abandonné la presse en 1670 et l'avait remplacée par le système des « classes » devenu plus tard inscription maritime.

65. Il est exact que la corruption parlementaire était beaucoup moins importante, en Angleterre, au début du XIXe siècle, qu'au XVIIIe, du temps de Walpole. Mais Mme de Staël ne parle que plus loin des « bourgs pourris », circonscriptions électorales où il suffisait de quelques voix — faciles à acheter — pour être élu.

66. Réflexion très pertinente et toujours valable.

67. Pitt avait eu constamment la majorité (torie) de 1783 à 1801. Les whigs arrivèrent alors au pouvoir avec Addington et conclurent la paix d'Amiens avec la

France (1802). Mais la guerre reprit dès 1803 et Pitt redevint Premier ministre en 1804, il le resta jusqu'à sa mort en 1806. Après le « ministère de tous les talents » dans lequel les whigs, avec Fox, exercèrent la prépondérance, mais qui ne dura qu'un an, par suite de la mort de Fox, le cabinet prononça la dissolution de la Chambre des Communes. Les élections furent favorables aux torys. Cf. J. STEVEN WATSON, The Reign of George III, Oxford, 1960 (The Oxford History of England, t. XII).

68. Il s'agit des « bourgs pourris ». Voir note 65.

69. Très discutable ! En fait, la masse des paysans et des ouvriers anglais n'étaient pas représentée au Parlement.

70. Sur le duc de Devonshire — mort en 1810 — voir plus haut note 56. Francis Russell, 5ᵉ duc de Bedford (1765-1802) fit partie des whigs et s'occupa d'améliorer l'agriculture. Gower, 2ᵉ comte de Stafford (1721-1803) fut à deux reprises lord président du Conseil (1767-1769 et 1783-1784) et lord du sceau privé (1784-1794). Ici Mme de Staël ferait, selon Mme Balayé allusion au comte de Stafford, décapité par Charles II, et qu'elle estime être un « héros de la liberté » (S. BALAYÉ, Les carnets de voyage de Mme de Staël, Op. cit., p. 263, n. 10).

71. Burke né en 1729 était mort en 1797. Ses Réflexions sur la Révolution de France parues en 1790 en avaient fait le champion de la Contre-Révolution en Europe.

72. Madame de Staël omet de dire que cette égalité n'existe pas, puisque, elle l'a exposé quelques lignes plus haut, les fonctions de juge de paix, sheriff etc., n'étant pas rétribuées, seuls les riches pouvaient les occuper.

73. La famille ducale de Norfolk remontait à 1398. Le tenant du titre est le premier duc du royaume, il a la dignité héréditaire du grand maréchal. La famille de Norfolk est restée catholique.

74.   *C'est toi que je considère comme toujours heureuse et la première*
      Parmi les nations, parce que je te vois libre
      Coin de terre où je suis né! Ton ciel est rude
      Couvert de vapeurs et souvent dispose
      Tous les cœurs à la tristesse, le mien plus que tout autre :

      . . . .

      Pourtant, parce que tu es libre, je t'aime...

      (Extrait de The Task, de Cowper vers 460-464 et 467. Tout le livre est une louange à la liberté constitutionnelle de l'Angleterre.)

75.   *Génie, bon goût et talent s'en sont allés*
      A jamais ensevelis sous la pierre,
      Où — pensée domptant l'orgueil humain
      Les chefs puissants dorment côte à côte!
      Que tombe une larme sur la tombe de Fox,
      Elle roulera jusqu'à la bière de son rival.

      Extrait de Marmion, Introduction to Cantc First, vers 182-187, dans The Lay of the lasi Ministrel.

Dans ce poéme Walter Scott rappelle les noms des grands hommes qui ont permis à l'Angleterre de résister à Bonaparte, quand toute l'Europe courbait la tête devant lui. Parmi ceux-ci, Nelson, Pitt et Fox étaient déjà morts lorsque le poéte écrivait. La paix de la tombe a apaisé leurs querelles.

Je remercie mon collègue angliciste M. Fernand Lagarde, récemment disparu dans un accident d'auto, pour avoir identifié ces poémes et en avoir donné la traduction.

76. Horatio Nelson (1758-1805), le célèbre amiral britannique qui, appliquant la tactique préconisée par Rodney remporta les victoires navales du Cap Saint-Vincent

(1797), d'Aboukir (1798) de Copenhague (1801) et finalement, la plus importante, celle de Trafalgar, où il fut tué (21 octobre 1805). Le corps embaumé de Nelson fut ramené en Angleterre sur son vaisseau, le *Victory*. Celui-ci arriva à Portsmouth le 2 décembre, jour où Napoléon remportait la victoire d'Austerlitz. Néanmoins, Trafalgar décida du sort de l'Empire français. Voir, entre autres, René MAINE, *Trafalgar*, Paris, 1955.

77. Arthur Wellesley, 1er duc de Wellington (1769-1852) commença sa carrière militaire en luttant contre la France en Hollande en 1795. L'année suivante, il partit aux Indes et n'en revint qu'en 1808. Il ·reçut alors le commandement du corps expéditionnaire britannique en Espagne et au Portugal, il y battit les Français notamment à Vitoria (21 juin 1813) et acheva la campagne par la victoire de Toulouse le 10 avril 1814. On sait qu'il écrasa Napoléon à Waterloo le 18 juin 1815. Voir J. WELLER, *Wellington in the Peninsula, 1808-1814*, London, 1962.

78. William Windham (1750-1810) fut secrétaire d'État à la guerre dans le cabinet Pitt de 1794 à 1801 et dans le cabinet de lord Grenville (1806-1807). C'était un ennemi acharné de la France révolutionnaire et impériale.

79. L'expression *sciences humaines*, largement répandue de nos jours, était peu employée au début du XIXᵉ siècle. On disait plutôt *sciences morales*.

80. Industrie : dans le sens ancien d'*activité*.

81. Andrew Bell (1753-1797) et Joseph Lancaster (1778-1838) inventèrent la méthode d'enseignement mutuel : les meilleurs élèves devenaient des moniteurs chargés d'enseigner aux autres. Lancaster exposa sa méthode dans *Improvement of Education* (1805) et *The British System of Education* (1810). L'enseignement mutuel pénétra sur le continent après 1815 et se développa surtout dans les pays protestants. Les pays catholiques le tinrent en suspicion, à cause de ses origines : Bell était ministre de l'église anglicane. Voir Maurice GONTARD, *L'enseignement primaire en France, de la Révolution à la loi Guizot*, Paris, 1959, pp. 273-296.

82. Les *poor laws* (lois des pauvres) ont été promulguées en Angleterre à partir du régne d'Élisabeth, notamment en 1572, 1576, 1598, 1601. Cette dernière loi resta en vigueur jusqu'en 1832. Toutes ces lois créaient, dans l'Angleterre proprement dite une taxe des pauvres et obligeaient les pauvres à être enfermés dans des *workhouses* où le travail était obligatoire. En 1795 le *Speenhamland system* (du nom du lieu, dans le Berkshire, où il fut d'abord appliqué) améliora la condition des pauvres en instituant les secours à domicile.

83. Mme de Staël n'a jamais été en Écosse. Elle avait projeté d'y aller au printemps de 1814, mais la défaite de Napoléon l'amena à abandonner son projet pour rentrer en France.

84. Le bill d'Union, de 1800, entré en vigueur le 1er janvier 1801 unit l'Irlande à la Grande-Bretagne et créa le Royaume-Uni de Grande-Bretagne et d'Irlande.

85. Jonathan Swift (1667-1745) est le célèbre écrivain anglican auteur des *Voyages de Gulliver* (1726). Mais il écrivit de nombreux autres contes, poèmes, pamphlets et notamment une *Modeste proposition pour empêcher les enfants des pauvres d'Irlande d'être à charge en en faisant un article d'alimentation* (1729) ouvrage satirique sur la situation économique affreuse de l'Irlande.

86. Henry Grattan (1746-1820) protestant irlandais, membre du Parlement de Dublin en 1775, fut un des premiers à réclamer l'autonomie législative de l'île. Il eut gain de cause en 1782 et, en 1792, obtint certains droits pour les catholiques irlandais. Mais la révolte de l'Irlande en 1798 entraîna l'annulation de la plupart de ces concessions, et l'union de l'Irlande à l'Angleterre.

87. Mme de Staël vante la liberté religieuse, mais semble approuver la situation politique de l'Irlande, due au manque d'instruction de ses habitants, qu'elle attribue à l'absence des « lumières de la réforme ». Il y a une contradiction dans son raisonnement.

88. Dugald Stewart (1753-1828), philosophe écossais qui enseigna à l'Université d'Édimbourg. Il publia, notamment des *Éléments de la philosophie de l'esprit humain* (3 vol., 1792-1827).

89. Lord Francis Jeffrey (1773-1850) dirigea, à sa fondation, l'*Edinburgh Review* (1802). Il fut élu à la Chambre des communes en 1834. John Playfair (1748-1819) est un mathématicien et géologue. Dans ce domaine il fut un des précurseurs de la géomorphologie. Sir James MacKintosh (1765-1832) publiciste et philosophe, réfuta dans ses *Vindiciae Gallicae* (1791) les violentes attaques de Burke contre la Révolution française.

90. Jeremy Bentham (1748-1832) jurisconsulte et philosophe, professa une morale utilitaire reposant sur la maxime : « le plus grand bonheur pour le plus grand nombre d'hommes ». Il fut fait citoyen français par la Législative, en 1792, surtout à cause du succès de son *Introduction aux principes de morale et de législation* (1789). Thomas Malthus (1766-1834) est le célèbre économiste et démographe, qui publia en 1798 son *Essai sur le principe de population*. Henry Brougham (1778-1868), avocat et journaliste, lutta pour l'abolition de l'esclavage. Il fut lord chancelier de 1830 à 1834, et contribua à la vogue de Cannes, où il édifia une villa en 1838, et où il mourut.

91. William Cowper (1731-1800), poète anglais dont l'œuvre principale est *The Task* (la Tâche, 1784) poème descriptif et moral dans lequel il chante l'amour de la campagne et les joies du foyer. Voir plus haut, note 74, Cowper eut plusieurs crises de démence pendant lesquelles il fut interné. Samuel Rogers (1763-1855) fils d'un riche banquier et poète de bon goût. Il écrivit notamment *Pleasures of Memory* (les plaisirs de la mémoire, 1792).

Thomas Moore (1779-1852) poète irlandais qui publia en 1806 des *Odes et Epîtres*. Il fut aussi secrétaire de l'Amirauté aux îles Bermudes (1804).

Thomas Campbell (1777-1844) publia en 1799 son poème *The Pleasures of Hope* (les plaisirs de l'espérance) et plus tard des poésies patriotiques.

Lord Byron (1788-1824) est célèbre. Avant la publication des *Considérations* de Mme de Staël, il avait écrit plusieurs recueils de vers, notamment, en 1812, le *Pélerinage de Childe Harold* qui eut un immense succès. Aussi célèbre est Walter Scott (1771-1832), qui avait publié d'abord des poèmes (*La dame du lac*, 1810) puis des romans historiques (*Waverley*, 1814), et après la mort de Mme de Staël, *Ivanhoe* en 1820.

92. La *British and Foreign Bible Society* avait été créée à Londres en 1804. C'était une société qui avait à la fois pour but de favoriser l'étude de la Bible et de propager le protestantisme. Cf. Alice WEMYSS, *Histoire du Réveil, 1790-1899*, Paris, 1978.

93. Le méthodisme est un mouvement religieux qui a été créé en Grande-Bretagne par John Wesley (1703-1791), à partir de 1738. Le méthodisme propageait le luthéranisme, mais par des méthodes nouvelles, notamment des prédications en plein air qui devaient susciter l'enthousiasme religieux des foules. Le méthodisme se sépara de l'anglicanisme en 1795. Cf. J. G. BERTRAND, *Le méthodisme*, Paris, 1971.

94. Porus, prince indien qui refusa de se soumettre à Alexandre (vers 327 av. J-C).

95. Le divorce a été introduit en Angleterre par Henri VIII à partir de 1529, mais il resta rare jusqu'en 1857, époque où il fut légalisé. Avant cette date, la procédure était longue et compliquée, il fallait d'abord une séparation de corps prononcée par les tribunaux ecclésiastiques, puis le vote d'un *Act* privé spécial, par le Parlement. Seuls les membres des classes les plus riches pouvaient y recourir. En Écosse, la procédure était plus simple et plus rapide.

96. La substitution, qui était en usage aussi dans l'Europe continentale avant 1789, est une disposition par laquelle une personne peut léguer par testament tout ou partie de ses biens à une autre personne, à charge pour elle de les transmettre intactes à une autre personne désignée à l'avance. Les substitutions furent interdites en France

par la Convention, le 25 octobre 1792, et le code civil reprit cette interdiction. Dans la plupart des pays occupés par la France pendant l'époque révolutionnaire et impériale, les substitutions furent également interdites.

97. Le majorat est une forme de substitution : un bien doit demeurer dans une certaine famille et être transmis selon un ordre donné, pour soutenir un titre de noblesse. Les majorats furent abolis, avec les titres de noblesse le 19 juin 1790, mais ils furent rétablis par Napoléon par décrets des 30 mars 1806 et 1er mars 1808 (Cf. J. GODECHOT, *Les institutions, Op. cit.*, pp. 661-662). Ils furent définitivement abolis en 1835.

98. Charles, 2e comte Grey (1764-1845), disciple et ami de Fox, lutta vainement pour obtenir une réforme parlementaire en 1793. Devint ensuite le chef du parti whig à la Chambre des Lords. Fit partie du gouvernement Grenville en 1806-1807 et fut premier ministre de 1830 à 1834. Fit voter en 1832 la première réforme électorale qui supprimait quelques « bourgs pourris » et accordait le droit de vote à certaines villes nouvelles.

Henry Petty Fitzmaurice, 3e marquis de Lansdowne (1780-1863) fut aussi membre du parti whig modéré et ministre en 1806-1807. Il sera lord président du Conseil en 1830-1841 et 1846-1852.

Dudley Ryder, 1er comte Harrowby (1762-1847) fut secrétaire aux Affaires étrangères de 1804 à 1806, ministre sans portefeuille de 1809 à 1812 et lord président du Conseil de 1812 à 1827. Il appartenait au parti tory.

99. Un des fils de lord Grey, Henry (1802-1894) fut plusieurs fois ministre, notamment ministre des colonies en 1846-1852.

100. Sur sir James Mackintosh, voir plus haut, n. 91.

101. Samuel Romilly (1757-1818), descendant de protestants français, avocat, défendit les principes de la Révolution française. Partisan de l'abolition de la peine de mort, travailla à la réforme judiciaire. Se suicida à la mort de sa femme.

102. C'est-à-dire en 1813-1814.

103. Il suffira de rappeler ici les dates de ces femmes célèbres : Mme de Sévigné : 1626-1696 ; Mme de Tencin : 1682-1749 ; Mme du Deffand : 1697-1780 ; Mlle de Lespinasse : 1732-1776.

104. Maria Edgeworth (1767-1849) écrivit d'abord un ouvrage sur l'*Éducation pratique* où elle se révéla une élève de J.-J. Rousseau (1798). Elle publia ensuite des contes pour enfants et des romans. Fanny Burney (1752-1840) rédigea, sous l'anonymat, des romans par lettres, puis des romans de mœurs. Elle avait épousé, en 1793, un émigré français, le général d'Arblay et elle vécut en France de 1801 à 1812.

Hannah More (1745-1833) (et non Moore) écrivit des pièces de théâtre, des contes moraux et religieux. A la fin de sa vie, elle se consacra à l'éducation des enfants.

Elizabeth Simpson, Mrs Inchbald (1753-1821) publia aussi des pièces de théâtre et des romans dont les plus célèbres sont *A simple Story* (une simple histoire, 1791) et *Nature and Art* (1796). Amelia Alderson, Mrs Opie (1769-1853) écrivit des poésies et des romans, notamment *Adeline Mowbray* (1804). Joanna Baillie ou Baylay (1762-1851) est une poétesse écossaise. Elle écrivit aussi des pièces de théâtre, notamment *La légende de famille* (1810). Sur la déformation orthographique de ces noms propres par Mme de Staël, voir R. ESCARPIT, *Op. cit.*, et Béatrice JASINSKI, *Op. cit.*

105. William Russel (1639-1683), très hostile aux Stuart, fut impliqué dans un complot, condamné à mort et exécuté, sous Charles II. Sa femme, Rachel, s'efforça de le sauver. GUIZOT a écrit « La vie de Lady Russel » dans la *Revue des Deux-Mondes* de mars 1855.

106. Sidney Smith (1764-1840), officier de la marine britannique, capturé par les Français en 1795, enfermé à la tour du Temple, arrive à s'évader, défend Saint-Jean d'Acre contre Bonaparte en 1799, signe en 1800 avec Kléber la convention d'El Arich

par laquelle les Français s'engageaient à évacuer l'Égypte, convention qui ne fut pas ratifiée. Amiral en 1805, transporte de Lisbonne au Brésil en 1807 la famille royale de Bragance. S'occupa ensuite d'œuvres philanthropiques et de la lutte contre la piraterie en Méditerranée.

107. Sir John Moore (1761-1809), combattit contre les États-Unis en 1779-1783, puis aux Antilles (1796), en Irlande (1798), en Égypte (1801). Il prit en 1808 le commandement du corps expéditionnaire anglais au Portugal, il fut tué devant La Corogne.

108. Warren Hastings (1732-1818) entra en 1750 au service de la Compagnie des Indes. Il fut gouverneur général des Indes de 1773 à 1785. Rentré en Angleterre, il fut l'objet d'une vaste campagne organisée par les whigs, elle se termina par un procès retentissant qui dura de 1788 à 1795 on lui reprochait ses abus de pouvoir, les vexations exercées contre les Indiens. Il fut cependant acquitté.

109. Charles, Ier marquis Cornwallis (1738-1805) combattit pendant la guerre de sept ans, puis durant la guerre d'indépendance des États-Unis, où il fut obligé de capituler à Yorktown (1781). En 1786 il fut envoyé aux Indes, il y battit Tippou-Sahib. Revenu en Grande-Bretagne, il vainquit les insurgés irlandais en 1798. En 1805 il repartit pour les Indes, où il mourut.

110. Lord Wellesley : Wellington, voir plus haut, note 77.

111. Les prédécesseurs chrétiens des Anglais aux Indes étaient les Portugais et surtout les Français (à Ceylan, les Hollandais).

112. École d'enseignement mutuel, voir plus haut, note 81.

113. Cette prédiction de Mme de Staël ne s'est pas réalisée. A partir de 1950, l'Angleterre a perdu ses colonies, et aussi sa « supériorité maritime et commerciale ».

114. William Wilberforce (1759-1833) lutta à partir de 1787 pour l'abolition de la traite et de l'esclavage des noirs. En 1807 il obtint l'abolition de la traite. L'esclavage ne devait être supprimé dans les colonies britanniques qu'en 1833, après la mort de Wilberforce. En France, la Convention avait aboli l'esclavage par décret du 4 février 1794, mais Bonaparte le rétablit en 1802 ; et il ne fut définitivement supprimé que par Schoelcher sous la seconde République, le 4 mars 1848.

115. Henri Richard Fox, 3e baron Holland (1773-1840), whig comme son oncle, eut aussi une activité littéraire.

116. Thomas Clarkson (1760-1846) fonda en 1787 le comité pour l'abolition de l'esclavage, à l'imitation duquel, Brissot créait la même année, en France, la « Société des amis des noirs ». C'est à la suite de son action que la traite fut abolie en 1807, l'esclavage, dans les colonies anglaises, en 1833.

117. Mme de Staël voit juste, mais il faudra attendre 1865 pour que l'esclavage soit aboli dans les états du Sud des États-Unis.

118. Les États-Unis ont déclaré la guerre à l'Angleterre le 18 juin 1812. C'était une conséquence du blocus de l'Empire français par la Grande-Bretagne. Les Anglais voulaient visiter les bâtiments neutres pour s'assurer qu'ils ne transportaient pas de contrebande de guerre vers l'Europe continentale. La guerre anglo-américaine fut menée parallèlement à la guerre franco-anglaise, mais sans aucun lien avec elle. La Grande-Bretagne remporta quelques succès maritimes, ses troupes incendièrent la ville de Washington, alors en construction. La paix fut signée à Gand le 24 décembre 1814, elle rétablit le *statu quo*.

119. Allusion aux deux traités de Paris qui ont ramené la France, à peu près à ses limites de 1792.

120. Robert Stewart, vicomte Castlereagh, 2e marquis de Londonderry (1769-1823), né en Ulster fit ses débuts politiques en Irlande. Il participa à la répression de l'insurrection de 1798 et à la réalisation de l'union avec la Grande-Bretagne en 1800. En 1805-1806 il fut secrétaire d'État à la Guerre et de nouveau en 1807-1809. A ce titre il fit nommer Wellesley à la tête du corps expéditionnaire en Espagne. En 1812,

il est ministre des Affaires étrangères, il signe les deux traités de Paris de 1814 et 1815 et représente l'Angleterre au Congrès de Vienne. En 1820, il s'opposa à la politique interventionniste de Metternich, qui voulait réprimer toutes les tentatives révolutionnaires en Europe. Mais il fut atteint de folie et se suicida en 1822.

121. Il s'agit de l'Espagne où Ferdinand VII, restauré a introduit la plus féroce des réactions contre les libéraux, qui alliés aux Anglais pendant les guerres péninsulaires, avaient rendu à l'Espagne son indépendance.

122. Les colonies espagnoles d'Amérique centrale et d'Amérique du Sud avaient, presque toutes, proclamé leur indépendance entre 1808 et 1814. L'Espagne de Ferdinand VII voulait y rétablir son autorité, après 1815, et comptait, pour cela, sur l'aide de l'Angleterre.

123. Réflexion très juste, et toujours valable.

124. Le conscrit qui tirait un « mauvais numéro », c'est-à-dire qui devait effectivement faire le service militaire, pouvait se faire remplacer en « achetant » un autre homme, qui partirait à sa place.

125. Après ses victoires de 1806 sur la Prusse, Napoléon l'avait très durement traitée à la paix de Tilsit : elle perdait la moitié de sa population, tous ses territoires de la rive gauche de l'Elbe, la partie de la Pologne qu'elle avait annexée, devait payer une lourde indemnité de guerre et entretenir les troupes d'occupation.

126. Le second traité de Paris enlevait à la France Philippeville, Marienbourg, Sarrelouis, Landau, la partie de la Savoie restée française en 1814, l'obligeait à payer une indemnité de guerre de 700 millions, et prévoyait une occupation par les troupes étrangères, aux frais de la France, pendant cinq ans, c'est-à-dire jusqu'en 1820.

127. Après la dissolution, le 13 juillet 1815, de la Chambre élue pendant les Cent-Jours, une nouvelle Chambre fut élue les 14 et 22 août. Les préfets ne convoquèrent pas, la plupart du temps, les bonapartistes et les libéraux. Les journaux d'opposition ne purent pas paraître. Les ultra-royalistes eurent la majorité : ce fut la « chambre introuvable ». Elle vota toutes sortes de mesures de réaction, notamment la loi dite « d'amnistie », qui condamnait à la déportation les régicides et les généraux et préfets qui avaient servi l' « usurpateur » pendant les Cent-Jours. La colère gronda dans le pays. Louis XVIII, effrayé, prononça la dissolution de la Chambre introuvable par l'ordonnance du 5 septembre 1816.

128. Le maréchal Ney, les généraux Mouton-Duvernet et Chartran, le lieutenant Mietton, entre autres, furent fusillés.

129. Les préfets avaient le droit d'inscrire vingt personnes (en plus des électeurs censitaires) dans chaque collège électoral. La plupart désignèrent des ultras.

130. Ce sont surtout des protestants qui furent victimes de la Terreur blanche dans le Gard : le gouvernement britannique envoya sur place des enquêteurs, ils conclurent qu'il y avait eu environ 450 victimes, chiffre certainement très exagéré. Les historiens contemporains estiment que le nombre des victimes fut au moins de 37, au maximum de 85. Le gouvernement anglais fit pression sur celui de Louis XVIII pour qu'il s'opposât à la poursuite de la Terreur blanche. Cf. Alice WEMYSS-CUNNACK, « L'Angleterre et la Terreur blanche de 1815 dans le Midi » dans les *Annales du Midi*, 1961, pp. 287-310 ; Gwynne LEWIS, « La terreur blanche et l'application de la loi Decazes dans le département du Gard », *Annales historiques de la Révolution française*, 1964, pp. 174-193 ; ID., *The Second Vendée*, Oxford, 1978, pp. 187-231, G. BERTIER DE SAUVIGNY, *La Restauration*, Paris, 1974.

131. Le gouvernement britannique est intervenu pour faire cesser les massacres. Voir note précédente.

132. Castlereagh.

133. Philoctète était un roi légendaire de la Grèce. Hercule lui avait confié, en mourant, son arc et ses flèches, mais avec défense de les livrer à personne. Or il les prêta à un Grec partant avec lui pour la guerre de Troie. Au cours du voyage il fut

blessé par une flèche. Comme celle-ci était empoisonnée, elle lui fit au pied une horrible blessure qui répandit une odeur si fétide que ses compagnons l'abandonnèrent dans l'île de Lemnos. Sophocle a tiré une tragédie de cette légende.

134. C'est pourtant en Angleterre que fut créé le plus ancien ordre, celui de la Jarretière, en 1346 (la Toison d'Or : 1429, ordres français de Saint-Michel, 1464, du Saint-Esprit, 1578). Mais ces ordres n'admettaient qu'un très petit nombre de dignitaires. Les décorations, par contre, furent abondamment distribuées.

135. C'est-à-dire d'habits civils. Les troupes britanniques portaient, pour la plupart, la tunique rouge.

136. La réforme parlementaire n'a été réalisée que très progressivement, par les lois électorales de 1832, 1867, 1884, 1911, 1918, 1928 et 1949. Le bill du test qui interdisait l'accès des catholiques aux fonctions publiques a été aboli en 1829. La question d'Irlande n'a été résolue ni par le partage de l'île en 1922, ni par la reconnaissance de la république d'Irlande (du Sud) en 1949. Le problème de l'unification de l'Irlande reste toujours aigu. Il y avait une autre question, en Angleterre, que Mme de Staël n'évoque pas : celle de la misère du prolétariat ouvrier.

137. Les torys qui étaient au gouvernement en 1816, au moment où Mme de Staël écrivait ce chapitre, restèrent au pouvoir jusqu'en novembre 1830.

138. *A complete Collection of gentile and ingenious Conversation according to the most Polite, Mode and Method now used at Court and in the Best Companies of England*, 1738.

139. C'était l'idée de Burke.

140. Les traités de Westphalie (1648) avaient mis fin à la guerre de trente ans, en faisant adopter, pour l'Allemagne, le principe *cujus regio, ejus religio*, chaque pays doit pratiquer la religion de son souverain.

141. Si on identifiait pairie et noblesse. Mais tous les nobles n'étaient pas pairs.

142. En réalité, ce sont les Chinois, qui dès le Iᵉʳ siècle de notre ère, auraient inventé la boussole.

143. Turgot, en 1774 avait conçu le projet d'assemblées provinciales, mais c'est Necker qui, le premier, en établit quatre, en Berry, Haute-Guyenne, Dauphiné, Bourbonnais. Seules les deux premières fonctionnèrent à partir de 1778 et 1779. Les assemblées provinciales furent étendues à la plus grande partie de la France par Loménie de Brienne en 1787. Celles qui furent créées alors n'eurent qu'une session, par suite de la convocation des États généraux.

144. Les Parlements de Bordeaux, Besançon, Grenoble s'opposèrent à la création des assemblées provinciales dans leur ressort. Necker tenta, en vain, de surmonter leur opposition.

145. Il ne devait pas y avoir d'assemblées provinciales dans les « pays d'États », c'est-à-dire ceux où se réunissaient des États provinciaux : Languedoc, Bretagne, Bourgogne.

146. Frédéric II régna en Prusse, de 1740 à 1786 ; Marie-Thérèse, en Autriche, de 1740 à 1780 ; Catherine II, en Russie, de 1762 à 1796.

147. Voir plus haut, note 121 de la Quatrième partie, ainsi que *Dix années d'exil*, II, chap. XVII et S. Balayé, *Les carnets de voyage de Mme de Staël, Op. cit.*, pp. 297-298. Mme de Staël fut reçue par l'empereur Alexandre Iᵉʳ le 17 août 1812.

148. Le cardinal Dubois (1656-1723) fut ministre des Affaires étrangères de 1718 à 1722, puis Premier ministre de 1722 à sa mort. Le cardinal Fleury (1653-1743) fut aussi Premier ministre de 1726 à sa mort.

149. François Iᵉʳ de Guise (1519-1563) s'empara de Metz en 1552 et reprit Calais aux Anglais en 1558. Par son influence sur le jeune roi François II il fut le véritable maître de la France. Il poursuivit sous le règne de Charles IX, une politique hostile aux protestants, ce qui eut pour conséquence le massacre de Wassy, début des guerres de religion. Il mourut assassiné par un gentilhomme protestant. Un de ses fils, Henri, dit le Balafré, (1530-1588) est responsable, semble-t-il des massacres de la

Saint-Barthélemy. Il devint le chef de la Sainte-Ligue des catholiques contre les protestants et pensa enlever la couronne au roi Henri III. Celui-ci le fit assassiner. Un de ses frères, Louis (1555-1588), cardinal de Lorraine, fut aussi un des chefs de la Ligue et périt également assassiné. Charles de Guise (1571-1640), fils du Balafré songea à devenir roi mais Henri IV l'emporta.

Gaspard, amiral de Coligny (1519-1572) fut, au contraire le chef des protestants. Comme amiral, il tenta, en vain, de créer des colonies françaises au Brésil (1555) et en Floride (1562). Comme chef des protestants, il prit part aux guerres de religion notamment en 1562 et 1569. Il périt lors de la Saint-Barthélemy.

150. Mme de Staël a développé toutes ces considérations dans son livre *De l'Allemagne,* publié à Londres, en français, en 1813.

151. Françoise de Rochechouart de Mortemart, marquise de Montespan (1640-1707) fut la maîtresse de Louis XIV de 1667 à 1675. Elle profita de cette situation pour avantager sa famille. Son frère Vivonne devint maréchal en 1675. Elle perdit la faveur du roi sous l'action de Mme de Maintenon et fut compromise dans l'affaire des poisons en 1680. Elle dut quitter la cour et se retira, en 1691, au couvent Saint-Joseph, qu'elle avait fondé, à Paris. Elle avait eu, du roi, huit enfants, dont le duc du Maine et le Comte de Toulouse, qui furent « légitimés ».

Jeanne Bécu, comtesse du Barry (1743-1793), sans doute fille naturelle d'Anne Bécu et d'un moine, devint la maîtresse du comte Jean du Barry, puis de Louis XV, qui lui fit épouser en 1768 le frère de Jean, Guillaume du Barry, petit seigneur de la région toulousaine. Elle ne joua aucun rôle politique, mais émigra en Angleterre en 1792, et eut l'imprudence de rentrer en France, quelques mois plus tard. Arrêtée comme émigrée rentrée, elle fut condamnée à mort et guillotinée le 8 décembre 1793.

152. Il faut comprendre l'expression « fonctionnaires publics » dans le sens qu'elle avait en France à la fin du XVIIIe siècle : ce sont les députés, les élus du peuple. Ceux que nous nommons aujourd'hui fonctionnaires étaient appelés employés, commis.

153. Discutable : par exemple de nombreux jacobins anglais furent condamnés à la déportation en Australie, où beaucoup moururent. L'insurrection irlandaise de 1798 fut réprimée dans le sang.

154. Les querelles religieuses avaient sans doute cessé en Angleterre, mais les catholiques restaient exclus des fonctions publiques (le bill du test ne fut aboli qu'en 1829.) La question d'Irlande était à la fois sociale et religieuse, les guerres de religion, dans cette île, se sont poursuivies jusqu'à nos jours.

155. Mme de Staël, oublie un peu vite certaines affaires, notamment la célèbre affaire Wilkes, journaliste poursuivi pour délit d'opinion en 1763 et persécuté abusivement jusqu'en 1771.

156. Il s'agit du catéchisme impérial, voir note 45 de la Quatrième partie.

157. Il s'agit d'Anne-Antoine, comte de Boulogne (1747-1825). D'abord vicaire épiscopal de Châlons-sur-Marne et prédicateur de Louis XVI. Il refusa de prêter serment à la constitution civile, fut arrêté, puis déporté. Rentré, il adhéra au Concordat et fut nommé aumônier de l'Empereur, puis baron de l'Empire (1808). Il devint évêque de Troyes en 1809, fut un panégyriste outré de Napoléon, mais prit parti pour le pape au concile de 1811. Napoléon le fit arrêter et exigea sa démission. Au retour des Bourbons, en 1814, il fut rétabli sur son siège épiscopal et nommé pair de France en 1822. Voir M. CRUBELLIER, *Histoire de la Champagne,* Toulouse, 1975 ; abbé DELACROIX, *Mgr. de Boulogne, archevêque-évêque de Troyes,* Troyes, 1886 ; J. ROSEROT DE MELIN, *Le diocèse de Troyes des origines à nos jours,* Troyes, 1975.

158. Allusion au Congrès de Vienne de 1815.

159. Au début de la seconde Restauration, l'Église de France revendiqua le contrôle de tout l'enseignement. Elle ne l'obtint pas. Voir A. LATREILLE,

J. R. Palanque, E. Delaruelle, R. Rémond, *Histoire du catholicisme en France*, t. III, Paris, 1962, pp. 232-234.

160. La Sainte-Alliance, proposée par Alexandre Ier aux autres souverains d'Europe, était, à l'origine un pacte d'allure religieuse qui invoquait les principes chrétiens « de justice, de charité, de paix ». Il ne faut pas la confondre avec le traité du 20 novembre 1815, auquel elle se superpose. Le traité du 20 novembre liait les quatre « grands » (Angleterre, Russie, Autriche, Prusse) contre la France, et contre les mouvements révolutionnaires, en général. Voir P. Renouvin, *Histoire des relations internationales*, t. V, Paris, 1955, pp. 42-48.

161. Mgr de Boulogne, évêque de Troyes, n'a fait que reprendre, dans sa lettre pastorale les arguments des « théocrates » Joseph de Maistre et Louis de Bonald. Joseph de Maistre les avait exprimés dans les *Considérations sur la France*, publiées en 1796 (voir la nouvelle édition, par J. Tulard, Paris, Garnier, 1980) et Louis de Bonald dans la *Théorie du pouvoir politique et religieux dans la société civile*, paru en 1796. Mais Mme de Staël semble ignorer ces ouvrages. En 1818, Bonald publia des *Observations sur les « Considérations sur la Révolution française, de Mme de Staël »* dans lesquelles il réfutait les allégations de Mme de Staël. Voir J. Godechot, *La Contre-Révolution, Op. cit.*, pp. 93-112, et l'introduction du présent ouvrage.

162. *Waverley*, roman de Walter Scott publié en 1814. La plus grande partie de l'action se passe en 1745, au moment où le prétendant Charles-Édouard essaye de reconquérir le trône des Stuart. Waverley est un jeune Anglais qui sert dans l'armée régulière, Fergus Mac Ivor un chef de clan écossais, partisan de Charles-Édouard. Après la défaite de Charles-Édouard à Culloden, Fergus Mac Ivor sera fait prisonnier et décapité.

163. Aristide (— 540/— 468), Athénien illustre par son intégrité. Il s'illustra à la bataille de Marathon (490) mais fut exilé, par ostracisme en 484. Rappelé lors de l'invasion perse, il combattit à Salamine et à Platées. Il mourut pauvre, Phocion (— 402/— 318) Athénien disciple de Platon, lutta d'abord contre les Macédoniens, puis à l'inverse de Démosthène, se montra partisan de la paix à tout prix. Il accepta la domination d'Alexandre, aussi lorsqu'après la mort de ce dernier (— 323) Athènes fut évacuée par les Macédoniens, Phocion fut condamné à mort et dut boire la ciguë.

Épaminondas (— 418/— 362), homme d'État de Thèbes, battit les Spartiates à Leuctres, en Béotie (— 371). En 369, il fut disgrâcié par les Thébains, mais revint prendre leur tête contre une ligue formée par Athènes et Sparte. Il battit les coalisés à Mantinée (4 juillet 362) mais fut mortellement blessé dans le combat.

Marcus Atilius Regulus, consul en — 256, lutta contre les Carthaginois, d'abord avec succès, mais fut finalement battu et fait prisonnier. Il fut envoyé à Rome porter les conditions de paix de Carthage, elles étaient si dures, qu'il déconseilla aux Romains de les accepter. Il retourna à Carthage, comme il l'avait promis, et fut mis à mort.

Marcus Porcius Caton l'Ancien, ou le Censeur (— 234/— 149) lutta d'abord contre Annibal. Élu censeur en — 184, il poursuivit le luxe. Il s'acharna à la destruction de Carthage. Son arrière-petit-fils, Caton d'Utique (— 95/— 46) prit parti pour Cicéron contre Catilina, puis pour Pompée. Après la mort de celui-ci, il s'enferma dans Utique (près de Carthage) où il se suicida. Il fut considéré comme un ardent défenseur de la liberté.

Marcus Junius Brutus (— 85/— 42) ami de Cicéron, fut entraîné dans la conspiration contre César et participa à son assassinat. Marc-Antoine souleva le peuple contre lui. Brutus fut battu par Marc-Antoine à Philippes en Grèce, où il se suicida de désespoir.

Guillaume Tell, héros légendaire de la Suisse : il refusa, au XIVe siècle, de saluer le chapeau de Gessler, le bailli autrichien. Il fut condamné à prouver son adresse d'arbalétrier en perçant d'une flèche la pomme placée sur la tête de son fils. Il réussit, mais accusé de vouloir tuer Gessler, il fut emprisonné, réussit à s'échapper et tua effectivement le bailli. Il serait mort plus tard, noyé dans une rivière.

Lamoral, comte d'Egmont (1522-1568), combattit dans les armées de Charles-Quint et de Philippe II. Celui-ci le nomma capitaine général des Flandres, mais Egmont prit parti contre le cardinal Granvelle, chef du Conseil d'État des Pays-Bas. Il fut accusé de soutenir la révolte des Pays-Bas du Nord, protestants, arrêté en 1567 par le duc d'Albe, condamné à mort et décapité à Bruxelles.

Guillaume Ier de Nassau, dit le Taciturne (1533-1584) stathouder de Hollande de 1573 à sa mort, se convertit au protestantisme et dirigea la lutte des Pays-Bas du Nord contre l'Espagne. Il proclama l'indépendance des Provinces-Unies en 1579. Les Espagnols le firent assassiner.

Sur Sidney et Russel, voir plus haut, note 28 de la Sixième partie.

164. Alexander von Humboldt (1769-1859), naturaliste et voyageur allemand. Il avait publié à partir de 1805 le récit de ses voyages en Amérique du Sud, qui comprit 30 volumes, dont le dernier ne parut qu'en 1832.

165. Thomas Jefferson (1743-1826) fut un des rédacteurs de la déclaration d'indépendance des États-Unis (4 juillet 1776). Il fut gouverneur de Virginie (1779-1781), ambassadeur à Paris (1785-1789), secrétaire d'État (1790) et président des États-Unis de 1801 à 1809. Sur Lafayette voir note 39 de la Première partie, et sur Wilberforce, note 54 de la Sixième partie.

Table des matières

TABLE DES CONSIDÉRATIONS
SUR LA RÉVOLUTION FRANÇAISE
DE Mme DE STAËL

PREMIÈRE PARTIE

DEUXIÈME PARTIE

TROISIÈME PARTIE

QUATRIÈME PARTIE

CINQUIÈME PARTIE

SIXIÈME PARTIE.

Achevé d'imprimer en février 1988
sur presse CAMERON,
dans les ateliers de la S.E.P.C.
à Saint-Amand-Montrond (Cher)

N° d'éditeur : 2567.
N° d'imprimeur : 149.
Dépôt légal : septembre 1983.
ISBN 2-235-01482-8

hôtel chaussée d'Antin à Paris
maison de c. Saint Ouen

l'armée / l'opium

5437